수능기출 베스트셀러
리 얼 오 리 지 널

수능기출 전국연합 학력평가

하루 20분 30일 완성

미니 모의고사

고1 국어

수능 모의고사 전문 출판
입시플라이

하루 12문제·20분
국어 30일 완성

미니모의고사

가볍게 하루 12문제씩 20분을 학습하면 수능 실전 감각을 키워줄 뿐 아니라 '국어 1등급을 위한 나만의 학습 루틴(routine)'이 됩니다. **[30일 완성 미니모의고사]는 수능 국어 전 유형을 매일 골고루 풀 수 있도록 7개년 수능 및 모의평가와 [고1 학력평가] 중 우수한 문제만을 엄선 후 난이도별로 배치**했습니다. 학습 부담 없는 30일 완성 미니모의고사로 수능·내신 '1등급의 감각을 유지'하세요.

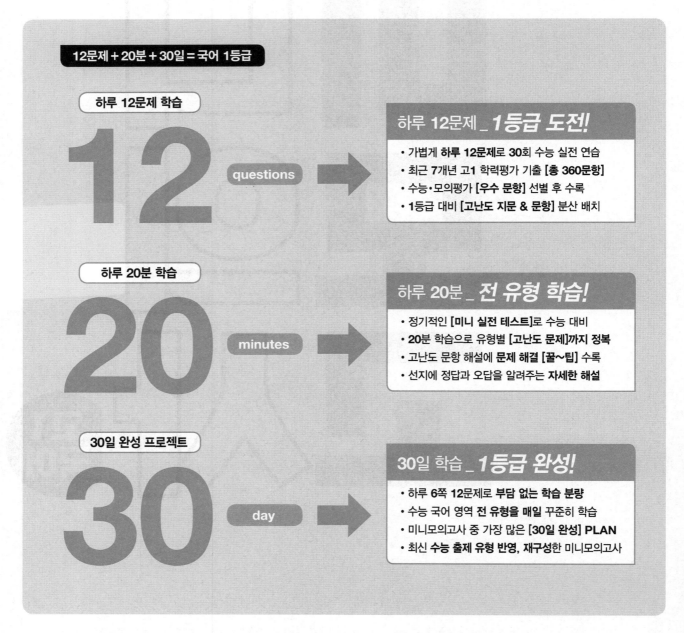

12문제 + 20분 + 30일 = 국어 1등급

하루 12문제 학습

12 questions →

하루 12문제 _ *1등급 도전!*

- 가볍게 **하루 12문제**로 30회 수능 실전 연습
- 최근 7개년 고1 학력평가 기출 **[총 360문항]**
- 수능·모의평가 **[우수 문항]** 선별 후 수록
- 1등급 대비 **[고난도 지문 & 문항]** 분산 배치

하루 20분 학습

20 minutes →

하루 20분 _ *전 유형 학습!*

- 정기적인 **[미니 실전 테스트]**로 수능 대비
- **20분** 학습으로 유형별 **[고난도 문제]까지 정복**
- 고난도 문항 해설에 **문제 해결 [꿀~팁]** 수록
- 선지에 정답과 오답을 알려주는 **자세한 해설**

30일 완성 프로젝트

30 day →

30일 학습 _ *1등급 완성!*

- 하루 **6쪽 12문제**로 **부담 없는 학습 분량**
- 수능 국어 영역 **전 유형을 매일** 꾸준히 학습
- 미니모의고사 중 가장 많은 **[30일 완성] PLAN**
- 최신 **수능 출제 유형 반영, 재구성**한 미니모의고사

※ 미니모의고사가 수능에서 반드시 필요한 이유는 *대부분의 수험생들이 국어 과목을 주제(유형)별 위주로 학습하기 때문입니다. 수능 국어 전 유형을 골고루 풀어 볼 수 있는 미니 모의고사로 하루 12문제씩 학습하면 '실전 감각도 함께 쌓을 수'* 있습니다.

Contents &
30 Day planner

고1 국어

- 날짜별로 정해진 **학습 분량에 맞춰 공부하고 학습 결과를 기록**합니다.
- **planner**를 이용해 학습 일정을 계획하고 **자신의 성적을 체크하면서 30일 완성으로 목표**를 세우세요.
- 가볍게 매일 20분씩 꾸준하게 학습을 하세요. 주어진 목표 시간 안에 문제를 푸는 연습은 수능 실전에서 자신감까지 **UP**해 줍니다.

[해설편 p.002]

DAY 01 수능기출 전국연합학력평가 20분 미니 모의고사

● 날짜 : 월 일 ● 시작 시각 : 시 분 초 ● 목표 시간 : 20분

※ 점수 표기가 없는 문항은 모두 2점입니다.

01~02 다음은 학생의 발표이다. 물음에 답하시오.

안녕하세요. 여러분, 체험 활동 때 방문했던 트릭 아트 체험관 기억나시나요? (고개를 끄덕이며) 네, 많이 기억하시는군요. 저는 특히 외나무다리 트릭 아트가 인상 깊었습니다. 바닥에 그려진 그림 위에 섰을 때 실제로 절벽 아래로 떨어질 것처럼 아슬아슬한 느낌이 들었던 기억이 아직도 생생합니다. 그래서 트릭 아트에 대해 관심이 생겨 오늘 발표를 하게 되었습니다.

트릭 아트란 주로 착시 현상을 활용하여 관람자에게 재미나 색다른 시각적 경험을 제공하는 예술 장르입니다. (㉠ 자료를 제시하며) 여기를 보시겠습니다. 여러분, 이 그림은 무엇을 그린 것일까요? (대답을 듣고) 네, 토끼라는 대답도, 오리라는 대답도 있네요. 이 그림에는 두 동물의 이미지가 중첩되어 있기 때문에 토끼로도, 오리로도 보입니다. (그림의 오른쪽 부분을 가리키며) 이쪽 둥근 부분에 시선을 두면 토끼로 보이고, (왼쪽 부분을 가리키며) 이쪽 길쭉한 부분에 시선을 두면 오리로 보입니다. 이 그림은 보는 사람의 시선에 따라 이미지가 다르게 보이는 착시 현상을 활용하여 관람자에게 일상에서 접해 보지 못했던 색다른 시각적 경험을 제공하고 있습니다.

아, 질문이 있군요. (질문을 듣고) 네, 눈은 외부의 시각 정보를 뇌에 전달하고, 뇌는 개인의 경험이나 지식에 비추어 이를 해석하고 판단합니다. 그런데 이 과정에서 시각 정보가 불분명하거나 해석에 혼선이 생길 때 착시 현상이 일어나게 됩니다. 방금 보셨던 그림은 이미지를 중첩시켜 불분명한 시각 정보를 제공함으로써 착시 현상이 발생한 것이라고 할 수 있습니다.

자, 이해되셨나요? (대답을 듣고) 네, 그러면 이번에는 착시 현상을 활용하여 바닥에 그린 그림이 입체적으로 보이는 트릭 아트를 보여 드리겠습니다. (㉡ 자료를 가리키며) 이 횡단보도는 표지선 아래에 음영을 넣어 입체적으로 보입니다. 바닥에 그려진 것이지만 공중에 떠 있는 듯한 착시 현상을 일으키고 있는 것입니다. 그래서 운전자의 시각에서 볼 때 실제로 장애물이 있는 것 같은 느낌이 들도록 함으로써 자연스럽게 감속을 유도하여 교통사고를 예방하는 데 유용합니다.

이외에도 트릭 아트는 건물 외벽, 광고판, 관광지의 포토존 등에서 다양하게 활용되고 있습니다. 제가 말씀드린 내용 이외에 트릭 아트에 대해 더 알고 싶으신 분은 도서관에 있는 관련 책들을 찾아보거나 제가 보여 드리는 트릭 아트 누리집에 들어가 보시기 바랍니다. 이상, 발표를 마치겠습니다.

01

고1 • 2024년 3월 1번

위 발표에 대한 설명으로 적절하지 않은 것은?

① 청중과 공유하고 있는 경험을 언급하여 주의를 환기하고 있다.
② 화제와 관련된 역사적 일화를 소개하여 청중의 호기심을 자극하고 있다.
③ 청중의 반응을 확인하면서 발표 내용에 대한 이해 여부를 점검하고 있다.
④ 비언어적 표현을 사용하여 청중이 설명 대상에 집중하도록 유도하고 있다.
⑤ 청중에게 정보를 추가로 탐색할 수 있는 방법을 안내하며 발표를 마무리하고 있다.

02

고1 • 2024년 3월 2번

다음은 발표자가 제시한 자료이다. 발표자의 자료 활용에 대한 이해로 가장 적절한 것은?

㉠

㉡

① ㉠을 통해 착시 현상의 방해 요인을, ㉡을 통해 착시 현상의 발생 과정을 설명하고 있다.
② ㉠을 통해 트릭 아트의 전시 환경을, ㉡을 통해 착시 현상의 이해 방법을 설명하고 있다.
③ ㉠을 통해 트릭 아트의 긍정적 효과를, ㉡을 통해 트릭 아트의 부정적 효과를 설명하고 있다.
④ ㉠을 통해 트릭 아트의 사회적 의의를, ㉡을 통해 트릭 아트의 예술적 의의를 설명하고 있다.
⑤ ㉠을 통해 착시 현상의 시각적 효과를, ㉡을 통해 트릭 아트의 실용적 기능을 설명하고 있다.

[해설편 p.002]

03 (가)는 기획 기사를 연재 중인 학교 신문의 일부이고, (나)는 학생이 작성한 〈2편〉의 초고이다. 물음에 답하시오.

(가) 학교 신문의 일부

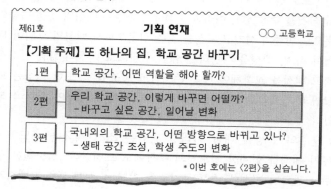

제61호	기획 연재	○○ 고등학교

【기획 주제】 또 하나의 집, 학교 공간 바꾸기

1편	학교 공간, 어떤 역할을 해야 할까?
2편	우리 학교 공간, 이렇게 바꾸면 어떨까? –바꾸고 싶은 공간, 일어날 변화
3편	국내외의 학교 공간, 어떤 방향으로 바뀌고 있나? –생태 공간 조성, 학생 주도의 변화

＊이번 호에는 〈2편〉을 싣습니다.

(나) 〈2편〉의 초고

학교는 학생들이 집 다음으로 오랜 시간 생활하는 공간으로 제2의 집이라 할 수 있다. 그런데 학교를 생각하면 네모난 교실에서 칠판을 향해 앉아 있는 학생들이 떠오른다. 학교는 학습 기능을 수행하는 효율적 공간임에 틀림없지만, 지적 성장을 위한 공간뿐만 아니라 정서적 안정과 사회적 성장을 위한 공간도 필요하다. 하지만 우리 학교는 학습을 위한 공간에 집중되어 있어 아쉽다. 그래서 3층과 4층에서 현재 사용하지 않는 서편 끝 교실을 새롭게 바꿀 것을 제안한다.

먼저 학교에서 가장 높은 곳에 있으며 바깥 풍경이 아름답고 조용한 4층 교실을 '사색의 방'으로 만들었으면 한다. 이곳은 통창을 설치해 산과 하늘을 볼 수 있도록 하고 창가 의자에 앉아 쉬며 사색할 수 있는 공간으로 바꾼다. 창을 통해 자연을 느끼며 안정을 찾고 성찰의 시간을 보낼 수도 있다. 이 공간은 집기로 채우지 않고 편안한 음악 소리로 채우되, 인공조명은 최소화한다. 마음을 다독일 수 있는 이 방은 정서적 안정을 위한 곳으로서 학생들이 머물고 싶은 공간이 될 것이다.

3층 교실은 '어울림의 방'으로 만들었으면 한다. 이곳은 교실과 복도 사이의 벽을 없애 누구나 드나들기 쉽도록 한다. 또 바닥은 자유롭게 앉거나 누워 즐겁게 이야기할 수 있는 공간으로 바꾼다. 모퉁이 공간을 활용하여 친한 친구들끼리 소모임을 할 수 있도록 하면 서로의 고민을 터놓을 수도 있다. 친구들과 어울리며 관계를 형성하는 이 방은 사회적 성장을 위한 곳으로서 학생들이 또 오고 싶은 공간이 될 것이다.

학생들이 바라는 이런 공간이 우리 학교에 생긴다면 학교 생활이 얼마나 행복할까? 정서적 안정과 사회적 성장을 위한 학교 공간의 조성으로 나의 생각은 커가고 친구들과 어울리며 행복을 느낄 수 있을 것이다. 이런 변화는 학업에도 더욱 열중할 수 있는 동력이 되며 학교에 대한 자부심도 느끼게 할 것이다.

03

고3 · 2024학년도 6월 화 · 작 43번

'초고'에 활용된 쓰기 전략으로 가장 적절한 것은?

① 우리 학교와 다른 학교 공간의 구조를 비교하여 실태를 부각한다.
② 공간이 조성되었을 때의 모습을 가정하여 기대되는 효과를 제시한다.
③ 학교의 기능이 변화해 온 과정을 분석하여 공간 개선의 필요성을 강조한다.
④ 학교 공간의 중요성에 대한 질문을 반복하여 문제 해결의 시급성을 드러낸다.
⑤ 공간의 이동에 따라 각 공간의 문제점을 나열하여 공간별 개선 방안을 제안한다.

[해설편 p.002]

04

고1·2020년 9월 14번

밑줄 친 부분에 주목하여 〈보기〉의 ㄱ~ㅁ을 탐구한 내용으로 적절하지 않은 것은?

〈보 기〉

ㄱ. 그는 어제 고향을 떠났다.
ㄴ. 지난겨울에는 정말 춥더라.
ㄷ. 친구와 함께 본 영화는 재미있었다.
ㄹ. 작년만 해도 이곳에는 나무가 적었었다.
ㅁ. 축제 준비를 하려면 오늘 밤 잠은 다 잤네.

① ㄱ을 보니, 시간 부사어를 사용하여 과거를 나타내고 있군.
② ㄴ을 보니, 선어말 어미 '-더-'를 사용하여 과거의 경험을 회상하고 있군.
③ ㄷ을 보니, 동사는 관형사형 어미 '-(으)ㄴ'을 사용하여 과거에 일어난 일을 나타내는군.
④ ㄹ을 보니, 선어말 어미 '-었었-'을 사용하여 현재까지 지속되는 과거의 상황을 나타내는군.
⑤ ㅁ을 보니, 선어말 어미 '-았-'이 과거에 일어난 일을 나타내지 않기도 하는군.

05~09 다음 글을 읽고 물음에 답하시오.

조선 시대의 유학자들은 왕권의 기반이 민심에 있으며 민심을 천심으로 받아들여야 한다고 보는 민본(民本) 사상을 통치 기조로 삼을 것을 주장했다. 이러한 관점에서 군주는 백성의 뜻을 하늘의 뜻으로 받들며 섬기고 덕성을 갖춘 성군으로서 백성의 모범이 되어야 하며, 백성을 사랑하는 애민의 태도로 백성의 삶을 안정시키고 백성을 교화해야 하는 존재라고 강조했다. 또한 백성은 보살핌과 가르침을 받는 존재로서 통치에 ⓐ 순응해야 한다고 보았다.

군주와 백성에 대한 이러한 관점은 조선 개국을 주도하고 통치 체제를 설계한 정도전의 주장에도 드러난다. 정도전은 군주나 관료가 백성에 대한 통치권을 지닌 것은 백성을 지배하기 위한 것이 아니라 백성을 보살피고 안정시키기 위한 것이라고 보았다. 군주나 관료가 지배자가 아니라 백성을 위해 일하는 봉사자일 때 이들의 지위나 녹봉은 그 정당성이 확보된다고 여긴 것이다. 또한 왕권이 정상적으로 작동하기 위해서는 왕을 정점으로 하여 관료 조직을 위계적으로 ⓑ 정비하는 것과 더불어, 민심을 받들어 백성을 보살피는 자로서 군주가 덕성을 갖추는 것이 중요하다고 보았다. 백성을 위하는 관료의 자질 향상 및 책무의 중요성을 강조한 한편, 관료의 비행을 감독하는 감사 기능의 강화를 주장하기도 했다. 이러한 정도전의 주장은 백성을 보살핌의 대상으로 바라본 민본 사상의 관점에 입각한 것이라 할 수 있다.

조선 중기의 학자 이이 역시 군주의 바람직한 덕성을 강조한 한편 군주와 백성의 관계를 부모와 자식의 관계에 빗대어 백성을 보살펴야 하는 대상이라 논했다. 이이는 특히 애민은 부모가 자녀를 가르치듯 군주가 백성들을 도덕적으로 교화함으로써 실현되며, 교화를 ⓒ 순조롭게 이루기 위해서는 우선 백성들을 경제적으로 안정시켜야 한다는 점을 강조했다. 또한 백성은 군주에 대한 신망을 지닐 수도 버릴 수도 있는 존재이므로, 군주는 백성을 두려워하는 외민(畏民)의 태도를 지녀야 함을 역설했다. 백성을 보살피고 교화해야 할 대상으로 여긴 점은 정도전의 관점과 상통하는 지점이다. 다만 군주가 백성에 대한 두려움을 가지고 백성의 신망을 유지하기 위해 노력해야 한다는 것을 강조한 점에서 차이가 있다.

조선 후기의 학자 정약용은 환자나 극빈자, 노인과 어린이 등 사회적 약자에 속하는 백성을 적극적으로 보호하는 것이 애민의 내용이라고 주장했다. 이는 백성을 보살핌의 대상으로 바라보는 시각을 구체화한 것이라 할 수 있다. 한편 정약용은 백성을 통치 체제 유지에 기여해야 하는 존재라 보고, 백성이 각자의 경제적 형편에 ⓓ 부합하는 역할을 수행해야 한다고 주장하여 백성에 대한 기존의 관점과 차이를 드러냈다. 그는 가난한 백성인 '소민'은 교화를 따름으로써, 부유한 백성인 '대민'은 생산 수단을 제공하고 납세의 부담을 맡음으로써 통치 질서의 안정에 기여해야 한다고 논했다. 이는 조선 후기 농업 기술과 상·공업의 발달로 인해 재산을 축적한 백성들이 등장한 현실을 고려한 것으로, 백성이 국가를 유지하는 근간이라고 보는 관점에 ⓔ 기반한 주장이었다.

[해설편 p.003]

조선 시대 학자들의 이와 같은 주장은 군주를 비롯한 통치 계층이 백성을 존중하는 정책을 펼치는 바탕이 되었다. 백성을 대상으로 한 교육 제도, 관료의 횡포를 견제하는 감찰 제도, 민생 안정을 위한 조세 및 복지 제도, 백성의 민원을 수렴하는 소원 제도 등은 백성을 위한 정책이 구현된 사례라 할 수 있다. [A]

05

고1 • 2021년 3월 16번

윗글에 대한 설명으로 가장 적절한 것은?

① 조선 시대 관료 조직의 위계를 분석하고 있다.
② 조선 시대 조세 제도의 문제점을 나열하고 있다.
③ 조선 시대 학자들의 백성에 대한 관점을 비교하고 있다.
④ 조선 시대 군주들의 통치관을 비판적으로 서술하고 있다.
⑤ 조선 시대 상업의 발달 과정을 통시적으로 기술하고 있다.

06

고1 • 2021년 3월 17번

외민(畏民)에 대한 이해로 한 이해로 가장 적절한 것은?

① 백성이 군주에 대해 지녀야 할 마음가짐이다.
② 관료의 비행을 감독하기 위해 마련한 제도이다.
③ 군주와 백성을 부모와 자식의 관계에 비유하는 근거이다.
④ 민생이 안정되었을 때 드러나는 백성의 이상적 모습이다.
⑤ 백성이 군주에 대한 신망을 버릴 수 있다고 보는 관점이다.

07

고1 • 2021년 3월 18번

윗글을 바탕으로 〈보기〉를 이해한 내용으로 적절하지 않은 것은? [3점]

〈보 기〉

ㄱ. 옛날에 바야흐로 온 세상을 제압하고 나서 천자가 벼슬을 내리고 녹봉을 나누어 준 것은 신하들을 위해서가 아니라 백성들을 위한 것이었다. … 임금이 관리에게 책임을 지우는 것도 한결같이 백성에 근본을 두고, 관리가 임금에게 보고하는 것도 한결같이 백성에 근본을 두면, 백성은 중요한 존재가 된다.

– 정도전, 『삼봉집』 –

ㄴ. 청컨대 전하의 식사와 옷에서부터, 바치는 물건들과 대궐 안에서 일상적으로 쓰는 물건들 일체를 삼분의 일 줄이십시오. 이런 방식으로 헤아려서 모든 팔도의 진상•공물들도 삼분의 일 줄이십시오. 이렇게만 하신다면 은택이 아래로 미치어 백성들이 실질적인 혜택을 받게 될 것입니다.

– 이이, 『율곡전서』 –

ㄷ. 만일 목화 농사가 흉작이 되어 면포의 가격이 뛰어 오르는데 수백 리 밖의 고장은 풍년이 들어 면포의 값이 매우 쌀 경우 수령은 일단 백성에게 군포를 납부하지 말도록 해야 한다. 그리고 아전 중 청렴한 자를 골라 풍년이 든 곳에 가서 면포를 구입해 오도록 하여 군포를 바친다. 그리고 면포를 구입하는 데 쓴 돈은 백성들이 균등하게 부담케 하면 백성에게 큰 혜택이 돌아갈 것이다.

– 정약용, 『목민심서』 –

① ㄱ은 관료의 녹봉이 백성을 위해 일하는 봉사자로서 얻는 것이라는 주장과 관련된다.
② ㄴ은 군주가 백성을 보살피는 존재라는 시각을 바탕으로 한다.
③ ㄷ은 대민과 소민에 따라 납세 부담에 차이가 있어야 한다는 주장을 구현하는 방법이다.
④ ㄱ과 ㄷ은 민본 사상의 관점에서 바람직한 관료의 면모를 보여 준다.
⑤ ㄴ과 ㄷ은 백성의 경제적 안정을 중시하는 관점에서 제안된 방안에 해당한다.

[해설편 p.003]

08

고1 • 2021년 3월 19번

다음은 윗글을 읽은 학생의 독후 활동이다. ㉮에 들어갈 내용으로 가장 적절한 것은?

> **독후 활동**
> 유사한 화제를 다룬 다음 자료를 읽고, 관점의 차이를 정리해 보자.
>
> [자료]
>
> 조선 시대의 교육은 신분 질서 유지를 통해 통치 계층의 우위를 확보하는 데 기여했다. 현실적으로 통치 계층이 아닌 백성은 정치에 참여하는 관료가 되기 어려웠는데, 이는 신분에 따라 교육 기회가 제한된 것과 관련된다. 한편, 백성을 대상으로 하는 교육은 대체로 도덕적 교화를 위한 것에 한정되었다.
>
> [결론]
> [자료]와 [A]는 조선 시대의 (㉮)에 대하여 관점의 차이를 보이고 있다.

① 백성이 교육 기회를 얻고자 노력했는지
② 교육이 본질적으로 백성을 위한 것인지
③ 교육 방식이 현대적으로 계승되었는지
④ 신분 질서가 어떤 의미를 지니는지
⑤ 백성이 어떻게 정치에 참여했는지

09

고1 • 2021년 3월 20번

문맥상 ⓐ~ⓔ와 바꿔 쓰기에 적절하지 않은 것은?

① ⓐ: 따라야
② ⓑ: 가다듬는
③ ⓒ: 끊임없이
④ ⓓ: 걸맞은
⑤ ⓔ: 바탕을 둔

10~12 다음 글을 읽고 물음에 답하시오.

(가)

여기저기서 단풍잎 같은 슬픈 가을이 뚝뚝 떨어진다. 단풍잎 떨어져 나온 자리마다 봄을 마련해 놓고 나뭇가지 위에 하늘이 펼쳐 있다. 가만히 ㉠ 하늘을 들여다보려면 **눈썹**에 **파란 물감이 든다**. 두 손으로 따뜻한 볼을 쓸어보면 손바닥에도 파란 물감이 묻어난다. 다시 손바닥을 들여다본다. 손금에는 **맑은 강물**이 흐르고, 맑은 강물이 흐르고, 강물 속에는 사랑처럼 슬픈 얼굴—아름다운 **순이(順伊)**의 얼굴이 어린다. **소년(少年)**은 황홀히 눈을 감아 본다. 그래도 맑은 강물은 흘러 사랑처럼 슬픈 얼굴—아름다운 순이(順伊)의 얼굴은 어린다.

– 윤동주, 「소년(少年)」 –

(나)

자라면 뭐가 되고 싶니
의자가 되고 싶니
누군가의 **책상**이 되고 싶니
밟으면 삐걱 소리가 나는 계단도 있겠지
그 계단을 따라 올라가는 다락방
별빛이 들고 나는 창문들도 있구나
누군가 그 창문을 통해 바다를
생각할지도 몰라
수평선을 넘어가는 목선을 그리워할지도 몰라
㉡ 바다를 보는 게 꿈이라면
배가 되고 싶겠구나
어쩌면 그 무엇도 되지 못하고
아궁이 속 **장작**으로 눈을 감을지도 모르지
잊지 마렴 **한 줌 재**가 되었지만
넌 그때도 하늘을 날고 있는 거야
누군가의 **몸을 데워**주고 난 뒤
춤을 추듯 피어오르는 거야
하지만, 지금은
다만 네 잎사귀를 스치고 가는
저 **바람 소리**를 들어보렴
너는 지금 바람을 만나고 있구나
바람의 춤을 따라 흔들리고 있구나
지금이 바로 너로구나

– 손택수, 「나무의 꿈」 –

10 1등급 대비 고난도 2점 문제

고1 • 2023년 6월 43번

(가), (나)의 표현상 특징으로 가장 적절한 것은?

① (가)는 (나)와 달리 반어적 표현을 통해 시적 긴장을 고조시키고 있다.

② (나)는 (가)와 달리 동일한 종결 어미의 반복으로 운율감을 형성하고 있다.

③ (가)와 (나) 모두 대상을 의인화하여 화자의 연민을 드러내고 있다.

④ (가)와 (나) 모두 시어의 연쇄적 활용을 통해 시상을 발전시켜 나가고 있다.

⑤ (가)와 (나) 모두 시선의 이동을 통해 장소가 지닌 의미를 다양하게 제시하고 있다.

11

고1 • 2023년 6월 44번

㉠, ㉡에 대한 이해로 가장 적절한 것은?

① ㉠은 '소년(少年)'의 정서를 환기하는 기능을 하고 있다.

② ㉠은 '소년(少年)'이 거부하고자 하는 세계를 상징하고 있다.

③ ㉠은 '소년(少年)'이 자신의 한계를 인식하는 계기가 되고 있다.

④ ㉡은 '너'가 처한 긍정적 상황을 드러내는 역할을 한다.

⑤ ㉡은 '너'의 성찰이 이루어진 이후의 모습을 표상하고 있다.

12

고1 • 2023년 6월 45번

〈보기〉를 참고하여 (가)와 (나)를 감상한 내용으로 적절하지 않은 것은? [3점]

〈보 기〉

(가), (나)는 시간의 흐름 속에서 성장하는 존재의 순수한 정서와 인식에 대해 표현하고 있다. (가)는 소년이 자연물에 동화되는 과정을 감각적으로 드러내면서 과거의 사랑을 그리워하는 소년의 정서를 보여 준다. (나)는 대상이 품을 수 있는 다양한 꿈을 제시하고, 꿈을 이루지 못한 상황에서도 대상이 존재 가치가 있다는 것을 역설적으로 보여 주고 있다. 또 미래보다 현재 상황과 모습에 주목하는 자세를 강조하며 마무리한다.

① (가)의 '파란 물감이 든' '눈썹'은 '소년(少年)'이 자연물에 동화되는 것을 감각적으로 표현하는군.

② (가)의 '맑은 강물'에 어린 얼굴에는 '순이(順伊)'에 대한 '소년(少年)'의 그리움이 투영되어 있군.

③ (나)의 '의자', '책상', '한 줌 재' 등은 대상이 품을 수 있는 다양한 꿈을 보여 주는군.

④ (나)의 '장작'은 꿈을 이루지 못한 상황에서도 '몸을 데워' 줄 수 있다는 존재 가치에 대한 역설적 인식을 보여 주는군.

⑤ (나)의 '바람 소리'는 대상에게 '지금'의 상황과 모습을 주목하게 하는 계기가 될 수 있겠군.

DAY 01

학습 Check!

▶ 몰라서 틀린 문항 × 표기 ▶ 헷갈렸거나 찍은 문항 △ 표기 ▶ ×, △ 문항은 다시 풀고 ✔ 표기를 하세요.

종료 시각	시 분 초
소요 시간	분 초
초과 시간	분 초

문항 번호	01	02	03	04	05	06	07	08	09	10	11	12
채점 결과												
틀린 문항 복습												

[해설편 p.005]

DAY 02 수능기출 전국연합학력평가 20분 미니 모의고사

● 날짜 : 월 일 ● 시작 시각 : 시 분 초 ● 목표 시간 : 20분

※ 점수 표기가 없는 문항은 모두 2점입니다.

01~02 (가)는 학생들의 대화이고, (나)는 대화를 바탕으로 작성한 연설문의 초고이다. 물음에 답하시오.

(가)

학생 1: 내가 이번 학생회 선거에 부회장 후보로 출마하게 되었는데, 공약을 세우는 데 도움이 필요해 모여달라고 했어. 혹시 학교 생활을 하면서 불편을 느껴 개선했으면 좋겠다고 생각한 것 있니?

학생 2: 평소에 친구들 사이에서 제일 많이 나온 이야기는 자판기 설치야.

학생 1: 조금 더 자세히 이야기해 줄래?

학생 2: 우리 학교에는 매점이 있지만, 매점이 문을 닫는 시간에는 이용을 할 수 없어. 늦게까지 남아서 공부를 하는 친구들은 매점 운영 시간이 아니더라도 언제나 이용할 수 있는 자판기가 있으면 좋겠다고 했어.

학생 3: 자판기 설치를 공약으로 세우려면 선생님과 사전에 논의가 필요하지 않아? 자판기 구입이나 설치 장소 등 여러 문제가 해결되어야 한다고 생각해. 학생회가 자체적으로 할 수 있는 범위를 벗어난 것 같아.

학생 1: 실현할 수 있다면 좋은 공약이 될 것 같아. 내가 알기에도 자판기 설치에 관심을 갖는 학생들이 많거든. 이건 설치 가능 여부를 알아보고 선생님과도 이야기를 해 볼게.

학생 2: 학생들이 특별실을 쉽게 빌릴 수 있게 하는 방법이 필요한 것 같아. 다른 반 친구들과 탐구 활동을 할 때 사용할 수 있는 곳을 찾기 위해 여러 선생님께 여쭤보러 다닌 적이 있는데, 그때 정말 불편했어. 친구들도 사용할 수 있는 곳을 찾기 위해 여러 선생님을 찾아가야 하는 게 불편하다고 했어.

학생 3: 맞아. 특히 행사 직전에는 특별실 담당 선생님께 가서 여쭤봐도 이미 다른 학생들이 특별실을 빌린 경우가 많았어. 온라인을 활용해 해결하면 좋지 않을까?

학생 1: 괜찮은 생각이야. 선생님들과 상의해 볼게. 그런데 그것과 관련해서 나도 의견이 있어. 지금 우리 학교의 온라인 소통망이 학교 누리집 외에도 여러 종류가 있는데, 그것을 하나로 모으면 좋지 않을까?

학생 3: 맞아. 어떤 온라인 소통망은 가입을 해야만 보이는 것도 있어서 불편하다는 이야기가 학생들 사이에서 조금씩 나오고 있었어. 그런데 소통망들을 하나로 모은다는 건 어떻게 하겠다는 거야? 구체적으로 설명해 줘.

학생 1: 학교 누리집에 온라인 학생회를 만들면 어떨까 해. 운영 중인 여러 소통망을 일원화하는 거지. 그리고 조금 전에 이야기한 특별실 사용 예약도 온라인 학생회에서 받으려고 해. 그러면 학생 활동과 관련된 내용을 한 곳에 정리할 수 있을 것 같아.

학생 2: 좋은 생각이야.

학생 1: 긍정적으로 이야기해줘서 고마워. 그럼 이것도 공약에 넣어 볼게.

학생 3: 그리고 나는 점심 시간이 너무 짧다고 생각해. 차례를 기다려 급식을 먹은 뒤 휴식을 취하거나 다른 활동을 하기에는 시간이 너무 부족해.

학생 2: 나도 공감해. 하지만 점심 시간을 늘리면 다른 시간이 줄어들거나 하교 시간이 더 늦춰져야 해. 일과 시간을 조정하는 것은 쉽지 않을 거야.

학생 3: 교지편집부에서 실시한 설문 조사에서 63%의 학생들이 점심 시간을 늘리면 좋겠다고 했어. 많은 학생들이 원하니 우선 공약으로 제시해보는 게 어때?

학생 1: 좋은 의견 고마워. 하지만 일과 조정은 쉽지 않으니 내가 지킬 수 있는 공약만 제시하는 걸로 할게. 그럼 지금까지 나온 의견을 정리하고, 실현 가능 여부를 선생님들께 여쭤 본 뒤 연설문을 써 볼게.

학생 2, 3: 그래.

(나)

안녕하십니까. 학생회 부회장 후보, 기호 '가' ○○○입니다. 이번 선거에 출마하며 학생 여러분들에게 세 가지를 약속하겠습니다.

첫째, 온라인 소통망을 일원화하겠습니다. 필요한 정보를 확인하기 위해 학생회에서 운영 중인 여러 소통망을 찾아보아야 했던 것을 온라인 학생회로 일원화하겠습니다. 한 곳에서 학생회 활동과 학교 생활의 정보를 찾아볼 수 있게 하여 여러분의 시간을 아낄 수 있도록 돕겠습니다.

둘째, 특별실 사용 예약제를 실시하겠습니다. 모둠 및 동아리 활동 장소를 찾기 위해 여러 선생님을 찾아다녀야 했던 것을 사용 가능한 특별실을 온라인에서 확인하고 사용 신청 및 승인을 받을 수 있게 하겠습니다. 개설 방법과 관리 문제 등에 큰 어려움이 없음을 이미 선생님께 확인받았습니다.

셋째, 간식 자판기를 설치하겠습니다. 우리 학교는 현재 매점 운영 시간에만 간식을 구매할 수 있어 늦게까지 공부하는 학생들은 많은 불편을 느낍니다. 그런데 우리 지역 학교의 50% 이상은 이미 간식 자판기를 설치하여 운영하고 있습니다. 제가 부회장이 되면 간식 자판기를 설치하여 많은 학생들이 느끼는 불편을 해결하도록 하겠습니다.

여러분의 한 표 한 표가 모여 더 나은 △△고를 만들 수 있습니다. 그 한 표를 저에게 주신다면 먼저 다가가고 △△고 학생을 위해 발로 뛰는 부회장이 되겠습니다. 기호 '가' ○○○이었습니다. 감사합니다.

[해설편 p.005]

01

고1 • 2024년 6월 4번

(가)의 '학생 1'에 대한 이해로 적절하지 않은 것은?

① 상대의 요청에 대한 구체적인 방법을 설명하고 있다.
② 대화의 목적을 제시하며 상대의 발언을 이끌어내고 있다.
③ 상대의 발언을 재진술하며 추가적인 정보를 요청하고 있다.
④ 자신이 알고 있는 정보를 제시하며 상대의 의견에 대해 동의하고 있다.
⑤ 상대의 의견에 긍정적인 반응을 보이며 자신의 생각을 덧붙이고 있다.

02

고1 • 2024년 6월 6번

(가)를 바탕으로 세운 아래의 작문 계획 중 (나)에 반영되지 않은 것은? [3점]

- 첫째 공약을 제시할 때, 대화에서 논의하지 않았던 기대 효과를 제시해야겠어. ………… ①
- 둘째 공약을 제시할 때, 대화에서 언급된 방법에 대한 구체적인 이용 방법을 제시해야겠어. ………… ②
- 둘째 공약을 제시할 때, 대화 후 선생님과 논의한 내용을 활용하여 실현 가능한 공약임을 제시해야겠어. ………… ③
- 셋째 공약을 제시할 때, 대화에서 제시된 자판기와 관련하여 그 종류를 명확하게 제시해야겠어. ………… ④
- 셋째 공약을 제시할 때, 대화에서 언급된 친구들의 관심에 관한 설문 결과를 활용해 친구들의 요구가 반영된 공약임을 제시해야겠어. ………… ⑤

03

고1 • 2023년 6월 13번

〈보기〉의 [활동]을 수행한 결과로 적절하지 않은 것은?

〈보 기〉

[활동] 제시된 단어의 발음을 [자료]와 연결해 보자.

신라, 칼날, 생산량, 물난리, 불놀이

[자료]

㉠ 'ㄹ'의 앞에서 'ㄴ'이 [ㄹ]로 발음되는 경우
㉡ 'ㄹ'의 뒤에서 'ㄴ'이 [ㄹ]로 발음되는 경우
㉢ 'ㄴ'의 뒤에서 'ㄹ'이 [ㄴ]으로 발음되는 경우

① '신라'는 ㉠에 따라 [실라]로 발음하는군.
② '칼날'은 ㉡에 따라 [칼랄]로 발음하는군.
③ '생산량'은 ㉢에 따라 [생산냥]으로 발음하는군.
④ '물난리'는 ㉠, ㉡에 따라 [물랄리]로 발음하는군.
⑤ '불놀이'는 ㉡, ㉢에 따라 [불로리]로 발음하는군.

[해설편 p.006]

04~08 다음 글을 읽고 물음에 답하시오.

'식욕'은 음식을 먹고 싶어 하는 욕망으로, 인간이 살아가는 데 필요한 영양분을 얻기 위해서 반드시 필요하다. 식욕은 기본적으로 뇌의 시상 하부*에 있는 식욕 중추*의 영향을 받는데, 이 중추에는 배가 고픈 느낌이 들게 하는 '섭식 중추'와 배가 부른 느낌이 들게 하는 '포만 중추'가 함께 있다. 우리 몸이 영양분을 필요로 하는 상태가 되면 섭식 중추는 뇌 안의 다양한 곳에 신호를 보낸다. 그러면 식욕이 느껴져 침의 분비와 같이 먹는 일과 관련된 무의식적인 행동이 촉진된다. 그러다 영양분의 섭취가 늘어나면, 포만 중추가 작용해서 식욕이 억제된다.

[A] 그렇다면 뇌에 있는 섭식 중추나 포만 중추는 어떻게 몸 속 영양분의 상태에 따라 식욕을 조절하는 것일까? 여기에서 중요한 역할을 하는 것이 혈액 속을 흐르는 영양소인데, 특히 탄수화물에서 분해된 '포도당'과 지방에서 분해된 '지방산'이 중요하다. 먼저 탄수화물은 식사를 통해 섭취된 후 소장에서 분해되면, 포도당으로 변해 혈액 속으로 흡수된다. 그러면 혈중 포도당의 농도가 높아지고, 이를 줄이기 위해 췌장에서 '인슐린'이라는 호르몬이 분비된다. 이 포도당과 인슐린이 혈액을 타고 시상 하부로 이동하여 포만 중추의 작용은 촉진하고 섭식 중추의 작용은 억제한다. 반면에 지방은 피부 아래의 조직에 중성지방의 형태로 저장되어 있다가 공복 상태가 길어지면 혈액 속으로 흘러가 간(肝)으로 운반된다. 그러면 부족한 에너지를 보충하기 위해 간에서 중성지방이 분해되고, 이 과정에서 생긴 지방산이 혈액을 타고 시상 하부로 이동하여 섭식 중추의 작용은 촉진하고 포만 중추의 작용은 억제한다. 이와 같은 작용 원리에 따라 우리의 식욕은 자연스럽게 조절된다.

그런데 우리는 온전히 영양분 섭취만을 목적으로 식욕을 느끼는 것은 아니다. 예를 들어, '스트레스를 받으니까 매운 음식이 먹고 싶어.'처럼 영양분의 섭취와 상관없이 취향이나 기분에 좌우되는 식욕도 있다. 이와 같은 식욕은 대뇌의 앞부분에 있는 '전두 연합 영역'에서 조절되는데, 본래 이 영역은 정신적이고 지적인 활동을 담당하는 곳이지만 식욕에도 큰 영향을 미친다. 이곳에서는 음식의 맛, 냄새 등 음식에 관한 다양한 감각 정보를 정리해 종합적으로 기억한다. 또한 맛이 없어도 건강을 위해 음식을 섭취하는 것과 같이, 먹는 행동을 이성적으로 조절하는 일도 이곳에서 담당하는데, 전두 연합 영역의 지령은 신경 세포의 신호를 통해 섭식 중추와 포만 중추로 전해진다.

한편 전두 연합 영역의 기능을 알면, ⓐ <u>음식을 먹은 후 '이젠 더 이상 못 먹겠다.'라고 생각하면서도 디저트를 먹는 현상</u>을 쉽게 이해할 수 있다. 흔히 사람들이 '이젠 더 이상 못 먹겠다.'고 생각하는 이유는 ⓑ <u>실제로 배가 찼기 때문</u>일 수도 있고, 배가 차지는 않았지만 특정한 맛에 질렸기 때문일 수도 있다. 그런데 이런 상황에도 불구하고 디저트를 먹는 현상은 모두 전두 연합 영역의 영향을 받는다. 먼저, 배가 찬 상태에서는 전두 연합 영역의 영향으로 위(胃) 속에 디저트가 들어갈 공간을 마련할 수 있다. 전두 연합 영역의 신경 세포가 '맛있다'와 같은 신호를 섭식 중추로 보내면, 거기에서 '오렉신'이라는 물질이 나온다. 오렉신은 위(胃)의 운동에 관련되는 신경 세포에 작용해서, 위(胃)의 내용물을 밀어내고 다시 새로운 음식이 들어갈 공간을 마련하는 것이다. 다음으로, 배가 차지 않은 상태이지만 전두 연합 영역의 영향으로 특정한 맛에 질릴 수 있다. 그래서 식사가 끝난 후에는 대개 단맛의 음식을 먹고 싶어 하게 되는데, 이는 주식이나 반찬에는 그 정도의 단맛을 내는 음식이 없기 때문이다. 따라서 우리가 "디저트 먹을 배는 따로 있다."라고 하는 것은 생물학적으로 충분히 설득력 있는 표현이 되는 것이다.

* 시상 하부: 사람이 의식적으로 통제하지 못하는 다양한 신체 시스템을 감시하고 조절하는 뇌의 영역.
* 중추: 신경 기관 가운데, 신경 세포가 모여 있는 부분.

04

고1 • 2021년 6월 16번

윗글의 표제와 부제로 가장 적절한 것은?

① 식욕의 작용 원리
 – 식욕 중추와 전두 연합 영역을 중심으로
② 식욕의 개념과 특성
 – 영양소의 종류와 역할을 중심으로
③ 식욕이 생기는 이유
 – 탄수화물과 지방의 영향 관계를 중심으로
④ 전두 연합 영역의 특성
 – 디저트의 섭취와 소화 과정을 중심으로
⑤ 전두 연합 영역의 여러 기능
 – 포도당과 지방산의 작용 관계를 중심으로

05

고1 • 2021년 6월 17번

윗글을 이해한 내용으로 적절하지 <u>않은</u> 것은?

① 식욕은 인간이 살아가는 데 반드시 필요한 욕망이다.
② 인간의 뇌에 있는 시상 하부는 인간의 식욕에 영향을 끼친다.
③ 위(胃)의 운동에 관여하는 오렉신은 전두 연합 영역에서 분비된다.
④ 음식의 특정한 맛에 질렸을 때 더 이상 먹을 수 없다고 생각할 수 있다.
⑤ 전두 연합 영역은 정신적이고 지적인 활동뿐만 아니라 식욕에도 관여한다.

06 1등급 대비 고난도 2점 문제

고1・2021년 6월 18번

ⓑ와 '식욕 중추의 작용'을 고려하여 ⓐ를 이해한 내용으로 적절한 것은?

① 섭식 중추의 작용이 억제되므로 ⓐ는 타당하다.
② 섭식 중추의 작용이 활발하므로 ⓐ는 모순적이다.
③ 포만 중추의 작용이 억제되므로 ⓐ는 모순적이다.
④ 포만 중추의 작용이 활발하므로 ⓐ는 모순적이다.
⑤ 섭식 중추와 포만 중추의 작용이 반복되므로 ⓐ는 타당하다.

07

고1・2021년 6월 19번

[A]를 바탕으로 〈보기〉에 대해 설명한 내용으로 가장 적절한 것은?

〈보 기〉

다음은 탄수화물이 포함된 식사 전후에 혈액 속을 흐르는 물질이 식욕 중추에 끼치는 영향 관계를 표현한 모식도이다.

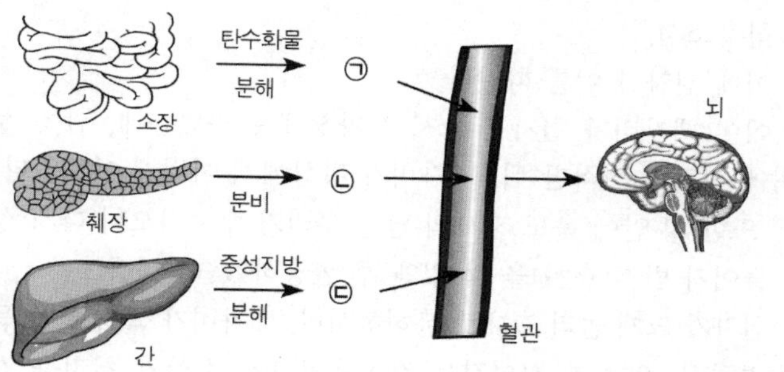

① 혈관 속에 ㉠의 양이 줄어들면 ㉡이 분비된다.
② 혈관 속에 ㉠과 ㉡의 양이 많아지면 배가 고픈 느낌이 든다.
③ 공복 상태가 길어지면 ㉠과 ㉢은 시상 하부의 명령을 식욕 중추에 전달한다.
④ 공복 상태가 길어지면 혈관 속에 ㉠의 양은 줄어들고 ㉢의 양은 늘어난다.
⑤ 식사를 하는 동안에 ㉡은 ㉢의 도움으로 피부 아래의 조직에 중성지방으로 저장된다.

08

고1・2021년 6월 20번

윗글을 바탕으로 〈보기〉를 이해한 내용으로 적절하지 않은 것은? [3점]

〈보 기〉

(뷔페에서 음식을 먹은 후)
A: 너무 많이 먹어서 배가 터질 것 같아.
B: 나도 배가 부르기는 한데, 그래도 내가 좋아하는 떡볶이를 좀 더 먹어야겠어.
(잠시 후 디저트를 둘러보며)
A: 예전에 여기서 이 과자 먹어 봤는데 정말 달고 맛있었어. 오늘도 먹어 볼까?
B: 너 조금 전에 배가 터질 것 같다고 하지 않았니?
A: 후식 먹을 배는 따로 있다는 말도 못 들어 봤어?
B: 와! 그게 또 들어가? 진짜 대단하다. 나는 입맛에는 안 맞지만 건강을 위해 녹차나 마셔야겠어.

① A는 오렉신의 영향으로 위(胃)에 후식이 들어갈 공간이 더 마련되었겠군.
② A는 섭식 중추의 작용으로 뷔페의 과자가 맛있었다고 떠올릴 수 있었겠군.
③ B는 영양분의 섭취와는 무관하게 떡볶이가 먹고 싶다고 생각했겠군.
④ B는 전두 연합 영역의 작용으로 건강을 위해 입맛에 맞지 않는 녹차를 마셨겠군.
⑤ A와 B는 디저트를 둘러보기 전까지 섭식 중추의 작용이 점점 억제되었겠군.

09~12 다음 글을 읽고 물음에 답하시오.

선봉장 원이정이 내달아 양주 자사 양운을 맞아 싸우다가 사로잡힌 바 되니, 또 도원수 양경이 내달아 적을 상대하더니 물러나며 두어 번 싸우는 척하다가 실수하여 사로잡히는 체하고 적진으로 들어갔다. 황제는 그 연유를 알지 못하고 경황실색하며 이렇게 물었다.

"하신(下臣) 중 누가 대적하리요?"

좌우의 모두가 일제히 아뢰었다.

"이제 형세가 곤궁하오니 마땅히 항복하기만 같지 못하옵니다."

천자가 크게 분하여 대답하지 않고 좌우를 돌아보며 말하기를,

"누가 능히 흉적을 소멸하고 짐의 분을 덜겠는가?"

그러나 하신의 모든 무리가 거의 다 양경의 세력에 들었는지라 누가 대적하겠는가? 급함이 경각에 달리게 되었다.

태자비가 이 시랑 댁에서 조정에서 모시러 오기를 기다리며 밤낮으로 국가 소식을 탐지하였는데 하루는 피난하는 백성이 길을 막고 울었다. 태자비가 소애를 시켜 위로하며 백성에게 물으니 백성이 말하기를,

[해설편 p.007]

"양경의 동족(同族)인 황주, 익주, 서주, 강주, 성주, 형주 도읍이 다 반역하여 **조정을 침노**하였는데, 천자께서 몸소 공격하시다가 도적에게 패하여 거의 죽게 되셨으니 백성이 당하지 못하여 피난하나이다."

태자비가 듣고 하늘을 우러러 탄식하며 말하기를,

"전쟁터에는 나라를 일으켜 세울 신하가 없고 양경 같은 소인이 있어 백성을 다 없어지게 하고 임금을 해치니 어찌 통한치 아니하리오. 황상이 이제 친행(親行)하신다 하니 그 흉적의 세력을 어찌 당하리오. **내 비록 여자이**나 한번 소리쳐 역적을 깨뜨리고 백성을 건지며 **임금을 구원하**리라."

(중략)

태자비가 분기충천하여 천조검을 높이 들고 말하기를,

"너희는 어떤 도적이기에 성질이 억세게 고집스럽고 사납기가 그지없어 우리 황상을 이리도 핍박하는가? 나는 성제(聖帝)의 명을 받아 주 씨 강산을 구하러 왔으니 나를 대적할 이 있거든 모두 나와 승부를 겨루자."

하는 소리 진동하니 양주 자사 양운이 소리에 응답하여 크게 소리쳐 말하기를,

[A] "이제 주 씨의 부조(父祖)가 덕망을 잃어 천하 백성이 도탄에 들어 눈을 뜨지 못함을 차마 보지 못하여 주 씨를 들어 내쳐서 만민을 건지고자 하나니, 너는 어떠한 사람이기에 시절 돌아감을 알지 못하고 우리로 하여금 대공을 세우지 못하게 하는가?"

태자비가 대답하여 말하기를,

[B] "자고로 신하는 그 위를 범하지 못하나니, 너희가 주 씨의 녹을 먹었으나 임금의 은혜를 갚기는커녕 도리어 이리 하느냐. 옥체를 빌린 임금의 마음은 하해와 같으니 어찌 하늘의 벌이 없겠는가? 급히 항복하면 죄를 용서하려니와, 끝내 하늘 뜻에 순종하지 않으면 아득히 살아날 길이 없는 곳으로 나아가게 하리니 급히 결단하라."

양운이 노하여 달려들거늘, 태자비가 맞아 싸워 두 합에 태자비의 칼이 번뜩하더니 양주 자사 양운의 머리를 베어 칼 끝에 꿰어 들고 재주를 자랑하며 쳐들어갔다. 적진에서 양운의 죽음을 보고 또 한 장수가 내닫거늘,

태자비가 바라보니 신장이 구 척이고 얼굴은 수묵을 갈아 뿌린 듯하고 눈은 커서 세 치 닷 푼이나 되었다. 창검이 엄숙하여 청천(靑天)의 번개 같으니 이는 황주 자사였다.

태자비가 크게 꾸짖어 말하기를,

"이런 도적이 시정에 있으나 무엇에 쓸 수 있겠는가? 너와 더불어 대적함이 욕되나 위국충신이 있는 고로 마지못해 다투니 급히 결단하라."

황주 자사가 크게 노하여 달려들어 태자비와 싸우기를 20여 합이나 승부를 가리지 못했다.

이때에 천자가 대상(臺上)에서 바라보니 난데없는 장군이 필마(匹馬)로 들어와 적장을 모두 죽이는 것이었다. 이를 보고 의아한 중에 안심되어 말씀하시기를,

"밝으신 하늘이 주 씨 강산을 보전케 하시도다."

이어 기뻐하며 일월기(日月旗)를 둘러 접응하였다.

태자비가 황주 자사와 싸우기를 30여 합에 결단하지 못하였는데, 문득 태자비가 입은 전포(戰袍)의 용두(龍頭)에서 청황룡이 엎드려 있다가 붉은 기운을 토하니, 삼태호총마가 귀를 세우는 가운데 안개가 자욱하여 양진을 분별하지 못하였다. 그런데 문득 태자비의 몸이 공중에 솟구치더니 칼을 들어 황주 자사의 목을 베어 말 아래로 내리치니 누가 감히 당하리오. 태자비가 드디어 **모든 역적을 함몰시**키고 군사는 놓아 보내니, 적진에 잡혀갔던 양경과 원이정의 몸이 살아 와서 태자비를 보고 칭송하며 말하기를,

"우리들은 대국 도원수와 선봉장이나 재주가 없어 적진에 잡혀 죽게 되었더니 장군의 은혜를 입어 **목숨을 보전**하고 흉적을 격파하였으니 은혜 난망(難忘)이로소이다."

태자비가 한 꾀를 생각하고 이렇게 말하였다.

"정말 몰랐습니다."

그러고는 양경을 데리고 천자 계신 곳에 가서 육도 자사의 머리를 올리니 천자가 크게 기뻐하시며 자리에서 내려와 태자비의 손을 잡으시고 말씀하시었다.

"장군의 충성은 무엇보다도 크니 금수강산으로도 갚지 못하리라."

태자비가 엎드려 아뢰었다.

"폐하의 홍복(洪福)이라, 신이 무슨 공이 있겠습니까?"

천자가 매우 칭찬하자, 태자비가 다시 여쭈어 아뢰었다.

"이제 육도 자사가 죽고 자리가 비었으니 엎드려 바라옵건대 폐하께서는 여섯 자사를 정하여 각각 모든 병사를 다스리게 하옵소서."

이에 천자가 이를 따랐다.

이어 태자비가 천자를 모시고 황성에 올라왔는데, 남쪽 성문 위에 천자가 전좌한 뒤, 태자비가 황상에게 이렇게 아뢰었다.

"또한 성 안에 육도 자사의 남은 무리가 무수하오니 다시 성에 들어가 반적(叛賊)을 다 없앤 후 환궁하겠습니다."

천자가 크게 놀라 그대로 윤허하시니, 태자비가 즉시 차환 등을 호령하여, 양경과 원이정을 잡아들이라는 소리가 천지를 진동하였다.

– 작자 미상, 「정각록」 –

09

고1・2023년 9월 39번

윗글에 대한 설명으로 가장 적절한 것은?

① 서술자가 직접 개입하여 인물을 희화화하고 있다.
② 역순행적 구성을 통해 사건의 인과 관계를 밝히고 있다.
③ 전기적 요소를 활용하여 비현실적인 장면을 부각하고 있다.
④ 공간을 환상적으로 묘사하여 인물의 내적 갈등을 보여 주고 있다.
⑤ 장면에 따라 서술자를 달리하여 사건을 입체적으로 드러내고 있다.

[해설편 p.008]

10

고1・2023년 9월 40번

윗글에 대한 이해로 적절하지 않은 것은?

① 도원수 양경은 적과 싸우는 척하다 일부러 적진에 잡혀갔다.
② 하신의 무리들은 전장의 형세를 이유로 천자의 항복을 만류했다.
③ 태자비는 이 시랑 댁에서 지내며 나라의 상황을 알기 위해 노력하였다.
④ 천자는 전장에 말을 타고 나타난 장군이 태자비임을 알아보지 못했다.
⑤ 태자비는 천자에게 반적을 없앤 후 환궁하겠다는 의사를 밝혔다.

11

고1・2023년 9월 41번

[A]와 [B]에 대한 설명으로 가장 적절한 것은?

① [A]와 [B]는 모두 자신의 처지를 하소연하며 상대의 동정심을 불러일으키고 있다.
② [A]는 [B]와 달리 실행을 위한 방안을 요구하며 상대의 제안을 수용하지 않고 있다.
③ [B]는 [A]와 달리 상대의 의도를 추측하며 자신이 해야 할 일을 계획하고 있다.
④ [A]는 성인의 말을 인용하여, [B]는 역사적 사실에 빗대어 자신이 처한 상황을 드러내고 있다.
⑤ [A]는 자신의 행동이 정당함을 말하며, [B]는 상대가 지켜야 할 태도의 당위성을 내세우며 상대의 행동을 비판하고 있다.

12

고1・2023년 9월 42번

〈보기〉를 바탕으로 윗글을 감상한 내용으로 적절하지 않은 것은? [3점]

〈보 기〉

「정각록」은 여성 영웅 소설로, 주인공 정 소저는 백성들에게 인정을 베풀어야 한다는 신념을 지니고, 유교 이념을 구현하기 위해 신하로서의 도리를 다하는 인물로 그려진다. 태자비가 된 정 소저는 국가 위기를 초래하는 반역 세력을 숙청함으로써 현 체제를 유지하고 국가 질서를 수호하려고 한다. 이처럼 이 작품은 여성을 영웅적 인물로 설정하여 국가적 위기를 해결하는 주체적인 인물로 그려 내고 있다.

① 태자비가 양경과 원이정의 '목숨을 보전'해 주는 것에서, 정 소저는 백성들에게 인정을 베풀어야 한다는 신념을 지니고 있는 인물로 볼 수 있겠군.
② 태자비가 '조정을 침노'한 반역 무리를 응징하려고 하는 것에서, 정 소저는 현 체제를 유지하고 국가 질서를 수호하고자 한다고 볼 수 있겠군.
③ 태자비가 전장에 나가 '모든 역적을 함몰시'킨 것에서, 정 소저는 국가적 위기를 해결할 수 있는 영웅적 능력을 지니고 있는 인물로 볼 수 있겠군.
④ 태자비가 '내 비록 여자이'지만 적진에 나서 싸우겠다고 말하는 것에서, 정 소저는 주체적으로 판단하고 행동하는 여성으로 볼 수 있겠군.
⑤ 태자비가 '임금을 구원하'기 위해 전장에 직접 나가 싸우는 것에서, 정 소저는 유교 이념을 구현하기 위해 신하로서의 도리를 다하려 한다고 볼 수 있겠군.

학습 Check!

▶ 몰라서 틀린 문항 × 표기 ▶ 헷갈렸거나 찍은 문항 △ 표기 ▶ ×, △ 문항은 다시 풀고 ✔ 표기를 하세요.

종료 시각	시 분 초
소요 시간	분 초
초과 시간	분 초

문항 번호	01	02	03	04	05	06	07	08	09	10	11	12
채점 결과												
틀린 문항 복습												

[해설편 p.009]

DAY 03 수능기출 전국연합학력평가 20분 미니 모의고사

● 날짜 : 월 일 ● 시작 시각 : 시 분 초 ● 목표 시간 : 20분

※ 점수 표기가 없는 문항은 모두 2점입니다.

01 다음은 학생의 발표이다. 물음에 답하시오.

안녕하세요? 지난 수업 시간에 곰팡이의 생육 환경에 대해 우리가 조사했던 활동이 기억나나요? (청중의 반응을 듣고) 네, 기억하는군요. 자료를 더 찾아보니 식물 뿌리와 함께 사는 곰팡이에 관한 흥미로운 사실이 있어 소개하려 합니다.

식물 뿌리와 함께 사는 곰팡이가 식물 뿌리와 상호 작용한다는 것을 알고 있나요? (청중의 반응을 살피고) 대부분 모르는군요. 곰팡이와 식물 뿌리의 상호 작용에는 곰팡이의 균사가 중요한 역할을 합니다. (㉠ 화면 제시) 이렇게 식물 뿌리를 감싸고 있는 실처럼 생긴 것이 곰팡이의 균사인데요, 균사는 곰팡이의 몸을 이루는 세포가 실 모양으로 이어진 것을 말합니다.

식물 뿌리와 연결된 곰팡이의 균사는 양분이 오가는 통로가 됩니다. 마치 서로를 잇는 다리와 같은 역할을 하지요. (㉡ 화면 제시) 이렇게 곰팡이가 토양에서 흡수한 양분은 식물 뿌리로 전달되고, 식물이 광합성으로 만든 양분도 곰팡이로 전달됩니다. 또한 균사는 땅속에서 퍼져 나가면서 거리가 떨어져 있는 식물 뿌리와 연결될 수 있고, 한 식물의 뿌리와 또 다른 식물의 뿌리를 연결할 수도 있습니다. 식물과 식물을 연결한 균사를 통해 양분이 식물 간에 전달되지요.

아, 질문이 있네요. (질문을 듣고) 곰팡이나 식물에 눈이 있어 서로를 찾아가는 것은 아닙니다. 곰팡이와 식물 뿌리는 각각 상대의 생장을 촉진하는 물질을 내놓아 상대를 자기 쪽으로 유인하여 만날 수 있지요. 이해되었나요? (고개를 끄덕이는 모습을 보고) 그럼 발표를 이어 가겠습니다.

곰팡이의 균사가 식물 뿌리와 연결되는 방식은 곰팡이에 따라 다릅니다. 예를 들어, (㉢ 화면 제시) 화면의 왼쪽처럼 균사가 식물 뿌리 세포의 내부로 들어가는 곰팡이가 있고, 화면의 오른쪽처럼 균사가 식물 뿌리의 겉면이나 식물 뿌리 세포를 감싸는 곰팡이도 있습니다.

곰팡이와 식물 뿌리의 상호 작용이 흥미롭지 않나요? 발표 내용이 잘 이해되었기를 바라며 이만 마치겠습니다.

01

고3 • 2024학년도 9월 화 • 작 36번

다음은 발표자가 보여 준 화면이다. 발표자의 시각 자료 활용에 대한 설명으로 가장 적절한 것은?

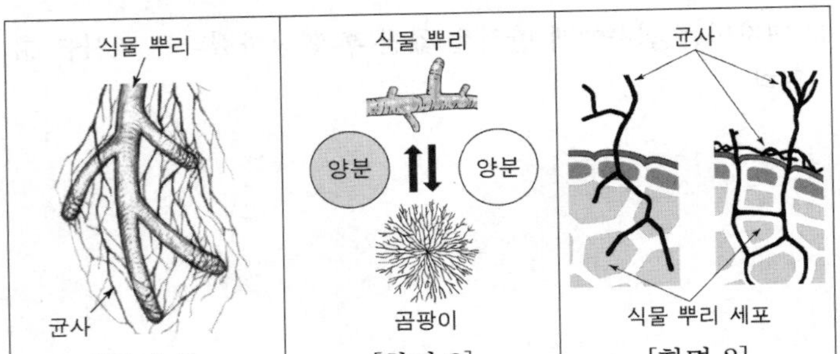

[화면 1] [화면 2] [화면 3]

① [화면 1]은 균사가 식물 뿌리를 감싸는 정도가 식물 뿌리의 부위마다 다름을 설명하기 위해 ㉠에 제시하였다.
② [화면 1]은 균사를 통해 한 식물의 양분이 다른 식물에 전달됨을 설명하기 위해 ㉠에 제시하였다.
③ [화면 2]는 곰팡이의 몸을 이루는 세포가 실 모양으로 이어진 것이 균사임을 설명하기 위해 ㉡에 제시하였다.
④ [화면 2]는 곰팡이가 토양에서 흡수한 양분은 식물 뿌리로 전달되고, 광합성으로 만들어진 양분은 곰팡이로 전달됨을 설명하기 위해 ㉡에 제시하였다.
⑤ [화면 3]은 땅속에서 퍼져 나가는 특성이 있는 균사가 주변에 서식하는 여러 식물의 뿌리와 연결될 수 있음을 설명하기 위해 ㉢에 제시하였다.

02~03 다음 글을 읽고 물음에 답하시오.

[작문 상황]

○ 작문 목적: 교내 축제 운영에 대한 건의문 쓰기
○ 예상 독자: 교장 선생님

[학생의 초고]

안녕하세요? 저는 미래기술연구 동아리 부장 □□□입니다. 얼마 전 동아리 담당 선생님으로부터 학교에서 올해 축제를 어떻게 운영할 것인지 고민하고 있다고 들었습니다. 그래서 저는 이전에 ㉠ 열려진 축제의 형태가 아닌 메타버스를 활용한 새로운 형태의 학교 축제를 건의드립니다.

메타버스를 활용하면 실제 학교와 유사한 가상 공간 속에서 학생들이 가상 인물인 아바타로 다양한 활동을 수행할 수 있습니다. 제 주변 친구들은 메타버스에 관심이 많고, 이를 활용하여 학교 축제를 운영하는 것에 긍정적인 반응을 보이고 있습니다. 저는 중학생 때 메타버스 제작 체험을 해 본 적이 있는데, ㉡ 이 경험이 학생들도 메타버스를 충분히 만들 수 있다는 생각을 하게 되었습니다.

메타버스로 학교 축제를 운영하는 것에 대해 비용 문제와 학생들의 저조한 참여를 걱정하실 수도 있습니다. 하지만 지난달 저희 동아리에서 전문가와의 만남 행사를 통해 메타버스를 만드는 활동을 해 본 결과 학생들이 제작에 참여하면 많은 비용이 들지 않는다는 것을 알게 되었습니다. ㉢ 저희 동아리 부원들은 전문가와의 만남 행사가 유지되었으면 합니다. 또한 이미 주변 학교에서 메타버스로 개최된 축제가 전교생의 큰 호응을 얻어 화제가 된 사례가 있습니다. 저희도 학생들의 참여를 이끌어 내기 위해 다양한 온라인 행사를 실시하여 메타버스 축제를 적극적으로 홍보할 계획입니다.

메타버스를 활용하여 축제를 운영하면 학생들이 시·공간의 제약 없이 자유롭게 만나 소통할 수 있습니다. 또한 메타버스에는 미래 사회의 핵심 기술들이 활용되어 ㉣ 있지만, 학교 축제를 즐기면서 변화하는 미래 사회에 대응할 수 있는 역량도 기를 수 있습니다. 축제를 기대하는 학생들의 ㉤ 바램이 이루어질 수 있도록 건의를 수용해 주시면 좋겠습니다. 감사합니다.

02

고1 • 2022년 6월 8번

학생의 초고에 활용된 글쓰기 전략으로 가장 적절한 것은?

① 예상 독자와 함께했던 경험을 언급하며 공감대를 형성한다.
② 건의 사항이 받아들여지지 않을 경우 발생할 수 있는 문제점을 제시한다.
③ 건의 사항과 관련된 통계 자료를 활용함으로써 예상 독자의 이해를 돕는다.
④ 속담을 활용하여 건의 사항이 실현되었을 때 기대할 수 있는 긍정적인 효과를 부각한다.
⑤ 예상되는 우려와 그것을 해소할 수 있는 방안을 제시하여 건의 사항이 실현 가능함을 나타낸다.

03

고1 • 2022년 6월 10번

㉠~㉤을 고쳐 쓰기 위한 방안으로 적절하지 않은 것은?

① ㉠: 이중 피동 표현이 사용되었으므로 '열린'으로 수정한다.
② ㉡: 문장의 호응을 고려하여 '이 경험을'로 수정한다.
③ ㉢: 글의 흐름에 맞지 않는 문장이므로 삭제한다.
④ ㉣: 연결 어미가 어색하기 때문에 '있으므로'로 수정한다.
⑤ ㉤: 어법에 맞지 않는 어휘이므로 '바람'으로 수정한다.

04

고1 • 2024년 9월 14번

〈학습 활동〉을 수행한 결과로 적절하지 않은 것은? [3점]

〈학습 활동〉

직접 인용을 간접 인용으로 바꿀 때는 인용 조사, 인용절의 종결 어미, 대명사, 시간 표현, 높임 표현 등에서 변화가 생길 수 있다. 다음 직접 인용 문장을 간접 인용 문장으로 바꿀 때 어떤 변화가 생길지 분석해 보자.

ㄱ. 그는 나에게 "당신은 제 책을 보셨습니까?"라고 물었다.
ㄴ. 나는 어제 그에게 "그녀는 내일 도착합니다."라고 말했다.

① ㄱ은 인용절의 높임 표현이 바뀐다.
② ㄴ은 인용절의 시간 표현이 바뀐다.
③ ㄱ은 ㄴ과 달리 인용절의 대명사가 바뀐다.
④ ㄴ은 ㄱ과 달리 인용절의 종결 어미가 바뀐다.
⑤ ㄱ과 ㄴ은 모두 인용절에 연결된 인용 조사가 바뀐다.

05~08 다음 글을 읽고 물음에 답하시오.

경기가 침체되어 가계의 소비가 줄어들면 시중의 제품이 팔리지 않아 기업은 생산 규모를 축소하게 된다. 그 결과 실업률이 증가하고 가계의 수입이 감소하면서 소비는 더욱 위축된다. 이와 같은 악순환으로 경기 침체가 심화되면 국가는 이에서 벗어나기 위해 유동성을 늘리는 통화 정책을 시행한다.

유동성이란 자산 또는 채권을 손실 없이 현금화할 수 있는 정도로, 현금과 같은 화폐는 유동성이 높은 자산인 반면 토지나 건물과 같은 부동산은 유동성이 낮은 자산이다. 이처럼 유동성은 자산의 성격을 나타내는 용어이지만, 흔히 시중에 유통되는 화폐의 양, 즉 통화량을 나타내는 말로도 사용된다. 가령 시중에 통화량이 지나치게 많을 때 '유동성이 넘쳐 난다'고 표현하고, 반대로 통화량이 줄어들 때 '유동성이 감소한다'고 표현한다. 유동성이 넘쳐 날 경우 시중에 화폐가 흔해지는 상황이므로 화폐의 가치는 떨어지게 된다.

유동성은 금리와 밀접한 관련이 있기 때문에 국가는 정책적으로 금리를 올리고 내림으로써 유동성을 조절할 수 있다. 이때 금리는 예금이나 빌려준 돈에 붙는 이자율로, 이는 기준 금리와 시중 금리 등으로 구분된다. 기준 금리는 국가가 정책적인 차원에서 결정하는 금리로, 한 나라의 금융 및 통화 정책의 주체인 중앙은행에 의해 결정된다. 반면 시중 금리는 기준 금리의 영향을 받아 중앙은행 이외의 시중 은행이 세우는 표준적인 금리로, 가계나 기업의 금융 거래에 영향을 미친다. 가령 시중 금리가 내려가면 예금을 통한 이자 수익과 대출에 따른 이자 부담이 줄어 가계나 기업에서는 예금을 인출하거나 대출을 받으려는 경향성이 늘어난다. 그 결과 시중의 유동성이 증가하게 된다. 반대로 시중 금리가 올라가면 이자 수익과 대출 이자 부담이 모두 늘어나기 때문에 유동성이 감소하게 된다.

이와 같은 금리와 유동성의 관계를 고려하여, 중앙은행은 기준 금리를 조절하는 통화 정책을 통해 경기를 안정시키려고 한다. 만일 경기가 침체되면 중앙은행은 기준 금리를 인하하는 정책을 도입하여 시중 금리를 낮추도록 유도한다. 그 결과 유동성이 증가하여 가계의 소비가 늘고 주식이나 부동산에 대한 투자가 확대된다. 또한 기업의 생산과 고용이 늘고 다양한 분야에 대한 투자가 확대되어 물가가 상승하고 경기가 전반적으로 활성화된다. 반대로 경기가 과열되어 자산 가격이나 물가가 지나치게 오르면 중앙은행은 기준 금리를 인상하는 정책을 통해 유동성을 감소시킨다. 그 결과 기준 금리를 인하할 때와 반대의 현상이 나타나 자산 가격이 하락하고 물가가 안정되어 과열된 경기가 진정된다.

그러나 중앙은행이 경기 활성화를 위해 통화 정책을 시행했음에도 불구하고 애초에 의도한 결과가 나타나지 않기도 한다. 즉, 기준 금리를 인하하여 시중에 유동성을 충분히 공급하더라도, 증가한 유동성이 기대만큼 소비나 투자로 이어지지 않으면 경기가 활성화되지 않는다. 특히 심각한 경기 침체로 인해 경기 회복에 대한 전망이 불투명할 경우, 경제 주체들은 쉽게 소비를 늘리지 못하거나 투자를 결정하지 못해 돈을 손에 쥐고만 있게 된다. 이 경우 충분한 유동성이 경기 회복으로 이어지지 못해 경기 침체가 지속되는데, 마치 유동성이 함정에 빠진것 같다고 하여 케인스는 이를 [유동성 함정]이라 불렀다. 그는 이러한 유동성 함정을 통해 통화 정책의 한계를 설명하면서, 정부가 재정 지출을 확대하여 소비와 투자를 유도하는 정책을 시행하는 것이 중요하다고 역설하였다.

05

고1 • 2023년 3월 19번

윗글을 통해 알 수 있는 내용이 아닌 것은?

① 중앙은행이 하는 역할
② 유동성이 높은 자산의 예
③ 기준 금리와 시중 금리의 관계
④ 경기 침체로 인해 나타나는 현상
⑤ 유동성에 대한 케인스 주장의 한계

06

고1 • 2023년 3월 20번

윗글을 바탕으로 할 때, 〈보기〉의 ㄱ~ㄷ에 들어갈 말로 적절한 것은?

〈보 기〉

국가의 통화 정책이 정상적으로 작동될 때, 중앙은행이 기준 금리를 (ㄱ) 시중의 유동성이 (ㄴ)하며, 화폐의 가치가 (ㄷ)한다.

	ㄱ	ㄴ	ㄷ
①	내리면	증가	하락
②	내리면	증가	상승
③	내리면	감소	상승
④	올리면	증가	상승
⑤	올리면	감소	하락

07

고1 • 2023년 3월 21번

유동성 함정에 대해 이해한 내용으로 가장 적절한 것은?

① 시중에 유동성이 충분히 공급되더라도 경기 침체가 지속되는 상황을 의미한다.

② 시중 금리의 상승으로 유동성이 감소하여 물가가 하락하는 상황을 의미한다.

③ 기업의 생산과 가계의 소비가 줄어들어 유동성이 넘쳐 나는 상황을 의미한다.

④ 경기 과열로 인해 유동성이 높은 자산에 대한 선호가 늘어나는 상황을 의미한다.

⑤ 유동성이 감소하여 경기 회복에 대한 전망이 긍정적으로 바뀌는 상황을 의미한다.

08 1등급 대비 고난도 3점 문제

고1 • 2023년 3월 22번

윗글을 바탕으로 경제 주체들이 〈보기〉의 신문 기사를 읽고 보일 수 있는 반응으로 적절하지 않은 것은? [3점]

〈보 기〉

금융 당국 '빅스텝' 단행

금융 당국은 오늘 '빅스텝'을 단행하였다. 빅스텝이란 기준 금리를 한 번에 0.5%p 인상하는 것을 의미한다. 이처럼 금리를 큰 폭으로 인상한 것은 과도하게 증가한 유동성으로 인해 물가가 지나치게 상승하고 부동산, 주식 등의 자산 가격이 폭등했기 때문이다.

① 투자자: 부동산의 가격이 하락할 수 있으니, 당분간 부동산 투자를 미루고 시장 상황을 지켜봐야겠군.

② 소비자: 위축된 소비 심리가 회복되어 지금보다 물가가 오를 수 있으니, 자동차 구매 시기를 앞당겨야겠군.

③ 기업인: 대출을 통해 자금을 확보하는 것이 부담스러워질 수 있으니, 공장을 확장하려던 계획을 보류해야겠군.

④ 공장장: 당분간 우리 공장에서 생산한 부품에 대한 수요가 줄 수 있으니, 재고가 늘어날 것에 대비해야겠군.

⑤ 은행원: 시중 은행에 저축하려는 사람들이 늘어날 수 있으니, 다양한 상품을 개발하여 고객을 유치해야겠군.

09~12 다음 글을 읽고 물음에 답하시오.

(가)

아버님 날 낳으시고 어머님 날 기르시니
두 분곧 아니시면 이 몸이 살았을까
하늘 같은 가없는 **은덕**을 어찌 다 갚사오리 〈제1수〉

네 아들 **효경** 읽더니 얼마큼 배웠는가
내 아들 **소학**은 모레면 마치도다
어느 때 이 두 글 배워 **어질** 것을 보려뇨 〈제7수〉

㉠ 마을 사람들아 **옳은 일** 하쟈스라
사람이 되어 나서 옳지곧 못하면
마소를 갓 고깔 씌워 밥 먹이나 다르랴 〈제8수〉

팔목 쥐시거든 **두 손으로 받치**리라
나갈 데 계시거든 **막대 들고** 좇으리라
향음주(鄕飮酒)* 다 파한 후에 뫼셔 가려 하노라 〈제9수〉

오늘도 다 새거다 호미 메고 가쟈스라
내 논 다 매거든 네 논 좀 매어 주마
올 길에 뽕 따다가 누에 먹여 보쟈스라 〈제13수〉

– 정철, 「훈민가(訓民歌)」 –

* 향음주: 마을에서 어른들을 모시기 위해 마련한 술자리.

(나)

초등학교 때 우리 집은 서울 동대문구 제기동에 있는 작은 한옥이었다. 골목 안에는 고만고만한 한옥 여섯 채가 서로 마주 보고 있었다. 그때만 해도 한 집에 아이가 보통 네댓은 됐으므로 골목길 안에만도 초등학교 다니는 아이가 줄잡아 열 명이 넘었다. 학교가 파할 때쯤 되면 골목은 시끌벅적, 아이들의 놀이터가 되었다.

어머니는 내가 집에서 책만 읽는 것을 싫어하셨다. 그래서 방과 후 골목길에 아이들이 모일 때쯤이면 대문 앞 계단에 작은 방석을 깔고 나를 거기에 앉히셨다. 아이들이 노는 걸 구경이라도 하라는 뜻이었다.

딱히 놀이 기구가 없던 그때, 친구들은 대부분 술래잡기, 사방치기, 공기놀이, 고무줄놀이 등을 하고 놀았지만 나는 공기놀이 외에는 그 어떤 놀이에도 참여할 수 없었다. 하지만 골목 안 친구들은 나를 위해 꼭 무언가 역할을 만들어 주었다. 고무줄놀이나 달리기를 하면 내게 심판을 시키거나 신발주머니와 책가방을 맡겼다. 그뿐인가, 술래잡기할 때는 한곳에 앉아 있어야 하는 내가 답답해할까 봐 어디에 숨을지 미리 말해 주고 숨는 친구도 있었다.

우리 집은 골목에서 중앙이 아니라 모퉁이 쪽이었는데 내가 앉아 있는 계단 앞이 늘 친구들의 놀이 무대였다. 놀이에 참여하지 못해도 난 전혀 소외감이나 박탈감을 느끼지 않았다. 아니, 지금 생각하면 내가 소외감을 느낄까 봐 친구들이 배려해 준 것이었다.

그 골목길에서의 일이다. 초등학교 1학년 때였던 것 같다. 하루는 우리 반이 좀 일찍 끝나서 나 혼자 집 앞에 앉아 있었다. 그런데 그때 마침 골목을 지나던 ㉡ 깨엿 장수가 있었다. 그 아저씨는 가위를 쩔렁이며, 목발을 옆에 두고 대문 앞에 앉아 있는 나를 흘낏 보고는 그냥 지나쳐 갔다. 그러더니 리어카를 두고 다시 돌아와 내게 깨엿 두 개를 내밀었다. 순간 아저씨와 내 눈이 마주쳤다. 아저씨는 아무 말도 하지 않고 아주 잠깐 미소를 지어 보이며 말했다.

"괜찮아."

무엇이 괜찮다는 건지 몰랐다. 돈 없이 깨엿을 공짜로 받아도 괜찮다는 것인지, 아니면 목발을 짚고 살아도 괜찮다는 말인지……. 하지만 그건 중요하지 않다. 중요한 것은 내가 그날 마음을 정했다는 것이다. 이 세상은 그런대로 살 만한 곳이라고, 좋은 친구들이 있고 선의와 사랑이 있고, '괜찮아'라는 말처럼 용서와 너그러움이 있는 곳이라고 믿기 시작했다는 것이다.

오래전 학교 친구를 찾아 주는 방송 프로그램이 있다. 한번은 가수 김현철이 나와서 초등학교 때 친구를 찾았는데, 함께 축구하던 이야기가 나왔다. (중략) 그때 김현철이 나서서 말했다고 한다.

"괜찮아. 앤 골키퍼를 시키면 우리 함께 놀 수 있잖아!"

그래서 그 친구는 골키퍼를 맡아 함께 축구를 했고, 몇십 년이 지난 후에도 김현철의 따뜻한 말과 마음을 그대로 기억하고 있었다.

괜찮아 – 난 지금도 이 말을 들으면 괜히 가슴이 찡해진다. 2002년 월드컵 4강에서 독일에 졌을 때 관중들은 선수들을 향해 외쳤다.

"괜찮아! 괜찮아!"

혼자 남아 문제를 풀다가 결국 골든 벨을 울리지 못해도 친구들이 얼싸안고 말해 준다.

"괜찮아! 괜찮아!"

'그만하면 참 잘했다'고 용기를 북돋아 주는 말, '너라면 뭐든지 다 눈감아 주겠다'는 용서의 말, '무슨 일이 있어도 나는 네 편이니 넌 절대 외롭지 않다'는 격려의 말, '지금은 아파도 슬퍼하지 말라'는 나눔의 말, 그리고 마음으로 일으켜 주는 부축의 말, 괜찮아.

그래서 세상 사는 것이 만만치 않다고 느낄 때, 죽을 듯이 노력해도 내 맘대로 일이 풀리지 않는다고 생각될 때, 나는 내 마음속에서 작은 속삭임을 듣는다. 오래전 내 따뜻한 추억 속 골목길 안에서 들은 말 – '괜찮아! 조금만 참아, 이제 다 괜찮아질 거야.'

아, 그래서 '괜찮아'는 이제 다시 시작할 수 있다는 희망의 말이다.

– 장영희, 「괜찮아」 –

09

고1 • 2022년 9월 26번

(가)와 (나)의 공통점으로 가장 적절한 것은?

① 과장된 표현을 활용하여 극적 상황을 제시하고 있다.
② 역설적 표현을 사용하여 주제 의식을 강조하고 있다.
③ 영탄법을 사용하여 대상에 대한 경외감을 표현하고 있다.
④ 다양한 상황을 가정하여 상반된 가치관을 드러내고 있다.
⑤ 유사한 구조의 어구를 활용하여 삶의 태도를 드러내고 있다.

10

고1 • 2022년 9월 27번

㉠과 ㉡에 대한 설명으로 가장 적절한 것은?

① ㉠과 ㉡은 모두 심리 변화가 일어나는 대상이다.
② ㉠과 ㉡은 모두 경각심을 불러일으키는 대상이다.
③ ㉠은 화자가 이질감을 느끼는 대상이고 ㉡은 글쓴이가 동질감을 느끼는 대상이다.
④ ㉠은 화자를 예찬하는 대상이고 ㉡은 글쓴이의 상황을 안타까워하는 대상이다.
⑤ ㉠은 화자가 행동의 실천을 바라는 대상이고 ㉡은 글쓴이에게 깨달음의 계기를 제공하는 대상이다.

11 1등급 대비 고난도 3점 문제

고1・2022년 9월 28번

〈보기〉를 참고하여 (가)를 이해한 내용으로 적절하지 않은 것은? [3점]

〈보 기〉

설득을 발화 목적으로 하는 설득형 시조의 관점에서는 설득 전략을 중심으로 작품을 살펴볼 수 있다. 먼저 논리적 전략에는 구체적인 행동이나 모습을 보여 주는 '사례 제시하기', 비교 대상의 유사성을 드는 '유추하기', 원인과 결과를 드러내는 '인과 관계 활용하기' 등이 있다. 수사적 전략에는 청자에게 권위 있다고 인정을 받는 경전에 기대는 '권위에 의존하기', 논의 대상을 흑 아니면 백으로 바라보는 '흑백 사고 활용하기' 등이 있다.

① 〈제1수〉에서 '두 분'의 '은덕'을 '하늘'에 빗대는 것을 보니, 효의 실천을 권유하기 위해 권위에 의존하기 전략을 활용한다고 볼 수 있겠군.

② 〈제7수〉에서 사람이 '효경'과 '소학'을 배워야 '어질'게 될 것이라고 하는 것을 보니, 학문의 권장을 강조하기 위해 인과 관계 활용하기 전략을 활용한다고 볼 수 있겠군.

③ 〈제8수〉에서 '옳은 일'을 하지 않으면 '마소'라고 하는 것을 보니, 올바른 행동을 권유하기 위해 흑백 사고 활용하기 전략을 활용한다고 볼 수 있겠군.

④ 〈제9수〉에서 '두 손으로 받치'고 '막대 들고'의 행동을 보니, 어른 공경을 권유하기 위해 사례 제시하기 전략을 활용한다고 볼 수 있겠군.

⑤ 〈제13수〉에서 '내 논 다 매거든 네 논 좀 매어'의 모습을 보니, 상부상조의 정신을 권장하기 위해 사례 제시하기 전략을 활용한다고 볼 수 있겠군.

12

고1・2022년 9월 29번

다음은 (나)를 읽고 블로그에 올린 글이다. ⓐ~ⓔ 중 (나)를 통해 알 수 있는 내용으로 적절하지 않은 것은?

지치고 힘들 때 읽는 수필이 있다. 「괜찮아」가 그렇다. ⓐ 골목길 안에서 아이들과 놀던 작가의 어린 시절이 드러난다. 그는 다리가 불편했지만, ⓑ 그를 생각하고 배려해 주는 좋은 사람들이 주변에 있었다. 그래서 ⓒ 긍정적인 생각으로 희망을 품고 살아갈 수 있는 사람이 되었다. 게다가, 그의 글은 반짝반짝 빛난다. 어려운 말도, 거창한 표현도 없다. 이 글에는 ⓓ 삶에 좌절하고 희망을 잃었던 사람들의 이야기도 있지만, 그래도 '괜찮아'의 의미를 생각하게 해 준다. ⓔ 용기, 용서, 격려, 나눔, 부축의 의미를 담은 '괜찮아'를 되새기다 보면 나 역시 마음이 따뜻해진다.

① ⓐ ② ⓑ ③ ⓒ ④ ⓓ ⑤ ⓔ

DAY 03

학습 Check!

▶ 몰라서 틀린 문항 × 표기 ▶ 헷갈렸거나 찍은 문항 △ 표기 ▶ ×, △ 문항은 다시 풀고 ✔ 표기를 하세요.

종료 시각	시 분 초
소요 시간	분 초
초과 시간	분 초

문항 번호	01	02	03	04	05	06	07	08	09	10	11	12
채점 결과												
틀린 문항 복습												

[해설편 p.012]

DAY 04 수능기출 전국연합학력평가 20분 미니 모의고사

● 날짜 : 월 일 ● 시작 시각 : 시 분 초 ● 목표 시간 : 20분

※ 점수 표기가 없는 문항은 모두 2점입니다.

01~02 (가)는 학생회 누리집 게시판에 작성된 학생의 글이며, (나)는 (가)를 읽은 학생회 학생들의 회의이다. 물음에 답하시오.

(가)

게시판

안녕하세요. 저는 1학년 1반 ○○○입니다. 체육대회를 준비하느라 애쓰는 학생회 운영진에게 감사드리며 체육대회 운영에 대한 건의 사항을 말씀드립니다.

우리 학교 체육대회에서 학급 대표 학생이 출전하는 종목은 농구, 축구, 배드민턴, 탁구입니다. 이는 주로 운동 능력이 좋은 친구들에게 유리한 종목입니다. 그런 이유로 반 친구들끼리 출전 선수를 결정할 때도 이 점을 고려합니다. 하지만 반에는 운동 능력이 뛰어나지 않은 친구도 있고, 부상으로 인해 경기 참가가 어려운 친구들도 있습니다. 체육대회가 학생들의 성취감과 단합력을 높이기 위해 개최되는 것이라면, 모두가 소외됨 없이 경기에 참가할 수 있는 기회가 제공되어야 합니다. 이는 저뿐만 아니라 우리 반 학생들도 공감하고 있는 내용입니다.

이 문제를 해결하기 위해 체육대회 운영 종목을 다양화할 것을 제안합니다. 특히, 신체적인 제약을 크게 받지 않고도 즐길 수 있는 장기와 이 스포츠(e-sports)를 체육대회에 추가하는 것이 어떨까요? 이 두 종목은 부상이나 운동 능력 등에 크게 영향받지 않고 경기가 가능합니다. 두 종목이 모두 채택된다면 좋겠지만, 운영 여건상 모두 진행하는 것이 어렵다면 장기보다는 학생들이 더 잘 알고 선호하는 이 스포츠를 채택해 주십시오. 이 스포츠는 팀을 짜서 협력하는 경기도 있으며 국제 대회에서도 정식 종목으로 채택될 정도로 주목받고 있기 때문입니다.

장기나 이 스포츠가 신체를 다양하게 이용하는 종목이 아닌데 체육대회에 추가하는 것이 적절한가에 대한 우려가 있을 것입니다. 하지만 체육대회를 개최함으로써 궁극적으로 의도하는 것이 무엇인지를 고려해 주시기 바랍니다. 이 두 종목이 추가된다면 체육대회는 누구나 경기에 참가할 수 있는 축제의 한마당이 될 수 있으리라 생각합니다.

긴 글 읽어 주셔서 감사드리며 댓글을 통해 긍정적인 답변을 부탁드립니다.

↳ 댓글 의견 보내 주셔서 감사합니다. 회의를 거쳐 결과를 알려 드리겠습니다.

(나)

학생 1: 오늘 오후에 학생회 게시판에 올라온 글 다들 봤지?

학생 2: 응, 봤어. 현재 체육대회 운영 종목으로는 학급의 모든 친구가 참여하는 게 어려울 수 있으니 장기나 이 스포츠 같은 종목을 체육대회에 추가해 달라는 건의였어. 두 종목을 체육대회 종목으로 추가할지 회의해 보자.

학생 3: 좋아. 그런데 장기는 반별 토너먼트 형태로 경기를 운영하기엔 한 경기당 시간이 너무 오래 걸리지 않을까?

학생 1: 그러게. 또 일대일로 진행되는 경기니까 많은 학생이 참여하는 것이 어려워서 체육대회의 취지에도 안 맞아.

학생 3: 그렇다면 이 스포츠는 어떤 것 같아? 이 스포츠도 체육대회 운영 종목으로 적절할지 모르겠어.

학생 2: 운영 종목으로 적절한 것 같아. 스포츠는 경쟁과 유희성이 있는 신체 운동 경기를 총칭하는 말이고, 이 스포츠도 신체 일부를 활용해서 경쟁하고 유희성을 추구하는 활동이니까.

학생 1: 그렇구나. 이 스포츠를 할 때 농구나 축구처럼 전략도 필요하고 협동도 잘해야 경쟁에서 이길 수 있긴 해.

학생 2: 맞아. 그리고 게시판 글을 읽고 신문 기사를 찾아봤는데, 항저우 아시안 게임에서 이 스포츠가 정식 종목으로 처음 채택된 거라고 하더라.

[A]
학생 1: 응. 이제 아시안 게임에서도 이 스포츠 경기를 볼 수 있다니 정말 기대가 돼. 요즘 청소년들이 선호하는 직업에 프로 게이머가 있다는 점도 고려해 볼 만해. 체육대회가 학교의 중요한 행사 중 하나인 만큼 학생들의 흥미와 특기를 반영할 필요가 있잖아.

학생 3: 그래. 우리 반만 해도 프로 게이머를 희망하는 친구가 다섯 명이나 있어. 이 친구들에게 자신의 기량을 맘껏 뽐내 볼 기회를 제공하는 것도 필요하긴 하겠다.

학생 2: 그럼 이 스포츠만 체육대회 종목으로 추가하자. 그렇다면 이번엔 이 스포츠를 학교 체육대회 종목으로 운영할 때 유의해야 할 점은 없는지 생각해 보자.

학생 1: 좋아. 먼저 나는 이 스포츠가 다소 폭력적인 내용을 담고 있는 것이 많아 이 점이 마음에 걸려.

[B]
학생 3: 그 점은 게임에도 여러 종류가 있으니까 폭력성이 없고 협동심을 많이 요구하는 것으로 선택하면 될 것 같아. 그것보다도 나는 대부분의 이 스포츠가 경기 운영 시간이 정해져 있지 않다는 게 걱정돼.

학생 1: 지금 체육대회 종목에도 시간 제한이 없는 게 있어. 탁구나 배드민턴이 그렇잖아. 이 종목들을 체육대회에서 어떻게 운영했었는지 알려 줄래?

학생 2: 그 종목들은 본선만 체육대회 당일에 하고 예선전은 그 전날까지 미리 치르고 있어. 이 스포츠도 비슷한 방식으로 운영하면 될 것 같아.

학생 1: 좋은 생각이야. 그럼 일단 이 정도로 마무리하고 운영 방식에 대한 구체적인 논의는 다음 주에 있을 학생회 정기

회의 시간에 다시 해 보도록 하자.

학생 2, 3: 응. 또 봐!

01

고1 • 2022년 9월 5번

(가)의 흐름을 〈보기〉와 같이 정리할 때, ㉠, ㉡을 이해한 내용으로 적절하지 않은 것은?

〈보 기〉

인사말 및 자기소개 → ㉠ 문제 상황 제시 → ㉡ 해결 방안 제시 → 문제 해결의 기대 효과 → 끝인사

① ㉠과 관련하여 체육대회의 개최 취지를 확인하며 문제 해결의 필요성을 드러내고 있다.

② ㉠과 관련하여 현재 체육대회에서 운영되고 있는 종목의 특성을 언급하며 문제 상황의 원인을 제시하고 있다.

③ ㉡과 관련하여 두 종목을 선택하게 된 근거로 국제적인 주목을 받는 경기라는 점을 제시하고 있다.

④ ㉡과 관련하여 학생들의 인지도와 선호도를 근거로 삼아 제안한 경기 종목들의 우선순위를 달리하고 있다.

⑤ ㉡과 관련하여 현재 체육대회의 문제점을 해결할 수 있는 방법으로 새로운 운영 종목을 추가하는 것을 제안하고 있다.

02

고1 • 2022년 9월 7번

[A], [B]에 대한 설명으로 가장 적절한 것은?

① [A]: '학생 3'은 '학생 1'의 발언을 반영하며 자신이 제시한 의견을 보충하고 있다.

② [A]: '학생 3'은 '학생 1'의 발언에 동의하며 뒷받침할 수 있는 사례를 제시하고 있다.

③ [A]: '학생 3'은 '학생 1'의 발언을 일부 긍정하며 자신의 의견과 다른 부분을 확인하고 있다.

④ [B]: '학생 1'은 '학생 3'의 발언을 구체화하며 이와 관련한 추가적인 정보를 요청하고 있다.

⑤ [B]: '학생 1'은 '학생 3'의 발언이 지닌 문제점을 제시하며 자신의 의견에 대한 동의를 구하고 있다.

[해설편 p.012]

03

고1 • 2020년 6월 15번

〈보기〉의 '학습 활동'을 수행한 결과로 적절한 것은?

〈보 기〉

[학습 활동]

다음 담화 상황에 등장하는 ㉠, ㉡이 달라질 때, 언어 예절에 적합한 높임 표현을 사용해 보자.

[담화 상황]

(내가 철수에게)

"어제 ㉠ **영희**가 ㉡ **경희**에게 선물을 주는 것을 보았어."

※ 말하는 사람인 '나'와 철수, 영희, 경희는 서로 대등한 관계임.

① ㉠이 높임의 대상인 '선생님'으로 바뀌면 조사 '가'를 '께서'로 고쳐 말해야 한다.

② ㉠이 높임의 대상인 '선생님'으로 바뀌면 조사 '에게'를 '께'로 고쳐 말해야 한다.

③ ㉡이 높임의 대상인 '선생님'으로 바뀌면 '주는'을 '주시는'으로 고쳐 말해야 한다.

④ ㉡이 높임의 대상인 '선생님'으로 바뀌면 '보았어'를 '보셨어'로 고쳐 말해야 한다.

⑤ ㉡이 높임의 대상인 '선생님'으로 바뀌면 '보았어'를 '보았습니다'로 고쳐 말해야 한다.

04~09 다음 글을 읽고 물음에 답하시오.

(가)

19세기에 분트는 인간의 정신세계가 의식으로 이루어져 있다고 보고, 실험을 통해 인간의 정신 현상과 행동을 설명하는 실험심리학을 주창하였다. 이때 의식이란 깨어 있는 상태에서 자신이나 세계를 인식하는 모든 정신 작용을 의미한다. 그러나 프로이트는 정신 질환을 겪는 환자들을 치료하면서 인간에게 의식과는 다른 무의식 세계가 있다는 것을 발견하였다. 이에 그는 인간을 무의식의 지배를 받는 비합리적 존재로 간주하고, 정신분석이론을 통해 인간의 정신세계를 ⓐ 규명하려 하였다.

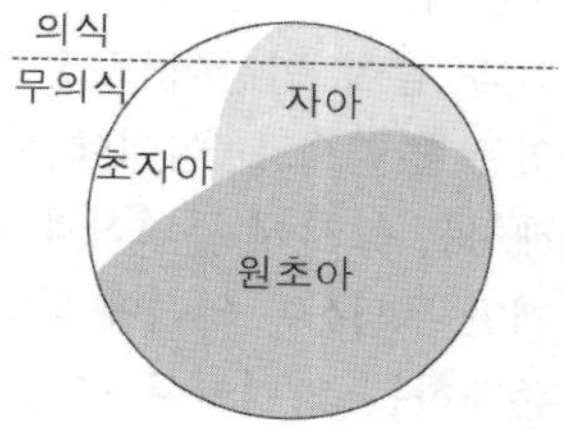

프로이트에 의하면 인간의 정신세계 중 의식이 차지하는 영역은 빙산의 일각일 뿐, 무의식이 정신세계의 대부분을 차지한다. 그는 무의식의 심연에는 '원초아'가, 무의식에서 의식에 걸쳐 '자아'와 '초자아'가 존재한다고 보았다. 원초아는 성적 에너지를 바탕으로 본능적인 욕구를 충족하려는 선천적 정신 요소이다. 반면 자아는 외적 상황으로 인해 충족되지 못하고 지연되거나 좌절된 원초아의 욕구를 사회적으로 용인될 수 있는 방법으로 충족하려는 정신 요소이다. 마지막으로 초자아는 도덕률에 따라 원초아의 욕구를 억제하고 양심에 따라 행동하도록 하는 정신 요소로, 어린 시절

[해설편 p.013]

부모의 종교나 가치관 등을 내재화하는 과정에서 후천적으로 발달한다.

이러한 원초아, 자아, 초자아는 역동적으로 상호작용하면서 개인의 성격을 형성한다. 가령, 원초아가 강할 때는 본능적인 욕구에 집착하는 충동적인 성격이, 초자아가 강할 때는 엄격하게 도덕을 지키려는 원칙주의적 성격이 나타난다. 자아는 원초아와 초자아의 요구 사이에서 이를 조정하는 역할을 하기 때문에, 정신적 균형을 이루기 위해서는 자아의 발달이 중요하다. 만일 자아가 제 역할을 하지 못하면 정신 요소의 균형이 깨져 불안감이 생기는데, 자아는 이를 해소하기 위해 무의식적으로 방어기제를 사용하게 된다. 대표적인 방어기제로는 억압이나 승화 등이 있다. 억압은 자아가 수용하기 힘든 욕구를 무의식 속으로 억누르는 것을, 승화는 그러한 욕구를 예술과 같이 가치 있는 활동으로 ⓑ 전환하는 것을 의미한다. 개인마다 습관적으로 사용하는 방어기제가 다르기 때문에 어떤 방어기제를 사용하느냐 또한 개인의 성격 형성에 영향을 미친다.

프로이트는 어린 시절에 해소되지 않은 원초아의 욕구나 정신 요소 간의 갈등은 성인이 된 후에도 지속적으로 영향을 주기 때문에, 이 시기에 부모와의 상호작용 경험이 성격 형성에 큰 영향을 준다고 설명하였다. 특히 그는 성인의 정신 질환을 어린 시절의 심리적 갈등이 재현된 것으로 보고, 이를 치유하기 위해서는 무의식에 내재되어 있는 과거의 상처를 의식의 세계로 끌어내는 과정이 필요하다고 주장하였다. 이러한 프로이트의 이론은 기존의 이론에서 ⓒ 간과한 무의식에 대한 탐구를 통해 인간 이해에 대한 지평을 넓혔다는 평을 받고 있다.

(나)

융은 프로이트의 정신분석이론에 반기를 들고, 분석심리학을 주창하였다. 무의식을 단지 의식에서 수용할 수 없는 원초적 욕구나 해결되지 못한 갈등의 창고로만 본 프로이트와 달리, 융은 무의식을 인간이 잠재적 가능성을 실현할 때 필요한 창조적인 에너지의 샘으로 보았다는 점에서, 그의 분석심리학은 프로이트의 이론과 구별된다.

융은 정신세계의 가장 바깥쪽에는 의식이, 그 안쪽에는 개인 무의식이, 그리고 맨 안쪽에는 집단 무의식이 순서대로 자리 잡고 있다고 보았다. 의식은 생각이나 감정, 기억과 같이 인간이 직접 인식할 수 있는 영역으로, 여기에는 '자아'가 존재한다. 자아는 의식을 지배하는 동시에 무의식과 교류하며 이를 조정하는 역할을 한다. 개인 무의식은 의식에 의해 ⓓ 배제된 생각이나 감정, 기억 등이 존재하는 영역이다. 이곳에 존재하는 '그림자'는 자아에 의해 억압된 '또 하나의 나'라고 할 수 있다. 마지막으로 집단 무의식은 태어날 때부터 누구나 가지고 있는 원초적이며 보편적인 무의식이다. 거기에는 진화를 통해 축적되어 온 인류의 경험이 '원형'의 형태로 존재한다. 가령 어두운 상황에서 누구나 공포심을 느끼는 것이 원형에 해당한다.

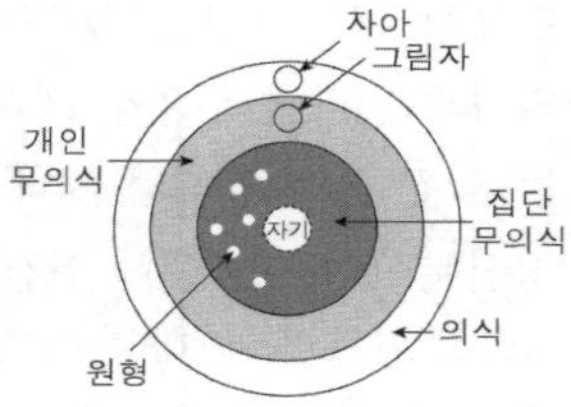

융에 따르면 집단 무의식의 가장 안쪽에는 '자기'가 존재한다. 이는 정신세계에 내재하는 개인의 근원적인 모습이라고 할 수 있다. 융은 자아가 성찰을 통해 무의식의 심연에 존재하는 자기를 발견하면, 인간은 비로소 타인과 구별되는 고유한 존재가 된다고 보고 이를 개별화라고 불렀다. 이는 의식에 존재하는 자아가 무의식과 끊임없이 상호작용하며 무의식의 영역을 의식으로 통합하는 과정, 즉 ㉠ 무의식을 의식화하는 과정을 통해 이루어진다. 이 과정에서 자아는 자신의 또 다른 모습인 그림자와 ⓔ 대면하게 되고, 집단 무의식에 존재하는 여러 원형들을 발견하게 된다. 결국 자아가 무의식의 심연에 존재하는 자기를 찾아가는 과정은 정신세계를 구성하는 자아와 그림자, 그리고 여러 원형들이 대립에서 벗어나 하나의 정신으로 통합되면서 정신적 균형을 이루는 과정이라 할 수 있다. 이러한 과정에서 개인은 내면의 성숙을 이루며 자신의 정체성을 찾게 된다.

04

고1 • 2023년 3월 28번

(가), (나)의 공통점으로 가장 적절한 것은?

① 인간의 무의식을 주장한 이론에 대한 상반된 평가를 제시하고 있다.
② 기존과 다른 관점에서 인간의 정신세계를 설명한 이론을 소개하고 있다.
③ 인간의 무의식을 설명한 이론이 등장하게 된 역사적 사건을 소개하고 있다.
④ 인간의 정신 질환을 분류하고 각각의 특징을 설명한 이론을 제시하고 있다.
⑤ 인간의 정신세계를 설명한 이론이 다른 학문 영역에 미친 영향을 분석하고 있다.

05

고1 • 2023년 3월 29번

(가)의 내용과 일치하지 않는 것은?

① 분트는 인간의 정신세계가 의식으로만 구성되어 있다고 보았다.
② 프로이트는 인간을 무의식의 지배를 받는 비합리적 존재로 여겼다.
③ 프로이트는 원초아가 강할 때 본능적인 욕구에 집착하는 성격이 나타난다고 생각했다.
④ 프로이트는 세 가지 정신 요소들이 상호작용하면서 개인의 성격이 형성된다고 보았다.
⑤ 프로이트는 의식적으로 사용하는 방어기제와 무의식적으로 사용하는 방어기제를 구분하였다.

[해설편 p.014]

06

고1 • 2023년 3월 30번

(가)의 '프로이트'와 (나)의 '융'의 관점에서 〈보기〉를 이해한 내용으로 적절하지 않은 것은? [3점]

〈보 기〉

[헤르만 헤세의 연보]

○ 1877: 기독교인다운 엄격한 생활을 중시하는 경건주의 집안에서 태어남. ……… ㉮

○ 1881~1886: 자유분방한 기질로 인해 엄한 아버지의 교육 방식에 반항하며 불안감을 느낌. ……… ㉯

○ 1904~1913: 잠재된 문학적 재능을 발휘하여 왕성하게 작품 창작을 하며 불안에서 벗어남. ……… ㉰

○ 1916~1919: 아버지의 죽음을 접하고 심한 우울증을 경험함. ……… ㉱

○ 1945~1962: 성찰적 글쓰기 활동 속에서 심리적 안정감을 느끼며 여생을 보냄. ……… ㉲

○ 1962: 몬타놀라에서 죽음.

① ㉮: 프로이트는 엄격한 집안 분위기가 헤세의 초자아가 발달하는 데 영향을 주었다고 보겠군.

② ㉯: 프로이트는 헤세의 불안감을 원초아와 초자아의 요구를 자아가 제대로 조정하지 못한 결과라고 보겠군.

③ ㉰: 프로이트는 헤세의 왕성한 창작 활동을 승화로, 융은 이를 무의식의 창조적 에너지가 발현된 것으로 보겠군.

④ ㉱: 프로이트는 헤세의 우울증을 유년기의 불안이 재현된 것으로, 융은 이를 자아와 그림자가 통합된 것으로 보겠군.

⑤ ㉲: 융은 헤세가 성찰하는 글쓰기 활동을 통해 자기를 발견하는 과정에서 심리적 안정감을 느낀 것으로 보겠군.

07

고1 • 2023년 3월 31번

(가)의 정신분석이론과 (나)의 분석심리학에서 모두 동의하는 진술로 가장 적절한 것은?

① 자아는 의식과 무의식의 세계에 걸쳐서 존재한다.

② 무의식은 성적 에너지로만 이루어진 정신 요소이다.

③ 무의식은 개인의 경험을 초월해 원형의 형태로 유전된다.

④ 무의식에는 자아에 의해 억압된 열등한 자아가 존재한다.

⑤ 정신적 균형을 이루기 위해서는 자아의 역할이 중요하다.

08

고1 • 2023년 3월 32번

㉠을 이해한 내용으로 가장 적절한 것은?

① 의식의 확장을 통해 타인과의 경계를 허무는 과정이다.

② 자신의 근원적인 모습을 찾아 나가는 개별화의 과정이다.

③ 의식에 의해 발견된 무의식의 욕구가 억눌리는 과정이다.

④ 무의식이 의식에서 분화되어 정체성이 실현되는 과정이다.

⑤ 과거의 경험들을 반복함으로써 성격이 형성되는 과정이다.

09

고1 • 2023년 3월 33번

ⓐ~ⓔ의 사전적 의미로 적절하지 않은 것은?

① ⓐ: 어떤 사실을 자세히 따져서 바로 밝힘.

② ⓑ: 주기적으로 자꾸 되풀이하여 돎.

③ ⓒ: 큰 관심 없이 대강 보아 넘김.

④ ⓓ: 받아들이지 아니하고 물리쳐 제외함.

⑤ ⓔ: 서로 얼굴을 마주 보고 대함.

DAY 04

10~12 다음 글을 읽고 물음에 답하시오.

[앞부분의 줄거리] '나'는 취재 차 중앙아시아로 향하면서 강제 이주된 고려인 동포들의 삶을 목격한다. 또한 한국을 그리며 '말 배우는 아이'라는 글을 쓴 고려인 '류다'를 만나길 희망한다. 알마아타에 도착한 '나'는 인근 우슈토베 지역을 여행하며 고려인 '미하일'로부터 류다가 이식쿨 호수 근처에 살고 있음을 듣게 된다.

"여기 사람들이 말하는데, 그 **호수 밑에 옛날 도시**가 가라앉아 있다고 그렇게 말합니다."

내가 그 호수에 관심을 보이자 미하일이 말했다. 그는 드물게도 서울 동숭동에 있는 해외동포교육원의 초청을 받아 어느새 한국에도 갔다 왔다고 했는데, **우리말을 꽤 정확하게 구사하**고 있었다. 그의 말에 나는 더욱 흥미를 갖지 않을 수 없었다.

"호수 밑에……"

나는 음료수와 함께 나온 깡통 맥주를 한 모금 마시며 그 먼 호수를 머릿속에 그렸다. 미하일의 말에 의하면 키르기스말로 이식쿨의 이식은 뜨겁다는 뜻이며, 쿨은 호수라고 했다. 또, 이식쿨의 물은 위는 민물, 아래는 짠물이며, 이에 비교되어 발하슈 호수는 한쪽이 민물, 다른 쪽이 짠물로서, 서로 차이를 보인다는 것이었다. 그리고 키르기스스탄의 소설가 아이트마토프가 쓴《하얀 배》라는 소설까지 들먹거렸다. 부모가 이혼하는 바람에 그 호숫가의 할아버지 집으로 와 살고 있는 한 소년이 호수를 떠가는 **하얀 배**를 보면서, 커다란 물고기가 되어 **배를 따라가기를 꿈꾸는** 이야기라는 것이었다. 그의 말을 들으면서 나는 나대로 학교 시절에 읽은 독일 소설가 슈토름의 소설《이멘 호수》를 떠올리고도 있었다.

㉠ "하얀 배라……"

신비하고 아름다운 광경이 내 머리를 자극했다.

그러던 나는 한글 선생이나 미하일 누구에게랄 것 없이 그 곳까지 가볼 수는 없느냐고 조심스럽게 물었다. 미하일이 들려주는 이야기는 모두 그 호수를 향한 내 마음을 한층 북돋기에 부족함이 없는 것이었다.

그러나 미하일에 의하면, 알마아타에서 호수까지는 직선거리는 그리 멀지 않지만 천산 산맥이 가로막혀 있어서 서남쪽 고갯길이 뚫린 곳으로 빙 돌아가야 하기 때문에 상당히 멀다는 것이었다.

㉡ "꼭 거길 가봤으면 하는데……무슨 방법이 없었을까요?"

나는 한글 선생과 미하일을 번갈아 쳐다보며 간청하다시피 했다. 내 말에 미하일은 한참 동안 생각을 하는 듯하다가 마침 내 자기도 이 기회에 비탈리를 찾아가서 한번 만날 겸 같이 가보자고 말했다. 알마아타로 가서 차편을 알아보자는 것이었다. 이렇게 되어 나는 정말 뜻하지 않게 그 호수를 향하여 떠나게 된 것이었다.

우슈토베에의 여행에서 얻은 것은 적지 않은 셈이었다. 다른 것은 그렇다 치더라도 무엇보다 우리 동포들의 무덤을 보았고, 그들이 저 1937년에 내동댕이쳐 버려졌던 처절한 삶의 뿌리를 내리기 위해 **광야에 파놓은 갈대 움막집의 흔적**을 보았다. 오늘날 그곳에 문을 연 한글학교도 보았다. ㉢ 그러나 무엇보다도 내 가슴을 뛰게 한 것은 새로운 세계, 산속의 호수를 향해 가게 된 것이었다.

〈중략〉

그 호수를 보겠다고 해서, 카라가지나무와 주다나무와 미루나무와 버드나무를 이정표로 달려왔고, 드디어 보았다. 그러나……

나는 머리에 '그러나'가 꼬리표처럼 따라붙는 것을 어쩌지 못했다. 서울에서의 문제들은 서울에 가서의 일이다. ㉣ 나는 그 꼬리표를 떼어내려고 머리를 흔들었다. 그러나……

그때였다. 유원지의 돌 축대를 바라보던 나는 거기 웬 나무가 한 그루 우뚝 서 있는 것을 보았다. 들어올 때는 눈에 띄지 않은 까닭을 알 수 없었다. 아니다. 그 나무만 서 있었다면 그냥 스쳐 지나갔을지도 모른다. 그러니까 나는 그 나무만을 본 것이 아니라 그 옆에 서 있는 한 여자를 함께 본 것이었다. 젊고 환한 얼굴이 나무 그늘에 묻혀 있었다.

"류다!"

미하일이 소리쳤다. 우리는 돌 축대를 올라가 그 나무 아래로 걸음을 옮겼다. 서로 몇 마디의 러시아말이 오가고 난 뒤 내가 소개되었다.

"안녕하십니까."

맑은 눈동자가 나를 바라보았다. 순간, 나는 **너무나 또렷한 우리말**에 놀라지 않을 수 없었다. 중앙아시아에서 처음 들어보는 또렷한 우리말이었다. 그리고 그 말 뒤에 '이 말은 우리 민족 말입니다'하는 말이 소리 없이 뒤따르고 있음도 또렷이 느낄 수 있었다.

"아, 안녕하십니까."

㉤ 나는 엉겁결에 똑같이 따라하고 말았다. 그와 함께 나는 그 단순한 인사말이 왜 그렇게 깊은 울림으로 온몸을 떨리게 하는지 형언할 수 없는 감동에 휩싸였다. ⓐ 개양귀비 꽃밭이 수런거리고, 숲 속의 들고양이들이 귀를 쫑긋거리고, 커다란 까마귀들이 전나무 가지를 치고 날았으며, 사막쥐들이 이리 뛰고 저리 뛰고, 돌소금이 하얗게 깔린 사막으로 큰바람이 이는 광경이 눈에 어른거렸다. 천산에서 빙하가 우르르르 무너지는 소리가 들린다고도 생각되었다.

나는 호수 건너 눈 덮인 천산을 바라보았다. '그러나'라고 미진했던 마음이 그녀의 "안녕하십니까"에 눈 녹듯 스러지는 듯 싶었다. 건너편의 천산이 내게 "안녕하십니까"의 새로운 의미를 배워 주고 있다고 받아들여졌다. **멀리 동방의 조상 나라**를 동경하며 하얀 배를 그리는 모습이 거기 있음을 알 수 있었다.

그녀가 그 그늘에 서 있던 나무가 바로 러시아말로 '키파리스'인 사이프러스였다. 스타니슬라브는 그 나무가 본래 중앙아시아에는 없는 나무로서 그루지야에나 가야 많다고 설명해 주었다. 아마도 유원지가 북적거리던 시절, 무슨 기념으로 심은 나무일 것이라고도 했다.

그날 그녀를 만나서 이야기를 나눈 시간은 매우 짧을 수밖에 없었다. 우리는 곧 알마아타로 돌아가야 했고, 또 내가 그녀와 오랫동안 함께 있어야 할 이유도 특별히 없는 것이었다. 그러나 나는 그 어느 때보다도 많은 느낌을 받았다.

ⓑ 키르기스스탄의 사이프러스나무 아래 우리 민족의 말인

"안녕하십니까"의 의미를 전혀 새롭게 말하는 처녀가 있었다. 나는 돌아오는 차 안에서도 내내 그 모습이 머리에서 떠나지를 않았다. 그리고 그 나무 아래서 호수를 바라보았을 때 물에 비치던 하얀 만년설의 산봉우리를 눈에 그렸다. 그리고 그것이 바로 하얀 배의 또 다른 모습이라고 깨달은 나는 입속으로 가만히 "안녕하십니까"를 되뇌었다.

– 윤후명, 「하얀 배」 –

10

고1 • 2023년 6월 26번

㉠~㉤에 대한 이해로 적절하지 않은 것은?

① ㉠: 이식쿨 호수와 관련된 이야기를 듣고 흥미를 느끼고 있음이 드러난다.

② ㉡: 이식쿨 호수에 가고 싶어 하는 간절한 마음을 확인할 수 있다.

③ ㉢: 계획에 없었던 새로운 여정에 대한 기대감과 설렘이 나타난다.

④ ㉣: 이식쿨 호수만을 생각하며 달려왔던 것을 반성하는 마음이 드러난다.

⑤ ㉤: 놀라움에 자신도 생각지 못한 반응이 나타났음을 확인할 수 있다.

11

고1 • 2023년 6월 27번

ⓐ와 ⓑ에 대한 설명으로 가장 적절한 것은?

① ⓐ는 상상 속 장면을 활용하여, ⓑ는 과거 회상을 활용하여 인물의 내면 상황을 드러내고 있다.

② ⓐ는 내적 독백을 사용하여, ⓑ는 구어체를 사용하여 인물 사이의 대립 양상을 제시하고 있다.

③ ⓐ는 전해 들은 이야기를 통해, ⓑ는 직접 경험한 사건을 통해 인물의 성격을 구체적으로 보여 주고 있다.

④ ⓐ는 외부 세계를 묘사하여, ⓑ는 인물 간의 대화를 서술하여 인물이 처한 상황을 객관적으로 전달하고 있다.

⑤ ⓐ는 앞으로 일어날 일들을 제시하여, ⓑ는 이전에 일어난 일들을 제시하여 인물의 심리 변화 과정을 나타내고 있다.

[해설편 p.015]

12 1등급 대비 고난도 3점 문제

고1 • 2023년 6월 28번

〈보기〉를 바탕으로 윗글을 감상한 내용으로 적절하지 않은 것은? [3점]

〈보 기〉

이 작품에서 '하얀 배'는 외부 세계에 대한 동경을 상징하는 것으로, 중앙아시아 동포들의 고국에 대한 그리움을 서정적으로 드러내는 기능을 한다. '나'는 하얀 배를 그리는 소년과 류다를 연결지어 이해하면서, 류다를 포함한 중앙아시아 동포들이 시련이 연속되는 삶 속에서도 언어를 통해 민족의 정체성을 잃지 않으려는 모습에 주목한다.

① '호수 밑에 옛날 도시'는 소년이 '하얀 배'를 타고 가고자 하는 동경의 공간으로 '나'가 지향하는 곳이군.

② 미하일이 '우리말을 꽤 정확하게 구사하'는 것은 민족의 정체성을 잃지 않으려는 동포들의 모습으로 볼 수 있군.

③ '광야에 파놓은 갈대 움막집의 흔적'은 중앙아시아 동포들이 겪었던 시련을 증명하는 것이겠군.

④ '나'는 류다의 '너무나 또렷한 우리말'에서 동포들의 고국에 대한 그리움을 읽어 내고 있군.

⑤ '나'는 '멀리 동방의 조상 나라'를 꿈꾸는 류다와 '배를 따라 가기를 꿈꾸는' 소년을 연관지었군.

학습 Check!

▶몰라서 틀린 문항 × 표기 ▶헷갈렸거나 찍은 문항 △ 표기 ▶×, △ 문항은 다시 풀고 ✔ 표기를 하세요.

종료 시각	시 분 초
소요 시간	분 초
초과 시간	분 초

문항 번호	01	02	03	04	05	06	07	08	09	10	11	12
채점 결과												
틀린 문항 복습												

[해설편 p.016]

DAY 05 수능기출 전국연합학력평가 20분 미니 모의고사

● 날짜 : 월 일 ● 시작 시각 : 시 분 초 ● 목표 시간 : 20분

※ 점수 표기가 없는 문항은 모두 2점입니다.

01 다음은 학생의 발표이다. 물음에 답하시오.

안녕하세요? 여러분, 병풍이 무엇인지 알고 계신가요? (청중의 반응을 살피며) 네, 고개를 끄덕이는 분들이 많으시네요. 최근 한 휴대폰 제조사에서 여러 번 접을 수 있는 병풍의 특징을 적용한 '병풍폰'을 개발한다는 기사를 보았습니다. 저는 이 기사를 보고 호기심이 생겨 전통 공예품 중 병풍에 대해 조사하여 발표하게 되었습니다.

'병풍'은 바람을 막는다는 의미를 지니는데, 바람을 막는 기능 외에 무엇을 가리는 용도로도 사용되는 소품입니다. (자료를 제시하며) 병풍은 이렇게 펼치고 접을 수 있는 구조적 특징이 있어 공간을 효율적으로 사용할 수 있도록 하는 장점이 있습니다. 병풍을 펼쳐 공간을 분리하거나, 접어서 공간을 확장하여 사용할 수 있기 때문입니다. 이러한 구조적 특징으로 인해 야외나 다른 공간으로 병풍을 옮겨 사용하기 편리하고, 접었을 때 보관하기에도 용이합니다.

병풍은 공간을 꾸며 상황에 맞는 분위기를 조성하는 장식적 특징도 있습니다. 이러한 특징은 병풍에 그림을 넣는 데서 두드러지게 나타나는데, 병풍에는 상징적인 의미를 지닌 그림들을 사용하는 경우가 많습니다. 장수를 기원할 때는 십장생을, 선비의 지조를 강조하고자 할 때는 사군자를 그린 그림을 사용하기도 하였습니다. (자료를 제시하며) 지금 보시는 이 병풍에는 꽃과 새가 그려져 있는데, 결혼식 때 신랑 신부의 행복과 부귀영화를 기원하는 상징적 의미를 담은 것입니다. 꽃과 새를 화려하게 그려 넣어 장식함으로써 결혼식의 경사스러운 분위기를 조성하는 데 사용합니다.

(자료를 제시하며) 여러분, 이 병풍에는 어떤 특징이 있을까요? (청중의 대답을 듣고) 네, 맞습니다. 이 병풍은 글자와 그림이 어우러져 있는 '문자도 병풍'입니다. 문자도 병풍은 유교의 주요 덕목을 나타내는 글자를 그린 병풍입니다. 보시는 것처럼 '효'라는 한자와 다양한 소재들이 어우러져 있는데요, 각 소재들은 효자와 관련된 이야기에 등장하는 것들입니다. 이 중에서 가장 크게 보이는 잉어를 예로 들자면, 추운 겨울에 물고기를 드시고 싶어 하는 부모님을 위해 얼음을 깨고 물고기를 잡은 효자의 설화와 관련이 있습니다. 이러한 문자도 병풍은 집안을 장식하고 유교적 덕목을 되새기기 위한 용도로 사용되었습니다.

병풍은 우리 선조들의 생활 속에서 꾸준하게 사랑받아 온, 실용성과 예술성을 겸비한 생활용품입니다. 앞으로 여러분께서도 어디선가 병풍을 접했을 때 관심 있게 살펴봐 주시기 바랍니다. 그리고 발표 내용을 떠올리면서 병풍에 담긴 의미를 생각해 보고, 그 아름다움도 느껴 보시면 좋을 것 같습니다. 이상으로 발표를 마치겠습니다.

01

고1 • 2023년 3월 3번

다음은 발표를 듣고 학생이 보인 반응이다. 이를 이해한 내용으로 가장 적절한 것은?

> 얼마 전 카페에서 전체를 접고 펼 수 있는 구조로 된 창문을 보았어. 날씨가 나쁠 때는 펼쳐서 외부와 차단하고, 날씨가 좋을 때는 접어서 공간을 확장하여 사용하고 있었어. 발표 내용을 듣고 그 창문이 공간을 분리하고 확장하는 병풍의 구조적 특징과 유사하다고 생각하게 되었어. 박물관에서나 볼 수 있는 옛날 물건이라고만 생각했던 병풍이 가지는 현대적 가치를 생각해 보는 기회가 되었어.

① 자신의 경험과 관련지어 발표 소재에 대해 새롭게 인식하고 있다.
② 발표 내용이 발표 주제에 부합하는지 객관적으로 분석하고 있다.
③ 발표를 듣기 전에 지녔던 의문을 발표 내용을 통해 해소하고 있다.
④ 발표 내용 중 사실과 의견을 구분하여 선별적으로 수용하고 있다.
⑤ 배경지식을 활용하여 발표자의 견해를 비판적으로 평가하고 있다.

02 다음은 학생이 작성한 비평문의 초고이다. 물음에 답하시오.

디스토피아 작품의 인기 몰이가 심상치 않다. 디스토피아를 다룬 영화와 드라마가 흥행하면서 '디스토피아 작품, 전 세계를 사로잡다'와 같은 제목의 기사가 쏟아지고 있다. 사전적 정의에 따르면 디스토피아는 부정적 측면이 극단화된 암울한 미래상이다. 유토피아와 마찬가지로 현실 어디에도 존재하지 않는 세계를 뜻하지만, 긍정적 의미를 지니는 유토피아와 반대로 디스토피아는 부정적 의미를 담고 있다.

디스토피아 작품의 인기 현상에 대해 부정적인 관점을 지닌 사람들은 작품이 주는 불편함을 이야기한다. 디스토피아 작품에서는 어떤 형태로든 일그러지거나 붕괴된 모습으로 세계가 묘사되기 때문이다. 이와 같이 충격적으로 묘사된 자극적인 장면에 반복적으로 노출되면, 불안 심리가 가중되어 현실을 부정적으로 인식하게 되고 결국 회의주의나 절망에 빠질 수 있다고 우려한다.

그러나 디스토피아 작품은 현실의 문제점이 극단화되면 나타날 수 있는 세계를 통해 현실의 문제를 경계하게 하므로 디스토피아 작품의 인기 현상은 긍정적이다. 디스토피아 작품은 과학 기술의 오남용, 핵전쟁, 환경 파괴 등을 소재로, 작가가 기발한 상상력으로 구현한 디스토피아적 세계를 제시한다. 우리는 그러한 세계에 몰입함으로써 암울한 미래상이 도래해서는 안 된다는 점을 깨닫게 된다.

물론 디스토피아 작품의 인기 현상 때문에 자극적으로 묘사된 장면이 초래하는 문제가 부각되어 보일 수 있지만, 이러한 장면은 오히려 무감각하게 받아들이고 있는 현실의 문제점을 강렬하게 자각하도록 하는 필수적인 장치로 보아야 한다. 그리고 이는 주제 의식을 드러내는 데 효과적으로 기여한다. 가령, 디스토피아 작품의 고전이라 할 수 있는 「멋진 신세계」에서는 사람들이 과학 기술을 지나치게 신뢰하다가 오히려 이에 종속당하는 충격적인 미래상을 암울하게 그리고 있다. 하지만 이를 통해 과학 기술에 대한 맹신이 현재 우리 사회가 점검해야 할 문제라는 점을 깨닫게 한다.

디스토피아 작품의 메시지는 우리가 현실의 문제를 인식하여 그 문제가 극단화되지 않도록 경계하게 한다는 점에서 큰 의미가 있다. 그리고 이러한 디스토피아 작품의 인기 현상은 사회를 개선하는 계기가 될 것이므로 이를 긍정적으로 보아야 한다. 디스토피아 작품들이 인기를 얻고 있는 요즘, 디스토피아 작품을 감상하며 현실의 문제를 성찰해 보는 것은 어떨까.

02

고3 • 2023학년도 6월 화•작 41번

〈조건〉을 반영하여 윗글의 제목을 작성한 것으로 가장 적절한 것은?

〈조 건〉
- ○ 디스토피아 작품의 주제 의식을 반영하여 글쓴이의 관점을 드러낼 것.
- ○ 부제에서 비유적 표현을 활용할 것.

① 디스토피아란 무엇인가
　– 디스토피아 작품의 인기 현상을 진단하다

② 디스토피아, 우리 사회의 자화상
　– 디스토피아 작품에 드러난 우리의 모습

③ 말초 신경을 자극하는 디스토피아 작품
　– 묵직한 메시지를 가볍게 다루다

④ 디스토피아 작품 열풍, 더 나은 사회를 향한 열망
　– 아픈 사회를 들여다보는 거울이 되다

⑤ 어디에도 없지만, 어디에나 있는 디스토피아 세상
　– 디스토피아 작품을 통한 새로운 세상과의 대화

[해설편 p.016]

03~04 다음 글을 읽고 물음에 답하시오.

우리말에는 다양한 유형의 된소리되기가 존재하는데, 우선 특정 음운 환경에서 예외 없이 일어나는 경우가 있다. 받침 'ㄱ, ㄷ, ㅂ' 뒤에 'ㄱ, ㄷ, ㅂ, ㅅ, ㅈ'이 올 때에는 예외 없이 된소리되기가 일어난다. '국밥'이 [국빱]으로, '(길을) 걷다'가 [걷따]로 발음되는 것이 그 예이다.

음운 환경이 같더라도 된소리되기가 일정하지 않은 경우가 있는데, 이때에는 다른 조건이 충족될 때 된소리되기가 일어난다. 첫째, 용언의 어간 받침 'ㄴ(ㄵ), ㅁ(ㄻ)' 뒤에 'ㄱ, ㄷ, ㅅ, ㅈ'으로 시작하는 어미가 올 때 된소리되기가 일어나는데, '나는 신발을 신고 갔다.'에서 '신고'가 [신꼬]로 발음되는 것이 그 예이다. '습득물 신고'의 '신고'는 음운 환경이 같음에도 불구하고 용언이 아니기 때문에 된소리되기가 일어나지 않는다. 둘째, 한자어에서 'ㄹ' 받침 뒤에 'ㄷ, ㅅ, ㅈ'이 연결될 때 된소리되기가 일어나는데, '물질(物質)'이 [물찔]로 발음되는 것이 그 예이다. '물잠자리'는 음운 환경이 같음에도 불구하고 고유어이기 때문에 된소리되기가 일어나지 않는다. 셋째, 관형사형 어미 '-(으)ㄹ' 뒤에 'ㄱ, ㄷ, ㅂ, ㅅ, ㅈ'로 시작하는 체언이 올 때 된소리되기가 일어나는데, '살 것'이 [살 껏]으로 발음되는 것이 그 예이다. 이러한 유형의 된소리되기는 음운 환경 외에도 '용언의 어간', '한자어', '관형사형 어미'라는 조건이 충족되어야 음운 변동이 일어난다는 특징이 있다.

[A] 한편, 명사와 명사가 결합하여 합성 명사가 될 때 된소리되기가 일어나는 경우도 있다. 예를 들어 '코+등'은 [코뚱/콛뚱]으로, '손+바닥'은 [손빠닥]으로 발음된다. 이때 '코+등'처럼 앞의 말이 모음으로 끝나고, 한자어끼리의 결합이 아닐 때에는 '콧등'과 같이 사이시옷을 표기한다. 이러한 된소리되기는 두 단어가 대등한 관계일 때는 잘 일어나지 않지만, 앞말이 뒷말의 '시간, 장소, 용도' 등을 나타낼 때는 잘 일어난다. 그 이유는 중세 국어의 관형격 조사 'ㅅ'과 관련이 있다. '손바닥'은 중세 국어에서 '솏바당'으로 표기가 되는데, 이는 '손+ㅅ+바당' 즉, '손의 바닥'으로 분석된다. 이 'ㅅ'의 흔적이 '손빠닥'을 거쳐 [손빠닥]이라는 발음으로 남게 된 것이다. 음운 환경이 같은 '손발'에서는 이러한 현상이 일어나지 않는데, 그 이유는 '손'과 '발'은 관형격 조사로 연결되는 관계가 아니기 때문이다.

[해설편 p.016]

03

고1 • 2022년 6월 11번

윗글을 바탕으로 '된소리되기'를 이해한 내용으로 적절하지 않은 것은?

① '(밥을) 먹다'와 '(눈을) 감다'에서 일어난 된소리되기는 용언에서만 일어나는 유형이다.
② '말다툼'과 달리 '밀도(密度)'에서 된소리되기가 일어나는 이유는 한자어이기 때문이다.
③ '납득'과 같이 'ㅂ' 받침 뒤에 'ㄷ'이 오는 음운 환경에서는 예외 없이 된소리되기가 일어난다.
④ '솔개'와 달리 '줄 것'에서 된소리되기가 일어나는 이유는 '관형사형 어미'라는 조건 때문이다.
⑤ '삶과 죽음'의 '삶과'와 달리 '(고기를) 삶고'에서 된소리되기가 일어나는 이유는 '삶고'가 용언이기 때문이다.

04

고1 • 2022년 6월 12번

[A]를 바탕으로 〈보기〉의 단어를 분석한 내용으로 적절하지 않은 것은?

〈보 기〉

○ 공부방(工夫房)[공부빵]
○ 아랫집[아래찝/아랟찝]
○ 콩밥[콩밥], 아침밥[아침빱]
○ 논밭[논받], 논바닥[논빠닥]
○ 불고기[불고기], 물고기[물꼬기]

① '공부방'에서 된소리되기가 일어나는 이유는 '공부'가 뒷말의 용도를 나타내기 때문이겠군.
② '아랫집'에 'ㅅ'을 받침으로 표기한 것은 '콧등'에서 사이시옷을 표기한 것과 같은 이유 때문이겠군.
③ '콩밥'과 달리 '아침밥'에서 된소리되기가 일어나는 이유는 '아침'이 뒷말의 시간을 나타내기 때문이겠군.
④ '논바닥'과 달리 '논밭'에서 된소리되기가 일어나지 않는 이유는 결합하는 두 단어가 대등한 관계를 가지기 때문이겠군.
⑤ '불고기'에서 '물고기'와 달리 된소리되기가 일어나지 않는 이유는 중세 국어에서 '불+ㅅ+고기'로 분석되기 때문이겠군.

05~09 다음 글을 읽고 물음에 답하시오.

컴퓨터의 중앙처리장치인 CPU는 데이터를 처리하기 위해 주기억장치와 끊임없이 데이터를 주고받는다. 그런데 CPU는 처리 속도가 매우 빠른 반면, 주기억장치의 처리 속도는 상대적으로 느리다. 그렇기 때문에 CPU가 명령을 실행할 때마다 주기억장치로부터 데이터를 읽어 오면 두 장치의 처리 속도의 차이로 인해 명령을 빠르게 실행할 수가 없다. 그래서 캐시 기억장치를 활용하여 데이터 처리 속도를 향상시킨다. 캐시 기억장치는 CPU 내에 또는 CPU와 주기억장치 사이에 위치한 기억장치로 주기억장치보다 용량은 작지만 처리 속도가 매우 빠르다. 이러한 캐시 기억장치에 주기억장치의 데이터 중 자주 사용되는 데이터의 일부를 복사해 두고 CPU가 이 데이터를 사용하도록 하는 과정을 '캐싱(caching)'이라고 한다.

캐싱이 효율적으로 이루어지려면 CPU가 캐시 기억장치에 저장된 데이터를 반복적으로 사용하는 것이 중요한데 이를 위해 고려되는 것이 참조의 지역성이다. 참조의 지역성은 시간적 지역성과 공간적 지역성으로 나눌 수 있다. 시간적 지역성은 CPU가 한 번 사용한 특정 데이터가 가까운 미래에 다시 사용될 가능성이 높은 것을 말하고, 공간적 지역성은 한 번 사용한 데이터 근처에 있는 데이터가 곧 사용될 가능성이 높은 것을 말한다.

한편 주기억장치는 '워드(word)' 단위로 데이터가 저장되고 캐시 기억장치는 '블록(block)' 단위로 데이터가 저장된다. 이때 워드는 비트(bit)*의 집합이고 블록은 연속된 워드 여러 개의 묶음을 말한다. 주기억장치의 데이터가 캐시 기억장치에 저장되는 장소를 '라인(line)'이라고 한다. 캐시 기억장치는 일반적으로 하나의 라인에 하나의 블록이 들어갈 수 있도록 설계되어 있기 때문에 주기억장치에서 캐시 기억장치로 데이터를 전송할 때에는 블록 단위로 데이터를 전송한다. 캐시 기억장치의 용량은 주기억장치보다 훨씬 작기 때문에 주기억장치의 블록 중에서 일부만 캐시 기억장치에 저장될 수 있다. 그러므로 캐싱을 위해서는 주기억장치의 여러 블록이 캐시 기억장치의 하나의 라인을 공유하여 사용해야 한다.

[A] 예를 들어 어떤 컴퓨터의 주기억장치의 데이터 용량을 워드 2^n개, 캐시 기억장치의 데이터 용량을 워드 M개라고 가정해 보자. 이때 주기억장치의 블록 한 개가 K개의 워드로 이루어져 있다고 하면 이 주기억장치의 총 블록 개수는 2^n/K개가 되며 각 워드는 n비트의 주소로 지정된다. 그리고 캐시 기억장치의 각 라인은 K개의 워드로 채워지므로 캐시 기억장치에는 총 M/K개의 라인이 만들어진다.

캐싱이 이루어질 때 CPU가 요청한 데이터가 캐시 기억장치에 있는지 여부를 확인하고 해당 데이터를 불러오기 위해 주기억장치의 데이터 주소가 사용된다. 이 주소는 '태그 필드, 라인 필드, 워드 필드'의 형식으로 구성되어 있는데 '태그 필드'는 캐시 기억장치의 특정 라인에 주기억장치의 어떤 블록이 저장되어 있는지를 구분해 주는 역할을 한다. 그리고 '라인 필드'는 주기억장치의 블록이 들어갈 캐시 기억장치의 라인을 지정해 주며, '워드 필드'는 주기억장치의 각 블록에 저장되어 있는 워드를 지정해 준다.

[해설편 p.017]

[B] 주기억장치의 데이터를 캐시 기억장치에 저장하는 방식에는 여러 가지가 있는데 그중 하나가 ㉠ '직접 매핑'이다. 직접 매핑은 주기억장치의 데이터를 블록 단위로 캐시 기억장치의 지정된 라인에 저장하는 방식이다. 직접 매핑 방식에서 캐싱이 이루어지는 과정은 다음과 같다. CPU가 '태그 필드, 라인 필드, 워드 필드'로 이루어진 주소를 통해 데이터를 요청하면, 우선 요청 주소의 라인 필드를 이용하여 캐시 기억장치의 해당 라인을 확인한다. 그리고 해당 라인에 데이터가 저장되어 있으면 그 라인의 태그와 요청 주소의 태그를 비교한다. 이때 두 태그의 값이 일치하는 경우를 '캐시 히트(cache hit)'라고 하며, 캐시 히트가 일어나면 주소의 워드 필드를 이용하여 라인 내 워드들 중에서 해당 데이터를 찾아 CPU에 보내 준다. 그런데 CPU가 요청한 주소의 태그와 캐시 기억장치 라인의 태그가 일치하지 않거나 해당 라인이 비어 있어서 요청한 데이터를 찾지 못하는 경우가 있다. 이는 CPU가 요청한 데이터가 캐시 기억장치에 저장되어 있지 않다는 의미로, 이 경우를 '캐시 미스(cache miss)'라고 한다. 캐시 미스가 일어나면 요청 주소에 해당하는 블록을 주기억장치에서 복사하여 캐시 기억장치의 지정된 라인에 저장한다. 그리고 주소의 태그를 그 라인의 태그 필드에 기록하고 요청된 데이터를 CPU에 보내 준다. 만약 그 라인에 다른 블록이 저장되어 있다면 그 블록은 지워지고 새롭게 가져온 블록이 저장된다.

직접 매핑은 CPU가 요청한 데이터가 캐시 기억장치에 있는지 확인할 때 해당 라인만 검색하면 되기 때문에 검색 속도가 빠르다. 그리고 회로의 구조가 단순하여 시스템을 구성하는 비용이 저렴한 장점이 있다. 하지만 같은 라인에 저장되어야 하는 서로 다른 블록을 CPU가 번갈아 요청하는 경우, 계속 캐시 미스가 발생해서 반복적으로 블록이 교체되므로 시스템의 효율이 ⓐ 떨어질 수 있다. 그래서 캐시 기억장치의 라인 어디에나 자유롭게 블록을 저장하는 '완전 연관 매핑', 직접 매핑과 완전 연관 매핑을 혼합한 '세트 연관 매핑' 등을 활용하기도 한다.

* 비트: 컴퓨터에서 정보를 나타내는 가장 기본적인 단위. 2진수의 0 또는 1이 하나의 비트.

05

고1 • 2020년 9월 32번

윗글의 내용과 일치하는 것은?

① 캐시 기억장치의 하나의 라인에는 하나의 워드만 저장될 수 있다.
② 캐시 기억장치는 주기억장치보다 용량이 크고 처리 속도가 느리다.
③ 캐시 기억장치에 저장된 데이터가 반복적으로 사용되어야 캐싱의 효율이 높아진다.
④ 시간적 지역성은 한 번 사용된 데이터 근처에 있는 데이터가 곧 사용될 가능성이 높은 것을 말한다.
⑤ 캐싱은 캐시 기억장치의 데이터 중 자주 사용되는 데이터의 일부를 주기억장치에 복사하여 사용하는 것을 말한다.

06

고1 • 2020년 9월 33번

[A]를 참고할 때 〈보기〉의 ㉮~㉰에 들어갈 말을 바르게 짝지은 것은?

〈보 기〉

주기억장치의 데이터 용량이 64개의 워드이고, 하나의 블록이 4개의 워드로 이루어져 있다면, 주기억장치는 총 16개의 (㉮)(으)로 구성되며, 각 워드는 (㉯)의 주소로 지정된다. 또한 캐시 기억장치의 데이터 용량이 16개의 워드라면 캐시 기억장치의 라인은 (㉰)가 만들어진다.

	㉮	㉯	㉰
①	블록	6비트	4개
②	블록	8비트	6개
③	워드	8비트	4개
④	라인	6비트	4개
⑤	라인	8비트	6개

07 1등급 대비 고난도 3점 문제

고1 • 2020년 9월 34번

〈보기〉는 '직접 매핑' 과정을 도식화한 것이다. [B]를 바탕으로 〈보기〉를 이해한 내용으로 적절하지 않은 것은? [3점]

〈보 기〉

CPU의 데이터 요청

	태그	라인	워드
주소	00	10	11

↑↓

라인	태그	데이터			
00					
01	00	j	o	k	e
10	10	g	o	a	l
11	10	a	r	e	a

〈캐시 기억장치〉

⇄

태그	라인	워드 00	워드 01	워드 10	워드 11
00	00	t	r	e	e
00	01	j	o	k	e
00	10	b	l	u	e
00	11	s	t	a	r
01	00	p	l	a	n
01	01	s	i	l	k
01	10	s	k	i	n
01	11	a	r	m	y
10	00	s	w	i	m
10	01	w	o	l	f
10	10	g	o	a	l
10	11	a	r	e	a
11	00	c	r	e	w
11	01	d	i	s	h
11	10	p	o	e	t
11	11	f	a	c	t

〈주기억장치〉

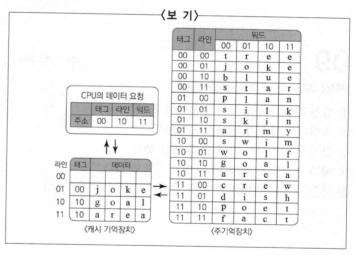

① 요청된 주소의 '10'을 이용하여 캐시 기억장치의 라인을 확인한 후 태그 '00'이 그 라인의 태그와 일치하는지 확인하겠군.
② CPU가 요청한 데이터가 캐시 기억장치에 저장되어 있지 않으므로 캐시 미스가 일어나겠군.
③ 주기억장치의 데이터 블록 중에서 'b, l, u, e'가 복사되어 캐시 기억장치에 저장되겠군.
④ 캐시 기억장치의 라인 '01'에 저장되어 있는 데이터 블록이 삭제되겠군.
⑤ CPU의 데이터 요청에 의해 최종적으로 CPU로 보내지는 데이터는 'e'가 되겠군.

DAY 05

[해설편 p.018]

08

고1 · 2020년 9월 35번

㉠과 〈보기〉의 ㉡을 비교한 내용으로 가장 적절한 것은?

〈보 기〉

㉡ 완전 연관 매핑은 캐시 기억장치에 블록을 저장할 때 라인을 지정하지 않고 임의로 저장하는 방식이다. 이 방식은 필요한 데이터 위주로 저장할 수 있기 때문에 매핑 방식 중에 캐시 히트의 확률이 가장 높다. 그러나 히트 여부 확인이 모든 라인에 걸쳐 이루어져야 하므로 검색 시간이 가장 오래 걸린다. 그리고 회로의 구조가 복잡해서 시스템을 구성하는 비용이 높다. 주기억장치의 블록이 캐시 기억장치의 정해진 라인에 저장되는 것이 아니기 때문에 주기억장치의 주소는 태그 필드, 워드 필드로 이루어진다. 대신 블록이 교체될 때 어떤 블록을 삭제할지를 결정하는 블록 교체 알고리즘이 별도로 필요하다.

① ㉠과 달리 ㉡은 주기억장치의 주소에 태그 필드가 있다.
② ㉠과 달리 ㉡은 캐시 히트 여부를 확인하는 시간이 빠르다.
③ ㉡과 달리 ㉠은 블록 교체 알고리즘이 필요하다.
④ ㉡과 달리 ㉠은 라인을 지정하여 블록을 저장한다.
⑤ ㉠과 ㉡은 모두 회로의 구조가 복잡하다.

09

고1 · 2020년 9월 36번

문맥상 의미가 ⓐ와 가장 가까운 것은?

① 엔진의 성능이 떨어져서 큰일이다.
② 소매에서 단추가 떨어져서 당황했다.
③ 감기가 떨어지지 않아 큰 고생을 했다.
④ 해가 떨어지기 전에 이 일을 마치기로 했다.
⑤ 굵은 빗방울이 머리에 한두 방울씩 떨어지기 시작했다.

10~12 다음 글을 읽고 물음에 답하시오.

(가)

1
발돋움하는 발돋움하는 **너**의 자세는
왜 이렇게
두 쪽으로 갈라져서 떨어져야 하는가,

그리움으로 하여
왜 너는 이렇게
산산이 부서져서 흩어져야 하는가,

2
모든 것을 바치고도
왜 나중에는
이 **찢어지는 아픔**만을
가져야 하는가,

네가 네 스스로에 보내는
이별의
이 안타까운 눈짓만을 가져야 하는가,

3
왜 너는
다른 것이 되어서는 안 되는가,

떨어져서 부서진 무수한 네가
왜 이런
선연한 무지개로
다시 솟아야만 하는가,

– 김춘수, 「분수」 –

(나)

잘 빚어진 **찻잔**을 들여다본다
수없이 실금이 가 있다
마르면서 굳어지면서 스스로 제 살을 조금씩 벌려
그 사이에 **뜨거운 불김**을 불어 넣었으리라
얽히고설킨 그 **틈 사이**에 바람이 드나들고
비로소 찻잔은 그 숨결로 살아 있어 [A]
그 **틈, 사이**들이 실뿌리처럼 **찻잔의 형상을 붙잡고 있는** 게다
틈 사이가 고울수록 깨어져도 찻잔은 날을 세우지 않는다
미리 제 몸에 새겨놓은 돌아갈 길,
그 보이지 않는 작은 틈, 사이가
찻물을 새지 않게 한단다
잘 지어진 **콘크리트 건물** 벽도
양생되면서 제 몸에 수 없는 실핏줄을 긋는다
그 미세한 **틈, 사이**가 [B]
차가운 눈바람과 비를 막아준다고 한다
진동과 충격을 견디는 힘이 거기서 나온단다
끊임없이 서로의 중심에 다가서지만
벌어진 틈, 사이 때문에 가슴 태우던 그대와 나
그 **틈, 사이**까지가 하나였음을 알겠구나
하나 되어 깊어진다는 것은 [C]
수많은 실금의 **틈, 사이**를 허용하는 것인지도 모른다
네 노여움의 불길과 내 **슬픔**의 **눈물**이 스며들 수 있게
서로의 속살에 실뿌리 깊숙이 내리는 것인지도 모를 일이다

– 복효근, 「틈, 사이」 –

[해설편 p.018]

10

고1・2021년 11월 25번

(가)와 (나)의 공통점으로 가장 적절한 것은?

① 특정 시어를 반복하여 주제 의식을 드러내고 있다.
② 수미상관의 방식을 통해 형태적 안정감을 주고 있다.
③ 음성 상징어를 활용하여 시적 상황을 부각하고 있다.
④ 명사형으로 시상을 마무리하여 시적 여운을 주고 있다.
⑤ 후각적 이미지를 사용하여 대상의 속성을 나타내고 있다.

11

고1・2021년 11월 26번

〈보기〉를 참고하여 (가)를 감상한 내용으로 적절하지 않은 것은? [3점]

〈보 기〉

이 작품은 인간 존재의 본질적 운명을 '분수'의 속성을 통해 드러낸다. 화자는 상승과 추락을 반복하는 분수를 통해 자기 극복과 좌절에 대해 이야기한다. 화자는 분수를 자신의 상황에 머무르지 않고 현실의 한계를 극복하려는 초월 의지를 지닌 존재로 인식하며 운명에서 벗어나기 위해 도전을 지속하는 모습을 순환성의 이미지를 통해 드러내고 있다.

① '너'가 '발돋움하는' 것과 '두 쪽으로 갈라져서 떨'어지는 것에서 상승하고 추락하는 분수의 속성을 확인할 수 있겠군.
② '그리움으로 하여' '산산이 부서져서 흩어'지는 것에서 자신의 속성을 초월한 분수의 모습을 확인할 수 있겠군.
③ 분수가 '모든 것'을 바치고도 '찢어지는 아픔'만을 가지는 것에서 자기 극복을 위해 노력하지만 결국 좌절하는 분수의 속성을 확인 할 수 있겠군.
④ '왜 너는 다른 것이 되어서는 안 되는가'라는 의문에서, 현실의 한계에서 벗어날 수 없는 분수의 상황에 대한 화자의 인식을 확인할 수 있겠군.
⑤ '떨어져서 부서진' 분수가 '선연한 무지개'로 '다시' 솟는다는 것에서 운명에서 벗어나기 위해 도전을 지속하는 순환성의 이미지를 확인할 수 있겠군.

12

고1・2021년 11월 27번

(나)의 [A]~[C]를 이해한 내용으로 적절하지 않은 것은?

① [A]의 '틈 사이'는 '찻잔'이 '뜨거운 불김'을 견디고 생명력을 지닌 존재로 거듭날 수 있게 해 준다.
② [B]의 '틈, 사이'는 '콘크리트 건물'을 외부의 시련으로부터 막아 주는 역할을 한다.
③ [A]의 '틈, 사이들'이 '찻잔의 형상을 붙잡고 있는' 것처럼, [C]의 '틈, 사이'는 그대와 나를 '하나 되어 깊어진' 관계로 만들어 준다.
④ [B]의 '틈, 사이'가 '진동과 충격을 견디는 힘'의 근원이 되듯, [C]에서 인간관계의 '틈, 사이'는 '슬픔'과 '눈물'의 근원이 될 수 있다는 것으로 화자의 인식이 확장되고 있다.
⑤ [A]와 [B]에서 외부의 대상을 향했던 화자의 시선이 [C]에서 인간관계의 '틈, 사이'로 향하면서 '벌어진 틈, 사이 때문에 가슴 태우던' 상황에 대한 화자의 인식이 전환되고 있다.

학습 Check!

▶ 몰라서 틀린 문항 × 표기 ▶ 헷갈렸거나 찍은 문항 △ 표기 ▶ ×, △ 문항은 다시 풀고 ✔ 표기를 하세요.

종료 시각	시 분 초
소요 시간	분 초
초과 시간	분 초

문항 번호	01	02	03	04	05	06	07	08	09	10	11	12
채점 결과												
틀린 문항 복습												

DAY 06 수능기출 전국연합학력평가 20분 미니 모의고사

● 날짜 : 월 일 ● 시작 시각 : 시 분 초 ● 목표 시간 : 20분

※ 점수 표기가 없는 문항은 모두 2점입니다.

01~02 (가)는 인터뷰이고, (나)는 (가)를 바탕으로 학생이 교지에 싣기 위해 쓴 글의 초고이다. 물음에 답하시오.

(가)

학생: 안녕하세요. 저는 ○○고에 다니는 △△△입니다. 조선 왕릉과 관련하여 장묘 전통, 공간 구성, 석물 등에 대해 학예사님의 설명을 듣고자 찾아왔습니다.

학예사: 반갑습니다. 직접 보며 설명하면 더 좋을 것 같아요. 성종이 모셔져 있는 능까지 걸으면서 이야기 나눌까요?

학생: 네, 좋아요. 조선 왕릉이 유네스코 세계 유산으로 등재되었는데요, 등재 기준의 내용 중에서 자연 친화적 장묘 전통에 대한 설명을 부탁드릴게요.

학예사: 조선은 자연 훼손과 인위적인 구조물 배치를 최소화하는 것을 원칙으로 하여 왕릉을 조성했습니다. 봉분을 수십 미터 높이로 조성하거나 지하에 궁전과 같은 공간을 만들기도 했던 중국과 비교하면, 조선 왕릉의 자연 친화적 성격이 돋보입니다.

학생: 그렇군요. 예전에 건원릉이나 광릉에 갔을 때도, 왕릉이라기보다는 자연 속에 있는 것과 같은 편안함을 느꼈습니다. 이곳 선릉도 자연 친화적 공간이라는 인상을 받았습니다.

학예사: 기능적 필요에 의한 건축물만을 최소한으로 배치하고 자연과의 조화 속에서 왕릉을 조성했기에 그런 것이지요.

학생: 조선 왕릉은 진입 공간, 제향 공간, 능침 공간으로 구분된다고 알고 있는데, 세계 유산 등재 기준 내용에 포함되어 있는 공간 구성의 독창성과 어떤 관련이 있나요?

학예사: 여기 선릉을 예로 들어서 설명드릴게요. 아까 지났던 홍살문까지가 진입 공간, 홍살문에서 여기 정자각까지가 제향 공간, 그리고 저 위가 왕릉의 핵심 공간인 능침 공간입니다. 그러면 질문 하나 할게요. 정자각까지 오는 동안 능침 공간이 잘 보였나요?

학생: 아니요. 능침 공간은 지대가 높은 곳에 조성되어 있는데도 정자각에 가려서 잘 보이지 않았어요.

학예사: 바로 그런 점이 조선 왕릉이 가진 공간 구성의 독창성과 관련됩니다. 능침 공간으로 올라가서 설명해 드릴게요. 대개 정자각에 도달할 때까지 능침 공간은 참배객에게 잘 보이지 않습니다. 하지만 지금 있는 능침 공간에서는 왕릉을 전체적으로 조망할 수 있습니다. 공간에 따라 지면 높이를 다르게 하여 조망 범위가 다르도록 했기 때문입니다. 그리고 제향 공간의 건축물인 정자각의 배치를 활용하여 능침 공간을 향한 참배객의 시야를 제한하였습니다. 이러한 방식으로 공간의 위계를 만들어 능침 공간의 권위와 성스러움을 확보했습니다. 이러한 점이 조선 왕릉의 독창성입니다.

학생: 조선 왕릉은 공간에 따라 조망 범위를 다르게 하는 방식으로 공간의 위계를 조성했다고 이해하면 될까요?

학예사: 맞습니다. 잘 이해했네요.

[A]
학생: 감사합니다. 마지막 질문인데요, 능침 공간에 배치된 석물에 대한 설명을 부탁드릴게요.

학예사: 지금 보이는 것처럼 능침 공간에는 예술적 가치가 높은 석물이 배치되었습니다. 봉분에 병풍석과 난간석을 둘렀고, 봉분 주변에 혼유석, 양 모양과 호랑이 모양의 석상 등을 두었습니다. 그리고 장명등, 문신과 무신 형상의 석인상, 석마 등을 배치하여 질서 있는 공간미를 보여 주었습니다.

[B]
학생: 설명해 주신 내용을 들으면 석물은 공간미를 위한 요소라는 생각이 듭니다. 석물의 예술적 가치가 높다고 하셨는데 이에 대한 설명도 부탁드릴게요.

학예사: 왕릉에 배치된 석물은 능침을 수호하는 상징적 의미를 가지면서도, 고유한 예술미를 바탕으로 왕릉의 장엄함을 강조하는 격조 높은 조각품이라 할 수 있습니다. 예를 들어 석인상은 사각 기둥의 느낌이 나도록 형태가 단순화되어 있으면서도 수호신상과 같은 엄숙함을 느끼게 하는 예술미를 드러냅니다.

학생: 덕분에 많은 것을 알 수 있었습니다. 귀한 시간 내주셔서 감사합니다.

학예사: 네, 저도 즐거웠습니다. 조선 왕릉이 세계 유산으로 등재된 것은 기록 문화와 제례 의식과 관련된 기준도 있으니 더 살펴봐도 좋겠네요.

학생: 네, 잘 찾아볼게요. 감사합니다.

(나)

조선 왕릉은 자연 친화적 장묘 전통, 인류 역사의 중요한 단계를 잘 보여 주는 왕릉 조성과 기록 문화, 조상 숭배의 전통이 이어지고 있는 살아 있는 유산이라는 점에서 가치를 인정받아, 2009년 유네스코 세계 유산으로 등재되었다.

조선은 자연과의 조화 속에서 왕릉을 조성하는 자연 친화적 원칙을 지켜 왔다. 이를 바탕으로, 조선 왕릉은 공간의 위계를 만들어 능침 공간의 권위와 성스러움을 확보하는 공간 구성의 독창성을 드러낸다. 조선 왕릉은 지면의 높이 차이를 만들고 정자각의 배치를 활용하여 제향 공간과 능침 공간의 조망 범위를 다르게 함으로써 공간의 위계를 조성하였다.

능침 공간은 왕의 공간인 상계, 신하의 공간인 중계와 하계로 영역이 나뉘어 영역별로 다양한 석물이 배치되었다. 상계의 봉분에는 불교적 장식 요소를 새겨 넣은 병풍석과 난간석을 두르고, 봉분 주변에는 영혼이 노니는 석상인 혼유석, 악귀로부터 능을 수호하는 양 석상과 호랑이 석상 등을 두었다. 중계에는 어두운 사후 세계를 밝히는 장명등, 문신 형상의 석인상, 석마 등을,

하계에는 무신 형상의 석인상, 석마 등을 두었다. 이들은 조선의 내세관과 함께, 문치주의를 표방했던 조선 왕조의 지향을 드러낸다.

조선 왕릉이 잘 보존되고 살아 있는 유산으로 평가 받는 이유는 조선의 기록 문화와 제례 의식 덕분이라고 할 수 있다. 장례 과정을 담은 『국장도감의궤』, 왕릉의 조성 과정을 담은 『산릉도감의궤』 등의 기록물들은 왕릉을 유지하고 보수할 수 있게 하는 자료가 되고 있다. 또한 지금까지도 종묘에서 정례적으로 봉행되는 제례 의식은 조상을 기억하고 존경하는 전통이 살아 있음을 보여 준다.

01

고1 • 2021년 3월 5번

[A], [B]에 대한 설명으로 가장 적절한 것은? [3점]

① [A], [B] 모두에서 학생은 학예사의 이전 답변을 인용하며 추가적인 설명을 요청하고 있다.
② [A], [B] 모두에서 학생은 학예사가 제시한 사례의 적절성에 의문을 제기하며 새로운 사례를 요청하고 있다.
③ 학예사는 학생의 요청에 따라 [A]에서 자신이 설명한 내용을 [B]에서 보충하고 있다.
④ 학예사는 학생의 이해를 돕기 위해 [A]에서 자신이 설명한 내용을 [B]에서 반복하고 있다.
⑤ 학예사는 [A]의 설명에 대한 학생의 잘못된 이해를 [B]에서의 설명을 통해 바로잡고 있다.

02

고1 • 2021년 3월 6번

〈보기〉는 (나)를 작성하기 위해 세운 글쓰기 계획이다. 〈보기〉에서 (나)에 반영된 것만을 있는 대로 고른 것은?

〈보 기〉

ㄱ. 조선 왕릉이 유네스코 세계 유산으로 등재되었다는 점을 고려하여, 조선 왕릉이 어떤 점에서 가치를 인정받았는지를 글의 첫머리에 밝히며 시작해야겠어.
ㄴ. 조선 왕릉의 자연 친화적 장묘 전통이 인정받았다는 점을 고려하여, 조선의 고유한 장묘 문화가 형성되는 데 우리나라의 자연 환경이 영향을 끼쳤음을 밝혀야겠어.
ㄷ. 조선 왕릉에 공간 구성의 독창성이 있다는 점을 고려하여, 조선 왕릉에 나타나는 공간의 위계에 대해 설명해야겠어.
ㄹ. 조선 왕릉과 관련한 기록 문화와 제례 의식이 있다는 점을 고려하여, 왕릉과 관련된 기록물과 현재 유지되고 있는 제례 의식의 사례를 찾아 제시해야겠어.

① ㄱ, ㄴ　② ㄱ, ㄷ　③ ㄴ, ㄹ
④ ㄱ, ㄷ, ㄹ　⑤ ㄴ, ㄷ, ㄹ

DAY 06

03

고1 • 2020년 9월 13번

〈보기〉는 한글 맞춤법 규정의 일부를 정리한 것이다. 이를 읽고 탐구한 내용으로 적절하지 않은 것은?

〈보 기〉

제16항 어간의 끝음절 모음이 'ㅏ, ㅗ'일 때에는 어미를 '-아'로 적고, 그 밖의 모음일 때에는 '-어'로 적는다. ……………… ㉠

제18항 다음과 같은 용언들은 어미가 바뀔 경우, 그 어간이나 어미가 원칙에 벗어나면 벗어나는 대로 적는다.
1. '하다'의 활용에서 어미 '-아'가 '-여'로 바뀔 적 ……… ㉡
2. 어간의 끝음절 '르' 뒤에 오는 어미 '-어'가 '-러'로 바뀔 적 ……………………………………………………… ㉢

① '시계를 보다.'에서 '보다'는 ㉠에 따라 어간 '보-'에 어미 '-아'가 결합해 '보아'로 적겠군.
② '간식을 먹다.'에서 '먹다'는 ㉠에 따라 어간 '먹-'에 어미 '-어'가 결합해 '먹어'로 적겠군.
③ '마당의 눈이 희다.'에서 '희다'의 어간 '희-'에 어미 '-아'가 결합하면 ㉡에 따라 '희여'로 적겠군.
④ '민수가 공부를 하다.'에서 '하다'의 어간 '하-'에 어미 '-아'가 결합하면 ㉡에 따라 '하여'로 적겠군.
⑤ '약속 장소에 이르다.'에서 '이르다'의 어간 '이르-'에 어미 '-어'가 결합하면 ㉢에 따라 '이르러'로 적겠군.

[해설편 p.020]

04~08 다음 글을 읽고 물음에 답하시오.

㉠ 중화(中華)사상은 한족(漢族)이 자신들을 세계의 중심을 의미하는 중화로 생각하고, 주변국들이 자신들의 발달된 문화와 예법을 받아들여야 한다고 생각한 사상이다. 조선은 중화사상을 수용하여 한족 왕조인 명나라의 문화를 받아들이는 것을 당연시하였다. 17세기에 이민족이 ⓐ 세운 청나라가 중국 땅을 차지하였지만, 조선은 청나라를 중화라고 생각하지 않고 명나라의 부활을 고대하였다. 당시 송시열은 '오랑캐는 중국을 차지 할 수 없고 금수(禽獸)는 인류와 한 부류가 될 수 없다.'라고 하였는데, 이는 청나라를 공격하자는 북벌론과 청나라를 배척하자는 척화론으로 이어졌다.

18세기에 청나라가 정치적 안정을 이루고 조선이 북벌을 통해 명나라를 회복하기 어렵게 되자, 조선의 유학자들 사이에서는 조선이 중화의 계승자라는 인식이 보편화되었다. 이때 청나라가 가진 발달된 문물을 도입하자는 북학파가 등장하였다. 그중 홍대용은 청나라의 발달된 문물은 오랑캐인 청나라가 만든 것이 아니라, 청나라가 중국 땅을 차지하며 가지게 된 한족의 문물로 보았다. 이런 생각은 청나라와 청나라의 문물을 구별한 것으로, 그가 저술한 「을병연행록」에서도 발견된다. 이를 통해 이때까지도 그는 조선이 중화의 계승자라는 인식과 중화사상에서 벗어나지 못했음을 알 수 있다. 하지만 청나라 여행을 계기로 그곳에서 만난 학자들과 교류를 이어 가며 선진 문물과 새로운 학문을 탐구한 결과, 사상적 전환을 이루었고 이를 바탕으로 「의산문답」을 저술하였다.

홍대용의 사상적 전환을 잘 보여 주는 것은 「의산문답」에 실려 있는 ㉡ 지구설과 무한 우주설이다. 그는 하늘이 둥글고 땅이 모나다는 전통적인 천지관을 비판하고, 땅이 둥글다는 지구설을 주장하면서 그 근거로 일식과 월식을 이야기하였다. 일식과 월식이 둥글게 나타나는 것은 달과 우리가 사는 땅이 둥글기 때문이라는 것이다. 우리가 사는 땅은 둥글기 때문에 상하나 동서남북은 정해져 있지 않고, 개개인이 서 있는 곳이 각각 기준이 될 수 있다고 주장하였다. 또한 그는 하늘은 무한하여 형체를 알 수 없고 지구와 같은 땅이 몇 개가 되는지 알 수 없다는 무한 우주설을 주장하였다.

지구설과 무한 우주설은 세상의 중심과 그 주변을 구별하는 중화사상과 다른 생각이다. 홍대용은 하늘에서 우리가 사는 세상을 본다면 이 땅이 무한한 우주에 비해 티끌만큼도 안 되며, 안과 밖을 구별하거나 중심과 주변을 나눌 수 없다고 보았다. 따라서 중국 안과 밖을 구별할 수 없고 중화와 오랑캐라는 구별도 상대적이라고 생각했다. 이에 따라 중화와 오랑캐로 여겨졌던 국가가 모두 동등하며, 사람들이 각자 제 나라와 제 문화를 기준으로 살아가는 것이 당연하다고 생각하였다. 이러한 그의 생각은 모든 사람들이 중심이 될 수 있고 존재 가치가 있다는 생각으로 이어졌고, 이를 바탕으로 그는 당시 유교적 명분을 내세우며 특권을 누리려 했던 양반들을 비판하였다. 또한 재주와 학식이 있는 자는 신분이 낮은 농부의 자식이라도 높은 관직에 오를 수 있어야 한다고 주장하였다.

어떤 국가와 문화, 사람도 각자 중심이 될 수 있고 존재 가치가 있다고 생각한 홍대용의 사상은 평등주의와 다원주의를 우리 역사에서 선구적으로 보여 주었다는 점에서 의의가 있다.

04

고1 • 2022년 6월 16번

다음은 학생이 윗글을 읽는 중 작성한 독서 활동지이다. 학생의 활동 내용 중 적절하지 않은 것은?

◈ **2문단까지 읽고 내용을 정리한 후, 이어질 내용을 예측하고 확인하며 읽어 보자.**

읽은 내용 정리
○ 청나라가 중국 땅을 차지한 후 조선에서는 북벌론과 척화론이 나타남. ······ ①
○ 청나라가 정치적 안정을 이루고 북벌이 힘들어지자 조선의 유학자들은 조선이 중화의 계승자라고 생각함. ······ ②
○ 청의 문물을 배우자는 북학파가 등장하였고, 그중 홍대용은 선진 문물과 새로운 학문을 탐구하여 사상을 전환하고 「의산문답」을 저술함.

⬇

이어질 내용 예측	확인 결과
○ 홍대용이 선진 문물과 새로운 학문을 탐구하여 깨달은 점이 언급될 것이다.	하늘이 둥글다는 것을 깨달음. ······ ③
○ 「의산문답」의 내용이 언급될 것이다.	지구설과 무한 우주설을 설명함. ······ ④
○ 홍대용이 아닌 다른 북학파 학자들의 사상이 언급될 것이다.	언급되지 않음. ··· ⑤

[해설편 p.020]

05

고1 • 2022년 6월 17번

〈보기〉의 대화를 윗글과 관련지어 이해한 것으로 적절하지 않은 것은?

〈보 기〉

갑: 천지 사이의 생물 가운데 오직 사람만이 귀합니다. 동물과 초목은 지혜가 없고 깨달음도 없으며, 오륜도 모릅니다. 그러므로 사람은 동물보다 귀하고, 초목은 동물보다 천합니다.
을: 오륜은 사람의 예의입니다. 무리 지어 다니고 소리를 내어 새끼들을 불러 먹이는 것은 동물의 예의입니다. 그리고 떨기로 나서 무성해지는 것은 초목의 예의입니다. 사람의 관점을 기준으로 하면 사람이 귀하고 사물이 천하지만, 사물의 관점을 기준으로 하면 사물이 귀하고 사람이 천한 것입니다. 하늘에서 보면 사람과 사물은 똑같습니다.

① 갑은 귀한 대상과 천한 대상을 나누어 생각한다는 점에서 송시열과 공통점이 있다.
② 갑이 동물보다 사람을 높게 평가한 것은 신분이 낮은 농부의 자식이라도 높은 관직에 오를 수 있어야 한다는 생각으로 이어질 수 있다.
③ 을이 동물과 초목이 각자의 예의가 있다고 한 것은 세상 사람들이 자기 나라와 자기 문화를 기준으로 살아가는 것이 당연하다는 생각과 연결될 수 있다.
④ 을이 사물의 관점을 기준으로 하면 사물이 귀하다고 한 것은 모든 사람이 존재 가치가 있다는 생각과 연결될 수 있다.
⑤ 을이 하늘에서 보면 사람과 사물이 똑같다고 한 것은 우리가 사는 이 땅에서 중심과 주변을 나눌 수 없다는 홍대용의 생각과 일맥상통한다.

06

고1 • 2022년 6월 18번

㉠과 ㉡을 이해한 것으로 가장 적절한 것은?

① ㉠은 ㉡을 통해 조선의 중심 사상으로 자리 잡았다.
② ㉠과 ㉡은 청을 오랑캐라 여기는 생각의 근거가 되었다.
③ ㉠은 북벌론의 바탕이 되었고, ㉡은 척화론의 바탕이 되었다.
④ ㉡은 홍대용이 ㉠에서 벗어났음을 보여 주는 학설이다.
⑤ ㉡은 조선의 유학자들이 가지고 있던 ㉠을 홍대용이 발전시킨 것이다.

07

고1 • 2022년 6월 19번

〈보기〉는 심화 학습을 위해 조사한 자료이다. (가), (나)에 대해 보인 반응으로 적절하지 않은 것은? [3점]

〈보 기〉

(가)

중국 의관이 변한 지 이미 100년이 넘은지라 지금 천하에 오직 우리 조선만이 오히려 명나라의 제도를 지키거늘, 청나라에 들어오니 무식한 부류들이 우리를 보고 웃지 않는 사람이 없으니 어찌 가련치 않겠는가? (중략) 슬프다! 번화한 문물을 오랑캐에게 맡기고 백 년이 넘도록 회복할 방법이 없구나.

– 홍대용, 「을병연행록」 –

(나)

피와 살이 있으면 다 똑같은 사람이고, 강토를 지키고 있으면 다 동등한 국가이다. 공자는 주나라 사람이므로 그가 쓴 『춘추』에서 주나라 안과 밖을 구분한 것은 당연하다. 그가 바다를 건너 주나라 밖에 살았더라면 주나라 밖에서 도를 일으켰을 것이고, 그곳을 기준으로 생각하는 『춘추』가 나왔을 것이다.

– 홍대용, 「의산문답」 –

① (가): 청나라를 오랑캐라고 말하고 있는 것에서, 홍대용이 중화사상을 가진 적이 있었다는 것을 확인할 수 있군.
② (가): 조선만이 명나라의 제도를 지킨다는 것에서, 홍대용이 조선을 중화의 계승자라고 생각했었음을 알 수 있군.
③ (가): 번화한 문물을 오랑캐에게 맡겼다고 한 것에서, 홍대용이 청나라와 청나라가 가지고 있는 문물을 구별하려 했음을 확인할 수 있군.
④ (나): 『춘추』에서 주나라 안과 밖을 구분한 것이 당연하다는 것에서, 중국 안과 밖을 구별하려는 홍대용의 생각이 드러나는군.
⑤ (나): 공자가 주나라 밖에 살았다면 그곳에서 도를 일으켰을 것이라는 부분에서, 중화와 오랑캐의 구별이 상대적이라는 홍대용의 생각이 드러나는군.

08

고1 • 2022년 6월 20번

문맥상 ⓐ와 의미가 가장 유사한 것은?

① 그는 새로운 회사를 세웠다.
② 국가의 기강을 바로 세워야 한다.
③ 집을 지을 구체적인 방안을 세웠다.
④ 두 귀를 쫑긋 세우고 말소리를 들었다.
⑤ 도끼날을 잘 세워야 나무를 쉽게 벨 수 있다.

DAY 06

09~12 다음 글을 읽고 물음에 답하시오.

조중인이 무녀를 보내어 요사한 모함을 저질러 놓고, 녹재에게 부탁하여 황성 왕래하는 길에 주막을 차려 놓게 하였음이라. 지나가는 사람 중 왕진사 댁 하인이라 하면 억지로라도 데려와서 술과 고기를 많이 먹이고 밥값을 적게 받으니, 내왕하는 하인들이 어디로 갈 때는 반드시 녹재의 주막에 들르는 것처럼 되어 어길 때가 없더라.

무녀가 녹재의 주막으로 돌아와 하는 말이,

"㉠ 이리이리하여 불을 질러 놓았으니 조만간에 하인이 이리를 지나가리라." 하더라.

과연 며칠이 지나매, 소주 왕진사 댁 하인이 서간을 가지고 가는 중이라. 그가 주막 앞을 지나가자 녹재가 깜짝 놀라는 척 반기며 오래 못 본 안부를 묻고, 술을 많이 먹이자 하인이 취하여 편지보를 녹재에게 맡기고는 거꾸러져 잠이 드는지라. 녹재가 편지보를 헤치고 봉한 것을 떼어 보니 편지 사연이 과연 그 말이매, 편지를 없애고 다시 글씨를 본떠 써넣되

"안부를 전하노니 집안은 무사하고 공직에 힘쓰라."

라는 내용으로 하여 다시 봉하여 편지보에 넣었더라. 이튿날 하인이 떠나려 하여, 편지보를 내어 주니 의심 없이 받아 가지고 올라가더라.

하인이 황성에 득달하여 서간을 올리되 왕시랑도 범연히 간과하고, 집안은 무사한 모양이라 답장을 봉하여 환송하였더니, 하인이 내려가는 길에 다시 녹재의 집에 찾아들었는지라. 녹재가 반가워하며 간곡하게 술대접을 하니 하인이 또한 술 힘을 이기지 못하여 대취하매, 녹재가 답장 편지를 또 떼어 없애고 다시 시랑의 필적으로 답장을 위조하여,

"집안 괴변을 어찌 일부러 뜻하였으리까마는, 듣자오매 소자의 처로 인하여 심란한 일이 많사옵니다. 그 전에도 의심할 일이 많사오나 그 허물을 따로 묻지 않은 채 그저 집에 두었삽는데, 필경은 탄로나게 되었으니 소자의 사람 몰라본 불찰입니다. 복중에 무엇이 있다는 말씀은 더구나 소자는 모르는 일이라, 어찌하여 거짓을 사뢰리까? 소자의 소견에는 그런 더러운 인물은 어찌 잠시라도 집에 두며, 죽어도 죄가 남사오니 내치면 저에게 덕이 될 것이오나 처분대로 하사이다." 하였더라.

이튿날 하인이 편지를 찾아보고 내려가 왕진사께 올리니, 진사가 그 사연을 보고 안으로 들어와 오부인과 의논하였는데, 죽이자 하여도 거지중난(擧止重難)*하고 내쳐도 남에게 부끄러운지라. 이리저리 생각하다가 마지못하여 즉시 송부인을 불러 앞에 세우고는 수죄(數罪)*하여,

"㉡ 네 내 집에 들어와 몇 해 아니 되었는데 내가 너를 믿고 내 집안 살림을 맡겼거늘, 요망한 무녀를 통하여 흉측한 태도로 음담패설을 주고받느냐? 네 복중에 있다는 자식에 대해서도 네 남편은 모른다 하니 그것은 어찌된 일이냐?"

하고는 장패주의 편지와 왕시랑의 답장을 던지는지라. 송씨가 기색(氣塞)하여 한동안 진정하지 못하다가,

"자부(子婦)가 불초(不肖)하여 구고(舅姑)*님의 노함을 끼쳤사오니 산들 무엇하리까마는, 다만 신명을 생각하니 절통한 일이옵니다. 부모 양친을 십여 세에 여의옵고 부앙천지(俯仰天地) 의지할 데 없사와 어린 동생과 외가에 탁신(託身)하온 바 외숙부께 사랑을 받지는 못하였으나 무한히 공경하며 대하여 나갔삽더니, 천우신조(天佑神助)하여 어진 시댁을 만났사와 일평생을 모시고자 하였사오나, 이런 악명(惡名)을 입사오니 다시 무슨 말씀을 하오리까? 처분대로 할 뿐이로소이다."

[중략 부분의 줄거리] 강제 결혼의 무산에 대한 보복으로 조중인에 의해 모함받은 송부인은 시댁에서 쫓겨나게 되고 홀로 아들인 갈용을 낳아 기른다. 어느 날 갈용은 살인 사건에 휘말리고, 이를 해결하기 위해 조정에서 명사관으로 파견된 왕시랑은 송부인과 재회하게 된다.

이때 송부인, 명사관*이 들어와 갈용의 초사를 받는다는 말에 오가는 말을 듣고자 하여 관문 밖에서 엿보고 있었더라. 바라보니 그 명사관이 다른 이 아니라 자신의 남편 왕시랑이라. 이것이 어찌된 일인고 하여, 송부인이 여광여취(如狂如醉)하여 부지불각(不知不覺) 중에 몸이 절로 움직여 뜰 아래 들어서서는,

"첩은 죄인의 어미옵더니, 사람이 불민(不敏)하여 시댁에서 쫓겨났사오나, 가장은 천 리 밖에 있사왔고, 첩을 불쌍히 생각하기는커녕 인편에 대어 죽여라, 내쫓아라 하오니, 첩이 어디 가서 살며 어찌 시댁이 용납하리니까? 그런 연유로 이 지경이 되었삽는데, 듣사오매 명사관께서 명사를 잘하신다 하오니, 살옥*은 차치(且置)하옵고 그 일부터 명사하옵소서. 첩의 무고함을 어찌 보지 못하고, 멀리 있음에도 그리 집안을 자세히 알면서 복중지물(腹中之物)이 자기 자식인 줄 어찌 모르며, 첩이 그전부터 수상한 짓을 하는 것을 보았다 하나 무슨 일을 보셨던고? 첩에게 죄가 설령 있거든 여기서 죽여 주시고, 만일 무죄한 듯하거든 소상히 명사하와 애매한 누명을 씻어 주옵소서. 복명지신(復命之臣)이 그만 일을 명사치 못하오면 그 녹을 자시옵기 어찌 부끄럽지 아니하시리까? 만일 첩의 말을 곧이 아니 들을 터이면, 여기 증거할 것이 있사오니 이것을 보옵소서."

하고 송부인이 품에서 편지봉투를 내어 앉은 앞에 던지니, 왕시랑이 상혼실백(傷魂失魄)*하여 그것을 아니 보지 못할 터이라. 차차로 펴 보니 한 장은 자신의 답장이라 하나 사연은 전혀 알지 못하는 것이라 막측기단*하여, 다시 묻고자 하나 하인들 앞에 말하기가 편치 않기에 따로 분부하여

"㉢ 심기 불평하니 죄인을 물리라."

하시니 갈용과 송부인이 함께 물러나오더라.

이 날 밤에 왕시랑이 일을 마친 후에, 통인 하나를 불러 초롱을 들리고 호장의 집을 찾아 별당으로 들어가니, 송부인이 촛불을 돋우고 혼자 앉았다가 처연히 보고는

"㉣ 이 어찌된 일이시니까? 더러운 죄라 하신 터에 무엇이 답답하여 첩을 찾아보러 와서는 서 계시니이까? 모르는 자식을 낳았으니 더럽다고 하다가 죽이거라 내치거라 하와 다시 준절답장(峻節答狀)하오시고 다시 보려 하심은 천만뜻밖이로소이다."

왕시랑이 다 듣고는

"이것이 어찌된 일이오?" 라고 도리어 물으니, 송부인이 대답하여

"날더러 도로 물으시니 무슨 말씀으로 대답하오리까?"

하매, 왕시랑이 대답하기를

"나도 내 죄를 아오이다. 비록 그러하오나 이 일은 알아보고 말 것이니, 그리 염려하지 마소서. 편지도 답장도 내 한 바 아니라, 난들 어찌 알았으리오? 이것이 운명사이니, 분명히 괴상한 용무를 꾸민 놈이 있는 모양이라. ⓜ 설마 그 놈을 잡지 못하리니까? 내 사환이 분주하여 오래 근친 못한 탓이로소이다."
라고 하더라. 송부인이 그 말을 들으니 자신의 발명도 대강된 듯하고, 왕시랑의 편지에 서운했던 것이 비로소 풀리는지라. 그런 줄 이제 알았으니 어찌 소회를 서로 풀어놓으며 정다운 이야기가 서로 없으리오?

– 작자 미상, 「송부인전」 –

* 거지중난: 일을 함이 중대하고도 어려움.
* 수죄: 범죄 행위를 들추어냄.
* 구고: 시부모님.
* 명사관: 중요한 사건을 조사하는 일을 맡아 하는 관리.
* 살옥: 살인 사건에 대한 죄를 다스리는 일.
* 상혼실백: 상심하여 제정신을 잃음.
* 막측기단: 일의 시작을 헤아려 알지 못함.

09

고1 • 2019년 11월 42번

윗글에 대한 설명으로 가장 적절한 것은?

① 대화를 통해 인물이 처한 상황을 보여 주고 있다.
② 전기적 요소를 통해 비현실적 장면을 부각하고 있다.
③ 과장된 상황을 통해 인물의 해학성을 강조하고 있다.
④ 배경에 대한 묘사를 통해 낭만적 분위기를 형성하고 있다.
⑤ 꿈과 현실의 교차를 통해 사건을 입체적으로 구성하고 있다.

10

고1 • 2019년 11월 43번

㉠~ⓜ에 대한 설명으로 적절하지 않은 것은?

① ㉠: 왕진사 댁 하인이 주막을 지나갈 것이라는 무녀의 예측이 드러나 있다.
② ㉡: 송부인이 죄를 지었다고 생각하여 질책하는 왕진사의 태도가 드러나 있다.
③ ㉢: 주변 상황을 의식하여 질문하기를 미루는 왕시랑의 모습이 드러나 있다.
④ ㉣: 왕시랑이 명사관으로서 공과 사를 구분하기를 바라는 송부인의 마음이 드러나 있다.
⑤ ⓜ: 사건의 진상을 밝히려는 왕시랑의 태도가 드러나 있다.

11 1등급 대비 고난도 3점 문제

고1 • 2019년 11월 44번

〈보기〉를 바탕으로 윗글을 감상한 내용으로 적절하지 않은 것은? [3점]

〈보 기〉

이 작품은 남편이 부재한 상황에서 가족 외부의 인물에 의해 모함을 받게 된 주인공이, 남성 중심 사회의 현실적 모순에 의해 희생당하는 모습을 다루고 있다. 이 과정에서 주인공은 자신의 억울함을 적극적으로 항변하지 못하고 가정에서 퇴출당해 시련과 고난을 겪게 되지만, 이후 입신양명을 이룬 남편과의 만남에서 적극적인 태도로 오해를 풀고 모함에서 벗어나게 된다.

① 송부인이 왕시랑에게 명사를 부탁하는 장면에서, 오해를 풀고자 하는 적극적인 모습을 확인할 수 있겠군.
② 왕진사가 송부인을 수죄하는 장면에서, 여성의 정절을 중시하는 남성 중심 사회의 모습을 짐작할 수 있겠군.
③ 왕시랑이 송부인에게 누명을 벗겨주기로 약속하는 장면에서, 왕시랑이 입신양명을 이룬 목적을 짐작할 수 있겠군.
④ 녹재가 왕진사 댁 하인에게 술을 먹이는 장면에서, 가족 외부의 인물이 주인공을 모함하려는 모습을 확인할 수 있겠군.
⑤ 송부인이 왕시랑에게 자신의 처지를 밝히며 억울함을 호소하는 장면에서, 과거에 송부인이 겪은 시련과 고난을 짐작할 수 있겠군.

12 1등급 대비 고난도 2점 문제

고1 • 2019년 11월 45번

〈보기〉는 윗글의 서간의 이동을 도식화한 것이다. 이를 이해한 내용으로 가장 적절한 것은?

〈보 기〉

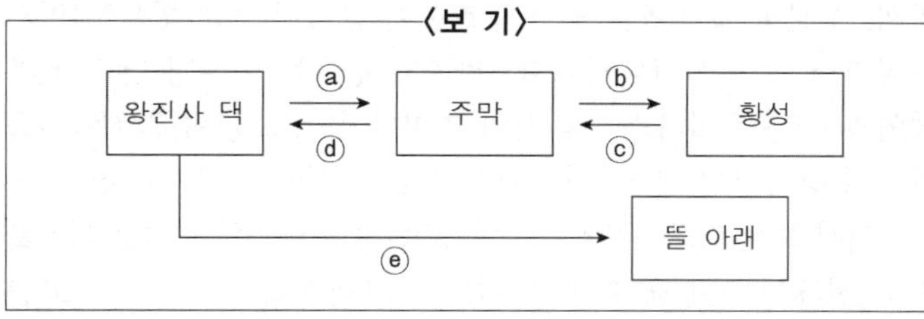

① ⓐ의 서간에는 집안은 무사하고 공직에 힘쓰라는 내용이 담겨 있다.
② 왕시랑은 ⓑ의 서간을 통해 집안에 문제가 생겼음을 알게 되었다.
③ ⓑ의 서간과 ⓓ의 서간은 모두 녹재에 의해 위조된 것이다.
④ ⓒ의 서간과 ⓓ의 서간은 모두 송부인에게 전달되지 않았다.
⑤ 왕시랑은 ⓔ의 서간의 내용을 송부인과 만나기 전부터 알고 있었다.

학습 Check!

▶ 몰라서 틀린 문항 × 표기 ▶ 헷갈렸거나 찍은 문항 △ 표기 ▶ ×, △ 문항은 다시 풀고 ✔ 표기를 하세요.

종료 시각	시 분 초	
소요 시간	분 초	
초과 시간	분 초	

문항 번호	01	02	03	04	05	06	07	08	09	10	11	12
채점 결과												
틀린 문항 복습												

DAY 06

DAY 07 수능기출 전국연합학력평가 20분 미니 모의고사

● 날짜 : 월 일 ● 시작 시각 : 시 분 초 ● 목표 시간 : 20분

※ 점수 표기가 없는 문항은 모두 2점입니다.

01~02 다음은 학생의 발표이다. 물음에 답하시오.

안녕하세요? 저는 환경 동아리 '지지자–지구를 지키는 자'의 부장입니다. 우리 동아리는 지구 온난화의 심각성을 알리는 캠페인을 진행하고 있습니다. 오늘은 이와 관련하여 영구 동토층이 녹으면서 생기는 문제에 대해 알려드리고자 합니다.

영구 동토층에 대해 들어보신 적 있나요? (청중의 반응을 확인하고) 영구 동토층은 온도가 섭씨 0도 이하로 유지되어 여름에도 녹지 않는 토양층을 말합니다. 영구 동토층이 분포해 있는 지대는 지구 전체 면적의 약 14%에 해당하며, 시베리아, 캐나다 북부, 알래스카 등 북극권에 주로 분포해 있습니다. 대부분의 영구 동토층은 수천 년에서 수만 년 동안 얼어붙은 상태였지만 최근에 빠른 속도로 녹고 있습니다.

이것이 왜 문제가 될까요? 영구 동토층이 녹으면 그곳에 묻혀 있던 대량의 이산화 탄소와 메테인이 대기 중으로 방출되기 때문입니다. 수업 시간에 배운 것처럼 이산화 탄소와 메테인은 지구 온난화를 일으키는 대표적인 온실가스입니다. 과학자들은 영구 동토층에 묻혀 있는 탄소의 양이 대기 중에 존재하는 탄소의 양의 2배에 이를 것으로 추정하고 있습니다. 메테인은 방출되는 양이 상대적으로 적지만 지구 온난화에 끼치는 영향은 이산화 탄소의 20배 이상이라고 합니다. (㉠ 자료를 제시하며) 보시는 자료에서 왼쪽 그래프는 영구 동토층이 녹지 않고 유지되는 지역의, 오른쪽 그래프는 영구 동토층이 급격히 녹고 있는 지역의 온실가스 농도를 나타냅니다. 왼쪽의 경우는 이산화 탄소나 메테인과 같은 온실가스 방출량이 미미하지만, 오른쪽에서는 이들 가스의 방출량이 급격히 증가한 것을 확인할 수 있습니다.

이어서 보실 자료는 2007년부터 10년간 북극권의 연평균 기온을 지구 전체의 연평균 기온과 비교한 그래프입니다. (㉡ 자료를 제시하며) 붉은 선과 파란 선 모두 기온이 상승하고 있음을 보여 줍니다. 그런데 북극권의 연평균 기온을 나타내는 붉은 선이 더 가파르게 올라가는 것에 주목할 필요가 있습니다. 이런 추세로 북극권 기온이 상승하면 그곳에 분포한 영구 동토층이 빠르게 녹아 처음에 보신 오른쪽 그래프와 같은 상황이 가속화됩니다.

영구 동토층에서 방출된 온실가스는 북극권의 기온을 상승시키고 이는 결국 지구 전체의 온난화를 악화시킵니다. 그런 점에서 영구 동토층이 녹지 않도록 전 지구적 노력이 필요합니다. 제가 말씀드린 내용을 주변에 많이 알려주시고, 우리 동아리의 캠페인에도 지속적인 관심을 부탁합니다. 감사합니다.

01

고1 • 2022년 3월 2번

발표자가 ㉠과 ㉡을 활용한 방식에 대한 설명으로 가장 적절한 것은?

① ㉠을 활용해 영구 동토층이 녹는 원인을 제시하고, ㉡을 활용해 해당 원인의 소멸 과정을 보여 주었다.
② ㉠을 활용해 영구 동토층이 생성된 과정을 제시하고, ㉡을 활용해 해당 과정의 발생 원인을 보여 주었다.
③ ㉠을 활용해 영구 동토층이 녹는 속도의 차이를 보여 주고, ㉡을 활용해 그 차이를 줄이기 위한 방안을 제시하였다.
④ ㉠을 활용해 영구 동토층이 녹을 때 생기는 문제를 보여 주고, ㉡을 활용해 이 문제가 악화될 수 있음을 강조하였다.
⑤ ㉠을 활용해 영구 동토층이 유지된 지역의 문제 상황을 보여 주고, ㉡을 활용해 해당 문제가 가져올 결과를 제시하였다.

02

고1 • 2022년 3월 3번

다음은 발표를 들은 학생들의 반응이다. 발표의 내용을 고려하여 학생의 반응을 이해한 내용으로 적절하지 않은 것은? [3점]

○ **학생 1**: 영구 동토층은 녹지 않는 것으로 알고 있었는데, 발표를 듣고 그렇지 않다는 것을 알게 되었어. 영구 동토층이 녹아서 문제가 생긴 사례를 더 찾아봐야지.
○ **학생 2**: 영구 동토층이 주로 북극권에 분포해 있다고 했는데, 나머지는 어디에 분포해 있을지 궁금해. 발표에서 참조한 자료의 출처를 물어봐야겠어.
○ **학생 3**: 영구 동토층이 녹는 문제의 심각성을 알리자는 캠페인의 취지에 동의해. 인근 학교와 지역 사회에 이 문제를 어떻게 공유할지 생각해 봐야겠어.

① '학생 1'은 발표 내용을 듣고 알게 된 정보를 통해 기존의 지식을 수정하고 있다.
② '학생 2'는 발표자가 언급하지 않은 발표 내용에 대해 궁금증을 드러내고 있다.
③ '학생 3'은 발표 내용을 수용하면서 주변에 알릴 방법을 고민하고 있다.
④ '학생 1'과 '학생 3'은 발표 내용과 관련하여 추가적인 활동을 계획하고 있다.
⑤ '학생 2'와 '학생 3'은 발표에 활용된 정보에 출처가 언급되지 않았음을 지적하고 있다.

03 (가)는 글쓰기를 위한 학생의 생각이고, (나)는 (가)를 바탕으로 쓴 학생의 초고이다. 물음에 답하시오.

(가) [학생의 생각]

학생회에서 체육 대회의 새 이름을 공모하기로 했지. 공모전과 관련해서 이름 짓기에 대한 글을 학교 누리집에 올리려고 해. 그럼 어떻게 구성하면 좋을까? ㉠ 공모전을 하는 이유를 언급하며 글을 시작하자. 그리고 ㉡ 이름 짓기의 효과를 제시해야지. ㉢ 이름 짓기의 방법도 설명하면 좋을 것 같아.

(나) [학생의 초고]

올해 체육 대회는 운동을 잘 못하는 학생들도 즐겁게 참여할 수 있는 새로운 프로그램으로 구성될 예정이다. 그래서 학생회에서는 올해부터 바뀌는 체육 대회의 특징이 잘 드러나는 이름이 필요하다고 판단해서 새 이름을 짓는 공모전을 열기로 했다. 이름이 무슨 영향을 미칠까 생각할 수도 있지만 이름 짓기의 효과는 생각보다 크다.

이름 짓기를 잘하면, 사람들에게 대상에 대한 긍정적인 이미지를 갖게 할 수 있다. 맛과 영양에 문제가 없지만 흠집이 있어 상품성이 떨어진 사과에 '등급 외 사과' 대신 '보조개 사과'라는 이름을 붙여 이미지를 개선한 사례가 있다. 귀여운 보조개가 연상되는 이름으로 대상에 대한 인식을 변화시킨 것이다.

또한 이름 짓기를 잘하면, 사람들의 참여 동기를 이끌어 낼 수 있다. 지하철이나 버스에서 임산부가 우선적으로 앉을 수 있는 좌석의 이름은 '임산부 배려석'이다. 만약에 '임산부 양보석'이라고 하면 자신이 앉을 자리를 남에게 내어 준다는 느낌을 갖게 한다. 하지만 '임산부 배려석'은 자신이 다른 사람을 배려하고 있다는 느낌을 갖게 하여 자발적으로 좌석을 양보할 수 있도록 한다.

그렇다면 이름 짓기는 어떻게 해야 할까? 먼저, 대상의 특성이 잘 드러나도록 표현해야 한다. 그리고 이름을 지나치게 생소하지 않게 지어야 한다. 이름이 지나치게 생소해서 이름의 의미를 이해하기 어려운 경우에는 사람들에게 수용되지 않을 수 있기 때문이다. 따라서 대상의 특성을 잘 드러내고 사람들이 이해하기 쉽도록 이름을 짓는 것이 중요하다. 또한 사람들이 기분 좋게 수용할 수 있도록 표현하는 것도 필요하다.

03

고3 • 2023학년도 9월 화 • 작 43번

(가)의 ㉠~㉢을 (나)에 구체화한 내용으로 적절하지 않은 것은?

① ㉠: 체육 대회라는 이름에 대한 학생들의 부정적인 반응을 제시한다.
② ㉠: 올해부터 바뀌는 체육 대회의 특징이 잘 드러나는 새로운 이름이 필요함을 언급한다.
③ ㉡: 이름 짓기를 통해 이미지를 개선한 '보조개 사과'의 사례를 제시한다.
④ ㉡: '임산부 배려석'이라는 이름이 주는 효과를 '임산부 양보석'과 비교하여 제시한다.
⑤ ㉢: 이름 짓기를 할 때 사람들이 기분 좋게 수용할 수 있는 표현을 사용해야 함을 언급한다.

04

고1 • 2020년 11월 13번

〈보기〉의 학습 과제를 수행한 결과로 적절하지 않은 것은?

〈보 기〉

[학습 내용] 주어가 자기 힘으로 동작하는 것을 능동이라고 하고, 주어가 다른 주체에 의해 동작을 당하는 것을 피동이라고 한다. 피동 표현은 주로 어근에 접사 '-이-', '-히-', '-리-', '-기-', '-되다' 등이 결합하여 실현된다.

[학습 과제] 다음의 어근 목록을 활용하여 피동문을 만드시오.

풀-	읽-	안-	깎-	이용

① 이번 시험 문제는 지난번보다 잘 풀렸다.
② 그의 글은 오직 나에게만 아름답게 읽혔다.
③ 친구는 버스에서 자기 짐까지 나에게 안겼다.
④ 날카로운 칼날에 무성하던 잔디가 모두 깎였다.
⑤ 우리 학교 운동장은 가끔 주차장으로도 이용되었다.

05~09 다음 글을 읽고 물음에 답하시오.

물이 담긴 욕조의 마개를 빼면 물이 배수구 주변에서 회전하며 소용돌이를 일으킨다. 배수구에서 멀리 떨어져 있으면 빨려 들어가는 속도의 크기가 0에 가깝고, 배수구 중앙에 가까울수록 속도가 빨라진다. 원운동을 하는 물체의 이동 거리, 즉 호의 길이가 시간에 따라 변하는 비율을 원주속도라고 한다. 욕조의 소용돌이 중심과 가장 가까운 부분에서 최대 원주속도가 나오고, 소용돌이 중심에서 멀어져 반지름이 커짐에 따라 원주속도가 감소한다. 이 소용돌이를 '자유 소용돌이'라 하는데, 배수구로 들어간 물은 물체의 자유낙하처럼 중력의 영향 아래 물 자체의 에너지로 운동을 유지한다.

이와 달리 컵 속의 물을 숟가락으로 강하게 휘젓거나 컵의 중심선을 회전축으로 하여 컵과 물을 함께 회전시키는 상황을 생각해 보자. 이때 원심력 등이 작용해 중심의 물 입자들이 컵 가장자리로 쏠려 컵 중앙에 있는 물의 압력이 낮아지면서 ㉠ 가운데가 오목한 소용돌이가 만들어진다. 회전이 충분히 안정되면 물 전체의 회전 속도, 즉 회전하는 물체의 단위 시간당 각도 변화 비율인 ㉡ 각속도가 똑같아져 마치 팽이가 돌듯이 물 전체가 고체처럼 회전한다. 이때 물은 팽이의 회전과 같이 회전 중심은 원주속도가 0이 되고 중심에서 멀어질수록 반지름에 비례하여 원주속도가 증가하는 분포를 보인다. 이 소용돌이를 '강제 소용돌이'라 하는데, 용기 안의 물이 회전 운동을 유지하려면 에너지를 외부에서 인위적으로 제공해야 한다.

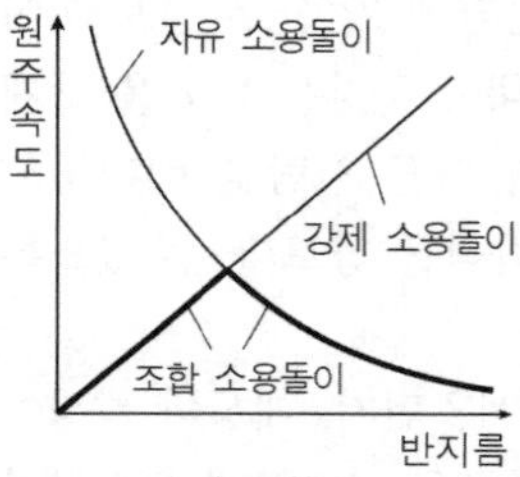

〈그림〉

숟가락으로 컵 안에 강제 소용돌이를 만든 후 숟가락을 빼고 일정한 시간 동안 관찰하면 가운데에는 강제 소용돌이, 주변에는 자유 소용돌이가 발생한다. 〈그림〉에서 보는 것처럼 이를 '랭킨의 조합 소용돌이'라고 한다. 이는 전체를 강제로 회전시킨 힘을 제거했을 때 바깥쪽에서는 원주속도가 서서히 떨어지고, 중심에서는 원주속도가 유지되는 상태의 소용돌이다. 조합 소용돌이에서는 소용돌이 중심에서 원주속도가 최소가 되고, 강제 소용돌이에서 자유 소용돌이로 전환되는 점에서 원주속도가 최대가 된다. 조합 소용돌이의 예로 ㉢ 태풍의 소용돌이를 들 수 있다.

이러한 원리를 적용한 분체 분리기는 기체나 액체의 흐름으로 분진 등 혼합물을 분리하는 장치이다. 혼합물에 작용하는 원심력도 이용하기 때문에 원심 분리기, 공기의 흐름이 기상 현상의 사이클론과 비슷해서 사이클론 분리기라고도 한다. 그 예로 쓰레기용 필터가 없는 가정용, 산업용 ㉣ 사이클론식 청소기를 들 수 있다. 원통 아래에 원추 모양의 통을 붙이고 원추 아래에 혼합물 상자를 두는데, 내부 중앙에는 별도의 작은 원통인 내통이 있다. 혼합물을 함유한 공기를 원통부 가장자리를 따라 소용돌이를 만들어 시계 방향으로 흘려보내면, 혼합물은 원통부와 원추부 벽면에 충돌하여 떨어져 바닥에 쌓인다. 유입된 공기는 아래쪽 원추부로 향할수록 원주속도를 증가시키는 자유 소용돌이를 만들고, 원추부 아래쪽에서는 강해진 자유 소용돌이가 돌면서 강제 소용돌이를 만들어 낸다. 강제 소용돌이는 용기 중앙의 내통에서 혼합물이 없는 공기로 흐르게 되어 반시계 방향으로 돌며 배기된다.

05

고1・2023년 6월 21번

윗글의 내용과 일치하지 않는 것은?

① 자연에서 발생하는 소용돌이는 모두 자유 소용돌이이다.
② 배수구에서 멀어지면 원운동을 하는 물의 속도는 느려진다.
③ 강제 소용돌이는 고체처럼 회전하고 회전 중심의 속도는 0이다.
④ 분체 분리기는 자유 소용돌이로 강제 소용돌이를 만들어 낼 수 있는 기계 장치이다.
⑤ 용기 안의 강제 소용돌이는 외부에서 가해지는 힘이 있어야 운동을 유지할 수 있다.

06

고1・2023년 6월 22번

㉠에 대한 설명으로 적절한 것은?

① 물이 회전할 때 원심력과 압력은 서로 관련이 없다.
② 컵 중앙 부분으로 갈수록 물 입자의 양이 많아진다.
③ 컵 반지름이 클수록 물을 회전시키는 에너지 크기는 작아진다.
④ 컵 속에서 회전하는 물의 압력이 커진 부분은 수면이 높아진다.
⑤ 외부 에너지를 더 가하더라도 회전 중심의 수면 높이는 변화가 없다.

[해설편 p.024]

07

고1・2023년 6월 23번

㉡을 통해 알 수 있는 것은?

① 각속도가 시간이 지남에 따라 점점 빨라지겠군.
② 단위 시간당 각도가 변하는 비율이 수시로 달라지겠군.
③ 각속도는 회전 중심에서 가깝든 멀든 상관없이 일정하겠군.
④ 강제 소용돌이의 수면 어느 지점에서나 원주속도는 항상 같겠군.
⑤ 강제 소용돌이는 자유 소용돌이와 같은 원주속도 분포를 보이겠군.

08

고1・2023년 6월 24번

윗글을 바탕으로 ㉢을 이해할 때, 〈보기〉의 ⓐ~ⓒ에 들어갈 말로 적절한 것은?

〈보 기〉

태풍 중심 부분은 '태풍의 눈'이라 하고 (ⓐ)의 중심에 해당한다. 강제 소용돌이와 자유 소용돌이의 경계층에 해당하는 부분은 '태풍의 벽'이라고 하여 바람이 (ⓑ). 이는 윗글 〈그림〉의 (ⓒ)에 해당한다.

	ⓐ	ⓑ	ⓒ
①	자유 소용돌이	강하다	자유 소용돌이와 강제 소용돌이의 교차점
②	자유 소용돌이	약하다	반지름이 가장 큰 자유 소용돌이의 지점
③	강제 소용돌이	강하다	반지름이 가장 작은 자유 소용돌이의 지점
④	강제 소용돌이	약하다	반지름이 가장 큰 강제 소용돌이의 지점
⑤	강제 소용돌이	강하다	자유 소용돌이와 강제 소용돌이의 교차점

[해설편 p.025]

09 1등급 대비 고난도 3점 문제

고1 • 2023년 6월 25번

〈보기〉는 ㉣의 구조를 그림으로 나타낸 것이다. 윗글을 읽은 학생의 반응으로 적절하지 않은 것은? [3점]

〈보 기〉

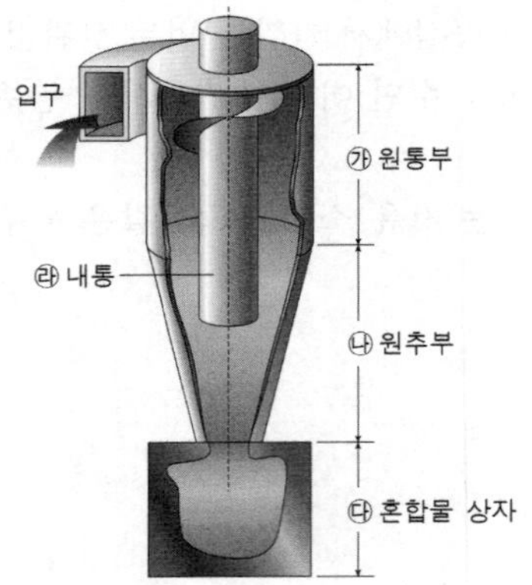

① ㉮에서는 소용돌이가 시계 방향으로 돌아 혼합물에 원심력이 작용하겠군.
② ㉮보다 ㉯에서 소용돌이의 원주속도가 상대적으로 빠르겠군.
③ ㉰에 모인 쓰레기나 혼합물이 ㉱ 내부에서 도는 소용돌이를 통해 외부로 배출되겠군.
④ ㉱의 반지름이 커지면 ㉱에서 반시계 방향으로 도는 소용돌이의 원주속도는 빨라지겠군.
⑤ 산업용으로 돌조각을 분리한다면 ㉮와 ㉯에 충격이나 마모에 강한 소재를 써야겠군.

10~12 다음 글을 읽고 물음에 답하시오.

(가)

석양(夕陽)이 비꼈으니 그만하고 돌아가자
돛 내려라 돛 내려라
버들이며 물가의 꽃은 굽이굽이 새롭구나
지국총 지국총 어사와
㉠ 삼공(三公)*을 부러워하랴 만사(萬事)를 생각하랴
〈춘(春) 6〉

궂은 비 멎어 가고 시냇물이 맑아 온다
ᄇᆡ 떠라 ᄇᆡ 떠라
낚싯대 둘러메니 깊은 흥(興)을 못 금(禁)하겠다
지국총 지국총 어사와
㉡ 연강(煙江)* 첩장(疊嶂)*은 뉘라서 그려낸고
〈하(夏) 1〉

㉢ 물외(物外)에 조ᄒᆞᆫ 일이 어부 생애 아니러냐
ᄇᆡ 떠라 ᄇᆡ 떠라
어옹(漁翁)을 웃디 마라 그림마다 그렸더라
지국총 지국총 어사와
사시(四時) **흥(興)**이 ᄒᆞᆫ 가지나 **추강(秋江)**이 으뜸이라
〈추(秋) 1〉

㉣ 물가의 외로운 솔 혼자 어이 씩씩ᄒᆞᆫ고
ᄇᆡ 미여라 ᄇᆡ 미여라
험한 구름 ᄒᆞᆫ(恨)치 마라 세상(世上)을 가리운다
지국총 지국총 어사와
㉤ 파랑성(波浪聲)*을 싫어 마라 진훤(塵喧)*을 막ᄂᆞᆫ도다
〈동(冬) 8〉

– 윤선도, 「어부사시사(漁父四時詞)」 –

* 삼공: 삼정승으로, 영의정, 좌의정, 우의정을 일컬음.
* 연강: 안개 낀 강.
* 첩장: 겹겹이 둘러싼 산봉우리.
* 파랑성: 물결 소리.
* 진훤: 속세의 시끄러움.

(나)

초당 늦은 날에 깊이 든 잠 겨우 깨어
대창문을 바삐 열고 작은 뜰에 방황하니
시내 위의 버들잎은 봄바람을 먼저 얻어
위성 땅 아침 비*에 원객(遠客)의 근심이라
수풀 아래 **뻐꾹새**는 계절을 먼저 알아
태평세월 들일에는 **농부**를 재촉한다
아아 내 일이야 잠을 깨어 생각하니
세상의 모든 일이 모두가 허랑(虛浪)하다
공명(功名)이 때가 늦어 백발은 귀밑이요
산업(産業)에 꾀가 없어 초가집 몇 칸이라
백화주 두세 잔에 산수에 **정**이 들어

[해설편 p.026]

홍도 벽도(紅桃碧桃)* 난발(爛發)한데 지팡이 짚고 들어가니
산은 첩첩 기이하고 물은 청청 깨끗하다
안개 걷어 구름 되니 남산 서산 백운(白雲)이요
구름 걷혀 안개 되니 계산 안개 봉이 높다
앉아 보고 서서 보니 별천지가 여기로다
때 없는 두 귀밑을 돌시내에 다시 씻고
탁영대(濯纓臺) 잠깐 쉬고 세심대(洗心臺)로 올라가니
풍대(風臺)의 맑은 바람 심신이 시원하고
월사(月榭)의 **밝은 달**은 맑은 의미 일반이라

– 남석하, 「초당춘수곡(草堂春睡曲)」 –

* 위성 땅 아침 비: 왕유의 시 구절로 벗과 이별하던 장소에 아침 비가 내리는 풍경을 말함.
* 홍도 벽도: 복숭아 꽃.

10 1등급 대비 고난도 2점 문제

고1 • 2020년 9월 29번

(가)와 (나)의 공통점으로 가장 적절한 것은?

① 의인화된 대상을 통해 세태를 비판하고 있다.
② 설의적 표현을 통해 시적 의미를 강조하고 있다.
③ 영탄적 어조를 통해 화자의 정서를 부각하고 있다.
④ 촉각적 심상을 통해 시적 분위기를 조성하고 있다.
⑤ 역설적 표현을 통해 이상향에 대한 의지를 드러내고 있다.

11

고1 • 2020년 9월 30번

(가)와 (나)에 대한 설명으로 적절하지 <u>않은</u> 것은?

① (가)의 '버들'과 (나)의 '뻐꾹새'는 계절감을 드러내는 소재이다.
② (가)의 '흥'과 (나)의 '정'은 자연에서 화자가 느끼는 정서이다.
③ (가)의 '어옹'과 (나)의 '농부'는 화자의 처지에 공감하는 인물이다.
④ (가)의 '추강'과 (나)의 '밝은 달'은 화자가 긍정적으로 인식하는 대상이다.
⑤ (가)의 '낚싯대'와 (나)의 '백화주'는 풍류를 즐기는 화자의 모습을 드러내는 소재이다.

12

고1 • 2020년 9월 31번

〈보기〉를 참고하여 ㉠~㉤을 감상한 내용으로 적절하지 <u>않은</u> 것은? [3점]

〈보 기〉

(가)에는 속세를 벗어나 자연의 아름다움을 즐기면서 유유자적한 삶을 살고자 하는 화자의 모습이 드러나 있다. 이 작품에서 자연은 화자가 지향하는 공간으로 인간 세상과 대립되는 공간을 의미한다. 화자는 인간 세상을 멀리하고 자연에 귀의하고자 하는 태도를 보이고 있다.

① ㉠은 속세의 사람들이 추구하는 가치에서 벗어난 화자의 모습을 드러낸다고 볼 수 있군.
② ㉡은 화자가 자연의 아름다움에 감탄하며 이를 즐기고 있다고 볼 수 있군.
③ ㉢은 인간 세상과 대립되는 자연으로 화자가 지향하는 공간으로 볼 수 있군.
④ ㉣은 자연에 귀의하지 못한 사람으로 화자가 안타까워하는 대상으로 볼 수 있군.
⑤ ㉤은 인간 세상을 멀리하고자 하는 화자의 태도를 드러낸다고 볼 수 있군.

DAY 07

학습 Check!

▶ 몰라서 틀린 문항 × 표기 ▶ 헷갈렸거나 찍은 문항 △ 표기 ▶ ×, △ 문항은 다시 풀고 ✔ 표기를 하세요.

종료 시각	시 분 초
소요 시간	분 초
초과 시간	분 초

문항 번호	01	02	03	04	05	06	07	08	09	10	11	12
채점 결과												
틀린 문항 복습												

DAY 08 수능기출 전국연합학력평가 20분 미니 모의고사

● 날짜 : 월 일 ● 시작 시각 : 시 분 초 ● 목표 시간 : 20분

※ 점수 표기가 없는 문항은 모두 2점입니다.

01~02 (가)는 설명문 쓰기 모둠 활동을 위해 학생들이 실시한 인터뷰이고, (나)는 이를 바탕으로 '학생 1'이 작성한 글의 초고이다. 물음에 답하시오.

> **설명문 쓰기 모둠 활동**
> **[활동 1]** 인터뷰를 통해 중심 화제에 대한 내용 수집하기
> **[활동 2]** 우리 학교 학생들을 예상 독자로 하여 [활동 1]의 결과를 바탕으로 초고 작성하기
> **[활동 3]** 상호 평가를 통한 고쳐쓰기

(가)

학생 1: 이번 인터뷰에 응해 주셔서 감사합니다. 먼저 숲가꾸기 사업이 무엇인지에 대해 말씀해 주시겠어요?

연구원: 숲가꾸기 사업이란 나무들이 건강하게 자랄 수 있게 숲을 가꾸고 나무를 보살피는 일로, 나무를 심고 벌채하기까지 진행되는 어린나무 가꾸기, 솎아베기, 큰나무 가꾸기 등의 작업을 아우르는 말입니다.

학생 2: ㉠ <u>그렇다면 숲을 이루는 나무들의 나이와 상태에 따라 어떤 작업을 할지가 결정된다는 말씀이신가요?</u>

연구원: 네, 그렇습니다. 예를 들어 솎아베기는 나무가 굵고 곧게 자라도록 우량한 나무 주변의 생장이 좋지 않은 나무를 잘라 주는 작업인데요, 나무를 심은 후 15년이 지난 다음부터 5~10년을 주기로 2~3회 실시합니다.

학생 2: ㉡ <u>그럼 심은 지 15년에서 40여 년 정도 되는 나무가 많은 숲은 솎아베기를 통해 숲을 가꾸어야겠군요.</u> 그렇다면 솎아베기와 같은 숲가꾸기 사업을 제때에 하지 않으면 어떻게 되나요?

연구원: 나무들 간에 가지 뻗음 경쟁이 치열해져 나무들이 굵게 자라지 못하기 때문에 고급 목재의 생산이 어려워지는 등 숲의 경제적 가치가 떨어지게 됩니다. 이처럼 숲을 가꾸어야 할 시기를 놓치지 않는 것이 중요하지요.

학생 1: 자료를 조사하다 보니 숲가꾸기를 하지 않으면 산불에도 취약해진다고 하던데, 숲가꾸기와 산불과의 관계를 좀 더 구체적으로 설명해 주시겠어요?

연구원: 숲가꾸기를 하지 않아 나무가 빽빽할 경우 불이 나무와 나무 사이로 번지면서 산불이 빠르게 확산됩니다. 그런데 숲가꾸기 사업을 진행한 지역에서는 나무들 사이의 간격이 넓기 때문에 불이 나무 사이로 번지는 대신 땅 위의 잡초 등을 태우다 꺼지게 됩니다. 그래서 산불을 빠르게 잡을 수 있어 피해를 줄일 수 있습니다.

학생 2: ㉢ <u>숲가꾸기 사업을 통해 산불을 빠르게 잡을 수 있어 피해를 줄일 수 있다니 숲가꾸기 사업은 더 활발하게 진행되어야겠다는 생각이 드네요.</u> 혹시, 숲가꾸기 사업을 진행하면서 겪었던 어려움은 없으신가요?

연구원: 국유림과 달리 민간 소유의 산림은 숲가꾸기 사업을 강제로 진행할 수 없습니다. 그래서 산림청에서는 민간 산림 소유주들의 숲가꾸기 사업 동참을 유도하기 위한 정책을 시행하고 있습니다.

학생 1: ㉣ <u>인터뷰 전에 산림청 홈페이지를 살펴보았는데, 방금 말씀하신 정책이 혹시 숲가꾸기 지원 사업인가요?</u>

연구원: 네, 그렇습니다. 잘 알고 있네요. 이 밖에도 산림청에서는 4차 산업혁명 시대를 맞이하여 디지털 산림 경영 기반을 조성하기 위한 노력도 병행하고 있습니다.

학생 2: ㉤ <u>숲가꾸기 사업과 그 지원 사업, 디지털 산림 경영 기반 조성 등과 같은 노력 덕분에 우리의 숲이 더욱 건강한 모습을 유지할 수 있겠네요.</u> 끝으로 숲가꾸기 사업에 대해 하시고 싶은 말씀이 있으신가요?

연구원: 나무를 심는 것 이상으로 중요한 것이 나무를 잘 가꾸는 것입니다. 연구 결과 숲가꾸기를 진행한 이후 산림의 공익적 가치가 무려 10배 넘게 증가했다고 합니다. 앞으로도 여러분뿐만 아니라 후손들이 건강하고 아름다운 숲을 만날 수 있도록 최선을 다하겠습니다.

학생 1, 2: 좋은 말씀 감사합니다.

(나)

제목 : 나무는 무럭무럭, 숲의 가치는 쑥쑥! 숲가꾸기 사업

숲은 가꾸어야 할 시기를 놓치면 나무의 가치가 떨어질 뿐만 아니라 산불, 병충해, 태풍 등의 자연재해에도 취약해진다. 따라서 나무의 성장 과정에 따라 어린나무 가꾸기, 솎아베기, 큰나무 가꾸기 등과 같은 작업을 실시해야 하는데, 산림청에서는 나무가 건강하게 자랄 수 있도록 숲을 가꾸고 보살피는 '숲가꾸기 사업'을 지속해서 시행하고 있다.

우리나라의 경우 1970~80년대 나무 심기 운동을 통해 산을 푸르게 만드는 데에는 성공하였으나, 자원으로 쓰여질 수 있는 산림의 양은 126㎥/ha로 산림 선진국에 비하면 여전히 부족한 편이다. 또한 전체 산림에서 솎아베기가 필요한 15~40년생의 나무가 차지하는 비율이 67%에 이르고 있어 숲가꾸기 사업의 필요성은 더욱 높아지고 있다.

숲가꾸기를 실시하면 나무가 굵고 곧게 자라기 때문에 고급 목재를 생산할 수 있어 산림의 경제적 가치가 크게 증가할 뿐만 아니라 나무들이 건강하게 자랄 수 있기 때문에 산림의 생태적 건강성도 향상된다. 또한 장마나 집중 호우 등으로 인한 산사태를 사전에 미리 예방할 수 있으며, 산불 발생 시 피해를 줄일 수 있는 효과도 얻을 수 있다. 연구 결과에 의하면 약 18조 원에 불과했던 우리나라 산림의 공익적 가치는 숲가꾸기 사업을 실시한 이후 221조 원에 이르는 것으로 나타났으며, 이는 국민

1인당 연간 428만 원의 혜택을 보는 셈이라고 한다.

한편 산림청에서는 민간 산림 소유주의 동참을 이끌어 내기 위해 산림 소유주가 간단한 지원 신청서만 제출하면 숲가꾸기 사업에 소요되는 비용 전액을 지원해 주고 있다. 숲가꾸기 사업은 주로 봄에 시행한다. 또한 산림청에서는 4차 산업혁명 시대를 맞이하여 산림 자원 육성에 필요한 데이터를 수집할 수 있는 시스템을 구축하는 등 '디지털 산림 경영 기반'을 조성하기 위한 노력도 병행하며 우리의 후손들이 건강하고 아름다운 숲을 만날 수 있도록 최선을 다하고 있다.

01

고1 • 2021년 9월 4번

㉠~㉤의 말하기 방식으로 적절하지 않은 것은?

① ㉠: 질문을 통해 상대방의 발언 내용에 대해 자신이 이해한 내용이 맞는지를 확인하고 있다.
② ㉡: 상대방의 발화 의도를 확인한 후 이에 대한 추가 정보를 요청하고 있다.
③ ㉢: 상대방의 발언을 재진술하며 자신의 생각을 밝히고 있다.
④ ㉣: 정보의 출처를 언급하며 상대방에게 자신이 알고 있는 내용이 맞는지를 확인하고 있다.
⑤ ㉤: 인터뷰를 통해 알게 된 내용을 요약적으로 제시하며, 긍정적 전망을 드러내고 있다.

02

고1 • 2021년 9월 7번

(나)에 대한 '학생 2'의 상호 평가 내용으로 적절하지 않은 것은?

	'학생 2'의 상호 평가 내용
잘한 점	연구 자료를 활용하여 글의 내용을 뒷받침한 점 ……①
	시간 순서에 따른 내용 전개 방식을 활용하여 중심 화제의 변화 과정을 설명한 점 ……②
수정할 점	2문단에서 이중 피동 표현을 사용한 점 ……③
	3문단에서 의미가 중복되는 단어를 사용한 점 ……④
	4문단에서 글의 흐름과 어긋나는 문장을 사용하여 통일성을 떨어뜨린 점 ……⑤

[해설편 p.027]

03

고1 • 2020년 6월 14번

<보기>의 <표준 발음법>을 참고할 때, ㉠과 ㉡의 사례가 모두 바르게 짝지어진 것은?

〈보 기〉

〈표준 발음법〉

제23항

받침 'ㄱ(ㄲ, ㅋ, ㄳ, ㄺ), ㄷ(ㅅ, ㅆ, ㅈ, ㅊ, ㅌ), ㅂ(ㅍ, ㄼ, ㄿ, ㅄ)' 뒤에 연결되는 'ㄱ, ㄷ, ㅂ, ㅅ, ㅈ'은 된소리로 발음한다.

국밥[국빱] 솥전[솓쩐] 옆집[엽찝] (㉠)

제24항

어간 받침 'ㄴ(ㄵ), ㅁ(ㄻ)' 뒤에 결합되는 어미의 첫소리 'ㄱ, ㄷ, ㅅ, ㅈ'은 된소리로 발음한다.

신고[신:꼬] 얹다[언따] 닮고[담:꼬] (㉡)

	㉠	㉡
①	옷고름[옫꼬름]	젊고[점:꼬]
②	문고리[문꼬리]	감고[감:꼬]
③	갈등[갈뜽]	앉다[안따]
④	덮개[덥깨]	언짢게[언짠케]
⑤	술잔[술짠]	더듬지[더듬찌]

DAY 08

[해설편 p.028]

04~09 다음 글을 읽고 물음에 답하시오.

(가)

관중은 춘추 시대 제(齊)나라의 재상으로 군주인 환공을 도와 약소국이던 제나라를 부강한 국가로 성장시켰다. 관중이 생각한 이상적인 국가의 모습과 국가를 통치하는 방법은 「관자」를 통해 살펴볼 수 있다. 그는 자신이 살던 현실의 문제에 실리적으로 ⓐ 대처하고 정치적인 분열을 적극적으로 막아 나라의 부강과 백성의 평안을 이루고자 하였다.

관중은 백성이 국가 경제의 근본이라는 경제적 관점을 바탕으로 법의 필요성을 강조하였다. 그에 따르면, 군주는 법을 만들 수 있는 자격을 천부적으로 지닌 사람이다. 하지만 군주가 마음대로 법을 만들면 백성의 삶이 ⓑ 피폐해질 수 있으므로 군주는 이익을 추구하는 백성의 본성을 고려해 백성의 삶이 윤택해질 수 있는 법을 만들어야 한다고 보았다. 이때 관중이 강조한 백성의 윤택한 삶은 도덕적 교화와 같은 목적을 위한 것이 아닌, 부강한 나라의 실현을 위한 것이라는 실리적 관점에서 이해할 수 있다.

또한 관중은 군주가 자신에 대해서는 존귀하게 여기지 않는 것을 '패(覇)'라고 ⓒ 규정하였는데, 이를 바탕으로 군주도 법의 적용에서 예외가 되지 않아야 한다고 주장하였다. 그에 따르면 군주는 '권세'를 지녀야 국가를 다스릴 수 있는데, 이때 군주가 패를 실천해야 백성이 권세를 인정하게 된다. ㉠ 결국 군주가 법을 존중하는 것은 백성이 군주를 존중하는 것으로 이어지게 되는 것이다.

관중은 권세를 가진 군주는 부강한 나라를 이루는 통치, 즉 '패업(覇業)'을 위한 통치를 펼쳐야 한다고 주장하고, 법을 통한 통치의 중요성을 강조하였다. 이때 군주는 능력 있는 신하를 공정하게 등용하되 신하들이 군주의 권세를 넘보거나 법질서를 혼란스럽게 하지 못하도록 자신의 권세를 신하에게 위임하지 말아야 하며 백성의 경제적 안정을 위한 정책들을 시행해야 한다고 보았다. 이러한 관중의 사상은 백성들의 경제적 안정을 기반으로 부강한 나라를 이루기 위해 법을 통한 통치를 도모한 것으로 평가할 수 있다.

(나)

율곡은 유학적 사상을 기반으로, 자신이 생각하는 군주상을 제시하였다. 그는 「성학집요」에서 개인의 수양을 통해 앎을 늘리고 인격을 완성하는 것을 군주의 자격으로 보았다. 율곡은 군주가 인격을 완성하고 아는 것을 실천하면 백성의 선한 본성을 회복하는 도덕적 교화가 가능해진다고 본 것이다. 율곡은 자신이 이상적으로 생각하는 왕도정치가 실현되기 위해서는 군주가 신하를 통해 백성을 다스려야 한다고 생각했는데, 만약 군주가 포악한 정치를 펼쳐 신하들의 지지를 얻지 못하거나 민심을 잃으면 교체될 수 있다고 여겼다.

> [A]
>
> 율곡은 군주의 통치에 따라 태평한 시대인 치세와 혼란스러운 시대인 난세가 구분된다고 보고, 이를 중심으로 군주의 유형과 통치 방법을 나누어 설명했다. 치세를 만드는 군주는 재능과 지식이 출중해 신하를 능력에 맞게 발탁하여 일을 분배할 줄 알거나, 재능과 지식은 ⓓ 부족하지만 현명한 신하를 분별하여 그에게 나라의 일을 맡길 줄 안다. 이들의 통치 방법은 '왕도(王道)'와 '패도(覇道)'로 나뉜다. 왕도는 군주의 인격 완성을 통해 백성의 도덕적 교화까지 이루어 내는 것이고, 패도는 군주의 인격이 완성되지 않아 백성의 도덕적 교화까지는 이루어지지 않았지만 백성의 경제적 안정은 이루어 내는 것이다.
>
> 난세를 만드는 군주는 자신의 총명만을 믿고 신하를 불신하거나, 간신의 말을 믿고 의지하여 눈과 귀가 가려진 군주이다. 이들은 백성을 괴롭히고 충언을 받아들이지 않아 스스로 멸망에 이르는 폭군, 간사한 자를 분별하지 못하고 총명함이 없으며 무능력한 혼군, 나약하여 자신의 뜻을 세우지 못하고 우유부단한 용군으로 분류된다. 이들의 통치 방법은 포악한 정치를 의미하는 '무도(無道)'이므로 율곡의 관점에서 무도를 행하는 군주는 교체되어야 할 존재이다.

율곡은 백성의 도덕적 교화를 이루는 왕도정치를 위해서는 백성들의 삶이 경제적으로 편안한 것이 전제되어야 한다고 보았다. 이는 군주의 존재 근거가 백성이라고 보는 민본관에 의한 것으로, 조세 부담을 줄이는 등 백성의 경제적 기반을 유지할 수 있는 정책을 펼쳐야 함을 ⓔ 역설한 것이다. 이처럼 율곡의 사상은 왕도정치를 실현하는 과정에서 백성의 현실적 삶에 주목하려는 시도로 볼 수 있다.

04

고1 • 2022년 11월 16번

(가), (나)에 대한 설명으로 가장 적절한 것은?

① (가)와 (나)는 모두 특정한 사상가가 주장하는 군주의 통치술의 변화 과정을 소개하고 있다.

② (가)와 (나)는 모두 특정한 사상가가 주장하는 군주의 통치술에 담긴 내용을 중심으로 그 의의를 밝히고 있다.

③ (가)와 달리 (나)는 특정한 사상가가 주장하는 군주의 통치술이 갖는 한계를 드러내고 새로운 통치술을 제안하고 있다.

④ (나)와 달리 (가)는 특정한 사상가가 주장하는 군주의 통치술을 군주의 유형에 따라 범주화하여 제시하고 있다.

⑤ (나)와 달리 (가)는 특정한 사상가가 주장하는 군주의 통치술에 대한 상반된 입장을 제시하고 장단점을 비교하고 있다.

[해설편 p.028]

05

고1 • 2022년 11월 17번

㉠의 이유로 가장 적절한 것은?

① 군주가 마음대로 법을 만들 수 있는 패를 실천할 수 있기 때문이다.
② 군주가 법을 존중하면 법을 제정할 수 있는 기회를 얻을 수 있기 때문이다.
③ 군주가 법의 필요성을 인식해야 백성을 국가의 근본으로 여기게 되기 때문이다.
④ 군주가 자신에게도 법 적용에 예외를 두지 않음으로써 권세를 인정받게 되기 때문이다.
⑤ 군주가 백성의 본성을 고려하지 않고 나라의 부강을 우선시하는 법을 만들어야 하기 때문이다.

06

고1 • 2022년 11월 18번

(나)에서 알 수 있는 '율곡'의 견해로 적절하지 않은 것은?

① 군주는 앎을 늘리는 것뿐 아니라 앎을 실천하는 것도 중요하다.
② 군주는 포악한 정치를 펼쳐 신하들에게 지지를 얻지 못하면 교체될 수 있다.
③ 군주는 왕도정치를 실현하기 위해 자신의 존재 근거를 백성으로 보아야 한다.
④ 백성의 도덕적 교화가 이루어져야 백성의 삶이 경제적으로 편안해질 수 있다.
⑤ 백성의 조세 부담을 줄이는 것은 백성의 경제적 기반을 유지할 수 있는 방법 중 하나이다.

07

고1 • 2022년 11월 19번

(가)의 관점에서 [A]를 판단한 것으로 가장 적절한 것은?

① [A]에서 눈과 귀가 가려진 군주는, 정치적 분열을 막아 백성을 평안하게 하므로 패업을 이룰 수 있는 존재로 볼 수 있다.
② [A]에서 군주가 충언을 받아들이지 않는 것은, 법을 만들 수 있는 자격을 천부적으로 지닌 것이므로 패업으로 볼 수 있다.
③ [A]에서 군주가 자신의 총명을 믿고 신하를 불신하는 것은, 백성의 삶을 윤택하게 하려는 것이므로 패업으로 볼 수 있다.
④ [A]에서 군주가 자신의 뜻을 세우지 못하는 것은, 자신을 존귀하게 여기지 않은 것이므로 패업을 위한 통치의 방법으로 볼 수 있다.
⑤ [A]에서 군주가 신하를 능력에 맞게 발탁하여 일을 분배한 것은, 능력에 따라 신하를 공정하게 등용한 것이므로 패업을 위한 통치의 방법으로 볼 수 있다.

08

고1 • 2022년 11월 20번

〈보기〉는 동서양 사상가들의 견해이다. 〈보기〉와 (가), (나)를 읽은 학생이 보인 반응으로 적절하지 않은 것은? [3점]

〈보 기〉

㉮ 군주는 권력을 얻기 전까지는 수단과 방법을 가리지 않는 것이 오히려 백성을 위한 것입니다. 하지만 권력을 얻은 후에는 법을 통해 통치함으로써 자신의 권력을 유지할 수 있습니다.

㉯ 군주에 따라 치세와 난세가 되는 것을 지양하기 위해 법을 제정하고 기준을 세우는 것이 필요합니다. 그리고 법을 통해 통치할 수 있는 권한은 군주만이 갖고 있어야 권력을 유지할 수 있습니다.

㉰ 군주는 타락한 현실에 의해 잃어버린 인간의 선한 본성인 도덕성을 회복시켜야 합니다. 이때 군주는 도덕성의 회복을 목적으로 백성의 기본적인 경제적 욕구를 충족시키고 인간다운 교육을 실시해야 합니다.

① 관중과 ㉮는 모두 법을 통한 통치의 중요성을 인식했다고 볼 수 있겠군.
② 관중과 ㉯는 모두 국가를 다스릴 수 있는 권한이 오로지 군주에게 있어야 함을 강조했다고 볼 수 있겠군.
③ 관중은 ㉰와 달리 백성의 경제적 안정의 목적이 도덕성 회복이 아니라고 보았군.
④ 율곡은 ㉯와 달리 군주의 인격 완성 여부에 따라 치세와 난세가 구분된다고 보았군.
⑤ 율곡과 ㉰는 모두 백성의 본성을 선한 것으로 인식했다고 볼 수 있군.

[해설편 p.029]

09

고1•2022년 11월 21번

ⓐ~ⓔ의 사전적 의미로 적절하지 않은 것은?

① ⓐ: 어떤 정세나 사건에 대하여 알맞은 조치를 취함.
② ⓑ: 지치고 쇠약해짐.
③ ⓒ: 바로잡아 고침.
④ ⓓ: 필요한 양이나 기준에 미치지 못해 충분하지 아니함.
⑤ ⓔ: 자신의 뜻을 힘주어 말함.

10~12 다음 글을 읽고 물음에 답하시오.

"그 아이는 안 죽었소. 누가 내린 자식이라고 그리 쉽게 죽을 것 같소? 틀림없이 미륵보살님이 지켜 주고 계실 것이요."

"뭣이라고? 함께 갔던 친구가 하는 말인데, 그러면 그 녀석이 거짓말을 했단 말이여?"

"어젯밤 꿈에도 그 아이가 저 건너 미륵바위 곁에 서 있습디다. 꼭 옛날 당신이 징용 가셨을 때 미륵바위 곁에 서 계셨던 것 맨키로 의젓하게 서서 웃고 있습디다."

한몰댁은 마치 남의 이야기하듯 차근하게 말했다.

"뭣이? 옛날 징용 갔을 적에 임자 꿈에 내가 미륵바위 곁에 서 있었던 것맨키로?"

영감은 눈을 끔벅이며 할멈을 건너다봤다. ㉠ 그때 일은 너무도 신통했다. 탄광에서 갱도가 무너져 죽었다고 집에 사망 통지서까지 온 영감이 죽지 않고 살아왔던 것이다.

왜정 때 북해도 탄광에 징용으로 끌려갔을 때였다. 교대를 하러 갱으로 들어가려는데 갑자기 배탈이 났다. 평소 그를 곱게 보던 십장이 함바에서 쉬라고 했다. 그 뒤 한 시간도 채 못 되어 탄광은 수라장이 되고 말았다. 낙반 사고였다. 구조를 하느라 탄광은 벌집을 쑤셔 놓은 꼴이었다. 그러나 갱 사정을 손바닥 보듯 알고 있던 영감은 그들을 구출할 수 없다는 걸 잘 알고 있었다. 순간, 도망치자는 생각이 번개처럼 머리를 쳤다. 도둑놈은 시끄러울 때가 좋더라고 도망치기에는 이보다 좋은 기회가 없을 것 같았다. 더구나 자기가 갱 속에 들어가지 않았다는 것은 십장만 알고 있는데, 그도 갱 속에 들어갔으므로 자기가 없으면 갱에서 죽은 걸로 치부할 게 틀림없었다.

주먹을 사려쥐었다. 그러나 탈주는 목숨을 거는 일이었다. 잡히면 그대로 총살이었다. 광부였지만 전시 동원령에 따라 끌려왔기 때문에 그들의 탈주도 군인들 탈영하고 똑같이 취급됐다. 그렇지만 여기 있으면 자기도 언제 죽을지 몰랐다. 전시물자 수급이 달리자 목표량 채우기에만 눈이 뒤집혀 안전 따위는 안중에도 없고, 몽둥이로 소 몰듯 몰아치기만 했다. 작업 조건도 조건이지만 우선 밥이 적어 견딜 수가 없었다. 이판사판이었다. 예사 때도 지나새나* 궁리가 그 궁리였으므로 도망칠 길목은 웬만큼 어림잡고 있었다. 밤이 이슥하기를 기다려 철조망을 뛰어넘었다.

집에는 사망 통지서와 함께 유골이 왔다. 무슨 일인가 하고 나간 시어머니는 그 자리에서 짚단 무너지듯 까무러쳤다. 그러나 한몰댁은 어리벙벙한 표정으로 서 있었다. 아무래도 그게 자기 남편 유골 같지 않았고, 죽었다는 실감도 들지 않았다. 그 순간 전날 밤 꿈에 나타난 미륵보살이 떠올랐다. 미륵보살이 인자하게 웃고 있었고, 그 곁에 남편이 의젓하게 서 있었다.

"그이는 안 죽었소."

한몰댁은 시어머니에게 꿈 이야기를 하며 틀림없이 미륵보살님이 지켜 주고 계실 거라 했다. 그러나 시어머니는 그런 소리는 귀여겨듣지도 않고 시름시름 앓다가 그 길로 세상을 뜨고 말았다. 그렇지만 한몰댁은 눈물 한 방울 흘리지 않고, 그때까지 그래 왔듯이 새벽마다 미륵바위 앞에서 더 정성스레 치성을 드렸다. 8•15가 되었다. 꿈결에 싸여 온 듯 남편이 살아왔다.

[중략 줄거리] 한몰 영감 내외는 6•25 때 의용군으로 나간 아들이 북쪽에 살아 있다고 믿으며 살아간다. 산업화에 의한 댐 건설로 마을이 수몰되기 전 지낸 마지막 당제가 끝나고 한몰 영감은 혼자 남아 도깨비들에게 아들의 안전을 지켜 달라고 부탁한다.

"자네들 사는 길속을 내가 잘 몰라서 하는 말인디, 만당 간에 그런 일이 있으면 우리 집 녀석한테 말을 전할 방도를 한번 생각해 보게. 천행으로 그런 방도가 있거든 그 녀석한테 이렇게 쪼깐 전해 주게. 자네 부모들은 둘이 다 무탈한께 그것은 한나도 걱정 말고, 혹간에 그쪽에서 간첩으로 내려가라고 하거든 죽으면 거그서 죽제 간첩으로는 절대로 내려오지 말라더라고 전해 줘. 이쪽 남한에는 어디를 가나 골목골목 간첩 잡으라는 표때기 안 붙은 데가 없고, 군인이야, 경찰이야, 예비군이야, 더구나 삼천만 원, 오천만 원 상금까지 걸려 어느 한구석 발붙일 데가 없다고 저저이 일러줘. 아무리 지가 홍길동이라 하더라도 여그 와서야 어느 골목에 발을 붙일 것이며, 어느 그늘에 은신을 할 것인가? 없네, 없어. 발붙일 데가 없어."

영감은 손사래까지 치며 절레절레 고개를 젓는다.

"자네들한테 이런 말이라도 하고 난께 속이 쪼깐 터진 것 같네. 사상이 뭣인가 모르겄네마는, 그 사상이란 것도 사람이 살자는 사상이제 죽자는 사상은 아닐 것인디, 피붙이들이 생나무 가지 찢어지듯 찢어져서 삼십 년을 내리 소식 한 번 듣지 못하고 산대서야 그것이 지대로 된 사상이겄어? 아무리 이빨 감시로 총 겨누고 있어도 이 꼴이라면 이제는 피차에 쪼깐……."

영감은 말을 뚝 그친다. 저쪽에서 플래시 불이 나타났다. 서울서 밤차를 타고 온 사람들 같았다.

"아이고, 사람이 오네. 나 가야겄네. 그럼 돌아온 한식날 보세."

영감은 담배꽁초를 짓이겨 끄고 부랴부랴 동네로 내닫는다.

이듬해 봄부터 댐에 물이 차기 시작했다. 산중턱까지 물이 찬 댐은 물빛이 유난히 푸르렀다. 멀리 바다로 날아가던 물새들도 푸른 물빛에 끌려 여기 내려앉아 자맥질을 하다 떠나고, 하늘에 떠 있는 흰구름도 제 아름다운 자태를 수면에 비춰 보며 한가롭게 멈춰 있기도 했다.

감내골 가는 장구목재 잿길은 재를 넘어 조금 내려가다가 물속으로 들어가 버린다. 동네가 없어졌으므로 댐을 막은 뒤부터

이 길을 다니는 사람은 거의 없다. 이따금 극성스런 낚시꾼들이나 바쁜 걸음을 칠 뿐이다. 새벽 장꾼들처럼 바삐 나대던 낚시꾼들은 느닷없이 앞을 가로막는 큼직한 안내판 앞에 우뚝 걸음을 멈춘다. 관광지 안내판 크기의 이 안내판을 읽고 난 낚시꾼들은 어리둥절한 표정으로 고개를 갸웃거리다가 눈을 옆으로 돌린다.

거기 오두막집이 한 채 있다. 싸리나무 울타리가 가지런하고 마당이며 토방이 여간 정갈하지 않다. 토방과 집터서리에는 벌통이 여남은 통 놓여 있고, 집 근처 네댓 마지기 밭에는 조그마한 남새밭을 내놓고는 모두 메밀을 갈아, 가을이면 하얗게 핀 메밀꽃이 따가운 햇살에 눈이 부실 지경이다.

발길이 바쁜 낚시꾼들이지만, 이 집을 보고 나면 고개를 갸웃거리다가 다시 안내판으로 눈이 간다. 안내판 한쪽 귀퉁이에는 호롱불이 걸려 위쪽이 시커멓게 그을려 있고, 그 곁에는 끄트머리에 창의비라 쓰인 비석도 하나 서 있다. 그들은 서툰 글씨지만 정성 들여 또박또박 쓰여 있는 안내판을 다시 읽는다.

"이 재 너매 잇뜬 감내골 동내는 저수지 땜을 마거서 한집도 업씨 모두 다 업써저불고, 거그 살든 부님이 어매 한몰댁하고 아배 한몰 영감은 이 집서 산다. 부님이 아배 이름은 김진구다."

— 송기숙, 「당제」 —

* 지나새나: 해가 지거나 날이 새거나 밤낮없이.

10

고1 • 2019년 3월 25번

〈보기〉에서 윗글에 대한 설명으로 적절한 것을 모두 골라 바르게 짝지은 것은?

〈보 기〉

ㄱ. 방언을 사용하여 대화를 실감나게 전달하고 있다.
ㄴ. 사건이 반복되면서 인물 간 갈등이 심화되고 있다.
ㄷ. 배경 묘사를 통해 장면을 선명하게 제시하고 있다.
ㄹ. 주인공이 서술자가 되어 자신의 경험을 서술하고 있다.

① ㄱ, ㄷ ② ㄴ, ㄷ ③ ㄷ, ㄹ
④ ㄱ, ㄴ, ㄹ ⑤ ㄴ, ㄷ, ㄹ

[해설편 p.030]

11

고1 • 2019년 3월 26번

㉠에 대하여 '한몰 영감'이 회상했을 법한 내용으로 적절한 것은?

① '낙반 사고 이전에는 탈출을 감행할 생각을 하지 않았지.'
② '탈출을 결심하고도 동료에 대한 의리 때문에 괴로워했어.'
③ '갱도가 붕괴되었을 때 나도 동료들을 구하려 노력했었지.'
④ '탄광 사람들은 내가 갱도에서 죽었다고 생각했었을 거야.'
⑤ '내가 갱도에 들어가지 않은 것을 십장이 몰라 다행이었어.'

12 1등급 대비 고난도 3점 문제

고1 • 2019년 3월 27번

〈보기〉를 바탕으로 윗글을 감상한 내용으로 적절하지 않은 것은? [3점]

〈보 기〉

「당제」는 민족 수난의 역사와 산업화를 겪은 농촌을 배경으로 한몰 영감 내외와 마을 사람들이 경험한 아픔을 보여준다. 아래와 같이 이 작품의 두 축은 '역사'와 '신앙'으로, 초월적 세계에 대한 믿음을 통해 현실의 문제들을 해결해 가고자 하는 사람들의 모습을 드러낸다.

역사(현실) ……… 신앙(초월적 세계)

'미륵바위'는 개개인이 초월적 세계를 향해 직접적으로 기원할 수 있는 대상이고, '마을신'에게 제사를 지내는 '당제'는 두 세계를 매개하는 의식이다. '도깨비'는 두 세계의 매개자로서 마을 사람들의 일상과 함께한다. 이처럼 소설은 현실의 삶이 초월적 세계와의 교류를 통해 지탱되고 이어져 감을 보여 주고 있다.

① 남편이 살아 있다는 '한몰댁'의 확신은 '꿈'이 소망을 이루어 주어 초월적 세계를 구현한다는 믿음에서 비롯된 것이겠군.
② '한몰댁'이 수난을 겪을 때 '미륵바위'를 찾은 것은 초월적 세계를 통해 현실의 문제를 해결하고자 한 것이겠군.
③ '한몰 영감'이 '도깨비'에게 아들을 부탁한 것은 현실과 초월적 세계가 교류하는 모습을 보여 주는 것이겠군.
④ '댐' 건설로 '감내골'이 물에 잠기게 된 것은 산업화 시대의 농촌 사람들이 겪어야 했던 아픔을 보여 주는 것이겠군.
⑤ '한몰 영감' 부부가 '안내판'을 세운 것은 초월적 세계에 대한 믿음이 그들의 삶을 지탱하고 있음을 보여 주는 것이겠군.

DAY 08

학습 Check!

▶ 몰라서 틀린 문항 × 표기 ▶ 헷갈렸거나 찍은 문항 △ 표기 ▶ ×, △ 문항은 다시 풀고 ✔ 표기를 하세요.

종료 시각	시 분 초
소요 시간	분 초
초과 시간	분 초

문항 번호	01	02	03	04	05	06	07	08	09	10	11	12
채점 결과												
틀린 문항 복습												

DAY 09 수능기출 전국연합학력평가 20분 미니 모의고사

● 날짜 :　　월　　일 ● 시작 시각 :　　시　　분　　초 ● 목표 시간 : 20분

※ 점수 표기가 없는 문항은 모두 2점입니다.

01 다음은 학생의 발표이다. 물음에 답하시오.

안녕하세요? 오늘 발표를 맡은 ○○○입니다. 저는 얼마 전 읽은 책에서 17세기의 우리 음식 중 흥미로운 음식을 발견하여 '17세기의 두 가지 음식'을 발표 주제로 정했습니다. 혹시『음식디미방』이라는 책을 알고 계신가요? (청중의 반응을 보며) 예상대로 아는 분이 많지 않으시네요. 이 책은 1670년경에 쓰인 한글 음식 조리서로, 당대의 음식을 알 수 있는 대표적인 자료인데요, '음식디미방'이란 '음식의 맛을 아는 방법'이라는 뜻입니다. 지금부터 책에 실린 음식 중 석류탕을 먼저 소개한 후 난면을 소개하겠습니다.

먼저 화면을 보시죠. (화면에 사진을 보여 주며) 어떤 음식에 더 관심이 있으신가요? (청중의 대답을 듣고 화면을 넘기며) 네, 여러분이 관심을 보이시는 이 사진이 '석류탕'입니다. 여기서 석류는 여러분이 알고 계신 바로 그 과일의 이름입니다. 석류탕은 석류 모양으로 빚은 만두를 넣어 만든 음식이기 때문에 붙여진 이름이지요. 석류탕은 꿩고기, 무, 표고 등에 간장과 후춧가루를 넣고 볶아 만두소를 만들고, 밀가루로 만든 피에 만두소와 잣 가루를 넣어 석류 모양의 만두를 빚은 뒤 맑은장국에 넣어 끓여 낸 음식입니다.

(화면을 넘기고) 이 사진은 '난면'입니다. '계란' 할 때의 '란', '냉면' 할 때의 '면'입니다. 난면은 계란 흰자와 밀가루를 반죽한 후 썰거나 분틀에 눌러 면을 만들고 이를 삶아 낸 다음 꿩고기를 삶은 국물에 그 면을 말아 만든 음식입니다.

지금까지 17세기의 두 가지 음식을 소개했습니다.『음식디미방』에는 두 음식을 포함하여 총 146가지의 음식이 면병류, 어육류, 주국방문 및 초류, 이 세 가지로 나뉘어 소개되어 있습니다. 면병류는 밀가루로 요리한 종류, 어육류는 생선과 고기를 요리한 종류, 주국방문 및 초류는 술과 식초 종류를 말합니다. 제가 소개한 것은 어육류에 속하는 음식이었습니다. 이 외에 다른 음식에 관심 있으신 분은 책을 보시면 흥미로운 음식들을 발견할 수 있을 겁니다. 제 발표는 여기서 마무리하겠습니다. 감사합니다.

01

고3 • 2022학년도 수능 화 • 작 37번

〈보기〉는 위 발표를 들은 학생들의 반응이다. 〈보기〉에 드러난 학생들의 듣기 방식으로 가장 적절한 것은?

〈보 기〉

학생 1: 석류탕과 난면을 조리할 때 모두 꿩고기를 재료로 사용하는 걸 보니 당시에는 꿩고기가 구하기 쉬웠나 봐.

학생 2: 석류탕에서 만두 만드는 방법이 내가 아는 만두 만드는 방법과 크게 다르지 않네.

학생 3: 석류탕이 어육류에 속하는 걸 보니 고기를 핵심적인 재료로 간주해서 분류한 것 같아.

① 학생 1은 학생 2와 달리 발표에서 음식 재료를 설명한 내용이 정확한지 평가하며 들었다.
② 학생 2는 학생 1과 달리 자신이 알고 있는 조리법과 비교하며 제시된 정보를 사실과 의견으로 구분하며 들었다.
③ 학생 2는 학생 3과 달리 발표자가 두 번째로 소개한 음식의 조리법에 대한 발표 내용을 배경지식을 바탕으로 예측하며 들었다.
④ 학생 1과 학생 3은 모두 발표 내용과 관련하여 발표자가 언급하지 않은 내용을 추론하며 들었다.
⑤ 학생 2와 학생 3은 모두 사전 경험을 바탕으로 발표 내용의 효용성을 점검하며 들었다.

02~03 (가)는 작문 상황이고 (나)는 (가)를 바탕으로 쓴 학생의 초고이다. 물음에 답하시오.

(가) 작문 상황

○ 작문 목적: '채식하는 날' 도입에 대한 학생들의 부정적 인식을 해소한다.
○ 예상 독자: 우리 학교 학생 전체
○ 예상 독자 분석 결과: 설문 조사 결과 다수의 학생이 '채식하는 날' 도입에 부정적인 것으로 나타났다. 반대하는 이유로는 ㉠ '채식 급식은 맛이 없다.', ㉡ '채식이 건강에 도움이 안 된다.' 등이 제시되었다. 그리고 '채식하는 날' 도입에 대한 기타 의견으로는 ㉢ '왜 도입하는지 모르겠다.', ㉣ '어떻게 운영되는지 모르겠다.' 등이 제시되었다.
○ 내용 구성 방안: 채식이 건강에 주는 이점과 ㉤ 환경에 기여하는 점을 중심으로 글을 작성한다.

(나) 학생의 초고

최근 우리 학교에서는 '채식하는 날' 도입 여부에 대한 논의가 활발하게 진행 중이다. '채식하는 날'이 도입되면 매주 월요일에는 모든 학생에게 육류, 계란 등을 제외한 채식 중심의 급식이 제공된다. 그런데 '채식하는 날' 도입 여부에 대한 설문 조사 결과, 약 65%의 학생이 반대하는 것으로 나타났다. 하지만 나는 건강을 위한 선택이 기후 위기를 막는 데도 도움이 된다는 점에서 '채식하는 날'을 도입해야 한다고 생각한다.

'채식하는 날' 도입이 필요한 이유는 다음과 같다. 먼저, '채식하는 날'이 도입되면 학생들의 채소류 섭취가 늘 것이다. 우리 학교 학생들은 급식 시간에 육류를 중심으로 음식을 골라 먹는 경향이 강하다. 잔반에서 채소류가 차지하는 비율도 높다. 이런 상황에 대해 영양 선생님께서는 학교에서 영양소가 골고루 포함된 급식을 제공하더라도 학생들이 육류 중심으로 영양소를 섭취한다며 걱정하셨다. 그러면서 '채식하는 날'을 도입하면 다양한 방식으로 조리한 맛있는 채소류 음식을 제공할 예정이고, 학생들도 영양소가 골고루 포함된 채소류 음식을 즐기게 되면 몸도 건강해지고 식습관도 개선될 것이라고 말씀하셨다.

다음으로 '채식하는 날'이 도입되면 육류 소비 과정에서 발생하는 온실가스의 배출을 줄여 지구의 기후 위기를 막으려는 노력에 동참할 수 있다. 채식 중심의 급식 제도를 운영하는 한 공공 기관에서는 이 제도를 통해 온실가스 감축에 큰 기여를 하고 있다고 홍보하기도 했다. 통계에 따르면 현재 전 세계 온실가스 배출원 중에서 축산 분야가 가장 높은 비율을 차지한다고 한다. 다시 말해 육류 소비를 적게 하면 온실가스 배출을 줄이는 데 기여하는 셈이라고 할 수 있다.

따라서 '채식하는 날'이 도입되면 건강에 도움이 될 뿐만 아니라 기후 위기를 막는 데도 기여하게 될 것이다. 그러므로 나는 우리 학교에서도 '채식하는 날'을 도입하여 학생들이 육류 위주의 식습관을 버리고 채소류 위주의 식습관을 형성하도록 이끌어야 한다고 생각한다.

02

고1 • 2021년 3월 8번

(가)를 고려하여 학생이 구상한 내용 중 (나)에 나타나지 않은 것은?

- ㉠을 고려하여, 학생들에게 좋은 평가를 받은 채식 식단의 사례를 제시한다. ············ ①
- ㉡을 고려하여, 채소류 섭취를 늘려 영양소를 골고루 섭취하는 것이 건강에 도움이 됨을 밝힌다. ············ ②
- ㉢을 고려하여, 학생의 급식 실태를 밝히며 '채식하는 날' 도입의 필요성을 제시한다. ············ ③
- ㉣을 고려하여, '채식하는 날'의 운영 주기와 식단에 포함되지 않는 식재료를 설명한다. ············ ④
- ㉤을 고려하여, 육류 소비를 줄이면 온실가스의 발생량을 줄이는 데 기여한다는 점을 제시한다. ············ ⑤

[해설편 p.031]

03

고1 • 2021년 3월 9번

다음은 (나)를 보완하기 위해 추가로 수집한 자료이다. 자료의 활용 방안으로 적절하지 않은 것은?

ㄱ. 전문 서적

육류 섭취량이 지나치게 많아지면 단백질과 지방의 섭취량이 적정 수준을 초과하게 되고, 육류에 거의 없는 비타민, 미네랄, 식이 섬유 등은 부족하게 된다. 지방의 과잉 섭취나 특정 영양소의 부족은 건강에 악영향을 끼친다.

– 『영양학』 –

ㄴ. 인터뷰 내용

"우리 시에서는 1년 간 590여 개의 공공 급식소에서 '고기 없는 화요일'이라는 제도를 운영했습니다. 이를 통해 30년생 소나무 755만 그루를 심은 것과 같은 온실가스 감축 효과를 얻었습니다. 그리고 이 제도 덕분에 채식을 즐기는 습관을 가지게 되었다는 사람, 과체중 문제를 해결했다는 사람도 있었습니다."

– ○○시 정책 홍보 담당자 –

ㄷ. 통계 자료

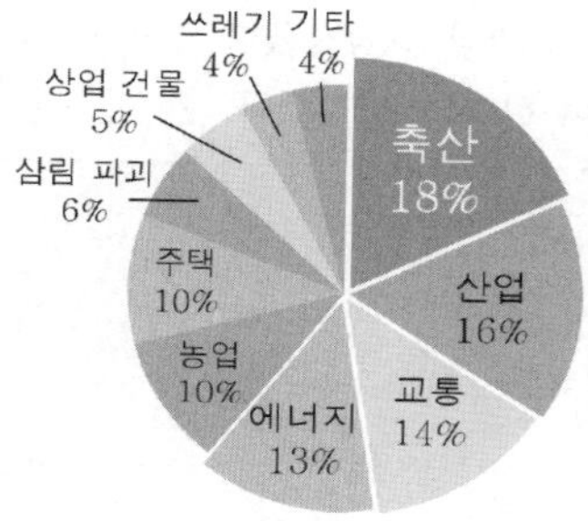

〈그림〉 전 세계 온실가스 배출 비율

축산 분야를 통해 배출되는 온실가스는 전 세계 온실가스 배출량의 약 18%를 차지하며, 이는 산업, 교통, 에너지 분야 등에 비해 가장 높은 수치에 해당한다.

– 유엔식량농업기구 보고서 –

① 2문단에 ㄱ의 내용을 추가하고 그 출처도 함께 밝혀 글의 신뢰성을 높인다.
② 2문단에 ㄴ을 활용하여 채식이 건강과 식습관에 긍정적인 변화를 준 사례를 제시한다.
③ 3문단에 제시된 공공 기관의 사례를 ㄴ의 수치를 들어 구체화한다.
④ 3문단에 ㄷ의 〈그림〉을 삽입하여 통계 자료의 내용을 시각적으로 보여 준다.
⑤ 3문단에 ㄴ과 ㄷ을 활용하여 제도적 변화보다 개인의 노력이 중요함을 드러낸다.

DAY 09

04

고1 • 2022년 9월 15번

〈보기〉의 [자료]를 바탕으로 할 때, ㉠~㉥ 중 띄어쓰기가 바르게 된 것만을 [예문]에서 고른 것은?

〈보 기〉

[자료]

보다[1] 「동사」
「1」 눈으로 대상의 존재나 형태적 특징을 알다.
「2」 눈으로 대상을 즐기거나 감상하다.
「3」 책이나 신문 따위를 읽다.
보다[2] 「부사」 어떤 수준에 비하여 한층 더.
보다[3] 「조사」 서로 차이가 있는 것을 비교하는 경우, 비교의 대상이 되는 말에 붙어 '~에 비해서'의 뜻을 나타내는 격 조사.

[예문]

그는 그 책을 처음 보다. ㉠
그는 그 책을 처음보다. ㉡
그는 나 보다 두 살 위이다. ㉢
그는 나보다 두 살 위이다. ㉣
그는 자기부터 보다 용감해져야 한다고 생각했다. ㉤
그는 자기부터보다 용감해져야 한다고 생각했다. ㉥

① ㉠, ㉢, ㉤
② ㉠, ㉣, ㉤
③ ㉠, ㉣, ㉥
④ ㉡, ㉢, ㉥
⑤ ㉡, ㉣, ㉤

05~09 다음 글을 읽고 물음에 답하시오.

어떤 제약 회사에서 특정한 병에 효과가 있는 새로운 약을 만들고 있다고 가정해 보자. 신약 개발은 엄청난 자본이 들어가는 일이기 때문에 경영자는 신중하게 판단을 해야 한다. 경영자는 신약이 효과가 있다는 것을 확인하기 위해 가설 검정의 방법을 사용할 수 있다. 가설 검정은 ⓐ 모순된 관계에 있는 두 개의 가설을 세우고 실험을 통해 얻은 통계 자료로 가설의 참 또는 거짓을 판단하는 것이다. 가설 검정을 위해 경영자는 '신약이 효과가 있다.'와 '신약이 효과가 없다.'라는 가설을 설정한다. 전자는 판단하는 이가 주장하려는 가설로 '대립(對立)가설'이라 하고 후자는 주장하고 싶은 내용과는 반대되는 가설인 '귀무(歸無)가설'이라 한다.

'신약이 효과가 있다.'라는 대립가설을 입증하기 위해서는 특정 질병을 겪고 있는 모든 환자에게 신약을 투약해 보면 된다. 하지만 전체를 대상으로 실험하는 것은 현실적으로 불가능하기 때문에 대립가설을 기준으로 가설 검정을 하지는 않는다. 대신 가설 검정에서는 귀무가설이 참이라고 가정한 상태에서, 일부 환자에게 투약해서 얻은 자료를 바탕으로 확률에 근거하여 귀무가설의 기각 여부를 결정한다. '신약이 효과가 없다.'라는 귀무가설 아래에서 투약하였는데 관찰한 결과 ⓑ 병이 호전된 경우가 많았다고 하자. 이는 '신약이 효과가 없다.'가 타당하지 않은 것이므로, 경영자는 ⓒ 귀무가설을 버리고 대립가설을 채택하면 된다. 한편 '신약이 효과가 없다.'라는 귀무가설 아래에서 투약하였고, 관찰 결과 병이 낫지 않은 경우가 더 많았다고 하자. 이때는 귀무가설을 버릴 수 없다. 이처럼 가설 검정은 '귀무가설을 기각한다.' 또는 '귀무가설을 기각하지 못한다.'라는 의사 결정을 중심으로 대립가설의 채택 여부가 결정된다.

경영자가 의사 결정을 하는 과정에서는 두 가지 오류가 발생할 수 있다. 귀무가설이 참인데도 불구하고 귀무가설을 기각하는 결정을 내린 것을 '1종 오류'라고 한다. 앞선 예에서 실제로는 약효가 없는데도 약효가 있다고 판단하는 것이다. 그리고 귀무가설이 참이 아닌데 귀무가설을 기각하지 못한 결정을 내린 것을 '2종 오류'라고 한다. 실제로는 약효가 있지만 약효가 없다고 판단하는 것이다. 이러한 오류는 판결에서도 나타날 수 있다. 증거에 의해 '피고인은 유죄이다.'라는 대립가설이 채택되기 전까지는 '피고인은 무죄이다.'라고 가정한다. 판사는 확보된 증거를 바탕으로 ⓓ 귀무가설의 기각 여부를 판단해야 한다. 이때 판사가 무죄인 사람에게 유죄를 선고하는 것은 1종 오류, 유죄인 사람에게 무죄를 선고하는 것은 2종 오류에 해당한다.

오류들 중 상대적으로 더 심각한 문제를 초래하는 것은 1종 오류이다. 효과가 있는 약을 출시하지 못해서 기업이 수익을 창출할 기회를 잃어버리는 상황에 비해, 시장에 출시했는데 약의 효능이 없어서 회사가 신뢰를 잃는 위험이 더 크다. 또한 죄가 있는데 무죄 판결을 내리는 것보다 결백한 사람에게 유죄 판결을 내리는 것이 더 심각한 문제이다. 그런데 ⓔ 두 가지 오류를 동시에 줄일 수는 없다. 한쪽 오류를 줄이면 그만큼 반대쪽 오류는 늘어나기 때문이다. 만약 경영자가 약의 효능과는 무관하게 일단은 약을 출시하기로 결정했다면 2종 오류는 배제할 수 있지만 그만큼 1종 오류는 늘어나게 된다.

따라서 가설 검정 과정에서는 1종 오류가 발생할 확률의 최대 허용 범위인 ㉠ 유의 수준을 가급적 낮게 정한다. 예를 들어 유의 수준이 5%라면 백 번의 시행 중 다섯 번 이내로 1종 오류가 발생하더라도 우연히 일어난 일로 보고 대립가설을 채택하지만, 이 값을 넘어서면 귀무가설을 기각하지 못한다는 것이다. 또한 유의 수준은 실험을 하기 전에 미리 정하며, 사람의 생명이나 인권과 결부된 것이라면 유의 수준은 더 낮게 잡아야 한다.

05

고1 • 2022년 6월 36번

가설 검정에 대하여 윗글을 통해 답을 찾을 수 없는 질문은?

① 귀무가설을 기각할 때 새롭게 설정하는 가설은 무엇인가?
② 대립가설을 기준으로 가설을 검정하지 않는 이유는 무엇인가?
③ 대립가설의 채택 여부를 판단하기 위해 사용하는 가설은 무엇인가?
④ 1종 오류와 2종 오류를 함께 줄일 수 없는 이유는 무엇인가?
⑤ 1종 오류와 2종 오류 중 더 심각한 문제를 초래하는 오류는 무엇인가?

06

고1 • 2022년 6월 37번

윗글의 내용과 일치하는 것은?

① 귀무가설이 기각되면 대립가설은 채택될 수 없다.
② 판결에서 대립가설의 기각 여부는 피고인이 판단한다.
③ 귀무가설은 대립가설이 채택될 때 받아들여지는 가설이다.
④ 귀무가설은 참과 거짓을 알기 전까지는 거짓으로 간주한다.
⑤ 신약 개발을 하는 경영자가 채택하고 싶은 것은 대립가설이다.

[해설편 p.032]

07 1등급 대비 고난도 3점 문제

고1 • 2022년 6월 38번

윗글을 바탕으로 〈보기〉를 이해할 때, A~D에 대한 설명으로 적절하지 않은 것은? [3점]

〈보 기〉

구분		실제 상황	
		귀무가설 참	귀무가설 거짓
의사 결정	귀무가설 기각 못함	A	B
	귀무가설 기각함	C	D

① 실제로 피고인이 죄를 저지르지 않은 것은 A와 C의 경우에 해당한다.
② 경영자가 신약의 효능이 없다고 판단하는 것은 A와 B의 경우에 해당한다.
③ A와 D는 피고인에 대해 판사가 내린 판결에 오류가 발생하지 않은 경우에 해당한다.
④ 법원이 B를 줄이면, 실제로 죄를 저지른 피고인을 무죄로 판결해서 사회로 돌려보내는 수가 늘어난다.
⑤ 제약 회사가 C를 줄이려는 이유는 약의 효능이 없어 시장에서 신뢰를 잃는 상황을 심각하게 생각하기 때문이다.

08 1등급 대비 고난도 2점 문제

고1 • 2022년 6월 39번

㉠에 대한 설명으로 적절한 것은?

① 인권과 관련된 판단일수록 값을 크게 설정한다.
② 귀무가설이 참일 확률과 거짓일 확률의 차이를 의미한다.
③ 값을 낮게 정할수록 대립가설을 채택할 확률이 낮아진다.
④ 실험이 이루어진 후에 자료를 분석할 때 결정하는 값이다.
⑤ 가설을 판단할 때 사용할 자료 개수의 최대 허용 범위이다.

[해설편 p.033]

09

고1 • 2022년 6월 40번

문맥상 ⓐ~ⓔ와 바꿔 쓰기에 적절하지 않은 것은?

① ⓐ: 동시에 참이 되거나 동시에 거짓이 될 수 없는
② ⓑ: 귀무가설과 어긋난
③ ⓒ: '신약이 효과가 없다.'라는 가설을 기각하고
④ ⓓ: '피고인은 유죄이다.'라는 가설
⑤ ⓔ: 1종 오류와 2종 오류

10~12 다음 글을 읽고 물음에 답하시오.

(가)

[A] 문 열자 **선뜻!**
먼 산이 이마에 차라.

우수절(雨水節)* 들어
바로 초하루 아침,

[B] 새삼스레 눈이 덮인 멧부리와
서늘옵고 빛난 **이마받이**하다.

[C] **얼음** 금 가고 **바람** 새로 따르거니
흰 옷고름 절로 향기로워라.

[D] **옹송거리고*** 살아난 양이
아아 꿈 같기에 설어라.

[E] 미나리 파릇한 **새순** 돋고
옴짓 아니 기던 **고기 입**이 오물거리는,

꽃 피기 전 철 아닌 눈에
핫옷* 벗고 도로 춥고 싶어라.

– 정지용,「춘설(春雪)」 –

* 우수절: 24절기의 하나로, 봄비가 내리기 시작하는 시기임.
* 옹송거리고: 춥거나 두려워 몸을 궁상맞게 몹시 움츠려 작게 하고
* 핫옷: 안에 솜을 두어 지은 겨울옷.

(나)

흔들리는 나뭇가지에 꽃 한번 피우려고
눈은 얼마나 많은 도전을 멈추지 않았으랴

싸그락 싸그락 두드려 보았겠지
난분분* 난분분 춤추었겠지
미끄러지고 미끄러지길 수백 번,

바람 한 자락 불면 휙 날아갈 사랑을 위하여
햇솜 같은 마음을 다 퍼부어 준 다음에야
마침내 피워 낸 저 황홀 보아라

봄이면 가지는 그 한번 덴 자리에
세상에서 가장 아름다운 상처를 터뜨린다

– 고재종,「첫사랑」 –

* 난분분: 눈이나 꽃잎 따위가 어지럽게 흩날리는 모양.

10

고1 • 2021년 9월 27번

(가), (나)에 대한 설명으로 가장 적절한 것은?

① (가)는 명암의 대비를 통해 화자의 내면을 드러내고 있다.
② (나)는 수미상관의 방식으로 시적 안정감을 드러내고 있다.
③ (가)는 공간의 이동에 따라 (나)는 시간의 흐름에 따라 시적 분위기를 조성하고 있다.
④ (가)와 (나)는 모두 설의적 표현을 사용하여 화자의 정서를 드러내고 있다.
⑤ (가)와 (나)는 모두 계절감을 드러내는 시어를 사용하여 주제를 형상화하고 있다.

11

고1 • 2021년 9월 28번

(가)를 이해한 내용으로 적절하지 않은 것은?

① [A]에서 화자는 갑작스럽게 마주한 풍경에 대한 놀라움을 '선뜻!'이라는 시어로 표현하고 있다.
② [B]에서 화자는 [A]에서 이마에 닿을 듯 차갑게 느껴졌던 먼 산의 경치를 '이마받이'로 부각하고 있다.
③ [C]에서 화자는 '얼음'이 녹고 '바람'이 새로 부는 것을 통해 변화하는 자연의 모습을 그려내고 있다.
④ [D]에서 화자는 겨우내 '웅숭거리고' 살아온 자신을 돌아보며 [C]에서 보인 자신의 태도를 허무하게 여기고 있다.
⑤ [E]에서 화자는 겨울이 가고 봄이 오는 모습을 '새순' 돋는 미나리와 오물거리는 '고기 입'으로 생동감 있게 제시하고 있다.

12

고1 • 2021년 9월 29번

〈보기〉를 참고하여 (가), (나)를 감상한 것으로 적절하지 않은 것은? [3점]

〈보 기〉

시에서 '낯설게 하기'는 반복과 변형, 역설, 이질적인 대상 간의 결합, 언어의 비유적인 결합, 감각의 전이 등을 통해 사물을 재인식하거나 그 이면에 주목하여 새로운 의미를 형성하는 방법이다.

① (가)의 '흰 옷고름 절로 향기로워라'에서는 흰 옷고름의 시각적 이미지를 향기로움이라는 후각적 이미지로 표현함으로써 봄에 대한 화자의 느낌을 나타내고 있군.
② (가)의 '꽃 피기 전 철 아닌 눈'에서는 서로 어울리지 않는 봄과 눈을 결합함으로써 다시 돌아올 겨울에 대한 화자의 기대감을 드러내고 있군.
③ (나)의 '난분분 난분분'과 '미끄러지고 미끄러지길'에서는 시어를 반복하거나 변형함으로써 눈꽃을 피우기 위해 노력하는 눈의 모습을 표현하고 있군.
④ (나)의 '마침내 피워 낸 저 황홀 보아라'에서는 가지에 피어난 눈꽃을 '황홀'과 비유적으로 결합함으로써 눈의 노력이 결실을 맺는 기쁨을 드러내고 있군.
⑤ (나)의 '아름다운 상처'에서는 표면적으로 모순이 되는 두 시어를 연결하는 역설의 방법을 사용함으로써 시련을 겪고 피어나는 것의 아름다움을 강조하고 있군.

학습 Check!

▶ 몰라서 틀린 문항 × 표기 ▶ 헷갈렸거나 찍은 문항 △ 표기 ▶ ×, △ 문항은 다시 풀고 ✔ 표기를 하세요.

종료 시각	시 분 초
소요 시간	분 초
초과 시간	분 초

문항 번호	01	02	03	04	05	06	07	08	09	10	11	12
채점 결과												
틀린 문항 복습												

[해설편 p.035]

DAY 10 수능기출 전국연합학력평가 20분 미니 모의고사

● 날짜 : 월 일 ● 시작 시각 : 시 분 초 ● 목표 시간 : 20분

※ 점수 표기가 없는 문항은 모두 2점입니다.

01~02 (가)는 동아리 학생들이 나눈 대화의 일부이고, (나)는 이를 참고하여 '학생 2'가 구청 누리집에 올린 글이다. 물음에 답하시오.

(가)

학생 1: 지난번 논의에서 올해도 학교 축제 때 동아리 행사로 우리가 창작한 동화를 각색하여 소강당에서 공연하기로 했잖아. 오늘은 우리 동아리 행사에 마을 주민의 참여를 높일 수 있는 방법을 이야기해 보자.

[A]

학생 2: 지난해 축제 만족도 조사에서 마을 주민의 참여도와 만족도가 높았던 프로그램을 보면 주로 어린이가 직접 체험할 수 있는 활동이었어. 우리도 이번 동아리 행사에 그런 체험 활동을 추가하면 어떨까?

학생 3: 좋은 생각이야. 그런데 무엇을 하면 좋을까?

학생 2: 이번 공연인 '아기 나무의 꿈'은 나무가 자라면서 바라본 우리 마을에 대한 이야기잖아. 공연을 관람한 어린이들이 나무를 소재로 그림을 그리는 건 어때?

학생 3: 그러자. 그런데 소강당에는 책상이 없잖아. 어린이들이 그림을 그리기가 불편할 것 같으니 장소를 바꿨으면 좋겠어.

학생 2: 공연 장소를 공용 교실로 옮기는 것은 어떨까? 거기는 공간이 넓어서 무대 설치가 가능하고, 책상과 의자가 있어서 그림을 그리기에 편할 것 같아.

학생 3: 그거 괜찮겠다.

학생 1: 그러면 이번 우리 동아리 행사에서는 연극 공연과 그림 그리기 체험 활동을 하기로 하고, 장소는 공용 교실로 변경하는 것으로 하자. 그런데 홍보는 어떻게 하지?

[B]

학생 3: 작년에 우리 학교 누리집에만 홍보했더니 우리가 예상했던 것보다 주민들의 참여가 저조했어. 그래서 이번에는 구청 누리집의 '△△구 알리미'에도 우리 행사를 홍보했으면 좋겠어.

학생 1: 맞아. 요즘에는 마을 주민이 참여하는 학교 행사가 많아서 그런지 구청 누리집에 학교 행사를 많이 홍보하더라고.

학생 2: 좋은 생각이야. 홍보 글은 내가 써 볼게. 글에 작품명, 공연 일시, 장소와 같은 공연 정보가 포함되어야겠지? 그리고 마을 주민의 관심을 끌 수 있는 내용도 넣으면 좋겠어.

학생 3: 그러면 우리 동아리가 했던 활동 중 우리 마을과 관련된 활동을 소개하자.

학생 1: 그래. 그리고 마을과 관련된 활동을 소개하면서 이번 공연 내용도 함께 소개해 줬으면 좋겠어.

학생 3: 동아리 행사 신청 방법도 안내해야겠지?

학생 2: 응, 알았어. 신청 방법도 함께 정리해 볼게.

학생 3: 그래. 그리고 이번에 추가된 체험 활동과 어린이들에게 줄 책 선물에 대한 안내도 부탁해.

학생 2: 그렇게 할게. 다음 모임까지 초고를 작성해 볼게.

학생 1: 다음에는 함께 글을 검토하기로 하고, 오늘은 여기까지 하자.

(나)

안녕하세요? □□고등학교 동화 창작 동아리 '꿈그리기'에서 연극 '아기 나무의 꿈'을 무대에 올립니다. 공연 일시는 10월 12일(목) 오전 11시이고, 장소는 학교 공용 교실입니다.

저희 동아리는 마을에 대한 관심을 높이기 위해 우리 마을을 소재로 동화를 창작하고, 마을 어린이들을 대상으로 매년 공연을 해 왔습니다. 이번 공연은 저희 동아리 학생들이 창작한 동화 '아기 나무의 꿈'을 각색한 것으로, 우리 마을의 보호수인 느티나무가 400년 전 처음 뿌리를 내리고 지금까지 살면서 바라본 우리 마을의 이야기입니다.

공연이 끝난 후에는 어린이들이 그림을 그리면서 자유롭게 상상의 나래를 펼칠 수 있도록 '나무'를 소재로 그림을 그리는 시간을 마련했습니다. 또한 공연을 관람한 모든 어린이에게 저희 동아리에서 발간한 동화책 '아기 나무의 꿈'을 선물로 드립니다.

참가 신청 기간은 9월 11일(월)부터 9월 30일(토)까지이며, 신청은 온라인(http://○○.hs.kr/)으로만 가능합니다. 신청서 작성 시 관람을 희망하는 어린이와 보호자의 정보를 기입해 주시기 바랍니다.

저희 동아리에서는 우리 마을에 대한 애정을 듬뿍 담아 이번 행사를 준비했습니다. 이 행사는 어린이들이 자신이 살고 있는 마을에 대한 관심을 가지게 되는 계기가 될 것입니다.
주민 여러분의 많은 참여를 부탁드립니다. 감사합니다.

01

고1 • 2023년 9월 5번

[A], [B]에 대한 이해로 적절하지 않은 것은? [3점]

① [A]에서 '학생 2'는 만족도 조사 결과를 언급하며 어린이 대상 체험 활동을 진행할 것을 제안하고 있다.
② [A]에서 '학생 3'은 체험 활동을 하기에 불편하다는 점을 언급하며 공연 장소의 변경을 제안하고 있다.
③ [A]에서 '학생 2'는 공간적 특성을 근거로 들어 공용 교실 활용을 문제 해결 방안으로 제시하고 있다.
④ [B]에서 '학생 3'은 기존 홍보 방식의 문제를 지적하며 학교 누리집 대신 '△△구 알리미'를 활용하는 방안을 제시하고 있다.
⑤ [B]에서 '학생 2'는 홍보하는 글에 들어갈 공연 정보를 나열하고, 마을 주민의 관심을 높일 수 있는 내용을 추가할 것을 제안하고 있다.

02

고1 • 2023년 9월 6번

'학생 2'가 (가)를 바탕으로 (나)를 작성했다고 할 때, (나)에 반영된 내용으로 적절하지 않은 것은?

① 어린이들에게 줄 선물에 대해 안내하기로 한 논의 내용을 반영하여 우리 동아리에서 발간한 창작 동화 '아기 나무의 꿈'을 선물한다는 점을 알려 준다.
② 이번 공연 내용을 소개하기로 한 논의 내용을 반영하여 공연 내용이 마을의 보호수인 느티나무와 그 나무가 바라본 우리 마을의 이야기임을 설명한다.
③ 이번에 추가된 체험 활동에 대해 안내하기로 한 논의 내용을 반영하여 그림 그리기 체험 활동으로 인해 공연 대상이 마을 어린이들로 정해졌다는 점을 알려 준다.
④ 동아리 행사 신청 방법을 안내하기로 한 논의 내용을 반영하여 신청 기간과 온라인 주소를 알려 주고, 어린이와 보호자의 정보를 신청서에 기입해야 함을 알려 준다.
⑤ 우리 동아리가 했던 활동 중 마을과 관련된 활동을 알려 주기로 한 논의 내용을 반영하여 그동안 마을을 소재로 동화를 창작하고, 매년 공연을 해 왔다는 점을 소개한다.

03 1등급 대비 고난도 2점 문제

고1 • 2021년 6월 11번

〈보기〉의 ㉠과 ㉡이 모두 일어나는 단어로 적절한 것은?

〈보 기〉

음운의 변동에는 한 음운이 다른 음운으로 바뀌는 ㉠ '교체', 원래 있던 음운이 없어지는 '탈락', 두 개의 음운이 하나로 합쳐지는 ㉡ '축약', 없던 음운이 새로 생기는 '첨가'가 있다.

① 굳히다[구치다] ② 미닫이[미다지] ③ 빨갛다[빨가타]
④ 솜이불[솜니불] ⑤ 잡히다[자피다]

04~08 다음 글을 읽고 물음에 답하시오.

양전자 단층 촬영(PET)은 세포의 대사량 등 인체에 대한 정보를 확인하기 위해 몸속에 특정 물질을 ⓐ 주입하여 그 물질의 분포를 영상화하는 기술이다. 이때 대사량이란 사람의 몸속 세포가 생명 유지를 위해 필요로 하는 에너지의 총량으로 정상 세포와 비정상 세포는 대사량에서 차이가 난다. PET는 특정 물질과 비정상 세포의 반응을 이용하여 이들의 분포를 확인할 수 있다.

PET를 통해 이를 확인하기 위해서는 우선 몸속에 방사성추적자를 주입해야 한다. 일반적으로 PET에 사용되는 방사성추적자는 방사성 동위원소를 결합한 포도당 성분의 특정 물질로 이는 특정한 원소 또는 물질의 이동 양상을 알아내기 위해 쓰인다. 이렇게 주입된 방사성추적자는 에너지원으로 쓰이는 포도당과 유사하기 때문에, 대사량이 높아서 많은 에너지원을 필요로 하는 비정상 세포에 다량 흡수된다. 그런데 세포 안으로 흡수된 방사성추적자는 일반 포도당과 달리 세포의 에너지원으로 사용되지 않고, 일정 시간 동안 세포 안에 머무른다.

세포 내에 축적된 방사성추적자의 방사성 동위원소는 붕괴되면서 양전자를 ⓑ 방출한다. 방출된 양전자는 몸속의 전자와 결합하여 소멸하는데, 이때 두 입자의 질량이 에너지로 바뀐다. 이 에너지는 180도 각도를 이루는 한 쌍의 감마선으로 방출되어 몸 밖으로 나온다.

몸 밖으로 나온 감마선은 PET 스캐너를 통해 검출되는데, PET 스캐너는 수많은 검출기가 검사 대상을 원형으로 둘러싸고 있는 구조이다. 180도로 방출된 한 쌍의 감마선은 각각의 진행 방향에 있는 검출기에 ⓒ 도달하게 된다. 이때 한 쌍의 감마선이 도달한 검출기의 두 지점을 잇는 직선을 동시검출응답선이라고 하며 감마선의 방출 지점은 이 선의 어느 한 점에 있다고 할 수 있다. 그런데 한 쌍의 감마선이 각각의 검출기에 도달하는 시간에는 미세한 차이가 발생하는데, 이는 몸의 어느 지점에서 감마선이 방출되었는지에 따라 검출기까지의 거리가 달라지기 때문이다.

감마선이 PET 영상의 유효한 성분이 되기 위해서는 한 지점에서 방출된 한 쌍의 감마선이 PET 스캐너의 검출기로 동시에 도달해야 하는데 이 경우를 동시계수라고 한다. 하지만 ㉠ 한 쌍의 감마선이 완전히 동시에 도달하는 경우는 현실적으로 불가능하므로 PET 스캐너는 동시계수로 인정할 수 있는 최대 시간폭인 동시계수시간폭을 설정하고 동시계수시간폭 안에 들어온 경우를 유효한 성분으로 ⓓ 간주한다.

그런데 동시계수시간폭 내에 도달한 한 쌍의 감마선 즉 동시계수 중에서도 PET 영상에 유효한 성분이 되지 않는 경우가 있다. 우선 감마선이 주변의 물질과 상호 작용을 일으켜 진행 방향이 바뀌면서 검출기에 도달하는 시간의 변화가 생겼으나 동시계수시간폭 내에 검출되는 경우가 있는데 이를 산란계수라고 한다. 다음으로 한 지점에서 방출된 두 개의 감마선 중 한 개의 감마선만이 검출기로 도달할 때, 다른 지점에서 방출된 한 개의 감마선과 동시계수시간폭 내에 도달하는 경우가 있는데 이를 랜덤계수라고 한다. 이 두 경우는 모두 실제 감마선이 방출된 지점이 동시검출응답선 위에 존재하지 않기 때문에 PET 영상의 정확도를 떨어뜨리는 요인이 된다. 즉, 한 지점에서 방출된 한 쌍의 감마선이 아무런 방해를 받지 않고 동시계수시간폭 내에 도달하는 참계수만이 유효한 영상 성분이 되는 것이다. 따라서 PET 영상의 정확도를 높이기 위해서는 산란계수와 랜덤계수의 검출을 최소화하기 위해 동시계수시간폭을 적절하게 ⓔ 설정하는 것이 중요하다.

04

고1 • 2021년 11월 28번

윗글의 내용과 일치하지 않는 것은?

① PET는 특정 물질과 비정상 세포의 반응을 이용한다.
② PET에서 동시검출응답선은 직선의 형태로 표현된다.
③ PET 스캐너는 감마선을 방출하여 PET 영상을 만든다.
④ PET는 인체의 정보를 확인하기 위한 영상화 기술이다.
⑤ PET 스캐너는 수많은 검출기로 이루어진 원형 구조이다.

05

고1 • 2021년 11월 29번

방사성추적자에 대한 설명으로 적절하지 않은 것은?

① 비정상 세포 내에 다량으로 흡수되어 축적된다.
② 세포의 대사량을 평소보다 높이기 위해 사용된다.
③ 일반 포도당과 유사하지만 에너지원으로 사용되지 않는다.
④ 특정 물질의 이동 양상을 밝히기 위해 사용되는 화합물이다.
⑤ 양전자를 방출하며 붕괴되는 방사성 동위원소가 결합된 물질이다.

06

고1 • 2021년 11월 30번

㉠의 이유를 추론한 내용으로 가장 적절한 것은?

① 방출된 감마선이 180도 방향으로 진행하기 때문이다.
② 양전자와 전자의 질량이 에너지로 바뀌었기 때문이다.
③ 한 쌍의 감마선이 동시에 검출기에 도달하면 동시계수로 인정되기 때문이다.
④ 한 쌍의 감마선 중 하나의 감마선만이 PET 영상의 유효한 성분이 되기 때문이다.
⑤ 감마선 방출 지점에 따라 두 감마선이 검출기까지 이동하는 거리가 서로 다르기 때문이다.

[해설편 p.036]

07

고1 • 2021년 11월 31번

윗글을 바탕으로 〈보기〉를 이해한 내용으로 적절하지 않은 것은? [3점]

〈보 기〉

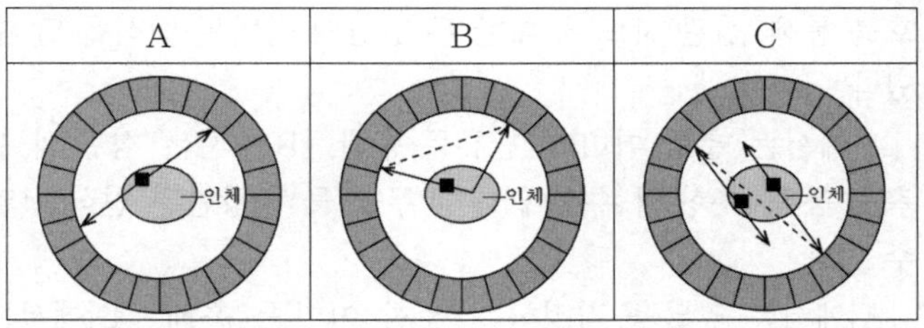

구분	A	B	C
검출기에 도달한 두 감마선의 시간 차	5ns	7ns	10ns

○ A~C는 모두 동시계수시간폭을 12ns로 설정한, 동일한 PET 스캐너로 감마선을 검출한 경우이고 ■는 감마선의 방출 지점을 나타낸다.
○ ns는 시간 단위로 10억분의 1초를 나타낸다.

① A의 경우 한 쌍의 감마선이 주변 물질과 상관없이 도달했다면, 참계수라고 할 수 있겠군.
② B의 경우 한 감마선의 진행 방향이 바뀌었지만 동시계수시간폭 내에 도달하였다고 할 수 있겠군.
③ C의 경우 PET 영상에 유효한 성분이 될 수 없는 랜덤계수라고 할 수 있겠군.
④ A와 B의 경우 동시계수시간폭이 8ns이었다면, 산란계수는 검출되지 않았겠군.
⑤ B와 C의 경우 실제 감마선의 방출 지점이 동시검출응답선 위에 존재하지 않겠군.

08 1등급 대비 고난도 2점 문제

고1 • 2021년 11월 32번

ⓐ~ⓔ의 사전적 의미로 적절하지 않은 것은?

① ⓐ: 흘러 들어가도록 부어 넣다.
② ⓑ: 입자나 전자기파의 형태로 에너지를 내보내다.
③ ⓒ: 목적한 곳이나 수준에 다다르다.
④ ⓓ: 유사한 점에 기초하여 다른 사물을 미루어 추측하다.
⑤ ⓔ: 새로 만들어 정해 두다.

09~12 다음 글을 읽고 물음에 답하시오.

[A]
이때 춘향 어미는 삼문간에서 들여다보고 땅을 치며 우는 말이,
"신관 사또는 사람 죽이러 왔나? 팔십 먹은 늙은 것이 무남독녀 딸 하나를 금이야 옥이야 길러내어 이 한 몸 의탁코자 하였더니, 저 지경을 만든단 말이오? 마오 마오. 너무 마오!"
와르르 달려들어 춘향을 얼싸안고,
"아따, 요년아. 이것이 웬일이냐? 기생이라 하는 것이 수절이 다 무엇이냐? 열 소경의 외막대 같은 네가 이 지경이 되었으니 어디 가서 의탁하리? 할 수 없이 죽었구나."
향단이 들어와서 춘향의 다리를 만지면서,
"여보 아가씨, 이 지경이 웬일이오? 한양 계신 도련님이 내년 삼월 오신댔는데, 그동안을 못 참아서 황천객이 되시겠네. 아가씨, 정신 차려 말 좀 하오. 백옥 같은 저 다리에 유혈이 낭자하니 웬일이며, 실낱같이 가는 목에 큰 칼*이 웬일이오?"

(중략)

칼머리 세워 베고 우연히 잠이 드니, 향기 진동하며 여동 둘이 내려와서 춘향 앞에 꿇어앉으며 여쭈오되,
"소녀들은 **황릉묘 시녀**로서 부인의 명을 받아 낭자를 모시러 왔사오니 사양치 말고 가사이다."
춘향이 공손히 답례하는 말이,
"황릉묘라 하는 곳은 **소상강 만 리 밖** 멀고도 먼 곳인데, 어떻게 가잔 말인가?"
"가시기는 염려 마옵소서."
손에 든 **봉황 부채** 한 번 부치고 두 번 부치니 **구름같이 이는 바람** 춘향의 몸 훌쩍 날려 공중에 오르더니 여동이 앞에 서서 길을 인도하여 석두성을 바삐 지나 한산사 구경하고, 봉황대 올라가니 왼쪽은 동정호요 오른쪽은 팽려호로다. 적벽강 구름 밖에 열두 봉우리 둘렀는데, 칠백 리 동정호의 오초동남 여울목에 오고 가는 상인들은 순풍에 돛을 달아 범피중류 떠나가고, 악양루에서 잠깐 쉬고, 푸른 풀 무성한 군산에 당도하니, 흰 마름꽃 핀 물가에 갈까마귀 오락가락 소리하고, 숲속 원숭이가 자식 찾는 슬픈 소리, 나그네 마음 처량하다. 소상강 당도하니 경치도 기이하다. 대나무는 숲을 이루어 아황 여영 눈물 흔적 뿌려 있고, 거문고 비파 소리 은은히 들리는데, 십층 누각이 구름 속에 솟았도다. 영롱한 전주발과 안개 같은 비단 장막으로 주위를 둘렀는데, 위의도 웅장하고 기세도 거룩하다.
여동이 앞에 서서 춘향을 인도하여 문 밖에 세워 두고 대전에 고하니,
"**춘향이 바삐 들라** 하라."
춘향이 황송하여 계단 아래 엎드리니 부인이 명령하시되,
"대전 위로 오르라."
춘향이 대전 위에 올라 손을 모아 절을 하고 공손히 자리에서 일어나 좌우를 살펴보니, 제일 층 옥가마 위에 아황 부인 앉아 있고 제이 층 황옥가마에는 여영 부인 앉았는데, 향기 진동하고 옥으로 만든 장식 소리 쟁쟁하여 하늘나라가 분명하다. 춘향을

DAY 10

[해설편 p.037]

불러다 자리를 권하여 앉힌 후에,

"춘향아, 들어라. 너는 **전생** 일을 모르리라. 너는 부용성 영주궁의 **운화 부인 시녀**로서 서왕모 요지연에서 장경성에 눈길 주어 복숭아로 희롱하다 인간 세상에 귀양 가서 시련을 겪고 있거니와 머지않아 장경성을 다시 만나 부귀영화를 누릴 것이니 **마음을 변치 말고 열녀를 본받**아 후세에 이름을 남기라."

춘향이 일어서서 두 부인께 절을 한 후에 달나라 구경하려다가 발을 잘못 디뎌 깨달으니 한바탕 꿈이라. 잠을 깨어 탄식하는 말이,

"이 꿈이 웬 꿈인가? 뜻 이룰 큰 꿈인가? 내가 죽을 꿈이로다."

칼을 비스듬히 안고

"애고 목이야, 애고 다리야. 이것이 웬일인고?"

향단이 원미를 가지고 와서,

"여보, 아가씨. 원미 쑤어 왔으니 정신 차려 잡수시오."

춘향이 하는 말이,

"원미라니 무엇이냐, 죽을 먹어도 이죽을 먹고, 밥을 먹어도 이밥을 먹지, 원미라니 나는 싫다. 미음물이나 하여다오." [B]

미음을 쑤어다가 앞에 놓고,

"이것을 먹고 살면 무엇할꼬? 어두침침 옥방 안에 칼머리 비스듬히 안고 앉았으니, 벼룩 빈대 온갖 벌레 무른 등의 피를 빨고, 궂은 비는 부슬부슬, 천둥은 우루루, 번개는 번쩍번쩍, 도깨비는 휙휙, 귀신 우는 소리 더욱 싫다. 덤비는 것이 헛것이라. 이것이 웬일인고? 서산에 해 떨어지면 온갖 귀신 모여든다. 살인하고 잡혀 와서 아흔 되어 죽은 귀신, 나라 곡식 훔쳐 먹다 곤장 맞아 죽은 귀신, 죽은 아낙 능욕하여 고문당해 죽은 귀신, 제각기 울음 울고, 제 서방 해치고 남의 서방 즐기다가 잡혀 와서 죽은 귀신 처량히 슬피 울며 '동무 하나 들어왔네' 하고 달려드니 처량하고 무서워라. 아무래도 못 살겠네. 동방의 귀뚜라미 소리와 푸른 하늘에 울고 가는 기러기는 나의 근심 자아낸다." [C]

한없는 근심과 그리움으로 날을 보낸다.

이때 이 도령은 서울 올라가서 밤낮을 가리지 않고 공부하여 글짓는 솜씨가 당대에 제일이라. 나라가 태평하고 백성이 평안하니 태평과를 보려 하여 팔도에 널리 알려 선비를 모으니 춘당대 넓은 뜰에 구름 모이듯 모였구나. 이 도령 복색 갖춰 차려입고 시험장 뜰에 가서 글 제목 나오기 기다린다.

시험장이 요란하여 현제판을 바라보니 '강구문동요*'라 하였겠다. 시험지를 펼쳐놓고 한번에 붓을 휘둘러 맨 먼저 글을 내니, 시험관이 받아보고 글자마다 붉은 점이요 구절마다 붉은 동그라미를 치는구나. 이름을 뜯어 보고 승정원 사령이 호명하니, 이 도령 이름 듣고 임금 앞에 나아간다.

– 작자 미상, 「춘향전」 –

* 칼: 죄인에게 씌우던 형틀.

* 강구문동요(康衢聞童謠): 길거리에서 태평세월을 칭송하는 아이들 노래를 들음.

09

고1 • 2022년 3월 42번

[A]와 [B]를 통해 인물을 이해한 내용으로 가장 적절한 것은?

① [A]에서는 '춘향 어미'의 비난을 통해, [B]에서는 '향단'의 옹호를 통해 '신관 사또'에 대한 두 인물의 상반된 인식을 알 수 있다.

② [A]에서는 '춘향 어미'의 만류를 통해, [B]에서는 '향단'의 재촉을 통해 '춘향'의 수절에 대한 두 인물의 상반된 인식을 알 수 있다.

③ [A]에서는 앞날을 걱정하는 '춘향 어미'를 통해, [B]에서는 '춘향'의 현재 상태를 염려하는 '향단'을 통해 '춘향'의 고난에 대한 상이한 반응을 확인할 수 있다.

④ [A]에서는 격앙된 '춘향 어미'를 진정시키는 모습을 통해, [B]에서는 '춘향'에게 음식을 정성스레 건네는 모습을 통해 '향단'의 침착한 태도를 확인할 수 있다.

⑤ [A]에서 '도련님'의 약속을 신뢰하는 '춘향 어미'의 모습과 [B]에서 '춘향'의 앞날을 걱정하는 '향단'의 모습으로 인해 '춘향'의 내적 갈등이 심화되고 있음을 확인할 수 있다.

10

고1 • 2022년 3월 43번

[C]에 대한 이해로 적절하지 <u>않은</u> 것은?

① 공간의 특징을 열거하여 자신의 비참한 처지를 드러내고 있다.

② 비현실적인 존재를 언급하며 자신이 느끼는 두려움을 드러내고 있다.

③ 청각적 경험을 자극하는 자연물을 통해 자신의 근심을 드러내고 있다.

④ 미래에 대한 부정적 전망과 함께 자신의 신세에 대한 한탄을 드러내고 있다.

⑤ 자신과 같이 억울한 처지에 놓인 사람들에 대한 연민의 감정을 드러내고 있다.

※ 〈보기〉를 참고하여 11번과 12번의 두 물음에 답하시오.

〈보 기〉

서사적 모티프란 전체 이야기를 구성하는 작은 이야기 단위이다. 이 작품에서는 황릉묘의 주인이자 정절의 표상인 아황 부인과 여영 부인이 등장하는 황릉묘 모티프가 사용되었다. 이는 천상계와 인간 세상, 전생과 현생, 꿈과 현실의 대응을 형성하면서 공간적 상상력을 풍요롭게 하는 동시에 주인공의 또 다른 정체성을 드러낸다.

서사적 모티프는 작품을 읽는 독자에게 서사 이해의 실마리를 제공함으로써 작품의 전개 방향을 예측하게 한다. 황릉묘 모티프에서 '머지않아 장경성을 다시 만나 부귀영화를 누릴 것'이라는 두 부인의 말을 감안하여, 독자는 이어지는 내용에서

㉮

11

고1 • 2022년 3월 44번

〈보기〉를 참고하여 윗글을 감상한 내용으로 적절하지 않은 것은? [3점]

① 춘향이 잠이 들어 '황릉묘 시녀'를 만난 것은 황릉묘 모티프를 통해 꿈과 현실의 연결이 일어나게 됨을 보여 주는군.

② '봉황 부채'에 의한 '구름 같이 이는 바람'을 타고 '소상강 만리 밖' 황릉묘까지 춘향이 날려가는 것은 꿈속 공간의 초월적 성격을 드러내는군.

③ 아황 부인과 여영 부인이 '춘향이 바삐 들라'라고 명령하는 것은 자신의 문제를 서둘러 해결하고자 하는 춘향에게 인간 세상에 대비되는 천상계의 질서가 있음을 보여 주는군.

④ '전생'에 춘향이 '운화 부인 시녀'였다는 아황 부인과 여영 부인의 말은 전생과 현생의 대응을 드러내면서 공간적 상상력의 확장을 유도하는군.

⑤ 아황 부인과 여영 부인이 춘향에게 '마음을 변치 말고 열녀를 본받'으라고 당부하는 것은 춘향이 정절을 지켜나갈 인물임을 암시하는군.

[해설편 p.037]

12

고1 • 2022년 3월 45번

〈보기〉의 ㉮에 들어갈 내용으로 가장 적절한 것은?

① '내가 죽을 꿈이로다'라는 춘향의 말보다는 이 도령이 과거에 급제한 상황에 주목하며 두 인물의 재회를 예상할 것이다.

② 꿈에 대해 자문하며 탄식하는 춘향의 모습을 보고 춘향이 현실에서의 정체성에 의문을 갖게 되리라고 예상할 것이다.

③ 두 부인과의 만남이 꿈임을 깨닫는 춘향의 모습을 보고 꿈과 현실의 대비가 주는 허무함을 절감하게 될 것이다.

④ 춘향이 자신의 실수로 꿈에서 깨어나는 장면을 춘향의 고난이 지속될 것이라는 암시로 받아들일 것이다.

⑤ 꿈에서 '달나라 구경'을 이루지 못하고 깨어난 춘향이 꿈에 대한 미련을 보이리라고 예상할 것이다.

학습 Check!

▶ 몰라서 틀린 문항 × 표기 ▶ 헷갈렸거나 찍은 문항 △ 표기 ▶ ×, △ 문항은 다시 풀고 ✔ 표기를 하세요.

종료 시각	시 분 초
소요 시간	분 초
초과 시간	분 초

문항 번호	01	02	03	04	05	06	07	08	09	10	11	12
채점 결과												
틀린 문항 복습												

DAY 10

DAY 11 수능기출 전국연합학력평가 20분 미니 모의고사

● 날짜 : 월 일 ● 시작 시각 : 시 분 초 ● 목표 시간 : 20분

※ 점수 표기가 없는 문항은 모두 2점입니다.

01 다음은 학생의 발표이다. 물음에 답하시오.

안녕하세요? 저는 수행평가 과제인 '생활 속 기호 찾기' 중 '도로 표지판'에 대해 발표를 하겠습니다. 도로에는 도로의 종류, 속도 제한, 주의 사항 등을 알려주는 다양한 종류의 표지판이 있는데요, 그중에서도 도로에 대한 정보가 담겨 있는 대표적인 세 개의 표지판을 보며, 표지판의 모양과 번호의 의미에 대해 설명해 보겠습니다.

(자료 1을 보여주며) 첫 번째 자료는 고속도로 표지판입니다. 고속도로란 주요 도시와 거점 지역을 빠르게 통행할 수 있게 만든 자동차 전용 도로입니다. 보시는 것처럼 전체적으로 방패 모양과 비슷하게 생겼으며 중앙에 적힌 번호에는 고속도로에 대한 정보가 담겨 있습니다. 우선 홀수는 고속도로가 남북으로 연결되어 있음을, 짝수는 동서로 연결되어 있음을 의미합니다. 그리고 남북으로 연결된 고속도로는 국토를 기준으로 왼쪽에서 오른쪽으로 갈수록, 동서로 연결된 고속도로는 아래쪽에서 위쪽으로 갈수록 큰 번호가 부여됩니다. 자료처럼 60번인 서울양양고속도로와 10번인 남해고속도로는 모두 짝수이기 때문에 동서로 연결되어 있고, 번호가 더 큰 서울양양고속도로가 남해고속도로보다 더 위쪽에 있음을 알 수 있습니다.

(자료 2를 보여주며) 두 번째로 보여 드리는 표지판은 타원 모양을 하고 있는데요, 일반국도를 가리킵니다. 일반국도란 전국의 주요 도시와 공항, 관광지 등을 연결하는 도로로, 번호는 고속도로와 마찬가지로 홀수는 남북으로 연결된 도로를, 짝수는 동서로 연결된 도로를 의미합니다. 다만 일반국도 중 자료처럼 한 자리 번호가 적힌 경우는 두 자리 이상의 번호가 부여된 일반국도보다 중심적인 역할을 담당합니다.

(자료 3을 보여주며) 마지막으로 보여 드리는 직사각형 모양의 표지판은 지방도를 가리킵니다. 지방도는 도내의 시 · 군청 소재지들을 연결하고 있는 도로로, 앞의 두 도로와 달리 도지사가 직접 관리합니다. 지방도의 번호 중 백의 자리와 천의 자리 숫자는 각 도의 고유 번호를 나타내는데요, 자료처럼 백의 자리가 3인 경우는 경기도를 의미합니다. 참고로 4××는 강원도, 5××는 충청남도, 8××는 전라남도, 10××는 경상남도를 의미하며, 뒷자리의 ××는 앞서 언급한 도로들처럼 홀수는 남북 방향을, 짝수는 동서 방향을 의미합니다.

지금까지 도로 표지판에 대해 알아보았습니다. 앞으로는 차를 타고 가다 도로 표지판을 보면 어떤 종류의 도로를 지나가고 있는지 알 수 있겠죠? 이상 발표를 마치겠습니다.

01

고1 • 2021년 6월 2번

위 발표 내용을 바탕으로 (가)~(다)의 표지판을 이해한 내용으로 적절하지 않은 것은?

	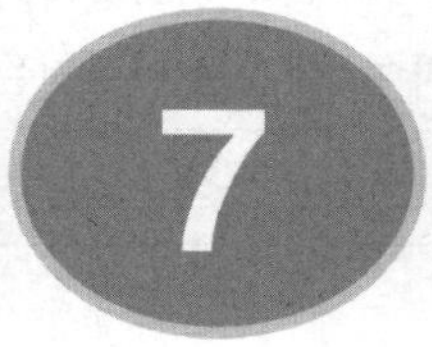	
(가)	(나)	(다)

① (가)가 가리키는 도로는 남해고속도로와 서울양양고속도로 사이에 위치하고 있겠군.
② (나)가 가리키는 도로는 두 자리 번호가 적힌 같은 종류의 도로보다 중심적인 역할을 하겠군.
③ (다)가 가리키는 도로는 경상남도 내의 시•군청 소재지들을 연결하고 있는 도로들 중 하나이겠군.
④ (나)가 가리키는 도로는 (가)와 (다)가 가리키는 도로와는 달리 동서로 연결되어 있겠군.
⑤ (다)가 가리키는 도로는 (가)와 (나)가 가리키는 도로와는 달리 도지사가 직접 관리하겠군.

02 다음은 작문 상황과 이를 바탕으로 작성한 학생의 초고이다. 물음에 답하시오.

○ **작문 상황**: 손 글씨 쓰기의 효과를 소개하는 글을 써서 교지에 실으려 함.

○ **학생의 초고**

컴퓨터와 온라인을 기반으로 한 쓰기 환경이 조성됨에 따라, 많은 학생들이 펜을 쥐는 대신에 컴퓨터 자판을 두드리는 일이 일상화되었다. '손 글씨 쓰기'보다 힘이 덜 들고 편리하기 때문에 많은 학생들이 컴퓨터 자판을 이용한 쓰기를 선호한다. 하지만 손 글씨 쓰기의 효과는 생각보다 크다.

[해설편 p.038]

컴퓨터 자판으로 글자를 입력할 때에는 '강'을 입력하든 '물'을 입력하든 손가락으로 세 번의 타점을 두드리는 동작에는 큰 차이가 없다. 그러나 손으로 글씨를 쓸 때에는 손의 동선이 그대로 글씨를 이루며 단어마다 다른 궤적이 생기게 된다. 뇌의 시각 처리와 손을 통한 운동 경험, 쓰고자 하는 단어를 떠올리는 과정이 동시에 이루어져 뇌의 다양한 영역이 활성화되는 효과가 생기는 것이다.

손 글씨 쓰기는 컴퓨터 자판을 이용할 때보다 많은 시간이 소요된다. 하지만 이 느림 때문에 사고할 수 있는 시간이 확보된다. 또 느림 때문에 듣는 내용을 기록할 수 있는 양도 적어지므로 내용의 우선순위를 판단하고 체계를 세워 정리하게 된다. 이때 정보의 선별과 구조화라는 고등 사고 과정이 이루어진다. 결과적으로 해당 내용에 대한 이해도가 높아지는 것이다.

최근에는 정서적 효과도 주목받고 있다. 좋은 글귀를 손으로 차분히 따라 쓰는 필사는 자신이 적고 있는 글귀에 몰입하는 경험을 하게 한다. 자신의 손 글씨로 작성된 단 하나뿐인 책을 완성했다는 성취감을 맛보거나, 좋아하는 글을 음미하며 마음이 치유되는 느낌을 받기도 한다.

컴퓨터 자판을 이용한 쓰기는 현대 사회에서 필수적이다. 하지만 편리함이라는 그늘에 가려지기에는 손 글씨 쓰기가 우리에게 주는 효과가 이처럼 다양하다. [A]

02

고3 • 2022학년도 6월 화 • 작 44번

다음은 초고를 읽은 교지 편집부 담당 선생님의 조언이다. 이를 반영하여 [A]를 작성한 내용으로 가장 적절한 것은?

> "이 글에 제시된 손 글씨 쓰기의 주요 효과를 모두 언급하고 비유적 표현을 활용해서 마무리하면 어떨까요?"

① 손 글씨 쓰기의 다양한 효과를 정확히 알고 이를 상황에 맞게 활용한다면 쓰기의 효율성을 높일 수 있을 것이다.
② 손 글씨 쓰기의 과정, 장점과 한계, 정서적 효과를 통해 손 글씨 쓰기가 동전의 양면과 같음을 기억해야 할 것이다.
③ 손 글씨 쓰기가 우리의 뇌, 이해, 정서에 미치는 긍정적 영향을 고려하여 손 글씨 쓰기의 횟수를 더욱 늘려야 할 것이다.
④ 손 글씨 쓰기는 글을 쓰는 능력을 향상시키고 정서적 효과를 주기에, 그 가치는 시대가 변해도 늘 별처럼 빛날 것이다.
⑤ 손 글씨 쓰기를 통해 뇌의 다양한 영역 활성화, 이해도 향상, 정서적 효과라는 세 가지 빛깔의 진주를 발견할 수 있을 것이다.

03~04 다음 글을 읽고 물음에 답하시오.

말을 글자로 적을 때 사람마다 다르게 적는다면 그 뜻을 제대로 파악하지 못할 수 있다. 이런 혼란을 피하고 효율적으로 의사소통하기 위해 제정한 것이 '한글 맞춤법'이다. 한글 맞춤법 총칙 제1항은 '한글 맞춤법은 표준어를 소리대로 적되, 어법에 맞도록 함을 원칙으로 한다.'이다. 소리대로 적는다는 것은 발음 그대로 적는다는 것이다. 그런데 소리대로 적는다는 원칙이 적용되기 어려운 경우가 있어 어법에 맞도록 한다는 또 하나의 원칙이 붙었다. 예를 들어 체언과 조사가 결합한 '잎이', '잎만'을 발음대로 적으면 '이피', '임만'인데, 사람들이 다르게 적힌 형태를 보고 그 의미를 파악하기 위해 '잎'이라는 본래 형태를 떠올려야 하는 어려움이 생긴다. 따라서 형태를 '잎'으로 고정하여 적을 필요가 있는 것이다. 그리고 '먹어', '먹는'처럼 용언의 어간과 어미도 구별하여 적는다. 즉 어법에 맞도록 적는다는 것은 형태소의 본모양을 밝혀 적는 것을 말한다. 그런데 어근과 접미사, 용언과 용언이 결합하여 하나의 단어로 쓰일 때는 형태소의 본모양을 밝혀 적기도 하고 소리대로 적기도 한다.

> ㈀ 그는 웃음을 지으며 마감 시간을 확인했다.
> ㈁ 방에 들어간 그는 사라진 의자를 발견했다.

㈀에서 '웃음(웃-+-음)'은 접미사 '-음/-ㅁ'이 비교적 여러 어근에 결합하고 결합한 후에도 어근의 본래 뜻이 유지되므로 형태소의 본모양을 밝혀 적었다. 이와 달리 '마감(막-+-암)'은 접미사 '-암'이 일부 어근에만 결합하기 때문에 소리대로 적었다. ㈁에서 '들어간'은 앞말인 '들어'에 '들다'의 뜻이 유지되고 있어 형태소의 본모양을 밝혀 적었지만, '사라진'은 앞말이 본뜻에서 멀어져 그 의미가 유지되지 않아 소리대로 적었다.

[A] 한편, 의미를 정확하게 전달하기 위해서는 띄어쓰기를 바르게 하는 것도 중요하다. 예를 들어 '지'는 어미 '-(으)ㄴ지, -(으)ㄹ지'의 일부일 때는 띄어 쓰지 않지만, 시간의 경과를 나타낼 때는 앞말과 띄어 쓴다. 또한 어떤 일을 시험 삼아 시도함을 나타내거나 어떤 행동이나 상태를 강조하는 뜻을 나타낼 때는 '한번'이라고 쓰지만, '번'이 일의 횟수를 나타낼 때는 '한 번', '두 번'처럼 띄어 쓴다.

[해설편 p.039]

03

고1 • 2023년 9월 11번

〈보기〉의 ⓐ~ⓔ를 이해한 내용으로 적절하지 않은 것은?

〈보 기〉

○ 풀이 ⓐ 쓰러진 사이로 ⓑ 작은 꽃이 ⓒ 마중을 나왔다.
○ ⓓ 끝이 보이지 않았지만 나는 그 ⓔ 믿음을 잃지 않았다.

① ⓐ: 앞말이 '쓸다'라는 본뜻에서 멀어져서 소리대로 적은 것이겠군.
② ⓑ: 용언의 어간 '작-'과 어미 '-은'이 구별되도록 형태소의 본모양을 밝혀 적은 것이겠군.
③ ⓒ: 접미사 '-웅'이 여러 어근에 널리 결합하지 못하고 일부 어근에만 결합해서 소리대로 적은 것이겠군.
④ ⓓ: '끝'이라는 체언의 의미가 쉽게 파악되도록 형태소의 본모양을 밝혀 적은 것이겠군.
⑤ ⓔ: 어근에 접미사 '-음'이 결합한 후에 어근의 본래 뜻이 유지되지 않아서 형태소의 본모양을 밝혀 적은 것이겠군.

04

고1 • 2023년 9월 12번

[A]를 참고할 때, 밑줄 친 부분의 띄어쓰기가 적절하지 않은 것은?

① 동네 인심 한번 고약하구나.
② 그를 만난 지도 꽤 오래되었다.
③ 무엇부터 해야 할 지를 모르겠다.
④ 견우와 직녀는 일 년에 한 번 만난다.
⑤ 얼마나 부지런한지 세 명 몫의 일을 해낸다.

05~08 다음 글을 읽고 물음에 답하시오.

미래주의는 20세기 초 이탈리아 시인 마리네티의 '미래주의 선언'을 시작으로, 화가 발라, 조각가 보치오니, 건축가 상텔리아, 음악가 루솔로 등이 참여한 전위예술* 운동이다. 당시 산업화에 뒤처진 이탈리아는 산업화에 대한 열망과 민족적 자존감을 ⓐ 고양시킬 수 있는 새로운 예술을 필요로 하였다. 이에 산업화의 특성인 속도와 운동에 주목하고 이를 예술적으로 표현하려는 미래주의가 등장하게 되었다.

특히 미래주의 화가들은 질주하는 자동차, 사람들로 북적이는 기차역, 광란의 댄스홀, 노동자들이 일하는 공장 등 활기찬 움직임을 보여 주는 모습을 주요 소재로 삼아 산업 사회의 역동적인 모습을 표현하였다. 그들은 대상의 움직임의 ⓑ 추이를 화폭에 담아냄으로써 대상을 생동감 있게 형상화하려 하였다. 이를 위해 미래주의 화가들은, 시간의 흐름에 따른 대상의 움직임을 하나의 화면에 표현하는 분할주의 기법을 사용하였다. '질주하고 있는 말의 다리는 4개가 아니라 20개다.'라는 미래주의 선언의 내용은, 분할주의 기법을 통해 대상의 역동성을 ⓒ 지향하고자 했던 미래주의 화가들의 생각을 잘 드러내고 있다.

분할주의 기법은 19세기 사진작가 머레이의 연속 사진 촬영 기법에 영향을 받은 것으로, 이미지의 겹침, 역선(力線), 상호 침투를 통해 대상의 연속적인 움직임을 효과적으로 표현하였다. 먼저 이미지의 겹침은 화면에 하나의 대상을 여러 개의 이미지로 중첩시켜서 표현하는 방법이다. 마치 연속 사진처럼 화가는 움직이는 대상의 잔상을 바탕으로 시간의 흐름에 따른 대상의 움직임을 겹쳐서 나타내었다. 다음으로 힘의 선을 나타내는 역선은, 대상의 움직임의 궤적을 여러 개의 선으로 구현하는 방법이다. 미래주의 화가들은 사물이 각기 특징적인 움직임을 갖고 있다고 보고, 이를 역선을 통해 표현함으로써 사물에 대한 화가의 느낌을 드러내었다. 마지막으로 상호 침투는 대상과 대상이 겹쳐서 보이게 하는 방법이다. 역선을 사용하여 대상의 모습을 나타내면 대상이 다른 대상이나 배경과 구분이 모호해지는 상호 침투가 발생해 대상이 사실적인 형태보다는 ⓓ 왜곡된 형태로 표현된다. 이러한 방식으로 미래주의 화가들은 움직이는 대상의 속도와 운동을 효과적으로 나타낼 수 있었다.

기존의 전통적인 서양 회화가 대상의 고정적인 모습에 ⓔ 주목하여 비례, 통일, 조화 등을 아름다움의 요소로 보았다면, 미래주의 회화는 움직이는 대상의 속도와 운동이라는 미적 가치에 주목하여 새로운 미의식을 제시했다는 점에서 의의를 찾을 수 있다. 이러한 미래주의 회화는 이후 모빌과 같이 나무나 금속으로 만들어 입체적 조형물의 운동을 보여 주는 키네틱 아트가 등장하는 데 ㉠ 영감을 제공한 것으로 평가되고 있다.

* 전위예술: 기존의 표현 예술 형식을 부정하고 새로운 표현을 추구하는 예술 경향.

05

고1 • 2020년 3월 31번

윗글에서 언급된 내용이 아닌 것은?

① 미래주의에 참여한 예술가들
② 미래주의가 등장하게 된 배경
③ 미래주의 화가들이 사용한 기법
④ 미래주의 회화가 발전해 온 과정
⑤ 미래주의 화가들이 추구한 미의식

06

고1·2020년 3월 32번

㉠의 구체적 내용으로 가장 적절한 것은?

① 전통 회화 양식에서 벗어나 움직이는 대상이 주는 아름다움을 최초로 작품화하려는 생각
② 기존의 방식과 달리 미적 가치를 3차원에서 실제로 움직이는 대상을 통해 구현하려는 생각
③ 사진의 촬영 기법을 회화에 접목시켜 비례와 조화에서 오는 조형물의 예술성을 높이려는 생각
④ 산업 사회의 역동적인 모습에서 벗어나 인류가 추구해야 할 미래상을 화폭에 담아내려는 생각
⑤ 예술적 대상의 범위를 구체적인 대상에서 추상적인 대상으로 확대하여 작품을 창작하려는 생각

07

고1·2020년 3월 33번

윗글을 바탕으로 〈보기〉를 감상한 내용으로 적절하지 않은 것은? [3점]

〈보 기〉

발라의 「강아지의 다이내미즘」은 여인이 강아지를 데리고 산책하는 모습을 그린 미래주의 회화의 대표적인 작품이다.

① 움직이는 강아지의 모습을 속도감 있게 그린 것에서 미래주의 회화의 경향을 엿볼 수 있겠군.
② 선을 교차시켜 쇠사슬의 잔상을 구체적으로 재현한 것에서 역선을 통해 사실적인 형태를 강조했음을 알 수 있겠군.
③ 강아지의 발과 바닥의 경계가 모호하게 보이는 것에서 대상과 배경의 상호 침투 효과를 엿볼 수 있겠군.
④ 강아지의 발을 중첩시켜 표현한 것은 이미지 겹침을 통해 시간의 흐름에 따른 대상의 움직임을 나타낸 것이겠군.
⑤ 사람의 다리를 두 개가 아닌 여러 개로 그린 것은 분할주의 기법을 활용하여 걷는 이의 역동적 모습을 강조한 것이겠군.

08

고1·2020년 3월 34번

ⓐ~ⓔ의 사전적 의미로 적절하지 않은 것은?

① ⓐ: 정신이나 기분 따위를 북돋워서 높임.
② ⓑ: 시간의 경과에 따라 변하여 나감.
③ ⓒ: 어떤 목표로 뜻이 쏠리어 향함.
④ ⓓ: 사실과 다르게 해석하거나 그릇되게 함.
⑤ ⓔ: 자신의 의견이나 주의를 굳게 내세움.

09~12 다음 글을 읽고 물음에 답하시오.

(가)

이몸이 늦게 나서 세상에 할 일 없어
강호의 임자 되야 풍월로 늙어가니
물외청복(物外淸福)이 없다야 하랴마는
돌이켜 생각하니 애달픈 일 하고 많다
만물의 귀한 것이 사람이 으뜸인데
그중의 남자 되야 이목총명(耳目聰明) 갖춰 삼겨
평생의 먹은 뜻이 일신부귀 아니러니
세월이 훌쩍 가고 지업(志業)에 때를 놓쳐
백수공명(白首功名)을 겨우 굴어 이뤄내니
종적이 저어하고 세로(世路)도 기구하야
수년(數年) 낮은 벼슬로 남 따라 다니다가
삼춘휘(三春暉) 쉬이 가니 촌초심*이 그지없어
동장(銅章)을 빌어 차고 **오마(五馬)**를 바삐 몰아
남주(南州) 백리지(百里地)에 여민휴식(與民休息)* 하랴터니
이마 흰 모진 범이 어디서 나타났는고
가뜩이나 엷은 환정(宦情)* 하루아침에 재 되거다
젖은 **옷** 벗어놓고 황관(黃冠)*으로 갈아 쓰고
채 하나 떨쳐 쥐고 호연히 돌아오니
산천이 의구하고 **송죽**이 반기는 듯
시비(柴扉)를 찾아들어 삼경(三逕)을 다스리니
금서일실(琴書一室)*이 이 아니 **내 분**인가
앞내에 고기 낚고 뒷뫼에 약을 캐야
수업(手業)을 일로 삼아 여년(餘年)을 보내노니
인생지락(人生至樂)이 이밖에 또 없도다
(중략)
박잔에 술을 부어 알맞게 먹은 후에
수조가(水調歌)를 길이 읊고 혼자 서서 흔들대니
호탕한 미친 흥을 행여 아니 남이 알겠는가
하마 저물었느냐 먼 뫼에 **달** 오른다
그만하야 쉬어보자 바위에 배 매어라
패랭이 빗기쓰고 오죽장(烏竹杖) 흩어 짚어
모래 둑을 돌아들어 석경(石逕)으로 올라가니
오류댁(五柳宅)* 소쇄한데 경물이 새로워라

솔 그늘에 홋걸으며 원근을 바라보니
수월(水月)이 영롱하야 건곤이 제각기인 듯
희희호호(凞凞皥皥)하야 신세를 다 잊겠구나
이 중에 맺힌 마음 북궐(北闕)에 달렸으니
사안(謝安)의 사죽도사(絲竹陶瀉)* 옛일이 오늘일세
내 근심 무익(無益)한 줄 모르지 아니하되
천성(天性)을 못 변하니 진실로 **가소롭다**
두어라 **강호(江湖)의 일민(逸民)*이 되야 축성수(祝聖壽)*나 하리라**

– 윤이후, 「일민가(逸民歌)」 –

* 촌초심: 부모의 은혜와 사랑에 보답하려는 마음.
* 여민휴식: 백성과 함께 지내는 마음으로 다스림.
* 환정: 벼슬을 하고 싶어 하는 마음.
* 황관: 풀로 만든 관으로 평민이 씀.
* 금서일실: 거문고와 책이 있는 방.
* 오류댁: 진나라 시인 도연명의 집으로 은거하는 집을 일컬음.
* 사안의 사죽도사: 진나라 사람 사안이 음악으로 시름을 달래며 지냈다고 함.
* 일민: 학식과 덕행이 있으면서도 세상에 나서지 않고 묻혀 지내는 사람.
* 축성수: 임금의 장수를 빎.

(나)

붉은 **튤립**의 열(列) 옆으로 나무장미의 만발한 이랑이 늘어서고 달리아가 장성하며 한편에는 우방의 활엽(闊葉)이 온통 빈틈없는 푸른 보료*를 편다. ㉠ 가구(街區)*에서는 좀체 얻어 볼 수 없는 귀한 경물이니 아침저녁으로 손쉽게 그것을 바라볼 수 있는 나는 자신을 행복스럽게 여긴다. 그 한 조각의 밭을 다스려 아름다운 **꽃**을 보이는 사람은 놀라운 재인(才人)도 장정도 아니라 별사람 아닌 한 사람의 육십을 넘은 노인인 것이다. 봄에 씨를 뿌려 꽃을 피우고 가을에 뒷거둠을 마치고 다시 갈아엎을 때까지 그 밭을 만지는 사람은 참으로 그 육십 옹 단 한 사람인 것이다. 씨를 뿌리기 시작한 날부터는 하루도 번기는 날이 없이 **아침**만 되면 육십 옹은 보에 쟁기를 싸가지고 어디선지 나타난다. 살수(撒水) 중경시비(中耕施肥) 제초 배토 — 그때그때를 따라 일과에는 조금의 소홀도 없으며, 일정한 필요의 과정이 오십 평의 구석구석까지 알뜰히 미쳐 이윽고 제때에 아름다운 성과를 맺게 한다. ㉡ 옹은 허리가 휘고 기력이 부실하나 서두르는 법 없이 지치는 법 없이 말하는 법 없이 날이 맞도록 묵묵히 일하며 그의 장기(匠器)가 미치는 뒷자취는 나날이 면목이 새롭고 아름다워진다. 침착하게 움직이는 그의 양을 바라볼 때 거기에는 고로(苦勞)의 의식의 표정은 조금도 눈에 띄지 않으며 도리어 한 이랑 한 이랑의 흙을 아끼고 사랑하는 그 거동에는 만신(滿身)의 희열이 드러나 보인다. ㉢ 때때로 얼굴이 마주칠 때의 아이같이 방긋 웃어 보이는 동심의 표정을 읽으면 그는 괴롭게 노동하고 있는 것이 아니라 그 오십 평 속에서 천진하게 장난하고 예술하고 있는 것이라고 번역된다. 참으로 오십 평 속에서의 그의 생활은 싫은 노역이 아니라 즐거운 예술이라고 보여진다. **근로와 예술을 동시에 가진 생활** — 생활의 미화, 노동의 예술화 — 진부한 어투인지는 모르나 **노동의 참된 경지**를 그 구체적 실례를 나는 그 육십 옹에게 보는 것이다.

생산만이 아니라 미를 겸했으며 미만이 있는 것이 아니라 생산의 열매가 아울러 온다. 반드시 **꽃밭**을 가꾸게 됨으로써의 미를 일컬음이 아니라 만족스런 노동의 표정의 미를 말함이다.

(중략)

한편 그의 착실한 자태를 바라볼 때 나는 그 허리 굽은 **육십 옹**의 여일한 **생활의식에 비겨** 자신의 그것이 때때로 월등 저하되고 **소침(消沈)됨을 깨닫고 부끄러**운 생각을 마지 못한다. 주기적으로 **생활의욕이 급거히 저락되**고 침체된 일종의 플래토*의 지대에 다다르게 될 때 주위가 어둡고 진퇴가 귀치않고 우울, 저미(低迷)되어 결과는 생활력조차 감퇴하여 버린다. 욕심이 없고 희망이 없는 탓이라면 육십 옹의 앞에 너무도 보람 없고 비굴하여 얼굴이 붉어질 지경이나, ㉣ 솔직하게 말하여 그 대체 희망이라는 것이 어떤 내용 어느 정도 어느 거리의 것인가를 생각할 때 역시 답답해지는 것이 당연하며 뜻 없는 명랑은 도리어 천치의 소위로밖에는 생각되지 않는다. 같은 세대의 젊은이들에게 그대는 생활의 신조를 어떻게 세웠느냐고 묻고 싶은 때조차 있다. 빈틈없는 이론으로 든든히 무장을 해본다 하더라도 행동이 없는 이상 갑을흑백을 어떻게 가린단 말인가. 참으로 웃을 수 있는 사람은 웃어 보라고 다시 청해 보고 싶다. 우울을 말할 때가 아닐는지는 모르나 때때의 생활의식의 저조에는 너무도 절실함이 있다.

㉤ 할 바를 모르는 것이 아니라 길이 없는 것이다. 여기에 좀체 구하기 어려운 저미의 근인(根因)*이 있기는 있는 것이나 그러나 그렇다고 허구한 날 **상을 찌푸리고만 지낼 수**도 없는 노릇이니 가까운 **손잡이**를 잡고 억지로라도 플래토를 정복하고 식물 이하의 무기력에서 식물 이상의 **행(行)의 생활**로 애써 솟아올라야 할 것이다.

– 이효석, 「화춘의장(花春意匠)」 –

* 보료: 바닥에 까는 두툼한 요.
* 가구: 거리의 구역.
* 플래토: 정체기.
* 근인: 근본이 되는 원인.

09 1등급 대비 고난도 2점 문제

고1 • 2022년 11월 34번

(가)와 (나)의 공통점으로 가장 적절한 것은?

① 설의적 표현을 활용하여 의미를 강조하고 있다.
② 구체적 지명을 활용하여 현장감을 드러내고 있다.
③ 청각적 이미지를 통해 대상의 특성을 강조하고 있다.
④ 연쇄의 방식을 사용하여 상황의 심각성을 표현하고 있다.
⑤ 언어유희를 통해 현실에 대한 태도를 간접적으로 드러내고 있다.

10

고1 • 2022년 11월 35번

㉠~㉤에 대한 설명으로 적절하지 않은 것은?

① ㉠: 풍경의 가치를 인식하며 이를 수시로 감상할 수 있는 데 따른 글쓴이의 심정이 드러나 있다.

② ㉡: 대상에 대한 의혹이 해소되어 가는 데 대한 글쓴이의 인식이 드러나 있다.

③ ㉢: 주의 깊게 살펴본 대상의 면모를 주관적으로 해석하는 글쓴이의 인식이 드러나 있다.

④ ㉣: 희망의 의미를 구체화하지 못하는 것에 대한 글쓴이의 심정이 드러나 있다.

⑤ ㉤: 자신이 현재 상태에 이르게 된 근본적 원인에 대한 글쓴이의 판단이 드러나 있다.

11

고1 • 2022년 11월 36번

(가)와 (나)를 비교하여 이해한 내용으로 가장 적절한 것은?

① (가)의 '오마'는 화자를 과거에 억압하던 대상이고, (나)의 '꽃'은 글쓴이가 관찰한 대상이 자신의 이상을 펼치도록 돕는 소재이다.

② (가)의 '옷'은 화자가 자연 풍경에 대한 감탄을 자아내게 하는 소재이고, (나)의 '손잡이'는 글쓴이가 이를 사용하는 인물의 능력에 대해 감탄을 자아내는 소재이다.

③ (가)의 '송죽'은 화자가 새로운 공간으로 돌아와서 만난 소재이고, (나)의 '튤립'은 글쓴이가 벗어나고자 하는 공간의 특징을 나타내는 소재이다.

④ (가)의 '달'은 화자의 행동 변화가 일어나는 시간적 배경을 나타내는 소재이고, (나)의 '아침'은 글쓴이가 관찰한 대상의 일관된 행동이 나타나는 시간적 배경이다.

⑤ (가)의 '오류댁'은 화자가 동경하는 행위가 드러나는 공간이고, (나)의 '꽃밭'은 글쓴이가 경계하는 행위가 드러나는 공간이다.

12

고1 • 2022년 11월 37번

〈보기〉를 바탕으로 (가), (나)를 감상한 내용으로 적절하지 않은 것은? [3점]

〈보 기〉

(가)와 (나)는 자기 성찰과 현실에 대한 고민이 드러나 있는 작품이다. (가)의 화자는 속세에서 갈등을 겪고 은거하는 삶을 살고 있다. 이때 화자는 자연을 통해 위안을 얻기도 하지만 번민을 떨치지 못하는 자신을 인식하며 자연에서의 삶에서도 세상을 향한 마음을 드러낸다. (나)의 글쓴이는 자신과 대조적인 삶을 살고 있는 대상을 통해 자신의 삶을 돌아보게 된다. 이러한 과정에서 글쓴이는 가치 있는 삶의 모습을 깨닫고 무기력한 삶을 극복하고자 하는 의지를 드러낸다.

① (가)의 '앞내에 고기 낚고 뒷뫼에 약을 캐'며 '인생지락'을 느끼는 것에서 화자가 자연에서의 삶 속에서 위안을 얻고 있음을 알 수 있군.

② (나)의 '근로와 예술을 동시에 가진 생활'이 '노동의 참된 경지'라는 것에서 글쓴이가 깨달은 가치 있는 삶의 모습이 드러나고 있음을 알 수 있군.

③ (가)의 '금서일실'을 '내 분'으로 여긴다는 것에서 화자가 속세로 돌아가고 싶어 하는 고민이 드러나 있음을, (나)의 '소침됨을 깨닫고' '생활의욕이 급거히 저락되'었다는 것에서 글쓴이가 해결하고 싶어 하는 고민이 드러나 있음을 알 수 있군.

④ (가)의 '내 근심 무익한 줄 모르지' 않지만 '천성을 못 변'해 '가소롭다'는 것에서 화자가 번민을 떨치지 못하는 자신을 성찰하고 있음을, (나)의 '육십 옹'의 '생활의식에 비겨' 보며 '부끄러'워 한 것에서 글쓴이가 타인과 대조하며 자신을 성찰하고 있음을 알 수 있군.

⑤ (가)의 '강호의 일민이 되야 축성수나 하리라'에서 화자가 은거하면서도 세상을 향한 마음을 드러내고 있음을, (나)의 '상을 찌푸리고만 지낼 수' 없다며 '행의 생활'을 다짐하는 것에서 글쓴이가 무기력한 삶을 극복하고자 하는 의지를 드러내고 있음을 알 수 있군.

학습 Check!

▶ 몰라서 틀린 문항 × 표기 ▶ 헷갈렸거나 찍은 문항 △ 표기 ▶ ×, △ 문항은 다시 풀고 ✔ 표기를 하세요.

종료 시각	시	분	초
소요 시간		분	초
초과 시간		분	초

문항 번호	01	02	03	04	05	06	07	08	09	10	11	12
채점 결과												
틀린 문항 복습												

[해설편 p.042]

DAY 12 수능기출 전국연합학력평가 20분 미니 모의고사

● 날짜 : 월 일 ● 시작 시각 : 시 분 초 ● 목표 시간 : 20분

※ 점수 표기가 없는 문항은 모두 2점입니다.

01~02 (가)는 학교 홈페이지에 게시된 글이고, (나)는 (가)를 게시한 후에 열린 회의이다. 물음에 답하시오.

(가)

○○고등학교 학생 여러분, 안녕하세요. ○○고등학교 학생회입니다. 학교 공간을 사용자 중심의 공간으로 만들자는 취지에서 학교 공간 개선에 대한 논의를 진행하고 있습니다. 그 일환으로 실시된 우리 학교 공간 중 개선이 필요한 장소에 대한 온라인 투표가 여러분들의 협조 덕분에 잘 마무리되었습니다. 그 결과를 공유하고, 구체적인 개선 방안에 대한 설문 조사를 안내하기 위해 글을 쓰게 되었습니다.

투표 실시 전에 안내가 된 것처럼, 학생들이 가장 개선이 필요하다고 생각하는 학교 공간을 학생들의 의견을 적극적으로 반영하여 정비하겠다고 학교 측과 사전에 협의가 되었습니다. 전교생 중 90%가 투표에 참여했고, 그중 83%가 화장실 공간 개선을 요구하였습니다. 이에 화장실 공간 개선에 대한 구체적인 의견을 수렴하기 위해 설문 조사를 실시하고자 합니다.

오늘부터 일주일간 진행되는 설문 조사는 크게 두 가지 항목으로 이루어져 있습니다. 첫 번째로 여러분들이 생각하는 우리 학교 화장실의 문제점과 여기에 대한 해결 방안을 제안해 주십시오. 두 번째로 첨부 파일에 있는 우리 학교 각 층 화장실 도면을 참고하여 화장실의 구체적인 공간 구성에 대한 의견도 제시해 주시기 바랍니다.

학교 공간 디자인 전문가의 힘도 빌려야 하겠지만, 더 중요한 것은 학생 여러분의 의견입니다. '손이 많으면 일도 쉽다.'라는 말이 있습니다. 무슨 일이나 여러 사람이 힘을 합하면 쉽게 잘 이룰 수 있다는 이 말처럼 우리가 원하는 학교 화장실을 만들기 위해서 학생 여러분의 많은 관심과 적극적인 참여가 필요합니다.

㉠

(나)

선생님: 많은 학생들이 요구했던 화장실 공간 개선에 대한 회의를 시작하겠습니다. 설문 조사 기간이 일주일이었지요? 회의를 통해 화장실 개선에 대한 설문 조사 결과를 살피고, 학교 공간 디자인 전문가에게 전달할 내용들을 정리해 봅시다. 학생들은 개선이 필요한 점이 무엇이라고 이야기했는지 말해 볼까요?

학생 1: 네, 설문 조사 결과 여러 학생이 가장 불편함을 느꼈던 부분은 화장실 환기가 잘 되지 않는다는 점이었습니다. 습기가 빠지지 않아 눅눅하다는 의견, 공기 정화가 잘 되지 않는다는 의견 등이 나왔습니다.

학생 2: 맞습니다. 또 세면대 이용이 불편하다는 의견도 많았습니다. 세면대 개수가 부족하고 높이가 모두 같기에 본인의 키에 맞지 않아 불편함을 느낀다고 하였습니다.

선생님: 그렇군요. 정리하자면 학생들이 생각하는 우리 학교 화장실의 문제점은 화장실의 환기가 제대로 되지 않는다는 것과 세면대 개수와 높이에 문제가 있다는 것이네요. 그렇다면 학생들은 이러한 문제점에 대해 어떤 해결 방안을 제시하였나요?

[A]
학생 1: 화장실 환기 문제를 해결하기 위한 방안으로는, 낡고 오래되어 여닫기 힘든 창문을 교체해 달라는 의견이 있었습니다. 또한 환풍기를 추가로 설치하고 공기 정화 장치를 새롭게 설치했으면 좋겠다는 의견도 있었습니다.

학생 2: 공기 정화 장치를 설치하자는 것은 좋은 의견이네요. 세면대에 대한 해결 방안으로, 먼저 학생들은 세면대가 지금보다 더 많았으면 좋겠다고 답했습니다. 또한 두세 가지 정도의 다양한 높이로 되어 있다면 자신의 키에 맞게 사용할 수 있어서 좋을 것 같다고 하였습니다.

선생님: 그렇군요. 학생들이 생각하는 해결 방안을 잘 들었습니다. 참, 학생들에게 우리 학교 각 층 화장실의 도면도 제시했다고 알고 있는데, 이와 관련된 의견이 있었나요?

[B]
학생 2: 네, 우리 학교 1층 화장실의 도면을 참고하여 의견을 낸 학생들이 있었습니다. 다른 층에 비해 1층 화장실의 내부 공간이 여유로우니 여기에 탈의 공간을 만들어 체육복을 갈아입을 수 있도록 하면 좋겠다는 의견이 있었습니다. 저도 이 의견에 동의합니다.

학생 1: 이미 체육관 앞에 탈의 공간이 따로 있으니 탈의 공간보다는 그곳에 세면대를 더 두면 어떨까요? 저도 1층 화장실을 이용할 때 불편을 겪은 적이 있었기 때문에, 세면대를 두는 것이 넓은 공간을 잘 활용하는 방안이 될 것 같습니다.

선생님: 학교 도면이 복잡해서 잘 파악했을지 걱정이 좀 되었는데, 잘 이해하고 좋은 의견을 내어 주었네요. 그 외에 다른 의견들은 없었나요?

학생 1: 화장실 벽면에 학생들의 추천을 받아 그림이나 글귀를 부착하자는 의견도 있었습니다.

선생님: 여러 의견이 나왔네요. 이 의견들이 충분히 고려되어야 하므로 회의 내용을 학교 측과 학교 공간 디자인 전문가에게 전달하겠습니다. 그럼 다음 회의에는 학교 공간 디자인 전문가도 함께 모셔서 구체적인 시안을 바탕으로 화장실 공간 디자인을 검토하도록 합시다.

01

고1 • 2023년 6월 5번

〈조건〉에 따라 ㉠에 마지막 문장을 추가한다고 할 때 가장 적절한 것은?

〈조 건〉

○ 서두에 제시된 학교 공간 개선의 취지를 다시 강조할 것.
○ 비유적 표현을 활용하여 맥락에 맞게 마무리할 것.

① 전문가도 인정하는 새로운 공간이 가득한 우리 학교는 사랑입니다.
② 편안하고 쾌적한 공원 같은 우리 학교 공간을 여러분에게 소개합니다.
③ 사용자인 우리의 편의를 두루 고려한 내 집 같은 학교 공간을 함께 만듭시다.
④ 공간을 바라보는 틀에 박힌 생각에서 벗어나 우리 학교를 새롭게 바꾸어 봅시다.
⑤ 학생도 선생님도 만족하며 사용하는 학교 공간을 우리의 노력으로 만들어 봅시다.

02

고1 • 2023년 6월 7번

[A], [B]에 대한 설명으로 가장 적절한 것은?

① [A]: '학생 1'은 '학생 2'의 발언과 달리 전달할 내용을 제시한 후 자신의 의견을 덧붙이고 있다.
② [A]: '학생 2'는 '학생 1'의 발언을 구체화하며 자신의 견해를 수정하고 있다.
③ [A]: '학생 2'는 '학생 1'의 발언의 일부를 긍정하며 추가적인 정보 제공을 요청하고 있다.
④ [B]: '학생 1'은 '학생 2'의 발언과 달리 조사한 내용을 말하고 그에 동의하고 있다.
⑤ [B]: '학생 1'은 '학생 2'의 발언 내용과는 다른 의견을 자신의 경험을 바탕으로 제안하고 있다.

03 1등급 대비 고난도 2점 문제

고1 • 2021년 11월 15번

〈보기〉에 대한 이해로 적절하지 않은 것은?

〈보 기〉

ㄱ. **羅睺羅(라후라) ㅣ** 得道(득도)ᄒᆞ야 도라가ᅀᅡ **어미ᄅᆞᆯ** 濟渡(제도)ᄒᆞ야
(라후라가 득도하여 돌아가서 어미를 제도하여)

ㄴ. **瞿曇(구담)ᄋᆡ** 오ᄉᆞᆯ 니브샤 **深山(심산)애** 드러 **果實(과실)와** 믈와 좌시고
(구담의 옷을 입으시어 깊은 산에 들어 과일과 물을 자시고)

ㄷ. **南堀(남굴)ㅅ 仙人(선인)이** ᄒᆞᆫ **ᄯᆞᄅᆞᆯ** 길어 내니 …… **時節(시절)에** 자최마다 蓮花(연화) ㅣ 나ᄂᆞ니이다
(남굴의 선인이 한 딸을 길러 내니 …… 시절에 자취마다 연꽃이 납니다.)

ㄹ. 네가짓 受苦(수고)ᄂᆞᆫ 生(생)과 老(로)와 **病(병)과** 死(사)왜라
(네 가지 괴로움은 태어남과 늙음과 병듦과 죽음이다.)

① ㄱ의 '羅睺羅(라후라) ㅣ'와 ㄷ의 '仙人(선인)이'에는 주어의 자격을 부여해 주는 조사의 형태가 서로 다르게 사용되었군.
② ㄱ의 '어미ᄅᆞᆯ'과 ㄷ의 'ᄯᆞᄅᆞᆯ'에는 목적어의 자격을 부여해 주는 조사의 형태가 서로 동일하게 사용되었군.
③ ㄴ의 '瞿曇(구담)ᄋᆡ'와 ㄷ의 '南堀(남굴)ㅅ'에는 모두 관형어의 자격을 부여해 주는 조사가 사용되었군.
④ ㄴ의 '深山(심산)애'와 ㄷ의 '時節(시절)에'에는 모두 부사어의 자격을 부여해 주는 조사가 사용되었군.
⑤ ㄴ의 '果實(과실)와'와 ㄹ의 '病(병)과'에는 모두 단어와 단어를 이어주는 조사가 사용되었군.

[해설편 p.043]

04~09 다음 글을 읽고 물음에 답하시오.

(가)

저작권법 제2조 제1호에서 정의하고 있는 저작물이란 인간의 사상 또는 감정을 표현한 창작물을 말한다. 저작권법으로 보호받는 저작물이 되려면 창작성이 있어야 한다. 여기에서의 창작성이란 완전히 새로워야 한다거나 예술적 수준이 높아야 한다는 것이 아니라, 남의 것을 단순히 베끼지 않고 최소한의 개성을 담아야 함을 의미한다. 우연히 기존의 저작물과 유사하더라도 베끼지 않고 독자적으로 창작한 것이라면 저작권을 보호받을 수 있다.

저작권법상 원저작물을 번역•편곡•변형•각색 등의 방법으로 작성한 창작물을 2차적저작물이라 한다. 이러한 2차적저작물이 되려면 원저작물을 기초로 하여야 한다. 또한 원저작물과 실질적 유사성을 유지하여야 한다. 소설을 기초로 하는 영화가 2차적저작물이 되려면 영화의 사건 구성과 전개, 등장인물의 교차 등이 소설과 실질적 유사성을 유지하여야 한다. 그리고 원저작물에 사회 통념상 새로운 저작물이 될 수 있을 정도의 수정•증감을 가하여 새로운 창작성을 부가하여야 한다. 근대 소설을 현대 표기법에 맞도록 수정한 것은 원저작물의 복제물에 가까운 것으로 2차적저작물로 보기 어렵다. 반면 소설을 원저작물로 하여 이를 각색한 후 영화로 제작한다면 이 영화는 2차적저작물이 된다.

만약 원저작물을 떠올릴 수 없을 정도로 완전히 바뀌어 실질적 유사성이 인정되지 않는다면 이것은 2차적저작물이 아니라 원저작물과는 다른 독립저작물로 인정받을 수 있다. 2차적저작물과 독립저작물을 구별하는 기준으로 원저작물과 시장적 경쟁 관계에 있는지 여부가 있다. 시장적 경쟁 관계에 있다는 것은 어떤 저작물을 구매할 때 원저작물의 수요가 줄어드는 것이다. 이는 구매한 저작물이 원저작물을 대체한다는 것이다. 일반적으로 2차적저작물은 원저작물과 시장적 경쟁 관계에 있다고 보지만, 독립저작물은 원저작물과 시장적 경쟁 관계에 있다고 보지 않는다.

(나)

저작권이란 저작자가 자신이 창작한 저작물에 대해 갖는 권리이다. 저작권은 여러 가지 권리의 총집합으로 저작인격권과 저작재산권으로 ⓐ <u>나눌</u> 수 있다. 저작인격권은 저작자가 자신의 저작물에 대하여 가지는 인격적 권리로, 저작자만이 가질 수 있으며 양도할 수 없고 저작자가 사망하면 소멸한다. 저작자가 사망한 뒤에라도 유족 등은 명예 회복을 위한 조치를 취할 수 있는데, 저작물을 이용하는 사람이 저작자가 살아 있었다면 저작인격권의 침해가 될 행위를 하여 저작자의 명예를 훼손한 경우가 이에 해당한다. 이와 달리 저작재산권은 저작물을 일정한 방식으로 이용함으로써 발생하는 재산적 이익을 보호하는 권리로, 양도가 가능하다. 이때 저작재산권 전체를 양도할 수도 있지만 저작재산권을 구성하는 각각의 권리를 나누어 일부를 양도할 수도 있다.

저작권 침해 사안은 저작재산권을 구성하는 권리 중 하나인 2차적저작물 작성권과 관련되어 있는 경우가 많다. 저작권법 제22조에 의하면 저작자는 자신의 저작물을 원저작물로 하는 2차적저작물을 작성하여 이용할 권리, 즉 2차적저작물 작성권을 갖는다. 만약 누군가 원저작물의 저작자, 즉 원저작자 허락 없이 원저작물에 의거하여 그 저작물과 실질적으로 유사한 저작물을 작성하여 이용한다면 그 사람은 원저작자의 2차적저작물 작성권을 침해한 것이 된다.

㉮ <u>저작권법 제5조 제1항에 의하면 2차적저작물은 독자적인 저작물로서 보호를 받는다.</u> 그런데 원저작자의 허락 없이 작성된 2차적저작물도 저작권법의 보호를 받을 수 있을까? 받을 수 있다. 즉 원저작자에게 허락을 받지 않아도 일단 2차적저작물이 만들어지면 2차적저작물의 저작권은 원저작물의 저작권과는 별개의 권리로서 보호를 받으며, 원저작자의 허락이 있었는지 여부는 2차적저작물의 저작권 발생에 영향을 주지 않는다.

다만 허락 없이 2차적저작물을 작성하여 이용하는 것은 원저작자의 권리를 침해하는 것이므로, 원저작자는 자기 허락 없이 만들어진 2차적저작물을 이용하지 못하도록 금지하거나 손해배상을 청구하는 등 권리를 침해한 사람에게 자신의 권리를 주장할 수 있다. 그러므로 2차적저작물을 작성하여 이용하려는 사람은 원저작자의 저작권을 침해하지 않기 위해 원저작자에게 원저작물 이용에 대한 허락을 받을 필요가 있다. 만약 원저작자가 2차적저작물 작성권을 다른 사람에게 양도하였다면 양도받은 사람에게 허락을 받아야 한다.

㉠ <u>원저작물</u>을 기초로 만들어진 ㉡ <u>2차적저작물</u>을 기반으로 하여 ㉢ <u>또 다른 2차적저작물</u>을 제작하는 경우라면, 원저작물의 2차적저작물 작성권을 가진 사람의 허락까지 받을 필요가 있다. 소설을 각색한 2차적저작물인 영화를 기반으로 또 다른 2차적저작물인 연극을 제작한다고 할 때, 연극이 소설을 기반으로 창작된 것임을 부인할 수는 없을 것이다. 그러므로 연극을 제작하려는 사람은 소설과 영화의 2차적저작물 작성권을 가진 사람 모두에게 허락을 받을 필요가 있다.

04

고1•2022년 9월 16번

(가), (나)에 대한 설명으로 적절하지 <u>않은</u> 것은?

① (가)는 일정한 기준에 따라 2차적저작물과 독립저작물을 구분하고 있다.

② (가)는 예시를 활용하여 2차적저작물이 갖추어야 할 요건을 설명하고 있다.

③ (나)는 차이점을 밝히며 저작인격권과 저작재산권을 구별하고 있다.

④ (나)는 묻고 답하는 방식을 통하여 저작권 침해가 발생하는 경우를 나열하고 있다.

⑤ (가)와 (나)는 모두 법에 제시된 내용에 근거하여 2차적저작물과 관련된 용어를 설명하고 있다.

05 1등급 대비 고난도 2점 문제

고1 • 2022년 9월 17번

(가), (나)의 내용과 일치하는 것은?

① 저작인격권은 저작자 사망 시 유족에게 양도되어 보호받는다.
② 2차적저작물의 저작권은 2차적저작물 작성권을 가진 사람이 갖게 된다.
③ 원저작물을 수정한 것이라면 복제물에 가깝더라도 2차적저작물로 간주할 수 있다.
④ 다른 사람의 저작물을 베낀 것이 아니더라도 그 저작물과 유사하면 저작권 보호를 받을 수 없다.
⑤ 2차적저작물 작성권은 2차적저작물을 작성하여 이용함으로써 발생하는 재산적 이익을 보호하기 위한 권리이다.

06

고1 • 2022년 9월 18번

㉠~㉢을 이해한 내용으로 적절하지 않은 것은?

① ㉠의 저작자와 ㉡을 작성하여 이용할 수 있는 권리를 가진 사람은 다를 수 있다.
② ㉡은 ㉠을 기반으로 창작된 것으로 본다.
③ ㉡과 ㉢은 시장적 경쟁 관계에 있다고 보는 것이 일반적이다.
④ ㉢은 ㉠과 실질적 유사성이 있다고 간주한다.
⑤ ㉡을 작성할 때는 ㉢과 달리 ㉠의 2차적저작물 작성권을 가진 사람의 허락을 받을 필요가 있다.

07

고1 • 2022년 9월 19번

(가)를 참고하여 ㉮의 이유를 추론한 것으로 가장 적절한 것은?

① 원저작물을 떠올릴 수 없을 정도로 바뀌었으므로
② 원저작물의 저작자가 아닌 사람이 창작하였으므로
③ 원저작물에 없는 새로운 창작성이 부가되어 있으므로
④ 원저작물에 비해 예술적 수준이 높다고 볼 수 있으므로
⑤ 원저작물의 저작자가 지닌 권리를 침해하지 않았으므로

08 1등급 대비 고난도 3점 문제

고1 • 2022년 9월 20번

(가), (나)를 읽은 학생이 〈보기〉에 대해 보인 반응으로 적절하지 않은 것은? [3점]

〈보 기〉

○ A는 오디션 프로그램에 나가기 위해 기존 가요를 편곡하였고 편곡한 곡을 자신의 블로그에 올렸다. A의 친구는 기존 가요의 저작자인 B의 허락을 받지 않고 편곡한 것이 문제가 될 수 있음을 말해 주었다. A는 편곡은 B의 허락을 받을 필요가 없다고 생각하고 있다.
○ C는 인터넷 검색을 하다가 평소 관심 있던 외국 영화의 한글 자막을 보게 되었고 이것을 자신이 운영하는 영화 관련 웹사이트에 올렸다. 그런데 영어 자막을 번역하여 이 한글 자막을 작성한 D가 자신의 저작물을 무단으로 이용했다는 이유로 C에게 권리를 주장했다. 하지만 D가 영어 자막의 저작자에게 허락받지 않고 한글 자막으로 번역하였다는 것을 알게 된 C는 자신에게 잘못이 없다고 생각하고 있다.

※ 단, 저작자가 아닌 다른 사람에게 양도된 저작권은 없다고 가정하고, 주어진 상황 이외에는 고려하지 않음.

① B는 A가 편곡하여 블로그에 올린 곡에 대한 저작권을 가지고 있지 않겠군.
② 영어 자막의 저작자는 D에게 손해배상을 청구할 수 있겠군.
③ 기존 가요와 영어 자막은 원저작물로 볼 수 있겠군.
④ A는 C와 달리 2차적저작물 작성권을 침해한 것이겠군.
⑤ B와 D는 모두 2차적저작물 작성권을 침해받은 것이겠군.

09

고1 • 2022년 9월 21번

문맥상 ⓐ와 바꾸어 쓰기에 가장 적절한 것은?

① 분류(分類)할
② 변별(辨別)할
③ 배분(配分)할
④ 판별(判別)할
⑤ 해석(解釋)할

[해설편 p.045]

10~12 다음 글을 읽고 물음에 답하시오.

S#49. 몽타주*

○ 산채 정식처럼 각종 산나물과 된장찌개를 정갈하게 무치고 끓이고 소박한 상을 정사에게 올리는 장금.
○ 사신, 먹으며 가운데 미간이 찡그려진다.
○ 보는 장금과 장번 내시, 오겸호, 불안하고,
○ 다음날은 각종 해조류 반찬이 눈에 띄게 많은 밥상.
○ 보는 정사. 미역국에 고기 대신 생선이 들어가 있다.
○ 먹고는 역시 가운데 미간이 찡그려지는 정사.
○ 보는 장금과 장번 내시, 오겸호, 불안.
○ 흰 생선 살을 잘 발라내고 있는 장금.
○ 생선 살을 넣은 두부로 두부전골을 끓이는 장금.
○ 두부전골을 중심으로 올려지는 상.
○ 먹어 보고는 역시 미간이 심하게 찡그려지는 사신 정사.
○ 말린 나물과 버섯들을 걷어 가는 장금.
○ 대나무 밥을 하는 장금.
○ 사신에게 올려지는 상. 보면 물김치와 톳나물, 버섯나물과 산나물 그리고 대나무 밥이 올려져 있고.
○ 먹고는 미간을 찡그리는 사신의 모습.
○ 보는 장금의 모습.

S#55. 태평관 연회장

들어오는 장금, 보면, 화려하게 차려진 음식상이 있다. 이때, 오겸호와 장번 내시가 사신을 모시고 나오고, 상을 보는 정사, 놀라는데, 그를 바라보는 최 상궁과 금영의 표정에 자신감이 넘친다. 한 켠에는 불안한 표정으로 서 있는 장금.

오겸호: 그동안 (장금을 보며) 궁녀의 불경한 짓거리로 본의 아니게 무례를 저질렀습니다.
정 사: …….
오겸호: 하여 오늘부터는 만한전석을 올릴 것입니다!
정 사: 만한전석을? (장금을 본다.)
오겸호: 오늘은 저 불경한 것의 처결이 있는 날이니 원하시는 대로 벌을 내리고 마음껏 드십시오!
장 금: …….
금 영: (장금을 보는데)

정사, 역시 장금을 본다. 그러고는 자신의 앞에 놓인 음식을 보고, 다시 한 번 장금을 보고는 수저를 들어 음식을 먹기 시작한다. 보는 최 상궁과 금영, 희색이 가득하고, 정사는 계속 먹어 보는데, 미간이 찌푸려지지 않는다. 오겸호 정사의 미간을 보고는 입가에 미소를 띠며 최 상궁을 보면 최 상궁 목례를 하고, 불안한 장금, 계속 먹는 사신 정사. 최 상궁과 장번 내시의 표정, 이제는 끝이라는 듯 바라보는 금영의 표정. 절망에 휩싸이는 장금의 표정.

S#56 태평관 연회장 안

모두가 지켜보는 가운데 음식을 먹던 정사, 수저를 놓는다. 모두들 정사를 바라보는데,

오겸호: 대인! 대인을 능멸한 나인이옵니다.
정 사: …….
오겸호: 어찌 하올까요?
정 사: 앞으로 산해진미는 이것으로 끝이오!
모 두: ……?
정 사: (장금에게) 이 정도 먹은 것은 용서해 주겠느냐?
장 금: …….
정 사: 오늘의 만한전석은 참으로 훌륭하였소.
오겸호: 예, 앞으로 연회는 이틀 동안 계속될 것이옵니다.
정 사: 정성은 고마우나, 사양해야 할 듯하오.
오겸호: 대인, 그게 무슨 말씀이온지, 그동안, 저 나인의 방자한 행동으로 입에 맞지 않는 음식을 드시느라 고생하셨던 것을 송구하게 생각하여 준비한 음식입니다. 어찌하여 마다시는지요.
정 사: (웃으며) 저 방자한 나인 때문이오.
오겸호: 무슨 말씀이신지?
정 사: 그동안 나는 맛있고 기름진 음식만을 탐해 왔소. 하여, 지병인 소갈을 얻었음에도, 사람이란 참으로 약한 존재인지라, 알면서도 그런 음식을 끊을 수가 없었소이다.
모 두: …….
정 사: (장금에게) 나는 조선의 사람도 아니며, 오래 있을 사람도 아니다. 대충 내가 원하는 음식을 해 주어 보내면 될 것을, 어찌하여 고집을 피웠느냐?
장 금: …….
장번 내시: 어서 아뢰어라.
장 금: 저는 다만 마마님의 뜻을 따랐을 뿐이옵니다.
정 사: 그 뜻이 무엇이냐?
장 금: 그 어떠한 경우에도, 먹는 사람에게 해가 되는 것을, 올려서는 안 된다는 것입니다. 그것이 음식을 하는 자의 도리라 하셨습니다.
정 사: 그로 인해 자신에게 크나큰 위험이 닥쳐도 말이냐?
장 금: 이미, 한 상궁 마마님께서 끌려가시며 제게 몸소 보여 주시지 않으셨습니까?
정 사: (웃으며) 참으로 고집불통인 스승과 제자로다.
모 두: (보면)
정 사: 그래, 하여, 알았다. 음식을 하는 자가 도리와 소신이 있듯이 음식을 먹는 자 또한 도리가 있어야 한다는 것을.
모 두: …….
정 사: 음식을 해 주는 자가 올곧은 마음으로 내 몸을 지켜 주려는데 정작 먹는 자인 내가 내 몸을 소홀히 하여, 나를 해치는 음식을 먹는다는 것이 말이 안 되지. 먹는 자에게도 도리가 있는 것이었어.
모 두: …….
정 사: 갖은 향신료에 절어 있던 차라 네가 올린 음식이 처음에는 풀 냄새만 나더니 먹으면 먹을수록, 그 재료 고유의 맛이 느껴지면서 참으로 맛있었다. 또 다른 맛의 공간이더구나. 비록 조선의 작은 땅덩어리에 사나, 네 배포와 심지는

대륙의 땅보다도 크구나.

장 금: …….

정 사: 가는 날까지 내 음식은 고집불통인 네 스승과 너에게 맡기겠노라!

– 김영현 각본, 「대장금(大長今)」 –

* 몽타주: 각각 촬영한 화면을 이어 붙여 다양한 효과를 연출하는 기법으로, 사건을 속도감 있게 보여 주는 효과를 나타내기도 함.

10

고1 • 2019년 3월 39번

윗글을 통해 알 수 있는 내용으로 적절한 것은?

① 한 상궁은 정사의 뜻을 알고 장금에게 음식을 준비하도록 했다.

② 장금과 금영은 정사가 먹을 음식을 기쁜 마음으로 함께 준비하였다.

③ 정사는 오겸호의 조언에 따라 장금이 만든 음식을 억지로 먹고 있었다.

④ 오겸호는 만한전석을 준비하라고 한 정사의 지시에 불만을 가지고 있었다.

⑤ 정사는 떠나는 날까지 음식을 준비하라고 할 만큼 장금에 대한 신뢰를 보였다.

[해설편 p.045]

11

고1 • 2019년 3월 40번

〈보기〉를 통해 윗글을 감상한 내용으로 적절하지 않은 것은? [3점]

〈보 기〉

음식은 먹는 사람의 건강을 지키는 수단이자 맛에 대한 욕망을 충족하는 수단이기도 하다. 이 둘은 상충되기도 하지만 조화를 이루기도 한다. 「대장금」은 다양한 음식을 소재로 한 일련의 사건과 음식에 대한 소신을 지키는 장금의 모습에서 전통 음식 문화에 대한 자부심을 느끼게 한다.

① 정사는 '소갈'에 걸리고도 맛있고 '기름진 음식'을 끊을 수 없었다는 점에서 맛에 대한 욕망을 제어하지 못하였음을 알 수 있군.

② 장금이 정사가 싫어하는 것을 알면서도 '생선'과 '산나물'을 이용하여 만든 음식을 올리는 것은 정사의 건강을 우선시했기 때문이군.

③ 정사는 장금이 만든 음식에서 '재료 고유의 맛'을 느끼며 건강을 지키는 것과 맛에 대한 욕망이 조화를 이룰 수 있음을 깨닫게 되는군.

④ 장금은 정사가 '만한전석'과 같이 건강을 해치는 음식을 선호하는 것을 보고 음식을 먹는 자의 도리를 지키지 않는다고 말하며 안타까워했군.

⑤ 장금이 위험을 무릅쓰고 먹는 사람의 건강에 도움이 되는 음식을 고집하는 것에서 '음식을 하는 자의 도리'를 지키고자 하는 소신을 확인할 수 있군.

12

고1 • 2019년 3월 41번

S#49를 제작하기 위한 회의 내용으로 적절하지 않은 것은?

① 음식을 정성스럽게 만드는 장금의 솜씨를 강조할 필요가 있습니다. 음식을 만드는 손을 클로즈업하면 좋겠습니다.

② 이틀에 걸친 사건을 짧은 장면으로 이어 붙인 장면입니다. 사건이 속도감 있게 전달될 수 있도록 편집하면 좋겠습니다.

③불안해하는 오겸호를 담은 장면이 반복됩니다. 배우의 표정 연기를 통해 긴장감이 고조되도록 연출을 하면 좋겠습니다.

④ '음식 준비–사신의 시식–장금의 기대–사신의 평가'가 이어지고 있습니다. 이 순서대로 장면들을 편집하면 좋겠습니다.

⑤ 조선 시대를 배경으로 하고 있습니다. 사실성이 드러나도록 당시의 의복과 소품을 고증하여 준비하는 것이 좋겠습니다.

학습 Check!

▶ 몰라서 틀린 문항 × 표기 ▶ 헷갈렸거나 찍은 문항 △ 표기 ▶ ×, △ 문항은 다시 풀고 ✔ 표기를 하세요.

종료 시각	시 분 초
소요 시간	분 초
초과 시간	분 초

문항 번호	01	02	03	04	05	06	07	08	09	10	11	12
채점 결과												
틀린 문항 복습												

DAY 13 수능기출 전국연합학력평가 20분 미니 모의고사

● 날짜 : 월 일 ● 시작 시각 : 시 분 초 ● 목표 시간 : 20분

※ 점수 표기가 없는 문항은 모두 2점입니다.

01~02 다음은 학생이 수업 시간에 한 발표이다. 물음에 답하시오.

떫은맛이 어떤 느낌인지 모르는 사람은 없을 것입니다. 그런데 그 맛이 어떻게 해서 느껴지는지, 떫은맛이 나는 식품이 몸에 어떤 영향을 주는지에 대해서는 잘 모르는 것 같습니다. 그래서 여러분에게 떫은맛에 대해 알려 드리려고 합니다.

과학 시간에 단맛, 짠맛, 신맛 등과 같은 기본적인 맛이 혀의 미각 세포를 통해 느껴진다고 배운 적이 있는데, 기억하시나요? (대답을 듣고) 다들 잘 알고 있네요. 그런데 떫은맛은 입속 점막과 같은 피부 조직이 자극을 받아 느껴지는 촉각에 해당해요. 떫은맛을 내는 성분은 입안에서 혀 점막의 단백질과 결합합니다. 그 과정에서 만들어진 물질이 혀의 점막을 자극하죠. 이 자극 때문에 우리는 입안이 텁텁하다고 느낍니다. 그 텁텁한 느낌을 떫은맛이라고 하는 거죠.

(사진을 보여 주며) 이것은 감의 단면입니다. 과육 사이에 보이는 작고 검은 점들을 본 적이 있으시죠? (대답을 듣고) 네, 다들 본 적이 있는 이 점들이 떫은맛을 내는 성분 중의 하나인 타닌 입니다. 덜 익은 감의 타닌은 침에 녹는 성질이 있어 떫은 맛을 느끼게 해요. 하지만 감이 익어 가면서 타닌이 침에 녹지 않는 성질로 변하기 때문에 잘 익은 감에서는 떫은맛이 느껴지지 않습니다.

떫은맛이 나는 식품을 적당히 먹으면 건강에 도움이 됩니다. ○○ 연구소의 연구에 따르면, 떫은맛을 내는 타닌이 들어 있는 감과 녹차는 당뇨와 고혈압 등을 개선하는 기능이 있다고 합니다. 다만 떫은맛이 나는 식품을 많이 섭취하면 입이 마르고, 대장에서 수분 흡수율이 지나치게 높아져서 속이 불편할 수 있으니 적당히 섭취하는 게 좋습니다.

떫은맛을 꺼리는 사람도 있지만 떫은맛은 다른 맛과 혼합돼 독특한 풍미를 형성하기도 합니다. 그 풍미 때문에 녹차나 홍차를 즐기는 사람도 많은데요, 발표를 준비하면서 우리 주변에 떫은맛이 나는 식품이 많다는 것을 알게 되었습니다. 떫은맛이 나는 식품에는 무엇이 더 있는지 여러분도 찾아보면 어떨까요? 이상으로 발표를 마치겠습니다.

01

고3 • 2021학년도 9월 1번

위 발표에 대한 설명으로 가장 적절한 것은?

① 발표에 사용할 용어의 개념을 정의한 후 화제를 제시하고 있다.
② 청중의 요청에 따라 발표 내용에 대한 정보를 추가하여 설명하고 있다.
③ 발표 중간중간에 청중이 발표를 들으면서 주의해야 할 점을 안내하고 있다.
④ 발표 내용과 관련된 청중의 경험을 환기하며 청중의 반응을 확인하고 있다.
⑤ 발표 내용에 대한 청중의 이해 여부를 확인하는 질문을 하며 발표를 마무리하고 있다.

02

고3 • 2021학년도 9월 2번

다음은 발표를 하기 위해 작성한 메모와 발표 계획이다. 발표 내용에 반영되지 않은 것은?

	메모		발표 계획
①	청중은 떫은맛의 느낌은 알지만 떫은맛과 관련된 지식은 부족할 것임.	→	떫은맛에 대한 정보를 제공하는 것이 발표의 목적임을 밝혀야지.
②	청중은 기본적인 맛은 미각 세포를 통해 느낀다는 것을 배운 적이 있음.	→	기본적인 맛과 떫은맛이 느껴지는 감각의 차이를 언급하며 떫은맛이 느껴지는 과정을 설명해야지.
③	감의 타닌(과육의 검은 점)이 떫은맛을 냄.	→	떫은맛을 내는 다양한 성분을 분석한 시각 자료를 보여 줘야지.
④	떫은맛이 나는 식품이 건강에 도움을 줌.	→	떫은맛이 나는 식품의 효능과 관련된 연구 결과를 인용해야지.
⑤	떫은맛이 나는 식품은 여러 가지가 있음.	→	떫은맛이 포함되어 풍미를 느낄 수 있는 식품의 예를 언급해야지.

03 다음은 작문 상황에 따라 쓴 학생의 초고이다. 물음에 답하시오.

[작문 상황]

일상의 체험을 바탕으로 수필을 써 학급 문집에 싣고자 함.

[초고]

우리 집 마당 구석에 있는 창고에는 낡고 작은 배달용 오토바이가 한 대 서 있다. 아버지는 이 오토바이를 오랜 친구처럼 여기신다. 틈틈이 먼지를 털고, 경적을 빠방 울리기도 하고, 시동도 부르릉 걸어 보시고, 해진 안장을 툭툭 치며 환하게 웃으신다.

야트막한 언덕에 자리한 우리 학교는 인자한 미소를 띤 고목들이 오랜 전통을 말해 준다. 운동장을 발밑에 두고 중고등학교 건물이 다정히 서 있는데, 교실 유리창으로 내려다보이는 옛 시가지의 한적한 플라타너스 길은 운치가 있고 아름답다.

중학교에 갓 입학했을 때 늦잠을 자는 바람에 아버지의 등 뒤에 꼭 붙어서 오토바이로 급히 등교한 적이 있었다. 아버지는 교문에서 조금 떨어진 골목 모퉁이에서 나를 내려 주셨다. 식당 일로 분주한 아침이지만, 내가 교문에 들어설 때까지 플라타너스 가로수 옆에 서 계시다가 어서 들어가라는 손짓을 보내시고 "부릉부릉 부루릉" 소리를 내며 돌아서셨다. 그 소리가 여느 오토바이의 것과는 조금 달라서였을까, 옆을 지나치던 학생들은 재미있다는 표정으로 돌아보았다. 하지만 지금까지도 나는 아버지의 오토바이 소리를, 고요와 평안을 할퀴지 않는 따듯하고 부드러운 소리로 기억하고 있다.

중학교 때 점심시간이 끝나 갈 무렵 운동장 옆 산책길을 걷다가 아버지의 오토바이 소리를 들은 적이 있었다. 우리 오토바이만의 음색이 내 마음속에 반가운 파문을 일으켰다. 저쪽 관공서 근처에 배달을 다녀오시나 보다. 매일 한두 번은 학교 교문 앞도 지나시나 보다. 아버지는 이 길을 지나실 때마다 과연 무슨 생각을 하실까 상상해 보았다. 그날 이후 아버지의 오토바이가 교문을 지나 플라타너스 가로수 길로 향하는 오르막을 오를 때 들려왔던 그 소리는 왠지 내 어깨를 다독다독하는 인사말처럼 느껴졌다. '오후도 즐겁게!', '아빠, 지나간다.', '오늘 화창하구나!'…….

아버지의 모습에서, 아버지의 오토바이 소리에서 든든한 힘을 얻어서 그런지 내겐 누군가의 마음을 더 깊이 헤아려 보는 상상력이 생긴 것 같다. 친구들과 놀다가 늦게 귀가할 때 아버지께서 내게 보내시는 "으흠" 헛기침 소리에서 '너무 늦었구나. 씻고 일찍 자렴.' 하는 깊은 사랑의 마음을 헤아릴 수도 있게 되었다.

내가 고등학생이 된 새봄. 아버지께서는 이제 오토바이 배달을 그만두셨다. 조금은 아쉽기도 하다.

03

고1 • 2023년 3월 10번

〈보기〉는 초고를 읽은 선생님의 조언이다. 이를 반영하여 초고에 추가할 내용으로 가장 적절한 것은?

〈보 기〉

선생님: 글의 마지막 문장 뒤에, 아버지께서 오토바이 배달을 그만두셨을 때 네가 아쉬움을 느낀 이유를 추가하고, 비유를 활용한 표현도 있으면 좋겠어.

① 다정한 인사처럼 들렸던 아버지의 오토바이 소리를 더 이상 들을 수 없게 되어서.

② 이제 고등학교 신입생이 되어 학교생활을 새롭게 시작해야 한다는 부담감이 생겨서.

③ 아버지의 오토바이를 타고 함께 등교하는 소소한 즐거움을 더 이상 느낄 수 없어서.

④ 교문 앞을 지나 플라타너스 가로수 길을 오가시던 아버지의 모습을 더 이상 볼 수 없어서.

⑤ 중학교를 졸업하여 친구들과 함께했던 추억의 서랍장을 이제는 열어 볼 수 없을 것 같아서.

04

고1 • 2023년 9월 13번

다음은 수업 장면의 일부이다. ⓐ와 ⓑ에 들어갈 말로 적절한 것은? [3점]

선생님: 음운의 변동에는 어떤 음운이 다른 음운으로 바뀌는 교체, 두 음운이 합쳐져 하나가 되는 축약, 원래 있던 한 음운이 없어지는 탈락, 없던 음운이 추가되는 첨가의 유형이 있습니다. 이러한 음운의 변동은 한 단어에서 두 가지 이상이 함께 나타나기도 합니다. 또한 음운의 변동 결과가 표기에 반영되기도 하고, 음운의 변동 후에 음운의 개수가 달라지기도 합니다. 그러면 다음 자료에 나타난 음운의 변동을 탐구해 봅시다.

국밥[국빱], 굳히다[구치다], 급행열차[그팽녈차]

위 자료를 '국밥', 그리고 '굳히다, 급행열차'로 나눈다면, 그 기준은 무엇일까요?

학생: (ⓐ)를 기준으로 나누었습니다.

선생님: 맞습니다. 그럼, '굳히다'와 '급행열차'에 공통으로 나타나는 음운의 변동은 무엇일까요?

학생: (ⓑ)입니다.

선생님: 네, 맞습니다.

	ⓐ	ⓑ
①	음운의 변동이 두 가지 이상 일어났는지	축약
②	음운의 변동이 두 가지 이상 일어났는지	교체
③	음운의 변동 결과 음운의 개수가 줄었는지	탈락
④	음운의 변동 결과 음운의 개수가 줄었는지	교체
⑤	음운의 변동 결과가 표기에 반영되었는지	축약

05~09 다음 글을 읽고 물음에 답하시오.

상담 이론이자 상담 기법인 '현실요법'에서는 인간의 다섯 가지 기본 욕구를 제시하고 있다. 이 이론에서는 개인의 모든 행동은 기본 욕구를 충족시키기 위해서 그 자신이 선택하는 것이라 보았다. 만약 이러한 선택으로 문제가 발생한다면 다섯 가지 기본 욕구를 실현 가능한 수준으로 타협하고 조절해 새로운 선택을 할 필요가 있다고 ⓐ <u>제안</u>했다.

다섯 가지 기본 욕구 중 첫째는 '생존의 욕구'로, 자신의 삶을 유지하려는 생물학적인 속성이다. 사회적 규칙이나 상식을 지키려는 욕구이며, 생존에 필요한 것을 아끼고 모으려는 욕구이기도 하다. 이 욕구가 강한 사람은 건강과 안전을 중시하는 편이다. 둘째는 '사랑의 욕구'로, 사랑하고 나누며 함께하고자 하는 욕구이다. 이 욕구가 강한 사람은 타인을 잘 돕고, 사랑을 주는 만큼 받는 것도 중요하게 여기기에 인간관계에서 힘들어하기도 한다. 셋째는 '힘의 욕구'로, 경쟁하여 성취하고 인정받고 싶어 하는 욕구이다. 이 욕구가 강한 사람은 직장에서의 성공과 명예를 중시하고 높은 사회적 지위에 ⓑ <u>도달</u>하기 위해 노력한다. 또한 자기가 옳게 여기는 것에 대한 의지가 있어 자기주장이 강하며 타인에게 지시하는 일에 능하다. 넷째는 '자유의 욕구'로, 무언가에 얽매이지 않고 벗어나고 싶어 하는 욕구이다. 이 욕구가 강한 사람은 상대방을 구속하는 것, 자신을 구속시키는 것을 싫어한다. 그래서 상대방에게 대체로 관대하고, 혼자 하는 것을 좋아하며, 사람들과 적정한 거리를 유지하는 것을 편하게 여긴다. 다섯째는 '즐거움의 욕구'로, 새로운 것을 배우고 놀이를 통해 즐기고 싶어하는 욕구이다. 이 욕구가 강한 사람은 취미 생활을 즐기며, 잘 웃고 긍정적 태도를 취한다. 또한 호기심이 많기에 배우는 것을 좋아한다.

현실요법에서는 이 다섯 가지 욕구들의 강도가 개인마다 달라 행동 양상이 다양하게 나타나고, 여러 가지 갈등을 겪을 수도 있다고 보았다. 현실요법은 우선 내담자*가 자신의 욕구를 들여다볼 수 있도록 한 다음, 약한 욕구를 북돋아 주거나 강한 욕구들 사이에서 타협과 조절을 하여 새로운 선택을 하도록 이끄는 단계를 밟는다. 예를 들어 사랑의 욕구가 강하고 힘의 욕구가 약한 사람이 타인의 부탁에 불편함을 느끼면서도 거절하지 못해 괴로워한다고 가정해 보자. 이 경우 현실요법에서는 ㉠ <u>힘의 욕구를 북돋아 자기주장을 표현할 수 있도록 도울 수 있다</u>. 또 자유의 욕구와 힘의 욕구 모두가 강한 사람은 자신이 ⓒ <u>선호</u>하는 것을 우선시하고 이것이 방해받으면 불편해하며 주변 사람들과 갈등을 일으킬 수 있다. 이 경우 힘의 욕구를 조절하도록 이끌 수 있는데, 타인과의 사소한 의견 충돌 상황에서 자기주장을 강조하기보다는 타인의 마음을 헤아리고 그 의견을 ⓓ <u>겸허</u>하게 수용하는 연습을 하게 할 수 있다.

현실요법은 타인의 욕구 충족을 방해하지 않으면서 효과적인 선택을 통해 자신의 욕구를 충족시키려 한다. 이는 내담자가 외부 요인에 의해 통제되는 존재가 아니라 스스로 자신의 욕구를 조절할 수 있는 주체라고 보는 관점을 기반으로 한다. 현재 현실요법은 상담 분야에서 호응을 얻어 심리 상담에 널리 ⓔ <u>활용</u>되고 있다.

* 내담자: 상담실 따위에 자발적으로 찾아와서 이야기하는 사람.

05

고1 • 2023년 6월 16번

윗글에 대한 설명으로 가장 적절한 것은?

① 이론의 주요 개념을 밝히고 그 이론의 구체적 적용 사례를 들고 있다.
② 이론을 소개하고 장점을 밝힌 후 그 이론이 지닌 한계를 덧붙이고 있다.
③ 이론이 등장하게 된 사회적 배경과 이론이 발전하는 과정을 드러내고 있다.
④ 하나의 이론과 다른 관점의 이론을 대조하여 둘의 차이점을 부각하고 있다.
⑤ 이론의 주요 개념을 여러 유형으로 나눈 다음 추가할 새로운 유형을 소개하고 있다.

06

고1 • 2023년 6월 17번

윗글의 내용과 일치하지 않는 것은?

① 약한 욕구를 강한 욕구로 대체해야 갈등에서 벗어날 수 있다.
② 개인이 지닌 욕구들의 강도에 따라 다양한 행동 양상이 나타난다.
③ 현실요법에서는 내담자는 외부 요인에 의해 통제되는 존재가 아니라고 본다.
④ 현실요법에 따르면 인간은 기본 욕구를 충족시키기 위해 스스로 행동을 선택한다.
⑤ 현실요법은 기본 욕구들을 실현 가능한 수준으로 타협하는 것이 가능하다고 본다.

07

고1 • 2023년 6월 18번

㉠의 구체적인 방법으로 가장 적절한 것은?

① 자신과 다른 의견을 경청하는 연습을 하도록 이끈다.
② 부탁을 거절하거나 자신의 불편함을 표출하도록 이끈다.
③ 혼자 어디론가 떠나거나 혼자만의 시간을 갖도록 권한다.
④ 타인과 약속을 잘 지킬 수 있는 원칙을 만들도록 권한다.
⑤ 사람들과 어울려 새로운 취미 생활을 즐길 수 있도록 권한다.

08

고1 • 2023년 6월 19번

윗글을 바탕으로 〈보기〉를 이해한 내용으로 적절하지 않은 것은? [3점]

〈보 기〉

A, B 학생의 욕구 강도 프로파일
(5점: 매우 강하다, 4점: 강하다, 3점: 보통이다, 2점: 약하다, 1점: 매우 약하다)

	다섯 가지 기본 욕구 측정 항목	욕구 강도 A	욕구 강도 B
(가)	• 남의 지시와 잔소리를 싫어한다. • 자신의 방식대로 살고 싶다. ⋮	5	5
(나)	• 다른 사람의 잘못을 잘 짚어 준다. • 내 분야에서 최고가 되고 싶다. ⋮	4	1
(다)	• 친구를 위한 일에 기꺼이 시간을 낸다. • 친절을 베푸는 것을 좋아한다. ⋮	5	1
(라)	• 큰 소리로 웃는 것을 좋아한다. • 여가 활동으로 알찬 휴일을 보낸다. ⋮	1	3
(마)	• 균형 잡힌 식생활을 하려고 노력한다. • 저축을 중요하게 생각한다. ⋮	2	5

① A는 '즐거움의 욕구'보다 '힘의 욕구'가 더 강하다고 할 수 있겠군.
② B는 '힘의 욕구'가 '생존의 욕구'보다 더 약하다고 할 수 있겠군.
③ A는 B보다 '힘의 욕구'가 더 약하다고 할 수 있겠군.
④ A와 B는 모두 '자유의 욕구'가 매우 강하다고 할 수 있겠군.
⑤ A는 '사랑의 욕구'가 '즐거움의 욕구'보다 강하지만, B는 '즐거움의 욕구'가 '사랑의 욕구'보다 강하다고 할 수 있겠군.

[해설편 p.048]

09

고1 • 2023년 6월 20번

ⓐ~ⓔ의 사전적 의미로 적절하지 않은 것은?

① ⓐ: 안이나 의견으로 내놓음.
② ⓑ: 사람이나 동식물 따위가 자라서 점점 커짐.
③ ⓒ: 여럿 가운데서 특별히 가려서 좋아함.
④ ⓓ: 스스로 자신을 낮추고 비우는 태도가 있음.
⑤ ⓔ: 충분히 잘 이용함.

10~12 다음 글을 읽고 물음에 답하시오.

(가)

까마득한 날에
하늘이 처음 열리고
어데 닭 우는 소리 들렸으랴 [A]

모든 산맥들이
바다를 연모해 휘달릴 때도
차마 이곳을 범하던 못하였으리라 [B]

끊임없는 광음*을
부지런한 계절이 피어선 지고
큰 강물이 비로소 길을 열었다 [C]

지금 눈 나리고
매화 향기 홀로 아득하니
내 여기 **가난한 노래의 씨**를 뿌려라

다시 천고의 뒤에
백마 타고 오는 ㉠ 초인이 있어
이 광야에서 목 놓아 부르게 하리라

– 이육사, 「광야」 –

* 광음: 햇빛과 그늘. 즉 낮과 밤이라는 뜻으로, 시간이나 세월을 이르는 말.

(나)

머리가 마늘쪽같이 생긴 고향의 **소녀**와
한여름을 알몸으로 사는 고향의 **소년**과
같이 낯이 설어도 사랑스러운 **들길**이 있다 [D]

그 길에 아지랑이가 피듯 태양이 타듯
제비가 날듯 길을 따라 물이 흐르듯 그렇게
그렇게 [E]

천연(天然)히*

울타리 밖에도 ㉡ 화초를 심는 마을이 있다
오래오래 **잔광**이 부신 마을이 있다
밤이면 더 많이 **별**이 뜨는 **마을**이 **있다**

– 박용래, 「울타리 밖」 –

* 천연히: 생긴 그대로 조금도 꾸밈이 없이.

10

고1 • 2022년 9월 43번

[A]~[E]에 대한 설명으로 적절하지 않은 것은?

① [A]: 설의적 표현을 활용하여 원시성을 지닌 태초 광야의 모습을 강조하고 있다.
② [B]: 인격화된 대상의 행위를 추측하여 광야의 신성성을 부각하고 있다.
③ [C]: 추상적 대상을 구체화하여 광야가 끊임없이 생성되고 소멸되는 순환성을 나타내고 있다.
④ [D]: 시각적 심상을 활용하여 고향의 모습을 선명하게 표현하고 있다.
⑤ [E]: 비유적인 표현을 활용하여 인위적이지 않은 마을의 모습을 드러내고 있다.

11

고1 • 2022년 9월 44번

㉠과 ㉡에 대한 이해로 가장 적절한 것은?

① ㉠은 화자를 각성하게 하는 존재이며, ㉡은 화자를 성찰하게 하는 대상이다.
② ㉠은 공간의 황폐함을 심화하는 존재이며, ㉡은 공간에 생명력을 부여하는 대상이다.
③ ㉠은 공간의 변화를 가져오는 존재이며, ㉡은 공동체의 인식 전환을 일으키는 대상이다.
④ ㉠은 화자가 위화감을 느끼게 하는 존재이며, ㉡은 화자가 애상감을 느끼게 하는 대상이다.
⑤ ㉠은 화자가 지향하는 이상을 실현하는 존재이며, ㉡은 화자가 지향하는 공동체의 모습을 드러내는 대상이다.

12 1등급 대비 고난도 3점 문제

고1 • 2022년 9월 45번

〈보기〉를 바탕으로 (가), (나)를 감상한 내용으로 적절하지 않은 것은? [3점]

〈보 기〉

시에서의 시간 양상은 화자의 지향성을 내포하고 있다. 화자가 미래 지향성을 보이는 경우, 시에서의 시간은 현재에서 미래로 나아가는 순방향의 흐름을 보인다. 이때 화자는 현재의 결핍을 인식하고 과거로의 회귀 대신 발전된 미래에 대한 신뢰를 바탕으로 부정적인 현재 상황을 적극적으로 극복하려 한다. 화자가 과거 상황을 긍정적으로 인식하는 과거 지향성을 보이는 경우, 화자는 미래에 대한 신뢰 없이 과거의 공간을 훼손되지 않은 원형으로 여기는 모습을 보인다. 이때 화자의 과거 회상이 현재 시제로 표현되기도 하는데, 이는 과거 공간이 존속하기를 소망하는 화자의 심리가 반영된 것으로 볼 수 있다.

① (가)의 화자는 '큰 강물이 비로소 길을' 연 것을 통해 발전된 미래를 향한 희망을 확인하여 극복의 자세를 드러낸 것이겠군.
② (가)의 화자가 '가난한 노래의 씨'를 뿌리고자 하는 것은 현재의 결핍을 인식하고 있기 때문이겠군.
③ (나)의 '소녀', '소년', '들길'이 존재하는 고향의 모습을 통해 화자가 고향을 훼손되지 않은 원형으로 여기고 있음을 알 수 있겠군.
④ (나)의 '잔광'이 부시고 '별'이 뜨는 마을의 모습을 통해 화자가 마을을 긍정적으로 인식하고 있음을 알 수 있겠군.
⑤ (나)의 '마을'을 '있다'로 표현하는 것은 마을의 모습이 존속하기를 소망하는 화자의 심리를 드러낸 것이겠군.

DAY 13

학습 Check!

▶ 몰라서 틀린 문항 × 표기 ▶ 헷갈렸거나 찍은 문항 △ 표기 ▶ ×, △ 문항은 다시 풀고 ✔ 표기를 하세요.

종료 시각	시 분 초
소요 시간	분 초
초과 시간	분 초

문항 번호	01	02	03	04	05	06	07	08	09	10	11	12
채점 결과												
틀린 문항 복습												

DAY 14 수능기출 전국연합학력평가 20분 미니 모의고사

● 날짜 : 월 일 ● 시작 시각 : 시 분 초 ● 목표 시간 : 20분

※ 점수 표기가 없는 문항은 모두 2점입니다.

01~02 (가)는 텔레비전 방송의 인터뷰이고, (나)는 (가)를 시청한 후 행복 나눔 장터를 다녀온 학생이 학교 홈페이지에 올리기 위해 쓴 건의문의 초고이다. 물음에 답하시오.

(가)

진행자: 오늘은 '행복 나눔 장터'를 성공적으로 운영하고 있는 △△시의 시장님을 모시고 말씀을 나눠보겠습니다. 시장님, 안녕하세요.

△△시 시장: 안녕하세요.

진행자: 시청자 분들께 행복 나눔 장터를 운영하게 된 배경을 말씀해 주시겠어요?

△△시 시장: 그동안 우리 시에서는 재활용이 가능한 다양한 중고품이 쓰레기와 함께 버려지는 경우가 많았고, 이는 환경오염을 심화시켜 늘 골칫거리였습니다. (사진1 화면) 보시다시피 주변에 버려진 전자제품과 가구가 오랫동안 방치되어 환경을 오염시키고 있습니다. 그런데 한 시민의 제안으로 시작한 행복 나눔 장터 덕분에 지금은 중고품의 재활용이 증가하여 쓰레기 배출량도 많이 줄었습니다.

진행자: 네, 그렇군요. 행복 나눔 장터가 주말마다 열린다고 들었는데, 장터의 모습을 잠시 보여 주실 수 있나요?

△△시 시장: (동영상 화면) 지난 주말의 장터 모습을 촬영한 것인데, 많은 시민들이 행복 나눔 장터를 찾았습니다.

진행자: (동영상을 보고 나서) 행복 나눔 장터의 열기가 여기까지 전해지는 듯하네요. 시장님, 올해는 운영 면에서 지난해와 달라진 점이 있나요?

△△시 시장: 지난해까지는 나눔 마당을 통해 시민들로부터 기증 받은 중고품을 필요한 사람들에게 나눠주거나 중고품을 교환하는 행사에 치중했습니다. (사진2 화면) 하지만 올해는 화면에서 보시는 것처럼 실속 마당을 새롭게 마련하여 우리 지역에서 생산되는 토마토, 참외, 버섯 등의 농산물을 저렴하게 구입할 수 있도록 했습니다. (사진3 화면) 뿐만 아니라 행사장 가장자리에 체험 마당도 마련하여 폐식용유를 활용한 비누 만들기 체험을 해 볼 수 있게 하였습니다.

진행자: 올해는 나눔 마당, 실속 마당, 체험 마당으로 구성하여 운영한다는 말씀이죠?

△△시 시장: 네, 그렇습니다.

진행자: 그동안 행복 나눔 장터를 운영하면서 힘들었던 일도 많았을 것 같은데, 소개해 주시겠습니까?

△△시 시장: 행복 나눔 장터를 열던 첫해에는 시민들의 관심도 적었고, 기증 받은 중고품도 많지 않아 큰 어려움을 겪었습니다. 또 행사 진행을 도와 줄 자원봉사자들이 부족하여 무척 힘들었죠.

진행자: 그렇군요. 그런데 시장님, 기증 받은 중고품에는 어떤 것들이 있나요? 또 행사장에 가면 누구나 원하는 만큼 중고품을 무료로 받을 수 있는 건가요?

△△시 시장: (표 화면) 이 표를 보시면 아시겠지만 가구, 가전제품, 학용품, 옷, 신발, 완구 등 시민들로부터 기증 받은 중고품이 굉장히 많습니다. 행사장에 도착한 순서대로 번호표를 배부한 후 그 순서에 따라 필요한 물품을 선택할 수 있는 기회를 부여합니다. 하지만 물품 선택은 한 세대 당 하나만 가능하죠.

진행자: 그렇군요. 시장님, 행사가 열리는 장소는 어디죠?

△△시 시장: 시청에서 5분 거리에 있는 시민운동장입니다. 다른 지역에서 오시는 분들은 지하철을 이용하시면 시민운동장까지 편안하게 이동할 수 있습니다.

진행자: 시민들이 중고품을 기증하려면 어떻게 해야 하나요?

△△시 시장: (사진4 화면) △△시 홈페이지 게시판입니다. 이 게시판을 이용하여 기증할 물품과 기증자의 연락처만 남겨주시면 업무 담당자가 직접 연락하여 기증자가 원하는 날짜에 수거할 것입니다.

진행자: 끝으로 시청자 분들께 한 말씀 해 주시죠.

△△시 시장: 행복 나눔 장터에는 다양한 종류의 중고품과 지역 농산물들이 준비되어 있습니다. 이번 주말에 가족과 함께 행복 나눔 장터를 방문해 주세요.

진행자: 네, 오늘 좋은 말씀 감사합니다.

(나) 학생의 초고

교장 선생님, 안녕하십니까? 저는 1학년 김○○입니다. 제가 교장 선생님께 글을 쓰게 된 이유는 우리 학교에도 중고품을 교환할 수 있는 나눔 장터를 마련해 달라고 건의하기 위해서입니다.

저는 지난 주말에 가족들과 함께 시민운동장에서 열린 '행복 나눔 장터'를 다녀왔습니다. 이곳에서는 누구나 자유롭게 중고품을 교환할 수도 있고, 자신에게 필요한 물품을 무료로 제공받을 수 있습니다. 그러다 보니 시민들에게도 인기가 많을 뿐만 아니라 다른 도시에서도 소문을 듣고 이 장터를 찾는 사람들이 있다고 합니다. 저는 행복 나눔 장터를 다녀온 후 우리 학교에도 중고품을 교환할 수 있는 나눔 장터가 있으면 좋겠다고 느꼈습니다.

제가 환경 동아리 부원들과 함께 전교생을 대상으로 사용하지 않는 물건들의 종류와 그 처리 방법을 알아보기 위해 설문조사를 했습니다. 사용하지 않는 물건에는 학용품을 비롯하여 참고서, 책, 가방, 자전거, 전자시계 등 종류가 다양했습니다. 이러한 물건들은 모두 쓸 만한 것들이지만 마땅히 처리할 방법을 잘 몰라 그냥 버리거나 집에 방치하고 있다는 응답이 상당수를 차지했습니다.

이러한 현실을 감안할 때, ⓐ <u>우리 학교에 중고품을 교환할 수 있는 장터가 생긴다면, 분명 긍정적인 효과가 발생할 것이라</u>

생각합니다. 그러므로 중고품 나눔 장터를 마련해 주셨으면 좋겠습니다. 감사합니다.

01

고1 • 2021년 6월 4번

(가)에 나타난 말하기 방식으로 적절한 것은?

① '진행자'는 '△△시 시장'에게 인터뷰할 내용의 순서를 안내하고 있다.

② '진행자'는 '△△시 시장'에게 자신이 이해한 내용이 맞는지 확인하고 있다.

③ '진행자'는 친숙한 소재에 빗대어 인터뷰 내용을 요약하여 시청자들에게 전달하고 있다.

④ '△△시 시장'은 '진행자'의 질문에 전문가의 말을 인용하여 답변하고 있다.

⑤ '△△시 시장'은 기대되는 긍정적인 결과를 언급하며 인터뷰를 마무리하고 있다.

02

고1 • 2021년 6월 7번

다음을 고려할 때, ⓐ를 보완한 내용으로 가장 적절한 것은? [3점]

> **[글쓰기 과정에서의 자기 점검]**
> 긍정적인 효과가 무엇인지 잘 드러나지 않았네. 우리 학교 학생들이 얻을 수 있는 교육적 효과와 학교가 얻을 수 있는 홍보 효과도 함께 강조하면 설득력이 더 높아질 것 같아.

① 우리 학교에 중고품을 교환할 수 있는 장터가 생긴다면, 학생들뿐만 아니라 지역 주민들도 분명 동참하게 될 것입니다.

② 우리 학교에 중고품을 교환할 수 있는 장터가 생긴다면, 학생들도 자신의 물건을 함부로 버리지 않고 더 애정을 가지게 될 것입니다.

③ 우리 학교에 중고품을 교환할 수 있는 장터가 생긴다면, 환경 보호에도 도움이 될 것이고 학생들도 자원 절약의 정신을 배우게 될 것입니다.

④ 우리 학교에 중고품을 교환할 수 있는 장터가 생긴다면, 우리 지역의 중학생들도 이 소문을 듣게 될 것이므로 자연스럽게 학교 홍보가 될 것입니다.

⑤ 우리 학교에 중고품을 교환할 수 있는 장터가 생긴다면, 학생들은 나눔의 정신을 배울 것이고 학교는 자원 절약을 실천하는 배움터라는 이미지를 얻을 것입니다.

[해설편 p.050]

03

고1 • 2023년 6월 15번

〈보기〉는 '사전 활용하기 학습 자료'의 일부이다. 이에 대해 탐구한 내용으로 적절하지 <u>않은</u> 것은?

> 〈보 기〉
>
> **갈다**[1] 통 갈아[가라] 가니[가니]
> 【…을, …을 …으로】 이미 있는 사물을 다른 것으로 바꾸다.
> ¶ 컴퓨터의 부속품을 좋은 것으로 갈았다.
>
> **갈다**[2] 통 갈아[가라] 가니[가니]
> [1]【…을】 날카롭게 날을 세우거나 표면을 매끄럽게 하기 위하여 다른 물건에 대고 문지르다.
> ¶ 옥돌을 갈아 구슬을 만든다.
> [2]【…을】 잘게 부수기 위하여 단단한 물건에 대고 문지르거나 단단한 물건 사이에 넣어 으깨다.
> ¶ 무를 강판에 갈아 즙을 낸다.
>
> **갈다**[3] 통 갈아[가라] 가니[가니]
> [1]【…을】 쟁기나 트랙터 따위의 농기구나 농기계로 땅을 파서 뒤집다.
> ¶ 논을 갈다.
> [2]【…을】 주로 밭작물의 씨앗을 심어 가꾸다.
> ¶ 밭에 보리를 갈다.

① '갈다[1]', '갈다[2]', '갈다[3]'은 동음이의어이군.

② '갈다[3]'은 여러 가지 뜻을 가지므로 다의어이군.

③ '갈다[2]-[2]'의 용례로 '무딘 칼을 날카롭게 갈다.'를 추가할 수 있겠군.

④ '갈다[1]'은 '갈다[2]', '갈다[3]'과 달리 부사어를 요구할 수도 있는 동사로군.

⑤ '갈다[1]', '갈다[2]', '갈다[3]'은 '갈-'에 '-니'가 결합할 때 표기와 발음이 같군.

DAY 14

[해설편 p.051]

04~08 다음 글을 읽고 물음에 답하시오.

수학자 힐베르트는 어떤 1차 논리의 논리식이 주어졌을 경우 이 논리식이 타당한지 여부를 결정하는 알고리즘이 존재하느냐 하는 문제를 제기했다. 튜링은 이 문제에 대한 답을 얻는 과정에서 가상의 기계 장치인 '튜링 기계'를 ⓐ 고안하게 된다.

튜링 기계는 사람이 계산할 때 일어나는 사고 과정을 응용한 가상의 기계로 ㉠ 테이프, ㉡ 헤드, ㉢ 상태 기록기 등의 부품으로 ⓑ 구성된다. 테이프는 좌우 양방향으로 무한히 많은 칸을 갖고 있다고 가정하며, 각 칸은 비어 있거나 한 개의 기호가 기록되어 있다. 헤드는 테이프에 기록된 기호를 읽거나 기호를 기록하는 장치인데, 테이프 위를 좌우로 한 칸씩 움직일 수 있다. 상태 기록기는 튜링 기계의 상태를 나타낸다.

튜링 기계는 작동규칙이 주어지면 튜링 기계의 상태와 헤드로 판독한 기호에 따라 작동되는데, 작동규칙은 예를 들면 (A, 1, P0, R, B)와 같이 표시할 수 있으며 이와 같은 형식을 '5순서열'이라고 한다. 5순서열의 첫 번째 자리와 다섯 번째 자리에는 A, B, C 등의 임의의 기호가 사용되어 튜링 기계의 상태를 나타낸다. (A, 1, P0, R, B)에서 'A'는 튜링 기계의 현재 상태를, 'B'는 튜링 기계의 다음 상태를 나타낸다. 이렇게 현재 상태를 나타내는 기호와 다음 상태를 나타내는 기호가 다르면 기계는 다음 상태로 바뀌고, 이와 달리 두 기호가 같으면 현재 상태가 유지된다. 5순서열의 두 번째 자리와 세 번째 자리에는 0, 1, □ 등의 기호가 사용되는데, □는 빈칸을 의미한다. (A, 1, P0, R, B)에서 '1'은 헤드가 읽는 기호를 나타내며, 'P0'은 기호를 읽은 칸에 0을 기록하라는 것을 나타낸다. 만약 P□가 사용되면 이는 □를 기록하라는 뜻으로 테이프에 기록된 기호가 있을 경우에는 이를 지우게 된다. 튜링 기계는 헤드가 읽는 기호와 테이프에 기록된 기호가 서로 같으면 주어진 5순서열을 수행하게 되지만, 다르면 주어진 5순서열을 수행하지 않게 된다. 5순서열의 네 번째 자리에는 헤드의 위치 변경을 지시하는 기호로 L, R, N이 사용되는데, L은 헤드를 왼쪽으로 한 칸, R은 헤드를 오른쪽으로 한 칸 이동하는 것을 나타내며, N은 헤드의 위치를 이동하지 않는 것을 나타낸다.

튜링 기계를 결정하는 5순서열은 여러 개가 모여 5순서열의 모임을 이룰 수도 있는데 이때는 세미콜론(;)을 사용해 나타낼 수 있다. 튜링 기계는 테이프의 시작 모습, 기계의 시작 상태, 그리고 테이프에서 헤드의 시작 위치가 정해지면 주어진 5순서열의 모임 중 수행 가능한 5순서열이 있을 경우, 이에 따라 작동하게 된다. 그러나 수행 가능한 5순서열이 없을 경우에는 작동을 멈추게 된다. 〈그림〉은 테이프의 시작 모습이 모두 빈칸이고, 기계의 시작 상태는 A이며, 헤드의 시작 위치는 화살표의 위치일 때, 5순서열의 모임 (A, □, P0, R, B) ; (B, □, P1, R, A)가 하나의 테이프에서 작동하는 상황을 단계별로 도식화한 것이다. 먼저 튜링 기계의 현재 상태가 A이고 테이프가 빈칸이므로, (A, □, P0, R, B)에 따라 그 칸에 0을 기록하고 오른쪽으로 헤드를 한 칸 이동한 후 상태를 B로 변경한다. 다음으로 튜링 기계의 현재 상태가 B이고 테이프가 빈칸이므로, (B, □, P1, R, A)에 따라 그 칸에 1을 기록하고 오른쪽으로 헤드를 한 칸 이동한 후 상태를 A로 변경한다. 그러면 다시 (A, □, P0, R, B)에 따라 작동하게 되어 결국 튜링 기계는 테이프에 0과 1을 무한히 반복하며 기록하게 된다.

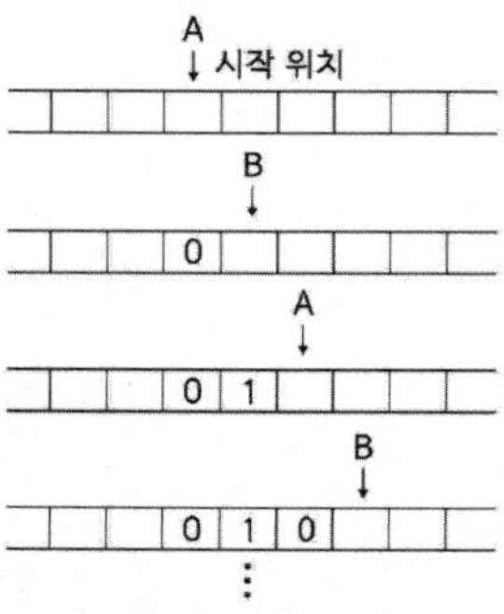

〈그림〉

튜링은 위와 같이 무한히 반복되는 5순서열의 모임뿐만 아니라 사칙연산과 같은 유한한 계산을 수행하는 5순서열의 모임을 제시하며 5순서열을 어떻게 ⓒ 조합하느냐에 따라 다양한 튜링 기계의 알고리즘을 만들 수 있다고 말한다. 나아가 테이프 한 칸에 튜링 기계의 알고리즘 하나하나가 들어가는 '보편 튜링 기계'라는 것을 제시하며, 아무리 복잡한 알고리즘도 간단한 단위로 ⓓ 분해해서 처리할 수 있다고 주장한다. 현대의 컴퓨터 역시, 용량이 크고 속도가 빠를 뿐 결국 복잡한 알고리즘을 아주 간단한 단위로 분해해서 수행하는 것이다. 이런 면에서 튜링 기계는 현대 컴퓨터 발명의 기본적인 착상을 제공하는 데 크게 ⓔ 공헌한 것으로 평가받고 있다.

04

고1 • 2022년 11월 25번

윗글에서 답을 찾을 수 있는 질문에 해당하지 않는 것은?

① 튜링 기계가 등장하게 된 배경은 무엇인가?
② 튜링 기계의 작동규칙을 표시하는 형식은 무엇인가?
③ 보편 튜링 기계와 현대 컴퓨터의 공통점은 무엇인가?
④ 튜링 기계가 작동되기 위해 필요한 조건들은 무엇인가?
⑤ 보편 튜링 기계가 처리하지 못하는 알고리즘의 종류는 무엇인가?

05 1등급 대비 고난도 2점 문제

고1 • 2022년 11월 26번

㉠~㉢을 이해한 내용으로 가장 적절한 것은?

① ㉠의 길이를 무한으로 가정한 것은 튜링 기계가 가상의 장치라는 것을 보여 주는 것이겠군.
② ㉢이 한 번에 판독할 수 있는 기호의 개수는 항상 동일하게 유지되겠군.
③ ㉠의 시작 모습은 ㉡의 위치 변경을 지시하는 기호에 따라 결정되겠군.
④ ㉡의 시작 위치가 정해지는 것은 ㉢이 나타내는 튜링 기계의 상태와 관련이 있겠군.
⑤ ㉢에 임의의 기호가 사용된다는 것은 ㉠에 기록된 기호의 종류가 항상 달라진다는 것을 의미하는 것이겠군.

※ 윗글과 다음을 참고하여 6번과 7번 두 물음에 답하시오.

[1진법의 덧셈을 하는 튜링 기계의 알고리즘]

㉮ (X, 1, P1, R, X) ; ㉯ (X, □, P1, R, Y) ; ㉰ (Y, 1, P1, R, Y) ; ㉱ (Y, □, P□, L, Z) ; ㉲ (Z, 1, P□, N, Z)

[1진법의 덧셈을 하는 튜링 기계의 시작 모습]

아래는 1진법의 덧셈을 하는 튜링 기계의 시작 모습을 도식화한 것이다. 튜링 기계의 시작 상태는 X이며, 헤드의 시작 위치는 화살표의 위치이다. 테이프에는 1진법에서 2를 의미하는 '11'과 3을 의미하는 '111'이 기록되어 있으며, '11'과 '111'을 구분하기 위해 사이에 빈칸이 하나 삽입되어 있다.

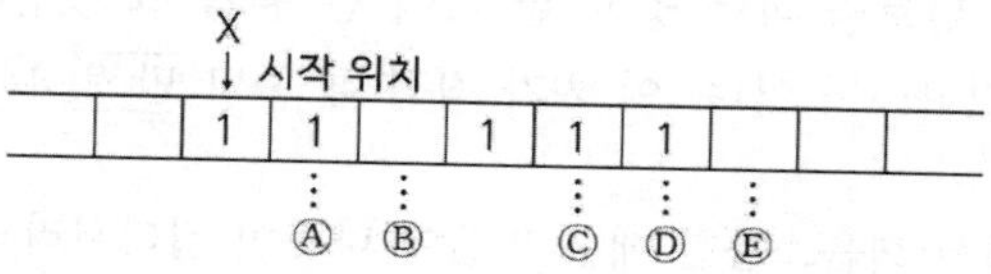

06

고1 · 2022년 11월 27번

윗글을 바탕으로 ㉮~㉲에 대해 이해한 내용으로 적절한 것은?

① ㉮는 튜링 기계의 현재 상태와 다음 상태가 다르게 지정되어 있다.

② ㉲는 튜링 기계의 헤드가 읽는 기호와 기록할 기호가 동일하게 지정되어 있다.

③ ㉮와 ㉯는 튜링 기계의 헤드가 읽는 기호가 동일하게 지정되어 있다.

④ ㉯와 ㉱는 튜링 기계의 헤드가 기록할 기호가 다르게 지정되어 있다.

⑤ ㉰와 ㉱는 튜링 기계의 헤드가 이동할 방향이 동일하게 지정되어 있다.

07 1등급 대비 고난도 3점 문제

고1 · 2022년 11월 28번

윗글과 [1진법의 덧셈을 하는 튜링 기계의 시작 모습]을 바탕으로 Ⓐ~Ⓔ에 대해 이해한 내용으로 적절하지 않은 것은? [3점]

① Ⓐ에서 튜링 기계의 상태가 X일 때, ㉮에 따라 헤드는 오른쪽으로 한 칸 이동하고 기계는 상태를 유지하게 되겠군.

② Ⓑ에서 튜링 기계의 상태가 X일 때, ㉯에 따라 헤드는 빈칸에 1을 기록하고 기계는 상태를 바꾸게 되겠군.

③ Ⓒ에서 튜링 기계의 상태가 Y일 때, ㉰에 따라 헤드는 오른쪽으로 한 칸 이동하고 기계는 상태를 유지하게 되겠군.

④ Ⓓ에서 튜링 기계의 상태가 Z일 때, ㉲에 따라 헤드는 테이프에 기록된 1을 지우고 기계는 상태를 바꾸게 되겠군.

⑤ Ⓔ에서 튜링 기계의 상태가 Y일 때, ㉱에 따라 헤드는 왼쪽으로 한 칸 이동하고 기계는 상태를 바꾸게 되겠군.

[해설편 p.051]

08

고1 · 2022년 11월 29번

문맥상 ⓐ~ⓔ와 바꾸어 쓰기에 적절하지 않은 것은?

① ⓐ: 생각해 내게

② ⓑ: 이루어진다

③ ⓒ: 짜느냐에

④ ⓓ: 퍼뜨려서

⑤ ⓔ: 이바지한

[해설편 p.052]

09~12 다음 글을 읽고 물음에 답하시오.

권중만이는 벌써 오륙 년째나 동네를 드나드는 밭떼기 전문의 채소 장수였다. 동네에서 **채소를 돈거리로 갈기 시작**한 것도 권을 보고 한 일이었다. 권의 발걸음이 그치지 않는 한 안팎 삼동네의 채소는 사철 시장이 보장된 것이나 다름이 없었으니까. 동네에서는 권이 얼굴만 비쳐도 반드시 손님으로 대접하였다. 사람이 눅어서 흥정을 하는 데도 그만하면 무던하였지만 그보다는 그동안 동네에 베푼 바가 그러고도 남음이 있는 덕분이었다.

권은 알 만한 사람은 다들 일러 오던 채소 정보통이었다. 권은 대개 어느 고장에서 무엇을 얼마나 하고 있으며 또한 근간의 작황이 어떠하므로 장차 회계가 어떻게 되리라는 것까지도 미리 사심 없이 귀띔하기를 일삼곤 하였다. 영두는 그의 남다른 정확성에 혀를 둘렀고, 한 번은 그 비결이 무엇인가를 물어본 적도 있었다. 권은 장삿속에 부러 비싸면서 유세를 부려봄직도 하건만, 천성이 능준하여 그러는지 그저 고지식하게 말하는 데에만 서슴이 없을 따름이었다.

"그건 어려울 거 하나 없시다. 큰 종묘상 몇 군데에서 씨앗이 나간 양만 알아도 얼거리가 대충 드러나니까……."

"몇 년 동안의 씨앗 수급 상황만 알면 사오 년 앞까지도 내다볼 수가 있다는 얘기네요."

"그건 아마 어려울 거요. 왜냐하면 빵이랑 라면이랑 고기 먹고 크는 핵가족 아이들은 김치를 거의 안 먹고, 좀 배운 척 하는 젊은 주부들 역시 김장엔 전혀 신경을 안 쓰고…… 그러니 애들이 김치맛을 알 겨를도 없거니와, 공장 김치나 시장 김치는 그만큼 맛도 우습고 비싸서 먹는댔자 양념으로나 먹으니 어떻게 대중을 하겠수."

"그럼 무 배추 농사는 머지않아 거덜이 나고 만다는 얘기요?"

"그럴 리야 있겠수. 왜냐하면 일본에서는 요즘 우리나라 김치 붐이 일어서 갈수록 인기가 높다거든."

"**국내 수요**가 주는 대신에 **대일 수출**이 느니 그게 그거란 얘기군요."

"그게 아니라 일본에서 유행하면 여기서도 유행하니깐 김치도 자연히 그렇게 되지 않겠느냐 이거지."

(중략)

이론이 갖추어진 사람들은 불로소득을 노리는 밭떼기 장수들로 하여 농산물이 제값을 받지 못하고 유통 구조가 어지러워진다고 몰아세우기에 항상 자신만만한 것 같았다. 물론 옳은 말이었다. 그렇지만 영두가 보기에는 **밭떼기 장수**들이야말로 가장 **미더운 물주요 필요악 이상의 불가결한 존재**였다. 그들이 아니면 누가 미리 목돈을 쥐여줄 것이며, 다음의 뒷그루 재배에는 또 무엇으로 때맞추어 투자를 할 수 있을 것인가. 출하와 수송에 따른 군일과 부대 비용을 줄여 주는 것도 오로지 그들이 아니었던가.

그러기에 지난번의 그 일은 더욱 권중만이답지 않은 처사였다. 권은 텃밭에 간 알타리무를 가져가면서 뜻밖에도 만 원만 접어달라고 앓던 짓을 하였다. 영두는 내키지 않았다. 돈 만 원이 커서가 아니었다. 만 원이면 자기 내외의 하루 품인데, 그 금쪽 같은 시간을 명색 없이 차압당하는 꼴이나 다름이 없기 때문이었다. 권은 정색을 하고 말했다.

"요새는 아파트 사람들도 약아져서 밑동에 붙은 흙을 보고 사가기 땜에 이렇게 숙전*에서 자란 건 인기가 없어요. 왜냐하면 흙 색깔이 서울 근처의 하천부지 흙하고 비슷해서 납이 들었느니 수은이 들었느니…… 중금속 채소라고 만져도 안 본다구."

"그럼 일일이 흙을 털어서 내놓는 거요?"

"턴다고 되나. 반대로 벌겋게 묻혀야지."

"그렇게 놀랜흙*을 묻혀 놓으면 새로 야산 개간을 해서 심은 무공해 채소로 알고 사간다…… 이제 보니 채소도 위조품이 있구먼."

[A]

"있지. 황토를 파다 놓고 한 차에 만 원씩 그 짓만 해 주는 이도 있고…… 어디, 이 씨가 직접 해 주고 만 원 더 벌어 볼려우?"

논흙에서 희읍스름한 매흙 빛깔이 나듯이 집터서리의 텃밭도 찰흙색을 띠는 것이 당연한데, 그 위에 벌건 황토를 뒤발하여 개간지의 산물로 조작하되 그것도 갈고 가꾼 사람이 직접 해 줬으면 하고 유혹을 하니 듣던 중에 그처럼 욕된 말이 없었다.

영두는 성질이 나서 견딜 수가 없었으나 한두 번 신세진 사람도 아니고 하여 대거리를 하자고 나댈 수도 없었다. **자칫 못 먹을 것을 만들어서 파는 사람으로 취급받지 않**으려면 속절없이 농담으로 들어넘기는 것이 상수란 생각도 들었다.

그래서 조용히 말했다.

"권씨 말대로 하면 농사짓는 사람은 벌써 다 병이 들었거나 갈 데로 갔어야 할 텐데 거꾸로 더 팔팔하니 무슨 조화 속인지 모르겠네……."

권은 얼굴을 붉혔으나 그래도 그저 숙어들기가 어색한지 은근히 번나가는 소리를 했다.

"하지만 사먹는 사람들이야 어디 그러우. 사먹는 사람들은 내다 팔 것들만 약을 치고 집에서 먹을 것은 그러지 않을 거라고 생각하지."

[B]

영두는 속으로 찔끔하였다. 권의 말도 아주 틀린 말은 아니었던 것이다.

영두는 무 배추에 진딧물이 끼여 오가리가 들고 배추벌레와 노린재가 끓어 수세미처럼 구멍이 나도 집에서 먹을 것에는 분무기를 쓴 적이 없었다. **볼품이 없는 것**일수록 **구수한 맛이 더하던 이치**를 익히 알고 있기 때문이었다.

그러나 그런 물건을 내놓을 경우에는 **값이 있을 리가 없**었다.

언젠가는 농가에서 채소를 농약으로 코팅하여 내놓는다고 신문에 글까지 쓴 사람도 있었지만, 그런 일이야말로 마지못해 없는 돈 들여 가면서 농약을 만져 온 농가에 물을 것이 아니요, 벌레가 조금만 갉은 자국이 있어도 칠색팔색을 하며 달아나던 햇내기 소비자들이 자초한 일이라고 아니할 수가 없는 거였다.

벌레 닿은 자국이 불결스럽다 하여 진딧물 하나 없이 깨끗한 푸성귀만 찾는다면, 그것은 마치 두메의 자갈길 흙먼지엔 질색을 하면서도 도심의 오염된 대기는 보이지 않는다는 이유만으로 무심히 활개를 쳐 온 축들의 어리석음과도 견줄 만한 것이었다.

– 이문구, 「산 너머 남촌」 –

[해설편 p.052]

* 숙전(熟田): 해마다 농사를 지어 잘 길들인 밭.
* 놀랜흙: 생토(生土). 생땅의 흙.

09

고1 • 2022년 3월 38번

윗글에 대한 설명으로 가장 적절한 것은?

① 빈번하게 장면을 전환하여 사건 전개의 긴박감을 드러내고 있다.
② 서술자가 특정 인물의 관점에서 사건과 인물의 심리를 전달하고 있다.
③ 동시에 일어난 별개의 사건을 병치하여 사태의 전모를 드러내고 있다.
④ 인물 간의 대화를 통해 인물이 겪은 사건의 비현실적인 면모를 드러내고 있다.
⑤ 인물의 표정 변화와 내면 변화를 반대로 서술하여 그 인물의 특성을 부각하고 있다.

10

고1 • 2022년 3월 39번

[A]와 [B]에 대한 이해로 가장 적절한 것은?

① [A]에서 '권중만'은 자신의 우월한 지위를 과시하며 상대의 동의를 요구하고 있고, [B]에서 '영두'는 상대와의 개인적 친밀감을 환기하며 서운함을 드러내고 있다.
② [A]에서 '권중만'은 자신의 경험을 들어 상대의 문제에 대한 해결책을 제시하고 있고, [B]에서 '영두'는 상대가 저질렀던 잘못을 지적하며 상대의 사과를 요구하고 있다.
③ [A]에서 '권중만'은 자신이 상대에게 제시한 요구의 이유를 사람들의 선입견과 관련지어 밝히고 있고, [B]에서 '영두'는 상대의 말에 논리적 한계가 있음을 지적하며 항변하고 있다.
④ [A]에서 '영두'는 상대의 제안에서 모순을 지적하며 새로운 대안을 제시하고 있고, [B]에서 '권중만'은 다른 사람들의 사례를 들어 자신의 행동에 대해 변명하고 있다.
⑤ [A]에서 '영두'는 상대의 문제의식에 대한 공감을 드러내며 구체적인 조언을 요구하고 있고, [B]에서 '권중만'은 상대의 예상치 못한 반응에 당황하며 자신의 잘못을 사과하고 있다.

11

고1 • 2022년 3월 40번

만 원에 대한 설명으로 가장 적절한 것은?

① '권중만'과 '영두' 사이의 갈등이 해소된 이유이다.
② '영두'가 '권중만'의 조언을 수용하게 된 이유이다.
③ '권중만'이 '영두'에게 친밀감을 보이게 된 이유이다.
④ '영두'가 '권중만'에게 양보를 강요하게 된 이유이다.
⑤ '영두'가 '권중만'에게 부정적으로 반응하게 된 이유이다.

12

고1 • 2022년 3월 41번

〈보기〉를 바탕으로 윗글을 감상한 내용으로 적절하지 않은 것은? [3점]

〈보 기〉

이 작품은 1980년대 농민들의 생활을 형상화하고 있다. 작가는 농민들이 농사의 경제적 이익을 고려하거나 농산물의 유통과 판매까지 감안하게 된 상황을 보여 준다. 작품 속 '영두'는 먹거리를 생산하는 농민으로서 가져야 할 태도를 인식하면서도 이러한 태도를 지켜나가기 어려운 현실 속에서 가치관의 혼란을 겪고 있다. 작가는 이를 통해 당대 농민들이 겪고 있던 어려움을 현실감 있게 보여 준다.

① 농민들이 권중만을 보고 '채소를 돈거리로 갈기 시작'하는 상황은, 농사를 통한 경제적 이익 창출을 고려하는 농민들의 면모를 드러내는군.
② 영두가 '국내 수요'와 '대일 수출'을 언급하며 권중만과 이야기를 나누는 모습은, 농산물의 유통과 판매까지 감안하는 농민의 현실을 드러내는군.
③ 영두가 '밭떼기 장수'를 '미더운 물주요 필요악 이상의 불가결한 존재'로 받아들이는 것은, 다른 농민들의 어려운 상황을 이용해 경제적 이익을 추구하는 영두의 모습을 드러내는군.
④ 영두가 '자칫 못 먹을 것을 만들어서 파는 사람으로 취급받지 않'으려 하는 것은, 먹거리를 생산하는 농민이 가져야 할 태도에 대해 인식하고 있음을 드러내는군.
⑤ 영두가 '구수한 맛이 더하던 이치'에도 불구하고 '볼품이 없는 것'이 '값이 있을 리가 없'다고 판단하는 것은 농사에 대한 가치관을 따르기 어려운 현실에 대한 인식을 드러내는군.

학습 Check!

▶ 몰라서 틀린 문항 × 표기 ▶ 헷갈렸거나 찍은 문항 △ 표기 ▶ ×, △ 문항은 다시 풀고 ✔ 표기를 하세요.

종료 시각	시 분 초
소요 시간	분 초
초과 시간	분 초

문항 번호	01	02	03	04	05	06	07	08	09	10	11	12
채점 결과												
틀린 문항 복습												

DAY 15 수능기출 전국연합학력평가 20분 미니 모의고사

● 날짜 : 월 일 ● 시작 시각 : 시 분 초 ● 목표 시간 : 20분

※ 점수 표기가 없는 문항은 모두 2점입니다.

01 다음은 학생의 발표이다. 물음에 답하시오.

안녕하세요? '생활 속 전통문화'에 대한 발표를 맡은 ○○○입니다. 저는 지난주에 매듭 팔찌를 만들며 우리 전통 매듭이 참 아름답다고 생각하여 전통 매듭에 대해 조사해 보았습니다. 그래서 오늘은 제가 △△전통문화 연구소 누리집의 자료를 통해 알게 된 내용을 여러분과 나누고 싶어서 발표를 준비했습니다.

우리나라에서는 옛날부터 매듭을 생활 속에서 장식의 용도로 많이 사용했습니다. 고구려 벽화의 초상화 속 실내 장식에서도, 조선 시대 여성들이 사용하던 노리개의 장식에서도 매듭을 발견할 수 있습니다.

그렇다면 우리나라의 전통 매듭에는 어떤 것들이 있을까요? (자료 1을 제시하며) 먼저 이 자료를 보시죠. 옷을 여미는 부분에 매듭이 보이시나요? 이것이 연봉매듭입니다. 연봉은 연꽃 봉오리라는 뜻으로, 자료의 아래에 있는 그림처럼 매듭의 생김새가 연봉을 닮았다고 해서 붙은 이름이에요. 연꽃은 번영의 상징으로 여겨져 온 만큼, 연봉매듭에는 자손의 번창과 풍년을 기원하는 의미가 담겨 있습니다. 매듭은 보통 장식을 위해 사용되었는데 이 매듭은 단추와 같은 역할을 하여 실용적인 목적으로 사용되었기에 단추매듭이라 부르기도 합니다.

다음으로는 가지방석매듭을 소개하겠습니다. 이 매듭은 주머니나 선추를 장식하기 위한 목적으로 많이 사용되었는데요, (자료 2를 제시하며) 선추는 이렇게 부채의 고리나 자루에 매다는 장식품을 이르는 말입니다. 잠시 자료의 왼쪽 아래에 있는 매듭을 보시죠. 이 매듭의 이름은 생쪽매듭이에요. 작은 원이 세 개 있는 모양이 생강과 비슷해서 붙은 이름입니다. 생쪽매듭은 많은 매듭법의 기본이 되는데요, 가지방석매듭도 이 생쪽매듭을 중심으로 하여 원 모양으로 줄줄이 이어 나가 방석 모양처럼 크게 엮어 만든 매듭입니다. 그래서 이 매듭에는 좋은 일을 줄줄이 이어 간다는 의미가 있고, 그것이 열매가 잘 맺히는 가지를 연상시킨다고 해서 가지방석매듭이라는 이름이 붙게 되었습니다.

지금까지 우리나라의 전통 매듭에 대해 알아보았습니다. 조사를 하며 주변을 살펴보니 팔찌뿐 아니라 다양한 장신구에도 전통 매듭이 활용된 것을 발견할 수 있었습니다. 여러분도 전통 매듭의 의미를 떠올리며, 우리 주변의 전통 매듭에 관심을 가져 보면 어떨까요? 이상으로 발표를 마치겠습니다.

01

고1 • 2023년 9월 1번

위 발표자의 말하기 방식으로 적절하지 않은 것은?

① 자신의 경험을 언급하며 화제를 선정한 이유를 밝히고 있다.
② 청중에게 질문을 하여 발표 내용에 대한 관심을 유도하고 있다.
③ 참고한 자료의 출처를 밝혀 발표 내용의 신뢰성을 높이고 있다.
④ 발표 중간중간에 단어의 뜻을 설명하여 청중의 이해를 돕고 있다.
⑤ 발표 내용에 대한 청중의 이해도를 점검하며 발표를 마무리하고 있다.

02~03 (가)는 작문 과제이고, (나)는 (가)를 바탕으로 쓴 학생의 글이다. 물음에 답하시오.

(가) 작문 과제

- **주제**: 확증 편향에 빠지지 않기 위한 방안
- **글의 목적**: 확증 편향에 빠지지 않기 위해 노력해야 함을 주장하기
- **예상 독자**: 확증 편향의 개념이 생소한 우리 학교 학생들

(나) 학생의 글

만약 특정 주제에 대해 자신의 생각과 상반되는 증거를 본다면 사람들은 어떻게 반응할까? 미국의 한 심리학자는 사형 제도에 찬성, 반대하는 대학생들에게 사형 제도의 효과에 관한 상반된 연구 결과를 제공한 후 반응을 살피는 실험을 수행하였다. 그 결과 자신의 생각을 지지하는 연구 결과에 대해서는 '역시 그렇지.'라고 반응한 반면, 자신의 생각과 반대되는 연구 결과에 대해서는 받아들이지 않고 여러 이유를 들어 그 연구가 잘못되었을 가능성을 제기하는 반응을 보였다.

이처럼 자신의 생각이나 주장과 일치하는 정보만을 선택적으로 수집하고 그렇지 않은 것은 의도적으로 무시하는 심리적 경향을 확증 편향이라고 한다. 확증 편향에 빠질 경우 비판적 사고를 하기 어려워 비합리적인 판단을 내리기 쉽다. 또한 확증 편향에 의해 형성된 사고방식은 사회적으로 편향된 통념을 형성하여 사회 문제를 야기할 수 있다.

[A] 따라서 확증 편향에 빠지지 않기 위해서는 먼저 반대 입장에서 생각해 보는 자세를 지녀야 한다. 왜냐하면 고려의 대상이 되지 않았던 기존 증거들을 탐색하게 되어 판단의 착오를 줄일 수 있기 때문이다. 진화론을 주장한 찰스 다윈은 자신의 생각이 옳다는 확신이 강해질수록 그와 모순되는 증거들을 더 적극적으로 찾아 나섰기에 학문적 업적을 이룰 수 있었다.

다음으로는 토의와 같은 집단 의사 결정 방법을 거치도록 해야 한다. 이를 통해 확증 편향에 빠질 때 발생할 수 있는 개인의 판단 착오를 발견하여 수정할 수 있으며, 더 나아가 구성원 간 상호 작용을 통해 시너지 효과를 거둘 수 있기 때문이다.

마지막으로 자신의 생각이나 판단의 결과를 책임지는 자세를 지녀야 한다. 자신의 생각이나 판단을 글이나 말로 표현할 때 그것이 불러일으킬 영향을 예상하여 책임감을 가진다면, 판단의 착오를 줄이기 위해 더욱 신중하게 생각하게 될 것이기 때문이다.

물론 확증 편향에 빠지지 않는 것이 쉬운 일은 아니다. 하지만 개인이나 집단이 비합리적으로 판단하거나 서로 갈등하는 일을 막으려면 확증 편향에 빠지지 않기 위한 노력을 지속적으로 기울여야 한다.

02

고3•2020학년도 9월 8번

(가)를 바탕으로 (나)를 쓰기 위해 세운 글쓰기 계획 중 (나)에 활용된 것은?

① 주제를 구체화하기 위해 확증 편향의 원인을 개인적 측면과 사회적 측면으로 나누어 제시해야겠다.
② 글의 목적을 강조하기 위해 확증 편향의 문제점에 대한 상반된 견해를 비교하여 설명해야겠다.
③ 글의 목적을 분명히 하기 위해 확증 편향에 빠지지 않기 위한 방안의 한계와 이를 보완할 방향을 제시해야겠다.
④ 예상 독자의 이해를 돕기 위해 확증 편향을 보여 주는 예를 들어 개념을 설명해야겠다.
⑤ 예상 독자의 관심을 반영하기 위해 사회적 쟁점을 두고 우리 학교 학생들 간에 벌어진 논쟁을 제시해야겠다.

03

고3•2020학년도 9월 10번

〈보기〉는 [A]의 초고이다. 〈보기〉를 고쳐 쓰기 위해 친구들이 조언한 내용 중 [A]에 반영되지 않은 것은?

〈보 기〉

반대 입장에서 생각해 보는 자세를 지녀야 한다. 즉, 자신의 판단이 틀릴 수도 있는 이유에 대해 구체적으로 떠올려 보는 것이다. 그러나 반대를 위한 반대는 의사 결정에 역효과를 초래할 수 있다.

① 앞 문단과의 연결 관계를 보여 주기 위해 문단 간의 관계를 알려 주는 표현을 추가하는 게 어때?
② 첫 번째 문장의 내용을 뒷받침하는 근거가 제시되어 있지 않으니까 제시된 방안의 긍정적 효과를 근거로 추가하는 게 어때?
③ 두 번째 문장의 내용이 앞 문장과 유사하니까 두 문장의 핵심어를 포함한 한 문장으로 교체하는 게 어때?
④ 세 번째 문장의 내용이 문단의 통일성에서 벗어나니까 해당 문장을 삭제하는 게 어때?
⑤ 주장의 설득력을 강화하기 위해 역사적 인물의 사례를 주장에 대한 근거로 추가하는 게 어때?

[해설편 p.054]

04

고1 • 2022년 11월 15번

다음은 문법 수업의 내용을 정리한 학생의 노트이다. 이를 바탕으로 〈보기〉의 ㉠~㉤을 이해한 내용으로 적절하지 않은 것은?

1. 피동의 개념
주어가 다른 주체에 의해 어떤 동작을 당하거나 영향을 받는 것
2. 피동 표현의 실현
○ '-이-, -히-, -리-, -기-'와 같은 피동 접사에 의해 단형 피동으로 실현되거나 '-아/-어지다' 등에 의해 장형 피동으로 실현됨.
○ 피동 접사와 '-아/-어지다'를 같이 쓰는 이중 피동 표현은 잘못된 표현임.

〈보 기〉

○ 그녀의 손등이 고양이에게 ㉠ 긁혔다.
○ 형이 동생에게 아끼던 인형을 ㉡ 빼앗겼다.
○ 비가 내려서 운동장에 천막이 ㉢ 세워졌다.
○ 도화지의 질이 좋아서 그림이 잘 ㉣ 그려졌다.
○ 커다란 빵이 순식간에 여러 조각으로 ㉤ 나뉘었다.

① ㉠은 '긁-'에 접사 '-히-'가 결합하여 피동의 의미를 나타내는군.
② ㉡은 주어인 '형'이 '동생'에 의해 행위를 당하는 것을 표현하고 있군.
③ ㉢은 '세우-'에 '-어지다'가 결합하여 장형 피동으로 실현되었군.
④ ㉣은 접사 '-리-'와 함께 '-어지다'가 결합한 이중 피동 표현이군.
⑤ ㉤은 '나누-'에 접사 '-이-'가 결합하여 줄어든 형태가 나타난 피동 표현이군.

05~08 다음 글을 읽고 물음에 답하시오.

㉠ 마르크스는 사물의 경제적 가치를 사용가치와 교환가치로 구분하면서 자본주의 사회에서는 경제적 가치가 교환가치에 의해 결정된다고 보았다. 사용가치는 사물의 기능적 가치를, 교환가치는 시장 거래를 통해 부여된 가치를 의미하는데 사물 자체의 유용성은 고정적이므로 시장에서의 수요와 공급에 의해서만 경제적 가치가 결정된다고 보았기 때문이다. 또한 그는 사물의 거래 가격은 결국 사물의 생산 비용에 의해 결정된다는 점에서 소비를 생산에 종속된 현상으로 보고 소비의 자율성을 인정하지 않았다.

마르크스의 이러한 주장과 달리 ㉡ 보드리야르는 교환가치가 아닌 사용가치가 경제적 가치를 결정하며, 자본주의 사회는 소비 우위의 사회라고 주장했다. 이때 보드리야르가 제시한 사용가치는 사물 자체의 유용성에 대한 가치가 아니라 욕망의 대상으로서 기호(sign)가 지니는 기능적 가치, 즉 기호가치를 의미한다.

기호는 어떤 대상을 지시하는 상징으로서 문자나 음성같이 감각으로 지각되는 기표와 의미 내용인 기의로 구성되는데, 기표와 기의의 관계는 자의적이다. 가령 '남성'이란 문자는 필연적으로 어떤 대상을 지시하는 것이 아니며 '여성'이란 기호와의 관계 속에서 의미 내용이 결정된다. 다시 말해, 어떤 기호의 의미 내용을 결정하는 것은 기표와 기의의 관계가 아니라 기호들 간의 관계, 즉 기호 체계이다.

[A] 보드리야르는 자본주의 사회에서 대량 생산 기술이 급속하게 발전하면서 소비자가 기호가치 때문에 사물을 소비한다고 보았다. 대량 생산 기술의 발전으로 수요를 충족하고 남을 만큼의 공급이 이루어져 사물 자체의 유용성은 더 이상 소비를 결정하는 요인으로 작용할 수 없기 때문이다. 예를 들어 소비자는 특정 계층 또는 집단의 일원이라는 상징을 얻기 위해 명품 가방을 소비한다. 이때 사물은 소비자가 속하고 싶은 집단과 다른 집단 간의 차이를 부각하는 기호로서 기능한다. 따라서 보드리야르에 따르면 자본주의 사회에서 소비의 원인은 사물이 상징하는 특정 사회적 지위에 대한 욕구이다.

보드리야르는 현대인이 자연 발생적인 욕구에 따라 자유롭게 소비하는 것처럼 보이지만 사실은 강제된 욕구에 따르는 것에 불과하다고 보았다. 이는 기호가 다른 기호와의 관계 속에서 그 의미 내용이 결정되는 것과 관계된다. 특정 사물의 상징은 기호 체계, 즉 사회적 상징체계 속에서 유동적이며, 따라서 ㉢ 상징 체계 변화에 따라 욕구도 유동적이다. 이때 대중매체는 사물의 기의에 영향을 미침으로써 욕구를 강제할 수 있다. 현실이 대중매체를 통해 전달될 때 현실은 현실 그 자체가 아니라 다른 기호와 조합될 수 있는 기호로서 추상화되기 때문이다. 가령 텔레비전 속 유명 연예인이 소비하는 사물은 유명 연예인이라는 기호에 의해 새로운 의미 내용이 부여된다. 요컨대 특정 사물에 대한 현대인의 욕망은 대중매체를 매개로 하여 자기도 모르는 사이에 강제된다.

보드리야르는 기술 문명이 초래한 사물의 풍요 속에서 현대인의 일상생활이 사물의 기호가치와 이에 대한 소비에 의해 규

[해설편 p.054]

정된다고 보고 자본주의 사회를 소비사회로 명명하였다. 그의 이론은 소비가 인간에 미치는 영향을 비판적으로 성찰해야 한다는 점을 시사한다.

05

고1·2022년 3월 16번

'자본주의 사회'에 대한 ㉠, ㉡의 주장을 이해한 내용으로 가장 적절한 것은?

① ㉠: 소비가 생산에 종속되므로 사용가치와 교환가치는 결국 동일하다.
② ㉠: 사물 자체의 유용성은 변하지 않으므로 소비자의 욕구를 중심으로 분석해야 한다.
③ ㉡: 소비자에게 소비의 자율성이 존재하므로 교환가치가 사용가치를 결정한다.
④ ㉡: 개인에게 욕구가 강제되므로 소비를 통해 집단 간의 사회적 차이가 소멸한다.
⑤ ㉡: 경제적 가치는 사회적 상징체계에 따라 결정되므로 기호가치가 소비의 원인이다.

06 1등급 대비 고난도 2점 문제

고1·2022년 3월 17번

기호 체계를 바탕으로 [A]를 이해한 내용으로 적절하지 않은 것은?

① 사물은 기표로서의 추상성과 기의로서의 구체성을 갖는다.
② 사물과 그것이 상징하는 특정한 사회적 지위와의 관계는 자의적이다.
③ 사물은 사물 자체가 아닌 사물 간의 관계를 통해 의미 내용이 결정된다.
④ 소비는 사물이라는 기호를 통해 특정 계층 또는 집단의 일원이라는 상징을 얻는 행위이다.
⑤ 기호가치는 사물의 기의와 그에 대한 소비자의 욕구와 관련될 뿐 사물의 기표에 의해 결정되는 것은 아니다.

07

고1·2022년 3월 18번

㉢의 전제로 가장 적절한 것은?

① 상징체계 변화에 의해 사물 자체의 유용성이 변화한다.
② 사물에 대한 욕구는 사람마다 제각기 다른 양상을 보인다.
③ 사물의 기호가치가 변화하면 사물에 대한 욕구도 변화한다.
④ 사물을 소비하는 행위는 개인의 자연 발생적 욕구에 따른 것이다.
⑤ 사물이 지시하는 의미 내용과 사물에 대한 욕구는 서로 독립적이다.

08 1등급 대비 고난도 3점 문제

고1·2022년 3월 19번

윗글의 '보드리야르'의 관점을 바탕으로 〈보기〉를 이해한 내용으로 적절하지 않은 것은? [3점]

〈보 기〉

개성이란 타인과 구별되는 개인만의 고유한 특성으로, 현대 사회의 개인은 개성을 추구함으로써 자신의 고유함을 드러내려 한다. 이때 사물은 개성을 드러낼 수 있는 수단이다. 찢어진 청바지를 입는 것, 타투나 피어싱을 하는 것은 사물을 통한 개성 추구의 사례이다. 이런 점에서 '당신의 삶에 차이를 만듭니다'와 같은 광고 문구는 개성에 대한 현대인의 지향을 단적으로 드러낸 것이라 할 수 있다.

① 타인과 구별되는 개성이란 개인이 소속되길 바라는 집단의 차별화된 속성일 수 있겠군.
② 소비사회에서 사물을 통한 개성의 추구는 그 사물의 기호가치에 대한 욕구에서 비롯되겠군.
③ 찢어진 청바지는 개인만의 고유한 특성을 드러내는 수단이자 젊은 세대의 일원이라는 기호를 상징하는 것일 수 있겠군.
④ '당신의 삶에 차이를 만듭니다'라는 광고 문구는 그 광고의 상품을 소비함으로써 사회적 차이를 드러내고 싶다는 욕구를 강제하는 것일 수 있겠군.
⑤ 타투나 피어싱을 한 유명 연예인을 텔레비전에서 보고, 이를 따라하기 위해 돈을 지불하는 것은 대중매체를 매개로 하여 추상화된 기호를 소비하는 것일 수 있겠군.

[해설편 p.055]

09~12 다음 글을 읽고 물음에 답하시오.

(가)

저기 가는 저 [각시] 본 듯도 하구나
천상 백옥경(白玉京)*을 어찌하여 이별하고
해 다 져 저문 날에 누굴 보러 가시는고
어와 [너]로구나 이 내 사설 들어 보오
내 얼굴 이 거동이 **임** 사랑 받을 만할까만
어쩐 일로 날 보시고 너로다 여기시니
나도 임을 믿어 군뜻이 전혀 없어
아양이야 교태야 어지러이 하였더니
반기시는 낯빛이 전과 어찌 다르신고
누워 생각하고 일어나 앉아 헤아리니
내 몸의 지은 죄 산같이 쌓였으니
하늘이라 원망하며 사람이라 허물하랴
서러워 풀어 헤아리니 **조물*의 탓**이로다
그리 생각 마오
맺힌 일이 있소이다
임을 모셔 있어 임의 일을 내 알거니
물 같은 얼굴이 편하실 적 몇 날일꼬
(중략)
반벽 푸른 등은 누굴 위하여 밝았는고
오르며 내리며 헤매며 오락가락하니
어느덧 힘이 다해 풋잠을 잠깐 드니
정성이 지극하여 꿈에 임을 보니
옥 같던 얼굴이 반이 넘게 늙었어라
마음에 먹은 말씀 실컷 사뢰자 하니
눈물이 이어져 나니 말씀인들 어이 하며
정을 못다 풀고 목조차 메어 오니
방정맞은 닭 울음에 잠을 어찌 깨었던고
어와 허사로다 이 임이 어디 간고
바로 일어나 앉아 창을 열고 바라보니
불쌍한 그림자 날 좇을 뿐이로다
차라리 사라져 **낙월(落月)**이나 되어서
임 계신 창 안에 번듯이 비추리라
각시님 달이야커녕 궂은 비나 되소서

– 정철, 「속미인곡(續美人曲)」 –

* 백옥경: 옥황상제가 지내는 궁궐.
* 조물: 조물주.

(나)

[손[客]]이 [주옹(舟翁)]에게 물었다.

"그대가 배에서 사는데, 고기를 잡는다 하자니 낚시가 없고, 장사를 한다 하자니 팔 것이 없고, 뱃사공 노릇을 한다 하자니 물 가운데만 있어 오고감이 없구려. 변화불측한 물에 조각배 하나를 띄워 가없는 ㉠ 넓은 바다를 헤매다가, 바람 미치고 물결 놀라 돛대는 기울고 노까지 부러지면, 정신과 혼백이 흩어지고 두려움에 싸여 목숨이 지척에 있게 될 것이로다. 이는 지극히 험한 데서 위태로움을 무릅쓰는 일이거늘, 그대는 도리어 이를 즐겨 오래오래 물에 떠가기만 하고 돌아오지 않으니 무슨 재미인가?"

주옹이 대답했다.

"아아, 그대는 생각하지 못하는가? 대개 사람의 마음이란 변덕스러운 것이어서, ㉡ 평탄한 땅을 디디면 느긋해지고, 험한 지경에 처하면 두려워 조심하는 법이다. 두려워 조심하면 든든하게 살지만, 느긋하면 반드시 흐트러져 위태롭게 되나니, 내 차라리 위험을 딛고서 항상 조심할지언정, 편안한 데 살아 스스로 쓸모없게 되지 않으려 한다. 하물며 내 배는 정해진 꼴이 없이 떠도는 것이니, 혹시 무게가 한쪽에 치우치면 그 모습이 반드시 기울어지게 된다. 왼쪽으로도 오른쪽으로도 기울지 않고, 무겁지도 가볍지도 않게끔 내가 배 한가운데서 평형을 잡아야만 기울어지지도 뒤집히지도 않아 내 배의 평온을 지킬 수 있다. 비록 ㉢ 풍랑이 거세게 인다 한들 편안한 내 마음을 어찌 흔들 수 있겠는가? 또, 무릇 인간 세상이란 한 거대한 물결이요, 인심(人心)이란 ㉣ 한바탕 큰 바람이니, 하잘것없는 내 한 몸이 아득한 그 가운데 떴다 잠겼다 하는 것보다는, 오히려 ㉤ 한 잎 조각배로 만 리의 부슬비 속에 떠 있는 것이 낫지 않은가? 내가 배에서 살면서 세상 사람을 보니, 안전한 때는 후환을 생각지 못하고, 욕심을 부리느라 나중을 돌보지 못하다가, 마침내는 빠지고 뒤집혀 죽는 자가 많다. 그대는 어찌 이를 두려워하지 않고 도리어 나를 위태롭다 하는가?"

– 권근, 「주옹설(舟翁說)」 –

09

고1 • 2022년 6월 32번

(가)와 (나)의 공통점으로 가장 적절한 것은?

① 설의적 표현을 활용하여 의미를 강조하고 있다.
② 점층적 방식을 활용하여 주제를 부각하고 있다.
③ 다양한 감각적 심상을 사용하여 대상을 예찬하고 있다.
④ 반어적 진술을 통해 대상에 대한 태도를 드러내고 있다.
⑤ 명령적 어조를 통해 현실에 대한 비판 의식을 드러내고 있다.

10

고1 • 2022년 6월 33번

〈보기〉를 바탕으로 (가)를 이해한 내용으로 적절하지 않은 것은?

〈보 기〉

연군 가사는 임금과 떨어진 신하가 임금을 그리워하고 걱정하며 충성심을 드러낸 가사 작품들을 가리킨다. 「속미인곡」은 정철이 정쟁(政爭)으로 인해 관직에서 물러난 후 낙향하였을 때 쓴 연군 가사의 대표적 작품이다.

① '천상 백옥경'은 화자가 '임'과 지냈던 곳으로 임금이 있는 궁궐에 대응된다.

② '내 몸의 지은 죄'가 '조물의 탓'이라는 화자의 한탄을 통해 작가가 자신을 관직에서 물러나게 한 사람들을 원망하고 있음을 알 수 있다.

③ 화자가 꿈속에서 '임'의 모습을 보고 '눈물이 이어져'난다고 하는 것에서 임금에 대한 작가의 걱정과 그리움의 깊이를 짐작할 수 있다.

④ '임'과 헤어지게 된 화자가 자신의 그림자를 '불쌍한'으로 표현한 것에서 임금과 떨어져 지내야 하는 것에 대한 작가의 안타까운 심정을 알 수 있다.

⑤ '낙월'이 되어서라도 '임 계신 창 안에 번듯이 비추'려는 화자의 모습에서 임금에 대한 작가의 충성심을 알 수 있다.

11 1등급 대비 고난도 3점 문제

고1 • 2022년 6월 34번

다음은 수업의 일부이다. 선생님의 설명에 따라 (가)와 (나)의 인물을 분석한 내용으로 적절하지 않은 것은? [3점]

선생님: 시나 수필을 창작할 때 주제 의식을 효과적으로 표현하기 위해 인물 간의 대화로 작품을 구성하기도 합니다. 이 경우 인물들은 중심 인물과 주변 인물로 나누어 볼 수 있는데, 중심 인물은 대화를 주도하며, 작가 의식을 대변하는 역할을 합니다. 주변 인물은 중심 인물의 말을 이끌어내거나 중심 인물을 위로하고 대안을 제시하는 보조적 인물, 중심 인물과 대립하면서 중심 인물에게 문제 제기를 하는 대립적 인물로 나눌 수 있습니다.

[해설편 p.056]

	인물	특징적 발화	인물 유형	인물의 역할	
(가)	각시	내 사설 들어 보오	중심 인물	대화를 주도함.	
	너	누굴 보러 가시는고	주변 인물	중심 인물의 말을 이끌어냄.	①
		그리 생각 마오	주변 인물	중심 인물과 대립함	②
		궂은 비나 되소서	주변 인물	대안을 제시함.	③
(나)	주옹	그대는 어찌 이를 두려워하지 않고 도리어 나를 위태롭다 하는가?	중심 인물	작가 의식을 드러냄.	④
	손	그대는 도리어 이를 즐겨 오래오래 물에 떠가기만 하고 돌아오지 않으니 무슨 재미인가?	주변 인물	중심 인물에게 문제 제기를 함.	⑤

12

고1 • 2022년 6월 35번

(나)의 ㉠~㉤을 이해한 내용으로 적절하지 않은 것은?

① ㉠: 변화불측한 특성을 가진 곳으로, '세상 사람들'이 위험하다고 생각하는 공간이다.

② ㉡: '주옹'이 사는 곳과 대비되는 장소로, '세상 사람들'이 안전하다고 생각하는 공간이다.

③ ㉢: 조각배의 돛대를 기울게 하고 노를 부러뜨릴 수 있는 바람과 물결로, '주옹'이 위태로움을 느끼는 외적 요인이다.

④ ㉣: 욕심을 부리는 세상 사람들의 마음을 비유한 것으로, 그들의 삶을 위태롭게 만드는 요인이다.

⑤ ㉤: 바람에 쉽게 흔들릴 수 있는 곳이지만, 인간 세상과 비교했을 때 오히려 '주옹'이 안전함을 느끼는 곳이다.

학습 Check!

▶ 몰라서 틀린 문항 × 표기 ▶ 헷갈렸거나 찍은 문항 △ 표기 ▶ ×, △ 문항은 다시 풀고 ✔ 표기를 하세요.

종료 시각	시 분 초
소요 시간	분 초
초과 시간	분 초

문항 번호	01	02	03	04	05	06	07	08	09	10	11	12
채점 결과												
틀린 문항 복습												

[해설편 p.057]

DAY 16 수능기출 전국연합학력평가 20분 미니 모의고사

● 날짜 : 월 일 ● 시작 시각 : 시 분 초 ● 목표 시간 : 20분

※ 점수 표기가 없는 문항은 모두 2점입니다.

01~02 (가)는 환경 동아리 학생들이 실시한 인터뷰이고, (나)는 이를 바탕으로 '학생 1'이 작성한 초고이다. 물음에 답하시오.

(가)

학생 1: 안녕하세요? 해양 생태계의 보전에 대한 관심과 노력을 촉구하는 글을 동아리 소식지에 싣기 위해 박사님을 찾아뵈었습니다.

박사: 네. 만나서 반가워요.

학생 1: 그럼, 저희가 준비한 질문을 드리겠습니다. 얼마 전에 바다 사막화로 인한 해양 생태계의 위기가 심각하다는 TV 뉴스를 보며, 바다 사막화가 무엇인지 궁금했던 적이 있습니다. 바다 사막화의 개념부터 설명을 부탁드려도 될까요?

박사: 물론이죠. 바다 사막화란 바닷속에 녹아 있는 탄산 칼슘이 석출되어 해저나 바위를 하얗게 뒤덮는 현상을 말해요. 탄산 칼슘으로 뒤덮인 곳은 해조류가 살 수 없는 환경이 됩니다. 이로 인해 해조류가 사라지면서 바다가 황폐화되기 때문에 바다 사막화라고 부르는 것이에요.

학생 1: 그렇군요. 그럼, 바다 사막화는 탄산 칼슘의 영향이 크기 때문이라고 봐도 될까요?

박사: 네. 그렇습니다.

[A]

학생 2: 그러면 탄산 칼슘이 왜 이렇게 많이 석출되는 것인지 궁금한데, 설명해 주시겠어요?

박사: 그러죠. 탄산 칼슘이 석출되는 원인으로는 우선 도시화나 연안 개발에 따른 해양 오염을 들 수 있어요. 연안 개발을 위해 사용하는 콘크리트 원료의 약 63%가 탄산 칼슘으로 이루어져 있는데, 이 콘크리트가 바다로 흘러 들어가서 탄산 칼슘이 증가하는 것이죠. 또 전문가들은 지구 온난화로 인한 수온 상승 때문에 탄산 칼슘의 석출이 증가하고 있다고 보고 있어요.

학생 2: 수온 상승으로 탄산 칼슘의 석출이 증가한다는 말이 잘 이해가 안 되는데, 좀 더 자세히 알려 주시겠어요?

박사: 네. 탄산 칼슘은 이산화 탄소가 들어있는 물에 잘 용해되는데, 바닷물에는 다량의 이산화 탄소가 있어 탄산 칼슘이 많이 녹아 있습니다. 그런데 지구 온난화에 따라 수온이 상승하면서 이산화 탄소의 용해도가 낮아져 탄산 칼슘의 석출이 가속화되는 것입니다.

학생 1: 그렇군요. 탄산 칼슘이 많이 석출되는 것은 이산화 탄소의 용해도가 낮아진 것 때문이군요. 그러면 바다 사막화로 인한 해양 생태계의 위기에 대해 말씀해 주시고, 이를 막기 위한 노력들도 말씀해 주시겠어요?

[B]

박사: 네. 해조류는 바다 생태계의 1차 생산자 역할을 담당하면서 다양한 해양 생물의 서식처를 제공합니다. 바다 사막화로 이러한 해조류가 사라지게 되면 해조류를 먹이로 삼거나 서식처로 삼는 해양 생물들이 살 수 없기 때문에 해양 생태계의 파괴로 이어지게 됩니다.

학생 2: 심각한 문제군요.

박사: 그렇죠. 그래서 육지의 사막화를 막기 위해 나무를 심는 것처럼 바다의 사막화를 막기 위해서 바다 숲을 조성하고 있습니다. 또한 국민들에게 해양 생태계 보전의 중요성을 알리기 위해 '바다 식목일'을 제정하여 적극적으로 홍보도 하고 있습니다.

학생 2: 듣고 보니 더 많은 관심을 가져야겠다는 생각이 듭니다. 저희도 힘을 보탤 수 있게 생활 속에서 실천할 수 있는 방법이 있다면 알려주세요.

박사: 네. 불필요한 전기 사용 줄이기, 재활용품 분리배출 등 온실가스를 줄이기 위한 노력들이라면 모두 사막화된 바다를 되살리는 중요한 실천이 될 수 있습니다.

학생 1, 2: 좋은 말씀 감사합니다.

(나)

최근 바다 사막화 현상의 확산으로 해양 생태계의 위기가 심각해지고 있다. 바다 사막화는 바닷속에 녹아 있는 탄산 칼슘이 석출되어 해저나 암반을 뒤덮어 해양 생태계의 근간이 되는 해조류들이 줄어들거나 사라지는 현상을 말한다.

탄산 칼슘은 바다 환경을 황폐화시켜 해조류가 생존할 수 없는 환경으로 만든다. 이러한 탄산 칼슘의 석출이 증가하는 이유에 대해서는 지구 온난화, 해양 오염, 해조류의 남획, 해조류를 먹고 사는 해양 동물의 급증 등의 요인이 복합적으로 작용한다고 알려져 있다. 전문가들은 특히 바다 사막화의 주요 원인으로 지구 온난화에 따른 해수 온도의 상승을 지목하고 있다. 탄산 칼슘은 온도가 낮은 바닷물에 많이 녹아 있는데, 지구 온난화로 인해 수온이 상승하면서 탄산 칼슘의 석출이 많아지고 바다 사막화의 진행 속도가 빨라진다는 것이다.

바다 사막화는 생태계의 파괴로 이어질 수 있다는 점에서 그 심각성이 매우 크다. 바다 사막화로 해조류가 줄어들거나 사라진다면 해조류를 먹이로 삼고, 거처로 삼는 해양 동물들 역시 생존할 수 없게 되기 때문이다. 따라서 해양 생태계의 보전을 위해서 바다 사막화에 대한 대책 마련이 절실한 상황이다.

이러한 문제를 인식하고 우리나라에서도 여러 대책을 세워 추진하고 있다. 대표적으로 사막화된 바다를 복원하기 위한 바다 숲 조성 사업이 있다. 2009년부터 현재까지 211개소에 26,644ha의 바다 숲을 조성했다고 한다. 또한 바다 사막화의 심각성과 해양 생태계 보전의 중요성을 국민들에게 알리기 위해 세계 최초로 지난 2013년에 5월 10일을 바다 식목일로 제정하여 적극적으로 홍보하고 있다.

01

고1 • 2022년 6월 5번

[A], [B]에 대한 설명으로 가장 적절한 것은?

① [A]에서 '학생 2'는 질문을 통해 '박사'가 설명한 내용의 타당성에 의문을 제기하고 있다.
② [A]에서 '박사'는 '학생 2'의 요청에 따라 앞서 자신이 설명한 내용을 보충하고 있다.
③ [A]에서 '박사'는 '학생 2'의 이해를 돕기 위해 관련 설문 자료를 활용하고 있다.
④ [B]에서 '학생 2'는 '박사'가 소개한 내용을 요약하고 이를 긍정적으로 평가하고 있다.
⑤ [B]에서 '박사'는 '학생 2'의 배경지식을 점검하여 용어의 개념에 대해 추가 설명을 하고 있다.

02

고1 • 2022년 6월 6번

(가)를 바탕으로 '학생 1'이 세운 작문 계획 중 (나)에 반영되지 않은 것은?

○ 바다 사막화의 개념을 서두에 제시해야겠어. ······· ①
○ 바다 숲 조성 사업과 관련하여 사업 추진 현황을 제시해야겠어. ······· ②
○ 바다 식목일의 제정 취지와 함께 바다 식목일로 제정된 날을 구체적으로 제시해야겠어. ······· ③
○ 바다의 탄산 칼슘을 증가시키는 연안 개발 실태를 보여 줄 수 있는 자료를 제시해야겠어. ······· ④
○ 탄산 칼슘이 석출되는 원인 중 박사님께서 말씀하신 것 외에 다른 원인들을 조사하여 추가로 제시해야겠어. ··· ⑤

03

고1 • 2023년 6월 14번

밑줄 친 ㉠의 예로 적절한 것은?

> 우리말의 문장 유형은 평서문, 의문문, 명령문, 청유문, 감탄문으로 나뉘는데, 대개 특정한 종결 어미를 통해 실현된다. 그런데 경우에 따라 ㉠ 동일한 형태의 종결 어미가 서로 다른 문장 유형을 실현하기도 한다.

① -니 ┌ 너는 무엇을 먹었니?
└ 아버님은 어디 갔다 오시니?

② -ㄹ게 ┌ 오늘은 내가 먼저 나갈게.
└ 내가 나중에 다시 전화할게.

③ -구나 ┌ 그것 참 그럴듯한 생각이구나.
└ 올해도 과일이 많이 열리겠구나.

④ -ㅂ시다 ┌ 지금부터 함께 청소를 합시다.
└ 밥을 먹고 공원에 놀러 갑시다.

⑤ -어라 ┌ 늦을 것 같으니까 어서 씻어라.
└ 그 사람을 뵙시도 만나고 싶어라.

[해설편 p.057]

04~08 **다음 글을 읽고 물음에 답하시오.**

지역난방은 열병합 발전소에서 전기 생산을 위해 사용된 열을 회수하여 인근 지역의 난방에 활용하는 것이다. 지역난방에서는 회수된 열로 데워진 물을 배관을 통해 인근 지역으로 공급함으로써 열을 수송하는 방식을 주로 사용하는데, 근래에는 열 수송의 효율성을 높이기 위해 상변화 물질을 활용하는 방식을 개발하고 있다.

열 수송에 사용되는 상변화 물질이란, 상변화를 할 때 수반되는 ㉠ 잠열을 효율적으로 사용하기 위해 활용되는 물질을 말한다. 상변화란, 물질의 상태를 고체, 액체, 기체로 분류할 때, 주변의 온도나 압력 변화에 의해 어떤 물질이 이전과 다른 상태로 변하는 것을 의미하는데, 얼음이 물이 되거나 물이 수증기가 되는 것 등이 이에 해당한다. 이러한 변화에는 열이 수반되는데, 이를 '잠열'이라고 한다. 예를 들어 비커에 일정량의 얼음을 넣고 가열하면 얼음의 온도가 올라가게 되고, 0℃에 도달하면 얼음이 물로 변하기 시작하여 비커 속에는 얼음과 물이 공존하게 된다. 그런데 비커 속 얼음이 모두 물로 변할 때까지는 온도가 올라가지 않고 계속 0℃를 유지하는데, 이는 비커에 가해진 열이 물질의 온도 변화가 아닌 상변화에 사용되었기 때문이다. 이렇게 상변화에 사용된 열이 잠열인데, 이는 물질의 온도 변화로 나타나지 않는 숨어 있는 열이라는 뜻이다. 잠열은 물질마다 그 크기가 다르며, 일반적으로 물질이 고체에서 액체가 되거나 액체에서 기체가 될 때, 또는 고체에서 바로 기체가 될 때에는 잠열을 흡수하고 그 반대의 경우에는 잠열을 방출한다. 한편 비커를 계속 가열하여 얼음이 모두 녹아 물이 된 후에는 다시 온도가 올라가기 시작한다. 이렇게 얼음의 온도가 올라가거나 물의 온도가 올라가는 것처럼 온도 변화로 나타나는 열을 '현열'이라고 한다.

그렇다면 상변화 물질의 특성을 이용하여 열 수송을 하면 어떤 장점이 있는 것일까? 상변화 물질을 활용하여 열병합 발전소에서 인근 지역 공동주택으로 열을 수송하는 과정을 통해 이를 살펴보자. 열병합 발전소에서는 발전에 사용된 수증기를 열교환기로 ⓐ 보낸다. 열교환기로 이동한 수증기는 열 수송에 사용되는 물에 열을 전달하여 물을 데운다. 이 물 속에는 고체 상태의 상변화 물질이 담겨 있는 마이크로 단위의 캡슐이 섞여 있다. 이 상변화 물질의 녹는점은 물의 어는점과 끓는점 사이에 있기 때문에, 물이 데워져 물의 온도가 상변화 물질의 녹는점 이상이 되면 상변화 물질은 액체로 상변화하게 된다. 액체가 된 상변화 물질이 섞인 물은 열교환기에서 나와 온수 공급관을 통해 인근 지역 공동주택 기계실의 열교환기로 이동한다. 이 과정에서 상변화 물질이 고체로 상변화되지 않아야 하므로 이동하는 물의 온도는 상변화 물질의 녹는점 이상으로 유지되어야 한다.

공동주택 기계실의 열교환기로 이동한 물과 캡슐 속 상변화 물질은 공동주택의 찬물에 열을 전달하면서 온도가 내려간다. 이렇게 공동주택의 찬물을 데우는 과정에서 상변화 물질의 온도가 상변화 물질의 녹는점 이하로 내려가면 캡슐 속 상변화 물질은 액체에서 고체로 상변화하면서 잠열을 방출하게 되는데, 이 역시 찬물을 데우는 데 사용된다. 즉 온수 공급관을 통해 이동해 온 물의 현열과 캡슐 속 상변화 물질의 현열, 그리고 상변화 물질의 잠열이 공동주택의 찬물을 데우는 데 모두 사용되는 것이다. 이렇게 데워진 공동주택의 물은 각 세대의 난방기로 공급되어 세대 난방을 하게 되고, 상변화 물질 캡슐이 든 물은 온수 회수관을 통해 다시 발전소로 회수되어 재사용된다.

이와 같이 상변화 물질을 활용한 열 수송 방식을 사용하면 현열만 사용하던 기존의 열 수송 방식과 달리 현열과 잠열을 모두 사용할 수 있으므로 온수 공급관을 통해 보내는 물의 온도를 현저히 낮출 수 있어 열 수송의 효율성이 개선된다. 이때 상변화 물질 캡슐의 양을 늘릴수록 열 수송에 활용할 수 있는 잠열의 양은 증가하겠지만 캡슐의 양이 일정 수준 이상으로 늘어나면 물이 원활하게 이동할 수 없으므로 캡슐의 양을 증가시키는 데에는 한계가 있다.

04

고1 • 2019년 11월 16번

윗글의 내용과 일치하지 않는 것은?

① 상변화는 주변의 온도나 압력 변화에 의해 물질의 상태가 변하는 것을 의미한다.

② 열병합 발전소에서는 전기 생산에 사용된 수증기의 열을 회수하여 인근 지역으로 공급한다.

③ 상변화 물질이 들어 있는 캡슐의 양은 물의 이동을 고려해야 하므로 일정 수준 이상 늘릴 수 없다.

④ 상변화 물질을 활용하여 열을 수송하는 방식을 사용하는 것은 열 수송의 효율성을 높이기 위해서이다.

⑤ 상변화 물질을 활용한 열 수송 방식에서는 온수 공급관으로 보내는 물의 온도를 기존 방식보다 높여야 한다.

05

고1 • 2019년 11월 17번

㉠에 대한 설명으로 적절하지 않은 것은?

① 물질마다 크기가 각기 다르다.

② 물질의 온도 변화로 나타나지 않는다.

③ 숨어 있는 열이라는 뜻을 지니고 있다.

④ 물질의 상변화가 일어날 때 흡수되거나 방출된다.

⑤ 상변화하고 있는 물질의 현열을 증가시키는 역할을 한다.

06

고1 • 2019년 11월 18번

<보기>는 상변화 물질을 활용한 열 수송 과정을 도식화한 것이다. 윗글을 바탕으로 <보기>에 대해 이해한 내용으로 적절하지 않은 것은? [3점]

<보 기>

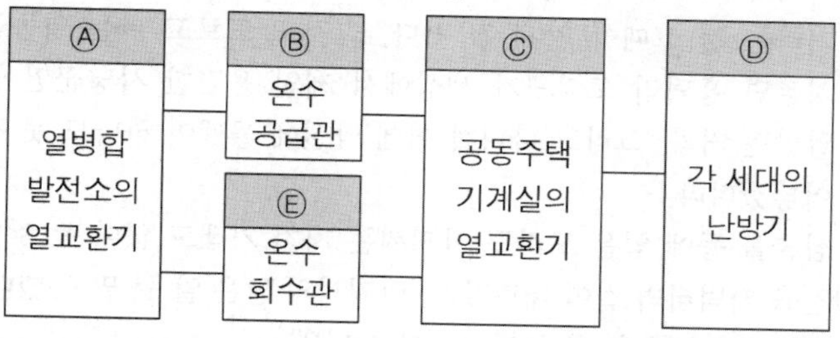

① Ⓐ에서 캡슐 속 상변화 물질의 온도는 상변화 물질의 녹는점 이상으로 올라가겠군.

② Ⓑ에서는 물에 있는 캡슐 속 상변화 물질의 상변화가 일어나지 않겠군.

③ Ⓑ와 Ⓔ를 통해 이동하는 물에 있는 상변화 물질의 상태는 서로 같겠군.

④ Ⓒ에서 공동주택의 찬물은 현열과 잠열에 의해 데워져 Ⓓ에 공급되겠군.

⑤ Ⓔ를 통해 회수된 물에 있는 상변화 물질은 Ⓐ에서 다시 상변화 과정을 거쳐 재사용되겠군.

07

고1 • 2019년 11월 19번

윗글을 읽은 학생이 <보기 1>을 보고 <보기 2>와 같이 메모했을 때, ㉮~㉰에 들어갈 말로 적절한 것은?

<보기 1>

A 기업에서는 녹는점이 15℃인 상변화 물질을 벽에 넣어 밤과 낮의 온도 차가 크더라도 벽의 온도를 일정하게 만들 수 있는 기술을 연구하고 있다.

<보 기 2>

벽의 온도가 15℃보다 높아지면 이 상변화 물질은 (㉮)로 상변화할 것이고, 이때 잠열을 (㉯)할 것이다. 이렇게 상변화가 일어나는 중에는 상변화 물질의 온도가 (㉰) 것이다.

	㉮	㉯	㉰
①	액체	흡수	유지될
②	액체	흡수	상승할
③	액체	방출	유지될
④	고체	흡수	유지될
⑤	고체	방출	상승할

08

고1 • 2019년 11월 20번

ⓐ와 문맥적 의미가 가장 유사한 것은?

① 그는 선물을 동생 집으로 보냈다.

② 그는 그저 멍하니 세월만 보냈다.

③ 그는 아들을 작년에 장가를 보냈다.

④ 관객들은 연주자에게 박수를 보냈다.

⑤ 그녀는 슬피 울며 정든 친구를 보냈다.

09~12 다음 글을 읽고 물음에 답하시오.

[이전 줄거리] 나는 삼촌의 연락을 받고 멧돼지 사냥에 동참하게 된다. 물망초 카페 윤 마담과의 사랑을 이루지 못하고 방황하던 삼촌은 사냥에 취미를 붙이고 살아간다. 나와 삼촌, 도라꾸 아저씨는 새끼를 거느린 어미 멧돼지와 리기다소나무 숲에서 마주치나 사냥에 실패한다. 도라꾸 아저씨는 부상당한 삼촌을 업고 숲길을 걷는다.

숲속은 서늘했다. 묘한 침묵이 숲을 가득 메우고 있었다. 밟고 올라온 눈길을 되밟으며 우리는 조금씩 걸음을 옮겼다. 두 번째 리기다소나무 숲을 지나는 동안, 내 마음속에는 궁금증이 일었다. 감정 정리를 하는지 삼촌의 만담도 더 이상 이어지지 않았으므로 나는 궁금증을 참지 못하고 말했다.

"그란데 도라꾸 아저씨는 아까 왜 멧돼지를 안 죽였어여? 아저씨도 쏠 수 있었잖아여?"

내 물음에 도라꾸 아저씨는 ㉠ 영 딴소리였다.

"호식이가 새끼 관절 물고 늘어진 모양이라. 그라만 어미가 도망 못 가거든. 엽견* 중에는 그런 짓 하는 놈들 참 많아여."

"저게 원체 영물이라 캉께."

코맹맹이 소리로 훌쩍거리며 삼촌이 말했다. 조금 전까지 사랑이 어쩌네 수면제가 어쩌네 징징거리던 삼촌이 주인을 닮아 어디가 부러졌는지 오른쪽 뒷발을 들고 껑충껑충 뛰어가는 놈을 가리켜 영물 운운했다. 호식이 얘기가 나오니까 또 만담을 시작할 모양이었다. 삼촌 가슴속은 암만해도 푸른색인가 보다.

"하지만 그건 암수(暗數)*라. 그런 암수를 쓰만 안 되는 거라. 나도 한때 그 이름도 아름다운 물망초 윤 마담까지는 못 되더라도 헛된 공명심에 눈이 먼 적이 있어여. 불질 잘한다고 알려지만 여기저기서 해수구제* 해 달라고 부르는 일이 많다 캉께. 가서 잡아 주만 영웅 되고 참 재미나지. 근데 한번은 올매나 대단하던지 새끼를 몰고 다니민서도 손아귀 사이로 모래알 빠지듯 몰이꾼들 사이로 잘도 피해 다니는 놈을 만난 적이 있어여. 삼백 근도 넘을까. 엄청시리 대형 멧돼지였는 거라. 그런 놈 어데 다시 만나겠나. 무려 육박 칠일 동안 그

[해설편 p.059]

놈을 쫓아댕겼응께 말 다한 거지. 그라고 봉께 안 되겠더라. 어느 순간부터 요놈이 나 갖꼬 노나, 그런 생각이 들데. 지금 생각하만 틀린 생각이지. 살겠다고 도망가는 멧돼지 신세에 어데 사냥꾼을 갖꼬 놀겠나? 사람이든 짐승이든 숨탄것 목숨이 그래 우스운 게 아인데 말이라. 그란데 그런 생각이 한번 드니까 눈에 보이는 게 없는 거라. 우쨌든 잡아 죽이겠다는 생각뿐이지. 그래서 다음부터는 어미가 아이라, 새끼를 죽였어. 보이는 족족 쏴 죽였어여. 그래, 암수지 암수. 한 다섯 마리쯤 죽였을 끼라. 그때가 초가을잉께 아직도 새끼들 등에 줄이 쫙쫙 그어져 있을 때였어여. 한 두어 방 쏘만 새끼들은 꿈틀꿈틀하다가 죽어 버리여. 멀리 있어도 호수 작은 산탄으로 쏘만 되니까. 어미는 산탄이 박혀도 괜찮다 캐도 새끼들은 어미 보는 눈앞에서 픽픽 쓰러지지."

새끼만 노리고 다섯 마리쯤 죽인 뒤에 도라꾸 아저씨는 일행에게 다시 돌아가자고 말했다고 한다. 그때는 이미 능선을 따라 북쪽으로 삼십 킬로미터 정도는 올라간 뒤였다. 도라꾸 아저씨는 며칠간의 사냥으로 거지꼴이 된 채 그냥 돌아갈 수 없다고 불평하는 일행을 이끌고 다시 능선을 따라 돌아오기 시작했다.

"사람들이야 몰랐지만 나는 알고 있었다. 필시 쫓아온다는 거를 말이라. 뭐긴 뭐라, 어미 멧돼지지. 우리가 새끼들을 들쳐 메고 가니까 어미가 계속 그래 일정한 간격을 두고 쫓아왔어여. 죽을 줄 알민서도 계속 그래 쫓아오더라. 그래, 한 여섯 시간을 걸어가다가 새끼들 내리 놓고 다시 몰이를 시작했어여. 그래 갖꼬? 잡았지. 죽을라고 쫓아온 놈이니까. 그란데 봐라, 잡는 그 순간에 나도 너맨치로 그놈하고 눈이 딱 마주쳤다. 그 눈에 뭐가 보였는가 아나? 아무것도 안 보이더라. 텅 비었더라. 결국 너는 못 쐈지? 나도 한참을 못 쐈다. 그래 벌써 죽은 놈이라 카는 거를 아는 이상은 못 쏘는 거라. 쏘만 안 되는 거라. 하지만 일행이 지켜보는데다가 공명심도 있응께 안 쏠 수가 없었다. 살아생전 총 한 번 제대로 안 쏘고 잡은 멧돼지는 그게 처음이자 마지막이라."

녹아내리는지 멀리 가지에 쌓였던 눈무지가 쏟아지는 소리가 들렸다.

"그래 총 쏘기 전에 벌써 죽은 놈이라 카만 나는 도대체 뭘 쏴 죽인 거겠나? 마을에서 영웅 대접 받고 집에 돌아와 며칠을 끙끙 앓다가 깨달았다. 잘못했다, 잘못했다, 아무래도 총을 쏘만 안 되는 거였다, 이런 생각이 머릿속에서 떠나지 않더라. 그라고 보만 그날 내가 잡은 거는 정녕 멧돼지가 아니었던 거지. 이래 산에 오만 쓸모 적은 나무나마 리기다소나무도 살아가고 청솔모도 살아가고 바람도 쉼 없이 움직이지만, 정작 그 멧돼지는 이미 죽은 거였응께 말이라."

"그라만 아저씨가 그때 쏴 죽인 거는 뭐라여?"

우리는 리기다소나무 숲을 빠져나왔다. 하얀빛과 성긴 겨울 햇살이 투명하게 서로 뒤엉키고 있었다. 도라꾸 아저씨는 코를 한 번 훌쩍였다. 눈 밟는 소리와 사냥개들이 끙끙거리는 소리만 사이를 두고 들릴 뿐이었다.

"그래 나는 한 번 죽었다."

도라꾸 아저씨는 ㉡ <u>또 딴소리</u>였다.

(중략)

"저 봐라, 리기다소나무도 있고 직박구리도 있다. 저래 다 살아가고 있는 거라. 산 것들 저래 살아가게 하는 일이 을매나 용기 있는 일인가 나는 그때 다 깨달았던 기라. 내가 해수구제 한다꼬 싸돌아다니민서 짐승들 쏴 죽인 것도 용기 있어서가 아이라 나하고 마누라하고 애새끼들하고 먹고살아 갈라고 그런 거라는 걸 그때야 알게 된 거다. 그것도 모르고 나는 영동군 상촌면 흥덕리 도라꾸가 세상에서 제일 용감한 사냥꾼인 줄 알았던 거라. 그라고 나니까 어데 약실에 돌멩이 하나도 못 집어넣겠더라."

삼촌을 등에 업은 도라꾸 아저씨는 지친 기색도 없이 눈 쌓인 산길을 터벅터벅 걸어 내려갔다. 아저씨의 말은 알 듯 말 듯했다.

"내가 니 삼촌을 왜 좋아하는가 아나?"

"좋은 말 상대니까 그런 거 아이라여?"

"멧돼지 눈 보고 옛날 애인 생각나서 총 못 쏜다 카는 사람 아이라. 그래 내가 니 삼촌 좋아하는 거라. 내가 뭔 소리 하는가 알겠나?"

"지금 뭔 소리 합니까? 이것도 만담입니까?"

내가 진심으로 되물었다.

– 김연수, 「리기다소나무 숲에 갔다가」 –

* 엽견: 사냥개.
* 암수: 속임수.
* 해수구제: 해로운 짐승을 몰아내어 없앰.

09

고1 • 2020년 3월 27번

윗글의 서술상 특징으로 가장 적절한 것은?

① 빈번하게 장면을 전환하여 사건을 속도감 있게 전개하고 있다.
② 인물의 회상을 통해 과거와 현재를 매개하는 경험을 전달하고 있다.
③ 공간의 이동에 따라 인물 간의 갈등이 해소되는 과정을 보여 주고 있다.
④ 요약적 서술과 대화를 교차하여 사건이 반전되는 양상을 부각하고 있다.
⑤ 인물의 내면 심리 묘사를 통해 현실에 대한 부정적 인식을 보여 주고 있다.

[해설편 p.059]

10 1등급 대비 고난도 2점 문제

고1・2020년 3월 28번

윗글에서 알 수 있는 내용으로 적절하지 않은 것은?

① 삼촌은 '나'에게 사랑에 관한 자신의 이야기를 들려주었다.
② 삼촌은 사냥에 동행한 엽견 호식이가 자신을 닮았다는 점에서 영물이라 불렀다.
③ 도라꾸 아저씨는 사람들에게 능력을 인정받았던 뛰어난 사냥꾼이었다.
④ 도라꾸 아저씨는 부상당한 삼촌을 등에 업고 리기다소나무 숲을 빠져나왔다.
⑤ 도라꾸 아저씨는 삼촌이 옛 애인 생각이 나서 멧돼지에게 총을 쏘지 못한 심정을 이해했다.

11

고1・2020년 3월 29번

'나'와 '도라꾸 아저씨'의 대화 양상을 고려하여, ㉠, ㉡을 이해한 내용으로 가장 적절한 것은?

① ㉠은 도라꾸 아저씨의 말에 대한 나의 놀라움을, ㉡은 불신감을 나타낸다.
② ㉠과 ㉡은 나의 질문을 가로막는 도라꾸 아저씨의 태도에 대한 반감을 드러낸다.
③ ㉠과 ㉡을 통해서 '나'가 도라꾸 아저씨의 의중을 이해하지 못하는 상황이 지속되고 있음을 알 수 있다.
④ ㉠이 ㉡으로 연결되면서 계속 만담을 이어가려는 도라꾸 아저씨에 대한 '나'의 냉소적 태도가 약화되고 있다.
⑤ ㉡은 ㉠에 담긴 의구심을 해소할 수 있는 실마리를 얻을 수 있으리라는 바람이 이루어진 데에 따른 성취감을 반영한다.

12 1등급 대비 고난도 3점 문제

고1・2020년 3월 30번

〈보기〉를 참고하여 윗글을 감상한 내용으로 적절하지 않은 것은? [3점]

〈보 기〉

이 작품은 '도라꾸 아저씨'의 인식 변화를 중심으로 이야기가 전개되고 있다. 도라꾸 아저씨는 인간과 자연을 분리된 것으로 보고 자연보다 우월한 위치에서 자연을 도구로서의 가치만 지닌 타자로 대했었다. 그런데 사냥 중 이러한 인식에 변화가 시작된다. 그는 하나의 생명을 빼앗기 위해 또 다른 생명을 수단으로 삼은 행동이 잘못이었다는 것을 깨닫게 된 것이다. 그리고 인간과 마찬가지로 자연 역시 동등한 가치를 지닌 존재라는 생태주의적 인식을 하게 된다.

① 도라꾸 아저씨의 자연에 대한 인식이 변화된 것은 죽은 새끼들을 쫓아온 어미 멧돼지와 시선을 마주한 것이 계기가 되었겠군.
② 도라꾸 아저씨가 한때 멧돼지의 생명을 우습게 여겼던 이유는 멧돼지를 자신의 공명심을 드러내는 도구로서의 가치로 판단했기 때문이겠군.
③ 도라꾸 아저씨가 자신이 한 번 죽었다고 말한 것은 멧돼지들을 거침없이 죽였던 것이 잘못된 행동이었음을 깨달았다는 것을 의미하는 것이겠군.
④ 도라꾸 아저씨가 세 사람과 마주친 멧돼지를 죽이지 않은 것은 자연 속에서 살아가는 모든 생명은 소중하다는 생태주의적 인식에서 기인한 것이겠군.
⑤ 도라꾸 아저씨가 새끼의 생명을 빼앗아 어미 멧돼지를 잡는 사냥법을 암수라고 한 삼촌의 말에 동의한 것은 멧돼지도 인간과 동등한 가치를 지닌 생명체임을 인정한 것이겠군.

DAY 16

학습 Check!

▶ 몰라서 틀린 문항 × 표기 ▶ 헷갈렸거나 찍은 문항 △ 표기 ▶ ×, △ 문항은 다시 풀고 ✔ 표기를 하세요.

종료 시각	시 분 초
소요 시간	분 초
초과 시간	분 초

문항 번호	01	02	03	04	05	06	07	08	09	10	11	12
채점 결과												
틀린 문항 복습												

DAY 17 수능기출 전국연합학력평가 20분 미니 모의고사

● 날짜 : 월 일 ● 시작 시각 : 시 분 초 ● 목표 시간 : 20분

※ 점수 표기가 없는 문항은 모두 2점입니다.

01 다음은 텃밭 가꾸기를 안내하기 위한 사례 발표이다. 물음에 답하시오.

안녕하세요. 텃밭 선배 ○○○입니다. 잘 들리시나요? (청중의 반응을 살피며 큰 목소리로) 잘 안 들리시는 것 같으니 좀 더 크게 말씀드릴게요. 저는 텃밭을 처음 가꿀 때 가정에서 필요한 다양한 작물을 심고 싶었어요. 아마 15제곱미터 정도의 좁은 텃밭을 가꾸기 시작하시는 여러분도 비슷한 마음이실 거예요. 그러면 어떻게 해야 할까요? (잠시 뒤에) 작물을 심기 전에 효율적인 배치를 위해 작물 배치도를 그려 보면 도움이 됩니다.

(화면에 자료를 제시하며) 왼쪽은 제가 첫해 심은 작물의 배치도이고, 그 옆은 다음 해에 그것을 수정한 배치도입니다. 첫해 배치에는 두 가지 문제가 있었는데요, 우선 작물의 키를 고려하지 않았다는 점이에요. 해는 동쪽에서 떠서 한낮에 남쪽을 지나 서쪽으로 지고 해가 떠 있는 반대 방향으로 그림자가 생기죠. 작물은 광합성이 많이 이루어지는 오전부터 한낮까지 그림자의 영향을 최소한으로 받아야 잘 자랄 수 있어요. 이를 고려해 키가 작은 작물을 동쪽과 남쪽에 배치해야 해요. (자료를 가리키며) 그런데 보시는 것처럼 상대적으로 키가 큰 고추와 옥수수를 동쪽에 배치하여 상추와 감자에 그늘이 많이 생겼어요.

두 번째 문제는 작물의 재배 기간을 고려하지 않았다는 점이었어요. (자료를 가리키며) 제가 4월부터 텃밭을 가꾸기 시작했는데 8월에 옥수수를 수확한 후 같은 자리에 배추를 심었어요. 그런데 문제는 남쪽에 심은 고추의 재배 기간이었어요. 고추 재배가 10월까지 계속되는 바람에 배추가 광합성을 많이 하지 못했거든요. 그래서 좁은 땅을 효율적으로 사용하기 위해 기존 작물을 수확하고 다른 작물로 교체할 때에는 주변 작물의 재배 기간도 함께 고려하여 배치해야 한다는 것을 알았어요.

(자료를 다시 가리키며) 다음 해에는 이러한 실패를 교훈 삼아 작물의 키 순서에 따라 작은 것부터 상추는 남동쪽, 감자는 북동쪽, 고추는 남서쪽, 옥수수는 북서쪽에 배치했어요. 그리고 감자 수확 이후 재배 기간과 주변 작물의 키를 고려해 감자 위치에 배추를 심었더니 첫해와 동일한 위치임에도 배추가 더 잘 자랐어요.

좁은 텃밭에 다양한 작물을 잘 기르고 싶으신가요? 그렇다면 배치도를 그려 효율적으로 텃밭을 가꿔 보세요. 땀을 흘려 손수 먹거리를 수확하는 기쁨을 누리실 수 있을 겁니다.

01

고3•2023학년도 6월 화•작 36번

발표자의 자료 활용 계획 중 발표에 반영되지 않은 것은? [3점]

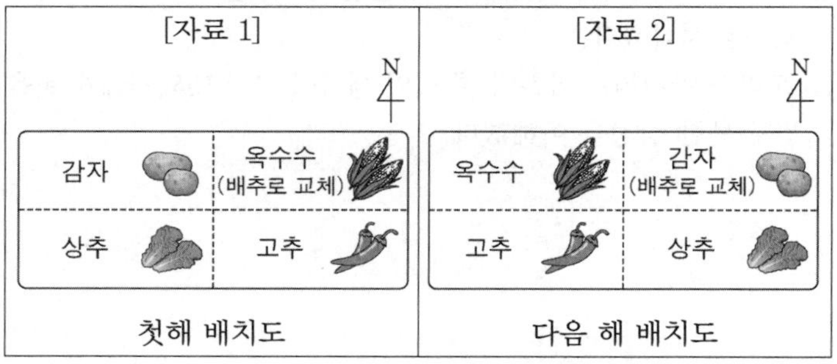

① 상추보다 키가 큰 고추가 상추의 동쪽에 배치되어 상추에 그늘이 많이 생겼음을 [자료 1]을 활용하여 설명해야지.

② 옥수수를 수확하고 나서 심은 배추가 고추 때문에 광합성이 부족했음을 [자료 1]을 활용하여 설명해야지.

③ 작물들의 키 순서를 고려하여 감자를 북동쪽에 배치했음을 [자료 2]를 활용하여 설명해야지.

④ 키가 제일 큰 옥수수는 어느 위치에 심어도 잘 자랄 수 있었음을 [자료 1]과 [자료 2]를 활용하여 설명해야지.

⑤ 동일한 위치에서도 주변 작물에 따라 배추가 자라는 정도가 달랐음을 [자료 1]과 [자료 2]를 활용하여 설명해야지.

02 다음을 읽고 물음에 답하시오.

[작문 상황]

○ 작문 목적: 새롭게 주목받는 직업에 대한 정보를 전달하는 글을 씀.

○ 예상 독자: 우리 학교 학생들

[학생의 초고]

최근 도시 경관을 아름답게 해 주고 소음과 미세 먼지를 줄이는 데에 효과가 있는 생활권 도시림이 주목받으면서, 이를 구성하는 가로수와 조경수 등을 체계적으로 관리하는 '나무의사'라는 직업이 관심을 끌고 있습니다.

나무의사는 나무의 병해충을 예방하거나 진료하는 전문가를 일컫습니다. 몇몇 나라는 우리보다 먼저 나무의사와 유사한 제도를 시행하고 있었고, 우리나라는 2018년부터 '나무의사 자격제도'를 두어 아파트 단지나 공원, 학교 등에 있는 생활권 수목의 치료를 나무의사가 맡도록 하고 있습니다.

[해설편 p.060]

이전에는 '생활권 수목 병해충 방제 사업' 대부분을 비전문가가 실행하여 여러 가지 부작용이 발생했습니다. 이런 부작용을 해소하고 관리의 전문성을 더욱 강화할 필요성이 제기되면서 이 제도를 도입했다고 합니다. 특히 생활권 도시림이 해마다 증가하고 있는 것도 중요한 이유 중 하나입니다.

나무의사가 되려면 자격시험에 응시해야 하는데, 응시를 위해서는 일정한 자격 조건을 갖추어야 합니다. 수목 진료 관련 석박사 학위를 소지하고 있거나, 산림 및 농업 분야 특성화고를 졸업한 후 3년 이상의 경력이 필요합니다. 자격시험에서 1차 시험은 필기시험이고, 2차 시험은 수목 및 병해충의 분류와 약제 처리, 외과 수술로 이루어져 있습니다. 여러 단계에 거쳐 정교하게 생명을 다루어야 하기에 실제 합격률은 저조한 편이라고 합니다.

이 제도가 전면 시행되는 2023년부터는 나무의사가 없이는 나무병원을 운영할 수 없기 때문에 나무의사에 대한 수요는 계속 늘 것으로 보입니다. 자격증의 공신력도 높은 편이라서 자격증을 취득하면 관련 분야에 진출하기가 쉬워집니다.

㉠ 나무가 내뿜는 피톤치드가 우리 몸을 건강하게 하기에 나무를 잘 가꾸고 지켜야 우리의 삶이 윤택해집니다. 새로운 시대 상황에서 나무의사가 주목받는 것처럼 여러분도 사회의 변화에 관심을 갖고 다양하게 직업을 탐색했으면 좋겠습니다.

02

고1 • 2023년 6월 10번

〈보기〉는 선생님의 조언에 따라 ㉠을 수정한 것이다. 선생님이 조언했음 직한 내용으로 가장 적절한 것은?

〈보 기〉

자연환경 보호와 삶의 질 향상이 중시되는 시대이므로, 생활권 수목에 대한 관리 대책도 과거와는 달라져야 합니다. 거대한 산소 공장인 나무와 숲을 살리는 나무의사라는 전문 인력이 그 무엇보다 필요한 때입니다.

① 오늘날 나무의사의 역할이 과거와는 어떻게 달라졌는지를 알려 주면 좋겠구나.
② 국가적 차원에서 나무의사를 관리해야 전문성이 향상된다는 것을 강조하면 좋겠구나.
③ 나무의사가 등장하게 된 사회적 배경을 바탕으로 하여 나무의사의 역할을 강조하면 좋겠구나.
④ 나무의사라는 직업에 대한 소개이니, 나무의사가 되어서 하는 구체적인 업무들을 소개하면 좋겠구나.
⑤ 나무의사가 가로수와 조경수를 잘 관리해서 인간이 자연으로부터 얻을 수 있는 혜택을 구체화하면 좋겠구나.

03~04 다음 글을 읽고 물음에 답하시오.

보조사는 앞말에 붙어 특별한 뜻을 더해 주는 기능을 한다. 격 조사가 문법적 관계를 나타내 주는 것과 달리, 보조사는 앞말에 결합되어 의미를 첨가하는 기능을 한다.

ㄱ. 소설만 읽지 말고 시도 읽어라.
ㄴ. 소설만을 읽지 말고 시도 읽어라.

위의 ㄱ에서 '만'은 앞 체언에 '한정'의 의미를 더해 주고 있으며, '도'는 앞 체언에 '역시, 또한'의 의미를 더해 주고 있다. 한편 ㄴ의 '만을'에서 확인할 수 있듯이, 보조사와 격 조사가 함께 나타날 수 있다. 이때 문법적 관계는 격 조사가 담당하고 보조사는 앞말에 특정한 의미를 더해 주는 기능을 한다.

보조사의 다른 특징은 결합할 수 있는 앞말이 체언에 국한되지 않고, 부사, 어미 등의 뒤에도 결합할 수 있다는 것이다. 또한 '격 조사+보조사' 혹은 '보조사+보조사'의 형태로도 결합할 수 있고, 격 조사 자리에 보조사가 나타날 수도 있다.

[A]

한편 ⓐ 보조사 중에서 ⓑ 의존 명사 또는 어미와 그 형태가 동일한 경우가 있어 헷갈릴 수 있다.

ㄱ. 나는 나대로 계획이 있다.
ㄴ. 네가 아는 대로 말해라.

위 ㄱ에서 '대로'는 대명사 '나'에 결합되었기 때문에 보조사로, ㄴ에서 '대로'는 관형어의 수식을 받기 때문에 의존 명사로 본다.

03 1등급 대비 고난도 3점 문제

고1 • 2023년 6월 11번

윗글을 참고하여 〈보기〉의 ㉠~㉢을 이해한 것으로 적절하지 않은 것은? [3점]

〈보 기〉

㉠ 라면마저도 품절됐네.
㉡ 형도 동생만을 믿었다.
㉢ 그는 아침에만 운동했다.

① ㉠: 격 조사 뒤에 '역시, 또한'의 의미를 더해 주는 보조사가 덧붙고 있다.
② ㉡: 주격 조사 자리에 '도'라는 보조사가 나타나고 있다.
③ ㉡: 보조사 '만'과 격 조사 '을'이 함께 나타나고 있다.
④ ㉢: '에'는 체언에 결합하여 문법적 관계를 나타낸다.
⑤ ㉢: '만'은 보조사가 결합할 수 있는 앞말이 체언에 국한되지 않음을 보여 준다.

DAY 17

[해설편 p.061]

04

고1 • 2023년 6월 12번

[A]에서 설명하는 ⓐ, ⓑ의 예에 해당하는 것은?

① ⓐ: 너만큼 아는 사람은 드물다.
 ⓑ: 너는 먹을 만큼만 먹어라.
② ⓐ: 그는 그냥 서 있을 뿐이다.
 ⓑ: 날 알아주는 사람은 너뿐이다.
③ ⓐ: 그녀는 뛸 듯이 기뻐했다.
 ⓑ: 사람마다 생김새가 다르듯이 생각도 다르다.
④ ⓐ: 나는 사과든지 배든지 아무거나 좋다.
 ⓑ: 노래를 부르든지 춤을 추든지 해라.
⑤ ⓐ: 불규칙한 식습관은 건강에 좋지 않다.
 ⓑ: 친구를 만난 지도 꽤 오래되었다.

05~09 다음 글을 읽고 물음에 답하시오.

디지털 이미지 워터마킹은 디지털 이미지에 저작권자나 배급자의 서명, 마크 등의 특정 정보를 다른 사람들이 인식하지 못하도록 삽입하는 것을 말한다. 이때 삽입된 정보를 디지털 워터마크라고 하며, 이것은 디지털 이미지의 무단 배포, 무단 복사 등이 발생했을 때 저작권을 주장하거나 원본 이미지의 훼손 여부를 검증하기 위한 수단으로 활용된다.

[A] 디지털 이미지 워터마킹은 이미지의 공간 영역 활용 방식과 주파수 영역 활용 방식으로 나눌 수 있는데, 공간 영역 활용 방식으로는 LSB(Least Significant Bit) 치환 방법이 있다. 흑백 원본 이미지에 흑백 워터마크 이미지를 삽입하는 과정을 통해 그 원리를 살펴보자. 흑백 이미지를 구성하는 한 픽셀*의 색상은 밝기에 따라 0~255까지의 정숫값을 가지는데 0은 검은색, 255는 흰색을 나타낸다. 이를 컴퓨터가 처리하는 데이터의 기본 단위인 8비트*로 나타내면 각각의 픽셀은 검은색인 00000000부터 흰색인 11111111까지 총 256가지의 값 중 하나를 갖게 되며, 그 숫자가 클수록 흰색에 가깝다. 이때 각 픽셀은 8비트의 데이터 중 왼쪽에 위치하는 상위 비트가 바뀔수록 그에 해당하는 정숫값의 변화가 크기 때문에 색상의 변화를 육안으로 인식하기 쉽고, 오른쪽 하위 비트가 바뀔수록 색상의 변화를 육안으로 인식하기 어렵다. LSB는 색상 변화에 가장 영향을 적게 주는 오른쪽 마지막 최하위 비트를 ㉠ 말한다. LSB 치환 과정에서는 원본 이미지에 시각적인 변화를 주지 않기 위해 워터마크 이미지의 픽셀 데이터를 원본 이미지의 각 픽셀의 LSB에 하나씩 나누어 숨긴다.

이때 원본 이미지 각 픽셀의 8개의 비트 중 LSB에만 데이터를 삽입하기 때문에 워터마크 이미지의 한 픽셀 데이터를 삽입하기 위해서는 원본 이미지의 픽셀 8개가 필요하다. 결국 원본 이미지의 픽셀 수는 최대로 삽입 가능한 비트 수와 같기 때문에 원본 이미지의 픽셀 수가 워터마크 이미지의 전체 비트 수보다 적다면 워터마크 이미지의 데이터 일부는 삽입할 수 없게 된다. 그리고 원본 이미지의 픽셀 수가 워터마크 이미지의 전체 비트 수보다 많을수록 원본 이미지에 시각적 변화가 적게 나타난다. 이 방법은 많은 양의 데이터를 빠르고 간단하게 삽입할 수 있으며, 원본 이미지의 각 픽셀에서 LSB만 변경하기 때문에 시각적으로 색상이나 감도의 변화를 감지하기 어렵다. 그러나 워터마크가 삽입된 이미지의 LSB를 인위적으로 조작하는 경우 워터마크가 쉽게 제거될 수 있다는 단점이 있다.

주파수 영역을 활용하는 방식으로는 DCT(Discrete Cosine Transform)를 이용하는 방법이 주로 쓰인다. DCT는 이미지 데이터를 공간값에서 주파숫값으로 바꾸는 과정이다. 이미지에 DCT를 적용하면 주변 픽셀과 색상이나 밝기 차이가 적은 픽셀은 낮은 주파숫값으로, 경계선 등 주변 픽셀과 색상이나 밝기 차이가 큰 픽셀은 높은 주파숫값으로 나타난다. 원본 이미지를 일정한 크기의 여러 블록으로 나누고 블록별로 각 픽셀의 색상값을 DCT 수식에 따라 변환하면 주파숫값 분포표를 얻을 수 있다. 주파숫값 분포표에는 좌측 상단으로 갈수록 낮은 주파숫값, 우측 하단으로 갈수록 높은 주파숫값이 분포하게 되는데 이미지의 색상이나 밝기에 따라 각 주파숫값이 분포하는 영역의 비율은 다르게 나타난다. 이때 워터마크 이미지의 픽셀의 색상값을 주파숫값 형태로 삽입한 후 다시 역변환 수식에 따라 변환하면, 어느 주파숫값에 삽입하든 워터마크가 원본 이미지의 전 영역에 걸쳐 고르게 분산된 형태로 삽입된다.

인간의 시각은 낮은 주파수 성분의 변화에는 민감하나 높은 주파수 성분의 변화에는 둔감하기 때문에 높은 주파숫값이 분포하는 영역에 워터마크를 삽입하면 원본 이미지의 시각적인 변화를 최소화할 수 있다. 그러나 JPEG와 같은 방식의 압축 이미지 알고리즘은 높은 주파수 성분의 요소를 제거하여 이미지를 압축하기 때문에 높은 주파숫값이 분포하는 영역에 워터마크를 삽입하면 이미지 압축과 같은 과정에서 워터마크가 삭제될 수 있다. 그래서 워터마크를 삽입할 때는 낮은 주파숫값이 분포하는 영역과 높은 주파숫값이 분포하는 영역의 경계면에 해당하는 특정 주파숫값 영역을 중심으로 워터마크 정보를 삽입한다.

이 방법은 이미지의 왜곡이 적어 시각적으로 원본 이미지와의 차이를 식별하기 어렵다. 또한 삽입할 데이터를 이미지 영역에 골고루 분산시키기 때문에 변형의 과정을 거쳐도 LSB 치환 방법에 비해 워터마크가 상대적으로 쉽게 제거되지 않는다. 그러나 데이터 삽입이 가능한 주파숫값의 개수가 원본 이미지의 픽셀 수보다는 훨씬 적기 때문에, 삽입할 수 있는 데이터의 양이 LSB 치환 방법보다 상대적으로 적다. 그리고 픽셀의 개수가 같은 이미지라 하더라도 이미지의 색상이나 밝기에 따라 각 주파숫값이 분포하는 영역의 비율이 달라지기 때문에 이미지에 따라 삽입할 수 있는 데이터의 양이 달라질 수 있다.

* 픽셀: 작은 점의 행과 열로 이루어져 있는 화면의 작은 점 각각을 이르는 말.
* 비트: 2진 기수법 표기의 기본 단위. 2진 기수법에서는 모든 수를 0과 1로만 표기하는데 이 0 또는 1이 각각 하나의 비트가 된다.

05

고1 · 2023년 9월 34번

윗글을 통해 답을 찾을 수 없는 질문은?

① 디지털 워터마크의 용도는 무엇인가?
② 디지털 이미지 워터마킹의 개념은 무엇인가?
③ 디지털 이미지 워터마킹 기술의 전망은 어떠한가?
④ 디지털 이미지 워터마크를 삽입하는 원리는 무엇인가?
⑤ 디지털 이미지 워터마킹의 방식에는 어떤 것들이 있는가?

06

고1 · 2023년 9월 35번

윗글에 대해 이해한 내용으로 적절하지 않은 것은?

① LSB 치환 방법은 DCT를 이용하는 방법에 비해 상대적으로 쉽게 워터마크가 제거되지 않는다.
② LSB 치환 방법은 DCT를 이용하는 방법에 비해 동일한 원본 이미지에 삽입할 수 있는 데이터의 양이 많다.
③ DCT를 적용하기 위해서는 원본 이미지를 여러 개의 블록으로 분할하고 블록 단위로 변환을 수행해야 한다.
④ JPEG 압축 방식은 이미지에서 주변 픽셀과 색상이나 밝기 차이가 큰 픽셀을 제거하는 방식으로 이루어진다.
⑤ DCT를 이용하는 방법은 원본 이미지의 색상이나 밝기에 따라 삽입할 수 있는 데이터의 양이 달라질 수 있다.

07 1등급 대비 고난도 3점 문제

고1 · 2023년 9월 36번

[A]를 바탕으로 〈보기〉를 이해한 내용으로 적절하지 않은 것은? [3점]

〈보 기〉

다음은 LSB 치환 방법을 통해 흑백 이미지에 또 다른 흑백 이미지를 워터마크로 삽입하는 과정을 도식화하여 나타낸 것이다.

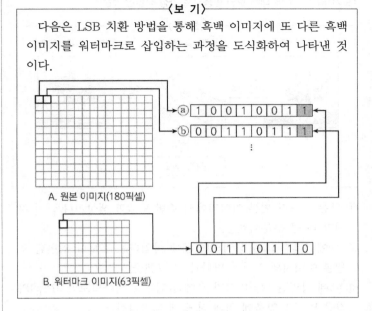

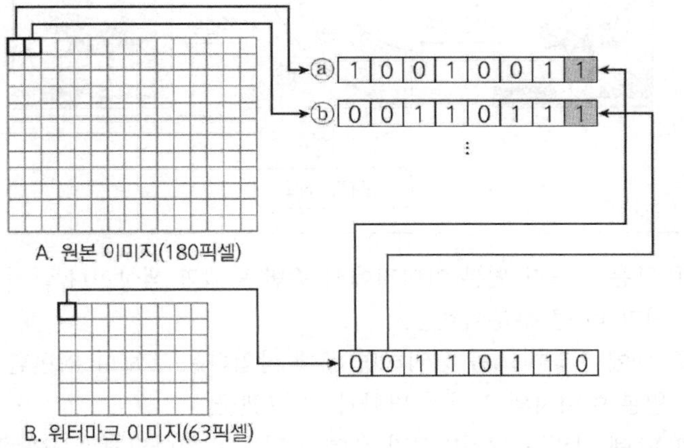

① A에 최대로 삽입 가능한 비트 수는 180이다.
② B의 전체 데이터 중 일부 비트는 A에 삽입할 수 없다.
③ B의 픽셀 수가 더 많아지면 A의 시각적인 변화는 줄어든다.
④ ⓐ 픽셀의 색상이 ⓑ 픽셀의 색상에 비해 더 흰색에 가깝다.
⑤ ⓐ 픽셀과 ⓑ 픽셀에 데이터가 삽입되면 LSB가 모두 1에서 0으로 바뀌게 된다.

[해설편 p.062]

08 1등급 대비 고난도 2점 문제

고1 • 2023년 9월 37번

DCT(Discrete Cosine Transform)를 이용하는 방법에 대한 이해를 바탕으로 〈보기〉의 ㉮~㉰에 대해 보인 반응으로 가장 적절한 것은?

〈보 기〉

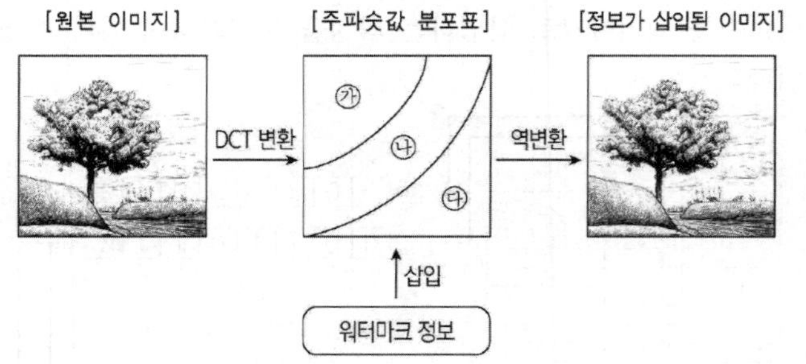

① ㉮는 ㉯보다 원본 이미지에서 주변 픽셀과 색상이나 밝기 차이가 더 큰 부분이겠군.
② ㉮에 워터마크를 삽입하면 ㉰에 삽입하는 것보다 역변환 후 원본 이미지의 시각적 변화가 더 크겠군.
③ ㉯에 삽입된 워터마크가 ㉰에 삽입된 워터마크보다 JPEG와 같은 방식의 압축에 의해 더 쉽게 제거되겠군.
④ ㉰에 삽입된 워터마크가 ㉮에 삽입된 워터마크보다 역변환 후 전체 이미지에 더 고르게 분산되겠군.
⑤ ㉮, ㉯, ㉰ 영역은 원본 이미지와 상관없이 항상 일정한 비율로 나타나겠군.

09

고1 • 2023년 9월 38번

문맥상 ㉠과 가장 가까운 의미로 쓰인 것은?

① 북극은 지구 자전축의 북쪽 끝을 말한다.
② 선생님은 그 작가에 대해 항상 좋게 말했다.
③ 난 내 생각을 다른 사람에게 솔직하게 말한다.
④ 친구에게 동생이 오면 문을 열어 달라고 말했다.
⑤ 그녀에게 약속 장소를 말하지 않은 것이 생각난다.

10~12 다음 글을 읽고 물음에 답하시오.

(가)

얼음을 등에 지고 가는 듯
봄은 멀다
먼저 든 햇빛에
㉠ 개나리 보실보실 피어서
처음 노란 빛에 정이 들었다.

차츰 지붕이 겨울 짐을 부릴 때도 되고
집 사이에 쌓은 울타리를 헐 때도 된다.
사람들이 그 이야기를
가장 먼 데서부터 시작할 때도 온다.

그래서 봄은 사랑의 계절
모든 거리(距離)가 풀리면서
멀리 간 것이 다 돌아온다.
서운하게 갈라진 것까지도 돌아온다.
모든 처음이 그 근원에서 돌아선다.

나무는 나무로
꽃은 꽃으로
버들강아지는 버들가지로
사람은 사람에게로
산은 산으로
죽은 것과 산 것이 서로 돌아서서
그 근원에서 **상견례(相見禮)를 이룬다.**

꽃은 짧은 **가을 해에**
어디쯤 갔다가
노루 꼬리만큼
길어지는 **봄 해를 따라**

몇 천리나 와서
오늘의 어느 주변에서
찬란한 **꽃밭을 이루**는가

다락에서 **묵은 빨래뭉치**도 풀려서
봄빛을 따라나와
산골짜기에서 겨울 산 뼈를 씻으며
졸졸 흐르는 시냇가로 간다.

― 김광섭, 「봄」 ―

(나)

가까이 다가서기 전에는
아무것도 가진 것 없어 보이는
아무것도 피울 수 없을 것처럼 보이는
겨울 들판을 거닐며
매운 바람 끝자락도 **맞을 만치 맞으면**
오히려 더욱 따사로움을 알았다
듬성듬성 아직은 **덜 녹은 눈발**이
땅의 품안으로 녹아들기를 꿈꾸며 뒤척이고
논두렁 밭두렁 사이사이
초록빛 싱싱한 키 작은 ㉡ 들풀 또한 고만고만 모여 앉아
저만치 밀려오는 햇살을 기다리고 있었다
신발 아래 질척거리며 달라붙는
흙의 무게가 **삶의 무게**만큼 힘겨웠지만

여기서만은 우리가 알고 있는
아픔이란 아픔은 모두 편히 쉬고 있음도 알았다
겨울 들판을 거닐며
겨울 들판이나 **사람**이나
가까이 다가서지도 않으면서
아무것도 가진 것 없을 거라고
아무것도 키울 수 없을 거라고
함부로 말하지 않기로 했다

– 허형만, 「겨울 들판을 거닐며」 –

10

고1 • 2022년 11월 22번

(가), (나)의 표현상 특징으로 가장 적절한 것은?

① (가)는 명사로 시상을 마무리하여 시적 여운을 드러내고 있다.
② (가)는 수미상관의 방식을 활용하여 구조적 안정감을 얻고 있다.
③ (나)는 청유형 어미를 활용하여 화자의 태도 변화를 드러내고 있다.
④ (가)와 (나)는 모두 유사한 문장 구조를 반복하여 시적 의미를 강조하고 있다.
⑤ (가)와 (나)는 모두 청자를 명시적으로 설정하여 화자의 상황을 구체화하고 있다.

11

고1 • 2022년 11월 23번

㉠과 ㉡에 대한 이해로 가장 적절한 것은?

① ㉠은 '햇빛'과, ㉡은 '햇살'과 대비되어 평화로운 분위기를 조성한다.
② ㉠은 '처음'과, ㉡은 '저만치'와 어울려 근원적 외로움을 상징한다.
③ ㉠은 '보실보실'과, ㉡은 '고만고만'과 어울려 숭고한 희생을 드러낸다.
④ ㉠은 '노란 빛'과, ㉡은 '초록빛'과 조응하여 생명성을 환기한다.
⑤ ㉠은 '피어서'와, ㉡은 '모여 앉아'와 조응하여 상실감을 부각한다.

12

고1 • 2022년 11월 24번

〈보기〉를 바탕으로 (가)와 (나)를 감상한 내용으로 적절하지 않은 것은? [3점]

〈보 기〉

> 시에서 계절은 중요한 요소로 작용하는 경우가 많은데, 화자는 계절적 특성에 대한 인식을 바탕으로 다양한 의미를 이끌어 낸다. 화자는 계절의 변화에 내포된 자연의 순환적 질서를 인식하고, 소멸했던 것이 소생하는 모습에서 희망의 이미지를 발견하기도 한다. 또 계절의 변화로 인한 자연현상을 인간의 삶과 관련지어 인식함으로써 화자가 지향하는 가치나 태도를 드러내기도 한다.

① (가)에서는 '멀리 간 것이 다 돌아온다'는 것에서 화자가 봄을 소생의 계절로 인식했음을, (나)에서는 '매운 바람'도 '맞을 만치 맞으면' '오히려 더욱 따사로움을 알'게 되었다는 것에서 화자가 겨울을 소생의 가능성이 내재된 계절로 인식했음을 엿볼 수 있군.
② (가)에서는 '가을 해에 어디쯤 갔'던 꽃이 '봄 해를 따라'와 '꽃밭을 이루'는 것에서, (나)에서는 '덜 녹은 눈발'이 봄이 되어 '땅의 품안으로 녹아들기를 꿈'꾼다는 것에서 순환하는 자연의 질서에 대한 화자의 인식을 엿볼 수 있군.
③ (가)에서는 '묵은 빨래뭉치'가 '봄빛을 따라나'온다는 것에서, (나)에서는 '흙의 무게'가 '삶의 무게'처럼 느껴진다는 것에서 화자가 계절의 변화에서 발견한 희망의 이미지를 엿볼 수 있군.
④ (가)에서는 '버들강아지는 버들가지로'와 '사람은 사람에게로'를 연결한 것에서, (나)에서는 '겨울 들판'과 '사람'을 연결한 것에서 자연현상을 인간의 삶과 관련짓고 있는 화자의 인식을 엿볼 수 있군.
⑤ (가)에서는 '죽은 것과 산 것이' '상견례를 이룬다'는 것에서 화자가 지향하는 화합의 가치를, (나)에서는 '가까이 다가서지도 않으면서' '함부로 말하지 않'겠다는 것에서 화자가 지향하는 태도를 엿볼 수 있군.

DAY 17

학습 Check!

▶ 몰라서 틀린 문항 × 표기 ▶ 헷갈렸거나 찍은 문항 △ 표기 ▶ ×, △ 문항은 다시 풀고 ✔ 표기를 하세요.

			01	02	03	04	05	06	07	08	09	10	11	12
종료 시각	시 분 초	문항 번호	01	02	03	04	05	06	07	08	09	10	11	12
소요 시간	분 초	채점 결과												
초과 시간	분 초	틀린 문항 복습												

DAY 18 수능기출 전국연합학력평가 20분 미니 모의고사

● 날짜 : 월 일 ● 시작 시각 : 시 분 초 ● 목표 시간 : 20분

※ 점수 표기가 없는 문항은 모두 2점입니다.

01~02 (가)는 학생들이 실시한 토론의 일부이고, (나)는 (가)에 청중으로 참여한 학생이 '토론 후 과제'에 따라 쓴 초고이다. 물음에 답하시오.

(가)

사회자: 오늘은 '별점 평가제는 폐지되어야 한다.'라는 논제로 토론하려고 합니다. 먼저 찬성 측이 입론한 후 반대 측에서 반대 신문을 진행하겠습니다.

찬성 1: 별점 평가제는 폐지되어야 합니다. 첫째, 별점 평가는 신뢰성이 낮습니다. 왜냐하면 별점을 매길 때 만족도에 대한 개인의 주관이 강하게 개입되어 객관적이지 못하기 때문입니다. 또한 별점 평가의 단계별 척도인 별 한 개에 부여하는 가치도 사람마다 다릅니다. 둘째, 별점 평가제는 판매자에게 큰 피해를 줄 수 있습니다. 별점 평가가 매출에 큰 영향을 주는데, 몇몇 소비자들이 악의적으로 매긴 허위 별점이 다른 소비자들에게 영향을 미쳐 판매가 급감한 사례를 흔히 들을 수 있습니다.

반대 2: 악의적으로 매긴 허위 별점으로 인한 판매자들의 피해 사례를 흔히 들을 수 있다고 하셨는데요, 그렇게 말씀하신 근거를 구체적으로 제시해 주시겠습니까?

찬성 1: 지난달 ○○신문에 보도된 통계 자료에 따르면 전체 판매자들의 70% 정도가 악의적인 허위 별점 때문에 큰 폭의 판매량 감소를 경험했다고 합니다.

사회자: 이번에는 반대 측이 입론한 후 찬성 측에서 반대 신문을 해 주십시오.

반대 1: 별점 평가제는 폐지되어서는 안 됩니다. 첫째, 별점 평가제는 소비자가 합리적인 소비를 할 수 있도록 도와줍니다. 왜냐하면 직관적으로 표현된 별점 평가를 통해 소비자들은 구매에 필요한 정보를 쉽고 빠르게 얻을 수 있기 때문입니다. 또한 별점 평가의 결과는 많은 사람의 평가가 누적된 것이므로 신뢰할 수 있습니다. 둘째, 별점 평가제 폐지는 소비자들에게 큰 피해를 줍니다. 별점 평가제는 이미 소비자들이 자유롭게 의사 표현을 할 수 있는 통로로 자리 잡았습니다. 별점 평가제가 폐지되면 그러한 표현의 자유가 침해될 것입니다.

찬성 2: 별점 평가제가 소비자들이 의사 표현을 할 수 있는 통로로 자리 잡았다고 하셨는데요, 별점 평가 외에도 다양한 방식으로 자신의 의사를 자유롭게 표현할 수 있다고 생각하는데, 이에 대한 의견을 말씀해 주시겠습니까?

반대 1: 물론 다른 방식으로 평가를 할 수 있습니다. 하지만 원하는 방식으로 의사를 표현할 수 있는 권리는 보장되어야 하고, 현재 이미 많은 소비자들이 별점을 통해 자신들의 의사를 표현하고 있습니다.

토론 후 과제: 토론 내용을 참고하여 별점 평가제에 대한 자신의 생각을 글로 써 보기

(나) 학생의 초고

나는 평소 별점 평가를 참고하여 물건을 구입하거나 음식을 주문할 때가 많아서, 별점 평가제 폐지에 관한 이번 토론이 무척 흥미로웠다. 토론 전에 나는 별점 평가제에 특별한 문제는 없다고 생각했다.

하지만 토론을 들으며 새롭게 알게 된 사실이 많았다. 별점 평가제가 소비자의 표현의 자유와 관련이 있다는 것은 미처 생각하지 못한 점이었다. 특히 별점 평가제를 악용하면 판매자에게 심각한 피해가 발생한다는 찬성 측의 발언을 듣고 별점 평가제에 대한 생각이 틀려졌다.

토론이 끝나고 친구와 함께 같은 음식을 먹었는데, 음식에 주고 싶은 별점이 서로 다르다는 것을 알게 되었다. 요즘은 컴퓨터보다 스마트폰으로 별점 평가에 참여하는 경우가 더 많다. 둘 다 맛있게 먹은 음식이지만 별점이 다른 이유가 이번 토론에서 찬성 측이 주장했던 것과 관련이 있다는 생각이 들었다. 그러나 별점 평가의 문제점을 보완할 수 있는 방법을 찾아보게 되었다. 별점 평가가 보다 객관적인 것이 될 수 있도록 별점 평가 시의 유의 사항을, 소비자를 위한 별점 평가 안내서로 제공하는 방안 등이 논의되고 있었다.

이런 방안 등을 통해 소비자는 객관적인 태도로 별점 평가를 하도록 노력하고 판매자는 별점 평가를 통한 소비자의 표현을 존중하면서 함께 별점 평가제를 보완해 나간다면, 별점 평가제는 모두에게 유용하고 쓸모 있는 도구가 될 수 있을 것이다.

[해설편 p.064]

01

고1 · 2021년 11월 4번

(가)의 '입론'을 정리한 내용으로 적절하지 않은 것은?

구분	주 장	근 거
찬성	별점 평가제는 신뢰성이 떨어진다.	○ 별점 평가제는 주관이 개입된다. ··· ① ○ 척도에 부여하는 가치가 사람마다 다르다. ··· ②
	별점 평가제는 판매자에게 큰 피해를 줄 수 있다.	○ 별점 평가제는 판매자의 매출에 큰 영향을 준다. ○ 악의적인 별점으로 인해 판매가 급감한 사례가 있다. ··· ③
반대	소비자가 합리적인 소비를 할 수 있도록 도와준다.	○ 소비자가 물건을 구매할 때 필요한 정보를 쉽고 빠르게 얻을 수 있다. ○ 별점 평가의 결과는 직관적으로 확인될 수 있으므로 신뢰할 수 있다. ··· ④
	별점 평가제 폐지는 소비자에게 큰 피해를 준다.	○ 소비자의 표현의 자유가 침해된다. ··· ⑤

02

고1 · 2021년 11월 6번

다음은 (가)를 바탕으로 (나)를 쓰기 위해 작성한 작문 계획이다. (나)에 반영되지 않은 것은? [3점]

[1문단]
○ 논제에 대한 나의 흥미를 밝히며 글을 시작해야겠어.
○ 별점 평가제에 대한 나의 생각을 밝혀야겠어.

[2문단]
○ 토론을 통해 내가 새롭게 알게 된 점을 제시해야겠어. ··· ①
○ 토론 전에 떠올린 의문점이 해소되었음을 밝혀야겠어. ··· ②

[3문단]
○ 별점 평가제와 관련된 나의 경험을 사례로 제시해야겠어. ··· ③
○ 별점 평가제의 문제점을 보완할 수 있는 방안을 찾아 제시해야겠어. ··· ④

[4문단]
○ 별점 평가제에 대한 소비자와 판매자 모두의 노력이 필요함을 언급하며 글을 마무리해야겠어. ··· ⑤

03

1등급 대비 고난도 2점 문제

고1 · 2021년 9월 15번

〈자료〉의 ⓐ와 ⓑ는 한글 맞춤법 규정에 맞게 표기한 것이다. 적용된 원칙을 〈보기〉에서 찾아 바르게 짝지은 것은?

〈자 료〉

ⓐ 지붕 공사가 ⓑ 마감 단계에 있다.

〈보 기〉

〈한글 맞춤법〉

제19항 어간에 '-이'나 '-음/-ㅁ'이 붙어서 명사로 된 것과 '-이'나 '-히'가 붙어서 부사로 된 것은 그 어간의 원형을 밝히어 적는다. ··· ㉠

[붙임] 어간에 '-이'나 '-음' 이외의 모음으로 시작된 접미사가 붙어서 다른 품사로 바뀐 것은 그 어간의 원형을 밝히어 적지 아니한다. ··· ㉡

제20항 명사 뒤에 '-이'가 붙어서 된 말은 그 명사의 원형을 밝히어 적는다.

[붙임] '-이' 이외의 모음으로 시작된 접미사가 붙어서 된 말은 그 명사의 원형을 밝히어 적지 아니한다. ··· ㉢

① ⓐ - ㉠ ② ⓐ - ㉡ ③ ⓑ - ㉠ ④ ⓑ - ㉡ ⑤ ⓑ - ㉢

[해설편 p.065]

04~08 다음을 읽고 물음에 답하시오.

아리스토텔레스의 고전 논리학에서는 기본 명제를 네 가지로 분류하고 이를 각각 '전체 긍정 명제', '전체 부정 명제', '부분 긍정 명제', '부분 부정 명제'라고 이름을 붙였다. 삼단 논법에 이용되는 명제는 어떤 것이든 이 네 가지 기본 명제 중 어느 하나의 형식을 가져야 하며, 이 명제들은 그 뜻이 애매하다거나 모호하지 않아야 하므로 **표준 형식**으로 고쳐 주어야 한다.

먼저, 전체 긍정을 뜻하는 명제의 표준 형식은 "모든 철학자는 이상주의자이다."와 같이 '모든 ~는 ~이다.'로 하면 된다. 전체 부정을 뜻하는 명제의 표준 형식의 경우, "모든 철학자는 이상주의자가 아니다."라는 말은 애매하다. 왜냐하면 "철학자는 한 사람도 이상주의자가 아니다."를 뜻하는 것인지, 아니면 "철학자 중에는 이상주의자가 아닌 사람도 있다."를 뜻하는 것인지 분명하지 않기 때문이다. 그러므로 '모든 ~는 ~가 아니다.'라는 형식은 전체 부정 명제의 표준 형식이 될 수 없다. 전체 부정의 뜻을 분명하게 나타내어 줄 수 있는 표준 형식은 "어느 철학자도 이상주의자가 아니다."와 같이 '어느 ~도 ~가 아니다.'로 하면 된다. 부분 긍정을 뜻하는 명제의 표준 형식은 "어떤 철학자는 염세주의자이다."와 같이 '어떤 ~는 ~이다.'라는 형식이면 된다. '어떤'이란 말이 '어떤 낯선 사람'이라고 할 때처럼 불확정적인 대상이라는 뜻을 가질 수도 있으나 그것은 부분 긍정을 뜻하는 데는 별 문제가 되지 않는다. 마지막으로, 부분 부정을 뜻하는 명제의 표준 형식은 "어떤 철학자는 도덕주의자가 아니다."에서와 같이 '어떤 ~는 ~가 아니다.'라는 형식이면 된다.

"고래는 포유동물이다."라는 일상 언어의 문장은 모든 고래에 대한 긍정을 뜻하는 것이므로 이것을 표준 형식의 명제로 고치면 "모든 고래는 포유동물이다."가 된다. 그러나 "칼을 쓰는 자는 칼로 망한다."라는 말은 전체 긍정의 뜻으로 받아들일 수도 있고 부분 긍정의 뜻으로 받아들일 수도 있다. 이것을 "칼을 쓰는 모든 사람은 칼로 망하는 사람이다."라고 한다면 전체 긍정이 되지만, "칼을 쓰는 어떤 사람은 칼로 망하는 사람이다."라고 한다면 부분 긍정이 된다. ㉠ 어느 쪽 해석이 옳은가라는 문제는 논리학의 관심 문제가 아니다. 그것을 사실의 서술로 보는 사람은 칼을 쓰는 사람들 중 일부분의 사람만 칼로 망하게 된다는 사실을 긍정하는 것으로 이해하는 것이며, 그 반면 그것을 하나의 교훈적인 말로 받아들이는 사람은 그것이 하나의 ⓐ 보편적인 법칙 같은 것을 뜻하는 것으로 이해하기 때문에 전체 긍정으로 읽게 되는 것이다.

"대부분의 젊은이들은 현실 부정적이다."에서 '대부분'은 전체가 아니라는 뜻이므로 이런 경우는 '어떤'으로, 즉 부분 긍정이나 부분 부정으로 이해할 수밖에 없다. 전체 중에서 단 한 사람에 대한 긍정을 한 것도 부분 긍정으로 ⓑ 일반화시킬 수밖에 없으며, 한 사람만 제외한 다른 모든 사람들에 대한 긍정도 부분 긍정으로 ⓒ 간주할 수밖에 없다. 명제의 양을 전체와 부분으로만 나누어 두었기 때문에 전체에 관한 것이 아닌 것은 모두 부분에 관한 것으로 표현되어야 한다는 뜻이다. 부분에 관한 명제들 중에서 그 양의 정도가 다른 것을 나타낼 수 있는 방법은 없다. 이것은 곧 모든 명제를 네 가지 기본 형식으로만 나누어야 하는 고전 논리의 한계점이 된다. 그러므로 위의 명제도 "어떤 젊은 이들은 현실 부정적인 사람이다."라고 고칠 수밖에 없다.

"미국 흑인들 외에는 아무도 흑인 영가*의 참뜻을 느낄 수 없다." 이 문장에는 흑인 영가의 참뜻을 느낄 수 있는 미국 흑인에 대한 것과 그것을 느낄 수 없는 다른 사람들에 대한 것이 포함되어 있다. 따라서 "모든 미국 흑인들은 흑인 영가의 참뜻을 느낄 수 있는 사람이다."라는 명제와 "미국 흑인이 아닌 모든 사람은 흑인 영가의 참뜻을 느낄 수 없는 사람이다."라는 명제로 고쳐야 한다. 그리고 둘째 명제는 다음과 같이 전체 부정 명제로 고쳐 쓸 수 있다. "미국 흑인이 아닌 어느 사람도 흑인 영가의 참뜻을 느낄 수 있는 사람이 아니다."

일상 언어의 문장은 그것이 어떤 사실을 긍정하는 것일지라도 위에서 ⓓ 검토해 본 예문들처럼 그것의 논리적 의미가 분명치 못한 것이 많다. 그것이 이용되는 경우에 따라서, 또 내용에 따라서 그 의미가 다르게 이해되어야 할 때가 많다. 이러한 문제는 논리학의 범위에 속하지 않는 것이므로 그것을 사용하는 사람이 자기대로 ⓔ 타당한 이해를 할 수밖에 없는 것이다. 그러한 문장을 표준 형식의 명제로 고치고자 할 때는 먼저 적절한 해석을 한 후 그것이 이해되는 뜻에 따라서 그것에 맞는 형식으로 고쳐 주면 된다.

* 영가(靈歌): 미국의 흑인들이 부르는 일종의 종교적인 노래

04

고1 • 2020년 6월 37번

윗글의 내용과 일치하는 것은?

① "미국 흑인이 아닌 모든 사람은 흑인 영가의 참뜻을 느낄 수 없는 사람이다."는 다른 명제로 고칠 수 없다.
② "칼을 쓰는 모든 사람은 칼로 망하는 사람이다."를 교훈의 말로 받아들이는 사람은 부분 긍정으로 이해한다.
③ "모든 철학자는 이상주의자가 아니다."라는 말의 표준 형식은 "모든 ~는 ~가 아니다."라는 형식이 될 수 있다.
④ 부분 명제 중에서 그 양의 정도가 다른 것을 나타낼 수 있는 방법이 없다는 점은 고전 논리의 한계로 볼 수 있다.
⑤ 일상 언어의 문장은 어떤 사실을 긍정할 경우에만 그것의 논리적 의미가 분명해진다고 볼 수 있다.

05

고1 • 2020년 6월 38번

㉠의 이유로 가장 적절한 것은?

① 일상 언어는 논리학의 표준 명제로 고칠 수 없기 때문이다.
② 논리학은 명제의 형식에 대해서는 문제로 삼지 않기 때문이다.
③ 일상 언어의 문장과 논리학의 문장은 본질적으로 다르기 때문이다.
④ 논리학은 일상 언어의 문장을 우선 네 가지 기본 명제의 형식으로 고친 후 해석해야 하기 때문이다.
⑤ 일상 언어의 문장들은 읽는 사람에 따라서 혹은 그것이 쓰이는 상황에 따라서 그것의 논리적 의미가 다르기 때문이다.

06 1등급 대비 고난도 2점 문제

고1 • 2020년 6월 39번

윗글을 참고하여 〈보기〉에 대해 판단한 내용으로 적절하지 않은 것은?

〈보 기〉

"문제의식이 투철한 사람만 참석했다."

① '참석한 모든 사람은 문제의식이 투철한 사람이었다.'라는 뜻이군.
② '문제의식이 투철한 사람은 누구나 다 참석했다.'는 것을 뜻하지는 않는군.
③ '문제의식이 투철한 사람의 일부분이 참석했다.'라는 것을 긍정하지도 않는군.
④ 참석한 사람들만이 문제의식이 투철한 사람들인지 어떤지에 대한 긍정은 없군.
⑤ '문제의식이 투철한 사람만 참석했다.'는 하나의 표준 형식으로서 분명한 뜻을 지니는군.

07 1등급 대비 고난도 3점 문제

고1 • 2020년 6월 40번

윗글을 바탕으로, 〈보기〉의 문장들을 표준 형식의 명제로 고친 것으로 적절하지 않은 것은? [3점]

〈보 기〉

㉮ 원숭이도 나무에서 떨어진다.
㉯ 소수의 사람들만이 특혜를 받았다.
㉰ 경마에 미친 사람은 경마만 좋아한다.
㉱ 비가 오는 날이면 언제나 그는 택시를 탄다.
㉲ 이번 여름은 피서지마다 초만원을 이루었다.

① ㉮: 어떤 원숭이는 나무에서 떨어지는 원숭이이다.
② ㉯: 어떤 사람은 특혜를 받은 사람이다.
③ ㉰: 경마에 미친 모든 사람은 경마를 좋아한다.
④ ㉱: 비가 오는 모든 날은 그가 택시를 타는 날이다.
⑤ ㉲: 이번 여름의 모든 피서지는 초만원을 이루는 곳이다.

08

고1 • 2020년 6월 41번

ⓐ~ⓔ의 사전적 의미로 적절하지 않은 것은?

① ⓐ: 두루 널리 미치는
② ⓑ: 구체적인 것으로 됨
③ ⓒ: 상태, 모양, 성질 따위가 그와 같다고 봄
④ ⓓ: 사실이나 내용을 분석해 따짐
⑤ ⓔ: 일의 이치로 보아 옳은

09~12 다음 글을 읽고 물음에 답하시오.

㉠ 황성에 병란(兵亂)이 일어났고, 살기(殺氣)가 등등하며, 천자는 피신한 모양이라. 국진은 재빨리 방으로 들어와 무장을 갖추고, 머리에 황금 투구를 쓰고, 몸에 풍운갑을 입고, 좌수에 절륜도와 우수에 청학선, 이런 식으로 무장을 갖추자 잠시도 지체없이 말에 뛰어오르리라.

그리하여 국진은 필마단기(匹馬單騎)*로 나는 듯이 달렸고, 달리면서도 자기의 중대한 임무를 잊지 않은 터라. 그의 빛나는 준마는 순식간에 그를 황성으로 옮겨 주니, 그의 마음과 몸과 말은 실로 혼연일체가 된 듯하더라.

아니나 다르랴, 그가 읽은 천기는 정확하였으니, 달마국의 수십만 대군은 명나라 군을 무찔러 없애고, 이 때 황성으로 쳐들어와 황성의 운명은 경각에 달하였으니, 국진은 즉시 궐내로 들어가 어전에 꿇어 엎드려 가로되,

[A] "소신이 중임을 맡아 원방(遠方)에 갔사와 폐하께 근심을 끼쳤사오니 이것은 모두가 신의 죄인 줄로 아뢰오. 적병을 파한 후에 죄를 당하여지이다."

하고 아뢰더라.

절망한 천자는 그것이 누군가 처음에는 잘 모르시는 듯하다가 장국진이라는 것을 아시자 놀라시며, 계하로 뛰어내려가 그의 손을 잡고 반가워서 어쩔 줄을 몰라 하시며,

[B] "경이 있었으면 무슨 근심을 하리오. 경은 힘을 다하여 사직(社稷)을 안보(安保)하고 짐의 근심을 덜라."

하고는 눈물을 뿌리며 애걸하듯이 하교하시더라.

적은 어느새 도성에 다다르고 도성의 백성들은 아우성치니, 이는 지옥을 상상하게 하더라. 그것은 도무지 구할 도리가 없는 완전한 파멸을 보는 듯하더라. 이것을 어느 누구의 힘으로 구원하여 밝은 빛을 뿌려 터인가.

국진은 다시 말에 오르자, **한 손에 절륜도, 또 한 손에 청학선을 흔들며** 성문을 빠져나가 물밀 듯 밀려드는 수십만 ㉡ 적군의 진영으로 비호처럼 달리더라. 그의 절륜도가 닿는 곳마다 번갯불이 번쩍 일더니 적장과 적 군사는 **추풍낙엽같이 쓰러**지니, 적군에게는 전혀 예상하지 못한 일대 혼란이 일더라. 그들의 시체는 산을 이루고 피가 바다를 이루면서 물러가니라.

[중략 부분의 줄거리] 국진은 달마국을 정벌하기로 결심하고 이를 위해 전장으로 떠난다. 달마국은 천원국과 합력하여 국진을 대적한다.

결국 국진이 병을 얻어 누운 것도 당연한 이치일 터라. 이것은 전투 중에 치명적인 일로, 국진은 군중에 엄명을 내려 진문을 굳게 닫게 하고 이 어려운 지경을 어찌 구할 것인지 궁리에 궁리를 더하더라. 적은 몇 번이고 도전하니, 이쪽의 진 앞에서 호통을 지르곤 하더라. 그러나 국진의 진에서 아무런 답이 없자 백운도사와 오금도사는 장국진에게 중대한 곡절이 있음을 의심하기 시작하더라.

며칠이 지나도 국진의 **신병은 조금도 차도가 없**으니, 이 위급함을 무엇으로 해결하여야 한단 말인가.

이 때 어려서부터 닦아 온 천문지리가 누구보다 능통한 이 부인이 천기를 보고 있던 터라, 남편의 이런 사실을 깨닫고는 놀라움을 금치 못하더라. 더욱이 옆에 있던 유 부인 역시 남편의 위험에 애통해 하니, 장 승상이나 왕씨도 이 소식을 듣고 달려와 울 따름이더라. 육도삼략과 손오병법에도 능통한 이 부인은 생각 끝에 결연히 일어서더니, ㉢ 달마국 전장으로 달려가 병을 앓는 남편을 구하고 이 싸움을 결단 지으리라 결심하더라.

이 부인은 즉시 남장을 하고 머리에 용인 투구를 쓰고, 몸에 청사 전포를 입고, 왼손에 비린도, 오른손에 홀기를 들고는, 시부모와 유 부인과 주위 사람들에게 이별을 고하고 필마단기로 달마국을 향하여 ㉣ 집을 떠나리라. 유 부인은 멀리 전송을 나와 이 부인의 전도를 근심하며, 봉서 한 통과 바늘 한 쌍을 유 부인의 품속에서 내어 주더라.

그리고 이 부인에게 말하되,

"이것을 가지고 동정호 물 건널 제 물에 던지면 용왕 부인이 청할 것이니, 들어가 보옵소서. 동정호 용왕은 첩의 전생 부모이니 부모가 보오면 반가워할 터요, 이제 **가장 좋은 선약(仙藥)을 얻어** 가야 승상의 목숨을 구할 것이오. 다음은 선녀 한 쌍을 얻어 가야 천원 왕과 달마 왕을 잡으리다."

하니, 이 부인은 그것을 받아 가지고 질풍처럼 달리더라.

동정호에 왔을 때 이 부인은 유 부인이 시킨 대로 하여 ㉤ 용궁에 인도되어 들어가자, 용왕 내외가 반가워하며 만년주(萬年酒)를 권하더라. 그리고는 유 부인의 말대로 선약과 선녀 한 쌍을 이 부인에게 내리시며,

"천원 왕과 달마 왕은 욕이나 뵈옵되 죽이지는 마옵소서. 두 사람은 천상 선관으로 인간에 적거(謫居)*하였으니, 만일 죽이면 일후에 원(怨)이 되리라."

하고 교시하더라.

또한 용왕 부인은 선녀들에게 분부하여 **이 부인을 잘 모시고 가서 공을 이루라고 특별히 당부하**더라.

이렇게 하여 이 부인은 용궁에서 나와 전장으로 질풍같이 달려가니, 마음이 든든하기만 하더라.

이때 명나라 진영은 **적병들에 의해 완전히 포위**되고 있었으며, 진문은 열지 않고 굳게 닫혀 있었으니, 적병은 이것을 깨칠 속셈으로 그 준비에 분주하더라. 명나라 군의 운명은 경각에 있음이더라.

이를 본 이 부인은 잠시도 지체할 여유가 없으니, 투구를 고쳐 쓰고, 비린도를 높이 들어 만리청총의 고삐를 바싹 쥐어 잡고, 좌우에 따라온 선녀들은 앞에 서서 길을 인도하라고 분부하고 즉시 급하게 채찍질을 하니, 만리 청총마는 화살처럼 적의 포위를 일직선으로 밟아 넘어서며 명나라 진문으로 향하여 달리더라.

적병들은 이 돌발적인 사태를 만나 몹시 어리둥절할 뿐이더라. 난데없이 천지에 소나기가 퍼붓고 **번갯불과 천둥이 무섭게 진동**하니 어느 누구든 **공포 속에서 정신을 잃는** 것은 당연한 일이라, 적병들이라고 해서 무섭지 않으랴. 그들은 이 사태를 운명에 맡길 뿐이더라.

– 작자 미상, 「장국진전(張國振傳)」 –

* 필마단기: 혼자 한 필의 말을 탐. 또는 그렇게 하는 사람.
* 적거: 귀양살이를 하고 있음.

09

고1 • 2023년 6월 29번

윗글의 서술상 특징으로 적절한 것은?

① 연속되는 대화를 활용해 인물 간의 갈등을 고조시키고 있다.
② 과거와 현재의 빈번한 교체로 인물의 내력을 소개하고 있다.
③ 한 인물의 동일한 행위를 반복함으로써 사건의 전환을 예고하고 있다.
④ 서술자의 개입을 통해 작중 상황에 대한 주관적 판단을 제시하고 있다.
⑤ 특정 인물의 외양이나 행동을 과장되게 표현하여 인물을 희화화하고 있다.

10

고1 • 2023년 6월 30번

㉠~㉤을 중심으로 윗글을 이해한 내용으로 적절하지 않은 것은?

① ㉠에서의 병란은 국진이 자신의 중대한 임무를 수행하기 위해 이동하는 계기가 된다.
② ㉡에서 국진은 고통에 시달리는 도성의 백성들을 구원하기 위해 적병과 맞서 싸운다.
③ ㉢에서 국진에게 일어나는 일은 이 부인이 남장을 결심하는 원인이 된다.
④ ㉣에서 이 부인은 미래를 예측하여 위기에 대비할 수 있는 방법을 국진에게 알려 주고 있다.
⑤ ㉤에서 용왕 내외는 적장의 전생 신분을 밝힘으로써 앞날을 경계하고 있다.

11

고1 • 2023년 6월 31번

[A], [B]에 대한 설명으로 가장 적절한 것은?

① [A]는 자신의 실망감을 우회적으로 표현하고 있고, [B]는 상대에 대한 원망을 직설적으로 표현하고 있다.
② [A]는 자신의 목적을 달성하기 위해 거짓으로 말하고 있고, [B]는 상대의 질문에 답하기 위해 사건 내용을 밝히고 있다.
③ [A]는 자신의 손해를 줄이기 위해 상대의 요청을 거절하고 있고, [B]는 상대의 손해를 줄이기 위해 상대를 설득하고 있다.
④ [A]는 상대에 대한 호감을 바탕으로 상대를 격려하고 있고, [B]는 사건 해결을 위해 상대에게 용기를 북돋워 주고 있다.
⑤ [A]는 상대의 근심을 덜기 위해 그 원인을 자신의 탓으로 돌리고 있고, [B]는 상대에 대한 믿음을 바탕으로 명령하고 있다.

12

고1 • 2023년 6월 32번

〈보기〉를 바탕으로 윗글을 감상한 내용으로 적절하지 않은 것은? [3점]

〈보 기〉

이 작품은 장국진이라는 영웅의 일생을 다룬 영웅소설이다. 주인공의 영웅적 활약과 더불어 여성 영웅의 활약도 중요하게 나타나고, 이들은 위기 상황에서 주변 인물이나 초월적 존재의 도움으로 위기를 극복해 간다. 이 과정에서 초월적 세계와 현실 세계의 상호 작용, 남성과 여성의 상호 작용을 통해 영웅성이 강화되고 있다.

① 국진이 말에 올라 '한 손에 절륜도, 또 한 손에 청학선을 흔들며' 수십만 적군을 '추풍낙엽같이 쓰러'뜨리는 데에서, 주인공의 영웅적 활약상을 확인할 수 있다.
② 전투 중 '신병은 조금도 차도가 없'는 국진이 '적병들에 의해 완전히 포위'된 장면에서, 영웅이 처한 위기 상황을 확인할 수 있다.
③ '가장 좋은 선약(仙藥)을 얻어' 국진의 병을 구하려는 데에서, 초월적 존재의 도움으로 위기를 극복해 나간다는 점을 확인할 수 있다.
④ 용왕 부인이 선녀들에게 '이 부인을 잘 모시고 가서 공을 이루라고 특별히 당부하'는 장면에서, 초월적 세계와 현실 세계의 상호 작용을 확인할 수 있다.
⑤ 이 부인이 국진을 구하기 위해 '번갯불과 천둥이 무섭게 진동'하여 '공포 속에서 정신을 잃는' 상황을 이겨 내는 데에서, 남성과 여성의 상호 작용을 확인할 수 있다.

DAY 18

학습 Check!

▶ 몰라서 틀린 문항 × 표기 ▶ 헷갈렸거나 찍은 문항 △ 표기 ▶ ×, △ 문항은 다시 풀고 ✔ 표기를 하세요.

종료 시각	시 분 초
소요 시간	분 초
초과 시간	분 초

문항 번호	01	02	03	04	05	06	07	08	09	10	11	12
채점 결과												
틀린 문항 복습												

[해설편 p.068]

DAY 19 수능기출 전국연합학력평가 20분 미니 모의고사

● 날짜 :　　월　　일 ● 시작 시각 :　　시　　분　　초 ● 목표 시간 : 20분

※ 점수 표기가 없는 문항은 모두 2점입니다.

01~02 다음은 강연이다. 물음에 답하시오.

안녕하세요? 식품 안전 연구소의 ○○○입니다. 여러분은 식품을 구매할 때 식품 포장지에서 어떤 정보를 주로 보시나요? (청중의 대답을 듣고) 네, 주로 영양 성분을 보시는군요. 하지만 식품 포장지에는 영양 성분 외에도 유익한 정보가 많이 있습니다. 오늘은 식품 포장지의 표시사항에 대해 알려드리겠습니다.

(㉠ 자료 제시) 지금 보시는 화면은 식품을 구매할 때 통상적으로 보게 되는 주표시면입니다. 이렇게 주표시면에는 제품명과 내용량 및 열량, 그리고 상표 등이 표시돼 있습니다. 특히 여기에서 눈여겨볼 부분이 있는데요. 제품명에 '향' 자가 보이시나요? 제품명에 특정 맛이나 향이 표시되어 있고 그 맛이나 향을 내기 위한 원재료로 합성 향료만을 사용했기 때문에 보시는 것처럼 '복숭아향'이라고 적혀 있습니다. 그리고 합성 향료가 첨가되었다는 문구도 제품명 주위에서 확인할 수 있습니다.

그럼 다음 화면을 보시죠. (㉡ 자료 제시) 이 화면은 다른 식품의 주표시면인데, 여기에서는 어떤 정보를 알 수 있을까요? 제품명을 보고 소고기만으로 만든 식품이라고 생각하시는 분들이 많을 텐데요. 아래쪽을 보시면, 소고기와 함께 돼지고기도 일부 포함되어 있음을 알 수 있습니다. 이 식품과 같이 식육가공품은 가장 많이 사용한 식육의 종류를 제품명으로 사용할 수 있는데요. 이런 경우에는 식품에 포함된 모든 식육의 종류와 함량이 주표시면에 표시되어 있으니 꼭 확인해 보세요.

(㉢ 자료 제시) 이 화면은 앞서 보신 식품 포장지의 다른 면을 확대한 것입니다. 여기에는 식품유형, 원재료명, 유통기한, 주의사항 등 다양한 정보가 있는데요. 이렇게 표시사항을 한데 모아 표시한 면을 정보표시면이라고 합니다. 이 중 일부만 살펴보겠습니다. 여기 바탕색과 다르게 표시된 부분이 보이시죠? 이곳은 알레르기 표시란인데요. 알레르기 유발물질의 양과 관계없이 원재료로 사용된 모든 알레르기 유발물질이 표시됩니다. 또한 식품에 사용된 원재료가 아니어도 알레르기 유발물질이 식품을 제조하는 과정에서 불가피하게 섞여 들어갈 우려가 있을 수 있습니다. 이 경우에는 화면에서 보시는 것처럼 알레르기 유발물질이 혼입될 수 있다는 의미의 주의사항 문구가 쓰여 있으니 특정 알레르기가 있는 분들은 유의해서 살펴보시기 바랍니다.

마지막으로 날짜 표시에 대해 알려드리겠습니다. 여기 원재료명 아래 유통기한이 표시되어 있는데요. 관련 법률이 개정되어 앞으로는 식품을 유통할 수 있는 기한인 유통기한 대신 소비기한이 표시됩니다. 소비기한은 식품에 표시된 보관 방법을 준수했을 때 식품을 섭취해도 안전에 이상이 없는 기한을 말합니다. 그러니 식품에 표시된 보관 방법에 신경 쓰시면 도움이 될 것입니다.

여러분, 건강하고 안전한 식생활을 위해 식품 포장지의 정보를 꼼꼼히 확인하여 자신에게 적합한 식품을 잘 구매하시기 바랍니다. 이상으로 강연을 마치겠습니다.

01

고1 • 2022년 11월 1번

위 강연자의 말하기 방식으로 가장 적절한 것은?

① 강연을 하게 된 소감을 밝히며 강연을 시작하고 있다.

② 강연 내용을 요약하여 마무리하며 주제를 강조하고 있다.

③ 강연 내용과 관련된 질문을 하여 청중의 주의를 환기하고 있다.

④ 강연에 사용한 자료의 출처를 언급하여 신뢰성을 확보하고 있다.

⑤ 강연 순서를 처음에 안내하여 청중이 내용을 예측하게 하고 있다.

02 1등급 대비 고난도 2점 문제

고1 • 2022년 11월 2번

다음은 위 강연자가 제시한 자료이다. 강연자의 자료 활용에 대한 설명으로 적절하지 않은 것은?

[자료 1]

[자료 2]

식품유형	분쇄가공육
원재료명	소고기 ○○% 돼지고기 ○○% 마늘 ⋮ 소고기, 돼지고기, 밀 함유
유통기한	2022. XX. XX. 까지
주의사항	대두, 우유 혼입 가능 -18℃ 이하 냉동 보관 ⋮

[자료 3]

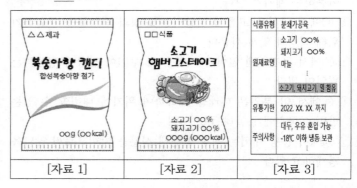

① 주표시면을 구성하고 있는 요소를 보여 주기 위해 ㉠에 [자료 1]을 활용하였다.

② 제품명에 특정 글자가 사용된 이유를 설명하기 위해 ㉠에 [자료 1]을 활용하였다.

③ 식육가공품에서 제품명에 원재료명이 포함된 경우 주표시면에 추가로 표시되는 요소를 보여 주기 위해 ㉡에 [자료 2]를 활용하였다.

④ 식품 제조 과정에서 불가피하게 혼입될 수 있는 알레르기 유발물질이 알레르기 표시란을 통해 표시되는 방식을 설명하기 위해 ㉢에 [자료 3]을 활용하였다.

⑤ 식품 포장지에 표기되는 날짜 표시와 관련된 정보를 제공하기 위해 ㉢에 [자료 3]을 활용하였다.

03 다음은 교지에 싣기 위해 학생이 작성한 초고이다. 물음에 답하시오.

우리나라의 연간 1인당 커피 소비량은 세계 평균의 2배 이상일 정도로 우리나라 사람들은 커피를 마시는 일에 관심이 많다. 이러한 관심이 커피 사랑에만 머물지 않고, 일회용 컵 회수 방안처럼 커피로 인한 사회적 문제에 대한 관심으로 이어지는 현상은 바람직하다. 하지만 커피로 인한 사회적 문제를 논할 때, 상대적으로 관심을 받지 못하고 있는 것이 있다. 커피를 만든 후 남는 커피 찌꺼기, 바로 '커피박(coffee 粕)'이다. 여러 면에서 커피박에 대한 우리 사회의 관심은 낮은 편이다.

우선, 커피박을 잘못 처리하고 있는 사람이 많다. 추출 직후의 커피박을 싱크대 배수구에 버리거나 흙에 버리기도 하는데, 이는 잘못된 처리 방법이다. 배수구에 버린 커피박에서 나온 카페인은 하수 처리 과정에서 완벽히 걸러지지 않은 채 강물에 흘러들어가 부정적으로 작용할 수 있다. 그리고 흙에 버린 커피박은 토양과 식물에 악영향을 줄 수 있다.

또한, 커피박이 다양한 분야에서 재활용될 수 있다는 사실을 모르는 사람도 많다. 커피박은 일상에서 탈취제나 방향제로 이용된다. 그뿐만 아니라 건축 분야에서 합성 목재를 대신하는 재료로 쓰이거나 농업 분야에서 혼합 및 발효 과정을 거쳐 비료로 사용되기도 한다. 최근에는 바이오에너지의 원료로 활용될 수 있다는 점도 부각되고 있다.

끝으로, 커피박 수거 시설이 매우 부족하다는 점도 아쉬운 부분이다. 커피박을 그냥 버리지 않고 분리배출해야 한다는 것을 알게 되더라도 수거 시설이 있어야 실천으로 이어질 수 있다. 커피박 수거 시설을 곳곳에 마련한다면, 커피박 분리배출에 대한 시민들의 관심이 높아지는 효과가 있을 것이다.

03

고3 • 2023학년도 수능 화•작 43번

다음은 초고를 작성하기 전에 학생이 떠올린 생각이다. ㉠~㉤ 중, 학생의 초고에 반영되지 않은 것은?

- ㅇ 커피박이 무엇을 지칭하는 단어인지 밝혀야겠어. ………… ㉠
- ㅇ 커피박이 잘못 버려지고 있는 예를 제시해야겠어. ………… ㉡
- ㅇ 커피박이 무엇으로 재활용될 수 있는지 언급해야겠어. … ㉢
- ㅇ 우리나라의 연간 1인당 커피 소비량이 세계 평균 대비 어느 정도인지 밝혀야겠어. ………… ㉣
- ㅇ 커피로 인해 발생하는 사회적 문제가 해마다 증가하고 있는 실태를 제시해야겠어. ………… ㉤

① ㉠ ② ㉡ ③ ㉢ ④ ㉣ ⑤ ㉤

04

고1 • 2021년 11월 14번

〈보기 1〉을 바탕으로 〈보기 2〉에 대해 설명한 내용으로 적절하지 않은 것은?

〈보기 1〉

주체 높임법은 문장의 주어인 서술의 주체에 대하여 높임의 태도를 나타내는 방법이다. 객체 높임법은 문장의 목적어나 부사어가 지시하는 대상, 곧 서술의 객체에 대하여 높임의 태도를 나타내는 방법이다. 주체 높임과 객체 높임의 대상은 문장에서 표면적으로 드러나기도 하고 생략되기도 한다. 한편, 상대 높임법은 화자가 청자인 상대방에 대하여 높이거나 낮추는 태도를 나타내는 방법이다. 한 문장 안에서도 다양한 높임법이 쓰일 수 있다.

〈보 기 2〉

〈아들과 아버지의 통화〉

아들: ⓐ 아버지, 집에 언제 도착하시나요?

아버지: 무슨 일 있니?

아들: ⓑ 할머니께서 아버지께 전화해 보라고 하셨어요. ⓒ 아버지께 드릴 말씀도 있어서요.

아버지: 그래, 거의 다 왔으니 집에 가서 얘기하자. 그런데 할머니 아직 안 주무시니?

아들: ⓓ 아직 안 주무셔요. ⓔ 방금 어머니께서 할머니 모시고 나가셨어요.

① ⓐ는 주체 높임과 상대 높임의 대상이 같다.
② ⓑ는 객체 높임과 상대 높임의 대상이 다르다.
③ ⓒ는 객체 높임과 상대 높임의 대상이 같다.
④ ⓓ는 주체 높임과 상대 높임의 대상이 다르다.
⑤ ⓔ는 주체 높임, 객체 높임, 상대 높임의 대상이 모두 다르다.

[해설편 p.069]

05~08 다음 글을 읽고 물음에 답하시오.

전자 녹음 장치에 녹음된 자신의 목소리를 스피커를 통해 들으면 어색하게 느껴진다. [그 이유]를 이해하기 위해서는 소리가 무엇이며 어떤 과정을 통해 들리게 되는지 살펴볼 필요가 있다.

소리는 물체의 진동에 의해 발생하고 매질의 진동으로 전달되는 파동이다. 소리가 들린다는 것은 매질의 진동이 내이에 도달하여 달팽이관 속 림프액을 진동시켜 섬모가 흔들리고, 이로 인해 발생한 전기 신호가 청각 신경을 따라 뇌에 전달됨을 의미한다. 이때 소리가 내이에 도달하는 방식으로는 외이와 중이를 거치는 공기 전도와 이를 거치지 않는 골전도가 있다.

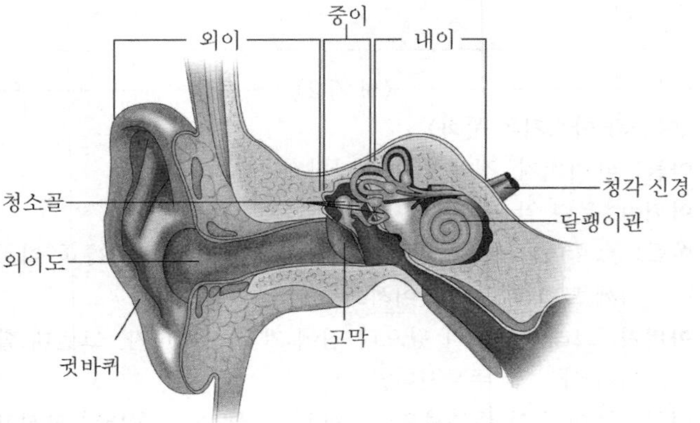

공기 전도는 공기를 매질로 소리가 내이에 전달되는 것을 의미한다. 물체의 진동이 주변 공기를 진동시키면 귓바퀴가 이 진동을 모아 귓속으로 보내고, 그 결과 진동은 외이도를 지나게 된다. 귓바퀴와 외이도 등 진동이 지나가는 각 지점에서는 소리의 공명이 발생한다. 공명이란 공명 주파수*에서 진폭이 커지는 현상을 말하는데 외이도의 경우 공명 주파수는 성인 기준으로 2,500 ~ 2,700Hz이다. 공명 주파수는 외이도의 길이에 반비례하기 때문에, 외이도의 길이가 성인보다 짧은 유아는 공명 주파수가 더 높다. 이러한 공명에 의해 증폭된 진동은 고막을 진동시키고 고막의 진동은 청소골에서 더욱 증폭되어 내이에 전달된다.

이에 반해 골전도는 귀 주변 뼈를 매질로 소리가 내이에 바로 전달되는 것이다. 대화할 때 들리는 자신의 목소리에는 성대에서 발생한 진동이 공기 전도를 통해 전달된 소리와 골전도를 통해 전달된 소리가 함께 있다. 자신의 목소리 중에서 20~1,000Hz의 소리는 골전도로는 잘 전달이 되지만, 외이와 중이에서 공명이 잘 일어나지 않아 공기 전도로는 잘 전달되지 않는다. 녹음된 자신의 목소리를 스피커를 통해 들으면 골전도를 통해 듣던 소리는 잘 들리지 않으므로 어색함을 느끼게 되는 것이다.

한편 외이와 중이에 이상이 있는 사람도 골전도를 통해서는 소리를 들을 수 있는데, 이를 이용한 보청기도 사용되고 있다. 최근에는 이어폰에도 골전도의 원리가 이용되고 있다. 이어폰 내부에는 일반적으로 내부 자기장을 형성하는 자석과 보이스 코일이 있다. 보이스코일에 교류 전류를 가하면 내부 자기장에 의해 보이스코일에 인력과 척력이 교대로 작용하여 보이스코일에 진동이 발생한다. 이때 전류의 방향이 바뀌는 주기를 짧게 할수록 주파수가 높아져 높은 음의 소리가 난다. 또 전류를 세게 할수록 진폭이 커져 음량이 높아진다. ㉠ 일반적인 이어폰은 이러한 진동을 공기를 통해 전달하는데, ㉡ 골전도 이어폰은 귀 주변 뼈에 진동판을 밀착하여 진동을 내이로 직접 전달한다.

골전도 이어폰은 일반적인 이어폰과 달리 귀를 막지 않고 사용하기 때문에 다양한 장점이 있다. 우선 귀 내부가 습해지는 것을 방지할 수 있고 고막을 직접 자극하지 않는다. 또 야외 활동 시 착용해도 주변 소리를 들을 수 있어 위험 상황에 잘 대처할 수 있다. 그러나 골전도 이어폰을 사용해도 내이는 자극이 되므로 장시간 사용하면 청각 신경이 손상될 수 있어 주의해야 한다.

* 공명 주파수: 공명 현상이 일어나거나 공명에 의해 강해지는 주파수.

05

고1 • 2022년 6월 21번

윗글에 대한 설명으로 가장 적절한 것은?

① 소리가 전달되는 두 가지 방식을 제시하고 이와 관련한 기술을 소개하고 있다.
② 이어폰 기술의 과학적 원리를 살펴보고 앞으로 전개될 발전 방향을 예측하고 있다.
③ 청각에 대한 두 가지 관점을 언급하고 이를 절충한 새로운 관점을 제시하고 있다.
④ 골전도 현상이 일어나는 과정을 제시하고 이에 대한 서로 다른 견해를 분석하고 있다.
⑤ 청각에 이상이 생기는 사례를 소개하고 이를 예방하기 위한 구체적인 방안을 제시하고 있다.

06

고1 • 2022년 6월 23번

윗글의 내용을 고려할 때, [그 이유]로 가장 적절한 것은?

① 평소에 골전도로 전달되는 소리를 들을 기회가 적었으므로
② 스피커에서 나온 녹음된 목소리는 내이를 거치지 않고 뇌에 전달되므로
③ 전자 장치의 전기적 에너지로 인해 청각 신경이 받는 자극의 크기가 커졌으므로
④ 녹음된 소리를 들을 때에는 골전도로 전달되는 주파수의 소리가 잘 들리지 않으므로
⑤ 자신이 말할 때 듣는 목소리에는 녹음된 목소리와 달리 외이에서 공명이 일어나는 소리가 빠져 있으므로

07

고1 • 2022년 6월 24번

윗글을 바탕으로 〈보기〉에 대해 보인 반응으로 가장 적절한 것은? [3점]

〈보 기〉

난청이란 소리가 잘 들리지 않거나 전혀 들리지 않는 증상으로 외이도에서 뇌에 이르기까지 소리가 전달되는 과정 중 특정 부분에 문제가 생기면 발생한다. 그 중 전음성 난청은 외이와 중이에 문제가 있어 발생하는 증상으로, 이 경우 소리가 커지면 알아듣는 정도가 좋아질 수 있다.

이와 달리 감각 신경성 난청은 달팽이관까지 소리가 잘 전달되었음에도 소리가 잘 들리지 않는 것으로 달팽이관의 청각 세포나, 청각 자극을 뇌로 전달하는 청각 신경 또는 중추 신경계 이상 등으로 발생한다. 이 경우 소리가 커져도 그것을 알아듣는 정도가 좋아지지 않는다.

① 골전도 이어폰은 장시간 사용해도 감각 신경성 난청을 유발하지는 않겠군.

② 청각 신경의 이상으로 인한 난청이 있는 사람의 경우 이어폰의 음량을 높이면 잘 들을 수 있겠군.

③ 자신이 말하는 목소리가 전혀 들리지 않는 사람은 감각 신경성 난청 증상이 있다고 볼 수 있겠군.

④ 고막의 이상으로 난청이 있는 경우 골전도의 원리를 이용한 보청기는 사용해도 효과가 없겠군.

⑤ 전음성 난청이 있는 사람은 골전도 이어폰의 소리는 들을 수 없지만 일반적인 이어폰의 소리는 들을 수 있겠군.

08

고1 • 2022년 6월 25번

㉠, ㉡에 대한 설명으로 적절하지 <u>않은</u> 것은?

① ㉠은 교류 전류를 진동으로 바꾸고 공기를 통해 그 진동을 내이에 전달한다.

② ㉡은 진동판을 통해 뼈에 진동을 발생시켜 소리를 내이로 전달한다.

③ ㉠은 ㉡과 달리 섬모의 흔들림을 유발하여 전기 신호를 발생시킨다.

④ ㉡은 ㉠과 달리 야외 활동 시 사용해도 주변 소리를 들을 수 있어 위험 상황에 잘 대처할 수 있다.

⑤ ㉠과 ㉡은 모두 내부 자기장과 교류 전류로 인해 인력과 척력이 발생한다.

09~12 다음 글을 읽고 물음에 답하시오.

(가)

어리고 성근 가지 너를 믿지 않았더니
눈 기약(期約) 능(能)히 지켜 [두세 송이] 피었구나
촛불 잡고 가까이 사랑할 때 암향부동(暗香浮動)*하더라

〈제2수〉

[A] 빙자옥질(氷姿玉質)*이여 눈 속에 네로구나
가만히 향기 놓아 황혼월(黃昏月)을 기약하니
아마도 아치고절(雅致高節)*은 너뿐인가 하노라

〈제3수〉

동쪽 누각에 숨은 꽃이 [철쭉]인가 두견화(杜鵑花)인가
온 세상이 눈이어늘 제 어찌 감히 피리
알괘라 백설 양춘(白雪陽春)*은 매화밖에 뉘 있으리

〈제8수〉

– 안민영, 「매화사(梅花詞)」 –

* 암향부동: 그윽한 향기가 은근히 떠돎.
* 빙자옥질: 얼음같이 맑고 깨끗한 살결과 구슬같이 아름다운 자질.
* 아치고절: 우아하고 높은 절개.
* 백설 양춘: 흰 눈이 날리는 이른 봄.

(나)

나이가 들수록 격이 높아지는 것이 나무다. 경기도 용문사에는 천여 년 전에 심었다는 고령의 은행나무가 있어 45미터의 키에 아래 부분의 직경이 4미터가 된다니 산으로 치자면 백두요, 한라가 아닐 수 없다. 뜨락에 자질구레한 나무만 심어 놓고 바라보아도 한결 마음이 든든한데 그쯤 고령의 거목이고 보면, 내 하잘것없는 인생을 송두리째 맡기고 살아도 뉘우칠 게 없을 것 같다.

홍야항야*로 일삼는 세속적인 생각에 젖어 사는 것이 너무나 치사한 것만 같아 새삼 허탈을 느낄 때가 한두 번이 아니다. 창 앞에 대를 심어 소슬한 가을바람을 즐길 줄 모르는 바 아니요, 또한 눈부신 장미꽃이 싫은 바도 아니요, 오색영롱한 [철쭉]도 싫은 바 아니지만, 그런 관목*보다는 아교목*이 좋고 아교목보다는 교목*이 믿음직해서 더 좋다. 욕심껏 꽂아 놓은 나무가 좁은 뜨락에 초만원이 되어 이제 어찌 할 도리가 없어 제일 먼저 장미를 담 옆으로 분산시키고 아교목의 호랑가시와 교목인 태산목, 은행나무, 낙우송을 알맞게 자리 잡아 세운 것도 호화찬란한 장미처럼 눈부신 여생이기보다는 담담하기를 바라는 탓도 있지만, 차라리 그보다는 날로 거목의 몸매가 잡혀가는 아교목들에게 끌리는 정이 더욱 도탑고 믿음직한 탓이기도 하리라.

낙우송 사이로 바라다보이는 유월 하늘에서는 가지가 흔들릴 때마다 그 짙푸른 쪽물이 금시 쏟아질 것만 같아 좋거니와, 오월부터 개화하기 비롯한 태산목은 겨우 십 년이 되었는데도 [두세 송이]씩 연이어 꽃이 피는가 하면 그 맑은 향기가 어찌도 그윽한지 문향(文香) 십 리를 자랑하는 난(蘭) 또한 감히 따를 바 못 되리라.

[해설편 p.070]

[B] 백련꽃 송이처럼 탐스러운 봉오리에 어쩌면 향기를 가득 저장하고 있는 것만 같다. 아침저녁 솔깃이 흘러드는 그 향기를 맡아 본 사람이면 알리라.

㉠ 집 주변에 오류(五柳)를 가꾸어 '한정소언 불모영리(閑靜少言 不慕榮利)*'의 도를 터득한 도연명(陶淵明)은 그대로 향기 높은 저 태산목 같은 거목이 아니었을까 생각될 때, 장미류의 관목처럼 눈부신 꽃이고 싶어 하는 데는 머리를 써도, 태산목처럼 격 높은 향기를 마음에 지니기란 쉬운 일이 아니기에, 내 스스로 향기 지닐 마음의 여유 없음을 슬퍼할 따름이다.

(중략)

문 밖에 심은 버드나무도 벌써 10년이 가깝게 자라고 보니, 이른 봄부터 찾아와서 옥을 굴리듯 울어 주는 밀화부리*도 버드나무가 없었던들 엄두도 낼 수 없는 일이다. 그러기에 이 근방에서는 버드나무집으로 통할 뿐 아니라, 혹시 전화로라도 우리 집 위칠 묻는 친구가 있으면 어느 지점에 와서 문 앞에 버드나무가 세 그루 서 있는 집이라면 무난히들 찾아오게 마련이다. 당초엔 다섯 그루를 심어 정성 들여 가꾸었는데 이웃집에서 가을 낙엽에 성화를 내고 자기 집 옆에 서 있는 놈만은 베어 주었으면 하기에, 그 집 주인에게 처분을 맡겼더니 베어다가 장작으로 패 땐 모양이고, 또 한 그루는 동네 애들이 매일 짓궂게 매달리는가 했더니 끝내는 껍질을 홀랑 벗겨대는 등쌀에 기어이 고사(枯死)하고 보니, 남은 세 그루가 옆채를 사이에 두고 태산목과 마주 보고 서 있게 되었다.

㉡ 그대로 다섯 그루가 자랐더라면 집 주변에 오류를 가꾸어 '한정소언 불모영리'의 도를 터득한 저 도연명의 풍모를 배우고자 함이었더니, 세 그루가 남게 되어 짓궂은 친구가 찾아올라치면 숫제 삼류선생(三流先生)이라 부르는 데는 긍정도 부정도 하지 않는 까닭은 삼류 인생을 살아가는 나에게 오류(五柳)선생은 못 될지언정, 삼류선생의 칭호도 오히려 과분한 것만 같아 설마 삼류선생이라 부르는 것은 아니겠지 하고 스스로를 위로하기 때문인지도 모른다.

– 신석정, 「향기 있는 사람」 –

* 홍야항야: 남의 일에 쓸데없이 참견하는 모양을 의미함.
* 관목: 키가 작고 원줄기가 가늘며 밑동에서 가지를 많이 치는 나무.
* 아교목: 교목과 관목의 중간 식물.
* 교목: 줄기가 곧고 굵으며 높이가 8미터를 넘는 나무.
* 한정소언 불모영리: 한가하고 조용하며 말이 적고 명예나 실리를 바라지 않음.
* 밀화부리: 참새목 되새과의 새.

09 1등급 대비 고난도 2점 문제

고1 • 2021년 9월 34번

[A]와 [B]의 공통점으로 가장 적절한 것은?

① 비유적 표현을 사용하여 대상의 속성을 드러내고 있다.
② 시선의 이동을 통해 대상의 변화 과정을 제시하고 있다.
③ 색채 이미지를 활용하여 애상적 분위기를 조성하고 있다.
④ 자연물에 말을 건네는 어투를 활용하여 친근감을 드러내고 있다.
⑤ 대상에 감정을 이입하여 자연물에 대한 자신의 심정을 강조하고 있다.

10 1등급 대비 고난도 2점 문제

고1 • 2021년 9월 35번

(가)와 (나)의 두세 송이와 철쭉에 대한 이해로 적절하지 않은 것은?

① (가)와 (나)의 '철쭉'은 모두 화자가 거부하는 대상이다.
② (가)와 (나)의 '철쭉'은 모두 화자가 추구하는 대상을 부각하기 위해 사용되는 소재이다.
③ (가)와 (나)의 '두세 송이'는 모두 다른 자연물과 비교되는 소재이다.
④ (가)와 (나)의 '두세 송이'는 모두 화자가 긍정적으로 인식하는 대상이다.
⑤ (나)의 '두세 송이'와 달리 (가)의 '두세 송이'는 추운 계절임에도 불구하고 개화를 한 대상이다.

11

고1・2021년 9월 36번

㉠과 ㉡에 대한 설명으로 가장 적절한 것은? [3점]

① ㉠은 '향기 지닐 마음'을 지니고 살아가는 삶에 대한 '나'의 자부심을, ㉡은 '삼류선생'이라 불리는 삶에 대한 '나'의 부끄러움을 나타낸다.

② ㉠은 '태산목 같은 거목'이 되고 싶은 '나'의 꿈을 실현한 만족감을, ㉡은 '도연명의 풍모'를 배우고자 노력했던 '나'에 대한 자족감을 나타낸다.

③ ㉠은 '한정소언 불모영리'의 도를 터득하지 못해 느꼈던 '나'의 슬픔을, ㉡은 '한정소언 불모영리'의 도를 터득한 후 느꼈던 '나'의 기쁨을 나타낸다.

④ ㉠은 '격 높은 향기를' 지니고 살아가지 못하는 삶에 대한 '나'의 안타까움을, ㉡은 '오류선생'의 풍모에 미치지 못한다고 생각하는 '나'의 겸손함을 나타낸다.

⑤ ㉠은 '오류를 가꾸어' 도연명의 도를 터득하고 싶었던 '나'의 소망을, ㉡은 '집 주변에 오류'를 가꾸지 못한 상황을 핑계로 도연명의 도를 져버리려는 '나'의 의도를 나타낸다.

12

고1・2021년 9월 37번

〈보기〉는 '선생님'의 안내에 따라 학생들이 (나)를 감상한 내용이다. ⓐ~ⓔ 중 적절하지 않은 것은?

〈보 기〉

선생님: 수필은 글쓴이가 생활 주변에서 찾은 글감을 바탕으로 자신의 주관적 정서를 드러내는 글입니다. 자기 고백적인 성격이 강한 수필은 삶에 대한 통찰과 가치관을 담고 있으며, 개성 있는 표현으로 자신의 생각을 드러냅니다. 또한 독자들은 수필을 읽으며 글쓴이의 성격이나 삶에 대한 태도 등을 파악할 수 있습니다. 그러면 이 작품에 나타난 수필의 특징을 확인해 봅시다.

학생 1: 아끼던 버드나무를 베고 싶다는 이웃에게 성화를 내는 모습에서 글쓴이의 성격을 엿볼 수 있어요. ················ ⓐ

학생 2: 자신의 삶이 눈부시기보다 담담한 인생이기를 바란다는 것에서 글쓴이의 삶에 대한 가치관을 엿볼 수 있어요. ················ ⓑ

학생 3: 세속적인 생각에 젖어 사는 것에 대해 허탈함을 느끼는 모습에서 글쓴이의 삶에 대한 태도를 엿볼 수 있어요. ················ ⓒ

학생 4: '-(으)리라'를 반복하여 나무에 대한 자신의 생각을 나타내는 것에서 글쓴이의 개성 있는 표현을 찾아 볼 수 있어요. ················ ⓓ

학생 5: 키우던 다섯 그루의 버드나무가 세 그루만 남게 된 일화에서 글쓴이가 자신의 생활 주변에서 글감을 찾은 것을 알 수 있어요. ················ ⓔ

① ⓐ　② ⓑ　③ ⓒ　④ ⓓ　⑤ ⓔ

DAY 19

학습 Check!

▶ 몰라서 틀린 문항 × 표기 ▶ 헷갈렸거나 찍은 문항 △ 표기 ▶ ×, △ 문항은 다시 풀고 ✔ 표기를 하세요.

종료 시각	시 분 초
소요 시간	분 초
초과 시간	분 초

문항 번호	01	02	03	04	05	06	07	08	09	10	11	12
채점 결과												
틀린 문항 복습												

[해설편 p.072]

DAY 20 수능기출 전국연합학력평가 20분 미니 모의고사

● 날짜 : 월 일 ● 시작 시각 : 시 분 초 ● 목표 시간 : 20분

※ 점수 표기가 없는 문항은 모두 2점입니다.

01~02 (가)는 교통안전 캠페인 자원봉사자 학생을 모집하는 공고문의 초고이고, (나)는 (가)를 수정하기 위한 회의이다. 물음에 답하시오.

(가)

등굣길 안전 지킴이, 교통안전 캠페인 자원봉사자 모집!

1. 모집 대상 및 인원: 우리 학교 학생 10명
2. 자원봉사 활동 일시 및 장소: 2020년 6월 ○일~2020년 6월 △일, 등교 시간, 교문 앞
3. 자원봉사 활동 내용
   1) 자전거 통학생 안전모 착용 홍보
   2) 학생 통학 차량 정차 위치 안내
4. 자원봉사 활동 지원서 제출: 2020년 6월 □일까지 학생회장에게 직접 제출
5. 기타 사항
   – 학생회 주관
   – 봉사활동 참여 시 봉사활동 시간 인정

(나)

학생회장: 안녕하십니까? 지난 회의에서 안전한 학교생활을 위해 교통안전 캠페인을 실시하는 것과 캠페인에 필요한 자원봉사자를 모집하는 것을 다루었습니다. 오늘은 캠페인 자원봉사자 모집 공고문을 수정하는 방안에 대해 이야기해 보도록 하겠습니다. 공고문의 초고를 살펴보시고 의견을 자유롭게 말씀해주십시오.

임원 1: 캠페인 활동에 적극적으로 참여할 자원봉사자를 모집하는 것이기 때문에 교통안전 캠페인 활동에 대해 구체적이고 정확하게 안내하는 것이 중요하다고 생각합니다.

임원 2: 저도 동의합니다. 공고문에 나와 있는 자원봉사 활동 일시에 보면 등교 시간이라고 되어 있는데, 시작 시각과 종료 시각을 정확하게 제시하는 게 좋지 않을까요?

임원 3: 그렇습니다. 우리 학교 등교 시간이 8시 30분까지이고, 일찍 등교하는 학생들은 7시 30분부터 오기 시작합니다. 그래서 자원봉사 활동 시간을 7시 30분부터 8시 30분까지라고 공고문에 안내하면 좋겠습니다.

임원 1: 그러면 봉사활동 시간이 하루 최대 1시간 인정된다는 내용도 기타 사항에 추가하는 게 좋겠네요.

학생회장: 네. 자원봉사 활동 일시 및 장소 항목에서 시간을 7시 30분부터 8시 30분까지로 수정하고 기타 사항에도 하루에 봉사활동으로 인정되는 시간을 구체적으로 밝히도록 하겠습니다. 혹시 장소에 대한 수정 사항은 없으신가요?

임원 1: 등교 시간에 개방되는 정문과 후문에서 캠페인을 진행하기로 했으니, 공고문에도 두 군데를 모두 표기하는 것이 좋겠습니다.

학생회장: 그렇게 수정하도록 하겠습니다. 다른 항목에 대한 의견이 있으시면 말씀해 주십시오. 그리고 캠페인 활동에 대한 추가 의견을 내 주시면 그것도 공고문에 반영하도록 하겠습니다.

임원 3: 우리 학교 정문 앞에 횡단보도가 설치되어 있습니다. 그런데 등교 시간에 쫓긴 학생들이 횡단보도의 신호를 지키지 않고 무단횡단을 하는 경우가 많습니다. 학생들의 안전을 위한 캠페인 활동이 필요하지 않을까요?

임원 1: 저도 학교 앞 횡단보도에서 신호를 무시하고 건너던 학생이 차량과 부딪힐 뻔했다는 이야기를 학교 지킴이 선생님께 들은 적이 있습니다.

학생회장: 횡단보도 보행과 관련하여 캠페인 활동이 필요하다고 했는데, 구체적으로 어떤 활동이 좋을까요?

임원 3: 횡단보도의 신호를 준수할 것을 홍보하는 건 어떠세요?

학생회장: 좋은 의견입니다. 그럼 자원봉사 활동 내용에 횡단보도 신호 준수 홍보를 추가하도록 하겠습니다.

임원 2: 봉사활동 지원서 서식은 어디서 받을 수 있나요?

학생회장: 봉사활동 지원서 서식은 학교 홈페이지에 탑재할 계획이었습니다. 이 부분은 공고문의 기타 사항에 추가하도록 하겠습니다. 봉사활동 지원서는 저에게 직접 제출하도록 안내되어 있는데, 다른 의견 있으십니까?

임원 1: 제가 작년에 우리 학교 다문화 축제 자원봉사자 모집에 지원한 적이 있었는데, 업무 담당 학생이 지원서를 분실하여 곤란했던 경험이 있습니다. 직접 제출하게 하면 지원 학생은 번거롭고 업무 담당 학생은 서류를 관리하기가 어렵습니다. 학생회장의 이메일로만 지원서를 받는 것이 어떨까요?

임원 2: 지원서를 제출할 때 편리할 뿐만 아니라 제출된 지원서를 분실하더라도 다시 인쇄할 수 있어 관리하기 편할 것 같습니다.

학생회장: 네. 공고문에 반영하겠습니다. 신청 인원이 모집 인원보다 많을 경우 어떻게 하는 것이 좋을까요?

임원 1: 지원서를 제출한 선착순으로 학생을 선발하는 것은 어떨까요?

임원 3: 이번 캠페인은 학생들이 주체가 되어 계획하고 실시하는 데 큰 의의가 있습니다. 그래서 저는 학생회에서 면접을 통해 캠페인 활동에 적극적으로 참여할 만한 학생을 선발하는 것이 좋을 것 같습니다.

학생회장: 신청 인원이 초과할 경우 자원봉사자 선발 방법에 대해 두 가지 의견이 나왔습니다. 혹시 또 다른 의견이 있습니까?

임원 2: 두 의견 중 하나를 선택하는 것이 좋겠습니다.

학생회장: 네, 그럼 다른 의견이 없으시면 다수결로 결정하도록

하겠습니다. 임원들께서는 거수로 자신의 의사를 표현해 주십시오. (거수 표결 후) 학생회에서 면접으로 선발하자는 의견이 채택되었습니다. 오늘 회의한 내용을 반영하여 공고문을 수정한 뒤 다시 회의를 소집하도록 하겠습니다. 오늘 회의 결과는 학생회 지도 선생님과 이야기해 보도록 하겠습니다. 고맙습니다.

01

고1 • 2020년 6월 4번

(나)에 나타난 학생회장의 말하기 방식으로 적절하지 않은 것은?

① 이전 회의 내용을 언급하고 있다.
② 발언한 내용을 요약하여 정리하고 있다.
③ 회의 참여자의 발언 태도를 지적하고 있다.
④ 회의에서 논의해야 할 사항을 안내하고 있다.
⑤ 참여자의 의견에 대한 보충 질문을 하고 있다.

02

고1 • 2020년 6월 6번

(나)를 바탕으로 (가)를 수정한 것으로 적절하지 않은 것은?

1. 모집 대상 및 인원: 우리 학교 학생 10명
2. 자원봉사 활동 일시 및 장소
   1) 날짜: 2020년 6월 ○일~2020년 6월 △일
   2) 시간: 오전 7시 30분~8시 30분 ············ ㉮
   3) 장소: 우리 학교 정문과 후문 ············ ㉯
3. 자원봉사 활동 내용
   1) 자전거 통학생 안전모 착용 홍보
   2) 횡단보도 신호 준수 홍보 ············ ㉰
   3) 학생 통학 차량 정차 위치 안내
4. 자원봉사 활동 지원서 제출: 2020년 6월 □일까지 학생회장 이메일(◇◇◇@◇◇◇.com)로 제출
5. 기타 사항
   - 학생회 주관
   - 봉사활동 참여 시 봉사활동 시간 하루 최대 1시간 인정
   - 봉사활동 지원서 서식은 학생회장에게 직접 수령 ······· ㉱
   - 자원봉사자 신청 인원이 모집 인원보다 많을 경우 학생회에서 면접으로 선발 ············ ㉲

① ㉮ ② ㉯ ③ ㉰ ④ ㉱ ⑤ ㉲

[해설편 p.072]

03

고1 • 2022년 6월 14번

〈보기〉의 설명을 참고하여 ⓐ~ⓒ의 밑줄 친 안긴문장에 대해 이해한 것으로 적절한 것은?

〈보 기〉

다른 문장 속에 들어가 하나의 문장 성분처럼 쓰이는 문장을 안긴문장이라고 하며, 이 안긴문장을 포함하는 문장을 안은문장이라고 한다.

ⓐ 그가 <u>소리도 없이</u> 밖으로 나갔다.
ⓑ 나는 <u>그가 이 사건의 범인임</u>을 깨달았다.
ⓒ <u>어머니께서 시장에서 산</u> 수박은 매우 달았다.

① ⓐ의 안긴문장에는 주어가 생략되어 있다.
② ⓑ의 안긴문장은 조사와 결합하여 부사어의 기능을 한다.
③ ⓒ의 안긴문장에는 체언을 수식하는 관형어가 있다.
④ ⓐ의 안긴문장은 용언을 수식하고, ⓒ의 안긴문장은 체언을 수식한다.
⑤ ⓑ의 안긴문장에는 목적어가 있고, ⓒ의 안긴문장에는 목적어가 생략되어 있다.

[해설편 p.073]

04~08 다음 글을 읽고 물음에 답하시오.

(가)

플라톤은 초월 세계인 이데아계와 감각 세계인 현상계를 구분했다. 영원불변의 이데아계는 현상계에 나타난 모든 사물의 근본이 되는 보편자, 즉 형상(form)이 존재하는 곳으로 이성으로만 인식될 수 있는 관념의 세계이다. 반면 현상계는 이데아계의 형상을 바탕으로 만들어진 세계로 끊임없이 변화하는 사물이 감각에 의해 지각된다. 플라톤에 따르면 ㉠ <u>현상계의 모든 사물은 형상을 본뜬 그림자에 불과하다</u>.

이러한 관점에서 플라톤은 예술을 감각 가능한 현상의 모방이라고 보았다. 예를 들어 목수는 이성을 통해 침대의 형상을 인식하고 그것을 모방하여 침대를 만든다. 그리고 화가는 감각을 통해 이 침대를 보고 그림을 그린다. 결국 침대 그림은 보편자에서 두 단계 떨어져 있는 열등한 것이며, 형상에 대한 참된 인식을 방해하는 허구의 허구에 불과하다. 이데아계의 형상을 모방하여 생겨난 것이 현상인데, 예술은 현상을 다시 모방한 것이기 때문이다.

플라톤은 시가 회화와 다르다고 보았다. 고대 그리스에서 음유시인은 허구의 허구인 서사시나 비극을 창작하고, 이를 작품 속 등장인물의 성격에 어울리는 말투, 몸짓 같은 감각 가능한 현상으로 연기함으로써 다시 허구를 만들어 냈다. 이 과정에서 음유시인의 연기는 인물의 성격을 드러내는데, 이는 감각 가능한 외적 특성을 모방해 감각으로 파악될 수 없는 내적 특성을 드러내는 것이다.

플라톤은 음유시인이 용기나 절제 같은 덕성을 갖춘 인간이 아닌 저급한 인간의 면모를 모방할 수밖에 없다고 주장했다. 가령 화를 잘 내는 인물은 목소리가 거칠어지고 안색이 붉어지는 등 다양한 감각 가능한 현상들을 모방함으로써 쉽게 표현할 수 있지만, 용기나 절제력이 있는 인물에 수반되는 감각 가능한 현상은 표현하기 어렵기 때문이다. 따라서 플라톤은 음유시인의 연기를 보는 관객들이 이성이 아닌 감정이나 욕구와 같은 비이성적인 것들에 지배되어 타락하게 된다고 보았다.

(나)

아리스토텔레스는 이데아계가 존재한다고 보지 않았다. 예컨대 사람은 나이가 들며 늙는데, 만약 이데아계의 변하지 않는 어린아이의 형상과 성인의 형상을 바탕으로 각각 현상계의 어린아이와 성인이 생겨났다면, 현상계에서 어린아이가 성인으로 성장하는 것을 설명할 수 없기 때문이다.

아리스토텔레스는 [형상]이 항상 사물의 생성과 변화의 바탕이 되는 [질료]에 내재한다고 보고, 이를 가능태와 현실태라는 개념을 통해 설명하였다. 가능태란 형상을 실현시킬 수 있는 가능적 힘이자 질료를 의미하며, 현실태란 가능태에 형상이 실현된 어떤 상태이다. 가령 도토리는 떡갈나무가 되기 위한 가능태라면, 도토리가 떡갈나무가 된 상태가 현실태이다. 이처럼 생성·변화하는 모든 것은 목적을 향해 움직이므로 가능태에 있는 것은 형상이 완전히 실현된 상태인 '완전 현실태'를 향해 나아가는데, 이 이행 과정이 운동이다. 즉 운동의 원인은 외부가 아닌 가능태 자체에 내재한다.

아리스토텔레스에게 있어 예술의 목적은 개개의 사물에 내재하고 있는 보편자, 즉 형상을 표현해 내는 것이다. 이런 점에서 그는 시가 역사보다 우월하다고 주장했다. 역사는 개별적 사건들의 기록일 뿐이지만 시는 개별적 사건에 깃들어 있는 보편자를 표현한 것이기 때문이다.

아리스토텔레스는 인간이 예술을 통해 쾌감을 느낄 수 있다고 보았다. 특히 비극시는 파멸하는 주인공을 통해 인간의 근본적 한계를 다루기 때문에, 시를 창작하면 인간 존재의 본질을 인식하는 앎의 쾌감을 느낄 수 있다고 하였다. 비극시 속 이야기는 음유시인이 경험 세계의 개별자들 속에서 보편자를 인식해 내어, 그것을 다시 허구의 개별자로 표현한 결과물인 것이다. 또한 관객은 음유시인의 연기를 통해 앎의 쾌감을 느낄 수 있을 뿐 아니라 그와 다른 종류의 쾌감도 경험할 수 있다. 관객은 고통을 받는 인물의 이야기를 통해 그에 대한 연민과 함께, 자신도 유사한 고통을 겪을 수 있다는 공포를 느낀다. 이러한 과정에서 감정이 고조됐다가 해소되면서 얻게 되는 쾌감, 즉 카타르시스를 경험한다.

04

고1 • 2022년 3월 21번

(가)와 (나)에 대한 설명으로 가장 적절한 것은?

① (가)와 (나)는 모두 특정 사상가의 예술을 바라보는 관점이 변화하게 된 이유를 설명하고 있다.
② (가)와 (나)는 모두 특정 사상가가 예술을 평가하는 데 바탕이 된 철학적 관점을 설명하고 있다.
③ (가)와 달리 (나)는 특정 사상가가 생각하는 예술의 불완전성을 설명하고 있다.
④ (나)와 달리 (가)는 특정 사상가의 예술관에 내재한 장점과 단점을 제시하고 있다.
⑤ (가)는 특정 사상가의 예술관이 보이는 한계를, (나)는 특정 사상가의 예술관이 주는 의의를 제시하고 있다.

05

고1 • 2022년 3월 22번

(가)의 '플라톤'의 사상을 이해한 내용으로 적절하지 <u>않은</u> 것은?

① 예술은 형상에 대한 참된 인식을 방해한다.
② 형상은 감각이 아닌 이성을 통해서만 인식할 수 있다.
③ 현상계의 사물을 모방한 예술은 형상보다 열등한 것이다.
④ 예술의 표현 대상은 사물이 아니라 사물 안에 존재하는 형상이다.
⑤ 이데아계는 현상계에 나타난 모든 사물의 형상이 존재하는 곳이다.

[해설편 p.073]

06

고1・2022년 3월 23번

(나)의 '아리스토텔레스'의 관점에서 형상과 질료에 대해 이해한 내용으로 적절하지 않은 것은?

① 형상은 질료와 분리되어 존재할 수 없다.
② 질료는 형상을 실현시킬 수 있는 가능적 힘이다.
③ 형상이 질료에 실현되는 원인은 가능태 자체에 내재한다.
④ 형상과 질료 사이의 관계는 현실태와 가능태 사이의 관계와 같다.
⑤ 생성・변화하는 것은 형상이 질료에 완전히 실현된 상태인 완전 현실태를 향한다.

07

고1・2022년 3월 24번

(가)와 (나)를 참고할 때, '아리스토텔레스'의 입장에서 ㉠을 비판한 것으로 가장 적절한 것은?

① 현상계의 사물이 형상을 본뜬 것이라면 현상계의 사물이 생성・변화하는 이유를 설명할 수 없다.
② 형상이 변하지 않는 것이라면 현상계에 존재하는 사물들이 모두 제각기 다른 이유를 설명할 수 없다.
③ 형상과 현상계의 사물이 서로 독립적이라면 현상계에서 사물이 시시각각 변화하는 현상을 설명할 수 없다.
④ 형상이 현상계를 초월하여 존재하는 것이라면 형상을 포함하지 않는 사물을 감각으로 느끼는 것은 불가능하다.
⑤ 현상계의 모든 사물이 형상의 그림자에 불과하다면 그림자만 볼 수 있는 인간이 형상을 인식하는 것은 불가능하다.

08 1등급 대비 고난도 3점 문제

고1・2022년 3월 25번

(가)의 '플라톤'과 (나)의 '아리스토텔레스'가 〈보기〉에 대해 보일 반응으로 적절하지 않은 것은? [3점]

〈보 기〉

고대 그리스의 비극시 『오이디푸스 왕』의 주인공 오이디푸스는 자신에게 주어진 숙명에 의해 파멸당하는 인물이다. 비극시를 공연하는 음유시인은 목소리, 몸짓으로 작품 속 오이디푸스를 관객 앞에서 연기한다. 음유시인의 연기에 몰입한 관객은 덕성을 갖춘 주인공이 특별한 잘못이 없는데도 불행해지는 모습을 보고 연민과 공포를 느낀다.

① 플라톤: 오이디푸스는 덕성을 갖춘 현상 속 인물을 본떠 만든 허구의 허구이며, 그에 대한 음유시인의 연기는 이를 다시 본뜬 허구이다.
② 플라톤: 음유시인은 오이디푸스의 덕성을 연기하는 데 주력하겠지만, 관객은 이를 감각으로 파악할 수 없기 때문에 감정과 욕구에 지배되어 타락하게 된다.
③ 플라톤: 음유시인의 목소리와 몸짓을 통해 오이디푸스의 성격이 드러난다면, 감각 가능한 외적 특성을 모방하는 과정에서 감각되지 않는 내적 특성이 표현된 것이다.
④ 아리스토텔레스: 음유시인이 현상 속 인간의 개별적 모습들에서 보편자를 인식해 내어, 이를 다시 오이디푸스라는 허구의 개별자로 표현한 것이다.
⑤ 아리스토텔레스: 오이디푸스가 숙명에 의해 파멸당하는 것을 본 관객들은 인간 존재의 본질을 이해하는 쾌감을 느낄 뿐 아니라 카타르시스를 경험할 수 있다.

[해설편 p.074]

09~12 다음 글을 읽고 물음에 답하시오.

[A] 만수 씨는 명절 앞두고 업자들한테서 들어오는 구두표 같은 **상품권**은 사양하다 못해 받아서는 자신은 가지지 않고 구두 많이 닳은 사람부터 순서대로 나눠 줬다. 그것도 평소에 사람 하나하나를 잘 지켜보지 않으면 힘든 일이었다. 그렇게 시간이 흘렀다.

ⓐ 구내식당 아줌마들이나 여직원들 사이에서 만수 씨는 노총각에 사람 좋고 하니 인기가 하늘을 찌를 듯했다. 공장 전체 인원 육백 명 중 여자는 서른 명도 안 되는데 그중 삼분의 일이 구내식당에 있었다.

그런데 어느 때부터인가 여자들 사이에 이상한 소문이 났다. 만수 씨와 내가 전부터 사귀던 사이이고 둘 사이에 아기가 있는데 그 아이를 만수 씨가 키우고 있다는 식이었다. 내가 딴 남자하고 바람이 나서 아기를 버리고 떠나갔다가 그 남자한테 싫증이 나자 다시 만수 씨에게 빌붙어 피를 빨아먹고 있다는 것이었다. 소문이라는 게 원래 어처구니없는 것이지만 해도 너무한다 싶었다. ㉠ 건드리면 더 커질 것 같아서 아예 아무 말을 하지 않았다. 하지만 몇 달이 지나기도 전에 소문은 온 공장 안에서 기정사실이 되었다. 여자들 모두가 나를 질투하고 미워하게 되었다. 지옥이 따로 없었다. 내 칫솔에 새똥이 묻어 있기도 하고 면도날이 내가 조리를 담당한 냄비 속에 들어 있기도 했다. ㉡ 도저히 견딜 수가 없어 만수 씨를 찾아갔다.

—미안합니다. 저 때문에 오해를 받아서 많이 괴로우신 걸 잘 압니다. 제가 아무리 아니라고 해도 사람들이 의심을 더하니까 어쩔 수가 없네요. 좀 잠잠해질 때까지 다른 데 가 계시면 어떨까요. 제 여동생이 결혼하고 나서 저 사는 동네 중학교 앞에서 ⓑ 분식집을 합니다. 거기를 좀 도와주세요. 월급은 지금보다 많이 드리라 할게요. 부탁합니다.

만수 씨는 그렇게 말했다. ㉢ 오래도록 생각했지만 다른 도리가 없었다. 사실 나는 만수 씨를 좋아했다. 만수 씨를 처음 봤을 때부터 좋아하고 있었다.

[B] 오빠가 그 여자를 데리고 와서 주방을 맡기라고 했을 때는 억장이 무너지는 것 같았다. 튀김, 어묵, 떡볶이 같은 아이들 주전부리 음식 파는 가게 크기라는 게 어른 세 사람만 서 있어도 꽉 차는데 어떻게 사람을 더 들이라는 것인가. 칼과 도마, 싱크대는 여자들한테는 양보할 수 없는 고유 영역 같은 것인데 하루아침에 물러나라니 말도 안 되는 소리였다. 떡볶이나 어묵에 무슨 솜씨를 부릴 일이 있는가. 어린 학생들 코 묻은 돈 받아서 월급을 주고 월세 내고 나면 남는 게 뭐가 있을 것인가. 내가 거기까지 얘기했을 때 오빠가 점퍼 안주머니에서 **적금 통장**을 꺼내 놓았다. 그동안 나온 월급을 모은 것이라며 건물 주인한테 이야기해서 가게를 키워 가지고 제대로 된 식당을 해 보자고 했다. 이제까지 무슨 생각으로 아무 말도 하지 않았는지 원망스러웠고 그다지 고맙지도 않았다.

[중략 줄거리] 구내식당에서 일하던 여자의 음식 솜씨 덕분에 새로 차린 기사식당은 자리를 잡는다. 하지만 IMF 이후 공장을 되살리려는 투쟁에 여자가 참여하면서 식당 운영에 차질이 생긴다. 이에 여동생의 남편이 만수에게 불만을 토로한다.

—아니, 형님 다니던 회사가 형님이 게으르고 일 안 해서 망한 겁니까. 망해도 그렇지, 자본가라는 놈들이 어떤 놈들인데 그 놈들이 형님네처럼 아무것도 없이 나갔겠냐고요. 지금도 홍콩이나 하와이 해변 같은 데 가서 빼돌린 돈 가지고 떵떵거리면서 잘살고 있어요.

[C] 처남이 착하다는 건 인정한다. 성실하기도 했다. 그런데 방향이 틀렸다. 같이 해야 할 일은 같이 열심히 하겠지만 싸울 일은 싸워서 해결해야 하지 않는가. 또 싸울 때도 상대를 제대로 골라서 싸워야지 제 편, 제 식구에게 피해를 입혀 가며 제 살 깎아 먹기 식으로 하는 건 나부터 용납할 수 없었다. 그냥 놔두니까 처남은 계속 주절주절 말을 이어가고 있었다.

—우리 어릴 때 굶기를 밥 먹듯 하던 때를 생각해 봐. 나는 원망하는 사람이 없어. 내 팔자가 그런 걸 뭐. 또 원망해서 뭐해? 그 사람들이 잘못을 뉘우치고 제자리로 돌려놓을 것도 아니고 그럴 능력도 없고. 그 사람들이 그러고 싶어서 그러겠냐고. 부도내고 싶어 부도내는 회사가 어디 있겠어? 나는 이렇게 가난하지만 소박하게, 보통 사람 나름의 행복을 누리면서 살아가면 된다고 생각하네.

㉣ 그런 건 내 알 바가 아니었다. 나부터 살길을 찾아야 했다.

—지금 저 주방에 있는 아줌마하고는 무슨 사이인 겁니까?

—진주 씨? 우리는 같이 싸우고 있어. 투쟁.

—뭐 때문에 투쟁하는데요? 누구를 상대로요?

—우리가 공장을 지키기 위해서 싸우다 보면 사장님이 투자자를 데리고 돌아오실 거야. 그럼 회사 주식을 담보로 가지고 있는 채권단한테 빚도 갚고 공장이 다시 돌아가는 거지. 우리는 희망이 있어. 희망 때문에 싸우는 거야.

—그런데 수민이 엄마가 저 아줌마하고 앞으로 어쩔 거냐고 자꾸 그러는데요. 계속 이렇게 살 수는 없다고.

—지금처럼 일이 있으면 투쟁 현장에 가서 밥도 해 주고 옛날 회사 사람들하고 일주일에 한 번 만나는 데 같이 가고 끝나면 여기 와서 바쁠 때 음식 제대로 하는지 감독하고 하면 되지.

—우리 식당 하루 스물네 시간 돌아가는 뎁니다. 누구는 자기 하고 싶은 대로 멋대로 일했다 말았다 하고 월급은 사장보다 더 챙겨 가고 누구는 하루 스물네 시간 꼬박 일하고 있는데……. 수민이 엄마가 무슨 죄를 졌습니까. 그런다고 형님이 돈이나 많이 주는 것도 아니고. 집도 그렇지요. 지금 애들 자꾸 크니까 교육 문제도 그렇고 집을 옮겨야 되고 하는데 돈 생기는 데는 ⓒ 기사식당밖에 없잖습니까. 그런데 그 돈을 형님이 다 통장에 집어넣고 꼭 움켜쥐고 있다고…….

[D] —아니, 그건 아닌데. 여기 재료비하고 인건비, 월세 제하고 나서 또 우리 공장에서 같이 투쟁하는 식구들 먹고 자고, 각자 가족이 있으니까 최소한 앞가림은 해야 하고 그러느라고 다 썼지. 우리 공장 때문에 소송도 걸려 있고 거기도 **돈**이 엄청나게 들어가서 말이지. 내가 뭘 쥐고 있겠어. 내가 장부에 다 기록해 놨어.

ⓜ 어처구니가 없었다. 아이들이 좁아터진 집 안에서 열대야가 기상 관측 이래 신기록을 내고 있는 한여름에 온몸에 땀띠가 나서 잠을 못 자고 울고 아내는 손이 불어 터지도록 설거지하고 일해서 번 돈을 엉뚱한 데 처넣어 왔다는 말이었다.

– 성석제, 「투명 인간」 –

09

고1 • 2022년 9월 35번

윗글의 내용에 대한 이해로 적절하지 않은 것은?

① 진주가 느끼는 만수에 대한 호감은 첫 만남에서부터 시작되었다.
② 만수의 노력에도 진주에 대한 공장 사람들의 오해는 풀리지 않았다.
③ 만수는 공장이 다시 돌아갈 것이라는 기대를 품고 투쟁을 계속하였다.
④ 만수 여동생의 남편은 식당 운영에 따른 수익금 배분의 불공평함을 문제 삼았다.
⑤ 만수의 여동생은 불성실함 때문에 진주에 대한 생각이 부정적으로 바뀌게 되었다.

10

고1 • 2022년 9월 36번

㉠~㉤에 대한 설명으로 가장 적절한 것은?

① ㉠: 주변 상황에 신경 쓰지 않는 '나'의 무던함을 보여 준다.
② ㉡: 질투와 괴롭힘으로 인한 '나'의 고통이 한계점에 이르렀음을 보여 준다.
③ ㉢: 상대가 제시한 대안이 '나'가 내심 바라고 있었던 내용임을 드러낸다.
④ ㉣: 이상적인 삶의 방식만을 고집하는 상대에 대해 빈정거리는 '나'의 태도를 드러낸다.
⑤ ㉤: 공장에서 투쟁하는 사람들에 대한 '나'의 안타까운 심정을 드러낸다.

11

고1 • 2022년 9월 37번

ⓐ~ⓒ를 이해한 내용으로 가장 적절한 것은?

① ⓐ에서 조성된 인물 간의 긴장감은 ⓑ에서 심화된다.
② ⓐ로 인한 인물 간 유대감은 ⓒ에서 반감된다.
③ ⓑ에서의 인물과 사회와의 갈등이 ⓒ에서 인물 간의 갈등으로 전환된다.
④ ⓐ, ⓒ에서는 특정 인물이 갈등 해결의 실마리를 제공한다.
⑤ ⓑ, ⓒ와 관련된 갈등은 특정 인물이 타인을 대하는 태도가 원인으로 작용한다.

12

고1 • 2022년 9월 38번

〈보기〉를 참고하여 윗글을 감상한 내용으로 적절하지 않은 것은? [3점]

〈보 기〉

「투명 인간」은 선량한 주인공이 근현대사를 관통하면서 물질 만능의 한국 사회로부터 어떻게 소외되어 가는지를 그린 장편 소설이다. 특히 주인공은 가족과 동료를 위해 자신의 것을 나누며 희생하다 결국 '투명 인간'이 된다. '투명 인간'이 된 주인공 대신 주변인들이 서술자로 등장하면서 주인공에 관한 이야기를 풀어낸다. 이런 서술 방식은 주인공에 관한 다양한 정보를 제공하고 이 정보들을 통해 주인공의 삶을 다각도에서 조명한다. 이를 통해 주인공을 입체적으로 드러낸다.

① [A]의 '상품권'을 동료들에게 나눠 주는 모습을 통해 주인공의 선량한 성품을 확인할 수 있겠군.
② [B]의 '적금 통장'을 통해 물질 만능의 한국 사회로부터 주인공이 소외당하고 있는 현실을 확인할 수 있겠군.
③ [D]의 '돈'의 사용처를 통해 주변인들을 위해 자신의 것을 나누며 희생하는 주인공의 면모를 확인할 수 있겠군.
④ [A], [B]에서 주인공을 지칭하는 표현을 통해 주변인들이 서술자로 등장하고 있음을 확인할 수 있겠군.
⑤ [B], [C]에서 주변인들이 제공한 정보를 통해 주인공의 삶을 다각도에서 조명하고 있음을 확인할 수 있겠군.

DAY 20

학습 Check!

▶ 몰라서 틀린 문항 × 표기 ▶ 헷갈렸거나 찍은 문항 △ 표기 ▶ ×, △ 문항은 다시 풀고 ✔ 표기를 하세요.

종료 시각	시 분 초
소요 시간	분 초
초과 시간	분 초

문항 번호	01	02	03	04	05	06	07	08	09	10	11	12
채점 결과												
틀린 문항 복습												

[해설편 p.075]

DAY 21 수능기출 전국연합학력평가 20분 미니 모의고사

● 날짜 : 월 일 ● 시작 시각 : 시 분 초 ● 목표 시간 : 20분

※ 점수 표기가 없는 문항은 모두 2점입니다.

01 다음은 '교내 연설 대회'에 참가한 학생의 연설이다. 물음에 답하시오.

여러분, 환경의 날 행사 때 교내 방송으로 시청했던 영상을 잠시 떠올려 봅시다. 작은 빙하에 의지한 채 바다를 부유하던 북극곰의 눈물을 보며 모두들 가슴 아파하지 않으셨습니까? 그 눈물은 이산화탄소에 의한 지구 온난화가 빚어 낸 비극입니다. 이와 관련하여 저는 연안 생태계의 가치와 보호에 대한 관심을 촉구하고자 합니다.

2019년 통계에 따르면 우리나라의 이산화탄소 배출량은 세계 11위에 해당하는 높은 수준입니다. 그동안 우리나라는 이산화탄소 배출을 줄이려 노력하고, 대기 중 이산화탄소 흡수를 위한 산림 조성에 힘써 왔습니다. 그런데 우리가 놓치고 있는 이산화탄소 흡수원이 있습니다. 바로 연안 생태계입니다.

연안 생태계는 대기 중 이산화탄소 흡수에 탁월합니다. 물론 연안 생태계가 이산화탄소를 얼마나 흡수할 수 있겠냐고 말하는 분도 계실 것입니다. 하지만 연안 생태계를 구성하는 갯벌과 염습지의 염생 식물, 식물성 플랑크톤 등은 광합성을 통해 대기 중 이산화탄소를 흡수하는데, 산림보다 이산화탄소 흡수 능력이 뛰어납니다. 2018년 정부 통계에 따르면, 우리 연안 생태계 중 갯벌의 면적은 산림의 약 4%에 불과하지만 연간 이산화탄소 흡수량은 산림의 약 37%이며 흡수 속도는 수십 배에 달합니다.

또한 연안 생태계는 탄소의 저장에도 효과적입니다. 연안의 염생 식물과 식물성 플랑크톤은 이산화탄소를 흡수하여 갯벌과 염습지에 탄소를 저장하는데 이 탄소를 블루카본이라 합니다. 산림은 탄소를 수백 년간 저장할 수 있지만 연안은 블루카본을 수천 년간 저장할 수 있습니다. 연안 생태계가 훼손되면 블루카본이 공기 중에 노출되어 이산화탄소 등이 대기 중으로 방출됩니다. 그러므로 블루카본이 온전히 저장되어 있도록 연안 생태계를 보호해야 합니다.

지금 우리가 연안 생태계로 눈을 돌리지 않으면 북극곰의 눈물은 우리의 눈물이 될 것입니다. 건강한 지구를 후손에게 물려주기 위해 일회용품 줄이기, 나무 한 그루 심기와 함께 이산화탄소의 흡수원이자 저장고인 지구의 보물, 연안 생태계를 보호하고 그 가치를 알리는 데 동참합시다.

01

고3 • 2021학년도 6월 2번

다음은 위 연설자가 자신의 연설을 홍보하기 위해 작성한 포스터이다. 위 연설을 바탕으로 할 때 적절하지 않은 것은? [3점]

○○고등학교 교내 연설 대회

지구 온난화 대응의 새로운 접근, 연안 생태계!

연설자 : △△△

○ 연설 관련 그림 자료

〈연안 생태계〉

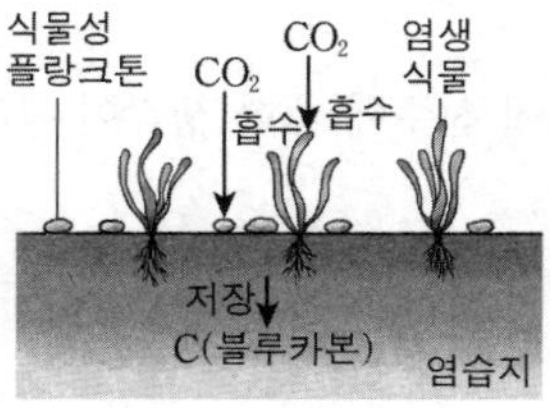

연안의 염생 식물과 식물성 플랑크톤은 광합성을 통해 대기 중의 이산화탄소를 흡수하여 갯벌과 염습지에 탄소를 저장함. ………………………… ①

○ 연설 내용

- 우리나라는 이산화탄소 배출량 순위가 높은 편이며 대기 중 이산화탄소를 줄이고자 노력해 왔음. ………………… ②
- 연안 생태계는 대기 중 이산화탄소 감축 효과가 있으며 산림보다 이산화탄소 흡수 능력이 우수함. ……………③
- 연안 생태계가 훼손되면 블루카본이 공기 중에 노출되어 문제가 발생함. ……………………………………………④
- 대기 중 이산화탄소 감축을 위한 기존의 방법을 연안 생태계 보호가 대체할 수 있음. ……………………………⑤

02~03 다음은 '작문 상황'에 따라 학생이 쓴 글의 초고이다. 물음에 답하시오.

[작문 상황]

○ 작문 목적: 도서부 선정 '3월의 책'인 『페스트』의 독서 감상문을 작성한다.
○ 예상 독자: 우리 학교 학생들
○ 글을 쓸 때 고려할 사항:
  - 작품의 특징을 다양한 측면에서 소개한다.
  - 학생들이 『페스트』를 읽도록 권유한다.

[학생의 초고]

도서부 선정 '3월의 책'은 알베르 카뮈의 소설 『페스트』이다. 이 책은 1947년에 발표된 작품으로 오랑이라는 도시가 페스트로 인해 봉쇄되면서 전염병에 맞서는 다양한 인간을 다룬 소설이다. 작가는 사람들이 매일같이 죽어 나가는 끔찍한 모습을 매우 담담한 어조로 서술하고 있다. 그는 오랑에서 머물던 중 전염병으로 수많은 사람이 죽는 것을 목격하였고 이때의 경험을 작품 속에 사실적으로 담아내었다.

『페스트』의 등장인물은 전염병의 창궐이라는 비극적 재난 상황에 대응하는 방식에 따라 두 가지 유형으로 나뉜다. 긍정적 인물 유형으로는 보건대 조직을 제안하는 타루를 비롯하여 의사 리외, 공무원 그랑, 성직자 파늘루, 기자 랑 베르가 있다. 이들은 동지애를 발휘하여, 페스트에 걸려 고통받는 사람들을 돕는다. 반면 부정적 인물인 코타르는 비극적 재난을 틈타 밀수로 부를 축적하는 이기적인 모습을 보인다. 이런 대조를 통해 카뮈는 공동체의 어려움을 이겨내기 위해서는 구성원들의 연대 의식이 필요함을 역설한다.

카뮈는 '탁월한 통찰과 진지함으로 우리 시대 인간의 정의를 밝힌 작가'라는 평을 받으며 1957년에 노벨 문학상을 수상하였다. 그는 수상 후의 연설에서, 예술은 인간의 보편적인 감정을 제시하여 많은 사람들을 감동시키는 수단이라고 하였다. 작가가 말한 것처럼 『페스트』는 모두가 공감할 수 있는 현실의 모습과 정서를 표현하고 있다. 따뜻한 봄이 왔지만 여전히 마음이 춥다면 『페스트』를 읽어보자. 어려움에 처한 사람이라면 이 책을 읽고 자신의 상황에 대처할 수 있는 실마리를 얻을 수 있을 것이다.

02

고1 • 2022년 3월 8번

'학생의 초고'에 나타난 글쓰기 전략을 〈보기〉에서 모두 골라 바르게 짝지은 것은?

〈보 기〉

㉠ 『페스트』를 읽었을 때의 효용을 밝히며 읽기를 권유한다.
㉡ 『페스트』의 내용을 개괄하여 작품의 대강을 파악하도록 한다.
㉢ 작품의 주요 구절을 인용하며 『페스트』를 추천하는 이유를 설명한다.
㉣ 다른 책과의 비교를 통해 『페스트』가 갖는 독자적인 가치를 강조한다.

① ㉠, ㉡　② ㉠, ㉣　③ ㉡, ㉢
④ ㉡, ㉣　⑤ ㉢, ㉣

03

고1 • 2022년 3월 9번

〈보기〉는 윗글을 쓰기 위해 학생이 참고한 자료이다. 학생의 자료 활용에 대한 설명으로 적절하지 <u>않은</u> 것은?

〈보 기〉

ㄱ. 알베르 카뮈(1913 ~ 1960)는 프랑스의 소설가로 '탁월한 통찰과 진지함으로 우리 시대 인간의 정의를 밝힌 작가'라는 평을 받으며 1957년에 노벨 문학상을 수상하였다. 주요 작품으로는 『이방인』, 『페스트』 등이 있다.
　　　　- 문학가 사전의 '알베르 카뮈' 항목 중 일부

ㄴ. 제가 보기에 예술이란 고독한 향락이 아닙니다. 그것은 인간의 공통적인 괴로움과 기쁨의 유별난 이미지를 제시함으로써 최대 다수의 사람들을 감동시키는 수단입니다.
　　　　- 카뮈의 노벨 문학상 수상 후 연설 중 일부

ㄷ. 1941년부터 오랑에서 생활하던 카뮈는 그 지역에 장티푸스가 창궐하여 매일같이 사람들이 죽어가는 상황과 그로 인해 발생하는 혼란을 목격하였다. 이때의 경험은 『페스트』의 창작에 영감을 주었다.
　　　　- 출판사의 책 소개 중 일부

① ㄱ을 활용하여 작가에 대한 평가를 제시하고 있다.
② ㄴ을 활용하여 예술의 필요성에 대한 작가의 인식이 작품 창작의 동기가 되었음을 설명하고 있다.
③ ㄴ을 활용하여 작품이 보편적인 공감을 획득하고 있음을 작가의 예술관과 연결하여 드러내고 있다.
④ ㄷ을 활용하여 특정 도시가 작품 속 공간으로 설정된 배경을 드러내고 있다.
⑤ ㄷ을 활용하여 전염병에 대한 작가의 경험이 작품의 사실성을 갖추는 데 기여하였음을 밝히고 있다.

[해설편 p.076]

04 1등급 대비 고난도 2점 문제

고1 • 2020년 11월 15번

〈보기 1〉을 바탕으로 〈보기 2〉의 ㉠~㉤에 대해 탐구한 내용으로 적절한 것은?

〈보기 1〉

[한글 맞춤법]

제41항 조사는 그 앞말에 붙여 쓴다.

제42항 의존 명사는 띄어 쓴다.

제43항 단위를 나타내는 명사는 띄어 쓴다.

다만, 순서를 나타내는 경우나 숫자와 어울리어 쓰이는 경우에는 붙여 쓸 수 있다.

제46항 단음절로 된 단어가 연이어 나타날 적에는 붙여 쓸 수 있다.

〈보기 2〉

○ 꽃집에 꽃이 ㉠ 안개꽃 밖에 남아 있지 않았다.

○ 나도 ㉡ 너만큼 달리기를 잘했으면 좋겠다.

○ 남은 ㉢ 천 원짜리로 마땅히 살 것이 없었다.

○ 나는 그 사람이 그리워 ㉣ 어찌할 줄 몰랐다.

○ 기다리던 백신이 ㉤ 7 연구실에서 개발되었다.

① ㉠은 제41항을 적용해 '안개꽃밖에'로 정정해야겠군.

② ㉡은 제42항을 적용해 '너 만큼'으로 정정해야겠군.

③ ㉢은 제43항을 적용해 '천 원 짜리'로 정정해야겠군.

④ ㉣은 제43항을 적용해 '어찌할줄'로 정정해야겠군.

⑤ ㉤은 제46항을 적용해 '7연구실'로 정정해야겠군.

05~09 다음 글을 읽고 물음에 답하시오.

어떤 안건을 대하는 집단 구성원들의 생각은 각기 다르므로, 상이한 생각들을 집단적 합의에 이르게 하는 의사 결정 과정이 필요하다. 공공 선택 이론은 이처럼 집단을 구성하는 개인의 의사가 집단의 의사로 통합되는 과정을 다룬다. 직접 민주주의 하에서의 의사 결정 방법으로 단순 과반수제, 최적 다수결제, 점수 투표제, 보르다(Borda) 투표제 등이 있다.

㉠ 단순 과반수제는 투표자의 과반수가 지지하는 안건이 채택되는 다수결 제도이다. 효율적으로 의사 결정이 이루어져 많이 사용되고 있으나, 각 투표자는 찬반 여부를 표시할 뿐 투표 결과에는 선호 강도가 드러나지 않아 안건 채택 시 사회 전체의 후생*이 감소할 가능성이 있다. 이는 다수의 횡포에 의해 소수의 이익이 침해되는 상황이 발생할 수 있음을 의미한다. 또한 어떤 대안들을 먼저 비교하는가에 따라 그 결과가 달라지는 ⓐ '투표의 역설' 현상이 나타날 수 있다. 예를 들어, 갑, 을, 병 세 사람이 사는 마을에 정부에서 병원, 학교, 경찰서 중 하나를 지어 줄 테니 투표를 통해 선택하라고 제안하였고, 이때 세 사람의 선호 순위가 다음 〈표〉와 같다고 하자. 세 가지 대안을 동시에 투표에 부치면 하나의 대안으로 결정되지 않는다. 그래서 먼저 병원, 학교, 경찰서 중 두 대안을 선정하여 다수결로 결정한 후 남은 한 가지 대안과 다수결로 승자를 결정하면 최종적으로 하나의 대안이 결정된다. 즉, 비교하는 대안의 순서에 따라 〈표〉의 투표 결과는 달라지게 된다.

투표자 \ 선호 순위	1순위	2순위	3순위
갑	병원	학교	경찰서
을	학교	경찰서	병원
병	경찰서	병원	학교

〈표〉

[A] 최적 다수결제는 투표에 따르는 총비용이 최소화되는 지점을 산정한 후, 안건의 찬성자 수가 그 이상이 될 때 안건이 통과되는 제도이다. 이때의 총비용은 의사 결정 비용과 외부 비용의 합으로 결정된다. 의사 결정 비용은 투표자들의 동의를 구하는 데 드는 시간과 노력에 따른 비용을 의미하며, 찬성표의 비율이 높을수록 증가한다. 외부 비용은 어떤 안건이 통과됨에 따라 그 안건에 반대하였던 사람들이 느끼는 부담을 의미하며, 찬성표의 비율이 높아질수록 낮아지며 모든 사람이 찬성할 경우에는 0이 된다. 안건 통과에 필요한 투표자 수가 증가할수록 의사 결정 비용이 증가하므로 의사 결정 비용 곡선은 우상향한다. 이와 달리 외부 비용은 감소하므로 외부 비용 곡선은 우하향하며, 두 곡선을 합한 총비용 곡선은 U자 형태로 나타난다. 이때 총비용이 최소화되는 곳이 최적 다수결제에서의 안건 통과의 기준이 되는 최적 다수 지점이 된다. 이 제도는 의사 결정 과정을 이론적으로 명쾌하게 설명할 수 있지만, 최적 다수결의 기준을 정하는 데 시간을 지나치게 소비하게 된다는 단점이 있다.

㉡ 점수 투표제는 각 투표자에게 일정한 점수를 주고 각 투표자가 자신의 선호에 따라 각 대안에 대하여 주어진 점수를 배분하여 투표하는 제도로, 합산하여 가장 많은 점수를 얻은 대안이

선택된다. 투표자의 선호 강도에 따라 점수를 배분하므로 투표자의 선호 강도가 잘 반영된다. 소수의 의견도 투표 결과에 잘 반영되며, 투표의 역설이 나타나지 않는다는 장점이 있다. 하지만 전략적 행동에 취약하여 투표 결과가 불규칙하게 바뀔 수 있다는 단점이 있다. 전략적 행위란 어떤 투표자가 다른 투표자의 투표 성향을 예측하고 자신의 행동을 이에 맞춰 변화시킴으로써 자기가 원하는 것을 얻으려 하는 태도를 뜻한다. 이 행위는 어떤 투표 제도에서든 나타날 수 있으나, 점수 투표제에서 나타날 가능성이 높다.

㉢ 보르다 투표제는 n개의 대안이 있을 때 가장 선호하는 대안부터 순서대로 n, (n−1), …, 1점을 주고, 합산하여 가장 높은 점수를 받은 대안을 선택하는 투표 방식으로, 점수 투표제와 달리 오로지 순서에 의해서만 선호 강도를 표시한다. 이 제도하에서는 일부에게 선호도가 아주 높은 대안보다는 투표자 모두에게 어느 정도 차선이 될 수 있는 ⓑ 중도의 대안이 채택될 가능성이 높으며, 점수 투표제와 마찬가지로 투표의 역설이 발생하지 않는다.

* 후생: 사회 구성원들의 복지 수준.

05

고1 • 2023년 6월 38번

윗글에 대한 이해로 적절하지 않은 것은?

① 어떤 투표제에서든 투표자의 전략적 행위가 나타날 수 있다.
② 보르다 투표제에서는 가장 선호하지 않는 대안에 0점을 부여한다.
③ 단순 과반수제에서는 채택된 대안으로 인해 사회의 후생이 감소되기도 한다.
④ 점수 투표제는 최적 다수결제와 달리 대안에 대한 선호 강도를 표시할 수 있다.
⑤ 최적 다수결제는 단순 과반수제와 달리 안건 통과의 기준이 안건에 따라 달라질 수 있다.

06 1등급 대비 고난도 2점 문제

고1 • 2023년 6월 39번

ⓐ와 관련하여 〈표〉를 이해한 것으로 적절하지 않은 것은?

① '병원'과 '학교'를 먼저 비교할 경우, '병원'과 '경찰서'의 다수결 승자가 최종의 대안으로 결정된다.
② '학교'와 '경찰서'를 먼저 비교할 경우, '갑'과 '을'이 '학교'에 투표하여 최종적으로 '학교'가 결정된다.
③ '병원'과 '학교'를 먼저 비교하는지, '학교'와 '경찰서'를 먼저 비교하는지에 따라 투표의 결과가 달라진다.
④ '병원', '학교', '경찰서'를 동시에 투표에 부치면, 모두 한 표씩 얻어 어떤 대안도 과반수가 되지 않는다.
⑤ 대안에 대한 '갑', '을', '병' 세 사람의 선호 순위는 바뀌지 않아도, 투표의 결과가 바뀌는 현상이 나타난다.

07

고1 • 2023년 6월 40번

ⓑ의 이유로 가장 적절한 것은?

① 주어진 점수를 투표자가 임의대로 배분할 수 있기 때문이다.
② 투표자는 중도의 대안에 관해서만 자신의 의사를 표현할 수 있기 때문이다.
③ 점수 투표제와 달리 투표자의 전략적 행동을 유발하여 투표 결과를 조작할 수 있기 때문이다.
④ 일부에게만 선호도가 높은 대안이 다수에게 선호도가 매우 낮으면 점수 합산 면에서 불리하기 때문이다.
⑤ 순서로만 선호 강도를 표시할 경우, 모든 투표자에게 선호도가 가장 높은 대안이라도 최종 승자가 아닐 수 있기 때문이다.

[해설편 p.078]

08

고1·2023년 6월 41번

〈보기〉가 [A]의 각 비용들에 대한 그래프라고 할 때, 이에 대한 이해로 적절하지 않은 것은?

〈보 기〉

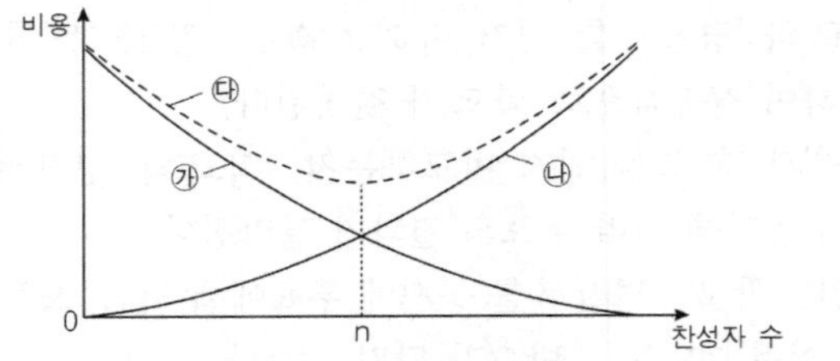

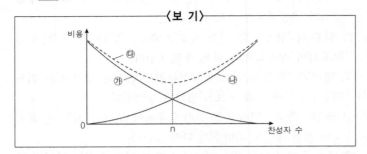

① ㉮는 외부 비용으로, 반대하는 투표자 수가 많아질수록 그 값이 커진다.
② ㉯는 의사 결정 비용으로, 투표 참가자들을 설득하는 데 드는 시간과 노력이 적을수록 그 값이 작아진다.
③ ㉰는 총비용으로, ㉮와 ㉯를 합한 값이 최소가 되는 지점 n이 최적 다수 지점이 된다.
④ 투표에 참가하는 모든 사람이 찬성하면 ㉮의 값은 0이 된다.
⑤ 안건 통과에 필요한 투표자가 많아지게 되면 ㉯는 이동하지만 ㉮는 이동하지 않는다.

09

고1·2023년 6월 42번

대안 Ⅰ~Ⅲ에 대한 투표자 A~E의 선호 강도가 〈보기〉와 같다고 할 때, ㉠~㉢을 통해 채택될 대안으로 적절한 것은? [3점]

〈보 기〉

대안 \ 투표자	A	B	C	D	E
Ⅰ	3	1	1	3	1
Ⅱ	1	7	6	2	5
Ⅲ	6	2	3	5	4

(단, 표 안의 수치가 높을수록 더 많이 선호함을 나타내며, 투표에 미치는 외부적인 요인과 투표자들의 전략적 행동은 없다고 가정한다.)

	㉠	㉡	㉢
①	Ⅰ	Ⅲ	Ⅱ
②	Ⅱ	Ⅱ	Ⅱ
③	Ⅱ	Ⅱ	Ⅲ
④	Ⅲ	Ⅰ	Ⅲ
⑤	Ⅲ	Ⅱ	Ⅱ

10~12 다음 글을 읽고 물음에 답하시오.

(가)

어메야,
복(福)이 따로 있나.
뚝심 세고
부지런하면 사는거지,
하늘이 물을 대는 **천수답(天水畓)***
그 논의 벼이삭.

니 말이 정말이데,
엄첩구나*
내 새끼야,
팔자가 따로 있나
본심 가지고
부지런하면 사는거지.

어메야,
누군 한 평생
만년을 사나.
허둥거리지 않고
제 길로 가면 그만이지.

오냐,
내 새끼야,
니 말이 엄첩구나.
잘 살고 못 살고가 어딨노.
제 길 가면 그만이지.
수런거리는 감잎 사이로
별떨기 빛나는 밤하늘.
그 하늘의 깊이.

– 박목월, 「천수답(天水畓)」 –

* 천수답: 빗물에 의하여서만 벼를 심어 재배할 수 있는 논.
* 엄첩구나: '대견하구나'의 경상도 방언.

(나)

쬐그만 것이
노랗게 노랗게
전력을 다해 샛노랗게 피어 있다 [A]

아무 곳도 넘보지 않는다
다만 혼자
주어진 한계 그 안에서 아슬아슬
한치의 틈도 없이 끝까지 [B]

바위 새를 비집거나 잡초 속이거나
씨 뿌려진 그 자리가 바로 내 자리
터를 잡고 [C]

[해설편 p.078]

물을 길어 올리는 실뿌리
어둠을 힘껏 밀어내는 떡잎
그리고 그것들이 한데 어울려
열심히 열심히 한 댓새 [D]

세상에 그밖에는 할 일이 없어서
아주 노랗게 노랗게만 피는 꽃
피어선 질 수밖에 없는 꽃 [E]

쬐그만 것이지만 **그 크기는**
어떤 자로서도 잴 수 없다
아 민들레!
그래봤자
혼자 가는 자의 **헛된 꿈**
하지만 헛되어도 좋은 꿈 아니냐
한 **댓새를 짐짓 영원인 양하**고
보라 저기 민들레는 피어 있다

– 이형기, 「민들레꽃」 –

10

고1 • 2023년 9월 27번

(가)와 (나)의 공통점으로 가장 적절한 것은?

① 동일한 시어를 반복하여 시적 의미를 강조하고 있다.
② 공감각적 이미지를 통해 대상의 속성을 나타내고 있다.
③ 명령형 어조를 활용하여 화자의 정서를 부각하고 있다.
④ 음성 상징어를 활용하여 대상의 상황을 드러내고 있다.
⑤ 수미상관의 방식을 통해 구조적 안정감을 부여하고 있다.

11

고1 • 2023년 9월 28번

[A]~[E]에 대한 이해로 적절하지 <u>않은</u> 것은?

① [A]에는 작지만 온 힘을 다해 선명한 빛깔로 피어 있는 민들레의 모습이 나타나 있다.
② [B]에는 다른 공간은 욕심내지 않고 주어진 한계 안에서 홀로 애쓰는 민들레의 모습이 나타나 있다.
③ [C]에는 씨가 뿌려진 비좁은 곳을 자신의 자리로 받아들이고 터를 잡는 민들레의 모습이 나타나 있다.
④ [D]에는 강한 의지와 생명력으로 꽃을 피우기 위해 노력하는 민들레의 모습이 나타나 있다.
⑤ [E]에는 꽃을 피웠지만 세상에서 자신이 할 일을 찾기 위해 결국 질 수밖에 없는 민들레의 모습이 나타나 있다.

12

고1 • 2023년 9월 29번

〈보기〉를 바탕으로 (가), (나)를 감상한 내용으로 적절하지 <u>않은</u> 것은? [3점]

〈보 기〉

시에는 삶을 대하는 가치 있는 태도가 담겨 있다. (가)에는 인간의 유한성에 대한 인식을 바탕으로, 열악한 농토를 하늘이 내린 축복의 땅이라 여기며 달관의 자세로 살아가려는 소신과 그에 대한 지지가 드러나 있다. (나)에는 민들레를 소멸될 수밖에 없는 운명에 좌절하지 않고 허무에 맞서는 존재로 바라보는 시선과 민들레의 내적 가치에 대한 긍정적 인식이 드러나 있다.

① (가)에서 '천수답'을 일구는 삶을 '제 길'이라고 여기는 것은 달관의 자세로 살아가려는 소신을 드러낸 것이겠군.
② (가)에서 '니 말이 정말이데', '니 말이 엄첩구나'라고 하는 것은 '어메'가 '내 새끼'에게 보내는 지지를 드러낸 것이겠군.
③ (가)에서 '누군 한 평생 / 만년을 사'냐고 말하는 것은 인간이 유한한 존재라는 인식을 드러낸 것이겠군.
④ (나)에서 '그 크기는 / 어떤 자로서도 잴 수 없다'고 하는 것은 민들레의 내적 가치에 대한 긍정적 인식을 드러낸 것이겠군.
⑤ (나)에서 '댓새를 짐짓 영원인 양하'는 모습을 '헛된 꿈'이라고 하는 것은 민들레를 소멸될 수밖에 없는 운명에 맞서는 존재로 바라보는 시선을 드러낸 것이겠군.

학습 Check!

▶ 몰라서 틀린 문항 × 표기 ▶ 헷갈렸거나 찍은 문항 △ 표기 ▶ ×, △ 문항은 다시 풀고 ✔ 표기를 하세요.

종료 시각	시 분 초
소요 시간	분 초
초과 시간	분 초

문항 번호	01	02	03	04	05	06	07	08	09	10	11	12
채점 결과												
틀린 문항 복습												

[해설편 p.079]

DAY 22 수능기출 전국연합학력평가 20분 미니 모의고사

● 날짜 : 월 일 ● 시작 시각 : 시 분 초 ● 목표 시간 : 20분

※ 점수 표기가 없는 문항은 모두 2점입니다.

01~02 (가)는 [활동]에 따른 대화의 일부이고, (나)는 이를 참고하여 '학생 1'이 쓴 초고이다. 물음에 답하시오.

[활동] 「토끼전」에 대해 이야기 나누고, 성찰하는 글 작성하기

(가)

학생 1: 「토끼전」의 인물들에 대한 평가는 다양하다고 해. 그런데 나는 인물들에 대한 평가가 어떻게 달라질 수 있는지 잘 모르겠어서, 이 주제로 이야기 나눠 보고 싶어.

학생 2: 그럼 나부터 할게. 나는 용왕의 명령을 따르고자 하는 충성스러운 자라는 긍정적이지만, 자신의 목숨을 위해 타인의 희생을 초래할 명령을 내린 용왕은 부정적이라고 생각해. 어떻게 자기 살겠다고 토끼의 간을 빼앗을 생각을 할 수 있지?

학생 3: 타인의 생명을 존중하지 않는 용왕의 이기적인 태도가 문제라는 거지? (학생 2의 반응을 보고, 고개를 끄덕이며) 나도 그렇게 생각했어. 반면에 토끼는 긍정적인 인물이라고 생각해. 위기에 처했는데도 삶을 포기하지 않고 기지를 발휘하잖아. 나도 토끼처럼 어떤 상황에서도 지혜를 발휘할 수 있는 사람이 되고 싶어. [A]

학생 1: 토끼는 헛된 욕심 때문에 위기에 빠진 게 아닐까? 또 부귀영화를 기대하며 삶의 터전을 버리고 쉽게 수궁으로 간 것을 보면 토끼의 경솔함도 긍정적으로 보긴 어려울 것 같아. 그에 비하면 변치 않는 충성심으로 볼 때, 자라는 신의 있는 인물 같아. 그래서 나는 자라가 배울 점이 많은 인물이라고 생각해.

학생 3: 음, 나는 오히려 자라를 부정적으로 봤어. 임무 수행을 위해 거짓말까지 한 자라의 행동은 윤리적으로 비판받아 마땅해.

학생 1: 그래도 그 거짓말은 용왕을 살려야 한다는 대의를 위한 선의의 거짓말로 봐야 해.

학생 3: 핑계 없는 무덤이 어딨어. 자라는 용왕을 위해 거짓말을 한 거라고 스스로를 합리화하겠지만, 피해는 토끼가 보고 있잖아. 결국 자라의 거짓말은 다른 이를 위기로 몰아넣는 나쁜 거짓말일 뿐이야. 더 나아가 자라의 맹목적인 충성심도 비판받아야 한다고 생각해. 명령이 잘못되었는데도 옳고 그름은 따져 보지 않고 임무를 완수할 방법만 궁리한 거잖아. 큰 죄를 저지르고도 상급자의 명령이니까 따랐을 뿐이라고 말하는 사람들과 다르지 않아. [B]

학생 1: 듣고 보니 그렇네. 신의라는 가치는 삶을 살아가는 데 중요한 요소임은 분명한데, 자라가 좀 더 현명한 방식으로 신의를 지켰다면 더 좋았을 것 같아.

학생 2: 이야기를 나눠 보니 같은 인물에게서 각자 다른 의미를 찾아내는 점이 재미있다. 특히 인물들의 부정적인 측면에 주목해 보니 인물들 모두 옳고 그름에 대한 성찰이 부족했다는 것을 새롭게 알게 되었어.

학생 1: 그러게. 나도 이제 바람직한 삶을 위해 필요한 것이 무엇인지도 조금은 알게 된 것 같아. 그리고 인물에 대해 내린 평가에 대해 다시 생각해 보아야 할 것 같아. 이제 성찰하는 글을 쓰면 되는 거지? 글을 쓰기 위해 어제 메모를 해보았는데 이야기한 내용을 바탕으로 수정해야겠어.

학생 2: 오늘 한 이야기를 바탕으로 각자 쓰면 되겠다. (학생 3을 바라보며) 너 아까 공책에 필기하던데, 이야기 나눈 내용을 적은 거야?

학생 3: 응. 이야기한 내용을 요약해서 적고, 부족하지만 내 생각도 조금 덧붙였어.

학생 2: 나도 글을 쓰려면 정리 내용이 필요한데, 좀 빌려줘.

(나)

「토끼전」에는 여러 인물들이 등장하는데, 이들을 통해 바람직한 삶에 필요한 것들을 생각해 볼 수 있었다. 토끼가 보여 준 지혜, 자라가 지키고자 한 신의는 바람직한 삶을 위해 중요한 요소들이다. 그런데 친구들과의 대화를 통해 인물들의 부정적인 면을 확인하면서 그들에게 옳고 그름에 대한 성찰이 ⓐ 결렬되어 있다는 것을 깨달았다.

용왕은 자신이 살기 위해 타인의 목숨을 희생시키는 명령을 내렸는데, 이는 타인의 목숨도 소중하다는 것을 깨닫는 성찰이 부족했기 때문이다. ⓑ 그러나 토끼는 부귀영화를 기대하며 신중하게 판단하지 못하고 수궁으로 갔는데, 이는 헛된 욕심과 경솔함을 스스로 경계해야 한다는 것을 깨닫는 성찰이 부족했기 때문이다. 마지막으로 자라는 용왕에 대한 맹목적인 충성심으로 거짓말까지 했는데, 이는 무비판적인 태도와 거짓말이 초래하는 부정적인 결과를 깨닫는 성찰이 부족했기 때문이다.

바람직한 삶을 살기 위해서는 성찰하는 태도가 중요하다. 이러한 태도가 중요함에도 나 역시 토끼전의 인물들처럼 옳고 그름에 대한 성찰을 하지 못하고 행동한 적이 있다. 지난번 교내 피구 대회에 반 대표로 참가했었는데 이기고 싶은 마음에 반칙을 하고도 말하지 않은 것이다. ⓒ 그리고 내가 제일 좋아하는 종목은 축구이다. 나는 자라와 마찬가지로, 반 대표로서 이기는 목적만을 중시했는데 돌이켜보니 나의 행동이 스포츠 정신에 어긋났다는 것을 깨닫게 되었다. 만약 좀 더 일찍 성찰을 할 수 ⓓ 있었기 때문에 나의 거짓된 행동으로 다른 반이 피해를 입지는 않았을 것이다.

나는 토끼전의 인물들을 통해 옳고 그름에 대한 성찰이 바람직한 삶을 위해 필요하다는 것을 깨닫고 ⓔ 나의 삶을 되돌아볼

수 있었다. 행동하기에 앞서 옳고 그름에 대해 스스로 성찰하는 삶의 태도를 지녀야겠다.

01

고1 • 2020년 11월 4번

[A]와 [B]에 나타난 '학생 3'의 말하기 방식으로 가장 적절한 것은?

① [A]에서는 '학생 2'의 의견을 요약하여 재진술하고 있고, [B]에서는 '학생 1'의 의견을 논거를 들어 보강하고 있다.
② [A]에서는 '학생 2'의 의견에 대한 자신의 이해가 맞는지 확인하고 있고, [B]에서는 '학생 1'의 의견에 대해 근거를 들어 반박하고 있다.
③ [A]에서는 '학생 2'에게 추가적인 정보를 요청하고 있고, [B]에서는 '학생 1'의 의견을 뒷받침할 수 있는 추가적인 사례를 언급하고 있다.
④ [A]에서는 '학생 2'의 의견에 비언어적 표현을 활용하며 공감하고 있고, [B]에서는 '학생 1'의 의견에 관용적인 표현을 활용하며 동의하고 있다.
⑤ [A]에서는 '학생 2'의 의견에 동조한 뒤 화제를 전환하고 있고, [B]에서는 '학생 1'의 의견을 수용한 뒤 화제와 관련하여 현실적 한계를 지적하고 있다.

02

고1 • 2020년 11월 7번

ⓐ~ⓔ를 고쳐쓰기 위한 방안으로 적절하지 않은 것은?

① ⓐ: 부적절한 어휘이므로 '결여되어'로 고친다.
② ⓑ: 문장의 연결이 자연스럽지 못하므로 '그리고'로 고친다.
③ ⓒ: 글의 통일성을 저해하므로 삭제한다.
④ ⓓ: 문장의 호응 관계가 부적절하므로 '있었다면'으로 고친다.
⑤ ⓔ: 서술어가 부사어를 요구하므로 '나의 삶에'로 고친다.

[해설편 p.079]

03

고1 • 2023년 9월 15번

다음은 '사전 활용하기' 학습 활동을 위한 자료이다. 이에 대한 이해로 적절하지 않은 것은?

> **바르다**[1] 동
> 【…을 …에】【…을 …으로】
> 1 풀칠한 종이나 헝겊 따위를 다른 물건의 표면에 고루 붙이다.
> ¶ 아이들 방을 예쁜 벽지로 발랐다.
> 2 차지게 이긴 흙 따위를 다른 물체의 표면에 고르게 덧붙이다.
> ¶ 흙을 벽에 바르다.
>
> **바르다**[2] 형
> 1 겉으로 보기에 비뚤어지거나 굽은 데가 없다.
> ¶ 길이 바르다.
> 2 말이나 행동 따위가 사회적인 규범이나 사리에 어긋나지 아니하고 들어맞다.
> ¶ 그는 인사성이 바른 사람이다.

① '바르다[1]'과 '바르다[2]'는 사전에 각각 다른 표제어로 등재되는 동음이의어이다.
② '바르다[1]'과 '바르다[2]'는 모두 여러 가지 의미가 있는 다의어이다.
③ '바르다[1]'은 '바르다[2]'와 달리 주어 이외의 다른 문장 성분을 필요로 한다.
④ '바르다[1]'은 동작이나 작용을 나타내는 말이고, '바르다[2]'는 성질이나 상태를 나타내는 말이다.
⑤ '바르다[2] 1'의 예로 '마음가짐이 바르다.'를 추가할 수 있다.

[해설편 p.080]

04~08 **다음 글을 읽고 물음에 답하시오.**

맑고 화창한 날 밖에서 스마트폰 화면이 잘 보이지 않았던 경험이 한 번쯤은 있을 것이다. 이는 화면에 반사된 햇빛이 화면에서 나오는 빛과 많이 ⓐ 혼재될수록 야외 시인성이 저하되기 때문이다. 야외 시인성이란, 빛이 밝은 야외에서 대상을 명확하게 인식할 수 있는 성질을 의미한다. 그렇다면 스마트폰에는 야외 시인성 개선을 위해 어떠한 기술이 적용되어 있을까?

㉠ 스마트폰 화면의 명암비가 높으면 우리는 화면에 표현된 이미지를 선명하다고 인식한다. 명암비는 가장 밝은 색과 가장 어두운 색을 화면이 얼마나 잘 표현하는지를 나타내는 수치로, 흰색을 표현할 때의 휘도를 검은색을 표현할 때의 휘도로 나눈 값이다. 여기서 휘도는 화면에서 나오는 빛이 사람의 눈에 얼마나 들어오는지를 나타내는 양이다. 가령, 흰색을 표현할 때의 휘도가 2,000 cd/m^2이고 검은색을 표현할 때의 휘도가 2 cd/m^2인 스마트폰의 명암비는 1,000이다.

명암비는 휘도를 측정하는 환경에 따라 암실 명암비와 명실 명암비로 구분된다. 암실 명암비는 햇빛과 같은 외부광 없이 오로지 화면에서 나오는 빛만을 인식할 수 있는 조건에서의 명암비를, 명실 명암비는 외부광이 ⓑ 존재하는 조건에서의 명암비를 의미한다. 스마트폰의 야외 시인성을 높이기 위해서는 명실 명암비를 높여야 한다. 이를 위해 화면에서 흰색을 표현 할 때의 휘도를 높이는 방법과 검은색을 표현할 때의 휘도를 낮추는 방법을 사용할 수 있다.

그런데 스마트폰에 흔히 사용되는 OLED는 흰색을 표현할 때의 휘도를 높이는 데 한계가 있다. OLED는 화면의 내부에 있는 기판*에서 빛을 내는 소자로, 빨간색, 초록색, 파란색 빛을 조합하여 다양한 색을 ⓒ 구현한다. 이렇게 OLED가 색을 표현할 때, 출력되는 빛의 세기를 높이면 해당 색의 휘도가 높아진다. 그러나 강한 세기의 빛을 출력할수록 OLED의 수명이 ⓓ 단축되는 문제가 있다. 이러한 이유로 OLED 스마트폰에는 편광판과 위상지연필름을 활용하여, 외부광의 반사로 높아진, 검은색을 표현할 때의 휘도를 낮추는 기술이 적용되고 있다.

〈그림〉은 OLED 스마트폰에 적용된 편광판의 원리를 나타낸 것이다. 일반적으로 빛은 진행하는 방향에 수직인 모든 방향으로 진동하며 나아간다. 빛이 편광판을 통과하면 그중 편광판의 투과축과 평행한 방향으로 진동하며 나아가는 선형 편광만 남고, 투과축의 수직 방향으로 진동하는 빛은 차단된다. 이러한 과정에서 편광판을 통과한 빛의 세기는 감소하게 된다.

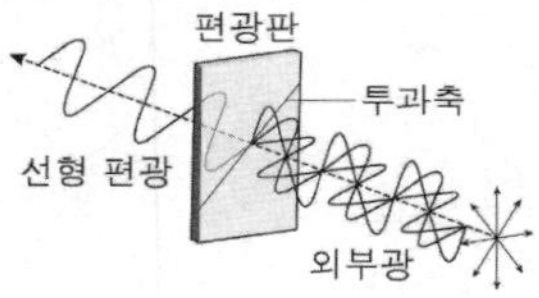

〈그림〉

[A] 이러한 원리를 이용해 OLED 스마트폰에서 야외 시인성을 높이는 기술을 설명하면 다음과 같다. 먼저 스마트폰 화면 안으로 들어오는 외부광은 편광판을 거치면서 일부가 차단되고 투과축과 평행한 방향으로 진동하는 선형 편광만 남게 된다. 그런 다음 이 선형 편광은 위상지연필름을 지나면서 회전하며 나아가는 빛인 원형 편광으로 편광의 형태가 바뀐다. 이 원형 편광은 스마트폰 화면의 내부 기판에 반사된 뒤, 다시 위상지연필름을 통과하며 선형 편광으로 바뀐다. 그런데 이 선형 편광의 진동 방향은 외부광이 처음 편광판을 통과했을 때 남은 선형 편광의 진동 방향과 수직을 이루게 되어 편광판에 가로막히게 된다. 그 결과 기판에 반사된 외부광은 화면 밖으로 빠져나가지 못하게 된다.

이와 같은 기술은 OLED 스마트폰의 야외 시인성을 높이는 데에는 매우 효과적이지만, 편광판을 사용할 수밖에 없기 때문에 스마트폰 화면이 일정 수준의 명암비를 유지하기 위해서는 ㉡ OLED가 내는 빛의 세기를 높게 유지해야 한다는 단점이 존재한다. 그리고 외부광이 화면의 외부 표면에 반사되어 나타나는 야외 시인성의 저하도 ⓔ 방지하지 못한다. 최근에는 이러한 문제점들을 개선하기 위한 연구가 다양한 분야에서 이루어지고 있다.

* 기판: 전기 회로가 편성되어 있는 판.

04 1등급 대비 고난도 2점 문제

고1 • 2023년 3월 38번

윗글에서 알 수 있는 내용으로 가장 적절한 것은?

① 햇빛은 진행하는 방향에 수직인 모든 방향으로 진동한다.
② OLED는 네 가지의 색을 조합하여 다양한 색을 구현한다.
③ 사람의 눈에 들어오는 빛의 양이 많으면 휘도는 낮아진다.
④ 야외 시인성은 사물 간의 크기 차이를 비교하는 기준이다.
⑤ OLED는 화면의 외부 표면에 반사되는 외부광을 차단한다.

05

고1 • 2023년 3월 39번

㉠에 대한 설명으로 적절하지 않은 것은?

① 명실 명암비를 높이면 야외 시인성이 높아지게 된다.
② 흰색을 표현할 때의 휘도가 낮아질수록 암실 명암비가 높아진다.
③ 휘도를 측정하는 환경에 따라 명실 명암비와 암실 명암비로 나뉜다.
④ 흰색을 표현할 때의 휘도를 검은색을 표현할 때의 휘도로 나눈 값이다.
⑤ 화면에 반사된 외부광이 눈에 많이 들어올수록 명실 명암비가 낮아진다.

06

고1 • 2023년 3월 40번

㉡의 이유를 추론한 것으로 가장 적절한 것은?

① OLED가 내는 빛의 휘도를 조절할 수 없기 때문이다.
② OLED가 내는 빛이 강할수록 수명이 길어지기 때문이다.
③ OLED가 내는 빛 중 일부가 편광판에서 차단되기 때문이다.
④ OLED가 내는 빛이 약하면 명암비 계산이 어렵기 때문이다.
⑤ OLED가 내는 빛의 세기를 높이는 데 한계가 있기 때문이다.

07 1등급 대비 고난도 3점 문제

고1 • 2023년 3월 41번

<보기>는 [A]의 과정을 나타낸 그림이다. 윗글을 바탕으로 <보기>를 이해한 내용으로 적절하지 않은 것은? [3점]

〈보 기〉

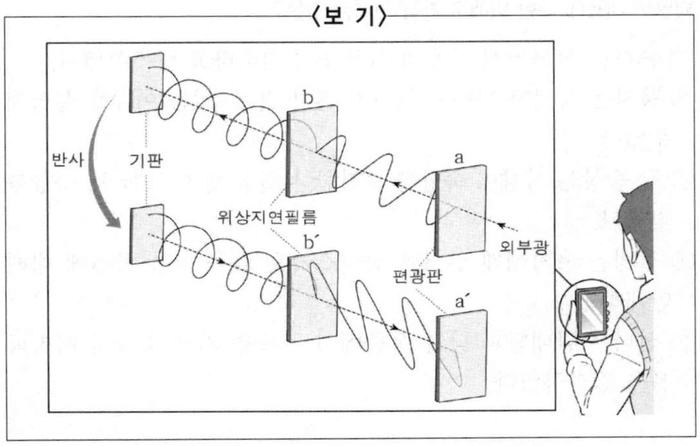

① 외부광은 a를 거치면서 투과축과 평행한 방향으로 진동하는 빛만 남게 된다.
② a를 거쳐 b로 나아가는 빛은 진행 방향에 수직인 방향으로 진동한다.
③ b를 거친 빛은 기판에 의해 a를 거쳐 b로 나아가는 빛과 같은 형태의 편광으로 바뀌게 된다.
④ b′를 거친 빛의 진동 방향은 a를 거쳐 b로 나아가는 빛의 진동 방향과 수직을 이룬다.
⑤ b′를 거친 빛은 진동 방향이 a′의 투과축과 수직을 이루므로 화면 밖으로 빠져나가지 못하게 된다.

08

고1 • 2023년 3월 42번

문맥상 ⓐ~ⓔ와 바꾸어 쓰기에 적절하지 않은 것은?

① ⓐ: 뒤섞일수록 ② ⓑ: 있는 ③ ⓒ: 고른다
④ ⓓ: 줄어드는 ⑤ ⓔ: 막지

09~12 다음 글을 읽고 물음에 답하시오.

숙향이 선녀들에게 말하기를,
"천상에서 내가 저지른 죄가 매우 크도다. 그러나 내가 인간 세상에서 겪은 고초 가운데 부모와 헤어진 일과 장 승상 댁에서 악명을 입은 일은 더욱 망극하니, 차라리 죽어서 모르고자 하노라."
하니 그 선녀가 공손하게 대답했다.
"그것은 조금도 염려하지 마소서. 그 모든 것이 이미 천상에서 마련하신 일이니 다시 고칠 길이 없나이다. 낭자의 부모도 전생에 지은 죄로 낭자를 잃고 간장을 썩이며 고행을 겪게 한 것이니, 어찌 한탄하리오. 장 승상 댁에서도 십 년만 머물도록 정한 것이니, 그것도 한탄할 일이 아니옵니다. 또한 항아께서 사향이 낭자를 모함한 것을 아시고 이미 상제께 아뢰어 벼락을 치게 했으며, 장 승상 부부와 모든 종들도 다 낭자가 억울한 처지인 줄 알고 있나이다. 그리하여 승상께서 종을 이 물가에 보내어 낭자를 찾아 모셔 오도록 명했으나 종이 낭자를 못 찾고 돌아갔으니, 그것도 염려하지 마소서. 그러나 앞으로도 두 번이나 죽을 액이 남아 있으니, 낭자께서는 부디 조심하소서."
"무슨 액이 또 있을꼬?"
"갈대밭에서 화재를 만나 죽을 위기에 처하고, 또 낙양 옥중에 가서 곤욕을 치르게 될 것이옵니다. 그런 후에야 태을선군을 만나 영화를 누릴 것이니, 너무 염려하지 마소서."
이에 숙향이 탄식하며 말하기를,
"이미 지나간 고행도 생각하면 천지가 망극하거늘, 이제 남은 두 액을 어떻게 견디리오? 장 승상 부인이 나를 지극히 사랑하시고 또 내게 잘못이 없다는 것을 아신다고 하니, 도로 그리 가서 두 액을 면할까 하노라."
하니 그 선녀가 웃으면서 말했다.
[A] "하늘이 벌써 정하신 일이기 때문에 낭자 마음대로 할 수 없나이다. 이제 낭자께서는 비록 돌로 만든 갓을 쓰고 무쇠 두멍*에 들어가는 액일지라도 어찌 그 액을 면할 수 있겠나이까? 장 승상 댁과의 인연은 십 년뿐이요, 거기 계시면 태을선군이 사는 곳과는 삼천삼백육십오 리나 떨어져 있기 때문에 선군을 쉽게 만날 수도 없나이다. 또한 선군이 아니면 낭자의 힘으로는 결코 부모님을 다시 만나지 못하리이다."
숙향이 그 말을 듣고 탄식하며 묻기를,
"선군이 인간 세상에 왔다니, 이름은 무엇이라 하는가?"
하니 선녀가 대답했다.
"예전에 항아의 말씀을 듣자오니, '이름은 선이요, 자는 태을이며, 낙양 땅 이위공의 아들이 되어 천하의 부귀공명을 누리리라.' 하시더이다."
"똑같은 일로 죄를 지어 인간 세상에 귀양 왔다고 했는데, 나는 어찌 이렇듯 고행을 겪게 하고, 선군은 호화롭게 지내게 했는고?"
"천상에 계실 때 낭자께서 먼저 선군을 희롱했기에 낭자의 죄가 더 무겁나이다. 선군은 상제께서 가장 사랑하시어 잠시도 곁을 떠나지 못하게 했으나, 항아께서 선군도 벌을 주어야 한다고

[해설편 p.082]

요청한 까닭에 상제께서 마지못해 선군을 인간 세상에 귀양 보냈나이다. 그러나 상제께서는 선군을 너무 사랑하시어 인간 세상에서도 부귀영화를 누리게 했나이다."

[중략 줄거리] 숙향은 온갖 시련을 겪지만 이선을 만나 부부의 연을 맺는다. 이후 황태후가 병이 들자, 병부 상서 이선은 선약을 구하기 위해 떠난다.

병부 상서가 용왕께 사례한 후 선관의 의복으로 갈아입고 물가로 나오니, 용자가 벌써 붉은 조롱박 하나를 가지고 기다리고 있었다. 상서가 용자와 함께 그 박을 타고 가니, 노를 젓지 않는데도 화살처럼 빠르게 바다 위를 떠갔다.

얼마쯤 가다가 용자가 상서에게 말했다.

"저 혼자 가면 아무 데도 걸릴 것 없이 쉽게 갈 수 있사오나, 여러 신령들이 지키고 있기 때문에 인간 세상 사람은 마음대로 선계에 들어갈 수 없나이다. 지금 상공께서는 인간 세상에 내려와 진객이 되었사오니, 어디를 가든 제가 하라는 대로만 하소서. 가는 곳마다 용왕께서 주신 공문을 보여 주고 가겠나이다."

이에 상서가 묻기를,

"수궁에서는 용왕이 으뜸이라. 바로 수로로 가면 쉬울 터인데, 어찌하여 번거롭게 육지에 있는 나라들을 거쳐 가려 하는가?"

하니 용자가 대답했다.

[B] "수로로 곧장 가면 얼마나 좋겠나이까? 그러나 상제께서 그것을 아시게 되면 용궁에 큰 변이 일어나고, 각 지경을 맡은 신령들에게도 좋지 않은 일이 생길 것이옵니다. 번거롭더라도 여러 나라를 지나면서 공문을 보여 주고 가야만 하나이다."

상서와 용자가 한 나라에 이르렀는데, 그 나라 이름은 ㉠ 회회국이었다. 그곳 사람들은 똑바로 걷지 못하고 게처럼 옆으로 다녔으며, 왕의 이름은 경성이었다. 용자가 물가에 배를 대고 혼자 들어가 왕에게 공문을 드리니 왕이 공문을 보고 물었다.

"함께 가는 사람이 태을성인가?"

용자가 대답하기를,

"그러하옵니다."

하니 왕이 즉시 공문에 날인해 용자에게 돌려주었다. 왕이 용자와 함께 물가로 나와 상서에게 반갑게 인사했으나, 상서는 그 왕이 누구인지 몰라 공경하기만 하더라.

용자가 왕에게 하직 인사를 올린 후 상서를 모시고 또 한 나라에 가니, 그곳은 함밀국이었다. 그곳 사람들은 화식은 먹지 않고 꿀만 먹고 살며, 왕의 이름은 필성이었다. 용자가 공문을 드리니, 왕이 보고 말하기를,

"그대가 태을성을 모시고 가는데, 이 앞이 제일 험하니 조심하라."

하고 날인한 후 공문을 돌려주었다.

또 한 나라에 가니, 그곳은 유리국이었다. 그 땅에 사는 사람들은 모두 중국 사람과 비슷했으나 생선처럼 비린 것을 먹지 않았으며, 왕의 이름은 기성이었다. 용자가 왕에게 공문을 드리니 왕이 화를 내며 묻기를,

"선계는 인간 세상과 다른데, 어떻게 진객이 마음대로 이곳에 들어왔는가?"

하고 공문을 본 척도 하지 않았다. 용자가 사정하며 말하기를,

"태을성이 인간 세상에 내려와 중국의 병부 상서가 되었는데, 황제의 명을 받들어 ㉡ 봉래산의 개언초를 얻으러 가다가 우리 ㉢ 용궁에 왔나이다. 그리하여 소자가 모시고 가는 길이오니, 저의 낯을 보아 허락해 주소서."

하니 왕이 말하기를,

"이번엔 통과시켜 주겠지만, 다시는 분수에 넘치는 일을 하지 말라."

하고 마지못해 날인하고 공문을 돌려주었다.

– 작자 미상, 「숙향전」 –

* 두멍: 물을 많이 담아 두고 쓰는 큰 가마나 독.

09

고1 • 2022년 9월 39번

윗글의 내용에 대한 이해로 가장 적절한 것은?

① 용자는 상서에게 공문의 사용을 주의하라고 당부하였다.
② 용자는 상서가 원하는 곳까지 혼자 갈 수 없는 이유를 설명해 주었다.
③ 장 승상은 사향이 숙향을 모함한 사실을 알지 못한 채 숙향을 찾았다.
④ 필성은 용자에게 일어날 불미스러운 일을 피할 방법에 대해 안내하였다.
⑤ 선녀는 갈대밭과 낙양 옥중에서 곤욕을 치른 숙향의 어리석음을 질타하였다.

10

고1 • 2022년 9월 40번

㉠~㉢에 대한 설명으로 적절하지 않은 것은?

① ㉠은 용왕의 조력을 통해 상서가 통과할 수 있는 공간이다.
② ㉠은 천상계 존재인 태을성을 호의적으로 생각하는 왕이 지키는 공간이다.
③ ㉢은 상제의 권위에 의해 영향을 받는 공간이다.
④ ㉠과 ㉡은 누구에게도 자유로운 이동을 허용하지 않는 공간이다.
⑤ ㉡은 용자와 상서가 육지의 ㉠을 경유하여 향하는 곳이다.

11

고1 • 2022년 9월 41번

[A], [B]에 대한 설명으로 가장 적절한 것은?

① [A]는 과거의 사건을 요약적으로 진술하여 현재 상황을 변화시키기 위한 인물의 의지가 필요함을 강조하고 있다.
② [B]는 가정적 상황을 제시하여 상대방이 예상하지 못한 결과가 일어날 수 있음을 전달하고 있다.
③ [A]는 [B]와 달리 구체적인 수치를 언급하여 인물이 처한 상황의 다급함을 부각하고 있다.
④ [B]는 [A]와 달리 의문의 형식을 활용하여 정해진 운명에서 벗어날 수 없음을 강조하고 있다.
⑤ [A]는 유사한 상황을 나열하는, [B]는 여러 인물의 발화를 반복하는 방식으로 미래에 대한 우려를 드러내고 있다.

12

고1 • 2022년 9월 42번

<보기>를 참고하여 윗글을 감상한 내용으로 적절하지 <u>않은</u> 것은? [3점]

<보 기>

「숙향전」은 이질적인 두 개의 서사로 이루어진 작품이다. 두 남녀 주인공의 지상에서의 삶에는 천상의 죄업이 공통으로 전제되었지만 그 죄업의 책임은 여성에게 두고 있다. 숙향이 지상에서 겪은 고난의 과정은 천상의 죄업에 대한 징벌적 의미이다. 이러한 숙향의 서사는 가부장제 사회에서 열세에 놓인 여성의 현실적 상황을 반영한 것이다. 반면 이선의 서사는 입신양명이라는 당대 남성의 이상적 소망을 형상화한 것이다. 이러한 소망을 이루려는 과정에는 환상성이 드러난다. 이 같은 이질적 서사는 당대 인식에 내재된 남녀 차별적 시선이 개입한 결과라 할 수 있다.

① 상제가 이선을 인간 세상에 보냈다는 것에서 입신양명이라는 당대 남성의 이상적 소망이 형상화되었음을 알 수 있군.
② 선녀가 숙향의 죽을 액을 하늘이 정했다고 말하는 것에서 숙향의 고난의 과정이 징벌적인 의미를 지님을 알 수 있군.
③ 이선이 조롱박을 타고 바다 위를 떠가거나 신이한 세계의 인물들을 만나는 과정에서 이선의 서사는 환상성이 드러남을 알 수 있군.
④ 상제가 선군을 마지못해 귀양 보낸 것과 달리 숙향은 고행을 겪도록 한 것에서 천상의 죄업에 대한 책임을 여성에게 두고 있음을 알 수 있군.
⑤ 이선이 호화롭게 지내는 것과 달리 숙향은 여러 차례의 죽을 위기에 처한다는 것에서 가부장제 사회에서 열세에 놓인 여성의 현실적 상황이 반영되었음을 알 수 있군.

학습 Check!

▶ 몰라서 틀린 문항 × 표기 ▶ 헷갈렸거나 찍은 문항 △ 표기 ▶ ×, △ 문항은 다시 풀고 ✔ 표기를 하세요.

종료 시각	시 분 초
소요 시간	분 초
초과 시간	분 초

문항 번호	01	02	03	04	05	06	07	08	09	10	11	12
채점 결과												
틀린 문항 복습												

[해설편 p.083]

DAY 23 수능기출 전국연합학력평가 20분 미니 모의고사

● 날짜 : 월 일 ● 시작 시각 : 시 분 초 ● 목표 시간 : 20분

※ 점수 표기가 없는 문항은 모두 2점입니다.

01 다음은 학생의 발표이다. 물음에 답하시오.

안녕하세요? 여러분, '유토피아'라는 말을 들어 본 적이 있으세요? (청중의 대답을 듣고) 네, 많이들 알고 계시네요. 유토피아란 이 세상에 없는 좋은 곳이라는 의미로, 이상향이라고도 합니다. 현실의 고통에서 벗어나고 싶었던 인류는 저마다의 유토피아를 꿈꿔 왔는데요, 그중 하나가 '코케뉴'입니다. (그림을 보여 주며) 이 그림처럼 배고픔에 시달리던 중세 유럽인들이 꿈꾼 코케뉴는 포도주 강물이 흐르고 따뜻한 파이와 빵이 비로 내리는 곳입니다. 그들은 이곳에서의 풍요로운 삶을 상상하며 잠시 배고픔을 잊고 싶었을 것입니다.

(화면을 가리키며) 다음 그림들을 보시죠. 첫 번째 그림은 밀레의 '이삭 줍는 여인들', 두 번째 그림은 고흐의 '감자 먹는 사람들'입니다. 이 두 작품에는 18세기 유럽을 강타한 흉년과 연이은 전쟁 이후, 식량난에 시달리던 농민들의 모습이 나타나 있습니다. 우리는 이 ㉠ 세 그림을 통해 오랜 시간 인류가 배고픔으로 인해 고통을 받았음을 알 수 있습니다.

그런데 지금은 어떤가요? 주위를 둘러보면 마치 코케뉴가 실현된 것처럼 보입니다. 편의점이나 마트에는 다양한 식품들이 가득 진열돼 있고, 원하는 음식을 쉽게 주문해 먹을 수 있습니다. (화면을 가리키며) 이런 ㉡ 영상을 보신 적이 있으시죠? (청중의 반응을 확인한 후) 네, 바로 '먹는 방송', '먹방'인데요, 요즘은 이렇게 음식을 먹는 소리를 들려주거나, 많은 양의 음식을 맛있게 먹는 모습을 보여 주는 '먹방'이 인기를 끌고 있습니다.

만약 코케뉴를 꿈꾸던 중세의 농부가 현재의 세상을 본다면, 지금 이곳이 코케뉴와 비슷하다고 생각할지도 모릅니다. 하지만 이 세상이 누구에게나 코케뉴와 같은 곳일까요? 한쪽에서는 음식이 너무 풍족한 나머지 비만이나 넘쳐 나는 음식물 쓰레기가 문제인 반면, 다른 쪽에서는 아직도 많은 사람들이 기아로 목숨을 잃고 있습니다. (화면을 가리키며) 지금 보시는 화면은 기아 문제 해결을 목표로 하는 단체인 '세계 기아 리포트'의 2020년 ㉢ 통계 자료인데요, 현재 약 6억 9천만 명 정도의 사람이 굶주림에 시달리고 있다는 점을 알 수 있습니다. 이 자료에서 37개의 국가들은 2030년이 되어도 상황이 나아지지 않거나 오히려 악화될 수도 있음을 확인할 수 있습니다.

중세의 유럽인들이 꿈꾸던 코케뉴는 누군가만 배부른 세상이 아니라 누구도 배고프지 않은 세상이었을 겁니다. 우리가 살아가는 세상이 코케뉴가 될 수 있는 길은 우리 모두가 기아 문제에 관심을 갖고 이를 해결하기 위한 노력에 동참하는 것입니다. 이 발표를 계기로 여러분이 기아 문제에 관심을 갖게 되기를 바랍니다. 일상에서 실천할 수 있는 작은 노력으로 음식물 쓰레기 줄이기부터 시작해 보는 것은 어떨까요? 이상으로 발표를 마치겠습니다.

01

고1 • 2021년 9월 2번

위 발표에서 발표자의 자료 활용에 대한 설명으로 가장 적절한 것은?

① ㉠: 배고픔의 문제가 해결되는 과정을 설명하기 위해 세 그림을 차례대로 보여 주었다.
② ㉠: 시대마다 코케뉴의 개념이 달라진 원인을 설명하기 위해 세 그림의 차이점을 부각하였다.
③ ㉡: 코케뉴의 실현을 목표로 한 구체적 실천 과제를 제시하기 위해 영상을 활용하였다.
④ ㉢: 세계 기아 문제의 실태와 심각성을 알리기 위해 통계 자료를 활용하였다.
⑤ ㉢: 최근 몇 년간 진행된 기아 문제 해결의 성과를 소개하기 위해 통계 자료를 활용하였다.

[해설편 p.083]

02 (가)는 작문 과제이고, (나)는 (가)를 바탕으로 쓴 학생의 초고이다. 물음에 답하시오.

(가) 작문 과제

○ 작문 목적: '게임화'에 대한 정보 전달
○ 주제: 다양한 분야에서 활용되고 있는 '게임화'의 특징
○ 예상 독자: '게임화'가 생소한 우리 학급 학생

(나) 학생의 초고

'게임화(gamification)'란 게임적 사고나 게임 기법과 같은 요소를 다양한 분야에 접목시키는 것이다. 이때 게임이란 컴퓨터게임에 국한되는 것이 아니라 일정한 규칙에 따라 즐기는 놀이를 아우르는 개념이다.

게임화는 먼저 재미와 호기심을 느낄 수 있는 흥미로운 과제를 제공하여 이에 도전하게 만든다. 이후 과제에 참여한 사람들 간의 경쟁을 유도하거나, 목표를 달성하면 성취감과 같은 보상을 받을 수 있게 하여 참여자들이 과제에 몰입할 수 있도록 돕는다. 얼마 전 한국사 수업 시간에 우리나라 지도를 배경으로 윷놀이판을 만들어 모둠별 퀴즈 대결을 펼친 것도 게임화에 해당한다. 역사적 사건에 대한 퀴즈를 맞히면 다음 지역으로 이동하며 전국을 순회하는 과정에서 학생들은 수업에 더욱 몰입하는 모습을 보였다. 이러한 사례는 게임화의 특징을 잘 보여 준다.

한편 게임화는 교육뿐만 아니라 보건, 기업의 마케팅 등 다양한 분야에서 활용되고 있다. 달리기를 하면 달린 거리와 소모 칼로리 등에 따라 보상을 제공하는 과제를 통해 참여자의 건강 증진에 도움을 줄 수 있다. 또한 비행기를 탈 때마다 마일리지를 올려주고, 누적된 마일리지에 따라 회원의 지위를 차등 부여하는 등 기업의 마케팅 전략으로 활용되기도 한다.

이처럼 게임화는 우리의 실생활과 밀접한 여러 분야에서 활용되고 있다. 무엇보다 중요한 것은 어떻게 게임화를 활용하느냐이다. 게임화를 통해 달성하고자 하는 목적을 고려하여 흥미, 도전, 경쟁, 보상과 같은 게임적 요소를 적절히 활용하는 지혜가 필요한 것이다.

02

고3•2021학년도 수능 9번

〈보기〉는 (나)의 '학생'이 '초고'를 보완하기 위해 추가로 수집한 자료이다. 자료 활용 방안으로 적절하지 <u>않은</u> 것은?

〈보 기〉

ㄱ. 신문 기사

가상의 나무 심기가 실제 나무 심기로 이어지는 애플리케이션이 개발되었다. 이 애플리케이션은 사용자들이 가상의 나무를 심으며 얻는 성취감과 함께 환경 보호에 기여하고 있다는 보람을 느끼도록 설계되어, 가상의 나무 심기에 더욱 몰입하게 만든다는 평가를 받고 있다.

ㄴ. 전문가 인터뷰

"게임화된 과제에서는 참여자가 무언가를 하거나 선택할 때마다 그에 대한 피드백이 즉시 제공됩니다. 이때 피드백의 한 유형인 보상 또한 신속하게 주어집니다. 참여자는 성취감과 같은 보상을 바탕으로 과제에 더 집중하게 됩니다."

ㄷ. 연구 자료

○○초등학교 5학년을 대상으로, 사회 수업에 게임화를 적용한 학급과 적용하지 않은 학급으로 나누어 수업 전후의 변화를 측정하였다. 게임화를 적용한 학급은 적용하지 않은 학급과 달리, 도표와 같이 통계적으로 의미 있는 변화를 보였다.

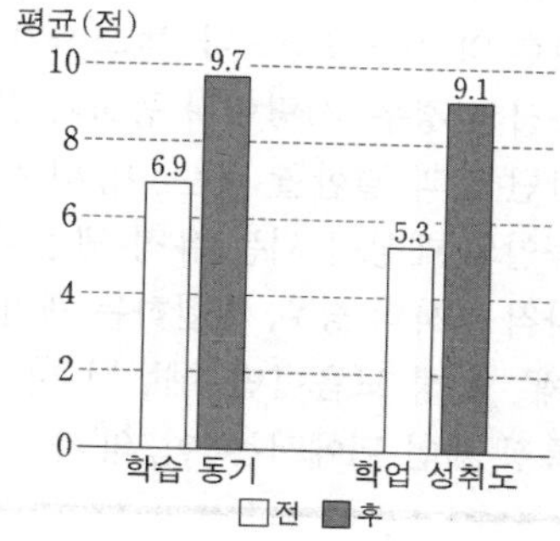

① ㄱ을 활용하여, 게임화가 다양한 분야에 적용되고 있다는 (나)의 내용에 게임화가 환경 분야에서도 활용된다는 점을 추가한다.
② ㄴ을 활용하여, 게임화의 특징을 다루고 있는 (나)의 내용에 참여자에게 피드백이 빠르게 제공된다는 점을 추가한다.
③ ㄷ을 활용하여, 게임화를 학습 상황에 적용한 (나)의 내용에 게임화가 학습 참여자의 학업 성취도를 높이는 데 효과적일 수 있다는 점을 제시한다.
④ ㄱ과 ㄴ을 활용하여, 게임화가 보상을 통해 참여자들의 몰입도를 높인다는 (나)의 내용을 뒷받침하는 근거로 추가한다.
⑤ ㄴ과 ㄷ을 활용하여, 게임화가 참여자의 호기심을 유발한다는 (나)의 내용에 학습 동기가 높을수록 과제 선택에 따른 성취감이 커진다는 점을 제시한다.

[해설편 p.083]

03~04 다음 글을 읽고 물음에 답하시오.

관형어와 부사어는 다른 말을 수식하는 문장 성분이다. 관형어는 체언을 수식하고 부사어는 주로 용언을 수식한다. 관형어나 부사어가 실현되는 방법은 주로 다음과 같다.

(가) 저 바다로 어서 떠나자.
(나) 찬 공기가 따뜻하게 변했다.
(다) 민지의 동생이 학교에 갔다.

(가)의 '저'와 '어서'처럼 관형사와 부사가 그 자체로 각각 관형어와 부사어로 쓰일 수 있다. 또한 (나)의 '찬'과 '따뜻하게' 처럼 용언의 어간에 전성 어미가 결합하거나, (다)의 '민지의'와 '학교에'처럼 체언에 격 조사가 결합하여 쓰일 수도 있다.

관형어와 부사어는 문장에서 필수적인 성분이 아니므로 일반적으로 생략이 가능하다. 다만, ㉠ 의존 명사를 수식하는 관형어나 ㉡ 서술어가 필수적으로 요구하는 부사어는 생략할 수 없다. 또한 관형어와 부사어는 각각 여러 개를 겹쳐서 사용할 수 있다.

중세 국어의 관형어와 부사어도 현대 국어와 전반적으로 유사한 양상을 보였으나 격 조사가 쓰일 때 차이를 보였다. 관형격 조사의 경우, 사람이나 동물과 같은 유정 체언 중 높임의 대상이 아닌 것과 결합할 때는 'ᄋᆡ/의'가 쓰였다. 그리고 무정 체언이나 높임의 대상이 되는 유정 체언과 결합할 때는 'ㅅ'이 쓰였다. 부사격 조사의 경우, 결합하는 체언의 끝음절 모음이 양성 모음이면 '애', 음성 모음이면 '에', 'ㅣ'나 반모음 'ㅣ'이면 '예'가 쓰였는데 특정 체언 뒤에서는 'ᄋᆡ/의'가 쓰이기도 했다.

03

고1 • 2022년 11월 12번

윗글을 바탕으로 〈보기〉의 중세 국어 자료를 이해한 내용으로 적절하지 않은 것은? [3점]

〈보 기〉

○ 불휘 **기픈** 남ᄀᆞᆫ **ᄇᆞᄅᆞ매 아니** 뮐ᄊᆡ
(뿌리가 깊은 나무는 바람에 아니 흔들리므로)
–「용비어천가」–

○ **員(원)의 지븨** 가샤 避仇(피구)홇 소ᄂᆡ 마리
(원의 집에 가셔서 피구할 손의 말이)
–「용비어천가」–

○ 뎌 **부텻** 行(행)과 願(원)과 工巧(공교)ᄒᆞ신 方便(방편)은
(저 부처의 행과 원과 공교하신 방편은)
–「석보상절」–

① '기픈'을 보니 현대 국어와 마찬가지로 용언 어간에 전성 어미가 결합한 형태의 관형어가 사용되었음을 알 수 있군.
② 'ᄇᆞᄅᆞ매'를 보니 현대 국어와 달리 끝음절 모음이 양성 모음인 체언과 결합할 때는 부사격 조사 '애'가 사용되었음을 알 수 있군.
③ '아니'를 보니 현대 국어와 마찬가지로 부사 자체가 부사어로 사용되었음을 알 수 있군.
④ '員(원)의 지븨'를 보니 현대 국어와 마찬가지로 관형어가 여러 개 겹쳐서 사용되었음을 알 수 있군.
⑤ '부텻'을 보니 현대 국어와 달리 높임의 대상이 되는 유정 체언과 결합할 때는 관형격 조사 'ㅅ'이 사용되었음을 알 수 있군.

04

고1 • 2022년 11월 13번

밑줄 친 부분이 ㉠, ㉡에 해당하는 예로 적절한 것은?

① ㉠: 작은 것이 아름답다.
㉡: 내가 회장으로 그 회의를 주재하였다.
② ㉠: 그 집은 주변 풍경과 잘 어울린다.
㉡: 이 그림은 가짜인데도 진짜와 똑같다.
③ ㉠: 친구에게 책을 한 권 선물 받았다.
㉡: 강아지들이 마당에서 뛰논다.
④ ㉠: 자라나는 어린이들은 나라의 보배이다.
㉡: 이삿짐을 바닥에 가지런히 놓았다.
⑤ ㉠: 그는 노력한 만큼 좋은 결과를 얻었다.
㉡: 나는 꽃꽂이를 취미로 삼았다.

[해설편 p.084]

05~08 다음 글을 읽고 물음에 답하시오.

인간은 지식 체계의 형성을 위해 개념을 필요로 하는데, 개념이란 여러 관념 속에서 공통 요소를 뽑아내어 종합해 얻어 낸 보편적인 관념을 말한다. 이러한 개념을 통해 체계와 기준을 머릿속에 먼저 정해 놓고 그것을 현실에 적용하는 개념주의적 태도를 지닌 근대 사상가들이 있었다. 하지만 들뢰즈는 이 세상에 동일한 것은 없다는 전제하에 세상을 개념으로만 파악하려는 태도를 비판하고 개별 대상의 다양성에 주목하는 '차이'의 철학을 제시했다.

일반적으로 차이란 서로 같지 않고 다르다는 의미로 쓰이지만 들뢰즈는 차이를 '개념적 차이'와 '차이 자체'로 구분하여 자신이 말하고자 하는 차이의 의미를 명확히 했다. 이때 개념적 차이란 개념적 종차*를 통해 파악될 수 있는, 어떤 대상과 다른 대상의 상대적 다름을 의미하며, 차이 자체란 개념으로 드러낼 수 없는 대상 자체의 절대적 다름을 의미한다. 예를 들어 소금의 보편적 특성은 짠맛이나 흰색 등으로 볼 수 있는데 이러한 특성은 소금과 설탕의 맛을 비교하거나, 소금과 숯의 색깔을 비교함으로써 파악될 수 있다. 즉 소금과 다른 대상들과의 상대적인 비교를 통해 소금의 개념적 차이가 형성되는 것이다. 그런데 ㉠ 소금이라는 개념으로 동일하게 분류되는 각각의 입자들은 그 입자마다의 염도와 빛깔 등이 다를 수밖에 없다. 어떤 소금 입자들은 다른 소금 입자보다 조금 더 짤 수도 있고, 흰색이 조금 더 밝을 수도 있다. 이때 각 ㉡ 소금 입자가 가지는 염도, 빛깔의 고유한 정도 차이에 해당하는 특성이 바로 개별 소금 입자의 차이 자체인 것이다.

들뢰즈는 개념적 차이로는 대상만의 고유한 가치나 절대적 다름이 파악될 수 없다고 하였다. 왜냐하면 개념적 차이는 다른 대상과의 비교를 통해 파악된 결과로 다른 대상에 의존하는 방식이어서, 그 과정에서 개별 대상의 고유한 특성이 무시되기 때문이다. 또한 들뢰즈는 개념이 개별 대상들을 규정함으로써 개별 대상을 개념에 포섭시키는 상황이나, 개념에 맞추어 세상을 파악함으로써 세상을 오로지 개념의 틀에 가두는 상황을 우려했다. 왜냐하면 이와 같은 상황에서는 미리 정해 둔 개념에 부합하는 개별 대상은 좋은 것으로, 그렇지 못한 개별 대상은 나쁜 것으로 규정되는 개념의 폭력이 발생할 수 있기 때문이다.

한편 들뢰즈는 개별 대상의 차이 자체를 드러낼 수 있는 작용 원리를 '반복'과 '강도'라는 용어로 설명했다. 일반적으로 반복은 같은 일을 되풀이한다는 의미로 쓰이지만 들뢰즈가 말하는 반복이란 되풀이하여 지각된 강도의 차이를 통해 개별 대상의 차이 자체를 발견해 나가는 과정을 의미한다. 이때 강도란 정량화하기 힘든, 개별 대상의 고유한 크기이자, 다른 것과 비교될 수 없는 개별 대상에 대한 감각적 경험을 의미한다. 예를 들어 어떤 사람이 피아노로 같은 악보를 반복해서 연주한다고 할 때, 각각의 ㉢ 연주는 결코 동일할 수 없으므로 연주가 반복될수록 연주자와 관객 모두 연주마다의 서로 다른 강도를 느끼게 된다. 즉 각각의 연주는 차이 자체를 드러내게 되는 것이다. 이처럼 들뢰즈에게 차이 자체란 반복에 의해 경험하게 되는 강도의 차이를 의미한다.

일반적으로 인간은 의사소통을 위해 서로가 동일하게 인정할 수 있는 개념을 필요로 하며, 개념을 통해 형성되는 인간의 지식 체계가 세상을 변화시킨다는 점을 고려하면 개념은 인간에게 필수적인 것이다. 들뢰즈도 이와 같은 개념의 기능을 전면적으로 부정한 것은 아니다. 다만 들뢰즈의 철학은, 개념을 최고의 가치로 숭상하면서 이 세상을 개념으로 온전히 규정하려는 기존 철학자들의 사상을 극복하고자 한 것이며 철학의 시선을 개념에서 현실 세계의 대상 자체로 돌리게 했다는 점에서 의의를 지닌다.

* 종차: 상위 개념에 속한 동일한 층위의 하위 개념들 중 어떤 하위 개념이 다른 하위 개념과 구별되는 요소.

DAY 23

05

고1 • 2020년 11월 34번

윗글의 내용 전개 방식에 대한 설명으로 가장 적절한 것은?

① 기존의 관점을 비판한 특정 견해를 예를 들어 설명하고 그 의의를 밝히고 있다.
② 두 이론의 공통점과 차이점을 분석하고 이를 절충한 새로운 이론을 소개하고 있다.
③ 특정 이론의 변천 과정을 설명하고 해당 이론의 발전 방향에 대해 예측하여 전망하고 있다.
④ 특정 견해의 특징을 드러낼 수 있는 역사적 사건을 언급하고 그 견해의 장단점을 비교하고 있다.
⑤ 특정 견해를 뒷받침하는 다른 견해를 제시하고 사회적 현상을 분석하여 두 견해의 유사점을 부각하고 있다.

06

고1 • 2020년 11월 35번

윗글을 바탕으로 ㉠~㉢을 이해한 내용으로 가장 적절한 것은?

① ㉠과 달리 ㉡은 개념에 해당한다.
② ㉠과 달리 ㉢은 개별 대상에 해당한다.
③ ㉢과 달리 ㉡은 개별 대상에 해당한다.
④ ㉠과 ㉢은 모두 개별 대상에 해당한다.
⑤ ㉡과 ㉢은 모두 개념에 해당한다.

07 1등급 대비 고난도 2점 문제

고1 • 2020년 11월 37번

〈보기〉는 온라인 수업 게시판의 일부이다. 윗글을 바탕으로 학생들이 과제를 수행했다고 할 때 ㉮와 ㉯에 들어갈 말로 가장 적절한 것은?

〈보 기〉

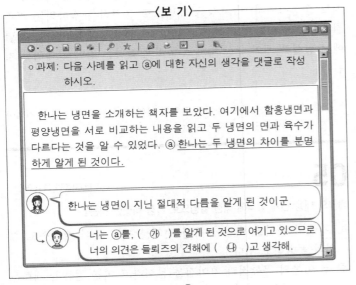

ㅇ 과제: 다음 사례를 읽고 ⓐ에 대한 자신의 생각을 댓글로 작성하시오.

한나는 냉면을 소개하는 책자를 보았다. 여기에서 함흥냉면과 평양냉면을 서로 비교하는 내용을 읽고 두 냉면의 면과 육수가 다르다는 것을 알 수 있었다. ⓐ 한나는 두 냉면의 차이를 분명하게 알게 된 것이다.

한나는 냉면이 지닌 절대적 다름을 알게 된 것이군.

너는 ⓐ를, (㉮)를 알게 된 것으로 여기고 있으므로 너의 의견은 들뢰즈의 견해에 (㉯)고 생각해.

	㉮	㉯
①	차이 자체	부합한다
②	차이 자체	부합하지 않는다
③	개념적 차이	부합한다
④	개념적 차이	부합하지 않는다
⑤	개념적 종차	부합한다

08

고1 • 2020년 11월 38번

〈보기〉에 대해 '들뢰즈'가 보일 수 있는 반응으로 적절하지 않은 것은? [3점]

〈보 기〉

ㅇ 헤겔은 세상을 개념적으로 파악하기 위한 방법론으로 변증법을 제시했다. 가령 '아인슈타인'이라는 개별 대상은 '남자', '과학자' 등과 같은 더 많은 개념들을 활용한다면 완벽하게 규정될 수 있다고 본 것이 헤겔 변증법의 핵심이다.

ㅇ 앤디 워홀은 실크스크린을 통한 대량 인쇄 작업을 거쳐 공장에서 한 가지 상품의 동일한 이미지를 작품으로 제작하였다. 이 작품들은 언뜻 보면 동일해 보였지만 실제로는 윤곽선의 번짐이나 색상에서 조금씩 차이를 느낄 수 있었다. 이러한 앤디 워홀의 작업은 같음을 생산하는 과정을 되풀이함으로써 오히려 어떠한 결과물도 같을 수 없음을 보여 준다.

① 헤겔의 변증법을 활용하더라도 아인슈타인이라는 개별 대상을 온전히 규정할 수 없겠군.

② 헤겔이 세상을 보는 방법론은 미리 만들어진 개념이 현실 세계의 개별 대상들을 규정하는 것이겠군.

③ 앤디 워홀은 같음을 생산하는 과정을 되풀이하며 제작한 결과물을 통해 동일한 강도가 지각될 수 있음을 보여 주려 한 것이겠군.

④ 앤디 워홀이 대량 인쇄 작업으로 제작한 작품들은 다른 것과 비교될 수 없는 개별 대상에 대한 감각적 경험을 가능하게 하겠군.

⑤ 앤디 워홀의 실크스크린 작품들에서는 다른 대상에 의존하는 방식으로는 파악할 수 없는 특성이 색상과 윤곽선에 대한 지각을 통해 드러나게 되는 것이겠군.

09~12 다음 글을 읽고 물음에 답하시오.

(가)

태산이 높다 하되 하늘 아래 뫼히로다.
오르고 또 오르면 못 오를 리 업건마는
사람이 제 아니 오르고 뫼만 높다 하더라.

– 양사언의 시조 –

(나)

乍晴還雨雨還晴	언뜻 개었다가 다시 비가 오고 비 오다가 다시 개이니,	[A]
天道猶然況世情	하늘의 도도 그러하거늘, 하물며 세상 인정이랴.	
譽我便是還毁我	나를 기리다가 문득 돌이켜 나를 헐뜯고,	[B]
逃名却自爲求名	공명을 피하더니 도리어 스스로 공명을 구함이라.	
花開花謝春何管	꽃이 피고 지는 것을, 봄이 어찌 다스릴고.	[C]
雲去雲來山不爭	구름 가고 구름 오되, 산은 다투지 않음이라.	
寄語世人須記認	세상 사람들에게 말하노니, 반드시 기억해 알아 두라.	[D]
取歡無處得平生	기쁨을 취하려 한들, 어디에서 평생 즐거움을 얻을 것인가를.	

– 김시습, 「사청사우(乍晴乍雨)*」 –

* 사청사우(乍晴乍雨): 날이 맑았다 비가 오다 함, 변덕스런 날씨를 가리킴

(다)

행랑채가 퇴락*하여 지탱할 수 없게끔 된 것이 세 칸이었다. 나는 마지못하여 이를 모두 수리하였다. 그런데 그 두 칸은 앞서 장마에 비가 샌 지가 오래 되었으나, 나는 그것을 알면서도 망설이다가 손을 대지 못했던 것이고, 나머지 한 칸은 비를 한 번 맞고 샜던 것이라 서둘러 기와를 갈았던 것이다. ㉮ 이번에 수리하려고 본즉 비가 샌 지 오래된 것은 그 서까래, 추녀, 기둥, 들보가 모두 썩어서 못 쓰게 되었던 까닭으로 수리비가 엄청나게

들었고, 한 번밖에 비를 맞지 않았던 한 칸의 재목들은 완전하게 하여 다시 쓸 수 있었던 까닭으로 그 비용이 많지 않았다.

나는 이에 느낀 것이 있었다. 사람의 몸에 있어서도 마찬가지라는 사실을. 잘못을 알고서도 바로 고치지 않으면 곧 그 자신이 나쁘게 되는 것이 마치 나무가 썩어서 못 쓰게 되는 것과 같으며, 잘못을 알고 고치기를 꺼리지 않으면 해(害)를 받지 않고 다시 착한 사람이 될 수 있으니, 저 집의 재목처럼 말끔하게 다시 쓸 수 있는 것이다.

뿐만 아니라 나라의 정치도 이와 같다. 백성을 좀먹는 무리들을 내버려두었다가는 백성들이 도탄*에 빠지고 나라가 위태롭게 된다. 그런 연후에 급히 바로잡으려 하면 이미 썩어 버린 재목처럼 때는 늦은 것이다. 어찌 삼가지 않겠는가.

– 이규보, 「이옥설(理屋說)」 –

* 퇴락(頹落): 낡아서 무너지고 떨어짐

* 도탄(塗炭): 몹시 곤궁하거나 고통스러운 지경을 이르는 말

09

고1 • 2020년 6월 42번

(가)~(다)의 공통점으로 가장 적절한 것은?

① 자신의 가치관을 성찰하며 개선하고 있다.
② 현재 처한 상황을 극복하고자 노력하고 있다.
③ 바른 삶을 살아가는 자세에 대해 말하고 있다.
④ 이념과 현실 사이의 갈등 속에서 방황하고 있다.
⑤ 추구하는 이상 세계의 모습을 구체적으로 언급하고 있다.

10 1등급 대비 고난도 2점 문제

고1 • 2020년 6월 43번

[A]~[D]에 대한 설명으로 적절하지 않은 것은?

① [A]에서는 자연 현상에 빗대어 세상 인정에 대한 화자의 부정적 인식을 드러내고 있다.
② [B]에서는 대구법을 사용하여 세상 인정에 대한 구체적인 사례를 들고 있다.
③ [C]에서는 가변적인 대상과 불변적인 대상을 대조하여 화자의 의도를 분명히 하고 있다.
④ [D]에서는 도치법을 활용하여 화자가 전달하고자 하는 바를 강조하고 있다.
⑤ [A]~[D]에서는 세상 사람들을 청자로 설정하여 묻고 답하며 시상을 전개하고 있다.

11

고1 • 2020년 6월 44번

〈보기〉를 참고하여 (다)를 이해한 내용으로 가장 적절한 것은? [3점]

〈보 기〉

설(說)은 일반적으로 두 단계의 구조로 나뉜다. 글쓴이의 개인적인 경험을 들려주는 ㉠ 전반부와 그로부터 얻은 결과를 독자에게 전하는 ㉡ 후반부로 구분된다. 글쓴이의 주관이 직접적으로 드러나고 경험담이 기반이 되기 때문에 수필과 비슷하다.

① ㉠은 문제에 대해 다양한 해결책을 제시하고 있다.
② ㉠과 ㉡은 서로 상반되는 견해를 제시하고 있다.
③ ㉠이 사건의 결과라면 ㉡은 그 원인에 해당한다.
④ ㉡은 ㉠의 사실적 상황을 바탕으로 유추한 것이다.
⑤ ㉠은 ㉡에서 얻은 깨달음을 자신의 생활에 적용한 것이다.

12

고1 • 2020년 6월 45번

㉮에 대한 반응으로 가장 적절한 것은?

① 호미로 막을 걸 가래로 막았군.
② 낫 놓고 기역자도 모르는 격이군.
③ 까마귀 날자 배 떨어진 상황이군.
④ 개구리 올챙이 적 생각 못하는군.
⑤ 우물에 가서 숭늉을 찾는 경우이군.

DAY 23

학습 Check!

▶ 몰라서 틀린 문항 × 표기 ▶ 헷갈렸거나 찍은 문항 △ 표기 ▶ ×, △ 문항은 다시 풀고 ✔ 표기를 하세요.

종료 시각	시 분 초
소요 시간	분 초
초과 시간	분 초

문항 번호	01	02	03	04	05	06	07	08	09	10	11	12
채점 결과												
틀린 문항 복습												

[해설편 p.087]

DAY 24 수능기출 전국연합학력평가 20분 미니 모의고사

● 날짜 : 월 일 ● 시작 시각 : 시 분 초 ● 목표 시간 : 20분

※ 점수 표기가 없는 문항은 모두 2점입니다.

01~02 (가)는 교지 편집부 학생들이 나눈 대화이고, (나)는 이를 바탕으로 학생이 작성한 초고이다. 물음에 답하시오.

(가)

학생 1: 지난번에 우리가 청소년의 SNS(사회 관계망 서비스) 이용 실태와 청소년의 심리적 특성을 관련지어 교지에 글을 쓰기로 했었지? 조사해 온 내용을 이야기해 보자.

학생 2: 내가 본 자료에는 청소년의 SNS 이용 시간이 타 연령대의 이용 시간보다 길다고 나와 있었어.

학생 3: 내가 본 논문에서는 SNS 이용 시간이 길어지는 경향을 심리적 측면과 연결지어 설명하고 있었어. 사람들이 SNS를 반복적으로 오래 이용하다 보면 그 안에 있는 정보를 놓칠 수 있다거나 사람들과 연결되지 못하고 고립될 수 있다는 불안을 느끼기 쉽다고 해. 이때 느끼는 불안을 포모 증후군이라고 부른대.

학생 1: SNS를 이용하다 보면 고립될 수 있다는 불안을 느끼기 쉽다는 거지? 포모라는 말에 대해 더 설명해 줄래?

학생 3: 상품을 살 때 매진이 임박했다고 하면 나만 놓칠까 봐 불안해지잖아. 이런 소비자의 불안감을 이용하는 판매 전략을 포모라고 불렀대. 그런데 SNS가 널리 사용되면서 '정보 수집'이나 '인간관계 맺기'에서 뒤처질까 봐 불안해하는 사람들이 많아지게 되었고, 사람들의 이러한 불안 심리를 포모 증후군이라고 부르게 된 거지.

학생 2: 그런데 포모 증후군이 청소년의 심리적 특성과 무슨 상관이 있어?

학생 3: 내 생각에도 포모 증후군을 설명하는 요인 중에서 '정보 수집'과 관련된 부분은 청소년들과는 거리가 멀어 보여. 하지만 '인간관계 맺기'와 관련된 부분은 청소년이 다른 세대에 비해 또래 관계를 중시하는 심리적 성향과 관련된다고 생각해. 또래 관계가 중요하기 때문에 SNS에 수시로 접속해서 교류에서 소외되지 않으려 노력하게 되고, 그만큼 많은 시간을 SNS를 이용하는 데 쓸 수밖에 없어. 그런데 또래 관계를 중시하는 걸 넘어 관계가 멀어질까 봐 심하게 불안하다면 포모 증후군을 의심해 봐야 하는 거지.

학생 1: 그렇구나. 우리 글에서 청소년의 SNS 이용 시간이 긴 것을 포모 증후군의 '인간관계 맺기'와 관련지어 설명하는 것이 좋겠다. 이와 관련해 학생들에게 제안할 만한 내용이 있으면 이야기해 보자.

학생 3: SNS 과다 사용 문제를 다룬 논문에 따르면, 심리적 문제를 해결할 때는 자신이 어떤 상태인지 성찰하는 게 중요하다고 해. SNS를 이용하면서 불안한 기분을 느낀다면, 경각심을 갖고 자기 자신을 성찰해 보자고 제안하자.

학생 2: 청소년기의 포모 증후군이 또래 관계를 중시하는 성향과 관련된다는 점에서, 친구를 SNS에서가 아닌 일상생활 속에서 직접 만나자고 제안해 보자.

학생 3: 청소년기의 특성에 대한 전문가의 견해도 필요할 것 같아.

학생 1: 정말 좋은 의견이야. 글을 쓸 때 필요한 자료는 도서관에 가서 같이 찾아보자.

(나) 학생의 초고

청소년의 대부분은 SNS를 이용한다. 설문 결과에 따르면, 청소년의 SNS 이용 시간은 타 연령대보다 훨씬 긴 것으로 나타난다. 설문 응답자 전체의 SNS 하루 평균 이용 시간은 1시간 미만이지만, 청소년의 77%는 평균 3시간 이상, 19%는 평균 5시간 이상 SNS를 이용하는 것으로 나타났다.

청소년의 이러한 SNS 이용 실태는 청소년기의 특성에서 그 이유를 찾을 수 있다. 전문가에 따르면 청소년은 타인의 기준과 인정을 중요시하는 특성이 있다. 이러한 이유로 자신을 남에게 보여 줄 수 있는 SNS에 빠져들기 쉽다. 또한 청소년은 또래 관계에 과하게 의존한다는 특성이 있다. SNS는 쉽고 빠르게 수많은 인간관계를 맺을 수 있는 세계라는 점에서 청소년에게 특히 매력적이다.

청소년의 과다한 SNS 이용 실태는 '포모 증후군'을 우려하게 한다. '포모(FOMO ; Fear Of Missing Out)'는 원래 제품 공급량을 줄여 소비자를 조급하게 하는 마케팅 용어였지만, 최근에는 SNS 속 정보나 관계에서의 소외를 불안해하는 심리를 가리키는 말이 되었다. 청소년기에는 또래 관계를 중시하는 심리적 성향이 강하기 때문에, 대체로 SNS를 사용하지 못하는 상황에서 불안한 기분을 느끼는 경우가 많고, SNS에 수시로 접속해서 또래 사이의 교류에서 소외되지 않으려 노력하는 경향이 강하다.

포모 증후군이 걱정된다면 청소년들은 무엇을 할 수 있을까? 첫째, 개인의 측면에서는 경각심을 갖고 자신의 SNS 이용을 돌이켜 보자. SNS 속 모든 인간관계와 연결되는 것은 불가능함에도 불구하고 그렇게 되지 못하는 것을 불안해하는 것은 아닌지 돌아볼 필요가 있다. 둘째, 사회적 측면에서는 일상생활 속에서 직접 만나는 친구와의 관계를 더 돈독히 하자.

㉮

01

고1 • 2022년 3월 4번

(가)의 '학생 1'에 대한 설명으로 적절하지 않은 것은?

① 일부 대화 참여자의 발언이 맥락에서 벗어났음을 지적하고 논의의 범위를 제한할 것을 요청하고 있다.
② 대화 참여자의 발언에 대해 평가하고 논의와 관련하여 대화 참여자들이 해야 할 일을 제시하고 있다.
③ 대화 참여자의 발언의 일부를 재진술하고 논의와 관련된 추가적인 설명을 요구하고 있다.
④ 대화 참여자의 발언 내용에 동의하고 더 논의할 내용을 제시하고 있다.
⑤ 지난번 대화 내용을 환기하고 이번에 논의할 내용을 밝히고 있다.

02

고1 • 2022년 3월 7번

㉮에 들어갈 문장을 〈조건〉에 따라 작성한 것으로 가장 적절한 것은?

〈조 건〉

○ 문단의 내용과 어긋나지 않도록 할 것.
○ 내용의 대비가 드러나도록 비교의 방식을 활용할 것.

① 포모 증후군은 아닌지 걱정만 하기보다는 사용 시간 점검으로 현명한 SNS 사용자가 되자.
② 이번 주말 현실 속 친구들과 시간을 보냈다면, 다음 주말은 SNS 친구들에게 더 집중하도록 하자.
③ 내 손을 잡아 줄 옆자리 친구만큼 내 마음을 잡아 줄 SNS 친구도 소중하다는 것을 잊지 말아야 한다.
④ SNS 속 친구 목록의 길이에 마음을 쓰기보다 곁에서 마음을 나누는 몇몇 친구와의 시간을 소중히 여길 필요가 있다.
⑤ 일상생활에서 직접 만나는 친구를 SNS 속에서 자주 만나며 연결되지 못하는 불안에서 벗어나 우정의 폭을 넓혀 보자.

03

고1 • 2019년 6월 14번

다음은 수업의 일부이다. 이를 참고할 때, 띄어쓰기가 바르게 된 문장은?

학생: 선생님, '뿐'은 앞말에 붙여 쓰는 경우도 있고 띄어 쓰는 경우도 있던데 어떻게 띄어 써야 하나요?
선생님: 품사에 따라 띄어쓰기가 달라져요. '나에게는 너뿐이야.'에서처럼 '너'라는 체언 뒤에 붙어서 한정의 뜻을 나타낼 때의 '뿐'은 조사이기 때문에 앞말에 붙여 써야 해요. 그런데 '그녀는 조용히 웃을 뿐이었다.'에서의 '뿐'은 체언을 수식하는 관형어 '웃을' 뒤에 붙어서 '따름'이라는 뜻을 나타내는 의존 명사이기 때문에 앞말과 띄어 써야 해요.
학생: '뿐'과 같이 띄어쓰기가 달라지는 예가 더 있나요?
선생님: 대표적인 예로 '대로, 만큼'이 있어요.

① 아는대로 모두 말하여라.
② 마음이 약해질대로 약해졌다.
③ 모든 것이 자기 생각 대로 되었다.
④ 손님들은 먹을 만큼 충분히 먹었다.
⑤ 그 사람은 말 만큼은 누구보다 앞선다.

[해설편 p.088]

04~08 다음 글을 읽고 물음에 답하시오.

(가)

사랑의 본질에 대한 토마스 아퀴나스의 설명은 인간의 사랑인 아모르에 대한 분석에 기초한다. 그는 인간이 선을 추구하려는 욕구를 지닌 존재인데, ㉠ 욕구를 추구하는 인간 행위의 원천이 바로 사랑이라 말한다. 이때 선이란 자신에게 좋은 것으로 자신의 본성에 적합하거나 자신에게 기쁨을 주는 것을 뜻한다.

아퀴나스에 ⓐ 따르면 인간의 욕구는 감각적 욕구와 지적 욕구로 구별되는데, 이는 선을 추구한다는 점에서는 동일하지만 크게 두 가지 차이점이 있다. 첫째, 감각적 욕구에 의한 추구 행위는 대상에 의해 촉발되어 이에 수동적으로 반응하는 것이다. 반면 지적 욕구에 의한 추구 행위는 지성의 능동적인 활동과 주체의 선택에 의해 일어나는 보다 적극적인 것이다. 둘째, 감각적 욕구는 감각적 인식능력에 의해 선으로 인식된 것을 추구하는 반면, 지적 욕구는 지성에 의해 선으로 이해된 것을 추구한다. 왜냐하면 감각적 인식능력은 대상의 선악 판단에 개입할 수 없지만, 지성은 대상이 무엇이든 이해한 바에 따라 선악 판단을 다르게 할 수 있기 때문이다. 예를 들어 단맛이 나에게 기쁨을 준다면 감각적 욕구는 사탕을 추구하겠지만, 지적 욕구는 사탕이 충치를 유발할 수도 있으므로 선이 아니라고 판단한다면 추구하지 않을 수도 있다.

아퀴나스는 감각적 욕구와 지적 욕구가 있는 곳에는 항상 사랑이 있다고 말하며, 사랑이 선을 향한 감각적 욕구와 지적 욕구에 의한 추구 행위를 일으키는 힘이라고 설명한다. 특히, 아퀴나스는 감각적 욕구에 의한 추구 행위를 '정념'이라고 칭하며, 사랑을 전제하지 않는 정념은 없으며 선을 향한 사랑에서부터 여러 정념이 비롯된다고 하였다. 만약 여러 대상에 대한 감각적 욕구들이 동시에 일어난다면 어떻게 될까? 인간은 가장 먼저 추구할 감각적 욕구를 지성에 의해 판단하고 선택한다. 다른 것보다 더 선이라고 이해된 것을 우선 추구하기 때문이다. 결국 아퀴나스가 말하는 인간의 사랑은 선에 대한 자신의 이해에 입각하기 때문에 자신에게 선인 것에 대한 사랑을 근본으로 한다.

(나)

칸트는 감성적 차원의 사랑과 실천적 차원의 사랑이 다르다고 설명한다. 감성적 차원의 사랑은 남녀 간의 사랑같이 인간의 경향성에 근거한 사랑이며, 실천적 차원의 사랑은 의무로서의 사랑이라 할 수 있다. 칸트는 감성적 차원의 사랑보다는 실천적 차원의 사랑에 더 주목하고 가치를 부여한다.

칸트에 따르면 인간은 도덕법칙을 실천하려고 하는 선의지를 지닌 존재이다. 여기서 선의지란 선을 지향하는 의지로 그 자체만으로 조건 없이 선한 것이다. 그는 인간이 도덕적 존재가 될 수 있는 것은 이성이 인간에게 도덕법칙을 의무로 부여하기 때문이라고 말한다. 칸트에게 의무란 도덕법칙에 대한 존경심 때문에 어떤 행위를 필연적으로 해야만 하는 것이다. 이때 보편적으로 적용할 수 있는 도덕법칙은 '너는 무엇을 해야 한다'라는 명령의 형식으로 나타나며, 칸트는 선의지에 따라 의무로부터 비롯된 행위를 실천하는 것만이 도덕적 가치가 있다고 보았다.

칸트의 관점에서 감성적 차원의 사랑은 욕구나 자연적 경향성에 이끌리는 감정이기 때문에, 의무로 강제하거나 명령을 통해 일으킬 수 있는 것이 아니다. 그는 어떤 경향성과도 무관하거나 심지어 경향성을 거스르지만, 도덕법칙을 ⓑ 따르려는 의무로서의 사랑을 실천하는 것만이 참된 도덕적 가치를 지닌다고 보았다. 그리고 실천적 차원의 사랑만이 보편적인 도덕법칙으로 명령될 수 있으며, 인간에 대한 실천적 차원의 사랑은 모든 인간이 갖는 서로에 대한 의무라고 말한다.

04

고1 • 2021년 11월 37번

(가)와 (나)의 공통점으로 가장 적절한 것은?

① (가)와 (나)는 모두 문제점에 대한 해결 방안을 모색하고 있다.
② (가)와 (나)는 모두 용어의 개념을 정의하며 내용을 전개하고 있다.
③ (가)와 (나)는 모두 두 가지 이론의 장단점을 비교하며 설명하고 있다.
④ (가)와 (나)는 모두 두 가지 관점을 절충하며 하나의 결론을 도출하고 있다.
⑤ (가)와 (나)는 모두 특정 학자의 견해가 지닌 논리적 오류를 지적하고 있다.

05

고1 • 2021년 11월 38번

㉠에 대한 설명으로 적절하지 않은 것은?

① 선을 추구한다.
② 인간이 지니고 있는 것이다.
③ 감각적 욕구와 지적 욕구로 구별된다.
④ 감각적 욕구들은 동시에 일어날 수 없다.
⑤ 감각적 욕구에 의한 추구 행위는 정념이라 부른다.

06

고1 • 2021년 11월 39번

(가)와 (나)를 읽은 학생이 〈보기〉에 대해 보인 반응으로 적절하지 않은 것은? [3점]

〈보 기〉

갑은 잠에서 깨어나 방안 가득한 카레 냄새를 맡고 카레가 먹고 싶어져 식탁으로 갔다. 그런데 오늘 예정된 봉사활동에 늦지 않기 위해 카레를 먹지 않기로 하고 봉사활동을 하러 갔다. 봉사활동을 마치고 집에 가는 길에 카페에 들렀더니 진열장에 시원한 생수와 맛있는 케이크가 있었다. 그것들을 보니 목도 마르고 배도 고팠지만 생수를 먼저 주문해 마신 후, 케이크를 주문해 먹었다. 그러다 갑은 카페에 들어오는 이성인 을의 미소를 보고 첫 눈에 반했다. 평소 갑은 부끄러움이 많았지만 용기를 내어 을에게 다가갔다.

① 아퀴나스에 따르면, 갑이 카레가 먹고 싶어진 것은 카레 냄새에 의해 촉발된 감각적 욕구에 의한 추구 행위이겠군.

② 아퀴나스에 따르면, 갑이 카레를 먹지 않은 것은 지성이 카레를 먹는 것을 선이 아니라고 판단했기 때문이겠군.

③ 아퀴나스에 따르면, 갑이 생수와 케이크 중 생수를 먼저 주문해 마신 것은 갈증을 해결하는 것이 더 선이라고 이해했기 때문이겠군.

④ 칸트에 따르면, 갑이 을의 미소에 첫눈에 반한 것은 자연적 경향성에 이끌린 것이겠군.

⑤ 칸트에 따르면, 갑이 을에게 다가간 것은 감성적 차원의 사랑에서 실천적 차원의 사랑으로 나아간 것이겠군.

07

고1 • 2021년 11월 40번

(가)와 (나)에 대해 이해한 내용으로 적절하지 않은 것은?

① (가)의 아퀴나스는 인간이 선악을 판단할 수 있다고 보았고, (나)의 칸트는 인간에게 그 자체로 선한 선의지가 내재되어 있다고 보았다.

② (가)의 아퀴나스는 모든 정념이 사랑을 전제한다고 보았고, (나)의 칸트는 감성적 차원의 사랑은 명령을 통해 일으킬 수 없다고 보았다.

③ (가)의 아퀴나스는 사랑을 통해 기쁨을 얻을 수 있다고 보았고, (나)의 칸트는 사랑이 인간에게 도덕법칙을 의무로 부여한다고 보았다.

④ (가)의 아퀴나스는 사랑을 욕구와의 관계에 따라 설명하였고, (나)의 칸트는 사랑을 감성적 차원과 실천적 차원으로 구분하여 설명하였다.

⑤ (가)의 아퀴나스는 인간의 사랑이 자신에게 선인 것에 대한 사랑을 근본으로 한다고 보았고, (나)의 칸트는 보편적으로 적용할 수 있는 도덕법칙이 있다고 보았다.

08

고1 • 2021년 11월 41번

다음 중 ⓐ와 ⓑ의 의미로 쓰인 예가 바르게 짝지어진 것은?

① ⓐ: 경찰이 범인의 뒤를 따랐다.
ⓑ: 춤으로는 그를 따를 자가 없다.

② ⓐ: 그는 법에 따라 일을 처리했다.
ⓑ: 우리는 의회의 결정을 따르겠다.

③ ⓐ: 개발에 따른 공해 문제가 심각하다.
ⓑ: 우리 집 개는 아버지를 유난히 따른다.

④ ⓐ: 아무도 그의 솜씨를 따를 수 없었다.
ⓑ: 그는 유행을 따라서 옷을 입었다.

⑤ ⓐ: 사용 목적에 따라서 물건을 분류했다.
ⓑ: 나는 강을 따라 천천히 내려갔다.

09~12 다음 글을 읽고 물음에 답하시오.

[앞부분 줄거리] 국민학교 2학년생인 '나'는 걸구대(궐기대회)가 열릴 때마다 멧돼지를 서너 마리씩 미국 대통령이나 유엔 사무총장과 같은 외국 귀인들에게 보낸다는 것을 알고 의아해 한다.

어린 소견에 도무지 알다가도 모를 노릇이었다. 그런 식으로 마구 보내 주다가는 오래지 않아 나라 안의 멧돼지는 깡그리 씨가 마를 판이었다. 그렇잖아도 가뜩이나 육고기가 부족한 가난뱅이 나라에서 서양 부자 나라의 지체 높은 양반들한테 뭣 때문에 툭하면 그 귀한 멧돼지들을 보낸단 말인가. 또 보낸다면 그 멀고 먼 나라까지 무슨 수로, 그리고 어떤 모양으로 그 짐승들을 보낸단 말인가.

멧돼지 보내기가 몇 번이나 되풀이된 다음, 마지막 순서로 혈서 쓰기가 시작되었다. 검정색 학생복 차림의 피 끓는 청년 학도들이 차례차례 연단에 올라 손가락을 깨물어 하얀 천 위에다 붉게 혈서를 쓰고 있었다. 그쯤에서 진력이 날 대로 나버린 급우 녀석들이 나를 향해 자꾸만 눈짓을 보내왔다. 엎어지면 코 닿을 자리에 집이 있는 내가 몇몇 친한 녀석들을 데리고 몰래 광장을 빠져나와 걸구대가 끝날 때까지 우리 식당에서 즐거운 시간을 함께 보낸 적이 종종 있었던 까닭이었다. 녀석들과 함께 걸구대에서 막 도망쳐 나오려는 순간이었다. 바로 그때 새롭게 연단에 오른 청년의 모습이 내 발목을 꽉 붙잡았다. 그보다 앞서 혈서를 쓴 학생들과 달리 그는 학생복 차림이 아니었다. 검정물로 염색한 군복을 걸친 그 협수룩한 모습이 먼빛으로 봐도 어쩐지 많이 눈에 익어 보였다. 잠시 후에 열 손가락을 모조리 깨물어 혈서를 쓴, 참으로 보기 드문 열혈 애국 청년이 등장했음을 걸구대 사회자가 확성기를 통해 널리 알렸다. 곧이어 '북진통일'이라고 대문짝만 하게 적힌 혈서가 청중에게 공개되었다. 치솟는 박수갈채로 역전 광장이 갑자기 떠나갈 듯 요란해졌다. 설마 그럴 리가 있겠느냐고, 혹시 내가 잘못 봤을지도 모른다고 생각하면서 나는 고개를 저었다. 나는 몇몇 급우들과 함께 슬며시 광장을 벗어나고 말았다.

[해설편 p.089]

내가 결코 잘못 본 게 아니라는 사실이 이윽고 밝혀졌다. 창권이 형은 열 손가락에 빨갛게 핏물이 밴 붕대를 친친 감은 채 식당에 돌아옴으로써 어머니와 나를 기절초풍케 만들었다. 너무도 어처구니가 없는 나머지 어머니는 형이 돌아오면 퍼부으려고 잔뜩 별러서 장만했던 욕바가지를 꺼내들 엄두조차 못 낼 정도였다. 아프지 않더냐는 내 걱정에 형은 마치 남의 살점 얘기하듯 심상하게 대꾸했다.

"괭기찮어. 어째피 남어도는 피니깨."

그 혈서 사건 이후부터 창권이 형은 자기 몸 안에 들끓는 더운 피를 덜어내기 위해 이따금 주먹으로 자신의 코쭝배기를 후려쳐 일부러 코피를 쏟아 내야 하는 수고를 더 이상 할 필요가 없게 되었다. 그리고 어머니 말마따나 형은 정말 우리 식당에서 아무짝에도 쓸모없는 인간으로 완전히 바뀌어 버렸다. 역전 광장에서는 사흘이 멀다 하고 크고 작은 궐구대가 잇달아 벌어졌다. 덕분에 형의 상처 난 **손가락들**은 **좀체 아물 새가 없**었다. 궐구대 때마다 단골로 혈서를 쓰는 열혈 애국 청년 노릇에 워낙 바쁘다 보니 식당 안에 진드근히 붙어 있을 겨를도 없었다. 어머니는 결국 역마살이 뻗쳐 하고많은 날들을 밖으로만 나대는 형의 발을 묶어 식당 안에 주저앉히려는 노력을 포기할 지경에 이르렀다. 형은 어느덧 장국밥을 전문으로 하는 식당의 허드재비 심부름꾼에서 당당한 손님으로 격이 달라져 있었다.

중요한 일로 높은 사람들을 만나러 간다며 아침 일찍 집을 나선 창권이 형이 해 질 녘에 다따가* 고등학생으로 변해 돌아왔다. 그동안 형의 변모는 너무나 급격해서 그러잖아도 눈알이 팽팽 돌 지경이었는데, 방금 새로 사 입은 빳빳한 학생복에 어엿이 어느 학교의 교표까지 붙인 학생모 차림은 상상을 뛰어 넘는 것이라서 어머니와 나는 다시 한번 할 말을 잃고 말았다.

"일트레면은 가짜배기 나이롱 고등과 학생인 심이지."

언제 학교에 들어갔었느냐는 내 물음에 형은 천연덕스레 대꾸하고 나서 한바탕 히히거렸다. 가짜 대학생 이야기는 더러 들어봤어도 가짜 고등학생은 형이 처음이었다.

"핵교도 안 댕기는 반거충이 청년이 단골 혈서가란 속내가 알려지는 날이면 넘들 보기에도 모냥이 숭칙허다고, 날더러 당분간 **고등과 학생 숭내를 내고 댕기**란다."

형은 모자에 붙은 교표에 호호 입김을 불어 소맷부리로 정성스레 광을 내기 시작했다. 안 그래도 새것임을 만천하에 광고하듯 ㉠ <u>너무 번뜩여서 오히려 탈인 그 금빛의 교표</u>를 형은 내친김에 아예 순금제로 바꿔 놓을 작정인 듯 시간 가는 줄 모르고 일삼아 닦고 또 닦아 댔다. 나는 국민학교 졸업이 학력의 전부인 형을 한동안 물끄러미 바라보았다. 가정 형편이 어려워 어릴 때부터 남의집살이로 잔뼈를 굵혀 나온 형은 자신을 진짜배기 고등학생으로 착각하고 있는 기색이었다.

"요담번 궐기대회 때부텀 나가 맥아더 원수에게 보내는 멧세지 낭독까장 맡어서 허기로 결정이 나뿌렀다."

형은 교표 닦기를 끝마친 후 호주머니에서 피난민 시체로부터 선사 받은 금장의 회중시계를 꺼내어 더욱더 공력을 들여 삐까번쩍 광을 내기 시작했다. 정말 갈수록 태산이었다. 형은 궐구대에서 자신이 맡은 역할이 단골 혈서가 노릇 말고 다른 중요한 것이 더 있음을 자랑스레 밝히는 중이었다. 나는 멧돼지를 멧세지라 잘못 발음한 형의 실수를 부득이 지적하지 않을 수 없었다. 하지만 무식한 가짜 고등학생은, 멧돼지가 아니라고, 꼬부랑말로 **멧세지**가 맞다고 턱도 없는 우김질을 끝까지 계속했다.

(중략)

창권이 형의 마지막 활약상은 그리 오래 지속되지 못했다. 그날도 형은 군산으로 원정을 떠나 적성중립국 감시위원들의 추방을 요구하는 **시위대의 선두에 섰**다. 시위 분위기가 무르익자 형은 그만 흥분을 가누지 못하고 미군 부대 철조망을 타넘는 만용을 부렸다. 바로 그때 경비병들이 송아지만 한 셰퍼드들을 풀어놓았다. 형은 셰퍼드들의 집중 공격을 받아 엉덩이 살점이 뭉텅 뜯겨 나가고 왼쪽 발뒤꿈치의 인대가 끊어지는 **중상을 입**었다. 형이 병원에서 퇴원할 때는 이미 한쪽 다리를 저는 불구의 몸으로 변해 있었다.

퇴원한 뒤에도 창권이 형은 한동안 우리 집에 계속 머물렀다. 형의 그 가짜배기 애국 학도 행각을 애초부터 꼴같잖게 여기던 어머니는 쩔쑥쩔쑥 기우뚱거리는 걸음걸이로 하릴없이 식당 안팎을 서성이는 먼촌붙이 조카를 눈엣가시로 알고 노골적으로 박대했다. 우리 식당에 빌붙어 눈칫밥이나 축내며 지내던 어느 날, 형은 마침내 시골집으로 돌아갈 결심을 굳혔다.

떠나기 전날 밤, 창권이 형은 보퉁이를 다 꾸린 다음 크게 선심이라도 쓰는 척하면서 내게 금장 회중시계를 만져 볼 기회를 딱 한 차례 허락했다. 행여 닳기라도 할까 봐 오래 구경시키는 것마저도 꺼려 하던 그 귀물 단지를 형이 내 손에 통째로 맡긴 것은 그때가 처음이자 마지막이었다. 피난민 시체로부터 받은 선물이라고 주장하던 그 **회중시계**가 내 작은 손바닥 위에 제법 묵직한 중량감으로 올라앉아 있었다. 등잔불 그늘 안에서도 말갛고 은은한 광휘를 발산하는 금시계를 일삼아 들여다보고 있자니 마치 형의 금빛 찬란하던 한때를 그것이 째깍째깍 증언하는 듯한 느낌이 언뜻 들었다. 전쟁 기간을 통틀어 형의 수중에 남겨진 **유일한 전리품**이었다.

"형이 옳았어."

회중시계를 되돌려 주면서 형의 호의에 대한 답례 삼아 뭔가 형에게 위로가 될 적당한 말을 찾느라 나는 복잡한 머릿속을 한참이나 뒤장질하지 않으면 안 되었다.

"멧돼지가 아니었어. 멧세지가 맞는 말이여."

내 말에 아무런 대꾸 없이 형은 그저 보일락말락 미소만 시부저기 흘리고 있을 따름이었다.

– 윤흥길, 「아이젠하워에게 보내는 멧돼지」 –

* 다따가: 난데없이 갑자기.

[해설편 p.089]

09

고1·2023년 3월 34번

윗글에 대한 설명으로 가장 적절한 것은?

① 이야기 내부 인물이 중심인물의 행동과 그에 대한 자신의 생각을 서술하고 있다.
② 이야기 내부 인물이 인물과 인물 사이의 갈등을 해소하는 과정을 보여 주고 있다.
③ 이야기 내부 인물이 과거와 현재를 반복적으로 교차하며 자신의 경험을 전달하고 있다.
④ 이야기 외부 서술자가 특정 소재와 관련된 인물의 내면 심리를 묘사하고 있다.
⑤ 이야기 외부 서술자가 서로 다른 공간에서 동시에 일어나는 사건들을 나열하고 있다.

10

고1·2023년 3월 35번

윗글을 읽고 알 수 있는 내용이 아닌 것은?

① '나'는 궐기대회가 끝나기 전 친구들과 도중에 나온 적이 있었다.
② '나'는 창권이 형이 궐기대회에서 혈서를 쓴 사실을 어머니를 통해 전해 들었다.
③ 창권이 형은 열혈 애국 청년 노릇으로 바빠지게 되자 식당 심부름꾼으로 일할 겨를이 없었다.
④ 창권이 형은 퇴원 후 어머니에게 노골적인 박대를 받던 끝에 고향으로 돌아갈 결심을 했다.
⑤ 어머니는 창권이 형이 궐기대회에서 박수갈채를 받으며 애국 학도로 행세하는 것을 못마땅하게 여겼다.

11

고1·2023년 3월 36번

㉠에 대한 이해로 가장 적절한 것은?

① 빛나는 교표로는 오히려 창권이 형의 능청스러운 성격을 은폐하기 어려움을 의미한다.
② 교표가 빛이 날수록 오히려 창권이 형이 자신의 행동을 부끄럽게 생각할 수 있음을 의미한다.
③ 번득이는 교표로 인해 궐기대회에서 창권이 형이 맡는 역할이 오히려 축소될 수 있음을 의미한다.
④ 교표를 정성스럽게 닦는 행위 때문에 오히려 창권이 형이 불안감을 더 크게 느끼게 됨을 의미한다.
⑤ 지나치게 새것으로 보이는 교표 때문에 오히려 창권이 형의 학력 위조가 쉽게 탄로 날 수 있음을 의미한다.

DAY 24

12 1등급 대비 고난도 3점 문제

고1·2023년 3월 37번

〈보기〉를 바탕으로 윗글을 감상한 내용으로 적절하지 않은 것은? [3점]

〈보 기〉

이 작품은 6·25 전쟁으로 인해 혼란해진 사회를 배경으로 한다. 창권이 형은 궐기대회에서 애국 학도로 활약하게 되는 과정에서 권력층에 편승하는 모습을 보인다. 정치적 목적을 위해 대중을 기만하는 권력층에 이용당하다 결국 몰락하게 되는 창권이 형을 통해 어리석은 인물이 가진 욕망의 허망함을 풍자하고 있다. 그리고 궐기대회에서 벌어지는 일을 제대로 이해하지 못하는 어린 '나'를 통해 궐기대회가 희화화된다.

① '멧세지'를 보내는 것을 '멧돼지 보내기'로 오해한 '나'를 통해 궐기대회가 희화화되는군.
② '좀체 아물 새가 없'는 '손가락들'은 표면적으로는 애국심의 증거이지만 이면적으로는 창권이 형이 권력층에 이용당하는 인물임을 엿볼 수 있게 하는군.
③ '고등과 학생 숭내를 내고 댕기'라고 지시하는 것에서 자신들의 목적을 위해 대중을 속이는 권력층의 부정적 면모가 드러나는군.
④ '시위대의 선두에 섰'다가 '중상을 입'은 비극을 통해 권력층에 편승하려는 창권이 형의 부질없는 욕망이 풍자되고 있군.
⑤ '유일한 전리품'이었던 '회중시계'는 전쟁 시기에 애국 학도로서의 신념을 지키지 못한 창권이 형의 고뇌를 상징하는군.

학습 Check!

▶ 몰라서 틀린 문항 × 표기 ▶ 헷갈렸거나 찍은 문항 △ 표기 ▶ ×, △ 문항은 다시 풀고 ✔ 표기를 하세요.

종료 시각	시 분 초
소요 시간	분 초
초과 시간	분 초

문항 번호	01	02	03	04	05	06	07	08	09	10	11	12
채점 결과												
틀린 문항 복습												

[해설편 p.090]

DAY 25 수능기출 전국연합학력평가 20분 미니 모의고사

● 날짜 : 월 일 ● 시작 시각 : 시 분 초 ● 목표 시간 : 20분

※ 점수 표기가 없는 문항은 모두 2점입니다.

01~02 다음은 라디오 방송이다. 물음에 답하시오.

안녕하세요. 〈대화가 있는 지금〉의 진행자 □□□입니다. 오늘은 청취자께서 보내 주신 사연을 듣고 해결을 도와 드리는 시간을 가질 텐데요, 지난주에 여러분이 보내 주신 사연 중에서 하나를 선정했어요. 이제 읽어 볼게요.

> 안녕하세요. 친구를 사귀는 것이 어려운 고등학생 ○○입니다. 저는 대화를 통해 서로에 대해 많이 알게 될수록 더 깊이 서로를 이해할 수 있다고 생각했어요. 그래서 친해지고 싶은 친구들과는 처음 만나 대화를 할 때부터 저의 고민을 이야기하려고 노력했어요. 그런데 오히려 친구들이 저와 더 거리를 두는 것 같은 느낌이 들어요. 매번 이런 상황이 반복되는데, 어떻게 하면 좋을까요?

○○ 님, 친구들과 더 가깝게 지내고 싶은 마음이 통하지 않아 많이 속상했겠어요. 다른 사람에게 자신에 대한 정보를 알리는 걸 자기표현이라고 하는데요, 대화를 할 때 진솔하게 자신을 드러내는 것은 다른 사람들과의 관계를 발전시키는 데 필요한 일이죠. 고민을 나누는 것도 자기표현의 일종이에요. 그런데 친밀감이 형성되기 전에 자신의 고민과 같은 민감한 정보까지 드러내는 것은 상대방이 부담을 느끼고 거리를 두는 원인이 돼요. 그래서 자기표현의 정도와 속도를 적절하게 조절할 필요가 있어요.

○○ 님, 이렇게 한번 해 보는 건 어떨까요? 친해지고 싶은 친구들과 처음에는 날씨, 텔레비전 프로그램 정도의 가벼운 화제로 대화를 시작하는 거예요. 그 후 친밀감이 형성되면 개인적 감정이나 고민, 자신의 성격과 가치관까지 이야기하고요. 친구를 알아 가면서 조금씩 마음속 이야기까지 하는 거죠. 청취자 여러분 중에서도 ○○ 님과 비슷한 경험을 하신 분이 계실 것 같아요. 여러분도 한번 시도해 보시겠어요?

방송을 듣고 여러분이 조언하고 싶은 말이나 소감을 청취자 게시판에 글로 남겨 주시면 좋겠어요. 오늘 방송 들어 주셔서 감사합니다. 다음 주에 또 다른 사연으로 만나요.

01

고3 • 2022학년도 9월 화 • 작 35번

위 방송 진행자의 말하기 방식에 대한 설명으로 가장 적절한 것은?

① 질문의 형식을 활용하여 청취자에게 실천을 권유하고 있다.
② 견해의 근거가 되는 출처를 언급하여 청취자가 신뢰감을 갖게 하고 있다.
③ 감사 표현을 반복적으로 사용하여 청취자에게 정중한 태도를 드러내고 있다.
④ 스스로 묻고 답하는 방식으로 개념을 설명하여 청취자의 이해를 돕고 있다.
⑤ 중심 화제를 다양한 일상적 소재에 비유하여 청취자에게 친숙한 느낌을 주고 있다.

02

고3 • 2022학년도 9월 화 • 작 37번

〈보기〉는 위 방송의 게시판에 청취자가 남긴 글이다. 방송 내용을 고려할 때, 〈보기〉에서 확인되는 청취자의 듣기 반응에 대한 이해로 적절하지 <u>않은</u> 것은?

〈보 기〉

> 안녕하세요, 진행자님. 방송 정말 잘 들었어요. 저도 사연을 들으면서, 친구가 친해지기도 전에 갑자기 고민을 이야기해서 당황했던 기억이 떠올랐어요. 저도 다른 사람들에게 말하지 못했던 이야기를 그 친구와 공유해야 할 것 같은 의무감을 느껴서 부담이 됐었거든요. 대화할 때 상대방과의 친밀감을 고려해야 한다는 진행자님의 말씀을 들으면서 앞으로 제가 대화할 때에도 그렇게 하는 것이 도움이 되겠다고 생각했어요. 그래서 저도 ○○ 님께 자신을 드러내는 정도를 조절하면서 대화하는 건 정말 중요하다는 걸 꼭 말씀드리고 싶어요.

① 자기표현과 관련된 사례를 언급한 내용을 보니 자신의 경험을 떠올리며 들었다.
② 의무감을 느꼈다고 언급한 내용을 보니 자신의 고민을 나누어야 친밀감이 형성될 수 있다는 진행자의 말에 공감하며 들었다.
③ 대화할 때 고려할 점에 대해 언급한 내용을 보니 진행자의 조언을 올바르게 이해하며 들었다.
④ 방송에서 들은 조언을 자신에게 적용할 것을 언급한 내용을 보니 방송에서 얻은 정보의 유용성을 생각하며 들었다.
⑤ 사연 신청자에게 조언하는 내용을 보니 자기표현을 조절하는 대화에 관한 진행자의 의견에 동의하며 들었다.

03 다음을 읽고 물음에 답하시오.

[해설편 p.091]

[작문 상황]

여정, 견문, 감상이 담긴 문학 기행문을 작성한다.

[작문 계획]

a. 군산을 답사지로 택한 이유를 밝힌다.
b. 군산에 도착하기까지의 여정을 제시한다.
c. 군산 거리의 모습을 구체적으로 묘사한다.
d. 군산의 채만식 문학관에서 들은 내용을 제시한다.
e. 군산항에서 금강을 바라보며 느낀 감상을 드러낸다.

[초고]

이번 우리 문예반의 문학 기행 장소로 군산이 결정되었다. 국어 시간에 배운 채만식 소설 『탁류』의 배경이 된 군산 답사를 통해 그의 삶과 문학에 한 발자국 다가서고 싶었기 때문이었다. 문학 기행을 떠나기 전, 우리는 『탁류』를 다시 읽으며 답사 일정을 정했다.

3월의 어느 날, 우리는 설레이는 마음으로 익산행 기차를 탔다. 그런데 도착할 즈음 야속하게도 차창 밖으로 비가 후드득 내리기 시작했다. 익산역에 내려 버스로 갈아탈 때는 비를 맞지 않기 위해 서둘러 발걸음을 재촉해야 했다. 다행히 군산에 도착하니 비는 멎어 있었다. 터미널에서 채만식 문학관으로 향하는 거리의 풍경은 낯설었다. 바둑판 모양으로 정리된 길과 일본식 가옥의 모습은 마치 외국에 온 듯한 느낌을 주었다. 낮은 담장을 배경으로 붉은 동백꽃이 꽃망울을 터트리고 있었다.

채만식 문학관은 군산 내항 근처 금강이 바로 내려다보이는 곳에 위치해 있었다. 문학관을 들어서자 중절모를 쓴 채만식 작가의 동상이 우리를 반겨 주었다. 파노라마식으로 펼쳐진 1층 전시실에서 작가의 삶의 흔적을 따라가며 작품과 관련된 자료들을 둘러보았다. 그런데 2층의 한쪽에 마련된 체험 공간에서 『탁류』의 내용을 원고지에 필사도 해 보았다. 우리는 다시 차를 타고 금강을 따라 10분쯤 이동하여 군산 내항에 도착했다. 일제 강점기 때 일본은 이곳을 통해 호남 지역의 쌀을 일본으로 수탈해 갔다고 한다. 역사에 수탈 현장에서 도도히 흐르는 물결을 바라보며 무거운 마음을 추슬렀다.

우리는 군산 내항 앞 근대 역사 박물관에 들렀다. 3층에는 일제 강점기 군산의 모습을 다시 재현한 근대 생활관이 있었다. 특히 『탁류』에서 읽은 미두장의 모습을 직접 볼 수 있어 인상적이었다.

근대 역사 박물관을 나와 군산항으로 발길을 돌렸다. 금강이 바다와 만나 혼탁해진 물빛을 바라보며 『탁류』에 등장하는 인물들의 삶을 떠올렸다. 흐린 강물처럼 혼란스러웠을 일제 강점기, 그리고 쌀 수탈의 통로였던 군산, 그곳의 미두장에서 투기를 하다 패가망신한 정 주사와 당대 사람들의 삶의 질곡이 피부로 느꼈다.

군산항을 떠날 때쯤 다시 빗방울이 떨어지기 시작했다. 서둘러 떠나려는데 길가에 소담하게 핀 민들레가 눈에 띄었다. 언젠가 책에서 읽었던 채만식의 마지막 말이 떠올랐다.

'나 가거든 손수레에 들꽃 가득가득 날 덮어 주오.'

애달픈 역사를 품은 아름다운 군산,
다시 가고 싶은…….

03

고1 • 2020년 3월 9번

〈보기〉의 (가)와 (나)를 모두 활용하여 '초고'를 수정 · 보완하는 방안으로 가장 적절한 것은? [3점]

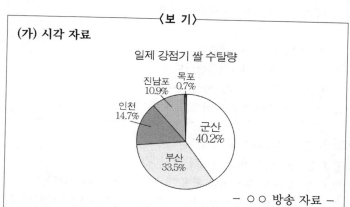

〈보 기〉

(가) 시각 자료

일제 강점기 쌀 수탈량

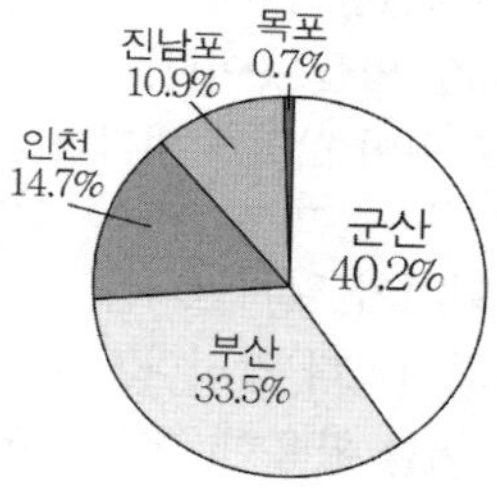

– ○○ 방송 자료 –

(나) 인터뷰 자료

"군산은 채만식의 소설, 『탁류』의 배경이 된 곳입니다. 일제 강점기 때 군산 지역은 우리나라 최대의 곡창 지대인 호남평야의 쌀이 집결되는 경제 요충지로, 일본으로 쌀이 반출되는 창구였습니다. 그러다 보니 일확천금을 노린 사람들이 전국에서 모여들어 투기와 사기, 고리대금업 등이 횡행했습니다. 이러한 일들은 주로 쌀의 시세를 이용하여 투기 행위를 하는 미두장을 중심으로 벌어졌습니다. 그 결과 가진 돈을 모두 잃고 알거지 신세로 전락하여 결국 인간성마저 잃어 가는 사람들이 많아졌습니다."

– 문화 해설사 이△△ –

① 1문단에서 『탁류』의 줄거리에 따라 군산 답사 일정을 정하게 된 계기를 소개하는 자료로 활용한다.
② 2문단에서 『탁류』의 배경인 군산의 이국적인 모습과 관련해 일본식 주거 문화를 소개하는 자료로 활용한다.
③ 3문단에서 『탁류』의 내용을 바탕으로 일본의 쌀 수탈량이 점점 증가하는 양상을 보여 주는 자료로 활용한다.
④ 4문단에서 『탁류』에서 정 주사가 몰락하게 된 결정적 원인이었던 미두장의 전국적 분포 및 그로 인한 폐해를 소개하는 자료로 활용한다.
⑤ 5문단에서 『탁류』의 배경인 군산이 일제의 식량 수탈로 혼란한 상황에서 타락한 인간들이 모인 공간으로 그려질 수 있었던 개연성을 언급하는 자료로 활용한다.

[해설편 p.091]

04

고1 • 2023년 9월 14번

〈학습 활동〉을 수행한 결과로 적절하지 <u>않은</u> 것은?

〈학습 활동〉

시제는 말하는 때인 발화시를 기준으로 동작이나 상태가 일어난 때인 사건시와의 선후 관계를 따져 과거 시제, 현재 시제, 미래 시제로 나뉘며, 선어말 어미나 관형사형 어미, 부사어 등을 통해 실현된다. 다음 자료를 분석해 보자.

ㄱ. 창밖에는 눈이 내린다.
ㄴ. 곧 강연을 시작하겠습니다.
ㄷ. 이것은 그가 내일 입을 옷이다.
ㄹ. 내가 만든 빵을 형이 맛있게 먹더라.

① ㄱ은 사건시와 발화시가 일치한다.
② ㄴ은 사건시가 발화시보다 앞선다.
③ ㄴ과 ㄷ 모두 부사어를 활용한 시간 표현이 나타난다.
④ ㄷ과 ㄹ 모두 관형사형 어미를 활용한 시간 표현이 나타난다.
⑤ ㄱ, ㄴ, ㄹ 모두 선어말 어미를 활용한 시간 표현이 나타난다.

05~09 다음 글을 읽고 물음에 답하시오.

일상에서의 음식 조리 과정은 열전달에 관한 과학적 원리로 설명할 수 있다. 열전달은 열이 온도가 높은 곳에서 낮은 곳으로 이동하는 현상인데 조리 과정에서는 전도에 의한 열전달이 많이 일어난다. 전도란 물질을 이루는 입자들의 상호 작용을 통해 보다 활동적인 입자로부터 이웃의 덜 활동적인 입자로 열이 전달되는 현상이다. 이러한 전도는 온도 차이가 있는 경우에 일어나는데, 한 물질 내에서 발생하기도 하며 서로 다른 물질들이 접촉하는 경우에도 발생한다.

열전달 과정에서 단위 시간 동안 열이 전달되는 비율을 열전달률이라고 하는데 열전달률은 결국 열이 짧은 시간 동안 얼마나 많이 전달되는가를 나타내므로 음식의 조리에서 고려할 중요한 요소가 된다. 전도에 의한 열전달률은 온도 차이와 면적에 비례하고, 거리에 반비례한다. 즉, 전도가 일어나는 두 지점 사이의 온도 차이가 커질수록, 열이 전달되는 면적이 커질수록 열전달률은 높아지고, 전도가 일어나는 두 지점 사이의 거리가 멀어질수록 열전달률은 낮아진다. 이러한 현상을 수식으로 처음 정리한 사람이 푸리에이기 때문에 이를 ㉠ <u>푸리에의 열전도 법칙</u>이라고 부른다. 그런데 실제로 실험을 해보면 한 물질 내에서 일어나는 전도의 경우에 다른 조건이 동일하더라도 물질의 종류가 다르면 열전달률이 다르게 나타난다. 이는 물질이 전도에 의해 열을 전달할 수 있는 능력의 척도, 즉 열전도도가 물질마다 다르기 때문이다. 따라서 푸리에의 열전도 법칙에 ⓐ <u>따르면</u> 다른 조건이 같더라도 열전도도가 높은 경우 열전달률도 높게 나타난다.

[A] 튀김의 조리 과정을 푸리에의 열전도 법칙으로 설명하면 다음과 같다. 식용유의 움직임을 고려하지 않는다면, 튀김의 조리 과정은 주로 식용유와 튀김 재료 간의 전도로 파악될 수 있다. 맛있는 튀김을 만들기 위해서는 냄비를 가열하여 식용유의 온도를 충분히 높여 식용유로부터 튀김 재료로의 열전달률을 높여야 한다. 그리고 튀김 재료를 식용유에 넣으면 재료 표면에 수많은 기포들이 형성된다. 이 기포들은 식용유에서 튀김 재료로의 높은 열전달률로 인해 순간적으로 많은 열이 전달되어 생겨난 것인데 재료 표면의 수분이 수증기로 변해 식용유 속에서 기포의 형태가 된 것이다. 이 기포들은 식용유 표면으로 올라가 공기 중으로 빠져나가고 이때 지글지글 소리가 난다.

이 수증기 기포들은 튀김을 맛있게 만드는 데 중요한 역할을 한다. 수분이 수증기의 형태로 튀김 재료에서 빠져나감에 따라 재료 안쪽의 수분들은 빈자리를 채우기 위해 표면 쪽으로 이동한다. 그 결과 지속적으로 재료의 수분은 기포로 변하고 이로 인해 재료는 수분량이 줄어들면서 바삭한 식감을 지니게 된다. 또한 튀김 재료 표면의 기포들은 재료와 식용유 사이에서 일종의 공기층과 같은 역할을 해 식용유가 재료로 흡수되는 것을 막아서 튀김을 덜 기름지게 한다. 그리고 재료 표면에 생성된 기포들을 거쳐 열전달이 일어나기 때문에 기포들은 재료 표면이 빨리 타 버리지 않게 하고 튀김 재료의 안쪽까지 열이 전달되어 재료가 골고루 잘 익게 한다.

05

고1 • 2020년 11월 29번

윗글을 이해한 것으로 적절하지 않은 것은?

① 물질을 이루는 입자들의 상호 작용을 통해 전도가 일어난다.
② 음식의 조리 과정에서는 전도에 의한 열전달이 많이 일어난다.
③ 물질이 전도에 의해 열을 전달할 수 있는 능력은 물질마다 다르다.
④ 음식의 조리에서 단위 시간 동안 열이 전달되는 비율을 고려하는 것은 중요하다.
⑤ 열의 전도는 서로 다른 물질들이 접촉하는 경우에만 발생하며 한 물질 안에서는 발생하지 않는다.

06

고1 • 2020년 11월 30번

〈보기〉는 윗글을 읽은 건축 동아리 학생들이 나눈 대화의 일부이다. ㉠을 활용한 의견으로 적절하지 않은 것은?

〈보 기〉

동아리 회장: 오늘은 에너지 효율이 높은 건물 설계에 대해 열의 전도를 중심으로 아이디어를 나눠 보자.

부원 1: 겨울철 열손실을 줄여야 하니까 지붕을 통한 열전달률을 낮추기 위해 건물의 지붕을 일반적인 지붕의 재료보다 열전도도가 낮은 재료를 사용하는 설계가 필요하다고 생각해.

부원 2: 일반적으로 벽보다 창문의 열전도도가 높으니 여름철 실내 냉방 효율을 높이고 싶다면 창문을 통한 열전달률을 낮추기 위해 건물 외벽에 설치된 창문의 면적을 줄이는 설계가 필요하다고 생각해.

부원 3: 여름철 외부 온도의 영향을 최소화하고 건물 외벽을 통한 열전달률을 낮추기 위해 외벽은 일반적인 것보다 두껍게 설계하는 것이 필요해.

부원 4: 차가운 방바닥에 빠른 난방을 하려면 난방용 온수 배관에서 방바닥으로의 열전달률을 높여야 하니 난방용 온수 배관과 방바닥이 닿는 접촉 면적을 넓히도록 설계해야겠어.

부원 5: 여름철 현관문을 통한 실외 온도의 영향을 최소화하려면 현관문을 통한 열전달률을 낮춰야 하니 같은 두께라도 열전도도가 더 높은 재질의 현관문을 사용하는 것으로 설계해야겠어.

① 부원 1의 의견　　② 부원 2의 의견
③ 부원 3의 의견　　④ 부원 4의 의견
⑤ 부원 5의 의견

07

고1 • 2020년 11월 31번

〈보기〉는 [A]의 과정을 도식화한 것이다. 윗글을 바탕으로 ㉮~㉱를 이해한 것으로 적절하지 않은 것은? [3점]

〈보 기〉

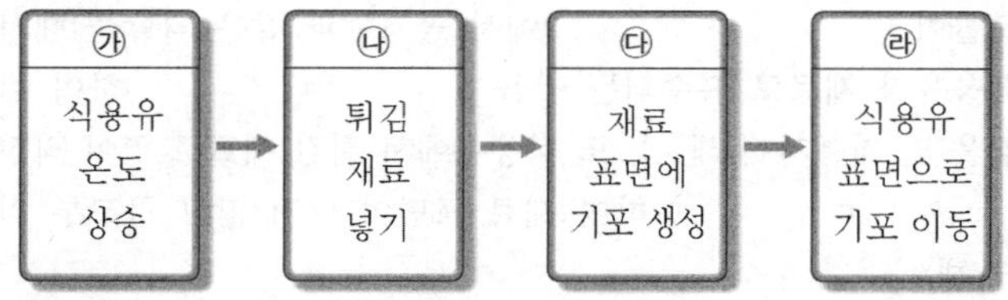

① ㉮에서는 서로 다른 물질인 냄비와 식용유 사이에서 열전달이 일어나겠군.
② ㉯의 결과로 ㉰가 진행되는 것은 튀김 재료에 순간적으로 많은 열이 전달되었기 때문이겠군.
③ ㉰에서는 열이 전달됨에 따라 튀김 재료 표면의 수분이 튀김 재료 안쪽으로 이동하겠군.
④ ㉰에서 ㉱로의 과정이 반복되면 튀김 재료의 수분량이 점차 줄어들겠군.
⑤ ㉱에서는 수증기가 공기 중으로 빠져나가면서 지글지글 소리가 나겠군.

[해설편 p.092]

08

고1 • 2020년 11월 32번

〈보기〉는 윗글을 읽은 학생의 반응이다. ㄱ~ㄷ에 들어갈 말로 적절한 것은?

〈보 기〉

맛있는 튀김을 만들기 위해서는 기포들의 역할이 중요해. 기포들이 (ㄱ)에서 공기층과 같은 역할을 해서 식용유가 재료로 흡수되는 것을 (ㄴ)하여 튀김을 덜 기름지게 해 줘. 또 식용유에서 튀김 재료로 열이 직접 (ㄷ) 하여 재료 표면이 타지 않고 골고루 익게 해.

	ㄱ	ㄴ	ㄷ
①	튀김 재료 내부	방해	전도되게
②	튀김 재료 내부	촉진	전도되지 못하게
③	튀김 재료와 식용유 사이	방해	전도되지 못하게
④	튀김 재료와 식용유 사이	촉진	전도되게
⑤	튀김 재료와 식용유 사이	촉진	전도되지 못하게

09

고1 • 2020년 11월 33번

ⓐ와 문맥적 의미가 가장 유사한 것은?

① 우리는 해안선을 따라 올라갔다.
② 동생은 어머니를 따라 전통 시장에 갔다.
③ 학생들이 모두 선생님의 동작에 따라 춤을 췄다.
④ 수출이 증가함에 따라 경제도 서서히 회복되어 갔다.
⑤ 그들은 자율적으로 정한 규칙에 따라 일을 진행했다.

10~12 다음 글을 읽고 물음에 답하시오.

(가)

진주 장터 생어물전에는
바닷밑이 깔리는 해 다 진 어스름을,

울 엄매의 장사 끝에 남은 고기 몇 마리의
빛 발(發)하는 눈깔들이 속절없이
은전(銀錢)만큼 손 안 닿는 한(恨)이던가
울 엄매야 울 엄매,

별 밭은 또 그리 멀리
우리 오누이의 머리 맞댄 골방 안 되어
손 시리게 떨던가 손 시리게 떨던가,

진주 남강 맑다 해도
오명 가명
신새벽이나 밤빛에 보는 것을,
울 엄매의 마음은 어떠했을꼬,
달빛 받은 옹기전의 옹기들같이
말없이 글썽이고 반짝이던 것인가.

– 박재삼, 「추억에서」 –

(나)

죽장의 김삿갓은 죽고
참빗으로 이 잡던 시절도 가고
대바구니 전성 시절에

새벽 서리 밟으며 어머니는 바구니 한 줄 이고 장에 가시고 고구마로 점심 때운 뒤 기다리는 오후, 너무 심심해 아홉 살 내가 두 살 터울 동생 손 잡고 신작로를 따라 마중갔었다. 이십 리가 짱짱한 길, 버스는 하루에 두어 번 다녔지만 ㉠ 꼬박꼬박 걸어 오셨으므로 가다보면 도중에 만나겠지 생각하며 낯선 아줌마에게 길도 물어가면서 ㉡ 하염없이…… 그런데 이 고개만 넘으면 읍이라는 곳에서 해가 ㉢ 털렁 졌다. 배는 고프고 으스스 무서워져 ㉣ 한참 망설이다가 되짚어 돌아오는 길은 한없이 멀고 캄캄 어둠에 동생은 울고 기진맥진 한밤중에야 호롱 들고 찾아나선 어머니를 만났다. — 어머니는 그날 따라 버스로 오시고

아, 요즘도 장날이면
허리 굽은 어머니
플라스틱에 밀려 시세도 없는 대바구니 옆에 쭈그려앉아
㉤ 멀거니 팔리기를 기다리는
담양장.

– 최두석, 「담양장」 –

[해설편 p.093]

10 1등급 대비 고난도 2점 문제

고1 • 2020년 3월 43번

(가)와 (나)의 표현상 공통점으로 가장 적절한 것은?

① 동일한 어미를 반복하여 리듬감을 주고 있다.
② 역설법을 활용하여 내면 심리를 부각하고 있다.
③ 자조적인 어조를 사용하여 시적 정서를 드러내고 있다.
④ 공감각적 이미지를 사용하여 표현 효과를 높이고 있다.
⑤ 수미상관의 기법을 활용하여 주제 의식을 강조하고 있다.

11

고1 • 2020년 3월 44번

〈보기〉의 수업 상황에서 선생님이 제시한 과제를 수행한 것으로 적절하지 않은 것은? [3점]

〈보 기〉

선생님: 「추억에서」와 「담양장」은 '시 엮어 읽기'의 방법으로 감상하기에 좋은 작품입니다. 시 엮어 읽기란 시적 맥락을 고려하여 다른 시를 서로 비교하며 감상함으로써 작품 감상의 폭을 넓히는 방법입니다. 여러분, 이 두 작품의 시적 상황, 정서, 소재, 배경 등을 고려하면서 시 엮어 읽기를 해 볼까요?

① (가)의 '고기'와 (나)의 '대바구니'는 어머니가 가족들의 생계 유지를 위하여 장터에서 팔아야 하는 소재라는 점에서 유사합니다.
② (가)의 '울 엄매야 울 엄매'와 (나)의 '허리 굽은 어머니'에는 고단한 삶을 살아온 어머니에 대한 연민의 정이 담겨 있다는 점에서 유사합니다.
③ (가)의 '골방'에 비해 (나)의 '신작로'는 어머니를 기다리는 마음이 더 능동적인 행위로 나타나는 공간이라는 점에서 차이가 있습니다.
④ (가)의 '신새벽'과 (나)의 '한밤중'은 어머니의 부재로 인해 어린 화자가 느끼는 불안감이 해소되는 시간적 배경이라는 점에서 유사합니다.
⑤ (가)의 '말없이 글썽이고 반짝이던 것인가'에서는 어머니의 과거 삶을, (나)의 '아, 요즘도 장날이면'에서는 과거로부터 이어지는 어머니의 현재 삶을 떠올리고 있는 시적 상황이라는 점에서 차이가 있습니다.

12

고1 • 2020년 3월 45번

〈보기〉를 참고하여 ㉠~㉤을 이해한 내용으로 적절하지 않은 것은?

〈보 기〉

시에서는 정서나 상황 등을 효과적으로 표현하기 위해 부사어를 사용하기도 한다. 따라서 부사어를 사용한 의도를 파악해 보면 시적 의미를 섬세하게 해석할 수 있어 감상의 묘미가 높아진다.

① ㉠: 늘 걸어서 장에 다니시는 어머니의 일상을 강조한다.
② ㉡: 어머니를 마중 갔던 길이 길고 멀었다는 것을 부각한다.
③ ㉢: 갑작스럽게 해가 져 놀라고 겁이 난 심리를 강조한다.
④ ㉣: 더 갈지 돌아가야 할지 주저하는 내적 갈등을 부각한다.
⑤ ㉤: 장이 끝나 가서 장사를 마쳐야 하는 아쉬움을 강조한다.

DAY 25

학습 Check!

▶ 몰라서 틀린 문항 × 표기 ▶ 헷갈렸거나 찍은 문항 △ 표기 ▶ ×, △ 문항은 다시 풀고 ✔ 표기를 하세요.

종료 시각	시 분 초
소요 시간	분 초
초과 시간	분 초

문항 번호	01	02	03	04	05	06	07	08	09	10	11	12
채점 결과												
틀린 문항 복습												

[해설편 p.094]

DAY 26 수능기출 전국연합학력평가 20분 미니 모의고사

● 날짜 :　　월　　일 ● 시작 시각 :　　시　　분　　초 ● 목표 시간 : 20분

※ 점수 표기가 없는 문항은 모두 2점입니다.

01~02 (가)는 생태 환경 동아리의 회의이고, (나)는 이를 바탕으로 작성한 안내문의 초고이다. 물음에 답하시오.

(가)

동아리 회장: 지난 회의에서 우리 학교 학생들을 대상으로 반려 식물 키우기 캠페인을 하기로 결정했는데요, 오늘은 캠페인을 어떻게, 어떤 내용으로 진행할지에 대해 협의해 보겠습니다. 좋은 의견이 있으면 말씀해 주시기 바랍니다.

부원 1: 이번 캠페인을 통해 많은 학생들이 반려 식물을 키워 보는 경험을 하는 것이 가장 중요하다고 생각합니다. 그렇게 하려면 학생들에게 반려 식물 모종을 나누어 주고 직접 키워 보도록 해야 할 것 같습니다.

부원 2: 저도 같은 생각입니다. 다만 우리 학교 학생들에게 나누어 줄 모종을 충분히 준비할 수 있을까요?

부원 1: 예전에 동아리 담당 선생님께서 학교에 생태 교육 예산이 있다고 말씀하신 것을 들은 적이 있는데, 혹시 그 예산으로 반려 식물 모종을 준비할 수 있지 않을까요?

동아리 회장: 저도 그 이야기를 들어서 여쭈어보았더니 선생님께서 그 예산으로 300개 정도의 모종을 준비해 주실 수 있다고 말씀하셨고, 학생들이 키우기 좋은 반려 식물 세 가지도 추천해 주셨습니다.

부원 1: 반가운 소식이네요. 그런데 모종의 수가 우리 학교 학생 수의 절반밖에 되지 않아 걱정입니다.

부원 2: 그래도 300명이나 되는 학생들이 반려 식물을 키우는 경험을 할 수 있고 반려 식물 키우기를 원치 않는 학생들도 있을 테니, 모종 300개로도 캠페인을 진행하는 데 무리가 없을 것 같습니다. [A]

부원 1: 말씀을 들어 보니 모종 수는 문제가 되지 않겠네요.

동아리 회장: 그런데 캠페인이 모종 나누어 주기만으로 끝나면 안 될 것 같습니다. 나누어 줄 식물의 이름, 특징, 키우는 방법에 대한 정보도 함께 제공해야 하지 않을까요?

부원 1: 좋은 의견이네요.

부원 2: 저도 같은 생각입니다. 정보를 제공하면 반려 식물을 더 잘 키우는 데 도움이 될 수 있을 것입니다.

동아리 회장: 반려 식물 모종 나누기와 함께 반려 식물과 관련한 정보를 제공해 주자는 의견에 모두 공감하는 것 같은데요, 반려 식물에 대한 정보를 담은 안내문을 만들어 모종과 함께 나누어 주면 어떨까요?

부원 2: 좋은 생각입니다. 모종 나누기 행사 전에 안내문을 학교 게시판에 게시하면 캠페인의 홍보 효과도 얻을 수 있을 것 같아요.

동아리 회장: 그렇네요. 그럼 안내문에는 어떤 내용을 어떤 순서로 제시할지 한 분씩 의견을 말씀해 주시기 바랍니다.

부원 1: 먼저 반려 식물은 무엇인지, 반려 식물을 키우면 어떤 효과가 있는지 밝히면 좋겠어요. 그러면 학생들이 캠페인에 더 많은 관심을 가질 것 같습니다.

부원 2: 그다음에 모종 나누기 행사를 안내하고, 반려 식물의 이름, 특징, 키우는 방법 등을 제시했으면 합니다.

부원 1: 하지만 안내문의 제한된 공간에 반려 식물을 키우는 방법까지 제시하는 것은 어렵지 않을까요? 나누어 주려는 반려 식물이 세 가지나 되는데, 이 세 가지 식물을 키우는 방법을 모두 안내하는 것은 무리일 것 같습니다. [B]

동아리 회장: 음, 각각의 반려 식물을 키우는 방법을 안내하는 홈페이지를 QR 코드로 연결해 두면 어떨까요?

부원 1: 그러면 학생들이 스마트 기기를 이용해 반려 식물을 키우는 방법을 확인할 수 있어 매우 유용하겠네요.

부원 2: 그리고 반려 식물을 키우며 수시로 생기는 궁금증을 해결할 수 있게 우리 동아리 블로그를 안내해도 좋겠어요.

부원 1: 좋은 의견입니다. 고양이를 애지중지 키우는 사람을 뜻하는 '냥집사'처럼, 식물을 키우며 기쁨을 찾는 사람들이라는 의미로 '식집사'라는 용어를 쓰면 학생들이 더 흥미를 느낄 수 있지 않을까요?

동아리 회장: 재미있겠는데요. 그럼 지금까지의 회의 내용을 바탕으로 안내문을 작성해 보도록 합시다.

(나)

반려 식물을 키우는 '식집사'가 되어 보세요!

▶ **반려 식물이란?**

생활공간에서 정서적으로 교감하는 식물을 일컫는 말이에요.

▶ **반려 식물을 키우면?**

생명을 키우는 성취감, 정서 안정, 공기 정화의 효과가 있어요.

▶ **반려 식물 모종 나누기 행사를 한다고요?**

☞ 〈3월 23일 하교 시간, 본관 앞〉에서,
원하는 모종을 하나씩 나누어 드려요. (300개 한정)

〈유칼립투스〉

은은한 향기가 주는 마음의 평화

〈아이비〉

물만 주면 잘 자라는 공기 청정기

〈칼라데아〉

풍성한 잎이 전하는 싱그러운 생명감

▶ **반려 식물은 어떻게 키우나요?**

반려 식물을 키우는 방법을 QR 코드로 확인하세요.

〈유칼립투스〉 〈아이비〉 〈칼라데아〉

▶ **반려 식물을 키우면서 궁금증이 생기면?**
우리 동아리 블로그(blog.com/eco△△△)를 찾아 주세요.

생태 환경 동아리 '푸른누리'

01

고1 • 2023년 3월 5번

[A], [B]에 대한 설명으로 가장 적절한 것은?

① [A]는 미래의 상황을 예측하는, [B]는 과거의 상황을 환기하는 발화이다.
② [A]는 상대의 의견을 보완하는, [B]는 상대의 의견을 뒷받침하는 발화이다.
③ [A]는 상대의 우려를 해소하는, [B]는 상대의 견해에 우려를 드러내는 발화이다.
④ [A]는 문제 해결의 방법을 요구하는, [B]는 문제 해결의 결과에 주목하는 발화이다.
⑤ [A]는 상대와 자신의 견해 차이를 확인하는, [B]는 상대와 자신의 공통된 견해를 확인하는 발화이다.

02

고1 • 2023년 3월 7번

(나)의 성격을 고려할 때, 〈보기〉의 자료를 활용하여 (나)를 보완하는 방안으로 가장 적절한 것은? [3점]

〈보 기〉

[신문 자료]
최근 반려 동물과 식물에 대한 관심이 커지면서 이와 관련한 문제점이 나타나고 있다. 반려 동물의 경우 이미 동물 학대, 동물 유기 등이 사회적 문제로 부각되고 있으며, 최근에는 반려 식물과 관련한 문제도 증가하고 있다. 반려 식물은 반려 동물에 비해 존재감이 미약해 관리를 소홀히 하여 생명을 잃는 경우가 많고, 버려지는 사례도 점점 늘고 있다.

① 반려 식물을 키우기 쉬운 이유를 밝히며 지속적인 관심과 노력이 필요하다는 점을 강조해야겠어.
② 반려 식물에 대한 관심이 부족한 점을 지적하며 반려 식물을 구입할 수 있는 방법에 대한 내용을 추가해야겠어.
③ 반려 식물의 유기를 금지하는 규정이 마련되어 있지 않은 점을 강조하며 이를 제정해야 한다는 내용을 추가해야겠어.
④ 반려 동물과 구별되는 반려 식물의 장점을 언급하며 반려 식물을 키우는 사람이 많아지고 있다는 점을 강조해야겠어.
⑤ 반려 식물이 생명을 지닌 존재임을 언급하며 정성을 기울여 반려 식물을 키워 줄 것을 권유하는 문구를 추가해야겠어.

03 1등급 대비 고난도 2점 문제

고1 • 2020년 11월 14번

〈보기〉를 바탕으로 중세 국어의 특징을 탐구한 내용으로 적절하지 않은 것은?

〈보 기〉

ᄒᆞᄅᆞᆫ 조심 아니 ᄒᆞ샤 브를 **ᄢᅳ긔** ᄒᆞ야시ᄂᆞᆯ 그 아비 그 **ᄯᆞ니ᄆᆞᆯ** 구짓고 北(북)녁 堀(굴)애 **브리ᅀᆞᄫᅡ** 블 가져오라 ᄒᆞ야ᄂᆞᆯ 그 ᄯᆞ니미 아비 말 드르샤 北堀(북굴)로 **가시니 거름**마다 발 드르신 ᄯᅡ해다 蓮花(연화)ㅣ 나니 **자최ᄅᆞᆯ 조차**

– 「석보상절」 –

[현대어 풀이]
하루는 조심하지 아니하시어 불을 꺼지게 하시거늘, 그 아비가 그 따님을 꾸짖고, 북녘 굴에 시켜서 불을 가져오라고 하거늘, 그 따님이 아비의 말을 들으시어 북굴로 가시니, 걸음마다 발을 드신 땅에 다 연꽃이 나니, 자취를 좇아

① 'ᄢᅳ긔'를 보니 현대 국어와 달리 초성에 어두 자음군이 쓰였음을 알 수 있군.
② 'ᄯᆞ니ᄆᆞᆯ, 자최ᄅᆞᆯ'을 보니 중세 국어에서도 앞말의 받침 유무에 따라 목적격 조사의 형태가 다르게 쓰였음을 알 수 있군.
③ '브리ᅀᆞᄫᅡ'를 보니 현대 국어와 달리 'ᅀ'과 'ᄫ'이 표기에 사용되었음을 알 수 있군.
④ '가시니'를 보니 중세 국어에서도 주체를 높이는 특수 어휘가 사용되었음을 알 수 있군.
⑤ '거름, 조차'를 보니 현대 국어와 달리 이어 적기를 하였음을 알 수 있군.

DAY 26

[해설편 p.095]

04~08 다음 글을 읽고 물음에 답하시오.

손해보험은 계약에서 정한 보험 사고가 발생했을 때 보험가입자 측에게 생긴 재산상의 손해를 보상하는 보험이다. 교통사고, 화재, 도난 등으로 생기는 피해에 대비하기 위해 가입하는 손해보험은 오늘날 우리 생활과 가까운 곳에 있다.

보험 사고가 발생할 때에 보험금을 받을 자를 피보험자, 보험금을 지급할 의무를 지는 자를 보험자라 한다. 손해보험의 피보험자는 보험의 목적에 피보험이익을 가져야 한다. 이때 보험의 목적이란 보험 사고의 대상을 말한다. 손해보험 계약은 손해 보상을 목적으로 하는데, 손해의 전제로서 피보험자는 보험의 목적에 경제상의 이익을 가져야 하고, 이를 피보험이익이라 한다. 시가 100원의 주택을 소유한 사람은 화재로 주택이 전소하면 100원을 잃는데, 이렇게 보험 사고 발생으로 잃어버릴 염려가 있는 이익이 피보험이익이다. 피보험이익이 없는 자에게 보험금 청구권을 인정하면, 보험계약이 도박처럼 될 수 있고 고의로 보험 사고를 유발하는 보험 범죄의 가능성도 생길 수 있다.

피보험이익으로 인정되려면 몇 가지 요건이 필요하다. 우선 객관적으로 금전으로 산정할 수 있는 경제적 가치를 가져야 한다. 따라서 개인적, 정신적, 도덕적 이익은 피보험이익이 될 수 없다. 예컨대 소중히 간직한 자신의 일기장을 5억 원의 손해보험에 가입하는 것은 허용되지 않는다. 그리고 적법한 이익이어야 하며, 계약 체결 당시 그 가치가 객관적으로 확정되어 있거나 적어도 보험 사고가 발생할 때까지는 확정되어야 한다.

손해보험은 실손보상원칙을 기본 원칙으로 삼는다. 실손보상원칙이란 실제 발생한 손해만을 보상하고 그 이상은 보상하지 않는다는 것을 뜻한다. 따라서 손해보험을 통해 피보험자가 재산상 이익을 얻는 것은 허용되지 않는데, 이를 이득금지의 원칙이라고 한다. 실손보상원칙은 손해보험 계약의 도박화를 막고 보험 범죄를 방지하는 역할을 한다.

[A] 보험가액은 피보험이익의 객관적인 금전적 평가액으로, 보험자가 보험금의 형태로 부담하게 되는 보상책임의 법률상의 최고 한도액이다. 보험가액은 고정된 것이 아니며 경제 상황 등에 따라 변동될 수 있는데, 이득금지의 원칙과 관련해 피보험자에게 이득이 생겼는가 여부를 판단하는 기준이 된다. 이와 달리 보험 사고 발생 시 보험자가 지급하기로 보험계약에서 실제 약정한 최고 한도액은 보험금액이라 한다. 보험금액은 당사자 간 약정에 의하여 일정한 금액으로 정해지며, 보험 기간 중에는 이를 변경하지 않는 것이 원칙이다. 보험금은 보험 사고가 발생할 때 실제로 보험자가 지급하는 금액이다. 보험 사고가 발생하였다고 해서 항상 보험금액만큼 지급되는 것은 아니므로 보험금액은 보험금의 최고 한도라는 의미만을 갖는다.

보험가액과 보험금액은 서로 일치하지 않을 수 있다. 보험금액이 보험가액을 현저하게 초과하는 경우를 초과보험이라 한다. 시가 100원 상당의 건물을 보험금액 200원으로 하여 가입한 화재보험이 그 예이다. 손해보험에서 보험가액을 초과하는 부분에는 피보험이익이 존재하지 않으므로 보험금액을 보험가액과의 비율에 따라 조정해야 한다. 위 사례에서 건물이 100% 손실을 입었다면 100원만을 지급한다는 의미이다. 보험계약 체결 당시엔 초과보험이 아니었으나 보험가액이 감소한 경우처럼, 당사자가 의도하지 않은 채 초과보험 계약을 한 경우는 단순한 초과 보험이라 한다. 이런 경우 예외적으로 보험자는 보험금액의 감액을, 보험에 가입한 보험계약자는 보험자에 지급하는 금액인 보험료의 감액을 각각 청구할 수 있다. 그러나 보험계약자가 재산상 이익을 얻을 목적으로 초과보험을 체결한 경우는 사기에 의한 초과보험이라 하여 그 계약 전부를 무효로 한다.

한 명의 피보험자가 동일한 피보험이익과 동일한 보험 사고에 관하여 여러 보험자와 계약을 체결한 경우에 그 보험금액의 합계가 보험가액을 초과하는 경우를 중복보험이라 한다. 이때 각각의 보험은 보험의 목적이 서로 같아야 하고, 보험 기간도 공통이어야 한다. 중복보험은 초과보험과 유사하게 보험계약자가 중복보험을 의도한 경우와 그렇지 않은 경우를 구분하고 있다. 사기에 의한 중복보험은 그 계약 전부를 무효로 한다. 단순한 중복보험의 경우, 각 보험자가 보험금액의 비율에 따라 연대 책임을 지지만 그 보상액은 각각의 보험금액으로 제한된다. 예를 들어 보험가액 100원인 건물에 대하여 각기 다른 세 보험자와 보험금액을 각각 100원, 60원, 40원으로 하여 화재보험 계약을 한 경우, 각 보험자는 보험 사고가 발생할 때 가입 당시 보험금액의 한도 내에서 연대 책임을 진다. 만약 100% 손실을 입으면 피보험자가 100원의 보상을 받을 수 있도록 각 보험자는 보험금액의 비율에 따라 50원, 30원, 20원을 보험금으로 지급하게 된다.

04

고1 • 2021년 11월 20번

다음은 윗글을 읽은 후 메모한 내용의 일부이다. ㉠에 들어갈 수 있는 내용으로 적절하지 않은 것은?

> ○ 글을 선택한 이유: 광고를 접하면서 손해보험에 관심이 생겨서.
> ○ 글을 통해 알게 된 내용: [㉠].
> ○ 더 알고 싶은 것: 손해보험이 아닌 보험에는 어떤 것이 있을까?

① 손해보험 계약이 초과보험인 경우는 어떤 때인지
② 손해보험 계약에서 실손보상원칙이 어떤 역할을 하는지
③ 손해보험 계약에서 보험자, 피보험자란 각각 무엇을 의미하는지
④ 손해보험 계약이 보험 사고에 따른 보상이 이루어진 뒤에도 계속 효력이 유지되는지
⑤ 손해보험 계약에서 정신적, 도덕적 이익이 피보험이익이 될 수 없는 이유는 무엇인지

[해설편 p.096]

05 1등급 대비 고난도 2점 문제

고1 • 2021년 11월 21번

피보험이익에 대한 설명으로 적절하지 않은 것은?

① 보험가액을 초과하는 피보험이익은 존재하지 않는다.
② 보험의 목적에 피보험이익이 없으면 피보험자가 될 수 없다.
③ 피보험이익이 서로 다른 손해보험 계약은 중복보험으로 볼 수 없다.
④ 피보험이익은 피보험자가 보험 사고의 대상에 갖는 경제상의 이익이다.
⑤ 보험계약 체결 당시 그 가치가 확정되어 있어야만 피보험이익으로 인정될 수 있다.

06

고1 • 2021년 11월 22번

[A]에 대한 이해로 적절하지 않은 것은?

① 보험금은 보험가액을 초과할 수 없고 보험금액을 초과할 수도 없다.
② 보험금액은 변동될 수 있으나 보험 기간 중 보험가액은 바뀌지 않는 것이 원칙이다.
③ 보험가액은 보험금의 액수가 이득금지의 원칙에 위배되는지 여부를 판단하는 기준이 된다.
④ 보험가액은 객관적인 금전적 가치 평가에 의해, 보험금액은 계약 당사자 사이의 약정에 의해 정해진다.
⑤ 보험자가 일정한 보험금액을 약정했더라도 보험 사고 발생 시 항상 보험금액만큼 지급하는 것은 아니다.

※ 〈보기〉는 윗글과 관련된 상황이다. 7번과 8번 물음에 답하시오.

〈보 기〉

갑은 2년 전 시가 1,000만 원의 건물 X를 소유하고 있었는데 당시 ㉮ X에 대하여 보험사 A와 보험금액을 600만 원으로 하는 화재보험에 가입하고, ㉯ 같은 건물에 대하여 보험사 B와 보험금액 400만 원의 화재보험에 가입했다. 그런데 그 뒤 X의 시세가 하락해 현재 평가액은 800만 원이다. 갑이 가입한 손해보험의 보험금액과 보험료는 모두 가입 당시와 달라지지 않았다. (단, 갑이 가입한 손해보험은 피보험자가 모두 갑 본인이다. 모두 계약일이 같으며 보험 기간은 5년이다.)

07

고1 • 2021년 11월 23번

윗글을 읽은 학생이 〈보기〉의 ㉮와 ㉯에 대해 보인 반응으로 적절하지 않은 것은? [3점]

① ㉮와 ㉯는 보험의 목적과 보험 사고가 동일하고, 보험자는 서로 다른 손해보험이겠군.
② ㉮와 ㉯의 보험금액의 합계는 가입 당시와 달리 현재는 보험가액과 일치하지 않겠군.
③ 보험계약 후 건물 시세가 하락하였지만 ㉮와 ㉯ 중 어느 것도 계약 전부가 무효로 되지 않겠군.
④ 계약에서 정한 보험 사고가 발생하기 전이라면, ㉮와 ㉯의 피보험자인 갑은 A와 B로부터 보상을 받을 수 없겠군.
⑤ 갑이 ㉮에 가입하지 않았다고 가정하면, ㉯의 보험자는 보험가액의 변동을 근거로 보험금액의 감액을 청구할 수 있었겠군.

08 1등급 대비 고난도 2점 문제

고1 • 2021년 11월 24번

다음은 〈보기〉와 관련한 보험 사고 상황이다. 윗글을 참고할 때 ⓐ~ⓒ에 들어갈 금액을 바르게 짝지은 것은?

> 건물 X에 화재가 일어나 50%의 손실이 발생하였다. 이에 갑은 보험사 A와 B에 보험금을 청구하였다. A는 보험계약에서 실제 약정한 (ⓐ)의 한도 내에서 책임을 질 의무가 있다. 그런데 다른 보험사와 연대 책임을 질 의무가 있는 A는 각 보험사의 보험금액의 비율에 따라 갑에게 (ⓑ)을 보험금으로 지급하였다. 역시 연대 책임을 질 의무가 있는 B는 (ⓒ)을 갑에게 보험금으로 지급하였다. 단, X의 평가액은 현재 기준으로 산정되었다.

	ⓐ	ⓑ	ⓒ
①	300만 원	240만 원	160만 원
②	300만 원	480만 원	320만 원
③	600만 원	240만 원	160만 원
④	600만 원	480만 원	320만 원
⑤	800만 원	480만 원	320만 원

[해설편 p.097]

09~12 다음 글을 읽고 물음에 답하시오.

"여보 마누라, 슬퍼 마오. 가난 구제는 나라에서도 못한다 하니 형님인들 어찌하시겠소? 우리 부부가 품이나 팔아 살아 갑시다."

흥부 아내 이 말에 순종하여 서로 나가서 품을 팔기로 하였다. 흥부 아내는 방아 찧기, 술집의 술 거르기, 초상난 집 제복 짓기, 대사 치르는 집 그릇 닦기, 굿하는 집의 떡 만들기, 얼음이 풀릴 때면 나물 캐기, 봄보리 갈아 보리 놓기. 흥부는 이월 동풍에 가래질하기, 삼사월에 부침질하기, 일등 전답의 무논 갈기, 이 집 저 집 돌아가며 이엉 엮기 등 이렇게 내외가 **온갖 품을 다 팔았**다. 그러나 역시 **살기는 막연**하였다.

(중략)

큰 구렁이가 제비 새끼를 모조리 잡아먹고 남은 한 마리가 허공으로 뚝 떨어져 피를 흘리며 발발 떠는 것이었다. 흥부 아내가 명주실을 급히 찾아내어 주니 흥부는 얼른 받아 제비 새끼의 상한 다리를 곱게 감아 매어 찬 이슬에 얹어 두었다. 그랬더니 하루 지나고 이틀 지나고 이리하여 십여 일이 지나자 상한 다리가 제대로 소생되어 날아다니게 되니, 줄에 앉아 재잘거리며 울고 둥덩실 떠서 날아갈 때 소상강 기러기는 왔노라 하고 강남 가는 제비는 가노라 하직하는 것이었다.

이리하여 제비가 강남 수천 리를 훨훨 날아가서 **제비 왕**을 뵈러 가니 제비 왕이 물었다.

"경은 어찌하여 다리를 절며 들어오느냐?"

"신의 부모가 조선국에 나가 흥부의 집에 깃들었는데 뜻밖에 큰 구렁이의 화를 입어 다리가 부러져 죽을 것을 흥부의 구조를 받아 살아서 돌아왔습니다. 흥부의 가난을 면케 해주신다면 소신은 그 은공을 만분의 일이라도 갚을까 합니다."

"흥부는 과연 어진 사람이다. 공 있는 자에게 보은함은 군자의 도리이니, 그 은혜를 어찌 아니 갚으랴? 내가 **박씨** 하나를 줄 테니 경은 가지고 나가 은혜를 갚도록 하라."

제비가 왕께 감사드리고 물러 나와서 그럭저럭 그 해를 넘기고 이듬해 춘삼월을 맞으니 모든 제비가 타국으로 건너갈 때였다. 그 제비 허공 중천에 높이 떠서 박씨를 입에 물고 너울너울 자주 자주 바삐 날아 흥부네 집 동네를 찾아들어 너울너울 넘노는 거동은 마치 북해 흑룡이 여의주를 물고 오색구름 사이로 넘는 듯, 단산의 어린 봉이 대씨를 물고 오동나무에서 노니는 듯, 황금 같은 꾀꼬리가 봄빛을 띠고 수양버들 사이를 오가는 듯하였다. 이리 기웃 저리 기웃 넘노는 거동을 흥부 아내가 먼저 보고 반긴다.

"여보, 아이 아버지, 작년에 왔던 제비가 입에 무엇을 물고 와서 저토록 넘놀고 있으니 어서 나와 구경하오."

흥부가 나와 보고 이상히 여기고 있으려니 그 제비가 머리 위를 날아들며 입에 물었던 것을 앞에다 떨어뜨린다. 집어 보니 한가운데 '보은(報恩)박'이란 글 석 자가 쓰인 박씨였다.

그것을 울타리 밑에 터를 닦고 심었더니 이삼일에 싹이 나고, **사오일**에 순이 뻗어 마디마디 잎이 나고, 줄기마다 꽃이 피어 박 네 통이 열린 것이다. 추석날 아침이었다. 배가 고파 죽겠으니 영근 박 한 통을 따서 박속이나 지져 먹자하고 박을 따서 먹줄을 반듯하게 긋고서 흥부 내외는 톱을 마주 잡고 켰다. 이렇게 밀거니 당기거니 켜서 툭 타 놓으니 오색 채운이 서리며 청의동자 한 쌍이 나오는 것이었다.

왼손에 약병을 들고 오른손에 쟁반을 눈 위로 높이 받쳐 들고 나온 그 동자들은,

"이것을 값으로 따지면 억만 냥이 넘으니 팔아서 쓰십시오."

라고 말하며 홀연히 사라져 버렸다.

박 한 통을 또 따놓고 슬근슬근 톱질이다. 쓱삭 쿡칵 툭 타 놓으니 속에서 온갖 **세간붙이**가 나왔다.

또 한 통을 따서 먹줄 쳐서 톱을 걸고 툭 타 놓으니 **순금궤**가 하나 나왔다. 금거북 자물쇠를 채웠는데 열어 보니 황금, 백금, 밀화, 호박, 산호, 진주, 주사, 사향 등이 가득 차 있었다. 그런데 쏟으면 또 가득 차고 또 가득 차고 해서 밤낮 쏟고 나니 큰 부자가 된 것이다.

다시 한 통을 툭 타 놓으니 일등 목수들과 **각종 곡식**이 나왔다. 그 목수들은 우선 명당을 가려 터를 잡고 집을 지었다. 그다음 또 사내종, 계집종, 아이종이 나오며 온갖 것을 여기저기 다 쌓고 법석이니 흥부 내외는 좋아하고 춤을 추며 돌아다녔다.

이리하여 흥부는 좋은 집에서 즐거움으로 세월을 보내게 되었다.

이런 소문이 놀부 귀에 들어가니,

"이놈이 도둑질을 했나? 내가 가서 욱대기면* 반재산을 뺏어 낼 것이다."

벼락같이 건너가 닥치는 대로 살림살이를 쳐부수는 것이었다.

한참 이렇게 소란을 피우고 있을 때 마침 출타 중이던 흥부가 들어왔다.

"네 이놈, 도둑질을 얼마나 했느냐?"

"형님 그 말씀이 웬 말씀이오?"

흥부가 앞뒷일을 자세히 말하자, 그럼 네 집 구경을 자세히 하자고 놀부가 나섰다.

흥부는 형을 데리고 돌아다니며 집 구경을 시키는데 놀부가 재물이 나오는 **화초장***을 달라고 했다. 그러고는 흥부가 화초장을 하인을 시켜 보내주겠다는 것도 마다하고 **스스로 짊어지고** 가서 집에 이르니 놀부 아내는 눈이 휘둥그레진다. 그리고 그 출처와 흥부가 부자가 된 연유를 알게 되자,

"우리도 다리 부러진 제비 하나 만났으면 그 아니 좋겠소?"

라며, 그해 동지섣달부터 제비를 기다렸다.

– 작자 미상, 「흥부전」 –

* 욱대기면: 난폭하게 윽박질러 협박하면.
* 화초장: 문짝에 유리를 붙이고 화초 무늬를 채색한 옷장.

09

고1·2021년 6월 29번

윗글에 대한 설명으로 가장 적절한 것은?

① 인물의 반복적 행위와 결과를 나열하여 극적 효과를 높이고 있다.
② 서술자를 작중 인물로 설정하여 사건의 현장감을 조성하고 있다.
③ 전기(傳奇)적인 요소를 활용하여 주인공의 영웅성을 부각하고 있다.
④ 권위 있는 새로운 인물이 등장하여 인물 간의 갈등을 해소하고 있다.
⑤ 꿈과 현실을 교차적으로 서술하여 사건을 입체적으로 구성하고 있다.

10

고1·2021년 6월 30번

윗글에 대한 이해로 적절하지 않은 것은?

① 흥부 부부는 먹고 살기 위해 온갖 노력을 다하였다.
② 박에서 나온 목수들은 흥부 부부를 위해 좋은 터에 집을 지어 주었다.
③ 흥부는 자신이 치료해 준 제비가 박씨를 물고 온 사실을 알아채고 그를 매우 반겼다.
④ 제비는 다리를 다친 사연을 제비 왕에게 말하며 흥부에게 받은 은혜를 갚기를 원하였다.
⑤ 놀부는 흥부의 집을 방문하기 전까지 흥부가 어떻게 부자가 되었는지를 정확히 알지 못했다.

11

고1·2021년 6월 31번

〈보기〉를 참고하여 윗글을 감상한 내용으로 적절하지 않은 것은? [3점]

〈보 기〉

조선 후기에는 잦은 자연재해와 관리들의 횡포 때문에 백성들은 아무리 노력해도 가난에서 벗어날 수 없었다. 이러한 시대적 배경에서 창작된 「흥부전」은 최소한의 의식주라도 해결하고 싶었던 당시 백성들의 소망이 반영된 작품으로 볼 수 있다. 특히 당시의 백성들은 성품이 착한 흥부 내외가 초월적인 존재의 도움으로 가난을 벗어나는 장면을 통해 대리만족을 얻기도 하였다. 하지만 착한 흥부에게 주어지는 보상이 환상성(幻想性)을 띠고 있다는 점은 가난이 실제 현실에서는 극복되기 어렵다는 것을 우회적으로 보여주고 있다.

① 흥부 내외가 '온갖 품을 다 팔았'지만 여전히 '살기는 막연'했던 것은 창작 당시의 시대적 배경과 관련이 있겠군.
② 흥부 집을 찾아간 놀부가 '화초장'을 '스스로 짊어지고' 간 것은 가난을 극복하기 위한 백성들의 노력으로 볼 수 있겠군.
③ '제비 왕'이 제비에게 준 '박씨'를 통해 흥부가 가난을 벗어날 수 있었다는 점에서 초월적 존재의 도움을 확인할 수 있겠군.
④ 흥부가 타는 박 속에서 '세간붙이'와 '각종 곡식'이 나온 것은 의식주 문제를 해결하고 싶었던 백성들의 소망과 관련이 있겠군.
⑤ '사오일' 만에 열린 박에서 '순금 궤'가 나와 부자가 된다는 점에서 흥부에게 주어진 보상이 환상성을 띠고 있음을 알 수 있겠군.

12

고1·2021년 6월 32번

윗글의 놀부를 평가하는 말로 가장 적절한 것은?

① 불난 집에 부채질하는 인물이군.
② 소 잃고 외양간 고치는 인물이군.
③ 사촌이 땅을 사면 배 아파하는 인물이군.
④ 간에 붙었다 쓸개에 붙었다 하는 인물이군.
⑤ 오르지 못할 나무는 쳐다도 보지 않는 인물이군.

DAY 26

학습 Check!

▶ 몰라서 틀린 문항 × 표기 ▶ 헷갈렸거나 찍은 문항 △ 표기 ▶ ×, △ 문항은 다시 풀고 ✔ 표기를 하세요.

종료 시각	시 분 초
소요 시간	분 초
초과 시간	분 초

문항 번호	01	02	03	04	05	06	07	08	09	10	11	12
채점 결과												
틀린 문항 복습												

[해설편 p.098]

DAY 27 수능기출 전국연합학력평가 20분 미니 모의고사

● 날짜 : 월 일 ● 시작 시각 : 시 분 초 ● 목표 시간 : 20분

※ 점수 표기가 없는 문항은 모두 2점입니다.

01 다음은 학생의 발표이다. 물음에 답하시오.

(화면 1)역사 동아리 친구들과 고분 답사를 갔다가 화면에서 보시는 도자기 조각 같은 것을 발견했습니다. 알고 보니 화단 장식물 파편이었는데, 만약 진짜 문화재라면 어떻게 행동해야 하는지 궁금했습니다. 혹시 여러분 중에 이런 경우에 어떻게 해야 하는지 아시는 분 있나요? (반응을 확인하고) 대부분 잘 모르시는 것 같군요. 자료 조사를 하면서 '매장 문화재 발견 신고 제도'가 마련되어 있음을 알게 되었는데, 저는 오늘 이에 대해 발표해 볼까 합니다.

땅속이나 수중, 건조물 등에 묻혀 있던 유형의 문화재를 매장 문화재라고 합니다. (화면 2)일반적으로 이런 문화재는 화면과 같이 문화재청이나 학술 단체 등 전문 기관의 발굴 조사를 통해 세상에 나옵니다. 그런데 최근에는 매장 문화재의 발견 양상이 다양해졌고, 특히 일상생활이나 여가 활동 중에 문화재를 발견하는 경우가 늘고 있다고 합니다. (화면 3)왼쪽에 보시는 것은 텃밭에서 농사를 짓다가 발견한 청동기 시대의 돌도끼, 오른쪽에 보시는 것은 등산 중에 발견한 백제의 기와입니다.

(화면 4)이런 현실을 반영해 만들어진 매장 문화재 발견 신고 제도의 절차를 화면으로 보고 계시는데요, 어떤 단계들이 있는지 함께 살펴봅시다. 우선 매장 문화재를 발견하게 되면 7일 이내에 관할 지방 자치 단체나 경찰서로 신고를 해야 합니다. 신고를 받은 기관은 발견 신고서를 문화재청으로 제출하고, 해당 물건의 소유자를 찾기 위해 90일간 공고를 해야 합니다. 다음으로 문화재청은 해당 물건이 문화재인지 확인하기 위해 예비 감정 평가를 실시하고, 필요에 따라 발견 지역에 대한 현장 조사도 진행합니다.

문화재로 판명되었는데도 정당한 소유자가 나타나지 않으면 국가에 귀속시켜 보관•관리하게 됩니다. 국가는 귀속된 문화재의 가치를 최종 감정하여 신고자에게 보상금을 지급하며, 이 신고로 인근에 발굴 조사가 이루어졌다면 포상금도 지급할 수 있습니다.

(화면 5)주의할 점도 정리해 보았는데요, 화면에 붉게 표시한 부분들에 특히 유의해야 합니다. 발견이란 우연한 기회에 드러난 문화재를 찾은 것을 말합니다. 따라서 땅속에 묻혀 있는 것을 일부러 파내어 신고하는 것은 범죄 행위인 도굴에 해당됩니다. 또한 발견하고도 신고하지 않는 경우에는 은닉죄 등이 적용되어 처벌을 받게 된다는 것도 기억해야 합니다.

매장 문화재 발견 신고는 소중한 문화재를 보호하는 데 힘이 됩니다. 그리고 무엇보다 일반 국민의 신고로 우리 문화재를 지키고 남길 수 있다는 데도 큰 의미가 있습니다. 여러분도 주변 사물들과 문화재에 더 많은 주의를 기울였으면 합니다. 끝까지 들어주셔서 감사합니다.

01

고1 • 2023년 6월 2번

위 발표에서 자료를 활용한 방식에 대한 설명으로 가장 적절한 것은?

① 자신이 발굴한 문화재를 소개하기 위해 '화면 1'에 발견한 것의 실물 사진을 제시하였다.
② 일반적으로 매장 문화재가 세상에 나오는 상황을 보여 주기 위해 '화면 2'에 문화재청의 발굴 조사 장면을 제시하였다.
③ 발견된 문화재의 시대적 층위를 부각하기 위해 '화면 3'에 고대와 근대의 문화재를 대비하여 제시하였다.
④ 제도를 세부적으로 파악할 수 있도록 하기 위해 '화면 4'에 감정 평가의 세부 단계들을 정리하여 제시하였다.
⑤ 주의할 점을 부각하여 전하기 위해 '화면 5'에 제도 운영의 핵심 취지 부분에 강조 표시를 해서 제시하였다.

02~03 다음을 읽고 물음에 답하시오.

[작문 상황]

○ 작문 목적: 물 섭취와 관련된 잘못된 인식을 바로잡을 수 있는 올바른 물 섭취 방법에 대한 정보 제공
○ 예상 독자: 학교 학생들
○ 전달 매체: 2020년 6월에 발간될 학교 신문

[수집한 자료 목록]

구분	내용	출처	연도(제작/발행)
〈자료 1〉	전문가가 권하는 물 섭취 방법	○○신문	2019
〈자료 2〉	물 중독 사례	△△방송 다큐멘터리	2014
〈자료 3〉	한국인의 물 섭취 현황	□□병원 보고서	2004
〈자료 4〉	1일 1인당 수돗물 사용량 현황	환경부 연례 보고서	2013

[초고]

학생들은 물 섭취에 대해 어떤 인식을 가지고 있을까? 인터뷰를 통해 만난 우리 학생들은 대부분 물은 많이 마실수록 좋다고 답했다. 물이 관절의 충격을 흡수하며, 장기와 조직을 보호하는 등의 역할을 한다는 점에서 물 섭취는 중요하다. 그러나 물을 많이 섭취한다고 무조건 좋은 것만은 아니다. 그렇다면 바람직한 물 섭취를 위해 유의할 점은 무엇일까?

우선, 한 번에 마시는 물의 양에 유의해야 한다. 단시간 내에 지나치게 많은 양의 물을 마시면 혈액 속 나트륨 농도가 정상 수치 이하로 내려가는 '물 중독'이 발생할 수 있다. 그러면 피로감이 커지고, 두통 또는 어지럼증에 시달리거나, 장기가 붓는 등의 증상이 나타날 수 있다. 한 다큐멘터리에서는 물 중독 환자들의 모습을 보여 주며 그 위험성을 경고하기도 했다.

다음으로, 물을 마시는 때에 대해서도 유의해야 한다. ◇◇대학 연구 팀의 실험이 이를 뒷받침한다. 연구 팀은 먼저 실험 참여자들을 대상으로 목이 마른지 물어보았다. 그런 다음 이들에게 동일한 과제를 부여했다. 이후 관찰을 통해 이들의 물 섭취 유무를 파악하며 과제 수행 능력을 측정했다. 실험 결과는 우리에게 다음과 같은 정보를 제공한다. 목이 마를 때 물을 마신 경우는 물을 마시지 않은 경우보다 과제 수행 능력이 뛰어나다. 이는 일반적인 생각과 같다. 반면 일반적 생각과 달리 목마르지 않은 때 물을 마신 경우는 물을 마시지 않은 경우보다 과제 수행 능력이 떨어진다.

[해설편 p.098]

02

고3・2021학년도 6월 8번

수집한 자료를 다음의 기준에 따라 선별한 후, 선별된 자료를 반영하여 '초고'를 작성하였다. 각 자료에 대한 이해로 적절하지 않은 것은? [3점]

선별 기준	그렇다	아니다
(가) 작문 목적에 부합하는가?		
(나) 출처가 분명한 최근의 정보인가?		

① 〈자료 1〉은 '내용'이 물 섭취 방법에 대한 올바른 정보를 제공하기에 적합하다고 보아 (가)에 대해 '그렇다'라고 판단했겠군.
② 〈자료 2〉는 '내용'이 물 섭취에 대한 많은 학생들의 인식이 잘못되었음을 뒷받침하는 정보를 제공한다고 보아 (가)에 대해 '그렇다'라고 판단했겠군.
③ 〈자료 3〉은 '연도'를 고려하면 최근의 상황을 반영하지 못하지만 '출처'가 명확하고 물 섭취 실태를 보여 주기에 적절하다고 보아 (나)에 대해 '그렇다'라고 판단했겠군.
④ 〈자료 4〉는 '내용'이 물 섭취에 관해 정확한 정보를 제공하려는 목적에 부합하지 않는다고 보아 (가)에 대해 '아니다'라고 판단했겠군.
⑤ 〈자료 4〉는 '출처'는 분명하지만 해마다 발간되는 보고서라는 점에서 '연도'를 고려했을 때 최근의 현황에 대한 정보가 아니라고 보아 (나)에 대해 '아니다'라고 판단했겠군.

[해설편 p.099]

03

고3 • 2021학년도 6월 10번

〈보기〉는 '초고'를 읽은 친구의 조언이다. 〈보기〉를 반영하여 '초고'에 마지막 문단을 추가한다고 할 때 가장 적절한 것은?

〈보 기〉

글이 마무리되지 않은 느낌이 드니까 중심 내용으로 제시한 두 가지 유의 사항을 모두 포함하는 문장을 추가하는 것이 좋겠어. 그리고 중심 내용에 담긴 정보가 독자에게 어떤 긍정적인 가치가 있는지도 언급하는 게 좋겠어.

① 물은 적당한 양을 필요한 때에 마셔야 좋은 것이다. 물 섭취에 대한 올바른 정보를 이해하고 삶에 적용한다면 건강을 지키며 삶의 질을 높일 수 있을 것이다.
② 언제 마시는가에 따라 물도 독이 될 수 있음을 유의해야 한다. 갈증을 느낄 때 물을 마셔야만 물이 인체에서 수행하는 역할을 활성화하는 데 기여할 수 있다.
③ 물은 인체에 필수적이나 한 번에 많은 물을 마시지는 말아야 한다. 물이 인체에 미치는 영향을 정확히 안다면 물이 지닌 긍정적 가치를 더 많이 발견할 수 있을 것이다.
④ 물 중독 사례와 연구 팀의 실험을 통해 물 섭취 시 유의 사항을 확인하였다. 결국 물을 한 번에 많이 마시면 건강에 해롭고, 목마르지 않은데 마시면 과제 수행 능력이 떨어진다.
⑤ 당연하다고 생각했던 것들이 거짓인 경우도 있는데 물은 많이 마실수록 좋다는 인식도 그러하다. 올바른 물 섭취를 생활화한다면 학습 능력 향상에 도움을 얻을 수 있을 것이다.

04

고1 • 2019년 9월 13번

〈보기〉는 표준 발음법의 된소리되기 중 일부이다. ㉠과 ㉡에 해당하는 예가 바르게 짝지어진 것은?

〈보 기〉

㉠ 받침 'ㄱ(ㄲ, ㅋ, ㄳ, ㄺ), ㄷ(ㅅ, ㅆ, ㅈ, ㅊ, ㅌ), ㅂ(ㅍ, ㄼ, ㄿ, ㅄ)' 뒤에 연결되는 'ㄱ, ㄷ, ㅂ, ㅅ, ㅈ'은 된소리로 발음한다.
㉡ 어간 받침 'ㄴ(ㄵ), ㅁ(ㄻ)' 뒤에 결합되는 어미의 첫소리 'ㄱ, ㄷ, ㅅ, ㅈ'은 된소리로 발음한다.

	㉠	㉡
①	늦게[늗께]	얹다[언따]
②	옆집[엽찝]	있고[읻꼬]
③	국수[국쑤]	늙다[늑따]
④	묶어[무꺼]	껴안다[껴안따]
⑤	앉다[안따]	머금다[머금따]

05~08 다음 글을 읽고 물음에 답하시오.

조상들은 더운 여름에 얼음을 이용하기 위해 석빙고를 활용하였다. 석빙고는 겨울철에 입구를 개방하여 내부를 냉각시킨 후 얼음을 저장한 냉동 창고로, 내부의 낮아진 온도가 장기간 지속되는 구조를 통해 다음 해 가을까지 얼음을 보관하였다. 석빙고에서 얼음을 어떻게 보관할 수 있었는지 알아보자.

우선 석빙고를 낮은 온도로 유지하는 데에는 얼음이 중요한 역할을 한다. 에너지는 항상 높은 쪽에서 낮은 쪽으로 이동하여 평형을 이루려고 하고 에너지의 이동은 물질의 온도를 변화시킨다. 하지만 물질이 고체, 액체, 기체로 변화하는 상태변화가 일어나는 동안 온도는 변하지 않고 물질이 주변에서 에너지를 흡수하거나 주변으로 방출하는데 이때의 에너지를 숨은열이라고 한다. 예를 들면 얼음이 녹아 물이 될 때는 주변에서 융해열을 흡수하고, 거꾸로 같은 양의 물이 얼어 얼음이 될 때는 같은 양의 응고열을 방출한다. 그러므로 같은 양의 0℃ 얼음보다 0℃ 물이 더 큰 에너지를 갖게 되는 것이다. 석빙고 안에서 얼음이 상태변화가 일어날 때, 더 큰 에너지를 가진 물질로부터 에너지를 전달받을 수밖에 없다. 따라서 주변 공기로부터 에너지를 흡수하여 일부의 얼음이 물이 되면서 주변 공기는 차가워지고, 이는 다른 얼음이 녹지 않을 수 있게 한다. 이 과정에서 생긴 물은 빨리 제거되어야 하므로 조상들은 석빙고 바닥을 경사면으로 만들어 물이 원활하게 배수되도록 하였다.

내부를 차갑게 만들고 최대한 밀폐된 구조를 만들더라도 석빙고는 외부와 에너지 및 공기를 주고받아 내부의 온도는 올라갈 수밖에 없다. 이를 해결하기 위해 조상들은 석빙고 천장의 상단에 통풍구를 설치하였다. 공기와 같은 유체는 온도가 올라가면 분자 사이의 거리가 멀어지면서 밀도가 낮아져 에너지를 동반하여 위로 이동한다. 밀도가 낮은 공기가 상승하면 밀도가 높은 공기, 즉 온도가 낮은 공기가 아래로 이동하게 된다. 석빙고 내부에서는 이와 같은 공기의 흐름에 따라 에너지의 이동이 나타나며, 상승한 공기는 아치형 천장의 움푹 들어간 공간을 통해 그 위의 통풍구로 빠져나가 내부의 차가움을 유지하게 된다. 더불어 통풍구에는 얼음에 영향을 줄 수 있는 직사광선이나 빗물을 차단하기 위해 덮개돌을 설치하였다.

또한 얼음이 최대한 녹지 않을 수 있도록 얼음과 얼음 사이에 일종의 단열재 역할을 하는 짚을 채워 넣어 보관하였다. 접촉하고 있는 두 물질의 분자들 사이에서는 에너지 교환이 일어나는데, 물질의 한쪽 끝에 에너지가 가해지면 해당 부분의 분자들이 에너지를 얻어 진동하게 되고 그 진동은 옆 분자를 다시 진동시키며 순차적으로 에너지가 이동한다. 이러한 에너지 전달의 정도는 물질마다 서로 다르다. 짚은 얼음에 비해 에너지가 잘 전달되지 않는데, 이 때문에 얼음끼리 쌓아 놓는 것보다 짚을 활용하여 쌓는 것이 얼음 보관에 훨씬 효율적인 방법이라고 할 수 있다. 또 짚은 스티로폼처럼 미세한 공기구멍을 많이 포함하고 있어 단열 효과를 높일 수 있었다.

이 밖에도 석빙고 외부에 흙을 덮어 내부로 유입되는 에너지가 잘 차단되도록 하였고 풀을 심어 태양의 복사 에너지로 인해 내부의 온도가 상승하는 것을 최대한 막고자 하였다. 또한 얼음을 저장하는 빙실은 온도 유지를 위해 주변 지반에 비해 낮게 만들었다.

석빙고는 조상들의 지혜가 집약된 천연 냉장고로, 당시 다른 나라의 장치에 비해서도 기술이 ⓐ 떨어지지 않는 건축물이다.

05

고1 • 2022년 9월 30번

윗글의 내용과 일치하지 않는 것은?

① 석빙고 외부의 풀은 내부의 온도 상승을 막는 데 도움을 준다.
② 석빙고에 얼음을 저장하기 전에 우선 내부를 차갑게 하는 과정이 필요하다.
③ 석빙고의 아치형 천장은 외부 공기를 이용하여 내부의 차가움을 유지하게 한다.
④ 빙실을 지반보다 낮게 만든 것은 석빙고 내부의 낮아진 온도를 지속하기 위해서이다.
⑤ 석빙고의 통풍구에 덮개돌이 없으면 햇빛이 석빙고 내부로 들어와 온도를 높일 수 있다.

06

고1 • 2022년 9월 32번

윗글의 숨은열에 대해 〈보기〉와 같이 정리했다고 할 때, ㉮~㉰에 들어갈 말로 가장 적절한 것은?

〈보 기〉

물질의 상태변화가 일어날 때는 숨은열이 개입한다. 여름에 석빙고 안에서 물질이 (㉮)될 때 숨은열로 인해 에너지 교환이 일어난 주변 물질은 에너지가 (㉯)한다. 상태가 바뀌는 동안 물질의 온도는 (㉰).

	㉮	㉯	㉰
①	융해	감소	유지된다
②	융해	감소	하강한다
③	융해	증가	유지된다
④	응고	감소	하강한다
⑤	응고	증가	유지된다

07 1등급 대비 고난도 3점 문제

고1 • 2022년 9월 33번

윗글의 '석빙고(A)'와 〈보기〉의 '이글루(B)'를 이해한 내용으로 적절하지 않은 것은? [3점]

〈보 기〉

추운 지방에서 이누이트족이 전통적으로 거주했던 얼음집인 이글루는 우선 눈 벽돌을 쌓아 올린 후에, 이글루 안에서 불을 피워 내부 공기의 온도를 높인다. 시간이 지나 공기가 순환하여 눈 벽돌이 녹으면서 물이 생기면 출입구를 열어 물이 얼도록 한다. 이 과정에서 눈 사이에 들어 있던 공기는 빠져나가지 못하고 얼음 속에 갇히게 된다. 이렇게 만들어진 얼음은 에너지의 전달을 방해한다. 또한 물이 눈 벽돌 사이를 메우면서 얼어 만들어진 얼음 벽은 내부의 에너지 유출을 막는다.

① B의 얼음 벽은 A의 외부 흙과 달리 외부로의 에너지 유출을 막기 위한 것이겠군.
② A의 짚에 포함된 공기구멍과 B의 얼음 속 공기층은 모두 단열 효과를 높일 수 있겠군.
③ A의 얼음 사이의 짚과 B의 눈 벽돌 사이를 메운 물은 모두 외부와의 공기 출입을 막는 역할을 하겠군.
④ A와 B는 모두 공기의 밀도 변화에 따른 에너지의 이동이 나타나겠군.
⑤ A와 B는 모두 내부의 온도를 낮추기 위한 방법으로 출입구를 활용했겠군.

08

고1 • 2022년 9월 34번

문맥상 ⓐ의 의미와 가장 가까운 것은?

① 그의 실력은 평균보다 떨어지는 편이다.
② 곧 너에게 중요한 임무가 떨어질 것이다.
③ 이미 그 일에 정이 떨어진 지 꽤 되었다.
④ 아이는 잠시도 엄마에게서 떨어지지 않으려고 한다.
⑤ 배가 고프다는 말이 떨어지기가 무섭게 밥상이 나왔다.

[해설편 p.101]

09~12 다음 글을 읽고 물음에 답하시오.

(가)

가마를 급히 타고 **솔 아래 굽은 길**로 오며 가며 하는 때
녹양에 우는 **꾀꼬리 교태 겨워하는**구나
나무 풀 우거지어 녹음이 짙어진 때
기다란 난간에서 긴 졸음을 내어 펴니
물 위의 서늘한 바람은 그칠 줄을 모르도다
된서리 걷힌 후에 산빛이 금수(錦繡)로다
누렇게 익은 벼는 또 어찌 넓은 들에 펼쳐졌는가
㉠ 어부 피리도 흥에 겨워 달을 따라 부는구나
초목이 다 진 후에 강산이 묻혔거늘
조물주 야단스러워 빙설로 꾸며 내니
경궁요대*와 옥해은산*이 눈 아래 벌였구나
천지가 풍성하여 **간 데마다 승경(勝景)**이로다
인간 세상 떠나와도 **내 몸이 쉴 틈 없**다
이것도 보려 하고 저것도 들으려 하고
바람도 쐬려 하고 달도 맞으려 하고
밤일랑 언제 줍고 고기는 언제 낚고
사립문 뉘 닫으며 진 꽃일랑 뉘 쓸려뇨
㉡ 아침 시간 모자라니 저녁이라 싫을쏘냐
오늘이 부족하니 내일이라 넉넉하랴
이 산에 앉아보고 **저 산**에 걸어 보니
번거로운 마음에도 **버릴 일이 전혀 없**다
쉴 사이 없는데 오는 길을 알리랴
다만 지팡이가 다 무디어 가는구나
ⓐ 술이 익었으니 벗이야 없을쏘냐
노래 부르게 하고 악기를 타고 또 켜게 하고 방울 흔들며
온갖 소리로 취흥을 재촉하니
근심이라 있으며 시름이라 붙었으랴
누웠다가 앉았다가 굽혔다가 젖혔다가
읊다가 휘파람 불다가 마음 놓고 노니
천지도 넓디넓고 세월도 한가하다
태평성대 몰랐는데 이때가 그때로다
신선이 어떠한가 이 몸이 그로구나
㉢ 강산풍월 거느리고 내 백 년을 다 누리면
악양루* 위의 이백이 살아온들
호탕한 회포는 이보다 더할쏘냐

– 송순, 「면앙정가」 –

* 경궁요대(瓊宮瑤臺): 아름다운 구슬로 장식한 집과 누각.
* 옥해은산(玉海銀山): 옥같이 맑은 바다와 은빛의 산.
* 악양루: 당나라 시인 이백이 시를 지으면서 풍류를 즐긴 곳.

(나)

동해 가까운 거리로 와서 나는 **가재미**와 가장 친하다. 광어, 문어, 고등어, 평메, 횟대…… 생선이 많지만 모두 한두 끼에 나를 물리게 하고 만다. 그저 **한없이 착하고 정다운** 가재미만이 흰밥과 빨간 고추장과 함께 **가난하고 쓸쓸한** 내 상에 한끼도 빠지지 않고 오른다. 나는 이 가재미를 처음 십 전 하나에 뼘가웃*씩 되는 것 여섯 마리를 받아 들고 왔다. 다음부터는 할머니가 두 두름 마른 개에 이십오 전씩에 사오시는데 큰 가재미보다도 잔 것을 내가 좋아해서 모두 손길만큼 한 것들이다. 그동안 나는 한 달포 이 고을을 떠났다 와서 오랜만에 내 가재미를 찾아 생선장으로 갔더니 섭섭하게도 이 물선*은 보이지 않았다. 음력 팔월 초상이 되어서야 이내 친한 것이 온다고 한다. ㉣ 나는 어서 그때가 와서 우리들 흰밥과 고추장과 다 만나서 아침저녁 기뻐하게 되기만 기다린다. 그때엔 또 이 십오 전에 두어 두름씩 해서 나와 같이 ⓑ 이 물선을 좋아하는 H한테도 보내어야겠다.

묘지와 뇌옥과 교회당과의 사이에서 생명과 죄와 신을 생각하기 좋은 운흥리를 떠나서 오백 년 오래된 이 고을에서도 다 못한 곳 옛날이 헐리지 않은 **중리**로 왔다. 예서는 물보다 구름이 더 많이 흐르는 성천강이 가까웁고 또 백모관봉*의 시허연 눈도 바라보인다. 이곳의 좌우로 긴 회담*들이 맞물고 늘어선 좁은 골목이 나는 좋다. 이 골목의 공기는 하이야니 밤꽃의 내음새가 난다. 이 골목을 나는 나귀를 타고 **일없이 왔다갔다 하고 싶다**. 또 예서 한 오 리 되는 학교까지 나귀를 타고 다니고 싶다. 나귀를 한 마리 사기로 했다. ㉤ 그래 소장 마장을 가보나 나귀는 나지 않는다. 촌에서 다니는 아이들이 있어서 수소문해도 나귀를 팔겠다는 데는 없다. 얼마 전엔 어느 아이가 **재래종의 조선 말** 한 필을 사면 어떠냐고 한다. 값을 물었더니 한 오 원 주면 된다고 한다. 이 좀말*로 할까고 머리를 기울여도 보았으나 그래도 나는 그 **처량한 당나귀**가 좋아서 좀더 이놈을 구해보고 있다.

– 백석, 「가재미•나귀」 –

* 뼘가웃: 한 뼘의 반 정도 되는 길이.
* 물선: 음식을 만드는 재료.
* 백모관봉: 흰 관모 모양의 봉우리. 정상에 흰 눈이 덮인 산의 모습을 가리키는 말로, 여기서는 백운산을 말함.
* 회담: 석회를 바른 담.
* 좀말: 아주 작은 말.

09 1등급 대비 고난도 2점 문제

고1•2022년 3월 34번

(가)와 (나)의 공통점으로 가장 적절한 것은?

① 색채어를 활용하여 사물의 역동성을 표현하고 있다.
② 말을 건네는 방식을 통해 독자의 주의를 환기하고 있다.
③ 영탄적 표현을 활용하여 대상에 대한 경외감을 드러내고 있다.
④ 연쇄적 표현을 통해 주변 사물을 사실감 있게 제시하고 있다.
⑤ 계절감을 환기하는 사물을 통해 자연의 모습을 드러내고 있다.

10

고1 • 2022년 3월 35번

㉠~㉤에 대해 이해한 내용으로 적절하지 않은 것은?

① ㉠: 감각적 경험을 통해 환기된 장면을 묘사하여 인간이 자연물과 어우러지는 상황을 제시하고 있다.
② ㉡: 시간을 표현하는 시어를 대응시켜 현재와 같은 상황이 이후에도 이어질 것임을 드러내고 있다.
③ ㉢: 역사적 인물과 견주며 삶에 대한 만족감을 드러내고 있다.
④ ㉣: 기대하는 일이 실현되었을 때 느낄 심정을 직접적으로 표출하고 있다.
⑤ ㉤: 원하는 것을 구하기 위해 시도한 방법이 실패하는 과정에서 느낀 체념을 드러내고 있다.

11

고1 • 2022년 3월 36번

<보기>를 바탕으로 (가), (나)를 이해한 내용으로 적절하지 않은 것은? [3점]

〈보 기〉

문학 작품에서 공간을 체험하는 주체는 공간 및 주변 경물에 대한 인식을 드러내며, 이 인식은 주체의 지향이나 삶에서 중시하는 가치를 암시한다. (가)의 화자는 '면앙정' 주변의 자연에 대한 인식과 함께 풍류 지향적인 태도를 드러내고 있고, (나)의 글쓴이는 공간의 변화와 대상에 대한 인식을 관련지으며 자신이 소중하게 생각하는 삶의 가치를 암시하고 있다.

① (가): '솔 아래 굽은 길'을 오가는 화자는 '꾀꼬리'의 '교태 겨워하는' 모습에 주목하면서 자연을 즐기는 자신의 태도와의 동일성을 발견하고 있다.
② (가): '간 데마다 승경'이라는 화자의 인식은 '내 몸이 쉴 틈 없'는 다양한 일들을 통해 자연의 다채로운 풍광을 즐길 수 있으리라는 기대로 이어지고 있다.
③ (가): '이 산'과 '저 산'에서 '번거로운 마음'과 '버릴 일이 전혀 없'음을 동시에 느끼는 화자의 모습에는 '인간 세상'의 번잡한 일상을 여전히 의식하고 있음이 드러나 있다.

[해설편 p.101]

④ (나): '동해 가까운 거리로 와서' 주목하게 된 '가재미'에 대한 글쓴이의 인식은 '가난하고 쓸쓸한' 삶 속에서 '한없이 착하고 정다운' 것을 소중히 여기는 태도를 드러내고 있다.
⑤ (나): '중리'로 와서 '재래종의 조선 말'보다 '처량한 당나귀'와 '일없이 왔다갔다 하고 싶다'는 글쓴이의 바람은 일상의 작은 존재에 대해 느끼는 우호적 인식을 드러내고 있다.

12

고1 • 2022년 3월 37번

ⓐ와 ⓑ에 대한 이해로 가장 적절한 것은?

① ⓐ는 화자에게 심리적 위안을 주는, ⓑ는 글쓴이에게 고독감을 느끼게 하는 매개체이다.
② ⓐ는 화자가 느끼는 흥을 심화하는, ⓑ는 글쓴이가 느끼는 기쁨을 확장하는 매개체이다.
③ ⓐ는 화자가 내면의 만족감을 드러내는, ⓑ는 글쓴이가 현실에 대한 불만을 표출하는 매개체이다.
④ ⓐ는 화자에게 삶의 목표를 일깨워 주는, ⓑ는 글쓴이에게 심경 변화의 계기를 제공하는 매개체이다.
⑤ ⓐ는 화자에게 이상적 세계의 모습을, ⓑ는 글쓴이에게 윤리적 삶의 태도를 떠올리게 하는 매개체이다.

학습 Check!

▶ 몰라서 틀린 문항 × 표기 ▶ 헷갈렸거나 찍은 문항 △ 표기 ▶ ×, △ 문항은 다시 풀고 ✔ 표기를 하세요.

종료 시각	시 분 초
소요 시간	분 초
초과 시간	분 초

문항 번호	01	02	03	04	05	06	07	08	09	10	11	12
채점 결과												
틀린 문항 복습												

[해설편 p.102]

DAY 28 수능기출 전국연합학력평가 20분 미니 모의고사

● 날짜 : 월 일 ● 시작 시각 : 시 분 초 ● 목표 시간 : 20분

※ 점수 표기가 없는 문항은 모두 2점입니다.

01~02 (가)는 학생이 실시한 인터뷰이고, (나)는 이를 바탕으로 교지에 싣기 위해 쓴 초고이다. 물음에 답하시오.

(가)

학생: 안녕하세요. 저희 교지 편집반에서 사운드 디자이너라는 직업에 대해 소개하고자 이렇게 선배님을 인터뷰하게 되었습니다. 사운드 디자이너라는 직업이 저희들에게는 무척 낯선데요, 어떤 일을 하시는 건가요?

선배: 네, 우리가 일상에서 각종 기기들을 쓰게 되는데, 기기가 작동할 때 특유의 소리가 나잖아요? 기기에서 나는 그런 인위적인 소리를 만드는 사람이 바로 사운드 디자이너입니다. 제 작업실에 오셨으니까 사운드 디자이너들이 만든 소리 한번 들어 볼까요? (두 가지 소리를 들려준다.)

학생: 이거 많이 듣던 소리인데요. 처음 들은 건 컴퓨터를 켰을 때 나는 소리이고, 두 번째 들은 건 문자 메시지가 왔다고 알리는 소리 같아요.

선배: 네, 맞습니다. 방금 전에 소리를 들었을 때 뭐가 제일 먼저 떠올랐나요? 그 소리가 나는 제품이 자연스럽게 떠오르지 않았나요? 우리가 제품을 사용하면서 특정 소리를 반복해서 듣다 보면 어느새 기억 속에 소리가 각인돼 해당 제품의 이미지로 남게 됩니다. 그때 각인된 소리가 어떤 이미지를 자아내느냐에 따라 제품의 이미지가 결정되는 것이죠. 그래서 제조사에서는 사운드 디자인을 중요하게 인식하고 있습니다. [A]

학생: 결국 제품의 소리가 제품의 이미지를 형성하기 때문에 사운드 디자인이 중요한 것이군요. 제 말이 맞나요?

선배: 네, 맞아요.

학생: 그럼, 사운드 디자이너들은 소리를 어떻게 만드시나요?

선배: 몇 가지 방법이 있어요. (소리를 들려주며) 자, 이 소리는 자동차의 안전을 위한 각종 경보음이죠. 이런 소리는 여기 있는 디지털 음향 기기로 직접 만듭니다. (다른 소리를 들려주며) 이 소리는 휴대폰 벨 소리인데, 이미 누군가가 만든 곡을 제품에 어울리게 변형한 겁니다. 자, 이 소리도 한번 들어 보세요. (또 다른 소리를 들려주며) 이 소리는 가짜 엔진 소리인데, 실제 자동차의 엔진 소리를 녹음하여 만든 겁니다. [B]

학생: 가짜 엔진 소리요? 그건 왜 필요한지 말씀해 주세요.

선배: 요즘 전기 차나 하이브리드 차가 저속 운행을 할 때, 엔진 소리가 나지 않아서 보행자의 안전을 위협할 수도 있는데요, 그래서 가짜 엔진 소리가 필요합니다.

학생: 듣고 보니 사운드 디자이너가 하는 일이 흥미롭기도 하고 제품을 위해 필요한 일인 것 같아요. 그럼 사운드 디자이너가 되기 위해서는 어떤 준비를 해야 할까요?

선배: 우선 사운드 디자이너는 소리를 만드는 일을 하기 때문에 공학적인 지식과 함께 음향이나 음악에 대해 잘 알고 있어야 합니다. 또한 소리에 대한 감수성과 이해 능력을 기를 수 있도록 평소에 다양한 음악을 많이 접해보는 것도 필요합니다.

학생: 네, 그렇군요. 끝으로 사운드 디자이너라는 직업의 전망은 어떤가요?

선배: 우리나라의 전자 제품이 세계적으로 인정받고 있고 우리 영화나 게임의 위상이 점점 높아지는 현실을 고려할 때, 사운드 디자인 시장은 앞으로 더욱 커지리라 전망합니다. 후배님들이 사운드 디자이너라는 직업에 관심이 있다면 도전해 보면 좋겠습니다.

학생: 네, 좋은 말씀 감사합니다.

(나)

사운드 디자이너는 우리가 사용하는 여러 가지 제품이 작동될 때 나는 소리를 만드는 사람이다. 영화나 게임, 전자 제품에서 사용되는 소리를 디지털 장비로 만들면서 예전에 음향 엔지니어로 불렸던 사람들이 사운드 디자이너로 불리기 시작했다.

우리가 어떤 제품을 사용할 때마다 나는 특정 소리를 반복해서 들으면 그 소리가 기억에 남아서 해당 제품의 이미지를 형성하게 된다. 그러므로 어떤 소리를 사용하느냐에 따라 제품의 이미지가 결정된다. 즉, 제품에 사용된 소리가 매력적일수록 소비자들에게 각인된 제품에 대한 이미지도 매력적으로 형성되는 것이다. 눈에 보이지 않는 제품의 소리가 결국 소비자들을 끌어들이는 매력으로 작용하는 셈이다.

사운드 디자인을 할 때는 디지털 음향 기기를 이용해서 새롭게 소리를 만들기도 하고, 기존의 곡을 제품에 맞게 변형하여 만들기도 한다. 또는 물소리나 자동차 소리와 같은 실제 소리를 녹음하여 사용하기도 한다.

사운드 디자이너는 소리를 만드는 작업을 해야 하기 때문에 공학적인 지식과 함께 음향이나 음악에 대한 이해도 필요하다. 그렇기 때문에 사운드 디자이너가 되려면 음향공학과나 음악과, 작곡과 등에 진학하는 것이 도움이 될 수 있다. 실제로 현장에서 활동하는 사운드 디자이너들 중에는 이러한 학과를 졸업한 사람들이 많다고 한다.

제품에 대한 이미지가 날로 중요해짐에 따라 매력적인 소리에 대한 수요가 늘어날 것으로 보인다. 따라서 사운드 디자이너의 전망은 밝다고 할 수 있다. 음악이나 음향 등에 관심이 있는 친구들은 충분히 도전해 볼 만한 분야이다.

01

고1 • 2020년 3월 5번

[A], [B]에 대한 설명으로 가장 적절한 것은?

① [A]는 청자의 경험을 환기하며, [B]는 구체적 사례를 들며 설명하고 있다.
② [A]는 청자의 반응을 확인하며, [B]는 전문가의 말을 인용하며 설명하고 있다.
③ [A]는 청자의 참여를 독려하며, [B]는 일상적 상황을 가정하며 설명하고 있다.
④ [A]는 청자의 주의를 당부하며, [B]는 추가적인 정보를 제시하며 설명하고 있다.
⑤ [A]는 청자의 관심을 유도하며, [B]는 기기의 작동 원리를 제시하며 설명하고 있다.

02

고1 • 2020년 3월 7번

〈조건〉에 따라 (나)에 제목을 붙일 때 가장 적절한 것은?

〈조 건〉
○ 비유법을 활용하여 표현 효과를 높일 것.
○ 사운드 디자이너가 하는 역할을 드러낼 것.

① 무에서 유를 창조하는 직업인들을 만나다
② 사운드, 세상과 나를 이어 주는 연결 고리
③ 지친 마음을 치유하는 소리의 샘을 발견하다
④ 제품에 매력적인 옷을 입히는 소리의 마법사
⑤ 사운드 디자이너, 세상에 없는 소리를 찾아서

03

고1 • 2022년 9월 14번

〈보기〉의 ㉠~㉢에 들어갈 말로 적절한 것은?

〈보 기〉

학생: 선생님, '-에요'와 '-예요'는 어떻게 구별하여 쓰면 되나요?
선생님: '-에요'는 설명•의문의 뜻을 나타내는 종결 어미로, '이다'나 '아니다'의 어간 뒤에 붙는 것입니다. '-예요'는 '-이에요'의 준말로, 받침이 없는 체언에 붙어요.
학생: 네. 그런데 '너는 어디에 있니?'에 대한 대답으로 '교실에요.'처럼 쓰는 경우가 있는데 이건 맞춤법에 맞는 표현인가요?
선생님: 네, 그때의 '-에요'는 처소의 부사격 조사 '에'와 보조사 '요'가 결합한 것이므로 맞춤법에 맞는 표현입니다. 그럼, 아래의 괄호 안에 들어갈 말은 무엇일까요?

1. A: 책을 어디에 두고 왔니?
 B: 집( ).
2. 여기는 제가 갔던 식당이 아니( ).
3. 그때 그를 도와준 건 이 학생( ).

학생: 1번은 (㉠), 2번은 (㉡), 3번은 (㉢)입니다.
선생님: 모두 잘 이해했네요.

	㉠	㉡	㉢
①	에요	에요	이에요
②	에요	에요	예요
③	에요	예요	이에요
④	예요	이에요	예요
⑤	예요	에요	이에요

04~09 다음 글을 읽고 물음에 답하시오.

(가)

'세계'는 그것을 대면한 각 인식 주체들에 의해 다양하게 드러난다. 가장 일차적이고 일반적인 세계는 우리가 경험하는 현실 세계이며, 인식 주체들은 각자가 지닌 조건에 따라 현실 세계를 다양하게 인식한다. 한 예로, 각 인식 주체는 서로 다른 가시 및 가청 범위를 가지며, 이러한 신체적 지각의 차이에 따라 그들이 경험하는 세계에 대한 인식도 각기 달라진다. 또한 인식 주체는 일상 언어를 바탕으로 현실 세계를 인식한다. 예를 들어 연속된 시간을 시, 분으로 표현하는 것처럼 일상 언어는 연속된 세계를 분절하여 인식하게 만든다.

그런데 신체적 지각이나 일상 언어는 고정적이지 않다. 운동선수처럼 반복적 수련을 하거나 안경 등의 도구를 이용하면 인식 주체들이 지닌 조건은 ⓐ 달라질 수 있으며, 새로 도입된 낯선 언어가 시간이 흐르면서 일상 언어로 자리 잡기도 한다.

인식 주체들에 의해 드러나는 각각의 세계는 세계 전체를 이루는 여러 얼굴이라 할 수 있다. 인식 주체들의 인식 조건은 다양하므로 각각의 인식틀에 따라 저마다의 얼굴, 즉 각각의 존재면이 드러나게 된다. 그런 의미에서 회화 예술은 세계의 다양한 존재면을 드러내는 작업이다.

의식 수준이 성장함에 따라 인간은 점차 현실 세계의 현상 너머에 있는 형이상학적인 것을 갈망하게 되었다. 이런 경향은 현대회화에도 영향을 ⓑ 끼쳤으며, 회화에서 현실 세계를 다루는 양상에도 변화가 나타났다. 현대회화의 존재적 특징은 과학과의 비교를 통해 분명해진다. 과학은 존재면이 비교적 일의적이며, 한 존재면을 수직으로 파고들어 그 면을 심층적으로 드러낸다. 예를 들어 생물학은 종, 개체, 기관, 세포, 유전자 등 무수한 면들을 드러내나, 이 면들은 넓게 보면 같은 면의 객관적 심층이다. 그러나 현대회화는 여러 존재면을 수평적으로 드러낸다.

[해설편 p.103]

예를 들어 입체주의나 표현주의 현대회화를 보면, 하나의 그림 위에 일상의 현실 세계와 상상에 의한 가능 세계가 혼재해 있음을 알 수 있다. 현실 세계의 실재를 있는 그대로 재현하고자 했던 ㉠ 전통회화와 달리 ㉡ 현대회화는 변형과 과장을 통해 실재와는 다른 방식으로 세계들을 조합해 나간 것이다. 이러한 현대회화의 추상성은 처음에는 혁신적이었으나 점차 보편적인 것이 되었다.

추상의 강도가 더해질수록 현대회화는 실재의 재현에서 더욱 ⓒ 멀어져, 실재가 아닌 화가의 내면을 표현하는 것으로 인식되었다. 내면은 상상의 영역이기에, 전통회화와 달리 현대회화로는 현실 세계의 존재면을 드러내기 어렵다는 인식도 생겨났다. 그러나 현대회화의 추상성에 대해 실재는 배제한 채 내면만 표현한 것이라고 이분법적으로 이해하는 것은 적절하지 않다. 상상의 대부분은 현실의 경험에서 ⓓ 비롯되며, 내면의 추상적 영역 또한 객관적 실재의 외면을 이질적으로 변형시켜 존재를 다양하게 드러내는, 세계의 무수한 존재면 중 하나이기 때문이다. 회화를 통해 접하는 다양한 가능 세계와의 만남은 우리를 현실 세계에 더 가까이 다가가게 해 준다.

(나)

회화는 캔버스 위에 물감으로 색과 형태를 드러낸 가시적 존재지만, 회화의 의미가 창작자의 주관이나 감상자의 주관에 따라 다양하게 형성된다는 점에서 비가시적 존재이기도 하다. 이렇듯 회화는 가시적이면서 동시에 비가시적인 독특한 존재 방식을 갖는다.

전통회화는 회화의 가시적 속성을 통해 객관적 세계의 외면을 사실적으로 재현하는 데 주목했다. 이에 반해 현대회화는 회화의 가시적 속성을 통해 화가의 비가시적 내면을 드러내는 데 치중한다. 현대회화는 화가들이 자신만의 관념적 세계를 가시화한 결과물로서, 회화 속에서 객관적 실재는 주관화된다. 현대회화의 화가들은 현실에서 목격하는 일상의 모습이 비대칭적이고 혼란스럽더라도 임의로 대칭을 만들거나 현실을 조작하는 등의 방법으로 비현실적 허구를 표현해 내고자 했다. 이렇게 예술을 통해 현실이 추상화되는 과정에서 예술은 객관적 현실로부터 점차 멀어져 가는 경향을 보였다.

이러한 ㉮ 예술과 현실의 분리는 회화뿐 아니라 음악에서도 나타난다. 음악에 사용되는 음은 현실의 무한한 소리 중 극히 일부이며, 일상에서 들을 수 있는 일반적 소리와 달리 균질적이고 세련되며 인위적인 배열을 ⓔ 따른다. 이렇게 음악도 일상 현실과 거리를 두며 그 정체성을 확보해 왔다.

그런데 이러한 예술의 흐름에 대항하여 새로운 시도를 하는 예술가들도 있었다. 화가이자 음악가였던 루솔로는 일상 현실의 기계 소리를 소음이 아닌 음악적 표현 대상으로 삼아, 소음 기계를 악기로 만들었다. 작곡가 바레즈는 분절된 몇 개의 음만을 표현할 수 있는 일반적 악기와 달리, 사이렌이 음과 음 사이의 분절되지 않은 무한한 음을 낼 수 있는 일상적 사물이라는 점에 주목하여 사이렌으로 음악을 표현했다. 또한 작곡가 셰페르는 사람의 소리, 기계 소리, 자연음 등을 '음향 오브제'로 활용하는 '구체음악'을 창시하기도 하였다.

게르노트 뵈메는 예술의 영역을 일상적 삶으로 확장하려는 이러한 노력을 '확장된 미학'이라 일컬었다. 뵈메는 예술의 미적 경험이 일상적인 맥락에서 분리되어 예술가라는 특별한 존재에 의해 창조되는 특정한 미적 대상에만 국한된다고 보는 기존의 미학을 비판하며, 예술이 창작되고 수용되는 미적 경험이 일상적 현실로까지 확장되어야 한다고 보았다.

04 1등급 대비 고난도 2점 문제

고1 • 2023년 9월 21번

(가)와 (나)에 대한 설명으로 가장 적절한 것은?

① (가)는 인식 주체가 인식의 한계를 극복하는 과정을, (나)는 인식의 한계가 예술 이해에 미친 영향을 설명하고 있다.
② (가)는 현대회화의 추상성을 이분법적으로 이해해야 하는 이유를, (나)는 회화가 비가시적 내면을 드러내는 원리를 분석하고 있다.
③ (가)는 세계에 대한 인식을 바탕으로 회화 예술을 이해하는 관점을, (나)는 예술과 현실의 관계에 대한 상반된 인식을 제시하고 있다.
④ (가)는 인간의 의식 수준의 성장에 따른 현실 세계의 변화 양상을, (나)는 일상으로부터 분리되어 가는 예술의 흐름을 언급하고 있다.
⑤ (가)는 현대회화가 세계를 추상적으로 드러내는 방식을, (나)는 현실 세계에 의해 회화와 음악이 변화하게 되는 계기를 밝히고 있다.

05

고1 • 2023년 9월 22번

(가)를 바탕으로 존재면과 관련하여 추론한 내용으로 적절하지 않은 것은?

① 하나의 회화 작품을 함께 감상하더라도 각 감상자가 지닌 인식틀에 따라 서로 다른 존재면을 인식하게 될 수 있겠구나.
② 새로 개발된 기술을 지칭하는 용어가 일상 언어로서의 지위를 갖게 되면 그 언어로 지각되는 존재면도 달라질 수 있겠구나.
③ 형이상학적인 것에 대한 갈망으로 인해 회화에 나타난 현실 세계의 존재면이 추상적 방향으로 변하는 경향을 띠게 되었겠구나.
④ 개개의 과학 학문은 하나의 존재면이 서로 관련이 없는 여러 존재면들로 구성되어 있을 때 그 학문의 심층이 드러나게 되겠구나.
⑤ 입체주의 화가의 회화에서는 현실 세계의 존재면과 가능 세계의 존재면이 수평적으로 혼재해 있는 모습을 발견할 수 있겠구나.

06

고1 • 2023년 9월 23번

(가)와 (나)를 바탕으로 ㉠과 ㉡을 비교하여 이해한 내용으로 가장 적절한 것은?

① ㉠과 ㉡은 모두 현실 세계의 존재면을 드러내기 어렵다는 한계를 갖는다.
② ㉠과 ㉡은 모두 현실 세계의 사실적 재현을 통해 화가의 내면 세계를 드러내는 데 치중했다.
③ ㉠은 ㉡과 달리 다양한 가능 세계와의 만남을 통해 현실 세계에 더 가까이 다가가게 해 준다.
④ ㉡은 ㉠과 달리 가시적 속성과 비가시적 속성을 동시에 가지는 독특한 존재 방식을 취한다.
⑤ ㉡은 ㉠과 달리 현실 세계의 객관적 외면을 의도적으로 변형시킴으로써 현실 세계의 얼굴을 다양하게 드러낸다.

07

고1 • 2023년 9월 24번

(가), (나)와 관련지어 〈보기〉에 대해 보인 반응으로 적절하지 않은 것은? [3점]

〈보 기〉

최근 한 의과 대학에서 구스타프 클림트의 대표적 표현주의 작품인 『키스』에 대한 연구 결과를 발표했다. 연구진은 이 회화 속 남녀의 의상에 한 사람의 생명체가 완성되기까지의 순차적 세포분열 과정이 과장된 크기와 다양한 색으로 변형되어 그려져 있음에 주목했다. 그리고 이를 통해 클림트가 당시 현미경 기술의 비약적 발전에 따른 생물학적 탐구에 대한 성과를 토대로 삶과 죽음, 생명에 대한 자신의 깊은 관심을 드러냈다고 밝혔다.

① (가): 생명체가 완성되기까지의 세포분열 과정을 밝혀낸 생물학적 지식이 드러내는 현실 세계는 클림트의 회화에 비해 일의적인 성격을 갖는다고 볼 수 있겠군.
② (가): 현미경 기술의 발전으로 세포분열 과정을 직접 관찰할 수 있게 된 것은 인식 주체가 지닌 조건이 달라져 현실 세계가 새롭게 지각된 사례에 해당한다고 볼 수 있겠군.
③ (가): 클림트의 회화에서 세포분열 과정이 현실과 다르게 변형되어 그려진 것에서 실재와는 다른 방식으로 세계를 조합하는 현대회화의 추상성이 드러난다고 볼 수 있겠군.
④ (나): 클림트의 회화는 색과 형태를 가진다는 점에서는 가시적이지만 세포분열 과정이라는 생물학적 탐구를 다루고 있다는 점에서는 비가시적 속성을 가진다고 볼 수 있겠군.
⑤ (나): 클림트의 회화에서 삶과 죽음, 생명에 대한 화가의 관심이 드러난다고 본 연구 결과는 회화가 화가의 관념적 세계를 표현한 결과라는 인식이 반영된 것이라 볼 수 있겠군.

08

고1 • 2023년 9월 25번

㉮와 관련하여 (나)에 언급된 인물들에 대해 파악한 내용으로 적절하지 않은 것은?

① 현대회화 화가들은 일상의 비대칭성과 혼란스러움을 조작하여 그린 예술 작품을 통해 현실을 비현실적으로 추상화하고자 했다.
② 루솔로는 일상의 기계 소음에서 음악에 사용되는 음의 인위적인 배열을 추구함으로써 예술과 현실의 대립을 극복하고자 했다.
③ 바레즈는 일반 악기와 달리 두 음 사이의 무한한 음을 표현할 수 있는 도구를 이용해 일상 현실을 예술로 표현하고자 했다.
④ 셰페르는 기존 음악의 정체성과는 거리가 먼 일상의 소리를 음향 오브제로 활용하는 새로운 예술 장르를 창시하였다.
⑤ 게르노트 뵈메는 미적 대상의 창작과 수용에 따르는 미적 경험이 일상 현실로까지 확장되어야 한다고 여겼다.

09

고1 • 2023년 9월 26번

문맥상 ⓐ~ⓔ와 바꾸어 쓰기에 가장 적절한 것은?

① ⓐ: 치환(置換)될
② ⓑ: 부과(賦課)했으며
③ ⓒ: 심화(深化)되어
④ ⓓ: 시작(始作)되며
⑤ ⓔ: 추종(追從)한다

10~12 다음 글을 읽고 물음에 답하시오.

안 초시는 한나절이나 화투패를 떼다 안 떨어지면 그 화풀이로 박희완 영감이 들고 중얼거리는 『속수국어독본』을 툭 채어 행길로 팽개치며 그랬다.

"넌 또 무슨 재술 바라구 밤낮 화투패나 떨어지길 바라니?"

"난 심심풀이지."

그러나 속으로는 박희완 영감보다 더 세상에 대한 야심이 끓었다. 딸이 평양으로 대구로 다니며 지방 순회까지 하여서 제법 돈냥이나 걷힌 것 같으나 연구소를 내느라고, 집을 뜯어고친다, 유성기를 사들인다, 교제를 하러 돌아다닌다 하느라고, 더구나 귀찮게만 아는 이 아비를 위해 쓸 돈은 예산에부터 들지 못하는 모양이었다.

"얘? 낡은 솜이 돼 그런지, 삯바느질이 돼 그런지 바지 솜이 모두 치어서 어떤 덴 홑옷이야. 암만해두 샤쓸 한 벌 사입어야겠다."

하고 딸의 눈치만 보아 오다 한번은 입을 열었더니,

"어련히 인제 사드릴라구요."

하고 딸은 대답은 선선하였으나 셔츠는 그해 겨울이 다 지나도록 구경도 못 하였다. ㉠ 셔츠는커녕 안경다리를 고치겠다고 돈 1원만 달래도 1원짜리를 굳이 바꿔다가 50전 한 닢만 주었다. 안경은 돈을 좀 주무르던 시절에 장만한 것이라 테만 오륙 원 먹는 것이어서 50전만으로 그런 다리는 어림도 없었다. 50전 짜리 다리도 있지만 살 바에는 조촐한 것을 택하던 초시의 성미라 더구나 면상에서 짝짝이로 드러나는 것을 사기가 싫었다. ㉡ 차라리 종이 노끈인 채 쓰기로 하고 50전은 담뱃값으로 나가고 말았다.

[A]

"왜 안경다린 안 고치셨어요?"

딸이 그날 저녁으로 물었다.

"흥……."

초시는 말은 하지 않았다. 딸은 며칠 뒤에 또 50전을 주었다. 그러면서 어떻게 들으라고 하는 소리인지,

"아버지 보험료만 해두 한 달에 3원 80전씩 나가요."

하였다. 보험료나 타 먹게 어서 죽어 달라는 소리로도 들리었다.

"그게 내게 상관있니?"

"아버지 위해 들었지, 누구 위해 들었게요 그럼?"

초시는 '정말 날 위해 하는 거면 살아서 한 푼이라두 다오. 죽은 뒤에 내가 알 게 뭐냐' 소리가 나오는 것을 억지로 참았다.

"50전이문 왜 안경다릴 못 고치세요?"

초시는 설명하지 않았다.

"지금 아버지가 좋고 낮은 것을 가리실 처지야요?"

그러나 50전은 또 마코* 값으로 다 나갔다. 이러기를 아마 서너 번째다.

"자식도 소용없어. 더구나 딸자식…… 그저 내 수중에 돈이 있어야……."

초시는 돈의 긴요성을 날로날로 더욱 심각하게 느끼었다.

(중략)

초시는 이날 저녁에 박희완 영감에게서 들은 이야기를 딸에게 하였다. 실패는 했을지라도 그래도 십수 년을 상업계에서 논 안 초시라 **출자(出資)를 권유하는 수작**만은 딸이 듣기에도 딴 사람인 듯 놀라웠다. 딸은 즉석에서는 가부를 말하지 않았으나 그의 머릿속에서도 이내 잊혀지지는 않았던지 다음 날 아침에는, ㉢ 딸 편이 먼저 이 이야기를 다시 꺼내었고, 초시가 박희완 영감에게 묻던 이상을 시시콜콜히 캐어물었다. 그러면 초시는 또 박희완 영감 이상으로 손가락으로 가리키듯 소상히 설명하였고 1년 안에 청장*을 하더라도 최소한도로 **50배 이상의 순이익이 날 것이라 장담 장담하**였다.

딸은 솔깃했다. 사흘 안에 **연구소 집**을 어느 신탁 회사에 넣고 **3천 원**을 돌리기로 하였다. 초시는 금시발복*이나 된 듯 뛰고 싶게 기뻤다.

"서 참위 이놈, 날 은근히 멸시했것다. 내 굳이 널 시켜 네 집보다 난 집을 살 테다. 네깟 놈이 천생 가쾌*지 별거냐……."

그러나 신탁 회사에서 돈이 되는 날은 웬 처음 보는 청년 하나가 초시의 앞을 가리며 나타났다. 그는 딸의 청년이었다. ㉣ 딸은 아버지의 손에 단 1전도 넣지 않았고 꼭 그 청년이 나서 돈을 쓰며 처리하게 하였다. 처음에는 팩 나오는 노염을 참을 수가 없었으나 며칠 밤을 지내고 나니, 적어도 3천 원의 순이익이 오륙만 원은 될 것이라, 만 원 하나야 어디로 가랴 하는 타협이 생기어서 안 초시는 으슬으슬 그, 이를테면 사위 녀석 격인 청년의 뒤를 따라나섰다.

[B]

1년이 지났다.

모두 꿈이었다. 꿈이라도 너무 악한 꿈이었다. 3천 원어치 땅을 사놓고 날마다 신문을 훑어보며 수소문을 하여도 거기는 축항*이 된단 말이 신문에도, 소문에도 나지 않았다. 용당포(龍塘浦)와 다사도(多獅島)에는 땅값이 30배가 올랐느니 50배가 올랐느니 하고 졸부들이 생겼다는 소문이 있어도 여기는 감감소식일 뿐 아니라 나중에 역시 이것도 박희완 영감을 통해 알고 보니 그 관변 모씨에게 박희완 영감부터 속아 떨어진 것이었다. **축항 후보지**로 측량까지 하기는 하였으나 무슨 결점으로인지 중지되고 마는 바람에 너무 기민하게 거기다 땅을 샀던, 그 모씨가 그 땅 처치에 곤란하여 꾸민 **연극**이었다.

돈을 쓸 때는 1원짜리 한 장 만져도 못 봤지만 벼락은 초시에게 떨어졌다. ㉤ 서너 끼씩 굶어도 밥 먹을 정신이 나지도 않았거니와 밥을 먹으러 들어갈 수도 없었다.

"재물이란 **친자 간의 의리도 배추 밑 도리듯** 하는 건가?"

탄식할 뿐이었다. 밥보다는 술과 담배가 그리웠다. 물론 안경다리는 그저 못 고치었다. 그러나 이제는 50전짜리는커녕 단 10전짜리도 얻어 볼 길이 없다.

추석 가까운 날씨는 해마다의 그때와 같이 맑았다. 하늘은 천리같이 트였는데 조각구름들이 여기저기 널리었다. 어떤 구름은 깨끗이 바래 말린 옥양목*처럼 흰빛이 눈이 부시다. 안 초시는 이번에도 자기의 때 묻은 적삼 생각이 났다. 그러나 이번에는 소매 끝을 불거나 떨지는 않았다. 고요히 흘러내리는 눈물을 그 더러운 소매로 닦았을 뿐이다.

– 이태준, 「복덕방」 –

* 마코: 일제 강점기 때의 담배 이름.
* 청장: 장부를 청산한다는 뜻으로, 빚 따위를 깨끗이 갚음을 이르는 말.
* 금시발복: 어떤 일을 한 다음 이내 복이 돌아와 부귀를 누리게 되는 것.
* 가쾌: 집 흥정을 붙이는 일을 직업으로 가진 사람.
* 축항: 항구를 구축함. 또는 그 항구.
* 옥양목: 빛이 썩 희고 얇은 무명의 한 가지.

10

고1 • 2021년 6월 26번

[A]와 [B]에 대한 설명으로 가장 적절한 것은?

① [A]는 외양 묘사를 통해 인물의 성격을 드러내고 있고, [B]는 배경 묘사를 통해 인물의 처지를 드러내고 있다.
② [A]는 대화와 서술을 통해 인물 간의 갈등이 드러나고 있고, [B]는 요약적 서술을 통해 사건의 전모가 드러나고 있다.
③ [A]는 작품 속 서술자가 사건에 대해 평가하고 있고, [B]는 작품 밖 서술자가 앞으로 전개될 사건을 예측하고 있다.
④ [A]는 시간의 흐름에 역행하여 사건이 진행되고 있고, [B]는 시간의 흐름에 따라 사건이 순차적으로 진행되고 있다.
⑤ [A]는 향토적인 소재를 통해 주제 의식을 드러내고 있고, [B]는 상징적인 소재를 통해 사건의 의미를 드러내고 있다.

11

고1 • 2021년 6월 27번

㉠~㉤에 대한 설명으로 적절하지 않은 것은?

① ㉠: 형편이 어려운 안 초시를 인색하게 대하는 딸의 모습이 드러나 있다.
② ㉡: 저렴한 안경다리는 사지 않겠다는 안 초시의 자존심이 드러나 있다.
③ ㉢: 안 초시가 전해준 이야기에 적극적으로 관심을 보이는 딸의 모습이 드러나 있다.
④ ㉣: 안 초시의 수고로움을 덜어 주려는 딸의 심리가 드러나 있다.
⑤ ㉤: 예상 밖의 결과로 딸과 마주할 자신이 없는 안 초시의 모습이 드러나 있다.

[해설편 p.105]

12

고1 • 2021년 6월 28번

다음은 윗글이 창작될 당시 신문 기사의 일부이다. 이를 참고하여 윗글을 감상한 내용으로 적절하지 않은 것은? [3점]

> ## ○○ 일보
>
> **부동산 투기 열풍으로 전국은 지금 …**
>
> 일본의 축항 사업 발표 후, 전국이 부동산 투기 열풍으로 떠들썩하다. 한탕주의에 빠진 많은 사람들이 제2의 황금광 사업으로 불리는 축항 사업에 몰려들고 있다. 1932년 8월, 중국 동북부와 연결되는 철도의 종착지이자 축항지로 나진이 결정되자, 빠르게 정보를 입수한 브로커들로 나진은 북새통을 이루고 있다. 하지만 누구나 투자에 성공하는 것은 아니어서, 잘못된 소문으로 투자에 실패하여 전 재산을 잃은 사람들, 이로 인해 가족들에게 외면받는 사람들, 자신의 피해를 사기로 만회하려는 사람들까지 등장하여 사회적 혼란이 커지고 있다. 이러한 모습은 물질 만능주의가 만연한 우리 사회의 어두운 단면을 보여준다는 비판이 일고 있다.

① 딸에게 '출자를 권유하는 수작'으로 보아 안 초시는 건설 사업이 확정된 부지에 빠르게 투자하였겠군.
② 안 초시가 '50배 이상의 순이익이 날 것이라 장담 장담하'며 부추기는 모습에서 한탕주의에 빠져 있음을 알 수 있군.
③ 안 초시의 딸이 '연구소 집'을 담보로 '3천 원'을 마련한 것은 당시의 투기 열풍과 관련이 있겠군.
④ 모씨가 '축항 후보지'에 대해 '연극'을 꾸민 것은 자신의 피해를 사기로 만회하기 위한 것이었겠군.
⑤ 안 초시가 '친자 간의 의리도 배추 밑 도리듯' 한다고 '탄식'하는 모습에서 물질 만능주의의 어두운 모습을 엿볼 수 있군.

학습 Check!

▶ 몰라서 틀린 문항 × 표기 ▶ 헷갈렸거나 찍은 문항 △ 표기 ▶ ×, △ 문항은 다시 풀고 ✔ 표기를 하세요.

종료 시각	시 분 초
소요 시간	분 초
초과 시간	분 초

문항 번호	01	02	03	04	05	06	07	08	09	10	11	12
채점 결과												
틀린 문항 복습												

[해설편 p.106]

DAY 29 수능기출 전국연합학력평가 20분 미니 모의고사

● 날짜 : 월 일 ● 시작 시각 : 시 분 초 ● 목표 시간 : 20분

※ 점수 표기가 없는 문항은 모두 2점입니다.

01 다음은 학생의 발표이다. 물음에 답하시오.

안녕하세요. 여러분의 필통에는 어떤 필기구가 가장 많은가요? (청중의 답을 듣고) 네, 제 생각대로 볼펜이 많군요. 그럼 사람들은 왜 볼펜을 애용할까요? 값이 싸고 휴대하기 편해서이기도 하지만 또 다른 장점이 있습니다. 그래서 오늘은 볼펜이 사람들에게 널리 사용되는 이유를 말씀드리겠습니다.

먼저 볼펜은 글씨를 쓸 때 종이가 찢어지거나 볼펜 끝 부분이 망가지는 일이 적습니다. 이게 왜 장점일까요? (자료 1을 가리키며) 보시는 것처럼 볼펜이 사용되기 이전부터 쓰이던 만년필은 모세관 현상에 의해 힘들이지 않고 글씨를 쓸 수 있습니다. 하지만 펜촉이 날카로워 종이가 찢어지기도 하고, 거친 표면에 글씨를 쓰면 펜촉이 망가지기도 쉽습니다.

아, 질문이 있으시네요. (㉠ 청중의 질문을 듣고) 겉으로는 잘 보이지 않지만 종이의 섬유소가 가는 대롱의 역할을 하기 때문에 펜촉에 있던 잉크가 모세관 현상에 의해 종이로 흘러가서 쉽게 필기할 수 있는 겁니다. 이해되셨나요? (청중이 고개를 끄덕이는 것을 보고) 네, 그럼 발표를 이어 가겠습니다.

(자료 2를 가리키며) 보시는 것처럼 볼펜은 글씨를 쓸 때 볼과 종이의 마찰에 의해 볼이 구르지요. 이 과정에서 볼의 잉크가 종이에 묻으며 글씨가 써집니다. 그런데 볼펜의 볼이 빠진 경험이 한 번쯤 있으시죠? (자료 3을 가리키며) 보시는 것처럼 볼펜은 잉크가 들어갈 대롱의 끝에 볼을 넣은 후 밑 부분을 오므려 볼이 빠지지 않도록 하는데요, 볼이 빠지는 문제를 정밀한 기술로 보완하고 있습니다.

또한 볼펜은 종류가 다양하여 사람들이 필요에 따라 고를 수 있어서 좋습니다. 글자가 물에 잘 번지지 않는 유성 볼펜, 필기감이 부드러운 수성 볼펜, 여러 색을 하나에 담은 다색 볼펜, 글씨를 쓰고 지울 수 있는 볼펜, 우주에서 사용할 수 있는 가압 볼펜 등 선택의 폭이 넓습니다.

볼펜은 신문 기자였던 라즐로 비로가 특허를 낸 이후 상용화되면서 기존 필기구의 단점을 보완하고 사람들의 다양한 요구를 반영하여 꾸준히 사용되고 있습니다. 지금까지, 볼펜이 사람들에게 널리 사용되는 이유를 말씀드렸습니다. 감사합니다.

01

고3 • 2020학년도 수능 3번

위 발표의 흐름을 고려할 때, ㉠으로 가장 적절한 것은?

① 만년필로 종이에 글씨를 수월하게 쓸 수 있는 것이 모세관 현상과 어떤 관련이 있나요?
② 만년필 외에 모세관 현상이 적용되어 손쉽게 필기할 수 있는 필기구에는 무엇이 있나요?
③ 만년필 펜촉의 굵기와 필기할 때 힘을 들이는 정도는 어떤 연관성이 있나요?
④ 만년필로 힘들이지 않고 글씨를 쓰려면 어떤 형태의 펜촉을 사용해야 하나요?
⑤ 종이의 섬유소가 가는 대롱과 같은 역할을 한다는 것이 무슨 의미인가요?

02 다음은 작문 상황과 이를 바탕으로 학생이 작성한 초고이다. 물음에 답하시오.

○ **작문 상황**: 지역 신문의 독자 기고란에 그린워싱과 관련해 주장하는 글을 쓰려고 함.

○ **초고**

최근 친환경 제품에 대한 소비자의 관심이 높아지면서 친환경 제품 소비가 활성화되고 있는데 이 과정에서 그린워싱이 증가하고 있다. '그린워싱(greenwashing)'이란 기업이 소비자로 하여금 제품이나 제품 생산 과정 등을 친환경적인 것으로 오해하도록 하는 경우를 말한다. 이는 소비자가 정확한 정보를 제공받을 권리를 침해하고, 친환경 제품 생산 업체에 피해를 주어 친환경 제품 시장의 공정한 경쟁 질서를 저해할 수 있다.

그린워싱이 증가하는 원인은 무엇일까? 우선 기업이 환경 문제에 대한 소비자의 관심을 단순히 마케팅의 수단으로 이용하기 때문이다. 더불어 제도적 측면에서 친환경을 평가할 수 있는 법률적 기준이 빠르게 변화하는 시장 상황에 대처할 수 있을 정도로 구체화되어 마련되지 않았기 때문이다. 또한 소비자는 친환경적인 소비에 관심은 있으나 상대적으로 환경마크를 비롯한 친환경 제품과 관련된 정보에 대해 잘 알지 못해 친환경 제품을 제대로 선별하여 구매하지 못하는 경우가 많기 때문이다.

그린워싱을 해결하기 위해서는 무엇보다 기업은 기업 윤리를 재정립하고 소비자가 환경과 관련된 제품 정보를 오해하지 않도록 정보를 투명하게 공개해야 한다. 정부는 시장 상황을 고려해 친환경과 관련된 법률적 기준을 보완함으로써 소비자들이 그린워싱을 명확히 인식할 수 있도록 지원해야 한다. 소비자는 그린워싱 여부를 판단할 수 있도록 친환경 제품에 대한 정확한 정보를 찾아보는 태도를 지녀야 한다.

기업 성장과 발전은 국가 경제를 이끌어 가는 원동력이다. 그린워싱은 소비자를 기만하는 행위이다. 그러므로 사회 구성원 모두가 협력하여 그린워싱을 해결해야 한다.

02

고1 • 2022년 11월 9번

〈보기〉는 학생이 초고를 보완하기 위해 추가로 수집한 자료이다. 자료의 활용 방안으로 적절하지 않은 것은? [3점]

〈보 기〉

[자료 1] 통계 자료

㉮ 친환경 제품에 대한 관심도 및 구매 경험	㉯ 환경 관련 법정 인증마크 인지도
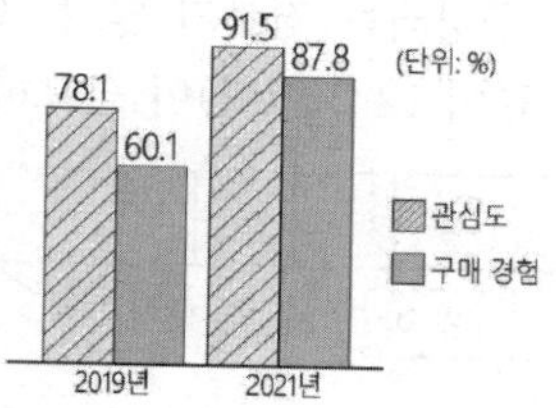	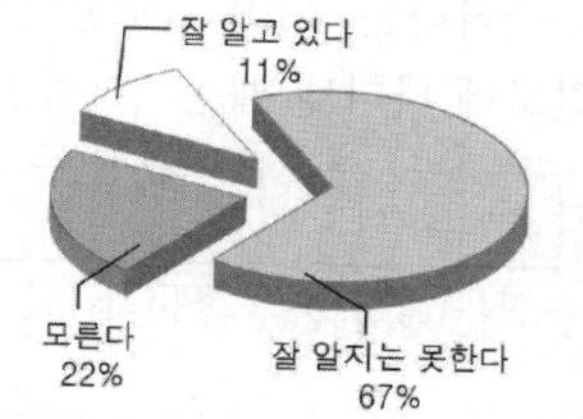

[자료 2] 신문 기사

○○기업은 재생 플라스틱으로 제품 용기를 제작했다는 표시로 자체 제작한 스티커를 붙이고 친환경적 특성을 홍보하여 소비자에게 큰 호응을 얻었다. 그런데 해당 스티커가 환경 관련 법정 인증마크와 유사해 소비자가 해당 스티커를 법정 인증마크로 혼동하여 제품을 구매하는 사례가 많았고, 한 시민 단체가 조사한 결과 제품 용기의 소재도 재생 플라스틱이 아님이 밝혀졌다. 이를 계기로 환경마크 등에 대한 정확한 정보를 알고자 하는 소비자들이 늘고 있으나, 관련 정보들이 통합적으로 제공되지 않아 소비자들이 불편을 겪고 있다.

[자료 3] 전문가 인터뷰

외국에서는 친환경이라는 용어를 쓸 때 체크리스트와 같은 객관적 지표를 바탕으로 적합성 평가 기관을 통해 인증을 받는 제도가 시행되고 있습니다. 우리나라도 객관적인 지표를 좀 더 구체적으로 제시하여 법률을 보완해 나간다면 소비자 보호에 도움이 될 것입니다. 한편 친환경 제품의 인증과 관련된 정보를 여러 기관에서 다루고 있는데, 이러한 정보가 통합적으로 제공되면 소비자가 그린워싱에 쉽게 대처할 수 있을 것입니다.

① [자료 1-㉮]를 활용하여 친환경 제품에 대한 소비자의 관심이 높아지고 있다는 내용을 뒷받침하는 자료로 제시한다.

② [자료 2]를 활용하여 기업이 환경 문제에 대한 소비자의 관심을 마케팅의 수단으로 이용하고 있다는 내용에 대한 구체적 사례로 제시한다.

③ [자료 3]을 활용하여 객관적 지표를 마련한 해외 사례를 친환경과 관련된 법률적 기준을 보완하자는 주장에 대한 근거로 제시한다.

④ [자료 1-㉯]와 [자료 2]를 활용하여 소비자가 친환경 관련 제품 정보를 잘 알지 못해 제품을 제대로 선별하여 구매하지 못한다는 내용을 구체화하기 위한 자료로 제시한다.

⑤ [자료 2]와 [자료 3]을 활용하여 기업이 자체적으로 환경마크를 평가할 수 있는 제도를 마련하는 것을 기업 윤리를 재정립하기 위한 구체적 방안으로 제시한다.

03~04 다음 글을 읽고 물음에 답하시오.

언어학자인 소쉬르는 '시간은 모든 것을 변화시킨다. 언어라고 해서 이 보편 법칙을 벗어날 리가 없다.'라고 했다. 이처럼 시간의 흐름에 따라 언어가 변화하기도 하는데 이를 언어의 특성 중 역사성이라고 한다. 이러한 언어의 역사성을 의미와 형태 측면에서 살펴보자.

단어의 의미 변화 양상에는 의미의 확대, 축소, 이동이 있다. 의미 확대는 단어 본래의 의미보다 그 뜻의 사용 범위가 넓어지는 것이고, 반대로 의미 축소는 본래의 의미보다 그 뜻의 사용 범위가 좁아지는 것이다. 그리고 단어의 의미가 조금씩 달라져서 본래의 의미와 거리가 먼 다른 의미로 바뀌기도 하는데, 이를 ㉠ <u>의미 이동</u>이라고 한다.

단어의 형태 변화는 ㉡ <u>음운의 변화로 인한 것</u>과 유추로 인한 것 등이 있다. 중세 국어의 음운 중 'ㆍ', 'ㅿ', 'ㅸ' 등이 시간이 지나면서 다른 음운으로 바뀌거나 소실되었는데, 이에 따라 단어의 형태도 바뀌게 되었다. 'ㆍ'는 첫째 음절에서는 'ㅏ'로, 둘째 음절 이하에서는 'ㅡ'로 주로 바뀌었으며 'ㅿ'은 대부분 소실되었고 'ㅸ'은 주로 반모음 'ㅗ/ㅜ'로 바뀌었다. 한편 유추란 어떤 단어가 의미적 혹은 형태적으로 비슷한 다른 단어를 본떠 변화하는 것을 말한다. 과거에 '오다'의 명령형은 '오다'에만 결합하는 명령형 어미 '-너라'가 결합한 '오너라'였으나, 사람들이 일반적인 명령형 어미인 '-아라'가 쓰일 것이라고 유추하여 사용한 결과 현재에는 '-아라'가 결합한 '와라'도 쓰인다.

[A] 이와 같은 역사성뿐만 아니라 언어의 특성에는 언어의 내용인 '의미'와 그것을 나타내는 형식인 '말소리' 사이의 관계가 필연적이지 않다는 자의성, 말소리와 의미는 사회의 인정을 통해 관습적으로 결합되어 있어 그 결합은 개인이 함부로 바꿀 수 없는 약속이라는 사회성, 언어를 통해 연속적인 대상이나 개념을 분절적으로 인식하게 된다는 분절성 등이 있다.

DAY 29

[해설편 p.107]

03

고1•2022년 9월 12번

[A]를 바탕으로 추론한 내용으로 적절하지 않은 것은?

① 경계가 뚜렷하지 않은 '무지개'의 색을 일곱 가지 색으로 구분하는 것은 언어를 통해 대상을 분절적으로 인식하는 것이겠군.
② 여러 사람들이 '소리 없이 빙긋이 웃는 웃음'을 '미소'라고 말하는 것은 의미와 말소리가 관습적으로 결합되어 있기 때문이겠군.
③ 동일한 의미의 대상을 한국어로는 '개', 영어로는 'dog'라고 말하는 것은 의미와 말소리의 관계가 필연적이지 않기 때문이겠군.
④ '바다'의 의미를 '나무'라는 말소리로 표현하면 의사소통이 제대로 안 되는 것은 언어가 개인이 함부로 바꿀 수 없는 사회적 약속이기 때문이겠군.
⑤ '차다'라는 말소리가 '(발로) 차다', '(날씨가) 차다', '(명찰을) 차다' 등 다양한 의미에 대응하는 것은 연속적인 개념을 언어로 나누어 인식하고 있는 것이겠군.

04

고1•2022년 9월 13번

〈보기〉는 언어의 역사성과 관련하여 학생이 수집한 자료이다. ⓐ~ⓔ 중 윗글의 ㉠과 ㉡에 모두 해당하는 것은? [3점]

〈보 기〉

○ '어리다'는 '나이가 적다'라는 의미인데 예전에는 '어리석다'라는 의미를 나타냈고, 예전에도 '어리다'의 형태로 쓰였다. ………… ⓐ
○ '서울'은 '나라의 수도'와 '한반도의 중심부에 있는 도시'를 의미하는데 과거에는 '나라의 수도'만을 의미했고, '셔ᄫᅳᆯ'의 형태로 쓰였다. ………… ⓑ
○ '싸다'는 '비용이 보통보다 낮다'라는 뜻의 단어인데 예전에는 '그 정도의 값어치가 있다'라는 의미를 나타냈고, 'ᄊᆞ다'의 형태로 쓰였다. ………… ⓒ
○ '마음'은 '사람이 본래부터 지닌 성격이나 품성'을 뜻하는 단어인데 예전에는 이와 함께 '심장'을 의미하기도 했고, 'ᄆᆞᅀᆞᆷ'의 형태로 쓰였다. ………… ⓓ
○ '서로'는 '짝을 이루는 상대'라는 뜻으로, 예전에 '서르'라고 썼는데 사람들이 일반적으로 부사가 '-로'로 끝나는 것에서 추측하여 사용한 결과 '서르'는 '서로'로 변했다. ………… ⓔ

① ⓐ ② ⓑ ③ ⓒ ④ ⓓ ⑤ ⓔ

05~07 다음 글을 읽고 물음에 답하시오.

국악의 장단이란 일반적으로 일정한 주기로 소리의 길이와 강약이 규칙적으로 되풀이되는 것을 말하며, 기본 단위인 '박'으로 구성된다. 박은 음의 길이를 재는 단위로, 기준이 되는 박을 보통박이라 하고 보통박을 더 작은 단위로 쪼갠 박을 소박이라 한다. 여러 개의 소박이 모여서 하나의 보통박을 이루며, 우리 민요 장단은 굿거리장단처럼 3개의 소박으로 이루어진 보통박이 4번 나타나는 3소박 4보통박으로 구성되는 경우가 많다. 이를 정간보에 나타낼 때는 〈그림 1〉과 같이 12정간(칸)이 필요하다.

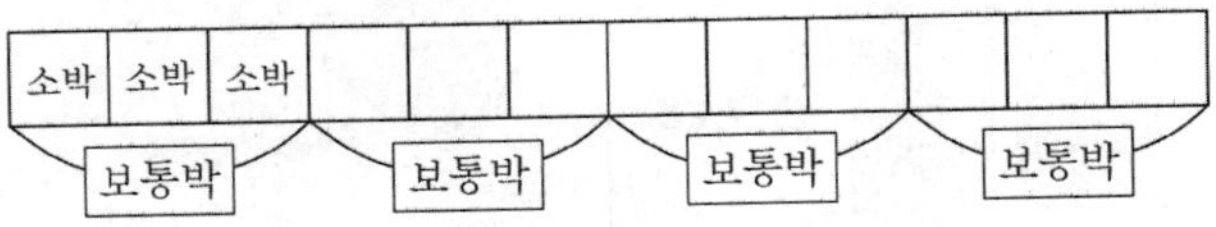

〈그림 1〉

국악 연주에서 장단을 맡는 대표적인 악기는 장구로, 장단을 맞추기 위해 장구의 가죽 면을 치는 것을 '점(點)'이라 한다. 〈그림 2〉는 굿거리장단의 기본 장구 장단을 나타낸 것으로 장구 장단을 정간보에 기보할 때는 각각의 점에 해당하는 부호를 사용하며, 악기에서 울려 나오는 특징적인 소리를 입으로 흉내낸 구음을 부호 아래에 첨가하기도 한다.

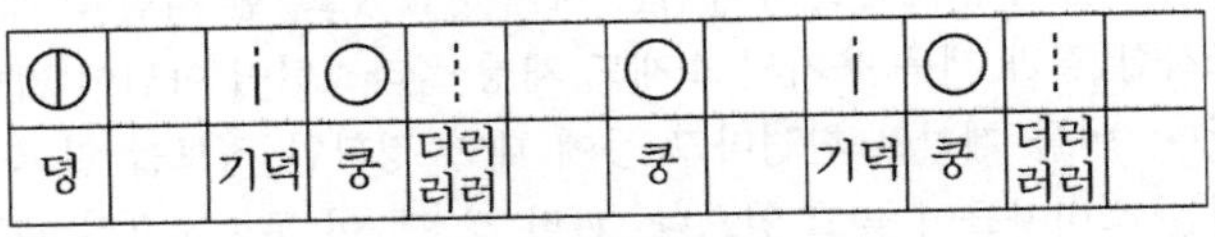

〈그림 2〉

㉠ 장구 장단을 칠 때는 한 손으로 채를 잡아 채편을 치고 다른 손으로는 북편을 치는데, 장구의 채편과 북편을 동시에 치는 것을 '덩'이라 하고 정간보에 '⦶'로 표시한다. 이는 합장단이라고도 하며 주로 음악을 시작할 때 사용한다. 채편을 한 번 치는 것을 '덕'이라 하고 'ㅣ'로 표시하며, 채편을 칠 때 짧은 꾸밈음을 붙여 치는 것을 '기덕'이라고 하고 'i'로 표시한다. '기덕'은 채편을 겹쳐 친다고 하여 겹채라고도 한다. 채의 탄력을 이용하여 채를 굴리며 채편을 칠 때는 '더러러러'라고 하고 '⁞'로 표시한다. '덕', '기덕', '더러러러'에서는 북편을 치지 않고 채편만 치며, 장구의 북편만 칠 때는 '쿵'이라 하고 'ㅇ'로 표시한다.

또한 정간보에는 점의 길이도 나타낼 수 있다. 한 정간에 점을 나타내는 부호 하나가 있으면 그 점은 한 소박이 되고, 한 정간에 점을 나타내는 부호 하나가 있고 그 다음 정간이 빈 칸으로 남아 있으면 그 점은 두 소박이 되는 식이다. 비어 있는 정간은 앞의 소리를 연장한다는 표시이기 때문이다. 예를 들어 〈그림 2〉에서 첫 번째 보통박의 '덩'은 두 소박, '기덕'은 한 소박이 된다. 또한 장단을 칠 때는 기본이 되는 장단을 흐트러트리지 않는 범위 내에서 악곡의 흐름이나 연주자의 해석에 따른 변주도 가능하다. 예를 들어 연주자에 따라 '기덕'을 '덕'으로 바꾸거나 '쿵더러러러'를 '쿵덕쿵'으로 바꾸어 변주할 수 있는 것이다. 이러한 변주는 악곡의 흐름에 맞게 장단에 변화를 주어 음악을 더욱 풍성하게 만드는 역할을 한다.

한편 실외음악이나 사물놀이처럼 큰 소리를 내야 할 때에는 북편을 손 대신 궁채로 치기도 한다. 또한 채편을 칠 때는 채편 가죽의 중앙 부분인 복판을 치는 것이 일반적이지만 독창 또는 독주의 반주나 실내악 연주처럼 소리를 작게 내어야 할 경우에는 가죽의 가장자리 부분인 변죽을 친다. 변죽은 작고 높은 소리가 나는 반면, 복판은 크고 낮은 소리가 나기 때문에 연주 상황에 어울리는 소리가 나도록 치는 것이다.

장단은 단지 음악의 진행을 시간적으로 안배하는 역할만을 하는 것이 아니라 연주자나 창자의 호흡을 조절하며 음악의 분위기를 이끌어 나간다. 따라서 국악을 깊이 있게 감상하려면 장단을 이해하는 것이 중요하며, 이를 통해 우리 음악에 담긴 흥을 더욱 잘 느낄 수 있을 것이다.

05

고1 • 2021년 9월 24번

윗글에서 답을 찾을 수 있는 질문으로 적절하지 않은 것은?

① 국악에서 장단의 개념은 무엇일까?
② 장단을 구성하는 단위는 무엇일까?
③ 정간보에 점의 강약을 나타내는 방법은 무엇일까?
④ 장단을 변주할 때 얻을 수 있는 효과는 무엇일까?
⑤ 국악 감상에서 장단을 이해하는 것이 중요한 이유는 무엇일까?

06

고1 • 2021년 9월 25번

㉠에 대한 이해로 가장 적절한 것은?

① 정간보를 보면 연주할 점의 길이를 알 수 있다.
② 크고 낮은 소리를 내기 위해 채편의 변죽을 친다.
③ 여러 개의 보통박을 쳐서 하나의 소박을 연주한다.
④ 북편을 치는 도구는 기본이 되는 장단에 의해 결정된다.
⑤ 기본이 되는 장단을 연주할 때에는 북편과 채편을 동시에 칠 수 없다.

[해설편 p.108]

07

고1 • 2021년 9월 26번

윗글을 바탕으로 〈보기〉의 창작 장단을 연주한다고 할 때, 이에 대한 이해로 적절하지 않은 것은? [3점]

〈보 기〉

학생: 오늘 배운 내용을 가지고 나만의 창작 장단을 만들어 연주해 볼까? 3소박 4보통박으로 치면 재미있을 것 같아. 우선은 정간보에 부호와 구음을 표시하고 그대로 연주해 봐야지.

⦶		i	○	|		○	⋮	○	|		i
덩		기덕	쿵	덕		쿵	더러러러	쿵	덕		기덕

① '|(덕)'은 각각 두 소박으로 연주해야겠군.
② 마지막 보통박에서는 채편만 치면 되겠군.
③ 합장단으로 시작하고 겹채로 마무리해야겠군.
④ 세 번째 보통박에서는 종류가 다른 세 점을 연주해야겠군.
⑤ 첫 번째와 마지막 보통박의 세 번째 소박에서는 'i(기덕)'을 쳐야겠군.

DAY 29

[해설편 p.109]

08~12 다음 글을 읽고 물음에 답하시오.

(가)

십 년(十年)을 경영(經營)ᄒᆞ여 **초려삼간(草廬三間)** 지여 내니
나 ᄒᆞᆫ 간 ᄃᆞᆯ ᄒᆞᆫ 간에 **청풍(淸風)** ᄒᆞᆫ 간 맛져 두고
강산(江山)은 들일 듸 업스니 둘러 두고 보리라

– 송순 –

(나)

서산의 아침볕 비치고 구름은 낮게 떠 있구나
비 온 뒤 **묵은 풀**이 뉘 **밭**에 더 짙었든고
두어라 차례 정한 일이니 매는 대로 매리라 〈제1수〉

둘러내자* 둘러내자 긴 고랑 둘러내자
바라기 역고* 를 고랑마다 둘러내자
잡초 짙은 긴 사래 마주 잡아 둘러내자 〈제3수〉

땀은 듣는 대로 듣고 볕은 쬘대로 쬔다
청풍에 옷깃 열고 긴 휘파람 흘리 불 때
어디서 길 가는 손님네 아는 듯이 머무는고 〈제4수〉

밥그릇에 **보리밥**이요 사발에 **콩잎 나물**이라
내 밥 많을세라 네 반찬 적을세라
먹은 뒤 한 숨 졸음이야 너나 나나 다를소냐 〈제5수〉

돌아가자 돌아가자 해 지거든 돌아가자
냇가에 손발 씻고 **호미 메고 돌아올** 제
어디서 **우배초적(牛背草笛)***이 함께 가자 재촉하는고
〈제6수〉

– 위백규, 「농가구장(農歌九章)」 –

* 둘러내자: 휘감아서 뽑자.
* 바라기 역고: 잡초의 일종.
* 우배초적: 소의 등에 타고 가면서 부는 풀피리 소리.

(다)

우리 집 뒷동산에 복숭아나무가 하나 있었다. 그 꽃은 **빛깔이 시원치 않고** 그 열매는 맛이 없었다. 가지에도 **부스럼이 돋고** 잔가지는 무더기로 자라 참으로 볼 것이 없었다. 지난 봄에 이웃에 박 씨 성을 가진 이의 손을 빌어 **홍도 가지**를 접붙여 보았다. 그랬더니 그 꽃이 아름답고 열매도 아주 튼실하였다. 애초에 한창 잘 자라는 나무를 베어 버리고 잔가지 하나를 접붙였을 때에 나는 그것을 보고 '대단히 어긋난 일을 하는구나'하고 생각하였다. 그런데 어느새 밤낮으로 싹이 나 자라고 비와 이슬이 그것을 키워 눈이 트고 가지가 뻗어 얼마 지나지 않아 울창하게 자라 제법 그늘을 드리우게 되었다. 올봄에는 꽃과 잎이 많이 피어서 붉고 푸른 비단이 찬란하게 서로 어우러진 듯하니 그 경치가 진실로 볼 만하였다.

오호라, 하나의 복숭아나무, 이것이 심은 땅의 흙도 바꾸지 않고 그 뿌리의 종자도 바꾸지 않았으며 단지 접붙인 한 줄기의 기운으로 줄기도 되고 가지도 되어 아름다운 꽃이 밖으로 피어나 그 **자태가 돌연히 다른 모습**으로 바뀌니 보는 이로 하여금 눈을 씻게 하고 지나가는 이가 많이 찾아 오솔길을 내게 되었다. 이러한 기술을 가진 이는 그 조화의 비밀을 아는 이가 아닌가! 신기하고 또 신기하도다.

내가 여기에 이르러 느낀 바가 있었다. 사물이 변화하고 바뀌어 개혁을 하게 되는 것은 오로지 초목에 국한한 것이 아니오, 내 몸을 돌이켜 본다 하여도 그런 것이니 어찌 그 관계가 멀다 할 것인가! **악한 생각**이 나는 것을 결연히 내버리는 일은 나무의 옛 가지를 잘라 내버리듯 하고 **착한 마음**의 실마리 싹을 끊임없이 움터 나오게 하기를 새 가지로 접붙이듯 하여, 뿌리를 북돋아 잘 기르듯 마음을 닦고 가지를 잘 자라게 하듯 깊은 진리에 이른다면 이것은 시골 사람에서 성인에 이르기까지 나무 접붙임과 다른 것이 무엇이겠는가!

『주역』에 이르기를 ㉠ <u>"땅에서 나무가 자라나는 것은 승괘(升卦)*이니 군자가 이로써 덕을 순하게 하여 작은 것을 쌓아 높고 크게 한다."</u> 하였으니, 이것을 보고 어찌 스스로 힘쓰지 아니하겠는가. 그리고 또 느낀 바가 있다. 오늘부터 지난 봄을 돌이켜 보면 겨우 추위와 더위가 한 번 바뀐 것뿐인데 한 치 가지를 손으로 싸매어 놓은 것이 저토록 지붕 위로 높이 자라 꽃을 보게 되었고, 또 장차 그 열매를 먹게 되었으니 만약 앞으로 내가 몇 해를 더 살게 된다면 이 나무를 즐김이 그 얼마나 더 많을 것인가! 세상 사람들은 자기가 **늙는 것만 자랑하여 팔다리를 게을리 움직이**고 그 마음 씀도 별로 소용되는 바가 없다. 이로 미루어 보면 또한 어찌 마음을 분발하여 뜻을 불러일으키기를 권하지 아니하겠는가. 이 모든 것은 다 이 늙은이를 경계함이 있으니 이렇게 글을 지어 마음에 새기노라.

– 한백겸, 「접목설(接木說)」 –

* 승괘: 육십사괘의 하나. 땅에 나무가 자라남을 상징함.

08 1등급 대비 고난도 2점 문제

고1 • 2021년 6월 38번

(가)~(다)에 대한 설명으로 적절한 것은?

① (가)는 공간의 이동에 따라 시상을 전개하고 있다.
② (나)는 색채어의 대비를 활용하여 주제를 강조하고 있다.
③ (다)는 음성 상징어를 사용하여 생동감을 드러내고 있다.
④ (가)와 (나)는 시어의 반복을 통해 리듬감을 형성하고 있다.
⑤ (가)와 (다)는 구체적인 묘사를 통해 계절감을 부각하고 있다.

[해설편 p.109]

09 1등급 대비 고난도 2점 문제

고1 · 2021년 6월 39번

(나)를 활용하여 '전원일기'라는 제목으로 영상시를 제작하기 위해 학생들이 협의한 내용으로 적절하지 않은 것은?

① 〈제1수〉는 아침부터 농기구를 가지고 밭을 가는 농부의 모습을 보여주면 좋겠어.
② 〈제3수〉는 농부들이 함께 잡초를 뽑고 있는 모습을 보여주면 좋겠어.
③ 〈제4수〉는 옷깃을 열고 바람을 쐬고 있는 농부의 모습을 보여주면 좋겠어.
④ 〈제5수〉는 농부들이 모여 식사하고 있는 모습을 보여주면 좋겠어.
⑤ 〈제6수〉는 해 질 무렵에 농사일을 마치고 마을로 돌아오는 농부의 모습을 보여주면 좋겠어.

10

고1 · 2021년 6월 40번

〈보기〉를 참고하여 (가)와 (나)를 감상한 내용으로 적절하지 않은 것은? [3점]

〈보 기〉

조선 시대 사대부들의 시조에는 자연이 자주 등장하는데, 작품 속 자연에 대한 인식이 같지는 않다. (가)에서의 자연은 속세를 벗어난 화자가 동화되어 살고 싶어 하는 공간이자 안빈낙도(安貧樂道)의 공간으로 그려져 있다. 반면에 (나)에서의 자연은 소박하게 살아가는 삶의 현장이자 건강한 노동 속에서 흥취를 느끼는 공간으로 그려져 있다.

① (가)의 '초려삼간'은 화자가 안빈낙도하며 사는 공간으로 볼 수 있군.
② (가)의 화자는 '강산'에서 벗어나 '돌', '청풍'과 하나가 되어 살아가려는 태도를 보이고 있군.
③ (나)의 '묵은 풀'이 있는 '밭'은 화자가 땀 흘리며 일해야 하는 공간으로 볼 수 있군.
④ (나)의 '보리밥'과 '콩잎 나물'은 노동의 현장에서 맛보는 소박한 음식으로 볼 수 있군.
⑤ (나)의 화자가 '호미 메고 돌아올' 때에 듣는 '우배초적'에서 농부들의 흥취를 느낄 수 있군.

11

고1 · 2021년 6월 41번

(다)의 글쓴이가 ㉠을 인용한 이유로 가장 적절한 것은?

① 자신이 깨달은 바를 뒷받침하기 위해
② 자신의 상황을 반어적으로 드러내기 위해
③ 자신의 지식이 보잘것없음을 성찰하기 위해
④ 자신과 군자의 삶이 다르지 않음을 강조하기 위해
⑤ 자신이 살고 있는 세태를 지난날과 비교하기 위해

12

고1 · 2021년 6월 42번

다음은 학생이 (다)를 읽고 정리한 메모이다. ⓐ~ⓔ 중 적절하지 않은 것은?

접목설(接木說)

ⓐ 글쓴이는 '빛깔이 시원치 않'은 꽃과 '부스럼이 돋'은 가지가 달린 복숭아나무를 소재로 글을 썼다.
ⓑ 글쓴이는 이웃에 사는 박 씨의 도움으로 '홍도 가지'를 접붙인 후 자라난 꽃과 열매를 본 경험을 제시하였다.
ⓒ 글쓴이는 사물이 '자태가 돌연히 다른 모습'으로 바뀌기 위해서는 근본의 변화가 중요함을 강조하였다.
ⓓ 글쓴이는 사물이 변화하는 이치를 사람들이 깨달아 실천하게 되면, '악한 생각'을 버리고 '착한 마음'을 자라게 하는 변화가 가능하다고 여겼다.
ⓔ 글쓴이는 '늙는 것만 자랑하여 팔다리를 게을리 움직이'는 사람들에게 삶의 태도를 바꾸도록 권하고 싶어 한다.

① ⓐ ② ⓑ ③ ⓒ ④ ⓓ ⑤ ⓔ

DAY 29

학습 Check!

▶ 몰라서 틀린 문항 × 표기 ▶ 헷갈렸거나 찍은 문항 △ 표기 ▶ ×, △ 문항은 다시 풀고 ✔ 표기를 하세요.

종료 시각	시 분 초
소요 시간	분 초
초과 시간	분 초

문항 번호	01	02	03	04	05	06	07	08	09	10	11	12
채점 결과												
틀린 문항 복습												

[해설편 p.110]

DAY 30 수능기출 전국연합학력평가 20분 미니 모의고사

※ 점수 표기가 없는 문항은 모두 2점입니다.

● 날짜 : 월 일 ● 시작 시각 : 시 분 초 ● 목표 시간 : 20분

01~02 (가)는 바둑 동아리 학생들이 학교 스포츠 축제 준비 위원회에 제출할 건의문의 초고이고, (나)는 (가)를 수정하기 위한 회의이다. 물음에 답하시오.

(가)

안녕하세요, 저희는 바둑 동아리 학생들입니다. 먼저 스포츠 축제 준비 위원회 여러분의 노력에 감사드립니다. 이렇게 글을 쓰게 된 것은 이번 스포츠 축제 경기 종목에 두뇌 스포츠 경기도 포함시켜 달라는 건의를 드리기 위해서입니다.

이번 스포츠 축제의 기획 의도는 '다양하게, 모두 함께, 의미 있게'라고 들었습니다. 그런데 이번 축제에도 신체 활동을 위주로 하는 스포츠 경기만 계획되어 있어 기획 의도를 충분히 만족시키기에 부족하다고 생각합니다. 그래서 저희는 두뇌 스포츠 경기를 열어 주실 것을 부탁드립니다. 바둑, 체스 등으로 대표되는 두뇌 스포츠는 스포츠의 일부로 인정받고 있는 추세입니다. 실제로 국내외 여러 스포츠 대회에서 바둑 경기가 정식 종목으로 채택되었습니다. 또한 학교 스포츠클럽으로도 두뇌 스포츠 종목이 개설되고 있습니다. 스포츠 축제에 두뇌 스포츠 종목이 포함되지 않는 것은 이러한 추세에 맞지 않는다고 생각합니다.

두뇌 스포츠 경기를 열면 이번 스포츠 축제의 기획 의도에 맞는 여러 가지 효과를 기대할 수 있습니다. 첫째, 학생들에게 스포츠 활동 경험을 보다 '다양하게' 제공할 수 있습니다. 기존의 스포츠 경기와 함께 두뇌 스포츠 경기를 열면 스포츠 축제가 훨씬 풍성해질 것입니다. 둘째, 학생들이 '모두 함께' 즐기는 스포츠 축제를 만들 수 있습니다. 운동 신경이 뛰어나지 않거나 신체 활동을 좋아하지 않는 학생들은 스포츠 축제를 즐기기 어려운데, 두뇌 스포츠 경기가 열리면 이런 학생들도 축제에 관심을 가지고 축제를 즐길 수 있게 될 것입니다. 셋째, 스포츠 축제가 더욱 '의미 있게' 될 것입니다. 두뇌 스포츠는 체력 강화, 집중력과 창의력 향상, 상대를 존중하는 스포츠맨십 함양 등의 높은 교육적 가치가 있기 때문입니다.

두뇌 스포츠 경기를 열 장소가 없을 것이라는 우려가 있을 수도 있습니다. 하지만 이러한 우려는 체육관에서 경기를 열면 해소될 것입니다.

(나)

학생 1: 내가 쓴 건의문을 함께 검토해 보자.

학생 2: 예상 독자에게 두뇌 스포츠라는 말이 생소할 수도 있으니까 두뇌 스포츠의 개념을 둘째 문단에 넣어 주자.

학생 1: 좋은 생각이야. 다른 부분은 어때?

[A]
학생 3: 국내외 여러 스포츠 대회에서 바둑 경기가 정식 종목으로 채택되어 있다고만 했는데 더 구체적인 내용을 적어 주자.

학생 2: 우리가 수집한 자료 중에 2016년 전국체육대회부터 바둑이 정식 종목으로 채택됐다는 기사가 있었잖아. 그걸 넣으면 좋겠어.

학생 1: 맞아, 그게 있었지. 국제 스포츠 경기 대회 관련 정보도 찾아서 반영해 볼까?

학생 3: 그래, 둘 다 쓰면 좋을 것 같아.

학생 1: 좋아. 그렇게 둘째 문단을 수정할게.

[B]
학생 3: 그런데 셋째 문단에서 두뇌 스포츠를 통해 체력을 강화할 수 있다고 했는데, 이 내용은 좀 이상한 것 같아.

학생 1: 두뇌 스포츠에서도 체력은 중요해. 바둑 기사들은 큰 대국을 치르면 체중이 몇 킬로씩 빠지기도 한대.

학생 2: 하지만 두뇌 스포츠는 보통 신체 활동이 많지 않은데, 체력을 기를 수 있다는 내용은 타당성이 떨어지는 것 같아.

학생 1: 듣고 보니 그럴 수 있겠다. 그 부분은 수정할게.

학생 2: 그리고 두뇌 스포츠가 상대를 존중하는 스포츠맨십을 길러 준다는 내용에 대한 근거를 제시해 주면 좋겠어.

학생 3: 셋째 문단에 그런 내용을 언급한 두뇌 스포츠 선수의 말을 인용하면 어떨까?

학생 1: 그래, 그렇게 하자. 좋은 생각이야.

[C]
학생 3: 넷째 문단에 두뇌 스포츠 경기를 체육관에서 열면 된다고 했는데 축제 일정상 정말 가능할까?

학생 1: 그럼 스포츠 축제 담당 선생님께 여쭤 보는 게 어떨까?

학생 2: 안 그래도 아침에 여쭤 봤는데 그날 오후에는 체육관 사용이 가능하다고 하셨어.

학생 1: 다행이다. 체육관 사용이 가능한 시간을 반영해서 글을 수정할게.

학생 3: 그런데 글이 아직 마무리되지 않은 느낌이야. 건의를 수용해 줄 것을 촉구하는 내용이 직접적으로 드러나도록 글을 마무리하자.

학생 2: 그리고 전달 효과를 높이기 위해 비유적 표현도 활용하면 좋겠어.

학생 1: 알겠어. 마무리 부분에 대한 의견을 반영해서 글을 써 볼게.

[해설편 p.110]

01

고1 • 2019년 11월 5번

(나)를 참고하여 '학생 1'이 (가)를 고쳐 쓰기 위해 세운 계획으로 적절하지 않은 것은?

문단	고쳐 쓰기 계획
둘째 문단	'두뇌 스포츠는 두뇌를 활용하여 상대와 수 싸움을 하는 게임입니다.'라는 내용을 추가해야겠군. ……… ①
	'실제로 국내외 여러 스포츠 대회에서 바둑 경기가 정식 종목으로 채택되었습니다.'라는 내용을 '실제로 바둑은 2016년 전국체육대회와 2010년 광저우 아시안 게임에서 정식 종목으로 채택되었습니다.'라는 내용으로 수정해야겠군. ……… ②
셋째 문단	마지막 문장에서 '체력 강화'라는 내용을 삭제해야겠군. ……… ③
	'바둑 기사 △△△ 9단은 언론 인터뷰에서, "바둑판은 넓지 않지만 경우의 수가 너무 많다. 한계가 없는 것이 바둑의 가장 큰 매력이다."라고 말했습니다.'라는 내용을 추가해야겠군. ……… ④
넷째 문단	둘째 문장을 '하지만 스포츠 축제 당일 오후에는 체육관을 사용할 수 있다고 하니 이러한 우려는 해소될 것입니다.'라는 내용으로 수정해야겠군. ……… ⑤

02

고1 • 2019년 11월 6번

[A]~[C] 담화에 대한 설명으로 가장 적절한 것은?

① [A]에서 '학생 2'는 '학생 3'의 의견에 대해 반박하며 새로운 의견을 제시하고 있다.
② [B]에서 '학생 2'는 '학생 1'의 말을 재진술하며 '학생 1'의 의견에 공감하고 있다.
③ [B]에서 '학생 1'은 '학생 3'의 의견을 수용하면서 '학생 2'의 의견에는 반대하고 있다.
④ [C]에서 '학생 1'은 '학생 3'이 제기한 의문을 해소하기 위한 방안을 제안하고 있다.
⑤ [C]에서 '학생 1'은, '학생 2'와 '학생 3'의 대립된 주장에 대해 절충안을 제시하고 있다.

03

고1 • 2022년 9월 11번

〈학습 활동〉을 수행한 결과로 적절하지 않은 것은?

〈학습 활동〉

음운 변동에는 교체, 첨가, 탈락, 축약이 있는데 음운 변동의 결과로 음운의 개수가 변화하기도 한다. 분절 음운인 자음과 모음은 모여서 음절을 이루는데, 음절은 발음할 수 있는 최소의 단위로 음절의 유형은 크게 '모음', '자음+모음', '모음+자음', '자음+모음+자음'으로 나눌 수 있다. [자료]의 밑줄 친 부분을 중심으로 음운의 개수 변화와 음절의 유형을 탐구해 보자.

[자료]

○ 책상에 놓인 책을 한여름이 지나서야 읽기 시작했다.
○ 독서를 즐기기 위해서는 자기에게 맞는 책을 골라야 한다.

① '놓인[노인]'은 탈락의 결과로 음운의 개수가 줄었으며, [노]는 음절 유형이 '자음+모음'이다.
② '한여름[한녀름]'은 첨가의 결과로 음운의 개수가 늘었으며, [녀]는 음절 유형이 '자음+모음'이다.
③ '읽기[일끼]'는 탈락의 결과로 음운의 개수가 줄었으며, [일]은 음절 유형이 '모음+자음'이다.
④ '독서[독써]'는 첨가의 결과로 음운의 개수가 늘었으며, [써]는 음절 유형이 '자음+모음'이다.
⑤ '맞는[만는]'은 교체의 결과로 음운의 개수는 변동이 없고, [만]은 음절 유형이 '자음+모음+자음'이다.

[해설편 p.111]

04~07 다음 글을 읽고 물음에 답하시오.

매매 계약, 유언 등과 같은 법률행위가 법률효과를 발생시키려면 성립요건과 효력요건을 갖추어야 한다. 성립요건은 법률행위가 성립되기 위한 요건으로, 성립요건을 갖추지 못한 경우 법률행위가 불성립했다고 한다. 효력요건은 이미 성립한 법률행위가 효력을 발생하는 데 필요한 요건으로, 이를 갖추어 효력을 발생시켰을 때 법률행위가 유효하다고 한다.

그런데 법률행위는 성립하였지만, 효력요건이 불충분하여 그 법률행위가 성립한 당시부터 법률상 당연히 그 효력이 발생하지 않는 경우 그 법률행위는 무효가 된다. ㉠ 법률행위의 무효는 무효 사유가 존재한다면 특정인의 무효 주장이 없이도 그 법률행위가 처음부터 효력이 없는 것이 되며, 기간이 경과해도 무효라는 사실은 변하지 않는다.

한편 ㉡ 법률행위의 취소는 법률행위로서 일단 효력이 발생하였다가 어떤 사유가 있어 그 법률행위가 성립한 당시로 소급하여 효력을 잃게 되는 경우를 말한다. 법률행위의 취소가 확정되면 법률상의 효력이 무효와 같아지지만, 취소 사유가 존재하더라도 취소권을 가진 특정인이 취소를 주장할 때만 그 법률행위의 효력이 없어질 수 있다는 점에서 무효와 차이가 있다. 또한 취소권은 일정한 기간이 경과하면 소멸되고, 취소권이 소멸된 법률행위는 결국 유효한 것으로 확정된다.

무효인 법률행위에서는 아무런 효력도 생기지 않으며, 법적으로는 아무것도 없는 것이라 보기 때문에 소급하여 유효로 할 수 있는 대상이 없는 상태라 할 수 있다. 그래서 무효인 법률행위, 즉 무효행위는 다른 법률행위로 전환을 하기도 하고, 추인함으로써 그때부터 새로운 법률행위가 되게 만들기도 한다. 무효는 이미 성립된 법률행위를 전제로 하기 때문에 이러한 전환이나 추인이 가능한 것이며, 만약 법률행위가 불성립했다면 전환이나 추인은 할 수 없다. 무효행위를 전환한다는 것은 무효인 법률행위가 다른 법률행위로서의 효력요건은 갖추고 있을 때, 그 법률행위로서의 효력을 인정하는 것을 말한다. 이때 전환을 위해서는 당사자가 무효임을 알았더라면, 그 법률행위가 아니라 처음부터 다른 법률행위를 했을 것이라고 인정되어야 한다. 무효행위의 전환의 예로는, 징계해고로서 효력요건을 갖추지 못해 무효가 된 법률행위가 징계휴직으로서의 효력요건은 갖추고 있을 때 징계휴직으로 전환하여 법률행위가 유효가 되는 경우를 들 수 있다.

무효행위를 추인한다는 것은 무효가 된 법률행위가 갖추지 못했던 효력요건을 추후에 보충하여 새로운 법률행위로서의 효력을 인정하는 것을 말한다. ㉮ 무효행위를 추인하면 그 무효행위가 처음 성립한 때로 소급하여 유효한 것이 되는 것이 아니라 추인한 때부터 새로운 법률행위를 한 것으로 본다. 민법은 원칙적으로 무효행위의 추인을 인정하지 않지만, 무효 원인이 소멸한 상태이고 당사자가 기존 법률행위가 무효임을 알고 추인한 경우에 한해서는 추인을 인정하고 있다.

법률행위가 무효가 되면 그 법률행위에 따른 법률효과도 생기지 않으므로 무효행위를 근거로 하는 청구권도 부인된다. 따라서 해당 법률행위에 따라 채무가 있는 경우 상대방이 청구권을 행사할 수 없으므로 채무를 이행할 필요가 없다. 만약 이미 채무가 이행된 경우라면 수령자는 해당 이득을 반환해야 하는 부당이득 반환의무를 진다. 무효는 시간이 흘러도 그대로 유지되지만, 부당이득의 반환청구권은 소멸시효가 있으므로 영구적으로 주장할 수 있는 것은 아니다.

04

고1 • 2023년 9월 30번

윗글의 내용과 일치하지 않는 것은?

① 법률행위가 불성립한 경우에도 법률행위의 전환이나 추인을 할 수 있다.
② 성립요건과 효력요건을 모두 갖추어야 법률행위는 법률효과를 발생시킬 수 있다.
③ 법률행위가 효력을 발생시켰더라도 어떤 사유가 있어 그 효력을 잃게 되기도 한다.
④ 법률행위가 무효가 되면 해당 법률행위에 따른 채무가 발생한 경우라도 그 채무를 이행할 필요가 없다.
⑤ 법률행위가 무효라는 사실이 그대로 유지되더라도 부당이득의 반환청구권을 영구적으로 주장할 수 있는 것은 아니다.

05

고1 • 2023년 9월 31번

㉠, ㉡에 대한 이해로 적절하지 않은 것은?

① ㉠은 효력요건이 불충분하여 법률상 당연히 효력이 발생하지 않는 경우이다.
② ㉡은 취소 사유가 존재하더라도 법률행위의 효력이 발생하는 경우가 있다.
③ ㉠과 ㉡은 모두 법률행위가 성립한 것을 전제로 한다.
④ ㉡은 ㉠과 달리 법률행위의 효력 유무에 변화를 줄 수 있는 기한이 존재한다.
⑤ ㉡은 ㉠과 달리 특정인의 주장이 없어도 법률행위의 효력이 없어질 수 있다.

[해설편 p.112]

06

고1 • 2023년 9월 32번

윗글을 바탕으로 〈보기〉의 ⓐ와 ⓑ에 대해 이해한 내용으로 가장 적절한 것은? [3점]

〈보 기〉

갑은 자신의 유언을 법적으로 인정받고자 ⓐ '비밀증서에 의한 유언'의 형태로 유언증서를 남겼다. 하지만 갑의 사망 후 이 유언증서는 봉인상의 확정일자를 받아야 한다는 조건을 충족하지 않아 무효임이 밝혀졌다. 이에 대해 법원에서는 해당 유언증서가 다른 형태의 유언증서인 ⓑ '자필서명에 의한 유언'의 조건은 모두 충족하고 있으며 갑이 자신의 유언증서가 무효임을 알았다면 이러한 형태의 유언증서를 남겼을 것이라 보아, '자필서명에 의한 유언'으로서는 유효하다고 판단했다.

① ⓐ가 무효가 되면서 ⓑ의 성립요건도 불충분하게 된 것이군.
② ⓐ는 효력요건을 갖추지 못했지만 ⓑ는 효력요건을 갖추고 있군.
③ ⓐ의 부족한 효력요건이 추후에 보충되어 ⓑ가 유효하게 된 것이군.
④ ⓐ는 ⓑ로 바뀌면서 무효 원인이 소멸되어 다시 효력을 가지게 되는군.
⑤ ⓐ의 효력이 발생하려면 ⓑ가 무효임을 당사자가 알았다는 조건이 충족되어야 하는군.

07 1등급 대비 고난도 2점 문제

고1 • 2023년 9월 33번

㉮의 이유를 추론한 내용으로 가장 적절한 것은?

① 법률행위를 추인할 때 추인의 조건을 갖춘 상태라면 이를 소급하여 유효한 것으로 만들 수도 있기 때문이다.
② 추인으로 인해 무효행위의 유효요건이 보충되면서 새로운 법률행위로서 효력을 발생시킬 필요가 없어졌기 때문이다.
③ 무효인 법률행위는 법적으로 아무것도 없는 것이어서 소급해서 추인할 수 있는 대상 자체가 없는 상태이기 때문이다.
④ 무효인 법률행위가 성립한 때를 정확하게 증명할 수 없다면 추인을 통해 유효하게 된 시점도 특정할 수 없기 때문이다.
⑤ 무효인 법률행위는 원칙적으로 추인할 수 없도록 법률상으로 정해 놓은 것이어서 추인을 통해 유효한 것이 될 수는 없기 때문이다.

08~12 다음 글을 읽고 물음에 답하시오.

(가)

[앞부분 줄거리] 시골 학교로 전학 온 '나'는 힘으로 학급을 장악하고 있던 석대에게 저항하다 이내 굴복한다. 그러나 김 선생이 부임한 후 아이들이 석대의 비행을 폭로하고 석대는 학교를 떠난다. 학교를 떠난 석대는 학교 밖에서 아이들을 괴롭힌다.

교실 안에서 우리에게 가장 많은 혼란과 소모를 강요한 것은 의식의 파행이었다. 선생님의 격려와 근거 없는 승리감에 취한 우리 중의 일부는 지나치게 앞으로 내달았고, 아직도 ⓐ 석대의 질서가 주던 중압에서 깨어나지 못한 아이들은 또 너무 뒤처져 미적거렸다. 임원진으로 뽑힌 아이들도 마찬가지였다. 어른들의 식으로 표현하자면, 한쪽은 너무도 민주의 대의에 충실히 우왕좌왕하는 다수와 함께 우왕좌왕했고, 또 한쪽은 석대 식의 권위주의를 청산하지 못해 은근히 **작은 석대를 꿈꾸**었다. 거기다가 **새로 생긴 건의함**은 올바른 국민 탄핵제도의 기능을 하기보다는 밀고와 모함으로 일주일에 하나씩은 임원들을 갈아치웠다.

(중략)

그렇지만 시간이 흐르면서 ㉠ 안팎의 도전들은 차츰 해결되어 갔다.

먼저 해결된 것은 석대 쪽이었는데, 그 해결을 유도한 담임선생님의 방식은 좀 특이했다. 우리에게는 거의 불가항력적이었건만 어찌 된 셈인지 담임선생님은 석대 때문에 결석한 아이들을 그 어느 때보다 호된 매질과 꾸지람으로 다루었다.

"다섯 놈이 하나한테 하루 종일 끌려 다녀? 병신 같은 자식들."

"너희들은 두 손 묶어 놓고 있었어? 멍청한 놈들."

그렇게 소리치며 마구잡이 매질을 해댈 때는 마치 사람이 갑자기 변한 것처럼 보였다. 우리는 영문을 몰랐으나 그 효과는 오래잖아 나타났다. ㉡ 우리 중에서 좀 별나고 당찬 소전거리 아이들 다섯이 마침내 석대와 맞붙은 것이었다. 석대는 전에 없이 표독을 떨었지만 상대편 아이들도 이판사판으로 덤비자 결국은 혼자서 다섯을 당해내지 못하고 꽁무니를 뺐다. 선생님은 그 아이들에게 그 당시 한창 인기 있던 케네디 대통령의 『용기 있는 사람들』이란 ㉢ 책 한 권씩을 나눠 주며 우리 모두가 부러워할 만큼 여럿 앞에서 그들을 추켜세웠다. 그러자 다음날 미창 쪽에서도 똑같은 일이 벌어지고 그 뒤 석대는 두 번 다시 아이들 앞에 나타나지 않았다.

거기 비해 우리 **내부에서 일어나는 혼란**을 대하는 담임선생님의 태도는 또 앞서와 전혀 달랐다. 잘못된 이해나 엇갈리는 의식 때문에 아무리 교실 안이 시끄럽고 **학급의 일이 갈팡질팡해도 담임선생님은 철저하게 모르는 척**했다. 토요일 오후 **자치회가 끝없는 입씨름으로 서너 시간씩 계속**돼도, 급장 부급장이 건의함을 통해 밀고된 대단치 않은 잘못으로 한 달에 한 번씩 갈리는 소동이 나도 언제나 가만히 지켜보고 있을 뿐 충고 한 마디 하는 법이 없었다.

그 바람에 우리 학급이 정상으로 돌아가는 데는 거의 한 학기가 다 소비된 뒤였다. 여름방학이 지나자 벌써 서너 달 앞으로 닥친 중학 입시가 말깨나 할 만한 아이들의 주의를 온통 그리로 끌어들인 까닭도 있지만, 그보다는 경험의

[해설편 p.113]

[A] 교훈이 자정 능력을 길러 준 덕분이 아닌가 한다. 서로 다투고 따지고 부대끼고 시달리는 그 대여섯 달 동안에 우리는 차츰 **스스로가 스스로를 규율**한다는 게 어떤 것인가를 배우게 된 것이었다. 하지만 그때껏 그런 우리를 지켜보기만 했던 담임선생님의 깊은 뜻을 이해하는 데는 아직도 훨씬 더 많은 세월이 지나야 했다.

학교 생활이 정상으로 돌아감과 아울러 **굴절되었던 내 의식**도 차츰 원래대로 회복되어 갔다. 다시 어른들 식으로 표현하면, **새로운 급장 선거에서 기권표를 던**질 때만 해도 머뭇거리던 내 시민 의식은 오래잖아 자신과 희망을 가지게 되고 자유와 합리에 대한 예전의 믿음도 이윽고는 되살아 났다. 가끔씩—이를테면, 내가 듣기에는 더할 나위 없는 의견 같은데도 공연히 떠드는 게 좋아 씨알도 먹히지 않는 따지기로 회의만 끝없이 늘여 놓는 아이들을 볼 때나, **다 같이 힘을 합쳐야 할 작업에 요리조리 빠져나가** 우리 반이 딴 반에 뒤지게 만드는 아이들을 보게 될 때와 같은 때—석대의 질서가 가졌던 **편의와 효용성**을 떠올릴 때가 있었지만 그것도, 금지돼 있기에 더 커지는 유혹 같은 것에 지나지 않았다.

석대는 미창 쪽 아이들과의 싸움이 있고 난 뒤 우리들뿐만 아니라 그 작은 읍에서도 사라져버렸다. 얼마 후 들리는 소문으로는 서울에 있는 어머니를 찾아갔다는 것이었다.

– 이문열, 「우리들의 일그러진 영웅」 –

(나)

S#136 교실 (아침)

얼굴들에 상처 난 아이들 몇 명을 중심으로 모여 수군거리는 아이들. 그 교실의 소란스러운 분위기를 뚫고 들어오는 김 선생. 급히 자기 자리를 찾아가는 아이들로 우당탕거리던 교실이 갑자기 쥐죽은 듯 조용해진다. 교실 안을 휘 휘둘러보는 김 선생. 군데군데 비어 있는 몇 개의 자리. 김 선생과 시선이 마주친 상처 난 얼굴의 아이들이 얼굴을 숙인다.

김 선생: 언제까지 이럴 거야. 너희들! (갑작스런 김 선생의 높아진 음성에 아이들의 고개가 더 숙여진다.) 이렇게 매일 얻어맞고 그게 무서워 결석을 하고... (고개를 숙인 채 기가 죽은 아이들을 굳은 얼굴로 둘러보는 김 선생.) 석대가 그렇게 무서워? 난 너희들 같은 겁쟁이들은 가르치고 싶지 않다. 절대 피하지 마라. 맨손으로 안 되면 돌이라도 들고 싸워라. 한 사람이 안 되면 두 사람, 그래도 안 되면 전부 다들 덤벼라. 내 말 알아듣겠나? (아이들 중 몇 명이 죽어가는 소리로 겨우 대답한다.) 다시! 알아듣겠나?

아이들: (조금 커진 소리로) 네.

김 선생: 다시.

아이들: (일제히 힘차게) 네!

S#137 교실 (밤)

나무 의자와 책상 등이 불길에 싸여 있다.

S#138 동 밖 (밤)

물을 길어와 교실 안에다 끼얹는 동네 사람들. 서서히 불길이 잡힌다. (F.O)

S#139 (F.I) 같은 장소 (아침)

웅성거리며 모여 드는 아이들. 입을 꽉 다문 병태도 섞여 있다. 급하게 뛰어온 김 선생. 주먹을 불끈 쥔다. 병태, 시커먼 병이 나무둥치 밑에 숨겨져 있는 것을 발견한다. 화단에 흐드러지게 피어 있는 철쭉과 진달래의 붉은 색이 눈을 어지럽힌다. 교문 쪽으로 먼 시선을 주고 있던 병태. 다시 한번 쓰러져 있는 병을 본다.

병태(내레이션): 그날 이후 엄석대를 본 사람은 아무도 없었다. 들리는 소문으로는 개가한 서울의 어머니를 찾아갔다던가?

S#140 교실 (오후)

칠판에는 ㉣ 제7차 급장 선거라는 글씨와 후보들의 이름, 개표 결과가 써 있다. 김 선생 교단 위로 올라서면서

김 선생: 좀 혼란했던 기간이 있긴 했지만 이제는 너희들이 제자리를 찾은 것 같구나. 각자의 일들을 알아서 처리하고 공동의 일들은 서로 협력해서 처리하는 새로운 6학년 2반이 돼주길 바란다. 급장!

황영수: (㉤ 단상에 오르지 않고 앞에 나와 서서) 잘 부탁드리겠습니다. 어려운 일이 있으면 언제든지 절 불러 주세요. 기꺼이 여러분께 봉사하는 급장이 되겠습니다.

박수 치는 아이들. 전에와는 다른 모습이다. 이를 쳐다보는 병태.

병태(내레이션): 그 후 학교 생활은 정상으로 돌아갔고 굴절되었던 내 의식도 원래대로 회복되었다. 그리고 석대에 대한 기억은 희미해져 갔다.

– 이문열 원작, 박종원 각색, 「우리들의 일그러진 영웅」 –

08

고1 • 2022년 6월 41번

[A]의 서술상 특징으로 가장 적절한 것은?

① 독백을 통해 대상에 대한 의문과 해답을 제시하고 있다.
② 감각적인 묘사를 통해 인물 간의 대립을 부각하고 있다.
③ 공간의 이동을 통해 인물의 심리 변화를 드러내고 있다.
④ 회상의 방식을 통해 과거 사건의 의미에 대해 서술하고 있다.
⑤ 들은 바를 전달하는 형식을 통해 사건의 전모를 밝히고 있다.

09 1등급 대비 고난도 3점 문제

고1 • 2022년 6월 42번

〈보기〉를 참고할 때, (가)를 (나)로 각색하는 과정에 대해 이해한 것으로 적절하지 않은 것은? [3점]

〈보 기〉

소설을 시나리오로 각색할 경우, 갈래의 차이에 따라 여러 가지 변화가 일어나는데 예를 들면 소설에서는 인물의 내면 심리나 대상의 변화를 직접 서술할 수 있으나 시나리오는 이를 장면으로 시각화하거나 영화적 기법을 통해 표현한다. 또한 갈래적 차이에 따른 변화 외에도 각색 과정에서 창작자의 의도에 따라 특정 내용을 삭제 혹은 다른 장면으로 대체하거나 소설에 없던 장면을 추가하기도 한다.

① (가)에서 김 선생이 아이들을 꾸짖는 모습이 S#136에서는 '다시'를 반복하는 장면으로 대체되어 아이들의 변화에 비관적인 그의 모습을 부각하고 있군.
② (가)에서 아이들이 석대와 맞붙을 수 있게 된 것이 S#136에서는 '일제히 힘차게' 대답하는 모습으로 대체되고 있군.
③ S#137의 '불길에 싸'인 교실과 S#139의 '시커먼 병' 등을 통해 (가)에 나오지 않는 석대의 방화를 추가하여 그의 보복을 암시하고 있군.
④ (가)에서 직접적으로 서술된 병태의 내면을 S#140에서는 내레이션 기법을 통해 드러내고 있군.
⑤ (가)에서 학급이 정상으로 돌아가게 되었다는 것을 S#140에서는 '박수 치는 아이들'의 모습을 통해 드러내고 있군.

10

고1 • 2022년 6월 43번

ⓐ에 대한 이해로 적절하지 않은 것은?

① 학급의 일부 임원들이 '작은 석대를 꿈꾸'는 것은 아직 ⓐ에서 벗어나지 못했기 때문이다.
② '내부에서 일어나는 혼란'을 쉽게 해결하지 못한 것은 ⓐ를 대체할 수 있는 것을 마련하지 못했기 때문이다.
③ ⓐ는 석대가 아이들 '스스로가 스스로를 규율'할 수 있도록 하기 위하여 만든 것이다.
④ '내 의식'이 '굴절되었던' 이유는 ⓐ에 익숙해져 있었기 때문이다.
⑤ '나'는 ⓐ가 학급에 '편의와 효용성'을 제공했었지만 지금은 되돌릴 수 없는 것이라고 생각한다.

11

고1 • 2022년 6월 44번

㉠~㉤에 대한 설명으로 적절하지 않은 것은?

① ㉠: 석대가 떠난 후 학급이 맞닥뜨린 문제 상황들을 의미한다.
② ㉡: 석대와 처음으로 맞붙은 인물들의 특성을 나타낸다.
③ ㉢: 다른 아이들도 석대와 맞붙을 수 있도록 하는 효과를 가져왔다.
④ ㉣: 그동안 학급에 여러 차례 혼란이 거듭되어 왔음을 보여준다.
⑤ ㉤: 새 급장이 아직 완전히 인정받지 못하고 있음을 나타낸다.

12 1등급 대비 고난도 2점 문제

고1 • 2022년 6월 45번

〈보기〉는 윗글의 심화 학습을 위해 찾은 자료이다. 이를 참고하여 (가)를 이해한 내용으로 적절하지 않은 것은?

〈보 기〉

철학자 마이클 샌델은 올바른 사회를 위해서는 시민이 덕성을 바탕으로 자기 통치에 참여해야 한다고 말했다. 자기 통치에 참여한다는 것은 공동선(共同善)에 대하여 동료 시민들과 함께 고민하고 그것을 실현하기 위해 적극적으로 참여하는 것을 뜻한다. 그는 공동선에 대한 토론에서 시민들이 자신의 목표를 잘 선택하고 다른 사람의 선택권을 존중해야 한다고 주장하였다.

① '새로 생긴 건의함'은 아이들의 적극적인 참여를 통해 학급의 공동선을 실현하기 위한 기능을 수행하였군.
② '학급의 일이 갈팡질팡해도 담임선생님은 철저하게 모르는 척'한 것은 아이들이 자기 통치를 할 수 있는 능력을 스스로 기르도록 하기 위해서였겠군.
③ '자치회가 끝없는 입씨름으로 서너 시간씩 계속'된 것은 아이들이 공동선을 위한 토론에 익숙하지 않은 모습을 나타낸 것이겠군.
④ '내'가 '새로운 급장 선거에서 기권표를 던'졌던 것은 아직 자기 통치에 참여할 준비가 되지 않아서였겠군.
⑤ '다 같이 힘을 합쳐야 할 작업에 요리조리 빠져나가'는 아이들은 동료 시민들과 함께하는 것에 대해 적극적이지 않은 시민에 해당하겠군.

학습 Check!

▶ 몰라서 틀린 문항 × 표기 ▶ 헷갈렸거나 찍은 문항 △ 표기 ▶ ×, △ 문항은 다시 풀고 ✔ 표기를 하세요.

종료 시각	시 분 초
소요 시간	분 초
초과 시간	분 초

문항 번호	01	02	03	04	05	06	07	08	09	10	11	12
채점 결과												
틀린 문항 복습												

MEMO

SPEED 정답 체크

하루 20분 30일 완성 | 미니모의고사

고1 국어

DAY	01	02	03	04	05	06	07	08	09	10	11	12
DAY 01	②	⑤	②	④	③	⑤	③	②	③	④	①	③
DAY 02	③	⑤	⑤	①	③	④	④	②	③	②	⑤	①
DAY 03	④	⑤	②	④	⑤	①	①	②	⑤	⑤	①	④
DAY 04	③	②	①	②	⑤	④	⑤	②	②	④	①	①
DAY 05	①	④	①	⑤	③	①	④	④	①	①	②	④
DAY 06	③	④	③	③	②	④	④	①	①	④	③	③
DAY 07	④	⑤	①	③	①	④	③	⑤	③	③	③	④
DAY 08	②	②	①	②	④	④	⑤	④	③	①	④	①
DAY 09	④	①	⑤	②	①	⑤	④	③	④	⑤	④	②
DAY 10	④	③	①	③	②	⑤	④	④	③	⑤	③	①
DAY 11	④	⑤	⑤	③	④	②	②	⑤	①	②	④	③
DAY 12	③	⑤	②	④	⑤	⑤	③	⑤	①	⑤	④	④
DAY 13	④	③	①	①	①	①	②	③	②	③	⑤	①
DAY 14	②	⑤	③	⑤	①	④	④	④	②	③	⑤	③
DAY 15	⑤	④	③	④	⑤	①	③	③	①	②	②	③
DAY 16	②	④	⑤	⑤	⑤	③	①	①	②	②	③	⑤
DAY 17	④	③	①	①	③	①	③	②	①	④	④	③
DAY 18	④	②	④	④	⑤	⑤	③	②	④	④	⑤	⑤
DAY 19	③	④	⑤	②	①	④	③	③	①	①	④	①
DAY 20	③	④	④	②	④	④	①	②	⑤	②	⑤	②
DAY 21	⑤	①	②	①	②	②	④	⑤	③	①	⑤	⑤
DAY 22	②	⑤	⑤	①	②	③	③	③	②	④	②	①
DAY 23	④	⑤	④	⑤	①	②	②	③	③	⑤	④	①
DAY 24	①	④	④	②	④	⑤	③	②	①	②	⑤	⑤
DAY 25	①	②	⑤	②	⑤	⑤	③	③	⑤	①	④	⑤
DAY 26	③	⑤	④	④	⑤	②	⑤	③	①	③	②	③
DAY 27	②	③	①	①	③	①	③	①	⑤	⑤	③	②
DAY 28	①	④	①	③	④	⑤	④	②	④	②	④	①
DAY 29	①	⑤	⑤	③	③	①	④	④	①	②	①	③
DAY 30	④	④	④	①	⑤	②	③	④	①	③	⑤	①

※ 절취선을 따라 잘라서 쓰실 수 있습니다.

수능기출 베스트셀러
리얼오리지널

수능기출 전국연합 학력평가

하루 20분 30일 완성

미니 모의고사

30 Days completed

2030

하루 20분 30일 완성

The Real series ipsifly provide questions in previous real test and you can practice as real college scholastic ability test.

고1 국어

해설편

- 최신 7개년 수능•모의평가 및 고1 학력평가 문제 중 우수 문항 총 360제 수록
- 하루 12문제를 20분씩 학습하는 [30일 완성] mini 모의고사
- 매일 국어 영역 [전 유형을 골고루] 풀 수 있는 체계적인 문항 배치
- 문항별 모든 선지에 [정답과 오답인 이유]를 자세히 알려 주는 입체적 해설

수능 모의고사 전문 출판
입시플라이

SPEED 정답 체크

하루 20분 30일 완성 | **미니모의고사**

고1 국어

DAY	01	02	03	04	05	06	07	08	09	10	11	12
DAY 01	②	⑤	②	④	③	⑤	③	②	③	④	①	③
DAY 02	③	⑤	⑤	①	③	④	④	②	③	②	⑤	①
DAY 03	④	⑤	②	④	⑤	①	①	②	⑤	⑤	①	④
DAY 04	③	②	①	②	⑤	④	⑤	②	②	④	①	①
DAY 05	①	④	①	⑤	③	①	④	④	①	①	②	④
DAY 06	③	④	③	③	②	④	④	①	①	④	③	③
DAY 07	④	⑤	①	③	①	④	③	⑤	③	③	③	④
DAY 08	②	②	①	②	④	④	⑤	④	③	①	④	①
DAY 09	④	①	⑤	②	①	⑤	④	③	④	⑤	④	②
DAY 10	④	③	①	③	②	⑤	④	④	③	⑤	③	①
DAY 11	④	⑤	⑤	③	④	②	②	⑤	①	②	④	③
DAY 12	③	⑤	②	④	⑤	⑤	③	⑤	①	⑤	④	④
DAY 13	④	③	①	①	①	①	②	③	②	③	⑤	①
DAY 14	②	⑤	③	⑤	①	④	④	④	②	③	⑤	③
DAY 15	⑤	④	③	④	⑤	①	③	③	①	②	②	③
DAY 16	②	④	⑤	⑤	⑤	③	①	①	②	②	③	⑤
DAY 17	④	③	①	①	③	①	③	②	①	④	④	③
DAY 18	④	②	④	④	⑤	⑤	③	②	④	④	⑤	⑤
DAY 19	③	④	⑤	②	①	④	③	③	①	①	④	①
DAY 20	③	④	④	②	④	④	①	②	⑤	②	⑤	②
DAY 21	⑤	①	②	①	②	②	④	⑤	③	①	⑤	⑤
DAY 22	②	⑤	⑤	①	②	③	③	③	②	④	②	①
DAY 23	④	⑤	④	⑤	①	②	②	③	③	⑤	④	①
DAY 24	①	④	④	②	④	⑤	③	②	①	②	⑤	⑤
DAY 25	①	②	⑤	②	⑤	⑤	③	③	⑤	①	④	⑤
DAY 26	③	⑤	④	④	⑤	②	⑤	③	①	③	②	③
DAY 27	②	③	①	①	③	①	③	①	⑤	⑤	③	②
DAY 28	①	④	①	③	④	⑤	④	②	④	②	④	①
DAY 29	①	⑤	⑤	③	③	①	④	④	①	②	①	③
DAY 30	④	④	④	①	⑤	②	③	④	①	③	⑤	①

하루 20분 30일 완성

미니모의고사 고1 국어

해설편

Contents

REAL ORIGINAL

수록된 정답률은 실제와 차이가 있을 수 있습니다. 문제 난도를 파악하는데 참고용으로 활용하시기 바랍니다.

[문제편 p.004]

DAY 01 20분 미니 모의고사

01 ②	02 ⑤	03 ②	04 ④	05 ③
06 ⑤	07 ③	08 ②	09 ③	10 ④
11 ①	12 ③			

01 말하기 전략 파악
정답률 92% | 정답 ②

위 발표에 대한 설명으로 적절하지 않은 것은?

① 청중과 공유하고 있는 경험을 언급하여 주의를 환기하고 있다.
1문단 '체험 활동 때 방문했던 트릭 아트 체험관 기억나시나요?'에서 청중과 공유하고 있는 경험을 언급하여 청중의 주의를 환기하고 있다.

✔ 화제와 관련된 역사적 일화를 소개하여 청중의 호기심을 자극하고 있다.
발표 화제인 트릭 아트의 개념과 원리, 활용 분야 등에 대해 언급하고 있으나 역사적 일화를 소개하는 부분은 없다.

③ 청중의 반응을 확인하면서 발표 내용에 대한 이해 여부를 점검하고 있다.
4문단에서 청중에게 '이해되셨나요?'라고 질문하고 대답을 들으며 청중의 반응을 확인하므로 발표 내용에 대한 이해 여부를 점검하고 있다.

④ 비언어적 표현을 사용하여 청중이 설명 대상에 집중하도록 유도하고 있다.
2문단, 4문단에서 '그림의 오른쪽 부분을 가리키며', '왼쪽 부분을 가리키며', '자료를 가리키며'의 비언어적 표현을 통해 청중이 설명 대상인 시각 자료에 집중하도록 유도하고 있다.

⑤ 청중에게 정보를 추가로 탐색할 수 있는 방법을 안내하며 발표를 마무리하고 있다.
5문단에서 '도서관에 있는 관련 책들을 찾아보거나 제가 보여 드리는 트릭 아트 누리집에 들어가 보시기 바랍니다.'라고 언급하며 정보의 추가적 탐색 방법을 제시하고 있다.

02 자료 활용 방안 이해
정답률 94% | 정답 ⑤

다음은 발표자가 제시한 자료이다. 발표자의 자료 활용에 대한 이해로 가장 적절한 것은?

㉠

㉡

① ㉠을 통해 착시 현상의 방해 요인을, ㉡을 통해 착시 현상의 발생 과정을 설명하고 있다.
발표자는 ㉠을 통해 '이 그림은 보는 사람의 시선에 따라 이미지가 다르게 보이는 착시 현상을 활용하여'라고 언급하여 착시 현상에 영향을 끼치는 요인을 설명하고 있지만, 착시 현상의 방해 요인에 대해서는 언급하지 않는다.

② ㉠을 통해 트릭 아트의 전시 환경을, ㉡을 통해 착시 현상의 이해 방법을 설명하고 있다.
㉠은 트릭 아트의 전시 환경과는 관련이 없으므로 이를 설명하기 위해 ㉠을 활용했다는 것은 적절하지 않다.

③ ㉠을 통해 트릭 아트의 긍정적 효과를, ㉡을 통해 트릭 아트의 부정적 효과를 설명하고 있다.
㉡은 트릭 아트의 부정적 효과를 설명한 자료로 보기 어렵다.

④ ㉠을 통해 트릭 아트의 사회적 의의를, ㉡을 통해 트릭 아트의 예술적 의의를 설명하고 있다.
㉠은 트릭 아트가 발생하는 원인이나 청중에게 영향을 끼치는 요인을 언급하며 청중이 트릭 아트의 착시 현상을 경험할 수 있도록 제시한 자료로 트릭 아트의 사회적 의의를 설명한 자료가 아니며, ㉡은 트릭 아트의 예술적 의의를 설명한 자료로 보기 어렵다.

✔ ㉠을 통해 착시 현상의 시각적 효과를, ㉡을 통해 트릭 아트의 실용적 기능을 설명하고 있다.
㉠은 발표자가 청중에게 색다른 시각적 경험을 제공하는 사례로서 시각적 효과를 설명하는 자료이며, ㉡은 트릭 아트가 실생활에 적용된 사례로서 실용적 기능을 설명하는 자료이다.

03 글쓰기 전략의 파악
정답률 93% | 정답 ②

'초고'에 활용된 쓰기 전략으로 가장 적절한 것은?

① 우리 학교와 다른 학교 공간의 구조를 비교하여 실태를 부각한다.
1문단을 통해 학교 공간이 학습을 위한 공간에 집중되어 있어 아쉽다는 내용은 있지만, 이러한 실태를 부각하기 위해 우리 학교와 다른 학교 공간의 구조를 비교하는 내용은 찾아볼 수 없다.

✔ 공간이 조성되었을 때의 모습을 가정하여 기대되는 효과를 제시한다.
4문단의 '정서적 안정과 사회적 성장을 ~ 자부심도 느끼게 될 것이다.'를 통해, 학교에 정서적 안정과 사회적 성장을 위한 공간이 조성될 경우 기대되는 긍정적인 효과가 언급되어 있음을 알 수 있다.

③ 학교의 기능이 변화해 온 과정을 분석하여 공간 개선의 필요성을 강조한다.
'〈2편〉의 초고'를 통해, 공간 개선의 필요성을 강조하기 위하여 학교의 기능이 변화해 온 과정을 분석하는 내용은 찾아볼 수 없다.

④ 학교 공간의 중요성에 대한 질문을 반복하여 문제 해결의 시급성을 드러낸다.
'〈2편〉의 초고'를 통해, 학교 공간의 중요성에 대한 질문을 반복하는 내용과 문제 해결의 시급성을 드러내는 내용은 찾아볼 수 없다.

⑤ 공간의 이동에 따라 각 공간의 문제점을 나열하여 공간별 개선 방안을 제안한다.
〈2편〉 초고의 1문단과 2문단을 통해, 공간별 개선 방안을 제안하였다고는 볼 수 있지만, 공간의 이동에 따라 각 공간의 문제점을 나열하지는 않고 있다.

04 시간 표현의 이해
정답률 91% | 정답 ④

밑줄 친 부분에 주목하여 〈보기〉의 ㄱ ~ ㅁ을 탐구한 내용으로 적절하지 않은 것은?

〈보 기〉

ㄱ. 그는 어제 고향을 떠났다.
ㄴ. 지난겨울에는 정말 춥더라.
ㄷ. 친구와 함께 본 영화는 재미있었다.
ㄹ. 작년만 해도 이곳에는 나무가 적었었다.
ㅁ. 축제 준비를 하려면 오늘 밤 잠은 다 잤네.

① ㄱ을 보니, 시간 부사어를 사용하여 과거를 나타내고 있군.
ㄱ의 '어제'는 '오늘의 바로 하루 전에'라는 의미를 지닌 시간 부사어이므로, ㄱ에서는 이러한 시간 부사어를 사용하여 과거를 나타내었다고 할 수 있다.

② ㄴ을 보니, 선어말 어미 '-더-'를 사용하여 과거의 경험을 회상하고 있군.
ㄴ에서는, 과거 어느 때에 직접 경험하여 알게 된 사실을 현재의 말하는 장면에 그대로 옮겨 와서 전달한다는 뜻을 나타내는 선어말 어미 '-더-'를 사용하여 과거의 경험을 회상하고 있음을 알 수 있다.

③ ㄷ을 보니, 동사는 관형사형 어미 '-(으)ㄴ'을 사용하여 과거에 일어난 일을 나타내는군.
ㄷ의 '본'은 동사 '보다'에 관형사형 어미 '-(으)ㄴ'을 사용한 것으로, 뒤의 과거를 나타내는 선어말 어미 '-었-'을 고려할 때 과거에 일어난 일을 나타낸다고 할 수 있다.

✔ ㄹ을 보니, 선어말 어미 '-었었-'을 사용하여 현재까지 지속되는 과거의 상황을 나타내는군.
ㄹ의 '적었었다'는 '적다'에 선어말 어미 '-었었-'이 결합되어 있음을 알 수 있지만, 문장의 의미상 과거의 상황이 현재까지 지속됨을 드러내는 것이 아니라 현재와 다르거나 단절되어 있는 과거의 사건을 나타낸다고 할 수 있다.

⑤ ㅁ을 보니, 선어말 어미 '-았-'이 과거에 일어난 일을 나타내지 않기도 하는군.
ㅁ의 '잤네'는 '자다'에 선어말 어미 '-았-'이 결합된 말이지만, 문장 내용상 과거 사실을 말하는 것이 아니라 미래의 상황을 나타내기 위해 쓰였음을 알 수 있다.

05~09 인문

김태희, 「한국 주자학과 실학에서의 민(民) 개념」

해제 이 글은 **조선 시대 통치 기조인 민본 사상과 관련하여 조선 학자들이 제시한 군주와 백성에 대한 관점을 설명**하고 있다. 조선 시대 유학자들은 민본 사상을 통치의 기조로 삼을 것을 주장했는데, **정도전**은 군주나 관료가 백성에 대한 통치권을 지닌 것은 백성을 보살피고 안정시키기 위한 것이라 보면서, **군주의 덕성과 관료의 자질 향상 및 책무의 중요성을 강조**였다. **이이**는 백성들의 도덕적 교화와 경제적인 안정을 강조하면서, **군주가 백성에 대한 두려움을 뜻하는 외민의 태도에 따라 백성의 신망을 유지하기 위해 노력해야 함을 강조**했다. 그리고 **정약용**은 사회적 약자에 속한 **백성을 적극 보살피는 것이 애민**이라 하는 한편, **백성이 자신의 경제적 처지에 따라 통치 체제 유지를 위한 역할을 수행해야 함을 주장하였다. 조선 시대 학자들의 이와 같은 주장은 조선의 통치 계층이 백성을 위한 다양한 정책을 펼치는 바탕이 되었다는 점에서 의의**가 있다.

주제 민본 사상과 관련한 군주와 백성에 대한 유학자들의 관점

문단 핵심 내용

1문단	민본 사상을 통치 기조로 삼을 것을 주장한 조선 시대 유학자들
2문단	군주와 백성에 대한 정도전의 관점
3문단	군주와 백성에 대한 이이의 관점
4문단	군주와 백성에 대한 정약용의 관점
5문단	조선 시대 학자들의 군주와 백성에 대한 관점이 지니는 의의

05 글의 전개 방식 파악
정답률 80% | 정답 ③

윗글에 대한 설명으로 가장 적절한 것은?

① 조선 시대 관료 조직의 위계를 분석하고 있다.
2문단에서 왕권이 작동하기 위해 조선 시대 관료 조직을 위계적으로 정비하는 것을 언급하고 있지만, 관료 조직의 위계를 분석한 내용은 찾아볼 수 없다.

② 조선 시대 조세 제도의 문제점을 나열하고 있다.
4문단에서 부유한 대민이 납세의 부담을 맡아야 한다고 언급하고 있지만, 조세 제도의 문제점을 나열하지는 않고 있다.

✔ 조선 시대 학자들의 백성에 대한 관점을 비교하고 있다.
3문단의 내용을 통해, 이이는 정도전과 마찬가지로 백성을 보살피고 교화해야 할 대상으로 여겼지만, 정도전과 달리 군주가 백성에 대한 두려움을 가지고 백성의 신망을 유지하기 위해 노력해야 함을 강조하였음을 알 수 있다. 그리고 4문단의 내용을 통해, 정약용은 정도전, 이이와 마찬가지로 백성을 보살핌의 대상으로 바라보았지만, 이들과 달리 백성을 통치 체제 유지에 기여해야 하는 존재라 보고, 백성이 각자의 경제적 형편에 부합하는 역할을 수행해야 함을 강조했음을 알 수 있다. 이렇게 볼 때 이 글은 조선 시대 학자들의 백성에 대한 관점을 비교하였다고 할 수 있다.

④ 조선 시대 군주들의 통치관을 비판적으로 서술하고 있다.
2～4문단에 제시된 정도전, 이이, 정약용의 군주의 역할에 대한 논의를 통해 군주들의 통치관이 어떠했는지는 짐작해 볼 수 있지만, 군주들의 통치관에 대해 비판적으로 서술한 부분은 찾아볼 수 없다.

⑤ 조선 시대 상업의 발달 과정을 통시적으로 기술하고 있다.
4문단에서 조선 후기 상·공업 발달 상황을 언급하고 있지만, 조선 시대 상업의 발달 과정을 시간의 흐름에 따라 기술하지는 않고 있다.

06 글의 세부 정보 파악
정답률 78% | 정답 ⑤

외민(畏民)에 대한 이해로 가장 적절한 것은?

① 백성이 군주에 대해 지녀야 할 마음가짐이다.
3문단을 통해 '외민'은 백성이 아닌 군주가 지녀야 할 마음가짐임을 알 수 있다.

② 관료의 비행을 감독하기 위해 마련한 제도이다.
선택지에 제시된 내용은 2문단에 제시된 '감사 기능'에 대한 내용으로, '외민'에 대한 설명과는 무관하다.

③ 군주와 백성을 부모와 자식의 관계에 비유하는 근거이다.
1문단과 3문단에 의하면 군주와 백성을 부모와 자식의 관계에 비유한 것은 백성을 사랑하는 태도인 '애민'에 근거한 것으로 백성을 두려워하는 태도인 '외민'을 근거로 삼았다고 할 수 없다.

④ 민생이 안정되었을 때 드러나는 백성의 이상적 모습이다.

[문제편 p.007]

1문단에 제시된 민본 사상이 추구하는 백성의 모습에 해당하는 설명으로, '외민'을 의미하지 않는다.

✔ 백성이 군주에 대한 신망을 버릴 수 있다고 보는 관점이다.
3문단의 '다만 군주가 백성에 대한 두려움을 가지고 백성의 신망을 유지하기 위해 노력해야 한다'를 통해, 군주가 백성에 대한 두려움을 군주가 지니지 않으면 군주가 백성의 신망을 얻지 못할 것임을 짐작할 수 있다. 따라서 '외민'을 백성이 군주에 대한 신망을 버릴 수 있다고 보는 관점이라고 한 이해는 적절하다.

07 내용의 구체적인 사례에의 적용
정답률 46% | 정답 ③

윗글을 바탕으로 〈보기〉를 이해한 내용으로 적절하지 않은 것은? [3점]

〈보 기〉

ㄱ. 옛날에 바야흐로 온 세상을 제압하고 나서 천자가 벼슬을 내리고 녹봉을 나누어 준 것은 신하들을 위해서가 아니라 백성들을 위한 것이었다. … 임금이 관리에게 책임을 지우는 것도 한결같이 백성에 근본을 두고, 관리가 임금에게 보고하는 것도 한결같이 백성에 근본을 두면, 백성은 중요한 존재가 된다. – 정도전, 「삼봉집」 –

ㄴ. 청컨대 전하의 식사와 옷에서부터, 바치는 물건들과 대궐 안에서 일상적으로 쓰는 물건들 일체를 삼분의 일 줄이십시오. 이런 방식으로 헤아려서 모든 팔도의 진상·공물들도 삼분의 일 줄이십시오. 이렇게만 하신다면 은택이 아래로 미치어 백성들이 실질적인 혜택을 받게 될 것입니다. – 이이, 「율곡전서」 –

ㄷ. 만일 목화 농사가 흉작이 되어 면포의 가격이 뛰어 오르는데 수백 리 밖의 고장은 풍년이 들어 면포의 값이 매우 쌀 경우 수령은 일단 백성에게 군포를 납부하지 말도록 해야 한다. 그리고 아전 중 청렴한 자를 골라 풍년이 든 곳에 가서 면포를 구입해 오도록 하여 군포를 바친다. 그리고 면포를 구입하는 데 쓴 돈은 백성들이 균등하게 부담케 하면 백성에게 큰 혜택이 돌아갈 것이다. – 정약용, 「목민심서」 –

① ㄱ은 관료의 녹봉이 백성을 위해 일하는 봉사자로서 얻는 것이라는 주장과 관련된다.
ㄱ의 '천자가 벼슬을 내리고 녹봉을 나누어 준 것은 신하들을 위해서가 아니라 백성들을 위한 것이었다.'이었다는 내용은, 군주나 관료가 지배자가 아니라 백성을 위해 일하는 봉사자일 때 이들의 지위나 녹봉은 그 정당성이 확보된다는 2문단에 언급된 정도전의 주장과 관련된다고 할 수 있다.

② ㄴ은 군주가 백성을 보살피는 존재라는 시각을 바탕으로 한다.
ㄴ에서는 왕이 먼저 대궐 안에서 일상적으로 쓰는 물건과 모든 팔도의 진상·공물들을 삼분의 일로 줄이면 백성들이 실질적인 혜택을 받게 될 것이라 언급하고 있는데, 이러한 내용은 3문단에 언급된 군주를 백성을 보살피는 존재로 바라본 이이의 관점이 바탕이 된다고 할 수 있다.

✔ ㄷ은 대민과 소민에 따라 납세 부담에 차이가 있어야 한다는 주장을 구현하는 방법이다.
ㄷ에서는 특정 지역의 목화 농사가 흉작이 되어 면포 가격이 뛰어오를 경우, 해당 수령은 백성들에게 군포를 납부하지 않게 하면서 가격이 상대적으로 저렴한 곳에서 면포를 구입하여 군포를 납부한 뒤, 면포를 구입하는 데 쓴 돈을 백성들이 균등하게 납부하게 하면 백성의 혜택이 늘어날 것이라고 보고 있다. 이러한 내용은 백성의 처지를 고려한 것에 해당하므로 관료가 백성을 보살펴야 한다고 주장한 민본 사상과 상통하는 것이라 할 수 있다. 따라서 〈보기〉의 ㄷ의 내용은 백성 각자의 경제적 형편에 부합하는 역할을 수행하는 내용과는 관련이 없음을 알 수 있으므로, 대민과 소민을 구분하여 납세 부담에 차이가 있어야 한다는 정약용의 주장을 구현한 방법이라고 볼 수 없다.

④ ㄱ과 ㄷ은 민본 사상의 관점에서 바람직한 관료의 면모를 보여준다.
ㄱ에서는 임금이나 관리가 한결같이 백성에 근본을 두어야 함을 언급하고 있고, ㄷ에서는 군포를 거둘 때 백성의 처지를 고려하면서 백성에게 혜택이 돌아가도록 할 것을 언급하고 있다. 이러한 ㄱ과 ㄷ의 내용은 2문단에 언급된 민본 사상을 실현하는 관료의 면모를 드러내 준다고 할 수 있다.

⑤ ㄴ과 ㄷ은 백성의 경제적 안정을 중시하는 관점에서 제안된 방안에 해당한다.
ㄴ과 ㄷ의 내용을 통해, ㄴ과 ㄷ에 언급된 백성의 혜택이 경제적 혜택의 성격을 지님을 알 수 있다. 이렇게 볼 때, ㄴ과 ㄷ은 3문단에 언급된 백성의 경제적 안정을 중시하는 관점에서 제안된 방안이라 볼 수 있다.

08 관점의 차이 파악
정답률 73% | 정답 ②

다음은 윗글을 읽은 학생의 독후 활동이다. ㉮에 들어갈 내용으로 가장 적절한 것은?

독후 활동
유사한 화제를 다룬 다음 자료를 읽고, 관점의 차이를 정리해 보자.

[자료]

조선 시대의 교육은 신분 질서 유지를 통해 통치 계층의 우위를 확보하는 데 기여했다. 현실적으로 통치 계층이 아닌 백성은 정치에 참여하는 관료가 되기 어려웠는데, 이는 신분에 따라 교육 기회가 제한된 것과 관련된다. 한편, 백성을 대상으로 하는 교육은 대체로 도덕적 교화를 위한 것에 한정되었다.

[결론]

[자료]와 [A]는 조선 시대의 (　㉮　)에 대하여 관점의 차이를 보이고 있다.

① **백성이 교육 기회를 얻고자 노력했는지**

〈자료〉와 [A]는 모두 조선 시대 정책을 화제로 삼은 글로 교육 기회에 대한 백성의 노력을 화제로 다루지 않아, 해당 부분에 대한 관점의 차이를 정리할 수 없다.

✔ **교육이 본질적으로 백성을 위한 것인지**

〈자료〉는 조선 시대의 교육이 통치 계층의 우위를 확보하는 데 기여했으며, 백성에 대한 교육이 도덕적 교화에 한정되었다는 내용으로, 조선 시대의 교육이 본질적으로 통치 계층을 위한 것이었다는 관점을 보이고 있다. 반면 [A]에서는 조선 시대 교육 제도가 백성을 위한 것이었다고 보는 관점이 드러난다.

③ **교육 방식이 현대적으로 계승되었는지**

〈자료〉와 [A] 모두 교육 방식이나 현대적 계승에 대한 언급이 드러나지 않아 관점의 차이를 찾을 수 없다.

④ **신분 질서가 어떤 의미를 지니는지**

〈자료〉에 조선 시대 교육이 신분 질서 유지에 기여했다는 내용이 나올 뿐 그 의미는 제시되지 않고, [A]에서는 신분 질서에 대한 구체적 내용이 드러나지 않았다. 따라서 관점의 차이를 정리할 수 없다.

⑤ **백성이 어떻게 정치에 참여했는지**

〈자료〉에 백성의 정치 참여가 제한되었다는 내용만 있을 뿐 참여한 방식은 제시되지 않았고 [A]에서도 관련 내용을 찾을 수 없다. 따라서 이 부분에 대한 관점의 차이가 드러난다고 결론지을 수 없다.

09 단어의 문맥적 의미 파악

정답률 91% | 정답 ③

문맥상 ⓐ~ⓔ와 바꿔 쓰기에 적절하지 않은 것은?

① **ⓐ : 따라야**

ⓐ는 '환경이나 변화에 잘 적응하여 따라'라는 뜻이므로 문맥상 '따라야'로 바꿔 쓸 수 있다.

② **ⓑ : 가다듬는**

ⓑ는 '정돈하여 제대로 갖추는'이란 뜻이므로 문맥을 고려해 '가다듬는'으로 바꿔 쓸 수 있다.

✔ **ⓒ : 끊임없이**

ⓒ는 '일이 아무 탈이나 말썽 없이 예정대로 잘되어 가게'를 의미하므로, 의미상 '끊임없이'로 바꿔 쓸 수 없다. 문맥상 '잘되어 가게'로 바꾸어 쓰는 것이 적절하다.

④ **ⓓ : 걸맞은**

ⓓ는 '사물이나 현상이 꼭 들어맞는'이란 뜻이므로 문맥상 '걸맞은'으로 바꿔 쓸 수 있다.

⑤ **ⓔ : 바탕을 둔**

ⓔ는 '기초가 될 만한 바탕이 되는'이란 뜻이므로 문맥상 '바탕을 둔'이라고 바꿔 쓸 수 있다.

10~12 현대시

(가) 윤동주, 「소년(少年)」

감상 이 시는 **시어의 연쇄적 반복을 통해 정서를 부각하고 운율을 형성하는 산문시**이다. 이 시에서는 계절과 관련된 감각적 이미지 사용을 통해 '순이'에 대한 '소년'의 순수하고 진실한 그리움을 자연스럽게 드러내고 있다.

주제 순수한 세계에의 동경

표현상의 특징

- '단풍잎', '하늘', '파란 물감', '손바닥', '맑은 강물'이라는 시어를 연쇄적으로 활용하고 있음.
- '-ㄴ다'라는 종결 어미를 반복하여 운율을 형성함.
- 현재 시제를 사용하여 시적 상황을 드러냄.

(나) 손택수, 「나무의 꿈」

감상 이 시에서 **화자는 의인화된 '나무'에 애정 어린 시선을 보내며 말을 건네는 방식으로 그 꿈과 가능성에 대해 이야기**하고 있다. 나아가 그 꿈과 가능성이 실현되지 못한 상황에 처하더라도 그 존재 가치가 있음을 따뜻한 어조로 일깨워 주고 있다.

주제 꿈과 현재의 중요성

표현상의 특징

- '계단', '창문', '바다'라는 시어를 연쇄적으로 활용하고 있음.
- '-니', '-구나' 등의 종결 어미를 반복하여 운율을 형성하고 있음.
- 시적 대상인 '나무'를 의인화된 청자로 설정하고 말을 건네는 어조로 시상을 전개함.

★★★ 1등급 대비 고난도 2점 문제

10 표현상 특징 파악

정답률 35% | 정답 ④

(가), (나)의 표현상 특징으로 가장 적절한 것은?

① **(가)는 (나)와 달리 반어적 표현을 통해 시적 긴장을 고조시키고 있다.**

(가), (나) 모두 반어적 표현으로 시적 긴장이 고조되지 않았다.

② **(나)는 (가)와 달리 동일한 종결 어미의 반복으로 운율감을 형성하고 있다.**

(가)는 '-ㄴ다'라는 종결 어미를 반복하여, (나)에서 '-니', '-구나' 등의 종결 어미를 반복하여 운율을 형성하고 있다.

③ **(가)와 (나) 모두 대상을 의인화하여 화자의 연민을 드러내고 있다.**

(가)에서 대상을 의인화한 표현은 사용되지 않았고, (나)에서 시적 대상인 '나무'를 '너'라는 의인화된 청자로 설정하고 말을 건네는 어조로 시상을 전개하였다.

✔ **(가)와 (나) 모두 시어의 연쇄적 활용을 통해 시상을 발전시켜 나가고 있다.**

(가)에서는 '단풍잎', '하늘', '파란 물감', '손바닥', '맑은 강물'이라는 시어를 연쇄적으로 활용하였고, (나)에서는 '계단', '창문', '바다'라는 시어를 연쇄적으로 활용하였다.

⑤ **(가)와 (나) 모두 시선의 이동을 통해 장소가 지닌 의미를 다양하게 제시하고 있다.**

(나)에서 화자의 시선 이동은 드러나지 않는다.

★★ 문제 해결 꿀~팁 ★★

▶ 많이 틀린 이유는?

이 문제는 작품을 통해 표현상 특징을 정확히 파악하지 못하였거나, 표현상 특징에 대한 이해를 정확히 하지 못해서 오답률이 높았던 것으로 보인다.

▶ 문제 해결 방법은?

이 문제를 해결하기 위해서는 기본적으로 표현상 특징에 대해 이해하고 있어야 한다. 즉 반어적 표현, 동일한 종결 어미의 반복, 대상을 의인화, 시어의 연쇄적 활용, 시선의 이동에 대한 정확한 이해가 필요하다. 정답인 ④의 경우, 연쇄적 표현(앞 구절의 끝 어구를 다음 구절의 첫머리에 이어받아 표현하는 방법)에 대해 정확히 알고 있었으면 (가), (나) 모두 연쇄적 표현을 사용하고 있음을 알았을 것이다. 마찬가지로 오답률이 높았던 '동일한 종결 어미의 반복'에 대해 정확히 알고 있었다면 (가), (나) 모두 종결 어미를 반복하고 있었음을 알 수 있었을 것이다. 한편 표현상 공통점이나 차이점을 묻는 문제의 경우 (가)를 통해 먼저 표현상 특징을 찾을 수 있는지 확인한 다음, (가)에서 찾을 수 있는 것 중에서 (나)에서 확인하는 방법을 사용하게 되면 시간적으로나 정확성 측면에 효과적일 수 있다.

11 시어의 의미 파악

정답률 62% | 정답 ①

㉠, ㉡에 대한 이해로 가장 적절한 것은?

✔ **㉠은 '소년(少年)'의 정서를 환기하는 기능을 하고 있다.**

(가)에서 '하늘'을 들여다보면 '눈썹에 파란 물감이 들고 손바닥에도 파란 물감이 묻어난다. 그리고 손바닥을 들여다보면 손금에는 맑은 강물이 흐르고, 강물 속에는 사랑처럼 슬픈 얼굴 — 아름다운 순이(順伊)의 얼굴이 어린을 알 수 있다. 따라서 ㉠은 '소년'의 '순이'에 대한 그리움이라는 정서를 환기해 준다고 할 수 있다.

② **㉠은 '소년(少年)'이 거부하고자 하는 세계를 상징하고 있다.**

㉠은 '소년'의 '순이'에 대한 그리움이라는 정서를 환기해 주므로, '소년'이 거부하는 세계를 상징한다고 할 수 없다.

③ **㉠은 '소년(少年)'이 자신의 한계를 인식하는 계기가 되고 있다.**

㉠은 '소년'의 '순이'에 대한 그리움이라는 정서를 환기해 주므로, '소년'이 자신의 한계를 인식하는 계기가 된다고 할 수 없다.

④ **㉡은 '너'가 처한 긍정적 상황을 드러내는 역할을 한다.**
㉡은 화자가 '너'가 지향할 것이라고 가정한 대상이라고 볼 수 있으므로, '너'가 처한 긍정적 상황을 드러내는 역할을 한다고 할 수 없다.

⑤ **㉡은 '너'의 성찰이 이루어진 이후의 모습을 표상하고 있다.**
㉡은 화자가 '너'가 지향할 것이라고 가정한 대상이라고 볼 수 있으므로, ㉡은 너의 성찰이 이루어진 이후의 모습을 표상한 것이라 할 수 없다.

12 외적 준거에 따른 작품의 감상 정답률 49% | 정답 ③

〈보기〉를 참고하여 (가)와 (나)를 감상한 내용으로 적절하지 않은 것은? [3점]

〈보 기〉
(가), (나)는 시간의 흐름 속에서 성장하는 존재의 순수한 정서와 인식에 대해 표현하고 있다. (가)는 소년이 자연물에 동화되는 과정을 감각적으로 드러내면서 과거의 사랑을 그리워하는 소년의 정서를 보여 준다. (나)는 대상이 품을 수 있는 다양한 꿈을 제시하고, 꿈을 이루지 못한 상황에서도 대상이 존재 가치가 있다는 것을 역설적으로 보여 주고 있다. 또 미래보다 현재 상황과 모습에 주목하는 자세를 강조하며 마무리한다.

① **(가)의 '파란 물감이 든' '눈썹'은 '소년(少年)'이 자연물에 동화되는 것을 감각적으로 표현하는군.**
(가)에서는 '가만히 하늘을 들여다 보'고 '눈썹에 파란 물감이 든다'는 것을 통해 자연물인 하늘과 점차 동화되는 과정을 감각적으로 표현하고 있다.

② **(가)의 '맑은 강물'에 어린 얼굴에는 '순이(順伊)'에 대한 '소년(少年)'의 그리움이 투영되어 있군.**
(가)의 '소년'은 '맑은 강물' 속에서 사랑처럼 슬픈 얼굴을 발견하고 있으므로, '맑은 강물'에는 현재 부재하는 '순이'에 대한 그리움이 투영되었다고 할 수 있다.

✔ **(나)의 '의자', '책상', '한 줌 재' 등은 대상이 품을 수 있는 다양한 꿈을 보여 주는군.**
(나)의 '의자', '책상'은 대상이 품을 수 있는 다양한 꿈으로 이해할 수 있지만, '한 줌 재'는 그 꿈을 이루지 못한 상황을 의미한다.

④ **(나)의 '장작'은 꿈을 이루지 못한 상황에서도 '몸을 데워' 줄 수 있다는 존재 가치에 대한 역설적 인식을 보여 주는군.**
(나)의 '장작'이 한 줌 재가 된 것은 '너'의 '꿈'이 좌절된 상태라고 할 수 있으며, 누군가의 '몸을 데워' 준다는 것은 새롭게 발견한 존재 가치라 할 수 있다. 그러므로 대상의 존재 가치를 역설적으로 보여 준 것이라 할 수 있다.

⑤ **(나)의 '바람 소리'는 대상에게 '지금'의 상황과 모습을 주목하게 하는 계기가 될 수 있겠군.**
(나)의 '바람 소리'는 '너'가 '지금 바람을 만나' '바람의 춤을 따라 흔들리고 있'음과 이어지므로, '너'의 현재 상황을 주목하게 하는 계기가 될 수 있다.

[문제편 p.009]

DAY 02 20분 미니 모의고사

01 ③	02 ⑤	03 ⑤	04 ①	05 ③
06 ④	07 ④	08 ②	09 ③	10 ②
11 ⑤	12 ①			

01 말하기 방식 파악 정답률 66% | 정답 ③

(가)의 '학생 1'에 대한 이해로 적절하지 않은 것은?

① **상대의 요청에 대한 구체적인 방법을 설명하고 있다.**
온라인 소통망을 하나로 모으는 방법에 대한 학생 3의 요청에 대해 온라인 학생회에 관한 구체적인 방법을 설명하고 있다.

② **대화의 목적을 제시하며 상대의 발언을 이끌어내고 있다.**
공약을 세울 때 도움이 필요하다는 대화의 목적을 제시하며 상대의 발언을 이끌어 내고 있다.

✔ **상대의 발언을 재진술하며 추가적인 정보를 요청하고 있다.**
학생 1은 자판기에 대해 더 자세히 이야기해 달라며 추가적인 정보를 요청하고 있지만 상대의 발언을 재진술하고 있지는 않다.

④ **자신이 알고 있는 정보를 제시하며 상대의 의견에 대해 동의하고 있다.**
자신이 알기에도 자판기 설치에 관심을 갖는 학생들이 많다는 정보를 제시하며 좋은 공약이 될 것 같다는 동의를 표현하고 있다.

⑤ **상대의 의견에 긍정적인 반응을 보이며 자신의 생각을 덧붙이고 있다.**
온라인을 활용하자는 학생 3의 의견에 괜찮은 생각이라고 하며 소통망 일원화 및 온라인 학생회에 대한 화제를 제시하고 있다.

02 글쓰기 계획의 반영 여부 파악 정답률 55% | 정답 ⑤

(가)를 바탕으로 세운 아래의 작문 계획 중 (나)에 반영되지 않은 것은? [3점]

○ 첫째 공약을 제시할 때, 대화에서 논의하지 않았던 기대효과를 제시해야겠어. ····· ①
○ 둘째 공약을 제시할 때, 대화에서 언급된 방법에 대한 구체적인 이용 방법을 제시해야겠어. ····· ②
○ 둘째 공약을 제시할 때, 대화 후 선생님과 논의한 내용을 활용하여 실현 가능한 공약임을 제시해야겠어. ····· ③
○ 셋째 공약을 제시할 때, 대화에서 제시된 자판기와 관련하여 그 종류를 명확하게 제시해야겠어. ····· ④
○ 셋째 공약을 제시할 때, 대화에서 언급된 친구들의 관심에 관한 설문 결과를 활용해 친구들의 요구가 반영된 공약임을 제시해야겠어. ····· ⑤

① **첫째 공약을 제시할 때, 대화에서 논의하지 않았던 기대효과를 제시해야겠어**
시간을 아낄 수 있다는 기대효과는 대화에서 논의하지 않았다.

② **둘째 공약을 제시할 때, 대화에서 언급된 방법에 대한 구체적인 이용 방법을 제시해야겠어.**
온라인을 활용하면 좋겠다는 방법에 대해 확인, 신청, 승인이 이루어질 수 있도록 하겠다는 구체적인 이용 방법을 제시하고 있다.

③ **둘째 공약을 제시할 때, 대화 후 선생님과 논의한 내용을 활용하여 실현 가능한 공약임을 제시해야겠어.**
선생님과 논의해 실현 가능한 공약임을 확인하였다고 제시하고 있다.

④ **셋째 공약을 제시할 때, 대화에서 제시된 자판기와 관련하여 그 종류를 명확하게 제시해야겠어.**
대화에서는 자판기 설치에 관해 논의했는데 이를 구체화하여 간식 자판기 설치를 공약으로 제시했다.

✔ **셋째 공약을 제시할 때, 대화에서 언급된 친구들의 관심에 관한 설문 결과를 활용해 친구들의 요구가 반영된 공약임을 제시해야겠어.**
셋째 공약을 제시할 때 활용한 통계는 지역 학교의 자판기 설치 현황에 관한 것으로 설문 결과에 해당하지 않는다.

[문제편 p.011]

03 음운 변동의 이해 정답률 76% | 정답 ⑤

〈보기〉의 [활동]을 수행한 결과로 적절하지 않은 것은?

〈보 기〉

[활동] 제시된 단어의 발음을 [자료]와 연결해 보자.

신라, 칼날, 생산량, 물난리, 불놀이

[자료]

㉠ 'ㄹ'의 앞에서 'ㄴ'이 [ㄹ]로 발음되는 경우
㉡ 'ㄹ'의 뒤에서 'ㄴ'이 [ㄹ]로 발음되는 경우
㉢ 'ㄴ'의 뒤에서 'ㄹ'이 [ㄴ]으로 발음되는 경우

① **'신라'는 ㉠에 따라 [실라]로 발음하는군.**
'신라'는 'ㄹ'의 앞에서 'ㄴ'이 [ㄹ]로 발음되는 경우인 ㉠이 적용되어 'ㄴ'이 'ㄹ' 앞에서 [ㄹ]로 바뀌어 [실라]로 발음된다.

② **'칼날'은 ㉡에 따라 [칼랄]로 발음하는군.**
'칼날'은 'ㄹ'의 뒤에서 'ㄴ'이 [ㄹ]로 발음되는 경우인 ㉡이 적용되어 'ㄴ'이 'ㄹ' 뒤에서 [ㄹ]로 바뀌어 [칼랄]로 발음된다.

③ **'생산량'은 ㉢에 따라 [생산냥]으로 발음하는군.**
'생산량'은 'ㄴ'의 뒤에서 'ㄹ'이 [ㄴ]으로 발음되는 경우인 ㉢이 적용되어 'ㄹ'이 'ㄴ' 뒤에서 [ㄴ]으로 바뀌어 [생산냥]으로 발음된다.

④ **'물난리'는 ㉠, ㉡에 따라 [물랄리]로 발음하는군.**
'물난리'는 'ㄹ'의 앞에서 'ㄴ'이 [ㄹ]로 발음되는 경우인 ㉠과, 'ㄹ'의 뒤에서 'ㄴ'이 [ㄹ]로 발음되는 경우인 ㉡이 모두 적용되어 'ㄴ'이 'ㄹ'의 앞과 뒤에서 [ㄹ]로 바뀌어 [물랄리]로 발음된다.

✔ **'불놀이'는 ㉡, ㉢에 따라 [불로리]로 발음하는군.**
'불놀이'는 'ㄹ'의 뒤에서 'ㄴ'이 [ㄹ]로 발음되는 경우인 ㉡이 적용되어 [불로리]로 발음되므로 적절하지 않다.

04~08 과학

'식욕의 작용 원리(재구성)'

해제 이 글은 **식욕 중추와 전두 연합 영역을 중심으로 식욕의 작용 원리에 대해 설명**하고 있다. **식욕**은 시상 하부의 식욕 중추에 있는 **섭식 중추와 포만 중추의 작용으로 자연스럽게 조절**되는데, 식욕 중추는 혈액 속에 있는 포도당, 인슐린, 지방산 등의 영향을 받는다. 이때 **포도당과 인슐린은 포만 중추의 작용은 촉진**하고 **섭식 중추의 작용은 억제**하며, **지방산은 섭식 중추의 작용은 촉진**하고 **포만 중추의 작용은 억제**한다. 그리고 **취향이나 기분에 좌우되는 식욕은 전두 연합 영역의 영향**을 받는데, 그 사례로 배가 불러 더 이상 못 먹겠다고 생각하면서도 디저트를 먹는 현상을 들 수 있다.

주제 식욕의 작용 원리

문단 핵심 내용

1문단	식욕 중추의 영향을 받는 식욕
2문단	식욕 중추가 식욕을 조절하는 원리
3문단	식욕에도 영향을 미치는 전두 연합 영역
4문단	배가 부른 후에도 디저트를 먹는 현상을 설명할 수 있는 전두 연합 영역

04 핵심 정보 파악 정답률 87% | 정답 ①

윗글의 표제와 부제로 가장 적절한 것은?

✔ **식욕의 작용 원리**
– 식욕 중추와 전두 연합 영역을 중심으로
1문단에서 식욕이 식욕 중추의 영향을 받음을 드러내면서 2문단에서 시상 하부의 식욕 중추에 있는 섭식 중추와 포만 중추의 작용으로 식욕이 자연스럽게 조절됨을 밝히고 있다. 그리고 3, 4문단에서 취향이나 기분에 좌우되는 식욕은 전두 연합 영역의 영향을 받음을 언급하면서 그 사례로 배가 불러 더 이상 못 먹겠다고 생각하면서도 디저트를 먹는 현상을 제시하고 있다. 이렇게 볼 때, 이 글은 '식욕 중추와 전두 연합 영역'에 대한 설명을 바탕으로 '식욕의 작용 원리'를 서술하고 있으므로 표제와 부제로 적절한 것은 ①이다.

② **식욕의 개념과 특성**
– 영양소의 종류와 역할을 중심으로
'식욕의 개념과 특성'은 1문단에 국한되어 있으므로 전체 내용을 아우를 수 있는 표제로 적절하지 못하다. 또한 '영양소의 종류와 역할' 역시 2문단에 국한되어 있어서 전체 내용을 아우르지 못해 부제로 적절하지 않다.

③ **식욕이 생기는 이유**
– 탄수화물과 지방의 영향 관계를 중심으로
'식욕이 생기는 이유'는 표제로 일면 적절하다고 볼 수 있지만, '탄수화물과 지방'은 2문단에 언급되어 있을 뿐 그 '영향 관계'는 드러나지 않으므로 부제로 적절하지 않다.

④ **전두 연합 영역의 특성**
– 디저트의 섭취와 소화 과정을 중심으로
'전두 연합 영역의 특성'은 3, 4문단에 국한되어 있으므로 전체 내용을 아우를 수 없어서 표제로 적절하지 않다. 또한 '디저트의 섭취'는 3, 4문단에 언급되어 있지만 전체 내용을 아우르지 못하고, '소화 과정'은 드러나지 않으므로 부제로 적절하지 않다.

⑤ **전두 연합 영역의 여러 기능**
– 포도당과 지방산의 작용 관계를 중심으로
'전두 연합 영역의 여러 기능'은 3, 4문단에 국한되어 있으므로 전체 내용을 아우를 수 없어서 표제로 적절하지 않다. 또한 '포도당과 지방산'은 2문단에 언급되어 있지만 전체 내용을 아우르지 못하고, 그 '작용 관계'는 드러나지 않으므로 부제로 적절하지 않다.

05 세부 내용의 이해 정답률 74% | 정답 ③

윗글을 이해한 내용으로 적절하지 않은 것은?

① **식욕은 인간이 살아가는 데 반드시 필요한 욕망이다.**
1문단을 통해 식욕은 음식을 먹고 싶어 하는 욕망으로, 인간이 살아가는 데 필요한 영양분을 얻기 위해서 반드시 필요함을 알 수 있다.

② **인간의 뇌에 있는 시상 하부는 인간의 식욕에 영향을 끼친다.**
1, 2문단의 내용을 통해 인간의 뇌에 있는 시상 하부는 인간의 식욕에 영향을 끼침을 알 수 있다.

✔ **위(胃)의 운동에 관여하는 오렉신은 전두 연합 영역에서 분비된다.**
4문단을 통해 전두 연합 영역의 신경 세포가 '맛있다'와 같은 신호를 섭식 중추로 보내면, 섭식 중추에서 오렉신이라는 물질이 나옴을 알 수 있다. 따라서 위의 운동에 관여하는 오렉신은 전두 연합 영역이 아니라 섭식 중추에서 분비됨을 알 수 있다.

④ **음식의 특정한 맛에 질렸을 때 더 이상 먹을 수 없다고 생각 할 수 있다.**
4문단을 통해 배가 차지 않은 상태에서 '이제 더 이상 못 먹겠다'고 생각하는 이유는 특정한 맛에 질렸기 때문임을 알 수 있다.

⑤ **전두 연합 영역은 정신적이고 지적인 활동뿐만 아니라 식욕에도 관여한다.**
3문단을 통해 전두 연합 영역은 정신적이고 지적인 활동을 담당하는 곳이지만 식욕에도 큰 영향을 미침을 알 수 있다.

★★★ 1등급 대비 고난도 2점 문제

06 세부 내용의 추론 정답률 38% | 정답 ④

ⓑ와 '식욕 중추의 작용'을 고려하여 ⓐ를 이해한 내용으로 적절한 것은?

① **섭식 중추의 작용이 억제되므로 ⓐ는 타당하다.**
1문단을 통해 실제로 배가 찼다면 섭식 중추의 작용은 억제되고, 포만 중추가 작용하여 식욕이 억제될 것임을 알 수 있다. 따라서 '음식을 먹은 후 '이제 더 이상 못 먹겠다'라고 생각하면서도 디저트를 먹는 현상(ⓐ)'이 타당하다고 이해하는 것은 적절하지 않다.

② **섭식 중추의 작용이 활발하므로 ⓐ는 모순적이다.**
1문단을 통해 배가 부른 상태라면 섭식 중추가 아니라 포만 중추의 작용이 활발하게 될 것임을 알 수 있다. 따라서 섭식 중추의 작용이 활발하다고 이해하는 것은 적절하지 않다.

③ **포만 중추의 작용이 억제되므로 ⓐ는 모순적이다.**
1문단을 통해 배가 부른 상태라면 섭식 중추가 아니라 포만 중추의 작용이 활발하게 될 것임을 알 수 있다. 따라서 포만 중추의 작용이 억제된다고 이해하는 것은 적절하지 않다.

✔ **포만 중추의 작용이 활발하므로 ⓐ는 모순적이다.**
1, 2문단을 통해 포만 중추가 식욕을 억제함을 알 수 있다. 이를 바탕으로 할 때, 배가 찬 상태(ⓑ)에서 '이제 더 이상 못 먹겠다'고 생각하는 이유는 포만 중추의 작용이 활발하기 때문임을 알 수 있다. 따라서 배가 찬 상태에서 디저트를 먹는 현상은 모순적이라 할 수 있다.

⑤ **섭식 중추와 포만 중추의 작용이 반복되므로 ⓐ는 타당하다.**

1문단을 통해 실제로 배가 찼다면 섭식 중추의 작용은 억제되고 포만 중추가 작용하여 식욕일 억제될 것임을 알 수 있다. 따라서 '음식을 먹은 후 '이제 더 이상 못 먹겠다'라고 생각하면서도 디저트를 먹는 현상(ⓐ)'에서 섭식 중추와 포만 중추의 작용이 반복된다고 이해하는 것은 적절하지 않다.

★★ 문제 해결 꿀~팁 ★★

▶ 많이 틀린 이유는?

이 문제는 ⓑ와 식욕 중추의 작용을 고려하여 ⓐ의 상황을 이해하는 문제인데, 이러한 문제의 내용을 정확히 이해하지 못하여 오답률이 높았던 것으로 보인다.

▶ 문제 해결 방법은?

간혹 학생들 중에는 문제를 정확히 이해하지 못해 잘못된 선택을 하는 경우가 많은데, 이 문제 역시 마찬가지이다. 이처럼 수능에 출제된 문제를 읽을 때에는 주의를 기울여 읽어야 한다(실제로 옳지 않은 것을 묻는데 옳은 것을 묻는 것이라 잘못 읽는 경우도 있음.). 이 문제를 분석해 보면, ⓑ는 '배가 부른 상태, 즉 포만감이 있는 상태'이고, '식욕 중추의 작용'에는 배가 고픈 느낌이 들게 하는 '섭식 중추'와 배가 부른 느낌이 들게 하는 '포만 중추'가 있음을 고려하여, ⓐ의 상태에 대해 이해하는 것이라 할 수 있다. 즉 배가 부른 상태인 포만 중추가 활발한 상황에서 ⓑ에 대해 이해하는 것이 문제의 핵심이라 할 수 있다. 이렇게 문제를 분석하면 포만 중추의 작용이 활발한 상황에서 '디저트를 먹는 현상'은 포만 중추의 활발한 것과는 앞뒤가 서로 일치되지 아니한 상황이므로 모순되었다고 할 수 있는 것이다. 한편 문제를 읽을 때에는 눈으로만 읽지 말고 반드시 펜을 이용하여 밑줄을 그으면서 정확히 읽는 습관을 기르면 그만큼 오류를 줄일 수 있음을 명심하도록 한다.

07 정보 간의 관계 파악

정답률 75% | 정답 ④

[A]를 바탕으로 〈보기〉에 대해 설명한 내용으로 가장 적절한 것은?

〈보 기〉

다음은 탄수화물이 포함된 식사 전후에 혈액 속을 흐르는 물질이 식욕 중추에 끼치는 영향 관계를 표현한 모식도이다.

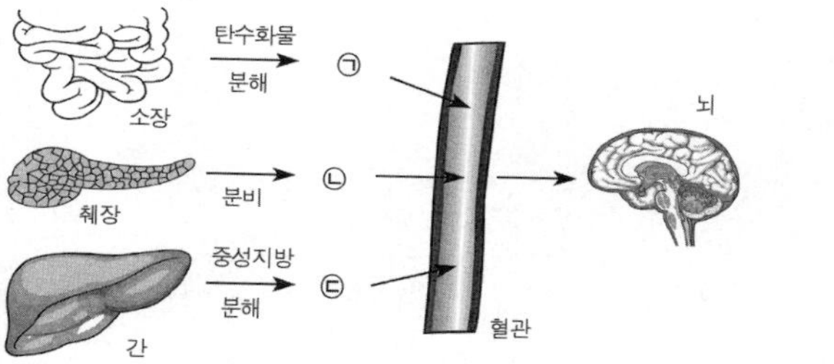

① **혈관 속에 ㉠의 양이 줄어들면 ㉡이 분비된다.**
혈관 속에 포도당(㉠)의 양이 늘어나면 인슐린(㉡)이 분비된다.

② **혈관 속에 ㉠과 ㉡의 양이 많아지면 배가 고픈 느낌이 든다.**
혈관 속에 포도당(㉠)과 인슐린(㉡)의 양이 많아지면 배가 부른 느낌이 든다.

③ **공복 상태가 길어지면 ㉠과 ㉢은 시상 하부의 명령을 식욕 중추에 전달한다.**
포도당(㉠)과 지방산(㉢)은 시상 하부의 명령을 식욕 중추에 전달하는 역할을 하지 않는다.

✔ **공복 상태가 길어지면 혈관 속에 ㉠의 양은 줄어들고 ㉢의 양은 늘어난다.**
2문단을 통해 ㉠은 포도당, ㉡은 인슐린, ㉢은 지방산임을 알 수 있다. 그런데 식사를 하면, 탄수화물이 분해되어 포도당(㉠)으로 변하고, 이로 인해 췌장에서 인슐린(㉡)이 분비된다. 이후 포도당(㉠)과 인슐린(㉡)은 혈액을 타고 시상 하부로 이동하여 포만 중추의 작용은 촉진하고 섭식 중추의 작용은 억제한다. 반면에 식사 후 공복 상태가 길어지면, 중성지방이 분해되어 지방산(㉢)이 생기고, 지방산(㉢)은 혈액을 타고 시상 하부로 이동하여 섭식 중추의 작용은 촉진하고 포만 중추의 작용은 억제한다.

⑤ **식사를 하는 동안에 ㉡은 ㉢의 도움으로 피부 아래의 조직에 중성지방으로 저장된다.**
인슐린(㉡)은 피부 아래의 조직에 중성지방으로 저장되지 않는다.

08 구체적인 상황에의 적용

정답률 59% | 정답 ②

윗글을 바탕으로 〈보기〉를 이해한 내용으로 적절하지 않은 것은? [3점]

〈보 기〉

(뷔페에서 음식을 먹은 후)
A : 너무 많이 먹어서 배가 터질 것 같아.
B : 나도 배가 부르기는 한데, 그래도 내가 좋아하는 떡볶이를 좀 더 먹어야겠어.
(잠시 후 디저트를 둘러보며)
A : 예전에 여기서 이 과자 먹어 봤는데 정말 달고 맛있었어. 오늘도 먹어 볼까?
B : 너 조금 전에 배가 터질 것 같다고 하지 않았니?
A : 후식 먹을 배는 따로 있다는 말도 못 들어 봤어?
B : 와! 그게 또 들어가? 진짜 대단하다. 나는 입맛에는 안 맞지만 건강을 위해 녹차나 마셔야겠어.

① **A는 오렉신의 영향으로 위(胃)에 후식이 들어갈 공간이 더 마련되었겠군.**
4문단을 통해 A는 오렉신의 영향으로 위에 후식이 들어갈 공간이 마련되었음을 알 수 있다.

✔ **A는 섭식 중추의 작용으로 뷔페의 과자가 맛있었다고 떠올릴 수 있었겠군.**
3문단을 통해 영양분의 섭취와 관계없이 취향이나 기분에 좌우되는 식욕에 전두 연합 영역이 영향을 미침을 알 수 있다. 따라서 A는 섭식 중추가 아니라 전두 연합 영역의 작용으로 뷔페의 과자가 맛있었다고 떠올렸다고 할 수 있다.

③ **B는 영양분의 섭취와는 무관하게 떡볶이가 먹고 싶다고 생각했겠군.**
3문단을 통해 B는 영양분의 섭취와는 무관하게 취향에 따라 자신이 좋아하는 떡볶이를 먹고 싶다고 생각하였음을 알 수 있다.

④ **B는 전두 연합 영역의 작용으로 건강을 위해 입맛에 맞지 않는 녹차를 마셨겠군.**
3문단을 통해 B는 전두 연합 영역의 작용으로 건강을 위해 입맛에 맞지 않는 녹차를 마셨음을 알 수 있다.

⑤ **A와 B는 디저트를 둘러보기 전까지 섭식 중추의 작용이 점점 억제되었겠군.**
1문단을 통해 A와 B는 디저트를 둘러보기 전까지 식사를 하였으므로 배가 점점 불러서 섭식 중추의 작용이 점점 억제되었음을 알 수 있다.

09~12 고전 소설

작자 미상, 「정각록」

감상 이 작품은 **여성의 영웅적 활약을 다룬 여성 영웅 소설**이다. 이 작품의 주인공인 정 소저는 백성들에게 인정을 베풀어야 한다는 신념을 지니고, 유교 이념을 구현하기 위해 신하로서의 도리를 다하는 인물로 그려지고 있다. 또한 태자비가 된 정 소저는 국가 위기를 초래하는 반역 세력을 숙청함으로써 현 체제를 유지하고 국가 질서를 수호하려는 영웅적 활약상을 보이고 있다. 이렇게 볼 때, 이 작품은 **여성을 영웅적 인물로 설정하여 국가적 위기를 해결하는 주체적인 인물로 그려 냈다**고 할 수 있다.

주제 여성 영웅의 영웅적 활약상

09 서술 방식 파악

정답률 70% | 정답 ③

윗글에 대한 설명으로 가장 적절한 것은?

① **서술자가 직접 개입하여 인물을 희화화하고 있다.**
'그러나 하신의 ~ 누가 대적하겠는가?', '그런데 문득 ~ 감히 당하리오.'를 통해 서술자가 개입하고 있음을 알 수 있다. 하지만 서술자가 개입하여 인물을 희화화하지는 않고 있다.

② **역순행적 구성을 통해 사건의 인과 관계를 밝히고 있다.**
이 글은 시간의 흐름에 따라 사건이 전개되고 있으므로, 역순행적 구성이 사용되지는 않고 있다.

✔ **전기적 요소를 활용하여 비현실적인 장면을 부각하고 있다.**
'문득 태자비가 ~ 감히 당하리오.'는 태자비가 입은 전포에서 용의 기운이 나오며 안개가 자욱해지는 장면, 태자비의 몸이 공중에 솟구쳐 황주 자사를 베는 장면으로, 이러한 장면들에서 전기적 요소를 활용하여 비현실적 장면을 부각하고 있다.

④ **공간을 환상적으로 묘사하여 인물의 내적 갈등을 보여 주고 있다.**
'삼태호총마가 귀를 세우는 가운데 안개가 자욱하여 양진을 분별하지 못하였다.'를 통해, 태자비가 황주 자사와 싸우는 공간이 환상적으로 묘사되었다고 볼 수 있다. 하지만 이를 통해 인물의 내적 갈등을 드러내지는 않고 있다.

⑤ **장면에 따라 서술자를 달리하여 사건을 입체적으로 드러내고 있다.**
이 글에서는 작품 밖 서술자가 일관되게 사건을 전개하고 있으므로, 장면에 따라 서술자를 달리한다고 할 수 없다.

[문제편 p.015]

10 작품 내용의 이해 정답률 51% | 정답 ②

윗글에 대한 이해로 적절하지 않은 것은?

① **도원수 양경은 적과 싸우는 척하다 일부러 적진에 잡혀갔다.**
양경이 적과 '싸우는 척'하고 '사로잡히는 체' 하고 있다는 부분에서 확인할 수 있다.

✔ **하신의 무리들은 전장의 형세를 이유로 천자의 항복을 만류했다.**
신하들이 천자에게 '형세가 곤궁하오니 마땅히 항복하기'를 권하고 있는 것이므로 항복하려는 천자를 말리는 것이 아님을 알 수 있다.

③ **태자비는 이 시랑 댁에서 지내며 나라의 상황을 알기 위해 노력하였다.**
태자비는 이 시랑 댁에서 '밤낮으로 국가 소식을 탐지하였'다는 부분에서 확인할 수 있다.

④ **천자는 전장에 말을 타고 나타난 장군이 태자비임을 알아보지 못했다.**
천자가 적장과 싸우는 태자비를 바라보며 '난데없는 장군'이 적장을 모두 죽이는 것을 보고 의아해했다는 부분에서 확인할 수 있다.

⑤ **태자비는 천자에게 반적을 없앤 후 환궁하겠다는 의사를 밝혔다.**
태자비가 천자에게 '반적을 다 없앤 후 환궁하겠'다고 하는 부분에서 확인할 수 있다.

11 인물의 말하기 방식 파악 정답률 72% | 정답 ⑤

[A]와 [B]에 대한 설명으로 가장 적절한 것은?

① **[A]와 [B]는 모두 자신의 처지를 하소연하며 상대의 동정심을 불러일으키고 있다.**
[A]와 [B]에서 자신의 처지를 하소연하고 있는 내용은 찾아볼 수 없다.

② **[A]는 [B]와 달리 실행을 위한 방안을 요구하며 상대의 제안을 수용하지 않고 있다.**
[A]에서 실행을 위한 방안을 요구하거나 상대의 제안을 수용하는 내용은 찾아볼 수 없다.

③ **[B]는 [A]와 달리 상대의 의도를 추측하며 자신이 해야 할 일을 계획하고 있다.**
[B]에서 상대에게 항복하기를 요구하고 있지만, 상대의 의도를 추측하며 자신이 해야 할 일을 계획한 내용은 찾아볼 수 없다.

④ **[A]는 성인의 말을 인용하여, [B]는 역사적 사실에 빗대어 자신이 처한 상황을 드러내고 있다.**
[A]에서 성인의 말을 인용한 내용은 찾아볼 수 없고, [B]에서 역사적 사실에 빗댄 내용을 찾아볼 수 없다.

✔ **[A]는 자신의 행동이 정당함을 말하며, [B]는 상대가 지켜야 할 태도의 당위성을 내세우며 상대의 행동을 비판하고 있다.**
[A]에서는 양주 자사 양운이 '주 씨의 부조가 덕망을 잃'었기에 자신이 '만민을 건지'려 한다고 자신의 행동이 정당함을 말하며 자신을 막는 태자비를 비판하고 있다. [B]에서는 태자비가 '자고로 신하는 그 위를 범하지 못하나니'라고 말하며 신하로서 임금을 따라야 한다는 당위성을 내세워 반역을 일으킨 양주 자사 양운을 비판하고 있다.

12 외적 준거에 따른 작품의 감상 정답률 51% | 정답 ①

〈보기〉를 바탕으로 윗글을 감상한 내용으로 적절하지 않은 것은? [3점]

〈보 기〉

「정각록」은 여성 영웅 소설로, 주인공 정 소저는 백성들에게 인정을 베풀어야 한다는 신념을 지니고, 유교 이념을 구현하기 위해 신하로서의 도리를 다하는 인물로 그려진다. 태자비가 된 정 소저는 국가 위기를 초래하는 반역 세력을 숙청함으로써 현 체제를 유지하고 국가 질서를 수호하려고 한다. 이처럼 이 작품은 여성을 영웅적 인물로 설정하여 국가적 위기를 해결하는 주체적인 인물로 그려 내고 있다.

✔ **태자비가 양경과 원이정의 '목숨을 보전'해 주는 것에서, 정 소저는 백성들에게 인정을 베풀어야 한다는 신념을 지니고 있는 인물로 볼 수 있겠군.**
태자비가 '백성을 다 없어지게 하'는 양경 세력을 '역적'이라고 여기고, '양경과 원이정을 잡아들이'라고 호령하는 모습에서 양경과 원이정을 반역 무리로 인식하고 있음을 알 수 있다. 하지만 태자비는 풀어 주었던 양경과 원이정을 잡아들여 '반적을 다 없'애려 하고 있으므로 태자비인 정 소저가 양경과 원이정에게 인정을 베풀고 있다고 보는 것은 적절하지 않다.

② **태자비가 '조정을 침노'한 반역 무리를 응징하려고 하는 것에서, 정 소저는 현 체제를 유지하고 국가 질서를 수호하고자 한다고 볼 수 있겠군.**
태자비인 정 소저가 반역 무리가 '조정을 침노'해 천자가 죽을 위기에 처했다는 백성의 말을 듣고 '역적을 깨뜨'려 '임금을 구원하'겠다고 말하는 것에서 반대파를 숙청함으로써 현 체제를 유지하려는 모습을 확인할 수 있다.

③ **태자비가 전장에 나가 '모든 역적을 함몰시'킨 것에서, 정 소저는 국가적 위기를 해결할 수 있는 영웅적 능력을 지니고 있는 인물로 볼 수 있겠군.**
태자비인 정 소저가 전장에 나가 '천조검'을 휘두르며 '모든 역적을 함몰시'킨 것에서 자신의 능력을 발휘해 국가적 위기를 극복하려는 영웅적 면모를 확인할 수 있다.

④ **태자비가 '내 비록 여자이'지만 적진에 나서 싸우겠다고 말하는 것에서, 정 소저는 주체적으로 판단하고 행동하는 여성으로 볼 수 있겠군.**
태자비인 정 소저가 자신의 능력을 발휘해 국가를 위기에서 구하고자 하는 모습에서 주체적인 여성의 모습을 확인할 수 있다.

⑤ **태자비가 '임금을 구원하'기 위해 전장에 직접 나가 싸우는 것에서, 정 소저는 유교 이념을 구현하기 위해 신하로서의 도리를 다하려 한다고 볼 수 있겠군.**
태자비인 정 소저가 '자고로 신하는 그 위를 범하지 못하'며 '임금의 은혜를 갚'아야 한다는 생각으로 '임금을 구원하'려 전장에 나가 싸우는 모습에서 유교 이념을 구현하기 위해 신하로서의 도리를 다하고 있음을 확인할 수 있다.

DAY 03 20분 미니 모의고사

01 ④	02 ⑤	03 ②	04 ④	05 ⑤
06 ①	07 ①	08 ②	09 ⑤	10 ⑤
11 ①	12 ④			

01 자료 활용의 이해
정답률 91% | 정답 ④

다음은 발표자가 보여 준 화면이다. 발표자의 시각 자료 활용에 대한 설명으로 가장 적절한 것은?

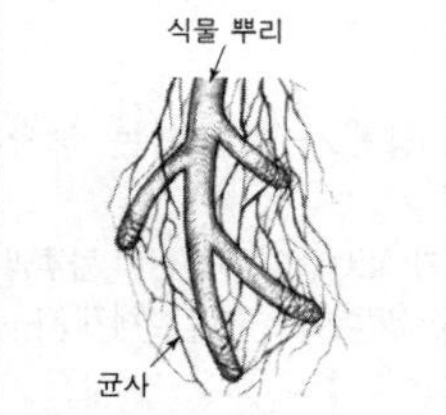

[화면 1]

[화면 2]

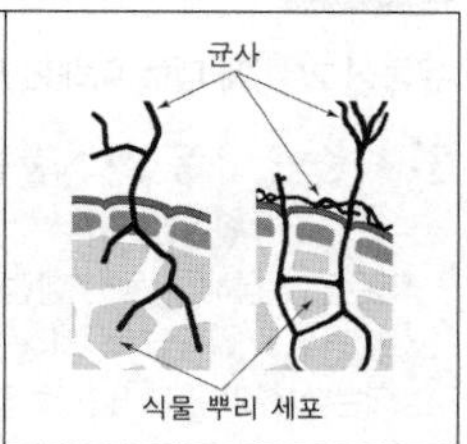

[화면 3]

① **[화면 1]은 균사가 식물 뿌리를 감싸는 정도가 식물 뿌리의 부위마다 다름을 설명하기 위해 ㉠에 제시하였다.**
1문단의 '이렇게 식물 뿌리를 감싸고 있는 실처럼 ~ 실 모양으로 이어진 것을 말합니다.'를 통해, [화면 1]을 ㉠에 제시하여 식물 뿌리를 감싸고 있는 실처럼 생긴 것이 곰팡이의 균사임을 설명하고 있으므로 적절하지 않다.

② **[화면 1]은 균사를 통해 한 식물의 양분이 다른 식물에 전달됨을 설명하기 위해 ㉠에 제시하였다.**
3문단에서 발표자는 [화면 3]을 제시하여 식물과 식물을 연결한 균사를 통해 양분이 식물 간에 전달된다고 설명하고 있음을 알 수 있다. 따라서 식물과 식물을 연결한 균사를 통해 양분이 식물 간에 전달된다고 설명하기 위해 ㉢에서 [화면 1]을 활용하였다는 이해는 적절하지 않다.

③ **[화면 2]는 곰팡이의 몸을 이루는 세포가 실 모양으로 이어진 것이 균사임을 설명하기 위해 ㉡에 제시하였다.**
2문단에서 곰팡이의 몸을 이루는 세포가 실 모양으로 이어진 것이 균사임을 설명하고 있지만, 이는 [화면 1]을 ㉠에 활용하여 설명한 것이라 할 수 있다. 따라서 [화면 2]를 ㉡에 제시한 것과는 관계가 없다.

✔ **[화면 2]는 곰팡이가 토양에서 흡수한 양분은 식물 뿌리로 전달되고, 광합성으로 만들어진 양분은 곰팡이로 전달됨을 설명하기 위해 ㉡에 제시하였다.**
3문단의 '이렇게 곰팡이가 토양에서 흡수한 양분은 ~ 양분도 곰팡이로 전달됩니다.'를 통해, 발표자는 식물 뿌리와 곰팡이 사이에 양분이 오간다는 점을 보여 주는 자료인 [화면 2]를 ㉡에 제시하였음을 알 수 있다.

⑤ **[화면 3]은 땅속에서 퍼져 나가는 특성이 있는 균사가 주변에 서식하는 여러 식물의 뿌리와 연결될 수 있음을 설명하기 위해 ㉢에 제시하였다.**
4문단의 '화면의 왼쪽처럼 균사가 ~ 감싸는 곰팡이도 있습니다.'를 통해, 발표자는 [화면 3]을 ㉢에 제시하여 화면의 왼쪽처럼 균사가 식물 뿌리 세포의 내부로 들어가는 곰팡이가 있고, 화면의 오른쪽처럼 균사가 식물 뿌리의 겉면이나 식물 뿌리 세포를 감싸는 곰팡이도 있다는 점을 설명하였음을 알 수 있다. 또한 3문단에서 균사가 땅속에서 퍼져 나가면서 주변에 서식하는 여러 식물의 뿌리들을 연결할 수 있음을 설명하고 있지만, 이는 [화면 3]을 ㉢에 제시한 것과는 관계가 없으므로 적절하지 않다.

02 글쓰기 전략 파악
정답률 88% | 정답 ⑤

학생의 초고에 활용된 글쓰기 전략으로 가장 적절한 것은?

① **예상 독자와 함께했던 경험을 언급하며 공감대를 형성한다.**
'학생의 초고'에서 학생이 경험한 내용은 언급되어 있지만, 예상 독자와 함께했던 경험은 언급되지 않고 있다.

② **건의 사항이 받아들여지지 않을 경우 발생할 수 있는 문제점을 제시한다.**
'학생의 초고'에서 건의 사항이 받아들여지지 않을 경우 발생할 수 있는 문제점은 찾아볼 수 없다.

③ **건의 사항과 관련된 통계 자료를 활용함으로써 예상 독자의 이해를 돕는다.**
'학생의 초고'에서 건의 사항과 관련된 통계 자료를 활용한 부분은 찾아볼 수 없다.

④ **속담을 활용하여 건의 사항이 실현되었을 때 기대할 수 있는 긍정적인 효과를 부각한다.**
'학생의 초고'에서 속담을 활용한 부분은 찾아볼 수 없다.

✔ **예상되는 우려와 그것을 해소할 수 있는 방안을 제시하여 건의 사항이 실현 가능함을 나타낸다.**
'학생의 초고' 3문단에서 '학생'은 메타버스로 학교 축제를 운영하는 것에 대한 비용 문제와 학생들의 저조한 참여를 걱정할 수도 있다는 예상되는 학교 측의 우려를 언급하고 있다. 그러면서 '학생'은 학생들이 제작에 참여하면 많은 비용이 들지 않는다는 점, 학생들의 참여를 이끌어 내기 위한 다양한 온라인 행사를 실시하여 홍보할 계획이라는 점을 언급하여 학교 측의 우려를 해소할 수 있는 방안을 제시하고 있다. 이러한 '학생'의 해결 방안 제시는 건의 사항이 실현 가능한 것임을 드러낸 것이다.

03 고쳐쓰기의 적절성 판단
정답률 81% | 정답 ②

㉠~㉤을 고쳐 쓰기 위한 방안으로 적절하지 않은 것은?

① **㉠ : 이중 피동 표현이 사용되었으므로 '열린'으로 수정한다.**
'열려진'은 '열리+어진'으로 분석되어 이중 피동 표현이 사용되었음을 알 수 있으므로 '열린'으로 수정하는 것은 적절하다.

✔ **㉡ : 문장의 호응을 고려하여 '이 경험을'로 수정한다.**
㉡을 '이 경험을'로 수정해도 문장의 호응이 맞지 않으므로, 문장의 호응을 고려할 때 '이 경험을 통해'로 수정해야 한다.

③ **㉢ : 글의 흐름에 맞지 않는 문장이므로 삭제한다.**
메타 버스로 학교 축제를 운영하는 데 있어서의 비용 문제와 관련된 내용이므로, ㉢은 이러한 글의 흐름에 맞지 않는 문장이므로 삭제한다는 고쳐 쓰기 방안은 적절하다.

④ **㉣ : 연결 어미가 어색하기 때문에 '있으므로'로 수정한다.**
'-지만'은 앞뒤가 대조되는 내용을 드러내 주는 연결 어미에 해당하므로, 연결 어미가 어색하기 때문에 '있으므로'로 수정한다는 고쳐 쓰기 방안은 적절하다.

⑤ **㉤ : 어법에 맞지 않는 어휘이므로 '바람'으로 수정한다.**
㉤은 '바라다'의 의미로 쓰였으므로, 어법에 맞게 '바람'으로 수정한다는 고쳐 쓰기 방안은 적절하다.

04 인용 표현 탐구
정답률 61% | 정답 ④

〈학습 활동〉을 수행한 결과로 적절하지 않은 것은? [3점]

〈학습 활동〉

직접 인용을 간접 인용으로 바꿀 때는 인용 조사, 인용절의 종결 어미, 대명사, 시간 표현, 높임 표현 등에서 변화가 생길 수 있다. 다음 직접 인용 문장을 간접 인용 문장으로 바꿀 때 어떤 변화가 생길지 분석해 보자.

ㄱ. 그는 나에게 "당신은 제 책을 보셨습니까?"라고 물었다.
ㄴ. 나는 어제 그에게 "그녀는 내일 도착합니다."라고 말했다.

① **ㄱ은 인용절의 높임 표현이 바뀐다.**
ㄱ은 '그는 나에게 내가 자기의 책을 보았냐고 물었다'와 같이 간접 인용 문장으로 바꿀 수 있다. 이 경우 직접 인용 문장과 비교했을 때, 높임 표현(-시(었)- → (-았-))에 변화가 생긴다.

② **ㄴ은 인용절의 시간 표현이 바뀐다.**
ㄴ은 '나는 어제 그에게 그녀는 오늘 도착한다고 말했다'와 같이 간접 인용 문장으로 바꿀 수 있다. 이 경우 직접 인용 문장과 비교했을 때, 인용절의 시간 표현(내일 → 오늘)에 변화가 생긴다.

③ **ㄱ은 ㄴ과 달리 인용절의 대명사가 바뀐다.**
ㄱ은 '그는 나에게 내가 자기의 책을 보았냐고 물었다'와 같이 간접 인용 문장으로 바꿀 수 있다. 이 경우 직접 인용 문장과 비교했을 때, 인용절의 대명사(당신 → 내, 저(의) → 자기(의))에 변화가 생긴다. ㄴ은 '나는 어제 그에게 그녀는 오늘 도착한다고 말했다'와 같이 간접 인용 문장으로 바꿀 수 있다. 이 경우 직접 인용 문장과 비교했을 때, 인용절의 대명사가 바뀌지 않는다.

✔ **ㄴ은 ㄱ과 달리 인용절의 종결 어미가 바뀐다.**
ㄱ은 '그는 나에게 내가 자기의 책을 보았냐고 물었다'와 같이 간접 인용 문장으로 바꿀 수 있다. 이 경우 직접 인용 문장과 비교했을 때, 인용 조사(라고 → 고), 인용절의 대명사(당신 → 내, 저(의) → 자기(의)), 높임 표현(-시(었)- → (-았-)), 종결 어미(-습니까 → -냐)에 변화가 생긴다.

ㄴ은 '나는 어제 그에게 그녀는 오늘 도착한다고 말했다'와 같이 간접 인용 문장으로 바꿀 수 있다. 이 경우 직접 인용 문장과 비교했을 때, 인용 조사(라고 → 고), 인용절의 시간 표현(내일 → 오늘), 종결 어미(-ㅂ니다 → -ㄴ다)에 변화가 생긴다.

⑤ **ㄱ과 ㄴ은 모두 인용절에 연결된 인용 조사가 바뀐다.**
ㄱ은 '그는 나에게 내가 자기의 책을 보았냐고 물었다'와 같이 간접 인용 문장으로 바꿀 수 있다. 이 경우 직접 인용 문장과 비교했을 때, 인용 조사(라고 → 고)에 변화가 생긴다. ㄴ은 '나는 어제 그에게 그녀는 오늘 도착한다고 말했다'와 같이 간접 인용 문장으로 바꿀 수 있다. 이 경우 직접 인용 문장과 비교했을 때, 인용 조사(라고 → 고)에 변화가 생긴다.

05~08 사회

한진수, '경기 살리기 대작전'

해제 이 글은 유동성 통화 정책에 대해 설명하면서 이와 관련된 케인스의 견해를 드러내고 있다. 경기가 침체되면 국가는 통화량을 나타내는 말로 사용되는 유동성을 늘리는 통화 정책을 시행한다. 국가는 금리를 통해 유동성을 조절할 수 있는데, 중앙은행이 기준 금리를 내리면 시중 금리가 내려가게 되어, 가계나 기업에서 예금을 인출하거나 대출을 받으려는 경향성이 늘어나 유동성이 증가하게 된다. 그러나 중앙은행이 금리 인하 정책을 시행하더라도 경기 회복에 대한 전망이 불투명한 경우, 충분한 유동성이 소비나 투자로 이어지지 못해 침체가 지속될 수 있다. 케인스는 이러한 상황을 유동성 함정이라 부르며 통화 정책의 한계를 설명하고 재정 지출 확대의 중요성을 강조하였다.

주제 유동성 통화 정책 및 이에 관한 케인스의 견해

문단 핵심 내용

1문단	경기 침체 심화 시 사용되는 유동성 통화 정책
2문단	통화량의 의미를 지니는 유동성의 의미
3문단	유동성을 조절하는 방법
4문단	경기 안정을 위한 중앙은행의 통화 정책
5문단	유동성 통화 정책의 한계 및 극복 방법을 제안안 케인스

05 세부 정보의 확인 — 정답률 75% | 정답 ⑤

윗글을 통해 알 수 있는 내용이 아닌 것은?

① **중앙은행이 하는 역할**
3문단의 '한 나라의 금융 및 통화 정책의 주체인 중앙은행에 의해 결정된다.'를 통해 알 수 있다.

② **유동성이 높은 자산의 예**
2문단의 '현금과 같은 화폐는 유동성이 높은 자산'을 통해 알 수 있다.

③ **기준 금리와 시중 금리의 관계**
3문단의 '시중 금리는 기준 금리의 영향을 받아'와 4문단의 '중앙은행은 기준 금리를 인하하는 정책을 도입하여 시중 금리를 낮추도록 유도한다.'를 통해 알 수 있다.

④ **경기 침체로 인해 나타나는 현상**
1문단을 통해 가계의 소비와 기업의 생산이 줄어드는 등 경기 침체로 인해 나타나는 현상을 알 수 있다.

✔ **유동성에 대한 케인스 주장의 한계**
5문단에서 케인스가 유동성 함정을 통해 통화 정책의 한계를 설명하였다는 내용은 확인할 수 있지만, 유동성에 대한 케인스 주장의 한계는 확인할 수 없다.

06 세부적인 내용 이해 — 정답률 66% | 정답 ①

윗글을 바탕으로 할 때, 〈보기〉의 ㄱ ~ ㄷ에 들어갈 말로 적절한 것은?

〈보 기〉

국가의 통화 정책이 정상적으로 작동될 때, 중앙은행이 기준 금리를 (ㄱ) 시중의 유동성이 (ㄴ)하며, 화폐의 가치가 (ㄷ)한다.

ㄱ	ㄴ	ㄷ

✔ **내리면 증가 하락**
4문단을 통해 중앙은행은 기준 금리를 인하하는 정책을 도입하여 시중 금리를 낮추도록 유도하고, 그 결과 유동성이 증가함을 알 수 있다. 그리고 2문단을 통해 유동성이 넘쳐 날 경우 화폐의 가치는 떨어지게 됨을 알 수 있다. 따라서 중앙은행이 기준 금리를 내리면 시중의 유동성이 증가하며, 화폐의 가치는 하락함을 알 수 있다.

② **내리면 증가 상승**
중앙은행이 기준 금리를 내리면 시중의 유동성이 증가하지만, 이때 화폐의 가치는 하락하므로 적절하지 않다.

③ **내리면 감소 상승**
중앙은행이 기준 금리를 내리면 시중의 유동성은 증가하므로 적절하지 않다.

④ **올리면 증가 상승**
중앙은행이 기준 금리를 올리면 시중의 유동성은 감소하므로 적절하지 않다.

⑤ **올리면 감소 하락**
중앙은행이 기준 금리를 올리면 시중의 유동성이 감소하지만, 이때 화폐의 가치는 상승하므로 적절하지 않다.

07 핵심 정보의 이해 — 정답률 89% | 정답 ①

유동성 함정에 대해 이해한 내용으로 가장 적절한 것은?

✔ **시중에 유동성이 충분히 공급되더라도 경기 침체가 지속되는 상황을 의미한다.**
5문단을 통해, 유동성 함정이 심각한 경기 침체로 인해 경기 회복에 대한 전망이 불투명할 경우, 기준 금리 인하를 통해 충분한 유동성이 시중에 공급되더라도 경기 침체가 지속되는 상황과 관련 있음을 알 수 있다.

② **시중 금리의 상승으로 유동성이 감소하여 물가가 하락하는 상황을 의미한다.**
5문단을 통해 유동성 함정이 시중에 충분히 공급된 유동성이 경기 활성화로 이어지지 않는 상황을 의미함을 알 수 있으므로, 시중 금리 상승으로 유동성이 감소하는 상황을 의미하는 것은 아니라 할 수 있다.

③ **기업의 생산과 가계의 소비가 줄어들어 유동성이 넘쳐 나는 상황을 의미한다.**
5문단을 통해 유동성 함정이 발생했을 때 시중에 유동성이 충분한 것은 적절함을 알 수 있다. 하지만 유동성이 넘쳐 나는 상황이 기업의 생산과 가계의 소비가 감소하여 발생하는 것은 아니라 할 수 있다.

④ **경기 과열로 인해 유동성이 높은 자산에 대한 선호가 늘어나는 상황을 의미한다.**
5문단을 통해 유동성 함정이 충분한 유동성으로도 침체된 경기를 회복하지 못하는 경우를 의미함을 알 수 있으므로, 경기 과열로 인한 상황을 의미하는 것은 아니라 할 수 있다.

⑤ **유동성이 감소하여 경기 회복에 대한 전망이 긍정적으로 바뀌는 상황을 의미한다.**
5문단을 통해 유동성 함정은 시중에 유동성이 충분하더라도 경기 회복에 대한 전망이 부정적일 때 발생함을 알 수 있으므로, 유동성이 감소하여 경기 회복에 대한 전망이 긍정적으로 바뀌는 상황을 의미하는 것은 아니라 할 수 있다.

★★★ **1등급 대비 고난도 3점 문제**

08 구체적인 상황에의 적용 — 정답률 61% | 정답 ②

윗글을 바탕으로 경제 주체들이 〈보기〉의 신문 기사를 읽고 보일 수 있는 반응으로 적절하지 않은 것은? [3점]

〈보 기〉

금융 당국 '빅스텝' 단행

금융 당국은 오늘 '빅스텝'을 단행하였다. 빅스텝이란 기준 금리를 한 번에 0.5%p 인상하는 것을 의미한다. 이처럼 금리를 큰 폭으로 인상한 것은 과도하게 증가한 유동성으로 인해 물가가 지나치게 상승하고 부동산, 주식 등의 자산 가격이 폭등했기 때문이다.

① **투자자 : 부동산의 가격이 하락할 수 있으니, 당분간 부동산 투자를 미루고 시장 상황을 지켜봐야겠군.**
4문단을 통해 기준 금리 인하 정책은 주식이나 부동산과 같은 자산 가격이 하락하는 상황으로 이어짐을 알 수 있다. 따라서 투자자가 부동산의 가격이 하락할 것을 예측하고 당분간 부동산 투자를 미루겠다는 반응을 보이는 것은 적절하다.

✔ **소비자 : 위축된 소비 심리가 회복되어 지금보다 물가가 오를 수 있으니, 자동차 구매 시기를 앞당겨야겠군.**
3문단을 통해 기준 금리의 영향을 받아 시중 금리가 올라가면 이자 수익과 대출 이자 부담이 모두 늘어 유동성은 감소함을 알 수 있다. 또한 4문단을 통해 이 경우 가계의 소비는 줄고 주식이나 부동산에 대한 투자는 축소되며, 기업의 생산과 고용, 투자가 축소되어 자산 가격은 하락하고 물가는 안정됨을 알 수 있다. 그리고 〈보기〉는 금융 당국이 한 번에 큰 폭으로 기준 금리를 인상하는 정책을 단행하였다는 내용의 신문 기사로,

이러한 상황에서는 기준 금리의 영향을 받아 시중 금리 역시 상승하여 소비나 투자가 줄고 물가나 자산 가격이 하락할 것임을 알 수 있다. 따라서 소비자가 물가 상승을 예측하고 자동차 구매 시기를 앞당기겠다는 반응을 보이는 것은 적절하지 않다.

③ **기업인 : 대출을 통해 자금을 확보하는 것이 부담스러워질 수 있으니, 공장을 확장하려던 계획을 보류해야겠군.**
3문단을 통해 기준 금리 인상은 대출 이자에 대한 부담이 늘어나는 상황으로 이어짐을 알 수 있다. 따라서 기업인이 대출을 통한 자금 확보가 부담스러워질 것을 예측하고 공장 확장 계획을 보류하겠다는 반응을 보이는 것은 적절하다.

④ **공장장 : 당분간 우리 공장에서 생산한 부품에 대한 수요가 줄 수 있으니, 재고가 늘어날 것에 대비해야겠군.**
4문단을 통해 기준 금리 인상은 소비와 투자가 축소되는 상황으로 이어짐을 알 수 있다. 따라서 공장장이 공장에서 생산한 부품에 대한 수요가 줄어들 것을 예측하고 재고가 늘어날 것에 대비하겠다는 반응을 보이는 것은 적절하다.

⑤ **은행원 : 시중 은행에 저축하려는 사람들이 늘어날 수 있으니, 다양한 상품을 개발하여 고객을 유치해야겠군.**
3문단을 통해 기준 금리 인상은 예금을 통한 이자 수익이 늘어나는 상황으로 이어짐을 알 수 있다. 따라서 은행원이 저축 상품에 대한 사람들의 관심이 늘어날 것을 예측하고 고객 유치를 위해 다양한 상품을 개발하겠다는 반응을 보이는 것은 적절하다.

★★ 문제 해결 꿀~팁 ★★

▶ 많이 틀린 이유는?
이 문제는 기준 금리를 인상할 때 일어날 수 있는 경기 현상을 정확히 이해하지 못하였고, 이를 실제 상황에 적용하는 과정에서 어려움을 겪어 오답률이 높았던 것으로 보인다.
▶ 문제 해결 방법은?
이 문제를 해결하기 위해서는 4문단을 통해 기준 금리를 인하할 때와 인상할 때 경기 현상을 이해해야 한다. 즉 4문단에 제시된 기준 금리 인하를 고려하여, 기준 금리를 인상할 때는 유동성이 감소하여 가계의 소비가 줄고 주식이나 부동산에 대한 투자가 줄어들며, 물가가 하락하여 경기가 전반적으로 활성화되지 않음을 이해해야 한다. 그런 다음 선택지를 통해 적절성을 판단해야 하는데, 〈보기〉에서 기준 금리를 인상했으므로 물가가 하락하게 될 것임을 알 수 있으므로 소비 심리가 위축될 것임을 알 수 있다. 이렇게 보면 ②의 '위축된 소비 심리가 회복되어 지금보다 물가가 오를 수 있'다고 한 내용은 적절하지 않음을 알 수 있다. 마찬가지로 오답률이 상대적으로 높은 ①과 ④의 경우 적절한 이해임을 알 수 있다. 한편 기준 금리의 인상과 인하와 관련해서는 경제 지문과 관련하여 간혹 출제되는 경우가 많으므로 이 기회에 정확히 정리하여 이해할 필요가 있다.

09~12 고전 시가 + 수필

(가) 정철, 「훈민가(訓民歌)」

감상 이 작품은 작가 정철이 1580년에 지은 16수로 된 연시조로, 작가가 강원도 관찰사로 있을 때 백성들을 가르치기 위해서 지은 것이다. 이 작품은 백성들에게 윤리 도덕을 권장함으로써 백성들을 계몽하고 교화시키기 위해 지은 것으로, 실천을 강조하는 목적 문학의 성격을 지니고 있다. 백성들의 이해를 위해 평이한 일상어로 쉽게 풀이하였으며, 청유형이나 명령형으로 끝을 맺어 설득력을 높이고 있다.
주제 유교적 윤리의 실천

(나) 장영희, 「괜찮아」

감상 이 글은 어린 시절 친구들이 다리가 불편한 자신을 놀이에 끼워 주었던 경험과 깨엿 장수가 엿을 주며 자신에게 괜찮다는 위로의 말을 해 주었던 경험을 통해 이 세상은 좋은 친구가 있고 선의와 사랑, 용서와 너그러움이 있는 그런대로 살 만한 곳이라는 깨달음을 제시하고 있다. 우리가 살고 있는 세상이 그렇게 각박하지만은 않다는 메시지를 통해 독자에게 희망과 긍정적 인식을 전해 주고 있다.
주제 다른 사람에 대한 배려와 격려의 소중함

09 작품 간 공통점 파악 정답률 67% | 정답 ⑤

(가)와 (나)의 공통점으로 가장 적절한 것은?

① **과장된 표현을 활용하여 극적 상황을 제시하고 있다.**
(가)에서 '하늘 같은 가없는'이라는 과장된 표현이 사용되었지만, 이를 활용하여 극적 상황을 제시하지는 않고 있다. 그리고 (나)에서 과장적 표현은 찾아볼 수 없다.

② **역설적 표현을 사용하여 주제 의식을 강조하고 있다.**
(가), (나) 모두 역설적 표현을 사용하여 주제 의식을 강조하지는 않고 있다.

③ **영탄법을 사용하여 대상에 대한 경외감을 표현하고 있다.**
(가), (나) 모두 영탄법을 사용하여 대상에 대한 경외감을 표현하지는 않고 있다.

④ **다양한 상황을 가정하여 상반된 가치관을 드러내고 있다.**
(나)에서 세상을 살면서 어려움을 느끼는 여러 상황을 제시하고 있지만, 이러한 여러 상황을 가정하여 상반된 가치관을 드러내지는 않고 있다. 또한 (가)에서 다양한 상황을 가정하지는 않고 있다.

✔ **⑤ 유사한 구조의 어구를 활용하여 삶의 태도를 드러내고 있다.**
(가)의 〈제9수〉의 '팔목 쥐시거든~받치리라'와 '나갈 데 계시거든 ~ 좇으리라'를 통해 유사한 구조의 어구를 활용하고 있음을 알 수 있다. 그리고 (나)의 '~는 용서의 말', '~는 격려의 말', '~는 부축의 말'을 통해 유사한 구조의 어구를 활용하고 있음을 알 수 있다. 따라서 (가)와 (나)에서는 유사한 구조의 어구를 활용하여 화자나 글쓴이의 삶에 있어서의 태도를 드러내 준다고 할 수 있다.

10 소재의 의미 파악하기 정답률 85% | 정답 ⑤

㉠과 ㉡에 대한 설명으로 가장 적절한 것은?

① **㉠과 ㉡은 모두 심리 변화가 일어나는 대상이다.**
㉠과 ㉡ 모두 화자로 하여금 심리 변화가 일어나게 하는 대상이라 할 수 없다.

② **㉠과 ㉡은 모두 경각심을 불러일으키는 대상이다.**
㉠은 화자가 행동의 실천을 바라는 대상이고, ㉡은 글쓴이에게 깨달음의 계기를 제공해 주는 대상이므로, ㉠, ㉡ 모두 화자에게 경각심을 불러일으키는 대상이라 할 수 없다.

③ **㉠은 화자가 이질감을 느끼는 대상이고 ㉡은 글쓴이가 동질감을 느끼는 대상이다.**
글쓴이가 ㉡에 대해 긍정적으로 여기고 있으므로 어느 정도 글쓴이가 동질감을 느낀다고 볼 수 있다. 하지만 ㉠은 화자에게 이질감을 느끼게 해 주는 대상이라 볼 수 없으므로 적절하지 않다.

④ **㉠은 화자를 예찬하는 대상이고 ㉡은 글쓴이의 상황을 안타까워하는 대상이다.**
화자가 ㉠에게 실천을 바라고 있으므로 화자를 예찬하는 대상이라 할 수 없다. 그리고 이 글을 통해 ㉡이 글쓴이의 상황에 대해 안타까워하고 있는지는 알 수 없으므로, ㉡을 글쓴이의 상황을 안타까워하는 대상이라고 보기 어렵다.

✔ **⑤ ㉠은 화자가 행동의 실천을 바라는 대상이고 ㉡은 글쓴이에게 깨달음의 계기를 제공하는 대상이다.**
㉠ 뒤의 '옳은 일을 하쟈스라'를 통해 ㉠은 화자가 '옳은 일'을 실천하기를 바라는 대상임을 알 수 있다. 그리고 '중요한 것은 내가 ~ 믿기 시작했다는 것이다.'를 통해, ㉡은 글쓴이에게 '이 세상'이 '그런대로 살 만한 곳, 용서와 너그러움이 있는 곳'이라는 깨달음의 계기를 제공해 주는 대상임을 알 수 있다.

★★★ 1등급 대비 고난도 3점 문제

11 외적 준거에 따른 작품의 감상 정답률 43% | 정답 ①

〈보기〉를 참고하여 (가)를 이해한 내용으로 적절하지 않은 것은? [3점]

〈보 기〉
설득을 발화 목적으로 하는 설득형 시조의 관점에서는 설득 전략을 중심으로 작품을 살펴볼 수 있다. 먼저 논리적 전략에는 구체적인 행동이나 모습을 보여 주는 '사례 제시하기', 비교 대상의 유사성을 드는 '유추하기', 원인과 결과를 드러내는 '인과 관계 활용하기' 등이 있다. 수사적 전략에는 청자에게 권위 있다고 인정을 받는 경전에 기대는 '권위에 의존하기', 논의 대상을 흑 아니면 백으로 바라보는 '흑백 사고 활용하기' 등이 있다.

✔ **① 〈제1수〉에서 '두 분'의 '은덕'을 '하늘'에 빗대는 것을 보니, 효의 실천을 권유하기 위해 권위에 의존하기 전략을 활용한다고 볼 수 있겠군.**
〈제1수〉에서는 비유적 표현을 활용하여 '두 분'의 '은덕'이 '하늘'과 같다고 설명하고 있지만, 청자에게 권위 있다고 인정받는 경전에 기대지는 않고 있다.

② **〈제7수〉에서 사람이 '효경'과 '소학'을 배워야 '어질'게 될 것이라고 하는 것을 보니, 학문의 권장을 강조하기 위해 인과 관계 활용하기 전략을 활용한다고 볼 수 있겠군.**
〈제7수〉를 볼 때 '효경'과 '소학'을 배우는 것을 원인으로, '어질'게 되는 것을 결과로 볼 수 있으므로, 〈제7수〉는 인과 관계 활용하기 전략을 활용하였다고 볼 수 있다.

③ **〈제8수〉에서 '옳은 일'을 하지 않으면 '마소'라고 하는 것을 보니, 올바른 행동을 권유하기 위해 흑백 사고 활용하기 전략을 활용한다고 볼 수 있겠군.**
〈제8수〉에서 '옳은 일'을 하지 않는 사람을 '마소'라 하고 있으므로, 〈제8수〉에서는 흑백 사고 활용하기 전략을 활용한다고 볼 수 있다.

④ **〈제9수〉에서 '두 손으로 받치'고 '막대 들고'의 행동을 보니, 어른**

공경을 권유하기 위해 사례 제시하기 전략을 활용한다고 볼 수 있겠군.
〈제9수〉에서 '두 손으로 받치'고 '막대 들고'의 행동은 어른을 어떻게 공경해야 하는지에 대한 것을 보여 준다고 할 수 있으므로, 〈제9수〉는 사례 제시하기 전략을 활용한다고 볼 수 있다.

⑤ 〈제13수〉에서 '내 논 다 매거든 네 논 좀 매어'의 모습을 보니, 상부상조의 정신을 권장하기 위해 사례 제시하기 전략을 활용한다고 볼 수 있겠군.
〈제13수〉에서 '내 논 다 매거든 네 논 좀 매어'와 같이 상부상조의 정신이 드러나는 구체적인 모습을 보여 주고 있으므로, 〈제13수〉는 사례 제시하기 전략을 활용한다고 볼 수 있다.

★★ 문제 해결 꿀~팁 ★★

▶ 많이 틀린 이유는?
이 문제는 〈보기〉의 내용을 작품에 적용하는 과정에서 어려움을 겪어 오답률이 높았던 것으로 보인다. 특히 〈보기〉를 정확히 이해하지 못한 것도 오답률을 높였던 것으로 보인다.

▶ 문제 해결 방법은?
이 문제를 해결하기 위해서는 〈보기〉에 제시된 내용을 정확히 이해하고, 이러한 〈보기〉와 작품과 연결하여 제시된 선택지의 적절성을 판단하여야 한다. 정답인 ①의 경우 〈보기〉에 제시된 '청자에게 권위 있다고 인정을 받는 경전에 기대는 '권위에 의존하기' 내용을 정확히 이해하였다면 적절하지 않았음을 알 수 있다. 간혹 학생들 중에는 '하늘'이 권위 있는 존재라 생각하여 당연히 적절하다고 판단하여 적절하다고 잘못된 판단을 하였는데, '하늘'이 절대적 존재이기는 하지만 〈보기〉에서 설명하는 '권위에 의존하기'와는 관련이 없으므로 잘못된 것이라 할 수 있다. 이를 통해 알 수 있듯이 〈보기〉를 정확히 이해하지 않으면 잘못된 판단을 할 수 있으므로, 문학 작품에 제시된 〈보기〉는 반드시 정확히 이해할 필요가 있다. 한편 선택지에 제시된 작품 내용이 간혹 잘못 제시될 수도 있으므로 이 점에도 유의해야 한다.

▶ 오답인 ③, ④, ⑤를 많이 선택한 이유는?
이 문제의 경우 학생들이 ③, ④, ⑤가 적절하지 않다고 하여 오답률이 높았는데, 이는 작품 내용을 정확하게 이해하지 못했기 때문으로 보인다. 가령 ④와 ⑤의 경우에는 인물들의 구체적인 행동을 통해 실천 내용을 구체적으로 보여 주고 있으므로 '사례 제시하기 전략'임을 알 수 있었을 것이다. 그리고 ③의 경우에는 '옳은 일'을 하지 않으면 '마소'라고 하는 이면에는 '옳은 일'을 하면 '사람'이라는 내용이 담겨져 있으므로, '흑백 사고 활용하기 전략'이라고 할 수 있다. 이처럼 선택지에 제시된 작품 내용을 이해하지 못할 경우 잘못된 선택을 할 수 있으므로, 선택지를 꼼꼼히 읽을 수 있도록 한다.

12 작품 이해의 적절성 평가

정답률 85% | 정답 ④

다음은 (나)를 읽고 블로그에 올린 글이다. ⓐ ~ ⓔ 중 (나)를 통해 알 수 있는 내용으로 적절하지 않은 것은?

> 지치고 힘들 때 읽는 수필이 있다. 「괜찮아」가 그렇다. ⓐ 골목길 안에서 아이들과 놀던 작가의 어린 시절이 드러난다. 그는 다리가 불편했지만, ⓑ 그를 생각하고 배려해 주는 좋은 사람들이 주변에 있었다. 그래서 ⓒ 긍정적인 생각으로 희망을 품고 살아갈 수 있는 사람이 되었다. 게다가, 그의 글은 반짝반짝 빛난다. 어려운 말도, 거창한 표현도 없다. 이 글에는 ⓓ 삶에 좌절하고 희망을 잃었던 사람들의 이야기도 있지만, 그래도 '괜찮아'의 의미를 생각하게 해 준다. ⓔ 용기, 용서, 격려, 나눔, 부축의 의미를 담은 '괜찮아'를 되새기다 보면 나 역시 마음이 따뜻해진다.

① ⓐ 골목길 안에서 아이들과 놀던 작가의 어린 시절이 드러난다.
골목 안 친구들이 고무줄놀이나 달리기를 하면 '나'에게 심판을 시켰다는 내용에서 골목길 안에서 아이들과 놀던 작가의 어린 시절을 확인할 수 있다.

② ⓑ 그를 생각하고 배려해 주는 좋은 사람들이 주변에 있었다
공기놀이 외에는 그 어떤 놀이에도 참여할 수 없었던 '나'가 소외감이나 박탈감을 느끼지 않도록 친구들이 배려해 준 것이나 깨엿 장수가 '괜찮아'라고 말해 준 일화에서, 주변에 작가를 배려해 주는 좋은 사람들이 있었음을 확인할 수 있다.

③ ⓒ 긍정적인 생각으로 희망을 품고 살아갈 수 있는 사람이 되었다
깨엿 장수와의 일화를 통해 작가가 이 세상은 그런대로 살 만한 곳이라는 긍정적인 생각으로 희망을 품고 살아갈 수 있는 사람이 되었음을 확인할 수 있다.

✔ ⓓ 삶에 좌절하고 희망을 잃었던 사람들의 이야기도 있지만
(나)는 다른 사람의 어려운 처지를 이해하고 감싸 주며 배려하는 태도가 희망을 줄 수 있다는 깨달음을 잘 드러내는 수필이므로, 삶에 좌절하고 희망을 잃었던 사람들의 이야기는 제시되지 않고 있다.

⑤ ⓔ 용기, 용서, 격려, 나눔, 부축의 의미를 담은 '괜찮아'
이 글의 '그만하면 참 잘했다'고 용기를 ~ 일으켜 주는 부축의 말, 괜찮아.'를 통해 알 수 있다.

DAY 04 20분 미니 모의고사

01 ③	02 ②	03 ①	04 ②	05 ⑤
06 ④	07 ⑤	08 ②	09 ②	10 ④
11 ①	12 ①			

01 건의문의 내용 조직 방식 파악

정답률 71% | 정답 ③

(가)의 흐름을 〈보기〉와 같이 정리할 때, ㉠, ㉡을 이해한 내용으로 적절하지 않은 것은?

〈보 기〉
인사말 및 자기소개 → ㉠ 문제 상황 제시 → ㉡ 해결 방안 제시 → 문제 해결의 기대 효과 → 끝인사

① ㉠과 관련하여 체육대회의 개최 취지를 확인하며 문제 해결의 필요성을 드러내고 있다.
2문단에서 학생은 학생들의 성취감, 단합력을 높이기 위해 체육대회가 개최된다는 개최 취지를 언급하고 있는데, 이는 문제 해결의 필요성을 드러내기 위한 것이라 할 수 있다.

② ㉠과 관련하여 현재 체육대회에서 운영되고 있는 종목의 특성을 언급하며 문제 상황의 원인을 제시하고 있다.
2문단에서 학생은 현재 체육대회 종목인 농구, 축구 등이 운동 능력이 좋은 친구들에게 유리한 종목임을 언급하고 있는데, 이는 문제 상황의 원인을 제시한 것이라 할 수 있다.

✔ ㉡과 관련하여 두 종목을 선택하게 된 근거로 국제적인 주목을 받는 경기라는 점을 제시하고 있다.
3문단을 통해 학생이 두 종목을 선택하게 된 근거가 신체적인 제약을 크게 받지 않는다는 점을 제시하고 있음을 알 수 있다. 하지만 국제 대회의 정식 종목으로 채택되었다는 것은 이 스포츠를 체육대회 운영 종목으로 선택한 근거이지, 장기를 선택한 근거는 아니므로 적절하지 않다.

④ ㉡과 관련하여 학생들의 인지도와 선호도를 근거로 삼아 제안한 경기 종목들의 우선순위를 달리하고 있다.
3문단에서 학생은 장기보다는 학생들이 더 잘 알고 선호하는 이 스포츠를 채택해 달라고 하고 있는데, 이는 학생들의 인지도와 선호도를 근거로 삼아 장기와 이 스포츠의 우선순위를 달리한 것이라 할 수 있다.

⑤ ㉡과 관련하여 현재 체육대회의 문제점을 해결할 수 있는 방법으로 새로운 운영 종목을 추가하는 것을 제안하고 있다.
3문단에서 학생은 현재 체육대회의 문제점을 해결할 수 있는 방법으로 장기와 이 스포츠를 새로운 운영 종목으로 추가해 달라고 제안하고 있는데, 이는 현재 체육대회의 문제점을 해결하기 위해 제안한 것이라 할 수 있다.

02 회의 참여자의 말하기 방식 파악

정답률 70% | 정답 ②

[A], [B]에 대한 설명으로 가장 적절한 것은?

① [A] : '학생 3'은 '학생 1'의 발언을 반영하며 자신이 제시한 의견을 보충하고 있다.
[A]에서 '학생 3'은 체육대회에 학생들의 흥미와 특기를 반영할 필요가 있다는 '학생 1'의 발언을 반영하고 있지만, 자신이 제시한 의견을 보충하지는 않고 있다.

✔ [A] : '학생 3'은 '학생 1'의 발언에 동의하며 뒷받침할 수 있는 사례를 제시하고 있다.
[A]에서 '학생 3'은 '학생 1'의 발언에 대해 '그래.'라고 동의를 하고 있다. 그런 다음 자신의 반에도 프로 게이머를 희망하는 친구가 5명 있다는 구체적 사례를 제시하여 '학생 1'의 의견을 뒷받침해 주고 있다.

③ [A] : '학생 3'은 '학생 1'의 발언을 일부 긍정하며 자신의 의견과 다른 부분을 확인하고 있다.
[A]에서 '학생 3'은 '학생 1'의 발언에 동의하고 있지, 자신의 의견과 '학생 1'의 발언이 다른 부분을 확인하지는 않고 있다.

④ [B] : '학생 1'은 '학생 3'의 발언을 구체화하며 이와 관련한 추가적인 정보를 요청하고 있다.
[B]에서 '학생 1'은 시간 제한이 없는 종목들이 체육대회에서 어떻게 운영되었는지 알려달라고 추가적인 정보를 요청하고 있지만, '학생 3'의 발언을 구체화하지는 않고 있다.

⑤ [B] : '학생 1'은 '학생 3'의 발언이 지닌 문제점을 제시하며 자신의 의견에 대한 동의를 구하고 있다.
[B]에서 '학생 1'은 '학생 3'에게 자신의 의견에 대한 동의를 구하지는 않고 있다.

03 담화 상황에 따라 높임 표현 조절
정답률 92% | 정답 ①

〈보기〉의 '학습 활동'을 수행한 결과로 적절한 것은?

〈보 기〉

[학습 활동]
다음 담화 상황에 등장하는 ㉠, ㉡이 달라질 때, 언어 예절에 적합한 높임 표현을 사용해 보자.

[담화 상황]
(내가 철수에게)
"어제 ㉠ 영희가 ㉡ 경희에게 선물을 주는 것을 보았어."
※ 말하는 사람인 '나'와 철수, 영희, 경희는 서로 대등한 관계임.

✔ ㉠이 높임의 대상인 '선생님'으로 바뀌면 조사 '가'를 '께서'로 고쳐 말해야 한다.
'어제 영희가 경희에게 선물을 주는 것을 보았어.'에서 '영희'는 말하는 사람인 '나'와 대등한 관계이므로 높임을 드러내는 표현을 할 필요가 없다. 그런데 '영희'를 높임의 대상인 '선생님'으로 바꾸면 선생님을 높여야 하므로 주격 조사 '가'는 높임을 표현하는 조사인 '께서'로 고쳐 말해야 한다.

② ㉠이 높임의 대상인 '선생님'으로 바뀌면 조사 '에게'를 '께'로 고쳐 말해야 한다.
부사격조사 '께'는 문장의 객체를 높이는 표현이다.

③ ㉡이 높임의 대상인 '선생님'으로 바뀌면 '주는'을 '주시는'으로 고쳐 말해야 한다.
'주시는'의 '-시-'는 주체를 높이는 표현이다. ㉡은 문장의 객체이므로 '드리는'으로 고치는 것이 적절하다.

④ ㉡이 높임의 대상인 '선생님'으로 바뀌면 '보았어'를 '보셨어'로 고쳐 말해야 한다.
'보셨어'에 포함된 형태소 '-시-'는 주체를 높이는 표현으로, ㉡과 같은 문장의 객체를 높일 때에는 사용되지 않는다.

⑤ ㉡이 높임의 대상인 '선생님'으로 바뀌면 '보았어'를 '보았습니다'로 고쳐 말해야 한다.
'보았습니다'는 대화 상대방(듣는이)을 높이는 표현이므로, 문장의 객체를 높일 때에는 사용되지 않는다.

04~09 인문

(가) 권석만, '인간 이해를 위한 성격 심리학'

해제 이 글은 인간의 정신세계에서 무의식의 세계를 발견한 프로이트의 '정신분석이론'을 소개하고 있다. 프로이트는 인간에게 의식과는 다른 무의식 세계가 있다는 것을 발견하고, 이러한 무의식의 심연에는 '원초아'가, 무의식에서 의식에 걸쳐 '자아'와 '초자아'가 존재한다고 하였다. 이러한 원초아, 자아, 초자아는 역동적으로 상호작용하며 개인의 성격을 형성한다. 자아는 원초아와 초자아의 요구 사이에서 이를 조정하는 역할을 하는데, 이 역할을 제대로 하지 못하면 정신 요소 간의 균형이 무너지고 자아는 불안감이 생긴다. 자아는 이를 해소하기 위해 방어기제를 사용한다. 또한 어린 시절 해소되지 않은 심리적 갈등은 성인이 되어 재현되므로 이를 해소하기 위해서는 무의식에 내재된 과거의 상처를 의식의 세계로 끌어내는 과정이 필요하다.

주제 인간의 정신세계를 규명하려 한 프로이트의 정신분석이론

문단 핵심 내용

1문단	프로이트의 정신분석이론의 소개
2문단	무의식의 정신세계를 이루는 원초아, 자아, 초자아
3문단	상호작용하며 개인의 성격을 형성하는 원초아, 자아, 초자아
4문단	성인의 정신 질환을 치료하기 위해 내세운 프로이트의 주장

(나) 이부영, '분석심리학 이야기'

해제 이 글은 프로이트와 다른 관점에서 인간의 정신세계를 설명한 융의 '분석심리학'을 소개하고 있다. 융은 인간의 정신세계가 의식, 개인 무의식, 집단 무의식으로 이루어져 있다고 보았다. 의식은 인간이 직접 인식할 수 있는 영역이고 여기에는 '자아'가 존재한다. 개인 무의식은 의식에 의해 배제된 생각, 감정, 기억 등이 존재하는 영역이다. 집단 무의식은 태어날 때부터 지니고 있는 원초적이고 보편적인 무의식으로 집단 무의식의 가장 안쪽에는 '자기'가 존재하는데 이는 개인의 근원적인 모습이다. 인간은 이러한 무의식을 의식화하는 과정을 통해 자기를 발견하고 비로소 타인과 구별되는 고유한 존재가 될 수 있는데, 이를 개별화라 한다.

주제 인간의 정신세계를 설명한 융의 분석심리학

문단 핵심 내용

1문단	프로이트의 이론과 구별되는 융의 분석심리학 소개
2문단	의식, 개인 무의식, 집단 무의식에 대한 융의 생각
3문단	융의 개별화 및 개별화가 이루어지는 과정

[문제편 p.023]

04 서술상 공통점 파악
정답률 63% | 정답 ②

(가), (나)의 공통점으로 가장 적절한 것은?

① 인간의 무의식을 주장한 이론에 대한 상반된 평가를 제시하고 있다.
(가)와 (나) 모두 인간의 무의식을 주장한 이론에 대해 설명하고 있지만, 이에 대한 상반된 평가를 제시하지는 않고 있다.

✔ 기존과 다른 관점에서 인간의 정신세계를 설명한 이론을 소개하고 있다.
(가)에서는 인간의 정신세계가 의식으로 이루어져 있다고 설명한 분트의 실험심리학을 언급하면서, 이와 다른 관점에서 인간의 정신세계가 의식과 무의식으로 이루어져 있다고 설명한 프로이트의 정신분석이론을 소개하고 있다. 그리고 (나)에서는 무의식을 의식에서 수용할 수 없는 원초적 욕구나 해결되지 못한 갈등의 창고로만 본 프로이트와 달리 무의식을 인간이 잠재적 가능성을 실현할 때 필요한 창조적인 에너지의 샘으로 해석한 융의 분석심리학을 소개하고 있다. 따라서 (가), (나) 모두 기존과 다른 관점에서 인간의 정신세계를 설명한 이론을 소개하고 있음을 알 수 있다.

③ 인간의 무의식을 설명한 이론이 등장하게 된 역사적 사건을 소개하고 있다.
(가)와 (나) 모두 인간의 무의식을 주장하는 이론에 대해 설명하고 있지만, 이 이론이 등장하게 된 역사적 사건을 소개하지는 않고 있다.

④ 인간의 정신 질환을 분류하고 각각의 특징을 설명한 이론을 제시하고 있다.
(가)와 (나) 모두 인간의 정신 질환을 분류하지는 않고 있다.

⑤ 인간의 정신세계를 설명한 이론이 다른 학문 영역에 미친 영향을 분석하고 있다.
(가)와 (나) 모두 인간의 정신세계를 설명하고 있지만 그것이 다른 학문 영역에 미친 영향을 분석하지는 않고 있다.

05 세부 정보의 확인
정답률 75% | 정답 ⑤

(가)의 내용과 일치하지 않는 것은?

① 분트는 인간의 정신세계가 의식으로만 구성되어 있다고 보았다.
1문단의 '분트는 인간의 정신세계가 의식으로 이루어져 있다고 보고'를 통해 알 수 있다.

② 프로이트는 인간을 무의식의 지배를 받는 비합리적 존재로 여겼다.
1문단의 '인간을 무의식의 지배를 받는 비합리적 존재로 간주하고'를 통해 알 수 있다.

③ 프로이트는 원초아가 강할 때 본능적인 욕구에 집착하는 성격이 나타난다고 생각했다.
3문단의 '원초아가 강할 때는 본능적인 욕구에 집착하는 충동적인 성격이'를 통해 알 수 있다.

④ 프로이트는 세 가지 정신 요소들이 상호작용하면서 개인의 성격이 형성된다고 보았다.
3문단의 '원초아, 자아, 초자아는 역동적으로 상호작용하면서 개인의 성격을 형성한다.'를 통해 알 수 있다.

✔ 프로이트는 의식적으로 사용하는 방어기제와 무의식적으로 사용하는 방어기제를 구분하였다.
1문단의 '만일 자아가 제 역할을 하지 못하면 정신 요소의 균형이 깨져 불안감이 생기는데, 자아는 이를 해소하기 위해 무의식적으로 방어기제를 사용하게 된다.'를 통해, 프로이트가 의식적으로 사용하는 방어기제를 무의식적으로 사용하는 방어기제와 구분하였다는 내용은 적절하지 않다.

[문제편 p.025]

06 구체적인 자료에의 적용 정답률 63% | 정답 ④

(가)의 '프로이트'와 (나)의 '융'의 관점에서 〈보기〉를 이해한 내용으로 적절하지 않은 것은? [3점]

〈보 기〉

[헤르만 헤세의 연보]

- 1877 : 기독교인다운 엄격한 생활을 중시하는 경건주의 집안에서 태어남. ········· ㉮
- 1881 ~ 1886 : 자유분방한 기질로 인해 엄한 아버지의 교육 방식에 반항하며 불안감을 느낌. ········· ㉯
- 1904 ~ 1913 : 잠재된 문학적 재능을 발휘하여 왕성하게 작품 창작을 하며 불안에서 벗어남. ········· ㉰
- 1916 ~ 1919 : 아버지의 죽음을 접하고 심한 우울증을 경험함. ········· ㉱
- 1945 ~ 1962 : 성찰적 글쓰기 활동 속에서 심리적 안정감을 느끼며 여생을 보냄. ·· ㉲
- 1962 : 몬타놀라에서 죽음.

① ㉮ : **프로이트는 엄격한 집안 분위기가 헤세의 초자아가 발달하는 데 영향을 주었다고 보겠군.**
(가)의 프로이트에 따르면 어린 시절 부모의 종교나 가치관 등을 내재화하는 과정에서 헤세의 초자아는 발달하게 되므로 적절하다.

② ㉯ : **프로이트는 헤세의 불안감을 원초아와 초자아의 요구를 자아가 제대로 조정하지 못한 결과라고 보겠군.**
(가)의 프로이트에 따르면 헤세의 불안감은 타고난 자유분방한 기질에서 비롯한 원초아의 요구와 엄한 아버지의 교육으로 내재화된 초자아의 요구 사이에서 자아가 이를 조정하지 못해 생긴 것으로 볼 수 있다.

③ ㉰ : **프로이트는 헤세의 왕성한 창작 활동을 승화로, 융은 이를 무의식의 창조적 에너지가 발현된 것으로 보겠군.**
(가)의 프로이트에 따르면 헤세의 작품 창작은 어린 시절 생겨난 불안감을 무의식적으로 해소하려는 '승화'의 방어기제로 볼 수 있다. (나)의 융에 따르면 헤세의 작품 창작 활동은 무의식의 창조적 에너지가 발현되어 헤세의 잠재된 문학적 재능을 실현한 것으로 볼 수 있다.

✔ ④ ㉱ : **프로이트는 헤세의 우울증을 유년기의 불안이 재현된 것으로, 융은 이를 자아와 그림자가 통합된 것으로 보겠군.**
(가)의 프로이트에 따르면 〈보기〉에 제시된 헤세의 우울증은 유년기에 느낀 불안감의 재현으로 볼 수 있다. 그리고 (나)의 융에 따르면 자아가 자기를 찾아가는 과정에서 정신세계를 구성하는 그림자, 그리고 여러 원형들이 대립에서 벗어나 하나의 정신으로 통합되므로, 자아와 그림자의 통합은 내면의 성숙과 관련이 있다. 따라서 헤세의 우울증을 자아와 그림자가 통합된 것이라고 융은 보지 않았을 것임을 알 수 있다.

⑤ ㉲ : **융은 헤세가 성찰하는 글쓰기 활동을 통해 자기를 발견하는 과정에서 심리적 안정감을 느낀 것으로 보겠군.**
(나)의 융에 따르면 헤세가 심리적 안정감을 느낀 것은 성찰하는 글쓰기 활동을 통해 자기를 발견하는 과정에서 내면이 점점 성숙해졌기 때문이라고 볼 수 있다.

07 글에 드러난 주장의 공통점 파악 정답률 69% | 정답 ⑤

(가)의 정신분석이론과 (나)의 분석심리학에서 모두 동의하는 진술로 가장 적절한 것은?

① **자아는 의식과 무의식의 세계에 걸쳐서 존재한다.**
(가)의 정신분석이론에서 자아는 의식과 무의식의 세계에 걸쳐서 존재한다고 진술하고 있지만, (나)의 분석심리학에서 자아는 의식의 세계에 존재한다고 진술하고 있으므로 적절하지 않다.

② **무의식은 성적 에너지로만 이루어진 정신 요소이다.**
(가)의 정신분석이론에서 원초아가 성적 에너지를 바탕으로 한다고 진술하고 있지만, (나)의 분석심리학에서 무의식은 창조적인 에너지의 샘이라고 진술하고 있다.

③ **무의식은 개인의 경험을 초월해 원형의 형태로 유전된다.**
(나)의 분석심리학에서 집단 무의식은 진화를 통해 축적되어 온 인류의 경험이 '원형'의 형태로 존재한다고 진술하고 있지만, (가)에서는 그러한 내용이 언급되어 있지 않으므로 적절하지 않다.

④ **무의식에는 자아에 의해 억압된 열등한 자아가 존재한다.**
(나)의 분석심리학에서 그림자를 자아에 의해 억압된 '또 하나의 나'라고 설명하고 있지만 이를 '열등한 자아'라고 볼 수 없다. 또한 (가)의 정신분석이론에서는 무의식에 자아에 의해 억압된 열등한 자아가 존재한다는 설명은 나타나 있지 않다.

✔ ⑤ **정신적 균형을 이루기 위해서는 자아의 역할이 중요하다.**
(가)에 제시된 프로이트의 정신분석이론을 통해 자아는 원초아와 초자아의 요구 사이에서 이를 조정하는 역할을 하기 때문에 정신적으로 균형을 이루기 위해서는 자아의 발달이 중요함을 알 수 있다. 그리고 (나)에 제시된 융의 분석심리학을 통해 정신세계를 구성하는 각 요소들이 통합되어 정신적 균형을 이루기 위해서는 의식에 존재하는 자아가 끊임없이 무의식과 상호작용하며 무의식을 의식화하는 과정이 필요함을 알 수 있다. 따라서 두 이론 모두 정신세계의 균형을 이루기 위해 자아의 역할을 중요하게 보고 있다고 할 수 있다.

08 구절의 의미 이해 정답률 71% | 정답 ②

㉠을 이해한 내용으로 가장 적절한 것은?

① **의식의 확장을 통해 타인과의 경계를 허무는 과정이다.**
의식의 확장을 통해 타인과 구별되는 고유한 존재가 되어 가는 과정이므로 타인과의 경계를 허무는 과정이라 할 수 없다.

✔ ② **자신의 근원적인 모습을 찾아 나가는 개별화의 과정이다.**
㉠은 의식에 존재하는 자아가 무의식과 끊임없이 상호 작용하여 타인과 구별되는 고유한 존재가 되는 개별화의 과정을 의미한다고 할 수 있다.

③ **의식에 의해 발견된 무의식의 욕구가 억눌리는 과정이다.**
㉠은 무의식의 영역을 의식으로 통합하면서, 정신세계를 이루는 정신 요소들이 하나로 통합되면서 균형을 이루는 과정이므로, 의식에 의해 발견된 무의식의 욕구가 억눌리는 과정으로 볼 수 없다.

④ **무의식이 의식에서 분화되어 정체성이 실현되는 과정이다.**
정체성의 실현은 무의식이 의식에서 분화됨으로써 이루어지는 것이 아니라 무의식과 의식의 통합을 통해 이루어진다.

⑤ **과거의 경험들을 반복함으로써 성격이 형성되는 과정이다.**
과거의 경험들을 반복하는 것은 '무의식을 의식화하는 과정'과 무관하다.

09 단어의 사전적 의미 정답률 86% | 정답 ②

ⓐ ~ ⓔ의 사전적 의미로 적절하지 않은 것은?

① ⓐ : **어떤 사실을 자세히 따져서 바로 밝힘.**

✔ ② ⓑ : **주기적으로 자꾸 되풀이하여 돎.**
'전환'의 사전적 의미는 '다른 방향이나 상태로 바뀌거나 바꿈.'이다. '주기적으로 자꾸 되풀이하여 돎.'의 사전적 의미를 지닌 단어는 '순환'이다.

③ ⓒ : **큰 관심 없이 대강 보아 넘김.**

④ ⓓ : **받아들이지 아니하고 물리쳐 제외함.**

⑤ ⓔ : **서로 얼굴을 마주 보고 대함.**

10~12 현대 소설

윤후명, 「하얀 배」

감상 이 작품은 **고려인의 삶을 통해 민족어의 소중함을 일깨우는 중편 소설**이다. 서술자인 '나'는 카자흐스탄의 문류다라는 사람의 글을 받은 것이 계기가 되어 카자흐스탄에서 키르기스스탄 이식쿨 호수에 이르는 여정을 그리면서, **강제 이주된 고려인 동포들이 힘든 삶 속에서도 모국어를 통해 민족의 정체성을 잃지 않으려는 모습**을 보게 된다. 또한 고려인 소년의 고국에 대한 그리움과 한국말을 배우는 과정을 담은 '말 배우는 아이'라는 글을 쓴 '류다'를 만나길 희망하고, 현지 사정으로 많은 어려움을 겪지만, 이식쿨 호수에서 류다를 만나게 되고, 그녀의 평범한 인사말에서 하얀 배를 떠올린다. 이 글의 **'하얀 배'는 이식쿨 호수를 배경으로 한 소설 작품이자 외부 세계에 대한 동경을 상징하는 소재**라 할 수 있다.

주제 민족의 얼과 민족어의 소중함, 고국을 그리워하는 마음

작품 줄거리 '나'는 새로 이사해 온 세검정 거처의 축대에 심긴 사이프러스나무를 통해 여행의 기억을 떠올린다. '나'는 카자흐스탄의 알마아타 한국 교육원으로부터 '말 배우는 아이'라는 글을 받는다. 이 글을 쓴 사람은 고려인 '문류다'이며, 중앙아시아에 사는 한인 3세 소년이 한국말을 배우는 과정을 담고 있다. '나'는 그 글 속에 그려진 풍경과 그 글을 쓴 류다에 대한 끌림에 카자흐스탄의 수도 알마아타로 향한다. 그곳에 도착해 유민사의 중요 지역인 우슈토베에 다녀오라는 권유를 받고 그곳으로 간다. 우슈토베까지 동행한 한글 학교 선생이 마침 류다를 알고 있어, 우슈토베에서 류다의 오빠 친구인 미하일을 소개해 준다. 미하일로부터 류다의 근황을 알게 된 '나'는 미하일에게 류다가 살고 있다는 키르기스스탄의 이식쿨 호수까지 가야겠다는 결심을 말하며 동행해 달라고 부탁한다. 미하일의 도움을 받아 류다가 있는 곳으로 가는 도중 배고픔과 차량의 기름 부족 등으로 어려움을 겪지만 결국 류다가 살고 있는 거대한 이식쿨 호수를 마주한다. 이식쿨 호수를 등지고 떠나오려는 순간에 류다를 만나게 되는데, 류다는 '나'에게 '안녕하십니까'라는 인사말을 한다. 이 단순한 인사말에 '나'는 큰 감명을 받는다.

10 구절의 이해

정답률 85% | 정답 ④

㉠~㉤에 대한 이해로 적절하지 않은 것은?

① ㉠ : 이식쿨 호수와 관련된 이야기를 듣고 흥미를 느끼고 있음이 드러난다.

㉠은 이식쿨 호수의 하얀 배와 관련된 이야기를 되뇌고 있는 것으로, '나'가 이식쿨 호수의 하얀 배에 흥미를 보이고 있음을 알 수 있다.

② ㉡ : 이식쿨 호수에 가고 싶어 하는 간절한 마음을 확인할 수 있다.

㉡은 '나'가 이식쿨 호수에 가는 방법을 묻는 것으로, '꼭 거길 가봤으면 하는데'를 통해 그곳에 가고 싶어 하는 '나'의 간절한 마음을 알 수 있다.

③ ㉢ : 계획에 없었던 새로운 여정에 대한 기대감과 설렘이 나타난다.

㉢의 '내 가슴을 뛰게 한 것'을 통해, 이식쿨 호수에 가게 된 '나'의 기대감과 설렘이 담겨 있음을 알 수 있다.

✔ ④ ㉣ : 이식쿨 호수만을 생각하며 달려왔던 것을 반성하는 마음이 드러난다.

'나'는 이식쿨 호수만을 생각하며 달려온 것이 아니라 류다를 만나기도 원하고 있으므로 ㉣에 반성하는 마음이 드러난다고 보기 어렵다. ㉣은 류다를 만나지 못한 상태에서 느끼는 미진한 마음에서 나온 행동이라고 할 수 있다.

⑤ ㉤ : 놀라움에 자신도 생각지 못한 반응이 나타났음을 확인할 수 있다.

"안녕하십니까."라고 말하는 류다를 만난 놀라움에 '나'는 "아, 안녕하십니까."라고 엉겁결에 똑같이 따라하고 있다. 따라서 ㉤은 류다를 만난 놀라움에 '나'가 자신도 생각지 못한 반응이 나타났음을 드러낸 것이라 할 수 있다.

11 장면의 특성 파악

정답률 81% | 정답 ①

ⓐ와 ⓑ에 대한 설명으로 가장 적절한 것은?

✔ ① ⓐ는 상상 속 장면을 활용하여, ⓑ는 과거 회상을 활용하여 인물의 내면 상황을 드러내고 있다.

ⓐ는 류다를 만나 인사말을 듣고 받게 된 감동을 상상적 장면으로 표현한 것이라 할 수 있고, ⓑ는 류다와의 만남을 회상하며 만남의 의미를 생각하고 깨달음에 이르는 내면 상황을 드러낸 것이라 할 수 있다.

② ⓐ는 내적 독백을 사용하여, ⓑ는 구어체를 사용하여 인물 사이의 대립 양상을 제시하고 있다.

ⓐ는 '나'가 상상하여 생각한 것이므로 내적 독백을 사용하였다고 볼 수 없고, ⓑ에서 구어체를 사용하였다고 볼 수 없다. 또한 ⓐ, ⓑ를 통해 인물 사이의 대립 양상은 찾아볼 수 없으므로 적절하지 않다.

③ ⓐ는 전해 들은 이야기를 통해, ⓑ는 직접 경험한 사건을 통해 인물의 성격을 구체적으로 보여 주고 있다.

ⓐ는 '나'가 상상하여 생각한 것이므로 전해 들은 이야기라 할 수 없지만, ⓑ는 '나'가 류다와의 만남을 회상하고 있으므로 직접 경험한 사건을 드러낸 것이라 볼 수 있다. 하지만 ⓐ, ⓑ를 통해 인물의 성격을 구체적으로 보여 준다고 할 수 없다.

④ ⓐ는 외부 세계를 묘사하여, ⓑ는 인물 간의 대화를 서술하여 인물이 처한 상황을 객관적으로 전달하고 있다.

ⓐ에서는 상상 속의 모습을 드러낸 것이므로 외부 세계를 묘사하였다고 할 수 없고, ⓑ에서 인물 간의 대화가 드러난다고 할 수 없다.

⑤ ⓐ는 앞으로 일어날 일들을 제시하여, ⓑ는 이전에 일어난 일들을 제시하여 인물의 심리 변화 과정을 나타내고 있다.

ⓐ는 '나'가 상상하여 생각한 것이므로 앞으로 일어날 일들을 제시하였다고 볼 수 없다. 그리고 ⓑ는 류다와의 만남을 회상하고 있으므로 이전에 일어난 일들을 제시하였다고 볼 수 있지만, 이를 통해 인물의 심리 변화 과정을 나타내지는 않고 있다.

★★★ 1등급 대비 고난도 3점 문제

12 외적 준거에 따른 작품의 감상

정답률 39% | 정답 ①

〈보기〉를 바탕으로 윗글을 감상한 내용으로 적절하지 않은 것은? [3점]

〈보 기〉

이 작품에서 '하얀 배'는 외부 세계에 대한 동경을 상징하는 것으로, 중앙아시아 동포들의 고국에 대한 그리움을 서정적으로 드러내는 기능을 한다. '나'는 하얀 배를 그리는 소년과 류다를 연결지어 이해하면서, 류다를 포함한 중앙아시아 동포들이 시련이 연속되는 삶 속에서도 언어를 통해 민족의 정체성을 잃지 않으려는 모습에 주목한다.

✔ ① '호수 밑에 옛날 도시'는 소년이 '하얀 배'를 타고 가고자 하는 동경의 공간으로 '나'가 지향하는 곳이군.

'호수 밑에 옛날 도시'는 미하일이 이식쿨 호수와 관련해 들려준 이야기의 일부로, '나'가 지향하는 공간으로 볼 수 없다.

② 미하일이 '우리말을 꽤 정확하게 구사하'는 것은 민족의 정체성을 잃지 않으려는 동포들의 모습으로 볼 수 있군.

미하일이 고려인으로서 한국에 와서 우리말을 배운 것은 언어를 통해 민족의 정체성을 잃지 않으려는 모습으로 볼 수 있다.

③ '광야에 파놓은 갈대 움막집의 흔적'은 중앙아시아 동포들이 겪었던 시련을 증명하는 것이겠군.

'광야에 파놓은 갈대 움막집의 흔적'은 동포들이 겪었던 역사적 시련을 보여 주는 소재이다.

④ '나'는 류다의 '너무나 또렷한 우리말'에서 동포들의 고국에 대한 그리움을 읽어 내고 있군.

류다의 '안녕하십니까'라는 '너무나 또렷한 우리말'에서 고국에 대한 그리움을 읽어 내고 있다.

⑤ '나'는 '멀리 동방의 조상 나라'를 꿈꾸는 류다와 '배를 따라 가기를 꿈꾸는' 소년을 연관지었군.

'나'는 외부 세계에 대한 동경을 지니고 있는 류다와 소년을 연결지어 이해하고 있다. 류다는 '동방의 조상 나라'를 지향하고, 소년은 배를 따라가기를 바라고 있다.

★★ 문제 해결 꿀~팁 ★★

▶ 많이 틀린 이유는?

이 문제는 작품을 〈보기〉와 연관하여 이해하는 과정에서 작품에 제시된 구절의 의미를 작품 내용을 바탕으로 이해하지 못하여 오답률이 높았던 것으로 보인다.

▶ 문제 해결 방법은?

이 문제를 해결하기 위해서는 〈보기〉에 제시된 내용을 정확히 이해하고, 이러한 〈보기〉와 작품과 연결하여 제시된 선택지의 적절성을 판단하여야 한다. 이때 주의해야 할 점은 선택지에 제시된 구절의 의미를 정확히 제시하고 있는지를 파악해야 한다. 가령 정답인 ①의 경우 '호수 밑에 옛날 도시'는 소년이 동경하는 공간이라 할 수 있지만, '나'가 이 공간을 지향하는지는 글을 통해 확인할 수 없으므로 적절하지 않다. 이 문제에서 알 수 있듯이 작품 내용 이해 자체에 대한 잘못된 선택지도 있을 수 있으므로, 작품 내용 이해의 정확성 여부도 반드시 확인할 수 있도록 한다.

[문제편 p.028]

DAY 05 20분 미니 모의고사

01 ①	02 ④	03 ①	04 ⑤	05 ③
06 ①	07 ④	08 ④	09 ①	10 ①
11 ②	12 ④			

01 청자의 반응 이해

정답률 94% | 정답 ①

다음은 발표를 듣고 학생이 보인 반응이다. 이를 이해한 내용으로 가장 적절한 것은?

> 얼마 전 카페에서 전체를 접고 펼 수 있는 구조로 된 창문을 보았어. 날씨가 나쁠 때는 펼쳐서 외부와 차단하고, 날씨가 좋을 때는 접어서 공간을 확장하여 사용하고 있었어. 발표 내용을 듣고 그 창문이 공간을 분리하고 확장하는 병풍의 구조적 특징과 유사하다고 생각하게 되었어. 박물관에서나 볼 수 있는 옛날 물건이라고만 생각했던 병풍이 가지는 현대적 가치를 생각해 보는 기회가 되었어.

✔ 자신의 경험과 관련지어 발표 소재에 대해 새롭게 인식하고 있다.
'얼마 전 카페에서 전체를 접고 펼 수 있는 구조로 된 창문을 보았어.', '발표 내용을 듣고 그 창문이 공간을 분리하고 확장하는 병풍의 구조적 특징과 유사하다고 생각하게 되었어.'를 통해, 자신의 경험과 관련지어 발표 소재인 병풍을 떠올렸음을 알 수 있다. 그리고 '병풍이 가지는 현대적 가치를 생각해 보는 기회가 되었어.'를 통해, 병풍의 현대적 가치를 새롭게 인식하고 있음을 알 수 있다. 따라서 학생은 자신의 경험과 관련지어 병풍에 대해 새롭게 인식하고 있음을 알 수 있다.

② 발표 내용이 발표 주제에 부합하는지 객관적으로 분석하고 있다.
학생의 반응에서 발표 내용이 발표 주제에 부합하는지 객관적으로 분석하지는 않고 있다.

③ 발표를 듣기 전에 지녔던 의문을 발표 내용을 통해 해소하고 있다.
학생의 반응에서 발표를 듣기 전 지녔던 의문을 해소하는 내용은 드러나지 않고 있다.

④ 발표 내용 중 사실과 의견을 구분하여 선별적으로 수용하고 있다.
학생의 반응에서 발표 내용 중 사실과 의견을 구분하지는 않고 있다.

⑤ 배경지식을 활용하여 발표자의 견해를 비판적으로 평가하고 있다.
학생의 반응에서 카페의 창문 구조에 대한 내용은 배경지식을 언급한 것이라고 볼 수 있다. 하지만 이를 활용하여 발표자의 견해를 비판적으로 평가하지는 않고 있으므로 적절하지 않다.

02 비평 글쓰기 표현 전략의 사용

정답률 86% | 정답 ④

〈조건〉을 반영하여 (나)의 제목을 작성한 것으로 가장 적절한 것은?

〈조 건〉
- 디스토피아 작품의 주제 의식을 반영하여 글쓴이의 관점을 드러낼 것.
- 부제에서 비유적 표현을 활용할 것.

① 디스토피아란 무엇인가
– 디스토피아 작품의 인기 현상을 진단하다
표제와 부제가 (나)의 내용을 반영하고 있지만 작품의 주제 의식이나 관점이 잘 드러난다고 할 수 없다.

② 디스토피아, 우리 사회의 자화상
– 디스토피아 작품에 드러난 우리의 모습
디스토피아 작품이 우리 사회의 문제를 보여 준다는 점에서 표제나 부제가 (나)의 내용을 반영하고 있지만 글쓴이의 관점이 드러났다고 보기 어렵다. 또한 부제에서 비유적 표현이 사용되지 않았다.

③ 말초 신경을 자극하는 디스토피아 작품
– 묵직한 메시지를 가볍게 다루다
부제에서 '묵직한 메시지'를 통해 비유적 표현이 활용되었으나, 제목이나 부제가 (나)에서 다뤄진 내용과 거리가 있고 글쓴이의 관점도 드러나지 않았다.

✔ 디스토피아 작품 열풍, 더 나은 사회를 향한 열망
– 아픈 사회를 들여다보는 거울이 되다
(나)의 5문단에서 글쓴이는 디스토피아 작품이 현실의 문제를 인식하여 그 문제가 극단화되지 않도록 경계할 수 있게 한다는 점에서 의미가 있다고 언급하며, 이러한 것을 통해 사회를 개선하는 계기가 될 것이라고 드러내고 있다. 이렇게 볼 때, '디스토피아 작품 열풍, 더 나은 사회를 향한 열망'이라는 제목은 작품의 주제 의식과 글쓴이의 관점을 드러낸다고 할 수 있다. 또한 부제인 '아픈 사회를 들여다보는 거울이 되다'에서 '아픈 사회'나 '거울'이라는 비유적 표현이 사용되고 있으므로 제시된 조건에 부합한다고 할 수 있다.

⑤ 어디에도 없지만, 어디에나 있는 디스토피아 세상
– 디스토피아 작품을 통한 새로운 세상과의 대화
부제에서 '대화'는 비유적 표현으로 볼 수 있으나, 제목과 부제 모두 글쓴이의 관점을 드러내고 있다고는 보기는 어렵다.

03 음운 변동 이해하기

정답률 61% | 정답 ①

윗글을 바탕으로 '된소리되기'를 이해한 내용으로 적절하지 않은 것은?

✔ '(밥을) 먹다'와 '(눈을) 감다'에서 일어난 된소리되기는 용언에서만 일어나는 유형이다.
주어진 글의 1문단을 통해 받침 'ㄱ, ㄷ, ㅂ' 뒤에 'ㄱ, ㄷ, ㅂ, ㅅ, ㅈ'이 올 때는 예외 없이 된소리가 일어남을 알 수 있으므로, '(밥을) 먹다'가 '(밥을) [먹따]'로 된소리되기가 일어나는 것은 'ㄱ' 뒤에 'ㄷ'이 오기 때문이라 할 수 있다. 따라서 '(밥을) 먹다'에서 일어나는 된소리되기를 용언에서만 일어나는 유형이라고 볼 수 없다. 한편 '(눈을) 감다'는 2문단의 '용언의 어간 받침 'ㄴ(ㄵ), ㅁ(ㄻ)' 뒤에 'ㄱ, ㄷ, ㅅ, ㅈ'으로 시작하는 어미가 올 때 된소리되기가 일어나는데'를 통해 용언에서만 일어나는 유형임을 알 수 있다.

② '말다툼'과 달리 '밀도(密度)'에서 된소리되기가 일어나는 이유는 한자어이기 때문이다.
2문단의 '한자어에서 'ㄹ' 받침 뒤에 'ㄷ, ㅅ, ㅈ'이 연결될 때 된소리되기가 일어나는데'를 통해, '밀도(密度)'에서 일어나는 된소리되기는 한자어이기 때문임을 알 수 있다.

③ '납득'과 같이 'ㅂ' 받침 뒤에 'ㄷ'이 오는 음운 환경에서는 예외 없이 된소리되기가 일어난다.
1문단을 통해 받침 'ㄱ, ㄷ, ㅂ' 뒤에 'ㄱ, ㄷ, ㅂ, ㅅ, ㅈ'이 올 때는 예외 없이 된소리가 일어남을 알 수 있으므로, '납득'처럼 'ㅂ' 받침 뒤에 'ㄷ'이 오는 음운 환경에서는 예외 없이 된소리되기가 일어난다고 할 수 있다.

④ '솔개'와 달리 '줄 것'에서 된소리되기가 일어나는 이유는 '관형사형 어미'라는 조건 때문이다.
2문단의 '관형사형 어미 '-(으)ㄹ' 뒤에 'ㄱ, ㄷ, ㅂ, ㅅ, ㅈ'로 시작하는 체언이 올 때 된소리되기가 일어나는데'를 통해, '솔개'와 달리 '줄 것'에서 된소리되기가 일어나는 이유는 '줄'의 '-ㄹ'이 관형사형 어미이기 때문이라 할 수 있다.

⑤ '삶과 죽음'의 '삶과'와 달리 '(고기를) 삶고'에서 된소리되기가 일어나는 이유는 '삶고'가 용언이기 때문이다.
2문단의 '용언의 어간 받침 'ㄴ(ㄵ), ㅁ(ㄻ)' 뒤에 'ㄱ, ㄷ, ㅅ, ㅈ'으로 시작하는 어미가 올 때 된소리되기가 일어나는데'를 통해, '(고기를) 삶고'에서 된소리되기가 일어나는 이유는 '삶고'가 용언이기 때문임을 알 수 있다.

04 합성어의 된소리되기 이해

정답률 71% | 정답 ⑤

[A]를 바탕으로 〈보기〉의 단어를 분석한 내용으로 적절하지 않은 것은?

〈보 기〉
- 공부방(工夫房)[공부빵]
- 아랫집[아래찝/아랟찝]
- 콩밥[콩밥], 아침밥[아침빱]
- 논밭[논받], 논바닥[논빠닥]
- 불고기[불고기], 물고기[물꼬기]

① '공부방'에서 된소리되기가 일어나는 이유는 '공부'가 뒷말의 용도를 나타내기 때문이겠군.
제시된 글에서 앞말이 뒷말의 '시간, 장소, 용도' 등을 나타낼 때 된소리되기가 일어남을 알 수 있다. 따라서 '공부방'에서 된소리되기가 일어나는 이유는 '공부'가 뒷말의 용도를 나타내기 때문이라 할 수 있다.

② '아랫집'에 'ㅅ'을 받침으로 표기한 것은 '콧등'에서 사이시옷을 표기한 것과 같은 이유 때문이겠군.
제시된 글에서 '코+등'처럼 앞의 말이 모음으로 끝나고, 한자어끼리의 결합이 아닐 때에 '콧등'과 같이 사이시옷을 표기함을 알 수 있다. 그리고 '아랫집'은 '아래+ㅅ+집'으로 분석되어 앞의 말이 모음으로 끝나고, 한자어끼리의 결합이 아님을 알 수 있다. 따라서 '아랫집'에 'ㅅ'을 받침으로 표기한 것은 '콧등'에서 사이시옷을 표기한 것과 같은 이유라 고 할 수 있다.

③ '콩밥'과 달리 '아침밥'에서 된소리되기가 일어나는 이유는 '아침'이 뒷말의 시간을 나타내기 때문이겠군.
제시된 글에서 앞말이 뒷말의 '시간, 장소, 용도' 등을 나타낼 때 된소리되기가 일어남을 알 수 있다. 따라서 '아침밥'에서 된소리되기가 일어나는 이유는 '아침'이 뒷말의 시간을 나타내기 때문이라 할 수 있다.

④ '논바닥'과 달리 '논밭'에서 된소리되기가 일어나지 않는 이유는 결합하는 두 단어가 대등한 관계를 가지기 때문이겠군.

제시된 글에서 된소리되기는 두 단어가 대등한 관계일 때는 잘 일어나지 않음을 알 수 있다. 따라서 '논밭'에서 된소리되기가 일어나지 않는 이유는 결합하는 두 단어가 대등한 관계를 가지기 때문이라 할 수 있다.

✔ **'불고기'에서 '물고기'와 달리 된소리되기가 일어나지 않는 이유는 중세 국어에서 '불 + ㅅ + 고기'로 분석되기 때문이겠군.**
제시된 글을 통해 사이시옷을 표기하는 된소리되기가 중세 국어의 관형격 조사 'ㅅ'과 관련이 있음을 알 수 있다. 그리고 〈보기〉를 통해 '불고기'는 된소리되기가 일어나지 않음을 알 수 있다. 따라서 '불고기'는 중세 국어의 관형격 조사 'ㅅ'과 관련이 없으므로, '불고기'는 중세 국어에서 '불 + ㅅ + 고기'로 분석될 수 없다.

05~09 기술

임석구, 홍경호, 『최신 컴퓨터 구조』

해제 이 글은 **캐시 기억장치에 대해 설명**하고 있다. **캐시 기억장치**는 캐싱 과정, 즉 캐시 기억장치에 주기억장치의 데이터 중 자주 사용되는 데이터의 일부를 복사해 두고 CPU가 이 데이터를 사용하도록 하는 과정을 통해 **데이터 처리 속도를 향상**시킨다. 참조의 지역성은 이러한 캐싱이 효율적으로 이루어지게 하기 위해 고려되는 것이다. **캐싱을 위해서는 주기억장치의 여러 블록이 캐시 기억장치의 하나의 라인을 공유**하여 사용해야 하고, **캐싱이 이루어질 때는 '태그 필드, 라인 필드, 워드 필드'의 형식으로 구성된 주기억장치의 데이터 주소를 사용**한다. **주기억장치의 데이터를 캐시 기억장치에 저장하는 방식**에는 여러 가지가 있는데 그중 하나가 **'직접 매핑'**으로, **직접 매핑은 장점도 지니고 있지만 단점도 지니고 있어서**, 이러한 **단점을 보완하기 위해 '세트 연관 매핑'을 활용**하기도 한다.

주제 캐시 기억장치의 이해

문단 핵심 내용

1문단	데이터 처리 속도를 향상시키는 캐시 기억장치
2문단	캐싱이 효율적으로 이루어지게 하는 참조의 지역성
3문단	캐싱을 할 때의 유의할 점
4문단	캐시 기억장치에서의 만들어지는 라인의 수
5문단	캐싱이 이루어질 때 사용되는 주기억장치의 데이터 주소
6문단	주기억장치의 데이터를 캐시 기억장치에 저장하는 방식인 '직접 매핑'
7문단	직접 매핑 방식의 장단점 및 단점 보완 방식

05 세부 내용의 이해 정답률 74% | 정답 ③

윗글의 내용과 일치하는 것은?

① **캐시 기억장치의 하나의 라인에는 하나의 워드만 저장될 수 있다.**
3문단을 통해 캐시 기억장치는 하나의 라인에 하나의 블록이 들어갈 수 있도록 설계되어 있음을 알 수 있다.

② **캐시 기억장치는 주기억장치보다 용량이 크고 처리 속도가 느리다.**
1문단을 통해 캐시 기억장치는 주기억장치보다 용량은 작지만 처리 속도가 매우 빠름을 알 수 있다.

✔ **캐시 기억장치에 저장된 데이터가 반복적으로 사용되어야 캐싱의 효율이 높아진다.**
2문단의 '캐싱이 효율적으로 이루어지려면 ~ 사용하는 것이 중요한데'에서 캐싱이 효율적으로 이루어지려면 CPU가 캐시 기억장치에 저장된 데이터를 반복적으로 사용해야 함을 알 수 있다.

④ **시간적 지역성은 한 번 사용된 데이터 근처에 있는 데이터가 곧 사용될 가능성이 높은 것을 말한다.**
2문단을 통해 한 번 사용된 데이터 근처에 있는 데이터가 곧 사용될 가능성이 높은 것은 공간적 지역성임을 알 수 있다.

⑤ **캐싱은 캐시 기억장치의 데이터 중 자주 사용되는 데이터의 일부를 주기억장치에 복사하여 사용하는 것을 말한다.**
1문단을 통해 캐싱은 주기억장치 데이터의 일부를 캐시 기억장치에 복사해 두고 CPU가 이 데이터를 사용하도록 하는 과정임을 알 수 있다.

06 구체적인 사례에의 적용 정답률 68% | 정답 ①

[A]를 참고할 때 〈보기〉의 ㉮ ~ ㉰에 들어갈 말을 바르게 짝지은 것은?

[문제편 p.031]

〈보 기〉

주기억장치의 데이터 용량이 64개의 워드이고, 하나의 블록이 4개의 워드로 이루어져 있다면, 주기억장치는 총 16개의 (㉮)(으)로 구성되며, 각 워드는 (㉯)의 주소로 지정 된다. 또한 캐시 기억장치의 데이터 용량이 16개의 워드라면 캐시 기억장치의 라인은 (㉰)가 만들어진다.

	㉮	㉯	㉰
✔	블록	6비트	4개

주기억장치의 데이터 용량(2^n)이 64(2^6)개의 워드이고 하나의 블록을 구성하는 워드의 수(K)가 4이므로, 이 주기억장치의 데이터는 총 16(2^6/4) 개의 블록으로 이루어지며 각 워드는 6(n)비트의 주소로 지정된다. 또한 하나의 라인에는 하나의 블록이 들어갈 수 있도록 설계되기 때문에 캐시 기억장치의 데이터 용량의 워드의 수(M)가 16이므로 라인(M/K)은 4(16/4)개가 만들어진다.

②	블록	8비트	6개
③	워드	8비트	4개
④	라인	6비트	4개
⑤	라인	8비트	6개

★★★ **1등급 대비 고난도 3점 문제**

07 내용을 바탕으로 한 자료의 이해 정답률 53% | 정답 ④

〈보기〉는 '직접 매핑' 과정을 도식화한 것이다. [B]를 바탕으로 〈보기〉를 이해한 내용으로 적절하지 않은 것은? [3점]

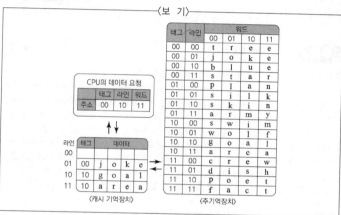

〈보 기〉

CPU의 데이터 요청

	태그	라인	워드
주소	00	10	11

↑↓

라인	태그	데이터			
00					
01	00	j	o	k	e
10	10	g	o	a	l
11	10	a	r	e	a

〈캐시 기억장치〉

태그	라인	워드 00	워드 01	워드 10	워드 11
00	00	t	r	e	e
00	01	j	o	k	e
00	10	b	l	u	e
00	11	s	t	a	r
01	00	p	l	a	n
01	01	s	i	l	k
01	10	s	k	i	n
01	11	a	r	m	y
10	00	s	w	i	m
10	01	w	o	l	f
10	10	g	o	a	l
10	11	a	r	e	a
11	00	c	r	e	w
11	01	d	i	s	h
11	10	p	o	e	t
11	11	f	a	c	t

〈주기억장치〉

① **요청된 주소의 '10'을 이용하여 캐시 기억장치의 라인을 확인한 후 태그 '00'이 그 라인의 태그와 일치하는지 확인하겠군.**
[A]의 '요청 주소의 라인 필드를 이용하여 캐시 기억장치의 해당 라인을 확인한다. 그리고 해당 라인에 데이터가 저장되어 있으면 그 라인의 태그와 요청 주소의 태그를 비교한다.'에서, 〈보기〉의 요청된 주소가 '10'임을 알 수 있고, '10'을 이용하여 캐시 기억장치의 라인을 확인한 후 태그 '00'이 그 라인의 태그와 일치하는지 확인함을 알 수 있다.

② **CPU가 요청한 데이터가 캐시 기억장치에 저장되어 있지 않으므로 캐시 미스가 일어나겠군.**
[A]의 '이는 CPU가 요청한 데이터가 캐시 기억장치에 저장되어 있지 않다는 의미로, 이 경우를 '캐시 미스(cache miss)'라고 한다.'에서, 알 수 있다.

③ **주기억장치의 데이터 블록 중에서 'b, l, u, e'가 복사되어 캐시 기억장치에 저장되겠군.**
[A]의 '캐시 미스가 일어나면 요청 주소에 해당하는 블록을 주기억장치에서 복사하여 캐시 기억장치의 지정된 라인에 저장한다.'를 볼 때, 라인 '10'과 태그 '00'에 해당하는 주기억장치의 데이터 블록이 'b, l, u, e'이므로, 'b, l, u, e'가 복사되어 캐시 기억장치에 저장된다고 할 수 있다.

✔ **캐시 기억장치의 라인 '01'에 저장되어 있는 데이터 블록이 삭제되겠군.**
〈보기〉는 CPU가 주소 '001011'의 데이터를 요청한 상황으로 이때 일어나는 캐싱의 과정은 다음과 같다.
우선, 요청 주소의 라인 필드(10)를 이용하여 캐시 기억장치의 해당 라인(10)에 데이터가 있는지를 확인한다. 그리고 그 데이터의 태그 필드 값(10)을 CPU가 요청한 주소의 태그 필드 값(00)과 비교한다. 이때 두 태그 필드 값이 일치하지 않으므로 캐시 미스가 발생한다. 그러면 주기억장치에서 요청한 주소의 데이터가 포함된 'b, l, u, e' 블록을 불러와 캐시 기억장치의 해당 라인(10)에 저장한다. 이때 캐시 기억장치의 라인(10)에 'g, o, a, l'이 블록으로 저장되어 있으므로 이 데이터 블록은 삭제된다.

[문제편 p.032]

⑤ **CPU의 데이터 요청에 의해 최종적으로 CPU로 보내지는 데이터는 'e'가 되겠군.**
CPU의 데이터 요청에 의한 워드는 '11'이므로, 최종적으로 CPU로 보내지는 데이터는 'b, l, u, e' 중에서 'e'가 된다.

★★ 문제 해결 꿀~팁 ★★

▶ 많이 틀린 이유는?
이 문제는 [B]에 제시된 내용을 정확하게 이해하지 못하고, 이를 〈보기〉의 자료에 적용하는 데 어려움을 겪어 오답률이 높았던 것으로 보인다.
▶ 문제 해결 방법은?
항상 강조하지만 〈보기〉 문제 해결의 핵심은 글의 이해에 있다. 이 문제 역시 [B]에 제시된 '직접 매핑' 과정과 '캐시 미스'된 경우를 정확히 이해했다면, 어렵게 보이는 문제이지만 쉽게 해결할 수 있었을 것이다.
이해로 적절하지 않은 ④의 경우, '요청 주소의 라인 필드를 이용하여 캐시 기억장치의 해당라인을 확인한다. 그리고 해당 라인에 데이터가 저장되어 있으면 그 라인의 태그와 요청 주소의 태그를 비교한다.'를 바탕으로 한다면, 〈보기〉에서 CPU의 데이터 요청을 통해 라인이 '10'이고 태그가 '00'에 해당하므로, 캐시 기억장치의 라인 '01'은 전혀 관련이 없음을 알 수 있어서 적절하지 않음을 바로 알아차렸을 것이다. 마찬가지로 오답률이 높았던 ②의 경우에도 CPU의 데이터 요청을 통해 라인이 '10'이고 태그가 '00'이지만 캐시 기억장치에는 이에 해당하는 라인과 태그가 없으므로 캐시 미스가 일어날 것임을 알았을 것이다. 또한 ③의 경우에도 CPU의 데이터 요청을 통해 라인이 '10'이고 태그가 '00'에 해당하므로 주기억장치의 라인이 '10'이고 태그가 '00'인 부분을 찾으면 주기억장치의 데이터 블록이 'b, l, u, e'임을 알았을 것이다.
이 문제처럼 과학·기술 지문에서 나오는 〈보기〉 문제 대부분은 글의 내용을 바탕으로 문제를 해결하게 하였으므로, 〈보기〉와 관련된 글의 내용을 밑줄을 그어 가며 정확히 이해할 수 있도록 한다.

08 정보 간의 관계 파악
정답률 70% | 정답 ④

㉠과 〈보기〉의 ㉡을 비교한 내용으로 가장 적절한 것은?

〈보 기〉
㉡ 완전 연관 매핑은 캐시 기억장치에 블록을 저장할 때 라인을 지정하지 않고 임의로 저장하는 방식이다. 이 방식은 필요한 데이터 위주로 저장할 수 있기 때문에 매핑 방식 중에 캐시 히트의 확률이 가장 높다. 그러나 히트 여부 확인이 모든 라인에 걸쳐 이루어져야 하므로 검색 시간이 가장 오래 걸린다. 그리고 회로의 구조가 복잡해서 시스템을 구성하는 비용이 높다. 주기억장치의 블록이 캐시 기억장치의 정해진 라인에 저장되는 것이 아니기 때문에 주기억장치의 주소는 태그 필드, 워드 필드로 이루어진다. 대신 블록이 교체될 때 어떤 블록을 삭제할지를 결정하는 블록 교체 알고리즘이 별도로 필요하다.

① **㉠과 달리 ㉡은 주기억장치의 주소에 태그 필드가 있다.**
② **㉠과 달리 ㉡은 캐시 히트 여부를 확인하는 시간이 빠르다.**
③ **㉡과 달리 ㉠은 블록 교체 알고리즘이 필요하다.**
✔ **㉡과 달리 ㉠은 라인을 지정하여 블록을 저장한다.**
6문단의 '직접 매핑은 주기억장치의 ~ 저장하는 방식이다.'를 통해, ㉠은 주기억장치의 데이터 블록을 캐시 기억장치의 지정된 라인에 저장하는 방식임을 알 수 있다. 그리고 〈보기〉의 '완전 연관 매핑은 캐시 ~ 임의로 저장하는 방식이다.'를 통해, ㉡은 저장될 라인을 별도로 지정하지 않고 임의로 저장하는 방식임을 알 수 있다. 따라서 ㉠은 완전 연관 매핑과 달리 라인을 지정하여 블록을 저장함을 알 수 있다.
⑤ **㉠과 ㉡은 모두 회로의 구조가 복잡하다.**

09 어휘의 문맥적 의미 파악
정답률 93% | 정답 ①

문맥상 의미가 ⓐ와 가장 가까운 것은?

✔ **엔진의 성능이 떨어져서 큰일이다.**
ⓐ는 '전보다 수준·정도 따위가 낮은 상태가 되다.'의 의미로 사용되었으므로, '엔진의 성능이 떨어져서 큰일이다.'의 '떨어지다'가 가까운 의미로 사용되었다고 할 수 있다.
② **소매에서 단추가 떨어져서 당황했다.**
'서로 붙었던 것이 각각으로 갈라지다.'의 의미로 사용되었다.
③ **감기가 떨어지지 않아 큰 고생을 했다.**
'병이나 버릇이 없어지다.'의 의미로 사용되었다.
④ **해가 떨어지기 전에 이 일을 마치기로 했다.**
'해, 달이 서쪽으로 지다.'의 의미로 사용되었다.
⑤ **굵은 빗방울이 머리에 한두 방울씩 떨어지기 시작했다.**
'위에 있던 것이 아래로 내려가다.'의 의미로 사용되었다.

10~12 현대시

(가) 김춘수, 「분수」

감상 이 시는 이상을 향해 끊임없이 나아가고자 하는 분수를 통해 이상 세계에 대한 그리움과 좌절을 그리고 있다. 이 시에서 화자는 분수를 자신의 상황에 머무르지 않고 현실의 한계를 극복하려는 초월 의지를 지닌 존재로 인식하며 운명에서 벗어나기 위해 도전을 지속하는 모습을 순환성의 이미지를 통해 드러내고 있다. 이러한 분수의 모습을 통해 화자는 끝없이 이상을 향해 나아가고자 하지만 좌절하고 마는 인간 존재의 본질적 운명을 드러내 주고 있다.

주제 이상 세계에 대한 그리움과 좌절

표현상의 특징
- 시어를 반복하여 운율을 형성하고 주제 의식을 강조해 줌.
- 설의적 표현을 반복하여 이상의 좌절에 대한 안타까움을 부각시켜 줌.
- 분수를 의인화하여 주제를 효과적으로 제시해 줌.
- 분수의 모습을 시각적으로 형상화하여 분수의 초월 의지를 드러내 줌.

(나) 복효근, 「틈, 사이」

감상 이 시는 작은 틈과 사이가 관계를 더욱 깊고 견고하게 만들어 준다는 깨달음을 노래하고 있다. 화자는 찻잔이나 콘크리트의 실금이 존재를 더욱 단단하고 견고하게 만들어 주듯이, 인간관계에도 틈과 사이가 있어야만 더욱 깊고 견고한 관계로 나아갈 수 있다는 역설적 인식을 드러내 주고 있다.

주제 작은 틈과 사이가 관계를 더욱 깊고 견고하게 만들어 준다는 깨달음

표현상의 특징
- 시어를 반복하여 운율을 형성하고 주제 의식을 강조해 줌.
- 현재형 어미를 반복하여 깨달음의 상황을 생동감 있게 드러냄.
- 사물의 모습과 속성에서 인간관계의 진리를 유추해 내고 있음.
- 소재를 의인화하여 주제를 효과적으로 형상화해 줌.
- 역설적 인식을 통해 주제 의식을 효과적으로 전달해 줌.

10 표현상 특징 파악
정답률 73% | 정답 ①

(가)와 (나)의 공통점으로 가장 적절한 것은?

✔ **특정 시어를 반복하여 주제 의식을 드러내고 있다.**
(가)에서는 '발돋움하는', '너', '왜' 등의 특정 시어를 반복하고 있고, (나)에서는 '틈, 사이'라는 특정 시어를 반복하고 있다. 따라서 (가)와 (나)는 특정 시어를 반복하여 주제 의식을 효과적으로 전달하는 공통점이 있다고 할 수 있다.
② **수미상관의 방식을 통해 형태적 안정감을 주고 있다.**
(가)와 (나) 모두 수미상관의 방식은 사용되지 않고 있다. 한편 수미상관의 방식을 사용하게 되면 형태적으로 안정감을 주는 효과가 있다.
③ **음성 상징어를 활용하여 시적 상황을 부각하고 있다.**
(가)와 (나) 모두 음성 상징어는 사용되지 않고 있다.
④ **명사형으로 시상을 마무리하여 시적 여운을 주고 있다.**
(가)에서는 '하는가'로 (나)에서는 '일이다'로 서술어로 시상을 마무리하고 있다. 한편 명사형으로 시상을 마무리하면 시적 여운을 주는 효과가 있다.
⑤ **후각적 이미지를 사용하여 대상의 속성을 나타내고 있다.**
(가)와 (나) 모두 시각적 이미지를 주로 사용하고 있지, 후각적 이미지는 찾아볼 수 없다.

11 외적 준거에 따른 작품의 감상
정답률 60% | 정답 ②

〈보기〉를 참고하여 (가)를 감상한 내용으로 적절하지 않은 것은? [3점]

〈보 기〉
이 작품은 인간 존재의 본질적 운명을 '분수'의 속성을 통해 드러낸다. 화자는 상승과 추락을 반복하는 분수를 통해 자기 극복과 좌절에 대해 이야기한다. 화자는 분수를 자신의 상황에 머무르지 않고 현실의 한계를 극복하려는 초월 의지를 지닌 존재로 인식하며 운명에서 벗어나기 위해 도전을 지속하는 모습을 순환성의 이미지를 통해 드러내고 있다.

① **'너'가 '발돋움하는' 것과 '두 쪽으로 갈라져서 떨'어지는 것에서 상승하고 추락하는 분수의 속성을 확인할 수 있겠군.**
'발돋움하는' 것은 도약하기 위한 행위로 상승하는 분수의 속성을, '두 쪽으로 갈라져서 떨'어지는 것은 추락하는 분수의 속성을 드러낸 것이라 할 수 있다.

✔ '그리움으로 하여' '산산이 부서져서 흩어'지는 것에서 자신의 속성을 초월한 분수의 모습을 확인할 수 있겠군.

(가)의 분수가 '그리움으로 하여' '산산이 부서져서 흩어'지는 것은, 자기 극복을 위해 노력하지만 결국 좌절하는 모습을 드러낸 것이라 할 수 있다. 따라서 (가)를 통해 자신의 속성을 초월한 분수의 모습은 확인할 수 없다.

③ **분수가 '모든 것'을 바치고도 '찢어지는 아픔'만을 가지는 것에서 자기 극복을 위해 노력하지만 결국 좌절하는 분수의 속성을 확인할 수 있겠군.**

분수가 '모든 것'을 바치고도 '찢어지는 아픔'만을 가지는 것에서 자기 극복을 위해 노력하지만 결국 좌절하는 분수의 속성을 확인할 수 있다.

④ **'왜 너는 다른 것이 되어서는 안 되는가'라는 의문에서, 현실의 한계에서 벗어날 수 없는 분수의 상황에 대한 화자의 인식을 확인할 수 있겠군.**

'왜 너는 다른 것이 되어서는 안 되는가'라는 의문에서 현실의 한계에서 벗어날 수 없는 분수의 상황에 대한 화자의 인식을 확인할 수 있다.

⑤ **'떨어져서 부서진' 분수가 '선연한 무지개'로 '다시' 솟는다는 것에서 운명에서 벗어나기 위해 도전을 지속하는 순환성의 이미지를 확인할 수 있겠군.**

'떨어져서 부서진' 분수가 '선연한 무지개'로 '다시' 솟는다는 것은 운명에서 벗어나기 위한 분수의 도전이 지속됨을 의미하고, 이는 순환성의 이미지로 드러나 있으므로 적절하다.

12 작품 이해의 적절성 판단 정답률 69% | 정답 ④

(나)의 [A]~[C]를 이해한 내용으로 적절하지 않은 것은?

① **[A]의 '틈 사이'는 '찻잔'이 '뜨거운 불길'을 견디고 생명력을 지닌 존재로 거듭날 수 있게 해 준다.**

[A]의 '틈 사이'는 '찻잔'이 '뜨거운 불길'을 견디고 '비로소' '숨결로 살아 있'는 생명력을 지닌 존재로 거듭날 수 있게 해 주었으므로 적절한 이해이다.

② **[B]의 '틈, 사이'는 '콘크리트 건물'을 외부의 시련으로부터 막아 주는 역할을 한다.**

[B]의 '틈, 사이'는 '차가운 눈바람과 비를 막아' 준다고 하였으므로 적절한 이해이다.

③ **[A]의 '틈, 사이들'이 '찻잔의 형상을 붙잡고 있는' 것처럼, [C]의 '틈, 사이'는 그대와 나를 '하나 되어 깊어진' 관계로 만들어 준다.**

[A]에서 '틈, 사이들'이 '찻잔의 형상을 붙잡고 있'음으로써 찻잔이 자신만의 견고함을 유지할 수 있게 된 것처럼, [C]에서 '하나 되어 깊어진다는 것은 수많은 실금의 틈, 사이를 허용하는 것인지도 모른다'고 하는 것에서 '그대와 나'의 '틈, 사이'가 관계를 견고하게 해 줄 수 있다는 인식을 드러내고 있으므로 적절한 이해이다.

✔ [B]의 '틈, 사이'가 '진동과 충격을 견디는 힘'의 근원이 되듯, [C]에서 인간관계의 '틈, 사이'는 '슬픔'과 '눈물'의 근원이 될 수 있다는 것으로 화자의 인식이 확장되고 있다.

[B]에서 '틈, 사이'는 그 속에서 '콘크리트'가 '진동과 충격을 견디는 힘'이 나온다고 하였으므로, '틈, 사이'는 그 힘의 근원이라고 할 수 있다. 하지만 [C]에서 '그대와 나'는 '틈, 사이를 허용'하여 '슬픔의 눈물이 스며들 수 있게' 하는 것이지, '틈, 사이'가 '슬픔'과 '눈물'의 근원이 될 수 있다는 인식은 드러나 있지 않고 있다.

⑤ **[A]와 [B]에서 외부의 대상을 향했던 화자의 시선이 [C]에서 인간관계의 '틈, 사이'로 향하면서 '벌어진 틈, 사이 때문에 가슴 태우던' 상황에 대한 화자의 인식이 전환되고 있다.**

화자의 시선은 [A]에서 '찻잔', [B]의 '콘크리트 건물' 등 외부의 대상을 향하다가 [C]에서 '그대와 나'의 '틈, 사이'로 향하면서, '틈, 사이' 때문에 가슴 태우는 것이 아닌 '틈, 사이까지가 하나였음'을 알게 되는 것으로 화자의 인식이 전환되고 있으므로 적절한 이해이다.

[문제편 p.033]

DAY 06 20분 미니 모의고사

01 ③	02 ④	03 ③	04 ③	05 ②
06 ④	07 ④	08 ①	09 ①	10 ④
11 ③	12 ③			

01 의사소통 방식의 이해 정답률 85% | 정답 ③

[A], [B]에 대한 설명으로 가장 적절한 것은? [3점]

① **[A], [B] 모두에서 학생은 학예사의 이전 답변을 인용하며 추가적인 설명을 요청하고 있다.**

[B]에서 학생은 [A]에서의 학예사의 답변 내용 중 일부를 인용하여 설명을 요청하고 있으나, [A]의 학생 질문에서는 이러한 내용이 나타나 있지 않다.

② **[A], [B] 모두에서 학생은 학예사가 제시한 사례의 적절성에 의문을 제기하며 새로운 사례를 요청하고 있다.**

[A]나 [B]를 통해 학생이 학예사가 답변에서 제시한 사례의 적절성에 대해 의문을 제기하는 내용은 찾아볼 수 없다.

✔ 학예사는 학생의 요청에 따라 [A]에서 자신이 설명한 내용을 [B]에서 보충하고 있다.

[A]에서 학예사는 능침 공간에는 예술적 가치가 높은 석물이 배치되었다고 설명하자, [B]에서 학생은 학예사의 설명을 듣고 '석물의 예술적 가치가 높다'는 말에 대해 설명을 요구하고 있다. 그리고 학예사는 학생의 추가 질문의 요청을 받아들여 석물의 예술미에 대해 설명하고 있다. 따라서 학예사는 학생의 요청에 따라 [A]에서 자신이 설명한 석물의 예술적 가치에 대해 [B]에서 보충하여 설명하고 있음을 알 수 있다.

④ **학예사는 학생의 이해를 돕기 위해 [A]에서 자신이 설명한 내용을 [B]에서 반복하고 있다.**

학예사는 학생의 요청에 따라 [B]에서 석물의 예술미에 대해 설명하고 있지만, [A]에서 자신이 설명한 내용을 [B]에서 반복하지는 않고 있다.

⑤ **학예사는 [A]의 설명에 대한 학생의 잘못된 이해를 [B]에서의 설명을 통해 바로잡고 있다.**

[B]를 통해 학예사가 [A]의 설명에 대한 학생의 이해가 잘못되었다고 밝히는 내용은 찾아볼 수 없고, [B]에서 학생의 잘못된 이해를 바로잡기 위해 설명하지도 않고 있다.

02 글쓰기 계획 파악 정답률 85% | 정답 ④

〈보기〉는 (나)를 작성하기 위해 세운 글쓰기 계획이다. 〈보기〉에서 (나)에 반영된 것만을 있는 대로 고른 것은?

〈보 기〉

ㄱ. 조선 왕릉이 유네스코 세계 유산으로 등재되었다는 점을 고려하여, 조선 왕릉이 어떤 점에서 가치를 인정받았는지를 글의 첫머리에 밝히며 시작해야겠어.
ㄴ. 조선 왕릉의 자연 친화적 장묘 전통이 인정받았다는 점을 고려하여, 조선의 고유한 장묘 문화가 형성되는 데 우리나라의 자연 환경이 영향을 끼쳤음을 밝혀야겠어.
ㄷ. 조선 왕릉에 공간 구성의 독창성이 있다는 점을 고려하여, 조선 왕릉에 나타나는 공간의 위계에 대해 설명해야겠어.
ㄹ. 조선 왕릉과 관련한 기록 문화와 제례 의식이 있다는 점을 고려하여, 왕릉과 관련된 기록물과 현재 유지되고 있는 제례 의식의 사례를 찾아 제시해야겠어.

① ㄱ, ㄴ ② ㄱ, ㄷ ③ ㄴ, ㄹ
✔ ㄱ, ㄷ, ㄹ ⑤ ㄴ, ㄷ, ㄹ

ㄱ. 조선 왕릉이 유네스코 세계 유산으로 등재되었다는 점을 고려하여, 조선 왕릉이 어떤 점에서 가치를 인정받았는지를 글의 첫머리에 밝히며 시작해야겠어.

1문단의 '조선 왕릉은 자연 친화적 장묘 전통, 인류 역사의 중요한 단계를 잘 보여 주는 왕릉 조성과 기록 문화, 조상 숭배의 전통이 이어지고 있는 살아 있는 유산이라는 점에서 가치를 인정받아'를 통해, ㄱ이 반영되었음을 알 수 있다.

ㄴ. 조선 왕릉의 자연 친화적 장묘 전통이 인정받았다는 점을 고려하여, 조선의 고유한 장묘 문화가 형성되는 데 우리나라의 자연 환경이 영향을 끼쳤음을 밝혀야겠어.

2문단에 조선은 '자연과의 조화 속에서 왕릉을 조성하는 자연 친화적 원칙'을 지켜 왔다는 내용이 나타나 있으나, 우리나라의 자연 환경이 조선의 고유한 장묘 문화 형성에 영향을 끼쳤다는 내용은 초고에 반영되어 있지 않다.

ㄷ. 조선 왕릉에 공간 구성의 독창성이 있다는 점을 고려하여, 조선 왕릉에 나타나는 공간의 위계에 대해 설명해야겠어.

2문단의 '조선 왕릉은 지면의 높이 차이를 만들고 정자각의 배치를 활용하여 제향 공간과 능침 공간의 조망 범위를 다르게 함으로써 공간의 위계를 조성하였다.'를 통해 ㄷ이 반영되어 있음을 알 수 있다.

ㄹ. 조선 왕릉과 관련한 기록 문화와 제례 의식이 있다는 점을 고려하여, 왕릉과 관련된 기록물과 현재 유지되고 있는 제례 의식의 사례를 찾아 제시해야겠어.

4문단에서 '『국장도감의궤』, 『산릉도감의궤』, '종묘에서 정례적으로 봉행되는 제례 의식'이 기록 문화와 제례 의식과 관련된 사례로 제시되어 있으므로, ㄹ이 반영되었음을 알 수 있다.

03 한글 맞춤법의 적용

정답률 77% | 정답 ③

〈보기〉는 한글 맞춤법 규정의 일부를 정리한 것이다. 이를 읽고 탐구한 내용으로 적절하지 않은 것은?

〈보 기〉

제16항 어간의 끝음절 모음이 'ㅏ, ㅗ'일 때에는 어미를 '-아'로 적고, 그 밖의 모음일 때에는 '-어'로 적는다. ······ ㉠

제18항 다음과 같은 용언들은 어미가 바뀔 경우, 그 어간이나 어미가 원칙에 벗어나면 벗어나는 대로 적는다.
1. '하다'의 활용에서 어미 '-아'가 '-여'로 바뀔 적 ······ ㉡
2. 어간의 끝음절 '르' 뒤에 오는 어미 '-어'가 '-러'로 바뀔 적 ······ ㉢

① **'시계를 보다.'에서 '보다'는 ㉠에 따라 어간 '보-'에 어미 '-아'가 결합해 '보아'로 적겠군.**
㉠을 통해 어간의 끝음절 모음이 'ㅏ, ㅗ'일 때에는 어미를 '-아'로 적어야 함을 알 수 있으므로, '보다'는 ㉠에 따라 어간 '보-'에 어미 '-아'가 결합해 '보아'로 적어야 한다.

② **'간식을 먹다.'에서 '먹다'는 ㉠에 따라 어간 '먹-'에 어미 '-어'가 결합해 '먹어'로 적겠군.**
㉠을 통해 어간의 끝음절 모음이 'ㅏ, ㅗ'일 때에는 어미를 '-아'로, 그 밖의 모음일 때에는 '-어'로 적어야 함을 알 수 있으므로, '먹다'는 ㉠에 따라 어간 '먹-'에 어미 '-어'가 결합해 '먹어'로 적어야 한다.

✔ **'마당의 눈이 희다.'에서 '희다'의 어간 '희-'에 어미 '-아'가 결합하면 ㉡에 따라 '희여'로 적겠군.**
㉠을 통해 어간의 끝음절 모음이 'ㅏ, ㅗ'가 아닌 그 밖의 모음일 때에는 '-어'로 적음을 알 수 있으므로, '희다'는 ㉠에 따라 어간 '희-'에 어미 '-어'가 결합해 '희어'로 적어야 한다.

④ **'민수가 공부를 하다.'에서 '하다'의 어간 '하-'에 어미 '-아'가 결합하면 ㉡에 따라 '하여'로 적겠군.**
㉡을 통해 '하다'의 활용에서 어미 '-아'가 '-여'로 바뀔 적에는 그 어간이나 어미가 원칙에 벗어나면 벗어나는 대로 적어야 함을 알 수 있으므로, '하다'의 어간 '하-'에 어미 '-아'가 결합하면 ㉡에 따라 '하여'로 적어야 한다.

⑤ **'약속 장소에 이르다.'에서 '이르다'의 어간 '이르-'에 어미 '-어'가 결합하면 ㉢에 따라 '이르러'로 적겠군.**
㉢을 통해 어간의 끝음절 '르' 뒤에 오는 어미 '-어'가 '-러'로 바뀔 적에는 그 어간이나 어미가 원칙에 벗어나면 벗어나는 대로 적어야 함을 알 수 있으므로, '이르다'의 어간 '이르-'에 어미 '-어'가 결합하면 ㉢에 따라 '이르러'로 적어야 한다.

04~08 인문

'홍대용의 사상과 그 의의(재구성)'

해제 이 글은 홍대용의 사상과 그 의의를 설명하고 있다. 홍대용은 중화사상을 가지고 있었지만 청나라 여행을 계기로 그곳에서 만난 학자들과 교류하며 사상을 전환하였고, 지구설과 무한 우주설이 실려 있는 「의산문답」을 저술하였다. 지구설은 우리가 사는 땅이 둥글다는 것으로, 개인이 있는 곳이 각각 기준이 될 수 있다는 생각으로 이어졌고, 무한 우주설은 우주가 무한하다는 것으로, 세상의 중심과 주변을 구별할 수 없다는 생각으로 이어졌다. 홍대용의 사상은 현대 사회에 필요한 평등주의와 다원주의를 우리 역사에서 선구적으로 보여 주었다는 점에서 의의가 있다.

주제 홍대용의 사상과 그의 사상이 지닌 의의

문단 핵심 내용

1문단	한족의 중화사상을 수용한 조선
2문단	홍대용의 중화사상과 사상적 전환
3문단	지구설과 무한 우주설을 주장한 홍대용
4문단	지구설과 무한 우주설에 담긴 홍대용의 생각
5문단	홍대용 사상의 의의

04 세부 내용의 이해

정답률 80% | 정답 ③

다음은 학생이 윗글을 읽는 중 작성한 독서 활동지이다. 학생의 활동 내용 중 적절하지 않은 것은?

◈ 2문단까지 읽고 내용을 정리한 후, 이어질 내용을 예측하고 확인하며 읽어 보자.

읽은 내용 정리
ㅇ 청나라가 중국 땅을 차지한 후 조선에서는 북벌론과 척화론이 나타남. ······ ①
ㅇ 청나라가 정치적 안정을 이루고 북벌이 힘들어지자 조선의 유학자들은 조선이 중화의 계승자라고 생각함. ······ ②
ㅇ 청의 문물을 배우자는 북학파가 등장하였고, 그중 홍대용은 선진 문물과 새로운 학문을 탐구하여 사상을 전환하고 「의산문답」을 저술함.

⬇

이어질 내용 예측	확인 결과
ㅇ 홍대용이 선진 문물과 새로운 학문을 탐구하여 깨달은 점이 언급될 것이다.	하늘이 둥글다는 것을 깨달음. ······ ③
ㅇ 「의산문답」의 내용이 언급될 것이다.	지구설과 무한 우주설을 설명함. ······ ④
ㅇ 홍대용이 아닌 다른 북학파 학자들의 사상이 언급될 것이다.	언급되지 않음. ······ ⑤

① **청나라가 중국 땅을 차지한 후 조선에서는 북벌론과 척화론이 나타남.**
1문단을 통해 청나라가 중국 땅을 차지하자 조선에서는 청나라를 공격하자는 북벌론과 청나라를 배척하자는 척화론이 나왔음을 알 수 있다.

② **청나라가 정치적 안정을 이루고 북벌이 힘들어지자 조선의 유학자들은 조선이 중화의 계승자라고 생각함.**
2문단을 통해 청나라가 정치적 안정을 이루자 조선의 유학자들은 조선이 중화의 계승자라고 인식했음을 알 수 있다.

✔ **하늘이 둥글다는 것을 깨달음.**
3문단의 '하늘이 둥글고 땅이 모나다는 전통적인 천지관을 비판하고'를 통해, 하늘이 둥글다는 것은 전통적인 천지관임을 알 수 있다. 따라서 홍대용이 청나라 여행을 계기로 하늘이 둥글다는 것을 깨달았다고 볼 수 없다.

④ **지구설과 무한 우주설을 설명함.**
3문단을 통해 「의산문답」에 실려 있는 지구설과 무한 우주설을 설명하고 있음을 알 수 있다.

⑤ **언급되지 않음.**
이 글을 통해 홍대용이 아닌 다른 북학파 학자들의 사상은 찾아볼 수 없다.

05 구체적인 사례에의 적용

정답률 78% | 정답 ②

〈보기〉의 대화를 윗글과 관련지어 이해한 것으로 적절하지 않은 것은?

〈보 기〉

갑 : 천지 사이의 생물 가운데 오직 사람만이 귀합니다. 동물과 초목은 지혜가 없고 깨달음도 없으며, 오륜도 모릅니다. 그러므로 사람은 동물보다 귀하고, 초목은 동물보다 천합니다.

을 : 오륜은 사람의 예의입니다. 무리 지어 다니고 소리를 내어 새끼들을 불러 먹이는 것은 동물의 예의입니다. 그리고 떨기로 나서 무성해지는 것은 초목의 예의입니다. 사람의 관점을 기준으로 하면 사람이 귀하고 사물이 천하지만, 사물의 관점을 기준으로 하면 사물이 귀하고 사람이 천한 것입니다. 하늘에서 보면 사람과 사물은 똑같습니다.

① **갑은 귀한 대상과 천한 대상을 나누어 생각한다는 점에서 송시열과 공통점이 있다.**
〈보기〉를 통해 갑이 사람을 귀한 대상으로 생각하고 동물과 초목은 천한 대상으로 생각

하고 있음을 알 수 있다. 그리고 1문단을 통해 송시열이 중국과 인류를 귀한 대상으로 생각하고, 오랑캐와 금수는 천한 대상으로 생각하고 있음을 알 수 있다. 따라서 귀한 대상과 천한 대상을 나누어 생각한다는 점에서 갑과 송시열은 공통점이 있다고 할 수 있다.

✔ **갑이 동물보다 사람을 높게 평가한 것은 신분이 낮은 농부의 자식이라도 높은 관직에 오를 수 있어야 한다는 생각으로 이어질 수 있다.**
〈보기〉를 통해 갑이 사람은 귀한 존재이고 동물이 천한 존재라 여기고 있으므로, 갑은 사람과 동물이 같을 수가 없다고 인식하고 있음을 알 수 있다. 그런데 4문단에 언급된 신분이 낮은 자도 높은 관직에 오를 수 있어야 한다는 홍대용의 주장은 천한 신분이라도 능력에 따라 중요한 존재가 될 수 있다는 생각에 해당하므로 갑의 생각과는 다르다고 할 수 있다.

③ **을이 동물과 초목이 각자의 예의가 있다고 한 것은 세상 사람들이 자기 나라와 자기 문화를 기준으로 살아가는 것이 당연하다는 생각과 연결될 수 있다.**
〈보기〉를 통해 을이 동물과 초목도 각자 기준이 될 수 있다고 생각하고 있음을 알 수 있다. 그리고 5문단을 통해 홍대용이 모든 국가와 문화, 사람이 각자 중심이 될 수 있고 존재 가치가 있다고 생각했음을 알 수 있다. 이렇게 볼 때, 을의 생각은 홍대용의 사상과 연결된다고 할 수 있다.

④ **을이 사물의 관점을 기준으로 하면 사물이 귀하다고 한 것은 모든 사람이 존재 가치가 있다는 생각과 연결될 수 있다.**
〈보기〉를 통해 을이 정해진 관점과 기준이 있는 것이 아니라 각자가 기준이 될 수 있다고 생각했음을 알 수 있다. 그리고 5문단을 통해 홍대용이 모든 국가와 문화, 사람이 각자 중심이 될 수 있고 존재 가치가 있다고 생각했음을 알 수 있다. 이렇게 볼 때, 을의 생각은 홍대용의 생각과 연결된다고 할 수 있다.

⑤ **을이 하늘에서 보면 사람과 사물이 똑같다고 한 것은 우리가 사는 이 땅에서 중심과 주변을 나눌 수 없다는 홍대용의 생각과 일맥상통한다.**
〈보기〉를 통해 을이 하늘에서 우리가 사는 땅을 보면 특정 대상을 중심으로 생각할 수가 없다고 생각했음을 알 수 있다. 그리고 4문단을 통해 홍대용이 안과 밖을 구별하거나 중심과 주변을 나눌 수 없다고 보았음을 알 수 있다. 이렇게 볼 때, 갑의 생각과 우리가 사는 이 땅에서 중심과 주변을 나눌 수 없다는 홍대용의 생각은 공통점이 있다고 할 수 있다.

06 핵심 개념의 이해 정답률 86% | 정답 ④

㉠과 ㉡을 이해한 것으로 가장 적절한 것은?

① **㉠은 ㉡을 통해 조선의 중심 사상으로 자리 잡았다.**
㉠이 조선의 중심 사상으로 자리 잡은 것은 맞지만, ㉡은 ㉠에 어긋나는 학설이므로 적절하지 않다.

② **㉠과 ㉡은 청을 오랑캐라 여기는 생각의 근거가 되었다.**
㉠은 청을 오랑캐로 여기는 생각의 근거가 되지만, ㉡은 청을 오랑캐로 여기는 생각의 근거가 아니므로 적절하지 않다.

③ **㉠은 북벌론의 바탕이 되었고, ㉡은 척화론의 바탕이 되었다.**
㉠은 북벌론의 바탕이 되지만, ㉡은 척화론과 관련이 없으므로 적절하지 않다.

✔ **㉡은 홍대용이 ㉠에서 벗어났음을 보여 주는 학설이다.**
2, 3문단의 내용을 통해 홍대용은 '중화사상'에서 벗어나 사상적 전환을 이루었음을 알 수 있다. 그리고 이러한 홍대용의 사상적 전환을 대표적으로 보여 주는 것이 ㉡임을 알 수 있다. 따라서 ㉡은 홍대용이 ㉠에서 벗어났음을 보여 주는 학설이라 할 수 있다.

⑤ **㉡은 조선의 유학자들이 가지고 있던 ㉠을 홍대용이 발전시킨 것이다.**
㉠은 조선의 유학자들이 가지고 있던 것이 맞지만, ㉡이 ㉠을 발전시킨 것은 아니므로 적절하지 않다.

07 구체적 사례에의 적용 정답률 65% | 정답 ④

〈보기〉는 심화 학습을 위해 조사한 자료이다. (가), (나)에 대해 보인 반응으로 적절하지 않은 것은? [3점]

〈보 기〉

(가)
중국 의관이 변한 지 이미 100년이 넘은지라 지금 천하에 오직 우리 조선만이 오히려 명나라의 제도를 지키거늘, 청나라에 들어오니 무식한 부류들이 우리를 보고 웃지 않는 사람이 없으니 어찌 가련치 않겠는가? (중략) 슬프다! 번화한 문물을 오랑캐에게 맡기고 백 년이 넘도록 회복할 방법이 없구나.

– 홍대용, 「을병연행록」 –

(나)
피와 살이 있으면 다 똑같은 사람이고, 강토를 지키고 있으면 다 동등한 국가이다. 공자는 주나라 사람이므로 그가 쓴 『춘추』에서 주나라 안과 밖을 구분한 것은 당연하다. 그가 바다를 건너 주나라 밖에 살았더라면 주나라 밖에서 도를 일으켰을 것이고, 그곳을 기준으로 생각하는 『춘추』가 나왔을 것이다.

– 홍대용, 「의산문답」 –

① **(가) : 청나라를 오랑캐라고 말하고 있는 것에서, 홍대용이 중화사상을 가진 적이 있었다는 것을 확인할 수 있군.**
(가)에서 홍대용이 청나라를 오랑캐로 보고 있는데, 이는 중화사상을 바탕으로 한 것이라 할 수 있다. 이를 통해 홍대용이 중화사상을 가진 적이 있었다는 것을 알 수 있다.

② **(가) : 조선만이 명나라의 제도를 지킨다는 것에서, 홍대용이 조선을 중화의 계승자라고 생각했었음을 알 수 있군.**
(가)에서 홍대용이 조선만이 명나라의 제도를 지킨다고 언급하고 있는데, 이를 통해 홍대용이 조선을 중화의 계승자로 생각했었음을 알 수 있다.

③ **(가) : 번화한 문물을 오랑캐에게 맡겼다고 한 것에서, 홍대용이 청나라와 청나라가 가지고 있는 문물을 구별하려 했음을 확인할 수 있군.**
(가)에서 홍대용이 번화한 문물을 오랑캐에게 맡겼다고 언급하고 있는데, 이는 오랑캐로 여겨졌던 청나라와 그들이 가지고 있는 문물을 구별하는 것이라 할 수 있다.

✔ **(나) : 『춘추』에서 주나라 안과 밖을 구분한 것이 당연하다는 것에서, 중국 안과 밖을 구별하려는 홍대용의 생각이 드러나는군.**
(나)에서 홍대용은 『춘추』에서 주나라 안과 밖을 구분한 것이 당연하다고 여기고 있는데, 이는 공자가 주나라 사람이므로 주나라를 기준으로 생각하는 것이 당연하다는 생각을 드러낸 것이라 할 수 있다. 그리고 4문단을 통해 홍대용은 제 나라를 기준으로 살아가는 것이 당연하다는 생각을 지니고 있음을 알 수 있다. 따라서 홍대용의 생각은 중국 안과 밖을 구별하려는 중화사상과는 다른 것이라 할 수 있다.

⑤ **(나) : 공자가 주나라 밖에 살았다면 그곳에서 도를 일으켰을 것이라는 부분에서, 중화와 오랑캐의 구별이 상대적이라는 홍대용의 생각이 드러나는군.**
(나)에서 공자가 주나라 밖에 살았다면 그곳에서 도를 일으켰을 것이라고 언급한 것은 주나라가 아닌 다른 곳에서도 도가 나올 수 있다는 홍대용의 생각을 드러낸 것이라 할 수 있다. 이를 통해 홍대용이 중화와 오랑캐의 구별이 상대적이라 생각했음을 알 수 있다.

08 단어의 문맥적 의미 파악 정답률 93% | 정답 ①

문맥상 ⓐ와 의미가 가장 유사한 것은?

✔ **그는 새로운 회사를 세웠다.**
ⓐ와 ①의 '세우다'는 '나라나 기관 따위를 처음으로 생기게 하다.'라는 의미로 사용되었다.

② **국가의 기강을 바로 세워야 한다.**
'질서나 체계, 규율 따위를 올바르게 하거나 짜다.'라는 의미로 사용되었다.

③ **집을 지을 구체적인 방안을 세웠다.**
'계획, 방안 따위를 정하거나 짜다.'라는 의미로 사용되었다.

④ **두 귀를 쫑긋 세우고 말소리를 들었다.**
'처져 있던 것을 똑바로 위를 향하여 곧게 하다.'라는 의미로 사용되었다.

⑤ **도끼날을 잘 세워야 나무를 쉽게 벨 수 있다.**
'무딘 것을 날카롭게 하다.'라는 의미로 사용되었다.

09~12 고전 소설

작자 미상, 「송부인전」

감상 이 작품은 **남녀 주인공이 혼사장애를 극복하고 결혼에 이르는 과정을 그린 소설**로, 남편이 부재한 상황에서 가족 외부의 인물에 의해 모함을 받게 된 주인공이, **남성 중심 사회의 현실적 모순에 의해 희생당하는 모습을 다루**고 있다. 이 과정에서 주인공은 자신의 억울함을 적극적으로 항변하지 못하고 가정에서 퇴출당해 시련과 고난을 겪게 되지만, 이후 입신양명을 이룬 남편과의 만나 적극적인 태도로 오해를 풀고 모함에서 벗어나게 된다. 이 작품은 줄거리가 춘향전과 유사하나 춘향전에 비해 단순한 애정의 극적 효과만을 강조하였다는 특징이 있다.

주제 혼사장애의 극복

작품 줄거리 명나라 때 소주땅의 왕창영이라는 선비가 과거보러 가던 중 주점에서 송생이라는 사람을 만나 동행한다. 두 사람은 함께 과거에 응시하여 왕창영은 장원급제 송생은 참방한다. 두 사람은 기뻐하며 귀향길에 오르는데 도중 왕창영은 아들을 송생은

[문제편 p.039]

딸을 낳았다는 소식을 듣고 혼약을 맺기로 약속한다. 그 뒤 송생이 죽으니 부인 심씨는 왕창영에게 편지로 알린다. 한편 왕창영의 아들 한춘은 14세가 되던 해 과거보러 가는데 왕창영은 아들에게 송생과의 언약을 이야기한다. 한춘은 그 말을 듣고 송생의 딸 경패를 만나 서로의 인연을 확인한다. 그 뒤 경패의 어머니가 죽자 외삼촌인 심천수가 경패의 재산을 빼앗고 경패를 상처한 거부 조중인에게 시집보내려 한다. 한편 한춘은 경패 아버지의 무덤에 이르러 술잔을 올린다. 이때 경패는 조중인과의 강제 혼인이 이루어져 혼인날이 가까워오는 중 꿈의 계시로 한춘을 만난다. 한춘은 경패로부터 사실을 듣고 혼인날이 다가오자 어사로 나타나 심천수와 조중인을 잡아 가두고 경패와 결합한다. 경패는 두 사람을 용서할 것을 남편에게 간청하여 석방한다. 그 뒤 한춘은 병부시랑이 되어 하루는 왕에게 청하여 고향의 부모를 찾는다.

09 작품의 특징 파악

정답률 77% | 정답 ①

윗글에 대한 설명으로 가장 적절한 것은?

✔ **대화를 통해 인물이 처한 상황을 보여 주고 있다.**
왕시랑과 재회한 송부인의 '첩은 죄인의 어미옵더니, 사람이 불민하여 ~ 그런 연유로 이 지경이 되었삽는데'라는 말에서, 송부인이 시댁에서 쫓겨난 후 지금까지 시련과 고난을 겪은 상황을 말하고 있음을 알 수 있다.

② **전기적 요소를 통해 비현실적 장면을 부각하고 있다.**
이 글에서 전기적 요소는 찾아볼 수 없다.

③ **과장된 상황을 통해 인물의 해학성을 강조하고 있다.**
이 글에서 과장된 상황을 찾아볼 수 없을 뿐더러, 웃음을 유발하는 인물의 해학성 또한 찾아볼 수 없다.

④ **배경에 대한 묘사를 통해 낭만적 분위기를 형성하고 있다.**
배경에 대한 묘사는 드러나지 않고 있다.

⑤ **꿈과 현실의 교차를 통해 사건을 입체적으로 구성하고 있다.**
꿈의 내용은 드러나지 않고 있다

10 작품의 이해

정답률 66% | 정답 ④

㉠~㉤에 대한 설명으로 적절하지 않은 것은?

① **㉠ : 왕진사 댁 하인이 주막을 지나갈 것이라는 무녀의 예측이 드러나 있다.**
'조만간에 하인이 이리를 지나가리라'에 왕진사 댁 하인이 주막을 지나갈 것이라는 무녀의 예측이 드러나 있다.

② **㉡ : 송부인이 죄를 지었다고 생각하여 질책하는 왕진사의 태도가 드러나 있다.**
'요망한 무녀를 ~ 어찌된 일이냐?'에 송부인이 죄를 지은 것으로 생각하는 왕진사의 질책이 드러나 있다.

③ **㉢ : 주변 상황을 의식하여 질문하기를 미루는 왕시랑의 모습이 드러나 있다.**
'다시 묻고자 ~ 따로 분부하여'에 주변 상황을 의식하여 송부인에게 질문하기를 미루는 왕시랑의 모습이 드러나 있다.

✔ **㉣ : 왕시랑이 명사관으로서 공과 사를 구분하기를 바라는 송부인의 마음이 드러나 있다.**
㉣에서는 왕시랑을 오해하고 서운하게 생각했던 송부인의 마음이 드러나 있지, 왕시랑이 명사관으로서 공과 사를 구분하기를 바라는 마음은 드러나지 않고 있다.

⑤ **㉤ : 사건의 진상을 밝히려는 왕시랑의 태도가 드러나 있다.**
'이 일은 알아보고 ~ 잡지 못하리니까?'에 범인을 잡아 사건의 진상을 밝히려는 왕시랑의 태도가 드러나 있다.

★★★ 1등급 대비 고난도 3점 문제

11 외적 준거에 따른 작품의 감상

정답률 53% | 정답 ③

〈보기〉를 바탕으로 윗글을 감상한 내용으로 적절하지 않은 것은? [3점]

〈보 기〉

이 작품은 남편이 부재한 상황에서 가족 외부의 인물에 의해 모함을 받게 된 주인공이, 남성 중심 사회의 현실적 모순에 의해 희생당하는 모습을 다루고 있다. 이 과정에서 주인공은 자신의 억울함을 적극적으로 항변하지 못하고 가정에서 퇴출당해 시련과 고난을 겪게 되지만, 이후 입신양명을 이룬 남편과의 만남에서 적극적인 태도로 오해를 풀고 모함에서 벗어나게 된다.

① **송부인이 왕시랑에게 명사를 부탁하는 장면에서, 오해를 풀고자 하는 적극적인 모습을 확인할 수 있겠군.**
송부인이 왕시랑에게 '첩에게 죄가 설령 있거든 ~ 누명을 씻어 주옵소서.'라고 말하는 것, '품에서 편지 봉투를 내어 앉은 앞에 던지'는 것에서 오해를 풀려고 하는 적극적인 모습이 드러나므로 적절하다.

② **왕진사가 송부인을 수죄하는 장면에서, 여성의 정절을 중시하는 남성 중심 사회의 모습을 짐작할 수 있겠군.**
왕진사가 '네 복중에 있다는 자식에 대해서도 ~ 어찌된 일이냐?'라고 송부인을 수죄하는 것에서 여성의 정절을 중시하는 남성 중심 사회의 모습이 드러나므로 적절하다.

✔ **왕시랑이 송부인에게 누명을 벗겨주기로 약속하는 장면에서, 왕시랑이 입신양명을 이룬 목적을 짐작할 수 있겠군.**
'난들 어찌 알았으리오?'에서, 왕시랑은 송부인을 만나기 전까지 송부인이 모함을 받은 사실을 모르고 있었음을 알 수 있다. 따라서 송부인의 누명을 풀어 주기 위해 입신양명을 이룬 목적을 짐작할 수 있다는 진술은 적절하지 않다.

④ **녹재가 왕진사 댁 하인에게 술을 먹이는 장면에서, 가족 외부의 인물이 주인공을 모함하려는 모습을 확인할 수 있겠군.**
녹재가 하인을 취하게 만들어 편지를 조작한 것에서 가족 외부의 인물이 주인공을 모함하려는 모습이 드러나므로 적절하다.

⑤ **송부인이 왕시랑에게 자신의 처지를 밝히며 억울함을 호소하는 장면에서, 과거에 송부인이 겪은 시련과 고난을 짐작할 수 있겠군.**
송부인이 왕시랑에게 '시댁에서 쫓겨났사오나 ~ 시댁이 용납하리니까?'라고 말하는 것에서 송부인이 겪은 시련과 고난이 드러나므로 적절하다.

★★ 문제 해결 꿀~팁 ★★

▶ 많이 틀린 이유는?
이 문제는 사건의 전후 관계를 정확하게 이해하지 못했거나, 사건이 지닌 의미를 〈보기〉와 연관하여 이해하지 못하여 오답률이 높았던 것으로 보인다.

▶ 문제 해결 방법은?
먼저 선택지에 제시된 작품 내용이 사실에 부합하는가를 판단하여야 한다. 이를 고려할 때 ③의 경우 왕시랑이 입신양명을 이룬 상태에서 송부인의 누명을 벗겨주기로 약속하고 있으므로, 사건의 전후 관계가 잘못되어 적절하지 않은 것이 된다고 할 수 있다. 그런 다음 작품 내용과 〈보기〉와의 관련성이 타당한지를 판단하는 것이다. 오답률이 높았던 ①의 경우, 송부인이 왕진사에게 수죄당할 때의 소극적인 모습과 달리 왕시랑에게는 적극적으로 명사를 부탁하고 있으므로, 〈보기〉에 언급된 '오해를 풀고자 하는 적극적인 모습'이라 할 수 있다. 그리고 ②의 경우에도 왕진사가 송부인이 다른 남자와 부정한 짓을 했다고 여겨 수죄하고 있으므로, 〈보기〉에 언급된 '남성 중심 사회'와 관련 있음을 알 수 있다. 또한 '부정한 짓'에 대한 수죄이므로 이를 통해 '남성 중심 사회'에서 정절을 중시하고 있음을 알 수 있다. 이렇게 볼 때, 〈보기〉를 바탕으로 한 작품 감상 문제 풀이의 핵심은 작품의 이해에 있느니만큼, 작품을 인물을 중심으로 정확히 이해하도록 해야 한다.

★★★ 1등급 대비 고난도 2점 문제

12 서사 내용의 파악

정답률 55% | 정답 ③

〈보기〉는 윗글의 서간의 이동을 도식화한 것이다. 이를 이해한 내용으로 가장 적절한 것은?

〈보 기〉

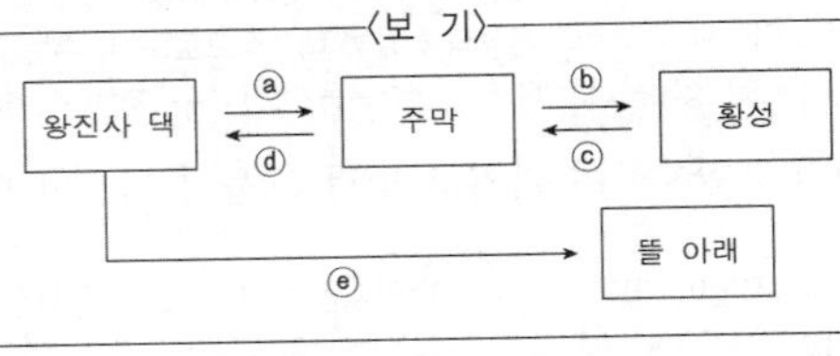

① **ⓐ의 서간에는 집안은 무사하고 공직에 힘쓰라는 내용이 담겨있다.**
ⓐ의 서간은 왕진사가 왕시랑에게 보낸 것으로, 녹재에 의해 '집안은 무사하고 공직에 힘쓰라'라는 내용으로 조작되었다.

② **왕시랑은 ⓑ의 서간을 통해 집안에 문제가 생겼음을 알게 되었다.**
ⓑ의 서간은 집안에 문제가 생겼다는 내용이 아니다.

✔ **ⓑ의 서간과 ⓓ의 서간은 모두 녹재에 의해 위조된 것이다.**
ⓑ의 서간은 왕진사가 왕시랑에게 보낸 것을 녹재가 위조한 것이고, ⓓ의 서간은 왕시랑이 왕진사에게 보낸 것을 녹재가 위조한 것이다.

④ **ⓒ의 서간과 ⓓ의 서간은 모두 송부인에게 전달되지 않았다.**
ⓓ의 서간은 '왕시랑의 답장을 던지는지라'에서 송부인에게 전달되었음을 알 수 있다.

⑤ **왕시랑은 ⓔ의 서간의 내용을 송부인과 만나기 전부터 알고 있었다.**

ⓔ의 서간은 송부인이 왕시랑에게 던진 것으로, '왕시랑이 상혼실백하여 ~ 것이라 막측기단하여'에서 처음 보는 내용의 서간이라는 것을 알 수 있다.

★★ 문제 해결 꿀~팁 ★★

▶ 많이 틀린 이유는?

'서간'과 관련된 내용을 작품 전체를 통해 확인해야 하는데, 부분적으로만 확인하여 오답률이 높았던 것으로 보인다.

▶ 문제 해결 방법은?

'주막'이라는 공간에서 '서간'이 위조되고 있음을 바탕으로 ⓐ ~ ⓔ의 서간을 위조된 서간과 그렇지 않은 서간으로 분류하여야 한다. 그런 다음 이러한 서간을 받은 주체가 누구인지, 즉 위조된 '서간'이 '황성'의 왕 시랑과 '왕진사 댁'의 '왕진사'에게 전해짐을 이해하여야 한다. 그리고 위조된 서간이 송부인에게 전해졌는가 여부를 판단하면 된다. 이러한 내용을 바탕으로 하게 되면 오답률이 높았던 ④, ⑤가 적절하지 않음을 바로 알 수 있을 것이다. 이처럼 특정 사건의 흐름에 따라 소재의 역할을 이해하는 문제의 경우, 사건의 흐름을 정확히 머릿속에 그려 놓고, 소재와 인물이 어떻게 관련되어 있는지를 파악할 수 있어야 한다. 이때 주의할 점은 작품 전체를 통해 반드시 확인해야 한다는 것이다. 왕진사가 송부인을 수죄할 때 편지를 보여 주는 장면을 통해 송부인에게 전달되었다고 할 수 있어서 적절한 이해라 할 수 없는 ④의 경우처럼, 작품 전체를 이해하지 못하면 잘못된 선택을 할 수 있다.

[문제편 p.040]

DAY 07 20분 미니 모의고사

01 ④	02 ⑤	03 ①	04 ③	05 ①
06 ④	07 ③	08 ⑤	09 ③	10 ③
11 ③	12 ④			

01 발표 자료의 활용 방식 파악

정답률 70% | 정답 ④

발표자가 ㉠과 ㉡을 활용한 방식에 대한 설명으로 가장 적절한 것은?

① ㉠을 활용해 영구 동토층이 녹는 원인을 제시하고, ㉡을 활용해 해당 원인의 소멸 과정을 보여 주었다.

㉠ 뒤의 내용을 통해 영구 동토층이 녹으면 온실가스가 방출된다고 했으므로 영구 동토층이 녹는 원인을 제시한 것은 아니다. 또한 ㉡ 뒤의 내용을 통해 영구 동토층이 녹는 원인의 소멸 과정을 찾아볼 수 없다.

② ㉠을 활용해 영구 동토층이 생성된 과정을 제시하고, ㉡을 활용해 해당 과정의 발생 원인을 보여 주었다.

㉠은 영구 동토층이 생성된 과정을 제시한 자료가 아니며, ㉡은 영구 동토층의 생성 과정에 대한 원인을 보여 준 자료가 아니다.

③ ㉠을 활용해 영구 동토층이 녹는 속도의 차이를 보여 주고, ㉡을 활용해 그 차이를 줄이기 위한 방안을 제시하였다.

㉠은 영구 동토층이 유지되는 지역과 녹고 있는 지역의 차이를 보여 주지만 녹는 속도의 차이를 보여 주고 있지는 않다. 또한 ㉡은 영구 동토층의 녹는 속도 차이를 줄이기 위한 방안을 보여 주고 있지 않다.

✔④ ㉠을 활용해 영구 동토층이 녹을 때 생기는 문제를 보여 주고, ㉡을 활용해 이 문제가 악화될 수 있음을 강조하였다.

㉠ 뒤의 '보시는 자료에서 왼쪽 그래프는 ~ 확인할 수 있습니다.'를 통해, ㉠은 영구 동토층이 녹지 않고 유지되는 지역과 영구 동토층이 녹고 있는 지역을 대조하여 영구 동토층이 녹을 때 온실가스의 방출량이 급격히 증가했음을 보여 주기 위해 활용했음을 알 수 있다. 그리고 ㉡ 뒤의 '붉은 선과 파란 선 ~ 같은 상황이 가속화됩니다.'를 통해, ㉡은 북극권의 연평균 기온 상승을 지구 전체의 연평균 기온 상승과 비교함으로써, 영구 동토층이 녹을 때 방출되는 온실가스로 인해 해당 문제가 악화될 수 있음을 강조하기 위해 활용했음을 알 수 있다.

⑤ ㉠을 활용해 영구 동토층이 유지된 지역의 문제 상황을 보여 주고, ㉡을 활용해 해당 문제가 가져올 결과를 제시하였다.

㉠은 영구 동토층이 유지된 지역의 문제 상황을 보여 주고 있지 않고, ㉡은 영구 동토층이 유지된 지역의 문제가 가져올 결과를 보여 주고 있지 않다.

02 청중의 듣기 과정 및 반응 파악

정답률 93% | 정답 ⑤

다음은 발표를 들은 학생들의 반응이다. 발표의 내용을 고려하여 학생의 반응을 이해한 내용으로 적절하지 않은 것은? [3점]

> ○ **학생 1 :** 영구 동토층은 녹지 않는 것으로 알고 있었는데, 발표를 듣고 그렇지 않다는 것을 알게 되었어. 영구 동토층이 녹아서 문제가 생긴 사례를 더 찾아봐야지.
> ○ **학생 2 :** 영구 동토층이 주로 북극권에 분포해 있다고 했는데, 나머지는 어디에 분포해 있을지 궁금해. 발표에서 참조한 자료의 출처를 물어봐야겠어.
> ○ **학생 3 :** 영구 동토층이 녹는 문제의 심각성을 알리자는 캠페인의 취지에 동의해. 인근 학교와 지역 사회에 이 문제를 어떻게 공유할지 생각해 봐야겠어.

① '학생 1'은 발표 내용을 듣고 알게 된 정보를 통해 기존의 지식을 수정하고 있다.

'학생 1'은 발표를 통해 영구 동토층이 녹고 있다는 새로운 정보를 접한 후, 영구 동토층이 녹지 않는다고 여긴 기존의 지식을 수정하고 있다.

② '학생 2'는 발표자가 언급하지 않은 발표 내용에 대해 궁금증을 드러내고 있다.

'학생 2'는 발표자가 북극권에 분포한 영구 동토층에 대해서만 언급하고 있음을 언급하면서 발표에 언급되지 않은 다른 지역에 대한 궁금증을 드러내고 있다.

③ '학생 3'은 발표 내용을 수용하면서 주변에 알릴 방법을 고민하고 있다.

'학생 3'은 환경 동아리의 캠페인의 취지에 동의하면서, 영구 동토층이 녹는 문제의 심각성과 관련하여 인근 학교와 지역 사회에 알릴 방법을 생각해 보겠다 하고 있다.

④ **'학생 1'과 '학생 3'은 발표 내용과 관련하여 추가적인 활동을 계획하고 있다.**
'학생 1'은 영구 동토층이 녹아서 문제가 생긴 사례를 더 찾아보겠다고 했고, '학생 3'은 인근 학교와 지역 사회에 알릴 방법을 생각해야겠다고 했으므로 추가적인 활동을 계획한 것으로 볼 수 있다.

✔ **'학생 2'와 '학생 3'은 발표에 활용된 정보에 출처가 언급되지 않았음을 지적하고 있다.**
'학생 2'는 발표에서 참고한 자료의 출처를 물어봐야겠다 하고 있으므로, 정보에 출처가 언급되지 않았음을 지적하고 있다. 하지만 '학생 3'은 영구 동토층이 녹는 문제의 심각성을 알리자는 환경 동아리의 캠페인과 관련하여 인근 학교와 지역 사회에 어떻게 공유할지 생각해 보겠다 하고 있을 뿐, 정보에 출처가 언급되지 않았음을 지적하지는 않고 있다.

03 정보 전달 글쓰기 내용 이해 및 평가

정답률 95% | 정답 ①

(가)의 ㉠ ~ ㉢을 (나)에 구체화한 내용으로 적절하지 않은 것은?

✔ **㉠ : 체육 대회라는 이름에 대한 학생들의 부정적인 반응을 제시한다.**
(나)의 1문단을 통해 체육 대회라는 이름에 대한 학생들의 부정적 반응은 나타나 있지 않으므로 적절하지 않다. (나)의 1문단을 통해 공모전을 하는 이유가 올해부터 바뀌는 체육 대회의 특징이 잘 드러나는 이름이 필요하기 때문임을 알 수 있다.

② **㉠ : 올해부터 바뀌는 체육 대회의 특징이 잘 드러나는 새로운 이름이 필요함을 언급한다.**
(나)의 1문단에서 공모전을 하는 이유가 올해부터 바뀌는 체육 대회의 특징이 잘 드러나는 이름이 필요하기 때문이라고 제시하고 있다.

③ **㉡ : 이름 짓기를 통해 이미지를 개선한 '보조개 사과'의 사례를 제시한다.**
(나)의 2문단에서 이름 짓기를 통해 이미지를 개선한 '보조개 사과'의 사례를 제시하여 이름 짓기의 효과를 구체화하고 있다.

④ **㉡ : '임산부 배려석'이라는 이름이 주는 효과를 '임산부 양보석'과 비교하여 제시한다.**
(나)의 3문단에서 '임산부 배려석'이라는 이름이 주는 효과를 '임산부 양보석'과 비교하여 이름 짓기를 잘하면 사람들의 참여 동기를 이끌어낼 수 있음을 밝힘으로써, 이름 짓기의 효과를 구체화하고 있다.

⑤ **㉢ : 이름 짓기를 할 때 사람들이 기분 좋게 수용할 수 있는 표현을 사용해야 함을 언급한다.**
(나)의 4문단의 마지막 문장에서 이름 짓기를 할 때 사람들이 기분 좋게 수용할 수 있는 표현을 사용해야 함을 밝힘으로써, 이름 짓기의 방법을 구체화하고 있다.

04 피동 표현의 이해

정답률 70% | 정답 ③

<보기>의 학습 과제를 수행한 결과로 적절하지 않은 것은?

〈보 기〉

[학습 내용] 주어가 자기 힘으로 동작하는 것을 능동이라고 하고, 주어가 다른 주체에 의해 동작을 당하는 것을 피동이라고 한다. 피동 표현은 주로 어근에 접사 '-이-', '-히-', '-리-', '-기-', '-되다' 등이 결합하여 실현된다.

[학습 과제] 다음의 어근 목록을 활용하여 피동문을 만드시오.

풀-	읽-	안-	깎-	이용

① **이번 시험 문제는 지난번보다 잘 풀렸다.**
'풀렸다'의 기본형인 '풀리다'는 '모르거나 복잡한 문제 따위가 밝혀지거나 해결되다.'의 의미로 사용되었으므로 피동 표현이 실현된 것이다.

② **그의 글은 오직 나에게만 아름답게 읽혔다.**
'읽혔다'의 기본형인 '읽히다'는 '글에 담긴 뜻이 헤아려져 이해되다.'의 의미로 사용되었으므로 피동 표현이 실현된 것이다.

✔ **친구는 버스에서 자기 집까지 나에게 안겼다.**
③에 사용된 '안겼다'의 기본형인 '안기다'는 '두 팔로 감싸게 하거나 그렇게 하여 품 안에 있게 하다.'의 사동의 의미로 사용되었다. 따라서 주어가 다른 주체에 의해 동작을 당하는 피동 표현이 실현된 것이 아니므로 적절하지 않다.

④ **날카로운 칼날에 무성하던 잔디가 모두 깎였다.**
'깎였다'의 기본형인 '깎이다'는 '풀이나 털 따위가 잘리다.'의 의미로 사용되었으므로 피동 표현이 실현된 것이다.

⑤ **우리 학교 운동장은 가끔 주차장으로도 이용되었다.**
'이용되다'는 '대상이 필요에 따라 이롭게 쓰이다.'의 의미로 사용되었으므로 피동 표현이 실현된 것이다.

05~09 과학

'소용돌이의 종류와 특성(재구성)'

해제 이 글은 **실생활에서 접할 수 있는 소용돌이의 종류를 세 가지로 나누어 설명**하고 있다. 욕조 배수구를 빠져나가는 **자유 소용돌이**는 중심에 가까울수록 원주속도가 빠르다. 컵의 물을 휘젓거나 컵 자체를 회전시켜 만든 **강제 소용돌이**는 수면 어디에서나 각속도가 일정하지만, 원주속도는 반지름에 비례하여 증가한다. 이 둘이 합쳐진 랭킨의 **조합 소용돌이**는 가운데에 강제 소용돌이, 주변에 자유 소용돌이가 발생하는 것이다. 중심에서 원주속도가 최소가 되고 강제 소용돌이가 자유 소용돌이로 전환되는 지점에서 원주속도가 최대가 된다. **자유 소용돌이와 강제 소용돌이의 원리를 활용해 만든 것이 분체 분리기**인데, 그 예로 쓰레기 필터가 없는 사이클론식 청소기가 있다.

주제 실생활에서 접할 수 있는 소용돌이의 종류의 이해

문단 핵심 내용

1문단	자유 소용돌이의 이해
2문단	강제 소용돌이의 이해
3문단	랭킨의 조합 소용돌이 원리의 이해
4문단	랭킨의 조합 소용돌이 원리를 적용한 분체 분리기

05 내용의 사실적 이해

정답률 64% | 정답 ①

윗글의 내용과 일치하지 않는 것은?

✔ **자연에서 발생하는 소용돌이는 모두 자유 소용돌이이다.**
이 글에서 확인할 수 있는 자연의 소용돌이는 태풍으로, 3문단을 통해 태풍은 랭킨의 조합 소용돌이에 해당함을 알 수 있다. 따라서 자연에서 발생하는 소용돌이가 모두 자유 소용돌이라 할 수 없다.

② **배수구에서 멀어지면 원운동을 하는 물의 속도는 느려진다.**
1문단을 통해 배수구 중심에 가까워질수록 원주속도가 빨라지지만, 멀어질수록 느려짐을 알 수 있다.

③ **강제 소용돌이는 고체처럼 회전하고 회전 중심의 속도는 0이다.**
2문단을 통해 강제 소용돌이는 팽이의 회전과 같이 중심은 원주속도가 0임을 알 수 있다.

④ **분체 분리기는 자유 소용돌이로 강제 소용돌이를 만들어 낼 수 있는 기계 장치이다.**
4문단을 통해 분체 분리기, 사이클론 분리기의 예로 사이클론식 청소기를 들고 있음을 알 수 있다. 그리고 분체 분리기는 자유 소용돌이를 강제 소용돌이(내통)로 바꿀 수 있는 기계 장치임을 알 수 있다.

⑤ **용기 안의 강제 소용돌이는 외부에서 가해지는 힘이 있어야 운동을 유지할 수 있다.**
2문단 마지막 문장을 통해 용기 안의 강제 소용돌이는 외부에서 가해지는 힘이 있어야 운동을 유지할 수 있음을 알 수 있다.

06 핵심 정보의 이해

정답률 58% | 정답 ④

㉠에 대한 설명으로 적절한 것은?

① **물이 회전할 때 원심력과 압력은 서로 관련이 없다.**
원심력이 커지면 압력도 커져 비례 관계를 보인다.

② **컵 중앙 부분으로 갈수록 물 입자의 양이 많아진다.**
컵 중앙 부분에는 물 입자의 양이 적고, 가장자리에 많다.

③ **컵 반지름이 클수록 물을 회전시키는 에너지 크기는 작아진다.**
컵의 반지름이 커질수록 물의 양이 많아 물을 회전시키는 에너지의 크기는 커져야 한다.

✔ **컵 속에서 회전하는 물의 압력이 커진 부분은 수면이 높아진다.**
㉠은 물 입자가 컵 가장자리로 쏠려 컵 중앙의 물이 줄어들어 압력이 낮아지면서 만들어진다. 반대로 가장자리로 쏠린 물의 양은 많아져 압력은 커지고 수면은 높아진다.

⑤ **외부 에너지를 더 가하더라도 회전 중심의 수면 높이는 변화가 없다.**
외부 에너지를 더 가하면 중심은 더 오목해지고 가장자리의 수면은 더 높아진다.

07 세부 내용의 추론 정답률 57% | 정답 ③

㉡을 통해 알 수 있는 것은?

① **각속도가 시간이 지남에 따라 점점 빨라지겠군.**
팽이는 물 전체가 고체처럼 회전하는 것과 같으므로 물 표면의 각속도는 일정하다. 따라서 시간이 지날수록 속도는 느려질 것임을 알 수 있다.

② **단위 시간당 각도가 변하는 비율이 수시로 달라지겠군.**
각속도는 단위 시간당 각속도가 변하는 비율이 수시로 달라지면 각속도가 빨라졌다 느려졌다 한다는 의미이므로, ㉡으로 알 수 있는 것이 아니다.

✔ **각속도는 회전 중심에서 가깝든 멀든 상관없이 일정하겠군.**
각속도가 똑같아지고 물 전체가 고체처럼 회전하면 수면의 어느 지점에서나 각속도는 같다. 따라서 회전 중심에서 가깝든 멀든 각속도는 일정한 값을 가진다고 할 수 있다.

④ **강제 소용돌이의 수면 어느 지점에서나 원주속도는 항상 같겠군.**
강제 소용돌이는 반지름에 비례하여 원주속도가 빨라진다. ㉡으로 수면 어느 지점에서나 원주속도가 항상 같다는 것을 알 수 없다.

⑤ **강제 소용돌이는 자유 소용돌이와 같은 원주속도 분포를 보이겠군.**
강제 소용돌이의 원주속도는 반지름에 비례하여 중심에서 멀어질수록 빨라지지만, 자유 소용돌이의 원주속도는 중심에 가까워질수록 빨라진다. 그러므로 둘은 같은 분포를 보이지 않는다.

08 내용의 추론 정답률 70% | 정답 ⑤

윗글을 바탕으로 ㉢을 이해할 때, 〈보기〉의 ⓐ ~ ⓒ에 들어갈 말로 적절한 것은?

〈보 기〉

태풍 중심 부분은 '태풍의 눈'이라 하고 (ⓐ)의 중심에 해당한다. 강제 소용돌이와 자유 소용돌이의 경계층에 해당하는 부분은 '태풍의 벽'이라고 하여 바람이 (ⓑ). 이는 윗글 〈그림〉의 (ⓒ)에 해당한다.

	ⓐ	ⓑ	ⓒ
①	자유 소용돌이	강하다	자유 소용돌이와 강제 소용돌이의 교차점

ⓐ에는 자유 소용돌이가 아니라 강제 소용돌이가 제시되어야 한다.

	ⓐ	ⓑ	ⓒ
②	자유 소용돌이	약하다	반지름이 가장 큰 자유 소용돌이의 지점

반지름이 가장 큰 자유 소용돌이의 지점은 원주속도가 최소이고 바람이 약하다. 두 소용돌이의 경계층은 원주속도가 최대로 바람이 강하다.

	ⓐ	ⓑ	ⓒ
③	강제 소용돌이	강하다	반지름이 가장 작은 자유 소용돌이의 지점

반지름이 가장 작은 자유 소용돌이의 지점은 원주속도가 최대이지만 태풍의 중심 부분은 강제 소용돌이에 해당한다. 또 강제 소용돌이가 자유 소용돌이로 전환되는 지점, 즉 경계층이 아니다.

	ⓐ	ⓑ	ⓒ
④	강제 소용돌이	약하다	반지름이 가장 큰 강제 소용돌이의 지점

경계층은 바람이 강하다. 강제 소용돌이는 반지름에 비례하여 원주속도가 증가한다. 태풍에서 반지름이 커지면 태풍 주변부는 자유 소용돌이에 해당한다.

	ⓐ	ⓑ	ⓒ
✔	강제 소용돌이	강하다	자유 소용돌이와 강제 소용돌이의 교차점

3문단을 통해 조합 소용돌이의 예로 태풍의 소용돌이를 들고 있고, 조합 소용돌이는 가운데가 강제 소용돌이, 주변이 자유 소용돌이임을 알 수 있다. 또 강제 소용돌이의 중심에서 원주속도가 최소가 되는데, 태풍의 눈은 '강제 소용돌이'의 중심에 해당함을 알 수 있다(ⓐ). 그리고 두 소용돌이의 경계층은 강제 소용돌이가 자유 소용돌이로 전환되는 지점으로 원주속도가 최대가 되기 때문에 바람이 '강하'고(ⓑ), 〈그림〉에서 강한 바람이 부는 곳은 두 소용돌이가 교차하는 지점임을 알 수 있다(ⓒ).

★★★ 1등급 대비 고난도 3점 문제

09 구체적인 사례에의 적용 정답률 46% | 정답 ③

〈보기〉는 ㉣의 구조를 그림으로 나타낸 것이다. 윗글을 읽은 학생의 반응으로 적절하지 않은 것은? [3점]

〈보 기〉

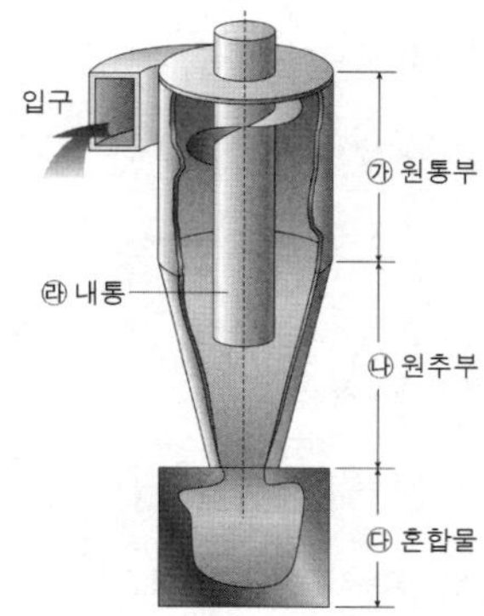

① **㉮에서는 소용돌이가 시계 방향으로 돌아 혼합물에 원심력이 작용하겠군.**
혼합물의 원심력을 활용하기에 원심 분리기라고 한다고 했으므로 적절하다.

② **㉮보다 ㉯에서 소용돌이의 원주속도가 상대적으로 빠르겠군.**
㉮, ㉯에는 자유 소용돌이가 발생한다. 따라서 반지름이 작고 중심에 가장 가까운 부분에서 최대 원주속도가 나타나며, ㉮보다 반지름이 작아지는 ㉯에서 원주속도가 더 빠르다고 할 수 있다.

✔ **㉰에 모인 쓰레기나 혼합물이 ㉱ 내부에서 도는 소용돌이를 통해 외부로 배출되겠군.**
4문단을 통해 혼합물은 원통부 측면에 충돌하여 혼합물 상자(㉰)에 쌓임을 알 수 있다. 따라서 내통(㉱)을 통해 외부로 배출된다는 진술은 적절하지 않다.

④ **㉱의 반지름이 커지면 ㉱에서 반시계 방향으로 도는 소용돌이의 원주속도는 빨라지겠군.**
㉱에는 강제 소용돌이가 발생함을 알 수 있고, 강제 소용돌이는 반지름에 비례하여 원주속도가 증가함을 알 수 있다. 따라서 반지름이 커지면 원주속도는 증가하므로 원주속도가 빨라진다는 진술은 적절하다.

⑤ **산업용으로 돌조각을 분리한다면 ㉮와 ㉯에 충격이나 마모에 강한 소재를 써야겠군.**
㉮, ㉯ 벽면에 돌조각이 충돌한다면 강한 소재를 사용해야 함을 알 수 있다.

★★ 문제 해결 꿀~팁 ★★

▶ 많이 틀린 이유는?
이 문제는 〈보기〉에 제시된 '사이클론식 청소기'의 각 구성 요소를 글을 통해 이해하는 데서 어려움을 겪어 오답률이 높았던 것으로 보인다. 특히 제시된 지문이 기술 지문이라서 학생들의 글의 내용을 이해하는 데 어려움을 겪었을 것으로 보인다.

▶ 문제 해결 방법은?
글의 내용을 바탕으로 그림의 각 구성 요소를 이해하는 이러한 문제 해결 방법은 글의 내용 이해에 있다. 즉, '원통부, 원추부, 혼합물 상자, 내통'에 대해 설명한 선택지의 내용과 이러한 구성 요소에 대한 글의 내용을 비교하면 문제를 해결할 수 있다. 가령 정답인 ③의 경우 4문단을 통해 혼합물은 원통부 측면에 충돌하여 혼합물 상자에 쌓인다는 내용을 확인하게 되면 적절하지 않음을 알 수 있었을 것이다. 이처럼 기술 지문의 자료 제시 문제를 해결하는 핵심은 내용 이해에 있으므로, 자료가 글의 어느 부분에 제시되어 있는지 확인할 수 있도록 한다.

▶ 오답인 ④를 많이 선택한 이유는?
이 문제의 경우 학생들이 ④가 적절하지 않다고 하여 오답률이 높았는데, 이는 내통에서 일어나는 상황을 정확히 파악하지 못했기 때문으로 보인다. 또한 소용돌이의 원주속도가 빨라진다는 것에 대한 이해 부족도 정답으로 착각한 요인이 되었다. 이 문제 역시 글을 통해 내통에는 강제 소용돌이가 발생하고, 2문단을 통해 이러한 강제 소용돌이는 반지름에 비례하여 원주속도가 증가한다는 내용을 확인하면 적절한 반응임을 알 수 있었을 것이다.

10~12 고전 시가

(가) 윤선도, 「어부사시사(漁父四時詞)」

감상 이 작품은 **작가가 보길도에서 한적한 나날을 보내면 지은 연시조**로, 사계절의 흥취를 춘, 하, 추, 동 각 10수씩 모두 40수에 걸쳐 노래한 작품이다. 각 **계절의 10수는 출항에서 귀항까지 어부의 하루 일과를 시간 순서대로** 읊으며, **자연 속에서 한가롭게 살아가는 어부의 흥취**를 그리고 있다.

주제 자연 속에서 살아가는 만족감과 흥취

현대어 풀이

해가 다 저물었으니 그만하고 돌아가자.
돛 내려라 돛 내려라
버들가지며 물가의 꽃은 굽이굽이 새롭게 보이는구나.
찌그덩 찌그덩 어여차
삼정승을 부러워하겠느냐, 세상 모든 일을 생각하겠느냐.

〈춘 6〉

궂은 비가 멎어 가고 시냇물이 맑아져 온다.
배 띄워라 배 띄워라
낚싯대를 둘러 메니 깊은 흥취를 금하지 못하겠다.
찌그덩 찌그덩 어여차
안개 낀 강과 겹겹이 둘러싼 산봉우리는 누가 그려낸 것인가.

〈하 1〉

세상 밖의 좋은 일이 어부의 생활이 아니더냐.
배 띄워라 배 띄워라
고기 잡는 노인을 비웃지 마라. 그림마다 그려져 있더라.
찌그덩 찌그덩 어여차
사계절 흥취가 다 좋지만 그중에도 가을 강이 제일이로다.

〈추 1〉

물가에 외롭게 서 있는 소나무 어찌 씩씩한가.
배 매어라 배 매어라
먹구름을 원망하지 마라. 인간 세상을 가려 준다.
찌그덩 찌그덩 어여차
파도 소리를 싫어하지 마라. 속세의 시끄러운 소리를 막아 준다.

〈동 8〉

(나) 남석하, 「초당춘수곡(草堂春睡曲)」

감상 이 작품은 **4음보격의 가사**로, '초당춘수곡'이라는 제목에서 알 수 있듯이 **봄날에 낮잠을 자다가 일어나 봄을 만끽한 사연과 그에 따른 회포를 노래**하고 있다.
이 작품에서는 중국의 정자 및 그와 관련된 승경놀이를 끌어들여 **봄날 자신의 고향에서 맛보는 봄날의 멋을 한껏 부풀려 놓고** 있다. 또한 **부귀는 세속 선비의 일시적인 영화**이지만, **산수는 영구적인 친구라는 물아일체의 자연관도 드러내 주고** 있다.
주제 봄날의 흥취

★★★ 1등급 대비 고난도 2점 문제

10 표현상의 공통점 파악 정답률 48% | 정답 ③

(가)와 (나)의 공통점으로 가장 적절한 것은?

① **의인화된 대상을 통해 세태를 비판하고 있다.**
(가)의 '물가의 외로운 솔 혼자 어이 씩씩혼고'와 (나)의 '수풀 아래 뻐꾹새는' '농부를 재촉한다'에서 의인화된 대상이 드러나 있음을 알 수 있지만, 이를 통해 세태를 비판하지는 않고 있다.

② **설의적 표현을 통해 시적 의미를 강조하고 있다.**
(가)의 '만사를 생각하랴'에서 설의적 표현을 통해 시적 의미를 강조하고 있음을 알 수 있다. 하지만 (나)에 설의적 표현은 사용되지 않고 있다.

③ **영탄적 어조를 통해 화자의 정서를 부각하고 있다.**
(가)의 '굽이굽이 새롭구나', '진훤을 막는도다' 등과 (나)의 '아아 내 일이야', '별천지가 여기로다' 등에서 영탄적 어조로 화자의 정서를 부각하고 있음을 알 수 있다.

④ **촉각적 심상을 통해 시적 분위기를 조성하고 있다.**
(나)의 '풍대의 맑은 바람 심신이 시원하고'를 통해 촉각적 심상이 사용되었음을 엿볼 수 있지만, (나)에서 촉각적 심상이 사용된 부분은 찾아볼 수 없다.

⑤ **역설적 표현을 통해 이상향에 대한 의지를 드러내고 있다.**
(가), (나) 모두 역설적 표현은 사용되지 않고 있다.

★★ 문제 해결 꿀~팁 ★★

▶ 많이 틀린 이유는?
이 문제는 작품에 '영탄적 어조'와 '설의적 표현'의 사용 여부를 정확하게 파악하지 못하여 오답률이 높았던 것으로 보인다.
▶ 문제 해결 방법은?
표현상 특징이나 작품 간의 공통점을 묻는 문제 거의 대부분은 표현 사용 여부를 묻는다. 이 문제 역시 '의인화, 설의적 표현, 영탄적 어조, 촉각적 심상, 역설적 표현'의 표현상 특징이 (가)와 (나)에 공통적으로 사용되었는지 묻고 있다. 이렇게 볼 때, 이러한 문제를 풀기 위해서는 평소 주요 표현상 특징에 대해서는 기출 문제를 바탕으로 정리하여 반드시 숙지하고 있어야 한다. 한편 이 문제에서 학생들이 '영탄적 어조'의 사용 여부를 작품에서 파악하지 못해 정답이 아니라고 생각하고 있는데, 이는 (나)와 달리 (가)에 '감탄사'가 제시되지 않아 영탄적 어조가 사용되지 않았다고 판단했기 때문으로 보인다. 그런데 고전 시가에서 영탄적 어조는 비단 '감탄사'뿐만 아니라 (가)의 '새롭구나', '막는도다' 등처럼 서술어의 종결 어미를 통해서도 실현됨을 알았다면 (가)에서도 영탄적 어조가 사용되었음을 알았을 것이다. 이처럼 표현상 특징을 정확히 알게 되면 이런 유형의 문제는 손쉽게 풀 수 있으므로, 평소 표현상 특징과 그에 대한 사례를 함께 정리하여 충분히 익혀 두도록 한다.
▶ 오답인 ②를 많이 선택한 이유는?
이 문제의 경우 ②를 선택한 학생들이 많았는데, 이 역시 '설의적 표현'에 대해 정확히 이해하지 못하였기 때문으로 보인다. 설의적 표현이 분명한 답이 있는데도 묻는 형식으로 표현하는 표현 방법임을 알았다면, (가)의 '만사를 생각하랴', '어부 생애 아니러냐'를 통해 설의적 표현이 사용되었음을 알 수 있었을 것이다. 한편 고전 시가에서는 종결 어미가 사용되지 않아 의문형인지 아닌지를 확인하기 어려운 경우가 있는데, 이 경우 화자가 말하고자 하는 것을 긍정이나 부정으로 표현하였는지 파악하면 된다. 가령 화자가 자신의 생애가 '어부 생애이다'를 '어부 생애 아니러냐'라는 부정으로 표현한 것이므로 의문형을 사용한 설의적 표현이라 할 수 있다. 이러한 설의적 표현 여부는 평소 고전 시가를 읽을 때 판단하는 연습을 미리 해 둬야 실제 시험에서 정확하게 파악할 수 있으므로 주의를 기울이도록 한다.

11 시어의 의미 파악 정답률 73% | 정답 ③

(가)와 (나)에 대한 설명으로 적절하지 않은 것은?

① **(가)의 '버들'과 (나)의 '뻐꾹새'는 계절감을 드러내는 소재이다.**
(가)의 〈춘 6〉을 통해 '버들'은 봄을 드러내는 소재임을 알 수 있고, (나)의 '시내 위의 버들잎은 봄바람을 먼저 얻어'를 통해 '뻐꾹새' 역시 봄을 드러내는 소재임을 알 수 있다.

② **(가)의 '흥'과 (나)의 '정'은 자연에서 화자가 느끼는 정서이다.**
(가)의 '흥'은 자연에서 봄, 여름, 가을, 겨울에서 얻는 감흥에 해당하고 (나)의 '정'은 '산수' 즉 자연에 대한 화자의 마음을 드러내므로, (가)의 '흥'과 (나)의 '정' 모두 자연에서 화자가 느끼는 정서에 해당한다고 할 수 있다.

③ **(가)의 '어옹'과 (나)의 '농부'는 화자의 처지에 공감하는 인물이다.**
(가)의 '어옹'은 화자 자신을 가리키는 말이므로 화자의 처지에 공감하는 인물이라 볼 수 없다. 그리고 (나)의 '농부'는 봄이 와 들일을 해야 하는 인물로, 화자의 처지에 공감하는 인물로 볼 수 없다.

④ **(가)의 '추강'과 (나)의 '밝은 달'은 화자가 긍정적으로 인식하는 대상이다.**
(가)의 '추강이 으뜸이라'를 통해, (나)의 '맑은 의미 일반이라'를 통해, (가)의 '추강'과 (나)의 '밝은 달'은 화자가 긍정적으로 인식하는 대상이라 할 수 있다.

⑤ **(가)의 '낚싯대'와 (나)의 '백화주'는 풍류를 즐기는 화자의 모습을 드러내는 소재이다.**
(가)의 '낚싯대'는 화자가 자연에서 고기를 낚는 즐거움을 반영한 것이고, (나)의 '백화주'는 자연을 즐기며 화자가 마시는 술을 뜻하므로, (가)의 '낚싯대'와 (나)의 '백화주' 모두 풍류를 즐기는 화자의 모습을 드러내는 소재이다.

12 외적 준거에 따른 작품의 감상 정답률 64% | 정답 ④

〈보기〉를 참고하여 ㉠ ~ ㉤을 감상한 내용으로 적절하지 않은 것은? [3점]

〈보 기〉

(가)에는 속세를 벗어나 자연의 아름다움을 즐기면서 유유자적한 삶을 살고자 하는 화자의 모습이 드러나 있다. 이 작품에서 자연은 화자가 지향하는 공간으로 인간 세상과 대립되는 공간을 의미한다. 화자는 인간 세상을 멀리하고 자연에 귀의하고자 하는 태도를 보이고 있다.

① **㉠은 속세의 사람들이 추구하는 가치에서 벗어난 화자의 모습을 드러낸다고 볼 수 있군.**
㉠은 속세의 사람들이 추구하는 가치를 부러워하지 않는다는 의미이다.

② **㉡은 화자가 자연의 아름다움에 감탄하며 이를 즐기고 있다고 볼 수 있군.**
㉡은 화자를 둘러싼 자연 경관이 누군가 그려낸 것처럼 아름답다는 의미이다.

③ **㉢은 인간 세상과 대립되는 자연으로 화자가 지향하는 공간으로 볼 수 있군.**

'물외'는 말 그대로 '물질 밖'을 의미하므로 인간 세상과 대립되는 자연을 의미한다.

✔ ㉣은 자연에 귀의하지 못한 사람으로 화자가 안타까워하는 대상으로 볼 수 있군.
'물가의 외로운 솔'은 화자가 긍정적으로 평가하는 대상이므로, 자연에 귀의하지 못한 사람으로 볼 수는 없다.

⑤ ㉤은 인간 세상을 멀리하고자 하는 화자의 태도를 드러낸다고 볼 수 있군.
㉤은 물결 소리가 속세의 시끄러움을 차단하므로 화자가 부정적으로 인식하고 있는 인간 세상을 멀리하고자 한다는 의미이다.

[문제편 p.047]

DAY 08 20분 미니 모의고사

01 ②	02 ②	03 ①	04 ②	05 ④
06 ④	07 ⑤	08 ④	09 ③	10 ①
11 ④	12 ①			

01 말하기 방식의 이해

정답률 91% | 정답 ②

㉠ ~ ㉤의 말하기 방식으로 적절하지 않은 것은?

① ㉠ : 질문을 통해 상대방의 발언 내용에 대해 자신이 이해한 내용이 맞는지를 확인하고 있다.
'학생 2'는 '숲가꾸기 사업'에 대한 연구원의 말을 듣고, 숲을 이루는 나무들의 나이와 상태에 따라 어떤 작업을 할지가 결정된다는 것인지 묻고 있다. 따라서 ㉠은 상대방의 발언 내용에 대해 자신이 이해한 내용이 맞는지 질문을 통해 확인한 것이라 할 수 있다.

✔ ㉡ : 상대방의 발화 의도를 확인한 후 이에 대한 추가 정보를 요청하고 있다.
'학생 2'는 솎아베기는 나무를 심은 후 15년이 지난 다음부터 5～10년을 주기로 2～3회 실시한다는 연구원의 말을 듣고, 심은 지 15년에서 40여 년 정도 되는 나무가 많은 숲은 솎아베기를 통해 숲을 가꾸어야겠다고 말하고 있다. 이는 연구원의 말을 바탕으로 어떤 숲에서 솎아베기가 필요한 것인지를 추론한 것에 해당하므로, 연구원의 발화 의도를 확인한 후 이에 대한 추가 정보를 요청한다는 내용은 적절하지 않다.

③ ㉢ : 상대방의 발언을 재진술하며 자신의 생각을 밝히고 있다.
'학생 2'는 숲가꾸기 사업을 진행한 지역에서는 산불을 빠르게 잡을 수 있어서 피해를 줄일 수 있다는 연구원의 말을 듣고, 숲가꾸기 사업을 통해 산불을 빠르게 잡을 수 있어 피해를 줄일 수 있다고 상대방의 발언을 재진술하면서, 숲가꾸기 사업은 더 활발하게 진행되어야겠다는 생각이 든다고 자신의 생각을 밝히고 있다.

④ ㉣ : 정보의 출처를 언급하며 상대방에게 자신이 알고 있는 내용이 맞는지를 확인하고 있다.
'학생 1'은 산림청에서 민간 산림 소유주들의 숲가꾸기 사업 동참을 유도하기 위한 가꾸기 정책을 시행하고 있다는 연구원의 말을 듣고, 인터뷰 전에 산림청 홈페이지를 살펴보았는데, 방금 말씀하신 정책이 혹시 숲가꾸기 지원 사업인지 묻고 있다. 따라서 '학생 1'은 정보의 출처를 언급하면서 질문을 통해 상대방에게 자신이 알고 있는 내용이 맞는지를 확인하였다고 할 수 있다.

⑤ ㉤ : 인터뷰를 통해 알게 된 내용을 요약적으로 제시하며, 긍정적 전망을 드러내고 있다.
'학생 2'의 '숲가꾸기 사업과 그 지원 사업, 디지털 산림 경영 기반 조성 등과 같은 노력 덕'은 인터뷰를 통해 알게 된 내용을 요약적으로 제시한 것에 해당하며, '우리의 숲이 더욱 건강한 모습을 유지할 수 있겠네요.'는 앞으로의 긍정적 전망을 드러낸 것에 해당한다.

02 글쓰기 내용의 평가

정답률 53% | 정답 ②

(나)에 대한 '학생 2'의 상호 평가 내용으로 적절하지 않은 것은?

	'학생 2'의 상호 평가 내용
잘한 점	연구 자료를 활용하여 글의 내용을 뒷받침한 점 ··· ①
	시간 순서에 따른 내용 전개 방식을 활용하여 중심 화제의 변화 과정을 설명한 점 ··· ②
수정할 점	2문단에서 이중 피동 표현을 사용한 점 ··· ③
	3문단에서 의미가 중복되는 단어를 사용한 점 ··· ④
	4문단에서 글의 흐름과 어긋나는 문장을 사용하여 통일성을 떨어뜨린 점 ··· ⑤

① 연구 자료를 활용하여 글의 내용을 뒷받침한 점
3문단에서 산림의 공익적 가치를 언급한 연구 자료를 활용하며 숲가꾸기 사업의 효과를 제시하고 있다.

✔ 시간 순서에 따른 내용 전개 방식을 활용하여 중심 화제의 변화 과정을 설명한 점
'학생 1'은 자신의 초고에서 자원으로 이용 가능한 산림의 양과 연구 자료에서 확인할 수 있는 산림의 공익적 가치 등을 언급하며 숲가꾸기 사업의 필요성과 그 효과를 설명하고 있다. 하지만 시간 순서에 따른 내용 전개 방식을 활용하지는 않고 있으므로 상호 평가 내용으로 적절하지 않다.

[문제편 p.047]

③ **2문단에서 이중 피동 표현을 사용한 점**
2문단의 '쓰여질 수 있는'의 '쓰여질'에서 이중 피동 표현이 사용되었음을 확인할 수 있다.

④ **3문단에서 의미가 중복되는 단어를 사용한 점**
3문단의 '사전에 미리 예방'에서 '사전'과 '미리'가 중복되어 사용되었음을 확인할 수 있다.

⑤ **4문단에서 글의 흐름과 어긋나는 문장을 사용하여 통일성을 떨어뜨린 점**
4문단의 '숲가꾸기 사업은 주로 봄에 시행한다.'라는 문장은 숲가꾸기 사업을 활성화하기 위한 산림청의 노력을 소개하는 4문단의 흐름에서 벗어난 문장이라 할 수 있다.

03 표준 발음법 된소리 현상 이해

정답률 81% | 정답 ①

〈보기〉의 〈표준 발음법〉을 참고할 때, ㉠과 ㉡의 사례가 모두 바르게 짝지어진 것은?

〈보 기〉

〈표준 발음법〉

제23항
받침 'ㄱ(ㄲ, ㅋ, ㄳ, ㄺ), ㄷ(ㅅ, ㅆ, ㅈ, ㅊ, ㅌ), ㅂ(ㅍ, ㄼ, ㄿ, ㅄ)' 뒤에 연결되는 'ㄱ, ㄷ, ㅂ, ㅅ, ㅈ'은 된소리로 발음한다.

국밥[국빱] 솥전[솓쩐] 옆집[엽찝] (㉠)

제24항
어간 받침 'ㄴ(ㄵ), ㅁ(ㄻ)' 뒤에 결합되는 어미의 첫소리 'ㄱ, ㄷ, ㅅ, ㅈ'은 된소리로 발음한다.

신고[신:꼬] 얹다[언따] 닮고[담:꼬] (㉡)

	㉠	㉡
✔	옷고름[옫꼬름]	젊고[점:꼬]

'옷고름'은 음절의 끝소리 규칙에 따라 [옫고름]으로 바뀌고, '[옫]'의 'ㄷ' 받침 뒤에 연결되는 '고름'의 1음절 첫소리 'ㄱ'이 된소리로 발음되어 [옫꼬름]으로 발음된다. 따라서 제23항인 ㉠의 사례에 해당한다. 그리고 '젊고'는 자음군 단순화에 따라 [점고]로 바뀌고, '[점]'의 받침 'ㅁ' 뒤에 결합되는 어미 '-고'의 첫소리 'ㄱ'이 된소리로 발음되어 [점꼬]로 발음된다. 따라서 제24항인 ㉡의 사례에 해당한다고 볼 수 있다.

② **문고리[문꼬리]　　감고[감:꼬]**
'문고리'는 첫 음절의 받침이 'ㄴ'이므로 제23항과 관련이 없다. 한편 '감고[감꼬]'는 제24항에 해당한다.

③ **갈등[갈뜽]　　앉다[안따]**
'갈등[갈뜽]'은 첫 음절의 받침이 'ㄹ'이므로 제23항과 관련이 없다. 한편 '앉다[안따]'는 제24항에 해당한다.

④ **덮개[덥깨]　　언짢게[언짠케]**
'언짢게[언짠케]'에서는 된소리되기가 나타나지 않는다. 반면 '덮개[덥깨]'는 제23항에 해당한다.

⑤ **술잔[술짠]　　더듬지[더듬찌]**
'술잔[술짠]'은 첫 음절의 받침이 'ㄹ'이므로 제23항과 관련이 없다. 한편 '더듬지[더듬찌]'는 제24항에 해당한다.

04~09 인문

(가) 김필수 외, 「관자」

해제 이 글은 **법을 통한 통치의 중요성을 강조한 관중의 사상과 의의에 대해 서술**하고 있다. 나라의 부강과 백성의 평안을 이루고자 한 관중은, **국가 경제의 근본이라는 경제적 관점을 바탕으로 법의 필요성을 강조**하였다. 백성의 삶이 윤택해질 수 있는 법을 군주가 만들어야 한다고 본 관중은 **'패(覇)'를 바탕으로 군주도 법의 적용에서 예외가 되지 않아야 한다고 주장**하였다. '패업(霸業)'을 위한 통치를 펼쳐야 한다고 주장하고, 법을 통한 통치의 중요성을 강조한 관중의 사상은 법을 통한 통치를 도모한 것으로 평가받고 있다.

주제 법을 통한 통치의 중요성을 강조한 관중의 사상과 의의

문단 핵심 내용

1문단	나라의 부강과 백성의 평안을 이루고자 한 관중
2문단	경제적 관점을 바탕으로 법의 필요성을 강조한 관중
3문단	법 적용에서 군주도 예외가 되지 않아야 한다고 주장한 관중
4문단	법을 통한 통치의 중요성을 강조한 관중과 관중 사상의 의의

(나) 전세영, 「율곡의 군주론」

해제 이 글은 **율곡의 군주상과 통치 방법에 대해 서술**하고 있다. 유학적 사상을 기반으로, 자신이 생각하는 군주상을 제시한 **율곡은 왕도정치가 실현되기 위해서는 군주가 신하를 통해 백성을 다스려야 한다고 생각**했다. 율곡은 군주의 통치에 따라 태평한 시대인 치세와 혼란스러운 시대인 난세가 구분된다고 보고, 이를 중심으로 군주의 유형과 통치 방법을 나누어 설명하였다. **왕도정치를 위해서는 백성들의 삶이 경제적으로 편안한 것이 전제**되어야 한다고 본 율곡의 사상은 왕도정치를 실현하는 과정에서 백성의 현실적 삶에 주목하려는 시도로 볼 수 있다.

주제 율곡의 군주상과 통치 방법

문단 핵심 내용

1문단	유학적 사상을 바탕으로 군주상을 제시한 율곡
2문단	태평한 시대인 치세의 군주 유형과 통치 방법
3문단	혼란스러운 시대인 난세의 군주 유형과 통치 방법
4문단	왕도정치를 위해 백성의 현실적 삶에 주목한 율곡

04 서술 방식의 파악

정답률 80% | 정답 ②

(가), (나)에 대한 설명으로 가장 적절한 것은?

① **(가)와 (나)는 모두 특정한 사상가가 주장하는 군주의 통치술의 변화 과정을 소개하고 있다.**
(가)와 (나)는 모두 특정한 사상가가 주장하는 군주의 통치술은 드러나 있지만, 군주의 통치술의 변화 과정을 소개하지는 않고 있다.

✔ **(가)와 (나)는 모두 특정한 사상가가 주장하는 군주의 통치술에 담긴 내용을 중심으로 그 의의를 밝히고 있다.**
(가)는 1~3문단에서 관중이 주장하는 군주의 통치술에 담긴 내용을 중심으로 언급하면서 4문단에서 '백성들의 경제적 안정을 기반으로 부강한 나라를 이루기 위해 법을 통한 통치를 도모한 것으로 평가할 수 있다.'라는 의의를 밝히고 있다. 그리고 (나)는 1~3문단에서 율곡이 주장하는 군주의 통치술에 담긴 내용을 중심으로 언급하면서 4문단에서 '왕도정치를 실현하는 과정에서 백성의 현실적 삶에 주목하려는 시도로 볼 수 있다'라는 의의를 밝히고 있다. 따라서 (가)와 (나) 모두 특정한 사상가가 주장하는 군주의 통치술에 담긴 내용을 중심으로 그 의의를 밝히고 있음을 알 수 있다.

③ **(가)와 달리 (나)는 특정한 사상가가 주장하는 군주의 통치술이 갖는 한계를 드러내고 새로운 통치술을 제안하고 있다.**
(나)에서는 율곡이 주장하는 군주의 통치술이 갖는 한계를 드러내지 않고 있고, 새로운 통치술을 제안하지도 않고 있다.

④ **(나)와 달리 (가)는 특정한 사상가가 주장하는 군주의 통치술을 군주의 유형에 따라 범주화하여 제시하고 있다.**
(나)에서는 율곡이 주장하는 군주의 통치술을 군주의 유형에 따라 범주화하여 제시하고 있지만, (가)에서는 군주의 통치술을 군주의 유형에 따라 범주화하여 제시하지 않고 있다.

⑤ **(나)와 달리 (가)는 특정한 사상가가 주장하는 군주의 통치술에 대한 상반된 입장을 제시하고 장단점을 비교하고 있다.**
(가)에서는 특정한 사상가가 주장하는 군주의 통치술에 대한 상반된 입장을 제시하면서 장단점을 비교하지는 않고 있다.

05 이유의 추리

정답률 80% | 정답 ④

㉠의 이유로 가장 적절한 것은?

① **군주가 마음대로 법을 만들 수 있는 패를 실천할 수 있기 때문이다.**
(가)의 3문단의 '군주가 자신에 대해서는 존귀하게 여기지 않는 것을 패라고 규정'하였다는 내용을 볼 때 '패'에 대한 설명으로 적절하지 않으므로 이유라 할 수 없다.

② **군주가 법을 존중하면 법을 제정할 수 있는 기회를 얻을 수 있기 때문이다.**
(가)의 2문단의 '군주는 법을 만들 수 있는 자격을 천부적으로 지닌 사람이다.'는 내용을 볼 때 적절하지 않으므로 이유라 할 수 없다.

③ **군주가 법의 필요성을 인식해야 백성을 국가의 근본으로 여기게 되기 때문이다.**
(가)의 내용을 통해 군주가 법의 필요성을 인식해야 한다는 내용은 찾아볼 수 없으므로 적절하지 않다.

✔ **군주가 자신에게도 법 적용에 예외를 두지 않음으로써 권세를 인정받게 되기 때문이다.**

(가)의 3문단에서 관중이 '군주가 자신에 대해서는 존귀하게 여기지 않는 것을 패라고 규정하였는데, 이를 바탕으로 군주도 법의 적용에서 예외가 되지 않아야 한다고 주장'하였고 '군주는 '권세'를 지녀야 국가를 다스릴 수 있는데, 이때 군주가 패를 실천해야 백성이 권세를 인정'한다고 말했음을 알 수 있다. 따라서 이를 통해 ㉠의 이유는 군주가 자신에게도 법 적용에 예외를 두지 않음으로써 권세를 인정받게 되기 때문임을 알 수 있다.

⑤ **군주가 백성의 본성을 고려하지 않고 나라의 부강을 우선시하는 법을 만들어야 하기 때문이다.**

(가)의 2문단의 '군주는 이익을 추구하는 백성의 본성을 고려해 백성의 삶이 윤택해질 수 있는 법을 만들어야 한다고 보았다.'는 내용을 볼 때 적절하지 않으므로 이유라 할 수 없다.

06 사실 정보의 이해

정답률 66% | 정답 ④

(나)에서 알 수 있는 '율곡'의 견해로 적절하지 않은 것은?

① **군주는 앎을 늘리는 것뿐 아니라 앎을 실천하는 것도 중요하다.**

(나)의 1문단에서 율곡은 '개인의 수양을 통해 앎을 늘리고 인격을 완성하는 것을 군주의 자격으로 보았'고, '군주가 인격을 완성하고 아는 것을 실천하면 백성의 선한 본성을 회복하는 도덕적 교화가 가능'하다고 보았음을 알 수 있다. 따라서 율곡의 입장에서는 군주는 앎을 늘리는 것뿐 아니라 앎을 실천하는 것도 중요하다고 볼 것이므로 적절하다.

② **군주는 포악한 정치를 펼쳐 신하들에게 지지를 얻지 못하면 교체될 수 있다.**

(나)의 1문단에서 율곡은 '만약 군주가 포악한 정치를 펼쳐 신하들의 지지를 얻지 못하거나 민심을 잃으면 교체될 수 있다고 여겼'음을 알 수 있다. 따라서 율곡의 입장에서는 군주가 포악한 정치를 펼쳐 신하들에게 지지를 얻지 못하면 교체될 수 있다고 볼 것이므로 적절하다.

③ **군주는 왕도정치를 실현하기 위해 자신의 존재 근거를 백성으로 보아야 한다.**

(나)의 4문단에서 율곡은 '왕도정치를 위해서는 백성들의 삶이 경제적으로 편안한 것이 전제되어야 한다고 보았'는데, 이는 '군주의 존재 근거가 백성이라고 보는 민본관에 의한 것'임을 알 수 있다. 따라서 율곡의 입장에서는 왕도정치를 실현하기 위해 자신의 존재 근거를 백성으로 보아야 한다고 볼 것이므로 적절하다.

✔ **백성의 도덕적 교화가 이루어져야 백성의 삶이 경제적으로 편안해질 수 있다.**

(나)의 4문단에서 율곡은 '백성의 도덕적 교화를 이루는 왕도정치를 위해서는 백성들의 삶이 경제적으로 편안한 것이 전제되어야 한다고 보았'음을 알 수 있다. 따라서 율곡의 입장에서는 백성의 삶이 경제적으로 편안해야 도덕적 교화가 이루어진다고 볼 것이므로 적절하지 않다.

⑤ **백성의 조세 부담을 줄이는 것은 백성의 경제적 기반을 유지할 수 있는 방법 중 하나이다.**

(나)의 4문단에서 율곡은 '조세 부담을 줄이는 등 백성의 경제적 기반을 유지할 수 있는 정책을 펼쳐야 함을 역설'했음을 알 수 있으므로 적절하다.

07 인물의 관점에 따른 내용의 판단

정답률 65% | 정답 ⑤

(가)의 관점에서 [A]를 판단한 것으로 가장 적절한 것은?

① **[A]에서 눈과 귀가 가려진 군주는, 정치적 분열을 막아 백성을 평안하게 하므로 패업을 이룰 수 있는 존재로 볼 수 있다.**

[A]를 통해 눈과 귀가 가려진 군주는 난세를 만드는 군주임을 알 수 있으므로, (가)의 4문단에서 말하고 있는 패업을 이룰 수 있는 존재로 볼 수 없다.

② **[A]에서 군주가 충언을 받아들이지 않는 것은, 법을 만들 수 있는 자격을 천부적으로 지닌 것이므로 패업으로 볼 수 있다.**

[A]에서 충언을 받아들이지 않는 군주는 스스로 멸망에 이르는 폭군임을 알 수 있으므로, (가)의 4문단에서 말하고 있는 패업으로 볼 수 없다.

③ **[A]에서 군주가 자신의 총명을 믿고 신하를 불신하는 것은, 백성의 삶을 윤택하게 하려는 것이므로 패업으로 볼 수 있다.**

[A]에서 자신의 총명을 믿고 신하를 불신하는 군주는 무능력한 혼군임을 알 수 있으므로, (가)의 4문단에서 말하고 있는 패업으로 볼 수 없다.

④ **[A]에서 군주가 자신의 뜻을 세우지 못하는 것은, 자신을 존귀하게 여기지 않은 것이므로 패업을 위한 통치의 방법으로 볼 수 있다.**

[A]에서 자신의 뜻을 세우지 못하는 군주는 우유부단한 용군임을 알 수 있으므로, (가)의 4문단에서 말하고 있는 패업을 위한 통치의 방법으로 볼 수 없다.

✔ **[A]에서 군주가 신하를 능력에 맞게 발탁하여 일을 분배한 것은, 능력에 따라 신하를 공정하게 등용한 것이므로 패업을 위한 통치의 방법으로 볼 수 있다.**

[A]에서 언급된 '신하를 능력에 맞게 발탁하여 일을 분배'하는 것은 '치세를 만드는' 방법임을 알 수 있고, (가)의 4문단을 통해 군주는 '패업을 위한 통치'의 방법으로 '능력 있는 신하를 공정하게 등용'함을 제시했음을 알 수 있다. 따라서 (가)의 관점에서는 패업을 위한 통치의 방법으로 판단할 수 있으므로 적절하다.

08 다른 관점과의 비교

정답률 42% | 정답 ④

〈보기〉는 동서양 사상가들의 견해이다. 〈보기〉와 (가), (나)를 읽은 학생이 보인 반응으로 적절하지 않은 것은? [3점]

〈보 기〉

㉮ 군주는 권력을 얻기 전까지는 수단과 방법을 가리지 않는 것이 오히려 백성을 위한 것입니다. 하지만 권력을 얻은 후에는 법을 통해 통치함으로써 자신의 권력을 유지할 수 있습니다.

㉯ 군주에 따라 치세와 난세가 되는 것을 지양하기 위해 법을 제정하고 기준을 세우는 것이 필요합니다. 그리고 법을 통해 통치할 수 있는 권한은 군주만이 갖고 있어야 권력을 유지할 수 있습니다.

㉰ 군주는 타락한 현실에 의해 잃어버린 인간의 선한 본성인 도덕성을 회복시켜야 합니다. 이때 군주는 도덕성의 회복을 목적으로 백성의 기본적인 경제적 욕구를 충족시키고 인간다운 교육을 실시해야 합니다.

① **관중과 ㉮는 모두 법을 통한 통치의 중요성을 인식했다고 볼 수 있겠군.**

〈보기〉의 ㉮에서 '권력을 얻은 후에는 법을 통해 통치함으로써 자신의 권력을 유지할 수 있습니다.'라고 한 것에서 법을 통한 통치의 중요성을 인식했다고 볼 수 있다. 그리고 (가)의 4문단에서 관중은 '법을 통한 통치의 중요성을 강조하였다.'라고 한 것에서 법을 통한 통치의 중요성을 인식했다고 볼 수 있으므로 적절하다.

② **관중과 ㉯는 모두 국가를 다스릴 수 있는 권한이 오로지 군주에게 있어야 함을 강조했다고 볼 수 있겠군.**

〈보기〉의 ㉯에서 '법을 통해 통치할 수 있는 권한은 군주만이 갖고 있어야 권력을 유지할 수 있습니다.'라고 한 것에서 국가를 다스릴 수 있는 권한이 군주에게 있어야 함을 강조했다고 볼 수 있다. 그리고 (가)의 3~4문단에서 관중은 '군주는 '권세'를 지녀야 국가를 다스릴 수 있'다고 보고 '신하들이 군주의 권세를 넘보거나 법질서를 혼란스럽게 하지 못하도록 자신의 권세를 신하에게 위임하지 말아야' 한다고 한 것에서 국가를 다스릴 수 있는 권한인 권세가 군주에게 있어야 함을 강조했다고 볼 수 있으므로 적절하다.

③ **관중은 ㉰와 달리 백성의 경제적 안정의 목적이 도덕성 회복이 아니라고 보았군.**

〈보기〉의 ㉰에서 '군주는 도덕성의 회복을 목적으로 백성의 기본적인 경제적 욕구를 충족시키고 인간다운 교육을 실시해야 합니다.'라고 한 것에서 백성의 경제적 안정의 목적이 도덕성 회복임을 알 수 있다. 그리고 (가)의 2문단에서 관중은 '백성의 윤택한 삶은 도덕적 교화와 같은 목적을 위한 것이 아닌, 부강한 나라의 실현을 위한 것이라는 실리적 관점에서 이해할 수 있다.'라고 한 것에서 백성의 경제적 안정의 목적이 도덕성 회복이 아님을 알 수 있다. 따라서 관중은 ㉰와 다른 입장임을 알 수 있으므로 적절하다.

✔ **율곡은 ㉯와 달리 군주의 인격 완성 여부에 따라 치세와 난세가 구분된다고 보았군.**

(나)의 2문단에서 율곡은 '군주의 통치에 따라 태평한 시대인 치세와 혼란스러운 시대인 난세가 구분'되는데 '이들의 통치 방법은 왕도와 패도'이고 '왕도는 군주의 인격 완성을 통해 백성의 도덕적 교화까지 이루어 내는 것이고, 패도는 군주의 인격이 완성되지 않아 ~ 이루어내는 것'으로 보았음을 알 수 있다. 따라서 율곡은 군주의 인격 완성 여부에 따라 치세와 난세가 구분된다고 보지 않았음을 알 수 있으므로 적절하지 않다.

⑤ **율곡과 ㉰는 모두 백성의 본성을 선한 것으로 인식했다고 볼 수 있군.**

〈보기〉의 ㉰에서 '인간의 선한 본성인 도덕성'이라고 한 것에서 백성의 본성을 선한 것으로 인식했음을 알 수 있고, (나)의 1문단에서 율곡은 '백성의 선한 본성'이라고 한 것에서 백성의 본성을 선한 것으로 인식했음을 알 수 있으므로 적절하다.

09 어휘의 사전적 의미 파악

정답률 64% | 정답 ③

ⓐ ~ ⓔ의 사전적 의미로 적절하지 않은 것은?

① **ⓐ: 어떤 정세나 사건에 대하여 알맞은 조치를 취함.**

② **ⓑ: 지치고 쇠약해짐.**

✔ **ⓒ: 바로잡아 고침.**

ⓒ의 '규정'은 '내용이나 성격, 의미 따위를 밝혀 정함.'의 의미이고, '바로잡아 고침.'은 '수정'의 의미이므로 적절하지 않다.

④ **ⓓ: 필요한 양이나 기준에 미치지 못해 충분하지 아니함.**

⑤ **ⓔ: 자신의 뜻을 힘주어 말함.**

[문제편 p.051]

10~12 현대 소설

송기숙, 「당제」

감상 이 소설은 1983년에 발표된 송기숙의 소설로, 제목인 '당제'는 마을신에게 제사 지내는 것을 의미한다. 이 소설에서는 **당제, 도깨비 등의 민속 신앙을 통해** 일제 강점기에서 6·25 전쟁, 근대의 산업화에 이르기까지 **자신들이 겪어온 아픔을 극복해 나가려는 감내골 사람들의 모습을 보여 준다.**

주제 역사적 흐름에서 인물들이 겪는 한과 극복 의지

작품 줄거리 '한몰 영감' 내외는 삼십 년 전 6·25 때 의용군으로 나간 아들을 기다리며 살아간다. 부부는 아들이 북쪽에 살아 있다고 믿는데, 이는 '한몰댁'이 꾼 꿈 때문이다. 미륵보살 곁에 서 있는 '한몰 영감'의 꿈을 꾼 다음날, '한몰댁'은 징용에 끌려갔던 남편의 사망 통지서를 받는다. 그러나 그녀는 미륵보살이 남편을 지켜줄 것이라 믿으며 평소와 다름없이 생활하고, 죽은 줄로만 알았던 '한몰 영감'은 살아서 돌아온다. 그런데 아들이 지리산에서 죽었다는 소문이 난 상황에서 '한몰댁'이 미륵보살 옆에 서 있는 아들의 꿈을 꾸었다는 것이다. 한편 댐 건설로 인해 마을은 수몰될 처지에 놓이고, '한몰 영감'은 마을에서 지내는 마지막 당제의 제주(祭主)가 되기를 자청한다. 당제가 끝난 뒤 '한몰 영감'은 홀로 남아 도깨비들에게 아들의 안전을 부탁하는 말을 전한다. 그 후 '한몰 영감' 내외는 마을이 수몰된 이후에도 댐 근처에 집을 짓고 그 집이 누구의 집인지를 알리는 안내판을 세운 뒤 그곳에서 살아간다.

10 작품의 서술상 특징 파악 — 정답률 81% | 정답 ①

〈보기〉에서 윗글에 대한 설명으로 적절한 것을 모두 골라 바르게 짝지은 것은?

〈보 기〉

ㄱ. 방언을 사용하여 대화를 실감나게 전달하고 있다.
ㄴ. 사건이 반복되면서 인물 간 갈등이 심화되고 있다.
ㄷ. 배경 묘사를 통해 장면을 선명하게 제시하고 있다.
ㄹ. 주인공이 서술자가 되어 자신의 경험을 서술하고 있다.

✔ ㄱ, ㄷ　② ㄴ, ㄷ　③ ㄷ, ㄹ
④ ㄱ, ㄴ, ㄹ　⑤ ㄴ, ㄷ, ㄹ

ㄱ. 방언을 사용하여 대화를 실감나게 전달하고 있다.
'한몰 영감'과 '한몰댁'의 대화를 보면, 이들은 '했단 말이여?', '것맨키로?' 등의 방언을 사용하고 있다. 이러한 방언 사용은 인물의 대화를 실감나게 전달해 주는 효과를 지닌다.

ㄴ. 사건이 반복되면서 인물 간 갈등이 심화되고 있다.
반복되는 사건을 찾아볼 수 없고, 인물 간 갈등이 심화되어 나타나지도 않고 있다.

ㄷ. 배경 묘사를 통해 장면을 선명하게 제시하고 있다.
'중략 줄거리' 이후 부분에서는 댐과 오두막집의 풍경을 묘사하고 있는데, 이를 통해 작품 배경을 선명하게 제시하고 있다.

ㄹ. 주인공이 서술자가 되어 자신의 경험을 서술하고 있다.
이 작품은 작품 밖 서술자가 내용을 전개하고 있는 3인칭 시점에 해당한다.

11 작품 내용의 추리 — 정답률 82% | 정답 ④

㉠에 대하여 '한몰 영감'이 회상했을 법한 내용으로 적절한 것은?

① **'낙반 사고 이전에는 탈출을 감행할 생각을 하지 않았지.'**
'한몰 영감'은 '예사 때도 지나새나' 탄광을 탈출할 '궁리'를 하고 있었으므로 적절하지 않다.

② **'탈출을 결심하고도 동료에 대한 의리 때문에 괴로워했어.'**
'한몰 영감'은 낙반 사고 이후 갱에 갇힌 동료들을 구할 수 없을 것이라고 생각하면서, '도망치기에는 이보다 좋은 기회가 없을 것'이라 생각하고 있으므로 적절하지 않다.

③ **'갱도가 붕괴되었을 때 나도 동료들을 구하려 노력했었지.'**
'갱 사정을 손바닥 보듯 알고 있던 영감은 그들을 구출할 수 없다는 걸 잘 알고 있었'다는 내용을 볼 때, 적절하지 않다.

✔ **'탄광 사람들은 내가 갱도에서 죽었다고 생각했었을 거야.'**
㉠ 이후에 제시된 내용을 보면, '한몰 영감'은 자신이 갱 속에 들어가지 않았다는 사실을 아는 사람은 '십장'밖에 없으며, 십장 역시 갱에 갇혔다는 것을 알고 있음을 확인할 수 있어 적절하다.

⑤ **'내가 갱도에 들어가지 않은 것을 십장이 몰라 다행이었어.'**
'한몰 영감'은 '십장'외에는 자신이 갱 속에 들어가지 않았다는 사실을 아는 사람이 없다고 생각했으므로 적절하지 않다.

★★★ 1등급 대비 고난도 3점 문제

12 외적 준거에 따른 작품의 감상 — 정답률 15% | 정답 ①

〈보기〉를 바탕으로 윗글을 감상한 내용으로 적절하지 않은 것은? [3점]

〈보 기〉

「당제」는 민족 수난의 역사와 산업화를 겪은 농촌을 배경으로 한몰 영감 내외와 마을 사람들이 경험한 아픔을 보여준다. 아래와 같이 이 작품의 두 축은 '역사'와 '신앙'으로, 초월적 세계에 대한 믿음을 통해 현실의 문제들을 해결해 가고자 하는 사람들의 모습을 드러낸다.

역사(현실) ……… 신앙(초월적 세계)

'미륵바위'는 개개인이 초월적 세계를 향해 직접적으로 기원할 수 있는 대상이고, '마을신'에게 제사를 지내는 '당제'는 두 세계를 매개하는 의식이다. '도깨비'는 두 세계의 매개자로서 마을 사람들의 일상과 함께한다. 이처럼 소설은 현실의 삶이 초월적 세계와의 교류를 통해 지탱되고 이어져 감을 보여 주고 있다.

✔ **남편이 살아 있다는 '한몰댁'의 확신은 '꿈'이 소망을 이루어 주어 초월적 세계를 구현한다는 믿음에서 비롯된 것이겠군.**
〈보기〉는 이 작품의 두 축인 '역사'와 '신앙'을 중심으로 작품을 감상하는 것으로, 초월적 세계에 대한 믿음을 통해 현실의 문제를 해결하고자 하는 사람들의 모습에 대해 설명하고 있다. 이 글에서 남편의 사망 통지서를 받았음에도 '한몰댁'은 '미륵보살'의 꿈을 꾸었다는 이유로 '눈물 한 방울 흘리지 않고' '미륵바위' 앞에서 치성을 드리고 있는데, 이는 '미륵보살'이라는 존재가 남편을 지켜줄 것이라는 믿음에서 비롯된 것이므로 적절하지 않다.

② **'한몰댁'이 수난을 겪을 때 '미륵바위'를 찾은 것은 초월적 세계를 통해 현실의 문제를 해결하고자 한 것이겠군.**
남편이 갱에서 죽었다는 소식을 들었을 때 '한몰댁'이 '미륵바위'를 찾은 것은 '미륵보살'이라는 신령한 존재를 통해 남편이 살아 돌아오기를 기원하는 마음을 보여 주는 것이다.

③ **'한몰 영감'이 '도깨비'에게 아들을 부탁한 것은 현실과 초월적 세계가 교류하는 모습을 보여 주는 것이겠군.**
'한몰 영감'은 '도깨비'가 북쪽에 있는 아들에게 자신의 소식을 들려줄 수 있는 초월적 존재라고 생각한다. 즉, 아들에게 소식을 전하고자 하는 현실의 소망을 '도깨비'라는 초월적 존재를 통해 실현하고자 하였다.

④ **'댐' 건설로 '감내골'이 물에 잠기게 된 것은 산업화 시대의 농촌 사람들이 겪어야 했던 아픔을 보여 주는 것이겠군.**
'댐'의 건설로 인해 감내골이 수몰되면서 마을 사람들이 마을을 떠나야 했던 상황은 '산업화 시대'에 '농촌 사람들이 겪어야 했던 아픔'을 반영한다.

⑤ **'한몰 영감' 부부가 '안내판'을 세운 것은 초월적 세계에 대한 믿음이 그들의 삶을 지탱하고 있음을 보여 주는 것이겠군.**
'한몰 영감' 내외는 아들이 북쪽에 살아 있을 것이라 믿으며 아들이 돌아올 때 무사히 집을 찾을 수 있도록 안내판을 세운다. 부부가 아들이 살아 있을 것이라고 믿는 이유는 '한몰댁'이 꾼 '미륵보살'의 꿈과 관련이 있으므로, 초월적 존재가 아들을 지켜줄 것이라는 믿음은 그들이 수몰 이후에도 삶을 지탱하고 이어나갈 수 있도록 돕고 있다.

★★ 문제 해결 꿀~팁 ★★

▶ 많이 틀린 이유는?
〈보기〉를 바탕으로 제시된 선택지의 내용을 정확하게 이해하지 못하여 오답률이 높았던 것으로 보인다. 또한 특정 소재를 작품 전체 내용을 바탕으로 이해하지 않고 일부분에만 초점을 맞추어 이해했던 것도 오답률이 높았던 것으로 보인다.

▶ 문제 해결 방법은?
간혹 많은 학생들이 선택지를 정확히 이해하지 못하여 오답률이 높은 경우가 있다. ①을 적절하다고 잘못 판단한 것도 선택지의 내용을 정확하게 판단하지 못했기 때문이다. 즉 한몰댁의 확신은 '꿈'에 '미륵보살'이 남편과 함께 나타나서, 초월적 존재인 이러한 '미륵보살'이 남편을 지켜 줄 것이라는 믿음 때문이다. 그런데 선택지에서는 한몰댁의 확신이 '꿈' 때문이라고 언급되어 있기 때문에 작품 내용과 다른 것이어서 적절하지 못한 감상이라 할 수 있다. 이처럼 선택지의 내용을 정확하게 확인하지 않고 읽게 되면 잘못을 범할 수 있으므로, 선택지를 읽을 때에도 꼼꼼하게 읽을 필요가 있다.

▶ 오답인 ⑤를 많이 선택한 이유는?
⑤번 문제를 적절하다고 선택하여 오답률이 높았던 이유는 소재인 '안내판'에 대한 정확한 이해를 작품 전체와 연관 짓지 않고 아들이 집을 찾지 못할까 '안내판'을 세웠을 것이라고 부분적으로만 이해했기 때문으로 보인다. 그런데 한몰 영감 부부가 '안내판'을 세운 이유는 미륵보살이 아들과 함께 있는 '꿈'을 꾼 뒤, 남편이 돌아올 때처럼 아들도 돌아올 것이라 믿는 한몰댁의 확신 때문이었으므로, 이 바탕에는 초월적 존재에 대한 믿음이 있음을 알 수 있다. 그리고 이러한 초월적 믿음 때문에 한몰 영감 부부가 '안내판'을 설치하면서 아들을 기다리는 삶을 유지하고 있는 것이다. 특정 소재를 이해할 때 작품 전체의 내용과 연관 지어 이해할 수 있어야 한다.

DAY 09 20분 미니 모의고사

01 ④	02 ①	03 ⑤	04 ②	05 ①
06 ⑤	07 ④	08 ③	09 ④	10 ⑤
11 ④	12 ②			

01 발표 내용 이해 및 평가

정답률 80% | 정답 ④

〈보기〉는 위 발표를 들은 학생들의 반응이다. 〈보기〉에 드러난 학생들의 듣기 방식으로 가장 적절한 것은?

〈보 기〉

학생 1 : 석류탕과 난면을 조리할 때 모두 꿩고기를 재료로 사용하는 걸 보니 당시에는 꿩고기가 구하기 쉬웠나 봐.

학생 2 : 석류탕에서 만두 만드는 방법이 내가 아는 만두 만드는 방법과 크게 다르지 않네.

학생 3 : 석류탕이 어육류에 속하는 걸 보니 고기를 핵심적인 재료로 간주해서 분류한 것 같아.

① **학생 1은 학생 2와 달리 발표에서 음식 재료를 설명한 내용이 정확한지 평가하며 들었다.**
학생 1은 발표를 듣고 꿩고기가 구하기 쉬운 재료가 아니었을까라는 추측을 하고 있을 뿐, 발표에서 음식 재료를 설명한 내용이 정확한지 평가하지는 않고 있다.

② **학생 2는 학생 1과 달리 자신이 알고 있는 조리법과 비교하며 제시된 정보를 사실과 의견으로 구분하며 들었다.**
학생 2는 석류탕에서 만두 만드는 방법과 자신이 알고 있는 만두 방법과 크게 다르지 않다고 하여 자신이 알고 있는 조리법과 비교하고는 있지만, 제시된 정보를 사실과 의견으로 구분하며 듣지는 않고 있다.

③ **학생 2는 학생 3과 달리 발표자가 두 번째로 소개한 음식의 조리법에 대한 발표 내용을 배경지식을 바탕으로 예측하며 들었다.**
학생 2는 발표자가 첫 번째로 소개한 석류탕과 관련하여 언급하고 있을 뿐, 두 번째로 소개한 조리법에 대해 반응을 보이지는 않고 있다.

✔④ **학생 1과 학생 3은 모두 발표 내용과 관련하여 발표자가 언급하지 않은 내용을 추론하며 들었다.**
학생 1은 석류탕과 난면의 주재료가 꿩고기라는 설명을 듣고 이로부터 꿩고기가 구하기 쉬운 재료가 아니었을까라는 추측을 하고 있다. 그리고 학생 3은 『음식디미방』에서 석류탕을 어육류에 속하는 음식으로 분류했다는 설명을 듣고 이로부터 석류탕의 꿩고기를 핵심 재료로 간주하지 않았을까라는 추측을 하고 있다. 따라서 학생 1, 학생 3 모두 발표 내용과 관련하여 발표자가 언급하지 않은 내용을 추론하며 들었다고 이해할 수 있다.

⑤ **학생 2와 학생 3은 모두 사전 경험을 바탕으로 발표 내용의 효용성을 점검하며 들었다.**
학생 2는 만두를 만든 자신의 경험을 언급하고 있지만, 발표 내용의 효용성을 점검하지는 않고 있다. 그리고 학생 3은 발표자가 말한 내용을 바탕으로 추리하고 있을 뿐, 자신의 사전 경험을 바탕으로 발표 내용의 효용성을 점검하지는 않고 있다.

02 글쓰기 계획 파악

정답률 78% | 정답 ①

(가)를 고려하여 학생이 구상한 내용 중 (나)에 나타나지 않은 것은?

✔① **㉠을 고려하여, 학생들에게 좋은 평가를 받은 채식 식단의 사례를 제시한다.**
(나)의 2문단에 '다양한 방식으로 조리한 맛있는 채소류 음식을 제공할 예정'이라는 내용을 언급하였으나, 사례를 제시하고 있지는 않다. 따라서 ㉠을 고려하여 채식 식단의 사례를 제시하였다는 내용은 (나)에 나타나지 않으므로 적절하지 않다.

② **㉡을 고려하여, 채소류 섭취를 늘려 영양소를 골고루 섭취하는 것이 건강에 도움이 됨을 밝힌다.**
2문단에 학생들이 영양소가 골고루 포함된 채소류 음식을 즐기게 되면 몸이 건강해질 것이라고 밝히고 있으므로, ㉡을 고려한 내용이 반영되었음을 알 수 있다.

③ **㉢을 고려하여, 학생의 급식 실태를 밝히며 '채식하는 날' 도입의 필요성을 제시한다.**
2문단에 급식 시간에 관찰한 학생들의 식습관과 잔반 문제를 제시하고 이를 개선하기 위해 '채식하는 날'을 도입해야 함을 밝히고 있으므로, ㉢을 고려한 내용이 반영되었음을 알 수 있다.

[문제편 p.052]

④ **㉣을 고려하여, '채식하는 날'의 운영 주기와 식단에 포함되지 않는 식재료를 설명한다.**
1문단에 '채식하는 날'이 도입되면 매주 월요일에 육류, 계란 등을 제외한 식단을 제공할 예정임을 설명하고 있으므로, ㉣을 고려한 내용이 반영되었음을 알 수 있다.

⑤ **㉤을 고려하여, 육류 소비를 줄이면 온실가스의 발생량을 줄이는 데 기여한다는 점을 제시한다.**
3문단에 육류 소비를 줄이면 온실가스 배출을 줄일 수 있다는 점을 밝히고 있으므로, ㉤을 고려한 내용이 반영되었음을 알 수 있다.

03 자료 활용 방안 파악

정답률 69% | 정답 ⑤

다음은 (나)를 보완하기 위해 추가로 수집한 자료이다. 자료의 활용 방안으로 적절하지 않은 것은?

ㄱ. 전문 서적

육류 섭취량이 지나치게 많아지면 단백질과 지방의 섭취량이 적정 수준을 초과하게 되고, 육류에 거의 없는 비타민, 미네랄, 식이 섬유 등은 부족하게 된다. 지방의 과잉 섭취나 특정 영양소의 부족은 건강에 악영향을 끼친다.

－「영양학」－

ㄴ. 인터뷰 내용

"우리 시에서는 1년 간 590여 개의 공공 급식소에서 '고기 없는 화요일'이라는 제도를 운영했습니다. 이를 통해 30년생 소나무 755만 그루를 심은 것과 같은 온실가스 감축 효과를 얻었습니다. 그리고 이 제도 덕분에 채식을 즐기는 습관을 가지게 되었다는 사람, 과체중 문제를 해결했다는 사람도 있었습니다."

－ OO시 정책 홍보 담당자 －

ㄷ. 통계 자료

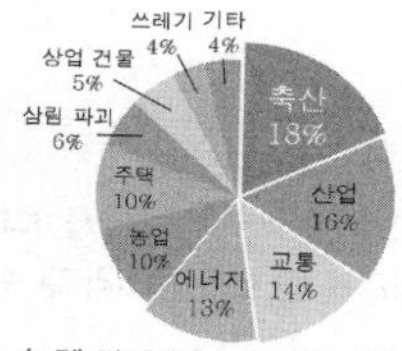

〈그림〉 전 세계 온실가스 배출 비율

축산 분야를 통해 배출되는 온실가스는 전 세계 전 세계 온실가스 배출량의 약 18%를 차지하며, 이는 산업, 교통, 에너지 분야 등에 비해 가장 높은 수치에 해당한다.

－ 유엔식량농업기구 보고서 －

① **2문단에 ㄱ의 내용을 추가하고 그 출처도 함께 밝혀 글의 신뢰성을 높인다.**
ㄱ은 육류의 과도한 섭취가 건강에 부정적 영향을 미친다는 내용의 전문 서적 자료이므로, 2문단에 추가하여 채식이 개인 건강에 도움이 된다는 내용을 강조하고 글의 신뢰성을 높이는 자료로 활용할 수 있다.

② **2문단에 ㄴ을 활용하여 채식이 건강과 식습관에 긍정적인 변화를 준 사례를 제시한다.**
ㄴ에는 '채식하는 날'과 유사한 제도에 참여하여 건강과 식습관의 긍정적인 변화를 경험한 사례가 포함되어 있으므로, 2문단에 추가하여 내용을 뒷받침하는 자료로 활용할 수 있다.

③ **3문단에 제시된 공공 기관의 사례를 ㄴ의 수치를 들어 구체화한다.**
ㄴ은 '채식하는 날'과 유사한 제도가 환경 문제에 미친 긍정적 영향을 수치화한 자료이므로, 3문단에 추가하여 내용을 뒷받침하는 자료로 활용할 수 있다.

④ **3문단에 ㄷ의 〈그림〉을 삽입하여 통계 자료의 내용을 시각적으로 보여 준다.**
ㄷ은 축산 분야로 인해 발생하는 온실가스 배출량을 강조하는 그래프이므로, 3문단의 내용을 시각적으로 보여 주는 자료로 활용할 수 있다.

✔⑤ **3문단에 ㄴ과 ㄷ을 활용하여 제도적 변화보다 개인의 노력이 중요함을 드러낸다.**
ㄴ은 '채식하는 날'과 유사한 제도를 시행하여 지구의 기후 위기를 막는 데 기여할 수 있다는 점을 보여 주는 공공 기관의 사례이며, ㄷ은 축산 분야에서 발생하는 온실가스 비율이 다른 분야와 비교했을 때 가장 높다는 점을 강조하는 연구 자료이다. 그리고 3문단은 '채식하는 날'을 도입하면 온실가스의 배출을 줄여 기후 위기를 막는 데 도움이 될 수 있다는 내용으로, 환경 문제 해결에 도움이 된다는 내용이다. 따라서 ㄴ과 ㄷ을 3문단과 관련하여 초고를 보완할 때 '채식하는 날'의 도입이 기후 위기를 막는 데 기여한다는 점을 강조하는 자료로 활용할 수 있지만, 제도의 변화보다 개인의 노력이 더욱 중요함을 드러내는 자료로 활용하는 것은 적절하지 않다.

04 품사와 띄어쓰기 파악

정답률 79% | 정답 ②

〈보기〉의 [자료]를 바탕으로 할 때, ㉠ ~ ㉥ 중 띄어쓰기가 바르게 된 것만을 [예문]에서 고른 것은?

DAY 09

〈보 기〉

[자료]

보다[1] 「동사」
「1」 눈으로 대상의 존재나 형태적 특징을 알다.
「2」 눈으로 대상을 즐기거나 감상하다.
「3」 책이나 신문 따위를 읽다.
보다[2] 「부사」 어떤 수준에 비하여 한층 더.
보다[3] 「조사」 서로 차이가 있는 것을 비교하는 경우, 비교의 대상이 되는 말에 붙어 '~에 비해서'의 뜻을 나타내는 격 조사.

[예문]
그는 그 책을 처음 보다. ··· ㉠
그는 그 책을 처음보다. ··· ㉡
그는 나 보다 두 살 위이다. ··· ㉢
그는 나보다 두 살 위이다. ··· ㉣
그는 자기부터 보다 용감해져야 한다고 생각했다. ··· ㉤
그는 자기부터보다 용감해져야 한다고 생각했다. ··· ㉥

① ㉠, ㉢, ㉤ ✔② ㉠, ㉣, ㉤ ③ ㉠, ㉣, ㉥
④ ㉡, ㉢, ㉥ ⑤ ㉡, ㉣, ㉤

㉠ 그는 그 책을 처음 보다.
㉠, ㉡의 '보다'는 '책이나 신문 따위를 읽다.'라는 의미로 쓰였으므로 동사에 해당한다. 따라서 ㉠, ㉡ 중 띄어쓰기가 바르게 된 것은 ㉠이라 할 수 있다.

㉡ 그는 그 책을 처음보다.

㉢ 그는 나 보다 두 살 위이다.

㉣ 그는 나보다 두 살 위이다.
㉢, ㉣의 '보다'는 '나'라는 체언에 결합하여 '~에 비해서'라는 뜻을 나타내며 조사이다. 따라서 조사는 앞말에 붙여 쓰므로 ㉢, ㉣ 중 띄어쓰기가 바르게 된 것은 ㉣이라 할 수 있다.

㉤ 그는 자기부터 보다 용감해져야 한다고 생각했다.
㉤, ㉥의 '보다'는 '어떤 수준에 비하여 한층 더'라는 의미로 쓰였으므로 부사이다. 따라서 ㉤, ㉥ 중 띄어쓰기가 바르게 된 것은 ㉤이라 할 수 있다.

㉥ 그는 자기부터보다 용감해져야 한다고 생각했다.

05~09 사회

'가설 검정과 오류(재구성)'

해제 이 글은 가설 검정과 판단 과정에서 발생할 수 있는 두 가지 오류에 대해 설명하고 있다. 가설 검정은 통계적 자료를 통해 확률에 근거한 판단을 내리는 절차이므로, 오류가 발생할 수 있다. 1종 오류는 귀무가설이 실제 참인데도 불구하고 이를 기각하는 오류를 뜻한다. 반대로 2종 오류는 귀무가설이 틀렸음에도 이를 기각하지 못하는 오류를 뜻한다. 1종 오류가 2종 오류에 비해 더 심각한 결과를 가져 오므로 가설 검정에서는 유의 수준을 두어 1종 오류를 범할 확률의 최대 허용 범위를 최소화하는데 중점을 둔다.

주제 가설 검정과 판단 과정에서 발생할 수 있는 두 가지 오류

문단 핵심 내용

1문단	가설 검정을 위해 설정하는 대립가설과 귀무가설
2문단	귀무가설을 바탕으로 대립가설의 채택 여부가 결정되는 가설 검정
3문단	의사 결정 과정에서 발생할 수 있는 두 가지 오류
4문단	상대적으로 심각한 문제를 초래하는 1종 오류
5문단	가설 검정 과정에서 유의 수준을 낮게 정하는 이유

05 핵심 정보의 파악 정답률 52% | 정답 ①

가설 검정에 대하여 윗글을 통해 답을 찾을 수 없는 질문은?

✔① 귀무가설을 기각할 때 새롭게 설정하는 가설은 무엇인가?
1문단을 통해 가설 검정을 위해 귀무가설과 대립가설을 설정함을 알 수 있다. 이렇게 볼 때, 귀무가설을 기각하면 대립가설을 채택하게 될 뿐이므로, 귀무가설을 기각할 때 새롭게 가설을 설정하지 않음을 알 수 있다. 따라서 귀무가설을 기각할 때 새롭게 설정하는 가설이 무엇인지는 이 글을 통해 답을 찾을 수 없다.

② 대립가설을 기준으로 가설을 검정하지 않는 이유는 무엇인가?
2문단을 통해 대립가설을 기준으로 가설 검정을 하는 것은 현실적으로 어려워 귀무가설을 기준으로 검정함을 알 수 있다.

③ 대립가설의 채택 여부를 판단하기 위해 사용하는 가설은 무엇인가?
2문단을 통해 대립가설의 채택 여부는 귀무가설을 중심으로 이루어짐을 알 수 있다.

④ 1종 오류와 2종 오류를 함께 줄일 수 없는 이유는 무엇인가?
4문단을 통해 1종 오류와 2종 오류는 동시에 줄일 수 없는데, 그 이유가 한쪽 오류를 줄이면 그만큼 반대쪽 오류는 늘어나기 때문임을 알 수 있다.

⑤ 1종 오류와 2종 오류 중 더 심각한 문제를 초래하는 오류는 무엇인가?
4문단을 통해 오류 중 상대적으로 더 심각한 결과를 초래하는 것은 1종 오류임을 알 수 있다.

06 세부 내용의 이해 정답률 60% | 정답 ⑤

윗글의 내용과 일치하는 것은?

① 귀무가설이 기각되면 대립가설은 채택될 수 없다.
2문단을 통해 귀무가설이 기각되면 대립가설은 채택됨을 알 수 있다.

② 판결에서 대립가설의 기각 여부는 피고인이 판단한다.
3문단을 통해 판결에서 가설의 기각 여부는 판사가 결정함을 알 수 있다.

③ 귀무가설은 대립가설이 채택될 때 받아들여지는 가설이다.
2문단을 통해 귀무가설이 기각되면 대립가설은 채택됨을 알 수 있으므로, 귀무가설은 대립가설이 채택될 때 받아들여지는 가설임을 이끌어 낼 수 있다.

④ 귀무가설은 참과 거짓을 알기 전까지는 거짓으로 간주한다.
2문단을 통해 참과 거짓을 알기 전까지는 귀무가설을 참으로 간주함을 알 수 있다.

✔⑤ 신약 개발을 하는 경영자가 채택하고 싶은 것은 대립가설이다.
1문단의 '가설 검정을 위해 경영자는 ~ 주장하고 싶은 내용과는 반대되는 가설인 '귀무(歸無)가설'이라 한다.'를 통해, 판단하는 이, 즉 경영자가 옳다고 주장하고 싶은 가설은 대립가설임을 알 수 있다.

★★★ 1등급 대비 고난도 3점 문제

07 글을 바탕으로 한 추론 정답률 36% | 정답 ④

윗글을 바탕으로 〈보기〉를 이해할 때, A～D에 대한 설명으로 적절하지 않은 것은? [3점]

〈보 기〉

구분		실제 상황	
		귀무가설 참	귀무가설 거짓
의사 결정	귀무가설 기각 못함	A	B
	귀무가설 기각함	C	D

① 실제로 피고인이 죄를 저지르지 않은 것은 A와 C의 경우에 해당한다.
A와 C는 모두 귀무가설이 참인 상황에 해당하고 판결에서 귀무가설은 '피고인이 무죄이다.'이므로, 피고인이 죄를 저지르지 않은 것에 해당한다고 할 수 있다.

② 경영자가 신약의 효능이 없다고 판단하는 것은 A와 B의 경우에 해당한다.
A와 B는 모두 귀무가설을 기각하지 못한 판단에 해당하고, 약효 실험에서 귀무가설은 '신약이 효과가 없다.'이므로, 경영자가 신약의 효능이 없다고 판단하는 것은 A와 B의 경우에 해당한다고 할 수 있다.

③ A와 D는 피고인에 대해 판사가 내린 판결에 오류가 발생하지 않은 경우에 해당한다.
A와 D는 실제 상황에 맞는 판단이므로 오류가 발생하지 않은 것에 해당한다고 할 수 있다.

✔④ 법원이 B를 줄이면, 실제로 죄를 저지른 피고인을 무죄로 판결해서 사회로 돌려보내는 수가 늘어난다.
2문단과 3문단의 내용을 바탕으로 〈보기〉의 표를 정리하면, A와 D는 실제 상황에 맞게 판단을 한 것이라 할 수 있다. 이에 비해 B는 귀무가설이 거짓임에도 기각하지 못한 것이므로 2종 오류를, C는 귀무가설이 참임에도 기각한 것이므로 1종 오류를 범한 것이라

할 수 있다. 그리고 4문단을 통해 판결에서 2종 오류를 줄이면 1종 오류가 늘어남을 알 수 있다. 그런데 3문단에 따르면 판결에서 1종 오류란 '무죄인 사람에게 유죄를 선고하는 것'이므로, 1종 오류가 는다는 것은 무죄인 사람에게 유죄 판결을 내리는 경우가 는다는 것을 의미한다고 할 수 있다.

⑤ **제약 회사가 C를 줄이려는 이유는 약의 효능이 없어 시장에서 신뢰를 잃는 상황을 심각하게 생각하기 때문이다.**
C는 1종 오류에 해당하고, 4문단을 통해 제약 회사의 1종 오류란 신약의 효능이 없어 회사가 신뢰를 잃는 것임을 알 수 있다. 따라서 제약 회사가 C를 줄이려는 이유는 약의 효능이 없어 시장에서 신뢰를 잃는 상황을 심각하게 생각하기 때문이라 할 수 있다.

★★ 문제 해결 꿀~팁 ★★

▶ 많이 틀린 이유는?
이 문제는 귀무가설에 대한 내용을 정확하게 이해하지 못하여 오답률이 높았던 것으로 보인다. 또한 이러한 귀무가설에 대한 내용을 바탕으로 한 A~D를 구체적 사례에 적용하는 데 어려움을 겪은 것도 오답률을 높였던 것으로 보인다.
▶ 문제 해결 방법은?
이 문제를 해결하기 위해서는 기본적으로 귀무가설이 무엇인지 이해하고, 이를 바탕으로 '귀무가설 기각 못함, 귀무가설 기각함'의 이해를 바탕으로 A~D가 무엇을 의미하는지 정리할 수 있어야 한다. 귀무가설의 기각 여부와 관련하여 A~D를 정리하면
• A와 D : 실제 상황에 맞게 판단을 한 것임.
• B : 귀무가설이 거짓임에도 기각하지 못했으므로 2종 오류에 해당
• C : 귀무가설이 참임에도 기각하지 못했으므로 1종 오류에 해당
라고 정리할 수 있다. 이렇게 정리했을 때 정답인 ④의 경우, 판결에서 1종 오류가 '무죄인 사람에게 유죄를 선고하는 것'이므로 1종 오류가 는다는 것은 무죄인 사람에게 유죄 판결을 내리는 경우가 는다는 것을 의미하므로 피고인을 사회로 돌려보내는 수가 줄어든다고 할 수 있다. 이 문제는 글의 내용을 정확히 이해하고 정리할 필요성이 있음을 보여 주는 문제이므로, 평소 글을 읽을 때 주요 내용과 이와 관련된 내용에는 밑줄을 그어서 그 내용을 정확히 이해할 수 있도록 한다.
▶ 오답인 ②를 많이 선택한 이유는?
이 문제의 경우 학생들이 ②가 적절하다고 하여 오답률이 높았는데, 이 역시 귀무가설을 기각하지 못할 때의 참, 거짓에 대해 정확히 이해하지 못했기 때문으로 보인다. 만일 약효 실험에서 귀무가설이 '신약이 효과가 없다.'임을 알고, 이를 기각하지 못한다는 의미를 알았다면 경영자가 신약의 효능이 없다고 판단하는 것은 A와 B의 경우임을 바로 알았을 것이다. 한편 이 문제처럼 선택지에 제시된 사례가 글에 언급되어 있는 경우, 선택지에 해당하는 사례가 어디에 제시되어 있는 파악하여 글의 내용과 비교하게 되면 문제를 의외로 쉽게 해결할 수 있다.

★★★ 1등급 대비 고난도 2점 문제

08 핵심 개념의 이해 정답률 50% | 정답 ③

㉠에 대한 설명으로 적절한 것은?

① **인권과 관련된 판단일수록 값을 크게 설정한다.**
인권과 관련된 판단일수록 값을 작게 설정해야 한다.

② **귀무가설이 참일 확률과 거짓일 확률의 차이를 의미한다.**
유의 수준은 참일 확률과 거짓일 확률의 차이를 의미하는 것은 아니다.

✔ **값을 낮게 정할수록 대립가설을 채택할 확률이 낮아진다.**
5문단을 통해 유의 수준은 1종 오류가 발생할 확률의 최대 허용 범위이고, 이 범위 내에서는 1종 오류가 발생하더라도 대립가설을 채택함을 알 수 있다. 따라서 유의 수준을 낮게 정할수록 대립가설을 채택할 확률은 낮아진다고 할 수 있다.

④ **실험이 이루어진 후에 자료를 분석할 때 결정하는 값이다.**
유의 수준은 실험 전에 미리 정하는 것이다.

⑤ **가설을 판단할 때 사용할 자료 개수의 최대 허용 범위이다.**
유의 수준은 1종 오류가 발생할 확률의 최대 허용 범위이다. 가설을 판단할 때 사용할 자료 개수의 최대 허용 범위와는 관련이 없다.

★★ 문제 해결 꿀~팁 ★★

▶ 많이 틀린 이유는?
이 문제는 '유의수준 값'을 올리고 내리는 것의 의미를 정확하게 이해하지 못해 오답률이 높았던 것으로 보인다.
▶ 문제 해결 방법은?
이 문제를 해결하기 위해서는 5문단의 내용을 바탕으로 '유의수준'에 대해 정확히 이해해야 한다. 특히 주어진 사례를 바탕으로 '유의수준 값'을 올리고 내리는 것의 의미가 무엇인지 추론할 수 있어야 한다. 만일 5문단을 통해 유의수준을 5% 이하로 내릴 경우, 가령 2%로 내렸다고 할 경우에 백 번의 시행 중 두 번 이내로 1종 오류가 발생하더라도 우연히 일어난 일로 보고 대립 가설을 채택할 것이므로, 기존 5%보다 확률은 낮아질 것임을 알 수 있다. 이 문제처럼 제시된 사례를 바탕으로 문제를 해결해야 하는 경우가 있는데, 이 경우에는 사례에 선택지에서 제시된 상황을 적용하게 되면 정확성 여부를 판단할 수 있다.
▶ 오답인 ②, ⑤ 많이 선택한 이유는?
이 문제의 경우 학생들이 ②와 ⑤가 적절하지 않다고 하여 오답률이 높았는데, 이 경우 5문단의 내용에 대한 이해가 정확하지 못하여 오답률이 높았던 것으로 보인다. 특히 ②의 경우에는 보다 정확한 내용 이해가 필요하였는데, 유의수준이 '1종 오류가 발생할 확률의 최대 허용 범위'라고 이해했다면 잘못된 내용이었음을 바로 알았을 것이다. 이 문제에서 알 수 있듯이 문제를 해결할 때는 내용의 정확도를 위해 핵심 용어와 관련된 내용은 반드시 정확하게 확인할 수 있어야 한다.

09 문맥적 의미 파악 정답률 71% | 정답 ④

문맥상 ⓐ ~ ⓔ와 바꿔 쓰기에 적절하지 않은 것은?

① ⓐ : **동시에 참이 되거나 동시에 거짓이 될 수 없는**
두 가설이 모순이라는 것은 한 가설이 참이면 다른 가설은 거짓이 된다는 것이므로 동시에 참이 되거나 동시에 거짓이 될 수 없다.

② ⓑ : **귀무가설과 어긋난**
병이 호전된다는 것은 신약이 효과가 있다는 것이므로 '신약이 효과가 없다.'라는 귀무가설과 어긋난다.

③ ⓒ : **'신약이 효과가 없다.'라는 가설을 기각하고**
귀무가설을 버린다는 것은 '신약이 효과가 없다'라는 가설을 기각하는 것이다.

✔ ⓓ : **'피고인은 유죄이다.'라는 가설**
3문단을 통해 '피고인은 유죄이다.'가 대립가설임을 알 수 있으므로, ⓓ의 귀무가설은 '피고인은 무죄이다.'라는 가설이 됨을 알 수 있다.

⑤ ⓔ : **1종 오류와 2종 오류**
판단에서 발생하는 두 가지 오류인 1종 오류와 2종 오류를 의미한다.

10~12 현대시

(가) 정지용, 「춘설(春雪)」

감상 이 작품은 **춘설(봄눈)이 내린 우수절 초하루 아침을 배경으로 하여, 화자가 느낀 봄의 생동감을 담아내고** 있다. 다양한 감각적 표현을 통해 자연의 생명력을 그리고 있으며, '~ 선뜻!', '~ 차라.', '~ 향기로워라.' 등의 영탄적 표현을 사용하여 화자의 정서를 효과적으로 드러내고 있다. 일반적인 인식과 달리 **춘설을 봄의 생명력을 의미하는 소재로 활용한 시인의 참신한 발상이 돋보인다.**

주제 춘설이 내린 자연에서 느끼는 봄의 생동감

표현상의 특징
• 다양한 감각적 이미지를 활용하여 봄의 생명력을 효과적으로 드러냄.
• 영탄법을 사용하여 화자의 정서를 드러내 줌.
• 역설적인 표현을 활용하여 화자의 정서를 효과적으로 드러내 줌.

(나) 고재종, 「첫사랑」

감상 이 작품은 **나뭇가지를 향한 눈의 헌신적 사랑을 그리고** 있다. **눈은 바람이 불면 날아가 버릴지라도 사랑을 이루기 위해 헌신적으로 노력하는 존재**이다. 이러한 헌신적 노력으로 봄이 되면 나뭇가지는 아름다운 꽃을 피워 낸다. 이를 통해 **헌신적으로 피워 낸 사랑의 고귀함을 전달**하고 있다.

주제 아름다운 사랑의 결실을 위한 시련과 고난

표현상의 특징
• 계절의 흐름에 따라 시상을 전개하고 있음.
• 청각, 촉각, 시각적 이미지 등 다양한 감각적 이미지를 활용하고 있음.
• 의인법, 반복법, 직유법, 역설법, 은유법 등 다양한 수사법이 사용됨.
• 음성 상징어를 통해 상황을 생동감 있게 드러냄.
• 동일한 시어의 반복으로 의미를 강조하고 운율을 형성해 줌.

10 작품 간의 공통점, 차이점 파악 정답률 87% | 정답 ⑤

(가), (나)에 대한 설명으로 가장 적절한 것은?

[문제편 p.057]

① **(가)는 명암의 대비를 통해 화자의 내면을 드러내고 있다.**
(가)에서 흰색(눈)과 파란색(파릇한 새순)의 색채 대비는 엿볼 수 있지만, 명암 대비는 드러나지 않고 있다.

② **(나)는 수미상관의 방식으로 시적 안정감을 드러내고 있다.**
(나)에서 앞 연을 마지막 연에 반복하여 사용하는 수미상관의 방식은 사용하지 않고 있다.

③ **(가)는 공간의 이동에 따라 (나)는 시간의 흐름에 따라 시적 분위기를 조성하고 있다.**
(가)에서는 화자의 시선 이동에 따라 시상이 전개되고 있지, 화자의 이동 공간은 드러나지 않고 있다. 한편 (나)에서는 겨울에서 봄으로 시간의 흐름이 드러난다고 할 수 있다.

④ **(가)와 (나)는 모두 설의적 표현을 사용하여 화자의 정서를 드러내고 있다.**
(가)에서는 설의적 표현이 사용되지 않았고, (나)에서도 '멈추지 않았으라'가 영탄적 표현에 해당하므로 설의적 표현이 사용되지 않았다고 할 수 있다.

✔ **(가)와 (나)는 모두 계절감을 드러내는 시어를 사용하여 주제를 형상화하고 있다.**
(가)의 '눈', '얼음', (나)의 '눈', '봄' 등의 시어는 계절감을 드러내 주는 시어라 할 수 있다. 따라서 (가)와 (나)에서는 계절감을 드러내는 시어들을 사용하여 주제를 형상화한 공통점이 있다고 할 수 있다.

11 작품의 종합적 이해

정답률 88% | 정답 ④

(가)를 이해한 내용으로 적절하지 않은 것은?

① **[A]에서 화자는 갑작스럽게 마주한 풍경에 대한 놀라움을 '선뜻!'이라는 시어로 표현하고 있다.**
[A]는 문 열자 보이는 먼 산을 마주한 놀라움을 '선뜻!'이라고 표현하며, 먼 산에 내린 눈이 마치 이마에 닿아서 차가운 것처럼 나타내고 있다.

② **[B]에서 화자는 [A]에서 이마에 닿을 듯 차갑게 느껴졌던 먼 산의 경치를 '이마받이'로 부각하고 있다.**
[B]는 눈 덮인 산이 이마에 닿을 듯이 차갑게 느껴진다는 것을 부각하고 있다.

③ **[C]에서 화자는 '얼음'이 녹고 '바람'이 새로 부는 것을 통해 변화하는 자연의 모습을 그려내고 있다.**
[C]는 얼음이 녹고 바람이 부는 모습을 제시하며 봄을 맞아 변화하는 자연의 모습을 나타내고 있다.

✔ **[D]에서 화자는 겨우내 '옹송거리고' 살아온 자신을 돌아보며 [C]에서 보인 자신의 태도를 허무하게 여기고 있다.**
[D]에서 화자는 봄을 맞이하는 기쁨을 드러내고 있을 뿐, [C]에서 보인 자신의 태도를 허무하게 여기지는 않고 있다.

⑤ **[E]에서 화자는 겨울이 가고 봄이 오는 모습을 '새순' 돋는 미나리와 오물거리는 '고기 입'으로 생동감 있게 제시하고 있다.**
[E]는 파릇한 새순이 돋아나는 미나리의 모습과 고기의 입이 오물거리는 모습을 통해 봄을 생동감 있게 제시하고 있다.

12 외적 준거에 따른 작품의 감상

정답률 75% | 정답 ②

<보기>를 참고하여 (가), (나)를 감상한 것으로 적절하지 않은 것은? [3점]

> <보 기>
> 시에서 '낯설게 하기'는 반복과 변형, 역설, 이질적인 대상간의 결합, 언어의 비유적인 결합, 감각의 전이 등을 통해 사물을 재인식하거나 그 이면에 주목하여 새로운 의미를 형성하는 방법이다.

① **(가)의 '흰 옷고름 절로 향기로워라'에서는 흰 옷고름의 시각적 이미지를 향기로움이라는 후각적 이미지로 표현함으로써 봄에 대한 화자의 느낌을 나타내고 있군.**
(가)의 '흰 옷고름 절로 향기로워라'는 시각을 후각화하여 봄에 대한 화자의 느낌을 나타낸 것이라 볼 수 있다.

✔ **(가)의 '꽃 피기 전 철 아닌 눈'에서는 서로 어울리지 않는 봄과 눈을 결합함으로써 다시 돌아올 겨울에 대한 화자의 기대감을 드러내고 있군.**
(가)의 '꽃 피기 전 철 아닌 눈'에서 봄에 내린 '눈'을 계절과 어울리지 않는 낯선 사물로 인식하는 것은 맞지만, 이를 통해 다시 돌아올 겨울에 대한 화자의 기대감은 드러나 있지 않다.

③ **(나)의 '난분분 난분분'과 '미끄러지고 미끄러지길'에서는 시어를 반복하거나 변형함으로써 눈꽃을 피우기 위해 노력하는 눈의 모습을 표현하고 있군.**
(나)의 '난분분 난분분'은 시어를 반복해서, '미끄러지고 미끄러지길'은 시어를 변형해서 눈꽃을 피우기 위해 노력하는 눈의 모습을 나타낸 것이라 볼 수 있다.

④ **(나)의 '마침내 피워 낸 저 황홀 보아라'에서는 가지에 피어난 눈꽃을 '황홀'과 비유적으로 결합함으로써 눈의 노력이 결실을 맺는 기쁨을 드러내고 있군.**
(나)의 '마침내 피워 낸 저 황홀 보아라'는 수많은 도전 끝에 핀 눈꽃을 '황홀'로 표현하여 기쁨을 드러낸 것이라 볼 수 있다.

⑤ **(나)의 '아름다운 상처'에서는 표면적으로 모순이 되는 두 시어를 연결하는 역설의 방법을 사용함으로써 시련을 겪고 피어 나는 것의 아름다움을 강조하고 있군.**
(나)의 '아름다운 상처'는 '아름다운'과 '상처' 라는 모순이 되는 두 시어를 연결하는 역설의 방법을 통해 시련을 겪은 후 봄에 피어나는 것의 아름다움을 강조한 것이라 볼 수 있다.

[문제편 p.058]

DAY 10 20분 미니 모의고사

01 ④	02 ③	03 ①	04 ③	05 ②
06 ⑤	07 ④	08 ④	09 ③	10 ⑤
11 ③	12 ①			

01 발화 의미와 기능 파악 정답률 69% | 정답 ④

[A], [B]에 대한 이해로 적절하지 않은 것은? [3점]

① [A]에서 '학생 2'는 만족도 조사 결과를 언급하며 어린이 대상 체험 활동을 진행할 것을 제안하고 있다.
[A]에서 '학생 2'는 지난해 축제 만족도 조사에서 어린이가 직접 체험할 수 있는 활동이 지역 주민의 참여도와 만족도가 높게 나왔다는 결과를 근거로 어린이 대상 체험 활동을 추가하자고 제안하고 있다.

② [A]에서 '학생 3'은 체험 활동을 하기에 불편하다는 점을 언급하며 공연 장소의 변경을 제안하고 있다.
[A]에서 '학생 3'은 기존 공연 장소인 소강당에는 책상이 없어서 어린이들이 그림을 그리기가 불편하다는 점을 언급하며 장소를 변경할 것을 제안하고 있다.

③ [A]에서 '학생 2'는 공간적 특성을 근거로 들어 공용 교실 활용을 문제 해결 방안으로 제시하고 있다.
[A]에서 '학생 2'는 공간이 넓고 책상과 의자가 있는 공용 교실의 공간적 특성을 근거로 들어, '학생 3'이 제기한 기존 공연 장소의 문제에 대해 공용 교실 활용을 문제 해결 방안으로 제시하고 있다.

✔ [B]에서 '학생 3'은 기존 홍보 방식의 문제를 지적하며 학교 누리집 대신 '△△구 알리미'를 활용하는 방안을 제시하고 있다.
[B]에서 '학생 3'은 작년에 학교 누리집에만 동아리 행사를 홍보하여 지역 주민의 참여가 저조했다고 기존 홍보 방식의 문제를 지적하며 '△△구 알리미'에도 동아리 행사를 홍보하자고 제안해 학교 누리집과 '△△구 알리미'를 모두 활용하는 방안을 제시하고 있다.

⑤ [B]에서 '학생 2'는 홍보하는 글에 들어갈 공연 정보를 나열하고, 마을 주민의 관심을 높일 수 있는 내용을 추가할 것을 제안하고 있다.
[B]에서 '학생 2'는 홍보하는 글에 들어갈 공연 정보로 '작품명, 공연 일시, 장소'를 나열하고, 지역 주민의 관심을 끌 수 있는 내용을 추가하자고 제안하고 있다.

02 작문 계획의 적절성 파악 정답률 62% | 정답 ③

'학생 2'가 (가)를 바탕으로 (나)를 작성했다고 할 때, (나)에 반영된 내용으로 적절하지 않은 것은?

① 어린이들에게 줄 선물에 대해 안내하기로 한 논의 내용을 반영하여 우리 동아리에서 발간한 창작 동화 '아기 나무의 꿈'을 선물한다는 점을 알려 준다.
(가)의 '학생 3'의 '그래. 그리고 이번에 추가된 체험 활동과 어린이들에게 줄 책 선물에 대한 안내도 부탁해.'라는 내용이, (나)의 3문단에 반영되었음을 알 수 있다.

② 이번 공연 내용을 소개하기로 한 논의 내용을 반영하여 공연 내용이 마을의 보호수인 느티나무와 그 나무가 바라본 우리 마을의 이야기임을 설명한다.
(가)의 '학생 1'의 '이번 공연 내용도 함께 소개해 줬으면 좋겠어.'라는 내용이 (나)의 2문단에 반영되었음을 알 수 있다.

✔ 이번에 추가된 체험 활동에 대해 안내하기로 한 논의 내용을 반영하여 그림 그리기 체험 활동으로 인해 공연 대상이 마을 어린이들로 정해졌다는 점을 알려 준다.
(나)에서 그림 그리기 체험 활동에 대한 안내는 (가)의 추가된 체험 활동에 대해 안내하자는 논의를 반영한 것이지만, 체험 활동으로 인해 공연 대상이 마을 어린이들로 정해진 것은 아니다.

④ 동아리 행사 신청 방법을 안내하기로 한 논의 내용을 반영하여 신청 기간과 온라인 주소를 알려 주고, 어린이와 보호자의 정보를 신청서에 기입해야 함을 알려 준다.
(가)의 '학생 3'의 '동아리 행사 신청 방법도 안내해야겠지?'라는 내용이 (나)의 4문단에 반영되었음을 알 수 있다.

⑤ 우리 동아리가 했던 활동 중 마을과 관련된 활동을 알려 주기로 한 논의 내용을 반영하여 그동안 마을을 소재로 동화를 창작하고, 매년 공연을 해 왔다는 점을 소개한다.
(가)의 '학생 1'의 '그래. 그리고 마을과 관련된 활동을 소개하면서'라는 내용이 (나)의 2문단에 반영되었음을 알 수 있다.

★★★ 1등급 대비 고난도 2점 문제

03 음운 변동의 이해 정답률 45% | 정답 ①

〈보기〉의 ㉠과 ㉡이 모두 일어나는 단어로 적절한 것은?

〈보 기〉

음운의 변동에는 한 음운이 다른 음운으로 바뀌는 ㉠ '교체', 원래 있던 음운이 없어지는 '탈락', 두 개의 음운이 하나로 합쳐지는 ㉡ '축약', 없던 음운이 새로 생기는 '첨가'가 있다.

✔ 굳히다[구치다]
'굳히다'는 'ㄷ'과 'ㅎ'이 'ㅌ'으로 축약(거센소리되기)되어 [구티다]가 된 후, 구개음화 현상으로 'ㅌ'이 'ㅊ'으로 교체되어 [구치다]로 발음되므로, 교체와 축약이 모두 일어난다고 할 수 있다.

② 미닫이[미다지]
'미닫이'는 연음 현상으로 [미다디]로 발음된 뒤, 구개음화 현상으로 'ㄷ'이 'ㅈ'으로 교체되어 [미다지]로 발음되므로, 교체만 일어나고 축약은 일어나지 않는다.

③ 빨갛다[빨가타]
'빨갛다'는 'ㅎ'과 'ㄷ'이 'ㅌ'으로 축약(거센소리되기)되어 [빨가타]로 발음되므로, 축약은 일어나지만 교체는 일어나지 않는다.

④ 솜이불[솜니불]
'솜이불'은 'ㄴ'이 첨가되어 [솜니불]로 발음되므로, 교체와 축약 둘 다 일어나지 않는다.

⑤ 잡히다[자피다]
'잡히다'는 'ㅂ'과 'ㅎ'이 'ㅍ'으로 축약(거센소리되기)되어 [자피다]로 발음되므로, 축약은 일어나지만 교체는 일어나지 않는다.

★★ 문제 해결 꿀~팁 ★★

▶ 많이 틀린 이유는?
이 문제는 단어의 음운 변동 과정 및 음운 변동의 종류인 교체, 탈락, 축약, 첨가에 대한 정확한 이해가 부족하여 오답률이 높았던 것으로 보인다.
▶ 문제 해결 방법은?
문법 문제에서는 음운 변동과 관련된 문제가 많이 출제되므로, 음운 변동의 종류에 대해서는 기본적으로 숙지하고 있어야 한다. 또한 이러한 음운 변동과 관련하여 각 단어들의 음운 변동 과정을 정확히 파악할 수 있어야 한다. 가령 정답인 ①의 경우 학생들은 단순히 '구개음화'만 일어나 교체는 일어나지만 축약은 일어나지 않는다고 생각하여 잘못된 판단을 한 것으로 보인다. 이는 '굳히다'의 음운 변동 과정을 고려하지 않은 판단으로, '굳히다'가 처음에 'ㄷ'과 'ㅎ'이 'ㅌ'으로 축약되어 [구티다]가 된 후 구개음화가 일어나는 음운 변동 과정을 파악했다면 교체와 축약이 모두 일어남을 알았을 것이다. 이처럼 음운 변동 문제를 해결하기 위해서는 각 단어의 음운 변동 과정도 반드시 고려해야 하므로, 평소 음운 변동을 학습할 때 음운 변동의 과정이 어떻게 일어나는지 꼼꼼하게 살피도록 한다.

04~08 과학·기술

유광열, 「핵의학 기술」

해제 이 글은 양전자 단층 촬영(PET)에 대해 설명하고 있다. PET는 세포의 대사량 등 인체에 대한 정보를 확인하기 위해 몸속에 특정 물질을 주입하여 그 물질의 분포를 영상화하는 기술로, 특정 물질과 비정상 세포의 반응을 이용하여 이들의 분포를 확인한다. PET는 방사성추적자의 주입과 축적, 양전자 방출을 통한 감마선 방출, PET 스캐너를 통한 감마선 검출의 과정을 통해 이루어진다. 이러한 PET 영상의 유효성을 높이기 위해서는 PET 스캐너는 동시계수로 인정할 수 있는 최대 시간폭인 동시계수시간폭을 설정하고 동시계수시간폭 안에 들어온 경우를 유효한 성분으로 간주해야 한다. 그리고 PET 영상의 정확도를 높이기 위해서는 산란계수와 랜덤계수의 검출을 최소화하기 위해 동시계수시간폭을 적절하게 설정해야 한다.

주제 양전자 단층 촬영(PET)의 이해

문단 핵심 내용

1문단	양전자 단층 촬영(PET)의 개념과 원리

[문제편 p.060]

2문단	양전자 단층 촬영(PET)의 과정 ① – 방사성추적자의 주입과 축적
3문단	양전자 단층 촬영(PET)의 과정 ② – 양전자 방출을 통한 감마선 방출
4문단	양전자 단층 촬영(PET)의 과정 ③ – PET 스캐너를 통한 감마선 검출
5문단	양전자 단층 촬영(PET) 영상의 유효성을 높이는 방법
6문단	양전자 단층 촬영(PET) 영상의 정확도를 높이는 방법

04 세부 정보 파악

정답률 68% | 정답 ③

윗글의 내용과 일치하지 않는 것은?

① PET는 특정 물질과 비정상 세포의 반응을 이용한다.
1문단의 'PET는 특정 물질과 비정상 세포의 반응을 이용하여 이들의 분포를 확인할 수 있다.'를 통해 알 수 있다.

② PET에서 동시검출응답선은 직선의 형태로 표현된다.
4문단의 '이때 한 쌍의 감마선이 도달한 검출기의 두 지점을 잇는 직선을 동시검출응답선이라고 하며'를 통해 알 수 있다.

✔ PET 스캐너는 감마선을 방출하여 PET 영상을 만든다.
4문단의 '몸 밖으로 나온 감마선은 PET 스캐너를 통해 검출되는데'를 통해, PET 스캐너는 몸 밖으로 방출된 감마선을 검출하는 것임을 알 수 있다.

④ PET는 인체의 정보를 확인하기 위한 영상화 기술이다.
1문단의 '양전자 단층 촬영(PET)은 세포의 대사량 등 인체에 대한 정보를 확인하기 위해 몸속에 특정 물질을 주입하여 그 물질의 분포를 영상화하는 기술이다.'를 통해 알 수 있다.

⑤ PET 스캐너는 수많은 검출기로 이루어진 원형 구조이다.
4문단의 'PET 스캐너는 수많은 검출기가 검사 대상을 원형으로 둘러싸고 있는 구조이다.'를 통해 알 수 있다.

05 핵심 정보의 이해

정답률 69% | 정답 ②

방사성추적자에 대한 설명으로 적절하지 않은 것은?

① 비정상 세포 내에 다량으로 흡수되어 축적된다.
2문단에서 '대사량이 높아서 ~ 비정상 세포에 다량 흡수된다.'하였고, 3문단에서 방사성추적자가 '세포 내에 축적'된다고 하였으므로 적절한 이해이다.

✔ 세포의 대사량을 평소보다 높이기 위해 사용된다.
2문단을 통해 방사성추적자는 '대사량이 높아서 많은 에너지원을 필요로 하는 비정상 세포에 다량 흡수'되고 '일반 포도당과 달리 세포의 에너지원으로 사용되지 않'음을 알 수 있다. 따라서 세포의 대사량을 평소보다 높이기 위해 '방사성추적자'가 사용된다고 한 이해는 적절하지 않다.

③ 일반 포도당과 유사하지만 에너지원으로 사용되지 않는다.
2문단에서 '포도당과 유사'하다고 하였고, '세포의 에너지원으로 사용되지 않'는다고 하였으므로 적절한 이해이다.

④ 특정 물질의 이동 양상을 밝히기 위해 사용되는 화합물이다.
2문단에서 '방사성동위원소를 결합한 ~ 이동 양상을 알아내기 위해 쓰인다.'라고 하였으므로 적절한 이해이다.

⑤ 양전자를 방출하며 붕괴되는 방사성 동위원소가 결합된 물질이다.
2문단에서 '방사성 동위원소를 결합'하였다고 하였고, 3문단에서 '방사성추적자의 방사성 동위원소는 붕괴되면서 양전자를 방출한다.'라고 하였으므로 적절한 이해이다.

06 이유의 추리

정답률 78% | 정답 ⑤

㉠의 이유를 추론한 내용으로 가장 적절한 것은?

① 방출된 감마선이 180도 방향으로 진행하기 때문이다.
4문단을 통해 감마선이 180도로 방출됨을 알 수 있으므로 적절하지 않다.

② 양전자와 전자의 질량이 에너지로 바뀌었기 때문이다.
3문단을 통해 양전자와 전자의 질량이 에너지로 바뀌는 것은 알 수 있지만, ㉠의 이유로는 적절하지 않다.

③ 한 쌍의 감마선이 동시에 검출기에 도달하면 동시계수로 인정되기 때문이다.
4문단을 통해 한 쌍의 감마선이 각각의 검출기에 도달하는 시간에는 미세한 차이가 있음을 알 수 있으므로 적절하지 않다.

④ 한 쌍의 감마선 중 하나의 감마선만이 PET 영상의 유효한 성분이 되기 때문이다.
5문단을 통해 감마선이 PET 영상의 유효한 성분이 되기 위해서는 한 쌍의 감마선이 PET 스캐너의 검출기로 동시에 도달해야 함을 알 수 있으므로 적절하지 않다.

✔ 감마선 방출 지점에 따라 두 감마선이 검출기까지 이동하는 거리가 서로 다르기 때문이다.
4문단에서 '그런데 한 쌍의 감마선이 각각의 검출기에 도달하는 시간에는 ~ 검출기까지의 거리가 달라지기 때문이다.'라고 하였으므로, ㉠의 이유는 감마선 방출 지점에 따라 두 감마선이 검출기까지 이동하는 거리가 서로 다르기 때문이라고 할 수 있다.

07 구체적 사례에의 적용

정답률 61% | 정답 ④

윗글을 바탕으로 〈보기〉를 이해한 내용으로 적절하지 않은 것은? [3점]

〈보 기〉

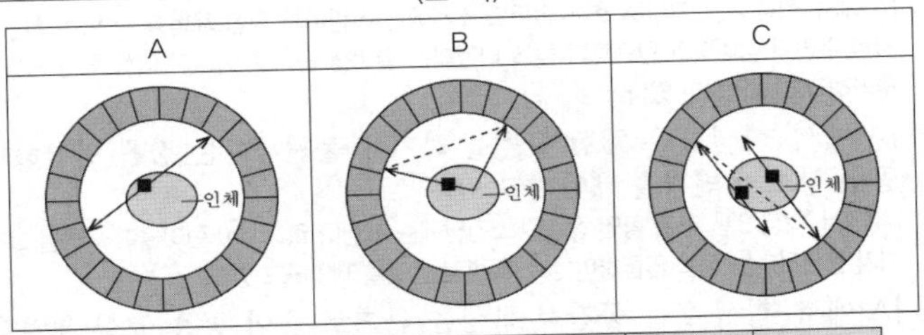

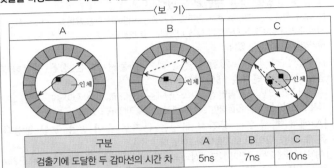

구분	A	B	C
검출기에 도달한 두 감마선의 시간 차	5ns	7ns	10ns

○ A~C는 모두 동시계수시간폭을 12ns로 설정한, 동일한 PET 스캐너로 감마선을 검출한 경우이고 ■는 감마선의 방출 지점을 나타낸다.
○ ns는 시간 단위로 10억분의 1초를 나타낸다.

① A의 경우 한 쌍의 감마선이 주변 물질과 상관없이 도달했다면, 참계수라고 할 수 있겠군.
A는 참계수라고 할 수 있으므로 적절하다.

② B의 경우 한 감마선의 진행 방향이 바뀌었지만 동시계수시간폭 내에 도달하였다고 할 수 있겠군.
B의 경우 한 지점에서 방출된 감마선이지만 한 감마선의 진행 방향이 바뀌면서 검출되었고 시간 차가 동시계수시간폭인 12ns 내에 도달하였으므로 적절하다.

③ C의 경우 PET 영상에 유효한 성분이 될 수 없는 랜덤계수라고 할 수 있겠군.
C의 경우 랜덤계수를 의미하는 것이고, 이는 PET 영상에 유효한 성분이 되지 않는 경우이므로 적절하다.

✔ A와 B의 경우 동시계수시간폭이 8ns이었다면, 산란계수는 검출되지 않았겠군.
A는 한 지점에서 방출된 한 쌍의 감마선이 아무런 방해를 받지 않고 동시계수시간폭인 12ns 내에 도달한 참계수의 경우이다. B는 한 지점에서 방출된 감마선 중 하나가 진행 방향이 바뀌면서 검출기에 도달하는 시간의 변화가 생겼으나 동시계수시간폭인 12ns 내에 도달한 산란계수의 경우이다. C는 한 지점에서 방출된 두 개의 감마선 중 한 개의 감마선만이 검출기로 도달할 때, 다른 지점에서 방출된 한 개의 감마선과 동시계수시간폭인 12ns 내에 도달한 랜덤계수의 경우이다. 만일 동시계수시간폭을 8ns로 설정하였더라도 A와 B는 모두 동시계수시간폭 내에 도달한 경우로 산란계수인 B는 검출될 것이므로 적절하지 않다.

⑤ B와 C의 경우 실제 감마선의 방출 지점이 동시검출응답선 위에 존재하지 않겠군.
B의 경우는 산란계수이고 C의 경우는 랜덤계수이다. 이 두 경우는 모두 실제 감마선이 방출된 지점이 동시검출응답선 위에 존재하지 않으므로 적절하다.

★★★ 1등급 대비 고난도 2점 문제

08 어휘의 사전적 의미 파악

정답률 43% | 정답 ④

ⓐ~ⓔ의 사전적 의미로 적절하지 않은 것은?

① ⓐ : 흘러 들어가도록 부어 넣다.
② ⓑ : 입자나 전자기파의 형태로 에너지를 내보내다.
③ ⓒ : 목적한 곳이나 수준에 다다르다.
✔ ⓓ : 유사한 점에 기초하여 다른 사물을 미루어 추측하다.

ⓓ는 '상태, 모양, 성질 따위가 그와 같다고 보거나 그렇다고 여기다.'라는 의미이므로 적절하지 않다. '유사한 점에 기초하여 다른 사물을 미루어 추측하다.'는 '유추하다'의 사전적 의미이다.

⑤ ⓔ : 새로 만들어 정해 두다.

★★ 문제 해결 꿀~팁 ★★

▶ 많이 틀린 이유는?

이 문제는 단어의 의미를 정확하게 파악하지 못해 오답률이 높았던 것으로 보인다.

▶ 문제 해결 방법은?

이 문제를 해결하기 위해서는 의미를 묻는 단어의 앞과 뒤를 먼저 파악해서 나름대로 어떤 의미로 쓰였는지 생각해야 한다. 가령 '주입하여'의 경우 앞의 '몸속에'를 볼 때, '흘러 들어가도록 부어 넣다.'의 의미를 지녔을 것임을 추측할 수 있다. 또한 정답인 ④의 '간주한다'의 '유효한 성분으로'를 볼 때, '추측하다'는 의미보다는 '그와 같다고 보거나 그렇다고 여기다'라는 의미가 더 타당함을 짐작할 수 있다. 이처럼 단어의 사전적 의미 파악은 항상 단어가 쓰인 전후 문맥을 고려하여 파악할 수 있어야 한다. 이를 위해서는 평소 잘 모르는 단어가 있으면 앞뒤 문맥을 통해 그 의미를 추리해 보고 단어의 정확한 의미를 사전에서 찾아 확인하는 연습이 필요하다.

09~12 고전 소설

작자 미상, 「춘향전」

감상 이 작품은 조선 시대 전라도 남원을 배경으로 하여 신분을 초월한 남녀 간의 사랑을 그리고 있는 판소리계 소설이다. 표면적으로는 양반 자제 이몽룡과 퇴기 딸 춘향의 신분을 뛰어넘는 사랑을 그리고 있지만, 그 이면에는 신분적 제약을 벗어나려는 인간 해방의 주제 의식을 담아 내고 있다. 특히 춘향과 이몽룡이 신분의 격차를 뛰어넘어 사랑을 이루는 과정 속에서 정절을 지키려는 춘향의 굳은 의지와 탐관오리를 혁파하는 이몽룡의 모습이 잘 형상화되어 있다.

주제 춘향의 굳은 절개와 탐관오리에 대한 비판 / 안타까운 이별로 인한 비애감

작품 줄거리 남원부사의 아들 이도령과 기생의 딸 춘향이 광한루에서 만나 정을 나누다가, 남원부사가 임기를 끝내고 서울로 돌아가자 두 사람은 다시 만날 것을 기약하고 이별한다. 그 다음에 새로 부임한 변학도가 춘향의 미모에 반하여 수청을 강요한다. 그러나 춘향은 일부종사(一夫從事)를 앞세워 거절하다 옥에 갇혀 죽을 지경에 이른다. 한편, 이도령은 과거에 급제하여 어사가 되어 변학도를 탐관오리로 몰아 봉고파직(封庫罷職)시키고 춘향을 구출한다. 이도령은 춘향을 정실부인으로 맞이하여 백년해로를 한다.

09 인물의 이해 　정답률 55% | 정답 ③

[A]와 [B]를 통해 인물을 이해한 내용으로 가장 적절한 것은?

① [A]에서는 '춘향 어미'의 비난을 통해, [B]에서는 '향단'의 옹호를 통해 '신관 사또'에 대한 두 인물의 상반된 인식을 알 수 있다.

[A]에서 춘향 어미가 '신관 사또는 사람 죽이러 왔'냐고 말하는 것을 통해 춘향 어미가 신관 사또를 비난하고 있음을 알 수 있다. 하지만 [B]에서 향단이 신관 사또를 옹호하는 모습은 드러나지 않고 있다.

② [A]에서는 '춘향 어미'의 만류를 통해, [B]에서는 '향단'의 재촉을 통해 '춘향'의 수절에 대한 두 인물의 상반된 인식을 알 수 있다.

[A]에서 춘향 어미가 '기생이라 하는 것이 수절이 다 무엇이냐?'라고 묻는 것을 통해 춘향의 수절에 대해 만류하고 있음을 알 수 있다. 하지만 [B]에서 향단이 춘향에게 무엇인가를 재촉하거나 춘향의 수절에 대한 인식을 드러내는 부분은 찾아볼 수 없다.

✔ [A]에서는 앞날을 걱정하는 '춘향 어미'를 통해, [B]에서는 '춘향'의 현재 상태를 염려하는 '향단'을 통해 '춘향'의 고난에 대한 상이한 반응을 확인할 수 있다.

[A]에서 춘향 어미는 춘향이 비극적 상황에 놓여 있는 모습을 보고 '이 한 몸 의탁코자 하였더니, 저 지경을 만든단 말이오!'라고 말하고 있는데, 이를 통해 춘향 어미가 춘향의 고난이 야기할 앞으로의 상황을 걱정하고 있음을 알 수 있다. 그리고 [B]에서 칼을 쓴 춘향에게 향단이 음식을 권하고 있는데, 이를 통해 향단이 춘향의 현재 몸 상태를 염려하고 있음을 알 수 있다.

④ [A]에서는 격앙된 '춘향 어미'를 진정시키는 모습을 통해, [B]에서는 '춘향'에게 음식을 정성스레 건네는 모습을 통해 '향단'의 침착한 태도를 확인할 수 있다.

[A]에서 춘향 어미는 삼문간에서 춘향을 보고 격앙된 모습을 보이지만, 향단이 이러한 춘향 어미를 진정시키는 모습은 찾아볼 수 없다. 그리고 [B]에서 향단은 옥에 갇힌 춘향이 정신을 차릴 수 있도록 음식을 건넬 뿐이므로, 이를 향단의 침착한 태도와 연결시키기는 어렵다.

⑤ [A]에서 '도련님'의 약속을 신뢰하는 '춘향 어미'의 모습과 [B]에서 '춘향'의 앞날을 걱정하는 '향단'의 모습으로 인해 '춘향'의 내적 갈등이 심화되고 있음을 확인할 수 있다.

[A]에서 춘향의 어미가 도련님의 약속을 신뢰하는 내용은 드러나 있지 않다. 그리고 [B]에서 향단이 옥에 갇힌 춘향을 걱정하고 있지만, 이러한 향단의 행동이 춘향의 내적 갈등을 심화시킨다고는 보기 어렵다.

10 인물의 심리 파악 　정답률 60% | 정답 ⑤

[C]에 대한 이해로 적절하지 않은 것은?

① 공간의 특징을 열거하여 자신의 비참한 처지를 드러내고 있다.

'벼룩 빈대 ~ 번개는 번쩍번쩍'에서 공간의 특징이 열거됨을 확인할 수 있고 '이것이 웬일인고'에서 비참한 처지가 드러남을 확인할 수 있다.

② 비현실적인 존재를 언급하며 자신이 느끼는 두려움을 드러내고 있다.

'도깨비', '온갖 귀신'에서 비현실적 존재를 확인할 수 있고, '무서워'라고 말하는 모습에서 춘향이 두려움을 느낌을 확인할 수 있다.

③ 청각적 경험을 자극하는 자연물을 통해 자신의 근심을 드러내고 있다.

'동방의 귀뚜라미 소리', '울고 가는 기러기'는 청각적 경험을 자극하는 자연물이며, 춘향이 '나의 근심 자아낸다'고 말하는 내용에서 춘향의 근심을 확인할 수 있다.

④ 미래에 대한 부정적 전망과 함께 자신의 신세에 대한 한탄을 드러내고 있다.

'이것을 먹고 살면 무엇할고'에서는 미래에 대한 부정적 전망을 드러내고 있음을 확인할 수 있고, '이것이 웬일인고' 에서는 춘향의 신세 한탄을 확인할 수 있다.

✔ 자신과 같이 억울한 처지에 놓인 사람들에 대한 연민의 감정을 드러내고 있다.

여러 '죽은 귀신'이 '처량히 슬피 울며' '달려드'는 것을 보고 '처량하고 무서워라'라고 한 부분에서 연민의 감정을 부분적으로 엿볼 수 있다. 하지만 앞서 서술된 '죽은 귀신'에 대한 묘사로 보아 그들이 춘향 자기 자신과 같이 억울한 처지에 놓였다고 보기는 어렵다.

11~12

〈보기〉를 참고하여 11번과 12번의 두 물음에 답하시오.

〈보 기〉

서사적 모티프란 전체 이야기를 구성하는 작은 이야기 단위이다. 이 작품에서는 황릉묘의 주인이자 정절의 표상인 아황 부인과 여영 부인이 등장하는 황릉묘 모티프가 사용되었다. 이는 천상계와 인간 세상, 전생과 현생, 꿈과 현실의 대응을 형성하면서 공간적 상상력을 풍요롭게 하는 동시에 주인공의 또 다른 정체성을 드러낸다.

서사적 모티프는 작품을 읽는 독자에게 서사 이해의 실마리를 제공함으로써 작품의 전개 방향을 예측하게 한다. 황릉묘 모티프에서 '머지않아 장경성을 다시 만나 부귀영화를 누릴 것'이라는 두 부인의 말을 감안하여, 독자는 이어지는 내용에서 [㉮]

11 외적 준거에 따른 작품의 감상 　정답률 61% | 정답 ③

〈보기〉를 참고하여 윗글을 감상한 내용으로 적절하지 않은 것은? [3점]

① 춘향이 잠이 들어 '황릉묘 시녀'를 만난 것은 황릉묘 모티프를 통해 꿈과 현실의 연결이 일어나게 됨을 보여 주는군.

춘향이 현실 속에서 꿈을 꾸어 황릉묘에 도착하므로 잠을 통해 꿈과 현실을 연결하고 있음을 확인할 수 있다.

② '봉황 부채'에 의한 '구름 같이 이는 바람'을 타고 '소상강 만리 밖' 황릉묘까지 춘향이 날려가는 것은 꿈속 공간의 초월적 성격을 드러내는군.

여동이 부친 부채가 일으킨 바람에 의해 비현실적 방법으로 춘향이 순식간에 공간을 이동하는 것은 꿈속 공간이 현실을 초월한 곳임을 드러내고 있으므로 적절하다.

✔ 아황 부인과 여영 부인이 '춘향이 바삐 들라'라고 명령하는 것은 자신의 문제를 서둘러 해결하고자 하는 춘향에게 인간 세상에 대비되는 천상계의 질서가 있음을 보여 주는군.

아황 부인과 여영 부인이 춘향에게 '바삐 들라'는 말은 춘향을 환대하는 말이다. 따라서 이를 춘향이 자신의 문제를 서둘러 해결하고자 하는 모습으로 보기는 어렵다.

[문제편 p.063]

④ **'전생'에 춘향이 '운화 부인 시녀'였다는 아황 부인과 여영 부인의 말은 전생과 현생의 대응을 드러내면서 공간적 상상력의 확장을 유도하는군.**
전생의 운화 부인 시녀는 현생의 춘향에 대응되고, 전생의 장경성은 현생의 이 도령에 대응됨을 확인할 수 있다. 이는 현생에서의 서사가 전생으로 확장되도록 유도하는 것을 확인할 수 있다.

⑤ **아황 부인과 여영 부인이 춘향에게 '마음을 변치 말고 열녀를 본받'으라고 당부하는 것은 춘향이 정절을 지켜나갈 인물임을 암시하는군.**
아황 부인과 여영 부인은 정절의 표상인 인물로 춘향에게 정절을 지켜나갈 것을 당부하고 있는데 이는 춘향이 정절을 지켜나갈 인물임을 드러내는 것임을 확인할 수 있다.

12 독자의 반응 파악 정답률 63% | 정답 ①

〈보기〉의 ㉮에 들어갈 내용으로 가장 적절한 것은?

✔ **'내가 죽을 꿈이로다'라는 춘향의 말보다는 이 도령이 과거에 급제한 상황에 주목하며 두 인물의 재회를 예상할 것이다.**
이 작품에서 춘향은 옥에 갇혀 꿈을 꾸고 황릉묘에 가서 아황 부인과 여영 부인을 만난다. 이때 춘향은 미래의 긍정적인 전망이 담긴 예언을 듣게 되지만, 절체절명의 위기 속에서 예언을 신뢰하지 못하고 자신의 처지를 비관하고 만다. 그런데 독자는 황릉묘 모티프에 영향을 받아, 춘향의 앞날에 대한 긍정적인 기대를 하게 된다. 특히, 아황 부인과 여영 부인이 장경성과의 재회에 대해 예언한 내용을 통해서 독자는 재회의 대상으로서의 이 도령과 장경성이 동일함을 짐작하고 읽게 된다. 따라서 춘향은 '내가 죽을 꿈이로다'라고 말하지만, 독자는 이 도령이 장원 급제한 내용에 주목하게 되고, 그 이후에 춘향과 이 도령이 재회할 것을 예상하게 된다.

② **꿈에 대해 자문하며 탄식하는 춘향의 모습을 보고 춘향이 현실에서의 정체성에 의문을 갖게 되리라고 예상할 것이다.**
독자는 춘향이 자문하는 모습에 관심을 두기보다는 춘향에게 긍정적인 영향을 줄 요소를 찾을 것이다.

③ **두 부인과의 만남이 꿈임을 깨닫는 춘향의 모습을 보고 꿈과 현실의 대비가 주는 허무함을 절감하게 될 것이다.**
꿈에서 깨어난 춘향이 허무함을 느낄 수 있으나, 독자는 예언에 주목하므로 춘향의 허무함을 느끼기보다는 춘향에게 일어날 긍정적인 변화에 주목할 것이다.

④ **춘향이 자신의 실수로 꿈에서 깨어나는 장면을 춘향의 고난이 지속될 것이라는 암시로 받아들일 것이다.**
독자는 춘향의 부정적 반응을 그대로 믿지 않게 되므로, 춘향의 고난이 지속될 것이라고 예상하지 않을 것이다.

⑤ **꿈에서 '달나라 구경'을 이루지 못하고 깨어난 춘향이 꿈에 대한 미련을 보이리라고 예상할 것이다.**
달나라 구경을 이루지 못한 춘향의 모습을 발견할 수도 있으나, 독자는 전생과 관련된 예언에 주목할 뿐이다.

DAY 11 20분 미니 모의고사

01 ④	02 ⑤	03 ⑤	04 ③	05 ④
06 ②	07 ②	08 ⑤	09 ①	10 ②
11 ④	12 ③			

01 자료 이해의 적절성 판단 정답률 88% | 정답 ④

위 발표 내용을 바탕으로 (가) ~ (다)의 표지판을 이해한 내용으로 적절하지 않은 것은?

(가)	(나)	(다)

① **(가)가 가리키는 도로는 남해고속도로와 서울양양고속도로 사이에 위치하고 있겠군.**
2문단을 통해 동서로 연결된 도로는 위쪽으로 갈수록 큰 번호가 부여됨을 알 수 있으므로, 30번 고속도로는 10번 고속도로의 위쪽, 60번 고속도로의 아래쪽에 위치해 있음을 추측할 수 있다.

② **(나)가 가리키는 도로는 두 자리 번호가 적힌 같은 종류의 도로보다 중심적인 역할을 하겠군.**
3문단을 통해 일반국도 중 한 자리 번호가 부여된 경우는 두 자리 이상의 번호가 부여된 일반국도보다 중심적인 역할을 한다는 것을 알 수 있다.

③ **(다)가 가리키는 도로는 경상남도 내의 시·군청 소재지들을 연결하고 있는 도로들 중 하나이겠군.**
4문단을 통해 (다)처럼 10XX인 도로는 경상남도의 도지사가 직접 관리하고 있으므로 경상남도 내의 시·군청 소재지들을 연결하고 있을 것이다.

✔ **(나)가 가리키는 도로는 (가)와 (다)가 가리키는 도로와는 달리 동서로 연결되어 있겠군.**
2문단의 '우선 홀수는 고속도로가 남북으로 연결되어 있음을, 짝수는 동서로 연결되어 있음을 의미합니다.'를 통해, 고속도로의 경우 남북으로 연결된 도로에는 홀수 번호가, 동서로 연결된 도로에는 짝수 번호가 부여됨을 알 수 있다. 그리고 3, 4문단을 통해 일반국도, 지방도도 고속도로와 마찬가지로 남북으로 연결된 도로에는 홀수 번호가, 동서로 연결된 도로에는 짝수 번호가 부여됨을 알 수 있다. 따라서 (나)가 가리키는 도로는 동서가 아닌 남북 방향으로 연결된 도로임을 알 수 있다.

⑤ **(다)가 가리키는 도로는 (가)와 (나)가 가리키는 도로와는 달리 도지사가 직접 관리하겠군.**
4문단을 통해 (다)처럼 10XX인 도로는 경상남도의 도지사가 직접 관리하는 지방도임을 알 수 있다.

02 조언에 따른 글쓰기의 적절성 판단 정답률 86% | 정답 ⑤

다음은 초고를 읽은 교지 편집부 담당 선생님의 조언이다. 이를 반영하여 [A]를 작성한 내용으로 가장 적절한 것은?

> "이 글에 제시된 손 글씨 쓰기의 주요 효과를 모두 언급하고 비유적 표현을 활용해서 마무리하면 어떨까요?"

① **손 글씨 쓰기의 다양한 효과를 정확히 알고 이를 상황에 맞게 활용한다면 쓰기의 효율성을 높일 수 있을 것이다.**
손 글씨 쓰기의 주요 효과를 언급하지 않았으며, 비유적 표현도 활용하지 않았다.

② **손 글씨 쓰기의 과정, 장점과 한계, 정서적 효과를 통해 손 글씨 쓰기가 동전의 양면과 같음을 기억해야 할 것이다.**
손 글씨 쓰기의 과정이나 한계는 글에 제시된 손 글씨 쓰기의 주요 효과에 해당하지 않는다.

③ **손 글씨 쓰기가 우리의 뇌, 이해, 정서에 미치는 긍정적 영향을 고려하여 손 글씨 쓰기의 횟수를 더욱 늘려야 할 것이다.**
손 글씨 쓰기의 주요 효과는 언급하였으나 비유적 표현을 활용하지 않았다.

④ **손 글씨 쓰기는 글을 쓰는 능력을 향상시키고 정서적 효과를 주기에, 그 가치는 시대가 변해도 늘 별처럼 빛날 것이다.**

글을 쓰는 능력을 향상시키는 것은 글에 제시된 손 글씨 쓰기의 주요 효과에 해당하지 않는다.

✔ **손 글씨 쓰기를 통해 뇌의 다양한 영역 활성화, 이해도 향상, 정서적 효과라는 세 가지 빛깔의 진주를 발견할 수 있을 것이다.**
선생님 조언을 통해 내용상 조건이 '글에 제시된 손 글씨 쓰기의 주요 효과 모두 언급'이고 표현상 조건이 '비유적 표현 활용'임을 알 수 있다. 이러한 조언이 모두 반영된 것은 ⑤로, ⑤의 '뇌의 다양한 영역 활성화, 이해도 향상, 정서적 효과'를 통해 글에 제시된 손 글씨 쓰기의 주요 효과를 모두 언급하였음을 알 수 있고, '세 가지 빛깔의 진주'을 통해 비유적 표현이 활용되고 있음을 알 수 있다.

03 한글 맞춤법의 이해

정답률 68% | 정답 ⑤

〈보기〉의 ⓐ~ⓔ를 이해한 내용으로 적절하지 않은 것은?

〈보 기〉
○ 풀이 ⓐ 쓰러진 사이로 ⓑ 작은 꽃이 ⓒ 마중을 나왔다.
○ ⓓ 끝이 보이지 않았지만 나는 그 ⓔ 믿음을 잃지 않았다.

① **ⓐ : 앞말이 '쓸다'라는 본뜻에서 멀어져서 소리대로 적은 것이겠군.**
이 글의 "사라진'은 앞말이 본뜻에서 멀어져 그 의미가 유지되지 않아 소리대로 적었다.'를 볼 때, ⓐ는 앞말이 '쓸다'라는 본뜻에서 멀어져서 소리대로 적은 것임을 알 수 있다.

② **ⓑ : 용언의 어간 '작-'과 어미 '-은'이 구별되도록 형태소의 본모양을 밝혀 적은 것이겠군.**
이 글의 '그리고 '먹어', '먹는'처럼 용언의 어간과 어미도 구별하여 적는다. 즉 어법에 맞도록 적는다는 것은 형태소의 본모양을 밝혀 적는 것을 말한다.'를 볼 때, ⓑ는 용언의 어간 '작-'과 어미 '-은'이 구별되도록 형태소의 본모양을 밝혀 적은 것임을 알 수 있다.

③ **ⓒ : 접미사 '-웅'이 여러 어근에 널리 결합하지 못하고 일부 어근에만 결합해서 소리대로 적은 것이겠군.**
이 글의 '이와 달리 '마감(막-+-암)'은 접미사 '-암'이 일부 어근에만 결합하기 때문에 소리대로 적었다.'를 볼 때, ⓒ는 접미사 '-웅'이 여러 어근에 널리 결합하지 못하고 일부 어근에만 결합해서 소리대로 적은 것임을 알 수 있다.

④ **ⓓ : '끝'이라는 체언의 의미가 쉽게 파악되도록 형태소의 본 모양을 밝혀 적은 것이겠군.**
이 글의 '예를 들어 체언과 조사가 결합한 '잎이', '잎만'을 발음대로 적으면 '이피', '임만'인데, ~ 따라서 형태를 '잎'으로 고정하여 적을 필요가 있는 것이다.'를 볼 때, ⓓ는 '끝'이라는 체언의 의미가 쉽게 파악되도록 형태소의 본모양을 밝혀 적은 것임을 알 수 있다.

✔ **ⓔ : 어근에 접미사 '-음'이 결합한 후에 어근의 본래 뜻이 유지되지 않아서 형태소의 본모양을 밝혀 적은 것이겠군.**
어근 '믿-'과 접미사 '-음'이 결합한 '믿음'은 형태소의 본모양을 밝혀 적은 말이다. 즉, 접미사 '-음'이 비교적 여러 어근에 결합하고, 결합한 후에도 어근의 본래 뜻이 유지되기 때문에 형태소의 본모양을 밝혀 적은 것이다.

04 한글 맞춤법의 이해

정답률 74% | 정답 ③

[A]를 참고할 때, 밑줄 친 부분의 띄어쓰기가 적절하지 않은 것은?

① **동네 인심 한번 고약하구나.**
[A]를 통해 어떤 일을 시험 삼아 시도함을 나타내거나 어떤 행동이나 상태를 강조하는 뜻을 나타낼 때는 '한번'이라고 씀을 알 수 있다. 따라서 '동네 인심 한번 고약하구나.'에서 '한번'은 어떤 행동이나 상태를 강조하는 뜻으로 쓰였으므로 '한번'이라고 써야 한다.

② **그를 만난 지도 꽤 오래되었다.**
[A]를 통해 '지'는 시간의 경과를 나타낼 때는 앞말과 띄어 씀을 알 수 있다. 따라서 '그를 만난 지도 꽤 오래되었다.'에서의 '지'는 시간의 경과를 나타내고 있으므로 앞말과 띄어 써야 한다.

✔ **무엇부터 해야 할 지를 모르겠다.**
[A]에서 '지'는 어미 '-(으)ㄴ지, -(으)ㄹ지'의 일부일 때는 띄어 쓰지 않음을 확인할 수 있다. '무엇부터 해야 할 지를 모르겠다.'에서 '할 지'의 '지'는 어미 '-ㄹ지'의 일부이므로 '할지'라고 붙여 써야 한다.

④ **견우와 직녀는 일 년에 한 번 만난다.**
[A]에서 '번'이 일의 횟수를 나타낼 때는 '한 번', '두 번'처럼 띄어 씀을 알 수 있다. 따라서 '견우와 직녀는 일 년에 한 번 만난다.'에서 '번'이 일의 횟수를 나타내고 있으므로, '한 번'이라고 띄어 써야 한다.

⑤ **얼마나 부지런한지 세 명 몫의 일을 해낸다.**
[A]에서 '지'는 어미 '-(으)ㄴ지, -(으)ㄹ지'의 일부일 때는 띄어 쓰지 않음을 알 수 있다. 따라서 '얼마나 부지런한지 세 명 몫의 일을 해낸다.'에서 '부지런한지'의 '지'는 어미 '-ㄴ지'의 일부이므로 붙여 써야 한다.

05~08 예술

박홍순, 「미래주의 회화 운동」

해제 이 글은 **20세기 초 이탈리아에서 시작된 미래주의 운동을 소개**하고 있다. 이 글에서 글쓴이는 **미래주의 회화가 운동과 속도를 특성으로 하는 산업화에 대한 낙관적 전망을 토대로 민족적 자존감을 고양시킬 수 있는 새로운 예술 운동으로 등장**하였음을 소개하고 있다. 특히 미래주의 회화에서는 **연속 사진의 촬영 기법에 영향을 받은 분할주의 기법을 통해 대상의 역동성을 지향**하고자 했음을 밝히고 있다. 즉, 이미지의 겹침, 역선, 상호 침투의 방법을 활용해 움직이는 대상의 속도와 운동을 효과적으로 나타내었음을 밝히고 있다. 그런 다음 이러한 **미래주의 회화**는 비례, 통일, 조화 등의 아름다움을 추구한 전통적인 서양 회화와 달리 **대상의 속도와 운동이라는 미적 가치에 주목해서 새로운 미의식을 제시**하였음을 언급하고 있다.

주제 새로운 미의식을 제시한 미래주의 운동

문단 핵심 내용

1문단	미래주의의 의미 및 등장 배경
2문단	분할주의 기법을 통해 대상의 역동성을 지향한 미래주의 화가들
3문단	움직이는 대상의 속도와 운동을 표현하는 분할주의 기법
4문단	미래주의가 지닌 의의

05 핵심적인 정보의 파악

정답률 81% | 정답 ④

윗글에서 언급된 내용이 아닌 것은?

① **미래주의에 참여한 예술가들**
1문단에서 발라, 보치오니, 상텔리아, 루솔로 등이 미래주의에 참여했음을 알 수 있다.

② **미래주의가 등장하게 된 배경**
1문단에서 미래주의가 산업화에 뒤처진 이탈리아의 현실에서 산업화에 대한 열망과 민족적 자존감을 고양시키기 위해 등장했음을 알 수 있다.

③ **미래주의 화가들이 사용한 기법**
2, 3문단에서 미래주의 화가들은 분할주의 기법을 활용했음을 알 수 있다.

✔ **미래주의 회화가 발전해 온 과정**
이 글에서는 미래주의 회화의 정의와 등장 배경, 활용 기법, 미의식에 대해 설명하고 있다. 하지만 미래주의 회화가 어떤 과정으로 발전해 왔는지에 대해서는 언급하지 않고 있다.

⑤ **미래주의 화가들이 추구한 미의식**
4문단에서 미래주의 회화는 움직이는 대상의 속도와 운동이라는 미적 가치에 주목해서 새로운 미의식을 제시하였음을 알 수 있다.

06 글의 내용을 바탕으로 정보의 추론

정답률 47% | 정답 ②

㉠의 구체적 내용으로 가장 적절한 것은?

① **전통 회화 양식에서 벗어나 움직이는 대상이 주는 아름다움을 최초로 작품화하려는 생각**
글의 내용을 볼 때, 움직이는 대상이 주는 아름다움을 최초로 작품화한 것은 키네틱 아트 이전에도 있었음을 알 수 있다.

✔ **기존의 방식과 달리 미적 가치를 3차원에서 실제로 움직이는 대상을 통해 구현하려는 생각**
4문단에서 움직이는 대상의 속도와 운동에 미적 가치를 부여한 미래주의 회화는 이후 입체적 조형물의 운동을 보여 주는 키네틱 아트가 등장하는 데 영향을 미쳤음을 확인할 수 있다. 따라서 '영감'의 구체적인 내용은 기존의 방식과 달리 미적 가치를 3차원에서 실제로 움직이는 대상을 통해 구현하려는 생각이라고 추론할 수 있다.

③ **사진의 촬영 기법을 회화에 접목시켜 비례와 조화에서 오는 조형물의 예술성을 높이려는 생각**
4문단의 '모빌과 같이 나무나 금속으로 만들어 입체적 조형물의 운동'이 키네틱 아트임을 알 수 있으므로, 키네틱 아트가 사진 촬영 기법을 회화에 접목시킨 것이라고 볼 수 없다.

④ **산업 사회의 역동적인 모습에서 벗어나 인류가 추구해야 할 미래상을 화폭에 담아내려는 생각**

[문제편 p.067]

미래주의는 산업화를 긍정적으로 인식하였으므로, 산업 사회의 역동적인 모습에서 벗어나려 했다는 것은 영감이 될 수 없다.

⑤ **예술적 대상의 범위를 구체적인 대상에서 추상적인 대상으로 확대하여 작품을 창작하려는 생각**
키네틱 아트가 예술적 대상의 범위를 추상적인 대상으로 확대하려 한다는 것을 확인할 수 없다.

07 글의 내용의 구체적인 사례에의 적용

정답률 63% | 정답 ②

윗글을 바탕으로 〈보기〉를 감상한 내용으로 적절하지 않은 것은? [3점]

〈보 기〉

발라의 「강아지의 다이내미즘」은 여인이 강아지를 데리고 산책하는 모습을 그린 미래주의 회화의 대표적인 작품이다.

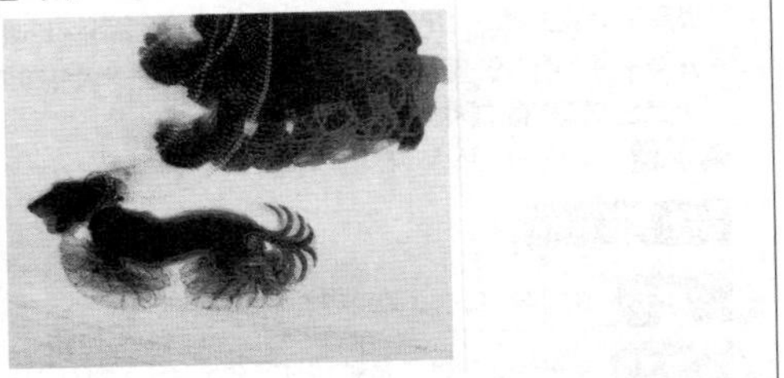

① **움직이는 강아지의 모습을 속도감 있게 그린 것에서 미래주의 회화의 경향을 엿볼 수 있겠군.**
강아지를 빠르게 움직이는 모습으로 그렸다는 점에서 속도감을 중시하는 미래주의 경향을 엿볼 수 있다.

✔ **선을 교차시켜 쇠사슬의 잔상을 구체적으로 재현한 것에서 역선을 통해 사실적인 형태를 강조했음을 알 수 있겠군.**
〈보기〉는 미래주의 화가 자코모 발라의 작품으로, 여인이 강아지를 데리고 산책하는 모습을 그리고 있다. 따라서 이 작품에서는 대상의 모습이 분할주의 기법 중 하나인 역선으로 구현되고 있음을 알 수 있다. 그런데 3문단의 '다음으로 힘의 선을 나타내는 역선은, ~ 화가의 느낌을 드러내었다.'를 보면, 역선은 대상의 움직임의 궤적을 나타내기는 하지만 대상을 사실적인 형태로 나타낸 것은 아니므로 적절하지 않다.

③ **강아지의 발과 바닥의 경계가 모호하게 보이는 것에서 대상과 배경의 상호 침투 효과를 엿볼 수 있겠군.**
강아지의 움직이는 발과 바닥의 경계가 모호하게 보인다는 점에서 상호 침투 효과를 확인할 수 있다.

④ **강아지의 발을 중첩시켜 표현한 것은 이미지 겹침을 통해 시간의 흐름에 따른 대상의 움직임을 나타낸 것이겠군.**
이미지의 겹침을 통해 강아지의 발의 형태를 알아볼 수 없을 정도로 중첩시켜 표현하고 있다는 점에서 시간의 추이를 보여 주고 있다.

⑤ **사람의 다리를 두 개가 아닌 여러 개로 그린 것은 분할주의 기법을 활용하여 걷는 이의 역동적 모습을 강조한 것이겠군.**
강아지를 끌고 가는 사람의 다리를 여러 개로 그린 것에서 이미지의 겹침을 활용한 분할주의 기법을 확인할 수 있다.

08 단어의 사전적 의미 파악

정답률 82% | 정답 ⑤

ⓐ~ⓔ의 사전적 의미로 적절하지 않은 것은?

① **ⓐ : 정신이나 기분 따위를 북돋워서 높임.**
② **ⓑ : 시간의 경과에 따라 변하여 나감.**
③ **ⓒ : 어떤 목표로 뜻이 쏠리어 향함.**
④ **ⓓ : 사실과 다르게 해석하거나 그릇되게 함.**
✔ **ⓔ : 자신의 의견이나 주의를 굳게 내세움.**
'주목'의 사전적 의미는 '관심을 가지고 주의 깊게 살핌.'이다. '자신의 의견이나 주의를 굳게 내세움.'은 '주장'의 사전적 의미에 해당한다.

09~12 갈래 복합

(가) 윤이후, 「일민가」

감상 이 작품은 **윤선도의 손자인 작가가 벼슬한 지 6년 만에 고향으로 돌아가서 그 감회를 술회한 가사**이다. 이 작품에는 자연에 묻혀 사는 화자의 고고한 심성과 자연에 몰입한 경지, 시인으로서의 멋과 연군의 정이 잘 나타나 있다. 이러한 화자의 모습은 작자 자신의 심회뿐만이 아니고 당시 파당에 밀려서 자연에 묻혀 살던 모든 사람들의 정회를 대신한 것으로도 볼 수 있다.

주제 자연생활의 만족감과 풍류

현대어 풀이

이 몸이 늦게 나 세상에서 할 일이 없어
강호(자연)의 임자 되어 세월 속에 늙어가니
세상 밖의 좋은 복이 없다고는 않겠지만
돌이켜 생각하니 애달픈 일 많고 많네.
만물 중에 귀한 것이 사람이 으뜸인데
그 중에 남자가 되어 눈귀 밝고 총명함을 갖추어 태어나되
평생에 먹은 뜻이 내 몸의 부귀가 아니더니
세월이 훌쩍 가고 뜻한 바를 얻지 못해
늙어야 공명을 겨우 구해서 이뤄 내니
종적이 어긋나고 세상살이 기구하여
오랫동안 낮은 벼슬로 남 따라 다니더니
석 달 봄볕은 쉬이 가니 부모의 은혜에 보답하려는 마음이 끝이 없어
구리 도장 빌어 차고 사또의 말 바삐 몰아
남주 백 리 땅에서 백성을 보살피며 지내려 하였더니
이마 흰 모진 범이 어디에서 나타났는가.
가뜩이나 원하다가 겨우 이룬 벼슬인데 하루아침에 재처럼 되었구나.
젖은 옷 벗어 놓고 풀관으로 갈아 쓰고
채 하나 떨쳐 쥐고 호탕하게 돌아오니
산천은 그대로이고 소나무와 대나무가 반기는 듯
사립문 찾아 들어 세 오솔길 다스리며
거문고와 책 놓인 방이 내 분수 아니겠는가.
앞 내에서 고기 낚고 뒷산에서 약초 캐어
손으로 일을 하며 남은 생애 보내오니
인생의 즐거움이 이 밖에 또 없어라.
〈중략〉
바가지에 술을 부어 알맞게 먹은 후에
수조가를 길게 읊고 혼자 서서 우쭐대니
호탕한 미친 흥을 행여 남이 알 것인가.
벌써 날이 저무는가, 먼 산에 달이 오른다.
그만하여 쉬어 보자. 바위에 배 매어라.
패랭이 비껴쓰고 대지팡이 흩어 짚어
모랫둑을 돌아들어 돌길로 올라가니
버들집은 크지 않아도 경치가 새로워라.
솔 그늘을 훗걸으며 원근을 바라보니
물위의 달빛 영롱하니 하늘땅이 제각각인 듯
즐겁고 태평하니 내 처지를 다 잊겠구나.
이 중에 맺힌 마음 궁궐에 달렸으니
사안이 제 마음을 연주하며 글로 쓰던 옛일이 오늘이네.
내 근심 이익이 없는 줄 모르지 아니하되
천성을 못 바꾸니 진실로 우습구나.
두어라, 강호에서 세상에 나가 않고 임금님의 장수함을 빌어나 보리라.

(나) 이효석, 「화춘의장」

감상 이 글은 자신과 대조적인 삶을 살고 있는 육십 옹을 통해 자신의 삶을 돌아보고 있는 수필이다. 이 글에서 글쓴이는 하루도 빠지지 않고 50평의 꽃밭을 성실하게 가꾸는 육십 옹의 모습을 보면서 진정한 노동의 경지라고 평가한다. 이러한 육십 옹의 삶을 자신과 비교하며 가치 있는 삶의 모습을 깨달으며, 무기력한 삶을 극복하고자 하는 의지를 드러낸다.

주제 행동하는 아름다움과 삶에 대한 성찰

★★★ **1등급 대비 고난도 2점 문제**

09 작품 간 공통점 파악

정답률 33% | 정답 ①

(가)와 (나)의 공통점으로 가장 적절한 것은?

✔ **설의적 표현을 활용하여 의미를 강조하고 있다.**
(가)의 '금서일실이 이 아니 내 분인가'와 '호탕한 미친 흥을 행여 아니 남이 알겠는가'에 설의적 표현이 활용되어 의미를 강조하고 있음을 알 수 있다. 그리고 (나)의 '빈틈없는 이론으로 든든히 무장을 해본다 하더라도 행동이 없는 이상 갑을흑백을 어떻게 가린단 말인가.'에 설의적 표현이 활용되어 의미를 강조하고 있음을 알 수 있다.

② **구체적 지명을 활용하여 현장감을 드러내고 있다.**

(가)에서는 '남주'라는 구체적 지명이 사용되고 있지만, (나)에서는 구체적인 지명이 사용되지 않고 있다.

③ **청각적 이미지를 통해 대상의 특성을 강조하고 있다.**
(가)의 '수조가를 길이 읊고'를 통해 청각적 이미지를 엿볼 수 있지만, 이를 통해 대상의 특성을 강조하지는 않고 있다. 그리고 (나)에서는 청각적 이미지를 찾아볼 수 없다.

④ **연쇄의 방식을 사용하여 상황의 심각성을 표현하고 있다.**
(가), (나)를 통해 연쇄의 방식을 사용하여 상황의 심각성을 표현한 부분은 찾아볼 수 없다.

⑤ **언어유희를 통해 현실에 대한 태도를 간접적으로 드러내고 있다.**
(가)에서 현실에 대한 화자의 태도가 간접적으로 드러나 있지만 언어유희를 통해 이를 드러내지는 않고 있다. 그리고 (나)에서 언어유희를 통해 현실에 대한 태도를 간접적으로 드러낸 부분은 찾아볼 수 없다.

★★ 문제 해결 꿀~팁 ★★

▶ 많이 틀린 이유는?
이 문제는 문학 작품의 표현 방법에 대한 정확한 이해가 부족하여 오답률이 높았던 것으로 보인다. 또한 두 작품의 표현상 공통점을 작품에서 일일이 확인하는 데 어려움을 겪어 오답률이 높았던 것으로 보인다.
▶ 문제 해결 방법은?
작품 간의 공통적인 표현상 특징을 찾는 문제의 경우 먼저 표현상 특징을 찾기가 수월한 작품을 통해 선택지에 제시된 표현 방법이 사용되었는지를 확인해야 한다. 그런 다음 다른 작품을 통해 앞에서 확인할 수 있는 표현 방법 중 사용된 것이 있는지 확인해야 한다. 이 문제의 경우 (가)가 (나)보다는 표현상 특징을 찾기가 수월하므로 먼저 선택지에 제시된 표현 방법을 (가)에서 확인해야 한다. 그럴 경우 ①, ②, ③을 확인할 수 있다. 이때 ③처럼 표현상 특징은 사용되었더라도 표현상 특징의 효과가 잘못된 경우가 있으므로 주의해야 한다. 그럼 ①, ②의 표현상 특징이 사용된 것을 (나)에서 찾으면 되는데, ①만 사용되었으므로 공통적인 표현상 특징은 ①이라 할 수 있다. 한편 고전 시가에서 의문형 표현은 오늘날처럼 물음표를 사용하지 않고 있음에 유의한다. 고전 시가에서는 '-가, -고' 등을 사용하여 의문형 표현을 드러내므로 유의하도록 한다.
▶ 오답인 ④, ⑤를 많이 선택한 이유는?
학생들 중에는 ④, ⑤를 선택한 학생들이 많았는데, 이는 표현 방법에 대해 정확한 이해가 부족했기 때문으로 보인다. 가령 ④의 경우, 연쇄의 방식이 앞 구절의 끝 어구를 다음 구절로 이어받는 방식임을 알았다면 두 작품에 공통적으로 사용되지 않았음을 알았을 것이다. 마찬가지로 언어유희가 동음이의어나 각운 등을 이용하여 재미있게 꾸미는 말의 표현임을 알았다면 이 역시 정답이 아니었음을 쉽게 알았을 것이다. 이처럼 기본적인 표현 방법을 이해하게 되면 이런 문제는 거의 해결할 수 있으므로, 평소 자주 나오는 표현 방법에 대해서는 충분히 숙지할 수 있도록 한다.

10 작품의 세부 내용 이해

정답률 68% | 정답 ②

㉠~㉤에 대한 설명으로 적절하지 않은 것은?

① **㉠ : 풍경의 가치를 인식하며 이를 수시로 감상할 수 있는 데 따른 글쓴이의 심정이 드러나 있다.**
㉠의 '가구에서는 좀체 얻어 볼 수 없는 귀한 경물'에 글쓴이가 풍경의 가치를 인식하는 내용이 나타나 있으며, '아침저녁으로 손쉽게 그것을 바라볼 수 있는 나는 자신을 행복스럽게 여긴다.'에 이를 수시로 감상할 수 있는 데 따른 글쓴이의 심정이 드러나 있으므로 적절하다.

✔② **㉡ : 대상에 대한 의혹이 해소되어 가는 데 대한 글쓴이의 인식이 드러나 있다.**
㉡의 '옹은 허리가 휘고 기력이 부실하나 서두르는 법 없이 지치는 법 없이 말하는 법 없이 날이 맞도록 묵묵히 일하며'에 글쓴이가 대상을 관찰한 내용이 드러나 있을 뿐 대상에 대해 의혹을 갖는 내용이 나타나 있지 않다. 그리고 '그의 장기가 미치는 뒷자취는 나날이 면목이 새롭고 아름다워진다'에 대상에 대한 의혹이 해소되어 가는 데 대한 글쓴이의 인식이 드러나 있지 않으므로 적절하지 않다.

③ **㉢ : 주의 깊게 살펴본 대상의 면모를 주관적으로 해석하는 글쓴이의 인식이 드러나 있다.**
㉢의 '아이같이 방긋 웃어 보이는 동심의 표정을 읽'는 것에 글쓴이가 대상을 주의 깊게 살펴보는 내용이 나타나 있고, '그는 괴롭게 노동하고 있는 것이 아니라'와 '천진하게 장난하고 예술하고 있는 것이라고 번역된다'에 주의 깊게 살펴본 대상의 면모를 주관적으로 해석하는 글쓴이의 인식이 드러나 있으므로 적절하다.

④ **㉣ : 희망의 의미를 구체화하지 못하는 것에 대한 글쓴이의 심정이 드러나 있다.**
㉣의 '희망이라는 것이 어떤 내용 어느 정도 어느 거리의 것인가를 생각'하는 것에 희망의 의미를 구체화하지 못하는 것에 대해 '답답'함을 느끼는 글쓴이의 심정이 드러나 있으므로 적절하다.

⑤ **㉤ : 자신이 현재 상태에 이르게 된 근본적 원인에 대한 글쓴이의 판단이 드러나 있다.**
㉤의 '할 바를 모르는 것이 아니라 길이 없는 것이다.'에 '좀체 구하기 어려운 저미의 근인이 있기는 있'다고 하는 것에 자신이 현재 상태에 이르게 된 데 있어 '길이 없는 것'을 근본적 원인이라고 여기는 글쓴이의 판단이 드러나 있으므로 적절하다.

11 소재의 기능 파악

정답률 56% | 정답 ④

(가)와 (나)를 비교하여 이해한 내용으로 가장 적절한 것은?

① **(가)의 '오마'는 화자를 과거에 억압하던 대상이고, (나)의 '꽃'은 글쓴이가 관찰한 대상이 자신의 이상을 펼치도록 돕는 소재이다.**
(가)의 '오마'는 화자가 '남주 백리지'에 가기 위해 탄 것에 해당하므로 화자를 과거에 억압하던 대상이라 볼 수 없다. 그리고 (나)의 '꽃'은 글쓴이가 바라본 육십 옹이 키우는 것에 해당하지만, (나)를 통해 육십 옹이 어떤 이상을 지녔는지는 알 수 없으므로 적절하지 않다.

② **(가)의 '옷'은 화자가 자연 풍경에 대한 감탄을 자아내게 하는 소재이고, (나)의 '손잡이'는 글쓴이가 이를 사용하는 인물의 능력에 대해 감탄을 자아내는 소재이다.**
(가)의 '옷'은 화자가 벼슬살이하면서 입었던 관복을 의미하므로, 자연 풍경에 대한 감탄을 자아내게 하는 소재라 할 수 없다. 그리고 (나)의 '손잡이'는 글쓴이가 '식물 이상의 행의 생활로 애써 솟아오르'기 위해 붙잡는 것이므로, '손잡이'를 사용하는 인물의 능력에 대해 감탄을 자아내는 소재라 할 수 없다.

③ **(가)의 '송죽'은 화자가 새로운 공간으로 돌아와서 만난 소재이고, (나)의 '튤립'은 글쓴이가 벗어나고자 하는 공간의 특징을 나타내는 소재이다.**
(가)의 '송죽'은 화자가 고향으로 돌아와 맞이하고 있는 것이므로, 새로운 공간으로 돌아와서 만난 소재라 할 수 없다. 그리고 (나)의 '튤립'은 '육십 옹'의 꽃밭에 있는 꽃에 해당하고, 글쓴이는 이러한 꽃밭을 바라보며 행복스럽게 여기고 있으므로, '튤립'을 글쓴이가 벗어나고자 하는 공간의 특징을 나타내는 소재라 할 수 없다.

✔④ **(가)의 '달'은 화자의 행동 변화가 일어나는 시간적 배경을 나타내는 소재이고, (나)의 '아침'은 글쓴이가 관찰한 대상의 일관된 행동이 나타나는 시간적 배경이다.**
(가)의 '달'은 '수조가를 길이 읊고' 있던 화자가 '모래 둑을 돌아들어 석경으로 올라'간다는 점에서 화자의 행동 변화가 일어나는 시간적 배경을 나타내는 소재임을 알 수 있다. 그리고 (나)의 '아침'은 글쓴이가 관찰한 대상인 '육십 옹'이 '하루도 번기는 날이 없이' '보에 쟁기를 싸가지고 어디선지 나타'나는 일관된 행동이 나타나는 시간적 배경이라 할 수 있다.

⑤ **(가)의 '오류댁'은 화자가 동경하는 행위가 드러나는 공간이고, (나)의 '꽃밭'은 글쓴이가 경계하는 행위가 드러나는 공간이다.**
(가)의 '오류댁'에서 화자는 벼슬하는 것을 포기하는 마음을 드러내고 있으므로, 화자가 동경하는 행위가 드러나는 공간이라 할 수 없다. 그리고 (나)의 글쓴이는 '꽃밭'을 가꾸게 되는 것을 '만족스런 노동의 표정의 미'라 말하고 있으므로, '꽃밭'을 글쓴이가 경계하는 행위가 드러나는 공간이라 할 수 없다.

12 외적 준거에 따른 작품의 감상

정답률 55% | 정답 ③

〈보기〉를 바탕으로 (가), (나)를 감상한 내용으로 적절하지 않은 것은? [3점]

〈보 기〉

(가)와 (나)는 자기 성찰과 현실에 대한 고민이 드러나 있는 작품이다. (가)의 화자는 속세에서 갈등을 겪고 은거하는 삶을 살고 있다. 이때 화자는 자연을 통해 위안을 얻기도 하지만 번민을 떨치지 못하는 자신을 인식하며 자연에서의 삶에서도 세상을 향한 마음을 드러낸다. (나)의 글쓴이는 자신과 대조적인 삶을 살고 있는 대상을 통해 자신의 삶을 돌아보게 된다. 이러한 과정에서 글쓴이는 가치 있는 삶의 모습을 깨닫고 무기력한 삶을 극복하고자 하는 의지를 드러낸다.

① **(가)의 '앞내에 고기 낚고 뒷뫼에 약을 캐'며 '인생지락'을 느끼는 것에서 화자가 자연에서의 삶 속에서 위안을 얻고 있음을 알 수 있군.**
(가)에서 '앞내에 고기 낚고 뒷뫼에 약을 캐'며 '인생지락'을 느끼는 것에 자연에서의 삶 속에서 위안을 얻고 있는 화자의 모습이 나타나 있으므로 적절하다.

② **(나)의 '근로와 예술을 동시에 가진 생활'이 '노동의 참된 경지'라는 것에서 글쓴이가 깨달은 가치 있는 삶의 모습이 드러나고 있음을 알 수 있군.**
(나)에서 '육십 옹'의 생활을 '근로와 예술을 동시에 가진 생활'이라고 하며 '육십 옹'에게서 '노동의 참된 경지'를 본다는 것에 가치 있는 삶의 모습에 대해 깨달음을 얻고 있는 글쓴이의 모습이 나타나 있으므로 적절하다.

✔ (가)의 '금서일실'을 '내 분'으로 여긴다는 것에서 화자가 속세로 돌아가고 싶어 하는 고민이 드러나 있음을, (나)의 '소침됨을 깨닫고' '생활의욕이 급거히 저락되'었다는 것에서 글쓴이가 해결하고 싶어 하는 고민이 드러나 있음을 알 수 있군.
(나)에서 생활이 '소침됨을 깨닫'는다는 것과 '생활 의욕이 급거히 저락되'었다고 하는 것에는 무기력한 삶이라는 글쓴이가 해결하고 싶어 하는 고민이 나타나 있다. 하지만 (가)에서 '금서일실'을 '내 분'으로 여기는 것에는 소박한 삶에 만족하며 사는 화자의 모습이 드러나 있을 뿐, 화자가 속세로 돌아가고 싶어 하는 고민이 나타나 있지 않으므로 적절하지 않다.

④ **(가)의 '내 근심 무익한 줄 모르지' 않지만 '천성을 못 변'해 '가소롭다'는 것에서 화자가 번민을 떨치지 못하는 자신을 성찰하고 있음을, (나)의 '육십 옹'의 '생활의식에 비겨' 보며 '부끄러'워 한 것에서 글쓴이가 타인과 대조하며 자신을 성찰하고 있음을 알 수 있군.**
(가)에서 '내 근심 무익한 줄 모르지' 않지만 '천성을 못 변'해 '가소롭다'는 것에 번민을 떨치지 못하는 자신을 성찰하는 화자의 모습이 나타나 있다. 그리고 (나)에서 '육십 옹의 여일한 생활의식에 비겨' 자신의 생활을 '부끄러'워 한 것에 타인과 대조하며 자신을 성찰하는 글쓴이의 모습이 나타나 있으므로 적절하다.

⑤ **(가)의 '강호의 일민이 되야 축성수나 하리라'에서 화자가 은거하면서도 세상을 향한 마음을 드러내고 있음을, (나)의 '상을 찌푸리고만 지낼 수' 없다며 '행의 생활'을 다짐하는 것에서 글쓴이가 무기력한 삶을 극복하고자 하는 의지를 드러내고 있음을 알 수 있군.**
(가)에서 '강호의 일민이 되야 축성수나 하리라'에 은거하고 있으면서도 세상을 향한 마음을 드러내는 화자의 모습이 나타나 있다. 그리고 (나)에서 '허구한 날 상을 찌푸리고만 지낼 수도 없는 노릇'이라고 하며 '행의 생활'로 '애써 솟아올라야 할 것'이라고 다짐하는 것에 무기력한 삶을 극복하고자 하는 의지를 드러내는 글쓴이의 모습이 나타나 있으므로 적절하다.

DAY 12 20분 미니 모의고사

01 ③	02 ⑤	03 ②	04 ④	05 ⑤
06 ⑤	07 ③	08 ⑤	09 ①	10 ⑤
11 ④	12 ④			

01 조건에 맞게 표현하기
정답률 81% | 정답 ③

〈조건〉에 따라 ㉠에 마지막 문장을 추가한다고 할 때 가장 적절한 것은?

〈조 건〉
- ㅇ 서두에 제시된 학교 공간 개선의 취지를 다시 강조할 것.
- ㅇ 비유적 표현을 활용하여 맥락에 맞게 마무리할 것.

① **전문가도 인정하는 새로운 공간이 가득한 우리 학교는 사랑입니다.**
〈조건〉에 제시된 비유적 표현은 사용되고 있지만, 개선의 취지는 포함되어 있지 않다.

② **편안하고 쾌적한 공원 같은 우리 학교 공간을 여러분에게 소개합니다.**
〈조건〉에 제시된 비유적 표현은 사용되고 있지만, 개선의 취지는 포함되어 있지 않고 글의 맥락에 맞게 마무리하지도 않고 있다.

✔ 사용자인 우리의 편의를 두루 고려한 내 집 같은 학교 공간을 함께 만듭시다.
1문단에 제시된 '사용자 중심의 공간'이라는 학교 공간 개선의 취지가 '사용자인 우리의 편의를 두루 고려한'에서 나타나고 있다. 또한 '내 집 같은'이라는 비유적 표현을 활용하여 맥락에 맞게 마무리하였다.

④ **공간을 바라보는 틀에 박힌 생각에서 벗어나 우리 학교를 새롭게 바꾸어 봅시다.**
〈조건〉에 제시된 개선의 취지와 비유적 표현이 포함되어 있지 않다.

⑤ **학생도 선생님도 만족하며 사용하는 학교 공간을 우리의 노력으로 만들어 봅시다.**
〈조건〉에 제시된 개선의 취지는 포함되어 있지만, 비유적 표현은 사용되지 않고 있다.

02 말하기 방식 파악
정답률 75% | 정답 ⑤

[A], [B]에 대한 설명으로 가장 적절한 것은?

① **[A] : '학생 1'은 '학생 2'의 발언과 달리 전달할 내용을 제시한 후 자신의 의견을 덧붙이고 있다.**
[A]에서 '학생 1'은 자신의 의견을 덧붙이고 있지 않으므로 적절하지 않다.

② **[A] : '학생 2'는 '학생 1'의 발언을 구체화하며 자신의 견해를 수정하고 있다.**
[A]에서 '학생 2'는 '학생 1'의 발언을 구체화하고 있지 않으며, 자신의 견해를 수정하고 있지 않으므로 적절하지 않다.

③ **[A] : '학생 2'는 '학생 1'의 발언의 일부를 긍정하며 추가적인 정보 제공을 요청하고 있다.**
[A]에서 '학생 2'는 '학생 1'의 발언의 일부를 긍정하고 있지만, 추가적인 정보 제공을 요청하지는 않고 있으므로 적절하지 않다.

④ **[B] : '학생 1'은 '학생 2'의 발언과 달리 조사한 내용을 말하고 그에 동의하고 있다.**
[B]에서 '학생 2'는 '학생 1'의 발언과는 다르게 조사한 내용을 말하고 그에 동의하고 있으므로 적절하지 않다.

✔ [B] : '학생 1'은 '학생 2'의 발언 내용과는 다른 의견을 자신의 경험을 바탕으로 제안하고 있다.
[B]에서 '학생 1'은 1층 화장실을 이용하며 불편을 겪은 자신의 경험을 근거로 하여, '학생 2'의 발언 내용과는 다른 의견을 제안하고 있다.

★★★ 1등급 대비 고난도 2점 문제

03 중세 국어의 특징 이해
정답률 26% | 정답 ②

〈보기〉에 대한 이해로 적절하지 않은 것은?

〈보 기〉
ㄱ. **羅睺羅(라후라)ㅣ** 得道(득도)ᄒᆞ야 도라가ᅀᅡ **어미를** 濟渡(제도)ᄒᆞ야
(라후라가 득도하여 돌아가서 어미를 제도하여)

ㄴ. **瞿曇(구담)**ᄋᆡ 오ᄉᆞᆯ 니브샤 **深山(심산)애** 드러 **果實(과실)와** 믈와 좌시고
(구담의 옷을 입으시어 깊은 산에 들어 과일과 물을 자시고)

ㄷ. **南堀(남굴)ㅅ 仙人(선인)이** ᄒᆞᆫ ᄯᆞᄅᆞᆯ 길어 내니 …… **時節(시절)에** 자최마다 **蓮花(연화)ㅣ** 나ᄂᆞ니이다
(남굴의 선인이 한 딸을 길러 내니 …… 시절에 자취마다 연꽃이 납니다.)

ㄹ. 네가짓 受苦(수고)ᄂᆞᆫ 生(생)과 老(로)와 **病(병)과** 死(사)왜라
(네 가지 괴로움은 태어남과 늙음과 병듦과 죽음이다.)

① **ㄱ의 '羅睺羅(라후라)ㅣ'와 ㄷ의 '仙人(선인)이'에는 주어의 자격을 부여해 주는 조사의 형태가 서로 다르게 사용되었군.**
ㄱ의 '羅睺羅(라후라)ㅣ'는 '羅睺羅(라후라)'에 'ㅣ'가, ㄷ의 '仙人(선인)이'는 '仙人(선인)'에 '이'가 결합하고 있는데, 이때 'ㅣ'와 '이'는 현대어 풀이에서 각각 주격 조사 '가'와 '이'에 대응하고 있다.

✔ **ㄱ의 '어미ᄅᆞᆯ'과 ㄷ의 'ᄯᆞᄅᆞᆯ'에는 목적어의 자격을 부여해 주는 조사의 형태가 서로 동일하게 사용되었군.**
ㄱ의 '어미ᄅᆞᆯ'은 '어미'에 'ᄅᆞᆯ'이, ㄷ의 'ᄯᆞᄅᆞᆯ'은 'ᄯᆞᆯ'에 'ᄋᆞᆯ'이 결합하고 있으며, 이때 'ᄅᆞᆯ'과 'ᄋᆞᆯ'은 현대어 풀이에서 각각 목적격 조사 '를'과 '을'에 대응하고 있다. 따라서 조사의 형태가 서로 동일하게 사용되었다는 이해는 적절하지 않다.

③ **ㄴ의 '瞿曇(구담)ᄋᆡ'와 ㄷ의 '南堀(남굴)ㅅ'에는 모두 관형어의 자격을 부여해 주는 조사가 사용되었군.**
ㄴ의 '瞿曇(구담)ᄋᆡ'는 '瞿曇(구담)'에 'ᄋᆡ'가, ㄷ의 '南堀(남굴)ㅅ'은 '南堀(남굴)'에 'ㅅ'이 결합하고 있는데, 이때 'ᄋᆡ'와 'ㅅ'은 모두 현대어 풀이에서 관형격 조사 '의'에 대응하고 있다.

④ **ㄴ의 '深山(심산)애'와 ㄷ의 '時節(시절)에'에는 모두 부사어의 자격을 부여해 주는 조사가 사용되었군.**
ㄴ의 '深山(심산)애'는 '深山(심산)'에 '애'가, ㄷ의 '時節(시절)에'는 '時節(시절)'에 '에'가 결합하고 있는데, 이때 '애'와 '에'는 현대어 풀이에서 모두 부사격 조사 '에'에 대응하고 있다.

⑤ **ㄴ의 '果實(과실)와'와 ㄹ의 '病(병)과'에는 모두 단어와 단어를 이어 주는 조사가 사용되었군.**
ㄴ의 '果實(과실)와'는 '果實(과실)'에 '와'가, ㄹ의 '病(병)과'는 '病(병)'에 '과'가 결합하고 있는데, 이때 '와'와 '과'는 모두 현대어 풀이에서 조사 '과'에 대응하고, 각각 '果實(과실)'과 '믈', '病(병)'과 '死(사)'를 이어주고 있다.

★★ 문제 해결 꿀~팁 ★★

▶ 많이 틀린 이유는?
이 문제는 중세 국어에 대한 정확한 이해가 부족하여 오답률을 높였던 것으로 보인다. 또한 중세 국어의 특징 중 하나인 이어쓰기를 이해하지 못한 것도 오답률을 높였던 것으로 보인다.

▶ 문제 해결 방법은?
이 문제를 해결하기 위해서는 일차적으로 중세 국어와 현대 국어를 비교할 수 있어야 한다. 정답인 ②에 제시된 ㄱ의 '어미ᄅᆞᆯ'이 현대 국어에서는 '어미를'로, ㄷ의 'ᄯᆞᄅᆞᆯ'은 현대 국어에서 '딸을'로 쓰였음을 알아야 한다. 그런 다음 현대 국어를 바탕으로 목적격 조사가 어떻게 쓰였는지 판단하면 되는데, '어미ᄅᆞᆯ'은 '어미'에 'ᄅᆞᆯ'이, 'ᄯᆞᄅᆞᆯ'은 'ᄯᆞᆯ'에 'ᄋᆞᆯ'이 결합하여 이어적기 하였으므로 각각 'ᄅᆞᆯ'과 'ᄋᆞᆯ'이 쓰였음을 알 수 있다. 또한 오답률이 높았던 ④의 경우에도 현대 국어와 비교해 보았으면 적절하다고 판단할 수 있었을 것이다. 한편 학생들 중에는 이어적기, 즉 'ᄯᆞᄅᆞᆯ'처럼 앞의 끝 자음을 뒤에 이어지는 모음에 이어 쓰는 것을 제대로 이해하지 못해 적절하다고 잘못된 판단을 하였다. 이는 중세 국어의 기본적인 지식 부족 때문이라 할 수 있으므로, 평소 가장 기본적인 중세 국어 지식은 충분히 익힐 수 있어야 한다.

04~09 사회

(가) 김기태, 「소셜미디어 시대에 꼭 알아야 할 저작권」

해제 이 글은 저작권법상의 저작물, 2차적저작물, 독립저작물에 대해 설명하고 있다. 저작권법상 저작물은 인간의 사상 또는 감정을 표현한 창작물이고, 저작권법상 원저작물을 번역·편곡·변형·각색 등의 방법으로 작성한 창작물을 2차적저작물이라 하는데, 이러한 2차적저작물이 되려면 조건을 갖추어야 한다. 그런데 만약 원저작물을 떠올릴 수 없을 정도로 완전히 바뀌어 실질적 유사성이 인정되지 않는다면 이것은 2차적저작물이 아니라 독립저작물로 인정받을 수 있다. 2차적저작물과 독립저작물을 구별하는 기준으로 원저작물과 시장적 경쟁 관계에 있는지 여부가 있다.

주제 저작권법상의 저작물, 2차적저작물, 독립저작물의 개념 및 구분 방법

[문제편 p.072]

문단 핵심 내용

1문단	저작권법에서 정의하고 있는 저작물의 의미
2문단	2차적저작물의 의미 및 2차적저작물이 되기 위한 조건
3문단	독립저작물의 의미 및 인정받을 수 있는 조건

(나) 오승종, 「된다! 유튜브·SNS·콘텐츠 저작권 문제 해결」

해제 이 글은 저작권의 종류와 올바른 이용 방법에 대해 설명하고 있다. 저작권은 저작자가 자신이 창작한 저작물에 대해 갖는 권리로, 저작인격권과 저작재산권으로 나눌 수 있다. 저작권 침해 사안은 2차적저작물 작성권과 관련되어 있는 경우가 많은데, 2차적저작물 작성권을 갖는 저작자의 원저작물과 실질적으로 유사한 저작물을 작성하여 이용하는 경우가 이에 해당한다. 그래서 2차적저작물을 작성하여 이용하려면 저작자의 원저작물을 침해하지 않도록 저작물 이용에 대한 허락을 받아야 한다. 그리고 2차적저작물을 바탕으로 만들어진 또 다른 2차적저작물을 제작할 때는 원저작물의 2차적저작물 작성권을 가진 사람의 허락도 받아야 한다.

주제 저작권의 종류와 올바른 이용 방법

문단 핵심 내용

1문단	저작권의 개념과 종류
2문단	2차적저작물 작성권과 관련되어 있는 저작권 침해 사안
3문단	원저작자 허락 없이 작성된 2차적저작물의 저작권 발생 및 법적 보호 여부
4문단	2차적저작물을 작성하여 이용할 때의 올바른 방법
5문단	또 다른 2차적저작물을 작성하여 이용할 때의 올바른 방법

04 글의 내용 전개 방식 파악 　정답률 69% | 정답 ④

(가), (나)에 대한 설명으로 적절하지 않은 것은?

① **(가)는 일정한 기준에 따라 2차적저작물과 독립저작물을 구분하고 있다.**
(가)의 3문단을 통해 원저작물과 시장적 경쟁 관계에 있는지 여부에 따라 2차적저작물과 독립저작물을 구분하였음을 알 수 있다.

② **(가)는 예시를 활용하여 2차적저작물이 갖추어야 할 요건을 설명하고 있다.**
(가)의 2문단에서는 소설, 영화의 예시를 활용하여 원저작물과 실질적 유사성을 유지하여야 한다는 요건, 그리고 근대 소설, 소설, 영화의 예시를 활용하여 새로운 창작성을 부가하여야 한다는 요건을 설명하고 있다.

③ **(나)는 차이점을 밝히며 저작인격권과 저작재산권을 구별하고 있다.**
(나)의 1문단에서는 저작권을 저작인격권과 저작재산권으로 구별하여, 둘 사이의 차이점을 밝히고 있다.

✔ **(나)는 묻고 답하는 방식을 통하여 저작권 침해가 발생하는 경우를 나열하고 있다.**
(나)의 3문단의 '그런데 원저작자의 허락 없이 작성된 2차적저작물도 저작권법의 보호를 받을 수 있을까?'를 통해, 묻고 답하는 방식을 활용하고 있음을 알 수 있다. 하지만 묻고 답하는 방식을 통하여 저작권 침해가 발생하는 경우를 나열하지는 않고 있다.

⑤ **(가)와 (나)는 모두 법에 제시된 내용에 근거하여 2차적저작물과 관련된 용어를 설명하고 있다.**
(가)의 1문단에서는 저작권법 제2조 제1호에 근거하여 '저작물'을 설명하고 있고, (나)의 2문단에서는 저작권법 제22조에 근거하여 '2차적저작물 작성권'을 설명하고 있다.

★★★ 1등급 대비 고난도 2점 문제

05 세부 내용의 이해 　정답률 44% | 정답 ⑤

(가), (나)의 내용과 일치하는 것은?

① **저작인격권은 저작자 사망 시 유족에게 양도되어 보호받는다.**
(나)의 1문단을 통해 저작인격권은 양도할 수 없고 저작자가 사망하면 소멸함을 알 수 있다.

② **2차적저작물의 저작권은 2차적저작물 작성권을 가진 사람이 갖게 된다.**
(나)의 1문단을 통해 저작권은 저작자가 자신이 창작한 저작물에 대해 갖는 권리임을 알 수 있다. 그리고 3문단을 통해 일단 2차적저작물이 만들어지면 2차적저작물의 저작권은

[문제편 p.073]

원저작물의 저작권과는 별개의 권리로서 보호를 받으며 원저작자의 허락이 있었는지 여부는 2차적저작물의 저작권 발생에 영향을 주지 않음을 알 수 있다. 이렇게 볼 때, 2차적저작물 작성권이 없는 사람이 2차적저작물을 창작한 경우 2차적저작물의 저작권은 2차적저작물의 창작자가 갖게 됨을 알 수 있다.

③ **원저작물을 수정한 것이라면 복제물에 가깝더라도 2차적저작물로 간주할 수 있다.**

(가)의 2문단을 통해 근대소설을 현대 표기법에 맞도록 수정한 것은 원저작물의 복제물에 가까운 것으로 2차적저작물로 보기 어려움을 알 수 있다. 따라서 원저작물을 수정한 것이라면 복제물에 가깝더라도 2차적저작물로 간주할 수 없음을 알 수 있다

④ **다른 사람의 저작물을 베낀 것이 아니더라도 그 저작물과 유사하면 저작권 보호를 받을 수 없다.**

(가)의 1문단을 통해 우연히 기존의 저작물과 유사하더라도 베끼지 않고 독자적으로 창작한 것이라면 저작권 보호를 받을 수 있음을 알 수 있다. 따라서 다른 사람의 저작물을 베낀 것이 아니더라도 그 저작물과 유사하더라도 저작권 보호를 받을 수 있다.

✔ **2차적저작물 작성권은 2차적저작물을 작성하여 이용함으로써 발생하는 재산적 이익을 보호하기 위한 권리이다.**

(나)의 1문단을 통해 저작재산권은 저작물을 일정한 방식으로 이용함으로써 발생하는 재산적 이익을 보호하기 위한 권리임을 알 수 있다. 그리고 2문단을 통해 2차적저작물 작성권은 저작재산권을 구성하는 권리 중 하나로 2차적저작물을 작성하여 이용할 권리임을 알 수 있다. 따라서 2차적저작물 작성권은 2차적저작물을 작성하여 이용함으로써 발생하는 재산적 이익을 보호하기 위한 권리라 할 수 있다.

★★ 문제 해결 꿀~팁 ★★

▶ 많이 틀린 이유는?

이 문제는 글의 내용을 정확히 이해하지 못하여 오답률이 높았던 것으로 보인다. 특히 선택지의 내용이 특정 부분뿐만 아니라 두 부분의 내용이 결합되어 어려움을 문제 해결에 어려움을 겪은 것으로 보인다.

▶ 문제 해결 방법은?

이 문제를 해결하기 위해서는 일차적으로 선택지의 내용이 글의 어느 부분에 있는지 파악해야 한다. 그리고 선택지의 내용 중에서 글의 특정 부분이 아니라 두 군데 이상에 걸쳐 있는 선택지의 경우 해당 부분을 찾아서 적절성을 판단해야 한다. 가령 정답인 ⑤의 경우 (나)의 1문단의 내용과 2문단을 내용을 통해 내용 일치 여부를 판단해야 한다. 마찬가지로 오답률이 높았던 ②의 경우에도 (나)의 1문단과 3문단을 통해 내용 일치 여부를 판단하면 적절하지 않음을 알 수 있다. 이 문제처럼 최근에 내용 일치 문제가 두 군데에 있는 정보를 결합하여 제시하고 있는 경우가 있으므로, 선택지를 정확히 읽어서 제시된 정보에 해당하는 문단을 찾아 내용 일치를 판단하도록 한다. 한편 내용 일치 문제는 글의 중심 화제나 핵심 정보와 관련된 경우가 많으므로, 글을 읽을 때 중심 화제나 핵심 정보와 관련된 내용에는 반드시 밑줄을 긋도록 한다.

06 핵심 내용의 이해

정답률 73% | 정답 ⑤

㉠ ~ ㉢을 이해한 내용으로 적절하지 않은 것은?

① **㉠의 저작자와 ㉡을 작성하여 이용할 수 있는 권리를 가진 사람은 다를 수 있다.**

(나)의 1문단을 통해 원저작자는 저작재산권을 구성하는 각각의 권리를 나누어 일부를 양도할 수 있음을 알 수 있다. 그리고 2문단을 통해 2차적저작물 작성권은 저작재산권을 구성하는 권리 중 하나임을 알 수 있다. 따라서 ㉠의 저작자와 ㉡을 작성하여 이용할 수 있는 권리를 가진 사람은 다를 수 있음을 알 수 있다.

② **㉡은 ㉠을 기반으로 창작된 것으로 본다.**

(가)의 2문단을 통해 ㉡은 ㉠을 기초로 하여 작성된 것임을 알 수 있다.

③ **㉡과 ㉢은 시장적 경쟁 관계에 있다고 보는 것이 일반적이다.**

(가)의 3문단을 통해 2차적저작물은 원저작물과 시장적 경쟁 관계에 있다고 보는 것이 일반적임을 알 수 있다. 그리고 ㉡은 ㉢의 원저작물이며 ㉢은 ㉡의 2차적저작물에 해당함을 알 수 있으므로, ㉡과 ㉢은 시장적 경쟁 관계에 있다고 보는 것이 일반적이라 할 수 있다.

④ **㉢은 ㉠과 실질적 유사성이 있다고 간주한다.**

(가)의 2문단을 통해 2차적저작물은 원저작물과 실질적 유사성을 유지함을 알 수 있다. 그리고 (나)의 5문단을 통해 ㉢은 ㉠을 기반으로 창작되었으며 ㉢을 제작할 때는 ㉠의 2차적저작물 작성권을 가진 사람의 허락을 받을 필요가 있음을 알 수 있다. 따라서 ㉢을 ㉠의 2차적저작물로 볼 수 있으며, ㉢은 ㉠과 실질적 유사성이 있다고 간주할 수 있다.

✔ **㉡을 작성할 때는 ㉢과 달리 ㉠의 2차적저작물 작성권을 가진 사람의 허락을 받을 필요가 있다.**

(나)의 4, 5문단을 통해 ㉡과 ㉢을 작성할 때에는 모두 ㉠의 2차적저작물 작성권을 가진 사람의 허락을 받을 필요가 있음을 알 수 있다.

07 이유의 추리

정답률 77% | 정답 ③

(가)를 참고하여 ㉮의 이유를 추론한 것으로 가장 적절한 것은?

① **원저작물을 떠올릴 수 없을 정도로 바뀌었으므로**

(가)의 2문단을 통해, 2차적저작물이 되기 위해서는 원저작물을 기초로 하여야 하며 원저작물과 실질적 유사성을 유지해야 함을 알 수 있으므로 적절하지 않다.

② **원저작물의 저작자가 아닌 사람이 창작하였으므로**

원저작물의 저작자와 2차적저작물의 저작자가 다르다고 할 수 있다. 하지만 이 때문에 2차적저작물을 독자적 저작물로서 보호한다고는 할 수 없다.

✔ **원저작물에 없는 새로운 창작성이 부가되어 있으므로**

㉮를 통해 저작권법에 의해 2차적저작물이 독자적인 저작물로서 보호받음을 알 수 있다. 그리고 (가)의 1문단을 통해 저작권법으로 보호받는 저작물이 되려면 창작성이 있어야 하고, 2문단을 통해 2차적저작물에는 원저작물에는 없는 새로운 창작성이 부가되어 있음을 알 수 있다. 이를 볼 때, 2차적저작물이 저작권법으로 보호받는 이유는 원저작물에 없는 새로운 창작성이 부가되어 있기 때문이라 할 수 있다.

④ **원저작물에 비해 예술적 수준이 높다고 볼 수 있으므로**

원저작물에 비해 2차적저작물의 예술적 수준이 높다고 볼 만한 근거는 찾을 수 없으므로 적절하지 않다.

⑤ **원저작물의 저작자가 지닌 권리를 침해하지 않았으므로**

(나)의 2문단과 3문단을 통해, 2차적저작물은 원저작물 저작자의 허락을 받지 않고 창작된 것이어도 보호를 받을 수는 있지만, 그렇다고 해서 원저작물의 저작자가 지닌 권리를 침해하지 않았다고 볼 수 없다.

★★★ 1등급 대비 고난도 3점 문제

08 구체적인 사례에의 적용

정답률 33% | 정답 ⑤

(가), (나)를 읽은 학생이 〈보기〉에 대해 보인 반응으로 적절하지 않은 것은? [3점]

〈보 기〉

○ A는 오디션 프로그램에 나가기 위해 기존 가요를 편곡하였고 편곡한 곡을 자신의 블로그에 올렸다. A의 친구는 기존 가요의 저작자인 B의 허락을 받지 않고 편곡한 것이 문제가 될 수 있음을 말해 주었다. A는 편곡은 B의 허락을 받을 필요가 없다고 생각하고 있다.

○ C는 인터넷 검색을 하다가 평소 관심 있던 외국 영화의 한글 자막을 보게 되었고 이것을 자신이 운영하는 영화 관련 웹 사이트에 올렸다. 그런데 영어 자막을 번역하여 이 한글 자막을 작성한 D가 자신의 저작물을 무단으로 이용했다는 이유로 C에게 권리를 주장했다. 하지만 D가 영어 자막의 저작자에게 허락받지 않고 한글 자막으로 번역하였다는 것을 알게 된 C는 자신에게 잘못이 없다고 생각하고 있다.

※ 단, 저작자가 아닌 다른 사람에게 양도된 저작권은 없다고 가정하고, 주어진 상황 이외에는 고려하지 않음.

① **B는 A가 편곡하여 블로그에 올린 곡에 대한 저작권을 가지고 있지 않겠군.**

(나)의 1문단을 통해 저작권은 저작자가 자신이 창작한 저작물에 대해 갖는 권리임을 알 수 있고, 3문단을 통해 원저작자의 허락이 있었는지 여부는 2차적저작물의 저작권 발생에 영향을 주지 않음을 알 수 있다. 따라서 저작자가 아닌 다른 사람에게 양도된 저작권이 없다고 가정하면 A가 편곡하여 블로그에 올린 곡에 대한 저작권은 저작자인 A가 가지고 있다고 할 수 있다.

② **영어 자막의 저작자는 D에게 손해배상을 청구할 수 있겠군.**

(나)의 4문단을 통해 원저작자는 자기 허락 없이 2차적저작물을 작성하여 이용한 사람에게 손해배상을 청구할 수 있음을 알 수 있다. D는 영어 자막의 저작자에게 허락을 받지 않고 영어 자막을 번역하여 한글 자막을 작성하였으므로, 영어 자막의 저작자는 D에게 손해배상을 청구할 수 있다.

③ **기존 가요와 영어 자막은 원저작물로 볼 수 있겠군.**

(가)의 2문단을 통해 저작권법상 원저작물을 번역·편곡·변형·각색 등의 방법으로 작성한 창작물을 2차적저작물임을 알 수 있다. A는 기존 가요를 편곡하였고 D는 영어 자막을 번역하여 한글 자막을 작성하였으므로 기존 가요와 영어 자막은 원저작물로 볼 수 있다.

④ **A는 C와 달리 2차적저작물 작성권을 침해한 것이겠군.**

(나)의 2문단을 통해 원저작자 허락 없이 원저작물에 의거하여 그 저작물과 실질적으로 유사한 저작물을 작성하여 이용한다면 그 사람은 원저작자의 2차적저작물 작성권을 침해한 것임을 알 수 있다. 따라서 기존 가요의 저작권을 가지고 있는 B에게 허락을 받지 않고 기존 가요를 편곡한 A는 2차적저작물 작성권을 침해하였다고 할 수 있다. 하지만 C는 D가 작성한 한글 자막을 무단으로 이용한 것은 맞지만, 이 한글 자막을 원저작물로 하여 2차적저작물을 작성하여 이용한 것은 아니므로, 2차적저작물 작성권을 침해한 것이라 할 수 없다.

✔ **B와 D는 모두 2차적저작물 작성권을 침해받은 것이겠군.**
(나)의 2문단을 통해 원저작자 허락 없이 원저작물에 의거하여 그 저작물과 실질적으로 유사한 저작물을 작성하여 이용한다면 그 사람은 원저작자의 2차적저작물 작성권을 침해한 것임을 알 수 있다. 따라서 A가 기존 가요의 저작권을 가지고 있는 B에게 허락을 받지 않고 기존 가요를 편곡하였으므로 B의 2차적저작물 작성권을 침해하였다고 할 수 있다. 그리고 C는 D가 작성한 한글 자막을 무단으로 이용한 것은 맞지만, 이 한글 자막을 원저작물로 하여 2차적저작물을 작성하여 이용한 것은 아니라 할 수 있다. 따라서 B는 2차적저작물 작성권을 침해받았으나 D는 침해받지 않았다고 할 수 있다.

★★ 문제 해결 꿀~팁 ★★

▶ 많이 틀린 이유는?
이 문제는 글의 내용을 구체적 사례에 적용하는 과정에서 어려움을 겪어 오답률을 높였던 것으로 보인다. 또한 2차적 저작물을 정확히 이해하지 못한 것도 오답률을 높였던 것으로 보인다.
▶ 문제 해결 방법은?
글의 내용을 구체적 사례에 적용하는 문제의 경우 〈보기〉로 제시한 사례가 어떤 사례인지 이해하고, 이에 대해 제시한 선택지의 내용을 이해하고, 이를 글에서 찾아서 문제를 해결해야 한다.
가령 정답인 ⑤의 경우, 선택지에 '2차적저작물의 작성 침해'가 언급되어 있으므로, (나)의 2문단을 통해 '2차적저작물의 작성 침해'가 무엇인지 그 의미를 이해해야 한다. 그런 다음 이를 바탕으로 〈보기〉의 B와 D가 2차적저작물 작성권을 침해받았는지 판단하면 된다. 이때 D의 경우에는 2차적저작물 작성권을 침해 내용의 '실질적으로 유사한 저작물을 작성하여 이용한다'는 내용을 정확히 적용하지 않으면 2차적저작물 작성권을 침해받았다고 잘못 판단할 수 있으므로 유의해야 한다. 마찬가지로 오답률이 높았던 ④의 경우에도 2문단에 제시된 '2차적저작물의 작성 침해'를 정확히 이해하였다면 적절함을 알았을 것이다. 이처럼 구체적 사례 적용 문제는 글의 내용을 바탕으로 해결할 수 있으므로, 이러한 문제를 접할 경우 선택지를 통해 관련 내용을 글에서 반드시 찾을 수 있도록 한다.

09 어휘의 문맥적 의미 파악 정답률 90% | 정답 ①

문맥상 ⓐ와 바꾸어 쓰기에 가장 적절한 것은?

✔ **분류(分類)할**
'저작인격권과 저작재산권으로 나눌 수 있다.'의 '나눌'은 '종류에 따라서 가름'의 의미로 쓰였으므로 '분류(分類)할'로 바꾸어 쓸 수 있다.

② **변별(辨別)할**
'사물의 옳고 그름이나 좋고 나쁨을 가리다.'의 의미이므로 바꾸어 쓰기에 적절하지 않다.

③ **배분(配分)할**
'몫몫이 별러 나누다.'의 의미이므로 바꾸어 쓰기에 적절하지 않다.

④ **판별(判別)할**
'옳고 그름이나 좋고 나쁨을 판단하여 구별하다.'의 의미이므로 바꾸어 쓰기에 적절하지 않다.

⑤ **해석(解釋)할**
'문장이나 사물 따위로 표현된 내용을 이해하고 설명하다. 사물이나 행위 따위의 내용을 판단하고 이해하다.'의 의미이므로 바꾸어 쓰기에 적절하지 않다.

10~12 시나리오

김영현, 「대장금」

감상 이 작품은 드라마 「대장금」의 시나리오 대본으로, 조선 시대 실존 인물인 장금의 삶을 재구성한 것으로, **전문적인 지식과 기술을 습득해 궁중 최고의 요리사가 되고, 이후 조선 최고의 의녀가 되는 성공담을 다루고** 있다. 특히 이 작품은 우리나라 전통 음식 문화의 가치를 잘 담아낸 작품으로 평가받는다.
주제 어려운 상황에서도 음식과 의술에서 일가를 이루는 대장금의 일생
작품 줄거리 장금은 어린 나이에 부모를 여의고 생각시로 입궁하여 수라간 생활을 하게 된다. 장금은 어머니의 친구이자 스승인 한 상궁에게 음식에 대한 철학을 배우며 실력을 쌓아 간다. 그러던 중 최고 상궁 자리를 놓고 한 상궁 측과 최 상궁 측이 경합을 벌이다가 최 상궁의 모함으로 한 상궁은 죽고 장금은 제주도로 귀양을 가게 된다. 장금은 제주도에서 의녀 장덕에게 의술을 배워 여러 가지 공을 세우고, 한양에 올라가 의녀로서 다시 입궁하게 되고, 스승 신익필을 통해서 의학에 대한 신념을 갖게 되면서, 중전과 대비의 병을 치료하면서 신망을 얻는다. 장금은 중종의 병을 치료하여 그의 신임을 받게 되고, 결국 최 상궁 측을 단죄하고 어의의 자리에 올라 대장금이 된다.

10 작품 내용의 이해 정답률 77% | 정답 ⑤

윗글을 통해 알 수 있는 내용으로 적절한 것은?

① **한 상궁은 정사의 뜻을 알고 장금에게 음식을 준비하도록 했다.**
한 상궁이 정사의 뜻을 알고 장금에게 음식을 준비하도록 한 내용은 나타나지 않고 있다.

② **장금과 금영은 정사가 먹을 음식을 기쁜 마음으로 함께 준비하였다.**
장금과 금영은 각자 정사의 음식을 장만한 것을 추측할 수 있으므로 적절하지 않다.

③ **정사는 오겸호의 조언에 따라 장금이 만든 음식을 억지로 먹고 있었다.**
오겸호는 장금을 불경한 것이라고 하며 정사에게 벌을 요청하고 있으므로 적절하지 않다.

④ **오겸호는 만한전석을 준비하라고 한 정사의 지시에 불만을 가지고 있었다.**
정사는 만한전석을 올린다는 오겸호의 말에 놀라고 있으므로 적절하지 않다.

✔ **정사는 떠나는 날까지 음식을 준비하라고 할 만큼 장금에 대한 신뢰를 보였다.**
정사는 가는 날까지 자신의 음식을 고집불통인 장금과 장금의 스승인 한 상궁에게 맡긴다고 선언하고 있다. 이를 통해, 정사는 장금에 대해 신뢰를 보이고 있다고 할 수 있다.

11 외적 준거에 따른 작품의 감상 정답률 69% | 정답 ④

〈보기〉를 통해 윗글을 감상한 내용으로 적절하지 않은 것은? [3점]

〈보 기〉
음식은 먹는 사람의 건강을 지키는 수단이자 맛에 대한 욕망을 충족하는 수단이기도 하다. 이 둘은 상충되기도 하지만 조화를 이루기도 한다. 「대장금」은 다양한 음식을 소재로 한 일련의 사건과 음식에 대한 소신을 지키는 장금의 모습에서 전통 음식 문화에 대한 자부심을 느끼게 한다.

① **정사는 '소갈'에 걸리고도 맛있고 '기름진 음식'을 끊을 수 없었다는 점에서 맛에 대한 욕망을 제어하지 못하였음을 알 수 있군.**
정사는 그동안 맛있고 기름진 음식을 먹어 소갈을 얻었음에도 그런 음식을 끊을 수 없다고 말하고 있는데, 이는 맛에 대한 욕망을 제어하지 못하였음을 보여 주는 것이라 할 수 있다.

② **장금이 정사가 싫어하는 것을 알면서도 '생선'과 '산나물'을 이용하여 만든 음식을 올리는 것은 정사의 건강을 우선시했기 때문이군.**
장금은 자신이 올린 음식을 먹고 싫은 표정을 짓는 정사를 보며 생선과 산나물 등의 음식을 올리고 있다. 그리고 정사의 질문에 먹는 사람에게 해가 되는 음식을 올려서는 안 된다고 말하고 있다. 따라서 장금은 정사의 건강을 위해 생선과 산나물을 이용한 음식을 만들었다고 할 수 있다.

③ **정사는 장금이 만든 음식에서 '재료 고유의 맛'을 느끼며 건강을 지키는 것과 맛에 대한 욕망이 조화를 이룰 수 있음을 깨닫게 되는군.**
정사는 장금의 음식을 먹을수록 재료 고유의 맛이 느껴졌다고 말하고 있다. 그러므로 장금이 만든 음식에서 건강과 맛에 대한 욕망이 조화를 이룰 수 있음을 깨달았다고 할 수 있다.

✔ **장금은 정사가 '만한전석'과 같이 건강을 해치는 음식을 선호하는 것을 보고 음식을 먹는 자의 도리를 지키지 않는다고 말하며 안타까워했군.**
정사는 '음식을 하는 자가 도리와 소신이 있듯이 음식을 먹는 자 또한 도리가 있어야 한다'고 여기면서, 장금의 뜻에 따라 자신을 해치는 음식을 먹지 않겠다고 말하고 있다. 즉, 음식을 먹는 자의 도리를 말한 것은 정사임을 알 수 있으므로 적절하지 않은 감상이다.

⑤ **장금이 위험을 무릅쓰고 먹는 사람의 건강에 도움이 되는 음식을 고집하는 것에서 '음식을 하는 자의 도리'를 지키고자 하는 소신을 확인할 수 있군.**
장금은 자신에게 크나큰 위험이 닥쳐도 음식을 하는 자의 도리를 지켜야 한다고 정사에게 말하고 있으므로 위험을 무릅쓰고 음식을 하는 자의 도리를 지키고자 하는 소신을 가졌다고 할 수 있다.

12 영화로의 연출 계획의 적절성 파악 정답률 52% | 정답 ④

S#49를 제작하기 위한 회의 내용으로 적절하지 않은 것은?

① **음식을 정성스럽게 만드는 장금의 솜씨를 강조할 필요가 있습니다. 음식을 만드는 손을 클로즈업하면 좋겠습니다.**
음식에 대한 장금의 정성을 강조한다는 점에서 적절한 연출 계획이다.

[문제편 p.076]

② **이틀에 걸친 사건을 짧은 장면으로 이어 붙인 장면입니다. 사건이 속도감 있게 전달될 수 있도록 편집하면 좋겠습니다.**
'다음날'이라는 표지를 통해 이틀 간의 사건을 몽타주로 전달하고 있다는 것을 알 수 있으므로 적절한 연출 계획이다.

③ **불안해하는 오겸호를 담은 장면이 반복됩니다. 배우의 표정 연기를 통해 긴장감이 고조되도록 연출을 하면 좋겠습니다.**
불안해하는 오겸호가 담긴 장면이 반복되고 있으므로, 이러한 오겸호의 표정 연기를 통해 장금을 둘러싼 위기감을 고조시킬 수 있으므로 적절한 연출 계획이다.

✔ **'음식 준비 – 사신의 시식 – 장금의 기대 – 사신의 평가'가 이어지고 있습니다. 이 순서대로 장면들을 편집하면 좋겠습니다.**
S#49를 보면, 장금이 음식을 준비하는 과정, 정사가 시식하는 장면, 정사가 시식을 하며 반응하는 장면이 일련의 순서에 따라 반복되고 있다. 하지만 '사신의 시식' 이후에 나타나는 '장금의 기대'는 찾아볼 수 없으므로 적절하지 않다.

⑤ **조선 시대를 배경으로 하고 있습니다. 사실성이 드러나도록 당시의 의복과 소품을 고증하여 준비하는 것이 좋겠습니다.**
정사의 말을 통해 정사가 사신으로 조선에 왔음을 알 수 있으므로 적절한 연출 계획이다.

DAY 13 20분 미니 모의고사

01 ④	02 ③	03 ①	04 ①	05 ①
06 ①	07 ②	08 ③	09 ②	10 ③
11 ⑤	12 ①			

01 발표 표현 전략의 파악

정답률 91% | 정답 ④

위 발표에 대한 설명으로 가장 적절한 것은?

① **발표에 사용할 용어의 개념을 정의한 후 화제를 제시하고 있다.**
1문단에서 알 수 있듯이 학생은 발표 화제를 먼저 제시하고 있음을 알 수 있다. 그리고 이러한 발표 화제 제시 후 발표 과정에서 떫은 맛과 타닌의 개념을 정의하여 제시하고 있다.

② **청중의 요청에 따라 발표 내용에 대한 정보를 추가하여 설명하고 있다.**
이 발표를 통해 학생이 청중에게 질문을 던지고는 있지만 청중의 요청은 제시되지 않고 있다.

③ **발표 중간중간에 청중이 발표를 들으면서 주의해야 할 점을 안내하고 있다.**
이 발표에서 학생은 발표 순서에 따라 발표를 하고 있을 뿐, 발표 중간중간에 청중이 발표를 들으면서 주의해야 할 점을 안내하지는 않고 있다.

✔ **발표 내용과 관련된 청중의 경험을 환기하며 청중의 반응을 확인하고 있다.**
2문단의 '과학 시간에 단맛, 짠 맛 ~ (대답을 듣고) 다들 잘 알고 있네요.'와 3문단의 '과육 사이에 보이는 작고 검은 점들을 ~ (대답을 듣고) 네, 다들 본 적이 있는 이 점들이'를 통해, 학생은 발표 내용과 관련된 청중의 경험을 환기하며 청중의 반응을 확인하면서 발표를 진행하고 있다.

⑤ **발표 내용에 대한 청중의 이해 여부를 확인하는 질문을 하며 발표를 마무리하고 있다.**
마지막 문단에서 학생은 청중에게 질문의 형식을 사용하여 떫은맛이 나는 식품에는 무엇이 더 있는지 찾아볼 것을 제안하고 있지만, 발표 내용에 대한 청중의 이해 여부를 확인하는 질문을 하지는 않고 있다.

02 발표 계획의 반영 여부 판단

정답률 88% | 정답 ③

다음은 발표를 하기 위해 작성한 메모와 발표 계획이다. 발표 내용에 반영되지 않은 것은?

	메모		발표 계획
①	청중은 떫은맛의 느낌은 알지만 떫은맛과 관련된 지식은 부족할 것임.	→	떫은맛에 대한 정보를 제공하는 것이 발표의 목적임을 밝혀야지.

1문단의 '여러분에게 떫은맛에 대해 알려 드리려고 합니다.'에서 떫은맛에 대한 정보를 제공하는 것이 발표 목적임을 밝히고 있다.

	메모		발표 계획
②	청중은 기본적인 맛은 미각 세포를 통해 느낀다는 것을 배운 적이 있음.	→	기본적인 맛과 떫은맛이 느껴지는 감각의 차이를 언급하며 떫은맛이 느껴지는 과정을 설명해야지.

2문단의 '과학 시간에 단맛, 짠맛, ~ 느껴지는 촉각에 해당해요.'에서 기본적인 맛과 떫은맛이 느껴지는 감각의 차이를 언급하고 있음을 알 수 있다. 그리고 '떫은맛을 내는 성분은 ~ 입안이 텁텁하다고 느낍니다.'에서 떫은맛이 느껴지는 과정을 설명하고 있음을 알 수 있다.

	메모		발표 계획
✔	감의 타닌(과육의 검은 점)이 떫은맛을 냄.	→	떫은맛을 내는 다양한 성분을 분석한 시각 자료를 보여 줘야지.

3문단의 '(사진을 보여 주며) 이것은 감의 단면입니다. 과육 사이에 보이는 ~ 이 점들이 떫은맛을 내는 성분 중의 하나인 타닌입니다.'를 통해, 떫은맛을 내는 타닌 성분을 시각 자료인 사진을 통해 설명하고 있음을 알 수 있다. 하지만 타닌 이외의 성분을 분석한 자료는 보여 주지 않고 있으므로 발표 계획은 적절하지 않다.

④ 떫은맛이 나는 식품이 건강에 도움을 줌. → 떫은맛이 나는 식품의 효능과 관련된 연구 결과를 인용해야지.

4문단의 'OO 연구소의 연구에 따르면, ~ 개선하는 기능이 있다고 합니다.'에서 떫은맛이 나는 식품의 효능과 관련된 연구 결과를 인용하고 있음을 알 수 있다.

⑤ 떫은맛이 나는 식품은 여러 가지가 있음. → 떫은맛이 포함되어 풍미를 느낄 수 있는 식품의 예를 언급해야지.

5문단의 '떫은맛을 꺼리는 사람도 있지만 ~ 즐기는 사람도 많은데요'에서 떫은맛이 포함되어 풍미를 느낄 수 있는 식품의 예로 녹차와 홍차를 언급하고 있음을 알 수 있다.

03 조건에 맞게 글쓰기

정답률 93% | 정답 ①

〈보기〉는 초고를 읽은 선생님의 조언이다. 이를 반영하여 초고에 추가할 내용으로 가장 적절한 것은?

〈보 기〉

선생님 : 글의 마지막 문장 뒤에, 아버지께서 오토바이 배달을 그만두셨을 때 네가 아쉬움을 느낀 이유를 추가하고, 비유를 활용한 표현도 있으면 좋겠어.

✔ 다정한 인사처럼 들렸던 아버지의 오토바이 소리를 더 이상 들을 수 없게 되어서.

'선생님'의 말을 통해 내용적 조건이 아쉬움을 느낀 이유를 추가하는 것이고, 형식적 조건이 비유를 활용하는 것임을 알 수 있다. 이러한 조건을 만족하는 것은 ①로, ①의 '다정한 인사처럼 들렸던 아버지의 오토바이 소리'에서 비유를 활용하고 있다. 그리고 아버지의 오토바이 소리를 더 이상 들을 수 없게 되었다는 것은 '나'가 아쉬움을 느낀 이유라 할 수 있다.

② 이제 고등학교 신입생이 되어 학교생활을 새롭게 시작해야 한다는 부담감이 생겨서.

아버지께서 오토바이 배달을 그만두신 것에 내가 아쉬움을 느낀 이유가 직접적으로 드러나지 않고, 비유를 활용한 표현도 쓰이지 않았다.

③ 아버지의 오토바이를 타고 함께 등교하는 소소한 즐거움을 더 이상 느낄 수 없어서.

오토바이를 타고 함께 등교하는 소소한 즐거움을 더 이상 느낄 수 없다는 것이 '나'가 아쉬움을 느낀 이유로 볼 수도 있으나, 비유를 활용한 표현이 나타나 있지 않다.

④ 교문 앞을 지나 플라타너스 가로수 길을 오가시던 아버지의 모습을 더 이상 볼 수 없어서.

배달을 다니시는 아버지의 모습을 더 이상 볼 수 없어서 위로나 격려를 받지 못한다는 점에서 '나'가 아쉬움을 느낀 이유와 관련성이 있으나, 비유를 활용한 표현은 나타나 있지 않다.

⑤ 중학교를 졸업하여 친구들과 함께했던 추억의 서랍장을 이제는 열어 볼 수 없을 것 같아서.

'추억의 서랍장'이라는 비유를 활용한 표현이 나타나지만 '나'가 아쉬움을 느낀 이유는 적절하지 않다.

04 음운 변동의 탐구

정답률 63% | 정답 ①

다음은 수업 장면의 일부이다. ⓐ와 ⓑ에 들어갈 말로 적절한 것은? [3점]

선생님 : 음운의 변동에는 어떤 음운이 다른 음운으로 바뀌는 교체, 두 음운이 합쳐져 하나가 되는 축약, 원래 있던 한 음운이 없어지는 탈락, 없던 음운이 추가되는 첨가의 유형이 있습니다. 이러한 음운의 변동은 한 단어에서 두 가지 이상이 함께 나타나기도 합니다. 또한 음운의 변동 결과가 표기에 반영되기도 하고, 음운의 변동 후에 음운의 개수가 달라지기도 합니다. 그러면 다음 자료에 나타난 음운의 변동을 탐구해 봅시다.

국밥[국빱], 굳히다[구치다], 급행열차[그팽녈차]

위 자료를 '국밥', 그리고 '굳히다, 급행열차'로 나눈다면, 그 기준은 무엇일까요?
학생 : (ⓐ)를 기준으로 나누었습니다.
선생님 : 맞습니다. 그럼, '굳히다'와 '급행열차'에 공통으로 나타나는 음운의 변동은 무엇일까요?
학생 : (ⓑ)입니다.
선생님 : 네, 맞습니다.

	ⓐ	ⓑ
✔	음운의 변동이 두 가지 이상 일어났는지	축약

'국밥'은 음절 끝 'ㄱ' 뒤에 'ㅂ'이 와서 'ㅂ'이 'ㅃ'으로 교체되어 [국빱]으로 발음되는 것으로, 음운의 변동 전과 후의 음운 개수는 각각 6개로 같다. 그리고 '굳히다'는 'ㄷ'이 'ㅎ'과 결합하여 'ㅌ'으로 축약([구티다])된 후 'ㅣ'모음으로 시작되는 형식 형태소와 만나 'ㅊ'으로 교체가 일어나 [구치다]로 발음된 것으로, 음운의 변동 결과 음운 개수가 7개에서 6개로 줄어든다. 또한 '급행열차'는 'ㅂ'이 'ㅎ'과 결합하여 'ㅍ'으로 축약([그팽열차])되고 '열차'에 'ㄴ' 첨가가 일어나 [그팽녈차]로 발음된 것으로, 음운의 변동 결과 음운 개수는 10개로 음운의 변동 전과 동일하다. 이렇게 볼 때, 음운 변동이 두 가지 이상 일어났는지로 '국밥'과 '굳히다, 급행열차'도 구분할 수 있고, '굳히다'와 '급행열차'는 공통적으로 음운 축약이 일어남을 알 수 있다.

②	음운의 변동이 두 가지 이상 일어났는지	교체
③	음운의 변동 결과 음운의 개수가 줄었는지	탈락
④	음운의 변동 결과 음운의 개수가 줄었는지	교체
⑤	음운의 변동 결과가 표기에 반영되었는지	축약

05~09 인문

현실요법(재구성)

해제 이 글은 **상담 기법인 현실요법에 대해 설명**하고 있다. **현실요법에서는 인간의 다섯 가지 기본 욕구로 생존, 사랑, 힘, 자유, 즐거움의 욕구를 제시**한다. 또한 개인마다 욕구들의 강도가 달라 다양한 행동 양상이 나타나는데, 이 양상에 따라 갈등을 겪을 수도 있다고 한다. 그래서 **현실요법에서는 강한 욕구와 강한 욕구 사이의 갈등에서는 타협과 조절이 필요**하다고 보고 있고, 강한 욕구와 약한 욕구 사이의 갈등에서는 약한 것을 북돋울 수 있는 연습이 필요하다고 보고 있다. **타인의 욕구 충족을 방해하지 않고 내담자가 스스로 자신의 욕구를 조절할 수 있는 존재라고 보는 관점을 기반으로 하는 현실요법**은 심리 상담에 널리 활용되고 있다.

주제 상담 기법인 현실요법의 이해

문단 핵심 내용

1문단	인간의 다섯 가지 기본 욕구를 제시한 '현실요법'
2문단	인간의 다섯 가지 기본 욕구의 이해
3문단	현실요법을 활용한 심리 상담 방법
4문단	현실요법에서 내담자를 바라보는 관점

05 내용 전개 방식 파악

정답률 79% | 정답 ①

윗글에 대한 설명으로 가장 적절한 것은?

✔ 이론의 주요 개념을 밝히고 그 이론의 구체적 적용 사례를 들고 있다.

이 글의 2문단에서는 현실요법에서 제시한 다섯 가지 기본 욕구의 개념을 밝히면서, 3문단의 '예를 들어'에서 알 수 있듯이 현실요법의 적용 사례를 들고 있다.

② 이론을 소개하고 장점을 밝힌 후 그 이론이 지닌 한계를 덧붙이고 있다.

이 글을 통해 현실요법 이론이 지닌 한계는 찾아볼 수 없다.

③ 이론이 등장하게 된 사회적 배경과 이론이 발전하는 과정을 드러내고 있다.

이 글을 통해 현실요법 이론이 등장하게 된 사회적 배경이나 이러한 이론이 발전하는 과정은 제시되어 있지 않다.

④ 하나의 이론과 다른 관점의 이론을 대조하여 둘의 차이점을 부각하고 있다.

이 글을 통해 현실요법 이론과 다른 관점을 지닌 이론은 제시되지 않고 있다.

⑤ 이론의 주요 개념을 여러 유형으로 나눈 다음 추가할 새로운 유형을 소개하고 있다.

이 글을 통해 현실요법 이론의 주요 개념인 욕구를 다섯 가지로 나누고 있음을 알 수 있다. 하지만 추가할 새로운 유형을 소개한 내용은 제시되어 있지 않다.

06 내용의 사실적 이해

정답률 80% | 정답 ①

윗글의 내용과 일치하지 않는 것은?

[문제편 p.079]

✔ 약한 욕구를 강한 욕구로 대체해야 갈등에서 벗어날 수 있다.
3문단을 통해 약한 욕구는 강한 욕구로 대체해야 하는 것이 아니라 북돋아 주어야 함을 알 수 있으므로 적절하지 않다.

② 개인이 지닌 욕구들의 강도에 따라 다양한 행동 양상이 나타난다.
3문단을 통해 다섯 가지 욕구들의 강도는 개인마다 달라 다양한 양상으로 나타남을 알 수 있다.

③ 현실요법에서는 내담자는 외부 요인에 의해 통제되는 존재가 아니라고 본다.
4문단을 통해 현실요법에서 내담자를 외부 요인에 의해 통제되는 존재가 아니라고 보았음을 알 수 있다.

④ 현실요법에 따르면 인간은 기본 욕구를 충족시키기 위해 스스로 행동을 선택한다.
1문단을 통해 인간은 기본 욕구를 충족시키기 위해서 행동을 그 자신이 스스로 선택함을 알 수 있다.

⑤ 현실요법은 기본 욕구들을 실현 가능한 수준으로 타협하는 것이 가능하다고 본다.
1문단을 통해 현실요법에서는 기본 욕구들을 실현 가능한 수준으로 타협하는 것이 가능하다고 보았음을 알 수 있다.

07 내용의 구체적 사례에의 적용

정답률 88% | 정답 ②

㉠의 구체적인 방법으로 가장 적절한 것은?

① 자신과 다른 의견을 경청하는 연습을 하도록 이끈다.
자신과 다른 의견을 경청하는 연습을 하는 것은 힘의 욕구가 높은 경우 활용할 수 있는 구체적 방법이라 할 수 있다.

✔ 부탁을 거절하거나 자신의 불편함을 표출하도록 이끈다.
㉠은 사랑의 욕구가 강하고 힘의 욕구가 약한 사람의 갈등 해결을 도와주는 방법이다. 이 경우 타인의 부탁에 불편해하면서도 거절하지 못할 수 있으므로, 이를 거절하거나 불편하다는 자기주장을 할 수 있게 도와줄 수 있다.

③ 혼자 어디론가 떠나거나 혼자만의 시간을 갖도록 권한다.
혼자 훌쩍 떠나거나 혼자만의 시간을 갖는 것은 자유의 욕구가 낮을 때 활용할 수 있는 구체적 방법이라 할 수 있다.

④ 타인과 약속을 잘 지킬 수 있는 원칙을 만들도록 권한다.
타인과 약속을 지킬 수 있는 원칙을 만드는 것은 생존의 욕구가 낮을 때 활용할 수 있는 구체적 방법이라 할 수 있다.

⑤ 사람들과 어울려 새로운 취미 생활을 즐길 수 있도록 권한다.
사람들과 어울리는 것은 사랑의 욕구가 낮을 때에, 취미 생활을 즐기는 것은 즐거움의 욕구가 낮을 때에 활용할 수 있는 구체적 방법이라 할 수 있다.

08 구체적인 사례에의 적용

정답률 83% | 정답 ③

윗글을 바탕으로 〈보기〉를 이해한 내용으로 적절하지 않은 것은? [3점]

〈보 기〉

A, B 학생의 욕구 강도 프로파일

(5점 : 매우 강하다, 4점 : 강하다, 3점 : 보통이다, 2점 : 약하다, 1점 : 매우 약하다)

다섯 가지 기본 욕구 측정 항목		욕구 강도	
		A	B
(가)	• 남의 지시와 잔소리를 싫어한다. • 자신의 방식대로 살고 싶다. ⋮	5	5
(나)	• 다른 사람의 잘못을 잘 짚어 준다. • 내 분야에서 최고가 되고 싶다. ⋮	4	1
(다)	• 친구를 위한 일에 기꺼이 시간을 낸다. • 친절을 베푸는 것을 좋아한다. ⋮	5	1
(라)	• 큰 소리로 웃는 것을 좋아한다. • 여가 활동으로 알찬 휴일을 보낸다. ⋮	1	3
(마)	• 균형 잡힌 식생활을 하려고 노력한다. • 저축을 중요하게 생각한다. ⋮	2	5

① A는 '즐거움의 욕구'보다 '힘의 욕구'가 더 강하다고 할 수 있겠군.
A는 즐거움의 욕구 강도는 1, 힘의 욕구 강도는 4로, 즐거움의 욕구보다 힘의 욕구가 더 강하다고 할 수 있다.

② B는 '힘의 욕구'가 '생존의 욕구'보다 더 약하다고 할 수 있겠군.
B는 힘의 욕구 강도가 1, 생존의 욕구 강도가 5 로, 힘의 욕구가 생존의 욕구보다 더 약하다.

✔ A는 B보다 '힘의 욕구'가 더 약하다고 할 수 있겠군.
(가)는 자유의 욕구, (나)는 힘의 욕구, (다)는 사랑의 욕구, (라)는 즐거움의 욕구, (마)는 생존의 욕구에 해당하는 항목들이다. 힘의 욕구 강도가 A는 4, B는 1이므로, A는 B보다 힘의 욕구가 더 강하다고 할 수 있다.

④ A와 B는 모두 '자유의 욕구'가 매우 강하다고 할 수 있겠군.
A와 B 모두 자유의 욕구 강도는 5로, 매우 강하다고 할 수 있다.

⑤ A는 '사랑의 욕구'가 '즐거움의 욕구'보다 강하지만, B는 '즐거움의 욕구'가 '사랑의 욕구'보다 강하다고 할 수 있겠군.
A는 사랑의 욕구 강도가 5로 즐거움의 욕구 강도 1보다 강하지만, B는 즐거움의 욕구 강도가 3으로 사랑의 욕구 강도 1보다 강하다.

09 단어의 사전적 의미 파악

정답률 90% | 정답 ②

ⓐ ~ ⓔ의 사전적 의미로 적절하지 않은 것은?

① ⓐ : 안이나 의견으로 내놓음.

✔ ⓑ : 사람이나 동식물 따위가 자라서 점점 커짐.
ⓑ의 사전적 의미는 '목표로 정한 곳이나 어떤 수준에 이르러 다다름.'이다. '사람이나 동식물 따위가 자라서 점점 커짐.'은 '성장'의 의미이므로 적절하지 않다.

③ ⓒ : 여럿 가운데서 특별히 가려서 좋아함.

④ ⓓ : 스스로 자신을 낮추고 비우는 태도가 있음.

⑤ ⓔ : 충분히 잘 이용함.

10~12 현대시

(가) 이육사, 「광야」

감상 이 작품은 조국 광복을 위해 기꺼이 자신을 희생하겠다는 의지를 그리고 있다. 이 글에서 화자는 '가난한 노래의 씨'를 뿌리는 자기희생적인 의지를 통해, '백마 타고 오는 초인'이 광야에서 이 '노래'를 목놓아 부르게 하겠다는 조국 광복에의 의지를 드러내고 있다.

주제 조국 광복에 대한 신념과 의지

표현상의 특징

- 시간의 흐름에 따라 시상이 전개되고 있음.
- 다양한 표현 방법을 활용하여 시적 의미를 강화해 줌.
- 대립적 이미지를 통해 주제 의식을 드러내 줌.
- 명령형 어미를 통해 현실 극복 의지를 드러내 줌.

(나) 박용래, 「울타리 밖」

감상 이 글은 '울타리 밖'에 있는 고향 마을의 정경을 통해 자연과 인간이 조화를 이루며 살아가기를 바라는 마음을 그리고 있다. 이 글에 제시된 '마을'은 순수한 소녀, 소년과 사랑스러운 들길이 있는 공간, 꾸밈 없는 자연 그대로의 모습을 간직한 공간, 울타리 밖에도 화초를 심고 별이 뜨는 공간이다. 화자는 이러한 '마을'의 정경을 통해 자신이 지향하는 조화로운 세계를 드러내 주고 있다.

주제 자연과 조화를 이루는 삶에 대한 소망

표현상의 특징

- 시각적 이미지를 사용하여 고향 마을의 정경을 그려 냄.
- 동일한 종결 어미와 시어의 반복으로 운율을 형성하고 의미를 강조해 줌.
- 하나의 시어를 하나의 연으로 구성하여 고향 마을의 상태를 강조해 줌.

10 표현상 특징 파악

정답률 60% | 정답 ③

[A] ~ [E]에 대한 설명으로 적절하지 않은 것은?

① [A] : 설의적 표현을 활용하여 원시성을 지닌 태초 광야의 모습을 강조하고 있다.

'들렸으랴'라는 설의적 표현을 통해 어떤 생명체도 존재하지 않았던 원시성을 지닌 태초 광야의 모습을 강조하고 있다.

② **[B] : 인격화된 대상의 행위를 추측하여 광야의 신성성을 부각하고 있다.**
'바다를 연모'하는 대상으로 인격화된 '산맥'이 '차마 이곳을 범하던 못하였'을 것이라고 추측하여 산맥도 범할 수 없었던 광야의 신성성을 부각하고 있다.

✔ **[C] : 추상적 대상을 구체화하여 광야가 끊임없이 생성되고 소멸되는 순환성을 나타내고 있다.**
[C]는 추상적 대상인 '계절'을 '꽃'이라는 자연물로 구체화하여 '피어선 지고'라고 표현하고 있다. 그러나 이는 시간의 흐름 또는 계절의 순환을 의미하는 것으로, '광야'라는 공간이 끊임없이 생성되고 소멸되는 순환성을 보인 것은 아니다.

④ **[D] : 시각적 심상을 활용하여 고향의 모습을 선명하게 표현하고 있다.**
'마늘쪽같이 생긴', '한여름을 알몸으로 사는' 등의 시각적 심상을 통해 고향의 모습을 선명하게 표현하고 있다.

⑤ **[E] : 비유적인 표현을 활용하여 인위적이지 않은 마을의 모습을 드러내고 있다.**
'아지랑이가 피듯', '태양이 타듯', '제비가 날듯', '길을 따라 물이 흐르듯'이라는 비유적 표현을 활용하여 '천연(天然)히' 살아가는, 인위적이지 않은 마을의 모습을 드러내고 있다.

11 시어의 의미 파악 정답률 69% | 정답 ⑤

㉠과 ㉡에 대한 이해로 가장 적절한 것은?

① **㉠은 화자를 각성하게 하는 존재이며, ㉡은 화자를 성찰하게 하는 대상이다.**
㉡을 통해 화자가 자기의 마음을 반성하거나 살피고 있지 않으므로, ㉡은 화자를 성찰하게 하는 대상이 아니다.

② **㉠은 공간의 황폐함을 심화하는 존재이며, ㉡은 공간에 생명력을 부여하는 대상이다.**
㉠은 '눈' 내리는 '지금' 광야의 상황을 극복하고 '가난한 노래의 씨'가 자란 '노래'를 부르는 존재이므로, ㉠은 공간의 황폐함을 심화하는 존재가 아니다.

③ **㉠은 공간의 변화를 가져오는 존재이며, ㉡은 공동체의 인식 전환을 일으키는 대상이다.**
㉠은 '지금' 광야의 상황을 극복할 수 있는 존재이므로 ㉠을 공간의 변화를 가져오는 존재로 이해하는 것은 적절하나, ㉡은 공동체가 이미 지니고 있는 모습을 보여 주고 있으므로 ㉡은 공동체의 인식 전환을 일으키는 대상이 아니다.

④ **㉠은 화자가 위화감을 느끼게 하는 존재이며, ㉡은 화자가 애상감을 느끼게 하는 대상이다.**
화자는 ㉠이 올 미래를 기다리고 있으므로 ㉠은 화자에게 위화감을 느끼게 하는 존재가 아니다.

✔ **㉠은 화자가 지향하는 이상을 실현하는 존재이며, ㉡은 화자가 지향하는 공동체의 모습을 드러내는 대상이다.**
㉠은 화자가 '씨'를 뿌린 '가난한 노래'를 '목 놓아' 부를 존재이다. 화자는 '가난한 노래의 씨'가 자라 노래가 불리게 될 미래를 기대하고 있고, ㉠은 '노래'를 부르는 행위를 통해 화자가 지향하는 이상을 실현하는 존재이다. ㉡은 마을 사람들이 '울타리 밖'에도 심는 대상이다. ㉡을 자신의 공간인 울타리 안뿐 아니라 울타리 밖에도 심는다는 것은 '화초'를 자신의 소유로 한정하지 않고 남과 함께 나누려고 하는 것이다. 따라서 남을 배려하며 인정이 가득한 마을 사람들의 모습을 드러내는 ㉡은 화자가 지향하는 공동체의 모습을 드러내는 대상이다.

★★★ 1등급 대비 고난도 3점 문제

12 외적 준거에 따른 작품의 감상 정답률 34% | 정답 ①

〈보기〉를 바탕으로 (가), (나)를 감상한 내용으로 적절하지 않은 것은? [3점]

〈보 기〉

시에서의 시간 양상은 화자의 지향성을 내포하고 있다. 화자가 미래 지향성을 보이는 경우, 시에서의 시간은 현재에서 미래로 나아가는 순방향의 흐름을 보인다. 이때 화자는 현재의 결핍을 인식하고 과거로의 회귀 대신 발전된 미래에 대한 신뢰를 바탕으로 부정적인 현재 상황을 적극적으로 극복하려 한다. 화자가 과거 상황을 긍정적으로 인식하는 과거 지향성을 보이는 경우, 화자는 미래에 대한 신뢰 없이 과거의 공간을 훼손되지 않은 원형으로 여기는 모습을 보인다. 이때 화자의 과거 회상이 현재 시제로 표현되기도 하는데, 이는 과거 공간이 존속하기를 소망하는 화자의 심리가 반영된 것으로 볼 수 있다.

✔ **(가)의 화자는 '큰 강물이 비로소 길을' 연 것을 통해 발전된 미래를 향한 희망을 확인하여 극복의 자세를 드러낸 것이겠군.**
〈보기〉에 따르면 (가)는 화자가 미래 지향성을 보이는 시로 볼 수 있다. 화자는 '초인이 있어' 노래를 '목 놓아' 부를 발전된 미래에 대한 희망을 가지고 있으며, 이를 위해 '씨를 뿌'리는 극복의 자세를 드러내고는 있다. 그러나 '큰 강물이 비로소 길을' 연 것은 광야에서 인간의 문명이 시작된 과거의 상황을 표현한 것이며, 이를 통해 미래를 향한 희망을 확인한다고 보기 어렵다.

② **(가)의 화자가 '가난한 노래의 씨'를 뿌리고자 하는 것은 현재의 결핍을 인식하고 있기 때문이겠군.**
화자는 '지금' '눈'이 내리는 현재의 결핍을 인식하였기 때문에 '가난한 노래의 씨'를 뿌려 부정적인 현재 상황을 적극적으로 극복하고자 하고 있다.

③ **(나)의 '소녀', '소년', '들길'이 존재하는 고향의 모습을 통해 화자가 고향을 훼손되지 않은 원형으로 여기고 있음을 알 수 있겠군.**
〈보기〉에 따르면 (나)는 화자가 과거 지향성을 보이는 시로 볼 수 있다. '소녀'와 '소년'은 때 묻지 않은 순수한 인간의 모습이며, '사랑스러운 들길'은 아름다운 자연의 모습이다. 순수한 사람들과 아름다운 자연이 어우러져 있는 고향의 모습을 통해 화자가 고향을 훼손되지 않은 원형으로 여기고 있음을 알 수 있다.

④ **(나)의 '잔광'이 부시고 '별'이 뜨는 마을의 모습을 통해 화자가 마을을 긍정적으로 인식하고 있음을 알 수 있겠군.**
'잔광'이 부시고 '별'이 뜨는 등 아름다운 자연이 돋보이는 마을의 모습을 통해 화자가 마을을 긍정적으로 인식하고 있음을 알 수 있다.

⑤ **(나)의 '마을'을 '있다'로 표현하는 것은 마을의 모습이 존속하기를 소망하는 화자의 심리를 드러낸 것이겠군.**
과거 '고향', '마을'에 대한 화자의 과거 회상을 '있다'라는 현재 시제로 표현하는 것은 마을의 모습이 존속하기를 소망하는 화자의 심리를 드러낸 것으로 볼 수 있다.

★★ 문제 해결 꿀~팁 ★★

▶ 많이 틀린 이유는?
이 문제는 작품 내용을 〈보기〉와 관련하여 이해하는 데 어려움을 겪어 오답률이 높았던 것으로 보인다. 특히 작품에 대한 정확한 이해가 부족했던 것도 오답률을 높인 것으로 보인다.

▶ 문제 해결 방법은?
이 문제를 해결하기 위해서는 기본적으로 작품과 〈보기〉에 대한 이해가 선행되어야 하고, 이를 바탕으로 선택지에 제시된 내용의 적절성을 판단할 수 있어야 한다. 특히 작품 이해가 정확하지 않은 경우 이 문제 유형에서는 잘못된 선택을 할 수 있으므로 유의해야 한다. 가령 정답인 ①의 경우, '큰 강물이 비로소 길을' 연 것은 과거의 일에 해당하므로, 이를 미래의 상황과 연결 짓고 있는 것은 적절하다고 볼 수 없다. 한편 문학 작품에서 〈보기〉로 제시된 것은 작품 이해에 도움이 되는 경우가 있으므로, 〈보기〉는 반드시 정확하게 읽도록 한다.

▶ 오답인 ②를 많이 선택한 이유는?
이 문제의 경우 학생들이 ②가 적절하지 않다고 하여 오답률이 높았는데, 이는 '가난한 노래의 씨'에서 '씨'에만 주목하여 잘못된 선택을 한 것으로 보인다. 만일 '가난한 노래의 씨'를 뿌리는 상황이 '지금 눈 나리고 / 매화 향기 홀로 아득하니'라는 상황과 연관하여 이해했다면 '가난한 노래의 씨'를 뿌리는 상황은 현재의 결핍을 인식한 상황에서 나온 것임을 알 수 있었을 것이다. 이처럼 시구를 이해할 때는 그 시구의 전후 시적 상황을 파악해야, 정확히 이해할 수 있음에 유의하도록 한다.

[문제편 p.082]

DAY 14 20분 미니 모의고사

01 ②	02 ⑤	03 ③	04 ⑤	05 ①
06 ④	07 ④	08 ④	09 ②	10 ③
11 ⑤	12 ③			

01 말하기 방식의 이해

정답률 78% | 정답 ②

(가)에 나타난 말하기 방식으로 적절한 것은?

① **'진행자'는 '△△시 시장'에게 인터뷰할 내용의 순서를 안내하고 있다.**
진행자는 처음에 △△시 시장을 모시고 인터뷰할 것임을 밝히고 있지만, △△시 시장에게 인터뷰할 내용의 순서를 안내하지는 않고 있다.

✔ **'진행자'는 '△△시 시장'에게 자신이 이해한 내용이 맞는지 확인하고 있다.**
방송 인터뷰 중 진행자는 5번째 발언에서 '올해는 나눔 마당, 실속 마당, 체험 마당으로 구성하여 운영한다는 말씀이죠?'라고 묻고 있고, 이에 대해 △△시 시장은 그렇다라고 대답하고 있다. 따라서 진행자의 5번째 발언은 △△시 시장의 앞선 발화 내용에 대해 자신이 이해한 것이 맞는지를 확인하기 위한 질문이라 할 수 있다.

③ **'진행자'는 친숙한 소재에 빗대어 인터뷰 내용을 요약하여 시청자들에게 전달하고 있다.**
진행자가 친숙한 소재에 빗대어 인터뷰 내용을 요약하는 부분은 찾아볼 수 없다.

④ **'△△시 시장'은 '진행자'의 질문에 전문가의 말을 인용하여 답변하고 있다.**
△△시 시장의 발언 내용을 통해 △△시 시장이 진행자의 질문에 전문가의 말을 인용하여 답변한 내용은 찾아볼 수 없다.

⑤ **'△△시 시장'은 기대되는 긍정적인 결과를 언급하며 인터뷰를 마무리하고 있다.**
△△시 시장은 인터뷰를 마무리하면서 나눔 장터를 방문해 달라고 요청하고 있지만, 기대되는 긍정적 결과를 언급하지는 않고 있다.

02 조건에 맞게 글쓰기

정답률 80% | 정답 ⑤

다음을 고려할 때, ⓐ를 보완한 내용으로 가장 적절한 것은? [3점]

> [글쓰기 과정에서의 자기 점검]
> 긍정적인 효과가 무엇인지 잘 드러나지 않았네. 우리 학교 학생들이 얻을 수 있는 교육적 효과와 학교가 얻을 수 있는 홍보 효과도 함께 강조하면 설득력이 더 높아질 것 같아.

① **우리 학교에 중고품을 교환할 수 있는 장터가 생긴다면, 학생들뿐만 아니라 지역 주민들도 분명 동참하게 될 것입니다.**
학생과 학교가 얻을 수 있는 효과를 모두 언급하지 않았다.

② **우리 학교에 중고품을 교환할 수 있는 장터가 생긴다면, 학생들도 자신의 물건을 함부로 버리지 않고 더 애정을 가지게 될 것입니다.**
우리 학교 학생들이 얻을 수 있는 교육적 효과는 언급하였지만 학교가 얻을 수 있는 홍보 효과를 언급하지 않았다.

③ **우리 학교에 중고품을 교환할 수 있는 장터가 생긴다면, 환경 보호에도 도움이 될 것이고 학생들도 자원 절약의 정신을 배우게 될 것입니다.**
우리 학교 학생들이 얻을 수 있는 교육적 효과는 언급하였지만 학교가 얻을 수 있는 홍보 효과를 언급하지 않았다.

④ **우리 학교에 중고품을 교환할 수 있는 장터가 생긴다면, 우리 지역의 중학생들도 이 소문을 듣게 될 것이므로 자연스럽게 학교 홍보가 될 것입니다.**
학교가 얻을 수 있는 홍보 효과를 언급하였지만, 우리 학교 학생들이 얻을 수 있는 효과를 언급하지 않았다.

✔ **우리 학교에 중고품을 교환할 수 있는 장터가 생긴다면, 학생들은 나눔의 정신을 배울 것이고 학교는 자원 절약을 실천하는 배움터라는 이미지를 얻을 것입니다.**
[글쓰기 과정에서의 자기 점검]을 통해 ⓐ를 보완하기 위해 '학생들이 얻을 수 있는 교육적 효과'와 '학교가 얻을 수 있는 홍보 효과'를 언급해야 함을 알 수 있다. 이렇게 볼 때 이를 언급한 것은 ⑤로, ⑤의 '나눔의 정신을 배울 것'을 통해 우리 학교 학생들이 얻을 수 있는 교육적 효과가 언급되었음을 알 수 있다. 그리고 '자원 절약을 실천하는 배움터라는 이미지를 얻을 것'을 통해 학교가 얻을 수 있는 홍보 효과를 언급하였음을 알 수 있다.

03 사전 활용의 이해

정답률 70% | 정답 ③

〈보기〉는 '사전 활용하기 학습 자료'의 일부이다. 이에 대해 탐구한 내용으로 적절하지 않은 것은?

〈보 기〉

> **갈다¹** 동 갈아[가라] 가니[가니]
> 【…을, …을 …으로】 이미 있는 사물을 다른 것으로 바꾸다.
> ¶ 컴퓨터의 부속품을 좋은 것으로 갈았다.
>
> **갈다²** 동 갈아[가라] 가니[가니]
> 1 【…을】 날카롭게 날을 세우거나 표면을 매끄럽게 하기 위하여 다른 물건에 대고 문지르다.
> ¶ 옥돌을 갈아 구슬을 만든다.
> 2 【…을】 잘게 부수기 위하여 단단한 물건에 대고 문지르거나 단단한 물건 사이에 넣어 으깨다.
> ¶ 무를 강판에 갈아 즙을 낸다.
>
> **갈다³** 동 갈아[가라] 가니[가니]
> 1 【…을】 쟁기나 트랙터 따위의 농기구나 농기계로 땅을 파서 뒤집다.
> ¶ 논을 갈다.
> 2 【…을】 주로 밭작물의 씨앗을 심어 가꾸다.
> ¶ 밭에 보리를 갈다.

① **'갈다¹', '갈다²', '갈다³'은 동음이의어이군.**
'갈다¹', '갈다²', '갈다³'은 서로 글자의 음은 같으나 뜻이 다르므로 동음이의어에 해당한다.

② **'갈다³'은 여러 가지 뜻을 가지므로 다의어이군.**
'갈다³'은 의미 1과 2를 가지고 있으므로 다의어에 해당한다.

✔ **'갈다²-2'의 용례로 '무딘 칼을 날카롭게 갈다.'를 추가할 수 있겠군.**
'무딘 칼을 날카롭게 갈다.'의 '갈다'는 '【…을】 날카롭게 날을 세우거나 표면을 매끄럽게 하기 위하여 다른 물건에 대고 문지르다.'의 의미로 쓰였으므로, '갈다²-1'의 용례에 해당한다.

④ **'갈다¹'은 '갈다²', '갈다³'과 달리 부사어를 요구할 수도 있는 동사로군.**
'갈다¹'은 '…을 …으로'라는 문형 정보를 통해 부사어를 요구할 수도 있음을 알 수 있다.

⑤ **'갈다¹', '갈다²', '갈다³'은 '갈-'에 '-니'가 결합할 때 표기와 발음이 같군.**
'갈다¹', '갈다²', '갈다³'은 '가니[가니]'라는 활용 정보를 통해 '갈-'에 '-니'가 결합할 때 표기와 발음이 같음을 확인할 수 있다.

04~08 과학

박정일, 「추상적 사유의 위대한 힘」

해제 이 글은 **수학자 힐베르트가 고안한 튜링 기계에 대해 설명**하고 있다. **튜링 기계는 사람이 계산할 때 일어나는 사고 과정을 응용한 가상의 기계**로 테이프, 헤드, 상태 기록기 등의 부품으로 구성되어 있다. 튜링 기계는 작동규칙이 주어지면 튜링 기계의 상태와 헤드로 판독한 기호에 따라 작동되는데, 작동규칙에는 (A, 1, P0, R, B)와 같이 표시되는 '5순서열' 형식이 있다. **튜링 기계를 결정하는 5순서열**은 여러 개가 모여 5순서열의 모임을 이룰 수도 있는데, 이로 인해 튜링 기계는 테이프에 0과 1을 무한히 반복하며 기록하게 된다. **튜링은 5순서열을 어떻게 조합하느냐에 따라 아무리 복잡한 알고리즘도 간단한 단위로 분해해서 처리**할 수 있다. 튜링이 고안한 이러한 **튜링 기계는 현대 컴퓨터 발명의 기본적인 착상을 제공하는 데 크게 공헌**한 것으로 평가받는다.

주제 튜링이 고안한 튜링 기계에 대한 이해

문단 핵심 내용

1문단	가상의 기계 장치인 '튜링 기계'를 고안한 튜링
2문단	튜링 기계의 구성 – 테이프, 헤드, 상태 기록기
3문단	튜링 기계의 작동 규칙 – 5순서열
4문단	무한히 반복되는 5순서열의 모임
5문단	다양한 튜링 기계의 알고리즘을 만들고 이를 처리할 수 있다고 주장한 튜링

04 세부 내용 파악 　정답률 77% | 정답 ⑤

윗글에서 답을 찾을 수 있는 질문에 해당하지 않는 것은?

① **튜링 기계가 등장하게 된 배경은 무엇인가?**
1문단의 '수학자 힐베르트는 ~ 고안하게 된다.'를 통해, 튜링 기계가 등장하게 된 배경이 무엇인지 알 수 있다.

② **튜링 기계의 작동규칙을 표시하는 형식은 무엇인가?**
3문단의 '작동규칙은 예를 들면 (A, 1, P0, R, B)와 같이 표시할 수 있으며'를 통해, 튜링 기계의 작동규칙을 표시하는 형식이 무엇인지 알 수 있다.

③ **보편 튜링 기계와 현대 컴퓨터의 공통점은 무엇인가?**
5문단의 '나아가 테이프 한 칸에 ~ 분해해서 수행하는 것이다.'를 통해, 보편 튜링 기계와 현대 컴퓨터의 공통점이 무엇인지 알 수 있다.

④ **튜링 기계가 작동되기 위해 필요한 조건들은 무엇인가?**
3문단의 '튜링 기계는 작동규칙이 ~ 판독한 기호에 따라 작동되는데'와 4문단의 '튜링 기계는 테이프의 시작 모습 ~ 이에 따라 작동하게 된다.'를 통해, 튜링 기계가 작동하기 위해 필요한 조건들이 무엇인지 알 수 있다.

✔⑤ **보편 튜링 기계가 처리하지 못하는 알고리즘의 종류는 무엇인가?**
이 글의 내용을 통해 보편 튜링 기계가 처리하지 못하는 알고리즘의 종류가 무엇인지는 알 수 없으므로 적절하지 않다.

★★★ **1등급 대비 고난도 2점 문제**

05 핵심 정보의 이해 　정답률 41% | 정답 ①

㉠~㉢을 이해한 내용으로 가장 적절한 것은?

✔① **㉠의 길이를 무한으로 가정한 것은 튜링 기계가 가상의 장치라는 것을 보여 주는 것이겠군.**
2문단의 '튜링 기계는 ~ 가상의 기계로'와 '테이프는 좌우 양방향으로 ~ 갖고 있다고 가정하며'를 볼 때, ㉠의 길이를 무한으로 가정한 것은 튜링 기계가 현실에 존재하는 장치가 아닌 가상의 장치임을 보여 준다고 할 수 있다.

② **㉢이 한 번에 판독할 수 있는 기호의 개수는 항상 동일하게 유지되겠군.**
㉢은 튜링 기계의 상태를 나타내므로 적절하지 않다. 기호를 판독할 수 있는 것은 헤드라 할 수 있다.

③ **㉠의 시작 모습은 ㉡의 위치 변경을 지시하는 기호에 따라 결정되겠군.**
㉡은 테이프에 기록된 기호를 읽거나 기호를 기록하는 장치에 해당하므로 위치 변경을 지시한다는 내용은 적절하지 않다.

④ **㉡의 시작 위치가 정해지는 것은 ㉢이 나타내는 튜링 기계의 상태와 관련이 있겠군.**
5문단의 '테이프에서 헤드의 시작 위치가 정해지면'을 통해, ㉡의 시작 위치가 정해지는 것은 테이프임을 알 수 있다.

⑤ **㉢에 임의의 기호가 사용된다는 것은 ㉠에 기록된 기호의 종류가 항상 달라진다는 것을 의미하는 것이겠군.**
3문단을 통해 ㉢에 임의의 기호가 사용됨을 알 수 있지만, ㉠에 기록된 기호의 종류가 항상 달라진다고는 할 수 없으므로 적절하지 않다.

★★ 문제 해결 꿀~팁 ★★

▶ 많이 틀린 이유는?
이 문제는 ㉠~㉢의 정보가 글 전체에 걸쳐 제시되어 있어서 문제 해결에 어려움을 겪은 것으로 보인다. 또한 과학 지문이어서 지문을 이해하는 데 어려움을 겪은 것도 문제 해결에 어려움을 주었던 것 같다.

▶ 문제 해결 방법은?
이 문제를 해결하기 위해서는 '테이프', '헤드', '상태 기록기'에 대한 내용이 제시된 문단을 정확히 찾는 것이 중요하다. 만일 정답인 ①의 경우 2문단의 내용, 즉 튜링 기계가 가상의 기계이고, 테이프가 좌우 양방향으로 무한히 많은 칸을 갖고 있다고 가정한다는 내용을 정확히 이해하였으면 쉽게 정답임을 알 수 있었을 것이다.

▶ 오답인 ④를 많이 선택한 이유는?
이 문제의 경우 학생들이 ④가 적절하지 않다고 하여 오답률이 높았는데, 이는 ㉠~㉢의 정보가 2문단뿐만 아니라 3문단과 5문단에 걸쳐 있기 때문으로 보인다. 만일 5문단에 제시된 내용인 '테이프에서 헤드의 시작 위치가 정해지면'을 파악했으면 잘못된 내용임을 알 수 있었겠지만, 이를 찾아내지 못했다면 문제 해결에 어려움을 겪었을 것이다. 이처럼 핵심 정보 파악 문제의 경우 전체 글을 통해 파악해야 하는 경우가 있으므로, 글을 읽을 때 핵심 정보와 관련된 내용에는 반드시 밑줄을 그어 이해하도록 한다.

06~07

윗글과 다음을 참고하여 6번과 7번 두 물음에 답하시오.

[1진법의 덧셈을 하는 튜링 기계의 알고리즘]
㉮ (X, 1, P1, R, X) ; ㉯ (X, □, P1, R, Y) ; ㉰ (Y, 1, P1, R, Y) ;
㉱ (Y, □, P□, L, Z) ; ㉲ (Z, 1, P□, N, Z)

[1진법의 덧셈을 하는 튜링 기계의 시작 모습]
아래는 1진법의 덧셈을 하는 튜링 기계의 시작 모습을 도식화 한 것이다. 튜링 기계의 시작 상태는 X이며, 헤드의 시작 위치는 화살표의 위치이다. 테이프에는 1진법에서 2를 의미하는 '11'과 3을 의미하는 '111'이 기록되어 있으며, '11'과 '111'을 구분하기 위해 사이에 빈칸이 하나 삽입되어 있다.

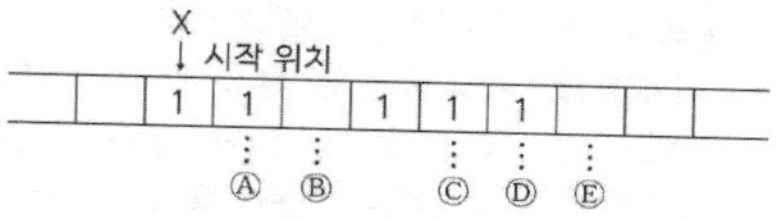

06 구체적인 사례에의 적용 　정답률 49% | 정답 ④

윗글을 바탕으로 ㉮~㉲에 대해 이해한 내용으로 적절한 것은?

① **㉮는 튜링 기계의 현재 상태와 다음 상태가 다르게 지정되어 있다.**
㉮는 튜링 기계의 현재 상태와 다음 상태가 모두 'X'로 동일하게 지정되어 있으므로 적절하지 않다.

② **㉲는 튜링 기계의 헤드가 읽는 기호와 기록할 기호가 동일하게 지정되어 있다.**
㉲는 튜링 기계의 헤드가 읽는 기호와 기록할 기호가 각각 '1'과 '□'로 다르게 지정되어 있으므로 적절하지 않다.

③ **㉮와 ㉯는 튜링 기계의 헤드가 읽는 기호가 동일하게 지정되어 있다.**
㉮와 ㉯는 튜링 기계의 헤드가 읽는 기호가 각각 '1'과 '□'로 다르게 지정되어 있으므로 적절하지 않다.

✔④ **㉯와 ㉱는 튜링 기계의 헤드가 기록할 기호가 다르게 지정되어 있다.**
㉯와 ㉱는 튜링 기계의 헤드가 기록할 기호가 각각 '1'과 '□'로 다르게 지정되어 있으므로 적절하다.

⑤ **㉰와 ㉱는 튜링 기계의 헤드가 이동할 방향이 동일하게 지정되어 있다.**
㉰와 ㉱는 튜링 기계의 헤드가 이동할 방향이 각각 'R'과 'L'로 다르게 지정되어 있으므로 적절하지 않다.

★★★ **1등급 대비 고난도 3점 문제**

07 자료를 바탕으로 한 내용 이해 　정답률 40% | 정답 ④

윗글과 [1진법의 덧셈을 하는 튜링 기계의 시작 모습]을 바탕으로 Ⓐ~Ⓔ에 대해 이해한 내용으로 적절하지 않은 것은? [3점]

① **Ⓐ에서 튜링 기계의 상태가 X일 때, ㉮에 따라 헤드는 오른쪽으로 한 칸 이동하고 기계는 상태를 유지하게 되겠군.**
Ⓐ에서 튜링 기계의 상태가 X일 때, ㉮에 따라 헤드는 오른쪽으로 한 칸 이동하고 기계의 상태는 현재 상태인 X가 유지되므로 적절하다.

② **Ⓑ에서 튜링 기계의 상태가 X일 때, ㉯에 따라 헤드는 빈칸에 1을 기록하고 기계는 상태를 바꾸게 되겠군.**
Ⓑ에서 튜링 기계의 상태가 X일 때, ㉯에 따라 헤드는 빈칸에 1을 기록하고 기계의 상태는 다음 상태인 Y로 바뀌게 되므로 적절하다.

③ **Ⓒ에서 튜링 기계의 상태가 Y일 때, ㉰에 따라 헤드는 오른쪽으로 한 칸 이동하고 기계는 상태를 유지하게 되겠군.**
Ⓒ에서 튜링 기계의 상태가 Y일 때, ㉰에 따라 헤드는 오른쪽으로 한 칸 이동하고 기계의 상태는 현재 상태인 Y가 유지하게 되므로 적절하다.

✔④ **Ⓓ에서 튜링 기계의 상태가 Z일 때, ㉲에 따라 헤드는 테이프에 기록된 1을 지우고 기계는 상태를 바꾸게 되겠군.**
Ⓓ에서 튜링 기계의 상태가 Z일 때, ㉲에 따라 헤드는 테이프에 기록된 1을 지우고 기계의 상태는 현재 상태인 Z가 유지하게 되므로 적절하지 않다.

⑤ **Ⓔ에서 튜링 기계의 상태가 Y일 때, ㉱에 따라 헤드는 왼쪽으로 한 칸 이동하고 기계는 상태를 바꾸게 되겠군.**

ⓔ에서 튜링 기계의 상태가 Y일 때, ㉣에 따라 헤드는 왼쪽으로 한 칸 이동하고 기계의 상태는 다음 상태인 Z로 바뀌게 되므로 적절하다.

★★ 문제 해결 꿀~팁 ★★

▶ 많이 틀린 이유는?

이 문제는 글의 내용을 실제 사례에 적용하는 과정에서 어려움을 겪어 오답률이 높았던 것으로 보인다. 또한 글의 정보를 보다 정확히 이해하지 못한 것도 오답률이 높았던 것으로 보인다.

▶ 문제 해결 방법은?

이 문제를 해결하기 위해서는 자료, [1진법의 덧셈을 하는 튜링 기계의 알고리즘]의 ㉮~㉲에 대해 정확히 이해해야 한다. 즉 3문단의 내용을 통해 ㉮~㉲의 각 5순서열을 이해해야 한다. 그런 다음 선택지와 관련된 글을 찾아 적절성을 판단해야 한다. 선택지를 보면 '튜링 기계의 상태가 Z'이고 '㉲에 따라'서라고 언급되어 있으므로 ㉲의 5순서열의 의미를 글을 통해 이해해야 한다. 이렇게 볼 때, ㉲의 다섯 번째 자리가 'Z' 이므로 '기계는 상태를 유지해야' 함을 글을 통해 확인할 수 있어서 적절하지 않은 것이다. 이 문제는 겉으로 보기에는 어렵게 보이지만 앞에 제시된 방법대로 문제에 접근하면 쉽게 해결할 수 있는 문제라 할 수 있다. 한편 과학이나 기술 영역 지문의 경우, 글의 내용이 복잡해 보여 어렵게 느껴질 수 있지만, 실제로 밑줄을 그어가며 찬찬히 읽게 되면 충분히 이해할 수 있다. 특히 과학이나 기술 지문들은 평소 많은 연습을 해 두어야 정확하게 읽고 이해하는 방법을 습득할 수 있으므로, 평소에 읽는 연습을 꾸준히 할 필요가 있다.

08 어휘의 의미 파악

정답률 87% | 정답 ④

문맥상 ⓐ ~ ⓔ와 바꾸어 쓰기에 적절하지 않은 것은?

① ⓐ : 생각해 내게

'고안하다'는 '연구하여 새로운 안을 생각해 내다.'라는 의미를 지닌 단어이다. 따라서 '고안하게'를 '생각해 내게'로 바꾸어 쓰는 것은 적절하다.

② ⓑ : 이루어진다

'구성되다'는 '몇 가지 부분이나 요소들이 모여 일정한 전체가 짜여 이루어지다.'라는 의미를 지닌 단어이다. 따라서 '구성된다'를 '이루어진다'로 바꾸어 쓰는 것은 적절하다.

③ ⓒ : 짜느냐에

'조합하다'는 '여럿을 한데 모아 한 덩어리로 짜다.'라는 의미를 지닌 단어이다. 따라서 '조합하느냐에'를 '짜느냐에'로 바꾸어 쓰는 것은 적절하다.

✔ ⓓ : 퍼뜨려서

ⓓ의 '분해하다'는 '여러 부분이 결합되어 이루어진 것을 그 낱낱으로 나누다.'라는 의미를 지닌 단어이다. 따라서 '분해해서'를 '퍼뜨려서'로 바꾸어 쓰는 것은 적절하지 않다.

⑤ ⓔ : 이바지한

'공헌하다'는 '힘을 써 이바지하다.'라는 의미를 지닌 단어이다. 따라서 '공헌한'을 '이바지한'으로 바꾸어 쓰는 것은 적절하다.

09~12 현대 소설

이문구, 「산 너머 남촌」

감상 이 작품은 1980년대 서울 근교 농촌을 배경으로 자본주의적 근대화 과정 속에서 변화하는 농촌의 현실과 농민의 인식을 그리고 있다. 농촌의 잡다한 세태를 통해, 농민들이 보고 겪은 농촌의 모습이 그려져 있다. 작가의 농촌 경험이 반영되어 있어, 농촌과 농민의 삶이 사실적으로 현실감 있게 드러나 있다.

주제 당대 농민들이 겪는 삶의 어려움

작품 줄거리 이문정은 전형적인 농민으로, 마을의 공동체 의식을 중요하게 여기며, 또 그것을 지키고 실천해 나가는 농촌 공동체의 원로이다. 즉, 이문정은 일의 경위, 동네의 전통, 이웃 간의 풍속, 사회의 해묵은 덕목을 애써 분별하고 몸소 실천하는 동네의 터줏대감이다. 이와 달리 마을의 젊은 세대들은 보다 합리적이고 효율적이며, 물질적인 가치가 우선되는 삶을 추구한다. 이러한 이문정과 젊은 세대들의 대비적인 모습을 통해 농촌 공동체에 깃든 우리 민족의 정서와 가치의 소중함을 드러내고 있다.

09 서술상 특징 파악

정답률 46% | 정답 ②

윗글에 대한 설명으로 가장 적절한 것은?

① 빈번하게 장면을 전환하여 사건 전개의 긴박감을 드러내고 있다.

이 글에서는 권중만과 영두의 대화, 영두의 심리를 중심으로 서술되어 있어 장면이 빈번하게 전환되었다고 볼 수 없다.

✔ 서술자가 특정 인물의 관점에서 사건과 인물의 심리를 전달하고 있다.

이 글은 작품 밖의 서술자가 작중 인물인 영두의 관점에서 권중만과 영두의 대화를 제시하여 사건을 전달하고 있으며, 또한 서술자가 영두의 관점에서 영두의 내면을 서술하고 있다.

③ 동시에 일어난 별개의 사건을 병치하여 사태의 전모를 드러내고 있다.

이 글에서 권중만과 영두의 대화와 함께 영두가 과거 일에 대해 회상하는 내용이 서술되어 있지만, 이를 별개의 사건이 동시에 일어난 것이라고 보는 것은 적절하지 않다.

④ 인물 간의 대화를 통해 인물이 겪은 사건의 비현실적인 면모를 드러내고 있다.

이 글에 권중만과 영두 사이의 대화가 제시되어 있지만, 사건의 비현실적인 면모는 찾아볼 수 없다.

⑤ 인물의 표정 변화와 내면 변화를 반대로 서술하여 그 인물의 특성을 부각하고 있다.

이 글에 권중만이나 영두의 표정, 영두의 내면 심리가 나타나 있지만, 인물의 표정 변화와 내면 변화가 반대로 서술되어 있다고는 볼 수 없다.

10 인물의 발화 이해

정답률 60% | 정답 ③

[A]와 [B]에 대한 이해로 가장 적절한 것은?

① [A]에서 '권중만'은 자신의 우월한 지위를 과시하며 상대의 동의를 요구하고 있고, [B]에서 '영두'는 상대와의 개인적 친밀감을 환기하며 서운함을 드러내고 있다.

[A]에서 권중만은 자신의 지위가 우월하다는 점을 내세우지 않고 있고, [B]에서 영두가 권중만에게 친밀감을 표현하지는 않고 있다.

② [A]에서 '권중만'은 자신의 경험을 들어 상대의 문제에 대한 해결책을 제시하고 있고, [B]에서 '영두'는 상대가 저질렀던 잘못을 지적하며 상대의 사과를 요구하고 있다.

[A]에서 권중만은 사례를 들며 자신의 생각을 말하고 있으나, 그것이 영두의 문제에 대한 해결책으로 제시된 것이라고는 볼 수 없다. 그리고 [B]에서 영두는 권중만의 말이 적절하지 않음을 지적하고 있지만, 권중만의 사과를 요구하지는 않고 있다.

✔ [A]에서 '권중만'은 자신이 상대에게 제시한 요구의 이유를 사람들의 선입견과 관련지어 밝히고 있고, [B]에서 '영두'는 상대의 말에 논리적 한계가 있음을 지적하며 항변하고 있다.

[A]에서 권중만은 '아파트 사람들'이 채소에 묻은 흙에 대해 가진 선입견을 들어, 자신이 영두에게 '놀랜흙을 묻'히는 일을 요구하는 이유를 설명하고 있다. 그리고 [B]에서 영두는 권중만의 말에 따른다면 일어났어야 할 일이 실제로는 일어나지 않았다는 점을 논리적 한계로 지적하며 권중만의 말이 타당하지 않다고 항변하고 있다.

④ [A]에서 '영두'는 상대의 제안에서 모순을 지적하며 새로운 대안을 제시하고 있고, [B]에서 '권중만'은 다른 사람들의 사례를 들어 자신의 행동에 대해 변명하고 있다.

[A]에서 영두는 권중만의 말이 적절하지 않음을 지적하고 있지만, 권중만에게 대안을 제시하지는 않고 있다. 그리고 [B]에서 권중만은 '아파트 사람들'과 관련한 사례를 들고 있지만, 자신의 행동에 대해 변명하지는 않고 있다.

⑤ [A]에서 '영두'는 상대의 문제의식에 대한 공감을 드러내며 구체적인 조언을 요구하고 있고, [B]에서 '권중만'은 상대의 예상치 못한 반응에 당황하며 자신의 잘못을 사과하고 있다.

[A]에서 영두는 권중만의 생각에 대해 공감을 드러내거나 조언을 요구하지 않고 있고, [B]에서 권중만은 당황한 모습을 드러내거나 영두에게 사과하지는 않고 있다.

11 소재의 서사적 기능 이해

정답률 74% | 정답 ⑤

만 원에 대한 설명으로 가장 적절한 것은?

① '권중만'과 '영두' 사이의 갈등이 해소된 이유이다.

권중만이 '만 원'을 제안하며 요구한 일로 인해 권중만과 영두 사이에는 긴장감이 조성되었으므로, 갈등이 해소되었다고 보기 어렵다.

② '영두'가 '권중만'의 조언을 수용하게 된 이유이다.

권중만이 '만 원'을 제안하며 요구한 일을 조언으로 보기 어려우며, 영두가 권중만의 제안을 수용하지도 않고 있다.

③ '권중만'이 '영두'에게 친밀감을 보이게 된 이유이다.

권중만이 '만 원'을 제안하며 요구한 일에 대해 영두는 '듣던 중에 그처럼 욕된 말'이 없다고 느끼며 부정적인 반응을 보였다.

④ **'영두'가 '권중만'에게 양보를 강요하게 된 이유이다.**
권중만이 '만 원'을 제안하며 요구한 일과 관련하여 영두가 권중만에게 양보를 요구한 것은 없다.

✔ **'영두'가 '권중만'에게 부정적으로 반응하게 된 이유이다.**
권중만이 '만 원'을 제안하며 채소에 '놀랜흙을 묻혀 놓'는 작업을 요구하는 것에 대해, 영두는 '듣던 중에 그처럼 욕된 말'이 없다고 느끼며, '성질이 나서 견딜 수가 없었'다고 반응하고 있다. 그리고 권중만이 '얼굴을 붉'힐 정도로, 권중만의 말에 대해 비판하고 있다. 따라서 '만 원'은 영두가 권중만에게 부정적으로 반응하게 된 이유를 제공한다고 할 수 있다.

12 외적 준거에 따른 작품의 감상 정답률 62% | 정답 ③

〈보기〉를 바탕으로 윗글을 감상한 내용으로 적절하지 않은 것은? [3점]

〈보 기〉

이 작품은 1980년대 농민들의 생활을 형상화하고 있다. 작가는 농민들이 농사의 경제적 이익을 고려하거나 농산물의 유통과 판매까지 감안하게 된 상황을 보여 준다. 작품 속 '영두'는 먹거리를 생산하는 농민으로서 가져야 할 태도를 인식하면서도 이러한 태도를 지켜나가기 어려운 현실 속에서 가치관의 혼란을 겪고 있다. 작가는 이를 통해 당대 농민들이 겪고 있던 어려움을 현실감 있게 보여 준다.

① **농민들이 권중만을 보고 '채소를 돈거리로 갈기 시작'하는 상황은, 농사를 통한 경제적 이익 창출을 고려하는 농민들의 면모를 드러내는군.**
농민들이 권중만을 보고 '채소를 돈거리로 갈기 시작'하는 상황은, 경제적 이익 창출을 위해 농사를 짓기 시작했음을 보여 준다고 할 수 있다.

② **영두가 '국내 수요'와 '대일 수출'을 언급하며 권중만과 나누는 모습은, 농산물의 유통과 판매까지 감안하는 농민의 현실을 드러내는군.**
농민인 영두가 '밭떼기 전문 채소 장수'인 권중만과 '국내 수요'와 '대일 수출' 등에 대해 이야기하는 모습은, 농민들이 농산물의 유통과 판매까지 감안하게 되었음을 보여 준다고 할 수 있다.

✔ **영두가 '밭떼기 장수'를 '미더운 물주요 필요악 이상의 불가결한 존재'로 받아들이는 것은, 다른 농민들의 어려운 상황을 이용해 경제적 이익을 추구하는 영두의 모습을 드러내는군.**
영두가 '밭떼기 장수'를 '미더운 물주요 필요악 이상의 불가결한 존재'로 받아들이는 것은, 경제적 이익 창출의 시각에서 농사를 바라보게 되었음을 의미한다. 그렇지만 이를 영두가 다른 농민들을 이용해 경제적 이익을 추구한 모습이라고 보는 것은 적절하지 않다.

④ **영두가 '자칫 못 먹을 것을 만들어서 파는 사람으로 취급받지 않'으려 하는 것은, 먹거리를 생산하는 농민이 가져야 할 태도에 대해 인식하고 있음을 드러내는군.**
영두가 권중만에게 '자칫 못 먹을 것을 만들어서 파는 사람으로 취급받지 않'으려 하는 것은, 농산물은 사람들이 먹게 될 먹거리를 생산하는 일이라는 점을 인식하고 있음을 보여 준다고 할 수 있다.

⑤ **영두가 '구수한 맛이 더하던 이치'에도 불구하고 '볼품이 없는 것'이 '값이 있을 리가 없'다고 판단하는 것은 농사에 대한 가치관을 따르기 어려운 현실에 대한 인식을 드러내는군.**
영두가 '볼품이 없는 것'이 오히려 '구수한 맛이 더하던 이치'에도 불구하고 상품성이 떨어진다고 평가하는 것은, 농사에 대한 가치관에 따르기 어려운 현실을 인식하고 있음을 보여 준다고 할 수 있다.

DAY 15 20분 미니 모의고사

01 ⑤	02 ④	03 ③	04 ④	05 ⑤
06 ①	07 ③	08 ③	09 ①	10 ②
11 ②	12 ③			

01 말하기 방식 파악 정답률 75% | 정답 ⑤

위 발표자의 말하기 방식으로 적절하지 않은 것은?

① **자신의 경험을 언급하며 화제를 선정한 이유를 밝히고 있다.**
1문단에서 발표자는 매듭 팔찌를 만들어 본 자신의 경험을 언급하며 화제 선정의 이유를 밝히고 있다.

② **청중에게 질문을 하여 발표 내용에 대한 관심을 유도하고 있다.**
3문단의 '그렇다면 우리나라의 ~ 것들이 있을까요?', '옷을 여미는 부분에 매듭이 보이시나요?'를 통해, 발표자는 청중에게 질문하며 발표 내용에 대해 관심을 유도하고 있음을 알 수 있다.

③ **참고한 자료의 출처를 밝혀 발표 내용의 신뢰성을 높이고 있다.**
1문단에서 발표자는 △△전통문화 연구소 누리집의 자료를 참고했다고 출처를 밝히고 있는데, 이처럼 참고한 자료의 출처를 밝히게 되면 발표 내용의 신뢰성을 높일 수 있다.

④ **발표 중간중간에 단어의 뜻을 설명하여 청중의 이해를 돕고 있다.**
3문단과 4문단에서 발표자는 '연봉'과 '선추'의 뜻을 설명하고 있는데, 이처럼 단어의 뜻을 설명하게 되면 청중의 이해를 도울 수 있다.

✔ **발표 내용에 대한 청중의 이해도를 점검하며 발표를 마무리하고 있다.**
이 발표를 통해 발표 내용에 대한 청중의 이해도를 점검하는 부분은 찾아볼 수 없으므로 적절하지 않다.

02 내용 조직 전략의 적절성 판단 정답률 84% | 정답 ④

(가)를 바탕으로 (나)를 쓰기 위해 세운 글쓰기 계획 중 (나)에 활용된 것은?

① **주제를 구체화하기 위해 확증 편향의 원인을 개인적 측면과 사회적 측면으로 나누어 제시해야겠다.**
(나)에서 '확증 편향에 빠지지 않기 위한 방안'이라는 주제를 구체화하고 있지만, 확증 편향의 원인은 찾아볼 수 없다.

② **글의 목적을 강조하기 위해 확증 편향의 문제점에 대한 상반된 견해를 비교하여 설명해야겠다.**
2문단에서 '확증 편향에 빠지지 않기 위해 노력해야 함을 주장'하는 글의 목적을 강조하기 위해 확증 편향의 문제점을 제시하고 있다. 하지만 문제점에 대한 '상반된 견해'를 비교한 내용은 찾아볼 수 없다.

③ **글의 목적을 분명히 하기 위해 확증 편향에 빠지지 않기 위한 방안의 한계와 이를 보완할 방향을 제시해야겠다.**
3～5문단에서 글의 목적을 분명히 하기 위해 확증 편향에 빠지지 않기 위한 '방안'을 제시하고 있다. 하지만 '방안의 한계'와 '보완할 방향'은 찾아볼 수 없다.

✔ **예상 독자의 이해를 돕기 위해 확증 편향을 보여 주는 예를 들어 개념을 설명해야겠다.**
(나)의 1문단에서는 '미국의 한 심리학자'의 실험을 예로 들어 2문단에서 확증 편향의 개념을 설명하고 있다.

⑤ **예상 독자의 관심을 반영하기 위해 사회적 쟁점을 두고 우리 학교 학생들 간에 벌어진 논쟁을 제시해야겠다.**
(나)에서 사회적 쟁점을 두고 학생들 간에 벌어진 논쟁은 찾아볼 수 없다.

03 고쳐쓰기의 적절성 판단 정답률 83% | 정답 ③

〈보기〉는 [A]의 초고이다. 〈보기〉를 고쳐 쓰기 위해 친구들이 조언한 내용 중 [A]에 반영되지 않은 것은?

〈보 기〉

반대 입장에서 생각해 보는 자세를 지녀야 한다. 즉, 자신의 판단이 틀릴 수도 있는 이유에 대해 구체적으로 떠올려 보는 것이다. 그러나 반대를 위한 반대는 의사 결정에 역효과를 초래할 수 있다.

① **앞 문단과의 연결 관계를 보여 주기 위해 문단 간의 관계를 알려 주는 표현을 추가하는 게 어때?**
[A]에서는 '따라서 확증 편향에 빠지지 않기 위해서는 먼저'를 추가하여 앞 문단과의 연결 관계를 보여 주고 있다.

② **첫 번째 문장의 내용을 뒷받침하는 근거가 제시되어 있지 않으니까 제시된 방안의 긍정적 효과를 근거로 추가하는 게 어때?**
[A]에서는 첫 번째 문장의 내용을 뒷받침하는 근거로 '왜냐하면 고려의 ~ 있기 때문이다.'를 추가하여 제시된 방안의 긍정적 효과를 드러내고 있다.

✔③ **두 번째 문장의 내용이 앞 문장과 유사하니까 두 문장의 핵심어를 포함한 한 문장으로 교체하는 게 어때?**
〈보기〉의 두 번째 문장 내용은 앞 문장과 유사하다. 하지만 고쳐 쓴 [A]를 보면, 글쓴이는 핵심어를 포함한 한 문장으로 교체한 것이 아니라 두 번째 문장을 삭제하고 있다.

④ **세 번째 문장의 내용이 문단의 통일성에서 벗어나니까 해당 문장을 삭제하는 게 어때?**
[A]에서는 〈보기〉의 세 번째 문장의 내용이 주제에서 벗어나 문단의 통일성을 해치므로 삭제하고 있다.

⑤ **주장의 설득력을 강화하기 위해 역사적 인물의 사례를 주장에 대한 근거로 추가하는 게 어때?**
[A]에서는 '반대 입장에서 생각'해야 한다는 주장의 설득력을 강화하는 '찰스 다윈'의 사례를 근거로 추가하고 있다.

04 피동 표현의 이해

정답률 70% | 정답 ④

다음은 문법 수업의 내용을 정리한 학생의 노트이다. 이를 바탕으로 〈보기〉의 ㉠ ~㉤을 이해한 내용으로 적절하지 않은 것은?

> **1. 피동의 개념**
> 주어가 다른 주체에 의해 어떤 동작을 당하거나 영향을 받는 것
>
> **2. 피동 표현의 실현**
> ㅇ '-이-, -히-, -리-, -기-'와 같은 피동 접사에 의해 단형 피동으로 실현되거나 '-아/-어지다' 등에 의해 장형 피동으로 실현됨.
> ㅇ 피동 접사와 '-아/-어지다'를 같이 쓰는 이중 피동 표현은 잘못된 표현임.

〈보 기〉
- ㅇ 그녀의 손등이 고양이에게 ㉠ 긁혔다.
- ㅇ 형이 동생에게 아끼던 인형을 ㉡ 빼앗겼다.
- ㅇ 비가 내려서 운동장에 천막이 ㉢ 세워졌다.
- ㅇ 도화지의 질이 좋아서 그림이 잘 ㉣ 그려졌다.
- ㅇ 커다란 빵이 순식간에 여러 조각으로 ㉤ 나뉘었다.

① **㉠은 '긁-'에 접사 '-히-'가 결합하여 피동의 의미를 나타내는군.**
'긁혔다'는 '긁-'에 피동 접사 '-히-'가 결합했으므로 적절하다.

② **㉡은 주어인 '형'이 '동생'에 의해 행위를 당하는 것을 표현하고 있군.**
'빼앗겼다'는 '빼앗-'에 피동 접사 '-기-'가 결합하여 주어인 '형'이 '동생'에게 '인형을 빼앗기는' 상황을 나타내는 피동 표현이므로 적절하다.

③ **㉢은 '세우-'에 '-어지다'가 결합하여 장형 피동으로 실현되었군.**
'세워졌다'는 '세우-'에 피동의 의미를 나타내는 '-어지다'가 결합하여 장형 피동으로 실현되고 있으므로 적절하다.

✔④ **㉣은 접사 '-리-'와 함께 '-어지다'가 결합한 이중 피동 표현이군.**
'그려졌다'의 기본형은 '그리다'로, '그리-'에 피동의 의미를 나타내는 '-어지다'만 결합한 형태에 해당하여 이중 피동 표현이라 할 수 없다.

⑤ **㉤은 '나누-'에 접사 '-이-'가 결합하여 줄어든 형태가 나타난 피동 표현이군.**
'나뉘었다'는 '나누-'에 피동 접사 '-이-'가 결합하여 '나뉘-'로 줄어든 형태의 피동 표현이므로 적절하다.

05~08 사회

배영달, 「보드리야르의 소비의 사회 읽기」

해제 이 글은 보드리야르의 소비 이론을 설명하고 있다. 마르크스는 교환가치를 경제적 가치로 파악하고 소비의 자율성을 인정하지 않았다. 이와 달리 보드리야르는 기호가치를 경제적 가치로 파악하고 자본주의 사회를 소비 우위 사회라고 주장하였다. 보드리야르는 대량 생산 기술이 급속하게 발전한 자본주의 사회에서 소비자는 자신이 속하고 싶은 집단과 다른 집단 간의 차이를 부각하는 기호에 대한 욕구에 따라 소비하며 이러한 욕구는 자유로운 선택이 아니라 사회적으로 강제된 욕구임을 강조하였다. 또한 그는 기호가치를 소비하는 현대 자본주의 사회를 소비사회로 명명하였는데, 이러한 소비에 대한 그의 이론은 소비가 인간에 미치는 영향을 비판적으로 성찰해야 한다는 점을 시사한다는 의의가 있다.

주제 보드리야르의 소비 이론

문단 핵심 내용

1문단	교환가치를 경제적 가치로 파악하며 소비의 자율성을 인정하지 않은 마르크스
2문단	기호가치를 경제적 가치로 파악하고 자본주의 사회를 소비 우위 사회라고 주장한 보드리야르
3문단	기호의 의미 내용을 결정하는 기호 체계
4문단	자본주의 사회에서 기호가치 때문에 소비한다고 여긴 보드리야르
5문단	소비를 강제된 욕구에 따르는 것으로 여긴 보드리야르
6문단	보드리야르 이론이 지니는 의의

05 인물들의 관점 이해

정답률 76% | 정답 ⑤

'자본주의 사회'에 대한 ㉠, ㉡의 주장을 이해한 내용으로 가장 적절한 것은?

① **㉠ : 소비가 생산에 종속되므로 사용가치와 교환가치는 결국 동일하다.**
1문단을 통해 마르크스는 소비가 생산에 종속된다고 생각했음을 알 수 있다. 그런데 마르크스는 사용가치는 고정적이라고 본 반면에, 교환가치는 사물의 생산 비용에 의해 결정되는 것(유동적)이라고 보았으므로, 사용가치와 교환가치를 동일하게 보지 않았음을 알 수 있다.

② **㉠ : 사물 자체의 유용성은 변하지 않으므로 소비자의 욕구를 중심으로 분석해야 한다.**
1문단을 통해 마르크스는 사물 자체의 유용성은 변하지 않는다고 생각했음을 알 수 있다. 하지만 마르크스는 소비를 생산에 종속된 현상으로 보고 소비의 자율성을 인정하지 않았으므로, 소비자의 욕구를 중요하게 생각하지 않았음을 알 수 있다.

③ **㉡ : 소비자에게 소비의 자율성이 존재하므로 교환가치가 사용가치를 결정한다.**
2문단을 통해 보드리야르가 자본주의 사회를 소비 우위의 사회라고 주장했으므로 소비자에게 소비의 자율성이 존재한다고 생각했음을 알 수 있다. 하지만 보드리야르는 사용가치가 경제적 가치를 결정한다고 생각했으므로, 교환가치가 사용가치를 결정한다고 생각하지 않았음을 알 수 있다.

④ **㉡ : 개인에게 욕구가 강제되므로 소비를 통해 집단 간의 사회적 차이가 소멸한다.**
5문단을 통해 보드리야르는 개인의 욕구에 따라 자유롭게 소비하는 것처럼 보이지만 사실은 강제된 욕구에 따르는 것에 불과하다고 보았음을 알 수 있다. 그런데 4문단에서 소비자가 소비하는 사물은 소비자가 속하고 싶은 집단과 다른 집단 간의 차이를 부각하는 기호로서 기능한다고 하였으므로, 집단 간의 사회적 차이는 현대 소비 사회에 강화된다고 할 수 있지 소멸된다고 할 수 없다.

✔⑤ **㉡ : 경제적 가치는 사회적 상징체계에 따라 결정되므로 기호가치가 소비의 원인이다.**
2문단을 통해 보드리야르가 기호가치가 경제적 가치를 결정한다고 보았음을 알 수 있고, 5문단을 통해 보드리야르가 기호 체계를 사회적 상징체계와 동일 표현으로 보았음을 알 수 있다. 그리고 4문단을 통해 보드리야르는 소비자가 기호가치 때문에 사물을 소비한다고 보았음을 알 수 있다. 따라서 경제적 가치는 사회적 상징체계에 따라 결정되므로 보드리야르는 기호가치가 소비의 원인이라고 주장했음을 알 수 있다.

★★★ **1등급 대비 고난도 2점 문제**

06 세부 내용의 이해

정답률 28% | 정답 ①

기호 체계를 바탕으로 [A]를 이해한 내용으로 적절하지 않은 것은?

✔① **사물은 기표로서의 추상성과 기의로서의 구체성을 갖는다.**
[A]에서는 자본주의 사회의 소비를 기호 소비로 설명하고 있고, 3문단의 내용을 통해 사물은 기표와 기의로 구성되며, 구체적인 사물은 기호이자 기표로 작용함을 알 수 있다. 따라서 기표는 문자나 음성같이 감각으로 지각되는 부분으로 구체성을, 기의는 의미 내용 부분으로 추상성을 가진다고 할 수 있다.

② **사물과 그것이 상징하는 특정한 사회적 지위와의 관계는 자의적이다.**

[A]에 언급된 '특정한 사회적 지위'는 사물이 가지는 기의에 해당하고, 3문단을 통해 기표와 기의의 관계는 자의적임을 알 수 있으므로 적절한 이해이다.

③ **사물은 사물 자체가 아닌 사물 간의 관계를 통해 의미 내용이 결정된다.**
3문단을 통해 기호의 의미 내용을 결정하는 것은 기표와 기의의 관계가 아니라 기호들 사이의 관계임을 알 수 있으므로 적절한 이해이다.

④ **소비는 사물이라는 기호를 통해 특정 계층 또는 집단의 일원이라는 상징을 얻는 행위이다.**
[A]에 제시된 명품 가방 소비의 예시를 통해 확인할 수 있으므로 적절한 이해이다.

⑤ **기호가치는 사물의 기의와 그에 대한 소비자의 욕구와 관련될 뿐 사물의 기표에 의해 결정되는 것은 아니다.**
3문단을 통해 기호가치가 어떤 대상을 지시하는 상징의 기능적 가치임을 알 수 있으므로, 구체적으로 감각되는 기표와는 관계가 없다고 할 수 있다.

★★ 문제 해결 꿀~팁 ★★

▶ 많이 틀린 이유는?
이 문제는 3문단에 제시된 '기호 체계'를 정확히 이해하지 못하고, [A]에 제시된 '사물'과 '사물이 상징하는 특정한 사회적 지위'가 기호와 기의와 어떻게 연관되는지 파악하지 못하여 오답률이 높았던 것으로 보인다.
▶ 문제 해결 방법은?
이 문제를 해결하기 위해서는 3문단을 통해 '기호 체계'를 이해해야 한다. 즉, 기표와 기의의 의미, 기표와 기의의 관계에 대해 이해해야 한다. 그런 다음 [A]에 제시된 '사물'이 기표에 해당하고, '사물이 상징하는 특정한 사회적 지위'가 기의임을 파악해야 한다. 이러한 내용을 바탕으로 하면 정답인 ①의 경우 기표는 문자나 음성같이 감각으로 지각되는 부분으로 구체성을, 기의는 의미 내용 부분으로 추상성을 가지므로 적절하지 않음을 알 수 있다. 마찬가지로 오답률이 높았던 ⑤의 경우, 기호가치가 기의에 해당함을 알 수 있으므로 적절한 내용임을 알 수 있다. 이처럼 특정 개념에 대한 이해 및 적용 문제는 개념에 대한 정확한 이해가 반드시 필요하므로, 글을 읽을 때 특정 개념이 언급되면 그와 관련된 주요 내용에 반드시 밑줄을 긋도록 한다.

07 전제된 내용의 추리 정답률 78% | 정답 ③

ⓒ의 전제로 가장 적절한 것은?

① **상징체계 변화에 의해 사물 자체의 유용성이 변화한다.**
사물 자체의 유용성은 사용가치로 이는 기호 체계와 관련된 상징체계 변화와 무관하다.

② **사물에 대한 욕구는 사람마다 제각기 다른 양상을 보인다.**
보드리야르는 개인의 욕구를 사회적으로 강제된 것으로 보고 있으므로, 사물에 대한 욕구가 사람마다 제각기 다르다는 것은 전제로 성립할 수 없다.

✔ **사물의 기호가치가 변화하면 사물에 대한 욕구도 변화한다.**
4문단을 통해 사물의 기호가치가 변화하면 사물의 경제적 가치와 사물에 대한 욕구도 변화함을 알 수 있고, 특정 사물이 지닌 기호가치는 사회적 상징체계임도 알 수 있다. 따라서 ⓒ에 전제된 내용은 사물의 기호가치가 변화하면 사물에 대한 욕구도 변화한다임을 추론할 수 있다.

④ **사물을 소비하는 행위는 개인의 자연 발생적 욕구에 따른 것이다.**
보드리야르는 개인의 자연 발생적인 욕구가 없다고 보았다.

⑤ **사물이 지시하는 의미 내용과 사물에 대한 욕구는 서로 독립적이다.**
보드리야르는 오히려 의미 내용과 욕구가 연관된다고 보았다.

★★★ 1등급 대비 고난도 3점 문제

08 구체적인 사례에의 적용 정답률 20% | 정답 ③

윗글의 '보드리야르'의 관점을 바탕으로 〈보기〉를 이해한 내용으로 적절하지 않은 것은? [3점]

〈보 기〉

개성이란 타인과 구별되는 개인만의 고유한 특성으로, 현대 사회의 개인은 개성을 추구함으로써 자신의 고유함을 드러내려 한다. 이때 사물은 개성을 드러낼 수 있는 수단이다. 찢어진 청바지를 입는 것, 타투나 피어싱을 하는 것은 사물을 통한 개성 추구의 사례이다. 이런 점에서 '당신의 삶에 차이를 만듭니다'와 같은 광고 문구는 개성에 대한 현대인의 지향을 단적으로 드러낸 것이라 할 수 있다.

① **타인과 구별되는 개성이란 개인이 소속되길 바라는 집단의 차별화된 속성일 수 있겠군.**
개인은 자신이 소속되길 바라는 집단의 속성을 통해 타인과 구별되고자 한다.

② **소비사회에서 사물을 통한 개성의 추구는 그 사물의 기호가치에 대한 욕구에서 비롯되겠군.**
보드리야르는 자본주의 사회를 '소비사회'로 보았으며, 소비사회에서의 개성 추구는 기호가치에의 욕구로부터 비롯된다.

✔ **찢어진 청바지는 개인만의 고유한 특성을 드러내는 수단이자 젊은 세대의 일원이라는 기호를 상징하는 것일 수 있겠군.**
〈보기〉에서는 현대 사회에서 개인이 개성을 추구하는 여러 사례를 제시하고 있다. 그리고 5문단을 통해 보드리야르는 현대인은 자연 발생적인 욕구에 따라 자유롭게 소비하는 것처럼 보이지만 사실은 사회적으로 강제된 욕구에 따르는 것에 불과하다고 주장했음을 알 수 있다. 여기에서 개인에게 사회가 강제하는 욕구는 소비자가 속하고 싶은 집단과 다른 집단 간의 차이를 부각해야 한다는 욕구이다. 이런 욕구는 대중매체를 통해 더 강화되는데, 대중매체를 통해 전달되는 현실은 현실 그 자체가 아니라 다른 기호와 조합될 수 있는 기호로 추상화되기 때문이다. 이렇게 볼 때, '찢어진 청바지'가 개인의 자유로운 개성 추구처럼 보이겠지만, 보드리야르는 이를 개인만의 고유한 특성이 아니라 사회적으로 강제된 욕구로 보았다고 할 수 있다.

④ **'당신의 삶에 차이를 만듭니다'라는 광고 문구는 그 광고의 상품을 소비함으로써 사회적 차이를 드러내고 싶다는 욕구를 강제하는 것일 수 있겠군.**
'차이'를 강조하는 광고문구는 개인에게 차이를 드러내고 싶다는 욕구를 강제하는 대중매체의 예시이다.

⑤ **타투나 피어싱을 한 유명 연예인을 텔레비전에서 보고, 이를 따라하기 위해 돈을 지불하는 것은 대중매체를 매개로 하여 추상화된 기호를 소비하는 것일 수 있겠군.**
타투나 피어싱을 한 유명 연예인을 대중매체를 통해 보고 이를 따라하기 위해 돈을 지불하는 것은 대중매체가 제시하는 추상적 기호를 소비하는 것이다.

★★ 문제 해결 꿀~팁 ★★

▶ 많이 틀린 이유는?
이 문제는 글에 제시된 보드리야르의 생각을 〈보기〉의 구체적인 사례에 적용하는 데 어려움을 겪어 오답률이 높았던 것으로 보인다.
▶ 문제 해결 방법은?
이 문제를 해결하기 위해서는 먼저 글에 제시된 보드리야르의 관점이 무엇인지 파악한 뒤, 〈보기〉의 내용이 보드리야르의 관점과 어떻게 연결되는지 이해할 수 있어야 한다. 그리고 이를 바탕으로 선택지의 적절성을 판단해야 한다. 즉 5문단을 통해 보드리야르가 현대인이 자연 발생적인 욕구에 따라 자유롭게 소비하는 것처럼 보이지만 사실은 사회적으로 강제된 욕구에 따르는 것에 불과하다고 주장했음을 파악하게 되면, 〈보기〉의 '찢어진 청바지'에 관련된 내용은 보드리야르의 관점에서 이해한 것임을 쉽게 알 수 있다.
▶ 오답인 ①, ④를 많이 선택한 이유는?
이 문제의 경우 학생들이 ①과 ④가 적절하다고 하여 오답률이 높았는데, 이 경우에도 글에 제시된 보드리야르의 관점, 즉 사물은 소비자가 속하고 싶은 집단과 다른 집단 간의 차이를 부각하는 기호로서 기능한다를 통해 ①이 적절함을 알 수 있다. 또한 대중매체는 사물의 기의에 영향을 미침으로써 욕구를 강제할 수 있다를 통해 ④ 역시 적절함을 알 수 있다. 이처럼 특정 인물의 관점에서 특정 상황을 이해하라는 문제는 인물의 생각이 드러난 부분이 있으면 특정하게 표시하여 이해도를 높일 수 있도록 해야 한다.

09~12 고전 시가+수필

(가) 정철, 「속미인곡(續美人曲)」

감상 이 작품은 화자를 여인으로 설정하여 임금을 그리워하는 마음을 표현한 연군 가사이다. 이 작품에서는 두 여인의 대화를 통해 스스로 잘못을 뉘우치고 님을 그리워하며 님의 소식을 몰라 높은 산과 강가를 방황하는 화자의 모습과 임에 대한 간절한 그리움과 죽어서라도 임을 따르고 싶은 화자의 마음을 잘 드러내고 있다. 이 작품은 「사미인곡」에 이어 지은 것으로 대화체로 내용을 진행한다는 점, 소박하고 진실하게 정서를 표현했다는 점 등에서 「사미인곡」보다 높은 평가를 받고 있다.
주제 임을 그리워하는 마음

(나) 권근, 「주옹설(舟翁說)」

감상 '손'과 '주옹'의 문답을 통해 바람직한 삶의 자세에 대해 이야기하고 있는 고전 수필이다. '주옹'의 대답을 통해 편안함만을 추구하기보다 늘 경계하며 사는 삶의 태도가 필요하다는 작가의 가치관을 전달하고 있다.
주제 세상을 살아가는 올바른 삶의 태도

09 표현상 공통점 파악 정답률 56% | 정답 ①

(가)와 (나)의 공통점으로 가장 적절한 것은?

DAY 15

[문제편 p.093]

✔ 설의적 표현을 활용하여 의미를 강조하고 있다.
(가)에서는 '하늘이라 원망하며 사람이라 허물하랴'는 의문형 표현을 통해, 임과 헤어진 화자의 심정을 강조하고 있다. 그리고 (나)에서는 주옹이 '내 마음을 어찌 흔들 수 있겠는가?', '만 리의 부슬비 속에 떠 있는 것이 아닌가?' 등과 같은 의문형 표현을 통해 자신의 가치관을 강조하고 있다. 따라서 (가), (나) 모두 설의적 표현을 사용하여 의미를 강조해 준다고 할 수 있다.

② **점층적 방식을 활용하여 주제를 부각하고 있다.**
(가)와 (나) 모두 점층적 방식을 활용하여 주제를 부각한 부분은 나타나지 않고 있다.

③ **다양한 감각적 심상을 사용하여 대상을 예찬하고 있다.**
(가)에서는 시각적 심상, 청각적 심상이, (나)에서는 시각적 심상이 나타나지만, 다양한 감각적 심상을 통해 대상을 예찬하지는 않고 있다.

④ **반어적 진술을 통해 대상에 대한 태도를 드러내고 있다.**
(가)와 (나) 모두에서 반어적 진술은 나타나지 않고 있다.

⑤ **명령적 어조를 통해 현실에 대한 비판 의식을 드러내고 있다.**
(가)에서 명령적 어조와 현실에 대한 비판 의식은 나타나지 않고, (나)에서 명령적 어조는 나타나지 않고 있다.

10 외적 준거에 따른 작품의 감상 정답률 74% | 정답 ②

〈보기〉를 바탕으로 (가)를 이해한 내용으로 적절하지 않은 것은?

〈보 기〉

연군 가사는 임금과 떨어진 신하가 임금을 그리워하고 걱정하며 충성심을 드러낸 가사 작품들을 가리킨다. 「속미인곡」은 정철이 정쟁(政爭)으로 인해 관직에서 물러난 후 낙향하였을 때 쓴 연군 가사의 대표적 작품이다.

① **'천상 백옥경'은 화자가 '임'과 지냈던 곳으로 임금이 있는 궁궐에 대응된다.**
〈보기〉를 바탕으로 할 때 (가)의 화자는 임금과 떨어져 있는 작가라 할 수 있으므로, 화자가 이별한 임인 옥황상제는 임금과 대응한다고 할 수 있다. 따라서 '천상 백옥경'은 임금이 있는 궁궐로 볼 수 있다.

✔ '내 몸의 지은 죄'가 '조물의 탓'이라는 화자의 한탄을 통해 작가가 자신을 관직에서 물러나게 한 사람들을 원망하고 있음을 알 수 있다.
〈보기〉를 바탕으로 할 때 (가)의 화자는 임금과 떨어져 있는 작가라 할 수 있으므로, '내 몸의 지은 죄'라고 한 것은 임금과 떨어지게 된 원인이 작가 자신에게 있음을 나타낸 것이라 할 수 있다. 이렇게 볼 때, 임금과 헤어진 것을 '조물주의 탓'이라고 하는 것은 작가 자신의 운명을 탓한 것이라 할 수 있지, 자신을 관직에서 물러나게 한 사람들을 원망한 것이라고는 볼 수 없다.

③ **화자가 꿈속에서 '임'의 모습을 보고 '눈물이 이어져'난다고 하는 것에서 임금에 대한 작가의 걱정과 그리움의 깊이를 짐작할 수 있다.**
화자는 꿈에서 '임'의 모습에 눈물을 흘리며 아무 말도 못하는 모습을 보이고 있는데, 이는 떨어져 있는 임금에 대한 작가의 걱정과 그리움을 드러낸 것이라 할 수 있다.

④ **'임'과 헤어지게 된 화자가 자신의 그림자를 '불쌍한'으로 표현한 것에서 임금과 떨어져 지내야 하는 것에 대한 작가의 안타까운 심정을 알 수 있다.**
화자가 자신의 그림자를 불쌍하다고 여기는 모습을 통해 임금과 떨어져 있는 상황에 대한 작가의 안타까운 심정을 알 수 있다.

⑤ **'낙월'이 되어서라도 '임 계신 창 안에 번듯이 비추'려는 화자의 모습에서 임금에 대한 작가의 충성심을 알 수 있다.**
화자가 '낙월'이 되어서라도 '임 계신 창 안에 번듯이 비추'려는 것은 '임'을 생각하는 마음을 표현한 것이므로, 이를 통해 임금에 대한 작가의 충성심을 알 수 있다.

★★★ 1등급 대비 고난도 3점 문제

11 극적 구성의 이해 정답률 47% | 정답 ②

다음은 수업의 일부이다. 선생님의 설명에 따라 (가)와 (나)의 인물을 분석한 내용으로 적절하지 않은 것은? [3점]

선생님 : 시나 수필을 창작할 때 주제 의식을 효과적으로 표현하기 위해 인물 간의 대화로 작품을 구성하기도 합니다. 이 경우 인물들은 중심 인물과 주변 인물로 나누어 볼 수 있는데, 중심 인물은 대화를 주도하며, 작가 의식을 대변하는 역할을 합니다. 주변 인물은 중심 인물의 말을 이끌어내거나 중심 인물을 위로하고 대안을 제시하는 보조적 인물, 중심 인물과 대립하면서 중심 인물에게 문제 제기를 하는 대립적 인물로 나눌 수 있습니다.

	인물	특징적 발화	인물 유형	인물의 역할	
(가)	각시	내 사설 들어 보오	중심 인물	대화를 주도함.	
	너	누굴 보러 가시는고	주변 인물	중심 인물의 말을 이끌어냄.	①
		그리 생각 마오	주변 인물	중심 인물과 대립함.	②
		궂은 비나 되소서	주변 인물	대안을 제시함.	③
(나)	주옹	그대는 어찌 이를 두려워하지 않고 도리어 나를 위태롭다 하는가?	중심 인물	작가 의식을 드러냄.	④
	손	그대는 도리어 이를 즐겨 오래 오래 물에 떠가기만 하고 돌아오지 않으니 무슨 재미인가?	주변 인물	중심 인물에게 문제 제기를 함.	⑤

① **주변 인물 → 중심 인물의 말을 이끌어냄.**
'저기 가는 저 각시 ~ 누굴 보러 가시는고'를 통해, '너'는 '중심 인물에게 먼저 말을 걸어 중심 인물의 말을 이끌어 내는 주변 인물(보조적 인물)이라 할 수 있다.

✔ 주변 인물 → 중심 인물과 대립함.
(가)에 제시된 '그리 생각 마오.'라는 발화를 볼 때, '너'는 자책하고 있는 '각시'를 위로하는 인물이라 할 수 있다. 따라서 '너'는 중심 인물과 대립되는 인물이 아니라 중심 인물을 위로하는 역할을 하는 주변 인물(보조적 인물)이라 할 수 있다.

③ **주변 인물 → 대안을 제시함.**
'너'는 중심 인물인 '각시'에게 '낙월'보다 '궂은 비'가 되라 말하고 있는데, 이를 통해 '너'는 임에게 직접 다가가라는 대안을 제시하는 주변 인물(보조적 인물)이라 할 수 있다.

④ **중심 인물 → 작가 의식을 드러냄.**
'주옹'은 '손'에게 다시 질문함으로써 바람직한 삶의 자세를 깨닫도록 유도하고 있으므로, '주옹'은 작가 의식을 대변하는 역할을 하는 중심 인물이라 할 수 있다.

⑤ **주변 인물 → 중심 인물에게 문제 제기를 함.**
'손'은 중심 인물의 삶의 모습에 문제 제기하고 있는 주변 인물이라 할 수 있다.

★★ 문제 해결 꿀~팁 ★★

▶ 많이 틀린 이유는?
이 문제는 시적 상황을 통해 '너'의 말이 지니는 의미를 정확히 파악하지 못하여 오답률이 높았던 것으로 보인다.
▶ 문제 해결 방법은?
이 문제를 해결하기 위해서는 화자가 말하고 있는 내용을 이해하고 그 상황에서의 '너'의 말이 화자에 대해 어떤 태도를 보이고 있는지 파악해야 한다. 오답률이 높았던 ③의 경우 화자가 낙월이 되어 임이 계신 창에 비추겠다고 하자, 화자를 위로하고 있는 '너'는 달은커녕 궂은 비나 되소서라고 말하고 있다. 즉 '너'는 화자에게 '달'이 아닌 '궂은 비'가 되어 임에게 다가가라고 위로하고 있다. 이렇게 볼 때, '궂은 비나 되소서'는 '너'가 화자에게 다른 안, 즉 대안을 제시한 것이라 할 수 있다. 즉, 작품 상황을 고려하여 인물이 한 말이 어떤 상황 맥락에서 나온 것인지 파악할 수 있어야 한다.

12 어구의 의미 파악 정답률 60% | 정답 ③

(나)의 ㉠ ~ ㉤을 이해한 내용으로 적절하지 않은 것은?

① **㉠ : 변화불측한 특성을 가진 곳으로, '세상 사람들'이 위험하다고 생각하는 공간이다.**
'손'은 ㉠이 변화불측하여 ㉠에서 지내는 것을 '험한 데서 위태로움을 무릅쓰는 일'이라 하고 있으므로 적절한 이해이다.

② **㉡ : '주옹'이 사는 곳과 대비되는 장소로, '세상 사람들'이 안전하다고 생각하는 공간이다.**
㉡은 세상 사람들이 안전하다고 생각하는 공간이지만, '주옹'은 오히려 물보다 더 위험한 공간이 될 수 있다 하고 있으므로 적절한 이해이다.

✔ ㉢ : 조각배의 돛대를 기울게 하고 노를 부러뜨릴 수 있는 바람과 물결로, '주옹'이 위태로움을 느끼는 외적 요인이다.
'주옹'은 ㉢이 인다고 해도 자신의 마음을 흔들 수 없다고 이야기하고 있으므로, ㉢ 때문에 '주옹'이 위태로움을 느낀다고는 볼 수 없다.

④ **㉣ : 욕심을 부리는 세상 사람들의 마음을 비유한 것으로, 그들의 삶을 위태롭게 만드는 요인이다.**
㉣은 편안함만을 좇으며 욕심을 부리다가 위험에 처하는 사람들의 마음(인심)을 비유하고 있으므로 적절한 이해이다.

⑤ **㉤ : 바람에 쉽게 흔들릴 수 있는 곳이지만, 인간 세상과 비교했을 때 오히려 '주옹'이 안전함을 느끼는 곳이다.**
㉤은 세상 사람들이 보기에 매우 위태로운 곳이지만 주옹은 경계를 한다면 육지보다 더 안전한 곳이라 생각하므로 적절한 이해이다.

[문제편 p.094]

DAY 16 20분 미니 모의고사

01 ②	02 ④	03 ⑤	04 ⑤	05 ⑤
06 ③	07 ①	08 ①	09 ②	10 ②
11 ③	12 ⑤			

01 말하기 방식 파악 정답률 92% | 정답 ②

[A], [B]에 대한 설명으로 가장 적절한 것은?

① [A]에서 '학생 2'는 질문을 통해 '박사'가 설명한 내용의 타당성에 의문을 제기하고 있다.
[A]에서 '학생 2'는 탄산 칼슘의 석출 원인과 증가에 대해 궁금한 점을 '박사'에게 질문하고 있다. 하지만 '박사'가 설명한 내용의 타당성에 의문을 제기하지는 않고 있으므로 적절하지 않다.

✔ [A]에서 '박사'는 '학생 2'의 요청에 따라 앞서 자신이 설명한 내용을 보충하고 있다.
[A]에서 '학생 2'가 수온 상승으로 탄산 칼슘의 석출이 증가한다는 말이 이해가 되지 않는다고 하면서 자세히 알려 줄 것을 요청하자, '박사'는 이에 대해 앞서 자신이 설명한 내용을 보충한 추가 설명을 하고 있다.

③ [A]에서 '박사'는 '학생 2'의 이해를 돕기 위해 관련 설문 자료를 활용하고 있다.
[A]에서 '박사'는 '학생 2'의 이해를 돕기 위해 추가 설명을 하고는 있지만, 관련 설문 자료를 활용하고 있지는 않고 있으므로 적절하지 않다.

④ [B]에서 '학생 2'는 '박사'가 소개한 내용을 요약하고 이를 긍정적으로 평가하고 있다.
[B]에서 '학생 2'는 '박사'가 소개한 내용을 요약하지는 않고 있으므로 적절하지 않다.

⑤ [B]에서 '박사'는 '학생 2'의 배경지식을 점검하여 용어의 개념에 대해 추가 설명을 하고 있다.
[B]에서 '박사'는 '학생 2'의 배경지식을 점검하고 있지는 않고 있으므로 적절하지 않다.

02 글쓰기 계획의 적절성 파악 정답률 85% | 정답 ④

(가)를 바탕으로 '학생 1'이 세운 작문 계획 중 (나)에 반영되지 않은 것은?

> ㅇ 바다 사막화의 개념을 서두에 제시해야겠어. ······ ①
> ㅇ 바다 숲 조성 사업과 관련하여 사업 추진 현황을 제시해야겠어. ······ ②
> ㅇ 바다 식목일의 제정 취지와 함께 바다 식목일로 제정된 날을 구체적으로 제시해야겠어. ······ ③
> ㅇ 바다의 탄산 칼슘을 증가시키는 연안 개발 실태를 보여 줄 수 있는 자료를 제시해야겠어. ······ ④
> ㅇ 탄산 칼슘이 석출되는 원인 중 박사님께서 말씀하신 것 외에 다른 원인들을 조사하여 추가로 제시해야겠어. ······ ⑤

① 바다 사막화의 개념을 서두에 제시해야겠어.
(가)의 '박사'가 설명한 바다 사막화의 개념은 (나)의 1문단에서 제시하고 있다.

② 바다 숲 조성 사업과 관련하여 사업 추진 현황을 제시해야겠어.
(가)에서 '박사'는 바다 사막화를 막기 위한 노력으로 바다 숲 조성을 이야기하고 있고, (나)의 4문단에서 바다 숲 조성의 현황을 구체적인 수치로 제시하고 있다. 따라서 바다 숲 조성 사업과 관련하여 사업 추진 현황을 제시해야겠다는 계획이 반영되었음을 알 수 있다.

③ 바다 식목일의 제정 취지와 함께 바다 식목일로 제정된 날을 구체적으로 제시해야겠어.
(가)에서 '박사'는 바다 식목일의 제정 취지를 언급하고 있고, (나)의 마지막 문단에서 바다 식목일의 제정 취지와 함께 바다 식목일이 제정된 날을 구체적으로 제시하고 있으므로 적절하다.

✔ 바다의 탄산 칼슘을 증가시키는 연안 개발 실태를 보여 줄 수 있는 자료를 제시해야겠어.
(나)에서 바다의 탄산 칼슘을 증가시키는 연안 개발 실태를 보여 줄 수 있는 자료는 찾아볼 수 없다.

⑤ 탄산 칼슘이 석출되는 원인 중 박사님께서 말씀하신 것 외에 다른 원인들을 조사하여 추가로 제시해야겠어.
(가)에서 '박사'는 해양 오염과 지구 온난화로 인한 바다 사막화를 이야기하고 있고, (나)의 2문단에서 탄산 칼슘의 석출이 증가하는 이유로 해조류의 남획과 해조류를 먹고 사는 해양 동물의 급증을 추가로 제시하고 있다. 따라서 탄산 칼슘이 석출되는 원인 중 박사님께서 말씀하신 것 외에 다른 원인들을 조사하여 추가로 제시해야겠다는 계획이 반영되었음을 알 수 있다.

03 문장 유형의 이해 정답률 85% | 정답 ⑤

밑줄 친 ㉠의 예로 적절한 것은?

> 우리말의 문장 유형은 평서문, 의문문, 명령문, 청유문, 감탄문으로 나뉘는데, 대개 특정한 종결 어미를 통해 실현된다. 그런데 경우에 따라 ㉠ <u>동일한 형태의 종결 어미가 서로 다른 문장 유형을 실현</u>하기도 한다.

① -니 [너는 무엇을 먹었니? / 아버님은 어디 갔다 오시니?]
종결 어미 '-니'로 인해 의문문이 실현되고 있다.

② -ㄹ [오늘은 내가 먼저 나갈게. / 내가 나중에 다시 전화할게.]
종결 어미 '-ㄹ게'로 인해 평서문이 실현되고 있다.

③ -구나 [그것 참 그럴듯한 생각이구나. / 올해도 과일이 많이 열리겠구나.]
종결 어미 '-구나'로 인해 감탄문이 실현되고 있다.

④ -ㅂ시다 [지금부터 함께 청소를 합시다. / 밥을 먹고 공원에 놀러 갑시다.]
종결 어미 '-ㅂ시다'로 인해 청유문이 실현되고 있다.

✔ -어라 [늦을 것 같으니까 어서 씻어라. / 그 사람을 몹시도 만나고 싶어라.]
'늦을 것 같으니까 어서 씻어라.'는 종결 어미 '-어라'로 인해 명령문이 실현되고, '그 사람을 몹시도 만나고 싶어라.'는 종결 어미 '-어라'로 인해 감탄문이 실현된다. 따라서 종결 어미 '-어라'는 동일한 형태가 다른 문장 유형을 실현하고 있음을 알 수 있다.

04~08 과학·기술

김래현 외, 「지역난방 기초 공학 및 에너지 기술 실무 교육」

해제 이 글은 **지역난방에서 열 수송의 효율성을 높이기 위해 사용하는 상변화 물질을 활용하는 방식에 대해 설명**하고 있다. 지역난방에서 열 수송의 효율성을 높이기 위해 상변화 물질을 활용하는 방식이 개발되고 있음을 언급한 뒤, **상변화에 대한 이해를 돕기 위해 상변화 물질과 상변화의 개념, 잠열과 현열에 대해 구체적 사례를 통해 이해**시키고 있다. 그런 다음 상변화 물질을 활용하여 열병합 발전소에서 인근 지역 주택으로의 열 수송 과정을 통해 **상변화 물질의 특성을 이용하여 열 수송을 할 경우의 장점을 언급하면서, 아울러 이러한 방식이 지닌 한계도 언급**해 주고 있다.

주제 상변화 물질을 활용한 열 수송 방식의 이해

문단 핵심 내용

1문단	지역난방의 의미 및 열을 수송하는 방식
2문단	상변화의 의미 및 상변화에 수반되는 열인 잠열과 현열의 이해
3문단	상변화 물질을 활용한 열을 수송하는 과정 1
4문단	상변화 물질을 활용한 열을 수송하는 과정 2
5문단	상변화 물질을 활용한 열 수송 방식의 장점 및 한계

04 세부 내용의 이해 정답률 72% | 정답 ⑤

윗글의 내용과 일치하지 않는 것은?

① 상변화는 주변의 온도나 압력 변화에 의해 물질의 상태가 변하는 것을 의미한다.
2문단의 '상변화란, ~ 주변의 온도나 압력 변화에 의해 어떤 물질이 이전과 다른 상태로 변하는 것을 의미'에서 적절함을 알 수 있다.

[문제편 p.096]

② **열병합 발전소에서는 전기 생산에 사용된 수증기의 열을 회수하여 인근 지역으로 공급한다.**
1문단의 '지역난방은 열병합 발전소에서 전기 생산을 위해 사용된 열을 회수하여 인근 지역의 난방에 활용하는 것이다.'에서 적절함을 알 수 있다.

③ **상변화 물질이 들어 있는 캡슐의 양은 물의 이동을 고려해야 하므로 일정 수준 이상 늘릴 수 없다.**
5문단의 '캡슐의 양이 일정 수준 이상으로 늘어나면 물이 원활하게 이동할 수 없으므로 캡슐의 양을 증가시키는 데에는 한계가 있다.'에서 적절함을 알 수 있다.

④ **상변화 물질을 활용하여 열을 수송하는 방식을 사용하는 것은 열 수송의 효율성을 높이기 위해서이다.**
5문단의 '상변화 물질을 활용한 열 수송 방식을 사용하면' '열 수송의 효율성이 개선된다.'는 내용에서 적절함을 알 수 있다.

✔ **상변화 물질을 활용한 열 수송 방식에서는 온수 공급관으로 보내는 물의 온도를 기존 방식보다 높여야 한다.**
5문단의 '기존의 열 수송 방식과 달리 ~ 보내는 물의 온도를 현저히 낮출 수 있어서 열 수송의 효율성이 개선된다.'의 내용을 보면, 상변화 물질을 활용한 열 수송 방식에서는 온수 공급관으로 보내는 물의 온도를 기존 방식보다 낮춰야 함을 알 수 있다.

05 핵심 개념의 특성 파악

정답률 73% | 정답 ⑤

㉠에 대한 설명으로 적절하지 않은 것은?

① **물질마다 크기가 각기 다르다.**
2문단의 '잠열은 물질마다 그 크기가 다르며'에서 적절함을 알 수 있다.

② **물질의 온도 변화로 나타나지 않는다.**
2문단의 '이렇게 상변화에 사용된 열이 잠열인데, 이는 물질의 온도 변화로 나타나지 않는 숨어 있는 열이라는 뜻이다.'에서 알 수 있으므로 적절한 설명이다.

③ **숨어 있는 열이라는 뜻을 지니고 있다.**
2문단의 '이렇게 상변화에 사용된 열이 잠열인데, 이는 물질의 온도 변화로 나타나지 않는 숨어 있는 열이라는 뜻이다.'에서 알 수 있으므로 적절한 설명이다.

④ **물질의 상변화가 일어날 때 흡수되거나 방출된다.**
2문단의 '잠열은 물질마다 그 크기가 다르며, 일반적으로 물질이 고체에서 액체가 되거나 액체에서 기체가 될 때, 또는 고체에서 바로 기체가 될 때에는 잠열을 흡수하고 그 반대의 경우에는 잠열을 방출한다.'에서 적절함을 알 수 있다.

✔ **상변화하고 있는 물질의 현열을 증가시키는 역할을 한다.**
2문단의 '그런데 비커 속 얼음이 모두 물로 변할 때까지는 온도가 올라가지 않고 계속 0℃를 유지하는데, 이는 비커에 가해진 열이 물질의 온도 변화가 아닌 상변화에 사용되었기 때문이다.'에서 적절하지 않음을 알 수 있다.

06 도식을 통한 글의 내용 파악

정답률 64% | 정답 ③

〈보기〉는 상변화 물질을 활용한 열 수송 과정을 도식화한 것이다. 윗글을 바탕으로 〈보기〉에 대해 이해한 내용으로 적절하지 않은 것은? [3점]

〈보 기〉

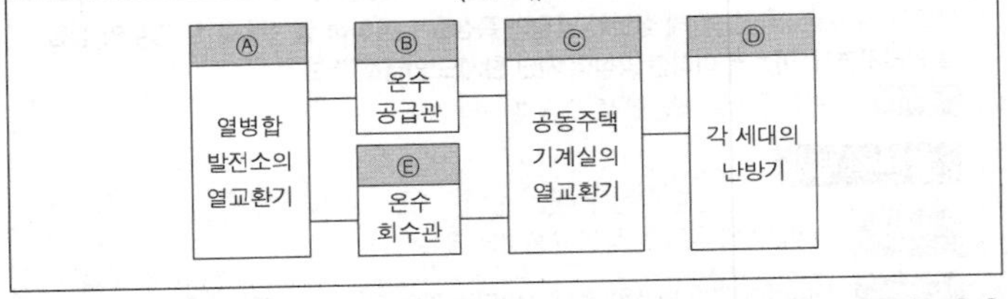

① **Ⓐ에서 캡슐 속 상변화 물질의 온도는 상변화 물질의 녹는점 이상으로 올라가겠군.**
3문단에서 '물이 데워져 물의 온도가 상변화 물질의 녹는점 이상이' 된다고 했으므로 적절하다.

② **Ⓑ에서는 물에 있는 캡슐 속 상변화 물질의 상변화가 일어나지 않겠군.**
3문단에서 온수 공급관을 통해 이동하는 '과정에서 상변화 물질이 고체로 상변화되지 않'도록 '물의 온도는 상변화 물질의 녹는점 이상으로 유지'한다고 했으므로 적절하다.

✔ **Ⓑ와 Ⓔ를 통해 이동하는 물에 있는 상변화 물질의 상태는 서로 같겠군.**
3문단에서 '액체가 된 상변화 물질'이 '온수 공급관을 통해' 이동한다고 했고, 4문단에서 '캡슐 속 상변화 물질은 액체에서 고체로 상변화하면서 잠열을 방출'한 후 '온수 회수관을 통해 다시 발전소로 회수'된다고 하였다. 이렇게 볼 때, Ⓑ와 Ⓔ 속의 상변화 물질은 각각 액체와 고체이므로 적절하지 않다.

④ **Ⓒ에서 공동주택의 찬물은 현열과 잠열에 의해 데워져 Ⓓ에 공급되겠군.**
4문단에서 '이동해 온 물의 현열과 캡슐 속 상변화 물질의 현열, 그리고 상변화 물질의 잠열'이 모두 공동주택의 찬물을 데우는 데 사용된다고 했으므로 적절하다.

⑤ **Ⓔ를 통해 회수된 물에 있는 상변화 물질은 Ⓐ에서 다시 상변화 과정을 거쳐 재사용되겠군.**
4문단에서 '상변화 물질 캡슐이 든 물은 온수 회수관을 통해 다시 발전소로 회수되어 재사용된다'고 했으므로 적절하다.

07 구체적 상황에의 적용

정답률 61% | 정답 ①

윗글을 읽은 학생이 〈보기 1〉을 보고 〈보기 2〉와 같이 메모했을 때, ㉮ ~ ㉰에 들어갈 말로 적절한 것은?

〈보기 1〉

A 기업에서는 녹는점이 15℃인 상변화 물질을 벽에 넣어 밤과 낮의 온도 차가 크더라도 벽의 온도를 일정하게 만들 수 있는 기술을 연구하고 있다.

〈보기 2〉

벽의 온도가 15℃보다 높아지면 이 상변화 물질은 (㉮)로 상변화할 것이고, 이때 잠열을 (㉯)할 것이다. 이렇게 상변화가 일어나는 중에는 상변화 물질의 온도가 (㉰) 것이다.

	㉮	㉯	㉰
✔	액체	흡수	유지될

㉮ 〈보기 1〉에서 상변화 물질의 녹는점이 15℃인 것을 알 수 있고, 3문단에서 온도가 '상변화 물질의 녹는점 이상이 되면 상변화 물질은 액체로 상변화'함을 알 수 있다. 따라서 〈보기 2〉에서 벽의 온도가 15℃보다 높아지면 이 물질은 고체에서 액체로 상변화하게 될 것임을 알 수 있다.
㉯ 2문단에서 물질이 '고체에서 액체가' 될 때에는 잠열을 흡수한다고 했고, ㉰ 물의 상변화 예에서 '얼음이 모두 ~ 계속 0℃를 유지'한다고 했으므로 온도가 계속 유지될 것임을 알 수 있다.

②	액체	흡수	상승할
③	액체	방출	유지될
④	고체	흡수	유지될
⑤	고체	방출	상승할

08 문맥상 의미 파악

정답률 89% | 정답 ①

ⓐ와 문맥적 의미가 가장 유사한 것은?

✔ **그는 선물을 동생 집으로 보냈다.**
ⓐ는 '사람이나 물건 따위를 다른 곳으로 가게 하다.'의 의미로, 이와 의미가 유사하게 사용된 것은 ①의 '보냈다'이다.

② **그는 그저 멍하니 세월만 보냈다.**
'시간이나 세월이 지나가게 하다.'의 의미로 사용되었다.

③ **그는 아들을 작년에 장가를 보냈다.**
'결혼을 시키다.'의 의미로 사용되었다.

④ **관객들은 연주자에게 박수를 보냈다.**
'상대편에게 자신의 마음가짐을 느끼어 알도록 표현하다.'의 의미로 사용되었다.

⑤ **그녀는 슬피 울며 정든 친구를 보냈다.**
'놓아주어 떠나게 하다.'의 의미로 사용되었다.

09~12 현대 소설

김연수, 「리기다소나무 숲에 갔다가」

감상 이 작품은 **살아 있는 모든 것이 소중한 가치를 지니며, 생명이 이념이나 사랑, 공명심 등 어떠한 것의 수단이 될 수 없다는 주제의식을 전달**하고 있다. 이러한 주제의식은 '도라꾸 아저씨'의 인식 변화를 통해 드러나고 있다. 즉 **도라꾸 아저씨**는 인간과 자연을 분리된 것으로 보고 자연보다 우월한 위치에서 자연을 도구로서의 가치만 지닌 타자로 대했었지만, **사냥을 하면서 그는 하나의 생명을 빼앗기 위해 또 다른 생명을 수단으로 삼은 행동이 잘못이었다는 것을 깨닫게 된다.** 그리고 인간과 마찬가지로 **자연 역시 동등한 가치를 지닌 존재라는 생태주의적 인식**을 하게 된다.

주제 생명이 지닌 소중한 가치

작품 줄거리 '나'는 삼촌과 함께 덕유산 일대의 리기다소나무 숲으로 멧돼지 사냥을 가게 된다. 그해 5월 대학생이 집회 도중 분신자살한 것을 목격하고 충격을 받아 자원입대를 신청해 군 입대를 앞두고 있던 '나'는 인간이 왜 목숨을 잃게 될 줄 알면서도 죽음의 길을 선택하는지 의문을 품는다. 또한 카페 윤 마담과 사랑을 이루지 못하고 자살 소동까지 벌였던 삼촌이 사랑 때문에 정말 목숨을 걸 만큼의 용기는 없었다고 생각하면서도 그 여자를 정말로 사랑했는지, 자살 소동을 벌인 것이 오기가 아닌지 궁금해한다. '나'와 삼촌의 사냥에 동행한 도라꾸 아저씨는 솜씨 좋은 포수였지만, 어느 날 '총을 꺾어 버린' 인물이다. 리기다소나무 숲에서 멧돼지를 만난 '나'는 방아쇠를 당길 뻔했지만 겨냥만 한 채 엄청난 인내심으로 쏘지 않는다. 삼촌은 멧돼지를 쫓아가 총구를 겨눴지만 멧돼지의 눈을 보고 옛 애인이 떠올라 끝내 총을 쏘지 못해 달려드는 멧돼지에 몸을 받쳐 부상을 입는다. 결국 도라꾸 아저씨는 삼촌의 총을 주워 멧돼지에게 위협 사격을 가하여 쫓아낸다. 부상당한 삼촌을 등에 업은 도라꾸 아저씨와 돌아오는 길에 '나'는 도라꾸 아저씨의 과거 멧돼지 사냥 경험을 듣게 되고, 이를 통해 리기다소나무 숲에서 벌어진 사냥에서 도라꾸 아저씨가 멧돼지를 죽이지 않은 이유를 알게 된다.

09 서술상 특징의 파악 정답률 68% | 정답 ②

윗글의 서술상 특징으로 가장 적절한 것은?

① **빈번하게 장면을 전환하여 사건을 속도감 있게 전개하고 있다.**
현재와 과거의 장면이 나타나고 있지만, 장면이 빈번하게 전환되지는 않고 있다. 또한 과거의 회상에 대한 이야기가 주를 이루고 있다는 점에서 사건이 속도감 있게 전개되지는 않고 있다.

✔ **인물의 회상을 통해 과거와 현재를 매개하는 경험을 전달하고 있다.**
이 글에서 도라꾸 아저씨는 '아까 왜 멧돼지를 안 죽였'냐는 '나'의 질문에 답하기 위해 과거의 멧돼지 사냥 경험을 회상하며 '나'에게 들려준다. 도라꾸 아저씨의 이 회상을 통해 현재의 멧돼지 사냥에서 엽견 호식이가 어미 멧돼지가 도망가는 것을 막기 위해 새끼 멧돼지의 관절을 물고 늘어졌던 것과, 과거 도라꾸 아저씨가 어미 멧돼지를 사냥하기 위해 새끼들을 죽였던 방법이 연결되면서, 현재 도라꾸 아저씨가 멧돼지를 죽일 수 없었던 이유가 밝혀지게 된다. 이렇게 볼 때, 이 글은 인물의 회상을 통해 과거와 현재를 매개하는 경험을 전달하고 있다고 할 수 있다.

③ **공간의 이동에 따라 인물 간의 갈등이 해소되는 과정을 보여 주고 있다.**
'나'와 삼촌, 도라꾸 아저씨가 숲속에서 빠져나와 산길을 걸어 내려간다는 점에서 공간의 이동은 찾아볼 수 있지만, 인물 간의 갈등이 드러나지 않고 있고, 갈등을 해소하지도 않고 있다.

④ **요약적 서술과 대화를 교차하여 사건이 반전되는 양상을 부각하고 있다.**
이 글에서 요약적 서술과 대화가 교차되는 부분은 찾아볼 수 있지만, 이를 통해 사건의 반전이 일어나지는 않고 있다.

⑤ **인물의 내면 심리 묘사를 통해 현실에 대한 부정적 인식을 보여 주고 있다.**
인물의 내면 심리 묘사를 통해 현실에 대한 부정적 인식을 보여 주는 부분이 나타나지 않는다.

★★★ 1등급 대비 고난도 2점 문제

10 작품 내용의 이해 정답률 42% | 정답 ②

윗글에서 알 수 있는 내용으로 적절하지 않은 것은?

① **삼촌은 '나'에게 사랑에 관한 자신의 이야기를 들려주었다.**
'감정 정리를 하는지 삼촌의 만담도 더 이상 이어지지 않았으므로'에서 삼촌의 만담이 있었음을 알 수 있다. 또한 '조금 전까지 사랑이 어쩌네 수면제가 어쩌네 징징거리던'에서 삼촌이 한 이야기의 내용이 과거의 사랑과 관련된 내용임을 알 수 있다.

✔ **삼촌은 사냥에 동행한 엽견 호식이가 자신을 닮았다는 점에서 영물이라 불렀다.**
삼촌은 엽견 호식이가 어미 멧돼지가 도망가지 못하게 하기 위해 새끼 멧돼지를 이용했다는 점에서 '영물'이라 한 것이지, 엽견 호식이가 자신을 닮았다는 점에서 '영물'이라 한 것은 아니다.

③ **도라꾸 아저씨는 사람들에게 능력을 인정받았던 뛰어난 사냥꾼이었다.**
'불질 잘한다고 알려지만 ~ 영웅 되고 참 재미나지.'와 '마을에서 영웅 대접 받고'에서 도라꾸 아저씨가 사람들에게 뛰어난 사냥꾼으로 능력을 인정받았음을 알 수 있다.

④ **도라꾸 아저씨는 부상당한 삼촌을 등에 업고 리기다소나무 숲을 빠져나왔다.**
이전 줄거리를 보면 도라꾸 아저씨가 부상당한 삼촌을 업고 숲길을 걷는 상황임을 알 수 있다. 그리고 이어지는 '우리는 리기다소나무 숲을 빠져나왔다.', '삼촌을 등에 업은 도라꾸 아저씨는 지친 기색도 없이'라는 내용에서, 도라꾸 아저씨가 부상당한 삼촌을 업고 하산하고 있음을 알 수 있다.

⑤ **도라꾸 아저씨는 삼촌이 옛 애인 생각이 나서 멧돼지에게 총을 쏘지 못한 심정을 이해했다.**
새끼를 잃은 어미 멧돼지의 눈을 보고 난 후 사냥을 접은 도라꾸 아저씨가 자신이 삼촌을 좋아하는 이유로 '멧돼지 눈 보고 옛날 애인 생각나서 총 못' 쏜 것을 들고 있다는 점에서, 그가 삼촌의 심정을 이해하고 있다는 것을 알 수 있다.

★★ 문제 해결 꿀~팁 ★★

▶ 많이 틀린 이유는?
선택지에 제시된 내용을 작품을 통해 확인하는 과정에서 작품 내용을 정확하게 이해하지 못하여 오답률이 높았던 것으로 보인다.

▶ 문제 해결 방법은?
먼저 제시된 선택지의 내용이 작품의 어느 부분에 해당하는지를 파악하는 것이다. 그런 다음 선택지의 내용과 작품 내용을 비교하여 적절성을 판단할 수 있어야 한다. 즉 정답인 ②의 경우 '호식이가 새끼 관절 물고 ~ 영물이라 캉께.'라는 부분에 해당함을 알고, 이를 선택지와 비교하면, 삼촌이 엽견 호식이를 영물이라고 한 이유가 '호식이가 새끼 관절 ~ 놈들 참 많아여.'라고 한 도라꾸 아저씨의 말을 들은 뒤에 나온 것임을 알 수 있으므로 잘못 이해한 것임을 파악할 수 있다. 한편 오답률이 높았던 ①의 경우에도 '조금 전까지 사랑이 어쩌네 수면제가 어쩌네 징징거리던'과 관련이 있음을 찾았다면 적절한 이해였음을 알 수 있었을 것이다. 이처럼 소설에서의 작품 이해는 선택지에 제시된 내용이 작품의 어느 부분과 관련이 있는지를 파악하는 것이 중요하므로, 작품을 읽을 때 주요 인물을 중심으로 작품을 읽을 수 있어야 한다.

11 인물의 반응이 지닌 의미 파악 정답률 71% | 정답 ③

'나'와 '도라꾸 아저씨'의 대화 양상을 고려하여, ㉠, ㉡을 이해한 내용으로 가장 적절한 것은?

① **㉠은 도라꾸 아저씨의 말에 대한 나의 놀라움을, ㉡은 불신감을 나타낸다.**
㉠은 도라꾸 아저씨의 의중을 이해하지 못한 데서 나온 반응이므로, 놀라움이 담겨 있다고 보기 어렵다.

② **㉠과 ㉡은 나의 질문을 가로막는 도라꾸 아저씨의 태도에 대한 반감을 드러낸다.**
도라꾸 아저씨는 '나'의 질문을 받고 대답하고 있지, '나'의 질문을 가로막지는 않고 있다.

✔ **㉠과 ㉡을 통해서 '나'가 도라꾸 아저씨의 의중을 이해하지 못하는 상황이 지속되고 있음을 알 수 있다.**
왜 멧돼지를 죽이지 않았느냐는 질문에 호식이가 새끼 관절을 물고 늘어진 이야기를 늘어놓는 아저씨의 말을 듣고 '나'는 ㉠과 같이 생각하고 있다. 이는 새끼 멧돼지의 생명을 도구 삼아 어미 멧돼지를 도망가지 못하게 막았기 때문에 멧돼지를 죽이지 않았다는 도라꾸 아저씨의 의중을 이해하지 못한 것이다. 그리고 아저씨가 그때 쏴 죽인 거는 뭐라는 질문에 아저씨가 '그래 나는 한 번 죽였다.'라고 말하자 '나'는 ㉡과 같이 생각하고 있다. 이는 과거 멧돼지 사냥에서 쏴 죽인 것은 결국 자기 자신이었다는 도라꾸 아저씨의 말을 이해하지 못한 것이다. 따라서 ㉠, ㉡은 '나'가 도라꾸 아저씨의 말에 담긴 의중을 이해하지 못하여 나온 반응이다. 또한 ㉠에서처럼 ㉡에서도 동일한 반응이 나온 것은 도라꾸 아저씨의 의중을 이해하지 못하는 상황이 지속되고 있음을 보여 주는 것을 의미한다.

④ **㉠이 ㉡으로 연결되면서 계속 만담을 이어가려는 도라꾸 아저씨에 대한 '나'의 냉소적 태도가 약화되고 있다.**
㉡의 '딴소리' 앞에 있는 '또'의 경우 아저씨가 딴소리를 거듭하고 있음을 드러내므로, 도라꾸 아저씨에 대한 냉소적 태도가 약화된다고 이해하기 어렵다.

⑤ **㉡은 ㉠에 담긴 의구심을 해소할 수 있는 실마리를 얻을 수 있으리라는 바람이 이루어진 데에 따른 성취감을 반영한다.**
'의구심'은 '의심하고 두려워하는 마음'이므로 ㉠에 담겨 있다고 보기 어렵다. 또한 ㉡은 ㉠에 담긴 실마리를 얻을 수 있으리라는 바람이 무산된 상황으로 이해하는 것이 적절하다.

★★★ 1등급 대비 고난도 3점 문제

12 외적 준거에 따른 작품의 감상 정답률 43% | 정답 ⑤

<보기>를 참고하여 윗글을 감상한 내용으로 적절하지 않은 것은? [3점]

<보 기>

이 작품은 '도라꾸 아저씨'의 인식 변화를 중심으로 이야기가 전개되고 있다. 도라꾸 아저씨는 인간과 자연을 분리된 것으로 보고 자연보다 우월한 위치에서 자연을 도구로서의 가치만 지닌 타자로 대했었다. 그런데 사냥 중 이러한 인식에 변화가 시작된다. 그는 하나의 생명을 빼앗기 위해 또 다른 생명을 수단으로 삼은 행동이 잘못이었다는 것을 깨닫게 된 것이다. 그리고 인간과 마찬가지로 자연 역시 동등한 가치를 지닌 존재라는 생태주의적 인식을 하게 된다.

DAY 16

[문제편 p.100]

① **도라꾸 아저씨의 자연에 대한 인식이 변화된 것은 죽은 새끼들을 쫓아온 어미 멧돼지와 시선을 마주한 것이 계기가 되었겠군.**
새끼 멧돼지를 보이는 족족 쏴 죽임으로써 어미 멧돼지를 잡으려고 했던 도라꾸 아저씨가 죽은 새끼들을 쫓아 온 어미 멧돼지의 텅 빈 눈을 보고 한참을 쏘지 못했다고 말한 데서, 어미 멧돼지와 시선을 마주한 것이 인식이 변화된 계기임을 알 수 있다.

② **도라꾸 아저씨가 한때 멧돼지의 생명을 우습게 여겼던 이유는 멧돼지를 자신의 공명심을 드러내는 도구로서의 가치로 판단했기 때문이겠군.**
도라꾸 아저씨가 자신이 한때 헛된 공명심에 눈이 멀어 '해수구제'로 영웅 대접 받는 것을 재미나게 여겼다는 점에서 멧돼지와 같은 동물을 인간과 동등한 생명으로 보지 않고 사냥꾼으로서 자신의 명예를 높이기 위한 도구로 보았음을 알 수 있다.

③ **도라꾸 아저씨가 자신이 한 번 죽었다고 말한 것은 멧돼지들을 거침없이 죽였던 것이 잘못된 행동이었음을 깨달았다는 것을 의미하는 것이겠군.**
'산 것들 저래 살아가게 하는 일'이 용기 있는 일임을 깨닫고 이후 약실에 돌멩이 하나 못 집어넣게 되었다고 한 것으로 보아, 도라꾸 아저씨가 자신이 한 번 죽었다고 말한 것은 멧돼지들을 거침없이 죽였던 사냥 행위가 잘못된 행동이었음을 깨달았다는 것을 의미한다.

④ **도라꾸 아저씨가 세 사람과 마주친 멧돼지를 죽이지 않은 것은 자연 속에서 살아가는 모든 생명은 소중하다는 생태주의적 인식에서 기인한 것이겠군.**
도라꾸 아저씨는 과거 어미 멧돼지의 텅 빈 눈을 보고 자신의 행위를 반성하며 리기다소나무, 직박구리, 청솔모 등 모든 살아있는 것들의 생명권을 동등하게 인정하고 있다.

✔ **도라꾸 아저씨가 새끼의 생명을 빼앗아 어미 멧돼지를 잡는 사냥법을 암수라고 한 삼촌의 말에 동의한 것은 멧돼지도 인간과 동등한 가치를 지닌 생명체임을 인정한 것이겠군.**
〈보기〉는 도라꾸 아저씨가 새끼 멧돼지를 잃고 생의 의지를 상실한 어미 멧돼지와 시선을 마주침으로써 자연을 도구로 바라보는 관점에서 벗어나는 계기가 마련되며, 자연과 인간이 동등한 생명으로서 평등한 가치를 지닌 존재임을 깨닫는 인식의 변화가 일어남을 설명하고 있다. 즉, 도라꾸 아저씨는 멧돼지도 인간과 동등한 가치를 지닌 생명체라 인정하고 있는 것이다. 그런데 글의 내용을 볼 때, 새끼의 생명을 수단으로 어미 멧돼지의 생명을 빼앗는 사냥법을 '암수'라고 한 것은 도라꾸 아저씨이므로, '암수'라고 한 삼촌의 말에 동의한다는 내용은 적절하지 않다.

★★ 문제 해결 꿀~팁 ★★

▶ 많이 틀린 이유는?
작품에 드러난 인물, 즉 도라꾸 아저씨의 모습과 〈보기〉 내용을 연관하여 이해하는 데서 어려움을 겪어 오답률이 높았던 것으로 보인다. 또한 작품에 드러난 도라꾸 아저씨와 삼촌의 말을 정확하게 이해하지 못했던 것도 오답률을 높였던 것으로 보인다.
▶ 문제 해결 방법은?
〈보기〉의 내용을 정확히 이해해야 한다. 즉 도라꾸 아저씨가 사냥 전후의 인식이 어떻게 변화하고 있는지 파악하여야 한다. 그런 다음 선택지에 언급된 작품 내용이 작품을 통해 확인할 수 있는지 파악하면서, 이러한 내용이 〈보기〉에서 설명하고 있는 내용과 관련성을 지니고 있는지 파악해야 한다. 이때 특히 주의할 점은 선택지에 제시된 내용이 작품 내용에 해당하지 않는 경우도 있다는 점을 유념해야 한다. 즉 정답인 ⑤의 경우, 작품에 대한 설명인 '도라꾸 아저씨가 ~ 삼촌의 말에 동의한 것은'은 작품 내용과 일치하지 않는 것에 해당하므로 작품 내용이 적절한지도 주의를 기울여야 한다.
▶ 오답인 ②, ④를 많이 선택한 이유는?
이 문제의 경우 ②, ④를 선택한 학생들이 많았는데, 특히 ②의 경우 ⑤와 마찬가지로 '도라꾸 아저씨가 한때 멧돼지의 생명을 우습게 여겼던'이라는 내용을 작품 속에서 정확히 파악하지 못했기 때문이라 할 수 있다. 즉 도라꾸 아저씨의 말인 '나도 한때 그 이름도 ~ 영웅 되고 참 재미나지.'를 파악했으면, 도라꾸 아저씨가 이전에는 생명을 경시하면서 사냥을 자신의 공명심을 드러내는 도구로 생각했음을 쉽게 이해할 수 있었을 것이다. 그리고 ④의 경우, 멧돼지를 함부로 죽였던 도라꾸 아저씨의 이전 행동과 달리 멧돼지와 마주친 상황에서 멧돼지를 죽이지 않고 있으므로, 이러한 모습이 생명을 도구로 생각하던 이전의 생각과는 다른 모습이라 생각했으면 이 역시 쉽게 해결할 수 있었을 것이다.

DAY 17 20분 미니 모의고사

01 ④	02 ③	03 ①	04 ①	05 ③
06 ①	07 ③	08 ②	09 ①	10 ④
11 ④	12 ③			

01 자료, 매체 활용 계획 파악

정답률 79% | 정답 ④

발표자의 자료 활용 계획 중 발표에 반영되지 않은 것은? [3점]

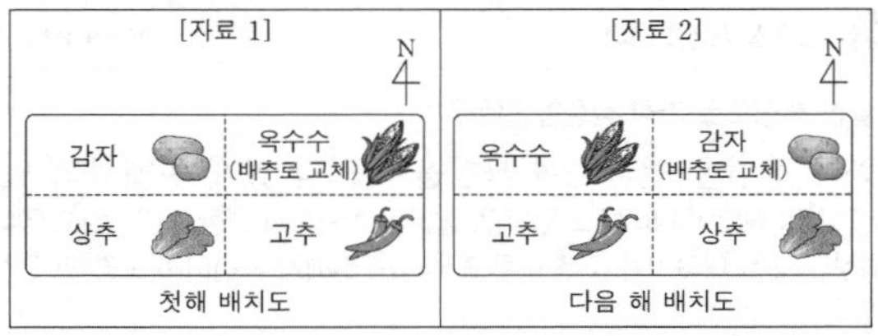

① **상추보다 키가 큰 고추가 상추의 동쪽에 배치되어 상추에 그늘이 많이 생겼음을 [자료 1]을 활용하여 설명해야지.**
[자료 1]을 활용하여 설명한 2문단의 '그런데 보시는 것처럼 ~ 그늘이 많이 생겼어요.'를 통해 확인할 수 있다.

② **옥수수를 수확하고 나서 심은 배추가 고추 때문에 광합성이 부족했음을 [자료 1]을 활용하여 설명해야지.**
[자료 1]을 활용하여 설명한 3문단에서 발표자는 고추 재배가 10월까지 계속되는 바람에 배추가 광합성을 많이 하지 못했음을 언급하고 있다.

③ **작물들의 키 순서를 고려하여 감자를 북동쪽에 배치했음을 [자료 2]를 활용하여 설명해야지.**
[자료 2]을 활용하여 설명한 4문단의 '작물의 키 순서에 따라 ~ 북서쪽에 배치했어요.'를 통해 확인할 수 있다.

✔ **키가 제일 큰 옥수수는 어느 위치에 심어도 잘 자랄 수 있었음을 [자료 1]과 [자료 2]를 활용하여 설명해야지.**
3, 4문단을 통해 옥수수는 키가 크기 때문에 어느 위치에서나 잘 자랄 수 있음을 짐작할 수 있다. 하지만 옥수수가 어느 위치에 심어도 잘 자랄 수 있음을 설명하기 위해 [자료 1]과 [자료 2]를 활용하지는 않고 있다.

⑤ **동일한 위치에서도 주변 작물에 따라 배추가 자라는 정도가 달랐음을 [자료 1]과 [자료 2]를 활용하여 설명해야지.**
발표자는 [자료 1]과 [자료 2]를 활용해 첫해와 다음 해 모두 배추는 동일한 위치에 있었음에도 주변 작물의 재배 기간과 키에 따라 배추의 자라는 정도가 달랐음을 언급하고 있다.

02 고쳐쓰기의 의도 파악

정답률 68% | 정답 ③

〈보기〉는 선생님의 조언에 따라 ㉠을 수정한 것이다. 선생님이 조언했음 직한 내용으로 가장 적절한 것은?

〈보 기〉
자연환경 보호와 삶의 질 향상이 중시되는 시대이므로, 생활권 수목에 대한 관리 대책도 과거와는 달라져야 합니다. 거대한 산소 공장인 나무와 숲을 살리는 나무의사라는 전문 인력이 그 무엇보다 필요한 때입니다.

① **오늘날 나무의사의 역할이 과거와는 어떻게 달라졌는지를 알려 주면 좋겠구나.**
㉠과 〈보기〉를 비교해 보면, 〈보기〉에서 오늘날 나무의사의 역할이 과거와는 어떻게 달라졌는지를 알려 주는 내용은 없으므로 적절하지 않다.

② **국가적 차원에서 나무의사를 관리해야 전문성이 향상된다는 것을 강조하면 좋겠구나.**
㉠과 〈보기〉를 비교해 보면, 국가적 차원에서 나무의사를 관리해야 전문성이 향상된다는 것을 강조하는 내용은 없으므로 적절하지 않다.

✔ **나무의사가 등장하게 된 사회적 배경을 바탕으로 하여 나무의사의 역할을 강조하면 좋겠구나.**
㉠과 〈보기〉를 비교해 보면, 〈보기〉의 '자연환경 보호와 삶의 질 향상이 중시되는 시대'라는 부분에서 나무의사가 등장하게 되는 배경을 알 수 있다. 그리고 '나무와 숲을 살리

는 전문 인력이 필요하다'는 부분에서 나무의사의 역할을 강조하고 있음이 드러나 있다. 따라서 선생님은 나무의사가 등장하게 된 사회적 배경을 바탕으로 하여 나무의사의 역할을 강조하면 좋겠다고 조언했음을 알 수 있다.

④ 나무의사라는 직업에 대한 소개이니, 나무의사가 되어서 하는 구체적인 업무들을 소개하면 좋겠구나.
㉠과 〈보기〉를 비교해 보면, 나무의사가 되어서 하는 구체적인 업무들을 소개하는 내용은 없으므로 적절하지 않다.

⑤ 나무의사가 가로수와 조경수를 잘 관리해서 인간이 자연으로부터 얻을 수 있는 혜택을 구체화하면 좋겠구나.
㉠과 〈보기〉를 비교해 보면, 나무의사가 가로수와 조경수를 잘 관리해서 인간이 자연으로부터 얻을 수 있는 혜택을 구체화하는 내용은 없으므로 적절하지 않다.

★★★ 1등급 대비 고난도 3점 문제

03 보조사의 이해 — 정답률 32% | 정답 ①

윗글을 참고하여 〈보기〉의 ㉠ ~ ㉢을 이해한 것으로 적절하지 않은 것은? [3점]

〈보 기〉
㉠ 라면마저도 품절됐네.
㉡ 형도 동생만을 믿었다.
㉢ 그는 아침에만 운동했다.

① ㉠ : 격 조사 뒤에 '역시, 또한'의 의미를 더해 주는 보조사가 덧붙고 있다.
㉠의 '라면마저도'에서 '마저'는 '이미 어떤 것이 포함되고 그 위에 더함'의 뜻을 더해 주는 보조사에 해당하고, '도'는 '역시, 또한'의 뜻을 더해 주는 보조사에 해당한다. 따라서 '마저도'는 '보조사 + 보조사'로 결합된 형태이므로 적절하지 않다.

② ㉡ : 주격 조사 자리에 '도'라는 보조사가 나타나고 있다.
㉡의 '형도'에서 '도'는 '역시, 또한'의 뜻을 더해 주는 보조사에 해당한다. 따라서 주격 조사 자리에 '도'라는 보조사가 나타나고 있음을 알 수 있다.

③ ㉡ : 보조사 '만'과 격 조사 '을'이 함께 나타나고 있다.
㉡의 '동생만을'에서는 보조사 '만'과 격 조사 '을'이 함께 나타나고 있다.

④ ㉢ : '에'는 체언에 결합하여 문법적 관계를 나타낸다.
㉢의 '아침에만'의 '에'는 체언에 결합하여 문법적 관계를 나타내는 격조사에 해당한다.

⑤ ㉢ : '만'은 보조사가 결합할 수 있는 앞말이 체언에 국한되지 않음을 보여 준다.
㉢의 '아침에만'의 '만'은 격조사 '에'와 결합하여 사용되고 있다. 따라서 이를 통해 보조사가 결합할 수 있는 앞말이 체언에 국한되지 않음을 알 수 있다.

★★ 문제 해결 꿀~팁 ★★

▶ 많이 틀린 이유는?
이 문제는 글의 내용을 정확하지 이해하지 못한 채, 실제 사례에 적용하는 과정에서 어려움을 겪어 오답률이 높았던 것으로 보인다.

▶ 문제 해결 방법은?
이 문제를 해결하기 위해서는 글에 제시된 보조사와 격조사의 의미 및 기능이 무엇인지 정확히 파악할 수 있어야 한다. 그런 다음 〈보기〉의 사례에 대해 설명한 선택지의 내용을 정확히 읽어서 글의 어느 부분과 관련이 있는지 알아야 한다. 이때 주의할 점은 격조사에 해당하는 것에 무엇이 있는지 배경지식이 있어야 한다는 것이다. 즉, 주격 조사, 목적격 조사, 부사격 조사 등과 각각의 대표적인 조사에 대해 배경지식으로 알고 있어야 한다. 정답인 ①의 경우, '라면마저도'에서 '마저도'의 '도'가 보조사임을 알 수 있고, '마저' 역시 격 조사에 해당하지 않으므로 보조사임을 알 수 있으므로 적절하지 않은 것이다. 마찬가지로 오답률이 높았던 ④의 경우에도 이를 통해 적절함을 알았을 것이다.

▶ 오답인 ⑤를 많이 선택한 이유는?
⑤가 적절하지 않다고 하여 오답률이 높았는데, 이는 '만'이 사용된 ㉡과 ㉢을 보면 쉽게 해결할 수 있었을 것이다. 즉, ㉡에서 보조사 '만'은 체언에 붙고 있고, ㉢에서 보조사 '만'은 격 조사에 붙고 있으므로 적절함을 알 수 있었을 것이다. 이처럼 사례에 제시된 내용을 비교하는 것은 사례로 제시된 것을 보다 정확히 이해할 수 있도록 해야 한다.

04 보조사와 의존 명사의 구별 — 정답률 75% | 정답 ①

[A]에서 설명하는 ⓐ, ⓑ의 예에 해당하는 것은?

① ⓐ : 너만큼 아는 사람은 드물다.
ⓑ : 너는 먹을 만큼만 먹어라.

[A]를 통해 대명사, 즉 체언과 결합하면 보조사이고, 관형어의 수식을 받으면 의존 명사임을 알 수 있다. 이를 볼 때, ⓐ의 '만큼'은 '너'라는 체언 뒤에 결합하여 특별한 의미를 더해 주고 있으므로 보조사에 해당하고, ⓑ의 '만큼'은 '먹을'이라는 관형어의 수식을 받고 있으므로 의존 명사에 해당한다.

② ⓐ : 그는 그냥 서 있을 뿐이다.
ⓑ : 날 알아주는 사람은 너뿐이다.
ⓐ의 '뿐'은 관형어의 수식을 받고 있으므로 의존 명사이고, ⓑ의 '뿐'은 체언 뒤에 붙어서 사용되고 있으므로 보조사이다.

③ ⓐ : 그녀는 뛸 듯이 기뻐했다.
ⓑ : 사람마다 생김새가 다르듯이 생각도 다르다.
ⓐ의 '듯이'는 관형어의 수식을 받고 있으므로 의존 명사이고, ⓑ의 '-듯이'는 용언의 뒤에 붙어 사용되고 있으므로 어미에 해당한다.

④ ⓐ : 나는 사과든지 배든지 아무거나 좋다.
ⓑ : 노래를 부르든지 춤을 추든지 해라.
ⓐ의 '든지'는 체언 뒤에 붙어서 사용되고 있으므로 보조사이고, ⓑ의 '-든지'는 용언의 뒤에 붙어 사용되고 있으므로 어미에 해당한다.

⑤ ⓐ : 불규칙한 식습관은 건강에 좋지 않다.
ⓑ : 친구를 만난 지도 꽤 오래되었다.
ⓐ의 '-지'는 용언의 뒤에 붙어 사용되고 있으므로 어미에 해당하고, ⓑ의 '지'는 관형어의 수식을 받고 있으므로 의존 명사에 해당한다.

05~09 기술

김현승 역, 「디지털 워터마킹」

해제 이 글은 **디지털 이미지 워터마킹 방식인 이미지의 공간 영역 활용과 주파수 영역 활용에 대해 설명**하고 있다. **디지털 이미지 워터마킹은 디지털 이미지의 무단 배포, 무단 복사 등이 발생했을 때 저작권을 주장하거나 원본 이미지의 훼손 여부를 검증하기 위한 수단으로 활용**된다. 디지털 이미지 워터마킹은 이미지의 **공간 영역 활용 방식과 주파수 영역 활용 방식**으로 나눌 수 있는데, 공간 영역 활용 방식으로는 LSB 치환 방법이 있다. LSB 치환 방법은 많은 양의 데이터를 빠르고 간단하게 삽입할 수 있으며, 원본 이미지의 각 픽셀에서 LSB만 변경하기 때문에 시각적으로 색상이나 감도의 변화를 감지하기 어렵다. 하지만 워터마크가 삽입된 이미지의 LSB를 인위적으로 조작하는 경우 워터마크가 쉽게 제거될 수 있다는 단점이 있다. 주파수 영역을 활용하는 방식으로는 DCT를 이용하는 방법이 주로 쓰이는데, 이 방법은 이미지의 왜곡이 적고 LSB 치환 방법에 비해 워터마크가 상대적으로 쉽게 제거되지 않는다. 그러나 삽입할 수 있는 데이터의 양이 LSB 치환 방법보다 상대적으로 적고 이미지에 따라 삽입할 수 있는 데이터의 양이 달라질 수 있는 단점이 있다.

주제 디지털 이미지 워터마킹 방식인 이미지의 공간 영역 활용과 주파수 영역 활용

문단 핵심 내용

1문단	디지털 이미지 워터마킹의 개념 및 활용
2문단	공간 영역 활용 방식인 LSB 치환 방법의 원리
3문단	LSB 치환 방법의 원리 및 장단점
4문단	주파수 영역을 활용하는 방식인 DCT를 이용하는 방법의 이해
5문단	워터마크 정보를 삽입하는 특정 주파숫값
6문단	DCT를 이용하는 방법의 장단점

05 핵심 내용 파악 — 정답률 84% | 정답 ③

윗글을 통해 답을 찾을 수 없는 질문은?

① 디지털 워터마크의 용도는 무엇인가?
1문단을 통해 디지털 워터마크는 디지털 이미지의 무단 배포, 무단 복사 등이 일어났을 때 저작권을 주장하거나 원본 이미지의 훼손 여부를 검증하기 위한 수단으로 쓰인다는 것을 알 수 있다.

② 디지털 이미지 워터마킹의 개념은 무엇인가?
1문단을 통해 디지털 이미지에 저작권자나 배급자의 서명, 마크 등의 특정 정보를 다른 사람들이 인식하지 못하도록 삽입하는 것이 디지털 이미지 워터마킹임을 알 수 있다.

③ 디지털 이미지 워터마킹 기술의 전망은 어떠한가?
이 글을 통해 디지털 이미지 워터마킹 기술의 전망은 찾아볼 수 없으므로, 답을 찾을 수 없는 질문이라 할 수 있다.

DAY 17

[문제편 p.103]

④ **디지털 이미지 워터마크를 삽입하는 원리는 무엇인가?**
2~5문단을 통해, LSB 치환 방법은 원본 이미지와 워터마크 이미지의 각 픽셀 데이터를 이진화하고 원본 이미지의 LSB에 워터마크 이미지의 각 픽셀 데이터를 삽입하는 원리임을 알 수 있다. 그리고 DCT를 이용하는 방법은 원본 이미지를 일정한 크기의 여러 블록으로 나누고 블록별로 각 픽셀의 색상값을 DCT 수식에 따라 주파숫값으로 변환하고 워터마크 이미지의 데이터를 주파숫값 형태로 삽입한 후 다시 역변환 수식에 따라 변환하는 원리임을 알 수 있다.

⑤ **디지털 이미지 워터마킹의 방식에는 어떤 것들이 있는가?**
2문단을 통해 디지털 이미지 워터마킹은 공간 영역 활용 방식과 주파수 영역 활용 방식이 있다는 것을 알 수 있다.

06 세부 내용의 이해 정답률 60% | 정답 ①

윗글에 대해 이해한 내용으로 적절하지 않은 것은?

✔ **LSB 치환 방법은 DCT를 이용하는 방법에 비해 상대적으로 쉽게 워터마크가 제거되지 않는다.**
3문단을 통해 LSB 치환 방법으로 워터마크를 삽입했을 때, 워터마크가 삽입된 이미지의 LSB를 인위적으로 조작하는 경우 워터마크가 쉽게 제거될 수 있다는 점을 알 수 있다. 그리고 6문단을 통해 DCT를 이용하는 방법은 LSB 치환 방법에 비해 워터마크가 쉽게 제거되지 않는다는 점을 알 수 있다. 따라서 LSB 치환 방법이 DCT를 이용하는 방법에 비해 상대적으로 워터마크가 쉽게 제거되지 않는다는 진술은 적절하지 않다.

② **LSB 치환 방법은 DCT를 이용하는 방법에 비해 동일한 원본 이미지에 삽입할 수 있는 데이터의 양이 많다.**
6문단을 통해 LSB 치환 방법은 삽입할 수 있는 데이터의 양이 DCT를 이용하는 방법에 비해 상대적으로 많다는 점을 알 수 있다.

③ **DCT를 적용하기 위해서는 원본 이미지를 여러 개의 블록으로 분할하고 블록 단위로 변환을 수행해야 한다.**
4문단을 통해 DCT는 원본 이미지를 일정한 크기의 여러 블록으로 나누고 블록별로 각 픽셀의 색상값을 DCT 수식에 따라 변환한다는 점을 알 수 있다.

④ **JPEG 압축 방식은 이미지에서 주변 픽셀과 색상이나 밝기 차이가 큰 픽셀을 제거하는 방식으로 이루어진다.**
5문단을 통해 JPEG와 같은 방식의 압축 이미지 알고리즘은 이미지에서 주변 픽셀과 색상이나 밝기 차이가 큰 픽셀을 제거하는 방식으로 압축이 이루어진다는 점을 알 수 있다.

⑤ **DCT를 이용하는 방법은 원본 이미지의 색상이나 밝기에 따라 삽입할 수 있는 데이터의 양이 달라질 수 있다.**
6문단을 통해 DCT를 이용하는 방법은 픽셀 수가 같은 원본 이미지라 하더라도 이미지의 색상이나 밝기에 따라 각 주파수 값이 분포하는 영역의 비율이 달라지기 때문에 이미지에 따라 삽입할 수 있는 데이터의 양이 달라짐을 알 수 있다.

★★★ 1등급 대비 고난도 3점 문제

07 구체적인 사례에의 적용 정답률 39% | 정답 ③

[A]를 바탕으로 〈보기〉를 이해한 내용으로 적절하지 않은 것은? [3점]

〈보 기〉

다음은 LSB 치환 방법을 통해 흑백 이미지에 또 다른 흑백 이미지를 워터마크로 삽입하는 과정을 도식화하여 나타낸 것이다.

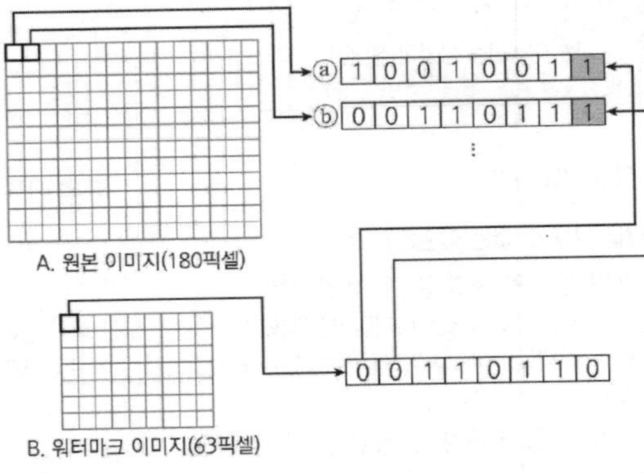

① **A에 최대로 삽입 가능한 비트 수는 180이다.**
3문단을 통해 LSB 치환 방법은 원본 이미지 각 픽셀의 8개 비트 중에서 LSB에만 데이터를 삽입하기 때문에, 결국 원본 이미지의 픽셀 수는 삽입이 가능한 비트 수와 같다는 점을 알 수 있다. 그리고 〈보기〉에서 원본 이미지의 총 픽셀 수는 180개임을 알 수 있으므로, A에 최대로 삽입 가능한 비트 수는 180임을 알 수 있다.

② **B의 전체 데이터 중 일부 비트는 A에 삽입할 수 없다.**
3문단을 통해 LSB 치환 방법은 원본 이미지의 각 픽셀의 8개 비트 중 LSB에만 데이터를 삽입하기 때문에, 원본 이미지의 픽셀 수가 워터마크 이미지의 전체 비트 수보다 적어서 워터마크 이미지의 데이터 일부는 삽입할 수 없게 된다는 점을 알 수 있다.

✔ **B의 픽셀 수가 더 많아지면 A의 시각적인 변화는 줄어든다.**
3문단을 통해 원본 이미지의 픽셀 수가 워터마크 이미지의 전체 비트 수보다 많을수록 원본 이미지에 시각적인 변화가 적게 나타난다는 내용을 통해 B의 픽셀 수가 더 많아지면 A의 시각적인 변화가 더 커진다는 점을 추론할 수 있다. 그런데 〈보기〉는 원본 이미지의 모든 LSB에 워터마크 이미지의 픽셀 데이터가 삽입되고도 워터마크 이미지의 데이터 일부를 삽입하지 못하는 상황이므로, 이때 워터마크 이미지의 픽셀 수가 더 많아지더라도 원본 이미지는 더 이상의 시각적인 변화가 나타나지 않는다고 할 수 있다.

④ **ⓐ 픽셀의 색상이 ⓑ 픽셀의 색상에 비해 더 흰색에 가깝다.**
2문단을 통해 흑백의 이미지를 구성하는 한 픽셀의 색상은 검은색 00000000부터 흰색 11111111까지 총 256가지의 값 중 하나로 표현되는데, 이때 각 픽셀의 8비트 데이터 중 왼쪽에 위치하는 상위 비트가 클수록 흰색에 가깝다는 것을 알 수 있다. 따라서 상위 비트값이 더 큰 ⓐ 픽셀의 색상이 ⓑ 픽셀의 색상보다 더 흰색에 가까움을 알 수 있다.

⑤ **ⓐ 픽셀과 ⓑ 픽셀에 데이터가 삽입되면 LSB가 모두 1에서 0으로 바뀌게 된다.**
2문단을 통해 LSB 치환 과정에서는 워터마크 이미지의 픽셀 데이터를 원본 이미지의 각 픽셀의 LSB에 하나씩 나누어 삽입한다는 것을 알 수 있다. 따라서 〈보기〉의 과정에 따라 ⓐ 픽셀과 ⓑ 픽셀에 데이터가 삽입되면 두 픽셀의 LSB는 모두 1에서 0으로 바뀌게 된다.

★★ 문제 해결 꿀~팁 ★★

▶ 많이 틀린 이유는?
이 문제는 글의 내용을 〈보기〉에 적용하는 과정에서 어려움을 겪어 오답률이 높았던 것으로 보인다. 또한 기술 지문을 이해하는 데 어려움을 겪어 〈보기〉로 제시된 그림의 상황을 정확히 이해하지 못한 것도 오답률을 높인 원인으로 보인다.

▶ 문제 해결 방법은?
이 문제를 해결하기 위해서는 글의 내용을 통해 〈보기〉의 그림에 대해 정확히 이해해야 한다. 즉, 글(각주 내용을 참조)에 제시된 픽셀의 의미와 각 픽셀에는 8개의 데이터가 들어가는 것을 이해하고, 〈보기〉의 원본 이미지(A)는 180픽셀, 워터마크 이미지의 데이터의 총 데이터는 501비트(63픽셀×8비트)임을 알아야 한다. 이렇게 보면 원본 이미지의 픽셀 수가 워터마크 이미지의 전체 비트 수보다 적다는 것을 알 수 있다. 이러한 내용을 바탕으로 할 때 정답인 ③의 경우, 원본 이미지의 픽셀 수가 워터마크 이미지의 전체 비트 수보다 적다면 워터마크 이미지의 데이터 일부는 삽입할 수 없다는 3문단을 통해 원본 이미지의 시각적인 변화는 없을 것임을 알 수 있었을 것이다. 마찬가지로 오답률이 높았던 ②의 경우, 워터마크 이미지의 전체 데이터 중 일부 비트는 A에 삽입할 수 없음을 알 수 있었을 것이다. 이처럼 기술 영역의 문제 해결의 방법은 〈보기〉로 주어진 상황을 글을 통해 정확히 파악한 다음, 이를 바탕으로 선택지의 적절성을 판단하는 데 있음을 기억하도록 한다. 이때 문제 해결의 열쇠는 글의 내용에 있다는 것도 유념하자.

★★★ 1등급 대비 고난도 2점 문제

08 구체적인 사례에의 적용 정답률 35% | 정답 ②

DCT(Discrete Cosine Transform)를 이용하는 방법에 대한 이해를 바탕으로 〈보기〉의 ㉮~㉰에 대해 보인 반응으로 가장 적절한 것은?

〈보 기〉

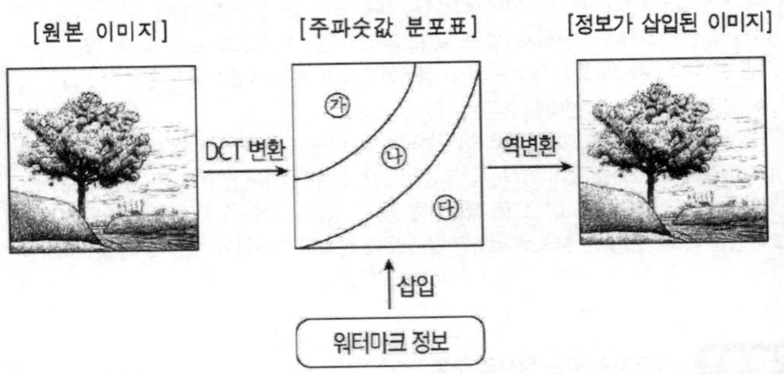

① **㉮는 ㉯보다 원본 이미지에서 주변 픽셀과 색상이나 밝기 차이가 더 큰 부분이겠군.**
4문단을 통해 고주파숫값이 분포하는 영역이 저주파숫값이 분포하는 영역보다 원본 이미지에서 주변 픽셀과 색상이나 밝기 차이가 더 큰 부분이라는 것을 알 수 있다.

✔ ㉮에 워터마크를 삽입하면 ㉰에 삽입하는 것보다 역변환 후 원본 이미지의 시각적 변화가 더 크겠군.

4, 5문단을 통해 ㉮는 저주파숫값이 분포하는 영역, ㉰는 고주파숫값이 분포하는 영역, ㉯는 저주파숫값과 고주파숫값의 경계면이라는 것을 알 수 있다. 그리고 5문단을 통해 저주파수 성분의 변화가 고주파수 성분의 변화에 비해 시각적으로 민감하게 감지된다는 것을 알 수 있다. 이를 바탕으로 ㉮에 워터마크를 삽입하게 되면 ㉰에 삽입하는 것보다 원본 이미지의 시각적인 변화가 클 것이라 추론할 수 있다.

③ ㉯에 삽입된 워터마크가 ㉰에 삽입된 워터마크보다 JPEG와 같은 방식의 압축에 의해 더 쉽게 제거되겠군.

5문단을 통해 고주파숫값이 저주파숫값에 비해서 이미지 압축 시 더 쉽게 제거된다는 것을 알 수 있다. 따라서 ㉰에 워터마크를 삽입하면 ㉮에 삽입하는 것보다 이미지 압축 시 워터마크가 더 쉽게 제거된다고 할 수 있다.

④ ㉰에 삽입된 워터마크가 ㉮에 삽입된 워터마크보다 역변환 후 전체 이미지에 더 고르게 분산되겠군.

4문단을 통해 DCT를 이용하여 워터마크를 삽입하게 되면 어느 주파숫값 영역에 삽입하든 워터마크가 원본 이미지의 전 영역에 걸쳐 고르게 분산된 형태로 삽입된다는 것을 알 수 있다.

⑤ ㉮, ㉯, ㉰ 영역은 원본 이미지와 상관없이 항상 일정한 비율로 나타나겠군.

4문단을 통해 DCT를 이용하여 이미지를 주파숫값으로 변환했을 때 원본 이미지의 색상이나 밝기에 따라 저주파숫값과 고주파숫값이 분포하는 영역의 비율이 달라진다는 것을 알 수 있다.

★★ 문제 해결 꿀~팁 ★★

▶ 많이 틀린 이유는?

이 문제 역시 7번 문제와 마찬가지로 기술 지문을 정확하지 이해하지 못해 오답률이 높았던 것으로 보인다.

▶ 문제 해결 방법은?

이 문제를 해결하기 위해서는 〈보기〉의 그림이 어떤 그림인지 이해하고, 글의 내용을 바탕으로 ㉮~㉰가 무엇에 해당하는지 파악할 수 있어야 한다. 즉, ㉮는 저주파숫값이 분포하는 영역, ㉰는 고주파숫값이 분포하는 영역, ㉯는 저주파숫값과 고주파숫값의 경계면임을 알아야 한다. 그런 다음 선택지에 제시된 내용이 글의 어느 부분에 해당하는지 파악하여 글을 통해 적절성 여부를 판단해야 한다. 이러한 이해를 바탕으로 하여 정답인 ②의 경우, 5문단에 제시된 저주파수 성분의 변화가 고주파수 성분의 변화에 비해 시각적으로 민감하게 감지된다는 것을 통해 적절한 것임을 알 수 있다. 마찬가지로 오답률이 높았던 ④의 경우에도, DCT를 이용하여 워터마크를 삽입하게 되면 어느 주파숫값 영역에 삽입하든 워터마크가 원본 이미지의 전 영역에 걸쳐 고르게 분산된 형태로 삽입된다는 4문단의 내용을 통해 적절하지 않음을 알 수 있었을 것이다. 이 문제 역시 7번 문제처럼 문제 해결의 열쇠가 지문에 있음을 잘 보여 준다고 할 수 있다. 따라서 기술 지문을 어렵다고 지레 포기하지 말고 차분히 읽어서 선택지와 비교하면 의외로 문제 해결 방법은 쉬울 수 있음을 명심하자.

09 어휘의 문맥적 의미 파악 정답률 87% | 정답 ①

문맥상 ㉠과 가장 가까운 의미로 쓰인 것은?

✔ 북극은 지구 자전축의 북쪽 끝을 말한다.

㉠은 'LSB는 오른쪽 마지막 최하위 비트이다.'의 맥락에서 사용되었으므로 '어떤 사정이나 사실, 현상 따위를 나타내 보이다.'의 의미로 쓰였다.

② 선생님은 그 작가에 대해 항상 좋게 말했다.

'평하거나 논하다.'라는 의미로 쓰였다.

③ 난 내 생각을 다른 사람에게 솔직하게 말한다.

'생각이나 느낌 따위를 말로 나타내다.'라는 의미로 쓰였다.

④ 친구에게 동생이 오면 문을 열어 달라고 말했다.

'무엇을 부탁하다.'라는 의미로 쓰였다.

⑤ 그녀에게 약속 장소를 말하지 않은 것이 생각난다.

'어떠한 사실을 말로 알려주다.' 라는 의미로 쓰였다.

10~12 현대시

(가) 김광섭, 「봄」

감상 이 시에서는 **봄이 지닌 생명력과 봄에 대한 경외감을 드러내고 있다.** 이 시는 가을에서 봄으로, 겨울에서 봄으로의 계절의 순환을 드러내고 있다. 즉, 가을에 사라진 꽃들이 봄이 되어 다시 피어나고, 겨울에 죽어 있던 자연물들이 봄이 되어 생명력을 찾아가는 모습을 드러내고 있다. 특히 **화자는 봄이라는 자연 현상을 인간의 삶과 관련지으면서 지향하는 화합의 가치를 드러내** 주고 있다.

주제 생명력을 회복하는 봄

표현상의 특징
- 유사한 문장 구조를 반복하여 시적 의미를 강조함.
- 영탄적 표현을 활용하여 예찬적 태도를 드러내 줌.
- 음성 상징어를 사용하여 생동감을 느낄 수 있음.

(나) 허형만, 「겨울 들판을 거닐며」

감상 이 글은 **아무것도 가진 것 없어 보이는, 아무것도 피울 수 없는 겨울 들판을 거닐며 얻은 깨달음을 드러내 주고 있다.** 즉, 화자는 겨울 들판을 거닐면서 봄을 기다리는 생명체들이 있다는 것을 알고, 아무것도 가진 것 없을 거라고, 아무것도 키울 수 없을 거라고 함부로 말하지 않기로 했다는 깨달음을 드러내 주고 있다.

주제 겨울 들판을 거닐며 얻은 깨달음

표현상의 특징
- 유사한 문장 구조를 반복하여 시적 의미를 강조하고 있음.
- 역설적 표현을 사용하여 시적 의미를 강조해 주고 있음.
- 의인법을 사용하여 대상의 모습을 형상화해 줌.

10 표현상 특징 파악 정답률 66% | 정답 ④

(가), (나)의 표현상 특징으로 가장 적절한 것은?

① (가)는 명사로 시상을 마무리하여 시적 여운을 드러내고 있다.

(가)에서는 '간다'로 시상을 종결하고 있으므로 명사로 시상을 마무리한다는 내용은 적절하지 않다.

② (가)는 수미상관의 방식을 활용하여 구조적 안정감을 얻고 있다.

(가)에서는 첫 번째 연이나 행을 마지막 연이나 행에 다시 반복하는 수미상관의 방식이 사용되지 않고 있다.

③ (나)는 청유형 어미를 활용하여 화자의 태도 변화를 드러내고 있다.

(나)에서는 어떤 행동을 함께 하도록 요청하는 청유형 어미인 '-자'를 활용하지 않고 있으므로 적절하지 않다.

✔ (가)와 (나)는 모두 유사한 문장 구조를 반복하여 시적 의미를 강조하고 있다.

(가)의 2연의 '겨울 짐을 부릴 때도 되고'와 '울타리를 헐 때도 된다'에서 유사한 문장 구조를 반복하고 있다. 그리고 (나)의 2행 ~ 3행의 '아무것도 가진 것 없어 보이는'과 '아무것도 피울 수 없을 것처럼 보이는', 19행 ~ 20행의 '아무것도 가진 것 없을 거라고'와 '아무것도 키울 수 없을 거라고'에서 유사한 문장 구조를 반복하고 있다. 따라서 (가)와 (나) 모두 유사한 문장 구조를 반복하여 시적 의미를 강조하고 있음을 알 수 있다.

⑤ (가)와 (나)는 모두 청자를 명시적으로 설정하여 화자의 상황을 구체화하고 있다.

(가)와 (나)를 통해 화자가 청자를 명시적으로 설정하지는 않고 있다.

11 시어의 의미와 기능 이해 정답률 82% | 정답 ④

㉠과 ㉡에 대한 이해로 가장 적절한 것은?

① ㉠은 '햇빛'과, ㉡은 '햇살'과 대비되어 평화로운 분위기를 조성한다.

'먼저 든 햇빛'에 ㉠이 '보실보실 피어' 있으므로, ㉠이 '햇빛'과 대비된다고는 할 수 없다. 그리고 ㉡이 '저만치 밀려 오는 햇살을 기다리고' 있으므로, ㉡이 '햇살'과 대비된다고 할 수 없다.

② ㉠은 '처음'과, ㉡은 '저만치'와 어울려 근원적 외로움을 상징한다.

'처음 노란 빛'은 화자가 정이 든 것에 해당하므로 ㉠이 '처음'과 어울린다고는 할 수 있지만 근원적 외로움을 상징한다고 할 수 없다. 그리고 '햇살'이 '저만치' 밀려 오는 것을 ㉡이 기다리고 있으므로 '저만치'와 어울린다고는 할 수 있지만 근원적 외로움을 상징한다고 볼 수 없다.

③ ㉠은 '보실보실'과, ㉡은 '고만고만'과 어울려 숭고한 희생을 드러낸다.

㉠이 '보실보실'과, ㉡이 '고만고만'과 어울린다고 할 수 있지만, ㉠, ㉡ 모두 숭고한 희생을 드러낸다고는 할 수 없다.

✔ ㉠은 '노란 빛'과, ㉡은 '초록빛'과 조응하여 생명성을 환기한다.

㉠에는 '노란 빛'으로 꽃이 핀 상태가 드러나, ㉡에는 '초록빛'의 '싱싱한' 모습이 드러나 생명성을 환기하고 있으므로 적절하다.

DAY 17

[문제편 p.105]

⑤ ㉠은 '피어서'와, ㉡은 '모여 앉아'와 조응하여 상실감을 부각한다.
㉠은 '피어서'와, ㉡은 '모여 앉아'와 조응하고 있지만, ㉠, ㉡ 모두 상실감을 부각한다고는 할 수 없다.

12 외적 준거에 따른 작품의 감상 정답률 70% | 정답 ③

〈보기〉를 바탕으로 (가)와 (나)를 감상한 내용으로 적절하지 않은 것은? [3점]

〈보 기〉

시에서 계절은 중요한 요소로 작용하는 경우가 많은데, 화자는 계절적 특성에 대한 인식을 바탕으로 다양한 의미를 이끌어 낸다. 화자는 계절의 변화에 내포된 자연의 순환적 질서를 인식하고, 소멸했던 것이 소생하는 모습에서 희망의 이미지를 발견 하기도 한다. 또 계절의 변화로 인한 자연현상을 인간의 삶과 관련지어 인식함으로써 화자가 지향하는 가치나 태도를 드러내기도 한다.

① (가)에서는 '멀리 간 것이 다 돌아온다'는 것에서 화자가 봄을 소생의 계절로 인식했음을, (나)에서는 '매운 바람'도 '맞을 만치 맞으면' '오히려 더욱 따사로움을 알'게 되었다는 것에서 화자가 겨울을 소생의 가능성이 내재된 계절로 인식했음을 엿볼 수 있군.
(가)에서 2연의 '멀리 간 것이 다 돌아온다'에 봄은 생명이 소생하는 계절이라는 인식이 나타나고, (나)에서 5행 ~ 6행의 '매운 바람'도 '맞을 만치 맞으면' '오히려 더욱 따사로움을 알았다'에 계절에 내재된 소생의 가능성이 나타나고 있으므로 적절하다.

② (가)에서는 '가을 해에 어디쯤 갔'던 꽃이 '봄 해를 따라'와 '꽃밭을 이루'는 것에서, (나)에서는 '덜 녹은 눈발'이 봄이 되어 '땅의 품안으로 녹아들기를 꿈'꾼다는 것에서 순환하는 자연의 질서에 대한 화자의 인식을 엿볼 수 있군.
(가)에서 4연 ~ 5연의 '꽃은 짧은 가을 해에' '어디쯤 갔다가'와 '길어지는 봄 해를 따라' '몇 천리나 와서' '찬란한 꽃밭을 이루는가'에 가을에서 봄으로의 계절 의 순환이 나타나고, (나)에서 7~8행의 '덜 녹은 눈발이' '땅의 품안으로 녹아들기를 꿈꾸며 뒤척이고'에 겨울에서 봄으로의 계절의 순환이 나타나고 있으므로 적절하다.

✔ (가)에서는 '묵은 빨래뭉치'가 '봄빛을 따라나'온다는 것에서, (나)에서는 '흙의 무게'가 '삶의 무게'처럼 느껴진다는 것에서 화자가 계절의 변화에서 발견한 희망의 이미지를 엿볼 수 있군.
(나)에서 13행의 '흙의 무게가 삶의 무게만큼 힘겨웠지만'에 희망의 이미지가 드러난다고 볼 수 없으므로 적절하지 않다.

④ (가)에서는 '버들강아지는 버들가지로'와 '사람은 사람에게로'를 연결한 것에서, (나)에서는 '겨울 들판'과 '사람'을 연결한 것에서 자연현상을 인간의 삶과 관련짓고 있는 화자의 인식을 엿볼 수 있군.
(가)에서 3연의 '버들강아지는 버들가지로'와 '사람은 사람에게로'를 연결하여 계절의 변화로 인한 자연현상을 인간의 삶과 관련짓고 있고, (나)에서 17행의 '겨울 들판이나 사람이나'에서 '겨울 들판'과 '사람'을 연결하여 자연현상을 인간의 삶과 관련짓고 있으므로 적절하다.

⑤ (가)에서는 '죽은 것과 산 것이' '상견례를 이룬다'는 것에서 화자가 지향하는 화합의 가치를, (나)에서는 '가까이 다가서지도 않으면서' '함부로 말하지 않'겠다는 것에서 화자가 지향하는 태도를 엿볼 수 있군.
(가)에서 3연의 '죽은 것과 산 것이' '상견례를 이룬다'는 것에 화자가 지향하는 화합의 가치가 드러나고 있고, (나)에서 18행과 21행의 '가까이 다가서지도 않으면서' '함부로 말하지 않기로 했다'는 것에 화자가 지향하는 태도가 드러나고 있으므로 적절하다.

DAY 18 20분 미니 모의고사

01 ④	02 ②	03 ④	04 ④	05 ⑤
06 ⑤	07 ③	08 ②	09 ④	10 ④
11 ⑤	12 ⑤			

01 토론의 입론 이해 정답률 92% | 정답 ④

(가)의 '입론'을 정리한 내용으로 적절하지 않은 것은?

구분	주 장	근 거
찬성	별점 평가제는 신뢰성이 떨어진다.	ㅇ 별점 평가제는 주관이 개입된다. ······ ① ㅇ 척도에 부여하는 가치가 사람마다 다르다. ······ ②
	별점 평가제는 판매자에게 큰 피해를 줄 수 있다.	ㅇ 별점 평가제는 판매자의 매출에 큰 영향을 준다. ㅇ 악의적인 별점으로 인해 판매가 급감한 사례가 있다. ······ ③
반대	소비자가 합리적인 소비를 할 수 있도록 도와준다.	ㅇ 소비자가 물건을 구매할 때 필요한 정보를 쉽고 빠르게 얻을 수 있다. ㅇ 별점 평가의 결과는 직관적으로 확인될 수 있으므로 신뢰할 수 있다. ······ ④
	별점 평가제 폐지는 소비자에게 큰 피해를 준다.	ㅇ 소비자의 표현의 자유가 침해된다. ······ ⑤

① 별점 평가제는 주관이 개입된다.
'찬성 1'의 '별점을 매길 때 만족도에 대한 개인의 주관이 강하게 개입되어 객관적이지 못하기 때문입니다.'를 통해, 별점 평가제에 주관이 개입된다는 내용을 확인할 수 있다.

② 척도에 부여하는 가치가 사람마다 다르다.
'찬성 1'의 '별점 평가의 단계별 척도인 별 한 개에 부여하는 가치도 사람마다 다릅니다.'를 통해, 척도에 부여하는 가치가 사람마다 다르다는 내용을 확인할 수 있다.

③ 악의적인 별점으로 인해 판매가 급감한 사례가 있다.
'찬성 1'의 '몇몇 소비자들이 악의적으로 매긴 허위 별점이 다른 소비자들에게 영향을 미쳐 판매가 급감한 사례를 흔히 들을 수 있습니다.'를 통해, 악의적인 별점으로 인해 판매가 급감한 사례가 있음을 확인할 수 있다.

✔ 별점 평가의 결과는 직관적으로 확인될 수 있으므로 신뢰할 수 있다.
'반대 1'의 '직관적으로 표현된 별점 평가를 통해 소비자들은 구매에 필요한 정보를 쉽고 빠르게 얻을 수 있기 때문입니다.'를 통해, 별점 평가가 직관적으로 표현되어 있다는 것은 언급되고 있다. 하지만 이를 통해 별점 평가의 결과를 신뢰할 수 있다는 내용은 확인할 수 없다.

⑤ 소비자의 표현의 자유가 침해된다.
'반대 1'의 '별점 평가제는 이미 소비자들이 ~ 그러한 표현의 자유가 침해될 것입니다.'를 통해, 소비자의 표현의 자유가 침해될 수 있다는 내용을 확인할 수 있다.

02 글쓰기 계획의 반영 여부 판단 정답률 93% | 정답 ②

다음은 (가)를 바탕으로 (나)를 쓰기 위해 작성한 작문 계획이다. (나)에 반영되지 않은 것은? [3점]

[1문단]
ㅇ 논제에 대한 나의 흥미를 밝히며 글을 시작해야겠어.
ㅇ 별점 평가제에 대한 나의 생각을 밝혀야겠어.
[2문단]
ㅇ 토론을 통해 내가 새롭게 알게 된 점을 제시해야겠어. ······ ①
ㅇ 토론 전에 떠올린 의문점이 해소되었음을 밝혀야겠어. ······ ②
[3문단]
ㅇ 별점 평가제와 관련된 나의 경험을 사례로 제시해야겠어. ······ ③
ㅇ 별점 평가제의 문제점을 보완할 수 있는 방안을 찾아 제시해야겠어. ······ ④
[4문단]
ㅇ 별점 평가제에 대한 소비자와 판매자 모두의 노력이 필요함을 언급하며 글을 마무리해야겠어. ······ ⑤

① **토론을 통해 내가 새롭게 알게 된 점을 제시해야겠어.**
2문단의 '하지만 토론을 들으며 ~ 미처 생각하지 못한 점이었다.'를 통해 확인할 수 있다.

✔ **토론 전에 떠올린 의문점이 해소되었음을 밝혀야겠어.**
(나)의 2문단을 통해 토론을 들으며 별점 평가에 대해 새롭게 알게 된 사실과 찬성 측의 발언을 듣고 별점 평가제에 대한 생각이 달라졌다는 내용을 알 수 있다. 하지만 토론하기 전에 떠올린 의문점이 해소되었다는 내용은 확인할 수 없다.

③ **별점 평가제와 관련된 나의 경험을 사례로 제시해야겠어.**
3문단의 '토론이 끝나고 친구와 함께 ~ 서로 다르다는 것을 알게 되었다.'를 통해, 별점 평가제와 관련된 나의 경험을 사례로 제시하고 있음을 알 수 있다.

④ **별점 평가제의 문제점을 보완할 수 있는 방안을 찾아 제시해야겠어.**
3문단의 '별점 평가가 보다 객관적인 ~ 방안 등이 논의되고 있었다.'를 통해, 별점 평가제의 문제점을 보완할 수 있는 방안이 제시되어 있음을 알 수 있다.

⑤ **별점 평가제에 대한 소비자와 판매자 모두의 노력이 필요함을 언급하며 글을 마무리해야겠어.**
4문단의 '소비자는 객관적인 태도로 별점 평가를 하도록 노력하고 판매자는 별점 평가를 통한 소비자의 표현을 존중하면서'를 통해, 별점 평가제에 대한 소비자와 판매자 모두의 노력이 필요함을 언급하고 있음을 알 수 있다. 따라서 별점 평가제에 대한 소비자와 판매자 모두의 노력이 필요함을 언급하며 글을 마무리해야겠다는 계획은 반영되었다고 할 수 있다.

★★★ 1등급 대비 고난도 2점 문제

03 한글 맞춤법의 이해

정답률 36% | 정답 ④

〈자료〉의 ⓐ와 ⓑ는 한글 맞춤법 규정에 맞게 표기한 것이다. 적용된 원칙을 〈보기〉에서 찾아 바르게 짝지은 것은?

〈자 료〉

ⓐ 지붕 공사가 ⓑ 마감 단계에 있다.

〈보 기〉

〈한글 맞춤법〉

제19항 어간에 '-이'나 '-음/-ㅁ'이 붙어서 명사로 된 것과 '-이'나 '-히'가 붙어서 부사로 된 것은 그 어간의 원형을 밝히어 적는다. ………… ㉠

[붙임] 어간에 '-이'나 '-음' 이외의 모음으로 시작된 접미사가 붙어서 다른 품사로 바뀐 것은 그 어간의 원형을 밝히어 적지 아니한다. ………… ㉡

제20항 명사 뒤에 '-이'가 붙어서 된 말은 그 명사의 원형을 밝히어 적는다.

[붙임] '-이' 이외의 모음으로 시작된 접미사가 붙어서 된 말은 그 명사의 원형을 밝히어 적지 아니한다. ………… ㉢

① ⓐ - ㉠
② ⓐ - ㉡
③ ⓑ - ㉠

✔ ⓑ - ㉡
'마감'은 '막다'의 어간인 '막-'에 접미사 '-암'이 결합하여 만들어진 말에 해당하므로, 어간에 '-이'나 '-음' 이외의 모음인 접미사 '-암'이 붙어서 동사에서 명사로 바뀐 것이라 할 수 있다. 따라서 '마감'이라고 표기한 것은 ㉡의 규정에 따라 어간의 원형을 밝히어 적지 않은 것이라 할 수 있다.
'지붕'은 명사 '집'에 접미사 '-웅'이 결합하여 만들어진 말에 해당하므로, 명사 뒤에 '-이' 이외의 모음으로 시작된 접미사 '-웅'이 붙은 것이라 할 수 있다. 따라서 '지붕'이라고 표현한 것은 ㉢의 규정에 따라 어간의 원형을 밝히어 적지 않은 것이라 할 수 있다.

⑤ ⓑ - ㉢

★★ 문제 해결 꿀~팁 ★★

▶ 많이 틀린 이유는?
이 문제는 '마감'의 기본형이 무엇인지 정확히 파악하지 못하여 오답률이 높았던 것으로 보인다.

▶ 문제 해결 방법은?
이 문제를 해결하기 위해서는 주어진 단어의 기본형을 파악해야 하고, 이를 바탕으로 어간이 무엇인지 찾아내야 한다. 즉 '마감'의 기본형이 '막다'임을 알아야 하고, 이를 바탕으로 어간이 '막-'임을 알아야 한다. 이렇게 어간을 파악하게 되면 '마감'은 '막-+-암'으로 이루어진 낱말로, 어간에 '-이'나 '-음' 이외의 모음인 접미사 '-암'이 붙어 동사에서 명사로 바뀐 단어임을 알았을 것이다. 이처럼 동사나 형용사의 기본형과 어간을 파악하는 것은 문법 문제 해결에 있어서 매우 중요하므로 평소 동사나 형용사의 기본형과 어간 파악에 신경을 쓸 수 있도록 한다.

04~08 인문

소흥렬, 「논리와 사고」

해제 이 글은 **고전 논리학에서 일상 언어를 논리적 의미가 분명하도록 고치는 명제의 표준 형식**에 대해 말하고 있다. **고전 논리학에서 기본 명제**는 **네 가지(전체 긍정 명제, 전체 부정 명제, 부분 긍정 명제, 부분 부정 명제)**로 나눌 수 있는데, **삼단 논법에 이용되는 명제는 이 네 가지 기본 명제 중 하나의 형식을 가져야 한다.** 그리고 이 명제들은 그 뜻이 분명하도록 표준 형식으로 고쳐야 한다. 그런데 일상 언어의 문장들은 논리적 의미가 분명하지 못하여, **읽는 사람과 상황에 따라 논리적 의미가 다르므로 먼저 적절한 해석을 한 후 그것에 맞는 형식으로 고쳐야 한다.**

주제 논리적 의미가 분명하도록 고치는 명제의 표준 형식의 이해

문단 핵심 내용

1문단	네 가지 기본 명제 중 하나의 형식을 지녀야 하는 삼단논법의 명제
2문단	네 가지 기본 명제의 표준 형식
3문단	논리적 의미가 분명치 못한 일상 언어 문장의 사례 1
4문단	논리적 의미가 분명치 못한 일상 언어 문장의 사례 2
5문단	논리적 의미가 분명치 못한 일상 언어 문장의 사례 3
6문단	논리적 의미가 분명치 못한 일상 언어 문장을 고치는 방법

04 내용의 사실적 이해

정답률 67% | 정답 ④

윗글의 내용과 일치하는 것은?

① **"미국 흑인이 아닌 모든 사람은 흑인 영가의 참뜻을 느낄 수 없는 사람이다."는 다른 명제로 고칠 수 없다.**
5문단에서, '미국 흑인이 아닌 모든 사람은 흑인 영가의 참뜻을 느낄 수 없는 사람이다.'는 '미국 흑인이 아닌 어느 사람도 흑인 영가의 참뜻을 느낄 수 있는 사람이 아니다.'로 고쳐 쓸 수 있음을 알 수 있다.

② **"칼을 쓰는 모든 사람은 칼로 망하는 사람이다."를 교훈의 말로 받아들이는 사람은 부분 긍정으로 이해한다.**
3문단의 '그것을 하나의 교훈적인 말로 받아들이는 사람은 ~ 전체 긍정으로 읽게 되는 것이다.'에서, '칼을 쓰는 모든 사람은 칼로 망하는 사람이다.'를 교훈적인 말로 받아들이는 사람은 전체 긍정으로 읽게 됨을 알 수 있다.

③ **"모든 철학자는 이상주의자가 아니다."라는 말의 표준 형식은 "모든 ~는 ~가 아니다."라는 형식이 될 수 있다.**
2문단에서 '모든 철학자는 이상주의자가 아니다.'의 표준 형식은 '모든 ~는 ~가 아니다.'가 될 수 없음을 알 수 있다.

✔ **부분 명제 중에서 그 양의 정도가 다른 것을 나타낼 수 있는 방법이 없다는 점은 고전 논리의 한계로 볼 수 있다.**
4문단의 '부분에 관한 명제들 중에서 그 양의 정도가 다른 것을 나타낼 수 있는 방법은 없다. 이것은 ~ 고전 논리의 한계점이 된다.'에서 알 수 있다.

⑤ **일상 언어의 문장은 어떤 사실을 긍정할 경우에만 그것의 논리적 의미가 분명해진다고 볼 수 있다.**
6문단에서 일상 언어의 문장은 그것이 어떤 사실을 긍정하는 것일지라도 그것의 논리적 의미가 분명하지 못한 것이 많음을 알 수 있다.

05 이유의 추론

정답률 82% | 정답 ⑤

㉠의 이유로 가장 적절한 것은?

① **일상 언어는 논리학의 표준 명제로 고칠 수 없기 때문이다.**
6문단에서 일상 언어의 문장을 적절하게 해석한 후 그것에 맞는 표준 형식으로 고치면 표준 명제로 고칠 수 있음을 알 수 있으므로, 논리학에서 일상 언어를 표준 명제로 고칠 수 없다고 보는 것은 적절하지 않다.

② **논리학은 명제의 형식에 대해서는 문제로 삼지 않기 때문이다.**
1문단에서 아리스토텔레스의 고전 논리학에서는 기본 명제를 네 가지로 분류하고, 삼단 논법에 이용되는 명제는 이 네 가지 기본 명제 중 하나의 형식을 가져야 함을 알 수 있으므로, 논리학에서 명제의 형식에 대해서 문제로 삼지 않았다는 내용은 적절하지 않다.

③ **일상 언어의 문장과 논리학의 문장은 본질적으로 다르기 때문이다.**
2~5문단에서 다양한 일상 언어의 문장들을 표준 형식의 명제로 고칠 수 있음을 알 수 있으므로, 일상 언어의 문장과 논리학의 문장이 본질적으로 다르다고 보는 것은 적절하지 않다.

DAY 18

④ **논리학은 일상 언어의 문장을 우선 네 가지 기본 명제의 형식으로 고친 후 해석해야 하기 때문이다.**
1문단에서 일상 언어를 네 가지 기본 명제 중 하나의 형식으로 고쳐 주어야 함을 알 수 있으므로 일상 언어의 문장을 기본 명제로 고친 후 해석해야 한다는 것은 적절하다. 하지만 이를 ㉠의 이유라고 볼 수는 없다.

✔ **일상 언어의 문장들은 읽는 사람에 따라서 혹은 그것이 쓰이는 상황에 따라서 그것의 논리적 의미가 다르기 때문이다.**
3문단에서 '칼을 쓰는 모든 사람은 칼로 망하는 사람이다.'는 명제를 사실의 서술로 보는 사람과 교훈적인 말로 받아들이는 사람의 경우 이해하는 것이 다름을 알 수 있다. 그리고 6문단에서 사람마다 자기대로 타당한 이해를 할 수밖에 없기 때문에 이 문제는 논리학의 범위에 속하는 것이 아님을 알 수 있다. 따라서 ㉠과 같이 언급한 이유는 일상 언어의 문장들은 읽는 사람에 따라서 혹은 그것이 쓰이는 상황에 따라서 그것의 논리적 의미가 다르기 때문이라 할 수 있다.

★★★ 1등급 대비 고난도 2점 문제

06 비판적 추론하기 정답률 49% | 정답 ⑤

윗글을 참고하여 〈보기〉에 대해 판단한 내용으로 적절하지 않은 것은?

〈보 기〉
"문제의식이 투철한 사람만 참석했다."

① **'참석한 모든 사람은 문제의식이 투철한 사람이었다.'라는 뜻이군.**
참석한 사람들은 모두 문제의식이 투철한 사람들이었다는 사실만 긍정하므로, '참석한 모든 사람은 문제의식이 투철한 사람이었다.'라는 뜻으로 판단한 것은 타당하다.

② **'문제의식이 투철한 사람은 누구나 다 참석했다.'는 것을 뜻하지는 않는군.**
참석한 사람들은 모두 문제의식이 투철한 사람들이었다는 사실만 긍정할 뿐 그 사람들만이 문제의식이 투철한 사람들인지 에 대한 긍정은 없으므로, '문제의식이 투철한 사람은 누구나 다 참석했다.'는 것을 뜻하지 않는다고 판단한 것은 적절하다.

③ **'문제의식이 투철한 사람의 일부분이 참석했다.'라는 것을 긍정하지도 않는군.**
참석한 사람들은 모두 문제의식이 투철한 사람들이었다는 사실만을 긍정하므로, '문제의식이 투철한 사람의 일부분이 참석했다.'라는 것을 긍정하지도 않는다고 판단한 것은 타당하다.

④ **참석한 사람들만이 문제의식이 투철한 사람들인지 어떤지에 대한 긍정은 없군.**
참석한 사람들은 모두 문제의식이 투철한 사람들이었다는 사실만 긍정하므로, 그 사람들만이 문제의식이 투철한 사람들인지 어떤지에 대한 긍정은 없다는 판단은 적절하다.

✔ **'문제의식이 투철한 사람만 참석했다.'는 하나의 표준 형식으로서 분명한 뜻을 지니는군.**
2문단에서 전체 긍정을 뜻하는 명제의 표준 형식은 '모든 ~는 ~이다.'고, 전체 부정을 뜻하는 명제의 표준 형식은 '어느 ~도 ~가 아니다.'임을 알 수 있다. 그리고 부분 긍정을 뜻하는 명제의 표준 형식은 '어떤 ~는 ~이다.'고, 부분 부정을 뜻하는 명제의 표준 형식은 '어떤 ~는 ~가 아니다.'임을 알 수 있다. 따라서 "문제의식이 투철한 사람만 참석했다."는 이러한 네 가지 기본 명제의 표준에 해당하지 않으므로 적절하지 않다.

★★ 문제 해결 꿀~팁 ★★

▶ 많이 틀린 이유는?
이 문제는 '투철한 사람만'에서의 '사람만'의 의미, 즉 문제의식이 투철한 사람 일부만을 한정한다는 것을 이해하지 못하여 오답률이 높았던 것으로 보인다.
▶ 문제 해결 방법은?
'문제의식이 투철한 사람만 참석했다.'는 문장이 참석한 사람들은 모두 문제의식이 투철한 사람들이었다는 사실만을 긍정하고 있음을 이해해야 한다. 그리고 이를 통해 문제의식이 투철한 모든 사람이 참석했다는 것도 긍정하지도 않고, 문제의식이 투철한 사람의 일부분이 참석했다는 것도 긍정하지 않음을 알 수 있다. 따라서 오답률이 높았던 ③, ④는 적절하지 않다고 할 수 있다. 한편 이 글 2문단을 통해 표준 형식-전체 긍정, 전체 부정, 부분 긍정, 부분 부정-을 알 수 있으므로, 이것과 〈보기〉의 문장을 비교해 보면 〈보기〉 문장이 표준 형식이 아님을 쉽게 알 수 있었을 것이다.

★★★ 1등급 대비 고난도 3점 문제

07 다른 상황에의 적용 정답률 50% | 정답 ③

윗글을 바탕으로, 〈보기〉의 문장들을 표준 형식의 명제로 고친 것으로 적절하지 않은 것은? [3점]

〈보 기〉
㉮ 원숭이도 나무에서 떨어진다.
㉯ 소수의 사람들만이 특혜를 받았다.
㉰ 경마에 미친 사람은 경마만 좋아한다.
㉱ 비가 오는 날이면 언제나 그는 택시를 탄다.
㉲ 이번 여름은 피서지마다 초만원을 이루었다.

① ㉮ **: 어떤 원숭이는 나무에서 떨어지는 원숭이이다.**
'원숭이도 나무에서 떨어진다.'에서 '원숭이'는 모든 원숭이가 아니므로, '어떤 원숭이는 나무에서 떨어지는 원숭이이다.'로 고칠 수 있다.

② ㉯ **: 어떤 사람은 특혜를 받은 사람이다.**
'소수의 사람들만이 특혜를 받았다.'는 모든 사람이 특혜를 받는 것은 아니므로, '어떤 사람은 특혜를 받은 사람이다.' 또는 '어떤 사람은 특혜를 받지 못한 사람이다.'로 고칠 수 있다.

✔ ㉰ **: 경마에 미친 모든 사람은 경마를 좋아한다.**
'경마에 미친 모든 사람은 경마를 좋아한다.'라고 하면 '경마' 외에 다른 것을 좋아할 수도 있으므로, '경마에 미친 사람이 좋아하는 모든 것은 경마이다.'로 고쳐야 한다.

④ ㉱ **: 비가 오는 모든 날은 그가 택시를 타는 날이다.**
'비가 오는 날이면 언제나 그는 택시를 탄다.'에서 '날이면'으로 볼 때 '모든 날'이 되므로 '비가 오는 모든 날은 그가 택시를 타는 날이다.'로 고치는 것은 적절하다.

⑤ ㉲ **: 이번 여름의 모든 피서지는 초만원을 이루는 곳이다.**
'피서지마다'는 '모든 피서지'를 뜻하므로, '이번 여름의 모든 피서지는 초만원을 이루는 곳이다.'로 고치는 것은 적절하다.

★★ 문제 해결 꿀~팁 ★★

▶ 많이 틀린 이유는?
〈보기〉의 문장이 전체와 부분을 나타내는지 이해하지 못했거나, 전체와 부분의 긍정 표준 형식으로 고친 선택지가 또 다른 이해 가능성을 지니고 있는지를 파악하지 못하여 오답률이 높았던 것으로 보인다.
▶ 문제 해결 방법은?
1문단을 통해 문장의 표준 형식을 정확히 이해하고, 이를 바탕으로 〈보기〉에 제시된 사례가 전체 긍정인지 부분 긍정인지를 확인해야 한다. 그런 다음 이를 전체 또는 부분 긍정의 표준 형식으로 고친 선택지와 비교하면서 적절성을 판단해야 한다. 이때 주의할 점은 전체 긍정으로 고칠 경우 또다른 의미 해석의 가능성이 있는지를 살펴야 한다. 즉 정답인 ③의 경우 '경마' 외에 다른 것을 좋아할 수도 있다는 의미로도 이해할 가능성이 있으므로 전체 긍정의 표준 형식으로 고쳤다고 볼 수 없는 것이다.

08 사전적 의미 파악 정답률 85% | 정답 ②

ⓐ ~ ⓔ의 사전적 의미로 적절하지 않은 것은?

① ⓐ **: 두루 널리 미치는**

✔ ⓑ **: 구체적인 것으로 됨**
ⓑ는 '개별적인 것이나 특수한 것이 일반적인 것으로 됨. 또는 그렇게 만듦.'이라는 의미를 지니고 있다. ②의 '구체적인 것으로 됨.'은 '구체화'의 사전적 의미이다.

③ ⓒ **: 상태, 모양, 성질 따위가 그와 같다고 봄**
④ ⓓ **: 사실이나 내용을 분석해 따짐**
⑤ ⓔ **: 일의 이치로 보아 옳은**

09~12 고전 소설

작자 미상, 「장국진전(張國振傳)」

해제 이 작품은 **명나라를 배경으로 하여 장국진이라는 영웅의 일생을 다룬 영웅 소설**로, **군주에 대한 충의(忠義)를 주제로 한 군담 소설**이기도 하다. 명나라의 적국인 달마국이 여러 차례 쳐들어 와 전쟁을 하게 되고 장국진은 영웅적 활약을 하게 된다. 그 과정에서 여러 위기를 겪지만 여성 영웅인 이 부인과 더불어 주변 인물이나 초월적 존재의 도움으로 이를 극복해 나가고, 결국 달마국을 정벌한다. 한편 **이 작품은 다른 영웅 소설과 달리 남성 영웅과 더불어 여성 영웅의 활약상이 부각되는 특징**이 있다.
주제 장국진의 영웅적 활약상
작품 줄거리 명나라 때, 전 승상 장경구는 늦도록 자식이 없다가 부처께 발원하여 장국진을 얻는다. 7세 때 장국진은 달마국의 침입으로 부모를 잃고 술집에서 말을 먹이는 등의 고생을 한다. 이때 달마국의 백원 도사가 장국진의 영웅성을 보고는 잡아다가 강물에 던져 죽이려고 한다. 그러나 청의 동자의 구함을 얻어 여학 도사의 제자가 되어 경서와 도술을 익힌다. 7년 후 속세로 돌아와 수소문 끝에 부모와 상봉하고 천장 배필인 이창옥의 딸 계양에게 구혼하나 거절당한다. 그 후 국진은 장원급제하여 천자의 주선으로 계양과 혼인하고 병부상서 유봉의 딸과도 혼인한다. 국진은 서주 어사가 되어 백성들을 진휼하고, 달마왕의 침입을 물리친다. 천자가 승하하여 태자가 즉위하자, 장국진은 이참의 참소로 유배를 가다가 달마국에 잡혀 갇힌다. 달마왕이 재차 침입하나, 국진이 탈출하여 막는다. 이때 국진이 병이 들어 위험에 처하자, 계양이 남장을 하고 나아가 남편의 병을 고치고 적군과 싸워 승리를 거둔다. 개선하여 국진은 호왕에 봉해지고, 두 부인은 왕비로 봉해져 행복한 삶을 산다.

09 서술상 특징 파악

정답률 57% | 정답 ④

윗글의 서술상 특징으로 적절한 것은?

① **연속되는 대화를 활용해 인물 간의 갈등을 고조시키고 있다.**
이 글에서 인물 간의 연속되는 대화는 찾아볼 수 없다.

② **과거와 현재의 빈번한 교체로 인물의 내력을 소개하고 있다.**
이 글에서 과거와 현재의 빈번한 교체를 통해 인물 간의 내력을 소개하지는 않고 있다.

③ **한 인물의 동일한 행위를 반복함으로써 사건의 전환을 예고하고 있다.**
이 글에서 한 인물의 동일한 행위가 반복되지 않고 있고, 또한 사건의 전환이 예고되어 있지도 않다.

✔ **서술자의 개입을 통해 작중 상황에 대한 주관적 판단을 제시하고 있다.**
'이는 지옥을 상상하게 하더라.', '이것을 어느 누구의 힘으로 구원하여 밝은 빛을 뿌려 터인가.', '이 위급함을 무엇으로 해결하여야 한단 말인가.' 등에서 서술자의 개입이 나타나고, 이를 통해 작중 상황에 대한 서술자의 주관적 판단이 나타나고 있다.

⑤ **특정 인물의 외양이나 행동을 과장되게 표현하여 인물을 희화화하고 있다.**
이 글을 통해 특정 인물의 외양을 과장하여 표현하여 희화화하는 내용은 찾아볼 수 없다.

10 작품 내용의 이해

정답률 63% | 정답 ④

㉠~㉤을 중심으로 윗글을 이해한 내용으로 적절하지 않은 것은?

① **㉠에서의 병란은 국진이 자신의 중대한 임무를 수행하기 위해 이동하는 계기가 된다.**
국진은 황성에서의 병란을 알아차린 후 나라를 구하는 임무를 수행하기 위해 이동하고 있으므로 적절하다.

② **㉡에서 국진은 고통에 시달리는 도성의 백성들을 구원하기 위해 적병과 맞서 싸운다.**
국진은 도성 가까이에 온 적병 때문에 아우성치는 도성의 백성들을 구원하기 위해 적군의 진영으로 나아가고 있으므로 적절하다.

③ **㉢에서 국진에게 일어나는 일은 이 부인이 남장을 결심하는 원인이 된다.**
달마국 전장에서 국진이 신병을 얻어 어려운 지경이 된 것은 이 부인이 남장을 결심하는 원인이 되고 있으므로 적절하다.

✔ **㉣에서 이 부인은 미래를 예측하여 위기에 대비할 수 있는 방법을 국진에게 알려 주고 있다.**
㉣에서 이 부인은 위기 상황을 알고 직접 전장으로 향하고 있으므로, ㉣에서 이 부인이 미래를 예측하여 위기에 대비할 수 있는 방법을 국진에게 알려 준다는 이해는 적절하지 않다.

⑤ **㉤에서 용왕 내외는 적장의 전생 신분을 밝힘으로써 앞날을 경계하고 있다.**
용궁에서 용왕 내외는 천원 왕과 달마 왕이 천상 선관이었음을 밝히며, 그렇기 때문에 그들을 죽이면 앞날의 원(怨)이 될 것이라 경계하고 있으므로 적절하다.

11 인물의 말하기 방식 이해

정답률 77% | 정답 ⑤

[A], [B]에 대한 설명으로 가장 적절한 것은?

① **[A]는 자신의 실망감을 우회적으로 표현하고 있고, [B]는 상대에 대한 원망을 직설적으로 표현하고 있다.**
[A]에서 자신의 실망감을 우회적으로 표현하지 않고 있고, [B]에서 상대에 대한 원망을 직설적으로 표현하지 않고 있다.

② **[A]는 자신의 목적을 달성하기 위해 거짓으로 말하고 있고, [B]는 상대의 질문에 답하기 위해 사건 내용을 밝히고 있다.**
[A]에서 국진이 거짓으로 말하고 있지는 않고 있고, [B]에서 천자가 국진에게 사건 내용을 밝히지 않고 있다.

③ **[A]는 자신의 손해를 줄이기 위해 상대의 요청을 거절하고 있고, [B]는 상대의 손해를 줄이기 위해 상대를 설득하고 있다.**
[A]에서 국진이 천자의 요청을 거절하거나 [B]에서 국진의 손해를 줄이기 위해 천자가 국진을 설득하지는 않고 있다.

④ **[A]는 상대에 대한 호감을 바탕으로 상대를 격려하고 있고, [B]는 사건 해결을 위해 상대에게 용기를 북돋워 주고 있다.**
[A]에서 국진이 천자를 격려하는 모습이나 [B]에서 국진에게 용기를 용기를 북돋워 주는 천자의 모습은 찾아볼 수 없다.

✔ **[A]는 상대의 근심을 덜기 위해 그 원인을 자신의 탓으로 돌리고 있고, [B]는 상대에 대한 믿음을 바탕으로 명령하고 있다.**
[A]에서 국진은 천자의 근심의 원인이 자신에게 있다고 말하며 상대의 근심을 덜어 내고 있다. 그리고 [B]에서 천자는 국진의 능력을 믿고 나라를 구하라고 명령하고 있다. 따라서 [A]에서는 상대의 근심을 덜기 위해 그 원인을 자신의 탓으로 돌리고 있음을, [B]에서는 상대에 대한 믿음을 바탕으로 명령하고 있음을 알 수 있다.

12 외적 준거에 따른 작품의 감상

정답률 57% | 정답 ⑤

〈보기〉를 바탕으로 윗글을 감상한 내용으로 적절하지 않은 것은? [3점]

〈보 기〉

이 작품은 장국진이라는 영웅의 일생을 다룬 영웅소설이다. 주인공의 영웅적 활약과 더불어 여성 영웅의 활약도 중요하게 나타나고, 이들은 위기 상황에서 주변 인물이나 초월적 존재의 도움으로 위기를 극복해 간다. 이 과정에서 초월적 세계와 현실 세계의 상호 작용, 남성과 여성의 상호 작용을 통해 영웅성이 강화되고 있다.

① **국진이 말에 올라 '한 손에 절륜도, 또 한 손에 청학선을 흔들며' 수십만 적군을 '추풍낙엽같이 쓰러'뜨리는 데에서, 주인공의 영웅적 활약상을 확인할 수 있다.**
전쟁 중에 국진이 무기를 들고 적군을 쓰러뜨리는 모습을 통해 영웅적 활약상을 확인할 수 있다.

② **전투 중 '신병은 조금도 차도가 없'는 국진이 '적병들에 의해 완전히 포위'된 장면에서, 영웅이 처한 위기 상황을 확인할 수 있다.**
전투 중에 국진이 신병을 앓으며 적에게 포위당하여 명나라 군의 운명이 경각에 달렸다는 장면에서 영웅이 처한 위기 상황을 확인할 수 있다.

③ **'가장 좋은 선약(仙藥)을 얻어' 국진의 병을 구하려는 데에서, 초월적 존재의 도움으로 위기를 극복해 나간다는 점을 확인할 수 있다.**
이 부인이 용왕에게서 국진을 살릴 수 있는 '가장 좋은 선약(仙藥)'을 얻은 것은 초월적 존재의 도움을 받은 것에 해당한다.

④ **용왕 부인이 선녀들에게 '이 부인을 잘 모시고 가서 공을 이루라고 특별히 당부하'는 장면에서, 초월적 세계와 현실 세계의 상호 작용을 확인할 수 있다.**
용왕 부인이 선녀에게 당부하는 장면을 통해 초월적 세계와 현실 세계의 상호 작용을 확인할 수 있다.

✔ **이 부인이 국진을 구하기 위해 '번갯불과 천둥이 무섭게 진동'하여 '공포 속에서 정신을 잃는' 상황을 이겨 내는 데에서, 남성과 여성의 상호 작용을 확인할 수 있다.**
'번갯불과 천둥이 무섭게 진동'하여 '공포 속에서 정신을 잃는' 사람들은 적병들이다. 이를 이겨 내는 사람이 이 부인이라고 볼 수 없다.

DAY 18

[문제편 p.112]

DAY 19 20분 미니 모의고사

01 ③	02 ④	03 ⑤	04 ②	05 ①
06 ④	07 ③	08 ③	09 ①	10 ①
11 ④	12 ①			

01 강연자의 말하기 방식 파악

정답률 78% | 정답 ③

위 강연자의 말하기 방식으로 가장 적절한 것은?

① 강연을 하게 된 소감을 밝히며 강연을 시작하고 있다.
강연자는 자신을 소개하면서 청중에게 질의하면서 강연을 시작하고 있지, 강연을 하게 된 소감을 밝히면서 강연을 시작하지는 않고 있다.

② 강연 내용을 요약하여 마무리하며 주제를 강조하고 있다.
강연자는 청중에게 당부를 하면서 강연을 마무리하고 있지, 강연 내용을 요약하여 마무리하지는 않고 있다.

③ 강연 내용과 관련된 질문을 하여 청중의 주의를 환기하고 있다.
1문단의 '여러분은 식품을 구매할 때 식품 포장지에 서 어떤 정보를 주로 보시나요?', 2문단의 '제품명에 '향' 자가 보이시나요?', 3문단의 '여기에서는 어떤 정보를 알 수 있을까요?'를 통해, 강연자는 강연 내용과 관련된 질문을 하여 청중의 주의를 환기하고 있음을 알 수 있다.

④ 강연에 사용한 자료의 출처를 언급하여 신뢰성을 확보하고 있다.
2문단, 3문단, 4문단에서 '자료'를 제시하고 있지만, 자료의 출처를 언급하지는 않고 있다.

⑤ 강연 순서를 처음에 안내하여 청중이 내용을 예측하게 하고 있다.
강연자는 처음에 강연 주제, 즉 식품 포장지의 표시사항에 대해 알려 주고 있지만, 강연 순서를 안내하지는 않고 있다.

★★★ 1등급 대비 고난도 2점 문제

02 자료 활용 방식 이해

정답률 22% | 정답 ④

다음은 위 강연자가 제시한 자료이다. 강연자의 자료 활용에 대한 설명으로 적절하지 않은 것은?

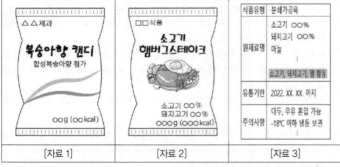

△△제과
복숭아향 캔디
합성복숭아향 첨가
○○g (○○kcal)

[자료 1]

□□식품
소고기
햄버그스테이크
소고기 ○○%
돼지고기 ○○%
○○○g (○○○kcal)

[자료 2]

식품유형	분쇄가공육
원재료명	소고기 ○○% 돼지고기 ○○% 마늘 ⋮ 소고기, 돼지고기, 밀 함유
유통기한	2022. XX. XX. 까지
주의사항	대두, 우유 혼입 가능 -18℃ 이하 냉동 보관 ⋮

[자료 3]

① 주표시면을 구성하고 있는 요소를 보여 주기 위해 ㉠에 [자료 1]을 활용하였다.
2문단의 '이렇게 주표시면에는 제품명과 내용량 및 열량, 그리고 상표 등이 표시돼 있습니다.'를 통해 적절함을 알 수 있다.

② 제품명에 특정 글자가 사용된 이유를 설명하기 위해 ㉠에 [자료 1]을 활용하였다.
2문단의 '제품명에 '향' 자가 보이시나요? ~ 원재료로 합성 향료만을 사용했기 때문에 보시는 것처럼 '복숭아향'이라고 적혀 있습니다.'를 통해 적절함을 알 수 있다.

③ 식육가공품에서 제품명에 원재료명이 포함된 경우 주표시면에 추가로 표시되는 요소를 보여 주기 위해 ㉡에 [자료 2]를 활용하였다.
3문단의 '이 식품과 같이 식육가공품은 가장 많이 사용한 식육의 종류를 제품명으로 사용할 수 있는데요. 이런 경우에는 식품에 포함된 모든 식육의 종류와 함량이 주표시면에 표시되어 있으니 꼭 확인해 보세요.'를 통해 적절함을 알 수 있다.

④ 식품 제조 과정에서 불가피하게 혼입될 수 있는 알레르기 유발물질이 알레르기 표시란을 통해 표시되는 방식을 설명하기 위해 ㉢에 [자료 3]을 활용하였다.
4문단을 통해 알레르기 표시란을 설명하는 내용이 나타나 있지만 알레르기 표시란에는 원재료로 사용된 모든 알레르기 유발물질이 표시되어 있음을 알 수 있다. 따라서 식품 제조 과정에서 불가피하게 혼입될 수 있는 알레르기 유발물질이 알레르기 표시란을 통해 표시되는 방식을 설명하기 위해 ㉢에 [자료 3]을 활용하였다는 설명은 적절하지 않다.

⑤ 식품 포장지에 표기되는 날짜 표시와 관련된 정보를 제공하기 위해 ㉢에 [자료 3]을 활용하였다.
5문단의 '마지막으로 날짜 표시에 대해 알려드리겠습니다. 여기 원재료명 아래 유통기한이 표시되어 있는데요. 관련 법률이 개정되어 앞으로는 식품을 유통할 수 있는 기한인 유통기한 대신 소비기한이 표시됩니다.'를 통해 적절함을 알 수 있다.

★★ 문제 해결 꿀~팁 ★★

▶ 많이 틀린 이유는?
이 문제는 강연자가 자료를 제시하면서 강연하고 있는 내용을 정확히 이해하지 못하여 오답률이 높았던 것으로 보인다.

▶ 문제 해결 방법은?
강연이나 발표에서 강연자나 발표자는 자료를 활용하여 중심 화제를 설명하고 있는 경우가 많다. 이 문제 역시 강연자가 사용한 자료를 제시하고 각 자료에 대해 강연자가 어떻게 활용하고 있는지를 묻고 있으므로, 이러한 문제의 경우 선택지에 제시된 내용과 강연 내용을 비교하여 적절성을 판단하는 것이 가장 효과적이다. 가령 정답인 ④의 경우에도 강연자가 설명한 내용 중 '알레르기 유발물질이 혼입될 수 있다는 의미의 주의 사항 문구가 쓰여있'다는 내용을 정확히 이해하였다면, ④가 적절하지 않았음을 알 수 있었을 것이다. 마찬가지로 오답률이 높았던 ①의 경우에도 강연 내용과 선택지의 내용을 비교했으면 자료 활용의 설명으로 적절함을 바로 알았을 것이다. 이처럼 이 문제 해결의 바탕은 강연 내용의 이해에 있으므로, 강연자가 자료를 제시하고 어떻게 설명하고 있는지 정확히 파악할 수 있도록 한다.

03 글쓰기 계획 반영 여부 판단

정답률 95% | 정답 ⑤

다음은 초고를 작성하기 전에 학생이 떠올린 생각이다. ㉠ ~ ㉤ 중, 학생의 초고에 반영되지 않은 것은?

- ○ 커피박이 무엇을 지칭하는 단어인지 밝혀야겠어. ······ ㉠
- ○ 커피박이 잘못 버려지고 있는 예를 제시해야겠어. ······ ㉡
- ○ 커피박이 무엇으로 재활용될 수 있는지 언급해야겠어. ······ ㉢
- ○ 우리나라의 연간 1인당 커피 소비량이 세계 평균 대비 어느 정도인지 밝혀야겠어. ··· ㉣
- ○ 커피로 인해 발생하는 사회적 문제가 해마다 증가하고 있는 실태를 제시해야겠어. ··· ㉤

① ㉠ 커피박이 무엇을 지칭하는 단어인지 밝혀야겠어.
1문단에서 '커피박'이 '커피를 만든 후 남는 커피 찌꺼기'임을 밝히고 있다.

② ㉡ 커피박이 잘못 버려지고 있는 예를 제시해야겠어.
2문단에서 커피박을 싱크대 배수구에 버리거나 흙에 버리기도 한다며 커피박이 잘못 처리되고 있는 예를 제시하고 있다.

③ ㉢ 커피박이 무엇으로 재활용될 수 있는지 언급해야겠어.
3문단에서 커피박이 탈취제나 방향제, 합성 목재를 대신하는 재료, 비료, 바이오에너지의 원료로 활용되고 있음을 밝히고 있다.

④ ㉣ 우리나라의 연간 1인당 커피 소비량이 세계 평균 대비 어느 정도인지 밝혀야겠어.
1문단에서 우리나라의 연간 1인당 커피 소비량이 세계 평균의 2배 이상임을 밝히고 있다.

⑤ ㉤ 커피로 인해 발생하는 사회적 문제가 해마다 증가하고 있는 실태를 제시해야겠어.
학생의 초고는 커피로 인한 사회적 문제를 논할 때 상대적으로 관심을 받지 못하는 커피박 문제에 대한 관심을 촉구하고 있다. 하지만 학생의 초고를 통해 사회적 문제가 해마다 증가하고 있는 실태는 제시하지 않고 있으므로 적절하지 않다.

04 높임법의 특성 적용

정답률 50% | 정답 ②

〈보기 1〉을 바탕으로 〈보기 2〉에 대해 설명한 내용으로 적절하지 않은 것은?

〈보기 1〉

주체 높임법은 문장의 주어인 서술의 주체에 대하여 높임의 태도를 나타내는 방법이다. 객체 높임법은 문장의 목적어나 부사어가 지시하는 대상, 곧 서술의 객체에 대하여 높임의 태도를 나타내는 방법이다. 주체 높임과 객체 높임의 대상은 문장에서 표면적으로 드러나기도 하고 생략되기도 한다. 한편, 상대 높임법은 화자가 청자인 상대방에 대하여 높이거나 낮추는 태도를 나타내는 방법이다. 한 문장 안에서도 다양한 높임법이 쓰일 수 있다.

[문제편 p.114]

〈보기 2〉

〈아들과 아버지의 통화〉
아들 : ⓐ 아버지, 집에 언제 도착하시나요?
아버지 : 무슨 일 있니?
아들 : ⓑ 할머니께서 아버지께 전화해 보라고 하셨어요. ⓒ 아버지께 드릴 말씀도 있어서요.
아버지 : 그래, 거의 다 왔으니 집에 가서 얘기하자. 그런데 할머니 아직 안 주무시니?
아들 : ⓓ 아직 안 주무셔요. ⓔ 방금 어머니께서 할머니 모시고 나가셨어요.

① **ⓐ는 주체 높임과 상대 높임의 대상이 같다.**
ⓐ인 '아버지, 집에 언제 도착하시나요?'에서 주체 높임의 대상은 서술의 주체인 '아버지'이고, 상대 높임의 대상은 대화의 청자인 '아버지'이므로, 주체 높임과 상대 높임의 대상이 같다.

✔ **ⓑ는 객체 높임과 상대 높임의 대상이 다르다.**
ⓑ인 '할머니께서 아버지께 전화해 보라고 하셨어요.'에서 객체 높임의 대상은 서술의 객체인 '아버지'이고, 상대 높임의 대상은 대화의 청자인 '아버지'이다. 따라서 ⓑ에서 객체 높임과 상대 높임의 대상이 다르다고 설명한 내용은 적절하지 않다.

③ **ⓒ는 객체 높임과 상대 높임의 대상이 같다.**
ⓒ인 '아버지께 드릴 말씀도 있어서요.'에서 객체 높임의 대상은 서술의 객체인 '아버지'이고, 상대 높임의 대상은 대화의 청자인 '아버지'이므로, 객체 높임과 상대 높임의 대상이 같다.

④ **ⓓ는 주체 높임과 상대 높임의 대상이 다르다.**
ⓓ인 '아직 안 주무셔요.'에서 주체 높임의 대상은 생략된 서술의 주체인 '할머니'이고, 상대 높임의 대상은 대화의 청자인 '아버지'이므로, 주체 높임과 상대 높임의 대상은 다르다.

⑤ **ⓔ는 주체 높임, 객체 높임, 상대 높임의 대상이 모두 다르다.**
ⓔ인 '방금 어머니께서 할머니 모시고 나가셨어요.'에서 주체 높임의 대상은 서술의 주체인 '어머니'이고, 객체 높임의 대상은 서술의 객체인 '할머니'이고, 상대 높임의 대상은 대화의 청자인 '아버지'이므로, 주체 높임, 객체 높임, 상대 높임의 대상은 모두 다르다.

05~08 과학

'청각의 원리(재구성)'

해제 이 글은 인간이 소리를 듣게 되는 과정을 공기 전도와 골전도로 나누어 설명하고 골전도의 원리가 적용된 골전도 이어폰에 대해 살펴보고 있다. 공기 전도는 소리가 외이, 중이를 거쳐 내이에 도달하는 방식이고 골전도는 소리가 뼈를 통해 바로 내이에 도달하는 방식이다. 골전도의 원리가 적용된 골전도 이어폰은 고막을 직접 자극하지 않고 야외 활동 시 사용해도 비교적 안전하다는 장점이 있다.

주제 소리가 내이에 도달하는 두 가지 방식과 골전도 이어폰

문단 핵심 내용

1문단	소리의 의미 및 소리가 들리는 과정을 살펴볼 필요성
2문단	소리의 의미 및 소리가 내이에 도달하는 방식
3문단	공기 전도에 의한 진동의 전달 과정
4문단	녹음된 목소리를 스피커를 통해 들으면 어색하게 느껴지는 이유
5문단	골전도 이어폰이 소리를 전달하는 과정
6문단	골전도 이어폰의 장점과 주의점

05 내용 전개 방식 파악 정답률 85% | 정답 ①

윗글에 대한 설명으로 가장 적절한 것은?

✔ **소리가 전달되는 두 가지 방식을 제시하고 이와 관련한 기술을 소개하고 있다.**
이 글은 소리가 무엇인지 설명한 뒤, 소리가 전달되는 방식인 공기 전도와 골전도에 대해 설명하고 있다. 그런 다음 이와 관련된 골전도 이어폰에 대해 소개하고 있다. 따라서 이 글은 소리가 전달되는 두 가지 방식을 설명하면서 이와 관련한 기술인 골전도 이어폰에 대해 소개하였다고 할 수 있다.

② **이어폰 기술의 과학적 원리를 살펴보고 앞으로 전개될 발전 방향을 예측하고 있다.**
이 글에서 이어폰 기술의 발전 방향을 예측하지는 않고 있다.

③ **청각에 대한 두 가지 관점을 언급하고 이를 절충한 새로운 관점을 제시하고 있다.**
이 글을 통해 청각에 대한 두 가지 관점은 찾아볼 수 없고, 이러한 두 가지 관점을 절충한 내용도 찾아볼 수 없다.

④ **골전도 현상이 일어나는 과정을 제시하고 이에 대한 서로 다른 견해를 분석하고 있다.**
이 글을 통해 골전도 현상이 일어나는 과정에 대한 서로 다른 견해는 찾아볼 수 없다.

⑤ **청각에 이상이 생기는 사례를 소개하고 이를 예방하기 위한 구체적인 방안을 제시하고 있다.**
이 글을 통해 청각에 이상이 생기는 구체적인 사례를 찾아볼 수 없고, 예방을 위한 구체적인 방안도 제시하지 않고 있다.

06 세부 내용의 추론 정답률 66% | 정답 ④

윗글의 내용을 고려할 때, [그 이유]로 가장 적절한 것은?

① **평소에 골전도로 전달되는 소리를 들을 기회가 적었으므로**
4문단을 통해 평소에 말을 할 때 듣는 자신의 목소리에는 공기 전도로 전달된 소리와 골전도로 전달된 소리가 함께 있음을 알 수 있다. 따라서 골전도로 전달되는 소리를 들을 기회가 적다는 것은 이유로 적절하지 않다.

② **스피커에서 나온 녹음된 목소리는 내이를 거치지 않고 뇌에 전달되므로**
2문단을 통해 소리가 내이를 거치지 않고 뇌에 전달될 수 없음을 알 수 있으므로 이유로 적절하지 않다.

③ **전자 장치의 전기적 에너지로 인해 청각 신경이 받는 자극의 크기가 커졌으므로**
전자 장치의 전기적 에너지와 청각 신경이 받는 자극 크기는 '그 이유'와 상관이 없다.

✔ **녹음된 소리를 들을 때에는 골전도로 전달되는 주파수의 소리가 잘 들리지 않으므로**
4문단을 통해 대화할 때 듣는 자신의 목소리에는 공기 전도로 전달되는 소리와 골전도로 전달되는 소리가 함께 있음을 알 수 있다. 하지만 녹음된 소리를 들을 때에는 골전도로 전달되는 20 ~ 1,000Hz의 소리는 잘 들리지 않음을 알 수 있다. 따라서 '그 이유'는 녹음된 소리를 들을 때에는 골전도로 전달되는 주파수의 소리가 잘 들리지 않기 때문이라 할 수 있다.

⑤ **자신이 말할 때 듣는 목소리에는 녹음된 목소리와 달리 외이에서 공명이 일어나는 소리가 빠져 있으므로**
4문단을 통해 자신이 말할 때 듣는 목소리에는 공기 전도와 골전도로 전달되는 소리가 함께 있음을 알 수 있다. 따라서 외이에서 공명이 일어나는 소리, 즉 공기 전도로 전달되는 소리가 빠져 있는 것은 아니므로 이유로 적절하지 않다.

07 구체적인 상황에의 적용 정답률 64% | 정답 ③

윗글을 바탕으로 〈보기〉에 대해 보인 반응으로 가장 적절한 것은? [3점]

〈보 기〉

난청이란 소리가 잘 들리지 않거나 전혀 들리지 않는 증상으로 외이도에서 뇌에 이르기까지 소리가 전달되는 과정 중 특정 부분에 문제가 생기면 발생한다. 그 중 전음성 난청은 외이와 중이에 문제가 있어 발생하는 증상으로, 이 경우 소리가 커지면 알아듣는 정도가 좋아질 수 있다.

이와 달리 감각 신경성 난청은 달팽이관까지 소리가 잘 전달되었음에도 소리가 잘 들리지 않는 것으로 달팽이관의 청각 세포나, 청각 자극을 뇌로 전달하는 청각 신경 또는 중추 신경계 이상 등으로 발생한다. 이 경우 소리가 커져도 그것을 알아듣는 정도가 좋아지지 않는다.

① **골전도 이어폰은 장시간 사용해도 감각 신경성 난청을 유발하지는 않겠군.**
6문단에서 골전도 이어폰을 사용해도 내이는 자극이 되기 때문에 장시간 사용하면 청각 신경이 손상될 수 있다고 하였다.

② **청각 신경의 이상으로 인한 난청이 있는 사람의 경우 이어폰의 음량을 높이면 잘 들을 수 있겠군.**
〈보기〉에서 감각 신경성 난청은 소리가 커져도 알아듣는 정도가 좋아지지 않는다고 했으므로, 이어폰의 음량을 높여도 알아들을 수 있는 정도가 좋아지는 것은 아니다.

✔ **자신이 말하는 목소리가 전혀 들리지 않는 사람은 감각 신경성 난청 증상이 있다고 볼 수 있겠군.**
4문단을 통해 자신의 목소리는 공기 전도와 골전도의 방식으로 내이에 도달함을 알 수 있으므로, 외이와 중이에 이상이 있어도 청각 세포, 청각 신경, 중추 신경계 등에 이상이

[문제편 p.115]

없다면 골전도의 방식으로 전달된 소리는 들을 수 있다. 따라서 자신의 목소리가 전혀 들리지 않는다면 청각 세포, 청각 신경, 중추 신경계 등의 문제로 인한 감각 신경성 난청이 있음을 알 수 있다.

④ **고막의 이상으로 난청이 있는 경우 골전도의 원리를 이용한 보청기는 사용해도 효과가 없겠군.**
고막에 이상이 있어도 고막을 거치지 않는 골전도의 방식으로 소리가 전달될 수 있으므로, 골전도의 원리를 이용한 보청기가 효과가 없다는 말은 적절하지 않다.

⑤ **전음성 난청이 있는 사람은 골전도 이어폰의 소리는 들을 수 없지만 일반적인 이어폰의 소리는 들을 수 있겠군.**
전음성 난청은 외이, 중이에 문제가 있는 것이므로, 공기 전도로 전달되는 소리는 듣기 어렵지만 골전도로 전달되는 소리는 들을 수 있다.

08 핵심 정보의 이해 정답률 59% | 정답 ③

㉠, ㉡에 대한 설명으로 적절하지 않은 것은?

① **㉠은 교류 전류를 진동으로 바꾸고 공기를 통해 그 진동을 내이에 전달한다.**
5문단에서 이어폰의 보이스코일에 교류 전류를 가하면 진동이 발생하며, ㉠은 이 진동을 공기 전도의 방식으로 내이에 전달한다고 하였다.

② **㉡은 진동판을 통해 뼈에 진동을 발생시켜 소리를 내이로 전달한다.**
5문단에서 ㉡은 귀 주변 뼈에 진동판을 밀착하여 진동을 내이로 전달한다고 하였다.

✔ **㉠은 ㉡과 달리 섬모의 흔들림을 유발하여 전기 신호를 발생시킨다.**
2문단을 통해 공기 전도로 전달되는 소리와 골전도로 전달되는 소리 모두 섬모가 흔들려 발생한 전기 신호가 뇌에 전달됨을 알 수 있다. 따라서, ㉠과 ㉡ 모두 섬모의 흔들림을 유발한다고 할 수 있다.

④ **㉡은 ㉠과 달리 야외 활동 시 사용해도 주변 소리를 들을 수 있어 위험 상황에 잘 대처할 수 있다.**
6문단에서 ㉡은 귀를 막지 않고 사용하기 때문에 야외 활동 시 사용해도 주변 소리를 들을 수 있어 위험에 대처할 수 있다고 하였다.

⑤ **㉠과 ㉡은 모두 내부 자기장과 교류 전류로 인해 인력과 척력이 발생한다.**
5문단에서 ㉠과 ㉡ 모두 내부 자기장과 교류 전류로 인해 인력과 척력이 작용한다고 하였다.

09~12 갈래 복합

(가) 안민영, 「매화사(梅花詞)」

감상 이 작품은 **눈 내리는 추운 겨울의 시련을 꿋꿋이 견디고 마침내 꽃을 피우는 매화를 예찬한 총 8수의 연시조**로, '영매가'라고도 불린다. 시적 화자는 매화를 의인화하여 눈 속에서 피어나는 매화의 강인한 의지와 높은 절개를 예찬하고 있다.

주제 매화에 대한 예찬

현대어 풀이

연약하고 엉성한 매화이기에 어찌 꽃을 피울까 하고 믿지 않았더니
눈 올 때 피우겠다는 약속을 능히 지켜서 두세 송이 꽃을 피웠구나.
촛불을 켜 들고 가까이 완상(玩賞)할 때 그윽한 향기조차 떠도는구나. 〈제2수〉

얼음같이 깨끗한 살결과 옥같이 아름다운 자질이여, 눈 속에 핀 매화 너로구나.
가만히 향기를 풍기어 달이 떠오르는 저녁을 기약하니
아마도 우아한 풍치와 높은 절개를 지닌 것은 너뿐인가 하노라. 〈제3수〉

동쪽 누각에 숨은 꽃이 철쭉인가 진달래인가?
온 세상이 눈이거늘 제가 어찌 감히 필 것인가?
알겠구나, 눈 속에서도 봄인 양 하는 것은 매화밖에 누가 있겠느냐? 〈제8수〉

(나) 신석정, 「향기 있는 사람」

감상 이 작품은 **글쓴이가 자신이 키운 아교목에 대한 경험을 바탕으로 인생관을 드러**내고 있다. 즉 글쓴이는 자신의 삶이 눈부시기보다 **담담한 인생이기를 바라면서 격이 높은 향기를 지닌 삶을 추구**하고 있다. 한편 이 작품에서는 **오류 선생인 도연명의 말을 끌어들여 내용을 전개**하고 있는데, 이는 **글쓴이가 도연명처럼 '향기 높은 태산목 같은 거목'과도 같은 삶을 살고자 하는 태도를 효과적으로 강조**해 준다고 할 수 있다.

주제 격이 높은 향기를 지닌 삶의 추구

★★★ 1등급 대비 고난도 2점 문제

09 작품 간의 공통점 파악 정답률 42% | 정답 ①

[A]와 [B]의 공통점으로 가장 적절한 것은?

✔ **비유적 표현을 사용하여 대상의 속성을 드러내고 있다.**
[A]에서는 매화를 '빙자옥질', '아치고절'로 비유하여 눈 속에 핀 매화의 우아하고 높은 절개와 맑고 깨끗한 속성을 드러내고 있다. 그리고 [B]에서는 태산목의 꽃을 '백련꽃 송이'에 비유하여 향기로운 속성을 드러내고 있다. 따라서 [A], [B] 모두 비유적 표현을 사용하여 매화와, 태산목이라는 대상물의 속성을 드러내는 공통점이 있다고 할 수 있다.

② **시선의 이동을 통해 대상의 변화 과정을 제시하고 있다.**
[A], [B] 모두 화자나 글쓴이의 시선이 이동되지 않고 있고, 매화나 태산목의 변화 과정을 제시하지 않고 있다.

③ **색채 이미지를 활용하여 애상적 분위기를 조성하고 있다.**
[A]의 '눈'이나 [B]의 '백련꽃 송이'를 통해 색채 이미지를 연상할 수 있지만, 이러한 색채 이미지를 활용하여 애상적 분위기를 조성하지는 않고 있다.

④ **자연물에 말을 건네는 어투를 활용하여 친근감을 드러내고 있다.**
[A]에서는 '매화'를 '너'라고 의인화하여 친근감을 드러내고 있지만, 매화에게 말을 건네는 어투는 사용되지 않고 있다. 그리고 [B]에서는 태산목에 대한 글쓴이의 친근한 태도는 엿볼 수 있지만, 태산목에 말을 건네는 어투를 활용하지는 않고 있다.

⑤ **대상에 감정을 이입하여 자연물에 대한 자신의 심정을 강조하고 있다.**
[A], [B] 모두 대상에 감정을 이입한 감정 이입은 사용되지 않고 있다.

★★ 문제 해결 꿀~팁 ★★

▶ 많이 틀린 이유는?
이 문제는 [A]에서 의인법이라는 비유적 표현이 사용되었음을 파악했지만, 이러한 의인법이 대상의 속성을 드러내지 않는다고 판단하여 오답률이 높았던 것으로 보인다.
▶ 문제 해결 방법은?
이 문제를 해결하기 위해서는 먼저 [A]를 중심으로 각 선택지에 제시된 표현이 사용되었는지 확인한 다음, 표현이 사용된 선택지 중 [B]에서의 사용 여부를 판단하면 된다. 즉 [A]를 통해 ①, ④에 제시된 표현이 사용되었음을 확인한 뒤, 이 둘 중에 [B]에 사용된 것이 ①임을 파악해야 한다.
그런데 학생들 중 [A]에는 매화를 '너'라고 부르는 의인법이 사용되었음을 파악했지만, 매화를 '빙자옥질, 아치고절'로 은유적으로 드러냈음을 파악하지 못하여 ①이 적절하지 않다고 생각한 학생이 많이 있었다. 이는 비유적 표현이 의인법뿐만 아니라 직유법, 은유법도 해당함을 정확하게 인식하지 못했기 때문으로 보인다. 이러한 비유적 표현은 문학 문제에서 빈번히 출제되므로, 평소에 의인법, 은유법, 직유법의 표현 방식에 대해 정확히 이해하고 있어야 이 문제에서처럼 잘못된 선택을 하지는 않을 것이다.
▶ 오답인 ⑤를 많이 선택한 이유는?
이 문제의 경우 학생들이 ⑤가 적절하다고 하여 오답률이 높았는데, 이 역시 '감정 이입'에 대해 정확히 이해하지 못했기 때문으로 보인다.
'감정 이입'은 말 그대로 자연물에 화자의 감정을 이입하여 표현한 것이므로, 화자의 감정이 작품에 드러나야 한다. 하지만 [A]나 [B]에서 자연물에 대해 긍정적 태도만 드러나 있지 화자나 글쓴이의 감정은 직접적으로 드러나지 않으므로 감정 이입이 사용되었다고 볼 수 없는 것이다.

★★★ 1등급 대비 고난도 2점 문제

10 소재의 의미 파악 정답률 47% | 정답 ①

(가)와 (나)의 두세 송이와 철쭉에 대한 이해로 적절하지 않은 것은?

✔ **(가)와 (나)의 '철쭉'은 모두 화자가 거부하는 대상이다.**
(나)의 '철쭉'은 '오색영롱한 철쭉도 싫은 바 아니지만, 그런 관목보다는 아교목이 좋고 아교목보다는 교목이 믿음직해서 더 좋다.'를 통해, 아교목과 대조되는 대상이라 할 수 있다. 하지만 (나)의 '오색영롱한 철쭉도 싫은 바 아니지만'을 통해 화자가 거부하는 대상이라고는 볼 수 없다. 그리고 (가)의 '제 어찌 감히 피리'를 통해 '철쭉'은 화자가 부정적으로 인식하는 대상이라 할 수 있다.

② **(가)와 (나)의 '철쭉'은 모두 화자가 추구하는 대상을 부각하기 위해 사용되는 소재이다.**
(가)에서 '철쭉'은 겨울에 꽃을 피울 수 없는 소재로 추운 계절에 꽃을 피우는 매화를 부각하기 위해 쓰였고, (나)에서 '철쭉'은 믿음직스러워 더 좋은 교목과 비교되어 교목을 부각하고 있다. 그리고 추운 계절에 꽃을 피우는 '매화'와 믿음직스러운 '교목'은 화자가 추구하는 대상이다.

③ **(가)와 (나)의 '두세 송이'는 모두 다른 자연물과 비교되는 소재이다.**

(가)의 '두세 송이'는 '눈 기약 능히 지'키는 매화로, '아치고절은 너 뿐'이라 하며 눈 속에서 꽃을 피울 수 있는 매화를 추운 계절에 꽃을 피우지 못하는 다른 꽃과 비교하고 있고, (나)의 '두세 송이'는 맑은 향기가 '난'이 감히 따를 수 없을 정도로 그윽하다며 '난'과 비교하고 있다.

④ **(가)와 (나)의 '두세 송이'는 모두 화자가 긍정적으로 인식하는 대상이다.**
(가)의 화자는 '촛불 잡고 가까이 사랑할 때 암향부동하더라'에서 '두세 송이'를 화자가 사랑하는 긍정적인 대상으로, (나)의 화자는 '맑은 향기가 어찌도 그윽한지'에서 '두세 송이'를 맑은 향기를 지닌 긍정적인 대상으로 인식하고 있다.

⑤ **(나)의 '두세 송이'와 달리 (가)의 '두세 송이'는 추운 계절임에도 불구하고 개화를 한 대상이다.**
(가)의 '두세 송이'는 추운 계절에 '눈 속'에서 피지만, (나)의 '두세 송이'는 오월부터 핀다.

★★ 문제 해결 꿀~팁 ★★

▶ 많이 틀린 이유는?
이 문제는 '두 세 송이', '철쭉'이라는 소재의 의미를 작품 전체 내용과 연관짓지 않고 주어진 부분에만 국한시켜 이해하여 오답률이 높았던 것으로 보인다. 또한 선택지에 해당하는 내용을 작품에서 정확하게 찾아내지 못한 것도 오답률을 높였던 것으로 보인다.
▶ 문제 해결 방법은?
문학 작품에 제시된 소재의 의미를 파악할 때는 작품 전체 내용과 연관하여 그 의미를 파악할 수 있어야 한다. 특히 시가 작품의 경우 시가 전체의 내용을 바탕으로 그 의미를 파악할 수 있어야 한다. 가령 ①의 경우, (가)의 '철쭉'에 대한 이해는 〈제8수〉의 내용을 바탕으로, (나)의 '철쭉'에 이해는 2문단의 내용을 바탕으로 파악하게 되면 적절함을 알 수 있었을 것이다. 마찬가지로 ④의 경우에도 〈제2수〉의 '촛불 잡고 가까이 사랑할 때 암향부동하더라'와 (나)의 '그 맑은 향기가 어찌도 그윽한지'를 바탕으로 하면 적절함을 알 수 있었을 것이다. 이처럼 소재의 의미 파악 문제는 작품 전체 내용을 바탕으로 하면서 선택지에 해당하는 내용이 작품의 어느 부분과 연관이 있는지를 파악하여 적절성을 판단할 수 있도록 한다.
▶ 오답인 ③를 많이 선택한 이유는?
이 문제의 경우 학생들이 ③이 적절하다고 하여 오답률이 높았는데, 이 역시 작품 전체를 바탕으로 이해하지 못했기 때문으로 보인다. 특히 (가)의 '두 세 송이'가 매화에 해당함을 알았다면, 〈제8수〉에서 '철쭉'이나 '두견화'와 대비되고 있었음을 쉽게 파악할 수 있었을 것이다.

11 구절 이해의 적절성 평가 정답률 68% | 정답 ④

㉠과 ㉡에 대한 설명으로 가장 적절한 것은? [3점]

① **㉠은 '향기 지닐 마음'을 지니고 살아가는 삶에 대한 '나'의 자부심을, ㉡은 '삼류선생'이라 불리는 삶에 대한 '나'의 부끄러움을 나타낸다.**
㉠ (나)의 글쓴이는 '내 스스로 향기 지닐 마음의 여유 없음을 슬퍼할 따름이다.'라고 했으므로 '향기 지닐 마음'을 지니고 살아가고 있지 않으며, 삶에 대한 '나'의 자부심을 느끼지 않는다. ㉡ (나)의 글쓴이가 '삼류선생의 칭호도 오히려 과분한 것만 같'다고 하는 데서 스스로를 겸손하게 생각하고 있음을 알 수 있으므로 '삼류선생'이라 불리는 삶에 대한 '나'의 부끄러움을 나타낸다는 설명은 적절하지 않다.

② **㉠은 '태산목 같은 거목'이 되고 싶은 '나'의 꿈을 실현한 만족감을, ㉡은 '도연명의 풍모'를 배우고자 노력했던 '나'에 대한 자족감을 나타낸다.**
㉠ (나)의 글쓴이가 '도연명(陶淵明)은 그대로 향기 높은 저 태산목 같은 거목이 아니었을까 생각될 때, ~ 태산목처럼 격 높은 향기를 마음에 지니기란 쉬운 일이 아니기에, 내 스스로 향기 지닐 마음의 여유 없음을 슬퍼할 따름이다.'라고 말한 데서 '태산목 같은 거목'이 되고 싶은 '나'의 꿈을 실현했다고 보기 어렵고, 또한 꿈을 실현했다고 보기 어려우므로 이에 대한 만족감을 느꼈다는 설명은 적절하지 않다. ㉡ '다섯 그루가 자랐더라면 집 주변에 오류를 가꾸어 '한정소언 불모영리'의 도를 터득한 저 도연명의 풍모를 배우고 자 함이었더니'에서 글쓴이가 '도연명의 풍모'를 배우고자 노력했음을 알 수 있지만 '자족감'은 나타나지 않는다.

③ **㉠은 '한정소언 불모영리'의 도를 터득하지 못해 느꼈던 '나'의 슬픔을, ㉡은 '한정소언 불모영리'의 도를 터득한 후 느꼈던 '나'의 기쁨을 나타낸다.**
㉠ (나)의 글쓴이가 '태산목처럼 격 높은 향기를 마음에 지니기란 쉬운 일이 아니기에, 내 스스로 향기 지닐 마음의 여유 없음을 슬퍼할 따름이다.'라고 말한 데서 '한정소언 불모영리(閑靜少言 不慕榮利)'의 도를 터득하지 못해서 슬퍼한 것이 아니라 격 높은 향기를 지닐 마음의 여유가 없어서 슬퍼하고 있다. ㉡ '다섯 그루가 자랐더라면 집 주변에 오류를 가꾸어 '한정소언 불모영리'의 도를 터득한 저 도연명의 풍모를 배우고 자 함이었더니 세 그루가 남게 되'었다는 데서 글쓴이는 오류를 가꾸지도 못하고 삼류선생이라 불리는 것도 과분하게 여기고 있으므로 '한정소언 불모영리'의 도를 터득한 후 느꼈던 '나'의 기쁨을 나타낸다는 설명은 적절하지 않다.

✔ ④ **㉠은 '격 높은 향기를' 지니고 살아가지 못하는 삶에 대한 '나'의 안타까움을, ㉡은 '오류선생'의 풍모에 미치지 못한다고 생각하는 '나'의 겸손함을 나타낸다.**
㉠은 '내 스스로 향기 지닐 마음의 여유 없음을 슬퍼할 따름이다.'를 통해 '나'의 안타까움이 드러난다고 볼 수 있다. 그리고 ㉡은 '삼류선생의 칭호도 오히려 과분한 것만 같아'를 통해 '나'의 겸손함이 드러난다고 볼 수 있다.

⑤ **㉠은 '오류를 가꾸어' 도연명의 도를 터득하고 싶었던 '나'의 소망을, ㉡은 '집 주변에 오류'를 가꾸지 못한 상황을 핑계로 도연명의 도를 저버리려는 '나'의 의도를 나타낸다.**
㉠ (나)의 글쓴이가 '도연명(陶淵明)은 그대로 향기 높은 저 태산목 같은 거목이 아니었을까 생각될 때, ~ 태산목처럼 격 높은 향기를 마음에 지니기란 쉬운 일이 아니기에, 내 스스로 향기 지닐 마음의 여유 없음을 슬퍼할 따름이다.'라고 말한 데서 글쓴이는 도연명처럼 격 높은 향기를 마음에 지니고 싶었을 뿐이므로 '도연명의 도'를 터득하고 싶었다는 설명은 적절하지 않다. ㉡ '다섯 그루가 자랐더라면 집 주변에 오류를 가꾸어 '한정소언 불모영리'의 도를 터득한 저 도연명의 풍모를 배우고 자 함이었더니 세 그루가 남게 되'었다는 데서 도연명의 도를 저버리려고 하지 않았음을 알 수 있다.

12 갈래의 특징과 성격 파악 정답률 57% | 정답 ①

〈보기〉는 '선생님'의 안내에 따라 학생들이 (나)를 감상한 내용이다. ⓐ ~ ⓔ 중 적절하지 않은 것은?

〈보 기〉

선생님 : 수필은 글쓴이가 생활 주변에서 찾은 글감을 바탕으로 자신의 주관적 정서를 드러내는 글입니다. 자기 고백적인 성격이 강한 수필은 삶에 대한 통찰과 가치관을 담고 있으며, 개성 있는 표현으로 자신의 생각을 드러냅니다. 또한 독자들은 수필을 읽으며 글쓴이의 성격이나 삶에 대한 태도 등을 파악할 수 있습니다. 그러면 이 작품에 나타난 수필의 특징을 확인해 봅시다.

학생 1 : 아끼던 버드나무를 베고 싶다는 이웃에게 성화를 내는 모습에서 글쓴이의 성격을 엿볼 수 있어요. ………… ⓐ
학생 2 : 자신의 삶이 눈부시기보다 담담한 인생이기를 바란다는 것에서 글쓴이의 삶에 대한 가치관을 엿볼 수 있어요. ………… ⓑ
학생 3 : 세속적인 생각에 젖어 사는 것에 대해 허탈함을 느끼는 모습에서 글쓴이의 삶에 대한 태도를 엿볼 수 있어요. ………… ⓒ
학생 4 : '-(으)리라'를 반복하여 나무에 대한 자신의 생각을 나타내는 것에서 글쓴이의 개성 있는 표현을 찾아 볼 수 있어요. ………… ⓓ
학생 5 : 키우던 다섯 그루의 버드나무가 세 그루만 남게 된 일화에서 글쓴이가 자신의 생활 주변에서 글감을 찾은 것을 알 수 있어요. ………… ⓔ

✔ ① **ⓐ 학생 1 : 아끼던 버드나무를 베고 싶다는 이웃에게 성화를 내는 모습에서 글쓴이의 성격을 엿볼 수 있어요.**
이웃이 글쓴이에게 성화를 내자 글쓴이는 버드나무 처분을 이웃에게 맡기고 있을 뿐, 글쓴이가 이웃에게 성화를 내는 모습은 확인할 수 없다.

② **ⓑ 학생 2 : 자신의 삶이 눈부시기보다 담담한 인생이기를 바란다는 것에서 글쓴이의 삶에 대한 가치관을 엿볼 수 있어요.**
장미처럼 눈부신 여생보다 담담하기를 바란다는 점에서 글쓴이의 삶에 대한 가치관을 확인할 수 있다.

③ **ⓒ 학생 3 : 세속적인 생각에 젖어 사는 것에 대해 허탈함을 느끼는 모습에서 글쓴이의 삶에 대한 태도를 엿볼 수 있어요.**
글쓴이가 '홍야항야로 일삼는' 세속적인 삶에 대해 허탈감을 느끼고 있다는 점에서 글쓴이의 삶에 대한 태도를 확인할 수 있다.

④ **ⓓ 학생 4 : '-(으)리라'를 반복하여 나무에 대한 자신의 생각을 나타내는 것에서 글쓴이의 개성 있는 표현을 찾아 볼 수 있어요.**
문체는 수필을 쓰는 글쓴이의 개성을 보여 주는 특성으로, (나)에서는 '-(으)리라'가 반복되어 나타나고 있다.

⑤ **ⓔ 학생 5 : 키우던 다섯 그루의 버드나무가 세 그루만 남게 된 일화에서 글쓴이가 자신의 생활 주변에서 글감을 찾은 것을 알 수 있어요.**
문 밖에 심은 다섯 그루의 버드나무가 이웃들에 의해 세 그루만 남게 된 일화가 제시되어 있다.

[문제편 p.119]

DAY 20 20분 미니 모의고사

01 ③	02 ④	03 ④	04 ②	05 ④
06 ④	07 ①	08 ②	09 ⑤	10 ②
11 ⑤	12 ②			

01 회의에서의 사회자의 역할 파악

정답률 95% | 정답 ③

(나)에 나타난 학생회장의 말하기 방식으로 적절하지 않은 것은?

① **이전 회의 내용을 언급하고 있다.**
학생회장의 첫 번째 발언의 '지난 회의에서 안전한 학교생활을 위해 ~ 자원봉사자를 모집하는 것을 다루었습니다.'에서 이전 회의 내용을 언급하고 있음을 알 수 있다.

② **발언한 내용을 요약하여 정리하고 있다.**
학생회장의 두 번째 발언의 '자원봉사 활동 일시 및 장소 항목에서 ~ 인정되는 시간을 구체적으로 밝히도록 하겠습니다.'에서 자원봉사 활동 일시 및 기타 사항에 대한 회의 내용을 요약하여 정리하고 있음을 알 수 있다.

✔ **회의 참여자의 발언 태도를 지적하고 있다.**
이 회의에 나타난 학생회장의 발언 내용을 통해 학생회장이 참여자의 발언 태도를 지적하고 있는 부분은 찾아볼 수 없다.

④ **회의에서 논의해야 할 사항을 안내하고 있다.**
학생회장의 첫 번째 발언의 '오늘은 캠페인 자원봉사자 ~ 이야기해 보도록 하겠습니다.'에서 회의에서 논의할 사항을 안내하고 있음을 알 수 있다.

⑤ **참여자의 의견에 대한 보충 질문을 하고 있다.**
학생회장의 네 번째 발언의 '횡단보도 보행과 관련하여 캠페인 활동이 필요하다고 했는데, 구체적으로 어떤 활동이 좋을까요?'에서 학생회장이 임원 1의 의견에 대해 보충 질문하고 있음을 알 수 있다.

02 자료의 수정 방안 이해

정답률 93% | 정답 ④

(나)를 바탕으로 (가)를 수정한 것으로 적절하지 않은 것은?

1. 모집 대상 및 인원 : 우리 학교 학생 10명
2. 자원봉사 활동 일시 및 장소
   1) 날짜 : 2020년 6월 ○일 ~ 2020년 6월 △일
   2) 시간 : 오전 7시 30분 ~ 8시 30분 ··· ㉮
   3) 장소 : 우리 학교 정문과 후문 ··· ㉯
3. 자원봉사 활동 내용
   1) 자전거 통학생 안전모 착용 홍보
   2) 횡단보도 신호 준수 홍보 ··· ㉰
   3) 학생 통학 차량 정차 위치 안내
4. 자원봉사 활동 지원서 제출 : 2020년 6월 □일까지 학생회장 이메일(◇◇◇@◇◇◇.com)로 제출
5. 기타 사항
   – 학생회 주관
   – 봉사활동 참여 시 봉사활동 시간 하루 최대 1시간 인정
   – 봉사활동 지원서 서식은 학생회장에게 직접 수령 ··· ㉱
   – 자원봉사자 신청 인원이 모집 인원보다 많을 경우 학생회에서 면접으로 선발 ··· ㉲

① ㉮ ② ㉯ ③ ㉰ ✔ ㉱ ⑤ ㉲

㉮ **2) 시간 : 오전 7시 30분 ~ 8시 30분**
임원 3의 의견인 7시 30분부터 8시 30분까지라고 자원봉사 활동 시간을 밝히자는 내용이 ㉮에 반영됨을 알 수 있다.

㉯ **3) 장소 : 우리 학교 정문과 후문**
임원 1의 의견인 정문과 후문 모두 자원봉사 활동 장소로 안내하자는 내용이 ㉯에 반영됨을 알 수 있다.

㉰ **2) 횡단보도 신호 준수 홍보**
임원 3의 의견인 횡단보도 신호 준수 홍보를 캠페인 활동에 포함하고 공고문의 자원봉사 활동 내용에도 안내하자는 의견이 ㉰에 반영됨을 알 수 있다.

㉱ **봉사활동 지원서 서식은 학생회장에게 직접 수령**
학생회장의 여섯 번째 발언인 '봉사활동 지원서 서식은 학교 홈페이지에 ~ 기타 사항에 추가하도록 하겠습니다.'에서, 봉사활동 지원서 서식을 학생회장에게 직접 수령하는 것이 아님을 알 수 있다.

㉲ **자원봉사자 신청 인원이 모집 인원보다 많을 경우 학생회에서 면접으로 선발**
임원 3이 제안한 신청 인원이 모집 인원보다 많을 경우 학생회에서 면접으로 선발하자는 내용이 다수결로 결정되었음을 학생회장의 마지막 말을 통해 알 수 있고, 이러한 내용이 ㉲에 반영됨을 알 수 있다.

03 안은문장의 이해

정답률 54% | 정답 ④

<보기>의 설명을 참고하여 ⓐ ~ ⓒ의 밑줄 친 안긴문장에 대해 이해한 것으로 적절한 것은?

<보 기>

다른 문장 속에 들어가 하나의 문장 성분처럼 쓰이는 문장을 안긴문장이라고 하며, 이 안긴문장을 포함하는 문장을 안은문장이라고 한다.

ⓐ 그가 소리도 없이 밖으로 나갔다.
ⓑ 나는 그가 이 사건의 범인임을 깨달았다.
ⓒ 어머니께서 시장에서 산 수박은 매우 달았다.

① **ⓐ의 안긴문장에는 주어가 생략되어 있다.**
ⓐ의 안긴문장 '소리도 없이'는 부사절로, 주어는 '소리도'이다. '도'는 보조사에 해당한다.

② **ⓑ의 안긴문장은 조사와 결합하여 부사어의 기능을 한다.**
ⓑ의 안긴문장 '그가 이 사건의 범인임'은 명사절로, '범인임을'에서 알 수 있듯이 목적격 조사 '을'과 결합하고 있으므로 해당 문장의 목적어 기능을 수행한다.

③ **ⓒ의 안긴문장에는 체언을 수식하는 관형어가 있다.**
ⓒ의 안긴문장 '어머니께서 시장에서 산'을 보면 '사다'라는 용언을 수식하는 부사어 '시장에서'가 있음을 알 수 있지만, 체언을 수식하는 관형어는 찾아볼 수 없다.

✔ **ⓐ의 안긴문장은 용언을 수식하고, ⓒ의 안긴문장은 체언을 수식한다.**
ⓐ에서 안긴문장은 '소리도 없이'라는 부사절이므로, 용언 '나갔다'를 수식한다고 할 수 있다. 그리고 ⓒ에서 안긴문장은 '어머니께서 시장에서 산'이라는 관형절이므로 체언 '수박'을 수식한다고 할 수 있다.

⑤ **ⓑ의 안긴문장에는 목적어가 있고, ⓒ의 안긴문장에는 목적어가 생략되어 있다.**
ⓑ의 안긴문장은 '나는 깨달았다.'와 '그가 이 사건의 범인이다.'가 결합한 문장이므로, 이를 통해 목적어가 사용되지 않았음을 알 수 있다. 하지만 ⓒ는 '어머니께서 시장에서 수박을 샀다.'와 '수박은 매우 달았다.'가 결합한 문장이므로, '목적어인 '수박'이 생략되어 있음을 알 수 있다.

04~08 인문

(가) 타타르키비츠, 「미학사」

해제 이 글은 플라톤의 철학적 관점을 바탕으로 예술관을 설명한 글이다. 플라톤은 형상이 이데아계에 존재하며 현상계는 이를 본뜬 것이라고 보았다. 따라서 플라톤은 예술은 현상계를 모방한 허구의 허구이며, 이런 관점에서 그는 고대 그리스의 음유시인이 시를 연기한 것은 이를 다시 모방한 허구라고 보면서 비판적으로 인식하였다.

주제 플라톤의 예술관

문단 핵심 내용

1문단	이데아계와 현상계에 대한 플라톤의 인식
2문단	예술을 현상의 모방이라고 여긴 플라톤
3문단	고대 그리스에서의 음유시인의 역할 및 내적 특성
4문단	음유시인이 저급한 인간의 면모를 모방했다고 주장한 플라톤

(나) 비어슬리, 「미학사」

해제 이 글은 아리스토텔레스의 철학적 관점을 바탕으로 예술관을 설명한 글이다. 아리스토텔레스는 이데아계가 존재하지 않으며 형상은 질료에 내재한다고 생각했다. 그는 사물의 변화를 가능태와 현실태를 통해 설명하고, 예술은 사물 안에 내재한 보편자를 그릴 수 있기 때문에 시가 역사보다 우월하다고 주장했다.

주제 아리스토텔레스의 예술관

문단 핵심 내용

1문단	이데아계가 존재하지 않는다고 여긴 아리스토텔레스
2문단	형상은 질료에 내재한다고 생각한 아리스토텔레스
3문단	시가 역사보다 우월하다고 주장한 아리스토텔레스
4문단	예술을 통해 쾌감을 얻을 수 있다고 본 아리스토텔레스

04 글의 전개 방식 파악

정답률 72% | 정답 ②

(가)와 (나)에 대한 설명으로 가장 적절한 것은?

① **(가)와 (나)는 모두 특정 사상가의 예술을 바라보는 관점이 변화하게 된 이유를 설명하고 있다.**
(가)와 (나) 모두 특정 사상가의 예술을 바라보는 관점이 변화하게 된 이유를 설명하지 않았다.

✔ **(가)와 (나)는 모두 특정 사상가가 예술을 평가하는 데 바탕이 된 철학적 관점을 설명하고 있다.**
(가)에서 플라톤은 이데아계에 형상이 존재한다고 보았고 현상계는 이를 본뜬 것에 불과하다고 생각했다. 그리고 예술은 현상계를 모방하여 만든 허구의 허구로 이데아계에 있는 형상에서 두 단계나 떨어진 열등한 것이라고 보았다. 그리고 (나)의 아리스토텔레스는 형상이 사물에 내재한다고 보고 예술은 형상을 표현하는 것이라고 보았다. 따라서 시는 개별적인 사건의 기록을 다루는 역사보다 우월한 것이라는 평가를 내렸다. 따라서 (가)와 (나) 모두 특정 사상가가 예술을 평가하는 데 바탕이 된 철학적 관점을 설명하였다고 할 수 있다.

③ **(가)와 달리 (나)는 특정 사상가가 생각하는 예술의 불완전성을 설명하고 있다.**
(가)는 플라톤이 생각하는 예술의 불완전성을 설명하고 있지만, (나)에서는 예술의 불완전성에 대한 아리스토텔레스의 생각은 찾아볼 수 없다.

④ **(나)와 달리 (가)는 특정 사상가의 예술관에 내재한 장점과 단점을 제시하고 있다.**
(가)에서 플라톤의 예술관이 지닌 장점과 단점에 대한 내용은 드러나지 않고 있다.

⑤ **(가)는 특정 사상가의 예술관이 보이는 한계를, (나)는 특정 사상가의 예술관이 주는 의의를 제시하고 있다.**
(가)에서 플라톤의 예술관이 지닌 한계를, (나)는 아리스토텔레스의 예술관이 지닌 의의를 찾아볼 수 없다.

05 인물의 견해 파악

정답률 52% | 정답 ④

(가)의 '플라톤'의 사상을 이해한 내용으로 적절하지 않은 것은?

① **예술은 형상에 대한 참된 인식을 방해한다.**
2문단을 통해 플라톤이 예술은 허구의 허구에 불과하기 때문에 형상에 대한 참된 인식을 방해한다고 생각했음을 알 수 있다.

② **형상은 감각이 아닌 이성을 통해서만 인식할 수 있다.**
1문단을 통해 플라톤이 형상을 감각이 아닌 이성을 통해서만 인식 가능하다고 생각했음을 알 수 있다.

③ **현상계의 사물을 모방한 예술은 형상보다 열등한 것이다.**
2문단을 통해 플라톤이 예술에 대해 형상을 모방한 현상을 다시 모방한 것이라 하였음을 알 수 있으므로, 플라톤은 예술이 형상보다 열등한 것이라 생각했을 것임을 알 수 있다.

✔ **예술의 표현 대상은 사물이 아니라 사물 안에 존재하는 형상이다.**
(가)의 2문단을 통해 플라톤이 예술을 감각 가능한 현상의 모방이라고 보았음을 알 수 있다. 따라서 플라톤은 예술의 표현 대상을 감각 가능한 사물이라 보았음을 알 수 있다.

⑤ **이데아계는 현상계에 나타난 모든 사물의 형상이 존재하는 곳이다.**
1문단을 통해 플라톤은 이데아계를 현상의 보편자인 형상이 존재하는 곳이라 생각했음을 알 수 있다.

06 핵심 정보의 비교 이해

정답률 38% | 정답 ④

(나)의 '아리스토텔레스'의 관점에서 [형상]과 [질료]에 대해 이해한 내용으로 적절하지 않은 것은?

① **형상은 질료와 분리되어 존재할 수 없다.**
2문단을 통해 형상이 항상 사물의 생성과 변화의 바탕이 되는 질료에 내재함을 알 수 있다.

② **질료는 형상을 실현시킬 수 있는 가능적 힘이다.**
2문단을 통해 질료는 형상을 실현시킬 수 있는 가능적 힘임을 알 수 있다.

③ **형상이 질료에 실현되는 원인은 가능태 자체에 내재한다.**
2문단을 통해 형상이 질료에 실현되어 현실태가 되는 원인은 가능태 자체에 내재함을 알 수 있다.

✔ **형상과 질료 사이의 관계는 현실태와 가능태 사이의 관계와 같다.**
(나)의 2문단을 통해 아리스토텔레스는 현실태를 가능태에 형상이 실현된 어떤 상태로, 가능태를 형상을 실현시킬 수 있는 가능적 힘이자 질료를 의미한다고 보았음을 알 수 있다. 따라서 형상과 질료 사이의 관계는 현실태와 가능태 사이의 관계와 같지 않다고 할 수 있다.

⑤ **생성·변화하는 것은 형상이 질료에 완전히 실현된 상태인 완전 현실태를 향한다.**
2문단을 통해 생성·변화하는 것은 형상이 질료에 실현된 상태인 완전 현실태를 향하는 것임을 알 수 있다.

07 인물의 관점에 따른 비판

정답률 59% | 정답 ①

(가)와 (나)를 참고할 때, '아리스토텔레스'의 입장에서 ㉠을 비판한 것으로 가장 적절한 것은?

✔ **현상계의 사물이 형상을 본뜬 것이라면 현상계의 사물이 생성·변화하는 이유를 설명할 수 없다.**
(나)의 1문단에서 아리스토텔레스는 이데아계의 변하지 않는 어린아이와 어른의 형상으로 현상계의 인물이 생겨났다면, 현상계에서 어린아이가 성인으로 성장하는 것을 설명할 수 없다 하고 있다. 따라서 아리스토텔레스는 ㉠에 대해, 이데아계에 있는 변하지 않는 형상을 본떠 현상계의 사물을 만들었다면 현상계에 존재하는 사물들이 생성·변화하는 이유를 설명할 수 없다고 비판했을 것이다.

② **형상이 변하지 않는 것이라면 현상계에 존재하는 사물들이 모두 제각기 다른 이유를 설명할 수 없다.**
(가)의 1문단에서 플라톤이 현상계의 모든 사물은 이데아계의 형상을 본떠 만들어졌다고 생각하고 있으므로, 플라톤의 관점에서 현상계에 존재하는 사물들이 모두 제각기 다른 이유를 설명할 수 있다.

③ **형상과 현상계의 사물이 서로 독립적이라면 현상계에서 사물이 시시각각 변화하는 현상을 설명할 수 없다.**
(가)의 1문단에서 플라톤은 형상과 현상계의 사물이 서로 독립적이라고 보지 않았으므로 적절한 비판이라 할 수 없다.

④ **형상이 현상계를 초월하여 존재하는 것이라면 형상을 포함하지 않는 사물을 감각으로 느끼는 것은 불가능하다.**
(가)의 1문단에서 플라톤은 현상계의 사물을 감각으로 인식할 수 있다고 보았으므로 적절한 비판이라 할 수 없다.

⑤ **현상계의 모든 사물이 형상의 그림자에 불과하다면 그림자만 볼 수 있는 인간이 형상을 인식하는 것은 불가능하다.**
(가)의 1문단에서 플라톤은 이성을 통해 형상을 인식할 수 있다고 보았으므로 적절한 비판이라 할 수 없다.

★★★ 1등급 대비 고난도 3점 문제

08 구체적인 사례에의 적용

정답률 32% | 정답 ②

(가)의 '플라톤'과 (나)의 '아리스토텔레스'가 〈보기〉에 대해 보일 반응으로 적절하지 않은 것은? [3점]

〈보 기〉

고대 그리스의 비극시 『오이디푸스 왕』의 주인공 오이디푸스는 자신에게 주어진 숙명에 의해 파멸당하는 인물이다. 비극시를 공연하는 음유시인은 목소리, 몸짓으로 작품 속 오이디푸스를 관객 앞에서 연기한다. 음유시인의 연기에 몰입한 관객은 덕성을 갖춘 주인공이 특별한 잘못이 없는데도 불행해지는 모습을 보고 연민과 공포를 느낀다.

① **플라톤 : 오이디푸스는 덕성을 갖춘 현상 속 인물을 본떠 만든 허구의 허구이며, 그에 대한 음유시인의 연기는 이를 다시 본뜬 허구이다.**
(가)의 3문단을 통해 플라톤은 음유시인이 허구의 허구인 서사시나 비극을 창작하고, 이를 작품 속 등장인물의 성격에 어울리는 말투, 몸짓 같은 감각 가능한 현상으로 연기함으로써 다시 허구를 만들어 낸다고 보았다는 점을 확인할 수 있다. 이러한 플라톤의 관점에서 보면, 〈보기〉의 오이디푸스는 덕성을 지닌 현상 속 인물을 본떠 만든 허구의 허구이며, 그에 대한 음유시인의 연기는 이를 다시 본뜬 허구라고 볼 수 있다.

[문제편 p.123]

✔ **플라톤 : 음유시인은 오이디푸스의 덕성을 연기하는 데 주력하겠지만, 관객은 이를 감각으로 파악할 수 없기 때문에 감정과 욕구에 지배되어 타락하게 된다.**

(가)의 4문단을 통해 플라톤이 음유시인이 용기나 절제 같은 덕성을 지닌 인간이 아닌 저급한 인간의 면모를 모방할 수밖에 없다고 주장했음을 알 수 있다. 이러한 플라톤의 관점에서 보면, 〈보기〉의 음유시인은 오이디푸스의 덕성을 연기하는 데 주력하지 않을 것임을 알 수 있다.

③ **플라톤 : 음유시인의 목소리와 몸짓을 통해 오이디푸스의 성격이 드러난다면, 감각 가능한 외적 특성을 모방하는 과정에서 감각되지 않는 내적 특성이 표현된 것이다.**

(가)의 3문단을 통해 플라톤은 음유시인의 연기는 인물의 성격을 드러내는데, 이는 감각 가능한 외적 특성을 모방해 감각으로 파악될 수 없는 내적 특성을 드러낸다고 보았다는 점을 확인할 수 있다. 이러한 플라톤의 관점에서 보면, 〈보기〉의 음유시인의 연기를 통해 오이디푸스의 성격이 드러난다면, 감각 가능한 외적 특성을 모방하는 과정에서 감각되지 않는 내적 특성이 표현된 것이라고 볼 수 있다.

④ **아리스토텔레스 : 음유시인이 현상 속 인간의 개별적 모습들에서 보편자를 인식해 내어, 이를 다시 오이디푸스라는 허구의 개별자로 표현한 것이다.**

(나)의 4문단을 통해, 비극시 속 이야기는 음유시인이 경험 세계의 개별자들 속에서 보편자를 인식해 내어, 그것을 다시 허구의 개별자로 표현한 결과물이라고 보았다는 것을 확인할 수 있다. 이러한 아리스토텔레스의 관점에서 보면, 〈보기〉의 음유시인이 현상 속 인간의 개별적 모습에서 보편자를 인식해 내어, 이를 다시 오이디푸스라는 허구의 개별자로 표현한 것이라고 볼 수 있다.

⑤ **아리스토텔레스 : 오이디푸스가 숙명에 의해 파멸당하는 것을 본 관객들은 인간 존재의 본질을 이해하는 쾌감을 느낄 뿐 아니라 카타르시스를 경험할 수 있다.**

(나)의 4문단을 보면, 아리스토텔레스는 관객은 음유시인의 연기를 통해 앎의 쾌감을 느낄 수 있을 뿐 아니라 고통을 받는 인물의 이야기를 통해 카타르시스를 경험한다고 보았다는 점을 확인할 수 있다. 이러한 아리스토텔레스의 관점에서 보면, 〈보기〉의 오이디푸스가 숙명에 의해 파멸당하는 것을 본 관객들은 앎의 쾌감과 카타르시스를 경험할 수 있다고 볼 수 있다.

★★ 문제 해결 꿀~팁 ★★

▶ 많이 틀린 이유는?

이 문제는 비극시에 대한 플라톤과 아리스토텔레스의 입장을 정확히 이해하지 못하여 오답률이 높았던 것으로 보인다.

▶ 문제 해결 방법은?

이 문제를 해결하기 위해서는 글의 내용을 바탕으로 비극시에 대한 플라톤과 아리스토텔레스의 입장을 정리해야 한다(반드시 밑줄을 그어서 이해해야 함). 그런 다음 선택지에 제시된 내용이 정리된 각 인물의 생각에 해당하는지를 판단할 수 있어야 한다. 가령, 정답인 ②의 경우, 글을 통해 플라톤이 음유시인은 용기나 절제 같은 덕성을 지닌 인간이 아닌 저급한 인간의 면모를 모방할 수밖에 없다고 주장했음을 이해했다면 잘못된 내용임을 바로 알았을 것이다. 마찬가지로 오답률이 높았던 ③, ④의 경우에도 (가)의 3문단과 (나)의 4문단에 제시된 플라톤과 아리스토텔레스의 생각만 파악했다면 적절한 반응임을 알았을 것이다. 이 문제처럼 인문 분야의 문제에서는 특정 인물의 관점을 바탕으로 〈보기〉를 이해하는 문제가 출제되는데, 이러한 유형의 문제 해결의 핵심은 글에 드러난 특정 인물의 이해라는 점을 명심할 필요가 있다.

09~12 현대 소설

성석제, 「투명 인간」

감상 이 작품은 전쟁과 분단, 한국의 근대화 과정이라는 현대사의 굴곡진 여정을 살아가는 김만수의 삶을 중심으로 삼대의 이야기를 다룬 소설이다. 경제 발전을 중심으로 급격하게 산업화되어 가는 과정에서 주변인으로 삶을 힘들게 살아가지만 결국 뚜렷한 보상조차 받지 못하고 '투명 인간'이 되고 마는 김만수의 비극적인 모습이 생생하게 드러나 있다. 이 작품은 여러 인물이 1인칭 서술자로 번갈아 교체되고, 그에 따라 수많은 삽화를 병렬적으로 나열하는 전개 방식을 통해 특정한 사건에 무게를 두지 않고 전체 상황을 전달하며 사건이 전개된다는 특징이 있다.

주제 굴곡진 현대사 속에 던져진 개인의 비극적인 삶

작품 줄거리 김만수의 조부는 일제의 억압을 피해 산골 깊은 곳에 숨어 살고 김만수의 부친은 지식인이었던 아버지와 다른 삶을 살기 위해 공부 대신 농사일에 전념하면서 6남매를 낳고 산다. 첫째 아들인 백수는 똑똑하여 서울대에 입학하지만, 학비를 마련하기 위해 베트남전에 참전했다가 죽게 된다. 백수의 죽음으로 실의에 빠진 가족과 형제들의 생계를 책임지게 된 둘째 만수는 공업 고등학교에 입학해 기술을 배우고 큰딸인 금희는 구로 공단에 취직하기 위해서 가출한다. 대학생이 된 셋째 아들 석수는 공활에 참여했다가 수사 기관에 끌려가 모진 고문을 받고 그들의 수하가 되고, 서울 생활 도중 연탄가스 사고로 인해 똑똑하던 딸은 바보가 된다. 자동차 부품 회사에 취직한 만수는 바보가 된 둘째 누나를 돌보면서 살아간다. 또한 만수는 종적을 감춘 석수의 아들을 맡아 키우고, 막내 여동생의 결혼 자금과 살림집을 마련해 주고 식당을 차릴 수 있게 도와준다. 그러다가 만수가 다니던 회사가 부도가 나자, 만수는 회사를 살리기 위해 공장을 불법 점거하게 되고 결국 손해 배상 소송을 당해 큰 빚을 지게 된다. 만수는 새벽부터 밤늦게까지 쉬지 않고 돈을 벌어 빚을 갚다가 '투명 인간'이 되고 만다.

09 작품 내용의 이해 정답률 71% | 정답 ⑤

윗글의 내용에 대한 이해로 적절하지 않은 것은?

① **진주가 느끼는 만수에 대한 호감은 첫 만남에서부터 시작되었다.**

'만수 씨를 처음 봤을 때부터 좋아하고 있었다.'라는 진주의 서술을 통해 확인할 수 있다.

② **만수의 노력에도 진주에 대한 공장 사람들의 오해는 풀리지 않았다.**

'제가 아무리 아니라고 해도 사람들이 의심을 더 하니까'라는 만수의 말을 통해 확인할 수 있다.

③ **만수는 공장이 다시 돌아갈 것이라는 기대를 품고 투쟁을 계속하였다.**

'우리가 공장을 지키기 위해서 싸우다 보면 ~ 희망 때문에 싸우는 거야.'라는 만수의 말을 통해 확인할 수 있다.

④ **만수 여동생의 남편은 식당 운영에 따른 수익금 배분의 불공평함을 문제 삼았다.**

'누구는 자기 하고 싶은 대로 멋대로 일했다 말았다 하고 월급은 사장보다 더 챙겨 가고 누구는 하루 스물네 시간 꼬박 일하고 있는데'와 '돈 생기는 데는 기사 식당밖에 없잖습니까. 그런데 그 돈을 형님이 다 통장에 집어넣고 꼭 움켜쥐고'라는 만수 여동생 남편의 말을 통해 확인할 수 있다.

✔ **만수의 여동생은 불성실함 때문에 진주에 대한 생각이 부정적으로 바뀌게 되었다.**

만수의 여동생은 만수가 진주를 데리고 와서 '여자들한테는 양보할 수 없는 고유 영역 같은' 주방을 맡기라고 했던 첫 만남에서부터 '말도 안 되는 소리'라며 반감을 느끼고 있다. 이러한 부정적인 감정은 이후 분식집 대신 새로 차린 기사 식당에서도 그대로 이어지고 있으므로, 진주에 대한 만수 여동생의 생각은 처음부터 일관된 것이지 바뀐 것이라고 할 수 없다.

10 구절의 의미 파악 정답률 78% | 정답 ②

㉠~㉤에 대한 설명으로 가장 적절한 것은?

① **㉠ : 주변 상황에 신경 쓰지 않는 '나'의 무던함을 보여 준다.**

진주가 '이상한 소문'에 '너무한다 싶'어 하면서도 '아예 아무 말을 하지 않'은 것은 상황을 더 악화시킬 것을 우려하여 신중하게 행동한 것이지 주변 상황을 신경 쓰지 않았기 때문이 아니다.

✔ **㉡ : 질투와 괴롭힘으로 인한 '나'의 고통이 한계점에 이르렀음을 보여 준다.**

'여자들 모두가 나를 질투하고 미워하게 되었다.', '내 칫솔에 새똥이 묻어 있기도 하고 면도날이 내가 조리를 담당한 냄비 속에 들어 있기도 했다.'라는 진주의 서술을 통해, 구내식당 여직원들의 질투와 괴롭힘을 확인할 수 있다. 또한 이런 상황을 '지옥이 따로 없'다고 느낀 진주가 만수를 찾아간 것은 진주의 고통이 한계점에 이르렀음을 보여 주는 것이라 할 수 있다.

③ **㉢ : 상대가 제시한 대안이 '나'가 내심 바라고 있었던 내용임을 드러낸다.**

'이상한 소문'이 '좀 잠잠해질 때까지' 구내식당 대신 분식집에서 일할 것을 만수가 대안으로 제시하는데, 이 대안의 내용은 진주가 바라고 있었던 것이 아니다.

④ **㉣ : 이상적인 삶의 방식만을 고집하는 상대에 대해 빈정거리는 '나'의 태도를 드러낸다.**

'가난하지만 소박하게, 보통 사람 나름의 행복을 누리면서' 살고 싶다는 삶의 방식을 가진 만수에 대해 빈정거리는 것이 아니라, 기사 식당 운영을 둘러싼 갈등을 우선 해결하여 자신의 '살길'을 찾고자 하는 현실적인 태도를 보여 준다.

⑤ **㉤ : 공장에서 투쟁하는 사람들에 대한 '나'의 안타까운 심정을 드러낸다.**

'어처구니없다'는 '일이 너무 뜻밖이어서 기가 막히다.'라는 의미이다. 만수 여동생의 남편은 경제적인 어려움 때문에 가족들이 고생하는데도 만수가 기사 식당에서 번 돈을 가

족이 아닌 '공장에서 같이 투쟁'하는 사람들을 위해 '엉뚱한 데' 사용했다는 것을 기가 막혀 하는 것이지, 공장에서 투쟁하는 사람들에 대해 안타까움을 느끼고 있는 것은 아니다.

11 공간의 서사적 기능 파악

정답률 51% | 정답 ⑤

ⓐ~ⓒ를 이해한 내용으로 가장 적절한 것은?

① ⓐ에서 조성된 인물 간의 긴장감은 ⓑ에서 심화된다.

② ⓐ로 인한 인물 간 유대감은 ⓒ에서 반감된다.

③ ⓑ에서의 인물과 사회와의 갈등이 ⓒ에서 인물 간의 갈등으로 전환된다.

④ ⓐ, ⓒ에서는 특정 인물이 갈등 해결의 실마리를 제공한다.

✔ ⓑ, ⓒ와 관련된 갈등은 특정 인물이 타인을 대하는 태도가 원인으로 작용한다.

ⓑ에서는 진주에게 주방을 맡기라고 말하며 진주에게 선의를 베풀고자 하는 만수의 태도로 인해 만수와 만수 여동생이 갈등하게 된다. ⓒ에서는 진주와 어떤 관계인지, 진주와 앞으로 어쩔 것인지 묻는 질문에 진주를 옹호하는 만수의 태도로 인해 만수와 만수 여동생의 남편이 갈등하게 된다.

12 외적 준거에 따른 작품의 감상

정답률 61% | 정답 ②

〈보기〉를 참고하여 윗글을 감상한 내용으로 적절하지 않은 것은? [3점]

〈보 기〉

「투명 인간」은 선량한 주인공이 근현대사를 관통하면서 물질 만능의 한국 사회로부터 어떻게 소외되어 가는지를 그린 장편 소설이다. 특히 주인공은 가족과 동료를 위해 자신의 것을 나누며 희생하다 결국 '투명 인간'이 된다. '투명 인간'이 된 주인공 대신 주변인들이 서술자로 등장하면서 주인공에 관한 이야기를 풀어낸다. 이런 서술 방식은 주인공에 관한 다양한 정보를 제공하고 이 정보들을 통해 주인공의 삶을 다각도에서 조명한다. 이를 통해 주인공을 입체적으로 드러낸다.

① [A]의 '상품권'을 동료들에게 나눠 주는 모습을 통해 주인공의 선량한 성품을 확인할 수 있겠군.

[A]에서 민수 씨는 업자들한테 들어온 '상품권'을 동료들에게 나눠 주고 있는데, 이러한 모습을 통해 민수 씨가 선량한 성품을 지녔음을 엿볼 수 있다.

✔ [B]의 '적금 통장'을 통해 물질 만능의 한국 사회로부터 주인공이 소외당하고 있는 현실을 확인할 수 있겠군.

[B]의 '적금 통장'에는 만수가 그동안 자신의 월급을 모은 돈이 담겨 있는데, 만수는 진주와 만수 여동생의 문제를 해결하기 위해 '제대로 된 식당'을 차리라고 적금 통장을 내놓는다. 이는 주인공 만수가 가족과 동료를 위해 자신이 가진 것을 나누며 희생하는 인물임을 보여 주는 것이므로, 물질 만능의 한국 사회로부터 주인공이 소외당하고 있는 현실을 보여 주는 것은 아니다.

③ [D]의 '돈'의 사용처를 통해 주변인들을 위해 자신의 것을 나누며 희생하는 주인공의 면모를 확인할 수 있겠군.

[D]의 '여기 재료비하고 인건비, ~ 그러느라고 다 썼지.'를 통해 민수 씨가 '돈'의 사용처를 밝히고 있는데, 이를 통해 민수 씨가 주변인들을 위해 자신의 것을 나누며 희생하였음을 알 수 있다.

④ [A], [B]에서 주인공을 지칭하는 표현을 통해 주변인들이 서술자로 등장하고 있음을 확인할 수 있겠군.

[A]에서는 주인공을 '민수 씨'로, [B]에서는 주인공을 '오빠'라고 지칭하고 있는데, 이를 통해 〈보기〉에서 언급된 주인공의 주변인들이 서술자로 등장하였음을 알 수 있다.

⑤ [B], [C]에서 주변인들이 제공한 정보를 통해 주인공의 삶을 다각도에서 조명하고 있음을 확인할 수 있겠군.

[B]에서는 '나'에 의해, [C]에서는 여동생의 남편에 의해 주인공에 대한 정보를 제공하고 있음을 알 수 있다. 따라서 [B]와 [C]에서는 주변인들이 제공한 정보를 통해 주인공의 삶을 다각도에서 조명하였다고 할 수 있다.

DAY 21 20분 미니 모의고사

01 ⑤	02 ①	03 ②	04 ①	05 ②
06 ②	07 ④	08 ⑤	09 ③	10 ①
11 ⑤	12 ⑤			

01 연설을 홍보하기 위한 내용의 적절성 판단

정답률 87% | 정답 ⑤

다음은 위 연설자가 자신의 연설을 홍보하기 위해 작성한 포스터이다. 위 연설을 바탕으로 할 때 적절하지 않은 것은? [3점]

○○고등학교 교내 연설 대회
지구 온난화 대응의 새로운 접근, 연안 생태계!

연설자 : △△△

○ 연설 관련 그림 자료

〈연안 생태계〉

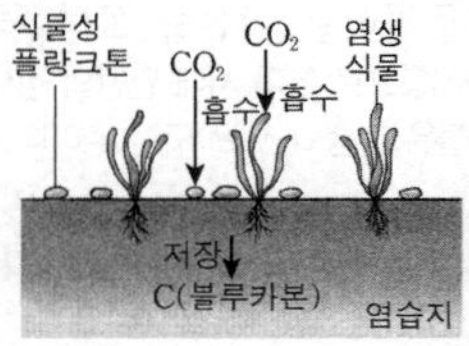

연안의 염생 식물과 식물성 플랑크톤은 광합성을 통해 대기 중의 이산화탄소를 흡수하여 갯벌과 염습지에 탄소를 저장 함. ······ ①

○ 연설 내용

- 우리나라는 이산화탄소 배출량 순위가 높은 편이며 대기 중 이산화탄소를 줄이고자 노력해 왔음. ······ ②
- 연안 생태계는 대기 중 이산화탄소 감축 효과가 있으며 산림보다 이산화탄소 흡수 능력이 우수함. ······ ③
- 연안 생태계가 훼손되면 블루카본이 공기 중에 노출되어 문제가 발생함. ······ ④
- 대기 중 이산화탄소 감축을 위한 기존의 방법을 연안 생태계 보호가 대체할 수 있음. ······ ⑤

① 연안의 염생 식물과 식물성 플랑크톤은 광합성을 통해 대기 중의 이산화탄소를 흡수하여 갯벌과 염습지에 탄소를 저장 함.

작성 포스터에 제시된 연설 관련 그림 자료 및 이에 대한 설명 내용은 4문단의 '연안의 염생 식물과 식물성 플랑크톤은 ~ 이 탄소를 블루카본이라 합니다.'에서 확인할 수 있다.

② 우리나라는 이산화탄소 배출량 순위가 높은 편이며 대기 중 이산화탄소를 줄이고자 노력해 왔음.

2문단의 '2019년 통계에 따르면 우리나라의 이산화탄소 배출량은 세계 1위에 해당하는 높은 수준입니다.'를 통해, '우리나라는 이산화탄소 배출량 순위가 높은 편'이라는 포스터의 내용을 확인할 수 있다. 그리고 '그동안 우리나라는 이산화탄소 ~ 산림 조성에 힘써 왔습니다.'를 통해, '대기 중 이산화탄소를 줄이고자 노력해 왔음'이라는 포스터의 내용을 확인할 수 있다.

③ 연안 생태계는 대기 중 이산화탄소 감축 효과가 있으며 산림보다 이산화탄소 흡수 능력이 우수함.

3문단의 '연안 생태계를 구성하는 갯벌과 ~ 이산화탄소 흡수 능력이 뛰어납니다.'를 통해, 연안 생태계는 대기 중 이산화탄소 감축 효과가 있으며 산림보다 이산화탄소 흡수 능력이 우수하다는 포스터의 내용을 확인할 수 있다.

④ 연안 생태계가 훼손되면 블루카본이 공기 중에 노출되어 문제가 발생함.

4문단의 '연안 생태계가 훼손되면 블루카본이 공기 중에 노출되어 이산화탄소 등이 대기 중으로 방출됩니다.'와 1문단을 통해 지구 온난화가 이산화탄소에 의해 발생함을 알 수 있으므로, 연안 생태계가 훼손되면 블루카본이 공기 중에 노출되어 문제가 발생한다는 포스터의 내용은 강연 내용과 일치함을 알 수 있다.

✔ 대기 중 이산화탄소 감축을 위한 기존의 방법을 연안 생태계 보호가 대체할 수 있음.

5문단에서 연설자는 '건강한 지구를 후손에게 물려주기 위해 일회용품 줄이기, 나무 한 그루 심기와 함께' 연안 생태계를 보호하고 그 가치를 알리는 데 동참하자고 말하고 있다. 따라서 대기 중 이산화탄소 감축을 위한 기존 방법을 연안 생태계 보호가 대체할 수 있다는 내용은 적절하지 않다.

[문제편 p.125]

02 글쓰기 전략의 이해

정답률 91% | 정답 ①

'학생의 초고'에 나타난 글쓰기 전략을 〈보기〉에서 모두 골라 바르게 짝지은 것은?

〈보 기〉
㉠『페스트』를 읽었을 때의 효용을 밝히며 읽기를 권유한다.
㉡『페스트』의 내용을 개괄하여 작품의 대강을 파악하도록 한다.
㉢ 작품의 주요 구절을 인용하며『페스트』를 추천하는 이유를 설명한다.
㉣ 다른 책과의 비교를 통해『페스트』가 갖는 독자적인 가치를 강조한다.

✔① ㉠, ㉡ ② ㉠, ㉣ ③ ㉡, ㉢ ④ ㉡, ㉣ ⑤ ㉢, ㉣

㉠『페스트』를 읽었을 때의 효용을 밝히며 읽기를 권유한다.
'학생의 초고' 세 번째 문단의 '어려움에 처한 사람이라면 이 책을 읽고 자신의 상황에 대처할 수 있는 실마리를 얻을 수 있을 것이다.'를 통해, 작품을 읽었을 때의 효용을 밝히며 책 읽기를 권유하고 있음을 알 수 있다.

㉡『페스트』의 내용을 개괄하여 작품의 대강을 파악하도록 한다.
'학생의 초고' 첫 번째 문단의 '이 책은 1947년에 발표된 작품으로 오랑이라는 도시가 페스트로 인해 봉쇄되면서 페스트와 맞서는 다양한 인간을 다룬 소설이다.'를 통해, 작품 내용을 개괄하여 작품의 대강을 파악하도록 하였음을 알 수 있다.

㉢ 작품의 주요 구절을 인용하며『페스트』를 추천하는 이유를 설명한다.
'학생의 초고' 세 번째 문단을 통해 '탁월한 통찰과 진지함으로 우리 시대 인간의 정의를 밝힌 작가'라는 인용을 확인할 수 있지만, 인용한 구절은 작품의 주요 구절이 아니므로 적절하지 않다.

㉣ 다른 책과의 비교를 통해『페스트』가 갖는 독자적인 가치를 강조한다.
'학생의 초고'를 통해 다른 책과의 비교에 해당하는 내용은 찾아볼 수 없다.

03 자료 활용의 적절성 평가

정답률 67% | 정답 ②

〈보기〉는 윗글을 쓰기 위해 학생이 참고한 자료이다. 학생의 자료 활용에 대한 설명으로 적절하지 않은 것은?

〈보 기〉
ㄱ. 알베르 카뮈(1913 ~ 1960)는 프랑스의 소설가로 '탁월한 통찰과 진지함으로 우리 시대 인간의 정의를 밝힌 작가'라는 평을 받으며 1957년에 노벨 문학상을 수상하였다. 주요 작품으로는『이방인』,『페스트』등이 있다.
– 문학가 사전의 '알베르 카뮈' 항목 중 일부

ㄴ. 제가 보기에 예술이란 고독한 향락이 아닙니다. 그것은 인간의 공통적인 괴로움과 기쁨의 유별난 이미지를 제시함으로써 최대 다수의 사람들을 감동시키는 수단입니다.
– 카뮈의 노벨 문학상 수상 후 연설 중 일부

ㄷ. 1941년부터 오랑에서 생활하던 카뮈는 그 지역에 장티푸스가 창궐하여 매일같이 사람들이 죽어가는 상황과 그로 인해 발생하는 혼란을 목격하였다. 이때의 경험은『페스트』의 창작에 영감을 주었다.
– 출판사의 책 소개 중 일부

① ㄱ을 활용하여 작가에 대한 평가를 제시하고 있다.
'학생의 초고'를 볼 때, 학생은 ㄱ을 활용하여 '탁월한 통찰과 진지함으로 우리 시대 인간의 정의를 밝힌 작가'와 같이 작가에 대한 평가를 제시하고 있다.

✔② ㄴ을 활용하여 예술의 필요성에 대한 작가의 인식이 작품 창작의 동기가 되었음을 설명하고 있다.
자료 ㄴ은 '예술의 필요성에 대한 작가의 인식'을 드러낸 자료라 할 수 있다. 그런데 '학생의 초고'를 볼 때, 학생이 ㄴ을 '작품의 창작 동기'와 연결 지어 활용하고 있다고는 볼 수 없다.

③ ㄴ을 활용하여 작품이 보편적인 공감을 획득하고 있음을 작가의 예술관과 연결하여 드러내고 있다.
'학생의 초고'를 볼 때, 학생은 ㄴ을 활용하여 '작가가 말한 것처럼『페스트』는 모두가 공감할 수 있는 현실의 모습과 정서를 표현하고 있다.'와 같이, 작가의 예술관과 연결하여 작품이 보편적인 공감을 획득하고 있음을 제시하고 있다.

④ ㄷ을 활용하여 특정 도시가 작품 속 공간으로 설정된 배경을 드러내고 있다.
'학생의 초고'를 볼 때, 학생은 ㄷ을 활용하여 '그는 오랑에서 머물던 중 전염병으로 수많은 사람이 죽는 것을 목격하였고 이때의 경험을 작품 속에 사실적으로 담아내었다.'와 같이 카뮈가 1941년 생활했던 오랑이 작품 속 공간으로 설정된 배경을 드러내고 있다.

⑤ ㄷ을 활용하여 전염병에 대한 작가의 경험이 작품의 사실성을 갖추는 데 기여하였음을 밝히고 있다.
학생은 ㄷ을 활용하여 '이때의 경험을 작품 속에 사실적으로 담아내었다.'와 같이 작가의 경험이 작품이 사실성을 갖추는 데 기여하였음을 밝히고 있다.

★★★ 1등급 대비 고난도 2점 문제

04 한글 맞춤법의 이해

정답률 32% | 정답 ①

〈보기 1〉을 바탕으로 〈보기 2〉의 ㉠ ~ ㉤에 대해 탐구한 내용으로 적절한 것은?

〈보기 1〉
[한글 맞춤법]
제41항 조사는 그 앞말에 붙여 쓴다.
제42항 의존 명사는 띄어 쓴다.
제43항 단위를 나타내는 명사는 띄어 쓴다.
다만, 순서를 나타내는 경우나 숫자와 어울리어 쓰이는 경우에는 붙여 쓸 수 있다.
제46항 단음절로 된 단어가 연이어 나타날 적에는 붙여 쓸 수 있다.

〈보기 2〉
○ 꽃집에 꽃이 ㉠ 안개꽃 밖에 남아 있지 않았다.
○ 나도 ㉡ 너만큼 달리기를 잘했으면 좋겠다.
○ 남은 ㉢ 천 원짜리로 마땅히 살 것이 없었다.
○ 나는 그 사람이 그리워 ㉣ 어찌할 줄 몰랐다.
○ 기다리던 백신이 ㉤ 7 연구실에서 개발되었다.

✔① ㉠은 제41항을 적용해 '안개꽃밖에'로 정정해야겠군.
'밖에'는 '그것 말고는', '그것 이외에는', '기꺼이 받아들이는', '피할 수 없는'의 뜻을 나타내는 '보조사'에 해당하므로, '안개꽃 밖에'의 '밖에'는 조사임을 알 수 있다. 따라서 조사는 그 앞말에 붙여 써야 한다는 한글 맞춤법 제41항을 적용하여 '안개꽃밖에'로 정정해야겠다는 탐구 내용은 적절하다.

② ㉡은 제42항을 적용해 '너 만큼'으로 정정해야겠군.
관형어 뒤의 '만큼'은 '앞의 내용에 상당한 수량이나 정도임을 나타내는 말'을 의미하는 의존 명사에 해당하고, 체언 뒤의 '만큼'은 '앞말과 비슷한 정도나 한도임.'을 의미하는 격조사에 해당한다. 그리고 ㉡에서 '만큼'은 체언 뒤에 사용되었으므로 격조사임을 알 수 있다. 따라서 ㉡은 제41항을 적용하여 '너만큼'으로 붙여 써야 한다.

③ ㉢은 제43항을 적용해 '천 원 짜리'로 정정해야겠군.
'짜리'는 '그만한 수나 양을 가진 것' 또는 '그만한 가치를 가진 것'의 뜻을 더하는 접미사에 해당하므로 앞말에 붙여 써야 한다.

④ ㉣은 제43항을 적용해 '어찌할줄'로 정정해야겠군.
'줄'은 '어떤 방법, 셈속 따위를 나타내는 말'의 의미를 지닌 의존 명사이므로, 제42항을 적용하여 '어찌할 줄'로 띄어 써야 한다.

⑤ ㉤은 제46항을 적용해 '7연구실'로 정정해야겠군.
〈보기〉의 숫자와 어울리어 쓰이는 경우에는 붙여 쓸 수 있다를 고려할 때, '7연구실'로 붙여 쓸 수 있음을 알 수 있다. 그런데 '7' 뒤의 '연구실'은 단음절로 된 단어가 연이어 나타난 것이 아니므로, '제46항'을 적용하는 것은 적절하지 않다.

★★ 문제 해결 꿀~팁 ★★

▶ 많이 틀린 이유는?
이 문제는 조사와 의존 명사의 구분과 접미사에 대한 정확한 이해가 부족하여 오답률이 높았던 것으로 보인다.
▶ 문제 해결 방법은?
이 문제 역시 기본적인 문법 지식이 있었으면 쉽게 풀 수 있는 문제였지만, 이러한 기본 지식 부족으로 오답률이 높게 나온 경우라 할 수 있다. 특히 조사와 의존 명사의 구분 방법을 정확히 이해하지 못하여 오답률이 높게 나온 경우라 할 수 있다. 만일 조사는 체언과 결합하고, 의존 명사는 앞에 꾸미는 말이 있어야 한다는 기본적인 지식이 있었다면 쉽게 풀 수 있었을 것이다. ①, ②의 경우 '밖에'와 '만큼' 앞에 체언이 사용되어 조사로 쓰였음을 알았다면, '안개꽃밖에'와 '너만큼'이 적절함을 알았을 것이다. 한편 수능 문제에서 조사와 의존 명사 구분 문제는 자주 출제되고 있으므로, 이번 기회에 둘의 구분 방법을 확실히 익혀 두기를 바란다.
▶ 오답인 ③를 많이 선택한 이유는?
이 문제의 경우 ③을 선택한 학생들이 많았는데, 이는 '짜리'가 앞말에 붙여 쓰는 접미사가 아닌 단위를 나타낸다고 잘못 이해하였기 때문으로 보인다. 즉, 단위를 나타내는 것이 수량의 단위를 세는 '마리, 명, 자루, 살(나이)' 등이 있음을 알았다면, ㉢에서 단위를 나타내는 것이 '짜리'가 아니라 '원'이었음을 알았을 것이다. 이러한 이해가 선행되었다면 '천 원 짜리'가 잘못되었고, '천 원짜리'가 적절함을 바로 알았을 것이다.

05~09 사회

'공공 선택 이론(재구성)'

해제 이 글은 **선택 이론에서의 의사 결정 방법을 나열하여 설명**하고 있다. 이 글에서는 **집단을 구성하는 개인들의 의사를 집단의 의사로 통합하기 위한 의사 결정 과정**으로 **공공 선택 이론**을 다루는데, **의사 결정 방법**으로 **단순 과반수제, 최적 다수결제, 점수 투표제, 보르다(Borda) 투표제**가 있다. **단순 과반수제**는 투표자의 과반수가 지지하는 안건이 채택되는 다수결 제도이다. 이 제도에서는 어떤 대안을 먼저 비교하느냐에 따라 결과가 달라지는, 이른바 투표의 역설이 발생할 수 있다. **최적 다수결제**는 투표에 따르는 총비용이 최소화되는 지점을 산정한 후 안건의 찬성자 수가 그 이상이 될 때 안건이 통과되는 제도이다. **점수 투표제**는 각 투표자에게 일정한 점수를 주고 각 투표자가 자신의 선호도에 따라 대안들에 대해 주어진 점수를 배분하여 투표하는 제도로서, 합산 점수가 많은 대안이 선택된다. 소수의 의견도 잘 반영되며 투표의 역설이 나타나지 않기는 하지만 전략적 행동에 취약하여 결과가 불규칙하게 나타날 수 있다. **보르다 투표제**는 대안의 수를 기준으로 점수를 부여하여 가장 높은 점수를 받은 대안을 선택한다.

주제 공공 선택 이론에서의 의사 결정 방법의 이해

문단 핵심 내용

1문단	공공 선택 이론의 의미 및 의사 결정 방법의 종류
2문단	의사 결정 방법 1 – 단순 과반수제
3문단	의사 결정 방법 2 – 최적 다수결제
4문단	의사 결정 방법 3 – 점수 투표제
5문단	의사 결정 방법 4 – 보르다 투표제

05 내용의 이해

정답률 75% | 정답 ②

윗글에 대한 이해로 적절하지 않은 것은?

① **어떤 투표제에서든 투표자의 전략적 행위가 나타날 수 있다.**
4문단을 통해 투표의 전략적 행위는 어떤 투표자가 다른 투표자의 투표 성향을 예측하고 자신의 행동을 이에 맞춰 변화시킴으로써 자기가 원하는 것을 얻으려 하는 태도임을 알 수 있다. 따라서 투표자의 전략적 행위는, 어떤 투표제에서든지 나타날 수 있다고 할 수 있다.

✔ **보르다 투표제에서는 가장 선호하지 않는 대안에 0점을 부여한다.**
5문단을 통해 보르다 투표제에서는 가장 선호하는 대안부터 순서대로 n점에서 시작해서 차례대로 n–1점, n–2점으로 점수를 부여하여 최하 1점을 줌을 알 수 있다. 따라서 가장 선호하지 않는 대안에 0점을 부여한다는 진술은 적절하지 않다.

③ **단순 과반수제에서는 채택된 대안으로 인해 사회의 후생이 감소되기도 한다.**
2문단을 통해 어느 대안이 채택이 되면 이로 인해 채택이 되지 않은 안건을 지지한 사람들을 포함하여 사회 전체의 후생이 감소할 가능성이 있음을 알 수 있다.

④ **점수 투표제는 최적 다수결제와 달리 대안에 대한 선호 강도를 표시할 수 있다.**
4문단을 통해 점수 투표제는 선호 강도에 따라 점수를 배분함을 알 수 있으므로, 투표자의 선호 강도가 잘 반영된다고 할 수 있다.

⑤ **최적 다수결제는 단순 과반수제와 달리 안건 통과의 기준이 안건에 따라 달라질 수 있다.**
2문단을 통해 단순 과반수제는 안건 통과의 기준은 몇 가지 대안이든 과반수를 얻는 안이 통과됨을 알 수 있다. 그리고 3문단을 통해 최적 다수결제에서는 투표에 들어가는 총비용이 최소화되는 곳이 안건 통과의 기준이 되는 최적 다수 지점이 됨을 알 수 있다. 따라서 최적 다수결제는 단순 과반수제와 달리 안건 통과의 기준이 안건에 따라 달라질 수 있음을 알 수 있다.

★★★ 1등급 대비 고난도 2점 문제

06 내용을 통한 자료의 이해

정답률 44% | 정답 ②

ⓐ와 관련하여 〈표〉를 이해한 것으로 적절하지 않은 것은?

① **'병원'과 '학교'를 먼저 비교할 경우, '병원'과 '경찰서'의 다수결 승자가 최종의 대안으로 결정된다.**
병원과 학교를 먼저 비교한다면 갑은 병원, 을은 학교, 병은 병원을 투표할 것이므로, 병원이 채택될 것이다. 그 이후에는 최종 결정을 위해 투표한다면 병원과 경찰서의 다수결 승자가 최종적인 대안으로 결정된다(갑은 병원, 을은 경찰서, 병은 경찰서를 택하게 되어 최종적으로는 경찰서가 최종적인 대안으로 결정된다.).

✔ **'학교'와 '경찰서'를 먼저 비교할 경우, '갑'과 '을'이 '학교'에 투표하여 최종적으로 '학교'가 결정된다.**
학교와 경찰서를 먼저 비교한다면, 갑은 학교, 을은 학교, 병은 경찰서를 택할 것이므로, 다수결로 보면 학교가 두 표를 얻어 먼저 채택이 될 것이다. 이후에는 학교와 병원이 최종 투표에 부쳐지는데, 갑은 병원, 을은 학교, 병은 병원에 투표할 것이므로 최종적인 대안으로는 두 표를 얻어 병원이 결정된다. 그러므로 학교가 최종적으로 결정된다는 설명은 적절하지 않다.

③ **'병원'과 '학교'를 먼저 비교하는지, '학교'와 '경찰서'를 먼저 비교하는지에 따라 투표의 결과가 달라진다.**
투표의 역설이란 개념은 어떤 대안들을 먼저 비교하느냐에 따라 결과가 달라진다는 것이다. 병원과 학교를 먼저 비교할 경우와 학교와 경찰서를 먼저 비교할 경우 결과가 달라지므로 투표의 역설이 나타난다.

④ **'병원', '학교', '경찰서'를 동시에 투표에 부치면, 모두 한 표 씩 얻어 어떤 대안도 과반수가 되지 않는다.**
동시에 세 안건을 투표에 부치면 세 사람이 병원, 학교, 경찰서에 각 한 표씩 투표하게 되어 세 안건 중 어떤 대안도 과반수가 되지 않는다.

⑤ **대안에 대한 '갑', '을', '병' 세 사람의 선호 순위는 바뀌지 않아도, 투표의 결과가 바뀌는 현상이 나타난다.**
갑, 을, 병의 선호 순위는 바뀌지 않더라도 어떤 대안을 먼저 비교하느냐에 따라 최종 투표 결과는 바뀌는 현상이 나타난다.

★★ 문제 해결 꿀~팁 ★★

▶ 많이 틀린 이유는?
이 문제는 '표'를 이해하는 과정, 특히 '1순위, 2순위, 3순위'의 '선호 순위'에 대한 이해를 정확히 하지 못하여 오답률이 높았던 것으로 보인다.

▶ 문제 해결 방법은?
이 문제를 해결하기 위해서는 2문단에 제시된 내용을 바탕으로 표를 이해하면 되는데, 이때 주의해야 할 점은 1순위에 선호하는 것이 없을 경우 선호 순위에 따라 2순위에 있는 내용이 선호하는 것임을 이해해야 한다. 정답인 ②를 보면, 학교와 경찰서를 먼저 비교한다면, 갑은 1순위가 병원이고 2순위가 학교이므로 갑은 학교를 택할 것이라 판단해야 한다. 그렇게 되면 갑은 학교, 을은 학교, 병은 경찰서를 택할 것이므로, 다수결에 따라 학교가 두 표를 얻어 먼저 채택이 되는 것이다. 이후에는 이런 방식을 고려하여 학교와 병원이 최종 투표를 하게 되고, 병원이 최종적인 대안으로 결정되어 적절하지 않음을 알 수 있다. 이 문제처럼 문제 의도만 정확히 이해하고 있었으면 문제를 비교적 수월하게 풀 수 있으므로, 문제를 접할 때는 반드시 출제 의도가 무엇인지 이해할 수 있도록 한다.

07 세부 정보의 추론

정답률 51% | 정답 ④

ⓑ의 이유로 가장 적절한 것은?

① **주어진 점수를 투표자가 임의대로 배분할 수 있기 때문이다.**
주어진 점수를 투표자가 임의대로 배분할 수 있는 것은 점수 투표제에 해당하므로 이유로 적절하지 않다.

② **투표자는 중도의 대안에 관해서만 자신의 의사를 표현할 수 있기 때문이다.**
투표자는 중도의 대안에 관해서만 자신의 의사를 표현하는 것이 아니라 어떤 대안에 관해서도 점수를 배분하여 의사를 표현할 수 있다.

③ **점수 투표제와 달리 투표자의 전략적 행동을 유발하여 투표 결과를 조작할 수 있기 때문이다.**
점수 투표제에서도 투표자의 전략적 행동이 드러날 수 있으나 이로 인해 투표 결과를 조작할 수 있는 것은 아니다.

✔ **일부에게만 선호도가 높은 대안이 다수에게 선호도가 매우 낮으면 점수 합산 면에서 불리하기 때문이다.**
5문단을 통해 보르다 투표제에서는 일부에게 선호도가 아주 높은 대안보다는 투표자 모두에게 어느 정도 차선이 될 수 있는 중도의 대안이 채택될 가능성이 있음을 알 수 있다. 그 이유는 다수에 의해 중도의 대안으로 부여된 점수들의 합산 점수보다 선호도가 아주 높은 대안들의 합산 점수가 낮을 수 있기 때문이라 할 수 있다.

⑤ **순서로만 선호 강도를 표시할 경우, 모든 투표자에게 선호도가 가장 높은 대안이라도 최종 승자가 아닐 수 있기 때문이다.**
보르다 투표제에서 순서로만 선호 강도를 표시할 경우, 모든 투표자에게 선호도가 가장 높은 대안이 나올 수도 있으므로, 이는 ⓑ의 이유로 적절하지 않다.

[문제편 p.128]

08 구체적인 상황에의 적용

정답률 58% | 정답 ⑤

〈보기〉가 [A]의 각 비용들에 대한 그래프라고 할 때, 이에 대한 이해로 적절하지 <u>않은</u> 것은?

〈보 기〉

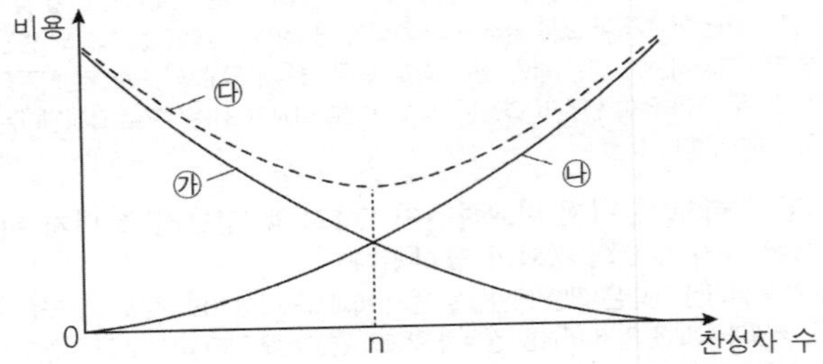

① **㉮는 외부 비용으로, 반대하는 투표자 수가 많아질수록 그 값이 커진다.**
㉮는 외부 비용을 나타낸다. 이는 안건에 반대하였던 사람들이 느끼는 부담을 의미하므로 찬성표의 비율이 높아질수록 외부 비용은 낮아지고, 반대표의 비율이 높아지면 외부 비용은 값이 커진다.

② **㉯는 의사 결정 비용으로, 투표 참가자들을 설득하는 데 드는 시간과 노력이 적을수록 그 값이 작아진다.**
㉯는 의사 결정 비용으로, 이는 투표 참가자들의 동의를 구하는 데에 드는 시간과 노력에 따른 비용을 의미한다. 그러므로 투표 참가자들을 설득하는 데에 드는 시간과 노력이 적을수록 그 값은 작아진다.

③ **㉰는 총비용으로, ㉮와 ㉯를 합한 값이 최소가 되는 지점 n이 최적 다수 지점이 된다.**
㉰는 총비용이다. n은 ㉮와 ㉯를 합한 값이 최소화되는 지점인데 이 지점은 안건 통과의 기준이 되는 최적 다수 지점이 된다.

④ **투표에 참가하는 모든 사람이 찬성하면 ㉮의 값은 0이 된다.**
투표에 참가하는 모든 사람이 찬성하면 ㉮의 값은 0이 된다.

✔ **안건 통과에 필요한 투표자가 많아지게 되면 ㉯는 이동하지만 ㉮는 이동하지 않는다.**
최적 다수결제에 따르면 ㉮는 외부 비용이고, ㉯는 의사 결정 비용이다. ㉰는 A와 B의 곡선을 합한 총비용을 의미하며 U자 형태로 나타난다. n은 ㉮와 ㉯의 교차점으로서 최적 다수 지점을 가리킨다. 이는 총비용이 가장 적게 드는 지점이다. 그런데 안건 통과에 필요한 투표자 수가 많아진다는 것은 의사 결정 비용은 증가하고 외부 비용은 감소한다는 것을 의미한다. 그러므로 안건 통과에 필요한 투표자가 많아지게 되면 ㉮와 ㉯는 이동하게 된다. 그러므로 ㉯는 이동하지만 ㉮가 이동하지 않는다는 진술은 적절하지 않다.

09 구체적인 사례에의 적용

정답률 53% | 정답 ③

대안 Ⅰ ~ Ⅲ에 대한 투표자 A ~ E의 선호 강도가 〈보기〉와 같다고 할 때, ㉠ ~ ㉢을 통해 채택될 대안으로 적절한 것은? [3점]

〈보 기〉

대안 \ 투표자	A	B	C	D	E
Ⅰ	3	1	1	3	1
Ⅱ	1	7	6	2	5
Ⅲ	6	2	3	5	4

(단, 표 안의 수치가 높을수록 더 많이 선호함을 나타내며, 투표에 미치는 외부적인 요인과 투표자들의 전략적 행동은 없다고 가정한다.)

	㉠	㉡	㉢
①	Ⅰ	Ⅲ	Ⅱ
②	Ⅱ	Ⅱ	Ⅱ
✔	Ⅱ	Ⅱ	Ⅲ
④	Ⅲ	Ⅰ	Ⅲ
⑤	Ⅲ	Ⅱ	Ⅱ

〈보기〉는 대안 Ⅰ, Ⅱ, Ⅲ에 대해 투표자 A ~ E의 선호 강도를 표시하고 있다. 이 안건들을 ㉠(단순 과반수제), ㉡(점수 투표제), ㉢(보르다 투표제)으로 투표에 부칠 때 각각의 경우에 채택될 대안이 무엇일지를 살펴보아야 한다.

㉠ : 단순히 과반수가 되면 채택되는데, 선호 강도에 따라 투표하면 Ⅱ는 B, C, E가 지지하고, Ⅲ은 A, D가 지지한다. Ⅰ을 지지하는 지지자는 없다. 따라서 ㉠에서는 대안 Ⅱ가 선택된다.
㉡ : 각 투표자가 선호에 따라 대안에 대해 주어진 점수를 배분하여 투표하는 제도이므로, 현재의 선호 강도에 따라 부여한 점수를 합산해 보면 Ⅱ가 21점, Ⅲ이 20점, Ⅰ이 9점이 되어 최종적으로 Ⅱ가 채택된다.
㉢ : 선호 순서대로 n점, n−1점, n−2점으로 점수를 부여하고 이를 합산하여 가장 높은 점수를 받은 안이 채택된다. n은 대안의 개수이므로 3이 된다. 그러면 A의 경우 선호 강도가 가장 높은 Ⅲ에 3점, Ⅰ에 2점, Ⅱ에 1점을 부여한다. 이와 같은 방법으로 B ~ E가 점수를 부여하면 합산 점수는 Ⅰ은 7점, Ⅱ는 11점, Ⅲ은 12점이 되어 최종적으로 Ⅲ이 채택된다.

10~12 현대시

(가) 박목월, 「천수답(天水畓)」

감상 이 작품은 **열악한 농토를 하늘이 내린 축복의 땅이라 여기며 달관의 자세로 살아가려는 소신과 그에 대한 지지를 대화의 방식으로 형상화**하고 있다. 즉, 열악한 농토지만 하늘이 물을 대준다며 좌절하지 않고 달관의 자세로 살아가려 하는 자식의 말과, 이러한 삶의 자세를 지지하며 동조해 주는 어머니와의 대화를 통해 주제 의식을 구현해 주고 있다.

주제 달관의 삶의 자세와 그에 대한 지지

표현상의 특징

- 동일한 시어를 반복하여 시적 의미를 강조해 줌.
- 인물 간의 대화 형식으로 시상을 전개해 줌.
- 사투리를 사용하여 향토성과 사실감을 부여해 줌.

(나) 이형기, 「민들레꽃」

감상 이 작품은 **민들레를 바라보며 민들레의 내적 가치에 대한 긍정적 인식**을 드러내고 있다. 즉, 화자는 소멸될 수밖에 없는 운명에 좌절하지 않고 허무에 맞서는 존재로 민들레를 바라보면서, **민들레가 지닌 내적 가치가 어떤 자로도 크기를 잴 수 없을 만큼 크고 위대하다고 여기는 긍정적 인식**을 드러내 주고 있다.

주제 허무에 맞서는 민들레에 대한 긍정적 인식

표현상의 특징

- 동일한 시어를 반복하여 시적 의미를 강조해 줌.
- 명령형 어조를 활용하여 민들레에 대한 시적 화자의 정서를 부각해 줌.
- 음성 상징어를 활용하여 민들레가 처한 상황을 드러내 줌.
- 역설적 발상을 통해 민들레의 내적 가치를 드러내 줌.

10 작품 간의 공통점 파악

정답률 53% | 정답 ①

(가)와 (나)의 공통점으로 가장 적절한 것은?

✔ **동일한 시어를 반복하여 시적 의미를 강조하고 있다.**
(가)에서는 '어메야', '엄첩구나', '그만이지' 등의 시어를 반복하고 있고, (나)에서는 '노랗게', '열심히', '피어 있다' 등의 시어를 반복하고 있다. 따라서 (가), (나) 모두 동일한 시어를 반복하여 시적 의미를 강조하고 있음을 알 수 있다.

② **공감각적 이미지를 통해 대상의 속성을 나타내고 있다.**
(가)와 (나)에서 공감각적 이미지는 사용되지 않고 있다.

③ **명령형 어조를 활용하여 화자의 정서를 부각하고 있다.**
(나)에서는 '보라'는 명령형 어조를 활용하여 민들레에 대한 시적 화자의 정서를 부각하고 있다. 하지만 (가)에서 명령형 어조는 사용되지 않았다.

④ **음성 상징어를 활용하여 대상의 상황을 드러내고 있다.**
(나)에서는 '아슬아슬'이라는 음성 상징어를 활용하여 민들레가 처한 상황을 드러내고 있다. 하지만 (가)에서 음성 상징어는 사용되지 않았다.

⑤ **수미상관의 방식을 통해 구조적 안정감을 부여하고 있다.**
(가), (나) 모두 수미상관의 구성 방식은 사용되지 않았다.

11 작품 이해의 적절성 파악

정답률 82% | 정답 ⑤

[A]~[E]에 대한 이해로 적절하지 <u>않은</u> 것은?

① **[A]에는 작지만 온 힘을 다해 선명한 빛깔로 피어 있는 민들레의 모습이 나타나 있다.**

[A]에서는 민들레가 크기로는 '쬐그만 것'이지만 '전력을 다해' '샛노'란 선명한 빛깔로 피어 있는 모습이 나타나 있다.

② **[B]에는 다른 공간은 욕심내지 않고 주어진 한계 안에서 홀로 애쓰는 민들레의 모습이 나타나 있다.**
[B]에서는 민들레가 '아무 곳도 넘보지 않'는 것에서 다른 곳을 욕심내지 않는 모습이 나타나 있으며, '주어진 한계' 안에서 '다만 혼자' '아슬아슬' 위태로운 상황에서도 '한치의 틈도 없이 끝까지' 애쓰는 모습이 나타나 있다.

③ **[C]에는 씨가 뿌려진 비좁은 곳을 자신의 자리로 받아들이고 터를 잡는 민들레의 모습이 나타나 있다.**
[C]에서는 민들레가 '씨 뿌려진' '바위 새'나 '잡초 속'처럼 비좁은 곳을 '바로 내 자리'로 받아들이고 '터를 잡'는 모습이 나타나 있다.

④ **[D]에는 강한 의지와 생명력으로 꽃을 피우기 위해 노력하는 민들레의 모습이 나타나 있다.**
[D]에서는 '실뿌리'가 '물을 길어 올리'고 '떡잎'이 '어둠을 힘껏 밀어내'는 등 강한 의지와 생명력으로 '열심히 열심히' 노력하는 민들레의 모습이 나타나 있다.

✔ ⑤ **[E]에는 꽃을 피웠지만 세상에서 자신이 할 일을 찾기 위해 결국 질 수밖에 없는 민들레의 모습이 나타나 있다.**
[E]에서는 '세상에 그밖에는 할 일이 없어서' '노랗게만 피'고, 또 '피어선 질 수밖에 없'는 민들레의 모습이 나타나 있다. 꽃을 피운 민들레가 세상에서 자신의 할 일을 찾기 위해 결국 질 수밖에 없었던 것은 아니므로 적절하지 않다.

12 외적 준거에 따른 작품의 감상 — 정답률 50% | 정답 ⑤

〈보기〉를 바탕으로 (가), (나)를 감상한 내용으로 적절하지 않은 것은? [3점]

〈보 기〉

시에는 삶을 대하는 가치 있는 태도가 담겨 있다. (가)에는 인간의 유한성에 대한 인식을 바탕으로, 열악한 농토를 하늘이 내린 축복의 땅이라 여기며 달관의 자세로 살아가려는 소신과 그에 대한 지지가 드러나 있다. (나)에는 민들레를 소멸될 수밖에 없는 운명에 좌절하지 않고 허무에 맞서는 존재로 바라보는 시선과 민들레의 내적 가치에 대한 긍정적 인식이 드러나 있다.

① **(가)에서 '천수답'을 일구는 삶을 '제 길'이라고 여기는 것은 달관의 자세로 살아가려는 소신을 드러낸 것이겠군.**
(가)에서 열악한 농토인 '천수답'을 '하늘이 물을 대'는 하늘이 내린 축복의 '논'이라 알고 '벼이삭'을 일구며 살아가는 삶을 '제 길'로 여기는 것을 통해, 달관의 자세로 살아가려는 소신이 드러남을 알 수 있다.

② **(가)에서 '니 말이 정말이데', '니 말이 엄첩구나'라고 하는 것은 '어메'가 '내 새끼'에게 보내는 지지를 드러낸 것이겠군.**
(가)에서 '니 말이 정말이데', '오냐', '니 말이 엄첩구나' 등 '어메'가 '내 새끼'에게 말한 내용을 통해, '어메'가 달관의 자세로 살아가려는 '내 새끼'에게 보내는 지지가 드러난다고 볼 수 있다.

③ **(가)에서 '누군 한 평생 / 만년을 사'냐고 말하는 것은 인간이 유한한 존재라는 인식을 드러낸 것이겠군.**
(가)에서 '누군 한 평생 / 만년을 사'냐고 말하는 것을 통해, 인간 그 누구도 만년을 살 수 없는 유한한 존재라는 인식이 드러난다고 볼 수 있다.

④ **(나)에서 '그 크기는 / 어떤 자로서도 잴 수 없다'고 하는 것은 민들레의 내적 가치에 대한 긍정적 인식을 드러낸 것이겠군.**
(나)에서 외적으로는 '쬐그만 것'인 민들레를 두고 '그 크기는 / 어떤 자로서도 잴 수 없다'고 말하는 것을 통해, 민들레가 지닌 내적 가치가 어떤 자로도 크기를 잴 수 없을 만큼 크고 위대하다고 여기는 긍정적 인식이 드러난다고 볼 수 있다.

✔ ⑤ **(나)에서 '댓새를 짐짓 영원인 양하'는 모습을 '헛된 꿈'이라고 하는 것은 민들레를 소멸될 수밖에 없는 운명에 맞서는 존재로 바라보는 시선을 드러낸 것이겠군.**
(나)에서 민들레가 '댓새를 짐짓 영원인 양하'고 피어 있는 것은 소멸될 수밖에 없는 운명에 좌절하지 않고 허무에 맞선 모습을 형상화한 것으로 볼 수 있다. 그러나 그 모습을 '헛된 꿈'이라고 말하는 것에서, 소멸될 수밖에 없는 운명에 맞서는 존재로 바라보는 시선이 드러나는 것은 아니다.

[문제편 p.129]

DAY 22 20분 미니 모의고사

01 ②	02 ⑤	03 ⑤	04 ①	05 ②
06 ③	07 ③	08 ③	09 ②	10 ④
11 ②	12 ①			

01 인물의 말하기 방식 파악 — 정답률 87% | 정답 ②

[A]와 [B]에 나타난 '학생 3'의 말하기 방식으로 가장 적절한 것은?

① **[A]에서는 '학생 2'의 의견을 요약하여 재진술하고 있고, [B]에서는 '학생 1'의 의견을 논거를 들어 보강하고 있다.**
[A]에서 '학생 3'은 '학생 2'에게 자신이 이해한 내용이 맞는지 확인하며 토끼를 긍정적인 인물로 평가하고 있을 뿐, '학생 2'의 의견을 요약하여 재진술하지는 않고 있다. 그리고 [B]에서 '학생 3'은 '학생 1'의 의견에 대해 근거를 들어 반박하고 있으므로, '학생 1'의 의견에 논거를 들어 보강한다는 내용은 적절하지 않다.

✔ ② **[A]에서는 '학생 2'의 의견에 대한 자신의 이해가 맞는지 확인하고 있고, [B]에서는 '학생 1'의 의견에 대해 근거를 들어 반박하고 있다.**
[A] 앞의 '자신의 목숨을 위해 타인의 희생을 초래할 명령을 내린 용왕은 부정적이라고 생각해.'라는 '학생 2'의 의견에 대해, [A]에서 '학생 3'은 '타인의 생명을 생명을 존중하지 않는 용왕의 이기적인 태도가 문제라는 거지?'라며 자신이 이해한 것이 맞는지 물으며, '학생 2의 반응을 보고 고개를 끄덕이며' 자신도 그렇게 생각했어라고 말하고 있다. 따라서 '학생 3'은 '학생 2'의 의견에 대한 자신의 이해가 맞는지를 확인하였다고 할 수 있다. 그리고 [B] 앞의 '그 거짓말은 용왕을 살려야 한다는 대의를 위한 선의의 거짓말로 봐야 한다'라는 '학생 1'의 의견에 대해, [B]에서 '학생 3'은 자라의 거짓말로 피해는 토끼가 보고 있고 다른 이를 위기로 몰아넣는다는 것을 근거로 들어, 나쁜 거짓말이라 반박하고 있다. 따라서 '학생 3'은 '학생 1'의 의견에 대해 근거를 들어 반박하였다고 할 수 있다.

③ **[A]에서는 '학생 2'에게 추가적인 정보를 요청하고 있고, [B]에서는 '학생 1'의 의견을 뒷받침할 수 있는 추가적인 사례를 언급하고 있다.**
[A]에서 '학생 3'에게 자신이 이해한 내용이 맞는지 확인하고 있을 뿐, 추가적인 정보를 요청하지는 않고 있다. 그리고 [B]에서 '학생 3'은 '학생 1'의 의견에 대해 근거를 들어 반박하고 있으므로, '학생 1'의 의견을 뒷받침할 수 있는 추가적인 사례를 언급한다는 내용은 적절하지 않다.

④ **[A]에서는 '학생 2'의 의견에 비언어적 표현을 활용하며 공감하고 있고, [B]에서는 '학생 1'의 의견에 관용적인 표현을 활용하며 동의하고 있다.**
[A]의 '고개를 끄덕이며'를 통해 비언어적 표현을 활용하고 있지만, 이는 자신이 이해한 내용이 맞았음을 드러내는 것이지 '학생 2'의 의견에 공감하는 것이라고 할 수 없다. 그리고 [B]에서 '학생 3'은 관용적인 표현을 활용하여 '학생 1'의 의견에 대해 근거를 들어 반박하고 있으므로, 관용적 표현을 사용하여 '학생 1'의 의견에 동의하였다는 내용은 적절하지 않다.

⑤ **[A]에서는 '학생 2'의 의견에 동조한 뒤 화제를 전환하고 있고, [B]에서는 '학생 1'의 의견을 수용한 뒤 화제와 관련하여 현실적 한계를 지적하고 있다.**
[A]의 '나도 그렇게 생각했어.'를 통해 '학생 3'이 '학생 2'의 의견에 동조하고 있음을 알 수 있고, 이후 토끼에 대해 평가하고 있으므로 화제를 전환하였다고 볼 수 있다. 하지만 [B]에서 '학생 3'은 관용적인 표현을 활용하여 '학생 1'의 의견에 대해 근거를 들어 반박하고 있으므로, '학생 1'의 의견을 수용하였다는 내용은 적절하지 않다.

02 고쳐쓰기의 적절성 판단 — 정답률 92% | 정답 ⑤

ⓐ ~ ⓔ를 고쳐쓰기 위한 방안으로 적절하지 않은 것은?

① **ⓐ : 부적절한 어휘이므로 '결여되어'로 고친다.**
2문단에서 '성찰이 부족'하다고 서술되어 있는데, '결렬'은 '갈래갈래 찢어짐. 교섭이나 회의 따위에서 의견이 합쳐지지 않아 각각 갈라서게 됨.'의 의미이므로 부적절한 어휘이다. 따라서 '마땅히 있어야 할 것이 빠져서 없거나 모자람.'의 의미인 '결여'로 고치는 방안은 적절하다.

② **ⓑ : 문장의 연결이 자연스럽지 못하므로 '그리고'로 고친다.**
'그러나'는 앞뒤의 내용이 상반될 때 사용하므로, 문장의 선후 관계를 고려할 때 '그리고'로 고치는 방안은 적절하다.

③ **ⓒ : 글의 통일성을 저해하므로 삭제한다.**

'그리고 내가 제일 좋아하는 종목은 축구이다.'라는 내용은 성찰을 다루는 (나)의 내용과 통일성이 어긋나므로 삭제한다는 방안은 적절하다.

④ ⓓ : 문장의 호응 관계가 부적절하므로 '있었다면'으로 고친다.

'때문에'는 원인이나 까닭을 의미하므로 어떠한 일을 가정하는 '만약'과 호응하지 않는다. 따라서 가정하는 '만약'과 호응할 수 있도록 '있었다면'으로 고치는 방안은 적절하다.

✔ ⓔ : 서술어가 부사어를 요구하므로 '나의 삶에'로 고친다.

'되돌아보다'는 '지나온 과정을 다시 돌아보다.'는 의미의 동사로 목적어를 필요로 하므로 '나의 삶을'이 적절하다. 따라서 '나의 삶을'을 부사어인 '나의 삶에'로 고치는 방안은 적절하지 않다.

03 사전의 활용

정답률 74% | 정답 ⑤

다음은 '사전 활용하기' 학습 활동을 위한 자료이다. 이에 대한 이해로 적절하지 않은 것은?

> **바르다¹** 동
> 【…을 …에】【…을 …으로】
> 1 풀칠한 종이나 헝겊 따위를 다른 물건의 표면에 고루 붙이다.
> ¶ 아이들 방을 예쁜 벽지로 발랐다.
> 2 차지게 이긴 흙 따위를 다른 물체의 표면에 고르게 덧붙이다.
> ¶ 흙을 벽에 바르다.
>
> **바르다²** 형
> 1 겉으로 보기에 비뚤어지거나 굽은 데가 없다.
> ¶ 길이 바르다.
> 2 말이나 행동 따위가 사회적인 규범이나 사리에 어긋나지 아니하고 들어맞다.
> ¶ 그는 인사성이 바른 사람이다.

① '바르다¹'과 '바르다²'는 사전에 각각 다른 표제어로 등재되는 동음이의어이다.

'바르다¹'과 '바르다²'이 사전에 각각 다른 표제어로 등재되어 있으므로, '바르다¹'과 '바르다²'는 동음이의어라 할 수 있다.

② '바르다¹'과 '바르다²'는 모두 여러 가지 의미가 있는 다의어이다.

'바르다¹'과 '바르다²' 모두 1, 2의 의미가 있으므로, '바르다¹'과 '바르다²'는 여러 가지 의미가 있는 다의어임을 알 수 있다.

③ '바르다¹'은 '바르다²'와 달리 주어 이외의 다른 문장 성분을 필요로 한다.

'바르다¹'의 '【…을 …에】【…을 …으로】'를 보면, '바르다¹'은 주어 이외에 목적어와 부사어가 반드시 필요하다는 점을 알 수 있다. 하지만 '바르다²'는 주어만 필요로 한다.

④ '바르다¹'은 동작이나 작용을 나타내는 말이고, '바르다²'는 성질이나 상태를 나타내는 말이다.

'바르다¹'의 품사는 동사이고, '바르다²'의 품사는 형용사이다.

✔ '바르다² 1'의 예로 '마음가짐이 바르다.'를 추가할 수 있다.

'마음가짐이 바르다.'는 '바르다²' 2의 용례에 해당하므로, '바르다² 1'의 예로 '마음가짐이 바르다.'를 추가할 수 있다는 내용은 적절하지 않다.

04~08 기술

이준엽, 'OLED 소재 및 소자의 기초와 응용'

해제 이 글은 OLED 소자를 사용한 스마트폰에서 화면 내부 기판에 반사되는 외부광을 차단하여 야외 시인성을 개선을 위해 적용된 기술에 대해 설명하고 있다. 야외 시인성은 빛이 밝은 야외에서 대상을 명확하게 인식할 수 있는 성질을 의미하는데, 스마트폰에는 야외 시인성 개선을 위한 기술이 적용되어 있다. 스마트폰 화면의 명암비가 높으면 우리는 화면에 표현된 이미지를 선명하다고 인식하는데, 명암비는 흰색의 휘도를 검은색을 표현할 때의 휘도로 나눈 값이다. 외부광이 존재하는 환경에서 명암비를 높이면 야외 시인성을 높일 수 있는데, OLED 소자를 사용한 스마트폰에서는 편광판과 위상지연필름을 활용하여 검은색을 표현할 때의 휘도를 줄임으로써 스마트폰의 야외 시인성을 높인다.

주제 야외 시인성을 개선을 위해 적용된 기술

문단 핵심 내용

1문단	야외 시인성 개선에 적용되는 기술에 대한 의문 제기
2문단	명암비의 이해
3문단	명암비의 종류-암실 명암비와 명실 명암비
4문단	OLED 스마트폰에 휘도를 낮추는 기술이 적용되는 이유
5문단	OLED 스마트폰에 적용된 편광판의 원리 이해
6문단	OLED 스마트폰에서 야외 시인성을 높이는 기술

★★★ 1등급 대비 고난도 2점 문제

04 내용의 사실적 이해

정답률 56% | 정답 ①

윗글에서 알 수 있는 내용으로 가장 적절한 것은?

✔ 햇빛은 진행하는 방향에 수직인 모든 방향으로 진동한다.

5문단을 통해 일반적으로 빛은 진행하는 방향에 수직인 모든 방향으로 진동하며 나아감을 알 수 있다. 그리고 스마트폰에 적용된 편광판의 원리를 나타낸 〈그림〉과 6문단의 내용을 통해, 외부광은 편광판을 거치면서 일부가 차단되므로 외부광이 일반적인 빛에 해당된다는 사실을 확인할 수 있다. 또한 3문단을 통해 햇빛은 외부광에 해당함을 알 수 있으므로 햇빛이 진행하는 방향에 수직인 모든 방향으로 진동한다는 진술은 적절하다.

② OLED는 네 가지의 색을 조합하여 다양한 색을 구현한다.

4문단을 통해 OLED는 빨간색, 초록색, 파란색 빛을 조합하여 다양한 색을 구현함을 알 수 있다.

③ 사람의 눈에 들어오는 빛의 양이 많으면 휘도는 낮아진다.

2문단을 통해 휘도는 '화면에서 나오는 빛이 사람의 눈에 얼마나 들어오는지를 나타내는 양'임을 알 수 있으므로, 사람의 눈에 들어오는 빛의 양이 많으면 휘도는 높아진다고 할 수 있다.

④ 야외 시인성은 사물 간의 크기 차이를 비교하는 기준이다.

1문단을 통해 야외 시인성이 '빛이 밝은 야외에서 대상을 명확하게 인식할 수 있는 성질'임을 알 수 있으므로, 야외 시인성이 대상 간의 크기 차이를 비교하는 기준이라는 진술은 적절하지 않다.

⑤ OLED는 화면의 외부 표면에 반사되는 외부광을 차단한다.

4문단을 통해 OLED는 화면의 내부에 있는 기판에서 빛을 내는 역할을 하는 소자임을 알 수 있으므로, OLED가 화면의 외부 표면에 반사되는 외부광을 차단한다는 진술은 적절하지 않다.

★★ 문제 해결 꿀~팁 ★★

▶ 많이 틀린 이유는?

이 문제는 선택지에 제시된 내용이 글의 내용을 사실대로 제시하지 않고, 글의 내용을 바탕으로 변형하였거나 여러 문단의 정보를 활용하여 선택지를 만들어서 오답률이 높았던 것으로 보인다.

▶ 문제 해결 방법은?

주어진 내용을 바탕으로 새로운 정보를 알아내거나 여러 정보를 종합하는 문제를 해결하기 위해서는 선택지의 내용과 관련된 정보들이 어디에 있는지 일차적으로 확인하고, 이러한 정보들을 바탕으로 선택지가 적절한지 판단할 수 있어야 한다. 가령 오답인 ③의 경우, 2문단을 통해 '화면에서 나오는 빛이 사람의 눈에 얼마나 들어오는지를 나타내는 양'이 휘도임을 확인하고, 이러한 내용을 바탕으로 사람의 눈에 들어오는 빛의 양이 많으면 휘도는 높아짐을 이끌어 내야 한다. 또한 정답인 ①의 경우, 3문단을 통해 햇빛은 외부광이라는 사실을, 6문단을 통해 외부광이 일반적인 빛에 해당함을, 그리고 5문단을 통해 일반적으로 빛은 진행하는 방향에 수직인 모든 방향으로 진동하며 나아간다는 것을 확인하고, 이를 종합할 수 있어야 한다. 내용 이해 문제를 해결하는 핵심은 선택지에 제시된 내용이 글의 어느 부분과 관련 있는지를 확인하는 것에 있다. 따라서 글을 읽을 때 주요 개념이나 내용에 반드시 밑줄을 그어 밑줄을 바탕으로 선택지의 내용이 어느 문단에 있는지 쉽게 확인할 수 있게 한다.

05 세부 정보의 이해

정답률 64% | 정답 ②

㉠에 대한 설명으로 적절하지 않은 것은?

① 명실 명암비를 높이면 야외 시인성이 높아지게 된다.

3문단을 통해 스마트폰의 야외 시인성을 높이기 위해서는 명실 명암비를 높여야 함을 알 수 있다. 따라서 명실 명암비를 높이면 야외 시인성이 높아지게 됨을 알 수 있다.

✔ 흰색을 표현할 때의 휘도가 낮아질수록 암실 명암비가 높아진다.

2, 3문단을 통해 암실 명암비는 외부광이 존재하지 않는 조건에서, 화면이 흰색을 표현할 때의 휘도를 검은색을 표현할 때의 휘도로 나눈 값임을 알 수 있다. 따라서 흰색을 표현할 때의 휘도가 낮아질수록 암실 명암비도 낮아짐을 알 수 있다.

③ **휘도를 측정하는 환경에 따라 명실 명암비와 암실 명암비로 나뉜다.**
3문단을 통해 암실 명암비와 명실 명암비는 휘도를 측정하는 환경에 따라 구분됨을 알 수 있다.

④ **흰색을 표현할 때의 휘도를 검은색을 표현할 때의 휘도로 나눈 값이다.**
2문단을 통해 명암비는 흰색을 표현할 때의 휘도를 검은색을 표현할 때의 휘도로 나눈 값임을 알 수 있다.

⑤ **화면에 반사된 외부광이 눈에 많이 들어올수록 명실 명암비가 낮아진다.**
1문단을 통해 화면에 반사된 햇빛이 화면에서 나오는 빛과 많이 혼재될수록 검은색을 표현할 때의 휘도가 높아져서 명실 명암비가 낮아짐을 알 수 있다.

06 내용의 추론 정답률 68% | 정답 ③

㉡의 이유를 추론한 것으로 가장 적절한 것은?

① **OLED가 내는 빛의 휘도를 조절할 수 없기 때문이다.**
4문단을 통해 OLED가 색을 표현할 때, 출력되는 빛의 세기를 높여 해당 색의 휘도를 높일 수 있음을 알 수 있으므로 적절하지 않다.

② **OLED가 내는 빛이 강할수록 수명이 길어지기 때문이다.**
4문단을 통해 OLED가 강한 세기의 빛을 출력할수록 OLED의 수명이 단축됨을 알 수 있으므로 적절하지 않다.

✔ **OLED가 내는 빛 중 일부가 편광판에서 차단되기 때문이다.**
㉡과 같은 단점이 발생하는 원인은 투과되는 빛의 세기를 감소시키는 편광판이 사용되기 때문이다. 편광판은 OLED에서 방출된 빛 중 편광판 투과축의 수직 방향으로 진동하는 빛을 차단시켜 빛의 세기를 감소시키는데, 이를 통해 OLED에서 방출된 빛이 외부광처럼 편광판에 일부 차단되어 빛의 세기가 줄어든다는 것을 추론할 수 있다.

④ **OLED가 내는 빛이 약하면 명암비 계산이 어렵기 때문이다.**
빛의 세기를 높게 유지해야 하는 것은 명암비 계산을 어렵게 하는 것과는 관련이 없으므로 적절하지 않다.

⑤ **OLED가 내는 빛의 세기를 높이는 데 한계가 있기 때문이다.**
4문단을 통해 빛의 세기를 높이는 데 한계가 있지만 이는 빛의 세기를 높게 유지하는 것과 관련이 없음을 알 수 있으므로 적절하지 않다.

★★★ 1등급 대비 고난도 3점 문제

07 구체적인 상황에의 적용 정답률 46% | 정답 ③

〈보기〉는 [A]의 과정을 나타낸 그림이다. 윗글을 바탕으로 〈보기〉를 이해한 내용으로 적절하지 않은 것은? [3점]

〈보 기〉

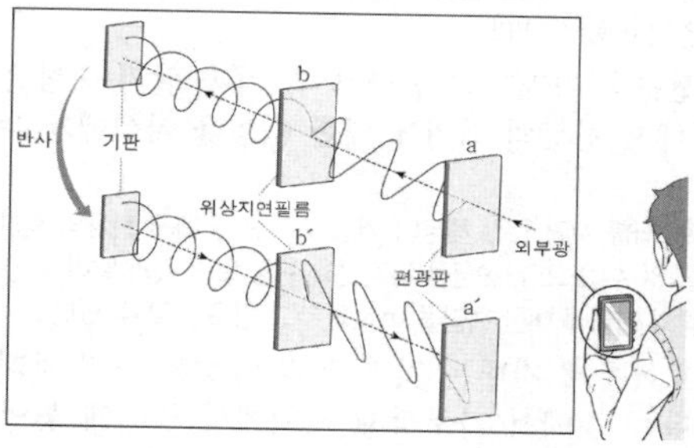

① **외부광은 a를 거치면서 투과축과 평행한 방향으로 진동하는 빛만 남게 된다.**
5, 6문단을 통해 외부광은 편광판을 거치면서 편광판의 투과축과 평행한 방향으로 진동하며 나아가는 선형 편광만 남음을 알 수 있다.

② **a를 거쳐 b로 나아가는 빛은 진행 방향에 수직인 방향으로 진동한다.**
5, 6문단을 통해 편광판을 거쳐 위상지연필름으로 나아가는 빛은 선형 편광임을 알 수 있고, 선형 편광은 진행하는 방향에 수직인 빛 중 편광판의 투과축과 평행한 방향으로 진동하며 나아가는 빛이다.

✔ **b를 거친 빛은 기판에 의해 a를 거쳐 b로 나아가는 빛과 같은 형태의 편광으로 바뀌게 된다.**
b를 거친 빛은 원형 편광이며, a를 거쳐 b로 나아가는 빛은 선형 편광이므로, 둘은 같은 형태의 편광이 아니다. 또한 기판은 편광의 형태를 바꾸지 않으므로, b를 거친 빛이 a를 거쳐 b로 나아가는 빛과 같은 형태의 편광으로 바뀐다는 진술은 적절하지 않다.

[문제편 p.133]

④ **b′를 거친 빛의 진동 방향은 a를 거쳐 b로 나아가는 빛의 진동 방향과 수직을 이룬다.**
6문단을 통해 기판에 반사되어 다시 위상지연필름을 통과한 빛의 진동 방향은 외부광이 처음 편광판을 통과했을 때 남은 선형 편광의 진동 방향과 수직을 이룸을 알 수 있다.

⑤ **b′를 거친 빛은 진동 방향이 a′의 투과축과 수직을 이루므로 화면 밖으로 빠져나가지 못하게 된다.**
6문단을 통해 기판에 반사되어 다시 위상지연필름을 통과한 빛의 진동 방향은 편광판 투과축의 수직 방향임을 알 수 있다.

★★ 문제 해결 꿀~팁 ★★

▶ 많이 틀린 이유는?
이 문제는 글의 내용, 즉 [A]에 제시된 내용을 실제 그림에 적용하는 것에 어려움을 겪어 오답률이 높았던 것으로 보인다.
▶ 문제 해결 방법은?
학생들 중, 특히 문과에 속하는 학생들이 가장 어려워하는 것이 과학·기술이고, 그중에서도 그림이 나온 문제를 제일 어려워한다. 그런데 사실 이러한 문제의 경우 그림과 관련된 정보가 글에 제시되어 있으므로, 글의 내용에 따라 그림을 이해하고 있는 선택지의 내용을 글과 직접 연관시키면 생각보다 쉽게 문제를 해결할 수 있다.
가령 학생들이 적절하지 않다고 선택한 ②와 ④의 경우, 5문단을 통해 a, b, a′, b′가 무엇인지 이해하고, [A]의 내용에 따라 내용을 이해했으면 적절함을 알 수 있었을 것이다. 마찬가지로 적절하지 않아 정답인 ③의 경우에도, [A]를 통해 b를 거친 빛은 원형 편광, a를 거쳐 b로 나아가는 빛은 선형 편광임을 알았으면 적절하지 않았음을 알았을 것이다. 이처럼 과학·기술에 제시된 그림의 경우(경제 지문에 사용되는 그래프의 경우도 마찬가지로)에는 글에 답이 반드시 제시되어 있으므로, 글의 내용과 그림을 비교하면서 선택지의 적절성 여부를 판단하도록 한다.

08 단어의 문맥적 의미 파악 정답률 92% | 정답 ③

문맥상 ⓐ ~ ⓔ와 바꾸어 쓰기에 적절하지 않은 것은?

① **ⓐ : 뒤섞일수록**
'혼재되다'는 '뒤섞이어 있다.'라는 의미를 지닌 단어이므로, '혼재될수록'은 '뒤섞일수록'으로 바꾸어 쓸 수 있다.

② **ⓑ : 있는**
'존재하다'는 '현실에 실재(實在)하다.'라는 의미를 지닌 단어이며, '있다'는 '어떤 사실이나 현상이 현실로 존재하는 상태이다.'라는 의미를 지닌 단어이므로, '존재하는'은 '있는'으로 바꾸어 쓸 수 있다.

✔ **ⓒ : 고른다**
'구현하다'는 '어떤 내용을 구체적인 사실로 나타나게 하다.'라는 의미를 지닌 단어이다. 따라서 '구현한다'를 '여럿 중에서 가려내거나 뽑는다.'라는 의미를 지닌 '고른다'로 바꾸는 것은 적절하지 않다.

④ **ⓓ : 줄어드는**
'단축되다'는 '시간이나 거리 따위가 짧게 줄어들다.'라는 의미를 가진 단어이므로, '단축되는'은 '줄어드는'으로 바꾸어 쓸 수 있다.

⑤ **ⓔ : 막지**
'방지하다'는 '어떤 일이나 현상이 일어나지 못하게 막다.'의 의미를 지닌 단어이므로, '방지하지'는 '막지' 로 바꾸어 쓸 수 있다.

09~12 고전 소설

작자 미상, 「숙향전」

감상 이 작품은 천상에서 죄를 지어 적강하게 된 두 선인이 지상에서 인간으로 환생한 뒤, 온갖 시련을 극복하고 천상계로 복귀하는 내용의 애정 소설이다. 숙향이 고귀한 혈통으로 태어나지만 어려서 위기를 겪고 구출자를 만나 양육되다가 또 한 번의 위기를 극복하고 행복하게 산다는 서사 전개를 볼 때, 여성 영웅 소설의 특징을 잘 보여준다고 할 수 있다.

주제 고난을 극복한 사랑의 성취

작품 줄거리 송나라 때 김전이 거북을 살려 준 일이 있었는데, 뒷날 물에 빠진 그를 거북이 건져 주었다. 김전과 장씨 사이에서 뒤늦게 숙향이 태어난다. 숙향이 다섯 살 때, 전쟁이 일어나 부모와 헤어지게 되고, 장 승상 댁 양녀가 되어 성장하게 된다. 그러나 숙향은 종 사향의 흉계로 쫓겨나게 되고 자살하려 하지만 선녀가 구해 준다. 이리저리 떠돌던 숙향은 불을 만나 죽게 된 순간 화덕진군이 구해 주고, 마고 할미와 함께 살게 된다. 어느 날 숙향은 천상 선녀로 놀던 전세의 꿈을 꾸고, 그 광경을 수놓는다. 숙향의 수를 본 이선은 그림이 자신의 꿈과 같은 데 놀라, 마고 할미의 집을 찾아가 고모의 도움으로 숙향과 가연을 맺는다. 아들의 혼인을 안 이 상서는 낙양 태수 김전에게 숙향을

[문제편 p.134]

하옥케 하나, 김전의 부인 장씨의 꿈으로 숙향이 김전의 딸임을 알게 된다. 마고 할미가 죽자, 숙향은 홀로 살기 어려워 자살하려다 이선의 부모를 만나 과거에 급제한 이선과 혼인을 허락받는다. 이선이 황태후의 병환 치료에 쓸 영약을 구하러 험난한 길을 떠나 약을 구해 오고, 이선과 숙향은 부귀를 누리다가 선계로 돌아간다.

09 작품 내용의 이해

정답률 50% | 정답 ②

윗글의 내용에 대한 이해로 가장 적절한 것은?

① 용자는 상서에게 공문의 사용을 주의하라고 당부하였다.
용자는 상서에게 번거롭더라도 여러 나라를 지날 때 공문을 보여 주라 하고 있지만, 공문의 사용을 주의하라고 당부하지는 않고 있다.

✔ 용자는 상서가 원하는 곳까지 혼자 갈 수 없는 이유를 설명해 주었다.
상서는 황제의 명을 받들어 봉래산의 개언초를 얻으러 가는 길이므로, 상서가 가기를 원하는 곳은 '봉래산'이다. 그리고 용자는 상서에게 '인간 세상 사람은 마음대로 선계에 들어갈 수 없'다며 원하는 곳까지 혼자 갈 수 없는 이유를 설명해 주고 있다.

③ 장 승상은 사향이 숙향을 모함한 사실을 알지 못한 채 숙향을 찾았다.
'항아께서 ~ 모셔 오도록 명했으나'에서 장 승상이 사향이 숙향을 모함한 사실을 알고 숙향을 찾았음을 알 수 있다.

④ 필성은 용자에게 일어날 불미스러운 일을 피할 방법에 대해 안내하였다.
필성은 '이 앞이 제일 험하니 조심하라.'고만 말하고 있지, 용자에게 불미스러운 일을 피할 방법을 알려 주지는 않고 있다.

⑤ 선녀는 갈대밭과 낙양 옥중에서 곤욕을 치른 숙향의 어리석음을 질타하였다.
숙향이 '갈대밭'과 '낙양 옥중'에서 겪을 곤욕은 아직 일어나지 않은 미래의 일이며, 선녀는 숙향에게 공손하게 말하고 있기 때문에 질타하는 것이 아니다.

10 공간의 의미 파악

정답률 54% | 정답 ④

㉠~㉢에 대한 설명으로 적절하지 않은 것은?

① ㉠은 용왕의 조력을 통해 상서가 통과할 수 있는 공간이다.
상서가 선계를 지나기 위해서는 용왕의 공문을 보여 주어야 하므로, ㉠은 용왕의 조력을 통해 상서가 통과할 수 있는 공간이라 할 수 있다.

② ㉠은 천상계 존재인 태을성을 호의적으로 생각하는 왕이 지키는 공간이다.
㉠의 왕인 경성은 용자가 함께 가는 사람이 '태을성'이라고 하자 '즉시 공문에 날인'하고 상서에게 반갑게 인사한다. 태을성은 천상에서 인간 세상에 내려온 존재이므로, ㉠은 천상계 존재인 태을성을 호의적으로 생각하는 왕이 지키는 공간이라 할 수 있다.

③ ㉢은 상제의 권위에 의해 영향을 받는 공간이다.
용자가 '상제께서 그것을 아시게 되면 용궁에 큰 변이 일어나고'라고 말한 부분을 볼 때 ㉢은 상제의 권위에 의해 영향을 받는 공간이라 할 수 있다.

✔ ㉠과 ㉡은 누구에게도 자유로운 이동을 허용하지 않는 공간이다.
용자의 '저 혼자 가면 아무 데도 걸릴 것 없이 쉽게 갈 수 있사오나, 여러 신령들이 지키고 있기 때문에 인간 세상 사람은 마음대로 선계에 들어갈 수 없나이다.'라는 말을 통해 용자는 ㉠, ㉡을 자유롭게 이동할 수 있음을 알 수 있다.

⑤ ㉡은 용자와 상서가 육지의 ㉠을 경유하여 향하는 곳이다.
상서는 용자와 함께 ㉠을 거쳐 ㉡으로 향하고 있으므로 적절하다.

11 인물의 말하기 방식 파악

정답률 56% | 정답 ②

[A], [B]에 대한 설명으로 가장 적절한 것은?

① [A]는 과거의 사건을 요약적으로 진술하여 현재 상황을 변화시키기 위한 인물의 의지가 필요함을 강조하고 있다.
[A]를 통해 과거의 사건을 요약적으로 진술한 부분은 찾아볼 수 없고, 현재 상황을 변화시키기 위한 인물의 의지가 필요함을 강조하지도 않고 있다.

✔ [B]는 가정적 상황을 제시하여 상대방이 예상하지 못한 결과가 일어날 수 있음을 전달하고 있다.
[B]에서는 용자가 '상제께서 그것을 아시게 되'는 가정적 상황을 제시하여 '용궁에 큰 변이 ~ 일이 생길 것'이라며 상서가 예상하지 못한 결과가 일어날 수 있음을 전달하고 있다.

③ [A]는 [B]와 달리 구체적인 수치를 언급하여 인물이 처한 상황의 다급함을 부각하고 있다.
[A]의 '십 년, 삼천삼백육십오 리'를 통해 구체적 수치를 언급하고 있음을 알 수 있지만, 이를 통해 인물이 처한 상황의 다급함을 부각하지는 않고 있다.

④ [B]는 [A]와 달리 의문의 형식을 활용하여 정해진 운명에서 벗어날 수 없음을 강조하고 있다.
[A]의 '어찌 그 액을 면할 수 있겠나이까?'를 통해 의문의 형식을 활용하여 정해진 운명에서 벗어날 수 없음을 강조하고 있음을 알 수 있다. 하지만 [B]에서 의문의 형식을 활용하여 정해진 운명에서 벗어날 수 없음을 강조하지는 않고 있으므로 적절하지 않다.

⑤ [A]는 유사한 상황을 나열하는, [B]는 여러 인물의 발화를 반복하는 방식으로 미래에 대한 우려를 드러내고 있다.
[A]에서 유사한 상황을 나열하는 방식은 찾아볼 수 없고, [B]에서 여러 인물의 발화를 반복하는 방식은 찾아볼 수 없다.

12 외적 준거에 따른 작품의 감상

정답률 48% | 정답 ①

〈보기〉를 참고하여 윗글을 감상한 내용으로 적절하지 않은 것은? [3점]

〈보 기〉

「숙향전」은 이질적인 두 개의 서사로 이루어진 작품이다. 두 남녀 주인공의 지상에서의 삶에는 천상의 죄업이 공통으로 전제되었지만 그 죄업의 책임은 여성에게 두고 있다. 숙향이 지상에서 겪은 고난의 과정은 천상의 죄업에 대한 징벌적 의미이다. 이러한 숙향의 서사는 가부장제 사회에서 열세에 놓인 여성의 현실적 상황을 반영한 것이다. 반면 이선의 서사는 입신양명이라는 당대 남성의 이상적 소망을 형상화한 것이다. 이러한 소망을 이루려는 과정에는 환상성이 드러난다. 이 같은 이질적 서사는 당대 인식에 내재된 남녀 차별적 시선이 개입한 결과라 할 수 있다.

✔ 상제가 이선을 인간 세상에 보냈다는 것에서 입신양명이라는 당대 남성의 이상적 소망이 형상화되었음을 알 수 있군.
상제가 이선을 인간 세상에 귀양 보낸 것은 천상의 죄업 때문이므로, 이것을 입신양명이라는 당대 남성의 이상적 소망이 형상화된 것으로 보는 것은 적절하지 않다.

② 선녀가 숙향의 죽을 액을 하늘이 정했다고 말하는 것에서 숙향의 고난의 과정이 징벌적인 의미를 지님을 알 수 있군.
이 글에서 선녀는 숙향에게 앞으로도 두 번이나 죽을 액이 남아 있다고 하면서, 이러한 죽을 액은 하늘이 벌써 정한 일이라 낭자 마음대로 할 수 없다 하고 있다. 이렇게 볼 때 숙향이 두 번이나 죽을 액, 즉 숙향이 앞으로 겪어야 할 고난의 과정은 천상의 죄업에 대한 징벌적 의미를 지닌다고 할 수 있다.

③ 이선이 조롱박을 타고 바다 위를 떠가거나 신이한 세계의 인물들을 만나는 과정에서 이선의 서사는 환상성이 드러남을 알 수 있군.
이 글에서 이선이 조롱박을 타고 바다 위를 떠가거나 신이한 세계의 인물들을 만나는 과정은 현실에서 있을 수 없는 전기적인 사건에 해당하므로, 이선이 보이는 서사는 환상성을 드러내 준다고 할 수 있다.

④ 상제가 선군을 마지못해 귀양 보낸 것과 달리 숙향은 고행을 겪도록 한 것에서 천상의 죄업에 대한 책임을 여성에게 두고 있음을 알 수 있군.
'똑같은 일로 죄를 지어 인간 세상에 귀양 왔다'는 것에서 천상의 죄업이 공통으로 전제되어 있음을 알 수 있으나, 선군을 마지못해 귀양 보낸 것과 달리 숙향은 고행을 겪게 한 것에서 천상의 죄업에 대한 책임을 여성에 두고 있음을 알 수 있다.

⑤ 이선이 호화롭게 지내는 것과 달리 숙향은 여러 차례의 죽을 위기에 처한다는 것에서 가부장제 사회에서 열세에 놓인 여성의 현실적 상황이 반영되었음을 알 수 있군.
이 글의 '상제께서 선군을 너무 사랑하시어 인간 세상에서도 부귀영화를 누리게 했나이다.'를 통해, 이선이 인간 세상에서 호화롭게 지냈음을 알 수 있다. 반면에 이선과 달리 숙향은 숙향은 여러 차례의 죽을 위기에 처하는 등 고난을 겪게 된다. 이처럼 남성인 이선과 달리 여성인 숙향이 인간 세상에서 온갖 고난을 받게 하고 있는데, 이는 가부장제 사회에서 열세에 놓인 여성의 현실적 상황이 반영되었다고 볼 수 있다.

[문제편 p.136]

DAY 23 20분 미니 모의고사

01 ④	02 ⑤	03 ④	04 ⑤	05 ①
06 ②	07 ②	08 ③	09 ③	10 ⑤
11 ④	12 ①			

01 발표에서의 자료 활용 방안 파악 정답률 94% | 정답 ④

위 발표에서 발표자의 자료 활용에 대한 설명으로 가장 적절한 것은?

① **㉠ : 배고픔의 문제가 해결되는 과정을 설명하기 위해 세 그림을 차례대로 보여 주었다.**
㉠ 뒤의 내용을 통해 발표자는 ㉠을 활용하여 인류가 오랜 시간 배고픔으로 인해 고통을 받았음을 드러내고 있음을 알 수 있다. 따라서 ㉠을 활용하여 배고픔의 문제가 해결되는 과정을 설명하기 위해 세 그림을 차례로 보여 준 것이라는 설명은 적절하지 않다.

② **㉠ : 시대마다 코케뉴의 개념이 달라진 원인을 설명하기 위해 세 그림의 차이점을 부각하였다.**
㉠ 뒤의 내용을 통해 발표자는 ㉠을 활용하여 인류가 오랜 시간 배고픔으로 인해 고통을 받았음을 드러내고 있음을 알 수 있다. 따라서 ㉠을 활용하여 시대마다 코케뉴의 개념이 달라진 원인을 설명하거나 세 그림의 차이점을 부각했다는 설명은 적절하지 않다.

③ **㉡ : 코케뉴의 실현을 목표로 한 구체적 실천 과제를 제시하기 위해 영상을 활용하였다.**
㉡ 뒤의 내용을 통해 발표자는 ㉡을 현대 사회의 모습이 코케뉴가 실현된 것처럼 보인다는 이야기의 근거로 활용하고 있음을 알 수 있다. 따라서 ㉡을 활용하여 코케뉴의 실현을 목표로 한 구체적 실천 과제를 제시하였다는 설명은 적절하지 않다.

✔④ **㉢ : 세계 기아 문제의 실태와 심각성을 알리기 위해 통계 자료를 활용하였다.**
㉢ 뒤의 '현재 약 6억 9천만 명 정도의 사람이 굶주림에 시달리고 있다는 점을 알 수 있습니다. 이 자료에서 37개의 국가들은 2030년이 되어도 상황이 나아지지 않거나 오히려 악화될 수도 있음을 확인할 수 있습니다.'를 통해, 발표자는 ㉢을 활용하여 청중이 세계 기아 문제의 실태와 심각성을 인식할 수 있도록 하였음을 알 수 있다.

⑤ **㉢ : 최근 몇 년간 진행된 기아 문제 해결의 성과를 소개하기 위해 통계 자료를 활용하였다.**
발표자는 ㉢을 활용하여 청중이 세계 기아 문제의 실태와 심각성을 인식할 수 있도록 하고 있으므로, ㉢을 활용하여 최근 몇 년간 진행된 기아 문제 해결의 성과를 소개하기 위해 통계 자료를 활용하였다는 설명은 적절하지 않다.

02 글쓰기 자료의 적절성 판단 정답률 84% | 정답 ⑤

〈보기〉는 (나)의 '학생'이 '초고'를 보완하기 위해 추가로 수집한 자료이다. 자료 활용 방안으로 적절하지 않은 것은?

〈보 기〉

ㄱ. 신문 기사
가상의 나무 심기가 실제 나무 심기로 이어지는 애플리케이션이 개발되었다. 이 애플리케이션은 사용자들이 가상의 나무를 심으며 얻는 성취감과 함께 환경 보호에 기여하고 있다는 보람을 느끼도록 설계되어, 가상의 나무 심기에 더욱 몰입하게 만든다는 평가를 받고 있다.

ㄴ. 전문가 인터뷰
"게임화된 과제에서는 참여자가 무언가를 하거나 선택할 때마다 그에 대한 피드백이 즉시 제공됩니다. 이때 피드백의 한 유형인 보상 또한 신속하게 주어집니다. 참여자는 성취감과 같은 보상을 바탕으로 과제에 더 집중하게 됩니다."

ㄷ. 연구 자료
○○초등학교 5학년을 대상으로, 사회 수업에 게임화를 적용한 학급과 적용하지 않은 학급으로 나누어 수업 전후의 변화를 측정하였다. 게임화를 적용한 학급은 적용하지 않은 학급과 달리, 도표와 같은 통계적으로 의미 있는 변화를 보였다.

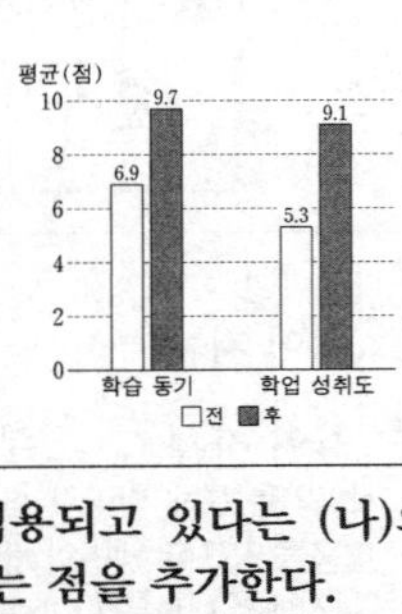

① **ㄱ을 활용하여, 게임화가 다양한 분야에 적용되고 있다는 (나)의 내용에 게임화가 환경 분야에서도 활용된다는 점을 추가한다.**
ㄱ은 신문 기사로, 신문 기사에서는 게임화의 요소를 적용한 나무 심기 애플리케이션에 대해 소개하고 있음을 알 수 있다. 따라서 이 자료를 활용하여 (나)의 내용에 교육, 보건, 기업의 마케팅 외에 환경 분야에서도 게임화가 활용된다는 점을 추가할 수 있다.

② **ㄴ을 활용하여, 게임화의 특징을 다루고 있는 (나)의 내용에 참여자에게 피드백이 빠르게 제공된다는 점을 추가한다.**
ㄴ은 게임화된 과제에서 피드백이 즉시 제공된다는 점을 설명하고 있으므로, 이 자료를 활용하여 (나)의 내용에 게임화의 특징으로 피드백이 빠르게 제공된다는 점을 추가할 수 있다.

③ **ㄷ을 활용하여, 게임화를 학습 상황에 적용한 (나)의 내용에 게임화가 학습 참여자의 학업 성취도를 높이는 데 효과적일 수 있다는 점을 제시한다.**
ㄷ은 게임화를 적용한 학급의 경우 학업 성취도가 향상되었음을 보여 주고 있으므로, (나)의 내용에 학업 성취도를 높이는 데 게임화가 효과적일 수 있다는 점을 추가할 수 있다.

④ **ㄱ과 ㄴ을 활용하여, 게임화가 보상을 통해 참여자들의 몰입도를 높인다는 (나)의 내용을 뒷받침하는 근거로 추가한다.**
ㄱ에서는 게임화가 활용된 애플리케이션이 사용자를 게임에 더욱 몰입하게 만든다고 설명하고 있으며, ㄴ에서는 게임화된 과제에서 참여자가 성취감과 같은 보상을 바탕으로 과제에 더 집중하게 된다는 점을 밝히고 있다. 이렇게 볼 때, ㄱ과 ㄴ은 (나)에서 게임화가 보상을 통해 참여자들의 몰입도를 높인다는 내용을 뒷받침하는 근거로 활용할 수 있다.

✔⑤ **ㄴ과 ㄷ을 활용하여, 게임화가 참여자의 호기심을 유발한다는 (나)의 내용에 학습 동기가 높을수록 과제 선택에 따른 성취감이 커진다는 점을 제시한다.**
ㄴ은 전문가 인터뷰로, 전문가는 게임화된 과제에서 성취감과 같은 보상이 과제에 집중하게 하는 효과를 낸다고 설명하고 있다. 그리고 ㄷ은 연구 자료로, 이 연구 자료를 통해 게임화를 적용한 학급에서 학습 동기와 학업 성취도가 향상된다는 점을 알 수 있다. 따라서 ㄴ과 ㄷ을 활용하여 성취감과 같은 보상이 학생들로 하여금 과제에 더 집중하게 할 수 있으며, 그 결과 학습 동기나 학업 성취도의 향상을 이끌어 낼 수 있다는 내용을 제시할 수는 있다. 하지만 ㄴ과 ㄷ을 활용하여 학습 동기가 높을수록 과제 선택에 따른 성취감이 커진다는 내용을 이끌어 내기는 어렵다고 할 수 있다.

03 중세 국어의 특징 이해 정답률 60% | 정답 ④

윗글을 바탕으로 〈보기〉의 중세 국어 자료를 이해한 내용으로 적절하지 않은 것은? [3점]

〈보 기〉

○ 불휘 **기픈** 남ᄀᆞᆫ **ᄇᆞᄅᆞ매 아니** 뮐ᄊᆡ
(뿌리가 깊은 나무는 바람에 아니 흔들리므로)
– 「용비어천가」 –

○ **員(원)의 지븨** 가샤 避仇(피구)ᄒᆞᇙ 소ᄂᆡ 마리
(원의 집에 가셔서 피구할 손의 말이)
– 「용비어천가」 –

○ 뎌 **부텻** 行(행)과 願(원)과 工巧(공교)ᄒᆞ신 方便(방편)은
(저 부처의 행과 원과 공교하신 방편은)
– 「석보상절」 –

① **'기픈'을 보니 현대 국어와 마찬가지로 용언 어간에 전성 어미가 결합한 형태의 관형어가 사용되었음을 알 수 있군.**
'기픈'은 '깊-'에 관형사형 전성 어미 '-ㄴ'이 결합한 것으로, 현대 국어와 마찬가지로 용언 어간에 관형사형 전성 어미가 결합하여 관형어로 사용되었음을 알 수 있다.

② **'ᄇᆞᄅᆞ매'를 보니 현대 국어와 달리 끝음절 모음이 양성 모음인 체언과 결합할 때는 부사격 조사 '애'가 사용되었음을 알 수 있군.**
'ᄇᆞᄅᆞ매'는 'ᄇᆞᄅᆞᆷ'과 부사격 조사 '애'가 결합한 것으로, 현대 국어와 달리 부사격 조사가 체언의 끝음절 모음이 양성인지 음성인지에 따라 서로 다른 형태가 사용되었음을 알 수 있다.

③ **'아니'를 보니 현대 국어와 마찬가지로 부사 자체가 부사어로 사용되었음을 알 수 있군.**
'아니'는 부사로, 현대 국어와 마찬가지로 부사가 그 자체로 부사어로 사용되었음을 알 수 있다.

✔④ **'員(원)의 지븨'를 보니 현대 국어와 마찬가지로 관형어가 여러 개 겹쳐서 사용되었음을 알 수 있군.**
'員(원)의'는 '員(원)'에 관형격 조사 '의'가 결합한 형태로 관형어에 해당하고, '지븨'는 '집'에 부사격 조사 '의'가 결합한 형태로 부사어에 해당한다. 따라서 '員(원)의 지븨'는 관형어가 여러 개 겹쳐서 사용된 것이 아니므로 적절하지 않다.

⑤ **'부텻'을 보니 현대 국어와 달리 높임의 대상이 되는 유정 체언과 결합할 때는 관형격 조사 'ㅅ'이 사용되었음을 알 수 있군.**

'부텻'은 '부텨'에 관형격 조사 'ㅅ'이 결합한 것으로, 현대 국어와 달리 높임의 대상이 되는 유정 체언과 결합할 때는 관형격 조사 'ㅅ'이 사용되었음을 알 수 있다.

04 관형어와 부사어의 이해

정답률 61% | 정답 ⑤

밑줄 친 부분이 ㉠, ㉡에 해당하는 예로 적절한 것은?

① ㉠ : 작은 것이 아름답다.
㉡ : 내가 회장으로 그 회의를 주재하였다.

'회장으로'는 서술어 '주재하였다'가 필수적으로 요구하는 부사어가 아니므로 ㉡에 해당하지 않는다.

② ㉠ : 그 집은 주변 풍경과 잘 어울린다.
㉡ : 이 그림은 가짜인데도 진짜와 똑같다.

'그'는 의존 명사를 수식하는 관형어가 아니므로 ㉠에 해당하지 않는다.

③ ㉠ : 친구에게 책을 한 권 선물 받았다.
㉡ : 강아지들이 마당에서 뛰논다.

'마당에서'는 서술어 '뛰논다'가 필수적으로 요구하는 부사어가 아니므로 ㉡에 해당하지 않는다.

④ ㉠ : 자라나는 어린이들은 나라의 보배이다.
㉡ : 이삿짐을 바닥에 가지런히 놓았다.

'나라의'는 의존 명사를 수식하는 관형어가 아니므로 ㉠에 해당하지 않는다.

✔ ㉠ : 그는 노력한 만큼 좋은 결과를 얻었다.
㉡ : 나는 꽃꽂이를 취미로 삼았다.

'노력한'은 의존 명사 '만큼'을 수식하는 관형어이고, '취미로'는 서술어 '삼았다'가 필수적으로 요구하는 부사어이기 때문에 생략할 수 없으므로 각각 ㉠, ㉡에 해당하는 예이다.

05~08 인문

박영욱, 「보고 듣고 만지는 현대사상」

해제 이 글은 **들뢰즈의 '차이' 철학을 설명하면서, 들뢰즈 철학이 지닌 의의에 대해 제시**하고 있다.
들뢰즈는 세상을 개념으로만 파악하려는 **개념주의적 태도를 비판**하면서 개별 대상의 다양성에 주목하는 **'차이' 철학을 제시**했다. **이러한 차이를 들뢰즈는** 어떤 대상과 다른 대상의 상대적 다름을 의미하는 **'개념적 차이'**와 대상 자체의 절대적 다름을 의미하는 **'차이 자체'로 나누었다.**
들뢰즈는 **개념적 차이는 대상만의 고유한 가치나 절대적 다름이 파악될 수 없다고 하면서, 개별 대상의 차이 자체를 드러낼 수 있는 작용 원리를 '반복'과 '강도'라는 용어로 설명**하였다.
이러한 **들뢰즈의 '차이' 철학**은 **철학의 시선을 개념에서 현실 세계의 대상 자체로 돌리게 했다는 의의**를 지닌다.

주제 들뢰즈의 '차이' 철학 및 의의

문단 핵심 내용

1문단	들뢰즈가 제시한 '차이'의 철학
2문단	'개념적 차이'와 '차이 자체'를 구분한 들뢰즈
3문단	'개념적 차이'에 대한 들뢰즈의 인식
4문단	'차이 자체'의 작용 원리에 대한 들뢰즈의 설명
5문단	들뢰즈 철학이 지닌 의의

05 내용 전개 방식 파악

정답률 78% | 정답 ①

윗글의 내용 전개 방식에 대한 설명으로 가장 적절한 것은?

✔ 기존의 관점을 비판한 특정 견해를 예를 들어 설명하고 그 의의를 밝히고 있다.

개념주의적 태도를 지닌 기존 사상가들의 견해를 비판한 들뢰즈의 철학에 대해 소금과 연주자의 예를 들어 설명하면서, 이러한 들뢰즈의 철학이 지닌 의의를 밝히고 있다.

② 두 이론의 공통점과 차이점을 분석하고 이를 절충한 새로운 이론을 소개하고 있다.

들뢰즈의 비판 대상으로 개념주의적 태도가 언급되어 있지만, 두 견해를 비교하거나 절충하지는 않고 있다.

③ 특정 이론의 변천 과정을 설명하고 해당 이론의 발전 방향에 대해 예측하여 전망하고 있다.

들뢰즈의 철학에 대해 설명하고 있을 뿐, 이러한 들뢰즈 철학의 변천 과정이나 발전 방향에 대해 예측하여 전망하지는 않고 있다.

④ 특정 견해의 특징을 드러낼 수 있는 역사적 사건을 언급하고 그 견해의 장단점을 비교하고 있다.

들뢰즈 철학의 특징을 드러낼 수 있는 역사적 사건을 언급하지 않고 있고, 들뢰즈 철학의 장단점을 비교하지도 않고 있다.

⑤ 특정 견해를 뒷받침하는 다른 견해를 제시하고 사회적 현상을 분석하여 두 견해의 유사점을 부각하고 있다.

들뢰즈의 철학을 뒷받침하는 다른 견해나 사회적 현상을 분석하지는 않고 있다.

06 핵심 개념을 통한 예시 내용 이해

정답률 58% | 정답 ②

윗글을 바탕으로 ㉠~㉢을 이해한 내용으로 가장 적절한 것은?

① ㉠과 달리 ㉡은 개념에 해당한다.

㉠은 '다른 대상들과의 상대적인 비교를 통해 소금의 개념적 차이가 형성'된 것에 해당하므로 개념에 해당하고, ㉡은 '그 입자마다의 염도와 빛깔 등이 다'른 차이 자체를 드러내는 것이므로 개별 대상에 해당한다.

✔ ㉠과 달리 ㉢은 개별 대상에 해당한다.

㉠은 '다른 대상들과의 상대적인 비교를 통해 소금의 개념적 차이가 형성'된 것에 해당하므로 개념에 해당하고, ㉢은 '반복될수록 연주자와 관객 모두 연주마다의 서로 다른 강도를 느끼게' 되는, 즉 '차이 자체를 드러내게 되는 것'이므로 개별 대상에 해당한다. 따라서 ㉠과 달리 ㉢은 개별 대상에 해당한다는 진술은 적절하다.

③ ㉢과 달리 ㉡은 개별 대상에 해당한다.

㉢은 '반복될수록 연주자와 관객 모두 연주마다의 서로 다른 강도를 느끼게' 되는, 즉 '차이 자체를 드러내게 되는 것'이므로 개별 대상에 해당하고, ㉡은 '그 입자마다의 염도와 빛깔 등이 다'른 차이 자체를 드러내는 것이므로 개별 대상에 해당한다.

④ ㉠과 ㉢은 모두 개별 대상에 해당한다.

㉠은 '다른 대상들과의 상대적인 비교를 통해 소금의 개념적 차이가 형성'된 것에 해당하므로 개념에 해당하고, ㉢은 '반복될수록 연주자와 관객 모두 연주마다의 서로 다른 강도를 느끼게' 되는, 즉 '차이 자체를 드러내게 되는 것'이므로 개별 대상에 해당한다.

⑤ ㉡과 ㉢은 모두 개념에 해당한다.

㉡은 '그 입자마다의 염도와 빛깔 등이 다'른 차이 자체를 드러내는 것이므로 개별 대상에 해당하고, ㉢은 '반복될수록 연주자와 관객 모두 연주마다의 서로 다른 강도를 느끼게' 되는, 즉 '차이 자체를 드러내게 되는 것'이므로 개별 대상에 해당한다.

★★★ 1등급 대비 고난도 2점 문제

07 구체적 사례에의 적용

정답률 20% | 정답 ②

<보기>는 온라인 수업 게시판의 일부이다. 윗글을 바탕으로 학생들이 과제를 수행했다고 할 때 ㉮와 ㉯에 들어갈 말로 가장 적절한 것은?

<보 기>

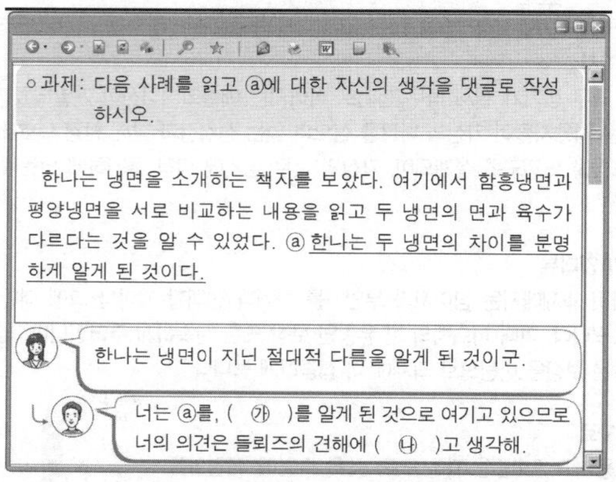

	㉮	㉯
①	차이 자체	부합한다
✔	차이 자체	부합하지 않는다

<보기>를 통해 한나가 함흥냉면과 평양냉면의 면과 육수를 비교하여 소개하는 책자의 내용을 읽고 두 냉면의 차이를 알게 되었음을 알 수 있다. 그리고 2문단의 '개념적 차이란 ~ 상대적 다름을 의미하며'를 통해, 한나가 알게 된 두 냉면의 차이는 개념적 차이임을

알 수 있다. 하지만 첫 번째 학생이 '한나는 냉면이 지닌 절대적 다름을 알게 된 것이군.'이라고 댓글을 작성했으므로 이는 개념적 차이를 차이 자체로 오해한 것이라 할 수 있다. 따라서 두 번째 학생의 댓글에는 '너는 ⓐ를, 차이 자체를 알게 된 것으로 여기고 있으므로 너의 의견은 들뢰즈의 견해에 부합하지 않는다고 생각해.'가 들어가는 것이 적절하다.

③ **개념적 차이　　부합한다**
④ **개념적 차이　　부합하지 않는다**
⑤ **개념적 종차　　부합한다**

★★ 문제 해결 꿀~팁 ★★

▶ 많이 틀린 이유는?
이 문제는 들뢰즈의 '개념적 차이'와 '차이 자체'에 대한 정확한 이해와 〈보기〉의 ⓐ가 '개념적 차이'를 드러내고 있음을 정확히 이해하지 못하여 오답률이 높았던 것으로 보인다.
▶ 문제 해결 방법은?
이 문제를 해결하기 위해서는 여느 문제와 마찬가지로 제시된 문제와 관련된 글의 내용을 찾아야 한다. 즉, ⓐ의 '두 냉면의 차이', 댓글을 단 '절대적 다름'과 '들뢰즈의 견해'를 바탕으로 이 문제가 들뢰즈가 제시한 '개념적 차이'와 '차이 자체'에 대한 내용임을 파악해야 한다. 그런 다음 글의 내용을 통해 들뢰즈가 ⓐ에 대해 '개념적 차이'로 여기는지 '차이 자체'로 여기는지를 파악해야 한다. 즉 2문단에 제시된 '개념적 차이'와 '차이 자체'를 통해 들뢰즈는 ⓐ에 대하여 '개념적 차이'라고 여길 것임을 파악해야 한다. 이렇게 볼 때, 처음 댓글을 단 학생의 '절대적 다름'이라는 말을 통해 첫 번째 학생은 '개념적 차이'가 아닌 '차이 자체'로 여기고 있으므로, 이는 ⓐ를 '개념적 차이'라고 여긴 들뢰즈의 견해에 부합하지 않는 것이라 할 수 있는 것이다.
▶ 오답인 ①, ④를 많이 선택한 이유는?
이 문제의 경우 학생들이 ①과 ④가 적절하다고 하여 오답률이 높았는데, 이는 ⓐ에 대한 들뢰즈의 견해가 무엇인지 정확히 파악하지 못했기 때문으로 보인다. 이는 기본적으로 ⓐ에 대한 들뢰즈의 견해와 첫 번째 댓글을 단 학생의 견해가 다르다는 것을 정확히 인지하지 못했기 때문으로 보인다. 위에서처럼 ⓐ에 대한 들뢰즈의 견해를 정확히 파악했다면 ①, ④가 적절하지 않았음을 판단할 수 있었을 것이다.

08 관점의 파악 및 적용　　정답률 61% | 정답 ③

〈보기〉에 대해 '들뢰즈'가 보일 수 있는 반응으로 적절하지 않은 것은? [3점]

〈보 기〉
○ 헤겔은 세상을 개념적으로 파악하기 위한 방법론으로 변증법을 제시했다. 가령 '아인슈타인'이라는 개별 대상은 '남자', '과학자' 등과 같은 더 많은 개념들을 활용한다면 완벽하게 규정될 수 있다고 본 것이 헤겔 변증법의 핵심이다.
○ 앤디 워홀은 실크스크린을 통한 대량 인쇄 작업을 거쳐 공장에서 한 가지 상품의 동일한 이미지를 작품으로 제작하였다. 이 작품들은 언뜻 보면 동일해 보였지만 실제로는 윤곽선의 번짐이나 색상에서 조금씩 차이를 느낄 수 있었다. 이러한 앤디 워홀의 작업은 같음을 생산하는 과정을 되풀이함으로써 오히려 어떠한 결과물도 같을 수 없음을 보여 준다.

① **헤겔의 변증법을 활용하더라도 아인슈타인이라는 개별 대상을 온전히 규정할 수 없겠군.**
〈보기〉의 '더 많은 개념들을 ~ 헤겔 변증법의 핵심이다.'와 3문단의 '들뢰즈는 개념적 차이로는 ~ 무시되기 때문이다.'를 보면, 들뢰즈의 입장에서 헤겔의 변증법을 활용하더라도 대상과의 비교를 통해 파악된 결과로는 개별 대상을 온전히 규정할 수 없으므로 적절하다.

② **헤겔이 세상을 보는 방법론은 미리 만들어진 개념이 현실 세계의 개별 대상들을 규정하는 것이겠군.**
〈보기〉의 '헤겔은 세상을 ~ 변증법을 제시했다.'와 1문단의 '이러한 개념을 통해 ~ 사상가들이 있었다.'를 보면, 들뢰즈의 입장에서 헤겔이 세상을 보는 방법론은 미리 만들어진 개념이 현실 세계의 개별 대상들을 규정하는 것이므로 적절하다.

③ **앤디 워홀은 같음을 생산하는 과정을 되풀이하며 제작한 결과물을 통해 동일한 강도가 지각될 수 있음을 보여 주려 한 것이겠군.**
〈보기〉의 '이러한 앤디 워홀의 ~ 없음을 보여 준다.'와 4문단의 '들뢰즈가 말하는 반복이란 ~ 과정을 의미한다.'를 통해, 들뢰즈의 입장에서 앤디 워홀은 같음을 생산하는 과정을 되풀이하여 각각 강도가 다른 결과물을 제작한 것임을 알 수 있으므로 적절하지 않다.

④ **앤디 워홀이 대량 인쇄 작업으로 제작한 작품들은 다른 것과 비교될 수 없는 개별 대상에 대한 감각적 경험을 가능하게 하겠군.**
〈보기〉의 '이러한 앤디 워홀의 ~ 없음을 보여 준다.'와 4문단의 '들뢰즈가 말하는 ~ 감각적 경험을 의미한다.'를 보면, 들뢰즈의 입장에서 앤디 워홀은 다른 것과 비교될 수 없는 감각적 경험을 가능하게 하는 작품들을 제작한 것이므로 적절하다.

⑤ **앤디 워홀의 실크스크린 작품들에서는 다른 대상에 의존하는 방식으로는 파악할 수 없는 특성이 색상과 윤곽선에 대한 지각을 통해 드러나게 되는 것이겠군.**
〈보기〉의 '이 작품들은 ~ 느낄 수 있었다.'와 3문단의 '개념적 차이는 ~ 의존하는 방식이어서', 4문단의 '들뢰즈가 말하는 ~ 과정을 의미한다.'를 보면, 들뢰즈의 입장에서 앤디 워홀의 작품들에서는 색상과 윤곽선의 지각을 통해 다른 대상에 의존하는 방식으로는 파악할 수 없는 강도의 차이를 느낄 수 있으므로 적절하다.

09~12 갈래 복합

(가) 양사언 시조
감상　이 작품은 **삶의 목표를 세우고 그것을 이루기 위해 노력하는 모습을 산에 오르는 것에 비유**하여 표현한 작품이다. 화자는 목표에 도전하면서 그것을 이루기 위해 **꾸준히 노력하지 않고 포기하거나 체념하는 세태를 비판**하고 있다.
주제　목표를 이루기 위한 실천과 노력의 중요성

현대어 풀이
태산이 높다고 하여도 하늘 아래에 있는 산이로다.
오르고 또 오르면 못 오를 리 없건마는
사람들이 올라 보지도 않고 산만 높다고 하더라.

(나) 김시습, 「사청사우(乍晴乍雨)」
감상　이 작품은 **세상 인정의 변덕스러움을 날씨에 빗대어 노래**한 작품이다. 화자는 세상 인정이 한결같지 않아 언제 어떻게 변할지 알 수 없다 하고 있다. 따라서 꽃과 구름을 대하는 봄과 산처럼 **변화에 일희일비하지 않고 순리대로 살아간다면 생의 즐거움을 느낄 수 있다고 충고**하고 있다.
주제　변덕스러운 인간 세상에 대한 비판과 순리에 따라 사는 삶

(다) 이규보, 「이옥설(理屋說)」
감상　이 작품은 **퇴락한 행랑채를 수리하는 과정에서 얻은 깨달음**을 전달하고 있는 한문 수필이다. 즉 글쓴이는 행랑채를 수리하며 오래 방치한 행랑채와 서둘러 수리한 행랑채의 차이를 발견하고, 이를 **'사람의 몸'과 '나라의 정치'로 확대 적용하여 잘못을 미리 알고 바로 고쳐 나가는 태도**라는 주제 의식을 전달해 주고 있다.
주제　잘못을 미리 알고 바로 고쳐 나가는 태도

09 작품 간의 공통점 파악　　정답률 64% | 정답 ③

(가)~(다)의 공통점으로 가장 적절한 것은?

① **자신의 가치관을 성찰하며 개선하고 있다.**
(가)의 화자는 자신이 옳다고 생각하는 가치관대로 세상 사람들이 살아갈 것을 충고하고 있고, (나)의 화자 역시 세상 사람들에게 어떻게 살아야 하는지를 알려 주고 있다. 그리고 (다)의 화자는 자신의 깨달은 바를 바탕으로 잘못을 미리 알고 바로 고쳐 나가는 태도를 알려 주고 있다. 따라서 (가)~(다)의 화자 모두 자신의 가치관을 성찰하며 개선한다고는 볼 수 없다.

② **현재 처한 상황을 극복하고자 노력하고 있다.**
(가)~(다)의 화자 모두 현재 상황을 극복하고자 하는 모습은 드러내지 않고 있다.

③ **바른 삶을 살아가는 자세에 대해 말하고 있다.**
(가)에서 화자는 목표를 이루기 위해 꾸준히 노력하지 않고 포기하거나 체념하는 세태를 비판하면서 목표를 세우고 그것의 실현을 위해 노력하는 자세가 중요하다는 것을 말하고 있다. (나)에서 화자는 세상 인정의 변덕스러움을 비판하면서 욕망을 버리고 순리대로 살 것을 깨우쳐 주고 있다. 그리고 (다)에서 화자는 잘못을 알고 그것을 고쳐나가는 자세의 중요성을 언급하고 있다. 따라서 세 작품 모두 글쓴이가 생각하는 올바른 삶의 자세가 무엇인지 말하고 있다고 할 수 있다.

④ **이념과 현실 사이의 갈등 속에서 방황하고 있다.**
(가)~(다)의 내용에서 이념과 현실의 갈등은 찾아볼 수 없다.

⑤ **추구하는 이상 세계의 모습을 구체적으로 언급하고 있다.**
(가)~(다)의 화자 모두 자신이 추구하는 이상 세계의 모습을 언급하지는 않고 있다.

★★★ 1등급 대비 고난도 2점 문제

10 작품의 종합적 감상　　정답률 41% | 정답 ⑤

[A]~[D]에 대한 설명으로 적절하지 않은 것은?

[문제편 p.141]

① [A]에서는 자연 현상에 빗대어 세상 인정에 대한 화자의 부정적 인식을 드러내고 있다.
[A]에서 변덕스러운 날씨를 통해 세상 인정 역시 그러하다고 표현하며 세상 인정에 대해 부정적으로 인식하고 있다.

② [B]에서는 대구법을 사용하여 세상 인정에 대한 구체적인 사례를 들고 있다.
[B]의 '나를 기리다가 헐뜯고', '공명을 피하다가 구하고'에서 대구법이 쓰였음을 알 수 있다. 또한 세상 인정의 변덕스러움에 대해 구체적으로 예를 들고 있다.

③ [C]에서는 가변적인 대상과 불변적인 대상을 대조하여 화자의 의도를 분명히 하고 있다.
[C]에서 가변적인 대상인 '구름', 불변적인 대상인 '산'을 대조하여 '산'처럼 의연하게 살아야 한다는 의도를 전하고 있다.

④ [D]에서는 도치법을 활용하여 화자가 전달하고자 하는 바를 강조하고 있다.
[D]에서 7, 8구의 순서를 바꾸어 화자가 전달하고자 하는 바를 강조하고 있다.

✔ [A] ~ [D]에서는 세상 사람들을 청자로 설정하여 묻고 답하며 시상을 전개하고 있다.
[D]의 '세상 사람들에게 말하노니, 반드시 기억해 알아 두라.'에서 세상 사람들을 청자로 설정하여 말하고 있음을 알 수 있지만, 묻고 답하는 문답법은 사용되지 않았다.

★★ 문제 해결 꿀~팁 ★★

▶ 많이 틀린 이유는?
각 시행에 제시된 표현상 특징을 정확히 이해하지 못해 오답률이 높았던 것으로 보인다.

▶ 문제 해결 방법은?
선택지에 제시된 표현상 특징과 [A]~[D] 부분과 직접적으로 비교하여 확인해야 한다. 가령 정답인 ⑤의 경우, '세상 사람들'을 '청자로 설정'하고 있음을 [D]의 '세상 사람들에게 말하노니'를 통해 확인할 수 있지만, '묻고 답하며'인 '문답법'은 사용되지 않았음을 알 수 있다. 이처럼 표현상 특징을 확인하는 문제의 경우, 정확히 어느 부분을 통해 파악할 수 있는지를 반드시 확인할 수 있어야 한다.

▶ 오답인 ①, ②를 많이 선택한 이유는?
이 문제의 경우 ①, ②를 선택한 학생들이 많았는데, ①의 경우 '자연 현상에 빗대어'는 확인했지만, '화자의 부정적 인식'을 드러냈다고 여기지 않았기 때문으로 보인다. 그런데 [A] 이후에 제시된 내용을 보면 '세상 인정'에 대해 부정적으로 제시하고 있으므로 '화자의 부정적 인식'이 드러났다고 할 수 있다. 그리고 ②의 경우 '대구법'에 대한 정확한 이해가 부족했기 때문으로 보이는데, 대구법이 '비슷한 어조나 어세를 가진 어구를 짝 지어 표현의 효과를 나타내는 수사법'임을 알았으면 [B]의 앞의 행과 뒤의 행이 대구를 이루고 있음을 알 수 있었을 것이다. 이처럼 중요한 표현상 특징은 그 의미와 함께 구체적 사례를 함께 이해해 두는 것이 필요하다.

11 내용 전개 과정 파악

정답률 72% | 정답 ④

〈보기〉를 참고하여 (다)를 이해한 내용으로 가장 적절한 것은? [3점]

〈보 기〉
설(說)은 일반적으로 두 단계의 구조로 나뉜다. 글쓴이의 개인적인 경험을 들려주는 ㉠ 전반부와 그로부터 얻은 결과를 독자에게 전하는 ㉡ 후반부로 구분된다. 글쓴이의 주관이 직접적으로 드러나고 경험담이 기반이 되기 때문에 수필과 비슷하다.

① ㉠은 문제에 대해 다양한 해결책을 제시하고 있다.
㉠은 개인적인 경험을 들려주고 있으므로, 다양한 해결책을 제시하였다고는 볼 수 없다.

② ㉠과 ㉡은 서로 상반되는 견해를 제시하고 있다.
㉠과 ㉡은 상반되는 견해가 아니라 ㉠에서 경험한 것을 '사람의 몸'과 '나라의 정치'에 적용하고 있는 것이다.

③ ㉠이 사건의 결과라면 ㉡은 그 원인에 해당한다.
글쓴이 자신의 경험을 드러냈다는 점만 놓고 본다면 ㉠이 사건의 결과라 할 수 있지만, ㉡은 ㉠으로 인해 얻은 깨달음을 확장하여 적용한 것이지 ㉠의 원인이라고 볼 수 없다.

✔ ㉡은 ㉠의 사실적 상황을 바탕으로 유추한 것이다.
〈보기〉에서 설(說)이 두 단계의 구조로 이루어져 있고, 전반부에서는 개인적인 경험을 예로 들고, 후반부에서는 교훈을 전하고 있음을 알 수 있다. 이러한 내용을 바탕으로 이 글을 보면, 퇴락한 행랑채를 수리하는 과정에서의 경험을 토대로 '사람의 몸'과 '나라의 정치'에 적용하고 있는 유추의 방법을 사용하고 있음을 알 수 있다.

⑤ ㉠은 ㉡에서 얻은 깨달음을 자신의 생활에 적용한 것이다.
㉠은 ㉡에서 얻은 깨달음을 자신의 생활에 적용한 것이 아니라, ㉠에서 얻은 깨달음을 ㉡에 적용한 것이다.

12 구절의 의미 파악

정답률 74% | 정답 ①

㉮에 대한 반응으로 가장 적절한 것은?

✔ 호미로 막을 걸 가래로 막았군.
㉮는 비가 새기 시작한 것을 알았을 때, 미리 지붕을 고쳤다면 수리비가 많이 들지 않았을 것인데 그렇지 않아 더 많은 비용을 들였음을 나타낸 것이다. 따라서 ㉮에 대한 반응으로 적절한 것은 '커지기 전에 처리하였으면 쉽게 해결되었을 일을 방치하여 두었다가 나중에 큰 힘을 들이게 된 경우'를 비유적으로 표현한 '호미로 막을 것을 가래로 막는다.'라 할 수 있다.

② 낫 놓고 기역자도 모르는 격이군.
글자를 하나도 모를 정도로 아주 무식하다는 의미를 지닌 속담이다.

③ 까마귀 날자 배 떨어진 상황이군.
아무 상관도 없는 일이 공교롭게도 동시에 일어나 어떤 관계가 있는 것처럼 의심을 받게 된다는 속담이다.

④ 개구리 올챙이 적 생각 못하는군.
형편이나 사정이 전에 비하여 나아진 사람이 지난날의 미천하거나 어렵던 때의 일을 생각지 아니하고 처음부터 잘난 듯이 뽐냄을 비유적으로 이르는 속담이다.

⑤ 우물에 가서 숭늉을 찾는 경우이군.
지나치게 몹시 성급하게 구는 사람을 두고 이르는 속담이다.

[문제편 p.143]

DAY 24 20분 미니 모의고사

01 ①	02 ④	03 ④	04 ②	05 ④
06 ⑤	07 ③	08 ②	09 ①	10 ②
11 ⑤	12 ⑤			

01 발화의 기능 이해 정답률 89% | 정답 ①

(가)의 '학생 1'에 대한 설명으로 적절하지 않은 것은?

✔ 일부 대화 참여자의 발언이 맥락에서 벗어났음을 지적하고 논의의 범위를 제한할 것을 요청하고 있다.
'학생 1'의 발화를 통해, 일부 대화 참여자의 발언이 맥락에서 벗어났음을 지적하거나 논의의 범위를 제한할 것을 요청하는 말은 찾아볼 수 없다.

② 대화 참여자의 발언에 대해 평가하고 논의와 관련하여 대화 참여자들이 해야 할 일을 제시하고 있다.
'학생 1'의 네 번째 발화에서 '학생 1'은 앞의 '학생 3'의 의견에 대해 '정말 좋은 의견이야.'라고 긍정적으로 평가하면서, 대화 참여자들이 해야 할 일로 자료 수집을 제안하고 있다.

③ 대화 참여자의 발언의 일부를 재진술하고 논의와 관련된 추가적인 설명을 요구하고 있다.
'학생 1'의 두 번째 발화에서 '학생 1'은 앞의 '학생 3'의 '고립될 수 있다는 불안을 느끼기 쉽다'는 말을 재진술하면서 포모라는 말에 대한 추가 설명을 요구하고 있다.

④ 대화 참여자의 발언 내용에 동의하고 더 논의할 내용을 제시하고 있다.
'학생 1'의 세 번째 발화에서 '학생 1'은 앞의 '학생 2'의 발화에 동의하면서 '학생들에게 제안할 만한 내용'을 더 논의하자고 하고 있다.

⑤ 지난번 대화 내용을 환기하고 이번에 논의할 내용을 밝히고 있다.
'학생 1'의 첫 번째 발화에서 '학생 1'은 지난번 대화 내용을 환기하며 오늘 논의할 내용을 밝히고 있다.

02 조건에 맞는 표현 정답률 89% | 정답 ④

㉮에 들어갈 문장을 〈조건〉에 따라 작성한 것으로 가장 적절한 것은?

〈조 건〉
- 문단의 내용과 어긋나지 않도록 할 것.
- 내용의 대비가 드러나도록 비교의 방식을 활용할 것.

① 포모 증후군은 아닌지 걱정만 하기보다는 사용 시간 점검으로 현명한 SNS 사용자가 되자.
내용 대비가 드러나는 비교의 방식이 쓰였으나 4문단 내용과 어긋난다.

② 이번 주말 현실 속 친구들과 시간을 보냈다면, 다음 주말은 SNS 친구들에게 더 집중하도록 하자.
'SNS 친구들'과 '현실 속 친구들'이 대비를 이루고 있지만, 4문단 내용에 부합하지 않는다.

③ 내 손을 잡아 줄 옆자리 친구만큼 내 마음을 잡아 줄 SNS 친구도 소중하다는 것을 잊지 말아야 한다.
'옆자리 친구'와 'SNS 친구'가 대비를 이루고 있지만, 이들이 비교되지는 않았으며, 4문단 내용과도 상반되는 내용이다.

✔ SNS 속 친구 목록의 길이에 마음을 쓰기보다 곁에서 마음을 나누는 몇몇 친구와의 시간을 소중히 여길 필요가 있다.
'조건'을 통해 내용상 조건이 '문단의 내용에 맞는 것'이고, 형식상 조건이 '비교의 방식 활용'임을 알 수 있다. 이러한 조건을 만족하는 것은 ④로, ④는 (나)의 4문단의 친구 관계 형성에 집중하자는 내용과 어긋나지 않으며, 'SNS 속 친구 목록의 길이'와 '곁에서 마음을 나누는 몇몇 친구와의 시간'이 대비를 이루는 비교의 방식을 사용하고 있다.

⑤ 일상생활에서 직접 만나는 친구를 SNS 속에서 자주 만나며 연결되지 못하는 불안에서 벗어나 우정의 폭을 넓혀 보자.
4문단의 내용과 부합하고 '일상생활'과 'SNS'가 대비는 이루어지고 있지만 비교는 드러나지 않았다.

03 품사에 따른 띄어쓰기의 이해 정답률 58% | 정답 ④

다음은 수업의 일부이다. 이를 참고할 때, 띄어쓰기가 바르게 된 문장은?

학생 : 선생님, '뿐'은 앞말에 붙여 쓰는 경우도 있고 띄어 쓰는 경우도 있던데 어떻게 띄어 써야 하나요?
선생님 : 품사에 따라 띄어쓰기가 달라져요. '나에게는 너뿐이야.'에서처럼 '너'라는 체언 뒤에 붙어서 한정의 뜻을 나타낼 때의 '뿐'은 조사이기 때문에 앞말에 붙여 써야 해요. 그런데 '그녀는 조용히 웃을 뿐이었다.'에서의 '뿐'은 체언을 수식하는 관형어 '웃을' 뒤에 붙어서 '따름'이라는 뜻을 나타내는 의존 명사이기 때문에 앞말과 띄어 써야 해요.
학생 : '뿐'과 같이 띄어쓰기가 달라지는 예가 더 있나요?
선생님 : 대표적인 예로 '대로, 만큼'이 있어요.

① 아는대로 모두 말하여라.
'아는대로'에서 '대로'는 '아는'이라는 용언의 관형사형 뒤에서 '어떤 모양이나 상태와 같이'를 뜻하는 의존 명사이므로 앞말과 띄어 써야 한다.

② 마음이 약해질대로 약해졌다.
'약해질대로'에서 '대로'는 '약해질'이라는 용언의 관형사형 뒤에서 '어떤 상태가 매우 심하다는 뜻을 나타내는 말'을 뜻하는 의존 명사이므로 앞말과 띄어 써야 한다.

③ 모든 것이 자기 생각 대로 되었다.
'생각 대로'에서 '대로'는 '생각'이라는 체언 뒤에서 '앞에 오는 말에 근거하거나 달라짐이 없음'을 뜻하는 조사이므로 앞말에 붙여 써야 한다.

✔ 손님들은 먹을 만큼 충분히 먹었다.
선생님의 말을 통해, '뿐, 대로, 만큼'은 체언 뒤에 붙어서 한정을 나타낼 때에는 붙여 써야 하고, 체언을 수식하는 관형어 뒤에 쓰일 때는 의존 명사이기 때문에 띄어 써야 함을 알 수 있다. '먹을 만큼'에서 '만큼'은 '먹을'이라는 용언의 관형사형 뒤에서 '앞의 내용에 상당한 수량이나 정도임을 나타내는 말'을 뜻하는 의존 명사이므로 앞말과 띄어 써야 한다.

⑤ 그 사람은 말 만큼은 누구보다 앞선다.
'말 만큼'에서 '만큼'은 '말'이라는 체언 뒤에서 '앞말과 비슷한 정도나 한도임'을 뜻하는 조사이므로 앞말에 붙여 써야 한다.

04~08 인문

(가) 토마스 아퀴나스, 「정념」

해제 이 글은 사랑에 대한 아퀴나스의 견해를 소개하고 있다. 아퀴나스는 인간이 선을 추구하려는 욕구를 지닌 존재이고, 사랑은 그런 욕구를 추구하는 인간 행위의 원천이라고 보았다. 그는 인간의 욕구를 감각적 욕구와 지적 욕구로 구별하고, 감각적 욕구와 지적 욕구가 있는 곳에는 항상 사랑이 있다고 말하며, 사랑이 선을 향한 감각적 욕구와 지적 욕구에 의한 추구 행위를 일으키는 힘이라고 설명하였다. 그는 특히 감각적 욕구에 의한 추구 행위를 '정념'이라고 칭하고 그 특성에 주목하였다. 결국 그가 말하는 인간의 사랑은 선에 대한 자신의 이해에 입각하기 때문에 자신에게 선인 것에 대한 사랑을 근본으로 한다.

주제 사랑에 대한 아퀴나스의 견해

문단 핵심 내용

1문단	욕구를 추구하는 인간 행위의 원천으로 사랑을 본 아퀴나스
2문단	인간의 욕구를 감각적 욕구와 지적 욕구로 구별한 아퀴나스
3문단	선을 향한 욕구와 연결 지어 사랑을 설명한 아퀴나스

(나) 임마누엘 칸트, 「도덕형이상학 정초」

해제 이 글은 사랑에 대한 칸트의 견해를 소개하고 있다. 칸트는 사랑을 감성적 차원의 사랑과 실천적 차원의 사랑으로 구분하고, 실천적 차원의 사랑에 더 주목하여 가치를 부여하였다. 그는 인간은 도덕법칙을 실천하려고 하는 선의지를 지닌 존재이므로 선의지에 따라 의무로부터 비롯된 행위를 실천하는 것만이 도덕적 가치가 있다고 보았다. 그리고 그는 실천적 차원의 사랑만이 보편적인 도덕법칙으로 명령될 수 있으며, 인간에 대한 실천적 차원의 사랑은 모든 인간이 갖는 서로에 대한 의무라고 말하였다.

주제 사랑에 대한 칸트의 견해

문단 핵심 내용

1문단	감성적 차원의 사랑과 실천적 차원의 사랑을 구별한 칸트
2문단	선의지에 따라 의무로부터 비롯된 행위를 실천하는 것만이 도덕적 가치가 있다고 본 칸트
3문단	실천적 차원의 사랑만이 도덕적 가치를 지닌다고 본 칸트

[문제편 p.144]

04 내용 전개 방식 파악

정답률 72% | 정답 ②

(가)와 (나)의 공통점으로 가장 적절한 것은?

① **(가)와 (나)는 모두 문제점에 대한 해결 방안을 모색하고 있다.**
(가)와 (나)를 통해 문제점에 대한 해결 방안을 모색한 부분은 찾아볼 수 없다.

✔ **(가)와 (나)는 모두 용어의 개념을 정의하며 내용을 전개하고 있다.**
(가)의 1문단의 '선이란 자신에게 좋은 것으로 ~ 주는 것을 뜻한다.'를 통해, (나)의 2문단의 '선의지란 선을 지향하는 ~ 선한 것이다.'를 통해, (가), (나) 모두 용어의 개념을 정의하며 내용을 전개하고 있음을 알 수 있다.

③ **(가)와 (나)는 모두 두 가지 이론의 장단점을 비교하며 설명하고 있다.**
(가)와 (나)를 통해 두 가지 이론의 장단점을 비교하며 설명하는 내용은 찾아볼 수 없다.

④ **(가)와 (나)는 모두 두 가지 관점을 절충하며 하나의 결론을 도출하고 있다.**
(가)와 (나)를 통해 두 가지 관점을 절충하며 하나의 결론을 도출하는 내용은 찾아볼 수 없다.

⑤ **(가)와 (나)는 모두 특정 학자의 견해가 지닌 논리적 오류를 지적하고 있다.**
(가)와 (나)를 통해 특정 학자의 견해가 지닌 논리적 오류를 지적한 내용은 찾아볼 수 없다.

05 핵심 개념의 이해

정답률 88% | 정답 ④

㉠에 대한 설명으로 적절하지 않은 것은?

① **선을 추구한다.**
(가)의 2문단에서 '인간의 욕구는 감각적 욕구와 지적 욕구로 구별되는데, 이는 선을 추구한다는 점에서는 동일하'다고 하였으므로 적절하다.

② **인간이 지니고 있는 것이다.**
(가)의 1문단에서 '인간이 선을 추구하려는 욕구를 지닌 존재'라고 하였으므로 적절하다.

③ **감각적 욕구와 지적 욕구로 구별된다.**
(가)의 2문단에서 '인간의 욕구는 감각적 욕구와 지적 욕구로 구별되는데'라고 하였으므로 적절하다.

✔ **감각적 욕구들은 동시에 일어날 수 없다.**
(가)의 3문단을 통해 여러 대상에 대한 감각적 욕구들이 동시에 일어난다면 인간은 가장 먼저 추구할 감각적 욕구를 지성에 의해 판단하고 선택함을 알 수 있으므로, 감각적 욕구들이 동시에 일어날 수 있음을 알 수 있다.

⑤ **감각적 욕구에 의한 추구 행위는 정념이라 부른다.**
(가)의 3문단에서 '감각적 욕구에 의한 추구 행위를 '정념'이라고 칭'한다고 하였으므로 적절하다.

06 구체적인 사례에의 적용

정답률 59% | 정답 ⑤

(가)와 (나)를 읽은 학생이 〈보기〉에 대해 보인 반응으로 적절하지 않은 것은? [3점]

〈보 기〉

갑은 잠에서 깨어나 방안 가득한 카레 냄새를 맡고 카레가 먹고 싶어져 식탁으로 갔다. 그런데 오늘 예정된 봉사활동에 늦지 않기 위해 카레를 먹지 않기로 하고 봉사활동을 하러 갔다. 봉사활동을 마치고 집에 가는 길에 카페에 들렀더니 진열장에 시원한 생수와 맛있는 케이크가 있었다. 그것들을 보니 목도 마르고 배도 고팠지만 생수를 먼저 주문해 마신 후, 케이크를 주문해 먹었다. 그러다 갑은 카페에 들어오는 이성인 을의 미소를 보고 첫 눈에 반했다. 평소 갑은 부끄러움이 많았지만 용기를 내어 을에게 다가갔다.

① **아퀴나스에 따르면, 갑이 카레가 먹고 싶어진 것은 카레 냄새에 의해 촉발된 감각적 욕구에 의한 추구 행위이겠군.**
(가)의 2문단에서 '감각적 욕구에 의한 ~ 수동적으로 반응하는 것'이라고 하였으므로, 〈보기〉에서 갑이 카레가 먹고 싶어진 것을 카레 냄새에 의해 촉발된 감각적 욕구에 의한 추구 행위라고 보는 진술은 적절하다.

② **아퀴나스에 따르면, 갑이 카레를 먹지 않은 것은 지성이 카레를 먹는 것을 선이 아니라고 판단했기 때문이겠군.**
(가)의 2문단에서 '지성은 대상이 무엇이든 이해한 바에 따라 선악 판단을 다르게 할 수 있'다고 하였고, 인간은 '선이 아니라고 판단한다면' 대상을 '추구하지 않을 수도 있다'고 하였다. 〈보기〉에서 갑은 카레가 먹고 싶어졌지만, 봉사활동에 늦지 않기 위해 먹지 않기로 한 것이므로, 지성에 의해 카레를 먹는 것을 선이 아니라고 판단했기 때문이라고 보는 진술은 적절하다.

③ **아퀴나스에 따르면, 갑이 생수와 케이크 중 생수를 먼저 주문해 마신 것은 갈증을 해결하는 것이 더 선이라고 이해했기 때문이겠군.**
(가)의 3문단에서 '여러 대상에 대한 ~ 더 선이라고 이해된 것을 우선 추구'한다고 하였으므로, 〈보기〉에서 갑이 목도 마르고 배도 고팠지만 생수를 먼저 주문해 마신 것은 갈증을 해결하는 것이 더 선이라고 이해했기 때문이라고 보는 진술은 적절하다.

④ **칸트에 따르면, 갑이 을의 미소에 첫눈에 반한 것은 자연적 경향성에 이끌린 것이겠군.**
(나)의 1문단에서 '감성적 차원의 사랑은 남녀 간의 사랑같이 인간의 경향성에 근거한 사랑'이라고 하였고, (나)의 3문단에서 '감성적 차원의 사랑은 욕구나 자연적 경향성에 이끌리는 감정'이라고 하였다. 따라서 〈보기〉에서 갑이 이성인 을의 미소에 첫눈에 반한 것은 자연적 경향성에 이끌린 것이라고 보는 진술은 적절하다.

✔ **칸트에 따르면, 갑이 을에게 다가간 것은 감성적 차원의 사랑에서 실천적 차원의 사랑으로 나아간 것이겠군.**
(나)의 1문단에서 '감성적 차원의 사랑은 ~ 의무로서의 사랑'이라고 했고, 3문단에서 '감성적 차원의 사랑은 욕구나 자연적 경향성에 이끌리는 감정'이라고 하였다. 〈보기〉에서 갑이 이성인 을에게 첫눈에 반해 다가간 것은 자연적 경향성에 이끌려 행동한 것이지 의무에서 비롯된 행동이 아니기 때문에 실천적 차원의 사랑으로 나아간 것이라고 볼 수 없다.

07 세부 내용의 이해

정답률 50% | 정답 ③

(가)와 (나)에 대해 이해한 내용으로 적절하지 않은 것은?

① **(가)의 아퀴나스는 인간이 선악을 판단할 수 있다고 보았고, (나)의 칸트는 인간에게 그 자체로 선한 선의지가 내재되어 있다고 보았다.**
(가)의 2문단에서 '지성은 대상이 무엇이든 이해한 바에 따라 선악 판단을 다르게 할 수 있'다고 하였고, (나)의 2문단에서 '인간은 도덕법칙을 ~ 조건 없이 선한 것'이라고 하였으므로 적절하다.

② **(가)의 아퀴나스는 모든 정념이 사랑을 전제한다고 보았고, (나)의 칸트는 감성적 차원의 사랑은 명령을 통해 일으킬 수 없다고 보았다.**
(가)의 3문단에서 '사랑을 전제하지 않는 정념은 없'다고 하였고, (나)의 3문단에서 '감성적 차원의 사랑은 ~ 일으킬 수 있는 것이 아니'라고 하였으므로 적절하다.

✔ **(가)의 아퀴나스는 사랑을 통해 기쁨을 얻을 수 있다고 보았고, (나)의 칸트는 사랑이 인간에게 도덕법칙을 의무로 부여한다고 보았다.**
(가)의 1문단에서 아퀴나스는 '인간이 선을 추구하려는 욕구를 ~ 행위의 원천이 바로 사랑'이라고 하였고, '선이란 자신에게 ~ 기쁨을 주는 것을 뜻한다.'고 하였으므로 사랑을 통해 기쁨을 얻을 수 있다는 진술은 적절하다.
하지만 (나)의 2문단에서 칸트는 '인간에게 도덕법칙을 의무로 부여'하는 것은 이성이라고 하였으므로, 사랑이 인간에게 도덕법칙을 의무로 부여한다는 진술은 적절하지 않다.

④ **(가)의 아퀴나스는 사랑을 욕구와의 관계에 따라 설명하였고, (나)의 칸트는 사랑을 감성적 차원과 실천적 차원으로 구분하여 설명하였다.**
(가)의 3문단에서 '감각적 욕구와 지적 욕구가 ~ 행위를 일으키는 힘'이라고 하였고, (나)의 1문단에서 '칸트는 감성적 차원의 사랑과 실천적 차원의 사랑이 다르다'고 구분하여 설명하고 있으므로 적절하다.

⑤ **(가)의 아퀴나스는 인간의 사랑이 자신에게 선인 것에 대한 사랑을 근본으로 한다고 보았고, (나)의 칸트는 보편적으로 적용할 수 있는 도덕법칙이 있다고 보았다.**
(가)의 3문단에서 '아퀴나스가 말하는 ~ 사랑을 근본으로 한다'고 하였고, (나)의 2문단에서 '보편적으로 적용할 수 있는 ~ 명령의 형식으로 나타'난다고 하였으므로 적절하다.

08 어휘의 문맥적 의미 파악

정답률 82% | 정답 ②

다음 중 ⓐ와 ⓑ의 의미로 쓰인 예가 바르게 짝지어진 것은?

① ⓐ : **경찰이 범인의 뒤를 따랐다.**
ⓑ : **춤으로는 그를 따를 자가 없다.**
ⓐ의 '따르다'는 '다른 사람이나 동물의 뒤에서 그가 가는 대로 같이 가다.', ⓑ의 '따르다'는 '앞선 것을 좇아 같은 수준에 이르다.'의 의미로 사용되었다.

✔ ⓐ : **그는 법에 따라 일을 처리했다.**
ⓑ : **우리는 의회의 결정을 따르겠다.**
(가)의 ⓐ는 '어떤 경우, 사실이나 기준 따위에 의거하다.', (나)의 ⓑ는 '관례, 유행이나 명령, 의견 따위를 그대로 실행하다.'의 의미로 사용되었으므로 적절하다.

③ ⓐ : 개발에 따른 공해 문제가 심각하다.
ⓑ : 우리 집 개는 아버지를 유난히 따른다.
ⓐ의 '따르다'는 '어떤 일이 다른 일과 더불어 일어나다.', ⓑ의 '따르다'는 '좋아하거나 존경하여 가까이 좇다.'의 의미로 사용되었다.

④ ⓐ : 아무도 그의 솜씨를 따를 수 없었다.
ⓑ : 그는 유행을 따라서 옷을 입었다.
ⓐ의 '따르다'는 '앞선 것을 좇아 같은 수준에 이르다.', ⓑ의 '따르다'는 '관례, 유행이나 명령, 의견 따위를 그대로 실행하다.'의 의미로 사용되었다.

⑤ ⓐ : 사용 목적에 따라서 물건을 분류했다.
ⓑ : 나는 강을 따라 천천히 내려갔다.
ⓐ의 '따르다'는 '어떤 경우, 사실이나 기준 따위에 의거하다.', ⓑ의 '따르다'는 '일정한 선 따위를 그대로 밟아 움직이다.'의 의미로 사용되었다.

09~12 현대 소설

윤흥길, 「아이젠하워에게 보내는 멧돼지」

감상 이 작품은 윤흥길의 『소라단 가는 길』에 실려 있는 연작소설 중 한 편으로, 하인철이란 인물이 6·25 전쟁 당시 유년 시절의 체험을 고향 친구들에게 들려주는 액자 소설의 형식으로 되어 있다.
어린 '나'의 순진한 시각을 통해 창권이 형의 활약과 몰락의 과정을 전달함으로써 전쟁의 폭력성과 이데올로기 대립의 참혹성에 대해 생각해 보게 하고 있다. 한편 몰락하게 되는 창권이 형의 모습을 통해 어리석은 인물이 가진 욕망의 허망함을 풍자하고 있다.
주제 전쟁의 폭력성과 이데올로기 대립의 참혹성

09 서술상 특징 파악 정답률 77% | 정답 ①

윗글에 대한 설명으로 가장 적절한 것은?

✔ **이야기 내부 인물이 중심인물의 행동과 그에 대한 자신의 생각을 서술하고 있다.**
이 글은 작품 전체의 내화 중 일부로, 이야기 내부 인물인 '나'가 중심인물인 창권이 형의 행동과 그에 대한 자신의 생각을 전달하고 있다.

② **이야기 내부 인물이 인물과 인물 사이의 갈등을 해소하는 과정을 보여 주고 있다.**
이야기 내부 인물인 '나'와 창권이 형, '나'와 어머니, 창권이 형과 어머니 사이의 갈등을 해소하는 과정은 나타나지 않는다.

③ **이야기 내부 인물이 과거와 현재를 반복적으로 교차하며 자신의 경험을 전달하고 있다.**
이야기 내부 인물인 '나'가 자신의 경험을 전달하고는 있으나, 과거와 현재를 반복적으로 교차하며 전달하지는 않고 있다.

④ **이야기 외부 서술자가 특정 소재와 관련된 인물의 내면 심리를 묘사하고 있다.**
이 글을 통해 '회중시계'와 관련한 '나'의 느낌을 서술한 부분은 찾아볼 수 있지만, 이 글의 서술자는 이야기 내부의 등장인물인 '나'이므로 적절하지 않다.

⑤ **이야기 외부 서술자가 서로 다른 공간에서 동시에 일어나는 사건들을 나열하고 있다.**
이 글의 서술자는 등장인물인 '나'이고, 서로 다른 공간에서 동시에 일어나는 사건이 나열되지도 않고 있으므로 적절하지 않다.

10 작품 내용의 이해 정답률 81% | 정답 ②

윗글을 읽고 알 수 있는 내용이 아닌 것은?

① **'나'는 궐기대회가 끝나기 전 친구들과 도중에 나온 적이 있었다.**
'나'는 '친한 녀석들을 데리고 몰래 광장을 빠져나와 궐구대가 끝날 때까지 우리 식당에서 즐거운 시간을 함께 보낸 적이 종종 있'었다.

✔ **'나'는 창권이 형이 궐기대회에서 혈서를 쓴 사실을 어머니를 통해 전해 들었다.**
이 글에서 '나'는 궐기대회에서 군복 차림의 인물이 연단에 오른 것을 직접 보고 눈에 익은 사람이라고 생각했고, 식당에 돌아온 창권이 형이 열 손가락에 붕대를 감고 있는 것을 보고 연단에 올랐던 인물이 창권이 형임을 확실히 알게 된다. 따라서 '나'가 어머니에게 창권이 형이 궐기대회에서 혈서를 쓴 사실을 들은 것이 아니다.

③ **창권이 형은 열혈 애국 청년 노릇으로 바빠지게 되자 식당 심부름꾼으로 일할 겨를이 없었다.**
창권이 형은 '혈서를 쓰는 열혈 애국 청년 노릇'에 바쁘다 보니 '식당 안에 진드근히 붙어 있을 겨를'이 없었다.

④ **창권이 형은 퇴원 후 어머니에게 노골적인 박대를 받던 끝에 고향으로 돌아갈 결심을 했다.**
창권이 형이 퇴원한 뒤 어머니가 그를 '눈엣가시로 알고 노골적으로 박대했'으며, 창권이 형은 '눈칫밥이나 축내며 지내던 어느 날' '마침내 시골집으로 돌아갈 결심을 굳혔'다.

⑤ **어머니는 창권이 형이 궐기대회에서 박수갈채를 받으며 애국 학도로 행세하는 것을 못마땅하게 여겼다.**
창권이 형이 쓴 혈서가 궐기대회에서 공개될 때 '박수갈채'를 받았다고 했고, 어머니는 '형의 그 가짜배기 애국 학도 행각을 애초부터 꼴같잖게 여'겼다고 했으므로, 어머니는 창권이 형이 궐기대회에서 애국학도로 행세하는 것을 못마땅하게 여겼음을 알 수 있다.

11 소재의 상징적 의미 이해 정답률 62% | 정답 ⑤

㉠에 대한 이해로 가장 적절한 것은?

① **빛나는 교표로는 오히려 창권이 형의 능청스러운 성격을 은폐하기 어려움을 의미한다.**
창권이 형의 능청스러운 성격은 교표를 통해 은폐하고자 하는 대상이 아니다.

② **교표가 빛이 날수록 오히려 창권이 형이 자신의 행동을 부끄럽게 생각할 수 있음을 의미한다.**
창권이 형은 교표를 정성스럽게 닦으며 스스로 '진짜배기 고등학생으로 착각하고 있는 기색'이었고, 스스로 '가짜배기 나이롱 고등과 학생'이라며 '천연덕스레' '히히거'리며 말하는 등 자신의 행동을 부끄러워하는 모습을 보이지 않는다.

③ **번뜩이는 교표로 인해 궐기대회에서 창권이 형이 맡는 역할이 오히려 축소될 수 있음을 의미한다.**
교표는 궐기대회에서 남들의 시선을 고려하여 창권이 형을 고등학생으로 보이게 하기 위한 것이고 이후 교표 때문에 창권이 형이 궐기대회에서 맡은 역할이 축소되지도 않았다.

④ **교표를 정성스럽게 닦는 행위 때문에 오히려 창권이 형이 불안감을 더 크게 느끼게 됨을 의미한다.**
창권이 형은 교표를 정성스럽게 닦으며 자신의 학력 위조에 대해 불안감을 느끼는 모습을 보이지 않는다.

✔ **지나치게 새것으로 보이는 교표 때문에 오히려 창권이 형의 학력 위조가 쉽게 탄로 날 수 있음을 의미한다.**
이 글에서 '교표'는 창권이 형의 학력을 위장하기 위한 장치에 해당하는 것으로, 창권이 형은 이런 교표를 '안 그래도 새것임을 만천하에 광고하듯' 광을 내고 있다. 따라서 ㉠은, 교표가 너무 번뜩이면 새것으로 보이는 교표가 눈에 띄게 부자연스럽게 보여 창권이 형이 가짜 고등학생이라는 것이 쉽게 탄로 날 수 있음을 의미한다고 할 수 있다.

★★★ 1등급 대비 고난도 3점 문제

12 외적 준거에 따른 작품 감상 정답률 57% | 정답 ⑤

〈보기〉를 바탕으로 윗글을 감상한 내용으로 적절하지 않은 것은? [3점]

〈보 기〉
이 작품은 6·25 전쟁으로 인해 혼란해진 사회를 배경으로 한다. 창권이 형은 궐기대회에서 애국 학도로 활약하게 되는 과정에서 권력층에 편승하는 모습을 보인다. 정치적 목적을 위해 대중을 기만하는 권력층에 이용당하다 결국 몰락하게 되는 창권이 형을 통해 어리석은 인물이 가진 욕망의 허망함을 풍자하고 있다. 그리고 궐기대회에서 벌어지는 일을 제대로 이해하지 못하는 어린 '나'를 통해 궐기대회가 희화화된다.

① **'멧세지'를 보내는 것을 '멧돼지 보내기'로 오해한 '나'를 통해 궐기대회가 희화화되는군.**
'나'는 어리기 때문에 '멧세지'가 무엇인지 몰라 '멧돼지'로 오해한다. 이러한 '나'의 오해는 궐기대회에서 주장되는 비장한 멧세지를 우스꽝스러운 대상으로 만들어버리고 웃음을 유발한다.

② **'좀체 아물 새가 없'는 '손가락들'은 표면적으로는 애국심의 증거이지만 이면적으로는 창권이 형이 권력층에 이용당하는 인물임을 엿볼 수 있게 하는군.**
궐기대회의 사회자가 '열 손가락을 모조리 깨물어 혈서를 쓴' 창권이 형을 '열혈 애국 청년'으로 소개하므로 창권이 형의 '손가락들'은 애국심의 증거로 볼 수 있다. 그러나 혈서를 쓰느라 그의 손가락이 '좀체 아물 새가 없'다는 것은 창권이 형이 궐기대회에 모인 군중들의 애국심을 고양하기 위해 이용되는 피해자이기도 하다는 것을 드러낸다.

③ **'고등과 학생 숭내를 내고 댕기'라고 지시하는 것에서 자신들의 목적을 위해 대중을 속이는 권력층의 부정적 면모가 드러나는군.**
창권이 형은 아침 일찍 '높은 사람들'을 만나러 갔다가 '고등학생으로 변해' 돌아온다.

[문제편 p.148]

국민학교 졸업에 불과한 인물이 궐기대회에서 하는 말을 신뢰하지 않을까 봐 권력층이 그에게 고등학생 흉내를 내라고 지시했다는 점에서 목적을 위해 대중을 속이는 권력층의 부정적 면모가 드러난다.

④ **'시위대의 선두에 섰'다가 '중상을 입'은 비극을 통해 권력층에 편승하려는 창권이 형의 부질없는 욕망이 풍자되고 있군.**
창권이 형이 '시위대의 선두에' 선 것은 권력층에 편승하여 애국 학도로서 인정을 받고자 한 욕망에서 나온 행동으로 볼 수 있다. 그런데 결국 '만용'을 부려 인대가 끊어지는 중상을 입는 비극으로 끝남으로써 그의 욕망이 부질없음이 드러난다는 점에서 풍자의 대상이 된다.

✔ **'유일한 전리품'이었던 '회중시계'는 전쟁 시기에 애국 학도로서의 신념을 지키지 못한 창권이 형의 고뇌를 상징하는군.**
'나'는 '회중시계'가 창권이 형의 '금빛 찬란하던 한 때'를 '증언하는' 듯하다고 했다. 그리고 창권이 형은 애국학도로서의 신념을 지키지 못한 것은 아니므로, 창권이 형에게 '유일한 전리품'으로 남겨진 '회중시계'가 전쟁 시기에 애국 학도로서의 신념을 지키지 못한 창권이 형의 고뇌를 상징한다고 보기 어렵다.

★★ 문제 해결 꿀~팁 ★★

▶ 많이 틀린 이유는?
이 문제는 글에 제시된 소재나 구절을 〈보기〉와 연관하여 이해하는 데 어려움을 겪어 오답률이 높았던 것으로 보인다. 특히 글의 중심인물인 '창권이 형'의 행동이 지니는 의미를 이해하지 못한 것도 오답률이 높았던 것으로 보인다.

▶ 문제 해결 방법은?
이 문제를 해결하기 위해서는 먼저 〈보기〉를 정확히 이해하면서, 글의 내용과 〈보기〉를 관련하여 제시한 선택지의 적절성을 판단하면 된다. 이때 주의할 점은 글의 내용을 정확하게 이해해야 한다는 점이다. 정답인 ⑤의 경우에 글의 내용을 바탕으로 '회중시계'의 의미와 '창권이 형'에 대해 정확히 이해해야 한다. 즉 피난민 시체로부터 받은 '회중시계'에 대해 '나'가 창권이 형의 '금빛 찬란하던 한 때'를 '증언하는' 듯하다고 하였음을 이해해야 한다. 이러한 글의 내용을 바탕으로 하면 '회중시계'가 전쟁 시기에 애국 학도로서의 신념을 지키지 못한 창권이 형의 고뇌를 상징하지 않음을 알 수 있다. 이처럼 〈보기〉를 바탕으로 작품을 감상하는 문제의 경우 글의 내용을 정확히 이해하지 못할 경우 잘못된 선택을 할 수 있으므로, 인물을 중심으로 글의 내용을 정확히 이해할 수 있도록 평소 훈련을 해야 한다.

▶ 오답인 ④를 많이 선택한 이유는?
이 문제의 경우 학생들이 ④가 적절하지 않다고 하여 오답률이 높았는데, 이는 글에 제시된 창권이 형의 모습을 〈보기〉와 연관하여 이해하는 데 어려움을 겪었기 때문으로 보인다. 즉, 이 글에서 창권이 형이 '시위대의 선두'에 선 이유, '중상을 입'고 창권이 형이 떠나는 의미를 〈보기〉와 연관하여 이해하지 못했기 때문으로 보인다. 만일 〈보기〉를 통해 창권이 형이 권력층에 편승하려는 인물이고, 몰락하게 되는 창권이 형을 통해 욕망의 허망함을 풍자한다는 내용을 이해하였으면, ④의 선택지가 적절함을 알 수 있었을 것이다.

DAY 25 20분 미니 모의고사

01 ①	02 ②	03 ⑤	04 ②	05 ⑤
06 ⑤	07 ③	08 ③	09 ⑤	10 ①
11 ④	12 ⑤			

01 말하기 방식 파악 정답률 94% | 정답 ①

위 방송 진행자의 말하기 방식에 대한 설명으로 가장 적절한 것은?

✔ **질문의 형식을 활용하여 청취자에게 실천을 권유하고 있다.**
5문단의 '여러분도 한번 시도해 보시겠어요?'를 통해, 방송 진행자가 질문하는 형식을 활용하여 청취자에게 실천을 권유하고 있음을 확인할 수 있다.

② **견해의 근거가 되는 출처를 언급하여 청취자가 신뢰감을 갖게 하고 있다.**
3문단의 '다른 사람에게 자신에 대한 정보를 알리는 걸 자기표현이라고 해요.'를 통해, 방송 진행자의 견해의 근거를 확인할 수 있지만 이러한 견해의 근거가 되는 출처는 언급하지 않고 있다.

③ **감사 표현을 반복적으로 사용하여 청취자에게 정중한 태도를 드러내고 있다.**
5문단의 '오늘 방송 들어 주셔서 감사합니다.'를 통해 방송 진행자가 감사 표현을 사용하고 있음을 알 수 있지만, 이를 반복적으로 사용하지는 않고 있다.

④ **스스로 묻고 답하는 방식으로 개념을 설명하여 청취자의 이해를 돕고 있다.**
4문단에서 권유하는 말을 'OO 님, 이렇게 한번 해 보는 건 어떨까요?'라고 질문하는 형식으로 제시하고 '친해지고 싶은 친구들과 ~ 가치관까지 이야기하고요.'라고 권유하는 내용을 말하고 있지만, 스스로 묻고 답하는 방식으로 특정 개념을 설명하지는 않고 있다.

⑤ **중심 화제를 다양한 일상적 소재에 비유하여 청취자에게 친숙한 느낌을 주고 있다.**
중심 화제인 '자기표현'을 다양한 일상적 소재에 비유한 내용은 제시하지 않고 있다.

02 듣기 반응에 대한 이해의 적절성 평가 정답률 92% | 정답 ②

〈보기〉는 위 방송의 게시판에 청취자가 남긴 글이다. 방송 내용을 고려할 때, 〈보기〉에서 확인되는 청취자의 듣기 반응에 대한 이해로 적절하지 않은 것은?

〈보 기〉

> 안녕하세요, 진행자님. 방송 정말 잘 들었어요. 저도 사연을 들으면서, 친구가 친해지기도 전에 갑자기 고민을 이야기해서 당황했던 기억이 떠올랐어요. 저도 다른 사람들에게 말하지 못했던 이야기를 그 친구와 공유해야 할 것 같은 의무감을 느껴서 부담이 됐었거든요. 대화할 때 상대방과의 친밀감을 고려해야 한다는 진행자님의 말씀을 들으면서 앞으로 제가 대화할 때에도 그렇게 하는 것이 도움이 되겠다고 생각했어요. 그래서 저도 OO 님께 자신을 드러내는 정도를 조절하면서 대화하는 건 정말 중요하다는 걸 꼭 말씀드리고 싶어요.

① **자기표현과 관련된 사례를 언급한 내용을 보니 자신의 경험을 떠올리며 들었다.**
〈보기〉의 '친구가 친해지기도 전에 갑자기 고민을 이야기해서 당황했던 기억이 떠올랐어요.'를 통해, 청취자가 자신의 경험을 떠올리며 들었음을 알 수 있다.

✔ **의무감을 느꼈다고 언급한 내용을 보니 자신의 고민을 나누어야 친밀감이 형성될 수 있다는 진행자의 말에 공감하며 들었다.**
〈보기〉의 '저도 다른 사람들에게 말하지 못했던 이야기를 그 친구와 공유해야 할 것 같은 의무감을 느껴서 부담이 됐었거든요.'를 통해, 게시판에 글을 남긴 청취자도 친해지기도 전에 자신의 고민을 이야기하는 친구에게 고민을 공유해야 할 것 같은 의무감을 느꼈다는 내용을 확인할 수 있다. 그런데 방송에서 진행자는 자신의 고민을 나누어야 친밀감이 형성될 수 있다고 생각하기보다는 자기표현의 정도와 속도를 적절하게 조절해 친밀감이 형성된 후에 자기의 고민을 말하기를 권유하고 있으므로 적절한 이해라 할 수 없다.

③ **대화할 때 고려할 점에 대해 언급한 내용을 보니 진행자의 조언을 올바르게 이해하며 들었다.**
〈보기〉의 '대화할 때 상대방과의 친밀감을 고려해야 한다는 진행자님의 말씀을 들으면서 앞으로 제가 대화할 때에도 그렇게 하는 것이 도움이 되겠다고 생각했어요.'를 통해, 청취자가 진행자의 조언을 올바르게 이해하며 들었음을 알 수 있다.

[문제편 p.149]

④ **방송에서 들은 조언을 자신에게 적용할 것을 언급한 내용을 보니 방송에서 얻은 정보의 유용성을 생각하며 들었다.**
〈보기〉의 '앞으로 제가 대화할 때에도 그렇게 하는 것이 도움이 되겠다고 생각했어요.'를 통해, 청취자가 방송에서 얻은 정보의 유용성을 생각하며 들었음을 알 수 있다.

⑤ **사연 신청자에게 조언하는 내용을 보니 자기표현을 조절하는 대화에 관한 진행자의 의견에 동의하며 들었다.**
〈보기〉의 '저도 ○○ 님께 자신을 드러내는 정도를 조절하면서 대화하는 건 정말 중요하다는 걸 꼭 말씀드리고 싶어요.'를 통해, 청취자가 사연 신청자에게 조언하고 있음을 알 수 있다. 이는 3문단에서 자기표현을 조절하는 대화에 관해 '자기표현의 정도와 속도를 적절하게 조절할 필요가 있어요.'라고 말한 진행자의 의견과 일치하는 것이라 할 수 있다. 따라서 청취자는 자기표현을 조절하는 대화에 관한 진행자의 의견에 동의하며 들었음을 알 수 있다.

03 자료를 활용한 수정·보완 방안 파악

정답률 52% | 정답 ⑤

〈보기〉의 (가)와 (나)를 모두 활용하여 '초고'를 수정·보완하는 방안으로 가장 적절한 것은? [3점]

〈보 기〉

(가) 시각 자료

일제 강점기 쌀 수탈량

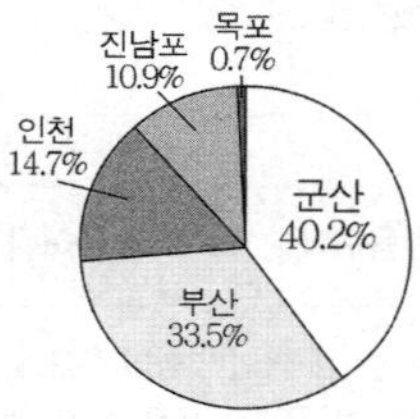

– ○○ 방송 자료 –

(나) 인터뷰 자료

"군산은 채만식의 소설, 『탁류』의 배경이 된 곳입니다. 일제 강점기 때 군산 지역은 우리나라 최대의 곡창 지대인 호남평야의 쌀이 집결되는 경제 요충지로, 일본으로 쌀이 반출되는 창구였습니다. 그러다 보니 일확천금을 노린 사람들이 전국에서 모여들어 투기와 사기, 고리대금업 등이 횡행했습니다. 이러한 일들은 주로 쌀의 시세를 이용하여 투기 행위를 하는 미두장을 중심으로 벌어졌습니다. 그 결과 가진 돈을 모두 잃고 알거지 신세로 전락하여 결국 인간성마저 잃어 가는 사람들이 많아졌습니다."

– 문화 해설사 이△△ –

① **1문단에서 『탁류』의 줄거리에 따라 군산 답사 일정을 정하게 된 계기를 소개하는 자료로 활용한다.**
(가), (나) 자료의 내용으로 볼 때, 군산 답사 일정을 정하게 된 계기를 소개하는 자료로 활용하는 것은 관련성이 적다.

② **2문단에서 『탁류』의 배경인 군산의 이국적인 모습과 관련해 일본식 주거 문화를 소개하는 자료로 활용한다.**
(가), (나) 자료의 내용으로 볼 때, 일본식 주거 문화를 소개하는 것과는 거리가 멀다.

③ **3문단에서 『탁류』의 내용을 바탕으로 일본의 쌀 수탈량이 점점 증가하는 양상을 보여 주는 자료로 활용한다.**
(가)는 일제 강점기 쌀 수탈량만을 보여 주는 것이므로, 이를 통해 일본의 쌀 수탈량이 점점 증가하는 양상은 알 수 없다.

④ **4문단에서 『탁류』에서 정 주사가 몰락하게 된 결정적 원인이었던 미두장의 전국적 분포 및 그로 인한 폐해를 소개하는 자료로 활용한다.**
'초고'의 내용이나 (나)의 자료에서 미두장이 정 주사가 몰락하게 된 결정적 원인이었다는 내용을 확인할 수 없고, 또한 (가)의 자료에서 미두장의 전국적 분포를 확인할 수 없다.

✔ ⑤ **5문단에서 『탁류』의 배경인 군산이 일제의 식량 수탈로 혼란한 상황에서 타락한 인간들이 모인 공간으로 그려질 수 있었던 개연성을 언급하는 자료로 활용한다.**
〈보기〉의 (가)의 자료는 일제 강점기 쌀 수탈량을 보여 주는 것으로, 군산의 쌀 수탈량이 40.2%로 가장 많음을 알 수 있다. 또한 (나)의 자료는 인터뷰 자료로, 『탁류』의 배경인 군산 지역에서 미두장을 중심으로 일제 강점기의 혼란한 상황과 타락한 인간들의 모습을 언급하고 있음을 알 수 있다. 그리고 '초고' 5문단에서는 금강이 만나 혼탁해진 물빛을 바라보며 『탁류』의 시대적 배경이나 공간, 당대 사람들의 삶의 질곡에 대해 떠올리고 있음을 알 수 있다. 따라서 〈보기〉의 (가), (나) 자료는 5문단에서 『탁류』의 배경인 군산이 일제의 식량 수탈로 혼란한 상황에서 타락한 인간들이 모인 공간으로 그려질 수 있었던 개연성을 언급하는 자료로 활용할 수 있다.

04 시간 표현의 이해

정답률 59% | 정답 ②

〈학습 활동〉을 수행한 결과로 적절하지 않은 것은?

〈학습 활동〉

시제는 말하는 때인 발화시를 기준으로 동작이나 상태가 일어난 때인 사건시와의 선후 관계를 따져 과거 시제, 현재 시제, 미래 시제로 나뉘며, 선어말 어미나 관형사형 어미, 부사어 등을 통해 실현된다. 다음 자료를 분석해 보자.

ㄱ. 창밖에는 눈이 내린다.
ㄴ. 곧 강연을 시작하겠습니다.
ㄷ. 이것은 그가 내일 입을 옷이다.
ㄹ. 내가 만든 빵을 형이 맛있게 먹더라.

① **ㄱ은 사건시와 발화시가 일치한다.**
ㄱ은 선어말 어미 '-ㄴ-'을 활용하여 현재 시제를 표현하고 있으므로, 사건시와 발화시가 일치한다.

✔ ② **ㄴ은 사건시가 발화시보다 앞선다.**
'학습 활동'을 통해 사건시와 발화시가 일치하는 시제는 현재 시제, 사건시가 발화시보다 앞서는 시제는 과거 시제, 사건시가 발화시보다 나중인 시제는 미래 시제임을 알 수 있다. 그리고 ㄴ에서는 부사어 '곧'과 선어말 어미 '-겠-'을 활용하고 있으므로, 사건시가 발화시보다 나중인 미래 시제를 표현하고 있음을 알 수 있다.

③ **ㄴ과 ㄷ 모두 부사어를 활용한 시간 표현이 나타난다.**
ㄴ에서는 부사어 '곧'을, ㄷ에서는 '오늘의 바로 다음 날에'를 의미하는 부사어 '내일'을 활용하여 미래의 시제를 표현하고 있다.

④ **ㄷ과 ㄹ 모두 관형사형 어미를 활용한 시간 표현이 나타난다.**
ㄷ에서는 관형사형 어미 '-(으)ㄹ'을 활용하여 미래 시제를 표현하고 있으며, ㄹ에서는 관형사형 어미 '-(으)ㄴ'을 활용하여 과거 시제를 표현하고 있다.

⑤ **ㄱ, ㄴ, ㄹ 모두 선어말 어미를 활용한 시간 표현이 나타난다.**
ㄱ은 선어말 어미 '-ㄴ-'을 활용하여, ㄴ에서는 선어말 어미 '-겠-'을 활용하여, ㄹ에서는 선어말 어미 '-더-'를 활용하여 시간 표현을 나타내고 있다.

DAY 25

05~09 과학

세이젤, 「알기 쉬운 열전달」

해제 이 글은 음식 **조리 과정에서 나타나는 열전달의 과학적 원리를 설명**하고 있다. 음식 조리 과정에서는 전도에 의한 열전달이 많이 일어남을 밝히면서, **전도의 개념과 전도가 발생하는 양상을 언급**해 주고 있다. 그리고 **전도에 의한 열전도 현상을 정리한 푸리에의 열전도 법칙**, 즉 전도에 의한 열전달률은 온도 차이와 면적에 비례하고 거리에 반비례하며, 열전도도가 높은 물질에서 열전달률도 높게 나타남을 제시해 주고 있다. 그런 다음 이러한 **열전도 법칙을 튀김의 조리 과정에 적용하여 기포가 튀김 요리를 맛있게 해 주는 원리를 상세하게 설명**해 주고 있다.

주제 음식 조리 과정에서의 열전달의 과학적 원리

문단 핵심 내용

1문단	조리 과정에서 일어나는 전도에 의한 열전달
2문단	전도에 의한 열전달을 설명할 수 있는 푸리에의 열전도 법칙
3문단	튀김의 조리 과정에서 나타나는 열전달과 기포의 발생
4문단	기포가 튀김을 맛있게 만드는 원리와 기포의 역할

05 세부 내용의 이해

정답률 91% | 정답 ⑤

윗글을 이해한 것으로 적절하지 않은 것은?

① **물질을 이루는 입자들의 상호 작용을 통해 전도가 일어난다.**
1문단의 '전도란 물질을 이루는 입자들의 상호 작용을 통해 ~ 열이 전달되는 현상'을 통해 적절함을 알 수 있다.

② **음식의 조리 과정에서는 전도에 의한 열전달이 많이 일어난다.**
1문단의 '조리 과정에서는 전도에 의한 열전달이 많이 일어난다.'를 통해 적절함을 알 수 있다.

③ **물질이 전도에 의해 열을 전달할 수 있는 능력은 물질마다 다르다.**
2문단의 '이는 물질이 전도에 의해 열을 전달할 수 있는 능력의 척도, 즉 열전도도가 물질마다 다르기 때문이다.'를 통해 적절함을 알 수 있다.

[문제편 p.151]

④ **음식의 조리에서 단위 시간 동안 열이 전달되는 비율을 고려하는 것은 중요하다.**
2문단의 '열전달 과정에서 단위 시간 동안 열이 전달되는 비율을 열전달률이라고 하는데 ~ 음식의 조리에서 고려할 중요한 요소가 된다.'를 통해 적절함을 알 수 있다.

✔ **열의 전도는 서로 다른 물질들이 접촉하는 경우에만 발생하며 한 물질 안에서는 발생하지 않는다.**
1문단의 '이러한 전도는 온도 차이가 있는 경우에 일어나는데, 한 물질 내에서 발생하기도 하며 서로 다른 물질들이 접촉하는 경우에도 발생한다.'를 통해, 전도는 한 물질 안에서도 발생함을 알 수 있다.

06 구체적인 상황에의 적용

정답률 69% | 정답 ⑤

〈보기〉는 윗글을 읽은 건축 동아리 학생들이 나눈 대화의 일부이다. ㉠을 활용한 의견으로 적절하지 않은 것은?

〈보 기〉

동아리 회장 : 오늘은 에너지 효율이 높은 건물 설계에 대해 열의 전도를 중심으로 아이디어를 나눠 보자.
부원 1 : 겨울철 열손실을 줄여야 하니까 지붕을 통한 열전달률을 낮추기 위해 건물의 지붕을 일반적인 지붕의 재료보다 열전도도가 낮은 재료를 사용하는 설계가 필요하다고 생각해.
부원 2 : 일반적으로 벽보다 창문의 열전도도가 높으니 여름철 실내 냉방 효율을 높이고 싶다면 창문을 통한 열전달률을 낮추기 위해 건물 외벽에 설치된 창문의 면적을 줄이는 설계가 필요하다고 생각해.
부원 3 : 여름철 외부 온도의 영향을 최소화하고 건물 외벽을 통한 열전달률을 낮추기 위해 외벽은 일반적인 것보다 두껍게 설계하는 것이 필요해.
부원 4 : 차가운 방바닥에 빠른 난방을 하려면 난방용 온수 배관에서 방바닥으로의 열전달률을 높여야 하니 난방용 온수 배관과 방바닥이 닿는 접촉 면적을 넓히도록 설계해야겠어.
부원 5 : 여름철 현관문을 통한 실외 온도의 영향을 최소화하려면 현관문을 통한 열전달률을 낮춰야 하니 같은 두께라도 열전도도가 더 높은 재질의 현관문을 사용하는 것으로 설계해야겠어.

① **부원 1의 의견**
2문단의 '따라서 푸리에의 열전도 법칙에 따르면 다른 조건이 같더라도 열전도도가 높은 경우 열전달률도 높게 나타난다.'를 통해, 지붕에 열전도도가 낮은 재료를 사용하면 지붕을 통한 열전달률을 낮출 수 있음을 알 수 있다.

② **부원 2의 의견**
2문단의 '전도에 의한 열전달률은 ~ 면적에 비례'를 통해, 창문의 면적을 줄이면 창문을 통한 열전달률을 낮출 수 있음을 알 수 있다.

③ **부원 3의 의견**
2문단의 '전도에 의한 열전달률은 ~ 거리가 멀어질수록 열전달률은 낮아진다.'를 통해, 외벽의 두께를 두껍게 하면 전도가 일어나는 지점 사이의 거리가 멀어져 외벽을 통한 열전달률을 낮출 수 있음을 알 수 있다.

④ **부원 4의 의견**
2문단의 '전도에 의한 열전달률은 ~ 면적에 비례'를 통해, 난방용 온수 배관과 방바닥 사이의 접촉 면적을 넓히면 난방용 온수 배관에서 방바닥으로의 열전달률을 높일 수 있음을 알 수 있다.

✔ **부원 5의 의견**
2문단의 '따라서 푸리에의 열전도 법칙에 따르면 다른 조건이 같더라도 열전도도가 높은 경우 열전달률도 높게 나타난다.'를 통해, 현관문을 통한 열전달률을 낮추려면 열전도도가 낮은 재료를 사용해야 함을 알 수 있으므로 적절하지 않다.

07 세부 정보 파악 및 추리

정답률 84% | 정답 ③

〈보기〉는 [A]의 과정을 도식화한 것이다. 윗글을 바탕으로 ㉮~㉱를 이해한 것으로 적절하지 않은 것은? [3점]

〈보 기〉

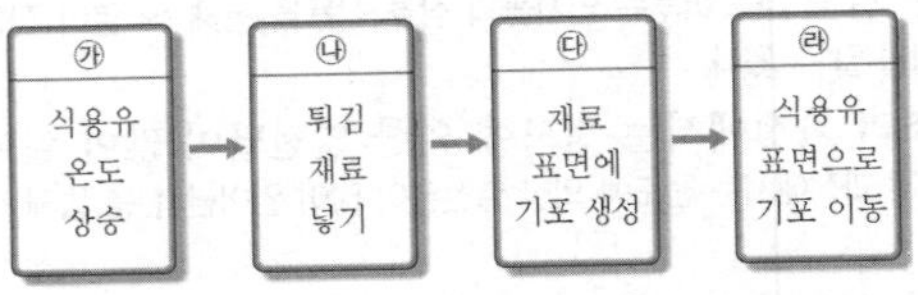

① **㉮에서는 서로 다른 물질인 냄비와 식용유 사이에서 열전달이 일어나겠군.**
3문단에서 '냄비를 가열하여 식용유의 온도를 충분히 높'인다고 했으므로 적절하다.

② **㉯의 결과로 ㉰가 진행되는 것은 튀김 재료에 순간적으로 많은 열이 전달되었기 때문이겠군.**
3문단에서 '이 기포들은 ~ 순간적으로 많은 열이 전달되어 생겨난 것'이라고 했으므로 적절하다.

✔ **㉰에서는 열이 전달됨에 따라 튀김 재료 표면의 수분이 튀김 재료 안쪽으로 이동하겠군.**
4문단의 '수분이 수증기의 형태로 튀김 재료에서 빠져나감에 따라 재료 안쪽의 수분들은 빈자리를 채우기 위해 표면 쪽으로 이동한다.'를 통해, 열이 전달됨에 따라 튀김 재료 표면의 수분이 튀김 재료 안쪽으로 이동한다는 것은 적절하지 않다.

④ **㉰에서 ㉱로의 과정이 반복되면 튀김 재료의 수분량이 점차 줄어들겠군.**
3문단에서 '이 기포들은 ~ 재료 표면의 수분이 수증기로 변'한 것이라 했고, '이 기포들은 식용유 표면으로 올라가 공기 중으로 빠져나가'고 4문단에서 '그 결과 지속적으로 재료의 수분은 기포로 변하고 이로 인해 재료는 수분량이 줄어'든다고 했으므로 적절하다.

⑤ **㉱에서는 수증기가 공기 중으로 빠져나가면서 지글지글 소리가 나겠군.**
3문단에서 '이 기포들은 식용유 표면으로 올라가 공기 중으로 빠져나가고 이때 지글지글 소리가 난다.'고 했으므로 적절하다.

08 세부 정보 파악

정답률 81% | 정답 ③

〈보기〉는 윗글을 읽은 학생의 반응이다. ㄱ~ㄷ에 들어갈 말로 적절한 것은?

〈보 기〉

맛있는 튀김을 만들기 위해서는 기포들의 역할이 중요해. 기포들이 (ㄱ) 에서 공기층과 같은 역할을 해서 식용유가 재료로 흡수되는 것을 (ㄴ)하여 튀김을 덜 기름지게 해 줘. 또 식용유에서 튀김 재료로 열이 직접 (ㄷ) 하여 재료 표면이 타지 않고 골고루 익게 해.

	ㄱ	ㄴ	ㄷ
①	튀김 재료 내부	방해	전도되게
②	튀김 재료 내부	촉진	전도되지 못하게
✔	튀김 재료와 식용유 사이	방해	전도되지 못하게
④	튀김 재료와 식용유 사이	촉진	전도되게
⑤	튀김 재료와 식용유 사이	촉진	전도되지 못하게

4문단에서 '튀김 재료 표면의 기포들은 재료와 식용유 사이에서 일종의 공기층과 같은 역할을 해 식용유가 재료로 흡수되는 것을 막아서 튀김을 덜 기름지게 한다.'라고 했으므로 ㄱ에는 '튀김 재료와 식용유 사이'가 ㄴ에는 '방해'가 들어가는 것이 적절하다. 그리고 '재료 표면에 생성된 기포들을 거쳐 열전달이 일어나기 때문에 기포들은 재료 표면이 빨리 타 버리지 않게 하고 튀김 재료의 안쪽까지 열이 전달되어 재료가 골고루 잘 익게 한다.'고 했으므로, ㄷ에는 '전도되지 못하게'가 들어가는 것이 적절하다.

09 문맥적 의미 파악

정답률 66% | 정답 ⑤

ⓐ와 문맥적 의미가 가장 유사한 것은?

① **우리는 해안선을 따라 올라갔다.**
'일정한 선 따위를 그대로 밟아 움직이다.'의 의미로 사용되었다.

② **동생은 어머니를 따라 전통 시장에 갔다.**
'다른 사람이나 동물의 뒤에서, 그가 가는 대로 같이 가다.'의 의미로 사용되었다.

③ **학생들이 모두 선생님의 동작에 따라 춤을 췄다.**
'남이 하는 대로 같이 하다.'의 의미로 사용되었다.

④ **수출이 증가함에 따라 경제도 서서히 회복되어 갔다.**
'어떤 일이 다른 일과 더불어 일어나다.'의 의미로 사용되었다.

✔ **그들은 자율적으로 정한 규칙에 따라 일을 진행했다.**
ⓐ는 '어떤 경우, 사실이나 기준 따위에 의거하다.'의 의미로 사용되었으므로 ⑤가 문맥적으로 가장 유사하다.

10~12 현대시

(가) 박재삼, 「추억에서」

감상 이 작품은 **가난했던 어린 시절, 진주 장터에서 생선을 팔아 힘겹게 생계를 이**

어가던 어머니에 대한 '추억'을 담고 있다. 1연은 어머니의 삶의 터전인 '진주 장터 생어물전'을 '해 다 진 어스름'의 시간과 함께 제시하며 전체적으로 시에서 느껴지는 무겁고 어두운 정서를 보여 주고 있다. 2연은 아무리 열심히 장사를 해도 생선은 잘 팔리지 않고, **늘 가난하게 살아야 했던 어머니의 삶을 '은전만큼 손 안 닿는 한'이라고 표현하며 어머니에 대한 연민과 한스러운 마음을 '울 엄매야 울 엄매'에 응축**하여 담고 있다. 3연은 장사 가신 어머니를 '골방 안'에서 늦은 밤까지 기다리는 오누이의 모습이 나타나 있다. 4연은 이른 새벽부터 밤늦게까지 장터를 오가며 어머니가 느꼈을 **한스러운 정서를 '달빛 받은 옹기들'과 같이 '반짝'이는 눈물의 이미지로 형상화**하고 있다.

주제 어머니의 삶과 한

표현상의 특징

- 구체적 지명과 토속적 시어를 사용하여 분위기를 실감나게 하고 있음.
- 시각적 이미지를 통해 한의 정서를 효과적으로 보여 주고 있음.
- 영탄형, 의문형 어미를 사용하여 감정의 절제와 여운을 주고 있음.
- 동일한 어미를 반복하여 운율감을 형성하고 있음.

(나) 최두석, 「담양장」

감상 이 작품은 **이야기 시의 형태로 생계를 위하여 대바구니를 팔러 '담양장'에 다니시며 고생하시는 어머니의 삶을 회상**하고 있다. 이 시에서는 **과거의 어머니에 대한 회상에 그치지 않고, 현재의 어머니의 삶까지 이야기하고 있다는 점이 특징적**이다. 1연에서는 '죽장의 김삿갓은 죽고', '참빗으로 이 잡던 시절도 가고', '대바구니 전성 시절에'라는 과거의 상황이 나타나 있다. 2연에서는 화자가 어렸을 때, 대바구니를 팔러 장터에 가신 어머니를 마중 나갔던 기억을 회상하고 있다. 3연에서는 플라스틱에 밀려 시세도 없는 대바구니 옆에 쭈그리고 앉아 멀거니 팔리기를 기다리는 어머니의 모습을 통해 **과거에서 현재로 이어지는 어머니의 삶에 대한 연민**을 드러내고 있다.

주제 고생하시는 어머니의 삶

표현상의 특징

- 동일한 어미를 사용하여 운율감을 형성하고 있음.
- 산문 형식을 사용하여 화자의 과거 경험을 드러내 줌.
- 영탄적 표현을 사용하여 화자의 정서를 표현해 줌.
- 과거 회상의 방식을 사용하여 시상을 전개하고 있음.

★★★ 1등급 대비 고난도 2점 문제

10 표현상 공통점 파악 정답률 28% | 정답 ①

(가)와 (나)의 표현상 공통점으로 가장 적절한 것은?

✔ **동일한 어미를 반복하여 리듬감을 주고 있다.**
(가)는 '한이던가', '떨던가', '것인가'에서 알 수 있듯이 어미 '-ㄴ가'가 반복되고 있고, (나)는 '김삿갓은 죽고', '이 잡던 시절도 가고', '장에 가시고', '동생 손 잡고', '배는 고프고', '길은 한없이 멀고' 등에서 어미 '-고'가 반복되고 있음을 알 수 있다. 어미의 반복 사용은 운율감을 형성해 주므로, (가), (나) 모두 동일한 어미를 반복하여 리듬감을 형성한다고 할 수 있다.

② **역설법을 활용하여 내면 심리를 부각하고 있다.**
(가)와 (나) 모두 역설법이 나타나 있지 않다.

③ **자조적인 어조를 사용하여 시적 정서를 드러내고 있다.**
(가)와 (나) 모두 자조적인 어조가 나타나 있지 않다.

④ **공감각적 이미지를 사용하여 표현 효과를 높이고 있다.**
(가)와 (나) 모두 공감각적 이미지가 나타나 있지 않다.

⑤ **수미상관의 기법을 활용하여 주제 의식을 강조하고 있다.**
(가)와 (나) 모두 수미 상관의 기법이 나타나 있지 않다.

★★ 문제 해결 꿀~팁 ★★

▶ 많이 틀린 이유는?
선택지에 제시된 표현상 특징에 대한 이해가 부족하여 오답률이 높았던 것으로 보인다.
▶ 문제 해결 방법은?
이러한 문제를 해결하기 위해서는 선택지에 제시된 표현상 특징, 즉 '동일한 어미를 반복, 역설법을 활용, 자조적인 어조를 사용, 공감각적 이미지를 사용, 수미상관의 기법을 활용'에 대한 이해가 전제되어야 한다. 특히 시(고전 시가 포함)에서는 이처럼 표현상 특징을 묻는 문제가 많이 출제되므로 주요 특징은 평소 충분히 정리해 두어야 한다. 정답인 ①의 경우 '어미'가 '용언 및 서술격 조사가 활용하여 변하는 부분으로, '점잖다', '점잖으며', '점잖고'에서 '다', '으며', '고' 따위임을 이해하였다면, (가)에서는 어미 '-ㄴ가'가 반복되고있고, (나)에서는 어미 '-고'가 반복되고 있음을 쉽게 파악했을 것이다. 이처럼 표현상 특징 문제의 경우 그 의미만 분명히 알고 있으면 거의 다 쉽게 해결할 수 있으므로, 평소 주요 표현상 특징은 정리해서 익혀 두도록 해야 한다.

11 외적 준거에 따른 작품의 감상 정답률 61% | 정답 ④

<보기>의 수업 상황에서 선생님이 제시한 과제를 수행한 것으로 적절하지 않은 것은? [3점]

<보 기>

선생님 : 「추억에서」와 「담양장」은 '시 엮어 읽기'의 방법으로 감상하기에 좋은 작품입니다. 시 엮어 읽기란 시적 맥락을 고려하여 다른 시를 서로 비교하며 감상함으로써 작품 감상의 폭을 넓히는 방법입니다. 여러분, 이 두 작품의 시적 상황, 정서, 소재, 배경 등을 고려하면서 시 엮어 읽기를 해 볼까요?

① **(가)의 '고기'와 (나)의 '대바구니'는 어머니가 가족들의 생계유지를 위하여 장터에서 팔아야 하는 소재라는 점에서 유사합니다.**
(가)의 '고기'는 어머니께서 생계를 위해 진주 장터 생어물전에서 파는 생선이고, (나)의 '대바구니'는 어머니께서 생계를 위해 담양장에 내다 파는 물건이라는 점에서 유사하다.

② **(가)의 '울 엄매야 울 엄매'와 (나)의 '허리 굽은 어머니'에는 고단한 삶을 살아온 어머니에 대한 연민의 정이 담겨 있다는 점에서 유사합니다.**
(가)의 화자는 힘들게 장사를 하지만 가난한 삶에서 벗어나지 못하는 어머니의 삶을 한스럽고도 안타깝게 생각하는데, 이러한 감정을 '울 엄매야 울 엄매'에 담아 응축하여 표현하고 있다. 따라서 이 구절에는 어머니에 대한 화자의 연민의 정이 담겨 있다고 볼 수 있다. (나)의 '허리 굽은 어머니'는 젊어서부터 현재까지 고단한 삶을 살고 있는 어머니의 모습을 나타내고 있다. 따라서 '허리 굽은 어머니'에는 어머니에 대한 화자의 연민의 정이 담겨 있다고 볼 수 있다.

③ **(가)의 '골방'에 비해 (나)의 '신작로'는 어머니를 기다리는 마음이 더 능동적인 행위로 나타나는 공간이라는 점에서 차이가 있습니다.**
(가)의 '골방'은 '우리 오누이'가 어머니를 기다리고 있는 공간임에 비해, (나)의 '신작로'는 화자와 동생이 어머니를 마중 갔던 길이라는 점에서 보다 능동적인 행위가 나타나는 공간이다.

✔ **(가)의 '신새벽'과 (나)의 '한밤중'은 어머니의 부재로 인해 어린 화자가 느끼는 불안감이 해소되는 시간적 배경이라는 점에서 유사합니다.**
(가)의 '신새벽'은 어머니께서 진주 장터에서 생선을 팔기 위해 일찍 일어나셔서 장에 가시는 이른 새벽을 가리키므로, '신새벽'은 화자가 어머니에 대해 안타까운 마음을 느끼는 시간적 배경이다. 그리고 (나)의 '한밤중'은 화자가 장에 나가신 어머니를 마중 가기 위해 길을 나섰다가 해가 저물면서 공포감이나 불안감을 느끼는 시간적 배경이다. 따라서 '신새벽'이나 '한밤중' 모두 어린 화자가 느끼는 불안감이 해소되는 시간적 배경이라고는 할 수 없다.

⑤ **(가)의 '말없이 글썽이고 반짝이던 것인가'에서는 어머니의 과거 삶을, (나)의 '아, 요즘도 장날이면'에서는 과거로부터 이어지는 어머니의 현재 삶을 떠올리고 있는 시적 상황이라는 점에서 차이가 있습니다.**
(가)의 '말없이 글썽이고 반짝이던 것인가'에서는 생선을 팔며 고단한 삶을 살았던 어머니의 과거 삶을 떠올리고 있고, (나)의 '아, 요즘도 장날이면'에서는 과거로부터 현재까지 담양장에서 대바구니를 팔고 있던 어머니의 삶을 떠올리고 있다는 점에서 차이가 있다.

12 시어의 기능 파악 정답률 80% | 정답 ⑤

<보기>를 참고하여 ㉠~㉤을 이해한 내용으로 적절하지 않은 것은?

<보 기>

시에서는 정서나 상황 등을 효과적으로 표현하기 위해 부사어를 사용하기도 한다. 따라서 부사어를 사용한 의도를 파악해 보면 시적 의미를 섬세하게 해석할 수 있어 감상의 묘미가 높아진다.

① **㉠ : 늘 걸어서 장에 다니시는 어머니의 일상을 강조한다.**
어머니께서 장터에서 '꼬박꼬박' 걸어오셨다는 것은, 늘 걸어서 장에 다니시며 대바구니를 파는 어머니의 일상을 강조한 것으로 볼 수 있다.

② **㉡ : 어머니를 마중 갔던 길이 길고 멀었다는 것을 부각한다.**
'하염없이' 걸었다는 것은, 어머니를 만나기 위해 계속적으로 길을 걷는 상황을 나타내는 것이므로 어머니를 마중 갔던 길이 길고 멀었다는 것을 부각한 것으로 볼 수 있다.

③ **㉢ : 갑작스럽게 해가 져 놀라고 겁이 난 심리를 강조한다.**

DAY 25

해가 '덜렁' 졌다는 것은 갑작스럽게 해가 진 상황을 부각한 것이므로 동생과 함께 어머니를 마중 나간 화자가 놀라고 겁이 난 심리를 강조한 것으로 볼 수 있다.

④ ㉣ : **더 갈지 돌아가야 할지 주저하는 내적 갈등을 부각한다.**

해가 진 상황에서 장터를 향해 계속 길을 걸을 것인지 아니면 집으로 돌아갈 것인지를 망설이는 상황에서 느끼는 내적 갈등을 '한참'이라는 부사어를 사용하여 부각한 것으로 볼 수 있다.

✔ ㉤ : **장이 끝나 가서 장사를 마쳐야 하는 아쉬움을 강조한다.**

'멀거니'는 '정신없이 물끄러미 보고 있는 모양'을 의미하는 부사어로, 대바구니를 사러 오는 손님도 없는 장터에서 우두커니 앉아 혹시나 올지 모를 손님을 기다리는 어머니의 모습을 강조하고 있다. 따라서 장이 끝나 가서 장사를 마쳐야 하는 아쉬움을 강조하고 있다는 설명은 작품 맥락을 고려할 때 적절하지 않다.

DAY 26 20분 미니 모의고사

01 ③	02 ⑤	03 ④	04 ④	05 ⑤
06 ②	07 ⑤	08 ③	09 ①	10 ③
11 ②	12 ③			

01 발화 양상의 파악

정답률 93% | 정답 ③

[A], [B]에 대한 설명으로 가장 적절한 것은?

① **[A]는 미래의 상황을 예측하는, [B]는 과거의 상황을 환기하는 발화이다.**

[A]를 통해 미래의 상황을 예측하는 내용이 일부 제시되어 있음을 알 수 있지만, [B]에는 과거의 상황을 환기하는 내용은 제시되어 있지 않다.

② **[A]는 상대의 의견을 보완하는, [B]는 상대의 의견을 뒷받침하는 발화이다.**

[A]에는 부원 1의 우려를 해소하는 내용이 제시되어 있을 뿐 부원 1의 의견을 보완하는 내용은 제시되어 있지 않다. 또한 [B]는 상대의 의견을 뒷받침하는 것이 아니라 상대의 의견에 대한 우려를 표하고 있는 발화이다.

✔ **[A]는 상대의 우려를 해소하는, [B]는 상대의 견해에 우려를 드러내는 발화이다.**

[A]는, 나누어 줄 모종의 수가 부족하여 걱정이라는 부원 1의 우려에 대해, 300명의 학생이 반려 식물을 키우는 경험을 할 수 있고, 반려 식물 키우기를 원하지 않는 학생들도 있을 수도 있기 때문에 모종 300개로도 충분하다는 발언이다. 따라서 [A]는 부원 2가 부원 1의 우려를 해소하는 발화라 할 수 있다. 그리고 [B]는, 안내문에 반려 식물의 이름, 특징, 키우는 방법 등을 제시하자는 부원 2의 견해에 대해 반려 식물을 키우는 방법을 안내문의 제한된 공간에 제시하는 것이 현실적으로 어렵다는 발언이다. 따라서 [B]는 부원 2의 발언에 대한 부원 1의 우려를 드러내는 발언이라 할 수 있다.

④ **[A]는 문제 해결의 방법을 요구하는, [B]는 문제 해결의 결과에 주목하는 발화이다.**

[A]에는 부원 1이 제시한 우려를 해소하는 내용이 제시되어 있을 뿐 회의 참가자들에게 문제 해결의 방법을 요구하는 내용은 제시되어 있지 않다.

⑤ **[A]는 상대와 자신의 견해 차이를 확인하는, [B]는 상대와 자신의 공통된 견해를 확인하는 발화이다.**

[A]에서 부원 1과 부원 2의 견해 차이를 일부 확인할 수 있다. 하지만 [B]에는 부원 1과 부원 2의 공통된 견해가 제시되어 있지 않으므로, 이를 확인하는 발화라고 할 수 없다.

02 자료 활용 방안의 적절성 판단

정답률 92% | 정답 ⑤

(나)의 성격을 고려할 때, 〈보기〉의 자료를 활용하여 (나)를 보완하는 방안으로 가장 적절한 것은? [3점]

〈보 기〉

[신문 자료]
최근 반려 동물과 식물에 대한 관심이 커지면서 이와 관련한 문제점이 나타나고 있다. 반려 동물의 경우 이미 동물 학대, 동물 유기 등이 사회적 문제로 부각되고 있으며, 최근에는 반려 식물과 관련한 문제도 증가하고 있다. 반려 식물은 반려 동물에 비해 존재감이 미약해 관리를 소홀히 하여 생명을 잃는 경우가 많고, 버려지는 사례도 점점 늘고 있다.

① **반려 식물을 키우기 쉬운 이유를 밝히며 지속적인 관심과 노력이 필요하다는 점을 강조해야겠어.**

〈보기〉에는 반려 식물을 키우기 쉬운 이유와 관련된 내용이 제시되어 있지 않다. 따라서 반려 식물을 키우기 쉬운 이유를 바탕으로 반려 식물 키우기에 대한 지속적인 관심과 노력이 필요하다는 보완 방안을 제시하는 것은 적절하지 않다.

② **반려 식물에 대한 관심이 부족한 점을 지적하며 반려 식물을 구입할 수 있는 방법에 대한 내용을 추가해야겠어.**

〈보기〉에는 최근 반려 식물에 대한 관심이 커진다는 내용이 언급되어 있다. 따라서 반려 식물에 대한 관심이 부족하다는 점을 지적하며 반려 식물을 구입할 수 있는 방법에 대한 내용을 추가하는 것은 (나)의 적절한 보완 방안이라고 볼 수 없다.

③ **반려 식물의 유기를 금지하는 규정이 마련되어 있지 않은 점을 강조하며 이를 제정해야 한다는 내용을 추가해야겠어.**

〈보기〉에는 반려 동물과 반려 식물의 유기를 금지하는 규정과 관련된 내용은 제시되지 않았다. 따라서 반려 동물과 반려 식물의 유기를 금지하는 규정을 제정해야 한다는 내용을 추가하는 보완 방안은 적절하지 않다.

④ **반려 동물과 구별되는 반려 식물의 장점을 언급하며 반려 식물을 키우는 사람이 많아지고 있다는 점을 강조해야겠어.**
〈보기〉에는 반려 식물의 장점은 제시되어 있지 않다. 따라서 반려 식물의 장점을 언급하며 반려 식물을 키우는 사람이 많아지고 있다는 점을 강조하는 보완 방안은 적절하지 않다.

⑤ **반려 식물이 생명을 지닌 존재임을 언급하며 정성을 기울여 반려 식물을 키워 줄 것을 권유하는 문구를 추가해야겠어.**
〈보기〉의 신문 자료를 통해, 최근 들어 반려 동물과 반려 식물에 대한 관심이 커지면서 여러 가지 문제가 발생하고 있으며, 특히 최근에는 반려 식물이 생명을 잃거나 버려지는 사례가 점점 늘고 있다는 내용을 알 수 있다. 그러므로 이러한 내용을 바탕으로 (나)에 정성을 기울여 반려 식물을 키워 줄 것을 권유하는 문구를 추가하는 것은 (나)를 보완하는 방안으로 적절하다고 할 수 있다.

★★★ 1등급 대비 고난도 2점 문제

03 중세 국어의 특징 탐구

정답률 44% | 정답 ④

〈보기〉를 바탕으로 중세 국어의 특징을 탐구한 내용으로 적절하지 않은 것은?

〈보 기〉

ᄒᆞᄅᆞᆫ 조심 아니 ᄒᆞ샤 브를 **ᄢᅳ긔** ᄒᆞ야시ᄂᆞᆯ 그 아비 그 **ᄯᆞ니ᄆᆞᆯ** 구짇고 北(북)녁 堀(굴)애 **브리ᅀᆞᄫᅡ** 블 가져오라 ᄒᆞ야ᄂᆞᆯ 그 ᄯᆞ니미 아비 말 드르샤 北堀(북굴)로 **가시니 거름**마다 발 드르신 ᄯᅡ해다 蓮花(연화)ㅣ 나니 **자최ᄅᆞᆯ 조차**

– 『석보상절』 –

[현대어 풀이]
하루는 조심하지 아니하시어 불을 꺼지게 하시거늘, 그 아비가 그 따님을 꾸짖고, 북녘 굴에 시켜서 불을 가져오라고 하거늘, 그 따님이 아비의 말을 들으시어 북굴로 가시니, 걸음마다 발을 드신 땅에 다 연꽃이 나니, 자취를 좇아

① **'ᄢᅳ긔'를 보니 현대 국어와 달리 초성에 어두 자음군이 쓰였음을 알 수 있군.**
'ᄢᅳ긔'는 초성에 어두 자음군 'ㅴ'가 쓰였으므로, 현대 국어와 달리 중세 국어에서는 초성에 어두 자음군이 쓰였음을 알 수 있다.

② **'ᄯᆞ니ᄆᆞᆯ, 자최ᄅᆞᆯ'을 보니 중세 국어에서도 앞말의 받침 유무에 따라 목적격 조사의 형태가 다르게 쓰였음을 알 수 있군.**
'ᄯᆞ니ᄆᆞᆯ'에서는 목적격 조사 'ᄋᆞᆯ'이 쓰였고, '자최ᄅᆞᆯ'에서는 목적격 조사 'ᄅᆞᆯ'이 쓰였으므로 중세 국어에서도 현대 국어와 마찬가지로 앞말의 받침 유무에 따라 목적격 조사의 형태가 다름을 알 수 있다.

③ **'브리ᅀᆞᄫᅡ'를 보니 현대 국어와 달리 'ㅿ'과 'ㅸ'이 표기에 사용되었음을 알 수 있군.**
'브리ᅀᆞᄫᅡ'의 'ㅿ, ㅸ'은 중세 국어에서만 사용되고 현대 국어에는 사용되지 않는 문자이다.

④ **'가시니'를 보니 중세 국어에서도 주체를 높이는 특수 어휘가 사용되었음을 알 수 있군.**
'가시니'는 기본형인 '가다'의 어간 '가-'뒤에 주체 높임의 선어말 어미 '-시-'가 사용되어 높임 표현이 실현된 것에 해당한다. 따라서 '가시니'가 주체를 높이는 특수 어휘가 사용되었다고 한 탐구 내용은 적절하지 않다.

⑤ **'거름, 조차'를 보니 현대 국어와 달리 이어 적기를 하였음을 알 수 있군.**
'거름'과 '조차'는 '걸음'과 '좇아'를 이어 적은 것이므로, 현대 국어와 달리 중세 국어에서는 이어적기를 하였음을 알 수 있다.

★★ 문제 해결 꿀~팁 ★★

▶ 많이 틀린 이유는?
이 문제는 주체 높임에 대해 정확히 이해하지 못하여 오답률이 높았던 것으로 보인다. 특히 주체를 높이는 특수한 어휘에 대한 이해 부족도 오답률을 높인 것으로 보인다.

▶ 문제 해결 방법은?
중세 국어 문제를 해결하기 위해서는 반드시 현대어 풀이를 활용할 수 있어야 한다. 정답인 ④의 '가시니'의 현대어 풀이도 '가시니'이므로, 중세 국어 '가시니'가 기본형 '가다'에 높임의 선어말 어미 '-시-'를 사용하여 주체를 높였음을 알 수 있다. 한편 학생들 중에는 '가시니'가 '계시다, 주무시다' 등처럼 주체를 높이는 특수 어휘라고 생각하여 적절하다고 잘못된 판단을 한 것으로 보인다. 그런데 만일 학생들이 특수 어휘에서 '시'를 빼고 기본형을 만들어 보았다면 어색하다는 것을 알게 되어('가시다'의 경우 '시'를 빼도 '가다'로 어색하지 않음.) 적절하지 않음을 알 수 있었을 것이다. 이렇게 볼 때, 문법 문제 해결의 핵심은 기본적인 문법 지식을 단단히 쌓아 두는 것에 있음을 알 수 있으므로, 평소 기본적인 문법 지식은 반드시 숙지하도록 한다.

▶ 오답인 ②를 많이 선택한 이유는?
이 문제의 경우 ②를 선택한 학생들이 많았는데, 이는 'ᄯᆞ니ᄆᆞᆯ'이 이어적기 하였음을 정확히 파악하지 못했기 때문으로 보인다. 현대어 풀이에서 '따님을'이라 되어 있으므로, 'ᄯᆞ니ᄆᆞᆯ'이 'ᄯᆞ님+ᄋᆞᆯ'로 분석되어 자음 뒤에는 'ᄋᆞᆯ'이 쓰였음을 알 수 있었을 것이다. 이를 '자최ᄅᆞᆯ'과 비교하면 자음과 달리 모음 뒤에는 'ᄅᆞᆯ'이 쓰였음을 알아 적절한 것이었음을 알 수 있었을 것이다. 이처럼 이어적기한 경우에는 반드시 현대어와 비교하여 어떤 자음이 뒤의 모음과 결합하여 이어 적었는지 반드시 파악할 수 있어야 적절한 판단을 내릴 수 있음을 잊지 말아야 한다.

[문제편 p.155]

04~08 사회

박세민, 「보험법」

해제 이 글은 손해보험과 관련된 보험법의 내용을 설명하고 있다. 손해보험은 계약에서 정한 보험 사고가 발생했을 때 보험가입자 측에게 생긴 재산상의 손해를 보상하는 보험인데, 손해보험의 피보험자는 보험의 목적에 피보험이익을 가져야 한다. 피보험이익으로 인정되기 위해서는 객관적으로 금전으로 산정할 수 있는 경제적 가치를 가져야 하고, 적법한 이익이어야 하며, 계약 체결 당시 그 가치가 객관적으로 확정되어 있거나 적어도 보험 사고가 발생할 때까지는 확정되어야 한다. 손해보험은 실손보상원칙을 기본 원칙으로 하는데, 이를 통해 손해보험 계약의 도박화를 막고 보험 범죄를 방지하고 있다. 그리고 초과보험은 보험금액이 보험가액을 현저하게 초과하는 경우이고, 한 명의 피보험자가 동일한 피보험이익과 동일한 보험 사고에 관하여 여러 보험자와 계약을 체결한 경우에 그 보험금액의 합계가 보험가액을 초과하는 경우이다. 두 경우 모두 피보험자가 의도적으로 계약을 한 경우에는 무효로 처리되며, 의도가 없는 경우에는 감액이나 금액 제한 등의 방식으로 처리된다.

주제 손해보험과 관련된 보험법의 이해

문단 핵심 내용

1문단	손해보험의 개념
2문단	손해보험 계약의 전제가 되는 피보험이익
3문단	피보험이익의 인정 요건
4문단	손해보험의 보상 원칙
5문단	보험가액, 보험금액, 보험금의 개념
6문단	초과보험의 개념과 유형, 처리 방법
7문단	중복보험의 개념과 유형, 처리 방법

04 세부 정보의 파악

정답률 78% | 정답 ④

다음은 윗글을 읽은 후 메모한 내용의 일부이다. ㉠에 들어갈 수 있는 내용으로 적절하지 않은 것은?

○ 글을 선택한 이유 : 광고를 접하면서 손해보험에 관심이 생겨서.
○ 글을 통해 알게 된 내용 : [㉠].
○ 더 알고 싶은 것 : 손해보험이 아닌 보험에는 어떤 것이 있을까?

① **손해보험 계약이 초과보험인 경우는 어떤 때인지**
6문단의 '보험금액이 보험가액을 현저하게 초과하는 경우를 초과보험이라 한다.'를 통해 알 수 있다.

② **손해보험 계약에서 실손보상원칙이 어떤 역할을 하는지**
4문단의 '실손보상원칙은 손해보험 계약의 도박화를 막고 보험 범죄를 방지하는 역할을 한다.'를 통해 알 수 있다.

③ **손해보험 계약에서 보험자, 피보험자란 각각 무엇을 의미하는지**
2문단의 '보험 사고가 발생할 때에 보험금을 받을 자를 피보험자, 보험금을 지급할 의무를 지는 자를 보험자라 한다.'를 통해 알 수 있다.

④ **손해보험 계약이 보험 사고에 따른 보상이 이루어진 뒤에도 계속 효력이 유지되는지**
이 글을 통해 손해보험 계약이 보험 사고에 따른 보상이 이루어진 뒤에도 계속 효력이 유지되는지 여부는 찾아볼 수 없다. 따라서 ④는 '글을 통해 알게 된 내용'에 포함될 수 없다.

[문제편 p.157]

⑤ **손해보험 계약에서 정신적, 도덕적 이익이 피보험이익이 될 수 없는 이유는 무엇인지**

3문단에서 피보험이익이 '객관적으로 금전으로 산정할 수 있는 경제적 가치를 가져야 한다'고 하여 정신적, 도덕적 이익이 피보험이익이 될 수 없는 이유를 밝히고 있으므로 적절한 내용이다.

★★★ 1등급 대비 고난도 2점 문제

05 핵심 정보의 이해 정답률 33% | 정답 ⑤

피보험이익에 대한 설명으로 적절하지 않은 것은?

① **보험가액을 초과하는 피보험이익은 존재하지 않는다.**

6문단을 통해 '손해보험에서 보험가액을 초과하는 부분에는 피보험이익이 존재하지 않'음을 알 수 있다.

② **보험의 목적에 피보험이익이 없으면 피보험자가 될 수 없다.**

2문단을 통해 손해보험의 피보험자는 보험의 목적에 피보험이익을 가져야 함을 알 수 있으므로 적절하다.

③ **피보험이익이 서로 다른 손해보험 계약은 중복보험으로 볼 수 없다.**

7문단을 통해 중복보험은 '한 명의 피보험자가 동일한 피보험이익과 동일한 보험 사고에 관하여 여러 보험자와 계약을 체결한 경우에 그 보험금액의 합계가 보험가액을 초과하는 경우'에 해당함을 알 수 있다.

④ **피보험이익은 피보험자가 보험 사고의 대상에 갖는 경제상의 이익이다.**

2문단을 통해 피보험이익은 피보험자가 '보험의 목적'에 갖는 '경제상의 이익'임을 알 수 있고, '보험의 목적이란 보험 사고의 대상을 말'하는 것임을 알 수 있다.

✔⑤ **보험계약 체결 당시 그 가치가 확정되어 있어야만 피보험이익으로 인정될 수 있다.**

3문단에서 피보험이익으로 인정되기 위해서는 '계약 체결 당시 그 가치가 객관적으로 확정되어 있거나 적어도 보험 사고가 발생할 때까지는 확정되어야 한다.'고 하였다. 따라서 계약 체결 당시 그 가치가 확정되어 있지 않더라도 보험 사고가 발생할 때까지 확정되었다면 피보험이익으로 인정됨을 알 수 있다.

★★ 문제 해결 꿀~팁 ★★

▶ 많이 틀린 이유는?

이 문제는 글의 내용을 정확히 이해하지 못하였거나, 선택지를 정확히 이해하지 못해 오답률이 높았던 것으로 보인다. 또한 '피보험이익'과 관련된 내용이 2~6문단에 제시되어 있어서 문제 해결에 어려움을 겪어 오답률이 높았던 것으로 보인다.

▶ 문제 해결 방법은?

이 문제를 해결하기 위해서는 선택지에 제시된 내용이 글의 어느 부분을 통해 있는지 확인한 다음, 선택지의 내용이 글의 내용과 부합하는지를 판단할 수 있어야 한다. 이때 주의할 점은 선택지를 건성으로 읽지 않고 정확히 읽어서 이해해야 한다는 것이다. 정답인 ⑤의 경우, 글에는 '계약 체결 당시 그 가치가 확정되어 있거나 적어도 보험 사고가 발생할 때까지는 확정되어야 한다.'라고 '-거나'를 사용하여 둘 중의 하나인 경우에도 피보험이익으로 인정된다 하고 있다. 그런데 선택지에서는 '보험 체결 당시 그 가치가 확정되어 있어야만 피보험이익으로 인정될 수 있다.'고 한정을 의미하는 '-만'을 사용하여 보험 체결 당시 그 가치가 확정되어 있을 경우에만 인정된다 하고 있다. 이렇게 볼 때, 이 선택지는 글의 내용에 부합하지 않아 적절하지 않은 것이라 할 수 있다. 이 문제처럼 선택지를 정확히 읽지 못할 경우 잘못된 선택을 할 수 있으므로, 항상 선택지를 정확히 읽을 수 있도록 최선을 다해야 한다.

▶ 오답인 ①, ③을 많이 선택한 이유는?

이 문제의 경우 학생들이 ①과 ③을 적절하지 않다고 하여 오답률이 높았는데, 이 경우 선택지에 제시된 내용이 글의 어느 부분에 제시되어 있는지 파악하지 못했기 때문으로 보인다. 만일 6문단과 7문단의 내용까지 확인했으면 적절함을 알 수 있었을 것이다. 이 문제처럼 최근에 핵심 개념을 글 전체에 걸쳐 설명하는 경우가 많으므로, 지문을 읽을 때는 핵심 개념이 글 전체에 걸쳐 있는지, 부분에만 제시되어 있는지를 염두에 두어 핵심 개념과 관련된 정보를 찾을 수 있도록 한다.

06 세부 내용의 이해 정답률 67% | 정답 ②

[A]에 대한 이해로 적절하지 않은 것은?

① **보험금은 보험가액을 초과할 수 없고 보험금액을 초과할 수도 없다.**

5문단에서 보험가액이 '보험자가 보험금의 형태로 부담하게 되는 보상책임의 법률상의 최고 한도액'이라고 하였고, '보험금액은 보험금의 최고 한도'라고 하였으므로 적절하다.

✔② **보험금액은 변동될 수 있으나 보험 기간 중 보험가액은 바뀌지 않는 것이 원칙이다.**

5문단에서 '보험가액은 고정된 것이 아니며 경제상황 등에 따라 변동될 수 있'다고 하면서, 보험금액은 '보험 기간 중에는 이를 변경하지 않는 것이 원칙'이라고 하였으므로 이해 내용으로 적절하지 않다.

③ **보험가액은 보험금의 액수가 이득금지의 원칙에 위배되는지 여부를 판단하는 기준이 된다.**

5문단에서 보험가액이 '이득금지의 원칙과 관련해 피보험자에게 이득이 생겼는가 여부를 판단하는 기준이 된다.'고 하였으므로 적절하다.

④ **보험가액은 객관적인 금전적 가치 평가에 의해, 보험금액은 계약 당사자 사이의 약정에 의해 정해진다.**

5문단에서 '보험가액은 피보험이익의 객관적인 금전적 평가액'이라고 하였고, '보험금액은 당사자 간 약정에 의하여 일정한 금액으로 정해'진다고 하였으므로 적절하다.

⑤ **보험자가 일정한 보험금액을 약정했더라도 보험 사고 발생 시 항상 보험금액만큼 지급하는 것은 아니다.**

5문단에서 '보험 사고가 발생하였다고 해서 항상 보험금액만큼 지급되는 것은 아니'라고 하였으므로 적절하다.

07~08

〈보기〉는 윗글과 관련된 상황이다. 7번과 8번 물음에 답하시오.

〈보 기〉

갑은 2년 전 시가 1,000만 원의 건물 X를 소유하고 있었는데 당시 ㉮ X에 대하여 보험사 A와 보험금액을 600만 원으로 하는 화재보험에 가입하고, ㉯ 같은 건물에 대하여 보험사 B와 보험금액 400만 원의 화재보험에 가입했다. 그런데 그 뒤 X의 시세가 하락해 현재 평가액은 800만 원이다. 갑이 가입한 손해보험의 보험금액과 보험료는 모두 가입 당시와 달라지지 않았다.

(단, 갑이 가입한 손해보험은 피보험자가 모두 갑 본인이다. 모두 계약일이 같으며 보험 기간은 5년이다.)

07 구체적 상황에의 적용 정답률 48% | 정답 ⑤

윗글을 읽은 학생이 〈보기〉의 ㉮와 ㉯에 대해 보인 반응으로 적절하지 않은 것은? [3점]

① **㉮와 ㉯는 보험의 목적과 보험 사고가 동일하고, 보험자는 서로 다른 손해보험이겠군.**

2문단에서 '보험의 목적이란 보험 사고의 대상을 말한다'고 하였고, '보험 사고가 발생할 때에 ~ 보험금을 지급할 의무를 지는 자를 보험자라 한다.'라고 하였다. 그리고 〈보기〉를 통해, ㉮와 ㉯의 보험의 목적은 X로 동일하고, ㉮의 보험자는 A, ㉯의 보험자는 B이므로 서로 다르다고 할 수 있다. 따라서 화재보험인 ㉮와 ㉯는 보험 사고가 동일하다고 할 수 있다.

② **㉮와 ㉯의 보험금액의 합계는 가입 당시와 달리 현재는 보험가액과 일치하지 않겠군.**

㉮와 ㉯의 보험금액의 합계는 가입 당시에나 현재나 모두 1,000만 원인데 ㉮와 ㉯의 보험가액인 X의 평가액은 가입 당시엔 1,000만 원이었으나 현재는 800만 원으로 달라졌으므로 적절하다.

③ **보험계약 후 건물 시세가 하락하였지만 ㉮와 ㉯ 중 어느 것도 계약 전부가 무효로 되지 않겠군.**

7문단에서 '한 명의 피보험자가 동일한 피보험이익과 ~ 그 보험금액의 합계가 보험가액을 초과하는 경우를 중복보험이라 한다.'라고 하였으므로, 이 조건에 모두 부합하는 ㉮와 ㉯는 중복보험이라 할 수 있다. 그리고 7문단에서 '중복보험은 초과보험과 유사하게 ~ 사기에 의한 중복보험은 그 계약 전부를 무효로 한다.'라고 하였으므로, 가입 당시에는 보험금액의 합계와 보험가액이 동일했으나 그 뒤 보험가액이 하락해 중복보험이 된 ㉮와 ㉯는 단순한 중복보험이어서 계약 전부가 무효로 되지 않음을 알 수 있다.

④ **계약에서 정한 보험 사고가 발생하기 전이라면, ㉮와 ㉯의 피보험자인 갑은 A와 B로부터 보상을 받을 수 없겠군.**

2문단에서 피보험자가 '보험 사고가 발생할 때에 보험금을 받을 자'라고 하였으므로 적절하다.

✔⑤ **갑이 ㉮에 가입하지 않았다고 가정하면, ㉯의 보험자는 보험가액의 변동을 근거로 보험금액의 감액을 청구할 수 있었겠군.**

5문단을 통해 '보험가액은 피보험이익의 객관적인 금전적 평가액'임을 알 수 있으므로, X의 보험가액은 현재의 평가액인 800만 원이라 할 수 있다. 그리고 6문단의 '보험계약 체결 당시엔 초과보험이 아니었으나 ~ 보험자는 보험금액의 감액을, 보험에 가입한 보험계약자는 보험자에 지급하는 보험료의 감액을 각각 청구할 수 있다.'를 통해, ㉯가 단순한 초과보험이었다면 ㉯의 보험자는 보험금액의 감액을 청구할 수 있을 것임을 알 수 있다. 하지만 ㉯의 보험금액인 400만 원이 변동된 보험가액인 800만 원보다 적어서 초과보험이 아니므로, ㉯의 보험자는 보험가액의 변동을 근거로 보험금액의 감액을 청구할 수 없다고 할 수 있다.

★★★ 1등급 대비 고난도 2점 문제

08 구체적 상황에의 적용

정답률 45% | 정답 ③

다음은 〈보기〉와 관련한 보험 사고 상황이다. 윗글을 참고할 때 ⓐ~ⓒ에 들어갈 금액을 바르게 짝지은 것은?

> 건물 X에 화재가 일어나 50%의 손실이 발생하였다. 이에 갑은 보험사 A와 B에 보험금을 청구하였다. A는 보험계약에서 실제 약정한 (ⓐ)의 한도 내에서 책임을 질 의무가 있다. 그런데 다른 보험사와 연대 책임을 질 의무가 있는 A는 각 보험사의 보험금액의 비율에 따라 갑에게 (ⓑ)을 보험금으로 지급하였다. 역시 연대 책임을 질 의무가 있는 B는 (ⓒ)을 갑에게 보험금으로 지급하였다. 단, X의 평가액은 현재 기준으로 산정되었다.

	ⓐ	ⓑ	ⓒ
①	300만 원	240만 원	160만 원
②	300만 원	480만 원	320만 원
✔③	600만 원	240만 원	160만 원

㉮와 ㉯는 단순한 중복보험인데, 7문단에서 '단순한 중복보험의 경우, 각 보험자가 보험금액의 비율에 따라 연대 책임을 지지만 그 보상액은 각각의 보험금액으로 제한된다.'라고 하였으므로 A는 실제 약정한 보험금액인 600만 원의 한도 내에서 연대 책임을 질 의무가 있다. 그리고 4문단에서 '손해보험은 실손보상원칙을 기본 원칙으로 삼는다. 실손보상원칙이란 실제 발생한 손해만을 보상하고 그 이상은 보상하지 않는다는 것을 뜻한다.'라고 하였으므로, 화재로 인해 현재 평가액 800만 원인 X에 50% 손실이 일어났을 때 갑이 수령할 보험금은 400만 원이다. A와 B는 각각의 보험금액이 600만 원과 400만 원이어서 6:4의 비율로 보험금 합계 400만 원에 대한 연대 책임을 지므로, 각각 240만 원과 160만 원을 갑에게 보험금으로 지급해야 한다.

	ⓐ	ⓑ	ⓒ
④	600만 원	480만 원	320만 원
⑤	800만 원	480만 원	320만 원

★★ 문제 해결 꿀~팁 ★★

▶ 많이 틀린 이유는?

이 문제는 글의 내용을 실제 사례에 적용하는 과정에서 어려움을 겪어 오답률이 높았던 것으로 보인다.

▶ 문제 해결 방법은?

이 문제를 해결하기 위해서는 먼저 〈보기〉의 내용을 정확히 이해해야 한다. 즉 ㉮, ㉯가 중복보험이고, 현재 평가액은 800만 원임을 기본적으로 정리할 수 있어야 한다. 그런 다음 문제 아래에 제시된 '보험 사고 상황'과 관련된 글의 내용을 찾으면 되는데, 이때 주의할 점은 '보험 사고 상황'에서 제시한 각 상황이 글의 어느 부분과 관련이 있는지 판단해야 한다. 가령 'A는 보험계약에서 실제 약정한 (ⓐ)의 한도 내에서 책임을 질 의무가 있다.'가 글의 7문단과 관련되어 있음을, A와 B는 실손보상원칙에 따라 지불하고 있다고 하였으므로 4문단과 관련되어 있음을 알 수 있다. 이러한 문제 해결 방법을 바탕으로 하게 되면 ③이 정답임을 알 수 있었을 것이다. 이런 문제처럼 복잡하게 보이는 문제라도 주어진 〈보기〉나 상황을 정확하게 이해하고, 이와 관련된 글의 내용을 파악하면 문제를 쉽게 해결할 수 있으므로, 차분하게 문제에 접근하여 해결할 수 있도록 한다.

09~12 고전 소설

작자 미상, 「흥부전」

해제 이 작품은 조선 후기에 창작된 판소리계 소설로, **당시 서민 계층의 삶의 모습과 생각이 잘 드러나** 있다. 가난하지만 착한 심성 덕분에 부자가 되는 동생 '흥부'와 부자이지만 욕심이 많고 나쁜 심성 때문에 몰락하게 되는 형 '놀부'의 모습을 등장인물의 익살스러운 재담과 해학적인 표현으로 드러내고 있다. **표면적**으로는 형제간 우애의 중요성과 흥부가 제비를 도와준 후 얻은 박에서 온갖 비단과 보물이 나온다는 설정을 통해 **권선징악의 주제를 전달**하면서도, **그 이면에는 몰락하는 양반과 자본을 토대로 성장하는 서민층의 등장, 빈부의 격차 등과 같은 조선 후기의 사회·경제적 상황을 나타내고** 있다.

주제 권선징악과 형제간 우애의 중요성, 조선 후기의 부조리한 사회상 고발

작품 줄거리 욕심이 많고 심성이 고약한 형 놀보는 부모님이 돌아가신 후 유산을 독차지하고 심성이 착한 동생 흥보를 내쫓는다. 흥보는 가족들의 생계를 위해 매품팔이에 나서는 등 여러 노력을 기울이지만 가난에서 벗어나지 못한다. 어느 날 흥보는 다리가 부러진 제비를 도와주게 되고, 그 제비가 물어다 준 박씨를 심는다. 흥보는 박씨가 자라 열린 박 속에서 나온 재화와 보물로 부자가 되는데, 놀보는 이 소식을 듣고 일부러 제비 다리를 부러뜨리고 고쳐 준다. 놀보가 고쳐 준 제비 역시 놀보에게 박씨를 물어다 주는데, 그 박씨에서 열린 박에서는 노승과 상여꾼, 초라니 패 등이 나온다. 이로 인해 패가망신한 놀보는 자신의 잘못을 깨닫게 되며, 형제는 화목하게 살게 된다.

09 서술상 특징 파악

정답률 53% | 정답 ①

윗글에 대한 설명으로 가장 적절한 것은?

✔① **인물의 반복적 행위와 결과를 나열하여 극적 효과를 높이고 있다.**
이 글에서는 흥부 부부가 박을 타는 반복적인 행위와 그 결과로 박에서 나온 물건들을 나열하고 있는데, 이러한 서술을 통해 흥부 가족이 부자가 되는 모습을 극적으로 잘 보여 주고 있다.

② **서술자를 작중 인물로 설정하여 사건의 현장감을 조성하고 있다.**
이 글은 전지적 작가 시점으로 서술자가 작품 밖에서 서술하고 있으므로, 서술자를 작중 인물로 설정하였다는 진술은 적절하지 않다.

③ **전기(傳奇)적인 요소를 활용하여 주인공의 영웅성을 부각하고 있다.**
제비가 은혜를 갚고, 박에서 재물이 쏟아지는 등 전기(傳奇)적인 요소가 일부 드러나지만, 이러한 전기적인 요소를 활용하여 흥부의 영웅적인 모습을 보여 주지는 않고 있다.

④ **권위 있는 새로운 인물이 등장하여 인물 간의 갈등을 해소하고 있다.**
'제비 왕'이라는 권위 있는 인물이 등장하지만 '제비 왕'이 인물 간의 갈등을 해소하는 부분은 제시되어 있지 않다.

⑤ **꿈과 현실을 교차적으로 서술하여 사건을 입체적으로 구성하고 있다.**
이 글에 꿈속 장면은 서술되어 있지 않으므로 꿈과 현실을 교차하여 서술한다는 진술은 적절하지 않다.

10 작품 내용의 이해

정답률 82% | 정답 ③

윗글에 대한 이해로 적절하지 않은 것은?

① **흥부 부부는 먹고 살기 위해 온갖 노력을 다하였다.**
흥부 부부는 '방아 찧기, 술집의 술 거르기, 초상난 집 제복 짓기 ~ 이 집 저 집 돌아가며 이엉 엮기 등' 온갖 품을 다 팔았으므로, 흥부 부부가 먹고 살기 위해 온갖 노력을 다하였다고 볼 수 있다.

② **박에서 나온 목수들은 흥부 부부를 위해 좋은 터에 집을 지어 주었다.**
'다시 한 통을 툭 타 놓으니 일등 목수들과 각종 곡식이 나왔다. 그 목수들은 우선 명당을 가려 터를 잡고 집을 지었다.'를 통해, 박에서 나온 목수들이 흥부 부부를 위해 좋은 터에 집을 지어 주었음을 알 수 있다.

✔③ **흥부는 자신이 치료해 준 제비가 박씨를 물고 온 사실을 알아채고 그를 매우 반겼다.**
흥부 아내의 '작년에 왔던 제비가 입에 무엇을 물고 와서 저토록 넘놀고 있으니 어서 나와 구경하오.'를 통해, 흥부 부부가 자신이 치료해 준 제비가 다시 돌아왔다는 사실을 알았지만, 입에 물고 온 '무엇'이 박씨임을 알지는 못했다. 따라서 제비가 박씨를 물고 왔다는 사실을 알아채고 흥부가 제비를 반겼다는 내용은 적절하지 않다.

④ **제비는 다리를 다친 사연을 제비 왕에게 말하며 흥부에게 받은 은혜를 갚기를 원하였다.**
제비의 '신의 부모가 조선국에 나가 흥부의 집에 깃들었는데 뜻밖에 큰 구렁이의 화를 입어 다리가 부러져 죽을 것을 흥부의 구조를 받아 살아서 돌아왔습니다. 흥부의 가난을 면케 해주신다면 소신은 그 은공을 만분의 일이라도 갚을까 합니다.'를 통해, 제비가 다리를 다친 사연을 제비 왕에게 말하며 흥부에게 받은 은혜를 갚기를 원하였음을 알 수 있다.

⑤ **놀부는 흥부의 집을 방문하기 전까지 흥부가 어떻게 부자가 되었는지를 정확히 알지 못했다.**
놀부는 흥부가 부자가 되었다는 소문을 듣고 '이놈이 도둑질을 했나? 내가 가서 욱대기면 반재산을 빼어 낼 것이다.'라고 말하고 있으므로, 놀부는 흥부의 집을 방문하기 전까지는 흥부가 부자가 된 이유를 정확히 알지 못했음을 알 수 있다.

11 외적 준거에 따른 작품의 감상

정답률 88% | 정답 ②

〈보기〉를 참고하여 윗글을 감상한 내용으로 적절하지 않은 것은? [3점]

> 〈보 기〉
>
> 조선 후기에는 잦은 자연재해와 관리들의 횡포 때문에 백성들은 아무리 노력해도 가난에서 벗어날 수 없었다. 이러한 시대적 배경에서 창작된 「흥부전」은 최소한의 의식주라도 해결하고 싶었던 당시 백성들의 소망이 반영된 작품으로 볼 수 있다. 특히 당시의 백성들은 성품이 착한 흥부 내외가 초월적인 존재의 도움으로 가난을 벗어나는 장면을 통해 대리만족을 얻기도 하였다. 하지만 착한 흥부에게 주어지는 보상이 환상성(幻想性)을 띠고 있다는 점은 가난이 실제 현실에서는 극복되기 어렵다는 것을 우회적으로 보여주고 있다.

[문제편 p.159]

① **흥부 내외가 '온갖 품을 다 팔았'지만 여전히 '살기는 막연'했던 것은 창작 당시의 시대적 배경과 관련이 있겠군.**
이 글의 '내외가 온갖 품을 다 팔았다. 그러나 역시 살기는 막연하였다.'를 통해, 흥부 부부가 온갖 일을 하지만 여전히 생활이 어려웠음을 알 수 있다. 이러한 흥부 부부의 모습은 잦은 자연재해와 관리들의 횡포 때문에 백성들이 아무리 노력해도 가난에서 벗어날 수 없었던 조선 후기의 시대적 배경과 관련 있다고 할 수 있다.

✔ **흥부 집을 찾아간 놀부가 '화초장'을 '스스로 짊어지고' 간 것은 가난을 극복하기 위한 백성들의 노력으로 볼 수 있겠군.**
놀부는 흥부 집에 가서 재물이 나오는 화초장을 달라고 한 뒤, 하인을 시켜 보내 주겠다는 흥부의 말도 마다하고 화초장을 직접 짊어지고 자신의 집으로 가고 있다. 화초장을 직접 짊어지고 가는 놀부의 이러한 모습은 자신의 집으로 화초장을 빨리 옮기고 싶은 욕심 때문이라 볼 수 있으므로, 이러한 놀부의 행위를 가난을 극복하기 위한 백성들의 노력이라고 볼 수 없다.

③ **'제비 왕'이 제비에게 준 '박씨'를 통해 흥부가 가난을 벗어날 수 있었다는 점에서 초월적 존재의 도움을 확인할 수 있겠군.**
제비 왕이 전해 준 박씨를 심고, 박에서 나온 온갖 재물로 인해 흥부는 큰 부자가 되었으므로, 초월적인 존재인 제비 왕의 도움으로 흥부가 가난에서 벗어났다고 할 수 있다.

④ **흥부가 타는 박 속에서 '세간붙이'와 '각종 곡식'이 나온 것은 의식주 문제를 해결하고 싶었던 백성들의 소망과 관련이 있겠군.**
흥부가 타는 박에서 의식주와 관련된 세간붙이와 곡식, 그리고 집을 지을 수 있는 목수가 나오고 있는데, 이러한 모습은 최소한의 의식주라도 해결하고 싶었던 당시 백성들의 소망을 반영한 것이라 볼 수 있다.

⑤ **'사오일' 만에 열린 박에서 '순금 궤'가 나와 부자가 된다는 점에서 흥부에게 주어진 보상이 환상성을 띠고 있음을 알 수 있겠군.**
흥부가 심은 박씨에서 사오일 만에 박이 열리고, 박 속에서 순금 궤가 나오는 것은 현실에서 일어날 수 없는 전기적인 내용에 해당한다. 따라서 이러한 내용은 흥부가 받은 보상이 환상성을 지니고 있음을 보여 주는 것이라 할 수 있다.

12 속담을 활용한 인물의 평가

정답률 92% | 정답 ③

윗글의 놀부를 평가하는 말로 가장 적절한 것은?

① **불난 집에 부채질하는 인물이군.**
남의 재앙을 더욱 커지게 만드는 것을 비유적으로 표현한 속담이다.

② **소 잃고 외양간 고치는 인물이군.**
일이 잘못된 후에 손을 써봐야 의미가 없다는 뜻이다.

✔ **사촌이 땅을 사면 배 아파하는 인물이군.**
이 글에서 놀부는 흥부가 부자가 된 것을 질투하여 심술을 부리는 인물로 묘사되어 있으므로, 남이 잘되는 것을 시기하고 질투한다는 뜻을 가진 속담 '사촌이 땅을 사면 배가 아프다.'를 활용하여 놀부를 평가할 수 있다.

④ **간에 붙었다 쓸개에 붙었다 하는 인물이군.**
제 줏대를 지키지 못하고 이익이나 상황에 따라 이리저리 언행을 바꾸는 사람을 비꼬아 이르는 속담이다.

⑤ **오르지 못할 나무는 쳐다도 보지 않는 인물이군.**
자기의 능력 밖의 일은 처음부터 욕심을 내지 않는 것이 좋다는 뜻이다.

DAY 27 20분 미니 모의고사

01 ②	02 ③	03 ①	04 ①	05 ③
06 ①	07 ③	08 ①	09 ⑤	10 ⑤
11 ③	12 ②			

01 자료 활용의 적절성 파악

정답률 53% | 정답 ②

위 발표에서 자료를 활용한 방식에 대한 설명으로 가장 적절한 것은?

① **자신이 발굴한 문화재를 소개하기 위해 '화면 1'에 발견한 것의 실물 사진을 제시하였다.**
'화면 1'은 발표자가 고분 답사를 갔다가 발견한 화단 장식물 파편에 해당하므로, 자신이 발굴한 문화재를 소개하기 위해 '화면 1'을 제시하였다는 설명은 적절하지 않다.

✔ **일반적으로 매장 문화재가 세상에 나오는 상황을 보여 주기 위해 '화면 2'에 문화재청의 발굴 조사 장면을 제시하였다.**
'화면 2'는 전문 기관의 발굴 조사 장면을 제시한 것이므로, 일반적으로 매장 문화재가 세상에 나오는 상황을 보여 주기 위해 '화면 2'에 문화재청의 발굴 조사 장면을 제시하였다는 설명은 적절하다.

③ **발견된 문화재의 시대적 층위를 부각하기 위해 '화면 3'에 고대와 근대의 문화재를 대비하여 제시하였다.**
'화면 3'은 일상생활, 여가 생활 중에 발견한 문화재에 관련된 것이므로 고대와 근대의 문화재를 대비하여 제시하였다는 설명은 적절하지 않다.

④ **제도를 세부적으로 파악할 수 있도록 하기 위해 '화면 4'에 감정 평가의 세부 단계들을 정리하여 제시하였다.**
'화면 4'는 '매장 문화재 발견 신고 제도'의 절차들을 담고 있으므로 감정 평가의 세부 단계들을 정리하여 제시하였다는 설명은 적절하지 않다.

⑤ **주의할 점을 부각하여 전하기 위해 '화면 5'에 제도 운영의 핵심 취지 부분에 강조 표시를 해서 제시하였다.**
'화면 5'는 매장 문화재 발견 신고와 관련하여 유의할 점을 부각하고 있으므로 제도 운영의 핵심 취지 부분에 강조 표시를 해서 제시하였다는 설명은 적절하지 않다.

02 글쓰기 자료, 매체의 활용

정답률 85% | 정답 ③

수집한 자료를 다음의 기준에 따라 선별한 후, 선별된 자료를 반영하여 '초고'를 작성하였다. 각 자료에 대한 이해로 적절하지 않은 것은? [3점]

선별 기준	그렇다	아니다
(가) 작문 목적에 부합하는가?		
(나) 출처가 분명한 최근의 정보인가?		

① **〈자료 1〉은 '내용'이 물 섭취 방법에 대한 올바른 정보를 제공하기에 적합하다고 보아 (가)에 대해 '그렇다'라고 판단했겠군.**
'초고'의 2문단과 3문단에서 물을 마실 때 유의해야 할 점을 다루고 있고, 〈자료 1〉의 내용이 '전문가가 권하는 물 섭취 방법'임을 알 수 있다. 따라서 선별 기준 '(가)'에 대해 '그렇다'라고 판단했을 것이다.

② **〈자료 2〉는 '내용'이 물 섭취에 대한 많은 학생들의 인식이 잘못되었음을 뒷받침하는 정보를 제공한다고 보아 (가)에 대해 '그렇다'라고 판단했겠군.**
'초고'의 1문단에서 인터뷰를 통해 만난 학생들의 인식과 달리 물을 많이 섭취한다고 무조건 좋은 것만은 아니라는 내용을 다루고 있고, 〈자료 2〉의 '물 중독 사례'는 물 섭취에 대한 많은 학생들의 인식이 잘못되었음을 뒷받침하는 정보를 제공한다고 볼 수 있다.

✔ **〈자료 3〉은 '연도'를 고려하면 최근의 상황을 반영하지 못하지만 '출처'가 명확하고 물 섭취 실태를 보여 주기에 적절하다고 보아 (나)에 대해 '그렇다'라고 판단했겠군.**
'수집한 자료 목록'의 〈자료 3〉은 2004년에 제작/발행된 것으로 최근의 상황을 반영하는 자료라 할 수 없어 선별 기준 '(나)'에 대해 '아니다'라고 판단했을 것임을 알 수 있다. 또한 '초고'의 내용이 '한국인의 물 섭취 현황'에 대해 다루고 있지 않고 있으므로 작문 목적에도 부합한다고도 볼 수 없다.

④ **〈자료 4〉는 '내용'이 물 섭취에 관해 정확한 정보를 제공하려는 목적에 부합하지 않는다고 보아 (가)에 대해 '아니다'라고 판단했겠군.**

'초고'의 내용을 볼 때, 〈자료 4〉의 내용인 '1일 1인당 수돗물 사용량 현황'은 '초고'와 직접적인 상관이 없는 자료임을 알 수 있으므로, 선별 기준 '(가)'에 대해 '아니다'라고 판단했을 것이다.

⑤ **〈자료 4〉는 '출처'는 분명하지만 해마다 발간되는 보고서라는 점에서 '연도'를 고려했을 때 최근의 현황에 대한 정보가 아니라고 보아 (나)에 대해 '아니다'라고 판단했겠군.**
〈자료 4〉가 '연례 보고서'라는 보고서의 성격과 2013년에 제작/발행된 것임을 고려할 때 최근의 현황을 반영하지 못한 것임을 알 수 있으므로, 선별 기준 '(나)'에 대해 '아니다'라고 판단했을 것이다.

03 조건에 맞는 글 쓰기
정답률 78% | 정답 ①

〈보기〉는 '초고'를 읽은 친구의 조언이다. 〈보기〉를 반영하여 '초고'에 마지막 문단을 추가한다고 할 때 가장 적절한 것은?

〈보 기〉
글이 마무리되지 않은 느낌이 드니까 중심 내용으로 제시한 두 가지 유의 사항을 모두 포함하는 문장을 추가하는 것이 좋겠어. 그리고 중심 내용에 담긴 정보가 독자에게 어떤 긍정적인 가치가 있는지도 언급하는 게 좋겠어.

✔ **물은 적당한 양을 필요한 때에 마셔야 좋은 것이다. 물 섭취에 대한 올바른 정보를 이해하고 삶에 적용한다면 건강을 지키며 삶의 질을 높일 수 있을 것이다.**
〈보기〉를 통해 제시된 조건이 '중심 내용으로 제시한 두 가지 유의 사항을 모두 포함하는 문장을 추가하는 것'과 '중심 내용에 담긴 정보가 독자에게 어떤 긍정적인 가치가 있는지도 언급하는 것'임을 알 수 있다. ①의 '물은 적당한 양을 필요한 때에 마셔야 좋은 것이다.'는 '중심 내용으로 제시한 두 가지 유의 사항을 모두 포함하는 문장을 추가하는 것'이라는 조건을 충족한다. 그리고 '물 섭취에 대한 올바른 정보를 이해하고 삶에 적용한다면 건강을 지키며 삶의 질을 높일 수 있을 것이다.'라는 문장은 '중심 내용에 담긴 정보가 독자에게 어떤 긍정적인 가치가 있는지도 언급하는 것'이라는 조건을 충족한다.

② **언제 마시는가에 따라 물도 독이 될 수 있음을 유의해야 한다. 갈증을 느낄 때 물을 마셔야만 물이 인체에서 수행하는 역할을 활성화하는 데 기여할 수 있다.**
'언제 마시는가에 따라 물도 독이 될 수 있음을 유의해야 한다.'라는 문장은 물을 마시는 때에 대해서만 언급하고 있으므로, '중심 내용으로 제시한 두 가지 유의 사항을 모두 포함하는 문장을 추가하는 것'이라는 조건을 충족하지 못하고 있다.

③ **물은 인체에 필수적이나 한 번에 많은 물을 마시지는 말아야 한다. 물이 인체에 미치는 영향을 정확히 안다면 물이 지닌 긍정적 가치를 더 많이 발견할 수 있을 것이다.**
'물은 인체에 필수적이나 한 번에 많은 물을 마시지는 말아야 한다.'라는 문장은 물을 마시는 양에 대해서만 언급하고 있으므로, '중심 내용으로 제시한 두 가지 유의 사항을 모두 포함하는 문장을 추가하는 것'이라는 조건을 충족하지 못하고 있다.

④ **물 중독 사례와 연구 팀의 실험을 통해 물 섭취 시 유의 사항을 확인하였다. 결국 물을 한 번에 많이 마시면 건강에 해롭고, 목마르지 않은데 마시면 과제 수행 능력이 떨어진다.**
'결국 물을 한 번에 많이 마시면 건강에 해롭고, 목마르지 않은데 마시면 과제 수행 능력이 떨어진다.'라는 내용도 중심 내용에 담긴 정보의 긍정적인 가치로 보기 어려우므로, '중심 내용에 담긴 정보가 독자에게 어떤 긍정적인 가치가 있는지도 언급하는 것'이라는 조건을 충족하지 못하고 있다.

⑤ **당연하다고 생각했던 것들이 거짓인 경우도 있는데 물은 많이 마실수록 좋다는 인식도 그러하다. 올바른 물 섭취를 생활화한다면 학습 능력 향상에 도움을 얻을 수 있을 것이다.**
'당연하다고 생각했던 것들이 거짓인 경우도 있는데 물은 많이 마실수록 좋다는 인식도 그러하다.'라는 문장은 물을 마시는 양에 대해서만 언급하고 있으므로, '중심 내용으로 제시한 두 가지 유의 사항을 모두 포함하는 문장을 추가하는 것'이라는 조건을 충족하지 못하고 있다.

04 표준 발음법의 이해
정답률 77% | 정답 ①

〈보기〉는 표준 발음법의 된소리되기 중 일부이다. ㉠과 ㉡에 해당하는 예가 바르게 짝지어진 것은?

〈보 기〉
㉠ 받침 'ㄱ(ㄲ, ㅋ, ㄳ, ㄺ), ㄷ(ㅅ, ㅆ, ㅈ, ㅊ, ㅌ), ㅂ(ㅍ, ㄼ, ㄿ, ㅄ)' 뒤에 연결되는 'ㄱ, ㄷ, ㅂ, ㅅ, ㅈ'은 된소리로 발음한다.
㉡ 어간 받침 'ㄴ(ㄵ), ㅁ(ㄻ)' 뒤에 결합되는 어미의 첫소리 'ㄱ, ㄷ, ㅅ, ㅈ'은 된소리로 발음한다.

[문제편 p.162]

	㉠	㉡
✔	늦게[늗께]	얹다[언따]

'늦게'는 받침 'ㅈ' 뒤에 연결되는 'ㄱ'이 된소리가 되어 [늗께]로 발음되므로 〈보기〉의 ㉠에 해당한다. 그리고 '얹다'는 어간 받침 'ㄵ' 뒤에 결합되는 어미의 첫소리 'ㄷ'이 된소리가 되어 [언따]로 발음되므로 〈보기〉의 ㉡에 해당한다.

② **옆집[엽찝]** **있고[읻꼬]**
'옆집[엽찝]'과 '있고[읻꼬]' 모두 〈보기〉의 ㉠에 해당한다.

③ **국수[국쑤]** **늙다[늑따]**
'국수[국쑤]'와 '늙다[늑따]' 모두 〈보기〉의 ㉠에 해당한다.

④ **묶어[무꺼]** **껴안다[껴안따]**
'묶어[무꺼]'는 앞말의 'ㄲ'이 뒤의 모음에 연음이 된 것이므로 〈보기〉의 규정과는 상관이 없다.

⑤ **앉다[안따]** **머금다[머금따]**
'앉다[안따]', '머금다[머금따]' 모두 〈보기〉의 ㉡에 해당한다.

05~08 기술

「석빙고의 구조와 과학적 원리」

해제 이 글은 석빙고의 구조와 과학적 원리를 설명하고 있다. 석빙고는 얼음을 저장한 냉동 창고로, 공기의 대류 현상, 단열 효과 등의 과학적 원리를 잘 활용하였다. 석빙고는 숨은열을 활용해 얼음이 녹지 않도록 하고, 물이 빨리 빠져나갈 수 있도록 배수로를 설치하였고, 천장의 상단에 통풍구를 설치하여 내부의 더운 공기가 빠져나가도록 하였다. 그리고 얼음과 얼음 사이에 짚을 채워 더운 공기가 들어가지 못하게 하는 등 낮은 온도를 유지하기 위한 비결이 담겨 있다. 이러한 석빙고는 조상의 지혜가 집약된 천연 냉장고로, 당시 다른 나라의 장치에 비해서도 기술이 떨어지지 않는 건축물이다.

주제 석빙고의 원리와 구조

문단 핵심 내용

1문단	석빙고 이해 및 원리에 대한 궁금증
2문단	석빙고를 낮은 온도로 유지하게 하는 얼음
3문단	석빙고를 낮은 온도로 유지하게 하는 공기의 흐름
4문단	석빙고를 낮은 온도로 유지하게 하는 짚
5문단	석빙고를 낮은 온도로 유지하게 하는 그 밖의 것들
6문단	석빙고의 가치

05 세부 내용의 이해
정답률 61% | 정답 ③

윗글의 내용과 일치하지 않는 것은?

① **석빙고 외부의 풀은 내부의 온도 상승을 막는 데 도움을 준다.**
5문단을 통해 석빙고 외부에 심은 풀이 태양의 복사 에너지로 인한 내부 온도 상승을 막는 데 도움을 준다는 것을 알 수 있다.

② **석빙고에 얼음을 저장하기 전에 우선 내부를 차갑게 하는 과정이 필요하다.**
1문단을 통해 석빙고는 내부를 냉각시킨 후 얼음을 저장한다는 것을 알 수 있다.

✔ **석빙고의 아치형 천장은 외부 공기를 이용하여 내부의 차가움을 유지하게 한다.**
3문단을 통해 석빙고 내부에서는 온도가 낮은 공기가 아래로 이동하는 공기의 흐름에 따라 에너지의 이동이 나타나며, 상승한 공기는 아치형 천장의 움푹 들어간 공간을 통해 그 위의 통풍구로 빠져나가 내부의 차가움을 유지하게 됨을 알 수 있다. 따라서 석빙고에서는 에너지의 이동이 내부를 차갑게 하는 것이지 외부 공기를 이용하는 것이라 할 수 없다.

④ **빙실을 지반보다 낮게 만든 것은 석빙고 내부의 낮아진 온도를 지속하기 위해서이다.**
5문단을 통해 빙실은 온도 유지를 위해 주변 지반에 비해 낮게 만들었음을 알 수 있다.

⑤ **석빙고의 통풍구에 덮개돌이 없으면 햇빛이 석빙고 내부로 들어와 온도를 높일 수 있다.**
3문단을 통해 통풍구의 덮개돌이 얼음에 영향을 줄 수 있는 직사광선이나 빗물을 차단하는 역할을 함을 알 수 있다.

DAY 27

06 중요 내용의 파악 정답률 51% | 정답 ①

윗글의 숨은열에 대해 〈보기〉와 같이 정리했다고 할 때, ㉮～㉰에 들어갈 말로 가장 적절한 것은?

〈보 기〉

물질의 상태변화가 일어날 때는 숨은열이 개입한다. 여름에 석빙고 안에서 물질이 (㉮)될 때 숨은열로 인해 에너지 교환이 일어난 주변 물질은 에너지가 (㉯)한다. 상태가 바뀌는 동안 물질의 온도는 (㉰).

	㉮	㉯	㉰
✓①	융해	감소	유지된다
②	융해	감소	하강한다
③	융해	증가	유지된다
④	응고	감소	하강한다
⑤	응고	증가	유지된다

(① 해설) 2문단을 통해 여름철 석빙고 안에서는 물질의 융해가 일어남을 알 수 있고, 이때 물질이 주변에서 융해열을 흡수하여 주변 물질은 에너지가 감소함을 알 수 있다. 그리고 이러한 상태변화가 일어나는 동안 물질의 온도는 유지됨을 알 수 있다.

★★★ **1등급 대비 고난도 3점 문제**

07 구체적인 사례에의 적용 정답률 37% | 정답 ③

윗글의 '석빙고(A)'와 〈보기〉의 '이글루(B)'를 이해한 내용으로 적절하지 않은 것은? [3점]

〈보 기〉

추운 지방에서 이누이트족이 전통적으로 거주했던 얼음집인 이글루는 우선 눈 벽돌을 쌓아 올린 후에, 이글루 안에서 불을 피워 내부 공기의 온도를 높인다. 시간이 지나 공기가 순환하여 눈 벽돌이 녹으면서 물이 생기면 출입구를 열어 물이 얼도록 한다. 이 과정에서 눈 사이에 들어 있던 공기는 빠져나가지 못하고 얼음 속에 갇히게 된다. 이렇게 만들어진 얼음은 에너지의 전달을 방해한다. 또한 물이 눈 벽돌 사이를 메우면서 얼어 만들어진 얼음 벽은 내부의 에너지 유출을 막는다.

① **B의 얼음 벽은 A의 외부 흙과 달리 외부로의 에너지 유출을 막기 위한 것이겠군.**
B의 얼음 벽은 내부의 에너지 유출을 막는다는 것을 〈보기〉를 통해 알 수 있다. 그러나 5문단을 통해 A의 외부 흙은 내부로 유입되는 에너지 차단을 위한 것이지 외부로의 에너지 유출을 막기 위한 것이 아님을 알 수 있다.

② **A의 짚에 포함된 공기구멍과 B의 얼음 속 공기층은 모두 단열 효과를 높일 수 있겠군.**
4문단을 통해 A의 짚이 비어 있는 것은 단열 효과를 높일 수 있음을 알 수 있다. 〈보기〉에서 B의 눈 벽돌이 녹았다가 얼 때 공기가 얼음 속에 갇히며 공기층이 생길 것을 알 수 있는데, 이는 결국 스티로폼처럼 공기구멍을 많이 포함한 것으로 볼 수 있다. 이는 단열 효과를 높일 것이므로 해당 설명은 적절하다.

✓③ **A의 얼음 사이의 짚과 B의 눈 벽돌 사이를 메운 물은 모두 외부와의 공기 출입을 막는 역할을 하겠군.**
B의 물이 눈 벽돌 사이를 메우면서 얼어 만들어진 얼음 벽은 외부와의 공기 출입을 막는 역할을 하는 것은 적절하다. 그런데 4문단을 통해 A의 얼음 사이의 짚은 접촉하고 있는 두 물질 사이에 에너지가 잘 전달되지 않도록 하는 것임을 알 수 있으므로, 석빙고 외부와의 공기 출입과는 무관하다고 할 수 있다.

④ **A와 B는 모두 공기의 밀도 변화에 따른 에너지의 이동이 나타나겠군.**
3문단을 통해 A는 공기의 온도가 상승하면 밀도가 낮아짐으로써 에너지를 동반하여 위로 이동하는 현상을 내부 온도 유지에 활용함을 알 수 있다. 그리고 B는 눈 벽돌을 쌓아 올린 후 불을 피우게 되는데, 공기의 온도가 높아지면서 공기가 순환한다는 사실을 〈보기〉를 통해 확인할 수 있다. 따라서 둘 모두 공기의 밀도 변화에 따른 에너지의 이동이 나타난다는 설명은 적절하다.

⑤ **A와 B는 모두 내부의 온도를 낮추기 위한 방법으로 출입구를 활용했겠군.**
1문단을 통해 A는 얼음을 저장하기 전 내부를 냉각시키기 위해 출입구를 개방함을 알 수 있다. 그리고 B는 내부의 온도 상승으로 눈 벽돌이 녹아 물이 생기면 이 물을 얼도록 하는데, 이때 출입구를 열어 온도를 낮추어야 함을 〈보기〉를 통해 알 수 있다. 따라서 A와 B 모두 내부 온도를 낮추기 위해 출입구를 활용한다는 설명은 적절하다.

★★ **문제 해결 꿀~팁** ★★

▶ 많이 틀린 이유는?
이 문제는 두 사례를 비교하는 과정에서 글의 내용이나 〈보기〉의 내용을 정확하게 이해하지 못해서 오답률이 높았던 것으로 보인다.

▶ 문제 해결 방법은?
이 문제를 해결하기 위해서는 이 글과 〈보기〉를 비교하고 있는 선택지의 내용을 글과 〈보기〉에서 각각 확인하여 적절성을 판단하여야 한다. 정답인 ③의 경우, 〈보기〉를 통해 선택지에 제시된 물이 눈 벽돌 사이를 메우면서 얼어 만들어진 얼음 벽이 부와의 공기 출입을 막는 역할을 하는 것임을 확인할 수 있다. 그리고 '짚'이 언급된 4문단의 내용을 통해 얼음 사이의 짚은 접촉하고 있는 두 물질 사이에 에너지가 잘 전달되지 않도록 하는 것임을 알 수 있어서 적절하지 않음을 알 수 있다. 이처럼 비교 문제는 선택지에 제시된 내용이 글이나 〈보기〉의 어느 부분에 있는지 일일이 확인할 수 있어야 한다. 오답률이 높았던 ⑤의 경우에도 이 방법을 확인하게 되면 적절한 내용임을 알았을 것이다. 한편 선택지의 내용 중에는 정답인 ③처럼 하나는 맞지만 다른 하나는 틀린 것이 제시될 수 있으므로 반드시 꼼꼼히 확인할 수 있어야 한다.

08 어휘의 문맥적 의미 파악 정답률 91% | 정답 ①

문맥상 ⓐ의 의미와 가장 가까운 것은?

✓① **그의 실력은 평균보다 떨어지는 편이다.**
ⓐ는 '다른 나라의 장치에 비해서도 기술이 떨어지지 않는'의 맥락에서 사용되었으므로 '다른 것보다 수준이 처지거나 못하다.'라는 의미로 사용되었다. 따라서 이와 유사한 의미로 사용된 것은 ①의 '떨어지는'이라 할 수 있다.

② **곧 너에게 중요한 임무가 떨어질 것이다.**
'명령이나 허락 따위가 내려지다.'라는 의미로 사용되었다.

③ **이미 그 일에 정이 떨어진 지 꽤 되었다.**
'정이 없어지거나 멀어지다.'라는 의미로 사용되었다.

④ **아이는 잠시도 엄마에게서 떨어지지 않으려고 한다.**
'함께 하거나 따르지 않고 뒤에 처지다.'라는 의미로 사용되었다.

⑤ **배가 고프다는 말이 떨어지기가 무섭게 밥상이 나왔다.**
'말이 입 밖으로 나오다.'라는 의미로 사용되었다.

09~12 갈래 복합

(가) 송순, 「면앙정가」

감상 이 작품은 작가가 고향에 내려와 면앙정을 지어 살면서 지은 것으로, 아름다운 자연 속에 은거하는 삶의 즐거움과 임금에 대한 은혜를 노래하고 있다. 면앙정을 둘러싸고 있는 자연 풍경을 근경과 원경으로 그려 내고, 또 사계절에 따른 풍경의 변화 등을 세밀하게 묘사하면서, 그 속에서의 풍류적 삶에 대한 만족감을 나타내고 있다. 또한 결사 부분의 '역군은(亦君恩)이샷다'와 같은 관습적 표현을 통해 연군지정을 드러내고 있다. 한편 이 작품은 형식과 내용에서 정극인의 「상춘곡」의 영향을 받고, 또 정철의 「성산별곡」에 영향을 주면서 이른바 강호가도의 전통을 이어 주었다는 점에서 문학사적 의의를 갖는다.

주제 자연 속에서의 풍류와 임금의 은혜에 대한 감사

현대어 풀이

가마를 급히 타고 소나무 아래 굽은 길로 오며 가며 하는 때에
푸른 버드나무에서 우는 꾀꼬리는 흥에 겨워 아양을 떠는구나.
나무와 풀이 우거져 녹음이 짙어진 때에
기다란 난간에서 긴 졸음을 내어 펴니
물 위의 서늘한 바람은 그칠 줄을 모르는구나.
된서리 걷힌 후에 산빛이 수놓은 비단 물결 같구나.
누렇게 익은 벼는 또 어찌 넓은 들에 펼쳐져 있는가?
고기잡이를 하며 부르는 피리도 흥을 이기지 못하여 달을 따라 계속 부는구나.
초목이 다 진 후에 강산이 묻혔거늘
조물주가 야단스러워 얼음과 눈으로 꾸며 내니
경궁요대와 옥해 은산 같은 설경이 눈 아래 펼쳐져 있구나.
하늘과 땅도 풍성하여 가는 곳마다 아름다운 경치로구나
인간 세상을 떠나와도 내 몸이 한가로울 겨를이 없다.
이것도 보려 하고 저것도 들으려 하고,
바람도 쏘이려 하고 달도 맞으려 하고,
밤은 언제 줍고 고기는 언제 낚으며,
사립문은 누가 닫으며 떨어진 꽃은 누가 쓸려는가?
아침 시간이 모자라니 저녁이라도 싫겠느냐?
오늘도 부족한데 내일이라고 넉넉하랴?
이 산도 앉아 보고 저 산에 걸어 보니
번거로운 마음에 버릴 일이 전혀 없다.

쉴 사이도 없는데 오는 길을 알리겠는가?
다만 지팡이만 다 무디어져 가는구나.
술이 익었으니 벗이 없을 것인가?
노래를 부르게 하고 악기를 타고 또 켜게 하며, 방울을 흔들며
온갖 소리로 흥취를 재촉하니
근심이라 있겠으며 시름이라 붙었겠느냐.
누웠다가 앉았다가 구부렸다가 젖혔다가
(시를) 읊다가 휘파람을 불다가 마음 놓고 노니
천지도 넓디넓고 세월도 한가하다.
(복희 황제 시대의) 태평성대를 몰랐더니 지금이야말로 그때로구나.
신선이 어떤 것인가 이 몸이야말로 신선이로구나.
아름다운 자연을 거느리고 내 평생을 다 누리면
악양루 위의 이태백이 살아온들
넓고 끝없는 정다운 회포는 이보다 더하겠느냐?

(나) 백석, 「가재미·나귀」

감상 이 글은 백석이 함흥으로 이주한 이후 1936년 9월 신문사의 기획란 '나의 관심사'에 발표한 수필이다. 새로운 거처에서 생긴 일상의 관심사 두 가지를 통해 그곳 생활의 정취를 전하며, 이를 통해 일상의 작고 평범한 존재를 소중히 여기는 마음을 드러내고 있다.

주제 일상의 작은 것들에 대한 애정

★★★ 1등급 대비 고난도 2점 문제

09 표현상 공통점 파악 정답률 33% | 정답 ⑤

(가)와 (나)의 공통점으로 가장 적절한 것은?

① **색채어를 활용하여 사물의 역동성을 표현하고 있다.**
(가)의 '누렇게', (나)의 '빨간', '시허연' 등을 통해 색채어가 사용되었음을 알 수 있지만, 이러한 색채어를 활용하여 사물의 역동성을 표현하지는 않고 있다.

② **말을 건네는 방식을 통해 독자의 주의를 환기하고 있다.**
(가)에서는 '없을쏘냐', '붙었으랴' 등과 같이 의문의 형식을 사용한 표현을 말을 건네는 방식이라고 볼 수 있지만, 이를 통해 독자의 주의를 환기한다고는 볼 수 없다. (나)에서는 말을 건네는 방식이 사용되지 않았다.

③ **영탄적 표현을 활용하여 대상에 대한 경외감을 드러내고 있다.**
(가)의 '산빛이 금수로다', '간 데마다 승경이로다' 등을 통해 영탄적 표현을 사용하여 자연의 아름다움에 대한 경탄을 드러내고 있음을 알 수 있다. 하지만 (나)에는 영탄적 표현이 사용되지 않았다.

④ **연쇄적 표현을 통해 주변 사물을 사실감 있게 제시하고 있다.**
(가)와 (나) 모두 주변 사물을 제시하고는 있지만, 이를 연쇄적 표현을 통해 드러내지는 않고 있다.

⑤ **계절감을 환기하는 사물을 통해 자연의 모습을 드러내고 있다.**
(가)에서 '녹음', '누렇게 익은 벼', '빙설' 등의 사물을 통해 여름, 가을, 겨울의 자연 풍경을 드러내 주고 있고, (나)에서는 '눈'을 통해 겨울의 자연 풍경을 드러내고 있다. 따라서 (가)와 (나) 모두 계절감을 환기하는 사물을 통해 자연의 모습을 드러냈다고 할 수 있다.

★★ 문제 해결 꿀~팁 ★★

▶ 많이 틀린 이유는?
이 문제는 (가), (나)에 사용된 표현상 특징을 정확히 파악하지 못하여 오답률이 높았던 것으로 보인다.

▶ 문제 해결 방법은?
작품 간의 표현상 공통점을 파악하는 문제를 해결하기 위해서는 먼저 (가)를 중심으로 각 선택지에 제시된 표현이 사용되었는지 확인한 다음, 표현이 사용된 선택지 중 (나)에서의 사용 여부를 판단하면 된다. 즉 (가)를 통해, '색채어의 활용', '말을 건네는 방식', '영탄적 표현', '연쇄적 표현', '계절감을 환기하는 사물'이 사용되었는지 확인한다. 그런 다음 (가)에서 사용된 것을 (나)에서도 사용되었는지 확인하면 된다. 이때 주의할 점은 (가)와 (나)에 사용되었다 하더라도(색채어의 사용), 이를 사용한 효과가 적절하지 않을 수 있으므로, 반드시 선택지를 끝까지 확인하도록 한다.

▶ 오답인 ④를 많이 선택한 이유는?
이 문제의 경우 학생들이 ④가 적절하다고 하여 오답률이 높았는데, 이는 '연쇄적 표현'에 대해 정확히 이해하지 못했기 때문으로 보인다. '연쇄적 표현'은 말 그대로 앞의 말을 이어서 뒤에서 사용하는 것으로, (가)와 (나)에서는 이러한 연쇄적 표현은 찾아볼 수 없다. 한편 이 선택지의 경우, '주변 사물을 사실감 있게 제시'하였다는 내용은 적절하게 제시되어 있지만 앞의 '연쇄적 표현'이 잘못되었기 때문에 적절하지 않은 것이다. 이처럼 선택지의 앞과 뒤의 내용을 연관하여 읽지 않으면 자칫 잘못한 선택을 할 수 있으므로, 반드시 선택지를 읽을 때에는 꼼꼼하게 읽도록 한다.

10 구절의 의미 파악 정답률 47% | 정답 ⑤

㉠~㉤에 대해 이해한 내용으로 적절하지 않은 것은?

① **㉠ : 감각적 경험을 통해 환기된 장면을 묘사하여 인간이 자연물과 어우러지는 상황을 제시하고 있다.**
어부의 피리 소리를 듣고 흘러가는 달을 따라 불며 간다고 표현한 것은, 청각적 경험을 통해 떠올린 장면을 묘사하여 인간과 자연이 어우러지는 상황을 보여 준다고 할 수 있다.

② **㉡ : 시간을 표현하는 시어를 대응시켜 현재와 같은 상황이 이후에도 이어질 것임을 드러내고 있다.**
'아침'과 '저녁', '오늘'과 '내일' 등 시간을 표현한 시어를 대응시켜 자연을 감상하느라 바쁜 현재 상황이 이후로도 이어질 것임을 드러내고 있다.

③ **㉢ : 역사적 인물과 견주며 삶에 대한 만족감을 드러내고 있다.**
당나라 시인 이백과 비교하며 '강산풍월'을 거느리고 '호탕한' 풍류를 즐기는 자신의 삶에 대한 만족감을 표출하고 있다.

④ **㉣ : 기대하는 일이 실현되었을 때 느낄 심정을 직접적으로 표출하고 있다.**
'가재미'를 구할 수 있는 '음력 팔월 초상'이 되어 '흰밥'에 '고추장'과 함께 '가재미'를 먹게 된다면 '아침저녁 기뻐하게' 될 것이라 말하며 기대하는 일이 실현되었을 때 느낄 심정을 표출하고 있다.

⑤ **㉤ : 원하는 것을 구하기 위해 시도한 방법이 실패하는 과정에서 느낀 체념을 드러내고 있다.**
㉤에 '나귀'를 구하기 위해 '소장 마장'에도 가보고, 다른 사람에게 수소문도 해봤지만 나귀를 구하지 못한 실패한 과정이 서술되어 있다. 하지만 체념을 드러내지는 않고 있다. 오히려 '좀더 이놈을 구해보고 있다.'는 진술을 통해 글쓴이가 나귀를 구하는 것을 단념하지 않았음을 알 수 있다.

11 외적 준거에 따른 작품의 감상 정답률 61% | 정답 ③

<보기>를 바탕으로 (가), (나)를 이해한 내용으로 적절하지 않은 것은? [3점]

<보 기>

문학 작품에서 공간을 체험하는 주체는 공간 및 주변 경물에 대한 인식을 드러내며, 이 인식은 주체의 지향이나 삶에서 중시하는 가치를 암시한다. (가)의 화자는 '면앙정' 주변의 자연에 대한 인식과 함께 풍류 지향적인 태도를 드러내고 있고, (나)의 글쓴이는 공간의 변화와 대상에 대한 인식을 관련지으며 자신이 소중하게 생각하는 삶의 가치를 암시하고 있다.

① **(가) : '솔 아래 굽은 길'을 오가는 화자는 '꾀꼬리'의 '교태 겨워하는' 모습에 주목하면서 자연을 즐기는 자신의 태도와의 동일성을 발견하고 있다.**
화자가 꾀꼬리가 흥을 이기지 못해 교태를 부리며 운다고 말한 것은 아름다운 자연 풍경을 감상하며 흥겨움을 느끼는 자신과 꾀꼬리 간의 동일성을 인식한 것이라고 할 수 있다.

② **(가) : '간 데마다 승경'이라는 화자의 인식은 '내 몸이 쉴 틈 없'는 다양한 일들을 통해 자연의 다채로운 풍광을 즐길 수 있으리라는 기대로 이어지고 있다.**
화자가 '쉴 틈 없다'고 말한 것은 자신이 체험하는 모든 곳을 다 '승경'이라고 인식했기 때문이며, 이는 자연의 다채로운 풍광을 감상하게 될 것이라는 기대로 이어지고 있다.

③ **(가) : '이 산'과 '저 산'에서 '번거로운 마음'과 '버릴 일이 전혀 없'음을 동시에 느끼는 화자의 모습에는 '인간 세상'의 번잡한 일상을 여전히 의식하고 있음이 드러나 있다.**
'번거로운 마음'은 화자가 자연에서의 삶을 즐기느라 바쁜 마음을 표현한 것이고, '버릴 일이 전혀 없다'는 이러한 '번거로운 마음'을 버리지 않겠다는 것이다. 따라서 '번거로운 마음에도 버릴 일이 전혀 없다'는 아름다운 자연 풍광을 하나도 놓치지 않기 위해 바삐게 돌아다니는 생활에서 느끼는 화자의 즐거움을 드러낸 표현이라 할 수 있으므로, 화자가 떠나온 '인간 세상'의 일상을 의식한다고는 볼 수 없다.

④ **(나) : '동해 가까운 거리로 와서' 주목하게 된 '가재미'에 대한 글쓴이의 인식은 '가난하고 쓸쓸한' 삶 속에서 '한없이 착하고 정다운' 것을 소중히 여기는 태도를 드러내고 있다.**
새로운 거처로 이주하여 '가재미'를 즐겨 먹게 된 것을 '동해 가까운 거리로 와서 나는

DAY 27

[문제편 p.165]

가재미와 가장 친하다'라고 표현한 것과, '가재미'를 '가난하고 쓸쓸한' 삶 속에서 '한없이 착하고 정다운' 존재라고 서술한 것을 통해 '가재미'를 소중히 여기는 글쓴이의 태도를 확인할 수 있다.

⑤ **(나) : '중리'로 와서 '재래종의 조선 말'보다 '처량한 당나귀'와 '일없이 왔다갔다 하고 싶다'는 글쓴이의 바람은 일상의 작은 존재에 대해 느끼는 우호적 인식을 드러내고 있다.**
'그래도 나는 그 처량한 당나귀가 좋'다고 언급한 것을 통해 일상의 작은 존재인 '당나귀'에 대한 글쓴이의 우호적 인식을 확인할 수 있다.

12 소재의 기능 파악
정답률 76% | 정답 ②

ⓐ와 ⓑ에 대한 이해로 가장 적절한 것은?

① **ⓐ는 화자에게 심리적 위안을 주는, ⓑ는 글쓴이에게 고독감을 느끼게 하는 매개체이다.**
ⓐ를 통해 화자가 근심과 시름을 떨쳐내고 '취흥'을 즐기고 있으므로 화자에게 심리적 위안을 준다고 볼 수 있으나, ⓑ는 글쓴이의 기쁨을 확장하는 기능을 하므로 고독감을 느끼게 한다고 볼 수 없다.

✔② **ⓐ는 화자가 느끼는 흥을 심화하는, ⓑ는 글쓴이가 느끼는 기쁨을 확장하는 매개체이다.**
(가)에서 화자는 때마침 익은 술을 벗과 함께 마시며, 노래를 부르고 악기도 연주하며 극도의 흥취에 빠져드는 모습을 보이고 있으므로, ⓐ는 화자가 느끼는 흥을 심화해 준다고 할 수 있다. 그리고 (나)에서 글쓴이는 'H'에게도 '가재미'를 보내어 함께 나누어 먹으려 하고 있으므로, ⓑ는 글쓴이가 '가재미'를 먹으며 느끼는 기쁨을 확장하는 매개체라 할 수 있다.

③ **ⓐ는 화자가 내면의 만족감을 드러내는, ⓑ는 글쓴이가 현실에 대한 불만을 표출하는 매개체이다.**
ⓐ는 자연 속에서 풍류를 즐기는 화자의 만족감을 드러낸다고 볼 수 있으나, ⓑ는 글쓴이가 현실에 대한 불만을 표출하는 매개체라고 볼 수 없다.

④ **ⓐ는 화자에게 삶의 목표를 일깨워 주는, ⓑ는 글쓴이에게 심경 변화의 계기를 제공하는 매개체이다.**
ⓐ는 화자의 풍류 지향적 태도와 관련이 있으므로 화자에게 삶의 목표를 일깨워 준다고 볼 수 있으나, ⓑ는 글쓴이의 심경 변화의 계기를 제공한다고 보기는 어렵다.

⑤ **ⓐ는 화자에게 이상적 세계의 모습을, ⓑ는 글쓴이에게 윤리적 삶의 태도를 떠올리게 하는 매개체이다.**
ⓐ는 화자가 지향하는 삶의 태도를 드러내므로 화자에게 이상적 세계를 떠올리게 하는 기능을 한다고 볼 수 있으나, ⓑ는 윤리적 삶의 태도와는 관련이 없다.

DAY 28 20분 미니 모의고사

01 ①	02 ④	03 ①	04 ③	05 ④
06 ⑤	07 ④	08 ②	09 ④	10 ②
11 ④	12 ①			

01 말하기 전략의 이해
정답률 79% | 정답 ①

[A], [B]에 대한 설명으로 가장 적절한 것은?

✔① **[A]는 청자의 경험을 환기하며, [B]는 구체적 사례를 들며 설명하고 있다.**
[A]의 '방금 전에 소리를 들었을 때 뭐가 제일 먼저 떠올랐나요? 그 소리가 나는 제품이 떠오르지 않았나요?'에서, 청자의 경험을 환기하고 있음을 알 수 있다.
그리고 사운드 디자이너들은 소리를 어떻게 만드는지에 대한 학생의 질문에, [B]에서는 자동차의 경보음, 휴대폰 벨소리, 자동차의 가짜 엔진 소리와 같은 구체적인 사례를 들어 사운드 디자이너가 소리를 만드는 방법을 설명하고 있다.

② **[A]는 청자의 반응을 확인하며, [B]는 전문가의 말을 인용하며 설명하고 있다.**
[A]에서 '네, 맞습니다.'라 하면서 청자의 반응을 확인하고 있지만, [B]에서는 전문가의 말을 인용하며 설명하는 하는 내용은 나타나지 않는다.

③ **[A]는 청자의 참여를 독려하며, [B]는 일상적 상황을 가정하며 설명하고 있다.**
[A]에서 청자의 참여를 독려하는 내용은 나타나지 않으며, [B]에서 일상적 상황을 가정하며 설명하는 내용도 나타나지 않는다.

④ **[A]는 청자의 주의를 당부하며, [B]는 추가적인 정보를 제시하며 설명하고 있다.**
[A]에서 청자의 주의를 당부하는 내용은 나타나지 않으며, [B]에서 추가적인 정보를 제시하며 설명하는 내용도 나타나지 않는다.

⑤ **[A]는 청자의 관심을 유도하며, [B]는 기기의 작동 원리를 제시하며 설명하고 있다.**
[A]에서 청자의 관심을 유도하는 내용은 나타나지 않으며, [B]에서 기기의 작동 원리를 제시하며 설명하는 내용도 나타나지 않는다.

02 조건에 맞는 글쓰기
정답률 89% | 정답 ④

〈조건〉에 따라 (나)에 제목을 붙일 때 가장 적절한 것은?

〈조 건〉
- 비유법을 활용하여 표현 효과를 높일 것.
- 사운드 디자이너가 하는 역할을 드러낼 것.

① **무에서 유를 창조하는 직업인들을 만나다**
비유법과 사운드 디자이너의 역할이 모두 드러나 있지 않다.

② **사운드, 세상과 나를 이어 주는 연결 고리**
'연결 고리'를 통해 비유법이 드러나 있음을 알 수 있지만, 사운드 디자이너의 역할은 드러나 있지 않다.

③ **지친 마음을 치유하는 소리의 샘을 발견하다**
'소리의 샘'을 통해 비유법이 드러나 있음을 알 수 있지만, 사운드 디자이너의 역할은 드러나 있지 않다.

✔④ **제품에 매력적인 옷을 입히는 소리의 마법사**
〈조건〉을 통해 형식상 조건이 '비유법' 사용이고, 내용상 조건이 '사운드 디자이너가 하는 역할'임을 알 수 있으므로, 이러한 조건을 모두 만족한 제목은 ④라 할 수 있다. ④에서는 사운드 디자이너를 '소리의 마법사'에 비유하고 있고, '제품에 매력적인 옷을 입히는'을 통해 사운드 디자이너의 역할을 알 수 있다.

⑤ **사운드 디자이너, 세상에 없는 소리를 찾아서**
'세상에 없는 소리를 찾'는다는 것을 통해 사운드 디자이너의 역할을 확인할 수 있지만, 비유법이 드러나 있지 않다.

03 한글 맞춤법에 맞는 표현
정답률 74% | 정답 ①

〈보기〉의 ㉠~㉢에 들어갈 말로 적절한 것은?

〈보 기〉

학생 : 선생님, '-에요'와 '-예요'는 어떻게 구별하여 쓰면 되나요?

선생님 : '-에요'는 설명·의문의 뜻을 나타내는 종결 어미로, '이다'나 '아니다'의 어간 뒤에 붙는 것입니다. '-예요'는 '-이에요'의 준말로, 받침이 없는 체언에 붙어요.

학생 : 네. 그런데 '너는 어디에 있니?'에 대한 대답으로 '교실에요.'처럼 쓰는 경우가 있는데 이건 맞춤법에 맞는 표현인가요?

선생님 : 네, 그때의 '-에요'는 처소의 부사격 조사 '에'와 보조사 '요'가 결합한 것이므로 맞춤법에 맞는 표현입니다. 그럼, 아래의 괄호 안에 들어갈 말은 무엇일까요?

1. A : 책을 어디에 두고 왔니?
   B : 집(   ).
2. 여기는 제가 갔던 식당이 아니(   ).
3. 그때 그를 도와준 건 이 학생(   ).

학생 : 1번은 (㉠), 2번은 (㉡), 3번은 (㉢)입니다.

선생님 : 모두 잘 이해했네요.

	㉠	㉡	㉢
✔①	에요	에요	이에요

〈보기〉를 통해 '에요'는 처소의 부사격 조사 '에'와 보조사 '요'가 결합한 것임을 알 수 있다. 따라서 ㉠은 책을 두고 온 곳, 즉 처소에 해당하는 '집' 뒤에 붙는 것이므로 '에요'가 들어가야 한다. 그리고 〈보기〉를 통해 '-에요'는 '이다'나 '아니다'의 어간 뒤에 붙는 것이고, '-예요' 는 '-이에요'의 준말로, 받침이 없는 체언에 붙음을 알 수 있다. 따라서 ㉡은 '아니다'의 어간 뒤에 붙는 것이므로 '에요'가 들어가야 하고, ㉢은 받침이 있는 체언인 '학생' 뒤에 결합하는 것이므로 '이에요'가 들어가야 한다.

	㉠	㉡	㉢
②	에요	에요	예요
③	에요	예요	이에요
④	예요	이에요	예요
⑤	예요	에요	이에요

04~09 인문

(가) 이정우, 「예술과 세계 : 세계의 모든 얼굴」

해제 이 글은 **세계에 대한 인식을 바탕으로 현대회화에 대해 서술**해 주고 있다. 인식 주체들은 각자가 지닌 조건이나 일상 언어를 바탕으로 현실 세계를 인식한다. 인식 주체들의 인식 조건은 다양하여 각각의 인식틀에 따라 존재면이 드러나는데, **회화 예술은 세계의 다양한 존재면을 드러내는 작업**이다. 형이상학적인 것을 갈망하는 인간의 경향은 현대회화에 영향을 끼쳤는데, **현대회화는 여러 존재면을 수평적으로 드러내 주는 특징**이 있다. **전통회화와 달리 변형과 과장을 통해 세계들을 조합한 현대회화**는 **추상성**을 드러내는데, 이에 대해 **현대회화가 현실 세계의 존재면을 드러내기 어렵다는 인식**이 제기되었다. 하지만 **추상적 영역 또한 세계의 무수한 존재면 중 하나이기 때문에 현실 세계의 존재면을 드러낸 것**이라 할 수 있다.

주제 현대회화 예술의 이해

문단 핵심 내용

1문단	인식 주체가 현실 세계를 인식하는 방식
2문단	고정적이지 않은 신체적 지각이나 일상 언어
3문단	세계의 다양한 존재면을 드러내는 회화 예술
4문단	여러 존재면을 수평적으로 드러낸 현대회화의 추상성
5문단	현실 세계의 존재면을 드러낸 현대회화

(나) 박영욱, 「대중문화, 예술과 일상의 구분 지우기」

해제 이 글은 **예술과 현실을 분리시킨 현대회화의 특징을 제시**하면서, **이에 대항한 예술가들의 견해를 드러내** 주고 있다. 회화는 가시적이면서 비가시적이라는 독특한 존재 방식을 갖는다. 회화의 가시적 속성을 통해 객관적 세계의 외면을 사실적으로 재현하는 데 주목한 전통회화와 달리, **현대회화는 회화의 가시적 속성을 통해 화가의 비가시적 내면을 드러내는 데 치중**했다. **예술을 통해 현실을 추상화시키는 현대회화 작가들의 성향으로 인해 예술은 객관적 현실로부터 점차 멀어져 가는 경향**을 보였다. 이러한 예술과 현실의 분리는 음악에서도 나타났다. **이러한 예술의 흐름에 대항하여 새로운 시도를 하는 예술가들이 등장**하였는데, 화가이자 음악가였던 루솔로, 작곡가 바레즈가 대표적이다. 또한 게르노트 뵈메는 **예술의 영역을 일상적 삶으로 확장하려는 노력**을 **'확장된 미학'**이라 일컬으며, 예술이 창작되고 수용되는 미적 경험이 일상적 현실로까지 확장되어야 한다고 보았다.

주제 예술과 현실을 분리시킨 현대회화 및 이에 대항한 예술가들

문단 핵심 내용

1문단	가시적이면서 비가시적 존재 방식을 갖는 회화
2문단	현대회화의 특징 및 이로 인해 나타난 예술과 현실의 분리
3문단	음악에서의 예술과 현실의 분리
4문단	예술과 현실의 분리에 대항하여 새로운 시도를 한 예술가들
5문단	미적 경험이 일상적 현실로까지 확장되어야 한다고 본 게르노트 뵈메

★★★ 1등급 대비 고난도 2점 문제

04 내용 전개 방식 파악 — 정답률 36% | 정답 ③

(가)와 (나)에 대한 설명으로 가장 적절한 것은?

① **(가)는 인식 주체가 인식의 한계를 극복하는 과정을, (나)는 인식의 한계가 예술 이해에 미친 영향을 설명하고 있다.**
(가)에서 언급한 인식 주체의 한계는 인식 주체마다 세계의 존재면을 다양하게 인식하게 되는 이유로서 제시된 것이다.

② **(가)는 현대회화의 추상성을 이분법적으로 이해해야 하는 이유를, (나)는 회화가 비가시적 내면을 드러내는 원리를 분석하고 있다.**
(가)의 5문단에서 현대회화의 추상성에 대해 실재는 배제한 채 내면만 표현한 것이라고 이분법적으로 이해하는 것은 적절하지 않다고 언급한 부분을 확인할 수 있다.

✔③ **(가)는 세계에 대한 인식을 바탕으로 회화 예술을 이해하는 관점을, (나)는 예술과 현실의 관계에 대한 상반된 인식을 제시하고 있다.**
(가)에서는 세계가 다양한 존재면으로 이루어져 있다는 인식을 바탕으로 현대회화의 추상성도 세계의 존재면을 드러낸 것이라 하고 있다. 그리고 (나)에서는 예술과 현실을 분리하려는 움직임과 예술의 영역을 일상적 삶으로 확장하려는 움직임에 대해 설명하고 있다. 따라서 (가)는 세계에 대한 인식을 바탕으로 회화 예술을 이해하는 관점을, (나)는 예술과 현실의 관계에 대한 상반된 인식을 제시하고 있음을 알 수 있다.

④ **(가)는 인간의 의식 수준의 성장에 따른 현실 세계의 변화 양상을, (나)는 일상으로부터 분리되어 가는 예술의 흐름을 언급하고 있다.**
(가)의 4문단에서 의식 수준이 성장함에 따라 인간이 형이상학적인 것을 갈망하게 되었다는 내용은 확인할 수 있으나, 의식 수준의 성장에 따른 현실 세계의 변화를 이야기하고 있지는 않다.

⑤ **(가)는 현대회화가 세계를 추상적으로 드러내는 방식을, (나)는 현실 세계에 의해 회화와 음악이 변화하게 되는 계기를 밝히고 있다.**
(나)의 4문단과 5문단을 통해 루솔로, 바레즈 등에 의해 기존 음악에서 벗어나려는 시도가 나타나게 된 것은 현실 세계에 의한 것이 아니라, 예술의 영역을 일상의 삶으로까지 확장하고자 하는 예술가의 의도에서 비롯된 것임을 확인할 수 있다.

★★ 문제 해결 꿀~팁 ★★

▶ 많이 틀린 이유는?
이 문제는 선택지에 제시된 서술 내용을 (가), (나)를 통해 일일이 확인하는 데 어려움을 겪어 오답률이 높았던 것으로 보인다. 또한 선택지의 서술 내용에 대한 이해 부족도 오답률을 높였던 것으로 보인다.

▶ 문제 해결 방법은?
이 문제를 해결하기 위해서는 기본적으로 선택지에 대한 정확한 이해가 필요하다. 그런 다음 선택지의 내용을 바탕으로 (가), (나)를 통해 확인해야 하는데, 이때 먼저 (가)에 해당하는 선택지를 (가)를 통해 적절한지 확인해야 한다. 가령 ①, ②, ④는 (가)의 내용을 통해 알 수 없고, ③과 ⑤는 (가)의 내용을 통해 알 수 있다. 그런 다음 (가)에서 알 수 있는 ③과 ⑤에 제시된 (나)의 내용을 통해 알 수 있는지 확인하면 된다. 이렇게 하게 되면, ⑤의 (나)는, 기존 음악에서 벗어나려는 시도가 나타나게 된 것은 현실 세계에 의한 것이 아니라, 예술의 영역을 일상의 삶으로까지 확장하고자 하는 예술가의 의도에서 비롯된 것이므로 적절하지 않아 ③이 정답임을 알 수 있다. 한편 학생들 중에는 간혹 선택지를 집중하여 읽지 못하여 잘못된 선택을 하는 경우가 있는데, 선택지를 읽을 때는 매우 꼼꼼하게 읽어야 한다. 가령, 오답률이 높았던 ⑤의 경우, '현실 세계에 의해'라는 말을 무심코 읽고 넘어가게 되면 뒤의 내용이 적절하여 잘못된 선택을 한 경우라 할 수 있다. 따라서 선택지를 읽을 때는 밑줄을 쳐 가면서 정확히 읽을 수 있도록 평소 습관을 들여 놓아야 한다.

05 글의 내용의 추론 — 정답률 69% | 정답 ④

(가)를 바탕으로 존재면과 관련하여 추론한 내용으로 적절하지 않은 것은?

① **하나의 회화 작품을 함께 감상하더라도 각 감상자가 지닌 인식틀에 따라 서로 다른 존재면을 인식하게 될 수 있겠구나.**
(가)의 1~3문단을 통해, 인식 주체마다 각자가 지닌 인식 조건, 즉 인식틀에 따라 세계의 존재면을 각기 다르게 인식하게 됨을 알 수 있다.

② **새로 개발된 기술을 지칭하는 용어가 일상 언어로서의 지위를 갖게 되면 그 언어로 지각되는 존재면도 달라질 수 있겠구나.**
(가)의 2문단을 통해 일상 언어는 고정적이지 않고 새로 도입된 낯선 언어가 시간이 흐르면서 일상 언어로 자리 잡기도 함을 알 수 있다. 이와 더불어 3문단의 내용을 볼 때 적절함을 알 수 있다.

③ **형이상학적인 것에 대한 갈망으로 인해 회화에 나타난 현실 세계의 존재면이 추상적 방향으로 변하는 경향을 띠게 되었겠구나.**
(가)의 4문단을 통해 의식 수준이 성장함에 따라 인간은 점차 현실 세계의 현상 너머에 있는 형이상학적인 것을 갈망하게 되었고, 이로 인해 회화가 현실을 다루는 양상도 변화하여 현대회화의 추상성이 나타나게 되었음을 알 수 있다. 그런데 현대회화는 여러 존재면을 수평적으로 드러낸다고 했으므로, 결국 현대회화의 추상성은 회화에 나타난 현실 세계의 존재면이 추상적 방향으로 변하는 경향을 띠게 되었음을 의미한다고 볼 수 있다.

✔ **개개의 과학 학문은 하나의 존재면이 서로 관련이 없는 여러 존재면들로 구성되어 있을 때 그 학문의 심층이 드러나게 되겠구나.**
(가)의 4문단을 통해 과학은 한 존재면을 수직으로 파고들어 그 면을 심층적으로 드러내며, 심층을 이루는 그 무수한 면들은 넓게 보면 결국 같은 면의 객관적 심층임을 알 수 있다. 이렇게 볼 때, 개개의 과학 학문에서의 한 존재면은, 넓게 보면 결국 하나의 면으로 귀결될 수 있는, 즉 서로 간에 유사성이 있고 관련이 있는 무수한 면들로 구성되어 있는 것이며, 그렇게 하나의 존재면이 심층적으로 드러나게 된다. 따라서 서로 관련이 없는 여러 존재면들로 구성되어 있을 때 과학 학문의 심층이 드러난다는 이해는 적절하지 않다.

⑤ **입체주의 화가의 회화에서는 현실 세계의 존재면과 가능 세계의 존재면이 수평적으로 혼재해 있는 모습을 발견할 수 있겠구나.**
(가)의 4문단을 통해 현대회화가 여러 존재면을 수평적으로 드러낸다는 것, 그리고 입체주의 현대회화에서는 하나의 그림 위에 일상의 현실 세계와 상상에 의한 가능 세계가 혼재해 있다는 것을 알 수 있다.

06 글의 세부 내용 파악

정답률 52% | 정답 ⑤

(가)와 (나)를 바탕으로 ㉠과 ㉡을 비교하여 이해한 내용으로 가장 적절한 것은?

① **㉠과 ㉡은 모두 현실 세계의 존재면을 드러내기 어렵다는 한계를 갖는다.**
(가)의 5문단에서 전통회화와 달리 현대회화로는 현실 세계의 존재면을 드러내기 어렵다는 인식이 생겨났지만, 내면의 추상적 영역 또한 객관적 실재의 외면을 다양하게 드러내는 것이라는 점에서 현대회화도 현실 세계의 존재면을 드러낼 수 있다고 봐야 함을 알 수 있다.

② **㉠과 ㉡은 모두 현실 세계의 사실적 재현을 통해 화가의 내면 세계를 드러내는 데 치중했다.**
㉡은 변형과 과장을 통해 실재와는 다른 방식으로 세계들을 조합해 나간 것이므로, 현실 세계를 사실적으로 재현했다고 할 수 없다.

③ **㉠은 ㉡과 달리 다양한 가능 세계와의 만남을 통해 현실 세계에 더 가까이 다가가게 해 준다.**
(가)의 4문단을 통해 다양한 가능 세계와의 만남을 통해 현실 세계에 더 가까이 다가가게 해 주는 것은 회화의 공통적 속성임을 알 수 있다.

④ **㉡은 ㉠과 달리 가시적 속성과 비가시적 속성을 동시에 가지는 독특한 존재 방식을 취한다.**
(나)의 1문단을 통해 가시적이면서 동시에 비가시적인 독특한 존재 방식은 회화의 공통적 속성임을 알 수 있다.

✔ **㉡은 ㉠과 달리 현실 세계의 객관적 외면을 의도적으로 변형시킴으로써 현실 세계의 얼굴을 다양하게 드러낸다.**
(가)의 5문단을 통해 현대회화에서 다루어지는 내면의 추상적 영역은 객관적 실재의 외면을 화가의 내면에 따라 이질적으로 변형시켜 존재를 다양하게 드러내는 무수한 존재면 중 하나임을 알 수 있다. 여기서 객관적 실재의 외면을 화가의 내면에 따라 변형시킨다는 것은 화가의 주관에 따라 객관적 실재의 외면을 의도적으로 변형시킨다는 것을 의미한다고 볼 수 있다. 또한 (나)의 2문단을 통해 전통회화는 객관적 세계의 외면을 사실적으로 재현하는 데 주목했음을 알 수 있다. 따라서 현대회화(㉡)가 전통회화(㉠)와 달리 현실 세계의 객관적 외면을 주관적으로 변형시킴으로써 현실 세계의 얼굴을 다양하게 드러낸다는 이해는 적절하다.

07 구체적인 사례에의 적용

정답률 50% | 정답 ④

(가), (나)와 관련지어 〈보기〉에 대해 보인 반응으로 적절하지 않은 것은? [3점]

〈보 기〉

최근 한 의과 대학에서 구스타프 클림트의 대표적 표현주의 작품인 『키스』에 대한 연구 결과를 발표했다. 연구진은 이 회화 속 남녀의 의상에 한 사람의 생명체가 완성되기까지의 순차적 세포분열 과정이 과장된 크기와 다양한 색으로 변형되어 그려져 있음에 주목했다. 그리고 이를 통해 클림트가 당시 현미경 기술의 비약적 발전에 따른 생물학적 탐구에 대한 성과를 토대로 삶과 죽음, 생명에 대한 자신의 깊은 관심을 드러냈다고 밝혔다.

① **(가) : 생명체가 완성되기까지의 세포분열 과정을 밝혀낸 생물학적 지식이 드러내는 현실 세계는 클림트의 회화에 비해 일의적인 성격을 갖는다고 볼 수 있겠군.**
(가)의 4문단을 통해 현대회화의 존재적 특징은 과학과의 비교를 통해 분명해지며, 과학은 존재면이 비교적 일의적임을 확인할 수 있다. 그러므로 생물학적 지식, 즉 과학에 의해 드러나는 현실 세계가 클림트의 회화에 비해 일의적인 성격을 갖는다는 반응은 적절하다.

② **(가) : 현미경 기술의 발전으로 세포분열 과정을 직접 관찰할 수 있게 된 것은 인식 주체가 지닌 조건이 달라져 현실 세계가 새롭게 지각된 사례에 해당한다고 볼 수 있겠군.**
(가)의 1문단을 통해 각 인식 주체는 신체적 지각의 차이에 따라 경험하는 세계에 대한 인식이 달라짐을 알 수 있고, 2문단을 통해 안경 등의 도구를 이용하여 인식 주체들이 지닌 조건은 달라질 수 있음을 알 수 있다. 그러므로 맨눈으로 보기 어려운 세포분열 과정을 현미경이라는 도구를 이용해 직접 관찰할 수 있게 된 것을 인식 주체가 지닌 조건이 달라져 현실 세계가 새롭게 지각된 사례에 해당한다고 보는 것은 적절하다.

③ **(가) : 클림트의 회화에서 세포분열 과정이 현실과 다르게 변형되어 그려진 것에서 실재와는 다른 방식으로 세계를 조합하는 현대회화의 추상성이 드러난다고 볼 수 있겠군.**
(가)의 4문단을 통해 변형과 과장을 통해 실재와는 다른 방식으로 세계들을 조합하는 것이 현대회화의 추상성임을 알 수 있다. 그러므로 세포분열 과정이 과장된 크기와 다양한 색으로 변형되어 그려져 있는 클림트의 회화에서 현대회화의 추상성이 드러난다고 보는 것은 적절하다.

✔ **(나) : 클림트의 회화는 색과 형태를 가진다는 점에서는 가시적이지만 세포분열 과정이라는 생물학적 탐구를 다루고 있다는 점에서는 비가시적 속성을 가진다고 볼 수 있겠군.**
(나)의 1문단을 통해, 회화는 캔버스 위에 물감으로 색과 형태를 드러낸 것이라는 점에서는 가시적 존재지만, 창작자의 의도나 감상자의 주관에 따라 그 의미가 추상적으로 파악된다는 점에서는 비가시적 존재임을 알 수 있다. 그러므로 〈보기〉에 언급된 클림트의 회화가 색과 형태를 가진다는 점에서 가시적이라고 본 것은 적절한 반응이지만, 이 회화가 세포분열 과정이라는 물리적이고 가시적인 과학의 영역을 소재로 삼고 있다는 점에서 비가시적 속성을 가진다고 본 것은 적절한 반응이라 할 수 없다. 클림트의 회화는 회화를 통해 클림트가 표현하고자 했던 삶과 죽음, 생명에 대한 깊은 관심 등의 주관적 내면에 의해 그 의미가 파악된다는 점에서 비가시적이라고 보는 것이 적절하다.

⑤ **(나) : 클림트의 회화에서 삶과 죽음, 생명에 대한 화가의 관심이 드러난다고 본 연구 결과는 회화가 화가의 관념적 세계를 표현한 결과라는 인식이 반영된 것이라 볼 수 있겠군.**
(나)의 2문단을 통해 현대회화가 화가들이 자신만의 관념적 세계를 가시화한 결과물로, 회화 속에서 객관적 실재는 주관화됨을 알 수 있다. 따라서 클림트의 회화에서 삶과 죽음, 생명에 대한 화가의 관심이 드러난다고 본 연구 결과는 회화가 화가의 관념적 세계를 표현한 결과라는 인식이 반영된 것이라 볼 수 있다.

08 인물들의 인식 이해

정답률 53% | 정답 ②

㉮와 관련하여 (나)에 언급된 인물들에 대해 파악한 내용으로 적절하지 않은 것은?

① **현대회화 화가들은 일상의 비대칭성과 혼란스러움을 조작하여 그린 예술 작품을 통해 현실을 비현실적으로 추상화하고자 했다.**
(나)의 2문단을 통해 현대회화 화가들이 일상의 비대칭성과 혼란스러움을 조작하여 그린 예술 작품을 통해 현실을 비현실적으로 추상화하고자 했음을 알 수 있다.

✔ **루솔로는 일상의 기계 소음에서 음악에 사용되는 음의 인위적인 배열을 추구함으로써 예술과 현실의 대립을 극복하고자 했다.**
(나)의 3문단을 통해 음악에 사용되는 음은 현실의 무한한 소리 중 극히 일부이며, 균질적이고 세련되며 인위적인 배열을 따른다는 점에서 일상 현실과는 거리가 있음을 알 수 있다. 그리고 4문단을 통해 루솔로가 이러한 음악의 흐름에 대항하여 일상 현실의 기계

소리도 음악적 표현 대상으로 삼아 소음 기계를 악기로 만들었음을 알 수 있다. 따라서 루솔로는 기존 음악이 객관적 현실에서 점차 멀어지는 경향을 보이는 것에 대항하고자 소음 기계를 만든 것이므로 그가 일상의 기계 소리에서 기존 음악의 음이 가지는 인위적인 배열을 추구했다고 본 것은 적절하지 않다.

③ **바레즈는 일반 악기와 달리 두 음 사이의 무한한 음을 표현할 수 있는 도구를 이용해 일상 현실을 예술로 표현하고자 했다.**
(나)의 4문단을 통해 바레즈가 사이렌이 음과 음 사이의 분절되지 않은 무한한 음을 낼 수 있는 일상적 사물이라는 점에 주목하여 사이렌으로 음악을 표현했음을 알 수 있다.

④ **셰페르는 기존 음악의 정체성과는 거리가 먼 일상의 소리를 음향 오브제로 활용하는 새로운 예술 장르를 창시하였다.**
(나)의 3문단을 통해 기존 음악이 일상 현실과 거리를 두면서 그 정체성을 확보했음을 알 수 있다. 그리고 4문단을 통해 기존 음악의 흐름에 대항한 셰페르는 기존 음악의 정체성과는 거리가 먼 일상의 소리를 '음향 오브제'로 활용하는 '구체음악'을 이라는 새로운 예술 장르를 창시했음을 알 수 있다.

⑤ **게르노트 뵈메는 미적 대상의 창작과 수용에 따르는 미적 경험이 일상 현실로까지 확장되어야 한다고 여겼다.**
(나)의 5문단을 통해 게르노트 뵈메가 미적 대상의 창작과 수용에 따르는 미적 경험이 일상 현실로까지 확장되어야 한다고 여겼음을 알 수 있다.

09 어휘의 문맥적 의미 파악

정답률 70% | 정답 ④

문맥상 ⓐ~ⓔ와 바꾸어 쓰기에 가장 적절한 것은?

① **ⓐ : 치환(置換)될**
'치환(置換)하다'는 '바꾸어 놓다.'의 의미이므로 바꾸어 쓰기에 적절하지 않다.

② **ⓑ : 부과(賦課)했으며**
'부과(賦課)하다'는 '세금이나 책임, 일 따위를 부담하게 하다.'의 의미이므로 바꾸어 쓰기에 적절하지 않다.

③ **ⓒ : 심화(深化)되어**
'심화(深化)하다'는 '정도나 경지가 점점 깊어지다.'의 의미이므로 바꾸어 쓰기에 적절하지 않다.

✔ **ⓓ : 시작(始作)되며**
'상상의 대부분은 현실의 경험에서 비롯되며'에서 '비롯되며'는 상상도 현실의 경험에서부터 시작된다는 의미이다. 그러므로 '어떤 일이나 행동이 어떤 사건이나 장소에서 처음으로 발생되다.'라는 의미의 '시작(始作)되다'와 문맥상 바꾸어 쓸 수 있다.

⑤ **ⓔ : 추종(追從)한다**
'추종(追從)하다'는 '남의 뒤를 따라서 좇다.'의 의미이므로 바꾸어 쓰기에 적절하지 않다.

10~12 현대 소설

이태준, 「복덕방」

감상 이 작품은 1930년대 경성(서울) 외곽의 복덕방을 배경으로, **땅 투기 열풍에 휩쓸려 파멸하는 한 노인을 통해 근대화 과정에서 소외된 세대의 궁핍함, 좌절 등을 그린** 소설이다. 주인공인 **안 초시**는 자신에 대한 성찰이나 사회 현실에 대한 자각 없이 **물질적인 욕심만으로 일확천금을 꿈꾸는 인물**이다. 또한 **안 초시의 딸**은 인간적인 정보다 **물질적 이해관계를 중시하는 당시의 세태를 잘 보여 주는 인물**이다.

주제 노인들의 애처로운 삶에 대한 연민

작품 줄거리 세 노인이 복덕방에서 무료하게 소일한다. 안 초시는 수차에 걸친 사업 실패로 몰락하여 지금은 서 참의의 복덕방에서 신세를 지고 있다. 무용가로 유명한 딸 경화가 있으나, 그는 늘 그녀의 짐일 뿐이지만, 재기하려는 꿈을 안고 살아간다. 서 참의는 한말에 훈련원의 참의로 봉직했던 무관이었으나 일제 강점 후 별수 없을 것 같이 복덕방을 차렸다. 안 초시와 달리 대범한 성격의 소유자로 중학 졸업반 아들의 학비를 걱정하여 돈을 많이 벌어야 한다는 생각을 한다. 박희완 영감은 훈련원 시절 서 참의의 친구이다. 재판소에 다니는 조카를 빌미로 대서업을 한다고 일어 공부를 열심히 하는 노인이다. 재기를 꿈꾸던 안 초시에게 박 영감이 부동산 투자에 관한 정보를 일러 준다. 이에 안 초시는 딸과 상의하여 투자를 결심한다. 안 초시는 딸이 마련해 준 돈을 몽땅 부동산에 투자하지만, 일 년이 지나도 새로운 항구의 건설이라든가, 땅값이 오른다는 기미는 전혀 보이지 않는다. 결국 박 영감에게 정보를 전해 준 사람이 자신의 땅을 처분하기 위해 사기극을 벌인 것이었음이 밝혀진다. 충격을 받은 안 초시는 음독 자살을 한다. 아버지의 자살로 자신의 명예가 훼손될 것을 우려한 안 초시의 딸 경화는 서 참의의 권유를 받아들여 장례식을 성대하게 치른다. 장례식에 참석한 서 참의와 박희완은 마음이 무겁기만 하다.

10 서술상 특징 파악

정답률 86% | 정답 ②

[A]와 [B]에 대한 설명으로 가장 적절한 것은?

① **[A]는 외양 묘사를 통해 인물의 성격을 드러내고 있고, [B]는 배경 묘사를 통해 인물의 처지를 드러내고 있다.**
[A]에서 외양 묘사가 드러나지 않고 있고, [B]에서 배경 묘사가 드러나지 않고 있다.

✔ **[A]는 대화와 서술을 통해 인물 간의 갈등이 드러나고 있고, [B]는 요약적 서술을 통해 사건의 전모가 드러나고 있다.**
[A]에서는 '안경다리' 고치는 것을 통해 돈을 두고 갈등하는 안 초시와 그의 딸인 안경화의 모습이 대화와 서술을 통해 드러나고 있다. 그리고 [B]에서는 안 초시의 딸이 투자한 사업이 모씨가 꾸민 연극이었고 결국 투자에 실패하였다는 것을 요약적 서술을 통해 밝히고 있다.

③ **[A]는 작품 속 서술자가 사건에 대해 평가하고 있고, [B]는 작품 밖 서술자가 앞으로 전개될 사건을 예측하고 있다.**
이 작품은 작품 밖의 서술자가 사건을 서술하고 있으므로, [A]에서 작품 속 서술자가 사건에 대해 평가한다는 진술은 적절하지 않다. 그리고 [B]에서 서술자가 앞으로 전개될 사건에 대해 예측한 부분은 언급되어 있지 않으므로 적절하지 않다.

④ **[A]는 시간의 흐름에 역행하여 사건이 진행되고 있고, [B]는 시간의 흐름에 따라 사건이 순차적으로 진행되고 있다.**
[A], [B] 모두 사건이 시간의 흐름에 따라 순차적으로 진행되고 있다.

⑤ **[A]는 향토적인 소재를 통해 주제 의식을 드러내고 있고, [B]는 상징적인 소재를 통해 사건의 의미를 드러내고 있다.**
[A]에서는 향토적 소재가 제시되지 않고 있고, [B]에서 상징적 소재가 제시되지 않고 있다.

11 구절의 의미 이해

정답률 78% | 정답 ④

㉠~㉤에 대한 설명으로 적절하지 않은 것은?

① **㉠ : 형편이 어려운 안 초시를 인색하게 대하는 딸의 모습이 드러나 있다.**
안 초시가 딸의 눈치를 보며 셔츠를 한 벌 사 입어야겠다고 하자 딸은 사드리겠다고 했지만 그해 겨울이 다가도록 셔츠를 사주지 않았다. 따라서 안 초시가 셔츠는커녕 안경다리를 고치겠다고 돈 1원만 달래도 1원짜리를 굳이 바꿔다가 50전 한 닢만 주었다는 것에서 딸이 형편이 어려운 안 초시를 인색하게 대했음을 알 수 있다.

② **㉡ : 저렴한 안경다리는 사지 않겠다는 안 초시의 자존심이 드러나 있다.**
'안경은 돈을 좀 주무르던 시절에 장만한 것이라 테만 오륙 원 먹는 것이어서 50전만으로 그런 다리는 어림도 없었다. 50전 짜리 다리도 있지만 살 바에는 조촐한 것을 택하던 초시의 성미라 더구나 면상에서 짝짝이로 드러나는 것을 사기 싫'어했다. 따라서 '차라리 종이 노끈인 채 쓰기로 하고 50전은 담뱃값으로 나가고 말았다'는 것에서 저렴한 안경다리는 사지 않겠다는 안 초시의 자존심이 드러남을 알 수 있다.

③ **㉢ : 안 초시가 전해준 이야기에 적극적으로 관심을 보이는 딸의 모습이 드러나 있다.**
안 초시는 '박희완 영감에게 들은 이야기를 딸에게 하'였고, 딸은 '머릿속에서도 이내 잊혀지지는 않았'다. 따라서 '먼저 이 이야기를 다시 꺼내었고, 초시가 박희완 영감에게 묻던 이상을 시시콜콜히 캐어물었다.'에서 안 초시가 전해준 이야기에 적극적으로 관심을 보이는 딸의 모습이 드러남을 알 수 있다.

✔ **㉣ : 안 초시의 수고로움을 덜어 주려는 딸의 심리가 드러나 있다.**
안 초시가 딸에게 축항 사업 소식을 전해주고 출자를 권유하여 딸이 투자하기로 결정하게 된다. 그런데 안 초시의 딸은 아버지를 신뢰하지 못해 아버지 대신에 청년에게 투자에 관한 일을 맡기고 있다. 따라서 ㉣에 안 초시의 수고로움을 덜어주려는 딸의 심리가 드러나 있다는 설명은 적절하지 않다.

⑤ **㉤ : 예상 밖의 결과로 딸과 마주할 자신이 없는 안 초시의 모습이 드러나 있다.**
안 초시는 딸에게 땅을 사라고 권유한 이후 그 땅이 축항이 되지 않자 박희완 영감을 통해 알아보니 '그 관변 모씨에게 박희완 영감부터 속아 떨어진 것'이었음을 알게 되었다. 따라서 '서너 끼씩 굶어도 밥 먹을 정신이 나지도 않았거니와 밥을 먹으러 들어갈 수도 없었다.'는 것에서 예상 밖의 결과로 딸과 마주할 자신이 없는 안 초시의 모습이 드러남을 알 수 있다.

12 외적 준거에 따른 작품의 감상

정답률 64% | 정답 ①

다음은 윗글이 창작될 당시 신문 기사의 일부이다. 이를 참고하여 윗글을 감상한 내용으로 적절하지 않은 것은? [3점]

DAY 28

[문제편 p.172]

○○ 일보

부동산 투기 열풍으로 전국은 지금 …

일본의 축항 사업 발표 후, 전국이 부동산 투기 열풍으로 떠들썩하다. 한탕주의에 빠진 많은 사람들이 제2의 황금광 사업으로 불리는 축항 사업에 몰려들고 있다. 1932년 8월, 중국 동북부와 연결되는 철도의 종착지이자 축항지로 나진이 결정되자, 빠르게 정보를 입수한 브로커들로 나진은 북새통을 이루고 있다. 하지만 누구나 투자에 성공하는 것은 아니어서, 잘못된 소문으로 투자에 실패하여 전 재산을 잃은 사람들, 이로 인해 가족들에게 외면받는 사람들, 자신의 피해를 사기로 만회하려는 사람들까지 등장하여 사회적 혼란이 커지고 있다. 이러한 모습은 물질 만능주의가 만연한 우리 사회의 어두운 단면을 보여준다는 비판이 일고 있다.

✔ **딸에게 '출자를 권유하는 수작'으로 보아 안 초시는 건설 사업이 확정된 부지에 빠르게 투자하였겠군.**
안 초시가 딸에게 출자를 권유한 부지는 건설 사업지로 최종 확정된 부지도 아니고 안 초시가 직접 투자한 것도 아니므로 적절하지 않다.

② **안 초시가 '50배 이상의 순이익이 날 것이라 장담 장담하'며 부추기는 모습에서 한탕주의에 빠져 있음을 알 수 있군.**
안 초시가 투자를 통해 한 번에 큰 이익이 날 것이라 기대하는 모습에서 한탕주의를 엿볼 수 있다.

③ **안 초시의 딸이 '연구소 집'을 담보로 '3천 원'을 마련한 것은 당시의 투기 열풍과 관련이 있겠군.**
안 초시의 딸은 '연구소 집'을 담보로 큰돈을 빌려 투자하려고 하는데, 이러한 모습은 당시의 부동산 투기 열풍과 관련이 있다고 할 수 있다.

④ **모씨가 '축항 후보지'에 대해 '연극'을 꾸민 것은 자신의 피해를 사기로 만회하기 위한 것이었겠군.**
'축항 후보지'에 땅을 샀던 모씨는 자신의 피해를 만회하기 위해 연극을 꾸몄다고 볼 수 있다.

⑤ **안 초시가 '친자 간의 의리도 배추 밑 도리듯' 한다고 '탄식'하는 모습에서 물질 만능주의의 어두운 모습을 엿볼 수 있군.**
투자 실패 후 안 초시는 가족들로부터 외면받고 있는데, 이러한 안 초시의 모습은 당시 우리 사회에 만연했던 물질 만능주의와 관련이 있다고 할 수 있다.

DAY 29 20분 미니 모의고사

01 ①	02 ⑤	03 ⑤	04 ③	05 ③
06 ①	07 ④	08 ④	09 ①	10 ②
11 ①	12 ③			

01 말하기 내용 추론

정답률 91% | 정답 ①

위 발표의 흐름을 고려할 때, ㉠으로 가장 적절한 것은?

✔ **만년필로 종이에 글씨를 수월하게 쓸 수 있는 것이 모세관 현상과 어떤 관련이 있나요?**
3문단에서 발표자는 ㉠을 들은 뒤 만년필은 모세관 현상으로 인해 필기가 수월하게 이루어진다고 대답하고 있다. 따라서 '만년필로 종이에 글씨를 수월하게 쓸 수 있는 것이 모세관 현상과 어떤 관련이 있나요?'가 가장 적절하다.

② **만년필 외에 모세관 현상이 적용되어 손쉽게 필기할 수 있는 필기구에는 무엇이 있나요?**
발표자의 대답 내용에 만년필 외의 필기구에 대한 내용이 없는 것으로 보아, 만년필 외에 모세관 현상이 적용되어 손쉽게 필기할 수 있는 필기구를 묻는 것은 적절하지 않다.

③ **만년필 펜촉의 굵기와 필기할 때 힘을 들이는 정도는 어떤 연관성이 있나요?**
만년필 펜촉의 굵기와 필기할 때 힘을 들이는 정도의 연관성에 대한 내용이 발표자의 대답에서 나타나지 않기 때문에 적절하지 않다.

④ **만년필로 힘들이지 않고 글씨를 쓰려면 어떤 형태의 펜촉을 사용해야 하나요?**
발표자의 대답에 만년필로 종이에 글씨를 수월하게 쓸 수 있다는 내용은 있지만 펜촉의 형태에 대한 내용은 없기 때문에 펜촉의 형태와 관련하여 질문하는 것은 적절하지 않다.

⑤ **종이의 섬유소가 가는 대롱과 같은 역할을 한다는 것이 무슨 의미인가요?**
종이의 섬유소가 가는 대롱의 역할을 한다는 것은 ㉠에 대한 답변이므로 적절하지 않다.

02 자료를 활용한 초고의 보완

정답률 80% | 정답 ⑤

〈보기〉는 학생이 초고를 보완하기 위해 추가로 수집한 자료이다. 자료의 활용 방안으로 적절하지 않은 것은? [3점]

〈보 기〉

[자료 1] 통계 자료

㉮ 친환경 제품에 대한 관심도 및 구매 경험

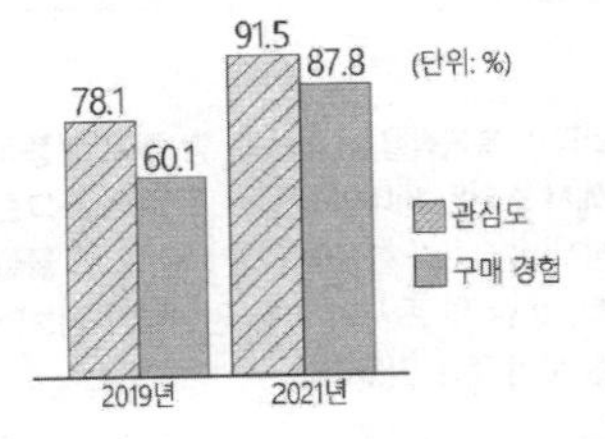

㉯ 환경 관련 법정 인증마크 인지도

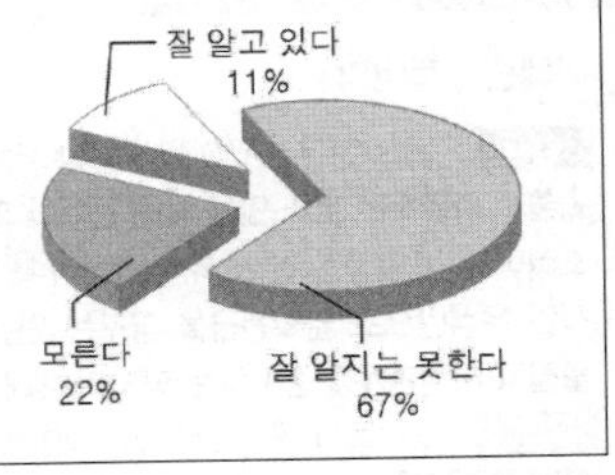

[자료 2] 신문 기사

○○기업은 재생 플라스틱으로 제품 용기를 제작했다는 표시로 자체 제작한 스티커를 붙이고 친환경적 특성을 홍보하여 소비자에게 큰 호응을 얻었다. 그런데 해당 스티커가 환경 관련 법정 인증마크와 유사해 소비자가 해당 스티커를 법정 인증마크로 혼동하여 제품을 구매하는 사례가 많았고, 한 시민 단체가 조사한 결과 제품 용기의 소재도 재생 플라스틱이 아님이 밝혀졌다. 이를 계기로 환경마크 등에 대한 정확한 정보를 알고자 하는 소비자들이 늘고 있으나, 관련 정보들이 통합적으로 제공되지 않아 소비자들이 불편을 겪고 있다.

[자료 3] 전문가 인터뷰

외국에서는 친환경이라는 용어를 쓸 때 체크리스트와 같은 객관적 지표를 바탕으로 적합성 평가 기관을 통해 인증을 받는 제도가 시행되고 있습니다. 우리나라도 객관적인 지표를 좀 더 구체적으로 제시하여 법률을 보완해 나간다면 소비자 보호에 도움이 될 것입니다. 한편 친환경 제품의 인증과 관련된 정보를 여러 기관에서 다루고 있는데, 이러한 정보가 통합적으로 제공되면 소비자가 그린워싱에 쉽게 대처할 수 있을 것입니다.

① **[자료 1-㉮]를 활용하여 친환경 제품에 대한 소비자의 관심이 높아지고 있다는 내용을 뒷받침하는 자료로 제시한다.**
[자료 1-㉮]에 '친환경 제품에 대한 관심도'가 2019년 78.1%에서 2021년 91.5%로 증가했고, '구매 경험'이 2019년 60.1%에서 2021년 87.8%로 증가한 것이 나타나 있다. 따라서 [자료 1-㉮]를 친환경 제품에 대한 소비자의 관심이 높아지고 있다는 내용을 뒷받침하는 자료로 제시한다는 것은 적절하다.

② **[자료 2]를 활용하여 기업이 환경 문제에 대한 소비자의 관심을 마케팅의 수단으로 이용하고 있다는 내용에 대한 구체적 사례로 제시한다.**
[자료 2]에 'OO기업은 재생 플라스틱으로 ~ 사례가 많았고'라는 내용이 나타나 있다. 따라서 [자료 2]를 활용하여 기업이 환경 문제에 대한 소비자의 관심을 마케팅의 수단으로 이용하고 있다는 내용에 대한 구체적 사례로 제시하는 것은 적절하다.

③ **[자료 3]을 활용하여 객관적 지표를 마련한 해외 사례를 친환경과 관련된 법률적 기준을 보완하자는 주장에 대한 근거로 제시한다.**
[자료 3]에 '외국에서는 친환경이라는 ~ 시행되고 있습니다.'라는 내용이 나타나 있다. 따라서 [자료 3]을 활용하여 친환경과 관련된 법률적 기준을 보완하자는 주장에 대한 근거로 제시한다는 것은 적절하다.

④ **[자료 1-㉯]와 [자료 2]를 활용하여 소비자가 친환경 관련 제품 정보를 잘 알지 못해 제품을 제대로 선별하여 구매하지 못한다는 내용을 구체화하기 위한 자료로 제시한다.**
[자료 1-㉯]에 '환경 관련 법정 인증마크 인지도'가 '잘 알고 있다'가 11%, '잘 알지는 못한다'가 67%, '모른다'가 22%로 나타나 있고 [자료 2]에 '해당 스티커가 ~ 사례가 많았'다는 내용이 나타나 있다. 따라서 소비자가 친환경 관련 제품 정보를 잘 알지 못해 제품을 제대로 선별하여 구매하지 못한다는 내용을 구체화하기 위해 [자료 1-㉯]와 [자료 2]를 활용하여 제시한다는 것은 적절하다.

✔ ⑤ **[자료 2]와 [자료 3]을 활용하여 기업이 자체적으로 환경마크를 평가할 수 있는 제도를 마련하는 것을 기업 윤리를 재정립하기 위한 구체적 방안으로 제시한다.**
[자료 2]에 '자체 제작한 ~ 구매하는 사례'가 나타나 있지만, [자료 3]에는 기업이 자체적으로 환경마크를 평가할 수 있는 제도를 마련하는 것과 관련된 내용이 드러나지 않으므로 적절하지 않다.

03 언어의 특성 탐구

정답률 52% | 정답 ⑤

[A]를 바탕으로 추론한 내용으로 적절하지 않은 것은?

① **경계가 뚜렷하지 않은 '무지개'의 색을 일곱 가지 색으로 구분하는 것은 언어를 통해 대상을 분절적으로 인식하는 것이겠군.**
[A]에서 연속적인 대상이나 개념을 분절적으로 인식하게 된다는 언어의 분절성을 볼 때, 경계가 뚜렷하지 않은 '무지개'의 색을 일곱 가지 색으로 구분하는 것은 언어의 분절성에 대한 사례임을 알 수 있다.

② **여러 사람들이 '소리 없이 빙긋이 웃는 웃음'을 '미소'라고 말하는 것은 의미와 말소리가 관습적으로 결합되어 있기 때문이겠군.**
[A]를 통해 말소리와 의미는 사회의 인정을 통해 관습적으로 결합되어 있음을 알 수 있다. 따라서 여러 사람들이 '소리 없이 빙긋이 웃는 웃음'을 '미소'라고 말하는 것은 의미와 말소리가 관습적으로 결합되어 있기 때문이라 할 수 있다.

③ **동일한 의미의 대상을 한국어로는 '개', 영어로는 'dog'라고 말하는 것은 의미와 말소리의 관계가 필연적이지 않기 때문이겠군.**
[A]의 말소리와 의미의 관계가 필연적이지 않음을 보여 주는 언어의 자의성을 볼 때, 동일한 의미의 대상을 한국어로는 '개', 영어로는 'dog'라고 말하는 것은 언어의 자의성에 대한 사례임을 알 수 있다.

④ **'바다'의 의미를 '나무'라는 말소리로 표현하면 의사소통이 제대로 안 되는 것은 언어가 개인이 함부로 바꿀 수 없는 사회적 약속이기 때문이겠군.**
[A]를 통해 말소리와 의미는 사회의 인정을 통해 관습적으로 결합되어 있어 그 결합은 개인이 함부로 바꿀 수 없는 약속임을 알 수 있다. 따라서 '바다'의 의미를 '나무'라는 말소리로 표현하면 의사소통이 제대로 안 되는 것은 언어의 사회성에 대한 사례임을 알 수 있다.

✔ ⑤ **'차다'라는 말소리가 '(발로) 차다', '(날씨가) 차다', '(명찰을) 차다' 등 다양한 의미에 대응하는 것은 연속적인 개념을 언어로 나누어 인식하고 있는 것이겠군.**
[A]에서 언어의 자의성은 언어의 내용인 '의미'와 그것을 나타내는 형식인 '말소리' 사이의 관계가 필연적이지 않음을, 언어의 분절성은 언어를 통해 연속적인 대상이나 개념을 분절적으로 인식하게 됨을 드러내는 것임을 알 수 있다. 그리고 ⑤에서 '차다'라는 하나의 말소리가 '(발로) 차다', '(날씨가) 차다', '(명찰)을 차다' 등의 다양한 의미에 대응한다고 하고 있다. 따라서 ⑤에 언급한 사례는 말소리와 의미의 관계가 필연적이지 않고 자의적임을 보여 주는 언어의 자의성에 해당하는 사례에 해당한다고 할 수 있다.

04 언어의 역사성 탐구

정답률 72% | 정답 ③

〈보기〉는 언어의 역사성과 관련하여 학생이 수집한 자료이다. ⓐ~ⓔ 중 윗글의 ㉠과 ㉡에 모두 해당하는 것은? [3점]

〈보 기〉

- '어리다'는 '나이가 적다'라는 의미인데 예전에는 '어리석다'라는 의미를 나타냈고, 예전에도 '어리다'의 형태로 쓰였다. ⋯⋯ ⓐ
- '서울'은 '나라의 수도'와 '한반도의 중심부에 있는 도시'를 의미하는데 과거에는 '나라의 수도'만을 의미했고, '셔블'의 형태로 쓰였다. ⋯⋯ ⓑ
- '싸다'는 '비용이 보통보다 낮다'라는 뜻의 단어인데 예전에는 '그 정도의 값어치가 있다'라는 의미를 나타냈고, 'ᄡᆞ다'의 형태로 쓰였다. ⋯⋯ ⓒ
- '마음'은 '사람이 본래부터 지닌 성격이나 품성'을 뜻하는 단어인데 예전에는 이와 함께 '심장'을 의미하기도 했고, 'ᄆᆞᅀᆞᆷ'의 형태로 쓰였다. ⋯⋯ ⓓ
- '서로'는 '짝을 이루는 상대'라는 뜻으로, 예전에 '서르'라고 썼는데 사람들이 일반적으로 부사가 '-로'로 끝나는 것에서 추측하여 사용한 결과 '서르'는 '서로'로 변했다. ⋯⋯ ⓔ

① **ⓐ '어리다'는 '나이가 적다'라는 의미인데 예전에는 '어리석다'라는 의미를 나타냈고, 예전에도 '어리다'의 형태로 쓰였다.**
'어리다'는 '어리석다'에서 '나이가 적다'로 의미 이동은 일어났지만, 형태 변화는 일어나지 않고 있다.

② **ⓑ '서울'은 '나라의 수도'와 '한반도의 중심부에 있는 도시'를 의미하는데 과거에는 '나라의 수도'만을 의미했고, '셔블'의 형태로 쓰였다.**
'서울'은 과거에는 '나라의 수도'만을 의미했지만 오늘날에는 '나라의 수도'와 '한반도의 중심부에 있는 도시'로 사용되고 있으므로 의미가 확대된 단어라 할 수 있다. 한편 '서울'이 예전에는 '셔블'로 쓰였으므로 음운의 변화로 인한 형태 변화가 일어났다고 할 수 있다.

✔ ③ **ⓒ '싸다'는 '비용이 보통보다 낮다'라는 뜻의 단어인데 예전에는 '그 정도의 값어치가 있다'라는 의미를 나타냈고, 'ᄡᆞ다'의 형태로 쓰였다.**
'싸다'가 이전에는 '그 정도의 값어치가 있다'의 의미를 지녔지만, 오늘날에는 '비용이 보통보다 낮다'로 의미로 쓰였다고 했으므로 의미가 이동한 것이라 할 수 있다. 그리고 '싸다'가 예전에는 'ᄡᆞ다'로 쓰였다고 했으므로, 첫째 음절에서 'ㆍ'가 'ㅏ'로 바뀐 음운의 변화로 인한 형태 변화를 겪었음을 알 수 있다. 따라서 ⓒ는 ㉠과 ㉡에 모두 해당한다고 할 수 있다.

④ **ⓓ '마음'은 '사람이 본래부터 지닌 성격이나 품성'을 뜻하는 단어인데 예전에는 이와 함께 '심장'을 의미하기도 했고, 'ᄆᆞᅀᆞᆷ'의 형태로 쓰였다.**
'마음'은 예전에는 '사람이 본래부터 지닌 성격이나 품성'과 '심장'의 의미로 모두 쓰였지만, 오늘날에는 '사람이 본래부터 지닌 성격이나 품성'으로만 쓰이고 있으므로 의미가 축소된 단어라 할 수 있다. 한편 '마음'은 예전에는 'ᄆᆞᅀᆞᆷ'의 형태로 쓰였으므로 음운의 변화로 인한 형태 변화가 일어났다고 할 수 있다.

⑤ **ⓔ '서로'는 '짝을 이루는 상대'라는 뜻으로, 예전에 '서르'라고 썼는데 사람들이 일반적으로 부사가 '-로'로 끝나는 것에서 추측하여 사용한 결과 '서르'는 '서로'로 변했다.**
'서로'는 의미상으로 변동이 없고, 단지 예전에는 '서르'라고 썼던 것이 추측하여 '서로'로 쓰였으므로, 유추에 의한 형태 변화가 일어났다고 할 수 있다.

05~07 예술

김영운, 「국악개론」

해제 이 글은 대표적인 악기인 **장구를 바탕으로 국악의 장단을 이해시키면서 의의를 밝히**고 있다. **국악의 장단의 개념 및 장단의 기본 단위인 '박'에 대해 언급**하고, 국악 연주에서 장단을 맡는 대표적인 악기인 **장구의 '점'에 대해 설명**하고 있다. 그리고 **장구의 장단 치는 방법을 정간보에 기록하는 방식**을 그림을 활용하여 이해시키면서, **정간보에 점의 길이를 나타내는 방법과 변주도 가능한 장단치기에 대해 언급**하고 있다. 또한 연주 상황에 따라 장구를 치는 방법에 대해서도 언급하면서, **장단이 지닌 의의 및 장단 이해의 중요성을 설명**하고 있다.

주제 국악의 장단의 이해 및 의의

[문제편 p.175]

문단 핵심 내용

1문단	국악의 장단의 기본 단위인 '박'의 이해
2문단	장단을 맡는 대표적인 악기인 장구의 가죽 면을 치는 '점'
3문단	장구의 장단 치는 방법을 정간보에 기록하는 방식
4문단	점의 길이를 나타내는 방법 및 변주도 가능한 장단치기
5문단	연주 상황에 따라 장구를 치는 방법
6문단	장단의 의의 및 장단 이해의 중요성

05 세부 정보의 파악

정답률 84% | 정답 ③

윗글에서 답을 찾을 수 있는 질문으로 적절하지 않은 것은?

① **국악에서 장단의 개념은 무엇일까?**
1문단의 '국악의 장단이란 일반적으로 일정한 주기로 소리의 길이와 강약이 규칙적으로 되풀이되는 것'을 통해 알 수 있다.

② **장단을 구성하는 단위는 무엇일까?**
1문단의 장단은 '기본 단위인 박으로 구성된다.'를 통해 알 수 있다.

✔ **정간보에 점의 강약을 나타내는 방법은 무엇일까?**
이 글을 통해 장구 장단을 정간보에 기보할 때 점의 부호와 구음, 길이를 나타내는 방법은 찾아볼 수 있지만, 점의 강약을 나타내는 방법은 찾아볼 수 없다.

④ **장단을 변주할 때 얻을 수 있는 효과는 무엇일까?**
4문단의 '장단에 변화를 주어 음악을 더욱 풍성하게 만드는 역할을 한다.'를 통해 알 수 있다.

⑤ **국악 감상에서 장단을 이해하는 것이 중요한 이유는 무엇일까?**
6문단의 '국악을 깊이 있게 감상하려면 장단을 이해하는 것이 중요하며'를 통해 알 수 있다.

06 세부 내용의 이해

정답률 81% | 정답 ①

㉠에 대한 이해로 가장 적절한 것은?

✔ **정간보를 보면 연주할 점의 길이를 알 수 있다.**
4문단의 '또한 정간보에는 점의 길이도 ~ 두 소박이 되는 식이다.'를 통해, 정간보에는 점의 길이도 나타낼 수 있음을 알 수 있다.

② **크고 낮은 소리를 내기 위해 채편의 변죽을 친다.**
5문단을 통해 변죽은 작고 높은 소리가 남을 알 수 있으므로, 크고 낮은 소리를 내기 위해 채편의 변죽을 친다는 것은 적절하지 않다.

③ **여러 개의 보통박을 쳐서 하나의 소박을 연주한다.**
1문단을 통해 여러 개의 소박이 모여서 하나의 보통박을 이룸을 알 수 있으므로, 여러 개의 보통박을 쳐서 하나의 소박을 연주한다는 것은 적절하지 않다.

④ **북편을 치는 도구는 기본이 되는 장단에 의해 결정된다.**
5문단을 통해 실외음악이나 사물놀이처럼 큰 소리를 내야 할 때에는 북편을 손 대신 궁채로 치기도 함을 알 수 있으므로, 북편을 치는 도구는 기본이 되는 장단이 아니라 음악의 연주 상황에 따라 결정된다고 볼 수 있다.

⑤ **기본이 되는 장단을 연주할 때에는 북편과 채편을 동시에 칠 수 없다.**
2문단을 통해 〈그림 2〉가 굿거리장단의 기본이 되는 장단임을 알 수 있고, 3문단을 통해 채편과 북편을 동시에 치는 것을 '덩'임을 알 수 있으므로, 기본이 되는 장단에서 북편과 채편을 동시에 칠 수 없다는 말은 적절하지 않다.

07 구체적인 사례에의 적용

정답률 72% | 정답 ④

윗글을 바탕으로 〈보기〉의 창작 장단을 연주한다고 할 때, 이에 대한 이해로 적절하지 않은 것은? [3점]

〈보 기〉

학생 : 오늘 배운 내용을 가지고 나만의 창작 장단을 만들어 연주해 볼까? 3소박 4보통박으로 치면 재미있을 것 같아. 우선은 정간보에 부호와 구음을 표시하고 그대로 연주해 봐야지.

⌽		¡	○	|		○	⋮	○	|		¡
덩		기덕	쿵	덕		쿵	더러러러	쿵	덕		기덕

① **'|(덕)'은 각각 두 소박으로 연주해야겠군.**
'덕'이 표시된 정간은 모두 그 다음 정간이 비어 있으므로 두 소박으로 연주해야 한다.

② **마지막 보통박에서는 채편만 치면 되겠군.**
'덕'은 채편을 한 번 치는 것이고, '기덕'은 꾸밈음을 붙여 채편을 치는 것이므로 마지막 보통박은 채편만 쳐서 연주해야 한다.

③ **합장단으로 시작하고 겹채로 마무리해야겠군.**
합장단과 겹채는 각각 '덩'과 '기덕'을 가리키는 말로 학생의 창작 장단의 시작과 마무리에 각각 사용된다.

✔ **세 번째 보통박에서는 종류가 다른 세 점을 연주해야겠군.**
학생의 창작 장단은 3소박 4보통박으로 구성되어 있으므로 첫 번째 보통박은 '덩'과 '기덕'이, 두 번째 보통박은 '쿵'과 '덕'이, 세 번째 보통박은 '쿵'과 '더러러러'가, 네 번째 보통박은 '덕'과 '기덕'이 사용된다. 따라서 세 번째 보통박의 점의 종류는 두 가지이므로 종류가 다른 세 점을 연주한다는 것은 적절하지 않다.

⑤ **첫 번째와 마지막 보통박의 세 번째 소박에서는 '¡(기덕)'을 쳐야겠군.**
'기덕'은 첫 번째 보통박과 마지막 보통박에서 나타나는데, 모두 세 번째 소박에서 연주해야 한다.

08~12 갈래 복합

(가) 송순, 「십 년을 경영ᄒᆞ여~」

감상 이 작품은 **자연과 하나된 물아일체의 경지와 안빈낙도하는 삶의 자세를 노래**한 평시조이다. 중장과 종장에 나타난 자연에 관한 기발한 표현은, 화자가 자연과 자신을 하나로 느끼는 물아일치의 경지에 이르렀음을 보여 주는 것이라 할 수 있다.

주제 강산에 묻혀 사는 물아일체의 경지

현대어 풀이

십 년 간 계획하여 초가삼간을 지어내니
나 한 칸 달 한 칸 청풍 한 칸 맡겨 두고,
강산은 (집안에) 들여 놓을 데 없으니 (집 밖에 병풍처럼) 둘러 놓고 보리라.

(나) 위백규, 「농가구장(農歌九章)」

감상 이 작품은 **농촌 생활을 일과의 진행 순서에 따라 노래한 전 9수의 연시조**이다. 농민의 삶을 관념적으로 예찬한 사대부의 일반 시조와 달리 **농촌의 일상과 농사일, 농촌 삶의 흥겨움 등을 구체적이고 사실적으로 노래하는 특징**을 보이고 있다.

주제 농사의 즐거움

현대어 풀이

서산에 아침 햇빛이 비치고 구름은 낮게 지나간다.
비 온 뒤의 묵은 풀이 누구 밭이 더 짙은가?
두어라, 차례를 정한 일이니 매는 대로 매리라.
〈제1수〉

김을 매자 김을 매자 긴 이랑 김을 매자.
잡초를 고랑 고랑마다 김을 매자.
잡초 무성한 사래는 마주 잡아 김을 매자.
〈제3수〉

땀은 떨어지는 대로 떨어지게 두고 볕은 쬘 대로 쬔다.
맑은 바람에 옷깃 열고 긴 휘파람 흘려 불 때
어디서 길 가는 손님이 (이 마음을) 아는 듯이 머무는가?
〈제4수〉

밥그릇에는 보리밥이오 사발에는 콩잎 반찬이라.
내 밥이 많을까 걱정이고 네 반찬이 적을까 걱정이라.
먹은 뒤 한숨 졸음이야 너나 나나 다르겠느냐?
〈제5수〉

돌아가자 돌아가자 해 지거든 돌아가자.
시냇가에서 손발 씻고 호미 메고 돌아올 때
어디서 목동이 부는 피리 소리가 함께 가자고 재촉하는가.
〈제6수〉

(다) 한백겸, 「접목설(接木說)」

감상 이 작품은 보잘것없는 복숭아나무에 홍도 가지를 접붙여 아름다운 나무로 변화시킨 **접목의 경험을 바탕으로 삶의 자세에 대한 깨달음을 기록한 고전 수필**이다. 나무에 접을 붙여 볼품없던 나무가 다시 소생하는 것에서 유추하여 **사람이 자신의 마음**

을 살펴 악한 바를 제거하고 선한 싹을 보살핀다면 누구나 성인이 될 수 있음을 설파하고 있다. 이를 위해 **스스로 노력할 것을 다짐하며 경험을 성찰의 계기로 삼는 반성적 면모를 보이고** 있다.

주제 나무 접붙이기를 통해 느낀 바와 수신(修身)의 다짐

★★★ 1등급 대비 고난도 2점 문제

08 표현상 특징 파악 정답률 39% | 정답 ④

(가)~(다)에 대한 설명으로 적절한 것은?

① (가)는 공간의 이동에 따라 시상을 전개하고 있다.
(가)에서는 '초려삼간'이라는 공간은 드러나 있지만, 이러한 공간에서 다른 공간으로의 이동은 나타나지 않고 있다.

② (나)는 색채어의 대비를 활용하여 주제를 강조하고 있다.
(나)에서 구체적인 색채어는 활용되지 않고 있다.

③ (다)는 음성 상징어를 사용하여 생동감을 드러내고 있다.
(다)에서 의성어나 의태어인 음성 상징어는 사용되지 않고 있다.

✔ (가)와 (나)는 시어의 반복을 통해 리듬감을 형성하고 있다.
(가)에서는 '혼 간'이 반복되고 있고, (나)에서는 '둘러내자', '돌아가자' 등이 반복되고 있다. 따라서 (가), (나) 모두 시어의 반복을 통해 리듬감을 형성하고 있다.

⑤ (가)와 (다)는 구체적인 묘사를 통해 계절감을 부각하고 있다.
(가)에서 대상에 대한 구체적인 묘사를 찾아볼 수 없고, 계절감을 드러내지도 않고 있다.

★★ 문제 해결 꿀~팁 ★★

▶ 많이 틀린 이유는?
이 문제는 작품의 표현상 특징을 정확히 이해하지 못하여 오답률이 높았던 것으로 보인다.
▶ 문제 해결 방법은?
문학 문제에서 표현상 특징은 기본적으로 출제되므로, 문학에서 자주 사용되는 표현상 특징에 대해서는 평소 익혀 두어야 한다. 즉, 역설법, 반어법, 음성 상징어, 시어의 반복 등 자주 출제되는 용어에 대해 평소 정리하여 명확히 알고 있어야 한다. 이 문제에서도 '시어의 반복'이 동일한 시어가 반복되는 것이고, 이러한 시어 반복(시구 반복도 마찬가지임)이 운율을 형성한다는 기본적인 지식이 있었다면 ④가 적절함을 알 수 있었을 것이다. 마찬가지로 '계절감'이 '봄, 여름, 가을, 겨울'의 느낌을 드러내는 것임을 알았다면 (가)에서 계절감이 드러나지 않았을 것임을 바로 알 수 있었을 것이다. 한편 두 작품, 또는 세 작품의 공통적인 표현상 특징을 묻는 경우에는 한 작품을 통해 먼저 표현상 특징 사용 여부를 확인한 뒤, 사용된 것만을 추려 다른 작품에서 확인하는 방법으로 공통점을 파악하는 것이 좋다.

★★★ 1등급 대비 고난도 2점 문제

09 작품 내용의 이해 정답률 51% | 정답 ①

(나)를 활용하여 '전원일기'라는 제목으로 영상시를 제작하기 위해 학생들이 협의한 내용으로 적절하지 않은 것은?

✔ 〈제1수〉는 아침부터 농기구를 가지고 밭을 가는 농부의 모습을 보여주면 좋겠어.
〈제1수〉에서는 비 온 뒤 밭에 묵은 풀이 짙어졌음을 드러내고 있지, 농부가 농기구를 가지고 밭을 가는 모습은 확인할 수 없다.

② 〈제3수〉는 농부들이 함께 잡초를 뽑고 있는 모습을 보여주면 좋겠어.
〈제3수〉의 '잡초 짙은 긴 사래 마주 잡아 둘러내자'를 통해 농부들이 함께 잡초 뽑는 모습을 확인할 수 있다.

③ 〈제4수〉는 옷깃을 열고 바람을 쐬고 있는 농부의 모습을 보여주면 좋겠어.
〈제4수〉의 '청풍에 옷깃 열고'를 통해 옷깃을 열고 바람을 쐬고 있는 농부의 모습을 확인할 수 있다.

④ 〈제5수〉는 농부들이 모여 식사하고 있는 모습을 보여주면 좋겠어.
〈제5수〉의 '내 밥 많을세라 네 반찬 적을세라'를 통해 농부들이 모여 식사하는 모습을 확인할 수 있다.

⑤ 〈제6수〉는 해 질 무렵에 농사일을 마치고 마을로 돌아오는 농부의 모습을 보여주면 좋겠어.
〈제6수〉의 '해 지거든 돌아가자 ~ 호미 메고 돌아올 제'를 통해 해 질 무렵 농사일을 마치고 돌아오는 농부의 모습을 확인할 수 있다.

[문제편 p.176]

★★ 문제 해결 꿀~팁 ★★

▶ 많이 틀린 이유는?
이 문제는 작품 내용을 정확히 이해하지 못하여 오답률이 높았던 것으로 보인다. 특히 〈제1수〉의 '매는 대로 매리라'에 대해 잘못 이해한 것도 오답률을 높인 원인으로 보인다.
▶ 문제 해결 방법은?
문학 작품을 드라마나 영화, 또는 영상시를 제작할 때 바탕이 되는 것은 작품 내용의 이해이다. 따라서 작품을 읽을 때는 어떤 내용인지를 정확히 숙지하며 선택지의 적절성을 판단할 수 있어야 한다. 가령 정답인 ①의 경우 학생들이 적절하다고 판단하였는데, 이는 '매는 대로 매리라'를 통해 화자가 현재 밭을 가는 것으로 생각했기 때문이다. 하지만 화자는 비 온 뒤의 묵은 풀을 매는 것을 '차례 정한 일'이라 하면서 '앞으로' 매겠다는 생각을 드러내고 있으므로, 현재 화자가 밭을 갈고 있다는 내용은 적절하지 않은 것이다. 마찬가지로 오답률이 높았던 ③의 경우, 일을 하다 '땀'을 흘린 화자(농부)가 '청풍에 옷깃' 여는 모습은 바람을 쐬고 있는 모습을 드러내 주므로 적절한 것이라 할 수 있다. 비단 이 문제뿐만 아니라 문학 작품 문제를 해결하는 바탕은 작품 내용의 이해에 있으므로, 작품을 읽을 때 화자나 인물들이 어떠한 처지에 있고, 그 상황에서 어떤 심리나 태도를 보이는지를 바탕으로 작품을 이해할 수 있도록 한다.

10 외적 준거에 따른 작품의 감상 정답률 60% | 정답 ②

〈보기〉를 참고하여 (가)와 (나)를 감상한 내용으로 적절하지 않은 것은? [3점]

〈보 기〉
조선 시대 사대부들의 시조에는 자연이 자주 등장하는데, 작품 속 자연에 대한 인식이 같지는 않다. (가)에서의 자연은 속세를 벗어난 화자가 동화되어 살고 싶어 하는 공간이자 안빈낙도(安貧樂道)의 공간으로 그려져 있다. 반면에 (나)에서의 자연은 소박하게 살아가는 삶의 현장이자 건강한 노동 속에서 흥취를 느끼는 공간으로 그려져 있다.

① (가)의 '초려삼간'은 화자가 안빈낙도하며 사는 공간으로 볼 수 있군.
(가)의 화자가 자연 속에 지은 '초려삼간'은 초라한 세 칸의 초가집으로, '돌', '청풍'과 함께 하는 공간을 의미하므로 안빈낙도하며 사는 공간으로 볼 수 있다.

✔ (가)의 화자는 '강산'에서 벗어나 '돌', '청풍'과 하나가 되어 살아가려는 태도를 보이고 있군.
(가)의 종장에서 화자가 '강산'을 '둘러 두고 보리라'라고 한 것은, 자연 속에서 살고 싶어 하는 화자의 마음을 드러낸 것으로 볼 수 있다. 따라서 화자가 '강산'에서 벗어나려 한다고 감상한 것은 적절하지 않다.

③ (나)의 '묵은 풀'이 있는 '밭'은 화자가 땀 흘리며 일해야 하는 공간으로 볼 수 있군.
(나)의 제3수의 '바라기 역고를 고랑마다 둘러내자'를 볼 때, '묵은 풀'을 매는 '밭'은 건강한 노동을 하는 삶의 공간으로 볼 수 있다.

④ (나)의 '보리밥'과 '콩잎 나물'은 노동의 현장에서 맛보는 소박한 음식으로 볼 수 있군.
(나)의 한 그릇의 '보리밥'과 한 사발의 '콩잎 나물'은 농부들이 일한 뒤 먹는 점심을 나타내므로 노동의 현장에서 맛보는 소박한 음식으로 볼 수 있다.

⑤ (나)의 화자가 '호미 메고 돌아올' 때에 듣는 '우배초적'에서 농부들의 흥취를 느낄 수 있군.
(나)에서 하루 일과를 마치고 돌아오는 농부가 듣는 '우배초적'은 건강한 노동 후의 흥취로 볼 수 있다.

11 구절의 기능 파악 정답률 78% | 정답 ①

(다)의 글쓴이가 ㉠을 인용한 이유로 가장 적절한 것은?

✔ 자신이 깨달은 바를 뒷받침하기 위해
(다)에서 글쓴이는 복숭아나무의 접목 경험을 통한 깨달음을 밝힌 후 ㉠을 인용하고 있다. 그리고 ㉠ 뒤에서 '이것을 보고 어찌 스스로 힘쓰지 아니하겠는가.'라고 자신의 깨달음을 언급하고 있다. 따라서 자신의 깨달음을 「주역」이 가진 권위를 통해 뒷받침하였다고 볼 수 있다.

② 자신의 상황을 반어적으로 드러내기 위해
(다)의 글쓴이는 복숭아나무에 홍도 가지를 접붙였던 경험에서 얻은 깨달음을 전달하고 있지, 자신의 상황을 반어적으로 드러내지 않았다.

③ 자신의 지식이 보잘것없음을 성찰하기 위해
(다)의 글쓴이는 복숭아나무에 홍도 가지를 접붙였던 경험에서 얻은 깨달음을 전달하고 있지, 자신의 지식이 보잘것없다고 성찰을 하지는 않았다.

④ 자신과 군자의 삶이 다르지 않음을 강조하기 위해

DAY 29

[문제편 p.177]

(다)의 글쓴이는 복숭아나무에 홍도 가지를 접붙였던 경험에서 얻은 깨달음을 전달하고 있지, 자신과 군자의 삶을 비교하지는 않았다.

⑤ **자신이 살고 있는 세태를 지난날과 비교하기 위해**

(다)의 글쓴이는 복숭아나무에 홍도 가지를 접붙였던 경험에서 얻은 깨달음을 전달하고 있지, 자신이 살고 있는 세태를 지난날과 비교하지는 않았다.

12 작품 내용의 이해

정답률 73% | 정답 ③

다음은 학생이 (다)를 읽고 정리한 메모이다. ⓐ~ⓔ 중 적절하지 않은 것은?

접목설(接木說)

ⓐ 글쓴이는 '빛깔이 시원치 않'은 꽃과 '부스럼이 돋'은 가지가 달린 복숭아나무를 소재로 글을 썼다.
ⓑ 글쓴이는 이웃에 사는 박 씨의 도움으로 '홍도 가지'를 접붙인 후 자라난 꽃과 열매를 본 경험을 제시하였다.
ⓒ 글쓴이는 사물이 '자태가 돌연히 다른 모습'으로 바뀌기 위해서는 근본의 변화가 중요함을 강조하였다.
ⓓ 글쓴이는 사물이 변화하는 이치를 사람들이 깨달아 실천하게 되면, '악한 생각'을 버리고 '착한 마음'을 자라게 하는 변화가 가능하다고 여겼다.
ⓔ 글쓴이는 '늙는 것만 자랑하여 팔다리를 게을리 움직이'는 사람들에게 삶의 태도를 바꾸도록 권하고 싶어 한다.

① **ⓐ 글쓴이는 '빛깔이 시원치 않'은 꽃과 '부스럼이 돋'은 가지가 달린 복숭아나무를 소재로 글을 썼다.**

보잘것없는 복숭아나무를 소재로 글쓴이의 경험과 깨달음이 드러나 있다.

② **ⓑ 글쓴이는 이웃에 사는 박 씨의 도움으로 '홍도 가지'를 접붙인 후 자라난 꽃과 열매를 본 경험을 제시하였다.**

1문단에 박 씨의 도움으로 접목을 한 경험을 제시하고 있다.

✔ **ⓒ 글쓴이는 사물이 '자태가 돌연히 다른 모습'으로 바뀌기 위해서는 근본의 변화가 중요함을 강조하였다.**

2문단에 따르면, '심은 땅의 흙도 바꾸지 않고 그 뿌리의 종자도 바꾸지 않았으며 단지 접붙인 한 줄기의 기운'으로 복숭아나무의 변화가 나타났다고 하였으므로, 사물의 '자태가 돌연히 다른 모습'으로 바뀌기 위해서 '근본의 변화'가 중요하다고 이해한 것은 적절하지 않다.

④ **ⓓ 글쓴이는 사물이 변화하는 이치를 사람들이 깨달아 실천하게 되면, '악한 생각'을 버리고 '착한 마음'을 자라게 하는 변화가 가능하다고 여겼다.**

3문단의 내용을 통해 글쓴이가 사물이 변화하는 이치를 사람들이 깨달아 실천하게 되면, '악한 생각'을 버리고 '착한 마음'을 자라게 하는 변화가 가능하다고 여겼음을 알 수 있다.

⑤ **ⓔ 글쓴이는 '늙는 것만 자랑하여 팔다리를 게을리 움직이'는 사람들에게 삶의 태도를 바꾸도록 권하고 싶어 한다.**

4문단의 '마음을 분발하여 뜻을 불러일으키기를 권하지 아니하겠는가.'에서 확인할 수 있다.

DAY 30 20분 미니 모의고사

01 ④	02 ④	03 ④	04 ①	05 ⑤
06 ②	07 ③	08 ④	09 ①	10 ③
11 ⑤	12 ①			

01 고쳐 쓰기 계획의 적절성 판단

정답률 84% | 정답 ④

(나)를 참고하여 '학생 1'이 (가)를 고쳐 쓰기 위해 세운 계획으로 적절하지 않은 것은?

문단	고쳐 쓰기 계획
둘째 문단	'두뇌 스포츠는 두뇌를 활용하여 상대와 수 싸움을 하는 게임입니다.'라는 내용을 추가해야겠군. ······ ①
	'실제로 국내외 여러 스포츠 대회에서 바둑 경기가 정식 종목으로 채택되었습니다.'라는 내용을 '실제로 바둑은 2016년 전국체육대회와 2010년 광저우 아시안게임에서 정식 종목으로 채택되었습니다.'라는 내용으로 수정해야겠군. ······ ②
셋째 문단	마지막 문장에서 '체력 강화'라는 내용을 삭제해야겠군. ······ ③
	'바둑 기사 △△△ 9단은 언론 인터뷰에서, "바둑판은 넓지 않지만 경우의 수가 너무 많다. 한계가 없는 것이 바둑의 가장 큰 매력이다."라고 말했습니다.'라는 내용을 추가해야겠군. ······ ④
넷째 문단	둘째 문장을 '하지만 스포츠 축제 당일 오후에는 체육관을 사용할 수 있다고 하니 이러한 우려는 해소될 것입니다.'라는 내용으로 수정해야겠군. ······ ⑤

① **'두뇌 스포츠는 두뇌를 활용하여 상대와 수 싸움을 하는 게임입니다.'라는 내용을 추가해야겠군.**

'학생 2'가 '예상 독자에게 두뇌 스포츠라는 말이 ~ 둘째 문단에 넣어주자.'라고 하고 있고, '학생 1'은 이에 동의하고 있다. 그리고 고쳐 쓰기 계획에서 두뇌 스포츠의 개념을 제시하고 있으므로 적절하다.

② **'실제로 국내외 여러 스포츠 대회에서 바둑 경기가 정식 종목으로 채택되었습니다.'라는 내용을 '실제로 바둑은 2016년 전국체육대회와 2010년 광저우 아시안게임에서 정식 종목으로 채택되었습니다.'라는 내용으로 수정해야겠군.**

'학생 2'는 '2016년 전국체육대회부터 바둑이 정식 종목으로 채택됐다는 기사'를 넣자고 하고 있고, '학생 1'은 '국제 스포츠 경기 대회 관련 정보도 찾아서 반영'하자고 하고 있다. 그리고 고쳐 쓰기 계획에서 이러한 내용을 언급하고 있으므로 적절하다.

③ **마지막 문장에서 '체력 강화'라는 내용을 삭제해야겠군.**

'학생 3'은 '그런데 셋째 문단에서 ~ 좀 이상한 것 같아.'라고 하자 '학생 2'도 '두뇌 스포츠는 보통 ~ 타당성이 떨어지는 것 같아.'라고 말하고 있다. 그리고 '학생 1' 역시 동의하고 있으므로, '체력 강화'라는 내용을 삭제해야겠다는 고쳐 쓰기 계획은 적절하다.

✔ **'바둑 기사 △△△ 9단은 언론 인터뷰에서, "바둑판은 넓지 않지만 경우의 수가 너무 많다. 한계가 없는 것이 바둑의 가장 큰 매력이다."라고 말했습니다.'라는 내용을 추가해야겠군.**

(나)에서 '학생 2'는 '두뇌 스포츠가 상대를 존중하는 스포츠맨십을 길러 준다는 내용에 대한 근거를 제시해 주면 좋겠'다고 말하자, '학생 3'은 '셋째 문단에 그런 내용을 언급한 두뇌 스포츠 선수의 말을 인용'하자 말하고 있고, '학생 1'은 이러한 제안에 동의하고 있다. 그런데 고쳐 쓰기 계획을 보면 바둑 기사 △△△ 9단의 말을 인용하고 있지만, 인용 내용이 상대를 존중하는 스포츠맨십을 길러 주는 것과는 관련이 없으므로 적절하지 않다.

⑤ **둘째 문장을 '하지만 스포츠 축제 당일 오후에는 체육관을 사용할 수 있다고 하니 이러한 우려는 해소될 것입니다.'라는 내용으로 수정해야겠군.**

'학생 3'의 '두뇌 스포츠 경기를 ~ 정말 가능할까?'라는 의문에 '학생 2'는 '안 그래도 ~ 가능하다고 하셨어.'라고 대답하고 있고, '학생 1'은 '체육관 사용이 가능한 시간을 반영해서 글을 수정할게.'라고 하고 있다. 그리고 고쳐 쓰기 계획에서 이러한 내용이 반영되어 있음을 알 수 있으므로 적절하다.

02 말하기 방식의 파악

정답률 90% | 정답 ④

[A]~[C] 담화에 대한 설명으로 가장 적절한 것은?

① **[A]에서 '학생 2'는 '학생 3'의 의견에 대해 반박하며 새로운 의견을 제시하고 있다.**

[A]에서 '국내외 여러 ~ 구체적인 내용을 적어 주자.'라는 '학생 3'의 의견에 '학생 2'는 '우리가 수집한 ~ 넣으면 좋겠어.'라고 동조하고 있다.

② **[B]에서 '학생 2'는 '학생 1'의 말을 재진술하며 '학생 1'의 의견에 공감하고 있다.**
[B]에서 '학생 2'는 '학생 1'의 말을 재진술하지 않고 있고, '하지만 두뇌 스포츠는 ~ 타당성이 떨어지는 것 같아.'라고 하며 '학생 1'의 의견에 공감하고 있지 않다.

③ **[B]에서 '학생 1'은 '학생 3'의 의견을 수용하면서 '학생 2'의 의견에는 반대하고 있다.**
[B]에서 '학생 1'은 '학생 2'의 '하지만 두뇌 스포츠는 보통 ~ 타당성이 떨어지는 것 같아.' 라는 의견을 수용하고 있다.

✔ **[C]에서 '학생 1'은 '학생 3'이 제기한 의문을 해소하기 위한 방안을 제안하고 있다.**
[C]에서 '학생 3'은 '두뇌 스포츠 경기를 ~ 정말 가능할까?'라고 의문을 제기하고 있고, '학생 1'이 그 의문을 해소하기 위한 방안으로 '스포츠 축제 담당 선생님께 여쭤 보'자는 제안을 하고 있으므로 적절하다.

⑤ **[C]에서 '학생 1'은, '학생 2'와 '학생 3'의 대립된 주장에 대해 절충안을 제시하고 있다.**
[C]에서 '학생 2'와 '학생 3'은 대립된 주장을 하고 있지 않다.

03 음운의 개수 변화 및 음절의 유형 탐구

정답률 56% | 정답 ④

〈학습 활동〉을 수행한 결과로 적절하지 않은 것은?

〈학습 활동〉

음운 변동에는 교체, 첨가, 탈락, 축약이 있는데 음운 변동의 결과로 음운의 개수가 변화하기도 한다. 분절 음운인 자음과 모음은 모여서 음절을 이루는데, 음절은 발음할 수 있는 최소의 단위로 음절의 유형은 크게 '모음', '자음 + 모음', '모음 + 자음', '자음 + 모음 + 자음'으로 나눌 수 있다. [자료]의 밑줄 친 부분을 중심으로 음운의 개수 변화와 음절의 유형을 탐구해 보자.

[자료]
○ 책상에 놓인 책을 한여름이 지나서야 읽기 시작했다.
○ 독서를 즐기기 위해서는 자기에게 맞는 책을 골라야 한다.

① **'놓인[노인]'은 탈락의 결과로 음운의 개수가 줄었으며, [노]는 음절 유형이 '자음 + 모음'이다.**
'놓인'은 'ㅎ'이 탈락하여 [노인]으로 발음되므로, 탈락의 결과로 음운의 개수가 5개에서 4개로 줄었다. 한편 '학습 활동'을 볼 때 '[노]'의 음절 유형은 '자음+모음'이라 할 수 있다.

② **'한여름[한녀름]'은 첨가의 결과로 음운의 개수가 늘었으며, [녀]는 음절 유형이 '자음 + 모음'이다.**
'한여름'은 'ㄴ'이 첨가되어 [한녀름]으로 발음되므로, 음운 첨가의 결과로 음운의 개수가 7개에서 8개로 늘었다. 한편 '학습 활동'을 볼 때 '[녀]'의 음절 유형은 '자음+모음'이라 할 수 있다.

③ **'읽기[일끼]'는 탈락의 결과로 음운의 개수가 줄었으며, [일]은 음절 유형이 '모음 + 자음'이다.**
'읽기'는 음운 탈락인 자음군 단순화, 된소리되기가 일어나 [일끼]로 발음되므로, 음운 탈락의 결과로 음운의 개수가 5개에서 4개로 줄었다. 한편 '학습 활동'을 볼 때 '[일]'의 음절 유형은 '모음+자음'이라 할 수 있다.

✔ **'독서[독써]'는 첨가의 결과로 음운의 개수가 늘었으며, [써]는 음절 유형이 '자음 + 모음'이다.**
'독서'는 된소리되기로 인해 'ㅅ'이 'ㅆ'으로 교체되어 [독써]로 발음되므로, 음운 개수는 5개로 변동이 없다. 한편 '학습 활동'을 볼 때 '[써]'의 음절 유형은 '자음+모음'이라 할 수 있다.

⑤ **'맞는[만는]'은 교체의 결과로 음운의 개수는 변동이 없고, [만]은 음절 유형이 '자음 + 모음 + 자음'이다.**
'맞는'은 음운 동화가 일어나 [만는]으로 발음되므로, 음운 교체의 결과로 음운의 개수는 6개로 변동이 없다. 한편 '학습 활동'을 볼 때 '[만]'의 음절 유형은 '자음+모음+자음'이라 할 수 있다.

04~07 사회

송덕수, 「민법총칙」

해제 이 글은 **법률행위인 취소 및 무효에 대해 설명**하고 있다. **법률행위가 법률효과를 발생시키기 위해서는 성립요건과 효력요건을 갖추어야** 한다. 그런데 **법률행위가 성립하였지만 효력요건이 불충분하여 효력이 발생하지 않은 경우 법률행위는 무효**가 된다. 한편 **법률행위의 취소는 어떤 사유가 있어 그 법률행위가 성립한 당시로 소급하여 효력을 잃게 되는 경우로, 취소권을 가진 특정인이 취소를 주장할 때만 그 법률행위의 효력이 없어질 수 있다는 점에서 무효와 차이**가 있다. 무효인 법률행위는 소급하여 유효로 할 수 있는 대상이 없는 상태라 할 수 있으므로, 다른 법률행위로 전환을 하기도 하고, 추인함으로써 그때부터 새로운 법률행위가 되게 만들기도 한다. 여기에서 무효행위를 전환한다는 것은 무효인 법률행위가 다른 법률행위로서의 효력요건은 갖추고 있을 때, 그 법률행위로서의 효력을 인정하는 것을 말한다. 그리고 무효행위를 추인한다는 것은 무효가 된 법률행위가 갖추지 못했던 효력요건을 추후에 보충하여 새로운 법률행위로서의 효력을 인정하는 것을 말한다. 법률행위가 무효가 되면 그 법률행위에 따른 법률효과도 생기지 않으므로 무효행위를 근거로 하는 청구권도 부인된다.

주제 법률행위인 취소 및 무효의 이해

문단 핵심 내용

1문단	법률행위가 법률효과를 발생시키기 위한 성립요건과 효력요건
2문단	법률행위의 무효에 대한 이해
3문단	법률행위의 취소 및 법률행위 무효와의 차이점
4문단	무효행위의 역할 및 무효행위를 전환한다는 것의 이해
5문단	무효행위를 추인한다는 것의 이해
6문단	무효행위를 근거로 하는 청구권이 부인되는 이유

04 내용의 사실적 이해

정답률 71% | 정답 ①

윗글의 내용과 일치하지 않는 것은?

✔ **법률행위가 불성립한 경우에도 법률행위의 전환이나 추인을 할 수 있다.**
4문단을 통해 무효행위의 전환이나 추인이 가능한 것은 무효가 이미 성립된 법률행위를 전제로 하기 때문임을 알 수 있다. 따라서 법률행위가 아예 성립하지 못했다면, 즉 법률행위가 불성립한 경우라면 법률행위의 전환이나 추인은 할 수 없다.

② **성립요건과 효력요건을 모두 갖추어야 법률행위는 법률효과를 발생시킬 수 있다.**
1문단을 통해 법률행위가 법률효과를 발생시키려면 성립요건과 효력요건을 갖추어야 함을 알 수 있다. 따라서 법률효과를 발생시키기 위해서는 성립요건과 효력요건이 모두 필요함을 알 수 있다.

③ **법률행위가 효력을 발생시켰더라도 어떤 사유가 있어 그 효력을 잃게 되기도 한다.**
3문단을 통해 법률행위의 취소가 법률행위로서 일단 효력이 발생하였지만 어떤 사유가 있어서 그 법률행위가 효력을 잃게 되는 경우임을 알 수 있다.

④ **법률행위가 무효가 되면 해당 법률행위에 따른 채무가 발생한 경우라도 그 채무를 이행할 필요가 없다.**
6문단을 통해 법률행위가 무효가 되면 그 무효행위를 근거로 하는 청구권도 부인되므로 해당 법률행위에 따른 채무도 이행할 필요가 없음을 알 수 있다.

⑤ **법률행위가 무효라는 사실이 그대로 유지되더라도 부당이득의 반환청구권을 영구적으로 주장할 수 있는 것은 아니다.**
6문단을 통해 무효행위에 대한 부당이득의 반환청구권은 소멸시효가 있음을 알 수 있다. 따라서 무효행위가 기한에 상관없이 계속 무효인 상태로 남아 있다고 해서 그에 따른 부당이득의 반환청구권까지 영구적으로 주장할 수 있는 것은 아니다.

05 세부 내용 파악

정답률 70% | 정답 ⑤

㉠, ㉡에 대한 이해로 적절하지 않은 것은?

① **㉠은 효력요건이 불충분하여 법률상 당연히 효력이 발생하지 않는 경우이다.**
2문단을 통해 ㉠은 법률행위는 성립하였지만 효력요건이 불충분하여 법률상 당연히 효력이 발생하지 않게 된 경우임을 알 수 있다.

② **㉡은 취소 사유가 존재하더라도 법률행위의 효력이 발생하는 경우가 있다.**
3문단을 통해 취소 사유가 존재한다고 해서 해당 법률행위가 당연히 취소가 되는 것이 아니라, 취소권을 가진 특정인이 취소를 주장해야 그 법률행위의 효력이 없어짐을 알 수 있다. 따라서 취소권을 가진 특정인이 취소를 주장하지 않은 경우라면, 취소 사유가 존재하지만 법률행위의 효력이 발생하는 경우로 볼 수 있다. 또한 취소권은 일정 기간이 경

[문제편 p.179]

[문제편 p.181]

과하면 소멸되고, 취소권이 소멸된 법률행위는 결국 유효한 것으로 확정된다. 따라서 취소권이 소멸된 법률행위라면, 취소 사유가 존재하지만 법률행위의 효력은 발생하는 경우로 볼 수 있다.

③ **㉠과 ㉡은 모두 법률행위가 성립한 것을 전제로 한다.**
2, 3문단을 통해 ㉠은 법률행위는 성립하였지만 효력요건이 불충분한 경우이고, ㉡은 법률행위로서 일단 효력이 발생하였다가 효력을 잃게 되는 경우임을 알 수 있다. 여기서 '일단 효력이 발생하였다'는 것은 법률행위가 성립했고 그 성립한 법률행위가 효력요건을 갖추어 효력이 발생되었다는 것을 의미한다.

④ **㉡은 ㉠과 달리 법률행위의 효력 유무에 변화를 줄 수 있는 기한이 존재한다.**
2, 3문단을 통해 ㉡은 일단 효력이 발생하였지만 취소 사유가 있고 취소권을 가진 특정인이 취소를 주장했을 때, 그 법률행위의 효력이 없어지는 경우를 의미함을 알 수 있다. 이때 일정 기간이 경과하면 취소권이 소멸되어 결국 유효한 것으로 확정된다. 따라서 일단 효력이 발생한 법률행위를 취소하여 효력이 없어지게 하려면 취소권이 소멸되기 전에 취소를 주장해야 하기 때문에, 법률행위의 효력 유무에 변화를 줄 수 있는 일정한 기한이 존재함을 알 수 있다. 하지만 ㉠은 그 법률행위가 성립한 당시부터 법률상 당연히 그 효력이 발생하지 않았고, 기간의 경과 때문에 해당 법률행위가 무효라는 사실이 변하지도 않는다.

✔ **㉡은 ㉠과 달리 특정인의 주장이 없어도 법률행위의 효력이 없어질 수 있다.**
2, 3문단을 통해, ㉠은 특정인의 주장 없이도 처음부터 효력이 없는 것이 되지만, ㉡은 취소권을 가진 특정인의 주장이 있어야 그 법률행위의 효력이 없어진다는 것을 알 수 있다.

06 구체적인 사례에의 적용

정답률 57% | 정답 ②

윗글을 바탕으로 〈보기〉의 ⓐ와 ⓑ에 대해 이해한 내용으로 가장 적절한 것은? [3점]

〈보 기〉

갑은 자신의 유언을 법적으로 인정받고자 ⓐ '비밀증서에 의한 유언'의 형태로 유언증서를 남겼다. 하지만 갑의 사망 후 이 유언증서는 봉인상의 확정일자를 받아야 한다는 조건을 충족하지 않아 무효임이 밝혀졌다. 이에 대해 법원에서는 해당 유언증서가 다른 형태의 유언증서인 ⓑ '자필서명에 의한 유언'의 조건은 모두 충족하고 있으며 갑이 자신의 유언 증서가 무효임을 알았다면 이러한 형태의 유언증서를 남겼을 것이라 보아, '자필서명에 의한 유언'으로서는 유효하다고 판단했다.

① **ⓐ가 무효가 되면서 ⓑ의 성립요건도 불충분하게 된 것이군.**
ⓐ가 무효인 것은 맞지만, 이로 인해 ⓑ의 성립요건이 불충분해진 것은 아니다. 성립요건이 불충분해졌다는 것은 법률행위가 불성립했다는 것인데, 이는 ⓑ와 상관없는 설명이다.

✔ **ⓐ는 효력요건을 갖추지 못했지만 ⓑ는 효력요건을 갖추고 있군.**
4문단을 통해 당사자가 무효임을 알았더라면 그 법률행위가 아니라 처음부터 다른 법률행위를 했을 것이라고 인정될 경우, 다른 법률행위로서의 효력을 인정하는 것을 무효행위의 전환임을 알 수 있다. 이에 따라 〈보기〉는 무효행위의 전환이 이루어진 사례임을 알 수 있다. ⓐ는 봉인상의 확정일자를 받아야 한다는 조건을 충족하지 못한 것이 사유가 되어 무효임이 밝혀진 법률행위이고, ⓑ는 당사자가 무효임을 알았다면 다른 형태로 남겼을 것이라 인정되는 법률행위이다. 따라서 무효행위인 ⓐ를 다른 법률행위인 ⓑ로 전환하여 효력을 인정받게 된 사례라고 이해할 수 있다.

③ **ⓐ의 부족한 효력요건이 추후에 보충되어 ⓑ가 유효하게 된 것이군.**
〈보기〉의 사례는 무효행위인 ⓐ를 전환하여 ⓑ로서의 효력을 인정하는 것일 뿐, ⓐ의 효력요건을 추후에 보충하여 ⓑ를 유효하게 만드는 것은 아니다.

④ **ⓐ는 ⓑ로 바뀌면서 무효 원인이 소멸되어 다시 효력을 가지게 되는군.**
〈보기〉의 사례는 무효행위인 ⓐ를 전환하여 ⓑ로서의 효력을 인정하는 것일 뿐, ⓐ가 ⓑ로 바뀌면서 무효 원인이 소멸되어 ⓐ가 다시 효력을 가지게 되는 것도 아니다.

⑤ **ⓐ의 효력이 발생하려면 ⓑ가 무효임을 당사자가 알았다는 조건이 충족되어야 하는군.**
무효인 법률행위는 ⓑ가 아니라 ⓐ이고, ⓑ가 무효임을 당사자가 알았다는 조건이 충족되는 것과 ⓐ의 효력을 발생하게 하는 것은 아무런 관련이 없다.

★★★ 1등급 대비 고난도 2점 문제

07 글의 내용 추론

정답률 36% | 정답 ③

㉮의 이유를 추론한 내용으로 가장 적절한 것은?

① **법률행위를 추인할 때 추인의 조건을 갖춘 상태라면 이를 소급하여 유효한 것으로 만들 수도 있기 때문이다.**
5문단을 통해 무효행위를 추인하면 무효행위가 처음 성립한 때로 소급하여 유효한 것이 되는 것이 아님을 알 수 있으므로 적절하지 않다.

② **추인으로 인해 무효행위의 유효요건이 보충되면서 새로운 법률행위로서 효력을 발생시킬 필요가 없어졌기 때문이다.**
5문단을 통해 무효행위를 추인한다는 것은 무효가 된 법률행위가 갖추지 못했던 효력요건을 추후에 보충하여 새로운 법률행위로서의 효력을 인정하는 것임을 알 수 있으므로 적절하지 않다.

✔ **무효인 법률행위는 법적으로 아무것도 없는 것이어서 소급해서 추인할 수 있는 대상 자체가 없는 상태이기 때문이다.**
4문단을 통해 무효인 법률행위에서는 아무런 효력도 생기지 않으며, 법적으로는 아무것도 없는 것이라 보기 때문에 소급하여서 유효로 할 수 있는 대상이 없는 상태임을 알 수 있다. 따라서 무효행위를 추인하여 갖추지 못했던 효력요건을 추후에 보충한다고 해도, 그 무효행위가 성립한 당시로 소급하여 유효하게 만들 수 있는 대상 자체가 없는 상태임을 알 수 있다. 이를 통해 무효행위를 추인하면, 추인한 때부터 새로운 법률행위를 한 것으로 본다는 것을 추론할 수 있다.

④ **무효인 법률행위가 성립한 때를 정확하게 증명할 수 없다면 추인을 통해 유효하게 된 시점도 특정할 수 없기 때문이다.**
이 글을 통해 확인할 수 없는 내용이므로 이유로 적절하지 한다.

⑤ **무효인 법률행위는 원칙적으로 추인할 수 없도록 법률상으로 정해 놓은 것이어서 추인을 통해 유효한 것이 될 수는 없기 때문이다.**
5문단의 '무효행위를 추인한다는 것은'을 통해, 무효인 법률행위는 원칙적으로 추인할 수 없도록 법률상으로 정해 놓았다는 내용은 적절하지 않다.

★★ 문제 해결 꿀~팁 ★★

▶ 많이 틀린 이유는?
이 문제는 글에 제시된 주요 내용 이해나 ㉮에 대한 이해가 부족하여 못하여 오답률이 높았던 것으로 보인다. 또한 ㉮에 대한 이유 추론이 앞이나 뒤에 제시되어 있지 않고 글의 내용을 바탕으로 한다는 점도 오답률을 높였던 것으로 보인다.

▶ 문제 해결 방법은?
이 문제를 해결하기 위해서는 기본적으로 글에 제시된 주요 내용에 대한 이해, 무효인 법률행위, 무효행위 추인에 대해 정확히 이해해야 한다. 그런 다음 ㉮에 대한 이해, 즉 '추인한 때부터 새로운 법률행위를 한 것'이라는 의미가 무엇인지 이해해야 한다. 즉, 새로운 법률행위를 하는 것은 이전의 법률행위와는 전혀 다른 상태임을 이해해야 한다. 이러한 내용을 바탕으로 한다면, 무효행위를 추인하게 되면 추인한 때부터 새로운 법률행위를 한 것이므로, 무효행위가 성립한 당시로 소급하여 유효하게 만들 수 있는 대상 자체가 없는 상태임을 추론할 수 있다.

▶ 오답인 ①, ⑤를 많이 선택한 이유는?
이 문제의 경우 학생들이 ①과 ⑤가 적절하지 않다고 하여 오답률이 높았는데, 이 경우 학생들이 글의 내용을 정확히 파악하지 못했기 때문으로 보인다. 추론 문제에서 제시한 선택지 중에는 글의 내용으로 적절하지 않거나 제시되지 않은 선택지, 추론 이유와 전혀 관계없는 선택지가 제시되기도 하는데, ①과 ⑤의 경우 글의 내용과 적절하지 않은 경우라 할 수 있다. 따라서 이유 추론 문제를 접할 때에는 제시된 선택지가 글의 내용과 부합하는지 여부도 일차적으로 살펴볼 필요가 있다.

08~12 현대 소설 + 시나리오

(가) 이문열, 「우리들의 일그러진 영웅」

감상 이 작품은 1960년대 시골의 한 초등학교를 배경으로 엄석대라는 절대 권력을 가진 급장과 그 앞에서 굴복하는 나약한 아이들의 모습을 통해 한국 사회의 왜곡된 의식 구조와 권력의 행태를 우의적으로 풍자하고 있는 작품이다. 시골 초등학교를 배경으로 하여 반 친구들 사이에 군림하는 엄석대라는 인물을 통해 권력의 속성과 무기력한 대중들의 모습을 상징적으로 보여 준 작품이라 할 수 있다.

주제 잘못된 권력과 이를 따르는 사람들의 문제점

작품 줄거리 자유당 정권이 막바지 기승을 부리던 시기에 나(한병태)는 좌천된 공무원인 아버지를 따라 서울에서 작은 읍의 초등학교로 전학한다. 나는 교활한 독재자 엄석대가 이루어 놓은 힘의 제국에서 가치관의 심한 혼란을 느끼며 외롭게 저항한다. 그러나 혼자만의 저항이 부질없음을 깨닫고 권력에 편승하여 그 달콤함에 젖어들 무렵, 새로운 담임 선생이 등장한다. 민주 체제로의 가능성이 없었던 환경은 새 담임에 의해 변혁을 겪고 엄석대 체제는 힘없이 붕괴하고 만다. 그러나 엄석대의 권위와 횡포는 다수의 아이들 자신의 힘에 의해서 붕괴된 것이 아니라는 사실을 나는 정확히 인식한다. 즉, 새 담임이 아니었다면 반 아이들의 반성과 자각은 생기지 않았을 것이다. 학급은 새로운 체제에 시행착오를 겪으며 허우적거리지만 점차 민주적 질서를 회복한다. 그 후 사회인으로 성장한 나는 부조리한 현실에서 힘겹게 살아가며 엄석대에 대한 일종의 향수마저 느낀다. 그러던 중 피서길에서, 수갑을 차고 경찰에 붙들려 가는 엄석대와 맞닥뜨린다.

(나) 이문열 원작, 박종원 각색, 「우리들의 일그러진 영웅」

감상 이 작품은 소설 「우리들의 일그러진 영웅」을 각색한 시나리오로, 원작과 달리 1990년대의 정치적 상황을 염두에 두고 표현한 작품이다. 1950년대 말의 한 시골 초등학교가 배경이므로, 부정한 방법으로 반 친구들 위에 군림하는 엄석대라는 아이를 통해 권력의 형성과 몰락 과정을 상징적으로 묘사하였다.

주제 잘못된 권력과 이를 따르는 사람들의 문제점

작품 줄거리 서울에서 학원 강사를 하고 있는 한병태는 옛 시골 초등학교 은사님이 돌아가셨다는 소식을 듣고 그곳으로 향하던 중, 초등학교 시절을 회상한다. 자유당 정권 말기에 한병태는 서울에서 소도시의 초등학교로 전학을 간다. 같은 반에서 담임의 절대적인 신임을 받으며 모든 일을 좌지우지하는 엄석대의 존재는 병태의 가치관을 흔들어 놓는다. 병태는 처음에는 대항하지만 결국 교묘한 압력에 굴복하고 엄석대의 휘하로 들어가 권력의 단맛에 길들여진다. 새학기가 시작되고 김정원이라는 새로운 담임이 부임하면서 엄석대의 위치에 금이 가기 시작한다. 김 선생은 엄석대를 눈여겨보다가 시험지를 바꿔치는 현장을 발견하고 반 아이들이 보는 앞에서 엄하게 처벌한다. 용기를 얻은 아이들이 엄석대의 비행을 하나씩 늘어놓자 엄석대는 교실을 뛰쳐나가 그날 밤 학교에 불을 지르고 마을을 떠난다. 한병태는 상갓집에서 누군가가 보낸 화환을 보며 아직도 어딘가에서 엄석대가 절대자로 군림하고 있을 것이라 생각한다.

08 서술상 특징 파악

정답률 75% | 정답 ④

[A]의 서술상 특징으로 가장 적절한 것은?

① **독백을 통해 대상에 대한 의문과 해답을 제시하고 있다.**
독백 형식으로 드러내고는 있지만, 대상에 대한 의문이 제시되지는 않고 있다.

② **감각적인 묘사를 통해 인물 간의 대립을 부각하고 있다.**
감각적인 묘사나 인물 간의 대립은 찾아볼 수 없다.

③ **공간의 이동을 통해 인물의 심리 변화를 드러내고 있다.**
공간의 이동이 드러나지 않으며, 이를 통해 인물의 심리가 변화하는 과정도 나타나지 않고 있다.

✔ **회상의 방식을 통해 과거 사건의 의미에 대해 서술하고 있다.**
[A]의 '하지만 그때껏 그런 우리를 ~훨씬 더 많은 세월이 지나야 했다.'를 통해 [A]가 회상의 방식을 사용했음을 알 수 있다. 따라서 [A]는 서술자가 어린 시절 학급에서 겪었던 혼란스러운 상황들을 회상하면서 어른이 된 지금 그 경험들이 어떤 의미를 가졌는지 서술한 것이라 할 수 있다.

⑤ **들은 바를 전달하는 형식을 통해 사건의 전모를 밝히고 있다.**
[A]는 서술자가 들은 바를 전달하는 것이 아니라, 서술자 자신의 경험을 회상하여 서술하고 있다.

★★★ 1등급 대비 고난도 3점 문제

09 갈래의 전환 파악

정답률 51% | 정답 ①

〈보기〉를 참고할 때, (가)를 (나)로 각색하는 과정에 대해 이해한 것으로 적절하지 않은 것은? [3점]

〈보 기〉

소설을 시나리오로 각색할 경우, 갈래의 차이에 따라 여러 가지 변화가 일어나는데 예를 들면 소설에서는 인물의 내면 심리나 대상의 변화를 직접 서술할 수 있으나 시나리오는 이를 장면으로 시각화하거나 영화적 기법을 통해 표현한다. 또한 갈래적 차이에 따른 변화 외에도 각색 과정에서 창작자의 의도에 따라 특정 내용을 삭제 혹은 다른 장면으로 대체하거나 소설에 없던 장면을 추가하기도 한다.

✔ **(가)에서 김 선생이 아이들을 꾸짖는 모습이 S#136에서는 '다시'를 반복하는 장면으로 대체되어 아이들의 변화에 비관적인 그의 모습을 부각하고 있군.**
(나)의 S#136에서 김 선생이 '다시'를 반복하는 모습은 아이들을 고무시켜 석대에게 맞설 용기를 북돋워 주고자 하는 것이라 할 수 있다. 따라서 S#136에서 김 선생이 '다시'를 반복하는 모습을 아이들의 변화에 비관적인 김 선생의 모습을 부각하는 것이라고 할 수 없다.

② **(가)에서 아이들이 석대와 맞붙을 수 있게 된 것이 S#136에서는 '일제히 힘차게' 대답하는 모습으로 대체되고 있군.**
(나)의 S#136에서 아이들의 대답이 힘찬 소리로 바뀌는 것은 아이들이 석대에게 맞설 수 있게 된 것을 암시하는 것이라 할 수 있으므로, (가)에 언급된 아이들과 석대의 대결을 대체한 것이라 할 수 있다.

③ **S#137의 '불길에 싸'인 교실과 S#139의 '시커먼 병' 등을 통해 (가)에 나오지 않는 석대의 방화를 추가하여 그의 보복을 암시하고 있군.**
석대의 방화는 (가)에는 등장하지 않지만 (나)에서는 석대의 보복을 암시하기 위해 석대의 방화 내용이 추가되었음을 알 수 있다.

④ **(가)에서 직접적으로 서술된 병태의 내면을 S#140에서는 내레이션 기법을 통해 드러내고 있군.**
(가)에서 서술자의 서술로 처리된 인물의 내면 의식이, (나)의 S#140에서 내레이션 기법을 통해 표현되고 있다.

⑤ **(가)에서 학급이 정상으로 돌아가게 되었다는 것을 S#140에서는 '박수 치는 아이들'의 모습을 통해 드러내고 있군.**
(가)에서 학급이 정상으로 돌아가고 있다는 것을, (나)의 S#140에서는 '박수 치는 아이들'이라는 교실 속 장면을 통해 보여 주고 있다.

★★ 문제 해결 꿀~팁 ★★

▶ 많이 틀린 이유는?
이 문제는 소설과 이를 시나리오로 각색하는 과정을 정확하게 이해하지 못해 오답률이 높았던 것으로 보인다. 또한 시나리오에 드러나는 인물의 행동이나 말에 담긴 의미를 이해하지 못한 것도 오답률이 높았던 것으로 보인다.

▶ 문제 해결 방법은?
이 문제를 해결하기 위해서는 소설의 내용을 시나리오에서는 어떻게 각색하였는지를 파악하여, 이와 관련한 선택지의 적절성을 판단하여야 한다. 가령 오답률이 높았던 ④의 경우 소설인 (가)에 제시된 병태의 내면이 S#140에서 내레이션(영화에서 장면에 나타나지 않으면서 장면의 진행에 따라 그 내용이나 줄거리를 장외에서 해설하는 일)으로 나타나 있으므로 적절하다. 그리고 시나리오로 각색한 과정에서 인물의 행동이나 말이 어떻게 드러나고 있는지 파악해야 한다. 정답인 ①의 경우, 선생님이 자신의 말을 알아듣겠느냐고 하면서 학생들의 목소리가 죽어가는 소리로 대답하자 '다시'를 말하고, 이에 대해 학생들이 점점 큰소리로 대답하고 있으므로 아이들의 변화에 비관적인 그의 모습을 부각한다는 이해는 적절하지 않음을 알 수 있다. 마찬가지로 오답률이 높았던 ③의 경우에도 '불길에 싸'여와 '시커먼 병'을 연결시키면 석대가 방화하였음을 알았을 것이다. 이 문제처럼 단순히 소설과 시나리오를 비교하는 것뿐만 아니라, 시나리오에 드러난 인물의 말과 행동의 의미도 파악하는 경우가 있으므로, 작품 전체 내용을 이해하여 그 의미가 무엇인지 찾을 수 있어야 한다.

10 작품 내용의 이해

정답률 72% | 정답 ③

ⓐ에 대한 이해로 적절하지 않은 것은?

① **학급의 일부 임원들이 '작은 석대를 꿈꾸'는 것은 아직 ⓐ에서 벗어나지 못했기 때문이다.**
'작은 석대를 꿈꾸'는 것은 일부 아이들이 석대가 만들어 놓은 질서를 재건하고자 하는 것이므로 아직 석대의 질서에서 벗어나지 못한 것을 의미한다고 할 수 있다.

② **'내부에서 일어나는 혼란'을 쉽게 해결하지 못한 것은 ⓐ를 대체할 수 있는 것을 마련하지 못했기 때문이다.**
아이들은 석대의 질서에서 벗어난 후 새로운 질서를 수립하지 못해 우왕좌왕하고 있는데, 이는 '석대의 질서'를 대체할 수 있는 것을 마련하지 못했음을 보여 주는 것이라 할 수 있다.

✔ **ⓐ는 석대가 아이들 '스스로가 스스로를 규율'할 수 있도록 하기 위하여 만든 것이다.**
아이들 '스스로가 스스로를 규율'할 수 있게 된 것은 석대의 질서가 무너진 후 생긴 변화이므로, ⓐ는 석대가 아이들 '스스로가 스스로를 규율'할 수 있도록 하기 위하여 만들었다는 이해는 적절하지 않다.

④ **'내 의식'이 '굴절되었던' 이유는 ⓐ에 익숙해져 있었기 때문이다.**
'나'는 석대의 억압적 질서에 익숙하게 적응하여 살아온 자신의 의식을 굴절되었다고 표현하고 있다.

⑤ **'나'는 ⓐ가 학급에 '편의와 효용성'을 제공했었지만 지금은 되돌릴 수 없는 것이라고 생각한다.**
'나'는 석대의 질서가 학급에 편의와 효용을 제공한 측면이 있었지만 이제는 금지된 것이라고 생각하고 있다.

11 구절의 기능 파악

정답률 69% | 정답 ⑤

㉠~㉤에 대한 설명으로 적절하지 않은 것은?

① **㉠ : 석대가 떠난 후 학급이 맞닥뜨린 문제 상황들을 의미한다.**
학급 아이들이 교실 안에서 겪는 혼란과 교실 밖에서 석대의 괴롭힘에 시달리는 것을 말한다.

② **㉡ : 석대와 처음으로 맞붙은 인물들의 특성을 나타낸다.**
별나고 당차다는 것은 아이들이 석대에게 맞붙을 수 있는 특성을 보여 주는 것이다.

DAY 30

[문제편 p.183]

③ ㉢ : **다른 아이들도 석대와 맞붙을 수 있도록 하는 효과를 가져왔다.**
김 선생이 책을 나누어 준 것을 본 다른 아이들도 감화를 받아 석대와 맞서고 있다.

④ ㉣ : **그동안 학급에 여러 차례 혼란이 거듭되어 왔음을 보여준다.**
그동안 여러 차례 급장을 바꾸어 왔다는 의미로, 학급에 여러 차례 혼란이 거듭되어 왔음을 암시한다.

✔ ㉤ : **새 급장이 아직 완전히 인정받지 못하고 있음을 나타낸다.**
새 급장이 단상 위에 올라가지 않는 것은 학급의 다른 아이들과 평등한 입장임을 상징적으로 보여 주는 것이지, 새 급장이 인정받지 못함을 나타낸 것이라고 할 수 없다.

★★★ 1등급 대비 고난도 2점 문제

12 외적 준거에 따른 작품의 감상 정답률 40% | 정답 ①

〈보기〉는 윗글의 심화 학습을 위해 찾은 자료이다. 이를 참고하여 (가)를 이해한 내용으로 적절하지 않은 것은?

〈보 기〉

철학자 마이클 샌델은 올바른 사회를 위해서는 시민이 덕성을 바탕으로 자기 통치에 참여해야 한다고 말했다. 자기 통치에 참여한다는 것은 공동선(共同善)에 대하여 동료 시민들과 함께 고민하고 그것을 실현하기 위해 적극적으로 참여하는 것을 뜻한다. 그는 공동선에 대한 토론에서 시민들이 자신의 목표를 잘 선택하고 다른 사람의 선택권을 존중해야 한다고 주장하였다.

✔ **'새로 생긴 건의함'은 아이들의 적극적인 참여를 통해 학급의 공동선을 실현하기 위한 기능을 수행하였군.**
새로 생긴 건의함은 국민 탄핵제도의 기능을 하기보다는 밀고와 모함으로 학급 임원들을 갈아치웠다고 하였으므로, '새로 생긴 건의함'이 공동선을 실현하기 위한 기능을 제대로 수행하였다고 볼 수 없다.

② **'학급의 일이 갈팡질팡해도 담임선생님은 철저하게 모르는 척'한 것은 아이들이 자기 통치를 할 수 있는 능력을 스스로 기르도록 하기 위해서였겠군.**
담임선생님이 학급의 일을 모르는 척한 것은 아이들이 스스로 학급의 질서를 새로 수립해 나가길 바랐기 때문이다.

③ **'자치회가 끝없는 입씨름으로 서너 시간씩 계속'된 것은 아이들이 공동선을 위한 토론에 익숙하지 않은 모습을 나타낸 것이겠군.**
자치회가 끝없는 입씨름으로 지속된 것은 아이들이 공동선을 위한 토론에 익숙하지 않은 모습을 나타낸 것이다.

④ **'내'가 '새로운 급장 선거에서 기권표를 던'졌던 것은 아직 자기 통치에 참여할 준비가 되지 않아서였겠군.**
'내'가 새로운 급장 선거에서 기권표를 던진 것은 구성원으로서 학급의 공동 문제에 참여할 의지가 아직 부족한 것을 의미한다.

⑤ **'다 같이 힘을 합쳐야 할 작업에 요리조리 빠져나가'는 아이들은 동료 시민들과 함께하는 것에 대해 적극적이지 않은 시민에 해당하겠군.**
학급의 일에 빠져나가는 아이들은 다른 아이들과 협력하여 학급의 일을 수행하는데 소극적이라고 볼 수 있다.

★★ 문제 해결 꿀~팁 ★★

▶ 많이 틀린 이유는?
이 문제는 〈보기〉로 제시된 내용을 작품에 적용하는 과정과 작품에 제시된 소재나 행동의 의미를 정확히 파악하지 못하여 오답률이 높았던 것으로 보인다.

▶ 문제 해결 방법은?
이 문제를 해결하기 위해서는 먼저 〈보기〉의 내용을 이해하고, 이러한 내용을 바탕으로 한 선택지를 정확히 파악할 수 있어야 한다. 그런 다음 선택지에 제시된 〈보기〉를 바탕으로 한 소재나 인물의 행동에 대한 설명이 적절한지 글의 내용을 통해 확인해야 한다. 가령 정답인 ①의 경우 '새로 생긴 건의함'이 밀고와 모함으로 학급 임원들을 갈아치우는 역할을 하고 있음을 알 수 있으므로 공동선을 실현하기 위한 기능을 수행하였다고 볼 수 없는 것이다. 마찬가지로 오답률이 높았던 ③의 경우에도 '자치회가 끝없는 입씨름으로 서너 시간씩 계속된 것'을 원활한 토론 상황이 전개되지 않는 상황을 보여 주는 것이라 이해했다면 적절함을 알았을 것이다. 이 문제처럼 〈보기〉를 바탕으로 한 감상이라 하더라도 문제 해결의 핵심은 작품의 이해에 있으므로, 선택지에 언급된 내용을 작품을 통해 반드시 확인하고 적절성을 평가하도록 한다.

MEMO

MEMO